中国中医药年鉴

周谷城题

国家中医药管理局　主办

上海中医药大学　承办

《中国中医药年鉴》编辑委员会　编审

中国中医药出版社

二〇〇二年·北京

图书在版编目（CIP）数据

中国中医药年鉴．2002/严世芸主编．—北京：中国中医药出版社，2002.12
ISBN 7-80156-347-6

Ⅰ.中…　Ⅱ.严…　Ⅲ.中国医药学—2002—年鉴
Ⅳ.R2-54

中国版本图书馆 CIP 数据核字（2002）第 100025 号

中国中医药出版社出版

发行者：中国中医药出版社
（北京市朝阳区东兴路 7 号　电话：64151553　邮码：100027）
（邮购联系电话：64166060　64174307）
印刷者：北京市卫顺印刷厂
经销者：新华书店总店北京发行所
开　本：787×1092 毫米　16 开
字　数：984 千字
印　张：42
版　次：2002 年 12 月第 1 版
印　次：2002 年 12 月第 1 次印刷
册　数：1500
书　号：ISBN 7-80156-347-6/R·347
定　价：80.00 元
京工商广临字朝 2002—17 号

“中国中医药学会第二届推拿专业委员会成立大会”于2001年6月2～8日在上海召开 （上海中医药大学附属岳阳医院供稿）

“首届全国单味中药临床应用学术研讨会”于2001年6月21～23日在北京召开 （中国中医研究院中医基础理论研究所供稿）

“2001年度国家级中医药网络继续教育项目审定会”于2001年8月在北京召开 （国讯医药集团供稿）

“第八届中国·上海国际医学气功研讨会”于2001年9月15～17日在上海召开 （上海市气功研究所供稿）

“中国·天津第三届国际中医学术交流会议”于2001年10月19~21日在天津召开

2001国际蒙医药学术会议于2001年8月18~20日在呼和浩特召开

“第六届全国中医药院校传统保健体育运动会”于2001年8月11～16日在广西中医学院召开 (国家中医药管理局供稿)

第二届全国中医脑病学术研讨会于2001年9月在井冈山召开

《中国中医药年鉴》编辑委员会

目　录

特　　载

江泽民李瑞环参加政协教育医药卫生界联组会

中共中央总书记、国家主席江泽民，中共中央政治局常委、全国政协主席李瑞环，3 月 4 日下午看望了出席全国政协九届四次会议的教育、医药卫生界委员，并参加联组会。

江泽民在听取委员发言后，发表了讲话。他说，教育工作关系着社会主义现代化建设的全局。教育是培养人才的基础，对经济和社会发展具有先导性、全局性的作用。我们必须加大实施科教兴国的力度，面向现代化、面向世界、面向未来，继续推进改革和创新，加大对教育事业的投入，加快教育事业的发展。他指出，坚持以社会主义先进文化教育广大青少年学生，使他们形成正确的世界观、人生观、价值观，树立为振兴中华献身的理想信念，掌握现代化建设所必需的知识和能力，是关系国家和民族长远发展的重大问题。教育工作在这方面担负着特殊的使命，必须创造性地贯彻执行党的教育方针，全面推进素质教育，培养德智体美全面发展的合格人才。

江泽民指出，卫生事业是造福于人民的事业。国家的进步和民族的富强，取决于经济和社会的发展，也取决于国民健康素质的提高。要通过改革，努力建立符合社会主义市场经济和社会主义精神文明要求的卫生体系，不断推进我国卫生事业的发展。要加强农村卫生工作，加强重大疾病和传染病、地方病的预防和控制，加强西部地区卫生保障能力的建设，继续积极推进城镇职工医疗保险、医疗机构和药品流通体制改革。

江泽民强调，中医药学是我国医学科学的特色，也是我国优秀文化的重要组成部分，不仅为中华文明的发展作出了重要贡献，而且对世界文明的进步产生了积极影响。要正确处理好继承与发展的关系，推进中医药的现代化。中西医并重，共同发展，互相补充，可以为人民群众提供更加完善有效的医疗保健服务。

江泽民说，药品是广大人民群众防病治病、保护健康必不可少的特殊商品。要继续深化药品监督管理体制改革，不断研创新药，加强对药品质量和药品市场的监管，大力整顿规范药品流通秩序，确保广大群众用上安全有效的放心药。

（摘自《健康报》2001 年 3 月 7 日）

中医药事业"十五"计划

《中华人民共和国国民经济和社会发展第十个五年计划纲要》（以下简称《纲要》）提出了"大力发展中医药，促进中西医结合"等中医药发展的战略任务，进一步明确了中医药在国民经济和社会发展中的重要地位和作用。根据《纲要》的总体要求，从中医药事业的实际出发，编制和实施好中医药事业"十五"计划，对于圆满完成国家"十五"计划，推动中医药事业的新发展，建设具有中国特色的社会主义卫生事业具有重要意义。

计划背景

一、"九五"期间中医药事业发展情况

"九五"期间，中医药行业全面贯彻党的中医药方针政策，深化改革，主动适应社会主义市场经济体制，在各级政府及有关部门的重视和支持下，通过广大中医药工作者的奋发努力，各项工作取得了较大进展，中医药事业发展目标基本实现。

（一）中医药行业各项改革不断深化，适应社会主义市场经济体制的能力逐步增强　随着我国改革开放的不断深入，中医药行业解放思想、转变观念，适应社会主义市场经济体制的能力逐步增强，改革的目标、任务更加明确，对改革的深层次问题进行了积极探索，积累了经验、取得了成绩。中医医疗机构根据城镇职工基本医疗保险制度和医药卫生体制改革的要求，不断深化内部运行机制改革，调整内部结构，完善服务功能，拓宽服务领域，加强科学管理，改善服务条件，努力提高医疗水平和服务质量，较好地满足了人民群众多层次的医疗服务需求。中医药院校管理体制改革稳步推进，按照"调整、共建、合作、合并"原则，通过资源共享、优势互补，提高了教育质量和办学效益。中医药科技体制改革不断深入，科技与实践的结合更加紧密，科研成果转化能力进一步提高，科研院所自身发展能力有所增强，中医药科技资源得到有效组合，初步形成了多学科协作共同推进中医药科学研究的新局面。

（二）中医药机构内涵建设进一步加强，医疗、教育、科研工作取得了显著成绩　中医医疗机构加强了以专科建设和增强综合服务功能为重点的内涵建设，在全国形成了一批中医药特色和优势明显、学术水平较高的中医医院和中医专科。中医医院基础条件和就医环境不断改善，人员素质、医疗服务和科学管理水平有了较大提高。截止到2000年底，全国有中医医院（包括中西医结合医院和民族医医院）2654所，中医院床位数达到27.12万张。全国平均每千人口中医师（士）为0.26人，每千人口中医床位数为0.22张，为广大人民群众提供了较好的中医医疗保健服务。

中医药教育以提高人才培养质量为核心，以教育体系、学科和课程体系和人才培养标准体系建设为重点，全面推进教育教学改革，增强了中医药人才的社会适应性。高等教育调整结构，积极探索各类人才培养模式，通过开展临床专业学位和7年制教育，加强了临床高层次人才培养。职业教育面向农村和中药产业，加速了实用型人才培养，促进了农村中医药队伍整体素质的提高。继续教育全面推进、逐步规范，通过多种形式的岗位培训，提高了在职从业人员的素质。“九五”期间，全国共培养各类中医药专业人才10万余人，85%的中医药在职人员接受了继续教育。名老中医药专家学术经验继承工作进展顺利并不断完善，800余名继承人圆满地完成了学业，较好地总结、学习和继承了老中医药专家的学术经验和技术专长。中医药科学研究结合中医药发展的关键问题，以提高临床疗效和学术水平为中心，积极应用现代科学技术，推进中医药的科技进步。中医药基础研究进一步阐述了中医药理论的科学内涵；中医临床研究提高了临床诊疗水平和中医药防治重大疾病的能力；中药开发关键技术的研究推动了中药科技产业的发展；中医药科技发展战略的研究进一步明确了中医药科学研究的方向、思路和重点。一批中医药重点项目已被列入了国家重点专项，国家“九五”攀登计划和国家重大科技攻关中医药项目取得了阶段性成果。一批科研成果已在中医临床和中药生产中推广应用。中医药科研整体实力进一步提高。

（三）农村中医药工作扎实推进，中医药在农村初级卫生保健中的作用日益增强　农村中医药工作以农村中医药人才培养为基础，以县级中医医院建设为龙头，以农村中医工作先进县建设为重点，坚持因地制宜、分类指导，稳步扎实地向前推进。“九五”期间，全国大多数县级中医医院得到了进一步巩固和发展，对乡、村中医药业务的辐射带动作用明显加强。县级中医医院业务技术骨干培训得到普遍重视，在完成3000名县级中医医院专科技术骨干培训计划的同时，各地也开展了多种形式的培训，使县级中医医院的人员素质和中医药业务水平显著提高。中医药知识与技能纳入了乡村医生培训范围，中医药服务在农村的覆盖面得到扩大。

（四）中医药法制建设步伐加快，依法管理的水平逐步提高　“九五”期间，《执业医师法》、《药品管理法》等与中医药相关法律、法规的颁布和修订，以及《医疗气功管理暂行规定》、《中医临床诊疗术语》、《中医病证分类与代码》等部门规章、技术标准的制定和实施，为中医药事业的发展提供了更加有力的法律保障，使中医药工作进一步走向法制化管理。地方中医立法工作得到普遍重视，目前已有17个省市相继颁布了中医条例。通过开展中医药普法教育，加大执法监督力度，打击非法行医，整顿中医医疗市场秩序等，促进了中医药事业有序、健康地发展。

（五）对外交流与合作取得新进展，中医药的国际影响不断扩大　在加强民间中医药交流与合作的基础上，进一步密切了与外国政府和国际组织间的交流与合作，特别加强了在传统医药立法、管理政策等方面的交流。与境外机构开展的有关中医医疗、教育、科研方面的合作项目不断增加，部分项目取得了实质性进展。积极举办或参与国际性的学术会议，促进了国际间的中医药学术交流。加强了中医药的对外宣传工作。中医药在国际上的传播发展势头良好，许多国家和地区的政府机构关注中医药的应用，并通过立法途径加以管理和规范，部分国家已将中医药纳入医疗保险范畴。国外越来越多的人群开始接受不同层次的中医药治疗和保健。有些国家已将中医药的学历教育列入了医学教育的课程体系中，并培养了一批中医药人才。一些国家政府机构和大型医药企业增加了对中医药科研的投入，加强了对中医药的研究。

二、存在的问题

“九五”期间，中医药事业虽然得到了稳步发展，但是由于长期以来对中医药的投入不足，中医药基础差、底子薄的状况还没有从根本上得到解决。部分地区中医药资源使用效率不高。中医药学术发展相对滞后，创新能力不强，中医药的特色和优势未能充分发挥。中医药人才培养不能满足社会的需求和事业发展的要求。产生这些问题的主要原因是：“中西医并重”的卫生工作方针和党的中医药政策在一些地区和部门还没有得到足够的重视和切实的贯彻；在社会主义市场经济体制逐步建立，各项改革日益深化，现代科学技术特别是现代医学迅猛发展的新形势下，中医药事业发展遇到一些新的重大理论和实践问题，解决这些问题还缺乏新的突破和创新，还需要一个认识、研究和实践探索的过程。

指导思想和发展目标

“十五”期间，是我国国民经济和社会发展的重要时期，是进行经济结构战略性调整、完善社会主义市场经济体制和扩大对外开放的重要时期。经济全球化趋势增强，科学技术发展迅猛，我国经济和社会发展将发生深刻变革，城乡居民生活和健康水平的提高，医学模式和疾病谱的变化等，对中医医疗服务提出了更高的要求，中医药事业的发展面临新的机遇和严峻挑战。

“十五”时期中医药事业发展的指导思想是：以邓小平理论和江泽民同志“三个代表”重要思想为指导，认真贯彻党的卫生工作方针和中医药政策，进一步解放思想、转变观念，不断适应社会主义市场经济体制的要求，坚持把继承与发展作为主题，把结构调整作为主线，把改革开放和科技进步作为动力，把为人民群众提供更加完善的医疗保健服务作为根本出发点，不断提高中医药学术水平和防病治病能力，为人民健康服务，为社会主义现代化建设服务。

坚持把继承与发展作为主题。正确处理好继承与发展的关系，认真继承中医药的特色和优势，积极利用现代科学技术，不断提高中医药学术水平和防病治病能力，促进中医药理论和实践的发展，努力推进中医药现代化。

把结构调整作为主线。积极主动地进行中医医疗保健服务网络结构的调整、中医医疗机构产权结构的调整、城市和农村中医药资源配置结构的调整，提高中医药资源利用效率，增强适应社会主义市场经济体制的能力和竞争力。

把改革开放和科技进步作为动力。进一步加大改革开放的力度，通过体制创新和科技创新，广泛吸纳国内外先进科学技术和借鉴其他学科的优势，增强中医药事业发展的生机和活力。坚持实施“科教兴业”战略，提高中医药科学技术整体水平，加快各类中医药人才培养。

把为人民群众提供更加完善的医疗保健服务作为根本出发点。不断提高中医药的诊治水平和服务质量，拓展中医药服务领域，为人民群众提供价格合理、质量优良的中医药服务，不断满足人民群众对中医药的需求。

“十五”期间中医药事业发展的主要目标是：基本建立适应社会主义市场经济体制的中

医药事业发展的体制和运行机制；初步建立与人民群众健康需求相适应的中医医疗保健服务网络；中医药的人才结构更加合理，中医药学术的继承与发展有显著成效，中医药现代化建设水平有较大提高；中医药在我国国民经济和社会发展中的地位和作用进一步增强，在国际上的应用更加广泛。

主 要 任 务

一、合理配置中医药资源

适应社会主义市场经济体制，根据社会对中医药不同层次的服务需求和中医药机构的功能定位，合理配置资源，优化结构，充分发挥中医药资源优势和特色，提高中医药资源的利用效率。

（一）认真落实“中西医并重”方针，加大对中医药事业的投入，逐步改变基础差、底子薄的状况，加强中医医疗保健服务网络基础建设，使中医药与西医药相互补充，共同承担保护和增进人民健康的任务。

（二）以充分发挥中医药特色优势，不断满足人民群众对中医医疗保健服务需求为出发点，明确各级中医医院功能定位，探索办院模式，优化医院内部资源的配置，提高资源利用效率。

（三）逐步缩小地区间的差距，加快经济欠发达地区中医药的发展速度，鼓励和引导经济发达地区对经济欠发达地区中医药工作的支持；鼓励东部资源向西部流动，通过东西部资源互补，实现全国中医药事业协调发展。

（四）调整不合理的中医药资源分布，改变农村和城市社区中医药资源相对不足的状况。鼓励在社区卫生服务中发展多种形式的中医药服务，开拓中医药服务的新领域。鼓励和引导城市中医药人力、技术资源向农村流动。发挥中医药在农村初级卫生保健中的作用。

（五）优化区域内中医药资源结构，实现中医医疗、教育、科研资源合理配置，推进区域内中医医疗、教育、科研资源的结合，实现优势互补，资源共享，提高资源的利用效率。

（六）在办好现有中医药机构的基础上，鼓励社会和个人依法以各种形式投资兴办中医药机构，形成以公有制为主导，多种经济成分并存，共同发展中医药事业的局面。

二、加强中医医疗机构建设

根据社会对中医医疗保健服务的需求，调整医疗服务模式，加强中医医疗机构的内涵建设，拓宽服务领域，提高中医药临床防病治病能力和服务水平，满足人民群众不断增长的医疗保健需求。

（一）根据区域卫生规划的要求，本着“调整、巩固、完善、提高”的原则，加强现有中医医疗机构建设，发挥非营利性中医医疗机构的主导作用。从人民群众对中医医疗保健服务不同层次的需求出发，对那些资源没有得到有效利用的中医医疗机构，要引导其积极主动地进行服务结构的调整，或实现服务模式的转变，加强科学管理，走上健康发展的轨道，而不是简单地撤并。鼓励中医医疗机构之间联合、重组，或进行共建中医医疗服务集团的探索。

（二）积极探索不同形式的办院模式。有条件的省市级中医院向现代化综合性中医院或医疗中心发展；根据医疗服务需求，建设以中医专科为主兼备综合服务功能的中医医院；鼓励兴办中医专科（专病）医院；在农村和城市社区鼓励发展中医诊所。

（三）加强中医专科建设，巩固提高中医专科建设成果，推广建设经验，发挥技术指导和辐射作用。"十五"期间，全国大多数中医医院都要形成1～2个具有特色优势和规模效益的重点中医专科。在全国初步形成专业覆盖齐全、地区分布合理、专科优势互补、创新能力较强、运行机制良好的中医专科群体。

（四）进一步发挥中医特色和优势，根据人民群众生活和健康需求，向新的服务领域拓展，积极发挥中医药在养生保健、康复、药膳食疗等方面的作用，提高人民健康水平。

三、推进中医药科技进步

以中医药理论为指导，积极探索中医药发展规律，面向临床、面向生产、面向社会需求，运用现代科学技术研究方法与传统中医药研究方法，提高中医药学术水平和防病治病能力，通过体制改革和学术技术创新，推进中医药现代化。

（一）加强中医药基础理论研究，发挥基础研究推动科学创新的作用，使中医药基础理论有所发展，有所突破。揭示中医药防治重大疾病的作用规律和疗效机理，为重大疾病防治提供新的思路和方法。对证候、藏象、经络等中医核心理论进行系统深入地研究。加强中药方剂配伍规律和方药药效物质基础的研究。开展中医诊断方法的现代化研究，丰富中医诊断疾病的方法和手段。

（二）中医临床研究以提高中医药防治疾病的能力和水平为目的，不断探索中医药防治疾病的新方法、新技术、新设备和新药物。加强中医药临床治疗优势病种的研究。加强对慢性非传染性疾病等常见病、多发病、疑难病的研究。注重对老年性疾病、精神性疾病、亚健康状态、养生康复等领域前瞻性应用研究。进一步重视针灸及各种非药物疗法的研究。开展临床辨证论治规律的研究，建立科学、严谨的中医药防治疾病的诊治规范和疗效评价体系。

（三）加强重点学科建设，科学构架中医药学科体系。根据中医药发展的需要，建设一批重点学科，形成一批在医学科学领域居领先地位的学科基地，并通过重点学科、重点专科、重点实验室的紧密结合，形成合力和技术优势，对影响和制约中医药学术发展和防病治病能力提高的关键问题进行联合攻关。

（四）加强中医药古籍文献的整理研究，有计划、有步骤地系统整理各历史时期有影响的中医药文献；运用现代信息、网络技术对现存中医药古代文献进行系统整理与开发，建立中医药古籍文献数据库和网络服务系统，为中医临床和中医药学术发展服务。

（五）深化科技体制改革，增强科技发展活力。鼓励科研机构、生产企业、医疗机构、大专院校有机结合，逐步构建中医药科技创新体系，形成主动适应市场经济要求和符合中医药科技发展规律的良好运行机制。

四、培养社会需要的各类中医药人才

以提高中医药队伍的整体素质为目标，调整各类教育结构，积极探索中医药人才的培养模式，满足社会对各类中医药人才的需求。

（一）全面推进素质教育，主动适应社会主义现代化建设对各类中医药人才培养的需求，改革完善中医药教育体系、中医药学科和课程体系、中医药人才培养标准体系，全面提高中医药教育质量和办学效益。

（二）调整中医药人才培养结构，加强临床实用型、中药技术、医史文献研究、中西医结合、中医药管理等方面的人才以及具备多学科知识的复合型人才的培养。适当增加研究生尤其是临床研究生的培养比例。开展非医学专业本科毕业生攻读中医学研究生试点。积极开展7年制中医药教育。重视学科带头人的培养，造就一批学术造诣较高、具有创新学术思想、在国内外有重要影响的学科带头人。重视农村、社区卫生服务中医药人才的培养。

（三）大力推进中医药继续教育，进一步完善中医药继续教育和岗位培训制度。以现有医疗、科研、教育机构为依托，重点扶持和建设一批中医药继续教育基地。加强在职人员的培训，提高在职人员的综合素质。继续做好老中医药专家学术经验继承工作。

五、发挥中医药在农村卫生保健中的作用

加强农村中医药工作，主动适应农村社会经济形势变化和农村卫生改革与发展的要求，从实际情况出发，因地制宜，充分发挥中医药在农村初级卫生保健中的作用。

（一）巩固中医药在农村的基础地位，坚持一网多用，在抓好县级中医医院建设的同时，重点加强乡、村两级中医药业务建设。增强农村中医药服务功能，拓宽服务范围，提高服务质量。向农村推广中医药的适用技术，提高农村中医药诊疗水平。

（二）巩固发展县级中医医院的建设成果，发挥县级中医医院在农村中医药工作中的龙头作用。加强乡镇卫生院中医科室建设，发挥其在农村中医药工作中的枢纽作用。有条件的乡镇卫生院，特别是中心卫生院要逐步形成中医专科（专病）特色和优势。村卫生室要增强中医药服务功能，至少有一名达到中专水平的中医或掌握中西医两法的卫生技术人员，能够应用中医药常规诊疗技术防治疾病。

（三）加强农村中医药人才的培养。继续开展对乡、村医生中医药知识和技能的培训。把中医药知识纳入乡村医生资格考试、在职培训和晋升考核内容。培养、培训一批以中医药知识为主的乡村医生。积极引导乡村医生参加各种形式的中医学专业学历教育。

（四）鼓励社会、个人依法在农村地区投资兴办中医医疗机构，进一步拓宽筹资渠道，增加农村中医药事业的投入。

（五）加强对西部地区中医药工作的研究和指导，有组织地选择一批内地技术较好的中医药机构与西部省份的中医药机构开展多种形式的对口支援。扶持一批西部地区重点学科和中医专科（专病）的建设。重视西部地区中医、民族医适宜诊疗技术的研究推广。开展对西部地区中医医院管理干部的培训。

六、推动中药研究与中药产业的结合

加速中药科技进步，促进中药可持续发展，提高中药产品的科技含量和市场竞争力，推进中药产业现代化进程。

（一）加强中药质量研究与特色中药研究开发。重点开展中药材和中成药质量研究及其相关基础性研究，加强中药饮片炮制规范化研究。支持有显著疗效和一定理论创新意义的中药新药和中成药二次研究与开发。重视中药提取物和药用部位的研究。

（二）加强中药生产现代工程技术研究，发展现代中药。积极利用现代高新技术改造中药传统产业，重点开展中药生产新工艺、新技术、新剂型研究与应用，提高中药产品科技含量。加强中药知识产权保护，增强国际竞争力。

（三）加强中药资源的可持续利用研究。重点开展中药材规范化、产业化种植研究，积极支持濒危药材的繁育研究和珍稀药材的替代品研究，开展中药材野生变家种家养技术的研究和推广，重视中药种质资源的保护，加强生态效益显著的中药材研究与技术推广，发挥中草药在西部大开发中的作用。

七、大力促进中西医结合

重视对中西医结合理论和方法的研究，规范中西医结合技术标准。加强中西医结合医院的建设，重点建设好一批示范性中西医结合医院和一批中西医结合的重点专科，发挥中西医结合优势，提高中西医结合的学术水平和防病治病能力。继续鼓励西医学习中医，通过多种形式和途径，加速中西医结合人才的培养。

八、加快民族医药发展

重视民族医药机构的建设和发展，建设好一批民族医药机构和重点民族医专科。加强民族医药的基础研究和应用研究，推广民族医药独特的诊疗技术，提高民族医药的临床水平。以民族医药院校为基地，采取不同形式、不同渠道培养各类人才，促进民族医药教育的发展。加强对民族医药文献的研究，对民间医籍、单方、验方和诊疗技术进行发掘、整理和提高，丰富其理论内涵和医疗实践。

九、扩大中医药对外交流与合作

发挥政府间双边及多边的交流与合作的主导作用，使中医药的项目纳入政府间合作及与世界卫生组织合作的有关协议中，提高交流与合作的层次。重视加强在传统医药法律法规、技术标准等领域的对外交流，支持各国中医药及传统医药立法，提升中医药的国际地位。巩固和开拓民间交流与合作渠道，加强与国外中医药学术团体和学者的联系，团结和调动各方面的积极性，繁荣中医药学术。实施“走出去”的战略，鼓励有条件的单位与正规大学、医疗机构、科研机构等建立多种形式的合作关系，在境外建立一批示范性的中医药医疗、教育、科技合作的窗口。加强对世界贸易组织的有关法律、规则的研究，重视中医药知识产权保护，充分利用我国加入世界贸易组织后给中医药发展带来的契机，推进中医药的国际化进程。

十、实施中医药发展重点项目

“十五”期间，国家中医药管理局将针对中医药发展的主要任务和薄弱环节，统筹规划，突出重点，组织实施一批中医药发展重点项目，以便更好地带动和引导我国中医药事业的全面推进。

（一）重点学科建设计划。重点建设22个中医药学科，培养一批学科带头人，使重点学科成为科学研究和人才培养的基地，促进中医药学术水平的提高。

（二）中医专科建设计划（“4751”计划）。培养4000名县级中医医院专科（专病）和急症技术骨干，培植70个中医重点专科基地，选择50个病种的中医诊疗技术和方法进行总结与推广，从专科（专病）中药制剂中筛选出10个疗效显著、市场应用前景广阔的品种，开发成中药新药。

（三）农村中医工作先进县建设计划。“十五”期间，全国农村中医工作先进县达到100个，充分发挥农村中医工作先进县的示范和辐射作用，带动农村中医工作的发展。

（四）中医药服务示范社区建设计划。“十五”期间，全国城市的中医药服务示范社区建设单位达到100个，并有一批成为示范社区，推动城市基层中医药工作的开展。

（五）百项中医临床诊疗技术整理、研究与推广项目。在全国范围内筛选100项中医特色突出、临床实用、确有疗效的中医（中西医结合）临床诊疗技术进行系统整理，建立规范的临床研究方法和标准。

（六）民族医药发展项目。在全国择优扶持20个民族医药专科进行重点建设，整理一批民族医药典籍，形成民族医药的系列教材，规范民族医药的病案书写，加强民族医药的标准化建设。

（七）西部医院管理项目（中医、中西医结合、民族医）。重点提高西部地区中医、民族医医院管理干部的科学管理水平，为促进西部地区中医药事业的可持续发展提供保证。

对策与措施

一、加强中医药法制建设，实行全行业管理

（一）各级中医药行政管理部门要转变职能，政事分开，用法律、行政、经济等手段加强宏观管理和调控，打破中医医疗机构的行政隶属关系和所有制界限，逐步实行中医药工作的全行业管理。

（二）加快中医药法制化建设步伐。争取《中华人民共和国中医条例》的颁布实施。适时对已颁布但不适应市场经济体制和中医药学术发展要求的部门规章和技术规范进行修订，根据需要增加必需的部门规章和技术规范。做好地方中医立法工作，到“十五”期末，争取全国2/3以上的省份出台中医药法规。

（三）建立和完善中医医疗机构、中医药从业人员、中医医疗技术、中医保健用品等的准入制度，规范中医药技术的合理运用和保证医疗质量。加大监督执法力度，加强执法工作的规范化管理，提高执法水平。

（四）加强中医药普法教育。通过多种途径和渠道宣传国家宪法、法律法规以及中医药部门规章，增强中医药行业广大干部职工的法制观念和法律意识，提高广大中医药干部职工的法律素质。加强中医药依法行政、依法管理，努力实现由注重依靠行政手段管理向注重运用法律手段管理的转变，使中医药工作逐步走上法制化轨道，为中医药事业发展创造良好的法制环境。

二、深化卫生改革，为中医药事业发展提供良好的体制环境

（一）认真贯彻落实国务院体改办等部门《关于城镇医药卫生体制改革的指导意见》。实施区域卫生规划，优化中医药资源配置，大力发展中医药社区卫生服务；实行医疗机构分类管理制度；实行医院后勤服务的社会化；推行医药分开核算、分别管理制度，实行药品集中招标采购，合理调整医疗服务价格，完善中医医疗机构的补偿机制。用比较低廉的费用，为人民群众提供比较优质的基本医疗服务，实现医药卫生改革的总体目标。

（二）认真贯彻落实国务院办公厅转发国务院体改办等部门《关于农村卫生改革与发展的指导意见》，围绕农村卫生改革与发展的总要求，细化中医药工作的指标，制定切实可行的方案，进一步明确农村中医药工作的任务和目标。坚持一网多用，加强中医药业务建设，增强乡镇卫生院和村卫生室的中医药服务功能，使中医药的技术服务参与到医疗、预防、保健的全过程中。发挥中医药简、便、验、廉的特点，推广中医药的适宜技术，降低医疗成本，让广大农民受益。在农村卫生技术人员的培训中，加强中医药知识和技能的培

训。

（三）加大中医医疗机构内部运行机制改革力度，建立健全内部激励和约束机制。积极推进人事制度改革，完善用人机制。实行以聘任制为主要内容的新型用人制度，建立和完善中医药人才评价体系和任职资格标准。改革内部分配制度，实施以绩效为核心的分配方式，充分调动中医药人员的积极性，增强中医医疗机构的活力。

三、积极推进中医药信息化

（一）积极引进信息技术和设备，加强中医药信息化基础建设，加快信息技术在中医药领域的广泛应用，实现中医药医疗、科研、教学、管理等信息交流的网络化，提高信息网络的使用效益。加强中医医院信息系统建设，提高中医医院的管理自动化水平。加强中医药科技信息网络建设，提高科技资源的利用率。加强中医药教育网络的建设，扩大教育的途径和方式。鼓励中医药信息化技术和设备的研制与开发，加速中医药信息资源建设的标准化、规范化。

（二）加强“三网一库”建设，为中医药宏观管理和政策研究服务。即加强中医医疗质量监测网的建设，掌握中医医院医疗质量和效率信息；加强中医医疗机构成本核算网络的建设，重视对医疗服务价格及成本构成要素的监测；加强全国中医药行政管理网络的建设，提高行政管理工作的效率和水平。加强中医药基础数据库建设，积极开发利用信息资源，为中医药事业发展提供支撑和条件。

四、深入开展对中医药发展重大理论和实践问题的研究

（一）加强对中医药发展战略、中西医结合、中医药继承与创新等重大理论与实践问题的研究，进一步统一认识，形成共识，凝聚力量。

（二）重视对中医药行业在深化卫生改革与发展过程中出现的新情况、新问题的研究，及时发现典型和总结经验，不断完善相关政策。

（三）注重对中医药基础性工作的研究，认真开展对中医药的社会需求预测、经济政策以及国际中医药发展动态等的研究，为中医药的管理工作和宏观决策提供科学依据。

五、切实加强行业精神文明建设

（一）坚持“两手抓，两手都要硬”的方针，把中医药行业精神文明建设与推进中医药改革与发展紧密结合起来。用邓小平理论和江泽民同志“三个代表”的重要思想武装全行业干部职工，牢固树立全心全意为人民服务的宗旨，围绕解决群众普遍关心的热点问题，加强制度建设，规范行业行为，切实抓好中医药队伍廉政建设和行风建设。

（二）强化职业道德教育，把弘扬中医药行业传统优良道德与时代文明精神紧密结合起来，树立救死扶伤、忠于职守，爱岗敬业、满腔热忱，开拓进取、精益求精，乐于奉献、文明行医的行业风尚。加强医院文化建设，积极开展“以病人为中心”的优质服务活动，改进服务态度，提高服务质量，展示中医医疗机构的良好形象。

（三）加强中医药新闻宣传工作，扩大宣传领域，注重宣传效果和影响，把握正确舆论导向。做好中医药科普知识宣传，普及中医药科学知识，增强人民群众的健康意识。

六、加强领导，增加投入，做好计划的组织与实施

各地中医药行政管理部门要根据本计划内容，按照各级人民政府的要求，结合当地中医药发展实际，制定具体措施，确定重点项目，并纳入当地国民经济与社会发展整体规划，认真抓好落实。国家中医专款按照项目安排执行，充分发挥中医专款的导向作用。要积极争取

各级政府加大对中医药事业发展的投入，同时也要多渠道、多方面筹集发展资金。认真组织好对中医药重大项目的立项、申报和组织实施，加强对资金使用的管理和评估，提高资金的使用效益。建立“十五”计划实施的分析、预测、监督和评估制度，加强计划实施的跟踪分析和中期评估，适时进行调整，通过监督检查，保证计划的圆满完成。

考　论

加快蒙医药的继承与发展

张文康

包括蒙医药学在内的中国各民族医药，源于各族人民的智慧，又直接为各族人民的健康服务。发展民族医药，不仅是一个医疗卫生问题和学术问题，而且是继承发扬民族优秀传统文化的重要内容；不仅是提高民族地区广大人民群众健康水平的需要，而且有利于增强民族团结，有利于促进民族地区经济发展和社会进步。新中国成立以来，中国政府高度重视民族医药工作，在中国《宪法》中明确规定“国家发展医疗卫生事业，发展现代医药和我国传统医药，保护人民健康”。1997年，《中共中央、国务院关于卫生改革与发展的决定》进一步强调：“各民族医药是中华民族传统医药的组成部分，要努力发掘、整理、总结、提高，充分发挥其保护各族人民健康的作用”。卫生部、国家中医药管理局和国家民族事务委员会分别于1984年、1995年联合召开了两次全国民族医药工作会议，专门研究、部署全国的民族医药工作，并先后制定实施了一系列政策措施，极大地促进了中国民族医药事业的发展。

蒙医药学是中国传统医药学的重要组成部分，也是中华民族优秀文化宝库中的一颗明珠，千百年来为蒙古民族的繁衍昌盛和社会进步做出了重要的贡献。蒙医药有着比较完整的理论体系和丰富的诊疗手段，对当今许多常见病、多发病及疑难病具有明显的疗效和简、便、验、廉的特点，并在预防、保健、康复、抗衰老等方面具有一定优势。新中国成立以来，特别是实行改革开放以来，中国的蒙医药事业发生了历史性的变化，取得了令人瞩目的成就。主要表现在：

第一、在蒙古族同胞集中居住地区，蒙医医疗服务体系基本形成，总体诊疗水平和综合服务功能明显提高，蒙医药的特色和优势得到进一步发挥，担负了相当数量的医疗保健任务。截止到1999年底，全国已有蒙医医院39所，其中，内蒙32所，新疆3所，辽宁、黑龙江、甘肃、青海各1所。另外，在很多蒙古族同胞聚居地区，还建设有不少蒙医门诊部、诊所、专科医院等其它类型的蒙医医疗机构，在这些地区的多数综合医院也设有蒙医科。这为满足蒙古族同胞聚居地区各族人民对蒙医医疗保健服务的需求发挥了积极的作用。

第二、蒙医药教育在逐步实现由传统师承方式向正规学历教育方式的转变，形成了以高中等学历教育和在职进修培训、师承方式并存的格局，为蒙医药事业的发展培养了大批各级各类人才，有的已成为蒙医药事业发展中的骨干力量。

第三、蒙医药学术水平不断提高。古典医籍的整理研究取得显著成效，学术气氛空前活跃，科技成果大量涌现。仅在内蒙古自治区，目前就已建有盟（市）级蒙医研究所5所，自治区级中蒙医研究所1所。他们在蒙医药古籍的编译整理、专科专药研究、临床经验总结等方面做了大量基础性、开创性的工作，取得了许多重要成果，产生了良好的社会效益和经济效益。

第四、蒙医药工作的法制化、标准化、规范化建设不断加强，陆续制定实施了《蒙医医院工作条例》、《蒙医医院建设标准》、《蒙成药标准》、《蒙医病案书写规范》等。特别是2000年2月颁布的《内蒙古自治区蒙医中医条例》，成为中国第一部地方性民族医药法规，标志着蒙医药事业的发展走上了依法发展的轨道。

第五、蒙药资源得到进一步开发利用。研究开发了一批具有较高科技含量的蒙药制剂，既推动了蒙医药的科技进步与创新，又较好地满足了临床需要。

第六、国际交流与合作日益增多，层次和水平不断提高。近年来，中国与蒙古国、俄罗斯、日本等国家和地区在蒙医药的医疗、教育、科研等方面建立起了一定的联系，特别是民间交流与合作日趋活跃。内蒙古自治区先后派出蒙医药专家、学者前往讲学，进行医疗及考察，一些国家和地区也多次派人来到中国考察、了解蒙医临床、科研、教学情况或学习、进修。内蒙古医学院中蒙医系已开始从蒙古国招收留学生，为蒙古国培养高层次蒙医药人才。蒙医蒙药正在引起世界各地更多人员的浓厚兴趣和密切关注。

中国五十多年来蒙医药工作的实践证明，推动蒙医药事业的发展，必须全面、准确地贯彻执行国家的民族政策，包括民族医药政策；必须充分认识蒙医药的科学和文化价值；必须着力于培养一大批蒙医药专业人才；必须始终不渝地把提高蒙医药的学术水平和防病治病能力作为核心任务来抓，必须正确处理好继承与发扬的关系，既要认真继承蒙医药的特色优势，又要积极利用现代科学技术，勇于创新，逐步实现蒙医药现代化。

当前，世界卫生组织总部及各地区办事处都在着手制定新千年传统医药战略计划。中国卫生事业“十五”计划也把发展包括各民族医药在内的中医药事业放在了十分重要的战略位置。另外，中国正在积极实施西部大开发，这为民族医药事业的发展提供了极好的历史机遇。国家中医药管理局和有关部门正在制定和落实关于进一步加强民族医药工作的指导意见，其中民族医临床重点专科（专病）建设工作已经正式启动，主要目标是：在不久的将来，建成一批疗效突出、特色明显、优势显著、设施配套、功能齐全、管理科学的民族医医疗机构，形成一定数量的临床疗效显著、学术水平较高、人才结构合理的民族医专科（专病）基地，使民族医药的人员整体素质、科研开发能力有明显提高，民族医药资源进一步得到有效利用，基本满足少数民族地区及各族人民对民族医药服务的需求。面对新形势新任务，面临新机遇新挑战，广大蒙医药工作者一定能够继续不懈地努力，团结奋斗、开拓进取，作为中国民族医药重要组成部分的蒙医药也一定会有一个更大、更快的发展，一定会拥有一个更加灿烂、辉煌的未来。

认清形势 坚定信心 抓住机遇 发展创新——实现中医药在新世纪的新发展

佘 靖

随着我国改革开放的不断深入，社会主义市场经济的进一步发展，医药卫生体制的改革也随之进入了整体推进阶段，在这新的变革中，中医药将与现代医学一起，为我国现代化建设和改革开放提供更好的医疗保健服务，同时也必将为中医药事业的发展带来新的机遇。

今后五到十年是我国经济和社会发展的重要时期，卫生事业、中医药事业发展必须与国民经济和社会发展相协调，要建立起适应社会主义市场经济体制和人民健康需求包括卫生服务、医疗保障、卫生执法监督的卫生体系，中医药作为我国卫生事业的重要组成部分，要在为社会主义现代化建设服务大局下，通过改革，合理调整资源配置，促进中医药事业发展。

党的十五届五中全会提出，"推进城镇职工医疗保险制度和医药卫生体制改革"的决策。中医药界要振奋精神，从总体上认识和把握这一发展形势，主动适应，积极探索，争取有更大的作为。

我们要坚持全心全意为人民服务这个根本宗旨，为人民健康提供优质的中医药服务。要在医药卫生体制改革中，通过实施区域卫生规划，合理配置中医药资源，在新的卫生服务体系中构筑中医药的服务网络，探索相适应的模式和载体；深化中医医院改革，对中医医院实行分类管理，在推进内部运行机制改革等措施的同时，一定要做到财政补助和价格调整政策及时到位，逐步完善医院补偿制度，以增强医疗机构的生机与活力。

在城镇职工医疗保障制改革和医药卫生体制改革中，一方面扩大了医疗保险人群范围，另一方面对中医机构的服务、医疗质量、服务价格、药品的价格与质量等方面提出了更高的要求，面临着医疗服务对象及医药市场的重新选择和生存发展的考验，只有增强竞争意识、充分发挥自身的特色和优势，不断适应社会主义市场经济体制，才能在医疗服务领域站稳脚跟，发展自己。

由于中医药资源总体分布不平衡，基础差，底子薄，中医药机构在市场竞争中明显受到资源基础薄弱等因素的制约。中医医疗机构改革要按照国务院体改办等八部委《关于城镇医药卫生体制改革指导意见》及其配套文件的精神贯彻执行，并特别强调要运用好文件中针对中医药特殊性给予的倾斜政策。如在《关于城镇医药卫生体制改革的指导意见》"强调医疗服务价格"中指出，"在调整医疗服务价格时，要考虑社区卫生服务组织的特点，并适当提高中医、民族医的技术服务价格，促进社区卫生服务和中医、民族医的发展"；在财政部、国家计委、卫生部印发的《关于卫生事业补助政策的意见》的通知中，明确指出"对中医、民族医部分专科医疗机构要给予适当照顾"。

在深化科技体制改革中，中医药开发研究机构将转为或并入企业，中医药临床机构进入医院，中医院基础研究机构进入大学或转为公益事业单位管理，实行按项目资助，课题管理，这对每个中医院机构都是一次考验，一定要在市场经济的海洋中学会游泳，通过体制改革，将促进以企业为主的中医院科研开发体系的建立，促进企业与高等院校、医疗机构的联合协作及优势互补。目前教育管理体制的改革，已形成以政府办学为主体，公办学校和民办学校共同发展的新格局。中医药院校要进一步深化内部管理体制改革，深化教育改革，培养出热爱中医事业，基础理论扎实，实践能力较强，有创新精神的各级各类中医药人才。

贯彻“以农村为重点”的卫生方针，加强农村卫生工作仍是今后工作的重点。加强农村中医工作方面，一是鼓励和促进中医药资源向农村流动；二是完善中医药服务功能，推广中医药的适宜技术，提高农村的中医医疗服务水平，发挥中医药在初级卫生保健中的作用；三是积极投入新时期农村卫生体制改革，使中医药工作适应农村经济工作的新形势，满足农民群众对中医药的医疗保健需求。

“十五”期间，我国对外开放将进入新的阶段。随着加入世界贸易组织，许多国家将可能逐步放宽对中医药的种种限制，从而有利于中医药走向世界，国际资本的投入和先进生产技术、先进管理经验的引进，将为中医药的发展注入新的活力；另一方面，中医药也面临着激烈的竞争，我们应该有胆略和气魄抓住机遇，迎接挑战，进一步扩大开放，建立中医药对外全面交流与合作的新格局，组织中医药国际科技合作，联合开展中医药在国际医疗市场的开拓与竞争。要发挥世界针灸联合会的作用，筹建世界中医药学会联合会，密切与政府和国际组织间的交往，促进中医药对外交流与合作向高层次发展。

中医药的生命力在于它理论体系的科学价值和防治疾病的独特显著疗效，时代在前进，科学技术在发展，中医药学术水平能否进一步提高，能否很好地解决当代不断出现的新的健康问题，直接关系到中医药的生存与发展。

“继承存根本，创新以延伸”，我们既不能数典忘祖，也不能躺在老祖宗的遗产上无所作为，要坚持以中医药理论为指导，尊重中医药学自身的规律，认真继承中医学深厚的理论体系，丰富的临床经验，独特的诊疗手法，继承中医药的特色和优势，同时勇于创新，积极利用现代科学技术和方法，不断深入研究，促进中医药理论和实践的发展，实现中医药现代化。

中医临床应用研究要不断提高中医药防治常见病、多发病、疑难危重病的能力，积极开发拓展中医药防治疾病的新方法、新技术和新成果，将基础研究、临床研究结合起来，揭示中医药防治疾病的机理，从中发现新现象，揭示新规律，为人类防治疾病提供新的思路和方法，加快中医药现代化进程。同时提出要加强中药新药的研制与开发，研究中药生产的新工艺、新技术、新辅料，改革剂型，提高中药质量，不断满足防病治病的需要及促进中药产业化的发展，还要特别注意中医药知识产权保护问题。

在日新月异的21世纪，培养造就一大批具有扎实的中医药理论基础，丰富的临床经验和开拓创新精神的高水平中医药专业人才，是中医药事业发展的关键。在学术上要坚持百花齐放，百家争鸣的方针。鼓励不同流派、不同学术观点互相切磋，中医、民族医、中西医结合工作者要加强团结，要与各学科技术工作者相互合作，共同为发展中医药事业努力工作。

面对世界科学技术迅猛发展，面对我国社会主义现代化建设的新形势、新任务，我们必须坚持“发展是硬道理”的指导思想，要站在历史的新高度，把握时机，加快发展，尽快形成与社会主义市场经济相适应的中医药机构体制和运行机制，逐步形成中医药的创新体系，走进人类历史进步的大潮流，去经风雨，见世面，不断积累新的实践经验，不断创造新的理论成果，促进中医药的进步，迎接光明的未来。

中医药重点学科建设的实践与思考

李振吉　贺兴东　王明来　濮传文　陆建伟　韩　燕

中医药学术整体发展的基础在于各学科学术的进步。通过学科建设，推动学术发展，一方面，开拓新的学术领域，实现知识创新，孕育新的学科生长点；另一方面，其科学研究成果转化为教学资源，形成课程，以教材为载体，为教育服务。因此，中医药学科建设，是中医药教学、科研、医疗各项建设工作的重要基础。衡量中医药教学、科研、医疗水平的重要标志是学科的学术水平。通过学科建设，可以提高学术水平，增强在中医药学科领域培养高层次人才和解决重大科学技术问题的能力，整体推进中医药各项工作的高层次发展，所以说，对于中医药事业发展来说，学科建设具有基础性的地位。

一、中医药重点学科建设所取得的成绩和存在的问题

1989 年国家教委颁布的《关于评选高等院校重点学科的暂行规定》，标志着高等院校重点学科建设的开始。当时，中医药行业有 6 个学科被确定为国家教委的重点学科，并投入了 150 万元。此后，国家中医药管理局于 1993 年又确定了 8 个局级重点学科，投资 560 万元，有关省、市及高等院校也为此投资了 5000 万元。为了总结学科建设的经验，提高中医药学术整体水平，国家中医药管理局于 1999 年 9 月召开了全国中医药重点学科建设工作会，并用了一年多的时间，重新遴选确定了第二批局级重点学科建设点。中医药重点学科经过了 10 多年的建设，从无到有，从起步到初步成熟，取得了一定成绩，但也存在一些问题。

1. 中医药重点学科建设取得的主要成绩　确立了相对稳定的研究方向，形成了支撑研究方向的系列研究课题。大多数中医药重点学科的研究方向和研究课题能反映本学科的研究领域，代表本学科的学术水平，能对学科的发展和学术水平的提高起到积极的作用。

培养了一批中医药高层次人才，形成了结构比较合理的学术梯队。重点学科点的科研能力有较大增强，科研成果水平有较大提高，科技活动总量大幅度上升。重点学科工作条件明显改善。发挥了一定的示范和辐射作用，扩大了中医药的学术交流与合作。

2. 中医药重点学科建设存在的问题　中医药重点学科建设存在的问题主要表现在：一些学科缺乏稳定、明确的建设目标；缺乏竞争，没有建立起统一有效的管理和运行机制；学科的知识创新和技术创新能力比较弱。

二、对重点学科建设的一些理性认识

中医药重点学科建设的实践证明，对重点学科建设进行一些理性思考，理清重点学科建设中一些理论问题是搞好中医药重点学科建设的前提和基础。

1. 学科与重点学科的一般概念

学科：我们认为，学科一般是指在整个科学体系中，学术相对独立，理论相对完整的科学分支。学科既是学术分类的名称，又是教学科目设置的基础。中医药的学术体系是由各个

学科的学术体系组成的。

学科建设的目的：中医药学术整体发展的基础在于各学科学术的进步。学科建设是整个学术发展的切入点。

重点学科：所谓重点学科有两个涵义，一是在学科群或学科体系中对发展学术起主导和关键作用的学科；二是在同类学科中，学科条件优势明显，学术水平处在全国领先地位的学科。

重点学科建设的目的：重点学科是学科建设的龙头，重点学科建设的目的就是通过重点扶持和建设基础比较好的学科，使它在全国学科建设中发挥示范和带动作用，从而推动整个中医药学科建设工作。

2. 中医药学科建设与相关工作的关系　中医药学科建设与实验室建设、教研室建设、专科专病建设、师资队伍建设、教材建设和课程建设等的关系：学科建设是上述各项建设的基础，上述各项建设是学科建设的组成部分。通过学科建设可以使教学、科研、医疗工作有机组合，形成整体，实现优化组合，资源共享。从这个意义上讲，中医药学科建设是中医药学术发展的一个平台。一方面，学科建设的加强可促进专科专病建设和重点实验室、重点研究室建设；另一方面，专科专病建设和重点实验室、重点研究室建设的加强，又可带动学科学术平台整体水平的提升，并在学科平台上形成学术发展的制高点或优势点。

三、中医药重点学科建设的意义和作用

中医药重点学科建设是在统一目标下，以人为本的综合集成。通过中医药重点学科建设，可以促进资源配置的优化，使教学、科研、医疗工作有机组合，形成整体，发挥综合效益。

1. 中医药重点学科是整个学科群的龙头　通过对重点学科的重点建设，可以发挥他们的学科优势，使之在知识创新、技术创新、教学质量、科研水平和学科基础理论方面迈上新台阶，从而在学科学术发展中发挥龙头作用、示范作用和辐射作用，带动整个学科群的建设。

2. 中医药重点学科是培养和造就高素质创新人才的摇篮　重点学科建设重在知识创新，而培养创新人才是知识创新的基础。通过重点学科的博士点和硕士点可以持续地培养出具有创新意识和创新能力、在国内有影响的高水平的中医药学术骨干和学术带头人，可以开拓新的学术领域，培育新的学科增长点。

3. 中医药重点学科是出高水平科研成果的基地　通过重点学科建设可以促进科技进步，一方面使科研成果转化为教学资源，形成课程，促进教材内容的更新。另一方面转化为现实生产力，直接为经济建设服务。

四、中医药重点学科建设的目标和任务

1. 中医药重点学科建设的目标　中医药重点学科建设的总体目标，是推动以临床疗效为核心的中医药学术水平的提高。中医药学科建设的最终目标是为了提高学术水平，而衡量学术水平的核心是临床疗效。因此，重点学科建设必须紧紧围绕提高临床疗效进行。在这个目标下，通过重点学科建设，建设一批在医学科学或生命科学领域中具有领先地位的中医药学科，使之成为开放性教学和科研基地，成为国内外交流与合作的基地；通过重点学科建设，形成若干个能立足于中医药学术发展前沿的中医药知识创新和技术创新基地，使之成为中医药学术发展的创新源，并通过成果转化为社会发展和经济建设做出贡献；通过重点学科建设，自主、持续地培养中医药高层次创新人才，为中医药事业发展提供后备力量和智力储备；通过重点学科建设，建设一支具有良好政治业务素质、结构合理和相对稳定的教师队伍，培养建设一批学术造诣较深、具有创新思想、在国内外有重要影响的学术带头人。

2. 中医药重点学科建设的任务　对本学科文献（包括古代文献和现代文献）进行全面的整理和研究，并通过系统的分析和归纳达到两个目标：一是建立本学科的文献数据库；二是探索新的理论或学说，从而丰富和完善本学科的理论体系。

通过研究明确本学科的内涵和外延，规范学科名称，提出本学科下一个层次学科分化设置方案。提出本学科名词术语的标准化方案，对这些名词术语给以准确的描述和表达，从而建立中医药名词术语规范和标准。

根据不同层次的人才培养目标，确定不同的教学内容和要求，为课程体系建设和教学改革服务。

确定本学科学术发展的目标和研究方向，明确本学科建设的主要领域，提出可能实现的知识创新和技术创新点，并根据研究方向确定系列的研究项目。

继承和发展本学科学术，促进中医临床诊疗水平的提高；并将学科建设的成果和本学科的学术进展及时纳入教材，丰富和更新现有教材内容，为人才培养服务。

应用性学科实行产、学、研相结合，为社会发展和经济建设服务。

五、关于中医药重点学科建设的调整与改革

为了保障中医药重点学科建设确有成效，结合中医药学科的特点和实际，在实施这次重点学科建设中，无论是管理还是组织形式，无论是布点规模还是建设任务，无论是建设模式还是运行机制都有所调整和改革。

1. 建立领导责任制，强化组织管理　此次重点学科建设的组织管理分为4个层次：第一个层次是国家中医药管理局成立重点学科建设专家指导委员会。第二个层次是重点学科建设点所在单位。第三个层次是学术带头人。其任务是具体指导、协调本学科点的建设。第四个层次是学科带头人。

2. 依据学科建设目标，调整布点范围　第一批重点学科建设侧重于为教学服务，建设点都分布在各高等中医药院校。此次重点学科建设以提高临床疗效为核心。学科建设布点除了高等中医药院校外，还有研究院（所）和综合性中医医院。

3. 改革学科建设模式，注重体现行业行为　为了充分发挥重点学科的示范、辐射和带动作用，这次重点学科建设在建设模式上要求一个重点学科必须带5个以上不同单位的同类学科进行协作建设，以使学科建设不再是一个点而是一个面，是一个学科建设群体，从而形成全行业参与学科建设，重视学术发展的局面。

4. 建立有效的运行机制，充分体现竞争　为了体现实实在在的竞争，这次中医药重点学科建设确定一个学科布3个点同时进行建设，其中两个点国家资助经费，另一个点立项不资助。3个点之间进行竞赛，优胜劣汰。3年即一个建设周期后进行评估。学科建设成效显著，学术发展最好的点确定为局级重点学科点；基本完成建设任务的仍为重点学科建设点，可进入下一个周期继续建设；对于没有完成建设任务，学科建设成效不明显的将被淘汰。

此外，在重点学科建设实施中，要求各个学科必须建立以学术带头人和学科带头人为核心的统一、协调、有效的运行机制。学术带头人是本学科学术造诣较高的老中医药专家或担任领导职务的原学科带头人，主要对学科建设进行学术指导。学科带头人原则上是第一线工作的科（室）主任，他们是学科建设的具体执行者和组织者。强调学科带头人在学科建设中的核心作用，并赋予他们一定的与学科建设相关的人、财、物的自主支配权。

5. 强调以任务定经费，保证学科建设必需的条件　经费是完成学科建设任务的必要保障。在制定重点学科建设规划时，强调建设经费必须根据学科建设的任务进行测算，必须明确经费筹措的途径和来源，以保证学科建设任务的完成。

中国民族医学走向世界面临的机遇和挑战

诸国本

一、对传统医学和民族医学的认识

传统医药这个概念，世界各国有不同的理解，这种不同的理解来自于各国传统医药的水平和文化背景的不同。中国传统医药的涵义比较明确，没有歧义。《中华人民共和国宪法》第21条规定，要“发展现代医药和我国传统医药”。这里的传统医药就是指中国历史上传承下来的多种医学体系和医药知识。这个传统医学由四个部分组成：

1．中医学。它是以汉文化为基础，以《黄帝内经》为理论代表的传统医学，历史上一直是中国社会的主流医学。

2．民族医学。广义而言，是中华各民族传统医学的总称，包括中医学在内。但这里是指除中医学以外的各少数民族的传统医药，主要通行于本民族地区。

3．民间医学。指散在民间的草医草药和医疗方面有一技之长者。

4．融化和根植于中国文化土壤中的外来医学。它已经成为中国传统文化的一部分。

民族医学和中医学有一般的共性，在药物方面有相当一部分交叉应用，但又有根本的区别。它们在各自的民族文化背景中独立创造，自成体系，别具特色。如藏医学、蒙医学、维吾尔医学、傣医学等都具有鲜明的学术个性，它们不是中医学的一部分，而是分别属于不同的医学体系。中国的民族医药的丰富多彩实际上反映了医学文化的多源性。根据各地近20年的考察和调查，在中国55个少数民族中，有30多个民族的医药资料得到整理和总结，其中比较突出的是藏医、蒙医、维医、傣医、壮医、苗医、彝医、瑶医、侗医、朝鲜医、土家医等十多种。

从历史上看，民族医学的国际交往由来已久，有些外来医学已被中医学或某种民族医学所吸收，已经融入中国文化的大海之中，有的则仍然保持其相对的独立性。

二、民族医药对外交流的历史机遇

中国的民族医药到20世纪中叶已渐次衰落。这里有政策因素和社会因素，也有其学术发展的内在原因，但主要是辛亥革命后有关行政当局在医学领域实施“全盘西化”的政策造成的，民族医药的发展和对外交流，基本上处于自发自流的状态，而且限于边境地区。

当前，世界经济向“全球化”发展，地球村变得越来越小，中国在扩大开放中大踏步地走向世界，为中医学和民族医学的国际交流合作提供了广阔的前景和良好的机遇。这种机遇来自主观和客观两个方面。

1．主观方面，是由于中国的民族医药有自己的特色和优势，主要表现在：

民族医药对某些常见病、多发病、疑难病的诊治具有较高的疗效，例如藏医对中风、癫痫、萎缩性胃炎、肝胆疾患，蒙医对骨折、脑震荡，维医对哮喘、白癜风，瑶医对肿瘤、红斑狼疮都有很高的疗效。

民族药和中药一样，都是自然药物。例如《晶珠本草》载药2294种，其中植物药837种，动物药448种，矿物药862种，炮制加工品147种，这些药物都具有安全有效、无毒副作用或毒副作用很小以及纯天然、无公害、无污染等特点。

中国正在实施西部大开发战略，民族医药工作将得到全面加强。中国的西部包括陕西、甘肃、宁夏、新疆、青海、内蒙古、西藏、四川、云南、贵州等省、自治区，都属于少数民族自治地区或多民族省份。国家中医药管理局根据国务院的战略部署，拟定了《关于切实加强民族医药工作，为实施西部开发战略服务的意见》，准备实施一个重点加强民族医药医疗、科研、教育机构和人才培养的方案。这是中国民族医药走向世界的内在力量和主观条件。

2．客观方面，人类心向自然。主要是在工业化以后，整个世界的环境日趋污染，自然生态平衡遭到破坏，气候反常变得恶劣，自然景观今非昔比，这是自然条件的变化。另一方面，人类生活进入机器共生的时代，人与自然分离，生活节奏加快，长时间的工作疲惫，思想紧张造成的生理、心理压力有增无减，饮食不节和房室不节，营养过剩或营养不均，四体不勤，户外活动减少，造成一系列“疲劳紧张综合征”，富贵病、营养不良病以及种种怪病，从而使人们警醒过来，形成“回归自然”的世界潮流。

现代医药的局限性。现代医学在近两百年中取得了举世公认的巨大成就，占领了世界医学的主导地位，但也有其不足的一面，现代医学对不少疑难病缺乏疗效，医疗模式僵化，医患关系冷漠，医疗费用昂贵，加上手术治疗的滥用，抗生素使耐药菌株不断出现，体内正常菌群失调，化学药品的毒副作用更难以解决，于是人们不断地转向传统医药和自然疗法，许多长期被疾病折磨的患者总是把求生的希望投入未知的医学领域，从民族医药的科学性和神秘感中寻找灵丹妙药，这一切都为中国的中医学和民族医学走向世界，西方的替代医学传到中国提供了客观条件，创造了发展机遇。

三、民族医药发展面临的挑战

中国民族医药走向世界的道路并不是平坦的，光靠主观的想象，不经过艰苦的努力，是不可能达到预期目的的。首先是中西方文化背景不同，医学体系不同，社会体制不同，医学的交流必然经历一个认识过程。从中国民族医药队伍来说，外向型人才十分缺乏，也严重地制约了走向世界的力度和速度，其次，民族医药本身的水平和质量还不足以在某些医学领域“压倒群芳”。由于继承和发扬不足，在许多常见病、多发病、疑难病面前尚缺乏足够多的比西医优越的高招。第三，民族药品的疗效和内在质量还有待改进。经营方式、包装、说明书都需要和国际接轨。第四，民族资源并不富裕，缺乏可持续发展的条件，需要合理开发、大力保护和种植栽培。

从西部来说，笼统地讲药物资源丰富是不切合实际的。中国西部大体上分西南和西北两大部分，西南地区以云、贵、川植被较好，基本上都是“植物王国”和“动物王国”，药物资源相对比较丰富。但近几十年来，森林破坏很多，水土保护不良，环境污染严重，也要及早注意资源保护和合理开发。总体上讲，西北地区植物的品种不多，储量不大，资源保护尤其重要。谈大西北的资源开发，千万要慎之又慎，留有余地，实际是“有限资源论”、“植物资源贫乏论”。夸大一分，都是谬误。

四、民族医药走向世界的几点思考

1．外事以内事为基础。要切实加强民族医药工作，不能光喊动人的口号。

2. 鉴于当前中国的民族医药企业规模偏小、技术含量偏低、管理水平不高、竞争能力较差等特点，需要扩大规模，改革机制，或采取资本运作方式引入资金，增强企业实力。在未来若干年内，企业兼并会大量增加，小企业会屡屡淘汰。因此今天发展民族医药企业，起点要高，标准要高，要避免乱办药厂，重复建设。

3. 对民族医药走向世界，首先由各企业自己做出方案，认真实施，然后总结经验，全面推广。同时要作为整个国家的产业政策和外贸政策的一部分，统筹规划，全面协调，与中医药一道，在世界传统医药市场上占有一席之地。

4. 要选择若干个民族医药专科，总结和宣传其突出的临床疗效，以医带药，扩大专科用药的生产，为民族医药走向世界开辟道路。

5. 为一批民族药的地方标准转为部颁标准做出种种努力。既推进继承，发展学术，又稳定品种，稳定生产，稳定企业，稳定地方经济。

6. 中国民族医药学会要继续“团结队伍，发展学术”，为扩大民族医药的对外交流与合作引路搭桥，尽心尽力为医疗、教学、科研服务，为民族医药企业服务。

关于中医药继承与发扬的思考

桑滨生　李振吉

人类历史已经进入了21世纪，随着社会的发展和科学技术的进步，在中国传统文化背景下产生和发展起来的中医药学，其继承与发扬问题，越来越引起人们的关注。对于怎样继承，如何发扬，人们在认识上不尽一致，仁者见仁，智者见智，解决好这一命题，是事关中医药事业发展的大计。

一、继承与发扬的概念和内涵

1. 什么是继承　所谓继承，一是指后人继续做前人曾经做过的事业，二是指后人继续做前人未竟的事业。继承的形式是“承接”，继承的内容，是“遗业”。

2. 什么是发扬　所谓发扬，即在原事物基础上的发展、提高、创新和突破。可以认为，所谓发扬，是指以原事物为基础，并对原事物的发展提高。

3. 继承与发扬的关系　继承与发扬是辩证的统一，继承是发扬的基础，发扬是继承的目的，继承是为了发扬，发扬是为了更好的继承。继承与发扬是同一事物发展的不同侧面，是不可分割的统一体，没有继承，发扬就变成了无源之水、无本之木；没有发扬，继承就失去了本身的意义。继承之中孕育着发扬，发扬之中蕴涵着继承，任何将二者割裂开来的做法都是错误的。继承与发扬是不断变化和运动的过程，二者相互联系、相互渗透、相互依存、相互促进。继承与发扬，在不断交替中前进，在某一时期属于“继承”范畴的事物，随着时代的变化，总会不断吸收先进的东西丰富自己，使之得到发展和提高。“发展”之后的事物又开始了下一次“继承”。事物就是在这样循环往复的“继承、发扬，再继承、再发扬”之中得以不断提高。

就中医药学而言，在继承与发扬的关系上，要强调继承是基础，要掌握中医药学的基本理论、基本观点和方法，把有特色、有价值的东西充分地继承下来，同时也要强调继承的目的在于发扬。中医药学作为一门科学要不断地创新、不断地开拓新的学术领域，必须与现代科学技术相结合，不断促进中医药现代化，这样才能有朝气和活力，才能有生命力。

4. 中医药学继承与发扬的内涵和规律　中医药学继承与发扬，主要是指中医药学学术上的继承与发扬。就该学科和所相属的事业而言，学术和事业是相辅相成、相互促进的，学术是事业发展的基础，是事业发展的核心，只有该学科的学术得到了发展，所相属的事业发展才能有坚实的基础和内在动力。反之，事业是学术发展的结果，是学术发展的标志和体现，事业的发展能够为学术的发展提出更新的目标和要求，并为学术的发展提供宽松的环境与物质保证。

在继承与发扬中，人才是最关键的因素。学术是事业发展核心，而人既是学术存在的重要载体，又是学术发扬的能动力量，任何学术继承、创新都是通过人的努力来完成的。人在继承与发扬中起着主动性的作用，继承与发扬主要是通过人才来实现的，因此，做好中医药继承与发扬工作，核心是学术，关键是人才。

二、为什么说中医药继承与发扬比任何时候都重要

1. 现代科学技术和社会发展的要求　中医药学产生于两千多年前，是在中国传统文化背景下产生和发展起来的。进入20世纪，中医药面临的社会文化背景发生了巨大的变化。首先，是现代科学技术的迅猛发展以及在世界范围内的广泛传播，各学科相互融合、相互促进，不断推进着科学技术向更高层次发展，已经成为现代科学发展的总体趋势；其次，以现代科学技术为基础发展起来的现代医学，随着现代科学技术的不断进步，得到了快速的发展，成为人类卫生保健主体力量；此外，随着社会的进步和生活水平的提高，人们对生命质量和医疗保健提出了更高的要求，这些都是中医药在发展史上遇到的新情况和问题，面临的新的形势和挑战。

同时，随着科学和社会的进步，影响人类健康的因素以及医学的模式都在发生着转变，特别是随着疾病谱的变化、社会老龄化速度的加快，以及药源性疾病的增加，人类回归自然、崇尚天然药物和自然疗法，已成为当今医学科学发展的一个重要趋势。医学的任务将从以防病治病为主逐步转向以维护和增强健康，提高人的生命质量为主。中医药学的整体观思想和运用天然药物（疗法）的特点，符合人们对保护和增进健康的要求，符合医学模式的转变和医学科学的发展趋势，受到了世界医学界的重视和各国人民的欢迎。目前，世界许多国家都在认真研究和广泛应用中医药，中医药的发展面临着新的社会需求。这些又为中医药的发展提供了新的机遇。

然而，目前我国中医药的发展还不能完全适应时代的变化，不能与现代科学技术和社会发展相适应，中医药的学术发展相对滞后，与中医药事业的发展不相协调。学术发展是事业发展的基础，学术发展的滞后，在一定程度上影响了中医药事业的发展。因此，根据时代的变化，适应时代的要求，做好中医药的继承与发扬工作就显得更加有意义。

2. 中医药学自身特点的要求　中医药学其发展形成具有两个鲜明的特点，一个是其实践性，一个是其科学性。实践性是说中医药学与医疗实践的紧密结合，它从临床出发，上升为理论，又紧密结合临床，回归临床，为临床服务。长期的医学实践为中医药学积累了大量的医学知识与医疗经验，这些宝贵的医学知识与医疗经验需要得以流传和发扬。科学性是说中医药学有一套独特的理论体系，中医学理论体系，是引入和运用了古代哲学思想对医疗实践经验和医学知识加以整理、概括和总结而建立起来的，两千年来，它一直指导着中医的临床实践。可以说，属于自然科学范畴的中医药学，其理论是建立在属于社会科学范畴的哲学基础之上的。在现代科学技术高速发展的今天，如何将现代科学理论和技术引入中医药学，发展中医药学，是中医药学发展面临的新课题。

中医学理论与现代医学基础理论不同，它是建立在医疗实践基础上，而不是建立在自然科学实验基础上，它是在古代哲学思想基础上形成的，而不是在自然科学理论基础上产生的。中医药学的理论体系在自然科学领域中，有其相对的独立性和不兼容性，可以独立于现代科学之外而发展。中医学理论的特点，决定了中医学与现代科学的相互衔接上必然存在着差距，中医药学在吸纳和利用现代科学技术方面也存在着一定难度。然而，中医药学既然是一门自然科学，就应当具备一般自然科学的属性。自然科学的发展证明，现代科学之间是相互融合、相互促进的，谁能充分吸收和利用现代科学技术成果，谁就能得到快速的发展。做

好中医药学的继承与发扬工作，就是促进和加快中医药学与现代科学技术的相互衔接，充分吸收和利用现代科学技术发展中医药。否则，中医药学将难以跟上时代的发展。

3. 遵从中医药学术流传的规律　从中医药学术流传的规律看，人才是中医药学术的载体。历史上，中医药学术，主要就是以各种学派或流派的形式，不断得以流传发扬光大的。历代的名老中医，是各种学派或流派带头人，是凝聚中医药学术思想的核心，是发扬中医药学术思想的活跃因素。然而，目前在我国真正具有中医药学术思想的老一代大师级名医，已为数不多，且面临着高龄化。因此，做好现有名老中医学术思想和经验的继承工作，是一项艰巨而紧迫的任务。

4. 解决中医药发展中存在的问题　我国中医药发展由于社会历史环境的变化，与传统的发展模式相比发生了很大变化，例如，行医模式由个体行医为主发展为以医院为主，传统的师承教育发展为院校教育为主，这种改变也给中医药发展带来了新的问题和新的矛盾。目前，许多老中医在这方面存在着忧虑和担心，主要是：①在中医医院发展的模式上，中医医院内应用西医的治疗方法占相当比例。②在中医药教育方面，中医学院的学生学习西医的时间花费较大，认为长此下去中医学被西化，中医学术被淡化，中医药事业的发展将会受到影响。这些都需要我们认真研究继承与发扬的内涵与规律，提出切实可行的措施，在实践中不断探索，不断加以解决。

三、如何做好中医药继承与发扬工作

1. 建立适应社会主义市场经济要求的中医药服务体系　中医医疗机构是中医药继承与发扬的重要阵地。目前，我国中医药服务体系还不能完全适应社会主义市场经济要求，主要表现是发展模式、服务结构不合理。我国现有的县以上中医医疗机构，在体制上基本是国有制形式，发展模式上基本是中西医结合型。大部分中医医疗资源多集中在大中等城市，中医医疗资源利用率不高。而在农村和城市的社区，中医医疗服务又相当薄弱，甚至空白。

要调整不合理的中医医疗资源分布结构。通过改革，将城市相对集中、过剩的中医药资源合理向农村、社区流动。大力发展农村，社区中医医疗服务，通过政策导向，吸引社会资源进入农村和社区的中医药领域。在城市鼓励发展大型现代化的中医医疗中心，在农村和社区鼓励大力发展小型特色化的中医药诊所。

要调整不合理的中医医疗资源功能结构。根据我国目前现实情况，可先区分好各级各类中医医疗机构的功能定位。省级中医医疗机构应建成大型现代化的综合型中医院；地市级中医医疗机构应建成中医特色突出，具有相当综合功能的综合型中医院；县级中医医疗机构应办成突出中医特色、大专科、小综合型中医院。鼓励兴办主要应用中医药治疗的中医医疗机构、中医专科医院、中医诊所。

要改革不合理的中医医疗资源体制结构。中医医疗机构基本为公有制的现状，不利于引入社会资金，不利于引进竞争，不利于中医药事业的发展，必须改革目前中医医疗机构体制单一的状况。应鼓励社会和个人以各种形式投资兴办中医医疗机构，在城市社会和个人投资兴办的中医医疗机构应不受区域卫生规划的限制。在农村和城市社区，应放开和提倡兴办个体中医诊所，发展农村和社区中医药服务。

2. 大力开展科学研究，提高中医药学术水平　大力开展科学研究是做好中医药继承与发扬的重要手段。要充分利用现代科学知识和技术方法开展中医药科学研究，为中医药发展服务。大力提倡运用传统的方法研究中医药。要遵循中医药学的发展规律，以传统的中医药理论为指导，开展中医药研究。要做好中医药临床研究，以提高临床疗效为目标，在临床中对医疗实践进行认真的观察、概括、归纳和总结，提炼出有效的经验和方法，找出规律，继而上升为理论，再指导中医的实践，只有这样，才能更好地提高中医疗效，发展中医理论。要开展运用传统的方法研究中药，中药研究要以中医理论为指导，遵循中药理论，与临床实践紧密结合，以临床需求为动力，不断丰富中药理论知识，促进中药的发展。

当前制约中医药发展的关键因素，是中医药学术发展缓慢，其根本原因是中医药科技进步发展缓慢。作为以学术为基础的中医药事业，要真正得到发展，关键在于利用现代科学技术，推动中医药学术发展。因此，要把发展中医药事业的思想引导到依靠科技进步上来，加大中医药科学研究的力度，不断提高中医药学术水平。要始终不渝地把提高中医药学术水平和临床疗效作为中医药工作的中心任务来抓。要把提高中医药学术水平和临床疗效作为判断中医药科技工作业绩的最终标准。

3. 抓好人才培养，提高中医药人员素质　培养合格的中医药人才，提高中医药人员整体素质，是做好中医药继承与发扬的根本。首先要把好中医执业人员的入口关，通过严格执业医师考试制度，加大中医基本知识、基本技能考核的比重，加强中医药理论的考核，提高执业人员的中医药理论水平。

中医药院校的学历教育是中医药人才培养的主要途径，是人才培养打好中医药理论基础的重要时期。临床研究生的培养，要解决“博士不博、临床不临”的问题，要采取得力的措施，引导他们在临床实践中继承，在临床实践中探索，在临床实践中创新，以培养一批高水平的临床家。

中医药人才成长需要终身的教育过程。把造就新一代名医和培养学术带头人放到人才培养的突出位置。要为人才成长和脱颖而出创造良好的政策环境。

中医药继承与发扬任务艰巨而繁重，这是时代赋予我们这一代中医药工作者的光荣使命，也是我们义不容辞的历史责任。

发展中医药必须加强知识产权保护——中药知识产权的保护方式

张伟波

一、加入 WTO 对中国中药产业的影响和对中药知识产权保护的新要求

中国已加入 WT0，意味着将更大幅度地开放国内医药市场。加入 WTO 后，中国将医药产品的关税降低到与其他 WTO 缔约方相等的关税水平，国外品牌药、新药会大量涌入。而随着市场进一步开放，国内企业为了生存和竞争的需要，也将迫使自己注意新技术、新工艺在药品生产中的应用，如引进国外的先进技术和设备，全面实行 GMP 生产等，从而使国内药品价格大幅攀升。国内外药品价格差距的缩小，以及国外药品品牌、质量的优势，使国外药品市场份额将进一步加大。

同时，加入 WTO 也意味着我们必须按 WTO 制定的规则办事。当今世界，医药工业最大的特点是产业的高度专利依赖性和专利药品发达国家的高度垄断性。按照 1991 年 12 月通过的《与贸易有关的知识产权协议》(TRIPS)，药品将严格地实行药品专利和行政保护，企业将再也不能随意仿制新药。这几年由于 WTO 谈判进展缓慢，国内制药企业在国家有关政策的保护下赢得了仿制新药的时间，但随着全球贸易一体化的推进，中国专利法的修订和药品行政保护条例的实施，知识产权保护更加完善，仿制国外的产品将越来越困难，新药仿制几乎不可能，而研制一类新药需要先进的技术和设备以及大量的时间和金钱，显然，中国医药企业很少有能力进行这种新药的开发。同时，世界许多国家在新药开发方面寄托于植物药，美国植物药市场销售额近几年增长率达 15%。未来传统国际医药市场的潜在销售可达 400 亿美元。中国有 5000 年的中药知识积累和储备，而且这些知识的积累与储备全部是来自于临床经验的生物活性知识积累与储备，这为通过寻找先导化合物取得局部突破创造了极其有利的先决性条件。因此，一个重要的发展机遇展现在中国医药产业面前。

当今社会，知识产权已成为继物力、财力、人才三大经营资源后的“第四经营资源”。WTO 中的一项重要条款就是对知识产权的保护。过去由于中国对药品不实施专利保护，导致了不仅国内医药生产企业可以相互无偿仿制，而且对于国外仿制中国的中药产品也束手无策。1992 年 9 月全国人大通过了关于修改《中华人民共和国专利法》的决定，扩大了专利的保护范围，第一次将药品（包括中药）纳入知识产权的保护范围，有利地促进了中国医药科技事业的发展。

面对中国加入 WTO 的挑战，国内医药企业应该充分利用法律手段来保护自己的知识产权，维护自己的合法权益。为了使中药现代化事业在 21 世纪健康、有序、持续、快速地发展，使研制者、生产者、经营者和使用者利益都得到有效的保护，促使走出国门的中药在国际上站稳脚跟，加强知识产权的保护，是国家和企业均应高度重视和认真研究的课题。特别

是加入 WTO 后，国家应当加快制订和完善中药知识产权保护的相关法规，保护企业和中药研制单位的利益，防止中国中药知识财富的流失。

二、中药产品知识产权保护方式

随着中国对知识产权保护的重视程度日益加强，开始对新药实行专利保护并对符合一定规定的药品实行行政保护。对国内企业来说，搞清楚药物的保护状况，不仅对于企业维护自身的知识产权或其他合法权益是十分有益的，而且对于企业长远发展方向的确立也具有指导性的意义。就中药产品知识产权保护方式来讲，主要有专利保护、新药保护、中药品种保护和传统的保密方式以及商标保护。

1．传统的保密　这是中国中药行业上千年发展史中，业者进行自我保护所采用的传统手段。如以秘方的形式加以保护，保密措施就是我们熟知的“祖传”，“传子不传女”等。这在古代中药的采摘、炮制、处方还处于个人或家庭小规模经营活动的时期，是非常行之有效的保护措施，但随着时代的发展，中药生产已形成工业化大生产规模。

2．新药的行政保护　中药是一种特殊的商品，在中药新药的申报过程中，国家对其类别有着严格的规定。根据《中华人民共和国药品管理法》关于新药审批的规定，卫生部制定下达了《新药审批办法》和《有关中药部分的修订和补充规定》。新药保护只是国内强制性的行政保护措施，国内制药企业要想走向世界，积极参与药品的国际竞争，只有依靠专利这一武器才能保护自己的药品知识产权。

3．《中药品种保护条例》　目前大多数中药企业对自己的产品采取的保护措施主要是中药品种保护，它是以国务院颁布的《中药品种保护条例》为依据，属于一种行政法规的保护。有专家认为中药品种保护实质上是知识产权中商业秘密的保护形式，应属于现在的商业秘密保护，具有审批速度快、保密性强、执行力强等特点，企业对中药品种保护采取了积极态度，应该说从中药领域的技术特征看，中药品种保护是中药知识产权保护的重要方式之一。但在实践中，中药品种保护还存在着自身的缺陷：

（1）中药品种保护所保护的仅仅是中药品种，对中药技术开发的前期研究活动中的技术秘密包括处方组成和工艺制法是无法加以保护的。

（2）对于同一种中药品种，企业所享有的中药品种保护权不具有排他权。它主要针对中药作为一个品种上市的调节与管理，但是却不能解决该品种所含技术的财产归属。

（3）中药品种保护会受到专利保护的阻截。中药品种保护对企业不具有战略保护的作用。

4．专利保护　专利是保护发明创造最有效的手段，专利所保护的是发明创造的技术方案。对于药品发明，其最本质的特征是：药品的技术特征、药品生产方法的技术特征和药品应用的技术特征。药品的开发与申请专利是密不可分的。在寻求专利保护时，应注意以下几点：

（1）单纯的处方是不能获得专利保护的，申请专利保护的应是可进行工业化生产的中成药产品。

（2）把握申请专利的时机。中国专利制度采用先申请制，即专利权属于先申请人，因此推迟申请很可能由于已被其他人占先或发明已被公开等原因而丧失专利权。而且，发明专利的审批时间一般需要 2～4 年，这段时间内专利的保护作用是“暂时性”的，不能提供很有效的保护，如果在此期间发生侵权纠纷对申请人也是很不利的。因此申请人应当及时提出专利申请，并利用中国专利法的规定控制后续程序，如进一步完善技术主题，适时提出实质审查请求，及时申请复方制剂及用途等相关发明，以及药品包装的外观设计专利等等，这种立体交叉式的申请可使药物得到全方位的保护。

5．中药商标保护　1982年中国开始实施商标法，商标法规定，人用药品必须使用注册商标，未经注册不得在市场上销售。中药商标保护主要可从以下几个方面进行：

（1）统一商标与个别商标灵活运用。统一商标又可称为主商标，是指企业生产经营的中药产品均使用同一商标，成为企业的象征。个别商标是指中药企业根据产品的不同情况而采用不同的商标。它主要适用于不同类别、不同档次、不同品种及新的中药产品。

（2）重点突出商标名，淡化药品通用名称。协调两者之间的关系，可以采取以下方法：①对中药新品，即专利保护或中药品种保护的产品上应重点突出商标名；②古典名方或传统制剂的新的生产厂家或市场占有率较低的厂家，可尝试启用新的商标名，而淡化通用名。③在市场上已有较高商标知名度的产品，可以通过商标宣传来巩固自己的市场。

（3）重视商标宣传。

（4）防止商标名淡化。要防止商标失去显著特征而变成通用名称，一般可采取以下方法：①在商标上一定要注明“注册商标”或“R”，以免他人发生误解。②在宣传和使用上要注意把商标与他的通用名称结合起来，如尼康照相机，让公众知道商标名和通用名称的区别。③一旦发现他人将自己的注册商标作为商品的通用名称使用时，应及时发出警告，以阐明商标名与通用名称的区别。④在一个新产品被开发成功之后，应创造一个对公众来说可以使用，可以接受的通用名称，否则公众就会避繁就简，逐渐把商标作为通用名来使用。⑤在药物说明书上，将两者描述清楚。

（5）避免注册不当。

（6）道地中药材应使用注册商标。

总之，中药企业应根据自身的情况，选择适合自己的保护方式。

行 政 管 理

一、工作概况

（一）2001年全国中医药工作概况

2001年全国广大中医药工作者坚持以“三个代表”重要思想为指导，认真贯彻落实江泽民同志关于中医药工作的重要指示，坚持一手抓改革，一手抓继承发展，不断深化改革、开拓创新、勤奋努力、扎实工作，推动中医药各项工作取得了新的进展，实现了中医药事业“十五”计划的良好开局。

1. 中医医疗机构改革　与医改相关的中医药政策进一步完善和落实。在国家中医药管理局与有关部门共同制定下发的《关于完善城镇医疗机构补偿机制落实补偿政策的若干意见》《关于进一步做好医疗机构药品集中招标采购工作的通知》等医改配套文件中，进一步明确和完善了相关的中医药政策，较好地体现了中医药学的特点和中医药工作的实际。许多省（区、市）颁布的相关配套文件中，对中医药内容做了相应规定，为中医药事业的发展创造了有利的政策环境。例如，浙江省专门出台了《中医药参与社区卫生服务的意见》，对中医药参与社区卫生服务提出了明确要求。各地重视在区域卫生规划中对中医药资源的优化配置，积极尝试提高区域中医药资源利用效率的途径和方式。例如，上海、济南、牡丹江等地开展了组建中医医疗集团的探索；江苏省部分地区在组建以市（区）中医医院为龙头的中医医疗集团过程中，还积极进行了卫生局委托管理、股份制改造、合作经营及经营权与所有权分离的试点工作；武汉市洪山区中医院适应市场需求，创建了以中医药为特色的社区卫生服务中心，进行了中医医院走向社区的有益尝试。中医医疗机构分类登记工作基本结束，各地正进一步清理非营利性中医医院与其他社会单位合作设立的非独立法人资格的营利性科室、病区和项目。药品收支两条线管理、中医医疗服务价格调整等工作逐步深入，国家中医药管理局会同国家计委、卫生部确定了97项中医医疗服务价格项目规范。许多中医医院通过药品集中招标采购，初步遏制了药品收入的过快增长。例如，广东省大多数中医医院招标品种达到全部用药品种的50%以上，其中中山市中医院药品招标量占全部药品的95%，中标价格比原进货价格平均下降26%，大部分让利给了患者。各地比较普遍地实行了“病人选医生”和“住院费用一日清单制”，加快了人事与分配制度改革步伐。例如，无锡市中医医院积极推行专业技术职务评聘分开，实行全员聘用合同制、人事代理制和优劳优酬的分配制度，有效激活了医院的内在活力。国家中医药管理局重点中医专科建设项目的遴选评审工作基本完成，初步确定了161个局级重点中医专科建设单位。各省（区、市）在加强省级重点中医专科建设方面也做了大量工作。例如，北京市去年启动“首都中医医院专科医疗服务网络携手工程”，形成了首都中医专科服务网络。全国执业中医师考试加大中医内容比例，加强了中医师队伍的中医业务能力建设。

2. 农村中医药工作　国务院办公厅转发了《关于农村卫生改革与发展的指导意见》，国家中医药管理局认真学习贯彻，积极与有关部门沟通协调。各地中医药行政管理部门采取切实措施，改进和加强农村中医药工作。例如，一些县级中医医院通过与乡镇卫生院联合协作开展医药下乡活动，带动了乡村中医药工作的开展；江苏省针对苏北地区中医医院基础薄弱、发展不平衡的状况，组织开展了第二轮“帮扶计划”，确保资金技术落实，收到了很好的效果。2001 年又有 13 个全国农村中医工作先进县（市、区）建设单位通过评审，新确定建设单位 33 个，至此，全国已有农村中医工作先进县（市、区）60 个，建设单位 94 个。各地创建省级农村中医工作先进县建设工作也不断取得进展，进一步加强了乡（镇）、村中医药服务功能。2001 年 9 月，国家中医药管理局在黑龙江省大庆市召开了全国农村中医药适宜技术推广工作现场经验交流会，推广了为广大农民服务的“十百千万工程”建设经验。

3. 中医药科技工作取得新的进步　中国中医研究院及其所属的中医基础理论研究所作为国家社会公益性科研院所科技体制改革试点，已取得初步进展。中医药科研管理体制改革打破地区、行业界限，初步形成了以市场和社会需求为导向、多学科参与中医药科学研究的新局面。中医药科技工作紧紧围绕提高中医药防病治病能力这个中心，以加强临床研究和人才培养为重点，在基础研究、临床研究、中药研究思路上进行了调整。国家中医药管理局与有关部委共同开展的“中医现代化科技发展战略研究”、“中药产业推进战略研究”等软课题研究项目进展顺利。“中医药现代化和产业化开发”列入“十五”国家科技攻关计划重点项目，“中药材质量标准及中医临床疗效评价标准”、“中医药基础数据库”获科技部批准立项，启动了《国家针灸穴典》、“100 种配方颗粒专属性检测方法和质量标准示范研究”等一批项目。“71 种中药材质量标准规范研究”、“方剂与证药物动力学研究”获 2001 年度国家科技进步二等奖，973 项目“方剂关键科学问题的基础研究”顺利通过中期评估，攀登计划项目“经络的研究”和“中药现代化关键问题的基础研究”通过了验收，一批成果达到了国内领先水平。

4. 中医药人才培养步伐加快　初步建立了具有行业特点的中医药继续教育制度，全国开展中医药继续教育地区的覆盖率逐步扩大。2001 年组织实施国家级中医药继续教育项目 169 项，接受培训的人员达到 1.1 万人；完成了 7 个国家级中医药网络继续教育试点项目课件的制作。第二批老中医药专家学术经验继承工作基本结束，至此已有 710 名继承人获准出师。积极筹备开展第三批老中医药专家学术经验继承工作。启动了第二批局级中医药重点学科建设工作，确定了 24 个学科，遴选了 78 个学科点建设单位。扩大临床型中医药人才招生数量，注重把专业学位研究生培养与住院医师规范化培训相结合。北京、上海、广州、南京 4 所中医药大学开展了非医学专业本科毕业生攻读中医学博士学位试点工作，为培养高层次的复合型中医药科研人才开辟了一条新途径。

5. 西部地区中医药工作力度加强　国家中医药管理局与西部 12 个省（区、市）共同完成了《中医药在西部大开发中的作用研究》项目，同时下发了《国家中医药管理局关于加强西部地区中医药工作的意见》，加大了对西部地区中医药发展的资金支持力度。确定了 14 个局级民族医重点专科建设项目，开展了民族医药的文献整理工作，完成了与国务院扶贫办共同组织的西部中医医院（含中西医结合、民族医医院）管理项目筹备工作。

6. 中医药国际交流与合作势头良好　贯彻实施《中医药对外交流与合作十年规划》取

得新进展。加强了与一些国家政府间在传统医学立法、传统医学技术人员资格认定、传统医师注册等国家政策方面的交流与合作。例如，与新加坡、泰国、澳大利亚等国家通过政府间双边协议的签署，推动了双边传统医学的发展。国家中医药管理局继续加强与世界卫生组织的合作，参与了西太区传统医学发展战略的制订，努力推进全球传统医学的发展。在呼和浩特市成功地召开国际蒙医药学术交流会，交流了经验，宣传了我国民族医药的发展成就。

7. 中医药法制建设不断推进　2001 年又有北京、内蒙古、山西、安徽四省（区、市）相继出台了中（蒙）医条例，至此，全国已有 19 个省（区、市）出台了地方中医法规。《中华人民共和国中医条例》已正式上报国务院法制办。制定发布了《中医药实验室管理规范》《关于取得中国医学专业学历的外籍人员申请参加中华人民共和国医师资格考试有关问题的通知》《关于加强内地与香港中医医疗合作管理的通知》等一批部门规章和规范性文件。国家中医药管理局对中医药部门规章和规范性文件进行清理，废止了一批过时的部门规章和规范性文件，并清理了一批行政审批项目。制定并实施了中医药法制宣传教育第四个五年规划。在国务院的统一部署下，各地开展了严厉打击非法行医、整顿医疗服务市场秩序的专项治理工作，进一步整顿和规范了中医医疗服务市场秩序。

8. 精神文明建设取得成效　国家中医药管理局与国务院纠风办、卫生部、监察部共同在广州召开了全国卫生系统行业作风建设现场会，推广了广东省中医院加强行业作风和精神文明建设的经验。中医医疗机构认真开展向广东省中医院学习的活动，积极采取有效措施，在社会上树立了良好的形象。

9. 其它中医药工作　中医药政策研究、新闻宣传、政务信息化建设等工作得到进一步加强；召开了首届全国民办中医医院院长座谈会，研究探讨了民办中医医疗机构建设与发展的经验、问题及相关政策；在陕西、宁夏、湖北等十省（区、市）开展了较大规模的中医医疗需求与服务调查，为下一步中医药事业发展的科学决策提供了重要依据；中国（天津）首届中医药文化节等重大活动的举办，进一步扩大了中医药在全社会的影响。

（国家中医药管理局办公室规划处　刘群峰）

（二）2001 年各省、自治区、直辖市中医药工作概况

2001 年北京市中医工作概况

2001 年北京市中医各项工作取得了新的进展，实现了中医工作“十五”计划的良好开局。

1.《北京市发展中医条例》顺利出台　2001 年 6 月北京市人大常委会第 27 次会议通过了《北京市发展中医条例》，并于 2001 年 10 月 1 日起正式实施。这是首都中医事业发展中一件具有里程碑意义的大事，使北京市的中医工作进入了有法可依，依法发展的新时期，为首都中医药事业持续、健康有序地发展提供了可靠的法律保障。市人大、市政府共同召开了“学习贯彻《北京市发展中医条例》动员大会暨新闻发布会”，市中医管理局举办了两次全市 34 家中医医院参加的大型义诊、咨询活动，发放宣传手册 13000 余册，收到了很好的社会

效益。

2. 中医医疗机构和内涵建设进一步加强　全市中医、中西医、民族医院建设得到了巩固和加强，已发展到了29所。在区域卫生规划配置中，保证了每个区、县都有一所非营利性中医医院，全市共开放床位5970张，中医技术人员7100名，年门诊量560万人次，比上年增加了4个百分点。尤其是在各级政府的大力支持下，全市有11所区、县级中医医院病房楼和门诊楼得到了改建和扩建，怀柔、顺义、延庆、平谷、大兴5所中医医院，近2万平方米的病房楼落成，进一步改善了人民群众的就医条件和环境。

在内涵建设方面，全市中医工作以继承与发展为主题，以发挥中医药特色优势，提高临床疗效为重点，确定了5个市级重点学科单位、20个市级重点专科单位。启动了“首都中医医院专科（专病）医疗服务网络携手工程”，全市27所中医、中西医结合医院积极参与，组建完成了43个中医专科（专病）携手网点建设，通过各级中医医院间优势专科的技术协作，为满足人民群众对中医医疗特色服务提供了方便条件，深受群众欢迎，推动了全市中医医疗整体水平的提高。同时，开展了“北京地区综合医院示范中医工作建设单位”工作，友谊、朝阳、宣武、天坛、儿童、回民等六所综合性医院被确定为“示范中医工作建设单位”。

3. 科技管理体制改革及人才培养步伐进一步加快　2001年市科委和市中医管理局联合下发了《北京市中医科技发展“十五”计划和2010年规划》，明确了中医药科技发展的指导思想、发展目标和重点研究领域。在中医药科研管理体制上，积极推行项目制、课题制管理模式，打破了地区、行业界限，启动了中央在京单位与市属单位在中医药重大课题的联合攻关项目；实施了“北京市125人才培养计划”和第三批老中医药专家学术经验继承工作。

4. 农村中医药工作和社区卫生中的中医药服务工作进一步加强　市中医管理局加大了对远郊区县中医医院的投入。在对延庆、怀柔、房山、门头沟等10个郊区县调研的基础上，制定了全市农村中医工作先进县建设标准。同时启动了“示范中医药社区卫生服务中心（站）”的建设工作，积极探索中医药参与社区卫生的方式、模式和内容。制定了“北京市加强中医药社区卫生服务的指导意见”，调动了各区县卫生行政部门对农村中医工作和中医药社区卫生服务工作的积极性。

5. 中医行业医疗质量管理及依法治理工作进一步深入　筹建了“北京市中医医疗质量监测分中心”，开展对全市34所中医、中西医结合、民族医医院医疗质量及综合功能的监测工作。组织完成了全市18个区、县中医医疗服务与需求调查；对全市28000名居民进行了47项中医需求入户调查；完成了200所各级医院医疗服务情况调查以及700所中医医疗机构医疗服务情况调查，为制定区域规划及合理配置中医药资源提供了翔实的资料。

在整顿中医药医疗服务市场的工作中，重点对药品零售企业中的违法坐堂医疗活动和中医医疗广告中的不规范行为进行了治理。严格中医机构和人员的资格审查及准入管理，协调有关部门，完善法规、规章，做到打建并举，为净化首都中医医疗市场和打击违法行医行为起到了积极的作用。

（北京市中医管理局）

2001年天津市中医工作概况

为贯彻2001年全国中医药工作会议精神，全面落实2001年中医药工作重点任务，2001年天津市中医工作主要围绕以下几个方面开展。

1. 调整资源，集中优势，深化改革　根据全市中医药资源的整体规划，确立天津中医学院第一附属医院为中医医学中心，并逐步建立3所设施完善、管理现代、服务一流的现代化医学中心。确立天津中医学院第二附属医院、市中医医院、市中医药研究院附属医院、南开医院、长征医院等5所医院为区域性中医、中西医结合医院。规定占地面积5万~7万平方米，病床500~700张。全市各区、县中医医院均要建设1所符合标准的中医医院，病床不少于60张，占地面积不少于3600平方米，作为本区、县中医医疗中心，发挥中医学医疗、康复的特色，并在社区卫生服务中充分发挥其指导作用，服务功能向辖区辐射。在社区卫生服务中要求每一个社区卫生服务站须配备1名中医医师。逐步解决城市社区和农村资源相对不足的状况，鼓励在社区卫生服务中开展多种形式的中医服务，鼓励引导城市中医药人员、技术向农村流动，发挥中医药资源在农村初级卫生保健中的作用。

组建天津市中医药研究院（集团），由市中医药研究院、长征医院、市中医医院、市中医药研究院附属医院、市医药科学研究所联合组成，形成以科技为先导，以临床和药品开发为两翼的发展格局，加快中医药研究和新药开发。

坚持以病人为中心，实行病人选择医生，引进竞争机制，促进医疗机构内部运行机制改革，深化医疗机构人事制度和分配制度改革，定岗定编、竞争上岗、逐级聘用、分类管理。按照《医疗机构管理条例》和《医疗机构分类管理实施意见》，完成并开始实施对23个中医医疗机构的分类管理。建立和完善中医医疗机构、中医药从业人员、中医药技术项目等准入制度，进一步加强中医医院的内涵建设，规范医疗行为。实行按岗定酬，按业绩定酬，拉开收入距离，优劳优得，多劳多得。推进医院后勤服务社会化，组建企业化的后勤服务经营实体，自主经营、自负盈亏。

2. 切实加强农村中医工作、积极推广中医医院社区服务经验　在经过充分调研的基础上印发了《关于进一步加强我市农村中医工作的指导意见》，全市将逐步建立以区县中医医院为龙头，乡镇卫生院中医科为枢纽，乡村卫生所中医药人员为基础的农村中医药服务网络。作为全国农村中医工作先进县的蓟县中医医院率先开展了社区中医服务，对各个服务站实行标准化、规范化、制度化管理。突出中医诊疗特色，开展适宜技术，提高社区服务站医务人员的整体素质，在专业技术提高的同时，尤其突出优质服务。用中医药诠释社区卫生服务“医疗、防病、保健、康复、健康教育、计划生育”六位一体的服务模式，开拓中医药服务范围。目前社区服务站每月的总收入达到了80余万元。

3. 规范中医医疗市场秩序，严厉打击非法行医　贯彻落实全国整顿和规范市场经济秩序工作会议精神，规范全市医疗市场秩序，彻底清理非营利性中医医疗机构中的营利性“科室”、“病区”、“项目”，严格禁止出租医疗用房，查处中医医疗机构中借泌尿、皮肤、感染等诊疗科目名义，擅自治疗性病的行为；依法清理药品零售企业中的非法医疗活动；制定相关规定，严格各中医医疗机构中使用的一次性医疗卫生用品的管理。

4. 法规及规划的制订工作　《天津发展中医条例》已由市政府法制办立项，经广泛征求各部委局意见，近期将在市人大进行立项，力争早日出台。在全国率先颁布了《天津市中西医结合事业发展规划》，明确了全市中西医结合事业发展的指导思想、总体目标、主要任务和保障措施，力争把本市多所医院建设成为立足天津、延伸三北、辐射全国的中西医结合示范基地。制定了《天津市中医药事业第十个五年计划纲要》《天津市药店中医坐堂医管理办法》草案，编写了《天津市中医单病种诊疗标准》等。

6. 加强中医药行业思想作风建设　签定《医德医风三级责任书》，加强卫生执法队伍的建设，积极推行卫生监督“六公开”办事程序。继续加强医疗物价规范化管理，坚持明码标价和物价公开咨询，在二级以上医疗机构全面实行医疗费用“一日清单制度”。大力开展职业道德教育，进一步查处收“红包”、不合理检查、不合理处方以及“开单费”、“回扣”等谋取不正当利益行为。在纠正医药购销不正之风中，坚持标本兼治、纠建并举的方针，积极探索从源头遏制不正之风的新途径。

7. 发挥中医特色与优势,完善中医专科专病基地建设　进一步加强全国针灸医疗中心、全国中西医结合胆胰病医疗中心及中医儿科、中医急症、中西医结合危重病急救医学等重点中医专科专病基地的建设,使其保持领先地位。并加强日常管理和督导,发挥专科优势,切实提高医疗质量和为患者服务的水平。全市首家中西医结合专科基地长征医院“天津市中西医结合皮肤病性病专科基地”通过了验收,6个专科专病被批准成为全国重点专科专病建设单位。

8. 加强科技管理,鼓励科技创新　组织了国家中医药管理局中医药科研实验室评估工作,确定了11个单位的24个实验室为首批登记合格实验室;向国家中医药管理局推荐了4个三级实验室。统一印制了中医药科研实验室记录册,并下发到每个课题组,规范了全市中医药科研试验记录。在广泛调查与查阅大量有关文献资料并多次召开专家论证会的基础上,完成了4000余字的“天津市卫生系统中医药现代科技行动方案”调研报告,为今后卫生系统开展中医药现代化科学研究奠定了基础。起草了《天津市卫生局2001年度中医中西医结合科研专项资金招标指南》并组织招标工作,共有46项中医中西医结合课题立项。组织全市部分专家对1999~2000年立项的52项中医中西医结合课题,采取课题负责人以答辩形式进行汇报,立项课题基本能按计划进度实施,匹配经费到位,收到良好的效果。积极组织申报“国家中医药管理局新药开发专项基金”项目、以及卫生部突出贡献中青年专家初审和申报材料的审查报送工作。

9. 注重人才培养，提高中医药人员素质　实施了旨在培养学科带头人的“311人才培养计划”。与天津中医学院联合举办西医学习中医硕士研究生课程进修班，举办了中医急症骨干培训班，完成了2000年度中医药专业继续教育项目的申报评审工作，

10. 提高行政领导素质，加强中医医疗机构院长培训　举办了医院管理高级研修班，邀请著名专家、教授讲授有关政策法规、行政管理、医院管理、科研管理、医疗质量认证等内容，采取授课与研讨相结合，经验交流与考察相结合，提高了医院行政领导的素质。受国家中医药管理局委托，主办了全国中医医院管理经验交流会，各省（区、市）中医医院的院长介绍了改革、建设、发展的成功经验，并探讨现代化医院管理理论和方法在中医医院管理工作中的应用，天津中医学院第一附属医院介绍了其先进的管理经验。

11. 加强宣传力度，扩大对外交流与合作，推进中医药走向世界　发挥《天津中医》《天津中医药情报》的窗口作用，推进省、区、市间的学术交流。调整《中国中医药报》天津记者站，找出工作差距及原因，制定切实可行的整改措施和工作计划，彻底扭转工作不利的局面，最大限度活化本市中医药新闻宣传工作，使天津记者站能充分发挥宣传天津中医药的作用。与天津电视台合作，在《中国天津》节目中开辟“民族医药”专栏，进一步扩大交流渠道，加强与各国政府及国际组织间的合作与交流，吸引外资，促进中医药事业的发展。鼓励专家参加国际学术交流，按照国家中医药管理局的要求，积极组织人员赴法国进行中医药科技领域交流。

（天津市卫生局中医处）

2001年辽宁省中医工作概况

2001年，辽宁省中医医疗机构改革进一步深化，医院内涵建设有了新的进展，科研教育工作展现出新水平，使全省中医工作在“十五”计划起步之年又上了一个新台阶。

1. 中医医疗机构改革工作　各级卫生行政部门认真贯彻落实国务院《关于城镇医药卫生体制改革的指导意见》和辽宁省有关医改配套文件精神，精心部署、认真组织，使中医医疗机构改革有了良好的开端。全省93%的县以上中医医疗机构完成了分类管理工作，共撤销分支机构40个，撤销承包科室145个。

鞍山市卫生局在全省第一个组建了以市中医院为龙头，县（区）中医院为成员的鞍山市中医医疗集团。集团以经营管理和医疗技术为纽带，以发挥特色疗法，挖掘、整理、提高、丰富中医药理论为根本，在互惠互利、优势互补、共同发展的基础上建立了新型的、具有鞍山特色的中医医疗服务网络。

2001年5月卫生部副部长兼国家中医药管理局局长佘靖等来我省考察，听取了省卫生厅关于三项制度改革及全省中医工作汇报；召开了部分中医院长参加的医改、医保两个座谈会；实地参观了辽宁中医学院附属医院等6家医院，并深入到沈阳市皇姑区、新民市了解中医药参与社区卫生服务和农村中医药工作情况。对我省中医药界的领导能够正确认识三项制度改革给中医医疗机构的发展带来的机遇和挑战，给予了高度的评价，并对我省近几年来中医药事业的发展给予了充分的肯定。

医疗保险在全省普遍推开，大部分中医院的门诊量一度下降明显，使中医院遇到了前所未有的困难。但是，各级中医医疗机构不断深化内部运行机制改革，改变经营理念，注重管理和服务，加强内涵建设，拓宽服务领域，注意寻找新的经济增长点，使中医院的各项社会指标和经济指标比上一年都有了一定的进步。据2001年全省中医医疗机构统计报表显示，除门、急诊量比上一年略有下降以外，住院人数增加了25735人次，床位利用率增加了4.86%，业务收入增加了7897万元，人均收入达到了4.32万元，首次突破4万元，医疗设备总值达到4个亿，增加了3157万元。

2. 医政工作　中医专科（专病）工作上了新台阶。从25个省级重点中医专科（专病）中遴选出中医特色突出、优势明显的10个专科（专病）向上推荐，经过国家中医药管理局组织专家采用双盲法终审，有9个专科（专病）被确认为国家中医药管理局局级重点中医专科（专病）建设单位。出台了《辽宁省综合、专科医院示范中医科标准（试行）》，各市卫生局对创建示范中医科工作给予了高度重视，积极组织有关单位参加评选，并进行了业务指导。各综合、专科医院对此项工作投入了极大的热情，认为这是在新形势下，加强中医行业管理，促进综合、专科医院中医科发展的有效措施，提高了中医科在医院的地位，同时也增强了医院在医疗市场中的竞争力。经组织专家按《标准》对申报的中医科进行评审验收，5所综合医院、4所专科医院的中医科被省卫生厅批准命名为“辽宁省综合、专科医院重点中医科”。

加强农村中医工作，2001年共组织了3次大规模的医疗扶贫行动。据不完全统计，省、市、县（市）中医院、中西医结合医院共派出医疗队168个，派出人员1680名，入户诊疗4732户，诊治病人39452人（其中疑难重症2249人，常见病37203人），投入经费共230万元。根据辽宁省“十五”卫生规划，结合实际，借鉴以往的工作经验，按照各级对口和重点支援县中医院的原则，以技术帮扶为主，要求各支援单位主要领导要亲自负责，做到有年度工作计划和五年规划，工作目标。注重县级中医院的龙头作用，以及人才培养，委托辽宁中医学院附属医院举办了第二期县级中医院技术骨干急症培训班，免费为基层培训技术骨干14名。按照国家中医药管理局要求，组织有关人员分别对新民、庄河市、建昌县3个全国农村中医工作先进县（市）进行了检查，并全部通过了检查评估。

中医药参与社区卫生服务工作不断深入。有14个市全部开展了社区卫生服务工作，服务体系框架基本形成，城区人口覆盖率达50%。其中13个市达到了2001年卫生厅在目标责任状中规定的“60%以上的社区卫生服务机构能运用中西两法开展社区医疗服务，80%以上经过培训的社区医生能够掌握中医药基本知识与技能”的指标。沈阳市皇姑区作为中医药参与社区卫生服务工作的试点单位，不断加大政策倾斜力度，为确保中医药有效的参与社区卫生服务，在制定社区卫生服务站审批制度中加入了鼓励中医药参与的措施，要求各医院在开设社区卫生服务站时必须配备足够比例的中医药人员，配备50余种中成药、150种以上中药饮片和一定数量的针灸针、火罐，卫生局拨专款为服务站配备中药柜，西医人员必须在短期内接受中医药理论知识培训，培训经费卫生局承担50%。这些措施为中医药真正融入社区卫生服务奠定了坚实的基础。受国家中医药管理局的委托，结合皇姑区的实践经验，年底前我们完成了《中医药服务示范社区卫生服务站建设标准》的起草工作。

3. 科研和教育工作　中医药科技工作以提高防病治病能力、提高临床疗效为中心，加速科研管理体制改革，积极推进了项目制管理模式，初步形成了多领域、多行业、多学科参与中医药研究的新局面；科研方向实现了战略性的转移，重点加强了中医药实验室等基础设施和研究条件的建设，紧紧围绕中医临床开展学术研究，积极拓展中医药防治疾病的新方法、新技术和新成果，促进了临床诊疗水平的进一步提高。中医人才培养以社会需求为目标，不断探索教育体制改革的新思路；中医药继续教育工作步伐不断加快，重点突出了优秀中医临床人才及农村中医药人员的培养。

完成了国家中医药管理局中医药科研实验室登记的前期准备工作，各科研单位严格按国家中医药管理局实验室评审标准，认真做好二、三级实验室验收前期的准备工作。并针对实验室建设过程中遇到的问题进行了现场调研，结合具体工作做了详细解答并提出了整改意见。目前，已有13个三级实验室、6个二级实验室初步具备了接受验收的资格。

“中医药现代化研究与产业化开发”项目经科技部批准，作为国家“十五”科技攻关计划重大项目于2001年正式启动实施，全省共有4个项目中标，2001年共获资助55万元。

完善中医适宜诊疗技术整理与研究项目的补充工作。入围项目在相关专家的指导下，对技术路线、临床测试指标等关键问题均提出了参考意见，各单位在规定时限内完成了项目的修改，使该项工作得到了进一步的规范。

依据学科分类，全省共推荐82名学术带头人，报国家中医药管理局中医药科教专家库，为进一步强化和发挥中医药科教专家的作用，奠定了前期工作基础。

受国家中医药管理局委托，辽宁中医学院附属医院连续举办了4期中西医急诊医学培训班，来自甘肃、宁夏、湖南、湖北、河南、河北、黑龙江、内蒙古、新疆、安徽、重庆、海南和成都等13个省（区、市）百余名学员参加了培训。

4. 中医系列专业技术资格评审工作　2001年中医系列高级专业技术资格评审工作认真贯彻《关于印发2001年全省职称工作安排意见的通知》（辽人发［2001］5号）和《关于开

展2001年卫生系列专业技术资格评审工作的通知》(辽卫函字［2001］119号)文件精神，以建设高素质的中医专业技术队伍为目标，坚持公开、公平、公正的原则，严格评审标准，规范评审行为，确保了评审工作的顺利进行。

(辽宁省卫生厅中医处)

2001年吉林省中医工作概况

1. 适应医改需要，中医医疗机构改革进一步深化　全省各级中医药行政部门切实转变职能，依法行政，运用法律、行政、经济等手段，加强了对中医药机构的宏观管理。省中医药管理局在卫生厅制定的《医院评价标准》的基础上，根据中医医疗机构的特点，增加了中医药方面的指标。对5所三级中医医疗机构进行了一次集中评价，并将评价结果在系统内作了通报。全面实施中医医疗机构分类管理工作。在多数中医院实行了“病人选择医生”制度和“住院费用一日清单制”。实行了医院药品收支两条线管理。调整了医疗卫生服务价格。并积极探索中医药事业单位的人事制度改革。

全省各级中医医疗机构积极培养中医专科(专病)人才，加强专科(专病)建设，认真开展专科(专病)新项目、新技术的引进工作，有19个中医专科(专病)医疗中心和建设单位的医疗服务水平有了较大提高。省中医院脑病科、白内障、心血管科，省中医药研究院肺病科、吉林市中西医结合肛肠医院便秘科等5项专科(专病)列入国家中医药管理局重点专科(专病)项目建设计划。中医医疗机构多数加强了急诊科室的建设，增强了中医医疗机构的综合服务功能。

2. 农村中医药工作取得新的进展　国家中医药管理局确定的公主岭、榆树、和龙、洮南市全国农村中医工作先进县建设得到当地政府的重视。按照建设周期，公主岭、榆树市达到了建设目标，被国家中医药管理局批准为全国农村中医工作先进县。和龙、洮南市的全国农村中医工作先进县建设工作按计划进展顺利。

3. 中医药科技进步和人才培养步伐加快　全省中医药科研人员目前承担国家自然科学基金重点项目6项，国家科技部重中之重项目2项，国家1035工程项目2项，国家“十五”科技攻关计划“中医药现代化研究与产业开发”项目3项，省部级研究课题85项。由省中医药研究院牵头负责的国家中医药管理局重点项目“中药材质量标准的研究”获2001年国家科技进步二等奖。

中医药科研实验室建设步入规范化轨道，经评审有54个实验室被确定为吉林省中医药科研二级实验室，有17个中医药科研实验室申请中医药科研三级实验室，长春中医学院的药理实验室被科技部确定为国家规范化药理实验室建设单位，并通过了中期评估。

省第二批名老中医药专家学术思想和临床经验继承人通过3年的跟师学习，35名继承人顺利通过了专家评审和国家中医药管理局审核。为进一步完善中医药师承教育工作，起草了《吉林省中医药师承管理办法》，现正与有关部门进行协调，待下发执行。省中医院的中风病和省中医药研究院的药理2个学科被国家中医药管理局批准为局级重点学科建设单位。

4. 民族医药工作得到进一步加强　以国家实施西部大开发为契机，加大了民族医药的文献研究与整理和重点民族医专科(专病)建设工作，1个民族医重点专科(专病)和6个民族医药文献整理项目列入国家中医药管理局建设项目和研究计划。延边地区的中医医院院长参加了西部中医医院院长管理培训班。

（吉林省中医药管理局　张奕斌）

2001年上海市中医工作概况

2001年，上海市中医工作以提高中医学术水平和临床疗效、以低廉的价格提供较优质的中医基本医疗服务为目标，积极探索二、三级中医医院的功能定位，开展以技术为纽带进行医疗机构的联合、重组、托管，把综合性医院中医科、中医医院参与社区卫生服务纳入到中医全行业管理，制定了《上海市中医药发展“十五”计划》。

1. 医政工作　为进一步贯彻《上海市发展中医条例》，推进中医药现代化，召开了“21世纪上海市中医药事业发展战略研讨会”，分析了新形势下中医工作面临的机遇与挑战，在深入调研广泛征求意见的基础上，制订了《上海市中医事业发展“十五”计划》。对龙华中医医院集团建设运行情况及松江方塔中医医院托管的办院模式进行跟踪调研和探讨，对随上海中医药大学搬迁一家附属医院的方案进行论证。召开了2001年上海市中医工作会议和市中医医政工作会议。加强内涵建设，进一步实施了全国示范中医医院、“放心药房”和农村中医工作先进县（区）的二期共同建设。制定了《综合性医院示范中医科（第二周期）建设标准》，新增加7家综合性医院示范中医科创建单位，以示范辐射作用带动了全市中医工作。抓好中医专科（病）建设，完成56个上海市中医特色专科建设项目的论证和协议书的签订工作，制定《上海市中医特色专科中期考核标准》。组织有关专家对申报国家中医药管理局中医重点专科进行评审，上报13项。完成了中医特色专科工作量的调查汇总和分析工作。加强规范化、标准化工作，为体现中医优势，实施第二批中医单病种质量控制标准研究，经专家评审有21项立项。建立上海市中医药资源运行情况信息库，为领导决策提供依据。对闸北区中医融入社区卫生服务运行情况进行阶段性验收。召开农村中医工作先进县工作会议。

2. 科研工作　重点加强对正在实施的三项重大研究项目和国家中医药管理局临床诊疗科研项目的动态管理，确保顺利进行。加强中药新药研究开发工作，对2000年入选的14项院内中药制剂临床验证工作制订了实施方案。组织申报国家中医药管理局中医诊疗技术项目6项，入围3项。获上海市科技进步二等奖5项，三等奖7项。通过上海市卫生局科研成果鉴定12项。

召开了五年一届的上海市中西医结合学会第五次代表大会，审议通过了《上海市中西医结合学会章程》，选举产生了第五届上海市中西医结合学会理事会。

3. 中医教育工作　积极开展多种模式培养中医高层次人才的工作，为30名中西医结合高层次临床科研培养对象每人落实中医、中西医结合导师2~3名（包括外地导师）。在调研的基础上，经层层选拔，23名医德高尚、有一定中医基础的高年资主治医师入选中医小科紧缺临床人才培养对象。完成了在执业医师法颁布前未取得医学专业技术职称、无学历中医从业人员有关医师资格的认定工作。经国家中医药管理局、卫生部继续教育委员会和上海市卫生局批准，2002年全市有28个中医项目获准国家级继续教育项目，17个中医项目获市级继续教育项目。

（上海市卫生局中医处　刘文选）

2001年江苏省中医药工作概况

2001年，江苏省中医药工作认真贯彻《关于城镇医药卫生体制改革的指导意见》及其配套文件，合理调整卫生资源，注重加强中医医疗机构建设。泰州、连云港、镇江等5市（县）对部分中医院进行资源重组。继昆山市之后，徐州市、南京市玄武区分别组建中医医疗集团；4所政府非营利性中医院分别采取卫生局委托管理、合作经营以及经营权与所有权分离等形式。全省县以上中医院普遍开展病人选择医生、药品集中招标采购和药品收支两条线管理。全省普遍推行院长负责制，一些医院实施全员合同制和人事代理制，多数医院实行竞争上岗、择优聘任的办法。昆山市中医院等人事分配制度改革试点单位，初步建立了单位自主用人、人员自主择业、政府机关依法监督的用人机制。无锡市中医院实行专业技术职务评聘分开，坚持按劳分配原则。积极开展后勤服务社会化改革，通过招标形式，将卫生保洁、洗涤、环境绿化、医院保卫等后勤服务转为社会提供。各中医医疗机构不断拓展服务功能，扩大服务覆盖面。积极开展社区中医服务试点，开设家庭病床和居民就医绿卡，充分发挥中医药在社区卫生服务中的作用。

根据《江苏省卫生事业十五规划》和国家中医药管理局下发的《全国中医药事业十五计划》，结合江苏省中医药实际，省卫生厅、省中医药局制定下发了《江苏省中医药事业十五计划》，会同省发展计划委员会，编制下发《江苏省中医机构“十五”建设发展规划》，其中包括医疗、教学、科研等各类中医机构86个。2001~2002年度全省中医药重大科研项目立项72项，分两年拨付科研经费150多万元。有4项科研课题获得国家科技部“十五”科技攻关项目。针灸学等8个学科被国家中医药管理局确定为中医药重点学科建设单位。省中医药研究院现代中药制剂工程技术研究中心一期工程于2001年10月通过省科技厅评审验收，总投资1500万元的二期工程通过论证正式启动。积极参与省卫生厅“135”工程建设，构筑卫生人才高地。全省有8个专科进入国家中医药管理局重点专科建设单位行列，省中医药局拨出85万元专款用于资助17个省级重点中医专科专病的建设。中医药教育不断提升办学水平，连云港中药学校于2001年10月通过国家中医药管理局评审验收，成为全国11所重点中等中医药学校之一。中医药继续教育进一步加强，在对住院医师规范化培训的基础上，组织了第一阶段理论考试。委托扬州大学医学院和南京中医药大学分别举办中学西和西学中班。充分发挥中医药、中西医结合学术团体和全国中医临床中心的作用，积极开展学术活动。省中医药学会、中西医结合学会、针灸学会、医疗气功协会和《江苏中医药》编辑部进行体制改革，实行合署办公。坚持将中医药工作的重点放在农村，对已经取得全国和省农村中医工作先进县称号的单位，加强指导和巩固。对正在创建农村中医工作先进县的单位，加强检查督促，将创建工作纳入当年政府为民办实事工作目标。常熟、宜兴、金湖、金坛、江宁等5县（市、区）通过了省级评审验收，使全省农村中医工作先进县增加到18个，全国农村中医工作先进县（市）7个，靖江市、常熟市为全国农村中医工作先进县（市）创建单位。根据省委、省政府关于支持苏北大开发的指示精神，省卫生厅、省中医药局启动实施为期5年的第二轮帮扶计划。对象为苏北地区11家人均业务收入不足5万元、专业设备总值不足200万元、中医专科特色不明显的中医院，由省中医药局、市卫生局、薄弱中医院所在县政府和薄弱中医院按1:1:2:3的比例投入资金，资金全部到位将超过5000万元，同时与11家综合实力较强的中医院进行结对，通过5年时间，促使薄弱中医院达到二级中医院标准，力争50%达到二级甲等中医院的建设标准，每个医院具有1~2个在当地有一定影响的中医特色专科，3~5名优秀中青年技术骨干。加强对医疗广告的审批管理，使一些医疗机构广告宣传夸大、失实的状况有所改变，虚假广告泛滥的局面有所收敛。根据《江苏省发展中医条例》，多数地方政府和卫生行政部门为中医机构的建设发展制定了一些优惠政策，并对《条例》的实施情况进行自查。全省中医机构以“三个代表”重要思想为指导，在提高医疗技术质量，增强综合服务能力的同时，坚持一切以病人为中心，进一步转变服务理念。纠正药品购销中的不正之风，强化监督制约机制，严格规范医疗行为，改善服务态度，提高服务质量和水平，为病人提供优质高效的医疗服务，涌现了一批省、市、县先进集体，昆山市、姜堰市等中医院再次被省委、省政府命名为“文明单位标兵”。

（江苏省中医药局综合业务处）

2001年浙江省中医工作概况

2001年，浙江省以促进中医药学术发展为主线，以深化中医医院机构改革为重点，狠抓医疗、科研和人才培养，继承与发展并进，建设与管理同举，中医药事业有了新的进步。

1. 主动适应医改形势，中医医疗资源配置及改革取得新进展　为了进一步贯彻卫生改革精神，落实省政府《关于推进城镇医药卫生体制改革的意见》及有关配套文件，积极参与有关政策的制订，组织学习医改政策，召开全省中医医院院长会议，并结合实际情况，提出了相应的要求与措施。全省中医医疗资源配置及机构改革有了新的进展，主要体现在：

优化中医医疗资源配置，以技术、资金、管理为纽带，实行资源的优化与组合。省中医院以优惠条件将杭州市第十人民医院整体兼并，解决了省中医院占地狭小，医疗用房严重不足的困难，又使建成二年而基本处于闲置状态的杭州十院得以发挥作用，解决了杭州下沙经济开发区周围人群的就医困难问题。海宁市中医院合并了海宁市肿瘤医院和海宁肿瘤研究所；江山市中医院合并了江山市眼科医院；台州市中医院兼并了椒北中心卫生院，成立章北分院。通过技术、资金、管理的整合，使合并后的医院在技术力量、综合功能、资金利用、服务辐射范围都有明显的优化与增强。同时，全省有相当一部分中医医院发挥自身优势，与当地卫生院进行不同形式、不同程度的联合，提高中医医院的综合功能，带动卫生院的发展和业务人员水平的提高，方便群众就医。三院资源重组后的省立同德医院在开拓医疗市场、开展中医药科研等方面有明显进展，医疗收入比去年增长一倍。

以形成竞争机制为目标，深化医院运行机制的改革。全省大部分中医医院都在人事和分配制度方面进行了有益的尝试，积极推行中层干部竞聘上岗，实行全院聘用合同制及待岗、待聘、内退制，实行医院绩效工资制等；积极开展病人选择医生、医生选择护士的探索。这些实践与尝试，使医院工作有了新的起色，更重要的是，通过改革逐步使广大职工打破了铁饭碗的旧观念，激发起爱岗敬业、钻研业务的积极性。全省县以上中医医疗机构已全部开展药品集中招标采购，落实一日清单制，保障病人的知情权。

2. 以继承与发展中医药学术为主线，狠抓中医药重点学科、专科的建设　启动了省中医药（含中西医结合）重点学科建设工作，制定下发了《浙江省中医药重点学科建设管理办法》，有20个中医药重点学科及5个重点扶持学科列入厅中医药重点学科建设计划，中医内科基础和中医消化内科已被列入国家中医药管理局的中医药重点学科建设项目。

选送的中医肾病、中医脑病等10个项目全部列入国家中医重点专科建设计划。组织专家对“九五”期间确定的省重点中医专科专病建设点进行了验收。其中呼吸、脾胃病、乳腺病、妇科、骨伤等专科专病都取得了明显的建设成效。在验收的基础上，正式批准17个省级重点专科专病中心挂牌。制定下发了《浙江省中医重点专科建设管理办法》，并组织新一轮的省级中医重点专科的申报工作，确定了25个重点中医专科建设项目。各地的中医重点专科专病建设工作也有较大发展，58个市级中医重点专科已成为当地临床的优势专科。针对大部分中医医院已具有相当的急救能力，在全省开设了中医院96120急诊服务专线。

3. 加强科研管理，提高中医药科技水平　与省经贸委、省科技厅加强沟通与联系，共同参与浙江省中药现代化工程指导意见的制订。组织省内中药研究和开发的优势力量，协调省医学科学院、省中医药研究院两家联合成立浙江省中药新药研究开发中心。加强了对中医药重点研究开发项目的管理。通过专家评审新立重点开发项目6项，至此，中药重点开发项目已达14项。

中医适宜诊疗技术项目申报工作取得成效。组织上报国家中医药管理局2001年中医药适宜技术项目15项，入围项目9项，中标率在全国5个试点省中名列前茅。

中医药科技成果逐年增加。2001年共收到申报浙江省中医药科学技术成果奖的科研成果44项，经评审委员会评审，获奖项目为25项，其中一等奖3项。组织申报了2001省科技进步奖，有9个项目获奖，其中二等奖2项。

4. 以培养人才为重点，全面提高中医药队伍的素质　举办二期中医医院院长学习班。来自全省57所县级以上中医医院、中西医结合医院、专科医院院长和有关行政管理干部共112人参加学习。省卫生厅与人事厅共同制定下发了《浙江省名中医（含中西医结合、中药师）评选管理办法》，经专家和评选委员会评审，共确定25名名中医（药）师人选，并报省政府批准。加强了高层次及农村基层中医药人才培养，绍兴市与宁波市卫生局与高等医学院校联合举办在职中医及中西医结合研究生班，为加快调整中医院人员结构打下基础。针对农村中医药人才普遍学历较低，技术水平不高，同时大专毕业生引进困难的实际，立足于对现有人才的培养与提高的途径，继在桐乡、萧山兴办农村中医大专班后，又在常山组织83名中医药人员进行大专学历的教育。对全省2860名中医药人员进行了继续教育，举办了急症、医院感染控制等学习班，开展继教项目47项。

5. 农村和社区中医药工作取得新进展　继续以建设农村中医工作先进县为契机，加强农村中医药工作。在抓好全省第二批及第三批农村中医工作先进县建设单位工作的同时，实地考察并选择了湖州市长兴县和温州市平阳县作为新的全国农村中医工作先进县的建设单位，向国家中医药管理局提出了申请，并获得批准。目前全省在建的全国农村中医工作先进县为3个。

兰溪市、桐乡市是创建全国农村中医工作先进县的建设单位，中医药工作得到了当地政府的重视，中医药在农村三级医疗服务网中发挥着重要的作用，经国家中医药管理局组织验收，被正式授予“全国农村中医工作先进县”称号。全省已有5个全国农村中医工作先进县。

组织中医院对口帮扶工作。以“政府引导，自愿结对”的原则，组织了4家经济基础较好、技术力量较强、专科特色明显的县级中医医院，对口扶持发展困难、技术薄弱的4家山区及贫困中医医院。

6. 加强医疗质量管理，促进医疗水平提高　省中医院制订了“安全防范措施”等文件；丽水市中医院制订了质量检查标准；嘉兴中医院承担对中医院的质量考核等；金华、奉化市等中医院开展了ISO9000质量保证体系的论证，这些措施对于提高医疗质量起到了积极的作用。将医院感染质量的全面检查列为今年的重要工作，对全省25家重点建设中医院的检查结果表明，各中医医院对该项工作已经引起了重视，基本建立了规章制度，配备专门人员，较前几年有了明显的提高。同时对省级中医院进行了全面的医疗质量检查。

加强医疗文书的管理。组织全省进行了新《中医病案规范》的学习，对全省下一步贯彻执行《中医病案规范》达成了共识，目前各中医医疗机构均已按照国家的统一要求，全部使用新的《中医病案规范》。下一步，为加快卫生信息化建设，我们正酝酿中医电子病历的研究与使用。

（浙江省中医药管理局）

2001年安徽省中医工作概况

2001年，安徽省中医工作在以下几方面取得了明显的进步。

1.《安徽省发展中医条例》出台　2001年7月，省人大常委会第二十四次会议审议并通过了《安徽省发展中医条例》，并于2001年9月1日起正式实施，使安徽省中医事业步入法制化管理轨道。为认真宣传、学习、贯彻《条例》，省卫生厅组织了一系列宣传活动。

2.安徽中医事业"十五"发展蓝图绘就　在总结全省中医药事业"九五"工作的基础上，结合国家中医药管理局的《中医药事业"十五"计划和15年规划思路》和《安徽省卫生事业"十五"计划》，并多次征求有关方面的专家意见，省卫生厅制订并印发了《安徽省中医事业"十五"计划》

3.中医专科专病建设迈上新台阶　安徽中医学院附属医院呼吸内科被国家中医药管理局确定为重点学科建设单位，安徽中医学院附属针灸医院的针灸科、安徽中医学院附属医院的肝豆病等5个中医专科专病被国家中医药管理局确定为局级重点中医专科专病建设单位。岳西县、霍山县被国家中医药管理局批准为全国农村中医工作先进县。

4.医疗安全管理工作得到高度重视　2001年底，省卫生厅专门召开了全省中医医疗安全管理工作会议，通报了全省中医医疗机构近3年来发生的医疗事故及医疗纠纷情况及当前医疗安全的形势，分析了影响医疗安全的原因及其造成的不良影响，提出了防范医疗事故、医疗纠纷的对策和措施。给各中医医疗机构敲响了警钟，增强了忧患意识和加强医疗安全管理的意识。

5.中医人才培养步伐加快　省卫生厅中医管理局委托省中医专科专病中心举办了中医外科、中医儿科等中医专科专病培训班，免费为县、乡卫生机构培训中医专科专病及急诊人员115名，其中中医外科（皮肤、肛肠）58名、中医儿科33名，由厅出资选送24名到全国中医急症中心进修深造，超额完成了省政府确定的培训100名农村中医药人才的目标任务。组织了对全省首批确定的105名中医学术和技术带头人培养对象的考核工作，参加考核94名，其中公派出国和外出进修4名，申请中止学习的7名；在参加考核的94名中，获得优秀等次的10名，合格76名，不合格的8名，总合格率为91.5%。

6.对中医医疗机构的行业监管力度加大　省卫生厅中医管理局于6月份组织有关方面的专家对23所二级甲等以上中医医院进行中医病案质量督查、中药饮片质量抽查、中医专科特色调研和执业行为检查。

（安徽省卫生厅中医管理局）

2001年福建省中医工作概况

2001年，福建省中医工作主要有以下几方面。

1. 大力推进中医药改革　全省各级中医机构以“三个代表”重要思想为指导，紧紧围绕以病人为中心，以群众满意为标准，积极投身三项改革，增强做好中医药工作的责任心和紧迫感。在认真总结“九五”全省中医药工作的基础上，制定了《福建省中医事业“十五”规划》并组织贯彻实施。举办了为期一周的第二期全省中医院长管理学习班，聘请国家中医药管理局领导、上海复旦大学医学院管理学教授前来授课，并专题报告了台湾医疗机构管理情况。部分中医机构在认真调查本地区中医药资源与中医药服务需求的基础上，努力实现中医药资源的整体优化，积极探索联合共建中医医疗服务集团，优势互补，扩大服务半径，使患者就近便可接受到优质的中医医疗服务。有的中医院积极研究制定能够更好地向社区居民提供优质、快捷、方便、价廉的中医药技术服务的制度和措施，成立了社区办，建立了社区网络，入网人员逐年增加，服务范围逐年扩大，在社区卫生服务中充分发挥了中医药的作用。组织召开了省属中医院内部运行机制改革研讨会，进一步增强自身发展能力，创立品牌，适应并服务于三项改革大局。不少中医院成本管理观念进一步增强，积极推进以聘用制为核心的人事和分配制度改革。

2. 以内涵建设为重点，努力增强中医院整体实力　自1996年启动的第一批省级重点专科建设初见成效。通过引进竞争机制，实行布点和自建并举、优胜劣汰等滚动式管理，已有省人民医院的肾病等11个专科通过验收，达到第一周期建设标准。筛选确定了中西医结合糖尿病专病等13个项目列入第二批重点专科（专病）建设，并已开始启动（其中4个项目为立项不资助）。列入第四批等级医院建设计划的20所中医院，已有南靖、漳州芗城区中医院达到二级甲等中医院标准，顺利通过验收。至此全省共有50所中医院达到等级医院建设标准，占总数的63.29%。中医护理工作向纵深方向发展，全省中医院开展整体护理病区增加到93个，平均每个病区开展辨证施护病种5种。整体护理的形式也丰富多彩，范围已从病区扩展到手术室术前访视、术中陪护、术后随访等手术温馨护理及门诊部导诊、询医问药等服务领域。

3. 做好新形势下的农村中医药工作　贯彻落实卫生部、国家中医药管理局《关于切实加强农村中医药工作的意见》，组织开展以上杭等7个县为样本的“福建省农村中医药工作调查”，并形成调研报告，为全省今后若干年开展农村中医药工作提供客观依据。首批7个农村中医工作先进县建设取得进展，先后投入建设经费780多万元，对县级中医院和乡镇卫生院的中医科室、中药房、中药库等进行改造建设，改善医疗环境；7所“龙头”中医院共有医疗设备总值1598.35万元，平均每所228.34万元，比1999年底的1241.44万元增长4.58%；收治住院病人14383人次，平均每所收治2045.71人次，比1999年底的11857人次增长21.30%；年业务收入5428.44万元，平均每所775.49万元，比1999年底的4158.35万元增长30.54%。乡镇一级中医工作得到加强，卫生院恢复了中医科，不少乡镇还建成2个以上中医专科，并通过对中药房、库、柜的改造与建设，使乡镇卫生院中医药科室有了很大的改观，增强了中医药的服务能力；同时注重培养人才，积极推广农村适宜技术，提高中医药服务质量；不少县区因地制宜积极开展当地传统医药经验的收集整理研究工作，努力发掘中医药有效疗法并加以提高；开展中药材基地建设，提高中医药对当地经济发展的贡献率。筛选出9项符合当地需求的中医药适宜技术，采取集中办班、专家下乡指导、个别培训等形式进行推广。委托福建中医学院举办第二期为期八个月的“乡村医生中医理论与临床提高班”，来自8个“创先”县53个乡镇卫生院的54名学员参加学习。针对农村基层中医药人员培训工作的薄弱环节，委托省中医药学会组织专家编写了《农村常见病中医诊疗》、《中医科普选编》。确立尤溪等9个县为第二批省级农村中医工作先进县建设单位。上杭、尤溪、云霄3个县被批准为全国农村中医工作先进县建设单位。在罗源县召开“农村中医工作先进县建设中期评估总结暨经验交流会”，总结交流首批7个县区开展农村中医“创先”工作经验，部署第二批“创先”工作。

4.以科技兴医为先导，加速中医药科技进步和人才培养　抓紧实施7个省级重点科研项目，下属34个子课题已正式发表论文5篇，申报省卫生厅青年课题1项，申报国家中医药管理局新药开发基金项目1项。据不完全统计，全省共申请各级各类科研项目170多项，中标项目101项。获得各级各类科技成果奖18项，发表论文2028篇，出版专著40部，引进新技术、新成果400多项。“中药药理实验室”等9个实验室通过专家组评估检查，达到国家二级中医药科研实验室标准。继续加强“福建省中医药文献信息检索中心”的建设。制定并实施《福建省中医重点学科管理办法（试行)》，福建中医学院中医骨伤学科被国家中医药管理局列入第一批局级重点学科建设项目，获得30万元建设经费。组织申报2001年国家级中医药继续教育项目，有6个项目入选，比去年增加33%。审批下达省级中医药继续教育项目12项，600余名参加培训。组织修订了福建省中医临床住院医师10个专业规范化培训实施细则，福、厦、漳等试点单位11名中医住院医师首批取得卫生部统一印制的合格证书。认定了省人民医院、厦门市中医院、漳州市中医院3家作为首批向社会接收中医临床住院医师培训对象的医院。抓紧实施中医药人才培养计划，共选派6名青年中医骨干攻读博士研究生课程，40名青年中医骨干攻读硕士研究生课程（其中15名为全脱产学习）。制定了“福建省中医专科专病技术骨干培训项目实施方案”，确定“十五”首批培训人选共103名。积极开展社区全科医师中医药知识和技术的培训工作，委托福建中医学院举办首期全科医师岗位培训班，接受培训学员110名。继续重视并加强对中医药护理人员知识更新的培训工作，委托省中医护理专业委员会举办“护理新进展及中医护理技术操作、急救护理培训班”，有72名中医护理骨干参加了学习。80所中医院全年共选派各类技术骨干外出进修培训达1163人次，投入培训经费341.28万元。

5.加强法制建设，清理整顿医疗市场秩序　完成《福建省发展中医条例（讨论稿)》第三稿，并发给有关部门征求意见。认真做好中医类别执业医师资格考核考试工作，举办全省中医类别医师实践技能考试考官培训班。组织55岁以上师承和确有专长人员医师资格认定实践技能考核。组织开展对医疗气功人员基本情况的摸底调查、清理整顿工作。

6.加强中医药对外交流与合作　福建中医学院及其附属第一、第二人民医院先后共选派31人次赴美国、日本、韩国、新加坡、马来西亚、德国、奥地利、芬兰、瑞典、澳大利亚、香港、澳门等国家和地区交流、讲学、进修、医疗、咨询、参加国际学术会议。同时接待了德国、芬兰、瑞典、丹麦、台、港等国家和地区的100多批300多人次的海外友人来院参观、交流、旅游、治病。此外，福、厦、漳、泉等地的中医机构也积极加强中医药对外交流与合作。“第六届东南亚中医药学术研讨会”在德化顺利召开，300多位代表参加研讨会，其中来自东南亚地区的海外人士60多位。

（福建省中医药管理处）

2001年江西省中医工作概况

2001年，江西省中医工作主要围绕以下几方面展开。

1. 加大改革力度，探索改革途径　召开全省中医工作会议，传达了全国中医工作会议精神，对全省今年中医工作作了全面部署，要求全省各级中医机构全面贯彻落实《指导意见》和全国中医药工作会议精神，进一步加大改革力度，探索改革途径。并在九江市召开了全省二甲以上等级中医医院改革工作会议，学习九江市中医院改革的成功经验，深化全省中医机构人事、分配制度改革。基本完成了全省中医医疗机构分类管理工作。根据中医院的服务方向，功能定位，从目前各地中医院申报登记的情况来看，绝大多数中医院申报为政府举办的非营利性医疗机构。这项工作的启动，将促进中医医疗机构之间的公平有序竞争。全省各级中医院以绩效工资为主要内容的分配制度改革已经或正在全面推行。省中医院和九江、赣州、吉安、新余等地的部分中医院进行了人事制度改革试点，推行以“全员聘用、竞争上岗”为主要内容的人事制度改革，明确各岗位职责，任职条件、聘用期限，对竞聘岗位和竞聘人员范围、考核组织、聘用结果实行公示，并根据实际情况，对富余人员进行了妥善安置，增强了全体员工的竞争意识，提高了工作质量和效率。

认真抓好中医医疗机构医药分开核算、分别管理工作。根据省卫生厅、财政厅联合下发的《江西省医院药品收支两条线管理实施办法》的规定，对县及县级以上医院实行“药品收支节余全部上缴、合理返还”的管理办法。为适应这一改革，全省各中医院加强了对医疗服务行为的监督管理，合理检查，合理用药，控制医药费用不合理增长，控制药品收入比例。据统计，全省98所中医院药品收入占业务收入比例约为57%，比去年略有下降。同时，为规范药品的购销行为，降低药品的流通费用，保证药品的质量，省中医院、赣州市等部分中医院积极参与了药品集团采购试点，省中医院今年还被推选为省直医院集中招标采购委员会首任主任委员。

2. 加强中医药法制建设和行业管理工作　《江西省发展中医条例》于2000年8月1日起颁布实施。在实施的一年时间里，各级卫生行政部门和中医机构进一步加强了学习宣传，争取当地政府和有关部门对中医事业的关心支持，为中医事业的发展创造了良好的法制环境。根据国家中医药管理局编制的《中医药事业“十五”计划》以及《江西省卫生事业发展“十五”计划》，中医处在多次调查研究、反复讨论，广泛征求意见的基础上，制定了《江西省中医事业“十五”规划》，并逐步组织实施。

按照《中华人民共和国执业医师法》要求，我省从2000年始对全省从事中医人员进行了执业医师资格认定，受理材料包括中医师承约1.3万份，通过执业中医医师资格认定约1.2万多人，今年重点是对有学历无职称和行医25年的中医人员进行了评审认定，规范了全省中医队伍。认真组织了今年的执业中医医师考试工作，927人参加了全省统一进行的医师资格实践技能考试，1249人参加了全国统一进行的医师资格考试。

全省各级中医行政部门根据卫生部、国家中医药管理局的整体部署和省卫生厅的统一安排，在当地政府的领导下，积极与相关职能部门配合协调，采取有效措施对中医医疗机构进行清理整顿，规范了中医医疗广告的发布，禁止刊播虚假中医医疗广告，防止医疗欺诈行为。

3. 加强中医机构内涵建设，促进行业自身发展　积极开展对外交流与协作，江西省中医院、南昌市中西医结合医院、九江市中医院、鹰潭市中医院与上海中医药大学附属曙光医院、岳阳医院、龙华医院建立了协作关系。与广东省、浙江省有关中医院的协作正在洽谈中。

在新余市等34所中医院开通了“96120”急救电话，既充分利用了已有的卫生资源，增加了新的医疗急救队伍，又可以进一步提高中医院运用中西医结合和现代医学等方法和手段处理危急重症的能力。

公布了第一批省级示范中医院、专科（专病）中心基地名单。“九五”期间，曾先后在全省确定了江西中医学院附属医院等7所中医院为江西省示范中医医院建设单位，在38所中医医院内确定了47个“江西省中医专科（专病）、中西医结合急症医疗中心、中药制剂基地”建设项目。几年来，各单位认真按照建设项目标准要求，争取当地政府和各级卫生主管部门的支持，树立了良好的医德医风，加强了基础设施和内涵建设，完善了就医环境和诊疗设备，强化了人才培训和内部管理，技术水平和社会经济效益有了显著提高，基本形成了我省中医临床特色和优势，起到了典型和示范作用。经省卫生厅审核，确认江西中医学院附属医院等7所中医院达到了示范中医医院标准，江西省中医院等29所中医医院内的34个建设项目达到了专科（专病）中心基地建设标准要求。

继续抓好中医医院分级管理工作。余干县、乐平市、定南县中医院今年又上新台阶，列入了“二甲”行列。至此全省共有54所等级中医院，其中“二甲”中医院48所，“三乙”中医院4所，“三甲”中医院2所。截至年底，全省98所中医医院固定资产达6亿多元，设备总值达3亿元，业务收入达5.8亿元，人均业务收入4.4万元，住院病人15.2万人次，年门诊量560万人次，五项指标均分别比2000年增长了15.4%、30.4%、13.7%、14.9%、10%，其中门诊量略有下降。

加强了中医规范化、标准化建设。在对全省中医医院进行了中医病案规范培训的基础上，又在宜春市举办了中医病案规范培训班，主要对综合性医院的中医科主任进行培训，并要求中医科主任回单位后对本单位的中医药人员进行培训，经过这样一级对下一级的培训，全省中医药人员培训率达90%以上。此外，还组织有关专家编写了部分专科病案的书写规范，为专科建设的发展和医疗质量的提高打下良好的基础。

4. 实行科教兴医战略，中医药教育、科研工作得到稳步发展　江西省第二批全国中医药专家学术经验继承工作的15位继承人，已顺利出师，指导老师和继承人均获得荣誉证书和出师证书。省级师承工作自1999年进岗，现已进入后期教学阶段，进展顺利。完成了第二批138位名中医的评选工作。

加强和规范了中等中医药教育。江西省中医药学校经过3年的建设于今年4月通过了国家中医药管理局的验收，成为国家中医药管理局确定的8所重点中医药学校之一。同时，配合厅科教处下达了江西省乡村中医生专业设置标准，并依据此标准对全省2所中医药职业技术学校的专业进行认定，余干中医药学校允许继续招生，达不到标准的高安中医学校禁止招生。

加强了人才培养和重点学科建设。国家中医药管理局分配江西省的第二批16名县（市）级中医院急诊技术骨干赴上海、广东等地进行培训计划已经全部完成。江西中医学院中药制药学及附属医院中医内科呼吸学科被国家中医药管理局确定为重点学科建设单位。

为提高全省中医药科研水平，对历年来的中医药科研课题进行了清理。15年间，共列入省中医药科研课题378项，投入经费160.7万元，结题130项，鉴定80余项，获国家科学技术奖6项，国家部、委、局级科技奖11项，江西省科技进步奖34项。现所有课题资料已全部整理归档。下达了2001年中医药科研计划，共资助中医药课题26项，资助科研经费15.7万元。通过中医药科技成果鉴定3项。并按照国家中医药管理局的统一部署，对中医药科研实验室分级登记工作进行了布置，2002年将在全省范围开展该项工作。

5.切实抓好农村中医工作　宁都、金溪县通过了国家中医药管理局农村试点县的验收。全省现已有4个全国农村中医工作先进县（市）。万载县、南康市、南昌县、新建县今年又列为全国农村中医工作先进县（市）建设单位。到目前为止，已有10个先进县（市）正在建设中，位居全国第一。召开了全省农村中医工作会议，并组织代表实地参观了宁都县，学习交流了创建全国农村中医工作先进县的经验和做法。

（江西省中医管理局　张欣霞）

2001年山东省中医工作概况

2001年，山东省中医药事业在原有基础上迈出了新的步伐。

1.中医药机构改革继续深化　根据省政府关于省直属科研机构改革实施方案和《山东省卫生资源配置标准（试行）》的要求，在充分调查研究的基础上，提出了组建省中医药研究院的方案，上报待批。济南、德州等市进行了组建中医集团的尝试。济南、淄博等市中医药参与社区卫生服务已取得实际效果。中医医疗机构分类管理工作进展顺利，人事分配制度改革继续深化，病人选医生和药品收支两条线改革开始实行。部分中医医院还努力探索后勤服务社会化改革，并迈出可喜的步伐。山东中医药大学附院作为全省试点单位，整体推进各项改革措施，提高了现有资源利用效率，社会效益和经济效益进一步提高。

2.加强重点中医专科及中医医疗机构内涵建设　全省已建成省级重点中医专科12个，并又确定了18个省级和6个国家级重点专科建设单位。泰安、莱芜、济宁、枣庄等部分市也确定了市级重点中医专科建设单位。2001年与1997年相比，全省12个重点中医专科门诊量由日均120人次上升到130人次；住院病人数由年均1040人次上升为1391人次。中医医疗质量管理和机构标准化建设进一步加强。

3.农村中医工作进一步加强　根据国务院办公厅《农村指导意见》，结合我省实际，积极配合有关部门制定山东省的《实施意见》，确定了农村中医改革与发展的基本要求。召开全省农村中医工作会议，总结交流了经验，明确了今后农村中医工作发展的指导思想、目标任务和政策措施。临沂、潍坊、烟台、聊城等市把中医药工作作为农村卫生工作的重要内容，强化措施，狠抓落实，为中医工作发展创造了良好的环境和条件。章丘、高密、平邑、黄岛等4个县（市、区）被国家中医药管理局确定为先进县，曲阜等5个县被确定为创建单位。莒县等6个县被确定为全省农村中医工作先进县，蒙阴等14个县被确定为创建单位。加强农村中医药人才培养和适宜技术整理推广，编写了《乡村医生中医知识与技能培训系列教材》。

4.中医药科技工作取得新成果　山东中医药大学“中医基础理论”、“中医医史文献”和文登整骨医院“中医骨伤科”等3个学科被国家中医药管理局确定为重点学科建设单位。启动了中医药科研实验室分级管理工作。加强中医药科技攻关研究和创新，新立项的攻关和发展计划项目89项，新列入国家计划项目3项，省部级15项；22项中医药成果获省科技进步奖。青岛、济南、淄博等市制订本地区中医药科技发展计划，并拨出专项经费予以扶持，有力地推动了当地中医药科研工作的开展。

5. 中医药教育工作稳步推进　以院校教育为主体，以继续教育、师承教育等为补充的多层次、多形式的教育体系进一步健全。山东中医药大学调整内部教育结构，扩大本科以上招生比例，去年共招收硕士研究生356名，博士生28名，本科生1277名。山东省中医药学校新增了中药、针推专业五年一贯制高职班。与省教育厅联合成立了“山东省中医临床教学工作领导协调小组”，对申请作为山东中医药大学和中医药学校临床教学基地的15个单位进行了考察评审和认定。成立了山东省继续教育医学委员会，举办省级继续教育项目20项，培训人员近2000名。

6. 中医药对外交流与合作日趋活跃　省中医局以威海为基地，组织中医医院管理人员赴韩国考察学习。山东中医药学会继续保持与瑞士的中医医疗合作。山东中医药大学新招留学生47名；开展了与美国、英国中医药科技项目的合作研究；附属医院在英国和德国开设了中医合作医疗点。各市、各级中医机构还邀请国外专家前来进行学术讲座和学术交流，对外交流的领域进一步扩大。

7. 中医药法制建设继续加强，行业作风进一步好转　深入贯彻实施《山东省中医条例》，保障和促进了中医药的改革与发展。执行卫生法律法规，加强中医全行业管理，在强化中医医疗机构、人员、技术、设备等准入要素监管的同时，鼓励并规范社会力量兴办中医医疗机构。会同公安、工商等有关部门，开展了严厉打击非法行医、非法医疗广告、整顿医疗服务市场秩序的专项治理工作。继续开展以“一满意、四规范”为主要内容的文明行业、文明单位创建活动。在全省县以上医院行风民主评议活动中，山东中医药大学附属医院、临沂市中医医院等7所中医医院被评为先进单位。

（山东省中医管理局　贾青顺）

2001年河南省中医工作概况

2001年，河南省中医系统认真落实江总书记在九届全国政协四次会议教育医药卫生界联组会上对中医药工作的重要讲话精神，主动适应新形势，深化改革，狠抓人才培养、专科建设和农村中医等工作，全省中医工作取得新进展，实现了中医事业“十五”计划的良好开局。截止年底，全省共有中医机构178所，其中科研机构3所，高等教育机构1所，中等教育机构3所，中医医疗机构171所。中医机构拥有固定资产总值10.8亿元，其中医疗设备总值3.95亿元。中医事业费支出219099.9万元，其中省直属机构27608.5万元，市县机构191491.4万元；省下拨市、县专款600万元。

1. 中医机构医改工作　各级政府认真贯彻落实医改有关文件精神，在财政专项补助、医疗服务价格等政策调整和区域卫生规划中，对中医工作实行倾斜，加大了对中医事业的投入，中医机构基础设施落后状况进一步改善。河南中医学院第一附属医院4万平方米的新病房楼建设进展顺利，主体工程已封顶，累计投入5329万元；郑州市、濮阳市、光山县、罗山县、荥阳市、太康县等中医院的病房楼或门诊楼相继竣工并投入使用；巩义市、伊川县、睢县、博爱县、泌阳县、商城县等中医院的病房楼或门诊楼正在建设中；信阳市等中医院的病房楼建设工程已列入当地政府今年的基建计划。濮阳等省辖市在制定本地区域卫生规划时，认真落实中西医并重方针和省有关文件精神，重视发挥中医药在防病治病中的作用。在医疗服务价格调整时，较大幅度地提高了中医特色诊疗技术项目收费标准。中医系统认真贯彻落实上海会议和青岛会议精神，主动参与三项改革，开展了“病人选医生”活动、住院病人“一日清单”、成本核算和成本管理、药品收支两条线、药品集中招标采购等工作，并在人事与分配制度改革、后勤服务社会化等方面进行积极探索。

2. 中医专科建设工作　省中医管理局在对全省50多家中医院的专科建设进行调研的基础上，分析存在问题，进行分类指导。先后召开4次专题会议，进一步理清全省中医专科建设的工作思路，探索最佳办院模式。调整全省骨伤科建设协作网络。制定并实施《河南省重点中医专科建设方案》《河南省中医特色专科奖励方案》。以省级重点中医专科为基础，向国家中医药管理局申报全国重点中医专科（专病）11个，河南中医学院一附院的心血管病、周围血管病、肛肠专科，省中医院的帕金森病、肿瘤专科，洛阳正骨医院的骨伤科，省中医药研究院附属医院的高血压病，郑州市大肠肛门病医院的大肠病等8个专科或专病已被确定为全国重点中医专科（专病）建设单位。河南中医学院的方剂学、河南中医学院一附院的儿科、省中医药研究院的心血管内科列入国家中医药管理局重点学科建设单位。

3. 实施“四类人才”培养计划　开始实施“四类人才”培养计划，培养一批继承型高级中医人才、中西医结合临床专家、外向型中医药人才和乡镇卫生院名中医。第一批继承型人才28名培养对象完成了6个月的强化理论培训，全部通过考核，进入跟师学习阶段。选拔了第一批乡镇卫生院名中医培养对象219名，首期培训班79名完成理论学习，已进入临床进修。

4. 农村中医工作　孟州、温县被确定为全国农村中医工作先进县建设单位；南阳市积极推广邓州市农村中医工作经验，全市9家县级中医院的中医指导科和85家乡镇卫生院的中医科室达到建设标准，成为全国仅有的3个农村中医工作先进市建设单位之一。截至年底，全省已建成全国农村中医工作先进县2个，正在建设的有6个县（市）和1个省辖市。落实国家中医药管理局“4751”计划，选拔了30名县级中医院急症技术骨干参加国家中医药管理局组织的培训。3所中医药学校继续举办农村青年中医班，去年为农村输送实用型全科医生485名。全省各市按照《河南省乡村中医培训工作考核及奖励方案》《河南省乡村中医培训考试大纲》要求，认真开展乡村中医培训和乡村医生中医药知识培训工作，取得了初步成效。

5. 中医全行业管理工作　认真贯彻执行《河南省中医条例》，积极落实全国整顿和规范市场经济秩序工作会议精神，在全省医疗秩序整顿中，对非法中医、中西医结合医疗机构进行了专项治理，对非法中医医疗广告、性病诊疗活动和非法外聘人员、承包科室等行为进行了清理整顿，初步规范了医疗市场秩序。组织有关部门对省内医疗气功进行了治理整顿，得到省委有关部门的肯定。完成了中医医疗机构分类登记和中医类别执业医师资格考试工作。对126所中医医疗机构进行了注册登记，并在《河南日报》予以公告。依法为2300余人颁发《医师资格证书》，为6000余人换发了《护士执业证书》。

6. 中医药科研工作　依托洛阳正骨研究所建设的省中医骨伤工程技术中心通过省科技厅验收，并被正式命名。该所与北京航空航天大学合作研制的“正骨遥控智能机器人”进入临床实验阶段，并成功进行了世界首例机器人正骨整复手术。洛阳正骨医院附属的洛正制药厂被省科技厅认定为“高新技术企业”，该厂新增“400万盒筋骨痛消丸生产线技术改造”项目，被省政府列入“十五”期间中成药优先扶持重点项目，给予贷款、贴息、抵免企业所得税等优惠政策。省中医药研究院的“蝉蜕止咳颗粒的研制”列入2001年省重大科技攻关项目；该院研制的“益心补肾生发片”获转让费400万元；附属奥林特制药厂通过了GMP认证。全省有11项课题在国家中医药管理局组织的临床诊疗技术整理研究项目招标中中标，数量居全国前列。向省科技厅推荐2002年度科技计划项目36项、推荐2001年度河南省科技进步奖22项。组织鉴定科技成果13项。

（河南省中医管理局）

2001年湖北省中医工作概况

2001年，湖北省中医工作在医疗体制改革、医疗机构的内涵建设等方面取得了进步。

1. 国家中医药管理局领导视察我省　余靖局长和孙塑伦司长分别视察了我省的部分中医医疗机构，在充分肯定了我省的工作的基础上，对进一步推进医疗卫生体制及医院内部运行机制的改革，始终坚持中西医“共同发展，互相补充”的原则，充分发挥中医药学的特色优势与加强中医医疗机构的内涵建设，提高学术水平和临床防病治病能力等方面作了重要指示。

2. 召开了全省中医医院工作现场会　省卫生厅在鄂州市召开了全省中医医院工作现场会，各市、州分管中医工作的局长、中医科（处）长以及各级中医医院院长参加了会议。王少阶副省长在肯定了鄂州市中医院改革成功的经验和开拓性的发展思路后，要求各级卫生行政部门和中医医院从加强领导，振兴中医；继承传统，发挥优势；深化改革，提高效益；加强管理，加快发展等四个方面来加快中医医院的改革与发展，并始终强调发展是硬道理，改革才会有出路。李建明副厅长在讲话中要求全省中医院进一步贯彻落实《指导意见》精神，大力推进中医医疗机构改革，加大人事分配制度改革的力度，引入竞争机制，加强经济核算，提高资源的利用效率。要全面推行“病人选择医生”的改革，促进医德医风的进一步改善和医疗服务质量的提高。要扩大“住院费用一日清单”和门诊收费查询制度的实施范围，增加医疗服务收费的透明度，让患者放心。

3. 中医药专家学术经验继承工作　由国家中医药管理局组织开展的第二批全国老中医药专家学术经验继承工作，经过近4年的努力，按照《老中医药专家学术经验继承工作管理办法》，经全国老中医药专家学术经验继承工作检查验收委员会验收审定，程如海等32名继承人圆满地完成了学业，获准出师。

4. “十省市中医医疗需求与服务调查”工作　我省作为全国10个样本省市之一，参加了由国家中医药管理局组织开展的“中医医疗需求与服务调查及在人民健康中的地位作用研究”项目，通过调查，基本搞清了我省城乡居民对中医医疗服务的需求量，掌握了现有中医药资源的配置情况，中医药提供的服务利用及其效率，为评价中医药在人民健康中的地位和作用提供了宏观依据。

5. 农村中医工作先进县建设　省卫生厅在公安县召开了全省农村中医工作先进县建设座谈会，7市县的代表介绍了各地农村中医工作的情况，并交流了经验。目前，全省有4个国家级农村中医工作先进县（市）建设单位通过了验收，1个国家级、2个省级农村中医工作先进市、县建设单位正在建设中，该项工作将对我省中医事业的发展起辐射作用。

6. 中医药技能及理论知识竞赛　省卫生厅在鄂州市举行全省中药技能及理论知识竞赛，对弘扬传统的中药炮制技艺、继承老中药专家的学术经验和技术专长、提高专业人员的技术和理论水平，推动我省中药事业的发展具有重要影响。

7. 加强中医内涵建设　分别制定出台了《湖北省知名中医评选办法》《湖北省知名中医专科评审办法》《湖北省知名中医医院评审办法》。充分发挥中医药特色并使其形成优势，培养一批中青年学科带头人，提高中医队伍的整体素质及中医药防病治病的能力，促进中医事业的发展，满足人民群众对中医药的需求，

8. 中医科研工作　省卫生厅在武汉召开了由部、省属医药院校、中医药科研机构的领导，以及市、州中医医疗机构分管科研工作的院长、科研科长等参加的省中医药科研工作座谈会，总结“九五”期间中医药科研工作，布置了下一个时期中医药科研工作任务。下达了湖北省中医药、中西医结合科研课题26项，鉴定科研成果8项，成果档次均达到国内先进水平和国内领先以上水平。

（湖北省卫生厅中医处）

2001年湖南省中医工作概况

2001年，湖南省现有中医机构125个，其中各级各类中医医院118所，中医药院校5所，中医药科研院所2所；各类中医药从业人员3.6万人，其中列为全国名老中医药专家25名，省级名中医药专家50名，高级中医药技术人员2000余名，有中医病床约1.5万张，达到全省每万人口2.4张（全国平均为2.1）；95%以上的综合医院开设了中医科和中医病床。

1. 中医工作继续实施目标管理　召开了全省市州卫生局中医科长及省直中医单位负责人会议，贯彻落实2001年全国中医药厅局长会议精神，结合我省的实际，确立了当前和今后一个时期中医工作的指导思想和主要任务；重点交流了各地实施医药卫生体制改革中落实有关中医政策及中医医疗机构内部运行机制改革的情况，安排部署2001年全省中医工作，下发了《湖南省2001年中医工作要点》及《湖南省2000～2001年度各市（州）中医工作考评标准》，明确工作重点。并召开了全省中医工作会议，总结“九五”期间全省的中医工作，表彰了全省中医系统先进单位和先进个人，明确“十五”期间中医工作的思路和任务，部署2002年全省的中医工作，制定下发了《湖南省中医事业“十五”计划》。

2. 中医医疗机构改革不断深化　全省大多数中医医疗机构加大了医院内部运行机制改革的力度，转变服务模式，开拓服务领域，步入了以质量效益为主的内涵发展的轨道。如郴州市、衡阳市等中医医院在医院内部全面推行人事分配制度改革，实行全员聘任制和浮动工资制，切实加强了医院的管理，显著提高了医院的两个效益。湖南中医学院附二医院、邵阳市一中医院、新邵县中医院、张家界中医院依靠重点中医专科的建设，提高了医院的声誉，推动了医院的整体发展。浏阳、醴陵、汨罗、湘潭县等一批中医医院下大力气加强了急诊科的配套建设，成立了区域性急诊急救中心，开通了“120”等急救电话，显著提高了医院的质量和效益。长沙市、怀化市、湘西自治州、耒阳市等中医医院根据社区群众和医疗市场的需要，积极拓宽服务功能，改变服务模式，兴办了集中医医疗、康复、保健、休闲于一体的中医药医疗康复保健中心，满足了人民群众不同层次的需要。南县、新化县等中医医院在探索向乡村延伸服务范围，开辟服务渠道及开展社区卫生服务等方面取得了许多宝贵经验。

3. 中医专科和中医急诊科建设得到加强　制定并印发了《湖南省重点中医专科（专病）建设标准与评分细则》，对已确定的8家省级重点中医专科建设单位进行了督查，还受理了

5所中医医院13个省级重点中医专科的申请；组织申报了11个国家中医药管理局重点中医专科建设项目。

按照《湖南省中医医院急诊科建设标准（试行)》的要求，对17所中医医院申报省重点中医急诊科项目进行评估，有13所医院的急诊科被确定为省重点中医急诊科建设单位。在郴州市召开了全省中医急诊工作会议，总结交流近年来中医急诊工作的成绩与经验，分析中医急诊工作的现状及存在的问题，部署新时期中医院急诊科建设等工作。

4. 中医药继续教育工作普遍开展　按照国家中医药管理局对中医继续教育工作的要求，制定了《湖南省中医药继续教育实施方案》及4个配套文件和《湖南省中医医院临床住院医师规范化培训考核实施方案》。完成了2次中医医院住院医师规范化培训人员理论知识考试。组织完成了湖南省中医药学校创建高等职业技术学院的申报及迎接省级评审工作。

5. 中医药科研工作　组织完成了国家中医药管理局中医诊疗技术整理与研究项目2001年课题、新药研究基金课题及人事部“留学人员科技活动”项目的申报工作，申报课题28项；配合省科技厅组织实施“中医药现代化研究及产业化开发计划”，有2项列入省科技攻关“十五''计划；组织完成了2001年省科技进步奖中医药项目筛选和申报工作，推荐申报21项，获奖5项；完成了2001年厅中医药科研基金课题招标指南起草工作；组织和主持了20项中医药科技成果的技术鉴定工作；加强了三级科研实验室的建设，对湖南中医学院的2个三级科研实验室完成了初步评估和申报工作。

6. 农村中医工作　对衡东、耒阳、宜章3个县（市）的全国农村中医工作先进县（市）的建设工作进行了督导，掌握3个县（市）建设全国农村中医工作先进县的工作进程，部署了下一阶段的建设工作。根据国家中医药管理局制定的《全国农村中医工作先进县（市、区）建设标准与评审细则》，结合我省农村中医工作新形势、新任务、新要求的实际，在《湖南省农村中医建设标准与实施方法》的基础上，修订并印发了《湖南省农村中医工作先进县（市、区）标准与评分细则》。

7. 清理非营利性医疗机构的营利性合资合作项目　先后举办了院长学习班、召开专题会议，同时下发一些相关的政策性文件，对医疗机构的执业活动作出了一系列明确的规定，如医院不许将科室承包给他人经营；不得擅自设立分院、门诊部和诊所；营利性合资合作项目必须在规定的时间内剥离；不许盗用解放军、武警部队名义开展医疗活动；不许违反规定开展医疗气功等。并对省直中医医疗机构进行了全面的检查和清理。

8. 严格中医医疗广告的审批管理　按照国家《广告法》和国家工商行政管理局、卫生部《医疗广告管理办法》的有关规定，在中医医疗广告审批中，实行两人审批把关制度。全年共审批中医医疗广告49个，未发现有违反规定审批的广告。按照湖南省工商局、省卫生厅下发的《关于继续暂停发布性病医疗广告有关规定的通知》，对已审批的中医医疗广告进行了重新审查，凡不符合有关规定的发出停刊、停播通知。共清理出违法刊播医疗广告177个，给新闻媒体下达停止刊播违法医疗广告的通知10个。

9. 全面审查和清理医疗气功　根据卫生部颁发的《医疗气功管理暂行规定》，重点对医疗气功机构和人员进行资格审查和清理，合格而保留的医疗气功机构有7家，撤消了16家医疗气功机构；湘潭市4人、怀化市1人、常德市2人和湖南省中医药学会气功专业委员会全体会员继续保留气功医疗资格，有41人被取消医疗气功资格。

（湖南省中医管理局　彭中华）

2001年广西壮族自治区中医工作概况

2001年，广西壮族自治区在推进中医机构配套改革、加强中医机构内涵建设、农村中医药工作和精神文明建设等方面做了一些工作，取得一定的成绩。

1. 中医医疗机构改革取得新进展　全面贯彻《关于城镇医药卫生体制改革的指导意见》，稳步推进中医医疗机构改革，召开了全区中医医院工作会议，总结了我区“九五”中医工作，正确分析中医工作面临的形势，部署今后几年中医工作的主要任务和中医机构如何加快卫生改革、加强内涵建设等问题提出了意见。在参与“三项改革”以及深化中医医院内部运行机制改革等方面主要开展如下工作：一是积极推行中医医疗机构分类管理制度。从申报的情况看，绝大多数中医院申报为政府举办的非营利性医疗机构。二是全区二级以上中医医疗机构门诊均开展“病人选择医生”的工作。部分中医院在病房也推行了病人选医生。通过病人选择医生，带动了医疗机构内部各环节、各岗位的有序竞争，改善了医疗机构服务水平，提高了医疗质量和工作效率。三是实行住院病人费用一日清单制。全区已有60多所中医医疗机构推行“住院病人一日清单制”，相当一部分的中医院在没有电脑或电脑设备不配套的艰难情况下，采取人工抄的办法，一日或几日向住院病人提供费用清单，受到病人的欢迎。四是全区县以上中医医疗机构在财务上全部实行药品收支两条线管理。多数的中医医院自行或参加了药品集中招标采购，招标采购形式多样，有的通过药品代理机构招标；柳州市、玉林市中医医院与三九制药集团签约，将门诊药房试行托管的办法。广西中医学院一附院制订了医院药品采购招标试行办法和一系列招标文件，根据医院上一年的用药情况，选出30个用量最大的品种，作为招标品种。采用公开、公正、公平的现场竞价办法，增加了招标的透明度，避免了不正当的竞争和药品采购中的不正之风，又降低了病人药品费用。广西中医学院二附院采取与医药公司联营的方式，已于年底启动。五是进行人事制度改革试点工作。目前，中医医院不同程度地进行了人事制度改革工作，如实行聘用合同制和岗位聘用制，因事设岗，按岗竞聘，进行动态考核及管理，建立能进能出的用人机制；改革工资分配制度，实行总额包干，自主分配，增人不增工资总额，减人不减工资总额。鹿寨县、武宣县中医医院在柳州地区人事局和当地政府的指导下，完成了试点工作。柳州市中医医院实行全员聘用制，因事设岗，竞争上岗，充分调动了职工主观能动性。在劳务分配上，将职工的“身份管理”变为“岗位管理”（即不管职称高低，按现岗位拿报酬；国家规定提薪的放入个人档案，退休后兑现），实行科室成本核算，院科两级分配，将活工资和各种补贴拿出来重新进行分配。劳务分配向医疗倾斜、向高科技倾斜。通过改革医院的管理体制，减员增效，降低消耗，建立激励机制，医院的运营逐步走上了良性循环的轨道。六是地市以上中医医院开设了社区卫生服务点，使中医药资源得到充分运用，使更广泛的人群享受到中医药医疗保健服务，体现了中医药“简、便、廉、验”的特点。

2. 抓好中医医疗机构和人员的准入　加快中医医院等级评审工作。根据全区卫生工作会议精神，面对中医医疗机构底子薄、基础设施差、人才结构不尽合理，完成评审任务仍有较大差距的现状，积极鼓励各级中医医院多方筹措资金，改善基础设施，增添医疗设备，加强专科建设和人才培养，使一些医院在硬件、软件方面得到加强，具备了上等级达标的条件。截至年底，我区又组织评审了玉林、南宁、容县、三江、武宣、罗城、合浦、忻城等8所市、县中医、中西医结合医院。全区已有43所中医、中西医结合医院通过等级评审，其中三级甲等6所，三级乙等2所，二级甲等35所，占全区中医医院总数的49%。通过等级评审，中医医院普遍加强了基础设施建设，完善了服务功能，提高了医疗技术和科学管理水平，坚持了中医特色的办院方向，增强了医院的整体实力。

举办中医专科病案书写骨干培训班。为提高中医医疗质量，进一步发挥中医特色，促进中医病案标准化、规范化建设，全区92所医院170人参加了培训。组织起草、修改、审定的《〈中医病案规范〉专科检查记录格式》已在全区中医、中西医结合医院试行。

积极做好2001年中医医师资格考试工作。会同医政处，按照卫生部、国家中医药管理局全国医师资格考试的有关文件要求，召开了2001年执业医师考务工作会议。为保证考试质量，按照国家的要求和中医药的特点，对实践技能考试的方式和方法进行了修改，并对我区的中医、中西医结合实践技能考试的考官进行了培训。组织对考生培训，对各考场的考试环节进行了模拟试验，保证实践技能考试有序进行。据统计，今年参加医学技能实践考试的中医、中西医结合人员551名，考试合格人数408名，合格率74.04%。其中参加实践技考中医执业医师264名，合格237名，合格率89.77%；中医执业助理医师287名，合格171名，合格率59.58%。参加医学综合笔试的中医、中西医结合人数435名，合格246名，合格率56.55%。

3. 组织对专科（专病）中心和示范医院验收　我区学习国家加强内涵建设的经验，分别于1993、1997和1998年批建10所自治区级示范中医医院和10个自治区中医专科（专病）医疗中心和基地，这些医院从人才培养入手，多渠道引进、培养人才，抓好专科（专病）医疗质量、特色水平，加强内涵建设和基础设施，经过几年建设，基本达到预期的目标，经组织专家分别对我区10所示范中医医院和8个专科（专病）医疗中心（有2个未申报验收）按照标准进行检查验收，有8所示范中医医院（2所还需整改）和8个专科专病中心通过验收。

4. 加强农村中医药工作　继续贯彻“县抓龙头，乡抓科室，村抓两法”的指导思想，进一步落实《卫生部、国家中医药管理局关于切实加强农村中医药工作的意见》，注重抓了农村中医工作先进县建设，加强了武鸣、全州、贺州、恭城等4个全国农村中医工作先进县（市）建设单位和永福自治区级农村中医工作先进县建设单位的业务指导和管理，在经费和人才培养方面都给予扶持。武鸣县经过5年的建设，经专家评估，认为各项指标基本达标。报经国家中医药管理局评审，以950分的高分通过验收，成为我区第二个全国农村中医工作先进县。

继续落实国家中医药管理局制定的“中医药人才培养113计划”，做好县级中医医院专科专病技术骨干的培养工作。有60名县级中医医院的专科专病人员在区内得到培训，同时，还选送了26名到区外基地进修。通过三年实施“中医药人才培养113计划”，为县级中医医院培养了465名医疗技术骨干，其中区外培训73名，区内培训392名，使县级中医医院业务的整体水平不断提高。

5. 完成全国第二批老中医药专家学术经验继承人结业考核工作　我区全国第二批老中医药专家学术经验继承工作，从1997年4月正式带教跟师，根据国家有关文件三年期满进行结业考核的要求，去年对7名学术继承人进行结业考核，今年5月已获国家中医药管理局批准出师。原有1名学术继承人因导师出国未能按时考核，亦于今年5月组织专家进行了考核并将材料上报国家中医药管理局审批。

6. 开展医疗气功清理整顿工作　一是根据卫生部、国家中医药管理局关于对医疗气功清理整顿工作的实施意见和广西自治区党委办公厅厅发［2000］50号文精神，在自治区医疗气功清理整顿工作领导小组的重视支持下，我们开展了全区医疗气功活动情况的调查，下发了《自治区卫生厅关于开展医疗气功活动有关情况调查的通知》到各地市卫生局，并制订调查表8张随文下发。据统计，此次全区共派出398人参加调查，走访了卫生部门所属医院1428个，疗养院10个，企业所属医疗机构128个，门诊部1076个，社团组织17个，村卫生所1628个，走访有关人员2080人，均未发现有开展医疗气功活动的机构和个人，也未发现有违法违规行为，并将调查情况上报国家和自治区有关部门。

7. 做好《广西壮族自治区发展中医条例》起草和整顿、规范卫生领域市场经济秩序工作　为促进我区中医事业的发展，维护中医工作的正常秩序和保障中医药工作能更好地为广西人民的健康和经济建设服务，我们协同法监处起草《广西壮族自治区发展中医条例（草案)》第一稿，目前已印发征求各地市和自治区有关部门意见。为严厉打击非法行医活动，大力整治医疗广告市场，规范医疗机构执业行为，根据我厅整顿和规范卫生领域市场经济秩序工作的统一部署，我处密切配合有关处室对我区的非法中医医疗广告和医疗市场进行清理整顿，取得了初步的成效。据统计，全区共出动卫生执法人员7539人次，出动车辆1673台次，检查各类医疗机构13163所，取缔非法医疗机构1135所，查处非法行医人员1092人，查处违法医疗广告318份，拆除非法医疗广告牌匾2903块，收缴销毁非法医疗广告宣传品3.75万张。进一步维护了医疗服务市场的正常秩序。

（广西壮族自治区卫生厅中医管理处）

2001年海南省中医工作概况

2001年，海南省中医工作继续以“改革为动力，效益为原则，人才为重点，专科专病为突破口，科学管理为保证”作为指导，取得一定成绩。

1. 抓好试点，积极推动中医医院体制改革　将贯彻国务院办公厅《关于城镇医药卫生体制改革的指导意见》及其配套文件作为中心工作来抓。针对中医机构基础差、人员结构不合理的状况，提出了转变观念，以改革创新的精神，推进中医医疗机构改革，通过体制创新和机制创新，实现新世纪中医药事业的新发展的总体思路。以人事制度改革为突破口，引入竞争机制，优化人才结构。按照厅党组的部署，着重抓好省中医院人事制度改革试点。昌江中医院改革用人制度，实行了护士长竞争上岗。一些有条件的中医医院还开展了“病人选择医生”，实行药品价格公开、医疗收费标准公开、住院病人每日清单，让病人看明白病，花放心钱。对中医类医疗机构施行分类管理，将17所全民所有制的中医医疗机构确定为非营利医疗机构，7所民营的中医医疗机构确定为营利性医疗机构。

2. 注重内涵，加强中医医院专科专病建设　各中医医院注重加强内涵建设，报送为国家中医药管理局重点专科建设项目的有海南省中医院的男科、中西医结合骨伤科、中风治疗康复中心和海口市中医院的骨伤科。

3. 转变职能，加强对中医工作的宏观管理　用法律、行政、经济等手段加强对中医事业的宏观管理和调控，着重做了以下三方面的工作：一是加快了中医立法步伐，起草了《海南省发展中医条例（送审稿)》，报送省法制办，开展了立法的前期准备工作。二是在进行大量调研的基础上，制定下发了《海南省中医事业“十五”计划》并实施。三是将中医药工作纳入农村、社区等卫生工作中进行统筹规划和管理。

4. 示范带动，加强农村和社区中医工作　农村中医工作坚持以点带面，积极采取有效措施，加快琼海市农村中医工作先进县建设，取得了明显成效，已组织通过省级专家评审，在进一步完善的基础上，正式申请国家达标验收。

5. 依法行政，整顿和规范中医医疗服务市场　根据《医疗机构管理办法》，开展整顿医疗秩序综合治理工作，打击盗用中医名义的非法行医行为。同时，处罚了3家违法医疗广告，规范了医疗广告格式，净化了海府地区的医疗市场。贯彻《执业医师法》，圆满完成2001年全国执业医师资格考试工作。

6. 加强中医药的人才培训，提高中医药队伍整体素质和学术水平　组织中医医疗机构中医类专科（专病）、急诊技术骨干进修培训，选送5位业务技术骨干出岛培训。选派海口、三亚、琼海市中医院院长参加“全国中医院院长高级培训班”学习。为深化我省中医医院护理改革，更好地开展“以病人为中心”的整体护理工作，不断探索中医特色的整体护理模式，成立“海南省中医医疗机构整体护理协作网”。目前，省、琼海、东方、乐东等中医院已开展了病区整体护理。

（海南省卫生厅中医处　杜锡麟）

2001年重庆市中医工作概况

2001年，重庆市中医工作主要围绕以下几方面展开。

1. 召开由局属中医单位党政负责人、各区县（市）卫生局分管局长、各区县（市）中医、中西医结合医院院长等140余人参加的全市中医工作大会，传达了全国中医工作会议精神，部署新一年的中医工作任务，交流了2001年中医工作的先进经验，表彰奖励获得“重庆市第二届‘太极杯’发展中医药突出贡献奖”的五个集体和五位个人。

2. 根据国家中医药管理局“关于公布第二批全国老中医药专家学术经验出师验收合格人员名单通知”，我市有张廷君、王恩元、崔春风、高耀华、刘琼、闫光凡、张玉方、陈光辉、王渝蓉等10位老中医药专家学术经验继承人出师。

3. 清理整顿医疗市场秩序，加强对各类中医医疗及医疗咨询活动的管理，促进中医医疗服务活动健康发展，制订了《重庆市城镇中药药店开设中医诊所管理暂行办法》，并下发了“贯彻实施《暂行办法》的通知。”

4. 按照全国“十五”中医事业发展的总体要求，结合我市中医事业现状和实际，在充分征求各方意见的基础上，重庆市卫生局与重庆市计划发展委员会联合制定了“重庆市国民经济和社会发展第十个五年计划中医事业发展规划”，确定了今后五年重庆市中医事业发展的指导思想、工作目标和主要任务。

5. 根据国家中医药管理局“国中医药办发（2001）19号”文件精神的要求，对全市范围内符合申报医师资格认定的中医“双无”人员进行了严格审查、核实，并对符合条件的人员进行了实践技能考试，为124名合格者颁发了医师资格证书。

（重庆市卫生局中医处）

2001年四川省中医工作概况

2001年，四川省中医药行业的广大干部职工认真贯彻落实全省中医药事业“十五”计划，以城镇医药卫生体制改革、加强中医机构内涵建设、科教兴业和农村中医工作为重点，狠抓质量和效益，稳步推进全省中医工作，较好地完成了全年的工作任务。

1. 城镇医药卫生体制改革稳步推进　由省政府体改办牵头，十三个省级部门参加，进行了医药卫生体制改革试点工作和医药卫生体制改革十个配套文件的起草制定工作。结合全省中医药工作实际对医改政策进行了深入的调查研究，为《四川省城镇医药卫生体制改革实施意见》等医改配套文件的起草提供了中医改革的意见。全省中医系统按照《实施意见》，主动参与，积极适应，稳步推进，积极落实城镇医药卫生体制改革的各项措施。会同省卫生厅印发了《四川省城镇医疗机构分类管理暂行规定》，完成了对7所局属医疗机构的分类管理工作和9所局注册医疗单位分类管理的登记、审核、校验工作。截止12月，全省中医医疗机构的分类定性工作基本完成，已有143个县及县以上中医医疗机构、15个市州中医医疗机构和7个局直属医疗机构被确定为非营利性医疗机构。

抓紧制定区域卫生规划，合理配置中医药资源。在《四川省卫生资源配置标准》中，对中医药资源配置明确要求人口在30万及以上的县设1所中医院，10万～30万人口的县可继续保留现有的中医院，民族地区由州、自治县人民政府根据当地实际情况制定卫生资源配置标准。

切实做好医药分开核算、分别管理工作。在《医院药品收支两条线管理实施办法》中，要求对中医医院按本地区、同级同类中医院的平均水平给予补贴，具体标准由省中医管理局和各地卫生（中医）主管部门确定。民族地区医院药品收支两条线管理，由各州卫生、财政主管部门参照实施办法自行制定。实行药品集中招标采购工作后，全省中医医疗机构药价平均下降20%左右，药品收入占业务收入的平均比例为53.6%，比2001年降低了3%。

全省各级中医（卫生）行政管理部门坚持依法管医，依据《医疗机构管理条例》《四川省中医条例》和《执业医师法》等法律、法规，加强了对中医医疗机构的监督管理力度。

2. 制定和实施“十五”计划，促进医教研发展　在《四川省中医药事业“十五”发展计划》制定中，省局紧密结合当前中医药发展趋势和四川中医药工作实际，认真分析客观因素，加强预见性和可操作性，理清思路，确立了“十五”四川中医药事业发展的指导思想、发展目标和主要任务。为使《计划》在未来五年得以顺利实施，省局将其分解为26个子方案，制定了方案实施的目标、进度时间表和支撑条件的配备，并在开局之年加大力度，以项目预算和资金匹配的形式将计划中的2001年项目全部启动。

从制定和实施中医医疗质量和安全规范标准、加强专科专病建设、中医急诊、标准化规范化建设、突出中医特色和加强成本核算等几个方面入手，使中医医疗机构的内涵建设得到丰富和提高。启动了“十五”计划“三级中心”建设工作。今年确定了1个省级医疗中心、9个市级医疗中心和12个县级医疗中心。按照三级中心建设的目标，提出了对确定为三级中心的中医医疗机构的综合功能、整体水平、服务能力、管理水平和医院文化建设的要求，促进其综合实力不断上升，发挥在区域内的辐射和带动作用。下发了《四川省中医医疗机构医疗质量与医疗安全考核标准》，在全省中医医疗机构中推进《中医病案规范》《中医护理操作规范》的实施工作。按照要求，各地进行了中医医疗质量评估标准建设，建立并完善了医疗质量监测网络，定期对医疗质量进行检查、监测。从医疗服务要素的准入管理、环节管理、终末质量管理和高风险医疗项目环节管理等入手，确保了医疗安全。继续加强中医医疗机构的标准化建设和规范化管理。今年建成三级乙等中医医院1所，二级甲等中医医院4

所，制定并试行了《中医骨科医院分级管理标准》，建成二级甲等中医骨科医院1所；按照《四川省藏医院建设标准》，甘孜州理塘、德荣县藏医院建设达到省级标准。加强中医护理工作，召开全省中医护理工作会，举办了全省中医护理管理干部培训班，培训了一批中医医院护理骨干。

专科专病建设得到加强，人才结构、单病种质量管理、院内专科制剂、中医临床疗效等方面上了新的台阶。建成了峨眉山市中医院骨伤科等6个省级重点中医专科，全省中医重点专科2001年业务总收入达到1亿6千万，占全省中医医疗业务总收入的16%左右。

继续进行农村中医药工作三级网络建设。制定了乡镇卫生院、村卫生站中药房建设标准并加以实施，农村中医药服务量达到45%，农村中医药对保障农民健康和调整农业产业结构的效益已逐步显现出来。荣县、剑阁县、绵竹市等3个县（市）建成全国农村中医工作先进县（市）。安岳等11个县、市已建成“四川省农村中医工作先进县”。确定安岳县、都江堰市为“全国农村中医工作先进县建设单位”。圆满完成了“四川省中医医疗服务与需求抽样调查”工作，受到国家中医药管理局的好评。

启动中医药科技创新工程“3243”计划，加强了中医药科技创新体系建设和中医药资源开发。国家中药GCP中心、中药验方筛选中心、中药新药开发中心建设工作按照计划顺利进行。其中国家中药GCP中心建设项目已通过国家科技部、国家中医药管理局组织的项目建设中期评估。

中医药重点实验室建设工作顺利进行。完成了局级重点实验室验收和督导工作。开展了2001年度的中医药科研实验室分级登记工作。组织专家对中医药科研实验室进行了评估，评出二级实验室11个，一级实验室3个。

完成了局重点科研课题合同书的签定工作，筛选了一批立项不资助项目，积极组织新药开发。6项课题中标“十五”国家中医药科技攻关项目。四川省中医医院院内制剂库建设已完成前期基础工作，筛选10个院内制剂作为新药开发备选项目。中医药科研专家人才库建设已完成前期基础工作，已进行省级单位的中医药专家入库工作。“九五”藏药开发试点工作全面完成。8项“九五”攻关项目及其它7项中医药科研项目通过鉴定；评出全省中医药科技进步奖一等奖1项，二等奖3项，三等奖6项。省局制发了《中药新药临床推广应用工作管理暂行办法》，并在成都、绵阳、内江市中医管理局的配合支持下，开展了成果推广试点工作。与省针灸学会联合举办了针灸新技术、新成果推广培训班，组织了10项科研成果和新技术进行推广。

开展多种教学模式，加强中医药各类人才培养。根据“十五”计划的安排，今年启动了“杏林人才工程1313计划”，制订了“十五”期间科技学术带头人、临床学术技术带头人、中医专科专病骨干人员培养的标准、要求和具体实施方案，并分别对全省部分中医医疗机构科主任、中医临床学术技术带头人及中医专科专病骨干进行专门培训。制定了四川省第二批名中医评选方案和中医药机构管理干部培训方案。

抓好中医药院校教育。2001年，高等中医药教育继续深化教育教学改革，加大对高级中医药人才的培养力度，共培养本科毕业生476名，硕士生70名，博士生21名。结合当前中医中专教育改革发展的要求，召开了全省中医中等学校教育改革研讨会，对中医中专教育工作进行了研讨。绵阳中医学校顺利通过了国家中医药管理局进行的国家中医药重点中专验收。

完成了全国第二批名老中医药专家师带徒结业考核验收工作，经国家中医药管理局审批，我省20名学术继承人获准出师。完成了2001年度全省中医药高级技术职务的评审工作。

3.加强中医药法制建设，加大对外交流与合作　省人大教科文卫委员会对全省实施《四川省中医条例》情况进行了执法调研，分别对甘孜等7个市、州贯彻实施《条例》情况进行了执法调研，详细了解了各地对《四川省中医条例》的贯彻执行情况，掌握了中医药事业发展所存在的问题和制约因素，为制定相关扶持政策提供了依据。在广泛调研的基础上，省局配合省政府法制办公室积极做好《四川省中医条例实施办法》的制定工作。并已将《四川省中医条例实施办法》征求意见稿下发各市州人民政府和省级职能部门征求意见。

在中共中央宣传部、司法部在京召开全国法制宣传教育工作会议上，我局被授予“全国法制宣传教育工作先进单位”称号并进行表彰，成为全国中医行业唯一获奖单位。

在新一轮地市级政府机构改革中，各市州人民政府和卫生行政部门坚持中西医并重的方针，加强了中医管理机构的建设。2001年，成都市等15个市州人民政府批准成立了所在市州中医管理机构，实行一套班子、两块牌子统一管理，我省中医行政管理体系得到进一步健全。

认真做好中医药国际交流与合作工作，积极对外宣传四川中医药。组织了全省中医系统管理及专业技术人员赴美国进行学术交流。派员参加了国家中医药管理局组织的“中医药立法、规范化管理考察培训团”，赴日本考察学习。派员参加了“四川省中医药科技代表团”赴西欧考察学习。接待了来川访问考察的台湾中医药代表团。协助省政府、省外办接待了韩国新闻采访团，为传播四川中医中药，促进中医药的对外交流与合作起到了积极作用。

（四川省中医管理局　罗　建）

2001年云南省中医药工作概况

2001年，云南省中医药工作以“用比较低廉的费用提供比较优质的医疗服务，努力满足人民群众基本医疗服务的需要”为目标，推进全省中医药事业全面发展，较好地完成了全年的中医药工作任务。截至年底，全省中医机构共115个，其中中医医院111所，中医病床7660张，中医机构职工10607人。中医医院业务用房比上年增长3.36%，固定资产比上年增加17%，医疗设备值比上年增长19%。各中医院诊疗人次达700余万，收住病人12万人次。

1.深化改革，促进发展　在全省卫生工作会议上，对全省中医药改革和发展工作进行了全面的部署安排，明确了改革发展的目标任务和措施。省中医医院、林业中西医结合医院、开远市、姚安县、弥勒县、元谋县等中医院进行了人事和分配制度改革，引入竞争机制，调动了大多数人的积极性，提高了社会效益和经济效益。省中医院、建水、开远、个旧、华坪、曲靖等市县中医院在门诊或病房推行了病人选择医生，强化竞争意识，改善服务质量。镇雄县、澄江县、曲靖市、开远市等中医院实行了住院费用清单制。楚雄州中医院强化社会监督机制，聘请社会纠风监督员。昆明市、红河州和盘龙区、大理市、华坪县、临沧县积极开展社区中医药服务，发挥中医药在老年病、慢性病的治疗、康复和保健方面的优势，与现代医学互补，为社区居民服务。积极推行或参与药品集中招标采购工作，降低药品费用。全省各中医医院认真实施药品收支两条线管理，努力降低药品在业务收入中的比例。

开远市中医医院从病人入院到出院实行全程优质服务承诺，对所有出院患者派车送到家；砚山县中医院开设了贫困人群病房，对贫困人口住院给予一定的减免；对60岁以上老年人住院给予检查费及床位费的适当减免，受到当地政府的好评。

2. 抓好继承，推进发展　组织有关部门编撰《中华本草》傣药卷，收集傣药近500种；组织西双版纳、思茅编撰傣医药教材，并申报纳入国家中医药管理局计划；傣医骨伤科被国家中医药管理局列为民族医药重点建设专科，得到资助。组织编撰出版了《名医真传》，收载了云南省全国第二批中医药师带徒指导老师的学术经验、学术思想。组织拟定了“关于加强云南省中医药继承发展工作的意见”，并请有关部门和专家论证。制定《云南省中医药“十五”发展计划》，明确了“十五”期间的指导思想，奋斗目标，具体任务和措施。

3. 实施“科教兴业”，加速发展　组织选派专科专病技术骨干60余名到省内外进修学习。实施中医医院急诊人员全员培训，参加人数301名。实施住院医师规范化培训，年内参加培训考试合格278名；护士规范化培训合格12名。

实施中医继续医学教育，完成继教项目30项，参加培训人员2404名。中医、针灸、中西医结合学会举办学术讲座19次，听课人数2004名，举办各种培训班22期，参加人数2788名（含函授培训），举办学术会议11次，参加人数648名。

组织中医药科研基金招标，共申报项目46项，经过专家评审中标29项；省中医医院申报的“振雄展势丹”研究开发获省科委资助75万元。8项中医药科研课题按计划完成任务，通过验收。

4. 农村中医药工作得到发展　全省4个县被列入全国农村中医药工作先进县建设单位，有3个县达到全国农村中医药工作先进县标准。鹤庆、弥渡通过省级农村中医药工作先进县的评审。对全省农村中医“植根计划”－－乡村医生中医药知识培训工作进行了总结和表彰，并提出2005年全省乡村医生中医药知识培训达到80%的目标。省中医医院对口支援普洱、临沧县中医医院，使其业务水平不断提高。思茅等地区采取积极措施，支持农村中医药事业的发展，目前，思茅全区有62%的乡镇卫生院和68%的村卫生室开展了中医药业务。

5. 加强专科专病建设，发挥中医特色优势　2001年，我们将中医机构建设由“九五”的以硬件建设为主转向以内涵建设为主，加强专科专病建设，发挥中医特色优势。年内共确定30个中医重点专科专病进行建设，共投入经费500余万元。

6. 扩大开放，加强中医药的国际合作与交流　参与筹办第二届国际保健节，数十家中医单位，综合医院参展、义诊，扩大了影响。组织中医药代表团8人赴泰国考察交流，达到增进友谊，加强合作的目的；组织中医药代表团赴日本考察交流，增进了解，为进一步合作奠定了基础；选派人员赴澳大利亚学习科研管理等。接待新家坡考察团和丹麦卫生部代表团，对我省中医药工作进行考察和交流。一些中医院积极走出去创办中医诊疗点。龙陵县中医院与缅甸掸帮第一特区创办中医门诊；临沧县中医院在缅甸老街创办了中医门诊；昆明市中医院在瑞士苏黎市创办中医门诊。

7. 中医机构基础设施建设和中医药宣传工作取得一定成绩　全省中医院基础设施建设有了新的发展，省中医院干部病房综合楼正式开工；有14所中医院的建设项目得到省计委的支持。宣威、富源、陆良、彝良、弥渡、景东等中医院新建了业务用房，年内新增建筑面积6万余平方米，大大改善了中医院的工作条件。

（云南省卫生厅中医处）

2001年宁夏回族自治区中医工作概况

2001年，宁夏回族自治区中医工作主要围绕以下几个方面进行。

1.加强中医机构的管理，促进医院发展　完成中医医院分类管理工作，核定17所中医医院为非营利性中医医疗机构，办理换发了新的《医疗机构执业许可证》。引入竞争机制，增强竞争意识，自治区中医医院今年进一步完善综合目标管理责任制，开拓进取，务实创新，医院综合效益不断提高，业务收入突破1000万元，医院步入良性运行轨道；银川市、平罗县、中卫县、石嘴山市等中医医院，积极参加药品招标采购，使部分药品价格降低30%，减轻了患者负担；灵武市、永宁县、中宁县、隆德县、盐池县等中医医院进一步加大人事制度和分配制度的改革，调动了职工的积极性；银川市、吴忠市、中卫县等中医医院积极开展社区卫生服务，利用中医药“简、便、廉、验”的特点，充分发挥中医药在预防、保健、康复及治疗常见病、多发病、慢性病等方面的优势，拓展服务领域，争取更多的市场份额，促进了医院的发展。

2.加强基础设施建设，改善医疗环境　各级人民政府和卫生行政部门加强了对中医工作的领导，增加了对中医事业的投入，改善了中医机构办院条件。自治区财政拨款80万元，自治区中医医院完成了1500平方米的干部病房建设和改造装修任务。银川市中医医院翻扩建项目（建筑面积12000平方米，总投资3500多万元）于10月22日正式开工建设。灵武市中医医院门诊急救中心楼基本竣工，即将交付使用。盐池县中医医院在县人民政府的支持协调下，调拨楼房搬迁到县城繁华地段，并完成了楼房的改造装修工程，改变了中医医院条件简陋的局面。海原县中医医院在自治区民委及福建省帮扶下，1800平方米的住院部楼房已竣工；同心县中医医院门诊楼翻建工程已竣工。

3.以中医专科（专病）建没为重点，加强中医医院内涵建没　根据国家中医药管理局《关于进一步加强中医专科（专病）建设工作意见》，结合我区中医专科（专病）建设工作的现状和实际，制定了《宁夏回族自治区关于加强中医专科（专病）建设的实施意见》，提出了全区中医专科（专病）建设工作的指导思想和加强中医专科（专病）建设工作的措施。制定了《宁夏回族自治区重点中医专科（专病）建设实施方案》《宁夏回族自治区重点中医专科（专病）建设标准与检查细则》，组织进行了全区重点中医专科（专病）建设单位的申报与审批工作，确定了10个全区重点专科（专病）。按照国家中医药管理局医政司推荐全国重点中医专科建设单位的安排，组织自治区中医医院、银川市中医医院申报国家中医药管理局重点中医专科建设项目。

4.农村中医工作取得新进展　平罗县在创建全国农村中医工作先进县工作中，形成了以县中医医院为龙头，乡（镇）卫生院为枢纽，村卫生室为依托的三级中医网络，充分发挥了中医工作的优势，为保护人民健康，促进平罗县经济发展起到了积极作用，已被国家中医药管理局批准为全国农村中医工作先进县。加强了对灵武市创建全国农村中医工作先进市工作的指导和检查，组织对灵武市创建工作进行了中期评估。按照《全国农村中医工作先进县（市）建设标准及评审细则》，对灵武市4乡（镇）8个村卫生室中医药工作进行了抽查。在对全区中医工作调研的基础上针对山区农村中医工作发展滞后的情况，通过认真的调查研究并报请国家中医药管理局批准，确定隆德县为创建全国农村中医工作先进县建设单位，使其对贫困地区发展农村中医工作起到示范和辐射作用。组织开展了自治区农村中医情况调查工作，内容包括全区各县（市、区），乡（镇）卫生院中医、中药人员数和学历构成；中医、针灸推拿科室，中药柜、中药炮制室设置等情况；2000年中医医疗服务量及中医药收入占全年业务收入的比例；全区村卫生室（所）乡村医生数量，以中医治病为主和西医治病为主的乡村医生数，村卫生室设置中药柜和中草药饮片、中成药品种数量。从而为准确掌握全区农村中医药人力资源和中医医疗服务状况，客观评价中医药在农村医疗保健中的作用，提高中医药宏观管理能力和科学决策能力提供可靠的依据。根据国家中医药管理局《关于实施“健康使者”工程的通知精神》，制定印发了《宁夏回族自治区健康使者工作实施办法》，首批选择了中卫、平罗、灵武3个农村中医工作先进县（市）开展健康使者工作。

5. 中医药人才培养得到加强　一是根据国家中医药管理局“4751”人才培养计划，选送10名人员赴辽宁省中医学院附属医院进修中医急诊，其中8名已完成学习任务，返回本单位工作，发挥学术带头作用。二是加强对住院医师规范化培训试点工作检查和指导，组织人员对自治区中医医院、银川市、平罗县中医医院住院医师规范化培训试点工作进行检查指导。三是推进中医药继续教育工作，宁夏医学院在办好高等中医正规学历教育的同时，今年开办了中医专业本科自学考试，还与上海中医药大学联合举办中医、中西医结合硕士研究生班。宁夏卫生干部学院开办了中西医结合专业专科自学考试。四是举办了全区中医病案规范学习班。五是老中医药专家学术经验继承工作顺利结束，7名继承人通过国家中医药管理局的验收，全部合格出师。六是注重发挥学会作用。中医、针灸、中西医结合学会开展学术交流10次，参加学习200余人次。举办培训班6期，参加人员300余人次。此外，还组织进行了2001年中医、中西医结合医师资格考试工作，制定了宁夏《2001年中医、中西医结合医师资格考试实践技能考试实施方案》，举办了中医、中西医结合实践技能考试考官培训班，培训了54名中医、中西医结合医师实践技能考试考官，顺利完成了中医、中西医结合执业医师实践技能考试工作。

6. 中医立法工作取得了突破性进展　自治区人大科教文卫委员会、区人民政府法制办公室和卫生厅中医药管理局共同组成自治区中医立法调研考查小组，赴江苏、浙江、河南等省考察学习中医地方立法经验，使我区中医立法工作取得了突破性进展。自治区人民政府第77次常务会议通过了《宁夏回族自治区发展中医条例（草案）》，已提请区人大常委会审议。

7. 回族医药文献挖掘整理　由回族医药专家挖掘整理的回族医药文献《中国回族医药》、《香药本草》、《回族医学奥义》、《回族医学简史》四部反映回族医药基本理论、回族方药、发展史略、回族医药人物的回族医药学专著，初稿已形成，目前正在审定修改之中。

（宁夏回族自治区中医药管理局）

（三）2001年解放军中医工作概况

为进一步推动全军中医药工作的发展，去年我们对全军医院中医药情况进行了调研，调研采取书面调研为主与召开座谈会的方法进行，通过调研，摸清了全军中医药工作现状，总结了“九五”以来中医药工作成绩。

1. 学科建设得到加强　“九五”以来，本着“突出重点、以点带面”的原则，集中力量抓了学科建设，初步形成了中医药学科良性发展的格局。一是形成了一批重点学科。全军现有中医药博士点 2 个（第一军医大学 2 个，第二军医大学 1 个），硕士点 11 个。国家教育部重点学科 1 个（第二军医大学），国家新药（中药）临床试验研究基地 1 个（第一军医大学），中医药全军医学专科中心 6 个（其中第一军医大学、210 医院 2 个研究所，第二军医大学、第四军医大学、昆明总医院、空军总医院 4 个中心）。这些学科或专科已成为军队中医药学科建设的领头单位，对全军中医药学科建设具有带动与示范作用。二是机构调整初见成效。经过调整资源配置，中医科床位相对集中，条件有所改善，产生了部分特色专科。除第一军医大学中医系外，全军现有编制床位的中医科 67 个，30 张床位以上的中医科 26 个。

2. 人才队伍逐步优化　“九五”以来，通过引进与培养相结合，院校培养与师带徒培养相结合，中医药人才队伍结构逐渐合理，学历与职称层次有所提高。一是拥有部分水平较高的学术带头人和技术骨干。“九五”期间，中医药博士导师、国家有突出贡献中青年专家、总后“科技银星”等取得突破。现有博士导师 11 名，硕士导师 42 名，师承制导师 14 名，国家有突出贡献的中青年专家 1 名，总后“科技银星”和“新星”各 1 名，全国百名优秀中青年中医人才 10 名。二是人员总体素质得到提高。全军医院现有中医药主系列人员学历层次明显提高、职务结构基本合理。三是多层次人才培养体系基本形成。“九五”期间军队院校（第一军医大学、第二军医大学）首次被批准为中医药博士学位授权学科，第一军医大学增设了中药本科。中医、中药博士、硕士、本科，针灸、骨伤大专等专业层次齐全的中医药教学体系基本形成。已毕业一批中医药博士、硕士，中医本科、中药本科人员。第二批师承培养的 24 名继承人全部晋升了高一级技术职务，其中 9 名已担任科室主任或副主任。

3. 特色技术持续发展　“九五”期间加大了对中医诊疗技术的扶持力度，特色技术建设有了新的发展。一是原有的特色技术优势继续得到发挥。军队医院现开展中医特色技术近百项，在国家中医药管理局公布的 30 种中医特色疗法中，有 17 种中医特色疗法的开展率达到了 50%以上，有 5 种中医特色疗法（关节脱位手法整复、颈椎、牵引、针刺、拔罐疗法、推拿手法）开展率达到 80%以上。二是产生了一批处于国内先进水平的专病综合治疗技术。如第一军医大学治疗脑病、风湿病，第二军医大学、福州总医院治疗肿瘤，第四军医大学、沈阳总医院治疗萎缩性胃炎、溃疡性结肠炎，302 医院治疗肝炎，210 医院治疗血液病，北京卫戍区警卫一师医院治疗髋关节病，二炮总医院治疗肛肠病等专科专病技术项目。空军各医院和 152 医院、北京军区总医院等在骨伤、软组织损伤和针灸、小针刀治疗上形成了群体优势。

4. 科研实力日益增强　“九五”期间，通过引导和扶持，中医药人员积极投身科研工作，取得了较好成绩。一是课题、成果的层次、数量和科研经费均明显超过了“八五”。全军中医药人员承担省级以上课题 213 项，科研经费近二千万元。其中国家自然科学基金课题 33 项，首次承担了国家自然科学基金重点项目（第一军医大学）和杰出人才基金项目（第二军医大学），承担国家中医药管理局课题 21 项。“九五”期间获国家、军队（省）级二等奖 57 项，三等奖成果近 200 项。在最近结束的国家科学技术奖励大会上，第四军医大学“方剂与证的药物动力学研究”获国家科技进步二等奖，是 2001 年度获国家科技进步奖的二项中医药成果之一，也是全军中医药成果获得的最高奖项。二是中药新药研制在中医药工作中的地位逐步提高。“九五”以来，一批中药新药获国家新药批文并转让，获得了可观的社会效益和经济效益，其中302医院复方鳖甲软肝片以2000万元成功转让。在“国际中医药展览会”上，军队单位参展的80余个中药项目受到企业关注，第一军医大学、302医院的8个新药项目与企业签约，项目转让费4000余万元，四分之一的项目与企业达成合作意向。

5.为部队服务扎实有效　“九五”期间，全军中医药工作坚持为部队服务方向，发挥中医药特色优势，为保障官兵健康做出了贡献。一是提供了有效的中医药服务。中医军人门诊量占全军医院门诊量的比例不断提高。中医药人员利用中医非药物疗法简、便、验、廉的优势，坚持下部队、下基层服务，为中医药防治部队常见病、多发病发挥了积极作用。二是为部队培养了一批中医实用技术人才。“九五”期间举办电元针、浮针、平衡针、骨伤、风湿病治疗等多期中医特色技术培训班，为各医院和基层部队培训人才1300余名，为通过继续医学教育方式为部队培养中医药人员探索出一条行之有效的途径。三是研制了部分疗法和药品。围绕军事斗争卫勤准备，“九五”期间发明了针对部队训练伤的电元针、浮针等特色疗法和器具，研制了急泻康及防暑、防晒、抗疲劳等中药新药，发挥了中医药优势，拓展了中医药在军事医学上的应用。

6.学术活动和对外交流更加活跃　“九五”期间，本着“提高学术水平，活跃学术空气”的原则，形成了较为宽松的学术氛围。中医药对外交流的优势得到发挥，与外军在人员培训、中医技术上的合作交流日益广泛。一是组织开展了多种形式的学术交流活动。全军中医学会和所属各专业委员会召开学术会议15次，参加会议840余人次，收录论文2100余篇，大会交流300余篇。二是论文、专著水平有了明显提高。全军中医药人员共出版专著239部，国家核心期刊发展论文1200余篇。三是对外交流进一步扩大。第一军医大学1998年开始承担中医药外训任务，“九五”期间还先后派出军队中医药专家赴国外开展医疗活动，培训中医、中药、骨伤、针灸学员。

（周登峰）

二、重要会议

坚持改革创新　全面推进卫生改革与发展

卫生部部长张文康在2001年全国卫生工作会议上的讲话（摘要）

（2001年2月15日）

一、全国卫生系统励精图治，开创了卫生改革与发展的新局面

卫生工作成绩的取得离不开去年全国上下开展的“三讲”教育和“三讲”教育“回头看”。同时，各省（区、市）卫生行政部门顺利完成了机构改革，为完成去年繁重而艰巨的卫生改革任务，奠定了重要的思想、政治和组织基础。

（一）城镇医药卫生体制改革取得突破性进展　在国务院的直接领导下，各有关部门联合办公，出台了一系列配套改革的政策性文件。为了加快改革步伐，全面贯彻落实《指导意见》和相关配套政策措施，国务院于去年7月在上海召开了全国城镇职工基本医疗保险制度和医药卫生体制改革工作会议（以下简称“上海会议”），李岚清副总理发表了非常重要的讲话。他指出，这次改革的总体目标是“用比较低廉的费用提供比较优质的服务，努力满足广大人民群众基本医疗服务的需要”，要求各部门、各地同步推进城镇职工基本医疗保险制度改革。医疗卫生体制改革和药品生产流通体制改革（即“三项改革”）。各地在统一思想，提高认识的基础上，结合当地实际，制定了具体实施方案和一系列办法和措施。医疗卫生体制改革涉及的方方面面正由点到面，逐步推开。

区域卫生规划和卫生工作全行业管理稳步发展。全国已有近三分之一的省（区、市）完成卫生资源配置标准的制定并颁布实施，还有三分之一正在组织论证。

医疗机构分类管理工作初步推开。目前，全国已有29个省（区、市）制定下发了本地医疗机构分类管理的实施办法，一些地区初步完成了非营利性与营利性医疗机构分开的登记、注册工作。

社区卫生服务进展良好。试点工作的阶段性目标已基本完成，转入社区卫生服务网络的框架建设时期。去年，全国23个省（区、市）出台了有关政策性文件，明确提出了本地社区卫生服务的发展目标和实施措施，有178个城市开展了社区卫生服务的试点，占全国地级以上城市的70%。

卫生监督体制改革和疾病预防控制体制改革继续深入。已有江西、广西等15个省（区、市）的省级卫生监督体制改革和疾病预防控制体制改革方案获得政府批准；河北等14个省

（区）的省级卫生监督体制改革方案已经当地政府原则同意，即将具体实施。

“病人选医生”试点全面铺开，医疗机构内部管理和运行机制改革进一步深化，全国已有28个省（区、市）开展了“病人选医生”试点工作。

医院药品收支两条线工作初步展开。卫生部在京部属及部管10所医院从去年7月份开始对药品收支节余实行药品收支两条线管理工作，京外部属（管）医院的收支两条线由所在地卫生行政部门管理，按照当地规定执行，向属地化管理迈出了第一步。

卫生经济政策进一步完善。已有13个省（区、市）制定出台了财政补助、税收和价格管理的相关文件。部分地区调整了技术劳务服务价格。

药品集中招标采购试点工作初见成效。有29个省（区、市）出台管理办法或实施方案，开始试点。

卫生事业单位人事制度改革步伐加快。已有北京等22个省（区、市）下发了人事制度改革的文件，有15个省（区、市）在全省范围内全面开展了人事制度改革工作，其它省也在省内的一些地区进行了人事制度改革试点工作。

（二）卫生依法行政取得新成果　去年完成或已经上报国务院审议的有《职业病防治法（草案）》、《医疗事故处理办法（修改稿）》、《进口食品卫生管理条例（修改稿）》和《母婴保健法实施办法（草案）》等法律法规，颁发了《中外合资合作医疗机构管理暂行办法》等7个部门规章，研制报批了77项卫生国家标准。

各地各级卫生行政部门重视依法行政，加强了对社会的监管职能。继续规范健康相关产品的审批工作，坚决制止越权和违法审批。

（三）农村卫生工作取得新进展　目前，在全面落实农村初级卫生保健工作，理顺农村卫生管理体制，加强农村卫生服务网的建设，鼓励多种形式农村卫生机构的发展，改革农村公有卫生机构的运行机制，提高农村卫生技术人员的素质，完善农村卫生经济政策，加强农村药品供应及使用管理，建立合作医疗等多种形式的农民健康保障制度，以及加强组织领导等10个方面，有了较为清晰的基本思路，形成了《关于农村卫生体制改革的指导意见（送审稿）》。

全国农村初保进展加快，已有20个省（区、市）以县为单位全部达到了合格或基本合格标准。各地继续实施农村卫生“三项建设”攻坚。近10年来，“三项建设”实际投资累计达300亿元。贫困县县医院建设项目已经启动了149个县医院的改造建设。

（四）预防保健工作再创佳绩　以鼠疫、霍乱、脊髓灰质炎、艾滋病等重大疾病的预防控制为重点，全面加强了传染病、地方病、寄生虫病的防治工作，提高了对暴发疫情、不明原因疾病、突发卫生事件的研究与应急处理能力。根据报告，2000年1～10月份传染病报告发病195万例，较1999年同期下降6．8%，实现了基本上消灭脊髓灰质炎的目标。艾滋病、结核病和乙肝的预防与控制工作得到了党中央、国务院的重视和有关部门的配合，制订了《中国遏制与防治艾滋病行动计划》（2001～2005年）等文件。国家卫生信息网的建设已全面启动，完成了部分试点省的设备招标工作。

各地妇幼保健工作以贯彻实施“一法两纲”为核心，重点降低孕产妇死亡率和消除新生儿破伤风，大部分卫生相关目标已经实现或接近实现。同时，积极探索改革妇幼保健服务模式，强化群体保健，努力满足社会对于包括生殖健康在内的各项妇幼卫生服务需求。

（五）卫生科教体制改革不断深入　根据中央的统一部署，去年基本完成了部属高校教育管理体制改革工作，卫生部10所部属高校顺利完成了向教育部或所在省（市）的移交。同时，加快了卫生部部属科研机构体制改革的步伐，制定了部属科研机构科技体制改革总体方案。开始建立医疗卫生技术评估和准入管理制度的工作。“九五”国家重大疾病综合防治攻关研究等一批科技项目顺利通过验收，取得了一批重要的研究成果。卫生部参加建设的国家科技图书文献中心去年底正式开通。

（六）中医药事业稳步发展 卫生领域国际合作继续加强。精神文明和卫生行风建设成绩显著。

二、以“三个代表”重要思想为指导，把卫生改革与发展引向深入

当前，卫生改革与发展进入新阶段，其主要特征是：第一，卫生改革与发展同国家宏观经济体制改革和社会发展的关系更加密切，成为完善社会主义市场经济体制和全面推动社会发展的重要组成部分。三项改革同步推进，是建立社会主义市场经济体制和社会保障制度的客观要求和重要保障。第二，卫生改革与发展已从偏重于搞活医疗卫生机构的补偿机制和内部运行机制，扩大服务，转向构建适应社会主义市场经济体制要求的卫生服务体系、管理体制和运行机制。第三，卫生改革与发展从强调数量、规模的计划经济体制下形成的思路，转向更加强调结构调整，注重卫生资源的合理配置，改善资源利用效率，提高服务质量和工作效率的改革与发展之路。第四，卫生改革与发展比以往更尖锐地触动了体制性、结构性、机制性等深层次问题，改革的推进将不可避免地影响医疗机构、药品生产流通企业、病人等多方面的利益，涉及到比以往改革更为深刻、复杂的利益关系调整。第五，目前的城镇医药卫生体制改革已涉及卫生工作的诸多领域，今后，科教体制、农村卫生体制的改革也将启动。这样，卫生改革与发展就进入了全方位、整体推进时期。这些特征表明，随着社会主义市场经济体制的逐步建立，卫生改革和发展的任务更加紧迫，难度不断加大，任重而道远。在这种新形势下，更需要认真学习领会“三个代表”重要思想的深刻内涵，指导和推进有中国特色的社会主义卫生事业的建设。

为此，必须做到：

（一）从“三个代表”重要思想的高度认识卫生改革与发展，更新观念，推进改革。卫生工作是“三个代表”重要思想的具体实践，要提高认识，坚定不移地推进卫生改革。

（二）树立正确的卫生事业发展观，全面、深刻理解城镇医药卫生体制改革政策和措施。卫生事业的发展与全国经济建设和发展的要求是一致的，广大卫生工作者的利益与全国人民的根本利益也是一致的。要端正认识，树立正确的社会主义市场经济条件下卫生事业的发展观。要认识到：第一，卫生事业发展的目的是为人民健康服务，为社会主义现代化建设服务。第二，卫生事业发展的模式必须是高质量、有效益的发展。第三，卫生事业发展的策略要体现社会公平。第四，卫生事业发展必须坚持从国情出发，与国民经济和社会发展相协调。第五，卫生事业发展必须通过改革，才能走上健康、可持续的发展道路。引进竞争机制，是这次卫生改革的一个重要特点、一个关键点，几乎已引入城镇医药卫生体制改革的各个方面。医疗机构后勤社会化探索也为这些机构增添了新的活力。同时，要处理好改革和管理的关系。

（三）深化卫生改革，必须转变政府职能，转变工作方式，转变工作作风

首先，卫生行政部门转变职能对新阶段的卫生改革将发挥重要作用。《指导意见》要求卫生行政部门转变职能，逐步实施区域卫生规划，实现卫生全行业管理。同时，要逐渐学会

用法律法规、政策规划、信息引导等手段，调控医疗卫生服务市场，真正体现政府的职能。第二，要改进工作作风，通过深入调研，及时发现、解决医疗卫生体制改革中出现的新情况、新问题，总结、推广新经验。第三，要坚持改革创新。李岚清副总理多次强调，这次改革是“中央定原则，各地拿方案”。一方面，国务院领导和有关部门已经确定了三项改革的大政方针和基本原则，各地主要任务就是要不折不扣地贯彻落实。各地要充分发挥主观能动性，以改革创新的精神，按照中央定的原则，结合本地实际情况，制定本地区贯彻落实新政策的方案、措施和规定，坚决执行。各地各级卫生行政部门还要本着尊重知识、尊重人才、尊重医疗卫生工作者的精神，关心基层的医疗卫生人员，多为他们创造良好的生活条件和工作环境，调动他们参与卫生改革与发展的积极性。

三、重点推进城镇医药卫生体制改革，进一步开创卫生工作新局面

当前卫生改革与发展总体形势很好，尽管困难重重，但有利条件也很多。第一，党中央、国务院高度重视三项改革。李岚清副总理为这次会议致信，要求我们坚持改革，希望在新的一年里取得新的更大成绩，把医疗卫生改革和发展事业推向新阶段。第二，《指导意见》及配套文件和上海会议不仅明确了医药卫生体制改革的基本原则、指导思想、总体目标、主要政策，而且制定了更具体、更系统、操作性更强的配套政策。第三，在改革实践过程中，各有关部委加强了协调、合作，目标明确，方向一致，协作得更好了。随着督导工作的深入，各有关部门不断梳理出新的问题，并针对这些问题对政策不断加以完善。第四，我们有上上下下各方面的试点。既有城镇医药卫生体制改革的综合性试点，也有单项改革的典型；既有涵盖一个城市的改革经验，又有一个医院的探索。这些工作为贯彻落实《指导意见》和上海会议精神打下了非常重要的实践基础。第五，“政治路线确定之后，干部就是决定的因素”。全国卫生系统有了一大批经过“三讲”教育，比较牢固地树立了大局观、群众观，改革意识较强的各级干部。

在新的一年中，医疗卫生体制改革要重点突破，整体推进。

（一）重点推进城镇医药卫生体制改革，特别要抓好这样几件事。第一，必须重视与基本医疗保险制度改革的同步推进，尤其要协同主管部门做好医疗保险定点医院工作，进一步协调并规范与基本医疗保险经办机构的工作衔接，为参保职工提供方便、快捷、经济的基本医疗服务。第二，要重点抓好病人选医生、药品集中招标采购、药品收支两条线、医疗机构后勤社会化等工作，及时总结，逐步完善和推广好做法、好经验，促进医疗机构内部管理和运行机制改革。第三，要完成医疗机构的分类管理工作，妥善处理好营利性与非营利性医疗机构分开的有关政策性问题，特别是要落实好相关财税和价格政策，保证医疗机构的平稳过渡和长远发展。第四，要进一步加强区域卫生规划，落实发展社区卫生服务的配套政策与措施，规范社区卫生服务项目，建立和完善城镇医疗卫生服务新体系。第五，卫生监督和疾病预防控制体制改革要纳入城镇医药卫生体制改革统一部署，同步推进，分别实施。

（二）积极调研，确立农村卫生工作的大政方针。当前和今后一个时期农业和农村工作，要紧紧围绕结构调整这条主线，突出增加农民收入这个目标。农村卫生工作要围绕党的农业和农村经济工作的中心任务，服从于、服务于农村发展和稳定的大局。最近，温家宝副总理批示：改革开放以来，我国农村卫生事业有很大发展，农民健康水平进一步提高。但是，从总体上看农村基础卫生设施还比较薄弱，农民基本医疗问题尚未得到根本解决，一些地方特别是贫困地区农民有病看不起，因病致贫和返贫现象仍很突出，农村医疗卫生工作出现许多

新情况、新问题。他要求有关部门就如何健全农村初级卫生保健服务体系，改革农村医疗卫生体制组织专题调研，摸清情况和问题，提出方案和措施。因此，在过去几年工作的基础上，今年要继续积极配合国务院体改办牵头的农村卫生体制改革调研工作。农村卫生体制改革的目标，是在农村建立起符合社会主义市场经济体制要求、具有预防保健和基本医疗功能的农村卫生服务体系，建立健全多种形式的农民健康保障制度，使农民享有初级卫生保健，增进健康水平，促进农村经济和社会发展。各地各级卫生部门要深入研究农村经济和社会变革对卫生服务体系带来的新情况、新问题，特别是税费改革和市县乡机构改革对农村卫生的影响，提出进一步改革与发展农村卫生事业的建议。要继续做好农村初保工作，改进规划编制方式，充分发挥各地的积极性。要继续做好卫生下乡工作，实施好卫生扶贫的各个项目，加强贫困地区“三项建设”和“县医院建设”项目的管理，把有限的资金用好，切实加强服务能力。

（三）全面推进各项卫生工作

要继续加强卫生监督执法，继续加强疾病预防控制工作，加快国家卫生信息网的建设，加强监测和科学、及时地分析、使用信息，提高为决策服务的能力。要研究卫生工作如何保障西部开发。要加快人事制度改革步伐，建立具有竞争机制的用人制度和与之相配套的富有激励机制的分配制度改革。要加快卫生立法步伐，搞好卫生科技体制改革，促进卫生科技进步，发展妇幼卫生保健，强化卫生宣传教育，加强卫生领域的国际交流与合作，做好中医药工作，使卫生事业得到全面的发展。要大力开展社会主义精神文明建设，进一步加强卫生行风建设，反腐倡廉，使卫生行风有一个明显好转。

（罗益勤摘）

卫生部部长张文康在2001年全国中医药工作会议上的讲话（摘要）

（2001年2月20日）

一、把握大局，树立信心，坚定不移地推进医疗卫生体制改革

2000年，在党中央、国务院的直接领导下，《关于城镇医药卫生体制改革的指导意见》正式出台，有关配套文件相继制定，标志着医改包括城镇职工医疗保险制度、医疗卫生体制和药品流通体制三项改革有了突破性进展，进入了实质性推进阶段。特别是上海会议以后，各地行动迅速，狠抓落实，在统一思想、提高认识的基础上，根据国务院制定的原则，结合本地实际，制定了一系列办法、规定、措施。区域卫生规划和卫生工作全行业管理稳步发展；医疗机构分类管理工作初步推开；社区卫生服务试点工作阶段性目标基本完成；卫生监督体制改革和疾病预防控制改革继续深入；“病人选医生”试点全面铺开；医院药品收支结余两条线管理工作初步展开；卫生经济政策逐步完善；药品集中招标采购试点工作有序进行。这些情况表明，医疗卫生体制改革已经全面启动，发展势头良好，迈出了可喜的一步。

但是，医疗卫生体制改革作为三项改革的一个重要方面，是一项艰巨而复杂的工作，存在着诸多困难和问题，这些问题需要认真研究和解决。我们必须深入贯彻落实江泽民总书记关于“三个代表”的重要思想，继续提高认识，转变观念，从“三个代表”的高度来把握卫生改革的总目标，即把满足群众基本医疗服务的需要作为改革的出发点和落脚点，让人民群众享受到价格比较低廉而质量比较优良的医疗卫生服务，这是我们党的群众观念和“三个代

表”重要思想在医药卫生领域的重要体现。我们更要认识到，不改革就没有出路，就会影响国家改革、发展、稳定的大局，卫生事业也不可能得到持续健康的发展。

继续深化医疗卫生体制改革是今年卫生工作的重点任务之一，也是三项改革同步推进的必然要求。中医药工作作为卫生事业的一个重要组成部分，也必须围绕着医改工作的大局，把深化改革做为今年工作的重点。要认真研究医改可能给中医药工作带来的机遇和挑战。总体上来看，中医医疗机构还普遍存在着起步晚、基础差、底子薄的状况，这是客观事实，因此，坚持“中西医并重”的方针，在医改中对中医医疗机构给予一定的扶持和倾斜政策是必要的，《指导意见》及其配套文件对此已经有所体现，希望各地卫生行政部门要积极协调有关部门，把医改文件中已经明确的对中医药的有关政策很好地加以研究并予以落实。另一方面，中医医疗机构也必须转变观念，通过深化改革、苦练内功，发挥自己的特色和优势，提高服务质量，拓展新的服务领域，增强竞争力，自强自律，在改革中求得自身发展。

二、充分认识做好农村卫生工作的重要性，重视发挥中医药在农村卫生工作中的作用

我国是一个有十几亿人口的发展中国家，农村人口占总人口的绝大多数。农业、农村、农民问题历来是党中央、国务院十分关心的问题。近年来，为贯彻落实李岚清副总理关于“组织力量对农村医疗体制进行调查研究”的批示精神，我们积极参加了由国务院体改办牵头的农村卫生工作调研，并在此基础上形成了《关于农村卫生体制改革的指导意见（送审稿）》，正在部门间协调。通过调研，对农村卫生体制改革有了较为清晰的基本思路，主要是全面落实农村初级卫生保健工作，理顺农村卫生管理体制，加强农村服务网建设，鼓励多种形式农村卫生机构发展，改革农村公有卫生机构的运行机制，提高农村卫生技术人员的素质，完善农村卫生经济政策，加强农村药品供应及使用管理，建立多种形式的农民健康保障制度，加强对农村卫生体制改革的组织领导。《关于农村卫生体制改革的指导意见》待国务院正式批准颁布后，将要召开全国农村卫生工作会议，贯彻执行。

中医药在农村中具有广泛的群众基础，农村中医药工作在为农民健康服务方面发挥了重要的作用。在新形势下，希望各地认真学习党和国家关于农村工作的方针政策，在农村卫生体制改革过程中，更好地发挥中医药的特色和优势。中医药工作要坚持以农村为重点，认真总结近些年来开展农村中医工作先进县建设、发挥县级中医医疗机构在农村中医药工作中的龙头作用、向农村推广适宜技术以及城市支援农村中医药工作等方面的成功经验，并在此基础上不断加以完善和推广。同时，要结合当前农村中医药工作出现的一些新情况、新问题，研究提出新思路、新举措，把农村中医药工作整体水平提升到一个新的高度，更好地为广大农民群众提供中医药的医疗保健服务。

三、努力做好新形势下的中医药继承发展工作

做好中医药继承发展工作，是中医药事业发展的主题，也是各级中医药行政管理部门的重要职责。新形势下的中医药工作，是在现代科学技术迅猛发展的影响下进行的，是在医改的大环境下进行的，是在社会经济发展、人们的观念出现新的变化的背景下进行的，也是在国际传统医药的现代应用日渐重视，竞争日益加剧的情况下进行的。可以说，今天中医药的继承发展比历史上任何一个时期都显得尤为紧迫。当前，要把人才培养和科技创新作为继承发展的核心任务来抓。

中医药人才培养是当前中医药界普遍关心的问题，我们任何时候都必须十分清醒地认识到，中医药有其自身的科学理论体系、方法体系，中医药人才的培养有其自身的规律，掌握

坚实的中医药专业知识技能，是中医药人才特色的具体体现。因此，中医药基本理论、基本技能掌握得是否丰厚扎实是中医药人才培养成功与否的关键。另一方面我们要认识到，当代高新技术的发展、现代医学科学的进步、多学科的交叉渗透，对中医药的继承发展不可避免地产生一定的影响。我们同时必须注意这一点，使我们的中医药不仅后继有人，而且青出于蓝而胜于蓝。当前，国家中医药管理局正在组织研究现代中医药人才的知识结构、标准、特点及其培养途径、方法等，提出一些思路和做法也是很好的。我相信经过大家的努力探索，在中医药人才培养问题上一定会逐步形成共识，一大批能够担当起中医药继承发展历史重任的中医药人才一定会更多地涌现出来。

中医药科技进步应当把中医药学术水平和临床疗效的提高放在首要位置，重点解决中医临床和中药生产实际中遇到的理论和实际问题。要努力促进中医药防治疾病能力的提高，并降低服务成本，提高服务水平，增强服务竞争能力。这也是当前实现医改总体目标的客观要求。当前，现代医学借助现代科技的迅猛发展，正在发生着日新月异的变化，创新成果不断涌现。面对高新技术的挑战，中医药工作者一定要有不断发展的紧迫感。科技进步既要追踪高新技术前沿，也要认真研究如何为基层，特别是农村基层提供更多适宜技术，并促进中医药新技术、新方法的推广和运用，让更多的基层单位从中受益，使中医药科技真正为农村和基层卫生工作作出应有的贡献。

衷心希望广大中医药工作者切切实实投身于中医药的医疗、教育与科研中去。实践出真知，实践检验真理，切忌空谈，空谈无助于中医药的继承和发展，发展才是硬道理。

当前，地方机构改革正在进一步深化。希望各地卫生行政部门在地方机构改革中，切实加强对中医药工作的领导，在机构设置、人员配备、工作条件等方面给予更多的关心和支持，充分调动和发挥从事中医药行政管理工作的同志们的积极性，为做好中医药工作创造良好的氛围。

（张恒有摘）

深化改革　开拓进取　努力推动
新世纪中医药事业的新发展

卫生部副部长兼国家中医药管理局局长佘靖
在 2001 年全国中医药工作会议上的报告（摘要）

（2001 年 2 月 20 日）

一、2000 年中医药工作的回顾

（一）学习贯彻《指导意见》，中医医疗机构改革稳步推进　加强了对《指导意见》及其配套文件的学习宣传。在认真学习领会会议精神的基础上，研究制定了《贯彻实施（关于城镇医药卫生体制改革的指导意见）的工作方案》，并连续举办了 8 期不同层次人员参加的医药卫生体制改革文件学习班。从三项改革全局和中医药工作实际出发，认真贯彻《指导意见》及其配套文件。各地中医药行政管理部门注重从中医药特点和中医药事业发展的实际出发，加强了改革过程中有关中医药政策的研究，使得各地出台的相关配套文件和具体措施较好地体现了党的中医药政策。在中医医疗机构分类管理工作中，从目前各地申报的情况看，绝大多数县及县级以上中医医院申报为政府举办的非营利性中医医院。在发展社区卫生服务方面，各地普遍重视并较好地发挥了中医药在社区卫生服务中的优势和作用。在实行药品收支节余两条线管理、制订和完善卫生事业补助政策等方面，各地对中医医疗机构和中医药事业发展也都有不同程度、不同形式的倾斜，这些政策和做法为中医药事业的发展创造了有利的条件。各级中医医疗机构积极参与三项改革，深化内部改革，促进了内涵建设。

在深化改革的同时，各地中医医疗机构继续下大力量抓内涵建设，不断提高医疗服务质量和管理水平。

（二）中医药科技和教育持续发展　中医药科技和教育体制改革进一步深入。根据《中共中央、国务院关于加强技术创新，发展高科技，实现产业化的决定》的精神，部分中医药科研机构进行了调整。作为科技部首批 29 个公益性研究机构改革试点单位之一的中国中医研究院，初步完成了改革方案的制订工作。部分省（区、市）的中医药科研机构也根据区域中医药工作的需要和自身的优势，面向社会，面向市场，加大了改革力度，逐步转向以医院和企业为主体的方向发展。在中医药教育管理体制改革方面，我局直属高校顺利完成了向教育部或所在省的移交，地方中医药院校按照："调整、共建、合作、合并"原则进行的管理体制改革取得明显成效，绝大部分中医药院校保持独立办学体制，一些中专学校开办高职教育，使中医药教育得到了较快的发展。中医药科技发展的指导思想更加明确，中医药科学研究取得了新的进展。注重加强中医药人才的培养，积极推进岗位培训和继续教育，提高中医药在职从业人员的素质。中医药学科建设继续加强，并进一步明确了局级重点学科建设的目标和任务，把学科建设的重点转移到了发展中医药学术，培养高层次人才和学科学术带头人上来。

（三）农村中医药工作和民族医药工作得到加强　各地继续贯彻落实我局与卫生部联合制定的《关于切实加强农村中医药工作的意见》，使中医药在农村卫生工作中的地位和作用得到加强。各省（区、市）在积极促进全国农村中医工作先进县建设的同时，还抓了一批省级农村中医工作先进县的建设，通过这项工作，各级地方领导对中医药在农村卫生工作中的重要意义有了进一步认识，努力创造条件为农民提供简、便、验、廉的中医药服务，赢得了广大人民群众的赞誉。

为配合实施西部大开发战略，2000 年我局同西部十二个省（区，市）的中医药行政管理部门进行了实施西部大开发战略中如何发挥中医药作用的研究，在调查研究的基础上，我局会同国家民委起草了《关于切实加强民族医药工作，为实施西部大开发战略服务的意见》，并会同国务院扶贫基金会联合调查了西部地区中医、中西医结合与民族医医院管理干部知识结构等方面的现状。

（四）中医药法制建设步伐加快　为促进《中华人民共和国中医条例》的尽快出台，我局积极做好与相关部门的协调工作。目前，经过重新论证起草的《中华人民共和国中医条例（草案）》已正式上报卫生部，并即将由卫生部上报国务院。地方中医立法工作也有较大进展，去年又有江西、广东、河北、甘肃四省颁布了中医条例，至此，全国出台中医地方性法规的省份已达到了 15 个。此外，去年相继制定出台了《医疗气功管理暂行规定》、《中医病案规范（试行）》、《中医药科研实验室管理规范》等 5 个中医药部门规章和技术标准规范。

全行业还积极开展了“三五”普法宣传总结验收工作。

（五）中医药国际交流与合作卓有成效　2000年4月，由我局和世界卫生组织共同主办的国际传统医药大会（北京2000）在北京成功召开，31个国家和地区的政府卫生部门官员、47个国家和地区的2480位传统医药界专家学者出席了会议，进一步增进了世界传统医药学界的了解与合作，也很好地展示了我国中医药所取得的成就和进展。在第五届世界针联大会上，我国代表再次当选为主席、秘书长和司库。在拉萨举办的2000年国际藏医学术会议，对提高中国藏医学的学术地位，推动藏医药事业的发展，增进民族团结，扩大藏医药在国际上的影响，起到了积极的作用。通过与一些国家政府卫生部门的高层次互访，探讨合作意向或签订合作协议，促进了相互间在中医医疗、教学、科研与管理等领域的交流与合作。在加强政府间合作的同时扩大了海外民间合作渠道，中医药对外科技教育合作领域进一步拓宽，合作形式日趋多样。

（六）行业作风和精神文明建设取得新进展　各级中医医疗机构认真贯彻全国纠风工作会议精神和国务院纠风办等六部门下发的《2000年纠正医药购销中不正之风的实施意见》，以纠正医药购销活动中的不正之风为重点，切实加强了行业作风建设。

二、中医药工作面临的形势和主要任务

（一）认清形势，坚定信心，进一步明确中医药工作的指导思想　“十五”期间，是我国国民经济和社会发展的重要时期，是进行经济结构战略性调整的重要时期，也是完善社会主义市场经济体制和扩大对外开放的重要时期。随着社会的进步和经济的发展，人们对生活质量和健康水平有了更高的追求。中医药事业将根据国民经济和社会发展的总要求，乘势而进，持续稳定地发展，以满足人民群众的中医医疗保健需求。

1. 中医药工作得到党和国家的进一步重视，得到了有关部门和社会各界的支持，中医药在国民经济和社会发展中的地位和作用有了比较大的提高。

2. 各项改革的逐步深入，体制创新和科技进步的加快，将给中医药事业的发展带来强大的动力。

3. 通过“九五”时期的建设，中医药事业发展的基础进一步巩固，为“十五”中医药事业发展创造了有利的条件。

4. 近年来形成的关于中医药工作的一些基本思路、基本原则，经过实践的检验证明是符合中医药改革与发展实际的，为今后中医药工作的开展提供了可资借鉴的宝贵经验。

当前及今后一个时期中医药工作的指导思想是：高举邓小平理论伟大旗帜，以江泽民同志“三个代表”重要思想为指导，认真贯彻党的卫生工作方针和中医药政策，解放思想，转变观念，通过进一步深化改革，使中医药事业的发展不断适应社会主义市场经济体制的要求，通过进一步推进中医药的继承与发展，使中医药学术水平和防病治病能力有较大提高，努力开创中医药工作的新局面，不断满足人民群众对中医药的需求，为人民健康服务，为社会主义现代化建设服务。

（二）全面贯彻落实《指导意见》，改革创新，努力适应医疗卫生体制改革的新要求　这次改革的总体目标是用比较低廉的费用提供比较优质的医疗服务，努力满足广大人民群众基本医疗服务的需要。要从全局出发，按照三项改革的总体要求，结合中医药行业实际，进一步深化各项改革，以结构调整、优化中医药资源配置为主线，以建立竞争机制为核心，以为人民群众提供价格低廉、质量优良的中医药服务为准则，实现中医药资源配置的优化、服务模式的转变、服务领域的拓宽，建立与社会主义市场经济体制要求和人民群众健康需求相适应的中医药医疗保健服务网络。实现三项改革的总体目标，促进中医药事业健康持续发展，关键是通过深化改革，进行体制创新和机制创新。我们要按照《指导意见》的要求，以改革创新的精神，在实施区域卫生规划中合理配置中医药资源，提高中医药资源的利用效率，发挥中医药在社区卫生服务中的作用，实施医院分类管理制度，实行药品收支两条线管理；要加大中医医疗机构内部运行机制改革的力度，改革用人制度，实行聘任制和竞争上岗，改革分配制度，充分调动干部职工的积极性；要积极主动争取各有关主管部门在理顺医疗机构补偿机制，制定财政补助、税收和价格等政策时，具体落实好《指导意见》及其配套文件对中医药的倾斜政策。

各级中医医疗机构要进一步增强竞争意识，不断完善竞争机制，勇于竞争，善于竞争，要通过充分发挥中医药的特色与优势，拓展服务领域，并在质量、服务、价格等方面增强竞争能力，更好地适应社会主义市场经济体制的要求和人民群众的需求。我们必须坚持全局观念、大局观念，才能对改革的目的、改革的目标有更为深刻、更为准确的理解，才能正确认识和处理好改革中的利益调整问题。

（三）切实做好中医药继承发展工作，进一步提高中医药学术水平和防病治病能力　我们必须充分认识到继承发展中医药是一项长期而艰巨的历史重任，必须在不断的实践中认真总结中医药继承发展工作的经验，采取一系列加强中医药继承发展工作的具体举措，研究解决出现的各种新问题、新矛盾，要牢固树立正确的中医药继承发展观，继承与发展并举，坚持“继承不泥古，发扬不离宗”，始终遵循中医药自身发展规律，实行中医药学的主体发展和开放兼容相结合，全面继承中医药学的基本理论、观点和方法，深刻理解和掌握中医药学的科学内涵，并积极吸收和利用现代科学技术方法研究中医药，促进中医药科技进步和创新，努力实现中医药现代化。要以提高中医药学术水平和临床疗效为主线，以中医药人才培养为根本，以科技进步为先导，以深化改革、扩大开放为动力，以为人民健康服务和为社会主义现代化建设服务为根本出发点。要正确认识和处理好继承与发展的关系，继承是发展的源泉、基础和前提，发展是在继承中医药深厚理论和丰富经验基础上的能动性的创造，是在继承基础上的突破、创新和完善。继承是为了发展，发展是更好的继承。要贯彻“百花齐放，百家争鸣”的方针，始终高举团结的旗帜，充分调动和发挥各个方面的积极性，促进多学科的交叉、融合、渗透，实现中医药现代化的发展目标，共同为繁荣中医药学术而努力。

当前和今后一个时期中医药的继承发展要着重做好以下几个方面的工作：系统整理中医药古籍文献，对历代各种学说和流派进行研究，进一步做好名老中医药专家学术经验继承；认真研究、提高和推广具有中医药特色优势的专科（专病）诊疗技术和方法，加强标准化和规范化建设；积极利用现代科学技术和传统方法，开展中医药基础理论和临床研究，完善中医药学科体系；严格执行中医医师执业准入考试制度，加强中医药专业知识和技能的考核，努力培养造就医德高尚、医术精湛的新一代名中医；鼓励西医学习中医，加强对中西医结合理论和方法的研究，形成中西医结合优势学科；系统整理民族医药理论和诊疗技术，提高民族医药学术水平。

三、2001 年的主要工作

2001 年中医药工作的总体要求是：高举邓小平理论伟大旗帜，以江泽民同志“三个代表”重要思想为指导，认真贯彻党的十五届五中全会精神和中央经济工作会议精神，全面落实国务院关于医药卫生体制改革的总体部署，进一步深化中医药机构改革，坚持科教兴业战略，继续做好农村中医药工作，积极推进中医药的继承与发展，力争“十五”计划开好局、起好步。

2001年的中医药工作要突出以下几个方面：

（一）继续贯彻《指导意见》，扎实推进中医医疗机构改革

1.各地要进一步组织深入学习《指导意见》及其配套文件，全面领会理解其精神实质，不断提高认识，统一思想，自觉主动地投身医药卫生体制改革，积极地参与竞争，调整好利益关系，努力达到以比较低廉的价格提供比较优质的中医医疗保健服务的目标。

2.要继续抓紧协调落实有关政策。2001年，尚没有颁发贯彻《指导意见》具体政策措施的省份都将陆续颁布，各地市级的实施细则也将陆续出台，各中医药行政管理部门务必要抓住时机，结合本地实际，加紧与有关部门沟通协调，使《指导意见》及其配套文件中已经明确的有关对中医药的倾斜政策，能够在本地区的具体政策措施中得到全面体现，并认真予以落实。及时了解、研究改革中出现的新情况、新问题，并提出相关的政策建议，推动改革健康发展。

3.要高度重视区域卫生规划资源配置标准制定的协调工作。区域卫生规划资源配置标准的制定对中医药事业的发展关系重大，目前大部分省市正在制定配置标准，各地中医药行政管理部门要在认真调查本地中医药资源的总量、结构、层次与中医药服务需求的基础上，结合当地社会经济发展计划，抓紧做好需求预测工作，主动参与，积极协调，努力使中医药资源尤其是中医医疗机构得到合理配置，逐步完善中医医疗保健服务网络。对当前尚没有得到有效利用的中医药资源需要进行布局结构和服务结构方面的调整与优化，但不能随意撤并中医医疗机构，应鼓励中医医疗机构之间联合、重组，或进行共建中医医疗服务集团的探索。要特别注意东西部地区之间、城市和农村之间以及区域内的医、教、研单位之间中医药资源的合理配置，重视和利用社会上的中医药资源，发挥其在中医药科学研究、人才培养和医疗服务等方面的作用。当前工作的重点是结合区域卫生规划资源配置标准的制定，主动配合有关部门，研究制定能够保证向社区居民提供优质、快捷、方便、价廉的中医药技术服务的组织结构与人员知识结构标准、运行机制和具体措施。

4.要大力深化中医医疗机构内部运行机制改革，促进中医医疗机构内涵建设的发展。进一步扩大政府举办的中医医疗机构的运营自主权，引入竞争机制，深化以聘用制为核心的用人与分配制度改革，建立健全内部激励机制和约束机制。找准机构自身的功能定位，明确办院模式，优化医院内部资源的配置，提高资源利用效率。要结合有关法规与规范的修订，完善中医医疗机构的特色指标，引导其健康发展。全面实施中医专科（专病）建设的“4751”计划，完成70个局级重点中医专科的招标评审工作，加强专科（专病）学术与技术网络建设，筛选、推广成熟的中医诊疗技术与规范，带动中医专科（专病）建设工作的开展和中医药特色优势的发挥。要提高中医药急诊救治能力，完善服务功能，拓展新的服务领域，提高中医医院的服务质量和水平。进一步推动中西医结合工作的深入开展，继续加大中西医结合医院的建设力度，建设好一批中西医结合重点专科，努力提高中西医结合的学术水平和防病治病能力。

（二）做好新形势下的农村中医药工作　2001年，要继续推动《卫生部、国家中医药管理局关于切实加强农村中医药工作的意见》的贯彻落实。要在全国继续选择一些基础较好的

县（市、区），逐步建设成为农村中医工作先进县（市、区），发挥其在农村中医药工作中的示范和辐射作用。鼓励和促进中医药资源向农村流动，县级中医医院要发挥好龙头作用，通过与乡镇卫生院联合协作，开展中医药下乡活动，带动乡村中医药工作。完善农村中医药服务功能，向农村推广中医药适宜技术，提高农村的中医医疗保健服务水平。在农村初级卫生保健第二个十年规划目标中，充实完善中医药工作指标，并制定切实可行的实施方案，发挥中医药在农村初级卫生保健中的作用。要认真研究在农村卫生体制改革中充分发挥中医药作用的政策措施，积极配合国务院有关部门做好《关于农村卫生体制改革的指导意见》及其配套文件的制定工作，使中医药工作适应农村经济结构调整和税费改革的新形势，满足农民群众对中医药的医疗保健服务需求，促进农村中医药事业的健康发展。

（三）加速中医药科技进步和人才培养　2001 年，要把提高中医药学术水平和临床疗效作为中医药科技工作的根本目标和任务抓紧做好。要认真研究既符合中医药学术发展特点和规律，又能得到国际认同的中医药科学研究的方法学，更好地指导中医药的科学研究。中医药学术继承是中医药科研的重要任务之一，必须摆在突出的位置。要认真抓好中医药文献整理工作，选择一批具有较高学术价值的中医药文献进行系统整理，并利用现代科技手段逐步建立文献数据库。继续做好百项中医诊疗技术的整理、研究和推广工作，在 5 个试点省整理、研究、规范本省具有特色、疗效确实的中医诊疗技术的基础上，我局 2001 年计划遴选 20 项能体现中医药特点和优势、临床确有疗效的诊疗技术先行总结推广。其它省（区、市）也要着手对本省内确有疗效的中医诊疗技术和方法进行调查摸底，为今后国家级项目的筛选确定做好准备。

要进一步深化中医药科技体制改革，优化资源配置，加强技术集成和协作攻关，减少低水平的重复研究。进一步解决中医药科研与临床脱节问题，加强产学研结合，鼓励中医药科研机构与高校、医院、企业联合进行基础研究和应用开发，逐步构建中医药创新体系，形成主动适应市场经济要求和符合中医药科技发展规律的新机制。

要积极采取多种形式、多种途径，对现有中医药人员进行培养，着力提高中医药队伍的整体素质。大力开展中医药继续教育，逐步建立中医药专业技术人员终身教育制度。要按照“新理论、新技术、新方法、新信息”的要求，更新中医药继续教育内容。同时要加强基地建设，逐步形成全国性中医药继续教育网络，并积极利用现代远程教育网络等技术手段，扩大继续教育容量，提高继续教育质量。全面推进中医住院医师规范化培训，做好与临床专业学位的衔接，建立有效机制，以提高中医住院医师队伍素质。从 2001 年起将开展第三批老中医药专家学术经验继承工作，并逐步将其纳入中医药继续教育。要充分利用现有教育资源，开展全科医师中医药知识和技术的培训，提高全科医师运用中医药的能力。鼓励西医学习中医，通过多种形式和途径，加速中西医结合人才的培养。

通过学科建设科学构架中医药学科体系，形成一批在医学科学领域居领先地位的学科基地，并通过重点学科、重点专科、重点实验室的紧密结合，形成整体合力和技术优势，对影响和制约中医药学术发展和防治疾病能力提高的关键问题进行联合攻关。2001 年将对已确定的 22 个局级重点学科逐个制定学科建设规划，组织研究学科建设评价指标体系，按照新的学科建设模式和确定的目标、任务，集中力量抓好学科建设工作，使局级重点学科真正成为中医药学术发展的前沿阵地。

（四）充分发挥中医药在西部大开发中的作用　2001 年要有组织地选择一批内地技术较

好的中医药机构与西部省份的中医药机构开展多种形式的对口支援，在疾病预防、健康教育及常见病多发病的治疗中，因地制宜发挥中医药及民族医药的作用，提高西部地区医疗保健服务的整体水平。启动对西部地区中医、中西医结合、民族医医院管理干部的培训项目，通过培训，提高西部地区中医药管理干部的科学管理水平，为促进西部地区中医药事业的可持续发展提供管理人才的保证。对将中医药列为重点产业的西部省份给予关注和支持，重点促进中医医疗、科技、教育机构与中药企业的合作，加强中草药资源保护与开发利用的科学研究。重视发挥西部地区中医药工作的特点和优势，积极开展中医药的国际交流与合作。

2001 年，我局与国家民委将联合下发《关于切实加强民族医药工作，为实施西部大开发战略服务的意见》，各地要按照此意见的要求，进一步做好民族医药的发掘、整理、总结、提高工作，抓好基础建设工作，认真落实重点项目，加快民族医药事业的发展。

（五）扩大中医药对外交流与合作　各省（区、市）中医药行政管理部门要加强中医药对外交流与合作国际环境的研究，重点研究我国加入世界贸易组织及一些国家进行传统医药立法后对中医药发展的影响，制定切实可行的发展战略和方针措施，迎接“入世”后对中医药行业带来的挑战。

要继续发挥政府间交流的主导作用，也要进一步扩大民间交流的渠道。重视发挥中医药海外同学会和中医药海外华人联络咨询员会议的纽带和桥梁作用；认真做好世界中医药学会联合会的筹备工作。要继续全面落实《中医药对外交流与合作十年规划》所提出的各项目标和任务，积极促进高水平、高层次交流与合作项目的开展。要鼓励有条件的单位与国外正规大学及科研机构建立多种形式的交流与合作，带动中医医、教、研的交流与合作向更高层次拓展。要切实加强中医药对外宣传和中医药行业对外交流与合作管理工作，努力为推动中医药的国际传播创造良好的氛围。

2001 年，我们还要积极促进《中华人民共和国中医条例》的尽快出台，继续推进中医药法制化、规范化建设；强化以继承中医药传统美德和发扬时代精神相结合为重要内容的职业道德教育，重点纠正药品购销活动中的行业不正之风，不断加强行业精神文明建设；加大中医药行政管理部门的业务建设力度，着力提高中医药管理工作的效率和水平。通过我们的共同努力，力争使今年中医药工作迈上一个新的台阶。

（张恒有摘）

三、行政文件

国务院办公厅转发《关于整顿和规范药品市场的意见》

为深化药品生产流通体制改革，加大整顿药品市场的力度，规范药品市场秩序，促进医药行业健康发展，国务院办公厅日前转发了由国务院体改办、国家计委、国家经贸委、卫生部、国家药品监管局和国家工商局联合制定的《关于整顿和规范药品市场的意见》。意见如下：

一、严厉打击制售假劣药品的违法犯罪活动。各地区、各有关部门要在认真贯彻《国务院关于开展严厉打击制售假冒伪劣商品违法犯罪活动联合行动的通知》精神的基础上，继续严厉打击制售假劣药品的违法犯罪活动。对已发现的制售假劣药品的大案、要案，药品监管、公安、工商行政管理、监察等部门要追根溯源，把制售窝点，流通渠道、仓储地点、销售场所和涉案人员彻底查清，消除制售假劣药品的根源，坚决惩治不法分子和违纪人员，特别是要依法从快、从重惩治制售假劣药品、构成犯罪的首恶分子和惯犯。药品监管等部门要坚持集中整治与加强日常监督相结合，加强市场监管与深化改革相结合，打假治劣与支持优秀企业相结合，健全药品质量监督体系和检查制度，净化药品市场环境。

二、整治各种违法、违规经营药品的行为。要采取切实有效的措施，全面加强药品市场准入管理，整治各种违法、违规经营药品的行为，取缔药品无证经营和非法交易，查处药品购销活动中给予、收受回扣以及其他商业贿赂行为。在取缔药品集贸市场工作中，要落实地方政府责任制，坚决反对各种形式的地方保护主义。有关方面要统一思想，互相配合，巩固整顿药品市场的成果，妥善处理善后事宜。对取缔的非法药品交易市场由明转暗或死灰复燃的，要继续予以严厉打击并从重处罚。问题严重的，要追究有关地方、部门及其负责人的责任。

三、严格实行药品管理政企分开的体制。药品监管等有关部门要按照《国务院批转国家药品监督管理局药品监督管理体制改革方案的通知》要求，遵循政企分开、监督执法与行业管理职能分开、突出监督管理、统一高效、责权一致的原则，加快药品监督管理体制改革，健全药品监督管理体系。药品监管等部门要与所属医药公司或以各种形式、名义挂靠的药品经营机构彻底脱钩，一律不得与任何药品经营机构保持经济利益关系。在医药行业与企业发展方面，要支持并发挥行业自律组织的作用。

四、促进优势医药企业的发展与联合。坚决打破阻碍公平竞争的部门或地方垄断、所有制限制和行政保护，调整不利于发挥市场机制积极作用的政策规定，建立由国家有关部门组织的药品质量管理监控系统，取消各地对药品企业的重复检测、重复审批、重复发放“准销证”，取消以备案登记等名义对其他地区医药企业进入本地区药品市场的限制。要发挥市场机制的作用，优化医药产业结构。要创造公平竞争的环境，支持优势医药企业通过收购、兼并等方式扩大经营规模，促进药品代理配送、连锁经营等营销方式的发展，形成一批跨地区、上规模、集约化、高水平的医药企业集团，在药品生产流通中发挥骨干作用。

五、扭转药品生产低水平重复的状况。地方各级人民政府要下决心对小药厂进行整顿，关停一批污染环境、浪费资源、不符合产业政策和行业发展规划、低水平重复建设、达不到药品生产企业质量管理规范（GMP）或不能正常生产经营的小药厂。药品监管部门要对医院制剂室进行清理整顿，凡市场能正常供应的制剂医院不得重复生产，对不具备制剂条件的医院制剂室不予换证。

六、清理整顿药品流通企业。清理整顿药品流通企业要与药品经营换证工作相结合。对质量保证体系不健全、经营行为不规范、达不到换证条件的药品流通企业不予换证；对资不抵债、濒临破产或在一定时期内达不到药品经营质量管理规范（GSP）的药品流通企业，坚决取消其经营资格；对不能正常经营药品、主要靠出租办公楼、仓库等物业维持生存的药品流通企业要进行整顿，对违法招商经营的要依法查处，直至吊销药品经营许可证。

七、完善药品集中招标采购制度。卫生部门要规范医疗机构的药品使用管理，扩大集中招标采购药品的品种，逐步将主要药品品种都纳入集中招标采购的范围。对招标采购药品中的重要环节，如评标办法，面向全社会的专家库组成等要进行严格的审查管理，保证招标采购的公开、公平、公正。卫生、药品监管、价格主管等部门要对药品招标采购行为和价格进行监督。招标采购的药品要以实际进价为基础合理制定零售价格，通过招标采购降低药品价格的好处应主要让利于患者，医疗机构可分享一定比例。

八、推进医药商品交易电子化。建立和完善由政府有关部门认证并监督管理的医药商品电子交易系统，积极推进医药商品交易电子化，充分发挥电子交易系统在药品生产、流通和消费之间的桥梁作用，及时沟通信息，实现快捷交易，并利用该系统进行医药商品的委托集中招标采购，将交易行为纳入规范化、公开化的轨道，从制度上纠正医药商品购销活动中的不正之风。

九、加强农村药品供应网络建设。要切实解决广大农村缺乏正规、稳定的药品供应渠道的问题，加强农村药品供应网络建设。鼓励大中型药品批发企业兼并小型药品批发企业，将销售网络向县一级延伸，发展乡村药品代销点，方便农民购药，促进农村卫生服务网集中招标采购药品，在边远地区也可通过乡村卫生服务管理一体化，由乡镇卫生院为乡村医生统一代购药品，防止假劣药品流向农村，保障农民用药安全。

十、推行医药分开核算、分别管理的办法。各级卫生部门和医疗机构要积极落实医药分开核算、分别管理的政策措施，严格执行收支两条线管理的有关规定。在规范财政补助方式和调整医疗服务价格的基础上，逐步把医疗机构的门诊药房改为药品零售企业，独立核算，照章纳税，与社会零售药店平等竞争，促进药品流通的社会化、专业化和集约化，提高效率，降低成本。

社区卫生组织、门诊部和个体诊所只能经销由省级卫生、药品监管部门审定的常用和急救药品。卫生、药品监管部门要抓紧制定常用和急救药品的目录以及相关管理办法，在基层尽快落实上述措施。

十一、加快实施处方药和非处方药分类管理的制度。药品监管等部门要积极配合，完善政策，尽快规范并做好处方药的销售管理工作。在确保安全性、有效性的基础上，为满足人民群众自我保健的需要，加快非处方药的遴选工作，拓展非处方药的流通渠道，乙类非处方药经批准可以在日用品零售商店销售。

十二、改进对新药研究和审批的管理。要修订新药标准，鼓励开展新药研究和创新。对技术含量不高，低水平重复研究、重复生产的，药品监管部门要严格把关，不予批准生产。对新药报批中弄虚作假的，要依法严肃处理。新药审批管理的政策规定、工作程序和时限等要实行政务公开，接受社会监督。

十三、加大对药品价格监督的力度。逐步实施药品价格公示制度和在药品外包装上印制零售价格的制度，加大对药品价格监督的力度。这项工作先从实行市场调节价的部分药品开始试点，逐步推广到在国内销售的各种药品。要明确国家规定的价格是最高限价，在医院或药店进行药品零售，允许低于但不得高于公示价格销售或印制标价。

十四、加强对药品广告的监督管理。各级药品监管部门和工商行政管理部门要认真贯彻国家药品监管局、国家工商局《关于加强处方药广告审查管理工作的通知》精神，逐步停止处方药在大众媒体发布广告。药品监管部门要依照有关规定严格审查各类药品广告，并对其日常刊播情况进行监督检查，发现违法、违规发布的药品广告，要及时采取措施作出相应处理。工商行政管理部门要加大对违法、违规药品广告的查处力度，有效规范药品广告的发布秩序。

十五、全面贯彻落实整顿、规范药品市场的各项措施。整顿、规范药品市场，关系到广大人民群众的切身利益，关系到医药行业和卫生事业的健康发展，关系到改革开放和稳定的大局。各地区、各有关部门要高度重视，加强领导，统一思想，提高认识，克服地方和部门本位主义，以对国家和人民高度负责的精神，综合运用法律、经济、行政和舆论手段，认真做好整顿和规范药品市场的工作。

（摘自 2001 年 3 月 28 日《中国中医药报》）

国家中医药管理局全国中医药行业开展法制宣传教育的第四个五年规划

2001 年是迈入新世纪、实施“十五”计划与实现社会主义现代化建设第三步战略目标的第一年。根据《中共中央、国务院关于转发<中央宣传部、司法部关于在公民中开展法制宣传教育的第四个五年规划>的通知》（中发〔2001〕8 号）的精神，并按照“推进政府工作法制化，从严治政，依法行政”的指导方针，结合中医药工作的实际，为进一步深化中医药行业的法制宣传教育，加强法制建设，特制定在全国中医药行业开展法制宣传教育的第四个五年规划。

一、指导思想和总体目标

中医药行业法制宣传教育第四个五年规划的指导思想是：高举邓小平理论伟大旗帜，以江泽民同志“三个代表”的重要思想为指导，深入贯彻党的十五大精神，立足于中医药行业

“十五”计划确定的总体目标，立足于建立和完善社会主义市场经济体制的总体要求，紧紧围绕党和国家的工作大局，以及中医药改革与发展的客观实际，继续广泛开展中医药法制宣传教育工作，进一步提高广大中医药干部职工的法律素质；坚持法制宣传教育与法制实践相结合，积极推行依法行政、依法管理，使中医药工作逐步走上法制化轨道，为中医药事业发展创造良好的法治环境。

全国中医药行业“四五”法制宣传教育工作的总体目标是：通过中医药行业“四五”普法规划的实施，努力实现由增强广大干部职工法律意识、法律观念向提高其法律素质的转变，实现由注重依靠行政手段向注重运用法律手段管理的转变，更好地依法管理中医药各项工作，推进中医药法制建设的进程。

二、普法的内容和普法教材

中医药行业“四五”普法规划学习的主要内容：

(一) 学习江泽民同志在庆祝建党八十周年大会上的重要讲话，继续深入学习宣传邓小平民主法制理论和党的依法治国、建设社会主义法治国家的基本方略，进一步掌握基本法律知识，注意提高广大干部特别是领导干部的社会主义法制理论水平，提高依法决策、依法行政和依法管理的能力。

(二) 结合中医药行业的工作实际，组织学习宣传社会主义市场经济特别是与整顿市场经济秩序相关的法律法规，宣传涉及保障和促进国家西部大开发的法律法规，宣传与加入世界贸易组织相关的法律知识。

(三) 把法制教育和思想道德教育紧密结合起来，把依法治国与以德治国紧密结合起来，促进民主法制建设和精神文明建设。

(四) 各中医药医疗、教育、科研机构要结合自身工作的需要，分别选学相关的中医药法律法规和部门规章，提高各级领导干部和管理工作者运用法律法规和部门规章管理行业的能力。

三、组织领导

为保证中医药行业第四个五年普法规划的实施，加强对普法工作的组织领导，国家中医药管理局成立中医药行业“四五”普法领导小组（组成人员名单见附件）。领导小组下设“四五”普法办公室，中医药行业“四五”普法办公室设在人政司，人政司是负责中医药行业普法工作的工作机构（组成人员名单见附件），负责制定和组织实施中医药行业“四五”普法规划，选编“四五”普法教材，组织、安排全行业普法学习，指导、协调全行业普法工作，负责检查和考核验收工作。

各省、自治区、直辖市及计划单列市卫生厅（局）、中医（药）管理局应指定一名主要领导负责“四五”普法工作，并成立相应的“四五”普法领导机构和工作机构。2001 年 11 月底各有关单位应将“四五”普法领导机构和工作机构的组成情况报中医药管理局“四五”普法办公室备案。各单位应为本单位及本地区的中医药部门落实本规划积极创造条件，在普法人员、时间、经费等问题上给予充分的保障。

各地中医药行政管理部门的普法职责如下：

(一) 在地方普法主管机关的协调、指导下，在本单位、本部门组织实施中医药行业第四个五年普法规划；

(二) 根据中医药行业“四五”普法规划的要求，从实际出发，制定“四五”普法学习的具体实施方案，并报当地普法主管机关和中医药管理局普法主管机构备案。

（三）部署、安排所属机关和所属企事业单位工作人员普法学习；

（四）根据需要举办普法培训班，分别组织本单位处以上干部和相关企事业中层以上管理人员参加脱产学习；

（五）总结在本部门、本地区有影响的、涉及中医药领域的典型案例，同时抄送国家中医药管理局“四五”普法办公室；

（六）建立和实行法制宣传教育工作责任制，明确职责，实行目标管理，及时部署，配合中医药行业普法主管机构督促、检查、考核、验收“四五”普法学习情况。

四、工作要求

中医药法制宣传教育的对象是各级中医药管理干部、广大中医药工作者，重点是各级中医药行业的领导干部和中医药执法人员。

（一）各级领导干部要带头学法用法，依法决策、依法行政、依法管理，努力实现领导方式和管理方式的转变。

（二）中医药行政管理人员要努力提高自身的法律素质，忠实于宪法和法律，结合自身工作的职能与特点，重点学好与本行业和本职工作相关的法律法规。同时，要坚持学法和用法相结合，认真制定和完善依法治理实施方案，全面推进依法行政，大力提高行业依法治理水平。

（三）企事业单位管理人员要重点学习和掌握社会主义市场经济法律法规知识、国际经贸法律知识、企事业管理法律知识，提高依法经营管理的水平和能力。建立健全企事业经营管理人员法律知识培训制度。要将企事业经营管理者学法作为“十五”企事业领导人培训纲要的重要内容之一，将依法决策、依法管理、依法经营作为考核企事业经营管理者特别是国有企业经营管理者的重要依据之一。健全企业法律顾问制度。

（四）中医药医护、科技、教育人员要熟悉、掌握和运用与本职工作相关的法律、法规及部门规章，结合本职工作，进一步提高知法、守法、用法、护法的能力和水平，增强维护国家和人民群众利益的责任感，维护自身的合法权益。

（五）建立健全领导干部法制讲座制度、党组学习中心组学法制度、法律培训制度、重大决策前的法律咨询审核制度及任前法律知识考核等制度。

五、实施的步骤与方法

（一）实施步骤

中医药行业“四五”普法规划从2001年开始，到2005年结束。

2001年，国家中医药管理局将根据规划的要求，做好动员部署工作，组织编写全国中医药行业“四五”普法教材，举办全国中医药法制宣传教育骨干培训班。各地中医药行政管理部门要根据本规划的要求，结合本地区的情况，制定适合自身特点的中医药法制宣传教育第四个五年规划，做好组织、宣传、发动等工作，并组织举办普法骨干培训班，层层培训骨干。同时，要做好全国中医药“四五”普法教材的征订发行工作，确保中医药干部及有关单位人员学习需要。

2002年至2004年，各级中医药行政管理部门要根据规划的要求，制定本年度法制宣传教育工作计划，并认真组织实施。国家中医药管理局将根据中医药改革和发展的实际情况，举办不同形式的中医药法制宣传教育培训班、研讨班、法制讲座，举办中医药法律法规知识竞赛等活动，并不定期地组织对全国中医药“四五”法制宣传教育情况进行检查。各地中医药行政管理部门要根据规划和年度计划的安排，采用灵活多样的形式开展法制宣传教育工作。要利用报刊、电视等新闻媒介，加大宣传力度。既要注意做好本系统中医药法制宣传教育工作，也要注意做好全社会中医药法制宣传教育工作。省级中医药管理部门每年1月底前，要将本地区年度中医药法制宣传教育工作计划和上年度法制宣传教育工作总结上报国家中医药管理局。

2005年，各地中医药管理部门要按照规划确定的目标、任务和要求，对本地区“四五”普法规划的实施情况进行自查，做好查漏补缺和总结验收工作。国家中医药管理局将组织对各地中医药管理部门“四五”普法工作进行全面考核验收、总结和评比。

（二）实施方法

1. 针对实际，狠抓落实。要结合本行业的具体情况，有针对性地开展法制宣传教育，既要兼顾全面，又要突出重点，采取切实措施，防止形式主义，保证法制宣传教育真正有实效。

2. 普治并举，整体推进。坚持学法用法相结合，法制宣传教育与法制实践相结合，在普法宣传教育和依法治理的内容、方式上不断创新，普治兼顾，整体推进。

3. 推广典型，分类指导。要注意调查研究，不断总结经验，充分发挥各类典型的示范作用。同时，要根据本行业特点，有针对性地确定目标，提出要求，使法制宣传教育适应形势的变化和发展。

4. 多种途径，广泛宣传。要积极组织多种形式的法制宣传教育活动，开展法律知识咨询，组织法律知识竞赛等宣传活动，充分发挥大众传媒的作用。

附件：

中医药行业“四五”普法领导小组成员名单

组　长：佘　靖

副组长：房书亭

成　员：吴　刚　周　雷　李怀荣　杨　锐　陈贵廷　孙　涛

中医药行业“四五”普法办公室成员名单

主　任：吴　刚

副主任：周　雷

成　员：张恒有　赵文华

（2001年11月13日“国中医药文［2001］61号文）

国家中医药管理局关于在公务员中开展学法用法活动和进行依法行政培训的实施方案的通知

为了贯彻依法治国方略，根据中宣部、人事部、司法部《关于在全国公务员开展学法用法活动和进行依法行政培训的意见》，结合“全国公务员学法用法依法行政培训电视电话会议”精神，特制定《国家中医药管理局关于在公务员中开展学法用法活动和进行依法行政培训的实施方案》。

一、指导思想和目标

以邓小平理论和党的十五大精神为指导，按照江泽民同志“三个代表”重要思想的要求，贯彻“依法治国，建设社会主义法治国家”的基本方略，坚持法制宣传教育和依法行政培训相结合，坚持法律知识学习和解决实际问题相结合，坚持增强公务员法治意识和提高依法行政能力相结合，推进政府工作的规范化、法制化，培养一支具有较高法律素养、中医药专业知识较为深厚的公务员队伍。

全体公务员要深刻领会邓小平民主法制思想的精髓，全面、准确地理解依法治国基本方略的精神实质，提高公务员学法用法和依法行政的自觉性与能力；掌握宪法、国家基本行政法律法规和与中医药管理所需要的法律法规，提高依法行政水平。

二、对象

局机关全体公务员及机关服务中心中层以上领导。

三、普法内容及教材

（一）通用法律知识：主要包括邓小平行政法制理论；依法行政的基本原理；《宪法》和《行政诉讼法》、《行政复议法》、《国家赔偿法》、《行政处罚法》、《行政监察法》等规范我国公共行政管理的法律。教材为中宣部、人事部、司法部组织编写的《公务员依法行政读本》。

（二）专门法律知识：与中医药行政管理有关的法律法规，包括：《执业医师法》、《药品管理法》、《医疗机构管理条例》、《合同法》、《专利法》、《商标法》、《劳动法》、《审计法》、《教育法》、《科技进步法》、《档案法》、《保守国家秘密法》等。

四、学习形式

采取自学与集中培训相结合，以自学为主的形式。公务员自学的时间每年不得少于40学时；局机关党委和人事与政策法规司将不定期举办讲座和专题辅导，并召开研讨会、交流会，每年还根据工作需要举办一至二期脱产培训班。

五、考试考核

公务员学法用法和依法行政培训的学习情况是公务员年度考核的一项重要内容。中宣部、人事部、司法部将适时组织国务院各部委通用法律知识的统一考试；我局也将组织对专门法律知识的考试。考试成绩登记在《国家公务员培训证书》上，作为公务员年度考核、任职、定级和晋升职务的重要依据。考试不合格者，当年年度考核不得评为优秀等次。

六、培训阶段

第一阶段：学习培训阶段。（2001年10月至2003年12月）

第二阶段：考试考核阶段。（2004年1月至当年12月）

第三阶段：总结评估阶段。（2005年1月至当年7月）

七、组织领导

抓好公务员依法行政知识的学习，提高依法行政的水平是一项长期的、艰巨的任务，我们应当高度重视这项工作。为了加强对这项工作的领导，经请示局领导同意，由机关党委和人事与政策法规司共同负责此项工作，并在全国公务员学法用法活动和依法行政培训领导小组的领导下，组织协调我局公务员学法用法活动和依法行政培训的具体事宜。

（2001年11月13日国中医药发［2001］62号文）

关于取得中国医学专业学历的外籍人员申请参加中华人民共和国医师资格考试有关问题的通知

各省、自治区、直辖市卫生厅局，中医（药）管理局，外办，公安厅局：

根据《中华人民共和国执业医师法》及有关法律、法规的规定，现就取得中国医学专业学历的外籍人员申请参加中华人民共和国医师资格考试的有关问题通知如下，请遵照执行。

一、本通知所称中国医学专业学历系指中国政府教育行政部门认可的中国全日制普通医学专业本科以上学历。

二、外籍人员取得上述学历后，若申请参加中华人民共和国医师资格考试，还应同时具备下列条件：

（一）所学专业符合中国医师资格考试报名资格规定；

（二）取得规定学历后，在中国的医疗机构内，在执业医师指导下接受参加医师资格考试所需的专业训练（以下称“实习”）满一年。

三、外籍人员可申请参加的中国医师资格考试类别为临床、中医、口腔。

四、外籍人员在取得中国医学专业学历后，可以向提供其学历教育的所在高等院校提出实习申请，并填写《外籍人员参加中国医师资格考试实习申请审核表》（见附件）。提供外籍人员中国医学专业学历教育的高等院校收到申请后，按有关规定进行审查。同意后，向申请者发出接受实习通知书。

获准实习的外籍人员应当在指定机构内不间断完成一年期限的实习。

五、接受外籍人员实习的医疗机构必须是提供外籍人员在中国医学专业学历教育的高等院校附属医院。

六、获准实习的外籍人员应当持《外籍人员参加中国医师资格考试实习申请审核表》、院校接受实习通知书、《外国人体格检查记录》到中国驻外使、领馆处申请“X”字签证。

七、获准实习的外籍人员，应当在自入境之日起30天内，持有效护照、签证、院校接受实习通知书及健康证明，到实习所在地的公安机关出入境管理部门办理居留手续。

居留期满后，需继续在华居留的，可凭接受实习院校的公函，办理居留证延期手续。延期期限根据实习期限及参加实习满一年后的当年医师资格考试时间确定。

八、符合本通知第一、二条规定的外籍人员，申请参加中国医师资格考试，应当按照《中华人民共和国执业医师法》和卫生部颁布的《医师资格考试暂行办法》等有关规定，在公告规定的期限内，到实习所在地的医师资格考试考点办公室报名，并提交相关材料。经审查符合报考条件的，由考点发放《准考证》。

九、取得中国医师资格考试《准考证》的外籍人员，方可参加中国医师资格考试。

考试成绩合格的，按规定授予中华人民共和国执业医师资格，由省级卫生行政部门颁发卫生部统一印制的《医师资格证书》。

十、已参加中国医师资格考试而未能通过的外籍人员，如果再次申请参加考试，并按照有关规定须重新进行实习的，应当按照本通知的要求重新申请实习。

十一、取得中国台湾地区及香港、澳门特别行政区医学专业学历的外籍人员申请参加中国医师资格考试的有关问题另行通知。

十二、本通知印发前已取得中国医学专业学历并在提供外籍人员中国医学专业学历教育的高等院校附属医院接受专业训练，时间满一年的外籍人员，可以申请参加中国医师资格考试。

十三、从2002年中国医师资格考试报名开始起，接受符合本通知规定条件的外籍人员参加中国医师资格考试的申请。

附件：外籍人员参加中国医师资格考试实习申请审核表（略）

（2001年9月5日卫医发［2001］248号文）

关于取得内地医学专业学历的台湾香港澳门居民申请参加国家医师资格考试有关问题的通知

各省、自治区、直辖市卫生厅局，中医（药）管理局，公安厅局，台办、港澳办：

根据《中华人民共和国执业医师法》及有关法律、法规的规定，现就取得内地医学专业学历的台湾、香港、澳门居民申请参加国家医师资格考试的有关问题通知如下，请遵照执行。

一、本通知所称内地医学专业学历系指国务院教育行政主管部门认可的内地全日制普通医学专业本科以上学历。

二、台湾、香港、澳门居民取得内地医学专业学历后，若申请参加国家医师资格考试，还应同时具备下列条件：

（一）所学专业符合中国医师资格考试报名资格规定；

（二）取得规定学历后，在内地的医疗机构内，在执业医师指导下接受参加医师资格考试所需的专业训练（以下称“实习”）满一年。

三、台湾、香港、澳门居民可申请参加的中国医师资格考试类别为临床、中医、口腔。

四、台湾、香港、澳门居民在取得内地医学专业学历后，可以向提供其学历教育的所在高等院校提出实习申请，并填写《台湾、香港、澳门居民参加国家医师资格考试实习申请审核表》（见附件）。

提供台湾、香港、澳门居民医学专业学历教育的高等院校收到申请后，按有关规定进行审查。同意后，向申请者发出接受实习通知书。

获准实习的台湾、香港、澳门居民应当在指定机构内不间断完成一年期限的实习。

五、可接受台湾、香港、澳门居民实习的内地机构，必须是提供台湾、香港、澳门居民内地医学专业学历教育的高等院校附属医院。

六、台湾、香港、澳门居民在内地实习期间，按内地有关法律、法规进行管理。

七、获准实习的台湾居民应当持院校接受实习通知书、来往祖国大陆的有效证件，到实习所在地市、县公安机关出入境管理部门办理相应期限的多次出入境签注及暂住加注手续。

获准实习的香港、澳门居民直接持来往内地的有效证件入出境。

八、符合本通知第一、二条规定的台湾、香港、澳门居民，申请参加中国医师资格考试，应当按照《中华人民共和国执业医师法》和卫生部颁布的《医师资格考试暂行办法》等有关规定，在公告规定的期限内，到实习机构所在地的医师资格考试考点办公室报名，并提交相关材料，经审查符合报考条件的，由考点发放《准考证》。

九、取得国家医师资格考试《准考证》的台湾、香港、澳门居民，方可参加国家医师资格考试。

考试成绩合格的，按规定授予医师资格，由省级卫生行政部门颁发卫生部统一印制的《医师资格证书》。

十、已参加中国医师资格考试而未能通过的台湾、香港、澳门居民，如果再次申请参加考试，并按照有关规定须重新进行实习的，应当按照本通知的要求重新申请实习。

十一、本通知印发前已取得内地医学专业学历，并在提供台湾、香港、澳门居民内地医学专业学历教育的高等院校附属医院接受专业训练，时间满一年的台湾、香港、澳门居民，可以申请参加国家医师资格考试。

十二、从2002年中国医师资格考试报名开始起，接受符合本通知规定条件的台湾、香港、澳门居民参加中国医师资格考试的申请。

附件：台湾、香港、澳门居民参加国家医师资格考试实习申请审核表（略）

（2001年9月3日卫医发［2001］249号文）

关于加强我局外事管理工作的通知

局各司、办、室，各直属单位：

近年来，随着我国改革开放的不断深入，中医药对外交流与合作进一步加强，对外交往日益增多，因公出国人员也不断增加，特别是我国即将加入世界贸易组织，对外开放将进入一个新阶段，外事管理工作也将面临新的情况和问题。为加强交流，促进发展，根据中共中央《关于全国外事管理工作的若干规定》（中发［2000］17号）的精神和外交部《关于对跨地区跨部门团组加强管理、监督和检查坚决制止公款出国旅游的通知》（外函［2000］426号）的有关规定，结合我局外事工作的具体情况，特通知如下：

一、要认真学习中央和国务院及有关部门关于外事工作的文件，领会精神，明确外交大权在中央，外事工作授权有限是外事管理的根本原则；统一领导、归口管理、分级负责、协调配合是外事管理的基本体制；外事工作的性质决定了越是扩大开放，越需要加强外事管理，外事无小事，各级领导都要重视外事管理工作。

二、我局是外交部授权有临时出国任务审批和自行申办护照签证权的部门，局机关和各直属单位要认真执行中央对外方针和外事工作制度，严格遵守因公临时出国和邀请外国人来访的管理要求。

三、因公出国必须有明确的公务目的和实质内容，组团人员要少而精，必须按批准的方案行事，不得绕道，不得增加出访国家和地区，不得延长在外停留时间。

四、各单位凡可由较低级别人员完成的出访任务，不得派较高级别人员出访；凡可由专业人员完成的任务，不得派非专业人员代替。

五、我局根据工作需要，于每年年底前制定次年团组出访计划，并可按规定的程序组织少量跨地区、跨部门的中医药专业团组出访，但参加团组人员只限于与我局有直接领导或业务指导关系的部门和单位人员，此类团组中凡涉及其他部门、地区或单位的人员，须由我局向有关中央单位外事主管部门或具有出国任务审批权的地方人民政府外事办公室书面征求意见，未经上述有关单位书面同意的，不得出具出国任务通知书。

六、我局所属任何单位包括各类学会、协会、基金会、中心、公司等均不得组织双跨团组。各单位参加由其他部门组织的双跨团组的人员，须由本单位和局国际合作司批准后方可办理出国手续。

七、各单位所有因公出国出境的党政干部和专业人员都必须按规定程序办理审批手续。处级及其以下人员出国，由局国际合作司会同有关司领导审批；正副司局级人员出国，由局领导审批。

八、由我局派遣出国的团组和人员，均应接受我驻当地使领馆的领导和监督，遇有重要问题应及时报告。

九、出访任务涉及重要、敏感问题或赴热点国家的重要团组，或者在境外设立常驻机构，应先报我局，在征求我有关驻外使领馆或代表机构的意见，经批准后再按规定程序办理手续。

十、各单位因工作需要邀请外国副部长及其相当的人员来访，须由我局批准，报中央外事工作领导小组办公室或外交部备案；邀请国外正部级以上人员来访须由我局报卫生部审核后，由外交部审批。

十一、各单位接受临时来华采访的新闻团组和新闻从业人员申请，由我局审核后报外交部审批。

十二、各单位申请在国内、外举办国际科技展览，在国内举行一般性国际学术会议，参与政府或国际组织间的科技援助或捐赠活动。以会员国名义加入政府或一般性非政府间国际科技组织，均须报我局审核后由国家科技部审批。

十三、各单位与国外合作举办非学历教育须报我局批准，举办学历教育须由我局审核后报国家教育部审批。

十四、本通知自发布之日起施行，以前我局发布的有关外事管理规定，凡与本通知相抵触的，以本通知为准。

（2001年11月20日国中医药发［2001］32号文）

关于加强内地与香港中医医疗合作管理的通知

各省、自治区、直辖市及深圳市、珠海市、汕头市、湛江市、广州市、福州市、厦门市、北海市、秦皇岛市、南通市、南京市、连云港市、大连市、沈阳市、青岛市、威海市、烟台市、宁波市、温州市、成都市、武汉市、西安市、哈尔滨市、长春市人民政府外事办公室（港澳事务办公室）、卫生厅（局）、中医（药）管理局：

为进一步推动内地与香港的中医药交流及合作，加强对两地中医医疗合作的管理，使其健康、有序地发展，现就有关事项通知如下：

一、各地区、各单位与香港有关机构进行中医医疗合作，应严格遵守《香港特别行政区基本法》、内地有关医疗机构管理法规及香港当地法律。

二、国家中医药管理局作为内地中医药行业的行政主管部门，对各地区、各单位与香港有关机构开展的中医医疗合作进行统筹管理和协调。

三、内地有关单位或人员拟同香港有关机构进行中医医疗合作时，应先将合作意向书报所在省（区、市）中医药行政主管部门审查后，再报国家中医药管理局进行立项审批。在得到批准前，不得与对方签订任何形式的协议。合作项目获批准后，方可按现行规定办理签约或人员赴港手续。

四、内地有关单位或人员与香港方面进行中医医疗合作的对象限定为香港高等院校、研究院（所）的附属医院、教学医院及其他经合法注册的医疗机构；合作项目限定为中医临床教学、科研以及与之相关的中医医疗活动。

五、内地任何单位或个人未经上述程序批准，不得在香港与任何机构或个人合作或独立开办中医医院、中医诊所，也不得以任何名义在香港从事行医、义诊等中医医疗活动。

六、内地人员赴港从事中医医疗活动，须持国家中医药管理局的立项批件（复印件），并按有关规定及程序办理赴港工作签证。各地方外办（港澳办）不得批准任何人员持访港签证赴港从事上述活动。

七、凡与香港开展中医医疗合作的内地有关单位均应遵守上述规定。各地方外办（港澳办）及中医药行政主管部门应加强对本地区有关单位与香港开展中医医疗合作活动的领导与管理，对于出现的问题要及时上报。对于违反有关规定，擅自在香港组织开办中医医疗机构、开展中医医疗活动或变相组织各种中医医疗活动者，将严肃查处，并对组织和审批单位进行通报批评，同时追究领导责任。

八、上述规定由国务院港澳事务办公室和国家中医药管理局负责解释，并自发布之日起实施。

（2001年11月20日2001港办交字第010283号文）

国家中医药管理局关于反腐败抓源头工作的实施办法

为认真贯彻落实中央纪委第四次、第五次全会和国务院第二次、第三次廉政工作会议精神，按照党中央确定的反腐败三项工作格局和关于标本兼治，综合治理，注意从源头上预防和治理腐败的部署，根据中央纪委《关于抓紧制定反腐败抓源头工作实施办法的通知》（中纪办发［2000］16号）的具体要求，结合全面贯彻落实《关于城镇医药卫生体制改革的指导意见》，联系局机关和直属单位实际情况，制定本实施办法。

一、局机关和直属单位存在滋生腐败的源头问题

近年来，国家中医药管理局党组十分重视局机关和直属单位的党风廉政建设和反腐败工作，按照党中央确定的反腐败三项工作格局的部署，坚决遏制消极腐败现象，加大反腐败工

作的力度，结合业务工作特点，重视权力行使、资金管理、项目执行及纠风工作，并责成局纪检监察部门深入业务工作开展调研，对群众信访反映出来的问题进行认真分析。通过调研分析，认为局机关和直属单位存在容易滋生腐败的源头问题主要在以下几个方面：

（一）资金的管理、使用

局机关和直属单位计划财务部门在本系统中处于管理的重要位置，掌握一定的资金分配、管理和使用权力。如果各种资金在划拨、管理、使用上没有严格的管理制度和有效的监督制约机制，就会出现随意性、挥霍浪费，甚至贪污受贿等腐败现象。

（二）行政审批事项

以国务院“三定”方案赋予我局的管理职能为依据，目前我局保留的审批权 11 项，保留的审核权 4 项，保留的核准权 2 项，保留的备案权 1 项。共计 18 项权力。以上这些权力运作，如果没有严格的管理和规范，缺乏监督检查，就容易产生滥用权力或以权谋私等腐败现象。

（三）药品购销活动中的不正之风

目前，局直属医疗机构在药品购销活动中，存在着不同程度的不正之风，表现在药品回扣、开单提成、大处方等。其成因复杂，涉及药品定价、生产、流通、医疗机构补偿机制、价格政策等深层次问题，也有放松思想政治教育等问题。要从体制、机制、政策、管理上，积极探索改进和解决问题的办法与途径。

二、十六大以前抓源头工作的总体安排和阶段性目标

反腐败抓源头工作是一项艰巨、复杂的任务，既要着眼于长远，对这项工作做出全面规划，又要立足于当前，切实抓好几个问题。要深入调研，抓住局机关和直属单位腐败问题发生的源头所在，积极推进党风廉政建设工作。使城镇医药卫生体制改革迈上新台阶。

（一）总体安排

以党的十五大精神和邓小平关于党风廉政建设理论的一系列论述为指导，贯彻落实中央纪委第四次、第五次全会提出的各项任务，认真执行《关于城镇医药卫生体制改革的指导意见》及其配套文件，适应社会主义市场经济的总体要求，深化中医医疗机构改革，对现有中医药的医疗服务体系进行深层次的改革。要在体制、机制、制度和管理上下大力气，紧紧抓住以权谋私、权钱交易这个腐败的核心问题，从制权、控钱、管人入手，制定和完善各项规章制度，建立健全监督制约机制，规范权力行使，严格依法行政、依法办事，加大纠正医药购销中的不正之风的力度，积极探索从源头上防范和治理不正之风的有效办法，建立适应社会主义市场经济体制的中医药医疗服务新体系。

（二）阶段性目标

在党的十六大召开之前，要结合本部门（单位）的实际，既要有总体安排，又要有阶段性目标，突出重点，抓住要害，集中精力抓好以下阶段性目标的完成：

1. 加强对行政审批事项的管理，建立健全权力行使的监督制约机制，规范各行政部门办事程序和行政行为。对各类管理事项进行调查摸底，并检查执行相关的管理规定和制度的落实情况。

2. 完善资金分配、资产使用管理办法。在资金及资产的申请、划拨、使用、管理、监督、检查等方面都要作明确规定，重点解决管理程序问题。

3. 依法惩治中医药医疗活动中违法违纪行为和各种消极腐败现象，按照卫生部的统一

部署，规范中医药行政部门工作人员和中医药医疗单位医务工作者的行为，加强行业作风建设，抓好医德医风教育，从源头上治理医药购销中的不正之风。结合贯彻落实《关于城镇医药卫生体制改革的指导意见》及其配套文件，与有关部门密切配合，共同抓好从源头上治理医药购销中不正之风工作。

三、从体制、机制、制度、管理上解决问题的具体措施

抓源头是反腐败带有实质性、基础性和根本性的措施，涉及体制、机制、制度和管理工作的方方面面，要本着实事求是的精神，探索从源头上预防和治理腐败的有效对策与措施：

（一）加强防范教育，强化监督制约机制。要抓好党纪法规的宣传教育，继续实行领导干部谈话提醒制度，努力做好超前防范教育，做到警钟长鸣。加大管理与监督检查力度，避免出现滋生腐败现象的空隙和漏洞，从源头上有效遏制腐败现象蔓延的势头，实现党的十五大确定的反腐败工作目标。

（二）完善规章制度，规范管理行为，加大监督力度。严格依法办事。要按照党中央、国务院、中央纪委和卫生部党组关于加强党风廉政建设的要求，严格执行责任考核和责任追究制度，重视对腐败现象易发部门、岗位和环节的监督，提高监督成效。

（三）加强项目管理，严格项目审批程序，做到没有管理规定的项目，绝不能启动。要规范行政审批权力，加强对权力运行的监督，对局各部门掌握的各项具体权力，要按照已经颁布的规范性文件中制定的规章制度执行，并对执行情况，做到经常性的监督检查。在各项管理中，要认真执行《中共国家中医药管理局党组关于重大决策、重要干部任免、重要项目安排和大额度资金使用必须经集体讨论决定的若干规定》，接受群众监督，防止权力滥用。

（四）加强资金管理监督，提高资金使用效益。对中医专项经费、行政财务管理的监督，要严格执行《国家中医药管理局中医专项经费管理办法》、《国家中医药管理局机关行政财务管理办法》，以制度管理代替经验管理，增加透明度，减少随意性和人为因素。

（五）认真执行干部任前公示制，加大干部交流力度，落实《实施干部谈话提醒制度暂行办法》，做好干部任职期间的经济责任审计工作。

（六）认真落实《国家中医药管理局关于司局级以上领导干部配偶子女个人经商办企业的具体规定》。

（七）加强对办案工作的领导，增加办案力量，为办案提供必要条件，局纪检监察部门对 1994 年以来收到的举报信件及案件查处工作情况进行一次清查。

（八）积极推进城镇医药卫生体制改革，纠正部门和行业不正之风。根据国务院纠风办的统一部署，重点抓好纠正医药购销中的不正之风工作。

1. 认真落实医疗机构实行医药分开核算、分别管理的制度和医院药品“收支两条线”管理等规定。

2. 坚决割断药商、药贩与医务人员之间不正当的直接经济联系，严肃查处医药购销中的违纪违法行为。

3. 根据有关规定，抓好药品集中招标采购制度，规范医疗机构购药行为，保证群众用药安全有效，把社会医药费用不合理负担减下来，切实从体制、机制、制度和管理上加大治理力度。

4. 健全收费管理制度，严格执行收费项目和标准，增加收费工作透明度。

四、加强组织领导，明确责任分工　反腐败抓源头工作，必须坚持局党组统一领导，党

政齐抓共管，局纪检监察部门组织协调，部门各负其责，依靠群众支持和参与的反腐败领导体制和工作机制，加强组织领导，明确责任分工，认真落实《国家中医药管理局党风廉政建设责任制实施办法》，合理分解任务，严格责任追究，切实贯彻“谁主管谁负责”的原则，把防范和治理腐败纳入领导职责管辖范围。

（一）完善工作机制，做到管理到位。根据工作需要，调整领导小组成员，明确责任分工，进一步落实党风廉政建设责任制规定。各部门要对本部门掌握的具体权力进行分析，找出存在的问题，制订、完善相应的规章制度和监督制约措施，要各负其责，责任到人，责任到岗，落实责任追究制度，提高管理成效。

（二）局办公室（财务司）负责制定完善局有关资金使用管理的各项规章制度，局办公室、纪检监察部门对落实情况进行督促检查。

（三）局办公室、医政司、科技教育司、国际合作司共同制定加强项目管理规章制度，局纪检监察部门对有关司项目的实施进行监督检查。

（四）局医政司与有关部门共同负责中医医疗机构行业作风建设和纠正医药购销活动中的不正之风工作。

（五）局人事司、直属机关党委、纪检监察部门共同抓好对干部的教育管理和监督。

（2001年2月9日国中医药党［2001］5号文）

关于印发《国家中医药管理局业务主管社会团体管理办法》和《国家中医药管理局关于局机关对社会团体管理的若干规定》的通知

局机关各部门、各业务主管社会团体：

《国家中医药管理局业务主管社会团体管理办法》和《国家中医药管理局关于局机关对社会团体管理的若干规定》已经于2001年6月5日局务会通过，现印发给你们，请认真贯彻执行。

附件：1. 国家中医药管理局业务主管社会团体管理办法

2. 国家中医药管理局关于局机关对社会团体管理的若干规定（略）

国家中医药管理局业务主管社会团体管理办法

第一章　总　则

第一条　为适应政府职能转变和中医药行业工作的需要，加强对国家中医药管理局业务主管社会团体（以下简称社会团体）的管理，更好地发挥社会团体的积极作用，根据《社会团体登记管理条例》和《卫生部业务主管社会团体登记管理办法》，制定本办法。

第二条　国家中医药管理局是中医药行业全国性社会团体的业务主管单位，国家中医药管理局人事与政策法规司承担社会团体的业务主管职能。各社会团体的挂靠单位是其依托单位。

第三条　本办法所称中医药行业全国性社会团体，是指受卫生部委托国家中医药管理局作为业务主管并经民政部登记注册的学会、研究会、协会、联合会等全国性社会团体组织。

第四条　社会团体经登记注册，依法取得法人资格，独立承担法律责任。依据登记的社会团体章程，依法独立自主地开展各项业务活动和管理内部事务。

国家中医药管理局根据国家有关法律、法规，对社会团体的有关工作进行指导和监督，并维护社会团体的合法权益。

第五条　社会团体要积极开展有关业务活动，在开展活动时要严格遵守国家宪法、法律法规，执行党的卫生工作方针和中医药政策，繁荣学术，促进中医药事业进步与发展。积极承担国家中医药管理局及其他行政部门委托的工作。

任何社会团体不得宣扬封建迷信、伪科学，不得进行国家明令禁止的一切非法活动，不得擅自以国家中医药管理局的名义开展活动。社会团体名称前不得冠以国家中医药管理局的字样。

第二章　成立、变更及注销登记管理

第六条　国家中医药管理局负责社会团体的申请登记审查，包括对社会团体的筹备申请登记、成立申请登记和变更、注销申请登记前的审查。

第七条　申请筹备成立社会团体，发起人应当向国家中医药管理局提交下列文件：

（一）筹备申请书（包括成立的可行性、必要性）；

（二）验资报告；

（三）办公场所的产权或使用权证明（包括使用面积、使用期限、地点、邮编、联系人、联系电话）；

（四）发起人和拟任负责人所在单位的人事部门出具的基本情况，身份证明；

（五）章程草案。

第八条　国家中医药管理局自收到本办法第七条所列全部有效文件之日起60日内，作出同意或不同意筹备的决定，并通知发起人。不同意的，应当向发起人说明理由。经国家中医药管理局同意筹备成立的社会团体应当到登记管理机关申请筹备成立。

第九条　获批准筹备成立的社会团体，应当在登记管理机关批准筹备之日起6个月内完成下列全部筹备工作：

（一）筹集必需的资金并加以管理；

（二）征集会员；

（三）起草章程；

（四）落实拟成立社会团体的办公地点；

（五）负责召开会员代表大会，产生负责人、法定代表人、办事机构，通过起草的章程。

第十条　完成筹备工作的社会团体申报成立登记，需向国家中医药管理局提交下列材料：

（一）申请成立的社会团体负责人签署的登记申请报告；

（二）会员大会或会员代表大会通过的社会团体章程；

（三）社会团体秘书长以上主要负责人名单及简历；

（四）社会团体专职工作人员简历（本人所在单位人事部门审查盖章）；

（五）验资报告；

（六）办公场所的产权或使用证明材料；

（七）会员名册（团体会员需加盖单位公章）；

（八）党组织的建立情况；

（九）其他需要说明的材料。

第十一条　国家中医药管理局自收到完成筹备工作的社会团体的登记申请书及有关文件起30日内完成审查工作，作出同意或不同意成立登记的决定，并通知发起人。不同意的说明理由。经国家中医药管理局批准成立登记的社会团体，应当到登记管理机关申请成立登记。

第十二条　社会团体设立分支机构、代表机构按照《社会团体登记管理条例》第十九条规定办理。

社会团体申请设立（或变更、注销）分支机构、代表机构，应当向国家中医药管理局提交下列资料：

（一）加盖会章及法定代表人签字的社会团体申请报告；

（二）加盖会章及法定代表人签字的社会团体理事会或常务理事会审议通过的会议纪要；

（三）拟任社会团体分支机构、代表机构负责人的简历（所在单位人事部门审查盖章）；

（四）社会团体分支机构、代表机构办公场所的产权证明或使用证明材料；

（五）其他需要说明的材料。

未经国家中医药管理局审查同意、社会团体登记管理机关核准登记，社会团体不得擅自设立分支机构、代表机构并开展活动。社会团体分支机构、代表机构名称前必须冠以社会团体名称，未经社会团体授权或同意，不得擅自发展会员、收取会费。

第十三条　社会团体登记事项、备案事项需要变更的（包括变更名称、注册资金、办公场所、章程内容、业务主管单位等），需向国家中医药管理局提交下列材料：

（一）加盖会章及法定代表人签字的社会团体申请报告；

（二）加盖会章及法定代表人签字的社会团体理事会或常务理事会审议通过的会议纪要；

（三）其他所需材料。

国家中医药管理局审查同意后出具审查同意文件，由社会团体向民政部申请变更登记。国家中医药管理局应当自收到变更登记申请之日起30日内，做出同意或不同意的决定；不同意的，应当向社会团体说明理由。

第十四条　申请注销登记的社会团体，应当在国家中医药管理局的指导下，成立清算组织，完成清算工作，写出清算报告，出具审查同意文件后，由申请注销登记的社会团体于15日之内，向民政部申请注销登记、注销备案。清算和申请注销期间，社会团体不得开展清算和申请注销以外的活动。

第三章　组织人事管理

第十五条　社会团体必须坚持民主办会的原则，根据社会团体章程规定，按期召开会员代表大会、理事会议、常务理事会议。

提前或延期召开会员代表大会，须经社会团体常务理事会或理事会讨论通过并向国家中医药管理局阐明原因，征得同意。

第十六条　社会团体在章程规定召开会员代表大会前三个月，应向国家中医药管理局报送本届常务理事会或理事会通过的召开大会方案；召开大会前一个月，应向国家中医药管理局报送会员代表大会的有关文件。

拟任下一届秘书长以上领导职务候选人名单由社会团体推荐，在大会前三个月向国家中医药管理局报送，经国家中医药管理局审核同意或由国家中医药管理局推荐产生。

在代表大会闭幕后三个月内，应将代表大会的总结或纪要报送国家中医药管理局备案，并到有关部门办理相关手续。

第十七条　社会团体制订或修改章程必须参照民政部《社会团体章程示范文本》的要求，报国家中医药管理局审议后，提交代表大会讨论通过，并经社会团体登记管理机关核准后实施。制订或修改章程需向国家中医药管理局提交下列材料：

（一）加盖会章及法定代表人签字的社会团体修改章程的申请报告；

（二）社会团体常务理事会或理事会通过的纪要；

（三）修改后的社会团体章程草案及修改说明。

第十八条　召开理事会、常务理事会和其他重要会议的决议、纪要，应及时通告全体会员，并报国家中医药管理局备案。

第十九条　社会团体应设立办事机构，办事机构在常务理事会或理事会的领导下，由秘书长或副秘书长负责处理日常工作。

社会团体设立办事机构应经国家中医药管理局批准后报登记管理机关审批。

第二十条　社会团体常设办事机构专职工作人员（包括长期聘用的人员）中，凡是有正式党员 3 人以上的，应建立党的基层组织。社会团体建立党组织，按中组部有关规定办理。

第二十一条　社会团体秘书长以上负责人应身体健康，能够坚持正常工作，任期一般不超过两届，年龄一般不超过 70 岁，秘书长应当把主要精力放在本学会工作中。

社会团体秘书长以上负责人若超过规定的最高任职年龄及任职期限，应由理事会 2/3 以上多数表决通过，报国家中医药管理局审查并经登记管理机关审批同意后，方可任职。若在任期中到达年龄，可以放宽到换届为止。

第二十二条　在会员代表大会闭会期间，由于各种原因要对社会团体秘书长以上负责人进行调整、撤换，应按社会团体章程规定的程序进行调整、撤换，并在下一届会员代表大会上选举通过，报国家中医药管理局审查并经登记管理机关审批同意。国家中医药管理局也可以根据对社会团体的审查情况，建议召开常务理事会或理事会，讨论决定社会团体的重大事宜，对社会团体负责人提出调整、撤换意见，再经社会团体民主程序决定。

第二十三条　社会团体专职人员的技术职务评聘，按照有关规定办理；工资待遇参照事业单位管理；兼职人员不得在社会团体中领取工资。

第二十四条　社会团体常设办事机构专职人员应根据国家有关规定，参加当地社会基本养老保险、失业保险、基本医疗保险以及国家规定的其他保险事项。

第二十五条　社会团体的法定代表人一般应由会长（理事长）担任。如因特殊情况须由副会长（副理事长）或秘书长担任，应报国家中医药管理局审查并经社会团体登记管理机关审批同意后，方可担任，并在章程中写明。

社会团体的法定代表人，不得兼任其他社会团体的法定代表人。

第四章 监督管理

第二十六条　国家中医药管理局机关各部门对社会团体的管理按照《国家中医药管理局关于局机关对社会团体管理的若干规定》执行。

第二十七条　社会团体举办具有下列情形之一的重大活动，须报国家中医药管理局审批同意：

（一）涉及重大政治、经济、理论等方面跨组织的学术活动；

（二）活动范围广，跨地区、跨部门，影响较大的活动（学术年会除外）；

（三）承担着部分行政职能部门的活动；

（四）组织涉外学术研讨会及其他活动；

（五）承接境外组织提出的研究课题和调查课题；

（六）接受境外捐款（救灾、扶贫等正常捐款除外）设立基金；

（七）社会团体本身在同一地区开展的大型学术会议和展览会等。

第二十八条　社会团体举办第二十七条所列重大活动，需向国家中医药管理局报送下述材料：

（一）加盖会章及法定代表人签字的社会团体申请报告；

（二）加盖会章及法定代表人签字的社会团体理事会或常务理事会审议通过的会议纪要；

（三）开展该活动的主办单位、承办单位；

（四）开展该活动的必要性与可行性及活动的安排；

（五）其他相关材料。

第二十九条　社会团体应当于每年3月31日前向国家中医药管理局报送上一年度的工作报告，内容包括：

（一）本社会团体遵守法律法规和国家政策的情况；

（二）依照《社会团体登记管理条例》及本办法履行登记手续和内部管理的情况；

（三）按照章程开展活动的情况；

（四）人员和机构变动的情况；

（五）年度审计报告。

根据社会团体在本年度的不同情况，国家中医药管理局将决定通过年检、延迟年检、不受理其年检或在年检时不予以通过。

社会团体无正当理由不按规定时间和内容要求报送上述材料，国家中医药管理局不再受理其上年度年检工作。

第三十条　社会团体按其章程规定开展活动时的收入，必须全部用于该社会团体规定的业务活动，不得在工作人员和会员中分配。

第三十一条　社会团体的财务活动应根据《社会团体登记管理条例》有关规定，严格参照国家有关事业单位财务管理制度执行，建立健全社会团体的财务制度。应建立常务理事会领导下的民主理财管理制度，定期向常务理事会公开财务活动情况及个人在社会团体领取报酬的情况，并接受国家中医药管理局的监督管理。对在社会团体活动中谋取私利的，国家中医药管理局将视情节轻重予以处分。

第三十二条　社会团体的审计，包括换届、更换会长（理事长）、法定代表人之前的离任审计、年度审计等，均由国家中医药管理局组织审计机构进行审计。在特殊情况下，国家中医药管理局认为有审计必要时，可对社会团体提出审计的要求，并组织审计机构对其进行审计，审计费用由被审计的社会团体承担。

第三十三条　社会团体的活动严重违反国家法律、法规的，由有关国家机关依法处理；违反本会章程，不能服从业务主管部门管理的，国家中医药管理局酌情决定给予通报批评、限期整顿等处罚。逾期未能改正的，国家中医药管理局将建议有关部门注销该社会团体。

第五章　附　　则

第三十四条　本办法由国家中医药管理局负责解释。

第三十五条　本办法自发布之日起施行。

（2001年6月15日国中医药发［2001］43号文）

关于印发《中医药科研实验室管理规范》《中医药科研实验记录规定》的通知

各省、自治区、直辖市卫生厅（局）、中医（药）管理局，本局有关直属单位：

为了进一步加强中医药科研实验室的科学化、规范化管理，我局在《中医药科研实验室分级登记管理办法》的基础上，制定了《中医药科研实验室管理规范》和《中医药科研实验记录规定》，现下发给你们，请遵照执行。

随文附“中医药科研实验记录本”范本，请按规定格式和内容要求自行印制。从2001年4月1日起，各单位科研实验记录应统一使用新的记录本。

中医药科研实验室管理规范

第一章　总　　则

第一条　为了加强中医药科研实验室（以下简称实验室）的规范化和科学化管理，保证实验资料的真实性、可靠性，提高中医药科研实验的质量和水平，制定本规范。

第二条　本规范所称中医药科研实验室，是指从事中医药研究的基础医学、临床医学和药学等科研实验室。

第三条　地（市）级以上各级中医药主管部门负责对中医药科研实验室进行指导和管理。

第二章　人　　员

第四条　实验室设主任1名，副主任若干名，并根据研究工作的需要，配备一定数量能满足工作需要的合格的技术人员。每个实验室的技术人员不得少于3名。

第五条　实验室的主任应当具有中级以上专业技术职称。并有三年以上本专业工作经验，能够承担日常管理和技术指导工作。

第六条　实验室的技术人员，应当符合下列条件：

（一）具有中专以上学历，经过专业培训，具备完成中医药科研所需要的工作经历和业务能力；

（二）了解中医药的基础知识，掌握必要的实验技术；

（三）熟练掌握本实验室有关标准操作规范；

（四）具备严格的科学作风和工作态度，能及时、准确和清楚地做实验观察记录。

第三章　设施与设备

第七条　实验室所在单位应当提供实验室建设及其运行所需要的必要条件。

第八条　实验室的面积应当满足实验研究工作的需要，并不得少于40平方米。实验区与普通工作区应当严格分开，在实验区不得放置与实验无关的物品。对实验室的温度、湿度、噪音应当有一定的控制措施。

第九条　实验室所在单位应当具有合格的动物实验环境及其设施。

第十条　实验室或所在单位应当具有与研究方向配套的系统、完备的专用或共享仪器设备。专用仪器设备总值不得低于15万元。实验室对仪器设备的管理应当符合以下要求：

（一）建立仪器设备的档案，做到帐、卡、物相符。

（二）仪器设备应当指定专人负责保管，定期检查、清洗、维护、测试和校正。计量仪器管理要按国家有关部门规定执行。

（三）仪器设备的基本维护、保养工作能够在本实验室内完成，正常工作的仪器达80%以上。对仪器设备进行检查、维修、测试、校正及故障处理，应当有详细记录。

（四）制定仪器使用的标准操作规范，并摆放在方便查阅和使用的地方。

第十一条　实验室试剂的购买、保管应当有专人负责，使用应有记录。对有毒、有害物品的保存及其废弃物的处理应当严格按国家有关规定执行。

第四章　实验技术标准操作规范

第十二条　实验室应当制定并严格执行中医药实验技术标准操作规范。中医药实验技术标准操作规范包括以下内容：

（一）实验技术的名称；

（二）实验目的；

（三）药品和试剂（名称、缩写名、厂家、纯度、浓度、代码等）；

（四）仪器设备与材料（名称、型号、产地、规格等）；

（五）实验对象（基本属性、选择标准）；

（六）实验环境（温度、湿度等）；

（七）操作步骤（溶液配制方法、操作流程及具体注意事项等）；

（八）实验结果及评价（观察指标、典型结果、技术特点、适用范围等）；

（九）注意事项；

（十）制定人、负责人、审定人；

（十一）制定时间、资料保存地点。

第十三条　中医药实验技术标准操作规范的修改，须经实验室主任审核批准。

第十四条　标准操作规范的正本和副本及有关变更情况应当记入档案保存。

第五章　实验方案的制定和实施

第十五条　实验工作开展前，课题负责人应当制定书面实验方案。书面实验方案包括以下内容：

（一）实验方案的名称；

（二）实验目的；

（三）实验负责人姓名；

（四）实验对象的基本属性和选择标准；

（五）实验用试剂种类、规格、级别、来源及实验用溶液的配制方法；

（六）供试品和对照品的名称、缩写名、代号、批号；

（七）供试品和对照品的给药途径、方法、剂量、频率和用药期限以及选择理由；

（八）观察指标的检测频率和方法；

（九）数据统计处理方法；

（十）结果分析与讨论；

（十一）实验资料的保存地点及保密要点。

第十六条　实验工作应当在课题负责人的指导下实施，并严格遵守实验方案和标准操作规范。实验过程中不论出现什么现象，都要如实详细记录。

第十七条　实验过程中如需修改实验方案，须经课题负责人批准。实验方案修改的内容、理由应当记入档案，并与原实验方案一起保存。

第十八条　实验过程中，数据的记录应当按照国家中医药管理局《中医药科研实验记录规定》执行。

第十九条　实验工作结束后，课题负责人应当及时写出总结报告。

第六章　实验室管理制度

第二十条　实验室应当建立有关的管理制度，主要包括：

（一）实验室环境保护及安全管理制度；

（二）实验材料、易耗品低值品管理制度；

（三）易燃、易爆、有毒、放射、危险物品的管理制度；

（四）剧毒药品管理制度；

（五）废弃物处理与管理制度；

（六）技术资料保管制度；

（七）仪器设备使用与管理制度；

（八）动物实验室管理制度。

第七章 附 则

第二十一条 本规范自发布之日起实施。

中医药科研实验记录规定

第一条 为了规范中医药科研实验记录，提高中医药科研实验质量，制定本规定。

第二条 从事中医药科研实验的单位，应当遵守本规定。

第三条 实验记录是指在科学研究过程中，应用实验、观察、调查或资料分析等方法，根据实际情况直接记录或统计形成的各种数据、文字、图表、声像等原始资料。

第四条 实验记录应当真实、及时、准确、完整。

第五条 实验记录的内容应当包括：

（一）实验名称：每项实验开始前应当注明实验名称。

（二）实验方案：每项实验的首页应当有一份详细的实验方案。

（三）实验时间：每次实验须按年月日顺序记录实验日期和时间。

（四）实验材料：受试样品和对照样品的来源，实验对象的基本属性；实验材料的来源和编号；实验仪器设备名称、型号；主要试剂的生产厂家、规格和生产批号；自制试剂的配制方法、配置时间和保存条件等。

（五）实验环境：如实记录实验过程中的环境条件（如光照、通风、温度及湿度等）。

（六）实验方法：常规实验方法应当在首次实验记录时注明方法来源，并简述主要步骤。改进、创新的实验方法应详细记录实验步骤和操作细节。

（七）实验过程：应当详细记录研究过程中的操作、观察到的现象、影响因素等。

（八）实验结果：准确记录观察指标的数据变化。

（九）结果分析：每项实验结束应进行数据处理和分析，并有明确的文字小结。

（十）实验人员：应当记录所有参加实验研究的人员。

第六条 实验记录用纸统一使用实验记录本。实验记录本应按照国家中医药管理局统一要求的格式印制。计算机、自动记录仪器打印的图表和数据资料，临床研究中的检验报告书、体检表、知情同意书等应当按顺序粘贴在记录本的相应位置上。实验记录本应保持完整，不得缺页、错页或挖补。

第七条 实验记录的书写应当用字规范，字迹工整，并符合下列要求：

（一）实验记录本应当竖用横写，只能使用钢笔或签字笔。

（二）常用的英文缩写（包括实验试剂的外文缩写）应当符合规范并已在出版界得到认可，首次出现时必须用中文加以注释。实验记录中属译文的应当注明其外文名称。

（三）实验记录应使用规范的专业术语，计量单位应采用国际标准计量单位，有效数字的取舍应满足实验要求。

第八条 实验记录不得随意修改。如必须修改，须在修改处划一斜线，不可以完全涂黑，保证修改前记录能够辨认，并由修改人签字，注明修改时间及原因。

第九条　选用的实验图片、照片应粘贴在实验记录的相应位置上，其余照片保存在专门相册中，底片装在统一制作的底片袋内，编号后另行保存。用热敏纸打印的实验记录，须保留其复印件。

第十条　实验记录应当妥善保存，避免水浸、墨污、卷边，保持整洁、完好、无破损、不丢失。

第十一条　每次实验结束后，应当由实验者在记录后签名，实验室质控人员审核签字。实验室主任或上一级研究人员要定期检查实验记录，并签署检查意见。每项实验工作结束后，应当按归档要求将实验记录整理归档。

第十二条　本规定自发布之日起施行。

（2001年2月9日国中医药发［2001］13号文）

中共国家中医药管理局党组关于贯彻落实中央纪委第五次全会精神的意见

2001年是我国“十五”计划的开局起步之年，也是努力实现党的十五大确定的反腐败工作目标关键的一年，认真做好反腐倡廉工作意义重大。中央纪委第五次全会对2001年党风廉政建设和反腐败工作进行了总体部署，提出了明确要求。朱镕基总理在中央国家机关第十五次党的工作会议上作了重要讲话。局机关和直属单位各级党组织要站在全党全局工作大局的高度，深刻认识进一步做好反腐倡廉工作的重要意义，增强责任感和紧迫感，认清形势，振奋精神，明确职责任务，紧密结合我局工作实际，认真贯彻落实中央纪委第五次全会精神。

一、继续广泛深入地开展党风廉政教育

认真落实中央纪委第五次全会关于党风廉政宣传教育工作的要求，把党风廉政建设和反腐败斗争的宣传教育纳入各级党组织宣传工作的总体部署。突出警示教育和示范教育重点，切实提高教育的针对性和实效性。

（一）深入学习邓小平党风廉政建设理论和江泽民同志“三个代表”重要思想，在全体党员中开展党性党风和党员先进性教育。着重解决理想信念方面存在的问题，通过教育，使党员干部树立正确的世界观、人生观、价值观，在改革开放和市场经济条件下，时刻保持清醒头脑，过好权力关、金钱关、美色关、配偶子女关，增强拒腐防变的能力。

（二）继续利用正反两方面典型，开展警示教育和示范教育，通过深入剖析典型案例和本系统、本单位发生的典型案件，用身边事教育身边人，做到警钟长鸣。

（三）深入开展廉洁从政和党的纪律教育。结合局机关及各直属单位中心工作，把加强廉洁从政教育同公务员队伍管理教育和依法行政教育结合起来，继续抓好党纪条规和法律法规的学习教育，结合本职工作，开展好主题演讲、征文、座谈、讨论、党团组织生活会等活动，进一步增强党员干部廉洁从政的自我教育、自我约束意识，提高廉洁自律的自觉性，营造党风廉政建设和反腐败工作的良好氛围。

二、进一步深化领导干部廉洁自律工作

深入贯彻《廉政准则》，落实党员领导干部廉洁自律的各项规定，进一步规范领导干部的从政行为。按照中央纪委第五次全会提出的要求，切实加强领导干部廉洁自律工作。

（一）在省（部）级现职领导干部中实行家庭财产报告制度。

（二）领导干部不准收受以下单位和个人的现金、有价证券：直接管理和服务的对象；主管范围内下属单位和个人；其他与其行使职权有关系的单位和个人；外商、私营企业主。凡违反规定的，不论数额多少，一律给予党纪政纪处分或组织处理；对向领导干部赠送现金、有价证券的有关人员，要严肃处理；涉嫌犯罪的，要依法追究刑事责任。

（三）领导干部参加健身活动，一律不准接受与其行使职权有关系的单位和个人以及外商、私营企业主提供的各种奖励和赞助。

（四）领导干部出国访问，要与其公职身份相称，出访费用要严格控制在本单位外事经费预算之内；不得接受国内企业以及境外中资企业的赞助或邀请出访。

（五）县（处）级以上领导干部在离职和退（离）休后三年内，不准接受原任职务管辖的地区和业务范围内的私营企业、外商投资企业和中介机构的聘任，不准个人从事或代理私营企业、外商投资企业从事与原任职务管辖业务相关的经商办企业活动。

（六）继续落实省（部）、地（厅）级领导干部配偶、子女从业的有关规定；并将这项规定延伸到县（处）级领导干部中实施。

同时，要继续落实厉行节约制止奢侈浪费行为、严禁党政机关到12个风景名胜区开会、坚决制止公费出国（境）旅游等项规定，加强检查，严格监督，巩固成果，防止反弹。

三、严肃查处违纪违法案件

局机关和直属单位各级党组织和纪检监察部门要重视群众信访举报工作，针对当前群众来信来访中存在的越级上访比较多的现象，要重点关注那些涉及群众切身利益的热点问题，根据群众举报线索，及时组织力量认真排查，继续加大办案力度，严惩腐败分子。

（一）按照中央要求，结合中医药行业实际，重点查办局机关及直属单位发生的贪污、贿赂、挪用公款、违反财政金融法规等经济案件；以权谋私、失职渎职、腐化堕落的案件；领导干部的配偶、子女和亲属利用该领导干部职权和职务上的影响谋取非法利益的案件；违反党的政治纪律及组织人事纪律的案件。坚决纠正案件查处工作中拖延推诿、不负责任和失之于宽、失之于软的问题。进一步完善案件审理工作制度，要坚持不经审理的案件不上纪委会议讨论研究，凡上会审议审批的案件，必须有书面审理报告。

（二）按照中央纪委第五次全会明确提出的要对已查结案件的处分决定执行情况进行一次全面检查的要求和中央国家机关纪工委的具体部署，局纪检监察室要适时对各直属单位举报信件的查处归档情况和已查结案件的处分决定执行情况进行检查，进一步提高办案效率和办案质量。

四、努力从源头上预防和治理腐败

认真贯彻执行《国家中医药管理局关于反腐败抓源头工作实施意见》，加大从源头上预防和治理腐败的力度，加强对掌权、管钱、管人等重点部门和岗位的监督与管理，改革和完善管理制度，强化监督制约机制，增强依法行政意识，铲除滋生腐败的土壤。

（一）按照国务院第三次廉政工作会议提出的进一步推进行政审批制度改革、改进政府的管理和服务、推行政务公开的要求，依据国务院赋予我局的职责，继续对现有的行政审批事项进行清理，对局已经颁布的规范性文件中规定的审批事项也要进行清理，该精减的精减，该取消的取消，该下放的下放。对需要保留的要依法加强管理，健全完善制度，严格规范程序，提高依法行政的水平，公开审批程序及结果，增强权力运行的透明度，接受群众监督，建立有效的制约机制，严防权钱交易，促进廉政勤政建设。

（二）在国家财政制度改革中认真实行部门预算，强化资金管理，制定严格的监督措施，防止出现账外账、变相“小金库”等问题。根据国家实行政府采购的要求，遵照财政部和国家机关事务管理局有关规定，积极稳妥地做好采买工作，减少采买过程中的个人行为，防止贪污腐败现象的发生。

（三）积极推进干部人事制度改革。认真贯彻落实中央关于《深化干部人事制度改革纲要》和《党政领导干部选拔任用工作暂行条例》，对选拔任用党政领导干部必须进行民主推荐和民主测验，多数群众不赞成的，不能提拔任用。要实行竞争上岗，择优任用，实行任前公示和试用期制。在年度考核、届中考察中，民主评议不称职票超过三分之一以上的领导干部，要免去现职。

五、继续做好行风建设和纠风工作

加强行业作风建设和纠正行业不正之风是端正党风和转变社会风气的重要工作，是反腐败工作的三项任务之一。根据国务院第三次廉政工作会议精神，要继续大力纠正部门和行业不正之风，坚持纠建并举的方针，重点解决好群众反映强烈的突出问题。

（一）认真贯彻国务院办公厅转发的国务院体改办等 8 部门《关于城镇医药卫生体制改革的指导意见》及其配套文件，积极推进医疗卫生体制改革，进一步规范医疗机构的行为，加大对不正之风查处的力度。切实实行住院“一日清单”制度，积极推行“病人选医生”，不断完善有效的管理办法。总结创建“放心药房”的经验，努力实现用比较低廉的费用提供比较优质的服务，满足广大人民群众基本医疗服务的需要。

（二）开展行业作风建设专题调研，积极推广药品集中招标采购工作，最大限度地遏制药品购销中的不正之风。全面落实药品“收支两条线”管理工作，控制药品收入在医院总收入的比重，规范医疗机构和医务人员合理用药。

（三）坚持纠建并举的方针，认真总结中医药行业作风建设先进单位的经验，充分利用正反两方面典型，再塑白医天使的新形象。适时召开局直属医疗机构行业作风建设经验交流会，大力弘扬高尚的医德医风，力争局直属医疗机构行风建设再上新台阶。

六、认真落实党风廉政建设责任制

要继续加强和完善党风廉政建设责任制，推进党风廉政建设和反腐败斗争不断深入开展，把贯彻党风廉政建设责任制作为一项严肃的政治纪律，认真执行，着重抓好责任落实和责任追究两个关键环节。

（一）局机关和直属单位各级党组织要结合体制改革、运行机制改革、制度建设和业务工作情况，督促所属单位进一步修订和完善符合本单位实际情况的党风廉政建设责任制实施办法，真正做到一级抓一级、层层抓落实，形成上下联动、齐抓共管的工作局面。

（二）局机关和直属单位各级纪检监察部门要切实履行监督职能，监督检查党风廉政建设责任制的落实情况，抓住群众反映强烈的问题进行重点监督。对不认真履行党风廉政建设责任制，对职责范围内发现可能违纪的苗头不批评教育、不谈话提醒、酿成违纪违法案件；对瞒案不报、压案不查、干扰办案，确属领导干部负有责任的，要依照有关规定进行责任追究。

（三）要继续贯彻落实中央国家机关党工委、纪工委《关于党组织加强对党员领导干部监督的若干意见》、《关于实施<纪律检查建议书>制度的暂行办法》和《关于建立和实行谈话提醒制度的意见》，及时总结实践中的经验和不足，不断探索党内监督的新途径和新办法，拓宽监督渠道，力求使局机关和直属单位的党风廉政建设工作取得更大的实效。

（2001年2月6日国中医药党［2001］4号文）

四、医 政 管 理

2001年中医医政工作概述

一、城镇“医改”工作

1. 积极协调，完善城镇医药卫生体制改革相关配套政策中的中医政策　积极参与国务院召开的第二次全国城镇职工基本医疗保险制度和医药卫生体制改革工作会议，加强与有关部门的沟通协调，在研究制定《关于城镇医疗机构分类管理若干问题的意见》、《关于进一步做好医疗机构药品集中招标采购工作的通知》、《关于完善城镇医疗机构补偿机制落实补偿政策的若干意见》、《全国医疗服务价格项目规范（2001版）》等文件中，充分反映了中医药工作的特点，并体现了对中医药事业发展的扶持，使医改配套文件中有关中医政策逐步完善和明晰。

2001年8月中旬，及时召开了各省（区、市）中医药管理局、卫生厅（局）中医处负责同志会议，认真组织学习、传达了青岛会议精神，并就贯彻会议精神提出了要求。

2. 推进中医医疗机构内部改革　利用各省（区、市）召开中医医院院长会议的机会，加强政策宣传，激发各级中医医院推行各项改革的主观能动性。从而加强调查研究，发现典型，总结其经验，充分发挥典型经验的示范作用。对中医医院门诊药房管理、药品集中指标采购和内部运行机制改革等难点问题加强引导，稳步推进。

3. 在社区卫生服务中充分发挥中医药的作用　在发展社区卫生服务中，要把中医药作为重要的卫生资源加以充分利用，并发挥其优势；按照当地政府的统一规划，采取各种模式和方法，在各社区卫生服务机构中开展中医药服务；在社区卫生服务中开展中医药服务，要注重质量，注重实效；根据中医药的特点和优势，应将中医药服务有机地融入社区卫生服务的医疗、预防、康复、保健、健康教育等各个领域。抓住的关键是：机构的中医药服务功能设置要求、社区卫生服务人员的中医药知识与技能要求。

组织开展了“在发展社区卫生服务中充分发挥中医药作用的研究”，就社区卫生服务组织的中医药服务功能、社区卫生服务组织的中医药服务内容及服务模式、社区卫生服务组织基本用药目录中的中药目录、以中医药知识与技能为主体的全科医师专业技术职务任职标准、以中医药知识与技能为主体的全科医师资格考试实施及相应管理办法等进行专题研究。

部分省市积极开展相关试点工作，并选择不同层次的城市（大型、中型及小型城市），对其在社区卫生服务中发挥中医药作用的经验进行总结并加以推广。

二、医政管理

1. 召开全国中医医政工作会议　全面贯彻落实2001年全国中医药工作会议精神为主题，在总结2000年工作、交流情况的基础上，全面分析中医医政工作所面临的形势，进一步理清新时期中医医政工作思路，研究、部署今后一个时期的中医医政工作。

2.《执业医师法》的实施　实施3年以来，各项工作进展平稳，政策协调机制运行良好，所有有关医师管理的政策都参与研究起草；考试考务技术的组织管理进一步加强。

进一步研究《执业医师法》实施中的有关政策，主要是老中医的医师资格认定和境外人员参加我国医师资格考试问题，制定出台了有关政策和办法。

在中医师资格考试中增加了中医考试的比重，强化政策导向，促进中医继承工作。

开展民族医医师资格标准化考试工作的研究。

3. 医疗秩序整顿　根据中央的统一要求，在完成《医疗气功管理暂行办法》制定的基础上，完成了医疗气功的清理整顿工作。

与卫生部、公安部、中宣部等部门一起联合开展医疗秩序整顿工作，同卫生部、国家药品监督管理局、国家工商总局就药品零售企业非法开展医疗活动进行专项整顿；与国家计委、卫生部等联合开展了药品和医疗服务价格检查。

4. 中医医院医疗质量监测　进一步完善了医疗质量评价指标体系和软件系统，扩大了监测单位范围，开展了省（区、市）分中心建设，加强了对监测数据的整理分析，及时向有关领导和单位提供报告。

5. 加强全行业管理　按照《关于城镇医药卫生体制改革的指导意见》关于“实行卫生工作全行业管理”的要求，加强了对非政府举办的中医医疗机构的管理和业务建设指导，组织召开了全国民办中医医院院长座谈会，局级重点专科建设项目的遴选评审也接受民办医院的申请。

三、农村中医工作

1. 积极主动协调农村卫生改革中有关中医政策　按照拓宽联系渠道、主动沟通情况、抓住主要问题、改变被动局面的工作思路和工作策略，在研究制定《关于农村卫生改革与发展的指导意见》中，加强与有关部门的协调沟通，使《指导意见》纳入了中医药工作的主要内容，明确“在农村卫生服务网络建设中，要注重发挥中医药的作用”、“在农村卫生技术人员培训中，要加强中医药知识与技能的培训”、“在做好少数民族地区卫生工作中，要注重发挥民族医药的作用”等。

2. 全面推进农村中医工作先进县建设　进一步加快全国农村中医工作先进县建设。全年通过评审的全国农村中医工作先进县（市、区）13个，新确定建设单位33个。至此，全国农村中医工作先进县（市、区）60个、建设单位94个。

加强了乡镇卫生院中医专科（专病）建设，探索了县级中医医院发挥“龙头”作用的新形式、新机制。

3. 加强农村中医药适宜技术推广　开展在农村推广中医药适宜技术的试点，探索新的工作思路。及时总结黑龙江省大庆市实施“十百千万”工程的经验，并在大庆市组织召开了全国农村中医药适宜技术推广经验交流会，发挥典型的引导带动作用。

四、围绕继承与发展加强中医医疗机构内涵建设

1. 围绕继承与发展的主题，以发挥中医药特色优势、提高临床疗效为核心，抓好项目实施　完成了局级重点中医（中西医结合）专科建设项目的确定工作；组织实施了2001年

度全国民族医专科（专病）建设项目。

2. 组织举办了第二期全国名老中医临床经验高级讲习班、第三期中医肾病专科高级培训班。

3. 组织开展了中医医院发挥中医特色现状与对策的专题研究　提出了中医医院发挥中医特色的基本思路和举措。选择综合性中医医院、中医专科医院，针对中医有特色且优势发挥较好的专科、中医具有特色但近年学术或技术呈萎缩的专科、初具中医特色但尚未形成优势的专科等不同情况，开展中医药特色医疗试点工作。

4. 实施西部中医医院（含中西医结合、民族医医院）管理干部培训项目　经过积极协调，国家中医药管理局与卫生部、国务院扶贫办组织实施西部地区医院管理支持项目，并与中国扶贫基金会签订了合作合同书，率先启动了西部地区中医医院（含中西医结合、民族医医院）管理干部培训计划。

5. 加强医德医风建设　国家中医药管理局与国务院纠风办、卫生部、监察部共同组织召开了全国卫生系统行业作风建设现场会，推广了广东省中医院加强行业作风和精神文明建设的经验，并对在京直属（管）医疗机构进行行风专项检查。

（国家中医药管理局医政司）

国家中医药管理局组织制订中医、中西医结合、民族医专业技术资格评审条件

2000 年，中组部、人事部、卫生部联合下发了《关于深化卫生事业单位人事制度改革的实施意见》，提出在卫生行业改革现行的各种人事制度，其中包括职称制度改革。在职称制度改革中，卫生专业技术人员的专业技术资格标准条件的制订工作是一个重要环节。只有在行业内有了科学、规范、完善、统一的标准要求，职称改革工作才能顺利地进行和开展下去。卫生部正在组织制订西医医、药、护、技等系列的专业技术资格评审条件，并陆续出台了部分条件。2001 年年初，国家中医药管理局人政司委托中华中医药学会、中西医结合学会及新疆、西藏、内蒙古等有关部门和单位组织有关专家，分别制订出中医（含药、护）专业、中西医结合（含护理）及民族医专业（含藏医药、维医药、蒙医药）的专业技术资格评审条件，拟在近期与人事部、卫生部联合颁布实施。在本次评审条件制订中，注意把握了以注重突出中医特色、注重临床、注重全国、注重量化、注重可操作性等几个特点。此次新的评审条件的制订，有着较大的意义和作用：①全国的中、高级临床医生从此开始按专业进行评审，为今后对我国临床医师的科学管理打下良好基础；②中国的中、高级临床医生有一个统一的具体标准，有益于国际交流，社会认可；③对全国的规范化考评结合提供法规依据；④促进评委会的建设朝着科学化、专业化的方向发展；⑤促进临床医生的培养，纠正重两文(论文、外文)、轻临床的现象；⑥随着卫生部临床医师有关标准条件和我局负责制订的中医、中西医结合和民族医有关标准条件的共同颁布实施，我国卫生队伍从此具备了完整、科学、规范的评价体系和标准，为我国卫生队伍的规范化培养和建设提供了有利条件。这是我国建国以来，首次建立起来的一个完整、科学、规范的卫生行业专业技术人员评价标准体

系，对加快建立规范标准的中医药行业专业技术人员队伍，促进我国中医药事业的进步乃至卫生行业的整体发展，都将起到较大的积极作用。

（王　戈）

中医行业落实“三项改革”进展情况

医药卫生体制改革、全国城镇职工基本医疗保险制度改革和药品生产流通体制改革，是我国医药卫生事业改革中至关重要的三项改革。中医药行业以“三个代表”重要思想为指导，认真贯彻落实国务院办公厅转发国务院体改办等八部委《关于城镇医药卫生体制改革指导意见》及相关配套文件精神，主动参与、积极探索，取得了一定的成效。

国家中医药管理局连续举办了8期有关文件的学习班，各地中医行政管理部门也采取多种形式组织学习，提高了认识，转变了观念，统一了思想，振奋了精神，明确了医疗卫生体制改革的目标和任务。同时，许多地区和单位把改革的压力变成发展的动力，紧紧抓住这一机遇，以社会需求为导向，加快内部运行机制改革，主动适应市场，增强了竞争意识和实力。

各地中医行政管理部门，根据国家已出台的政策，从当地实际出发，加强了相关政策的研究和与有关部门的协调，在制定具体实施方案中，有关中医政策得到了较好地贯彻落实，为本地区中医药事业的发展奠定了基础。各地重视中医资源的优化配置，积极尝试提高区域中医药资源利用效率的途径和方式。开展了组建中医医疗集团、股份制改造、合作经营、经营权与所有权分离、药房托管等探索性试点工作。

目前，在实施医疗保险制度改革的地区，大部分中医医院都被列入了医疗保险定点单位；全国的医疗机构分类管理工作基本完成；药品收支两条线管理、中医医疗服务价格调整等工作逐步深入；药品招标采购正在逐步推开；中医药正在积极参与城市社区卫生服务；医疗机构内部运行机制改革（人事分配制度、后勤社会化等）进一步深化，竞争能力明显提高。

（刘文武）

2001年农村中医药工作进展情况

（一）积极贯彻落实《关于农村卫生改革与发展的指导意见》（以下简称《指导意见》）

国家中医药管理局采取多种形式，引导各地学习文件，深刻领会精神实质并加紧做好农村中医药相关政策的研究。对《指导意见》的贯彻落实提出了以下几个原则：一是牢固确立全局观念。农村中医药工作应该服从和服务于农村经济建设和社会发展大局，有机地融入到整个农村卫生工作中，更好地体现其在农村卫生工作中的地位与作用，充分利用中医药资源，促进农村中医药工作与农村卫生工作的同步发展。二是切实把群众利益放在首位。站在“三个代表”的高度，全面领会江泽民总书记提出的“中西医并重，共同发展，互相补充，可以为人民群众提供更加完善有效的医疗保健服务”的深刻含义，在改革中加快农村中医药事业的发展，充分发挥中医药的特点与优势，经济有效地解决农民群众的基本医疗保健问题，更好地为保障农民群众的健康服务，为农村经济建设服务。三是坚持分类指导。根据各地区经济发展不平衡、农村中医药工作基础差距比较大的现实，采取不同对策因地制宜地指导农村中医药工作。各地中医主管部门积极组织学习《指导意见》，并根据当地实际，提出了贯彻实施意见。

（二）全国农村中医工作先进县建设步伐进一步加快，建设工作形势喜人　2001年通过评审验收的全国农村中医先进县（市、区）达13个，新确立全国农村中医工作先进县建设单位33个。截止到2001年底，全国农村中医工作先进县（市、区）达60个，建设单位达到94个。针对全国农村中医工作先进县建设工作的新形势，国家中医药管理局提出了“总结经验，动态管理；总量控制，综合平衡；示范带动，以点促面”的全国农村中医工作先进县建设工作思路，并对部分省、市的农村中医药工作先进县建设工作进行了检查，引导先进县建设工作向纵深发展。各地建设的积极性大大提高，有的省（区、市）申报建设单位数量已接近该省（区、市）县级行政区总数的10%；许多省（区、市）在做好全国农村中医工作先进县建设工作的同时，还开展了省级农村中医工作先进县建设；先进县的典型示范作用明显加强。为了巩固建设成果，提高建设水平，一些先进县还开展了中医药工作先进乡镇创建工作，加强了乡镇卫生院中医专科（专病）建设。在建设工作中，各地还积极探索了县级中医医院发挥“龙头”作用的新形式、新机制。

农村中医药适宜技术推广工作有了新的进展　国家中医药管理局在黑龙江大庆市召开了全国农村中医药适宜技术推广工作经验交流会，推广了大庆市实施的“十百千万”工程，充分利用中医药适宜技术为广大农民服务的经验，提出了农村中医药适宜技术推广工作要立足于当地农村中医药工作的实际，立足于广大农民群众对中医药需求，立足于以地市为单位组织筛选推广适宜技术的工作思路。同时要求各地在开展这项工作中，要严格工作程序，确定好适宜技术选定的范围。对筛选的适宜技术项目要加大推广应用力度。工作中，要突出重点，注重实效，要将适宜技术的推广应用与医疗机构评审、执业医师和乡村医生的培训考核挂起钩来。在乡镇卫生院推广应用适宜技术，要注重中医药的新技术、新方法、新产品，并与专科（专病）建设相结合；在村卫生室要推广应用常规的中医药诊疗技术、方法，并要与乡村医生的在职培养培训相结合。全国各地对农村中医药重要性的认识有了进一步的提高，不少地方制定了适宜技术推广工作实施方案，组织编写了有关教材，有的地方还将适宜技术推广工作作为政府为民办实事工程写进政府工作报告。各地不仅在这项工作的组织上层层抓落实，而且还积极开展了能够调动技术持有者和技术接受者两方面积极性的中医药适宜技术推广有效机制的探索。

农村中医药三级服务网建设工作进一步加强　一方面，各地采取积极措施，本着巩固、充实和提高的原则，进一步加强了现有县级中医医院的建设，积极发挥其对乡村两级医疗卫生机构的业务指导带动作用；另一方面，通过紧紧抓住对乡村卫生技术人员进行中医药知识与技能的培养培训和业务指导这两个环节，进一步加强了乡村“枢纽”和“网底”的建设，不少地方中医主管部门针对当地的实际情况，提出了乡、村两级医疗卫生机构中医业务建设标准和建设目标。

（李　昱）

中医临床评价方法培训班

国家中医药管理局和世界卫生组织（WHO）合作项目“中医临床评价方法在GCP（临床试验规范）实施中的应用高级培训班”2001年9月1日至5日在北京开班。WHO为此专门委派马来西亚的林德恩（Lim Teck Onn）博士作为项目顾问来京进行专题讲座。

GCP是新药研究开发中所推行的系列标准化规范之一，是国际公认的临床试验标准，是有关临床研究的全过程包括方案设计、组织、实施、监视、审核、记录、分析、总结和报告的标准。这次培训将针对中医药临床试验的质量控制、临床疗效评价的方法学、中医临床试验的统计学特殊性以及国家药品研究基地的管理等问题，介绍WHO的GCP研究进展，以及如何建立中医药临床试验规范、如何提高中医药临床试验水平、如何建立更为科学的中医药临床评价体系等。

国家中医药管理局有关负责人指出，中医在防病治病方面有其独到的优势，这些优势的展示急需科学、系统的临床评价方法。只有采用科学、严谨的临床试验设计，拿出客观、可靠的临床疗效证据，才能使中医药得到更普遍的认可。中医药临床评价应当充分利用世界公认的评价方法，认真贯彻实施有关GCP的规范，结合中医临床特点，构建适合中医临床评价同时又能够得到世界医学认可的中医临床评价体系，才能促进中医药的现代化和国际化。

来自全国各地的药品临床研究基地的专家和制药企业的新药研究人员150余人参加了培训。国家中医药管理局、国家药品监督管理局及中国中医研究院、中国循证医学中心的有关领导出席培训班开幕式。

（祁　芳　秦　秋）

国家中医药管理局
关于加强西部地区中医药工作的意见

为了贯彻落实西部大开发战略，充分发挥中医药在提高西部人民健康水平中的作用，为西部大开发提供服务和保障，促进西部地区的经济发展和社会进步，现就加强西部地区中医药（包括中西医结合和民族医药，下同）工作提出如下意见。

一、积极支持西部地区中医药工作

（一）加强对西部地区中医药发展的政策和战略研究　加强西部地区中医药工作，首先要做好西部地区中医药发展的政策和战略研究。要充分发挥西部地区的资源优势，根据西部地区中医药的特点，开展有针对性的研究，提出适合西部地区中医药发展的政策和战略。国家中医药管理局将与国家有关部委联合开展西部地区中医、民族医医疗机构现状、作用和存在问题的调研；与各地共同做好中医药在西部大开发中的地位和作用的研究。各地也要根据本地区特点，加强中医药政策和发展战略研究。

（二）加大中医药专项经费的支持力度　在近年已对西部省份采取倾斜政策的基础上，继续加大中医专款的支持力度。国家中医药管理局决定增加对西部地区中医药的投入，用于支持西部12个省（区、市）中医药机构建设、科学研究、人才培养等项目。

（三）推动民族医药发展　“十五”期间，国家中医药管理局将制定《民族医药发展规划》，重点做以下几项工作：1. 在全国（重点是西部地区）择优扶持20个左右民族医药机构进行重点建设，并选择一批优势突出、疗效显著的民族医专科（专病）进行重点专科建设，支持科技含量高的民族药研究开发。2. 系统整理一批民族医药典籍，对藏、蒙、维、傣医教材的编写给予支持，组织制定民族医药诊疗标准和技术规范。3. 整理民族医适宜诊疗技术，组织、遴选一批具有民族医药特色、疗效突出、有一定推广基础的技术项目进行推广。

（四）组织对西部地区中医药管理干部培训　在对西部地区中医药管理干部队伍现状进行调研的基础上，制定培训计划，组织开展对西部地区中医药行政管理干部及中医院院长等人员的培训，提高西部地区中医药管理干部的科学管理水平。

（五）开展东西部地区对口支援　组织东部地区技术水平较高、实力较强的中医医院与西部地区的百家中医医院建立对口帮扶协作关系，从设备、技术、人才、管理等方面对西部地区中医医院进行支持，帮助其提高诊疗水平和管理水平。

鼓励东部地区其它中医药机构采取人员培训、技术指导、科研合作、巡回医疗、设备支持等方式开展对西部地区中医药机构对口支援工作。对口支援可以是无偿援助，也可采取互惠互利的合作方式。

鼓励东部高等中医药院校采取多种形式为西部地区培养研究生等较高层次的中医药人才。

东部各级中医药管理部门要主动沟通和联系相关部门、企业、团体，开拓思路，多渠道、多形式支援西部地区中医药事业的发展。有关中医药学会、协会等组织也要积极参与对口支援相关工作。

二、西部大开发中中医药工作的重点

（一）深化中医药机构改革，促进中医药的发展　西部地区在医药卫生体制改革中，要认真贯彻“中西医并重”的方针，落实有关对中医药倾斜的政策。在区域卫生规划工作中，充分重视发挥中医药资源的作用，合理配置中医药资源，巩固发展现有中医医疗机构。要深化中医药机构改革，积极探索适应社会主义市场经济体制要求的发展模式，通过改革，为人民群众提供良好的中医药服务，促进中医药事业的发展。

（二）加强农村中医药工作　西部地区要贯彻落实《卫生部、国家中医药管理局关于切实加强农村中医药工作的意见》，继续开展农村中医工作先进县的建设工作，发挥先进县的示范辐射作用。县级中医医院要发挥好龙头作用，通过联合、培训、技术支持等形式，带动乡、村中医药工作的开展。鼓励和促进中医药资源向农村流动，积极向农村推广中医药适宜技术。采取各种措施加强农村中医药人才的培养，加强对乡村医生中医药知识和技能的培训，提高乡村医生运用中、西医两法防治疾病的能力，把中医药知识作为乡村医生资格考试和晋升考核的重要内容。

（三）加强中医医疗机构内涵建设　西部地区中医医疗机构建设要突出中医药特色，形成优势，加强重点中医专科（专病）和急诊科室建设。在疾病预防、健康教育及常见病多发病的治疗中，因地制宜发挥中医药的作用。国家中医药管理局在实施中医专科（专病）建设项目时，针对西部地区的具体情况，对于没有局级重点专科（专病）建设单位的省（区、市），酌情扶持1个重点中医专科（专病）建设单位。东部、中部省（区、市）局级重点中医专科（专病）建设单位要支持西部地区一个中医（中西医结合、民族医）医疗机构的重点中医专科（专病）建设。

西部地区要加强中医医院的管理，强化质量、经济管理意识，应用现代管理手段，逐步开展成本核算，提高科学管理水平。

（四）加速中医药人才培养　人才是西部地区中医药发展的关键性因素。西部各地要根据本地区中医药人才的实际情况，制定人才培养规划，加大人才培养力度，多渠道、多形式地培养和引进各类人才。要重视培养和引进高层次的学科带头人、技术业务骨干等人才。采取多种形式加强农村中医药人才培养，注重少数民族医药人才以及中药、民族药产业人才培养。

国家中医药管理局将继续开展第三批老中医药专家学术经验继承工作，完善和加强中医药继续教育制度。西部地区要结合国家有关工作的开展，抓好本地区在职中医药人员的继续教育工作，加强现有中医药人员培训，提高中医药队伍的整体素质。

加强西部地区重点学科建设。国家中医药管理局在启动第三批老中医药专家学术经验继承工作及实施局级重点学科建设项目时，针对西部地区具体情况，给予充分考虑。东部、中部地区的重点学科建设单位应分别吸收西部地区至少一个单位作为协作单位，带动西部地区中医药学科发展。

（五）加快中医药科技进步　中医药科技进步和创新是促进中医药事业发展的动力。要加强西部地区的中医药科技工作，不断提高西部地区中医药科研能力和水平，推动中医药科技进步与创新。西部地区中医药科研工作要在提高整体科研水平的同时，抓住重点，个别突破，做到有所为，有所不为。要根据西部地区的实际情况，重点加强对西部地区多发病、疑难病、地方病的临床研究。积极引进推广中医药适宜技术，尤其要注重整理和推广民族医药的适宜诊疗技术。进一步加强民族医药文献的发掘、整理、继承、提高工作。国家中医药管理局在科研课题招标时，适当加大对西部地区的比例，着重安排一些民族医药的项目和课题。

充分发挥西部地区丰富的中药资源优势，研究开发中药新药，促进中药高科技产业化的发展。加强中药资源的保护、利用与开发，积极推广中药材规范化种植，形成规模经济。加强药用动物人工驯养的研究，特别是濒危物种保护和替代品种的研究。保护西部生态环境，促进西部地区中医药事业的可持续发展。

进一步优化西部地区中医药科技资源的配置，加强协作攻关，积极促进科技成果的推广与转化。制定鼓励中医药科技产业项目向西部流动的优惠政策，鼓励西部地区与发达地区开展中医药科技合作与开发，对东西部联合申报或联合实施的项目应优先予以支持。

（六）积极推动西部地区中医药国际交流与合作　从西部地区的特点和实际出发，充分利用当地的中医药技术资源优势开展国际交流与合作。一方面，支持和帮助西部地区与国外有关机构建立传统医学研究与开发的交流、合作渠道，鼓励当地通过举办国际学术会议、少数民族医学展示等方式，吸引国际医药学界和有实力的研发机构访问西部地区，增强对西部的了解；另一方面，要加强西部地区外向型中医药人才的培养，在组织国内中医药界出国学习、了解国外先进卫生管理经验与现代医学科学技术发展现状等活动中，有重点地给西部地区安排名额。

实施西部大开发战略是党中央、国务院做出的重大决策。抓住机遇，加快发展西部地区中医药事业，充分发挥中医药在西部大开发中的作用，是当前及今后一个时期全国中医药工作的一项重要任务。各地区、各单位都要充分认识做好这项工作的重要性、紧迫性，统一思想，狠抓落实，务求实效。发展西部地区中医药事业，要坚持为人民健康服务，为社会主义现代化建设服务的指导方针，认真贯彻国务院关于医药卫生体制改革等文件精神，加大改革和创新的力度，做好中医药发展规划，加快发展的步伐。同时，西部地区中医药事业的发展要牢固树立服务和保障西部大开发的指导思想，正确处理好中医药发展与经济发展的关系，努力提高人民的健康水平，提高中医药对区域经济增长和社会发展的贡献率，为西部大开发的顺利实施做出贡献。

（国家中医药管理局）

国家中医药管理局关于在区域卫生规划中做好中医药规划工作的意见

各省、自治区、直辖市卫生厅（局）、中医（药）管理局：

国家计委、财政部、卫生部《关于开展区域卫生规划工作的指导意见》已下发两年多。目前，大部分省（市、区）已制定了卫生资源配置标准，各地（市）正在制定区域卫生规划。为了更好地贯彻《关于开展区域卫生规划工作的指导意见》，在区域卫生规划中切实做好中医药规划工作，现提出以下意见：

一、全面贯彻落实《关于开展区域卫生规划工作的指导意见》，充分发挥中医药资源的重要作用

（一）中医药是区域卫生规划的重要组成部分　实施区域卫生规划是我国卫生改革和发展的重大举措，是政府在社会主义市场经济体制下，对卫生事业进行宏观调控的重要手段。实施区域卫生规划，对于实现卫生资源的优化配置，提高卫生资源的利用效率，更好地为人民群众提供医疗保健服务，具有重要意义。

中医药是中华民族优秀文化，是我国卫生事业的重要组成部分。中西医并重，共同发展，互相补充，可以为人民群众提供更加完善有效的医疗保健服务。建国以来，我国中医药事业取得了令人瞩目的成就，在人民群众防治疾病、卫生保健方面发挥了重要作用。中医药的理论体系和诊疗特点，符合医学模式的转变、疾病谱的变化和老龄化社会的发展趋势，符合人们追求健康的理念，也符合我国医疗保险制度改革的要求，在中国有着广泛的需求和广阔的应用前景。因此，在区域卫生规划中，要充分认识中医药在我国卫生事业中的地位和作用，将中医药作为卫生事业重要组成部分，作为重要卫生资源进行科学配置，充分发挥中医药在保障人民群众健康中的作用。

（二）区域卫生规划中中医药规划的进展情况和存在的问题　目前，部分省（市、区）已制定、出台了卫生资源配置标准，对区域内卫生机构的设置、床位、人员、设备、经费等

进行了统筹规划。大部分省（市、区）在卫生资源配置标准中，能够重视中医药的作用，合理配置中医药资源。但也有少数地区在编制和实施区域卫生规划中，没有列入中医药的内容，缺乏中医药资源配置标准；有的地区因为看到个别中医机构资源利用效率不高，而忽视总体中医药资源不足和人民群众潜在需求，简单地对中医药机构进行撤销或兼并；或缺乏对中医药社会需求与服务的科学测算，在规划中对中医医疗机构、人员和床位设置标准制定得不尽合理。

当前，我国中医药资源存在着利用效率不高，地区间发展不平衡，布局还需要进一步调整和优化的问题。对于这些问题，我们要实事求是，认真客观地分析，正确地加以对待。要站在贯彻党的中医药政策，坚持党的卫生工作方针的高度，从我国既有西医又有中医两种卫生资源的国情出发，在区域卫生规划中做好中医药规划工作，促进中医药事业的可持续发展。

二、制定区域卫生规划中医药规划的基本原则

（一）坚持“中西医并重”的方针　落实国家计委、财政部、卫生部《关于开展区域卫生规划工作的指导意见》中强调的“重视和发挥传统医药在卫生服务中的作用”的要求。在区域卫生规划中，要从贯彻党的中医药方针政策出发，认真贯彻“中西医并重”的方针，重视中医药资源的配置，做到既要有西医的内容，也要有中医药的内容，既应对西医资源进行合理的配置，也应对中医药资源进行合理的配置，做到“中西医并重”、“相互补充”，共同在保护和增进人民健康中发挥作用。

（二）以社会需求为导向，合理配置中医药资源　制定区域卫生规划中的中医药规划，必须以满足社会需求为导向，坚持服务与需求相统一。要加强对中医药资源配置标准的研究与调查，使中医药资源配置能够真正建立在科学研究的基础上，既符合区域卫生规划的要求，又能体现中医药自身发展的特点。

（三）发挥宏观调控和市场调节两方面作用　有效地运用市场供求关系和竞争机制，调整资源配置。发挥政府举办的非营利性中医医疗机构的主导作用，鼓励社会组织和个人依法投资兴办中医医疗机构，形成以公有制为主导，多种经济成分并存，共同发展中医药事业的局面。

三、切实做好区域卫生规划中中医药的规划工作

（一）关于中医医疗机构　①目前，中医药资源配置总体上是不足的，中医药机构基础差、底子簿的状况还没有根本改变，与社会的发展和人民群众的需求还存在很大差距。因此中医医疗机构建设总的原则应是“调整、巩固、完善、提高”，建设好现有的中医医疗机构。要根据区域卫生规划的要求，在宏观调控中医医疗机构建设规模的前提下，加强现有中医医疗机构的内涵建设。要解决好内涵发展与外延发展、存量与增量等关系，使数量规模与质量效益有机结合，使现有资源发挥更大的效率。②要从满足人民群众对中医医疗保健不同层次的需求出发，从有利于中医药学术和事业发展出发，做好中医医疗机构的规划设置和调整。原则上现有县及县以上中医医院应继续保留，已有中医医院的县（市）不宜再新建政府举办的中医医院；对一些确实基础较差、效率低下的中医医院，可以在不改变中医医疗服务方向的前提下，进行产权制度改革，鼓励社会资金收购重组这部分中医医疗资源。对那些资源没有得到有效利用的中医医疗机构，要引导其积极主动通过提高服务水平和质量、调整服务结构，转变服务模式，加强科学管理和深化内部改革加以解决，使其走上健康发展的轨道，而

不是简单地把这样的中医医疗机构予以撤并。鼓励中医医疗机构之间联合、重组，或进行共建中医医疗服务集团的探索。③深化中医医疗机构内部改革。在突出中医特色的前提下，拓宽服务领域，健全综合服务功能。明确各级各类中医医疗机构的功能定位，构建功能明确、层次清晰的中医医疗保健服务网络。④针对农村和社区中医药资源相对不足的状况，鼓励和引导中医医疗机构、人力、技术资源向农村和社区流动。鼓励在社区卫生服务中开展多种形式的中医药服务。有条件的地区，应在区域卫生规划的中医药规划中，提出农村和社区中医药资源配置的意见或标准。

（二）关于中医药人员　①中医医疗机构的人力资源配置标准应与社会对中医医疗需求相适应，以国家有关部门关于医院建设的标准为主要依据。人力资源配置标准包括区域内的中医医生、中医护理人员、中药药剂人员和千人口中医师数，具体标准可由各地调查和测算后确定。②重视社区和农村卫生室的中医药人力资源配置。优化人员结构，提高业务素质。加速培养能够承担社区卫生服务工作的中医药人才。面向农村开展中医成人教育和职业教育，提高农村在职中医人员技术水平。加强县级中医医院中医临床专科专病技术骨干的培养。

（三）关于中医医院病床　①中医床位配置的主要依据是人口数量、群众对中医药的医疗需求、国家有关部门对床位使用效率的要求以及现有中医床位的规模和利用效率。②从全国总量上看，现有中医医院原则上不宜再扩大床位数量。对确有中医医疗服务需求，且病床使用率达到国家规定标准的，可根据实际需求量适当增加床位，但须经上级中医药行政管理部门批准；若病床使用率低于国家规定标准的，则不应再扩大床位。③中医医院床位配置要坚持数量与质量相统一。由于区域经济的差距，中医药发展的不平衡，各地中医医院病床的床均固定资产有很大的差距。因此，现有中医医院床位存量与今后的增量，其每床的固定资产总值、设备总值和建筑面积应逐步达到国家要求的资源配置水平。

（四）关于中医医疗机构的设备　中医医疗机构设备的配置，应根据医院医疗服务的需要、设备利用率的情况和经济能力，经过充分论证，进行合理安排。大型医疗设备购置，应按有关规定办理审批手续。

（五）关于中医药科研教育机构　①在区域卫生规划中，要进一步按照科技体制改革和教育体制改革的要求，深化科研机构和教育机构管理体制改革，促进中医药科技与医疗资源、教育资源的优化和组合。②在区域卫生规划中，要逐步建立以国家举办的公益性科研机构、高等院校为主体的基础研究体系和以医院为主体的临床研究体系；逐步建立以企业或科技型企业为主体的中药应用研究开发体系。③在区域卫生规划中，要充分利用好中医药教育资源，各类中医药院校要根据社会需求，调整人才培养结构，积极探索中医药人才的培养模式，满足社会对各类中医药人才的需求。

制定和实施区域卫生规划是一项复杂的系统工程，政策性与科学性都很强，各级中医药行政主管部门要提高认识，积极主动地配合有关部门做好规划的制定。做好中医药资源的配置标准的调查、论证和测算工作，科学合理地配置好中医药资源，以保障和促进中医药事业可持续发展，为人民的健康和社会主义现代化建设做出更大的贡献。

（国家中医药管理局）

国家中医药管理局局级
重点中医专科（专病）项目建设计划开始实施

今后一个时期，是中医药事业发展的关键阶段。中医药的生命力，在于它的科学价值及其在防治疾病方面的显著功效，中医药事业发展的核心问题是中医药临床疗效和学术水平的提高。中医专科（专病）建设正是提高中医临床疗效的重要途径和基础性工作，是继承发扬中医特色优势的突破口，是满足人民群众对中医医疗保健的需求、适应社会主义市场经济体制的建立、促进中医医疗机构内涵建设和加速中医药走向世界的迫切需要，是中医学科建设和中医药学术发展的基础与重要内容之一。

“八五”、“九五”期间，国家中医药管理局实施了全国中医专科（专病）医疗中心建设项目，共建设51个中心，涵盖了中医、中西医结合骨伤、肛肠、肾病、肝病、血液病、皮肤病、脑病、针灸、推拿、儿科等。通过该项目的实施，有力地促进了中医临床疗效和学术水平的提高，使中医药的特色和优势在新形势下得到了较好地发挥，为全国中医专科（专病）建设提供了经验。

国家中医药管理局决定在“十五”期间进一步加强重点中医专科（专病）建设工作，继续开展国家中医药管理局局级重点中医专科（专病）项目（以下简称“局级重点中医专科（专病）项目”）建设工作，力争通过几年的努力，初步形成专业覆盖面广、地区分布合理、创新能力较强、中医特色明显、临床疗效显著的中医重点专科群，促进中医临床学术和诊疗技术水平的提高。

在充分准备的基础上，于2001年8月开始，组织开展局级重点中医专科（专病）项目的申报工作，按照国家中医药管理局确定的局级重点中医专科（专病）项目申报指南，经各省、自治区、直辖市中医行政管理部门组织本地专家评审推荐，截止2001年9月，除西藏自治区外，30各省（区、市）共申报了258个项目，其中省级机构申报项目140个，地市级机构申报项目93个，县市级机构申报项目16个，非政府机构申报项目9个。

在坚持公开、公平、公正、择优的基础上，综合平衡，按照以下原则进行布点。

1. 重点专科的专业分布既要突出重点，又要适当扩大专业覆盖面，以利于促进中医临床专业整体水平的提高　①对中医特色突出、优势明显的专科（专病），如骨伤、皮科、肛肠、肾病、肝病、脑病等，要重点建设，可适当放开数量限制，以利于建立优势中医专科群，构建全国中医专科协作网络。②对于中医特色明显，但专科建设薄弱，目前呈现学术萎缩的专业，如针灸、推拿、儿科、妇科等专业要重点扶持，以利于抢救这些专业，促进其健康发展。③对于中医特色不明显，目前在继承方面作了一定工作，有一定创新的专业，如产科等，也要适当照顾，以利于促进其学术水平的提高。

2. 重点专科的布点要充分考虑地区的覆盖面，避免过分集中在少数几个省、市。特别要考虑到中西部地区，以利于带动经济欠发达地区的中医专科建设。

3. 重点专科的布点以省级以上三级中医医院（含中西结合医院、中医专科医院）为主，兼顾地（市）、县（市）级中医医院，以利于带动地、县级中医医院中医专科的建设。每所医院最多不超过3个。

4. 放开对民办、民营中医医院申报重点中医专科的限制，对经专家评审合格的民营中医医院重点专科，将列入立项不资助的范围，以利于促进公平竞争。

5. 保持政策和工作的连续性，注意做好与“八五”、“九五”期间的全国专科专病医疗中心建设项目的衔接。

局级重点中医专科（专病）建设项目的遴选评审实行专家负责制，委托中国中医药科技开发交流中心组织专家进行。专家评审工作分复审和终审两个阶段。

复审工作，首先由专家讨论修订《国家中医药管理局局级重点中医专科（专病）建设项目遴选指标体系、评分标准》，然后按照该标准，对所有的申报项目进行逐项打分，提出意见和建议，经汇总后，按照国家中医药管理局确定的布点原则，进行评议，提出推荐建设项目名单，提请终审专家组审议。

终审专家组由中国工程院院士王永炎和长春中医学院教授任继学任组长，首先听取了国家中医药管理局医政司领导关于国家中医药管理局确定的局级重点中医专科（专病）项目遴选评审工作方案的全面介绍，听取了复审专家组关于局级重点中医专科（专病）项目遴选复审工作情况汇报，认为国家中医药管理局开展局级重点中医专科（专病）项目建设工作，对于促进中医医疗整体水平的提高和学术的发展，具有十分重要的意义，是做好中医药继承与发展工作的重要举措；国家中医药管理局确定的工作原则和复审专家组制定的《国家中医药管理局局级重点中医专科（专病）建设项目遴选指标体系、评分标准》是合理的，具有较强的可操作性。

终审专家组在全面了解局级重点中医专科（专病）项目申报情况的基础上，对复审专家组推荐的项目进行了重点审核，认为复审工作细致、扎实，原则同意复审专家组推荐的建设项目名单，决定向国家中医药管理局推荐北京中医医院的皮肤科等161个项目。这些项目的建设单位涉及30个省（自治区、直辖市）及局直属、直管的112个医院，其中：省级58个、地市级37个、县级10个、非政府举办的7个。其中中医医院104个、中西医结合医院8个。

专家推荐的161个局级重点中医专科（专病）项目，已经国家中医药管理局领导批准。各项目建设单位将根据国家中医药管理局的要求，制定详细的建设计划，报经国家中医药管理局批准后全面组织实施。

（查德忠）

实施《执业医师法》工作进展情况

实施中医医师资格考试三年多来，各项工作进展平稳，政策协调机制运行良好，考试考务技术的组织管理进一步加强。出台了《执业医师法》颁布前未取得医学专业技术职务任职资格年纪较大的师承或确有专长中医（民族医）从业人员医师资格认定办法，该办法规定：①曾在公立医疗、预防、保健机构中从事（民族医）临床工作并转正，但在1985年国家开展职称改革工作前因达到退休年龄退休，离开公立医疗、预防、保健机构，未取得医学专业技术职务任职资格的师承或确有专长中医（民族医）从业人员，可依转正定级认定执业医师或执业助理医师资格。②具备25年以上中医（民族医）临床工作经历的有效证据，年龄55岁以上，有丰富、独特的学术经验和技术专长，医德高尚，在群众中享有信誉，从业期间无任何医疗差错或医疗事故，并在1998年6月26日前经县级以上卫生、中医（药）行政管理部门批准取得有效行医资格的中医（民族医）师承或确有专长人员，经省级中医（药）行政主管部门组织的实践技能考试考核后，符合执业医师或执业助理医师条件者，予以认定医师资格。

2001年9月国家中医药管理局与卫生部、外交部、公安部、国务院台办、国务院港澳办联合下发《关于取得中国医学专业学历的外籍人员申请参加中华人民共和国医师资格考试有关问题的通知》（卫医发〔2001〕248号）和《关于取得内地医学专业的台湾、香港、澳门居民申请参加国家医师资格考试有关问题的通知》（卫医发〔2001〕249号），该两项《通知》规定：具备下列条件的外籍人员和台港澳居民可以申请参加中国医师资格考试：①取得中国政府教育行政部门认可的中国全日制普通医学专业本科以上学历；②所学专业应符合我国医师资格考试报名资格的规定；③在取得规定学历后，在中国的医疗机构内，在执业医师指导下接受参加医师资格考试所需的专业训练连续满一年。

对1999年中医、中西医结合医师资格考试大纲（医学综合笔试部分和实践技能考试部分）进行了修订，制定了2001年中医、中西医结合医师资格考试大纲（医学综合笔试部分和实践技能考试部分）。在中医医师资格考试中增加了中医考试的比重，强化政策导向。

组织开展民族医医师资格考试标准化研究工作，2002年民族医医师资格考试将采取标准化考试。

（吴　凯）

组织实施全国民族医重点专科（专病）建设项目

为加强民族医药工作，国家中医药管理局从2001开始启动，组织实施民族医重点专科专病建设项目。目前，已在北京、内蒙古、吉林、黑龙江、湖北、湖南、广西、四川、贵州、云南、西藏、甘肃、青海、新疆14个省（市、自治区）确定了14个民族医重点专科专病建设单位。实施该建设项目，其指导思想是：认真落实《中共中央、国务院关于卫生改革与发展的决定》，坚持“发掘、整理、总结、提高”的方针和分类指导的原则，以人才培养为重点，科技进步为依靠，提高民族医药的学术水平和临床疗效。通过以民族医专科专病建设为突破口，进一步促进民族医药的人才培养与科学研究，加强民族医医疗机构的内涵建设，促进民族药的开发和研究，使民族医药得到更好地继承和发展，民族医药的整体水平得到进一步提高；同时，通过该项工作的实施，探讨民族医专科专病建设模式，为全国民族医专科专病建设提供有益经验。主要目标：到“十五”期末，在全国形成一批临床疗效显著、学术水平较高、人才结构合理的民族医临床专科（专病）基地，民族医药人员的整体素质、科研开发能力得到较大提高，民族医药资源进一步得到有效利用，更好地满足少数民族地区及各族人民对民族医药服务的需求。主要措施：①实行分类管理建设。②确定申报、审定程序。③资助建设经费。采取国家中医药管理局资助、地方中医药（民族医）行政管理部门配套投入及定点建设单位自筹相结合的办法，各方投入原则上按 2:2:1 的比例执行。④实施建设项目管理。每个项目建设周期一般为三年，个别重大项目经国家中医药管理局审核同意后可以适当延长；对建设单位实行考核评估；建设到期后，由国家中医药管理局组织对定点建设的项目进行检查验收；采取奖罚措施。国家中医药管理局对于项目实施进展较快、各方面成效显著的，优先安排下一年度的追加经费；对于配套资金不到位、项目进展缓慢的，取消项目建设资格；对于项目启动后几年内工作明显停滞不前的，扣减所在省（区、市）下一年度同类项目的定点数量和资助经费。

（吴　凯）

五、中药管理

2001年中国药品标签全部更新

国家药品监督管理局规定从2001年起统一药品包装、标签和说明书，并要求药品商品名称需经国家药监局批准后，方可在包装、标签和说明书上标注。药品说明书应包含有关药品安全性、有效性等基本内容。药品有效期的表述形式必须为：有效期到某年某月，患者不需要根据说明书上标注的有效期，再查出厂日期，再推算药品是否有效。在药品使用方法上，新办法规定须写成每天吃多少次，每次吃多少粒，这样便于患者服用。新规定对药品通用名称和用药量的书写方式也有明确要求。

（娄月丽摘）

中国药材GAP研究促进会成立

由周荣汉等八位GAP起草专家组成员发起，香港中医药界人士和有关方面给予大力支持的“中国药材GAP研究促进会”（The GAP Association for Chinese Medicinal Materials, GAPA），2001年1月在深圳成立。

新成立的中国药材GAP研究促进会，聘请国家药品监督管理局副局长任德权和香港浸会大学校长、香港中医药管理委员会主席谢志伟担任名誉会长。中国工程院院士肖培根教授、香港科技大学孔宪锋副校长、法国制药联合会副会长皮埃尔·冈栋、香港特区政府生物科技主席卢毓琳担任顾问。

第一届理事会由32位专家教授组成，原国家药品监督管理局GAP起草专家组组长、中国药科大学教授、香港中文大学客座教授周荣汉当选为会长，香港理工大学陈新滋教授、中国中医研究院副院长王一涛教授、香港浸会大学中医药研究所陈金泉所长、香港中文大学中医学院车镇涛代院长、中国医药投资公司（香港）毕文瀚董事长、中国医学科学院药用植物研究所杨世林所长、中国药品生物制品检定所中药室林瑞超主任等当选为副会长，四川省中药研究所副所长、香港理工大学访问教授陈士林担任理事会秘书长。

周荣汉教授介绍，发起成立该研究促进会的目的，就是在完成国家药品监督管理局交给的GAP起草任务之后，配合国家正式实施GAP，联合国内外各方面的力量，使香港的国际商贸和信息交流，与内地的科技队伍和生产基地实现优势互补，在政府的领导、各界人士的支持与帮助下，通过联合港、澳、台、大陆的广大中医药工作者和科学技术工作者，不断推进有关 GAP 的系统研究和开发，开展信息交流和对外成果宣传，为 GAP 的实施和规范化基地建设，为中药标准化、现代化、国际化做出贡献。

（赵润怀）

聚焦中药指纹图谱

国家对中药指纹图谱研究与应用十分重视，为此制定了一系列的政策和措施。自 2000 年 8 月国家药品监督管理局颁发《中药注射剂指纹图谱检测标准研究指导原则》以来，我国的中药注射剂及注射剂用中药材的指纹图谱研究取得了很大进展。2001 年 6 月，国家药品监督管理局又组织召开了中药注射剂指纹图谱审评会，17 家企业制定的注射剂指纹图谱提交会议审评，其中有几家企业制作的注射剂用原料、中间体及制剂的指纹图谱研究得到会议认可。如北大中医药现代研究中心对黄芪皂苷、多糖及黄芪粉针剂的指纹图谱研究，成为药品监督管理局通过的第一个审评品种。最近，国家科技部把中药指纹图谱的研究列入“十五”重点攻关项目，计划对目前进入国家部颁标准的中药注射剂及其药材进行系统的指纹图谱研究。我国药品监督管理局受世界卫生组织的委托起草的《国际草药标准》，也已将指纹图谱作为国际草药的质量控制内容，列入相关标准，受到世界卫生组织的赞同。

新世纪开发天然药物是国际药品市场的热点。我国中药在两千多年的使用中积累了丰富的经验，是天然药物的大国，如果我们采用指纹图谱对中药进行质量控制，不仅可以提高中药市场占有率和国际竞争力，而且也能为世界人民的健康保健提供安全、有效的物质保证。

（张玉萍摘）

“中药现代化产业推进战略研究”课题完成

“中药现代化产业推进战略研究”是由国务院发展研究中心、国家中医药管理局、国家科学技术部共同完成的国家“九五”攻关项目，是中药现代化研究与产业化开发项目的组成部分。课题于 2000 年 8 月启动，2001 年 11 月完成。课题领导小组由国家中医药管理局副局长李振吉、国务院发展研究中心局长、研究员李泊溪、科技部农村与社会发展司司长刘燕华组成，李泊溪为课题负责人。课题参加人数 150 人，主要参加单位 39 个。

该课题是在中国加入世贸组织的背景下，为了发挥独特的中医药理论优势，进行的产业发展的国家战略研究。对贯彻国家总体发展战略有重要意义。通过对中药产业发展状况和趋势的调研分析，以提高中药产业竞争力为重点，从战略研究高度，找出存在问题、制约因素，提出解决问题的切入点，为制定相关政策把中药产业培育成为我国新的经济增长点，提供科学依据，从而进一步推进中药现代化产业发展。

该课题的研究内容包括一个总报告、四个分报告和六个企业案例报告、五个地区案例报告。在研究中综合运用了多种科学方法，注意了理论研究与实证研究的结合，定性与定量研究方法的结合，统计分析与战略分析结合，产业经济理论分析与SWOT矩阵分析结合。

该课题首次在中国提出中药现代化产业推进的国家战略，从时代要求和中医药发展的急迫性出发提出了“战略课题”、阐述了“战略概念”、提炼了“战略特点”、分析了“战略环境”、研究了“九大战略问题”、论证了“战略能力”和“战略竞争力”、探讨了“战略匹配”；从“战略任务”、“核心能力”、“战略目标”做出了“继承创新、服务人类健康”的战略选择，并提出了二十二条政策体系的战略建议。

该课题的研究工作成果，形成了系列报告，包括中药现代化产业推进战略研究总报告；中药现代化产业的地位和作用（分报告一）、中药产业市场研究（分报告二）、中药现代化产业推进战略的可行性分析（分报告三）和中药现代化产业推进战略选择依据（分报告四）等四个分报告；云南省、山东省、吉林省、四川省和宁夏回族自治区等五个地区案例报告；北京同仁堂股份有限公司、三九企业集团、天津天士力集团有限公司、上海复星实业股份有限公司、正大青春宝药业有限公司和广州医药集团公司六个企业案例报告。

该研究具有以下特点和创新：提出了继承创新、服务人类健康的中药产业发展战略；强调了中医药理论是中药产业发展的独特优势；用现代战略研究的体系方法和步骤，进行中药现代化产业战略研究；强调在战略选择基础上进行对比研究；把中药产业置于整个国民经济体系之中，从国家战略高度进行研究，并将中药产业与其它产业进行了对比分析和评价；对中药的内涵、领域、范畴以及产业链构成作了科学的界定和分析，在此基础上对中药产业在国民经济中的地位、作用作了科学的论证；从整体上分析了中药产业的国内外市场；综合论述了中药现代化产业推进战略的可行性；提出了以22条政策建议构成的政策体系。

（洪　净）

“增创中药新优势知识产权保护研究”课题完成

中药的知识产权保护十分重要，有必要进行深入的研究与探讨。为此，国家知识产权局协调管理司、国家中医药管理局科教司共同组织了“增创中药新优势知识产权保护研究”课题，于2000年启动，历时一年多，2001年12月完成。

研究内容包括五个方面：中药知识产权保护的主要范围和形式，知识产权保护对中药产业发展的作用，中药知识产权保护的现状及存在的问题，入世对中药产业的影响及对中药知识产权保护的新要求，中药知识产权保护的对策与建议。

课题采用检索资料、调查研究、案例分析、座谈研讨等方法，对1985年～1998年的19271项中医药专利申请检索数据进行了分析、开展了重点中药工业企业知识产权保护现状调查以及对50项中药发明专利案例的分析。在此基础上，对中药行业知识产权保护现状作了充分的描述，对存在问题进行了较为深刻的分析，并对中药知识产权保护涉及的范围、保护形式和保护策略提出了独特的见解。

课题组通过研究，提出了建立中医药知识产权保护专门机构；积极参与制定相应的国际规则；将道地中药材纳入“原产地名称”知识产权保护范围，制定具体的实施办法；加强中药有效部位（提取物）的保护；利用现代生物技术，提高中药技术含量；提高中医药行业知识产权保护意识，加强宣传、培训工作；加强中药知识产权法律保护，淡化行政保护；充分体现中药特征，完善中药发明专利审查基准；开展中药知识产权综合保护策略研究等建议。该研究报告对中药行业开展知识产权保护是一份有价值的参考资料，提出的措施和建议具有针对性和建设性，为有关部门进行宏观决策提供了科学依据。

（洪　净）

“现代中药产业化专项”列入我国“十五”发展规划

为促进中药现代化的发展，将传统中药产业提升为现代中药产业，国家发展计划委员会高技术产业发展司会同国家中医药管理局科技教育司，于1999年3月开展“现代中药产业化研究”软课题研究，2000年完成研究报告。报告中提出了现代中药的概念，并针对中药产业的特点和急需解决的制约发展的关键技术问题，提出了发展思路、近期目标和主要任务。在此基础上，国家计委将其列入国家“十五”发展规划，并于2000年正式启动“现代中药产业化专项”。

专项主要内容以技术含量高、疗效优势突出、市场需求量大的现代中药产品为核心内容，国家重点支持技术先进，特别是具有自主知识产权、治疗病症确切、质量标准完善、安全稳定、服用方便、生产条件符合GMP要求、单品种市场潜力可达到年销售亿元以上、具有竞争力的中药标准提取物和新型中成药等现代中药产品的产业化；重点支持采用先进制造技术与装备在骨干企业中药制药过程中的产业化示范和濒危稀缺药材的优质种源繁育技术的产业化等；以显著提高行业及大型中药企业的创新能力、形成中药生产技术工程化的验证基地和技术辐射源为目的，建设现代中药工程研究中心和中药质量标准技术开发中心；鼓励建设采用先进适用技术的道地绿色中药材规范化种植和加工示范基地。

（周　杰）

广州中医药大学

国家新药（中药）安全评价（GLP）研究实验室通过验收

为加强中药安全评价研究工作，提高我国中药研究与开发的能力，使我国中药尽快进入国际市场，经有关专家论证，科技部农村与社会发展司于1999年7月批准国家中医药管理局直属单位中国中医研究院和广州中医药大学筹建国家新药（中药）安全评价（GLP）研究实验室。

广州中医药大学筹建国家新药（中药）安全评价（GLP）研究实验室专题立项后，国家科技部、国家中医药管理局、广州科技厅等都投入了配套的经费，广州中医药大学也多渠道筹措资金，到位经费约有2700万元。经过1年多的努力，该实验室的硬件、软件建设达到了国家新药（中药）安全评价研究实验室的要求，实验室的运行机制已基本明确，并于2001年1月通过了国家科技部组织的验收。这是中医药行业内通过科技部验收的第一个国家新药（中药）安全评价（GLP）研究实验室。

（赵　明）

六、科 研 管 理

2001 年中医药科技工作概述

2001 年是我国第十个五年计划开始的第一年，为了更有利于中医药科教工作的管理与发展，科技教育司在机构设置上进行了调整，将原基础研究处、应用研究处、高等教育处、职成教处调整为中医科技处、中药科技处、教育处，在工作思路与工作内容上也作了相应调整。中医科技工作主要以提高中医药临床疗效和学术水平为中心，推进中医药现代化的进程为目标，做好中医药临床科学研究工作。中药科技工作重点主要是围绕做好有关中药科技工作规划、加强与有关部门的联系、为企业服务三方面开展工作。

一、开展宏观战略研究，完成了四项软课题

1. 中医药在西部大开发中的作用研究　如何充分发挥中医药在西部大开发中的作用是本课题开展研究的目的。课题历时一年三个月，编辑出版了四期“中医药西部大开发信息动态”，完成了 25 万字的研究报告，于 2001 年 7 月结题。研究报告已呈送国务院西部大开发领导小组办公室并做了专题汇报，同时分送到西部地区的地方政府。

2. 中药现代化产业推进战略研究　由国务院研究发展中心、科技部和国家中医药管理局共同承担的“九五”科技攻关项目，于 2000 年 8 月启动，4 个分报告已按计划完成，2001 年底全部完成结题。本课题目的是通过对中药产业发展状况和趋势的调研分析，从战略研究高度，为把中药产业培育成为我国新的经济增长点及制定相关政策，提出了 22 条政策建议。

3. 增创中药新优势知识产权保护研究　针对我国中药专利保护存在的问题，提出切实可行的对策、措施，为中药成为我国经济增长点提供知识产权保护的法律环境。本课题是由国家知识产权局和国家中医药管理局共同承担的战略性软课题，于 2000 年 8 月启动，总体报告草稿已基本完成，预计 2002 年底全部完成。

4. 中医药古籍文献、文物的开发、利用研究　起草了向全国政协提案委的国家中医药管理局对“关于建立中国中医药博物馆提案的答复意见的报告”。强调建立中国中医药博物馆的重大意义。国家中医药管理局就建立中国中医药博物馆的工作，提出将目前现存的唯一的清太医院遗址列为国家重点文物保护遗址保护起来、立即开展调查研究，摸清资料等建议。

二、积极推进科研机构改革，加强实验室建设工作

1. 中国中医研究院科技管理体制改革工作　按照国务院、科技部的总体安排，中国中医研究院、中医基础理论研究所作为社会公益性科研院所试点单位，进行改革试点工作。

2. 加强实验室管理工作　修改、下发了《中医药科研实验室管理规范》、《中医药科研实验记录规定》。为适应政府职能转变，提高工作效率，更好地推进中医药科研实验室分级登记工作，对中医药科研三级科研实验室评估办法进行了改革，制定、下发了《2001 年中医药三级实验室登记评估实施方案》。受理了各地共申报中医药科研三级实验室 178 个，其中行业内 108 个，行业外 70 个。同时又对东北、华东、华南 15 个省（市）、自治区的实验室专家和中医药管理干部进行了理论和实地培训。

3. GLP 实验室管理　广州中医药大学 GLP 实验室经过 1 年多的努力，该实验室的硬件、软件建设达到了国家新药（中药）安全评价研究实验室的要求，实验室的运行机制已基本明确，并于 2001 年 1 月通过了国家科技部组织的验收。

中国中医研究院 GLP 实验室已经完成了小动物房建设、实验室改造。撰写了 300 余份 SOP；培训了有关技术人员，完成了 30 项安全评价研究等。

三、“973”项目通过中期评估，攀登项目通过验收

1. “973”项目“方剂关键科学问题的基础研究”　本项目以“病证结合，方证对应，理法方药一致，多组分，分靶点，整合调节”为总假说，围绕方剂的药效物质基础、作用原理、组方理论三个相互衔接的关键环节开展研究工作，最终揭示方剂治疗疾病的基本规律，为现代中药研制提供理论依据，同时建立和完善现代中药研究技术体系；明确提出方剂组分配伍的理论框架，在中药药效物质基础分离、提取、鉴定、疗效评价与动物模型研究，以及 5 个代表方剂的示范研究方面取得阶段进展。项目顺利通过了科技部的中期评估，并得到评估专家的好评，进入了“2 + 3”的下一阶段。

2. “九五”攀登计划项目“经络的研究”通过验收　该项目设立了 3 个课题，包括 9 个专题（含 18 个子专题）。共发表论文 216 篇，其中 SCI 收录论文 15 篇。在循经感传机理，经脉-脏腑相关的神经-内分泌机制，经络-脏腑机理与牵涉痛联系的研究、中枢整合，经脉的理化特性方面对循经高温辐射及机理，经脉与相关脏器的特异性液晶物质等方面取得了成绩。11 月底通过科技部的项目验收。

四、组织落实科技部“十五”攻关课题

1. 中医药现代化研究和产业化开发——“重大难治疾病”项目　该项目分 18 个课题，3 年资助经费 1275 万元。科教司积极参与了组织申报、评审等工作，并与科技部有关人员、专家以及科研人员及时沟通，很好地完成了任务。

2. 组织申报了科技基础性工作、社会公益研究项目　组织中国中医研究院申报了科技基础性工作项目、社会公益性研究项目。“中药材质量标准及中医临床疗效评价标准”、“中医药基础数据库”被批准立项。

五、启动局级重点专项研究项目、加强重点课题的过程管理

1. 中医临床诊疗技术整理与研究项目课题启动工作　针对中医临床诊疗技术相对缺乏科学严谨的临床评价、技术规范、推广困难等问题，设立中医临床诊疗技术整理与研究项目，拟连续 5 年，每年投入 400 万元进行整理与研究，完成 100 项临床上确有效应的中医（中西医结合）诊疗技术项目，提供临床推广应用，以利于促进全面提高中医临床疗效。

2000 年度在北京、上海、浙江、辽宁、广东 5 个省进行试点，共收到申报课题 61 项，通过评审同意立项的有 30 个课题。组织起草了基于局科研基金基础上的有针对性的《中医临床诊疗技术整理与研究项目管理办法》以及《2000 年度工作原则》《中医临床诊疗技术整

理与研究项目临床科研设计指导原则》《中医临床诊疗技术整理与研究项目技术操作规范文本》等一系列文件，从方法、方式上引导和规范。2001 年 7 月组织了入围课题负责人临床科研设计方法培训班，专门针对科研设计方法进行了培训，并且尝试了“专家联系制”这种质量控制方法。2001 年扩大到 10 个省进一步进行试点工作，黑龙江、吉林、江苏、陕西、山西、湖南、河南、湖北、山东、四川省共申报 163 个课题，已完成形式审查。

2. 民族医药文献整理研究项目　确定了工作原则，提出了三种民族医药文献整理工作的重点内容。2001 年度完成 37 本民族医药文献的立项工作，以藏、蒙、维、傣为主要工作重点，同时还有回、壮、朝、彝、布依、苗、瑶 7 个民族的医药文献整理工作。确定了课题的组织和运作方式为各牵头省负责组织招标本民族医药文献整理课题及其日常的管理工作，立项的课题等同局级课题管理。

3.“编制针灸经穴典”项目　科教司组织了多次专家论证会，就专项的研究目标、方向、策略、总体及具体设计方案等方面初步达成了一致意见。本专项拟投入 400 万元，分编撰《穴典》、临床研究两部分工作。

4. 中医临床辨证方法研究　召开了第一次课题论证会。明确了课题研究思路，采用中医研究的方法，多学科参与。进行古今医案、古今文献，临床回顾调查，问卷调查，以及名老中医医案规律的研究。从临床辨证思维一般规律的研究入手，归纳、整理、提升临床辨证的方法。

5. 中医药文献资源数字化关键问题研究　课题立项以来召开了 5 次研讨会，确定了 10 种技术文件，完成部分文献的解析标注，与浙江大学就如何在技术上建立知识库的示范系统以及系统可以实现的功能等进行了切磋，形成了一致意见，并增补了 2 种技术文件。下一步将在继续完成标注信息程序的基础上，完成用户界面设计，装入部分文献，进行系统测试。示范系统的刍形调整，实现网络演示。

6. 健康人亚健康状态中医证候临床流行病学调查　召开了两次研讨会，确定了课题的总体方案设计，完成了问卷调查的总体框架设计及问卷调查表、问卷调查的证候标准、人员培训计划、质量控制方案及方案管理方法。目前正编制人机对话软件，确保数据采集的客观性、准确性，利于数据处理，问卷调查应按人机对话的形式设计。

7. 中医多维信息集成式诊断智能系统的应用基础研究　课题启动以来召开两次研讨会，对研究工作和进度安排等进行了认真讨论，确定了参与单位。目前，4 个单诊仪正在完善，并陆续交课题组长单位浙江大学进行集成。

8. 慢性萎缩性胃炎中医相关证候基因表达谱的研究　目前准备进入山东慢性萎缩性胃炎高发现场，采集基本数据。

9.《中华本草》民族药卷　《中华本草》藏药卷“定、清、齐”稿件已交付《中华本草》编委办公室。于 2001 年 7 月送上海科学技术出版社，计划于 2002 年 5 月 1 日以前正式出版发行。蒙药卷、维药卷、傣药卷的编撰工作，正在抓紧进行。

10. 留学回国人员科技活动择优资助项目的管理　人事部设立的留学人员科技活动择优资助项目，受到项目资助的人员有的已经成为学科带头人，有的项目已经列入国家级项目。2000 年度到位经费有 54 万，资助项目 20 项，2001 年项目推荐工作已完成，从 61 项中，筛选出 17 项报人事部。

六、为“十五”立项组织重大项目的论证工作

1. 重大中医药理论继承与创新专项　该项目的研究目标是：产生能概括过去，说明现代临床，给未来中医药学指明方向，同时又能被国际所广泛认同的重大中医药理论；遵循中医药自身发展规律，应用古代传统方法和现代科学技术、方法对中医药重大理论进行深入系统的研究，创新出新的理论。拟先在全国范围征集项目建议书，然后招标确定课题。

2. 中医临床学科重点项目　该项目将通过对优势病种及重大疑难病证的研究方案的研究及推广，提高中医药临床诊疗水平，更好地解决人民群众的医疗需求；通过科研支撑平台中有对临床疗效有重要影响的关键诊疗设施及设备的改善，以提高临床学科诊疗过程及临床研究中解决更复杂问题的能力；通过对学术队伍的培养，为学科长期稳定发展奠定基础，提高中医临床研究水平。

3. 中医药标准规范化建设专项　研究内容包括实验室标准规范化建设：实验全过程的SOP管理、技术资料管理SOP、实验技术SOP建设、仪器设备操作的SOP等。中医药科学研究相关标准建设：建立和完善中医药疗效评价标准和中医药科技评估标准、探索和完善中医辨证诊断标准、建立和完善中药材质量标准、中药新药药效学评价规范和中医药知识产权保护规范、建立和完善中医药实验研究与管理规范（SOP）、建立和完善中医药学实验动物模型规范、建立和完善中医药基本名词与术语规范。

4. 中医药古代文献知识库建设　该项目的目标是建立中医药古代文献大型知识库系统（智能计算机信息系统）。该系统具有对大量文本信息进行存贮、检索、考证、推理、自然语言查询以及知识挖掘的功能系统。这一系统的建立，将为中医药临床、教育、科技工作者和中药产业开发提供一个可供深入研究和开发的良好环境。具体的目标任务为：建立中医药古代文献数字图书馆；建立中医药古代文献知识库系统；实现知识库的智能化检索；实现知识库的知识挖掘；建立扫描影像资料库；基于INTERNET网络的运营服务。

七、完成“九五”中医药科技攻关计划项目验收，组织“十五”科技攻关项目的立项工作。

“九五”攻关项目顺利通过验收。验收专家组对国家中医药管理局组织的两个攻关项目给予了高度评价。两个攻关项目共有4项专题获科技部“九五”优秀攻关成果奖，6人被评为先进个人。“中药材质量标准规范化研究”课题通过国家科技进步奖评审，初步获二等奖。攻关成绩得到了充分宣传。在组织起草项目建议书的基础上，在科技部的组织协调下，进行了项目的可行性论证，组织了课题招标评审，和课题承担单位签订了课题计划任务书。通过努力争取，使国家中医药管理局成为项目主要组织单位，项目总经费为5001万元。

八、围绕某些管理热点，加强与有关部门的联系和协调工作

1. 与国家计委共同开展的“现代中药高技术产业化研究”软课题于2001年2月结题，计委将此项作为专项建议报国务院后纳入我国“十五”计划，启动“现代中药产业化”重点专项。

2. 与国家药品监督管理局多次共同组织有关“中药配方颗粒”管理、技术要求等专题座谈会，将科研成果推向规范化、合法化和产业化。2001年7月5日国家药品监督管理局印发了《中药配方颗粒管理暂行规定》并与科教司联合召开了专家评审会，对上报的10家中药配方颗粒生产试点企业进行评审，为进一步将科研试点工作纳入合法化、规范化的轨道奠定基础。

3. 新的药品管理法明确，中药材实行批准文号制度，品种名单由国家中医药管理局与

国家药品监督管理局商定。科教司中药科技处与注册司中药注册处共同召开座谈会，确定了品种入选原则及第一批283种首选药材目录，为2001年12月1日实施中药材批准文号管理奠定了基础。

九、继续进行有关中医药科技发展战略研究

1. 科教司中药科技处承担的《中药产业化推进战略》第二份报告已于2001年6月全部完成，上交总课题组。

2.《医药科技政策（蓝皮书）》的研究编制在2000年医药科技战略研究的基础上，2001年科技部和国家中医药管理局共同承担了医药科技政策（蓝皮书）的编制（课题）。

3. 中药科技规划的编写工作已和局办公室规划处进行了沟通，拟以科教司中药科技处为主，双方共同研究制定。基本思路是以已完成的《中药现代化科技发展战略》《中医现代化科技发展战略》《中医药基础研究提纲》以及即将完成的《中药现代化产业推进战略》《医药科技政策蓝皮书》等文件和研究人员为基础，着眼于新形势下中药产业对中药科技的需求，从国家的高度制定一个指导今后5~10年的中药科技发展规划。

十、组织实施2000和2001年度局重大科技项目

1.2000年确立的4个局级重点项目“酸枣在陕北黄土高原的种植与药用作用系列开发研究”、“中药材内在质量快速检测方法的研究”、“含马兜铃酸类成分中草药的肾毒性及致癌研究”、“中药浓缩颗粒工艺和质量标准的研究”上半年分别通过了可行性论证。前两个课题已开题。

2. 局新药开发专项基金：委托中国中医药科技交流中心管理，采用新的运行机制，以周转金形式支持新药开发。目前申请指南已下发，申报工作正在进行，截止到2001年12月3日已收到申请书165份。

3.《中药材质量标准专论》目前已确定了课题牵头单位、组织方式等，制定了较为详尽的实施方案。

4. 经多次讨论，完成了项目可行性研究报告，确定了《中药指纹图谱示范研究》《常用中药化学成分、有效成分系统研究》研究目标、研究重点、难点和技术路线等，初步确定了研究品种、承担单位及组织方式，目前，正在进一步落实牵头单位、具体承担单位和人员以及实施方案的制定。

十一、其他相关工作

1. 修订局《科研课题执行情况表》、《科研课题完成情况表》；

2. 重新组织建立中医药科教专家库；

3. 编辑出版《中国中医药获奖成果集锦》 将改革开发以来全国获部级以上中医药奖励的科技成果编辑出版有较大的意义。现已编辑成稿，争取2002年3月前出版发行。

4. 成果和奖励工作

征集、评审确定2000年度局中医药科技成果推广项目17项，年内可发布推广。组织申报2000年国家科技奖励5项，经评审获二等奖3项。

5. 完成“九五”攀登计划“中药现代化关键问题的基础研究”项目验收。

（贺兴东　陈梦生）

国家中医药管理局局级中医药重点学科建设进展情况

中医药学科建设是中医药学术水平发展的基础，国家中医药管理局在总结第一批中医药重点学科建设经验的基础上，开展了第二批中医药重点学科建设工作。全国各高等中医药院校、研究院所和省级以上中医院共有66个单位申报，申报学科点267个，涵盖了中医药学全部14个学科。中医药重点学科建设是在统一目标下，以人为本的综合集成。通过中医药重点学科建设，可以促进资源配置的优化，使教学、科研、医疗工作有机组合，形成整体，发挥综合效益。

中医药重点学科建设的总体目标是推动以临床疗效为核心的中医药学术水平的提高。中医药学科建设的最终目标是为了提高学术水平，而衡量学术水平的核心是临床疗效。中医药重点学科建设必须紧紧围绕提高临床疗效进行。通过重点学科建设，形成若干个能立足于中医药学术发展前沿的中医药知识创新和技术创新基地，使之成为中医药学术发展的创新源，并通过成果转化为社会发展和经济建设做出贡献。通过重点学科建设，自主、持续地培养中医药高层次创新人才，为中医药事业发展提供后备力量和智力储备。通过重点学科建设，建设一支具有良好政治业务素质，结构合理和相对稳定的教师队伍，建设一批学术造诣较深，具有创新思想，在国内外有重要影响的学术带头人。

国家中医药管理局在经过形式审查、同类学科投票评比、学术评审和综合评审等多层面评审后，最后确定局级重点学科建设预选点78个，涉及24个学科。参与单位46个，其中包括高等中医药院校14所，综合性大学1所，医疗机构27所，中医药科研院所4所。参与学科协作建设点共有461个，平均每个学科有6个协作建设点，共171个单位参与了学科协作建设，其中高等中医药院校25所，行业外高校15所，境外院校2所（悉尼科技大学参与北京中医药大学的临床中药学协作，香港浸会大学参与辽宁中医学院的中药生药学协作），医疗机构90所，科研院所31所，企业8家，使重点学科建设工作真正休现中医药行业的行为。

2001年7月下旬在北京召开了全国中医药重点学科建设研讨会，就中医药重点学科建设有关问题进行了研讨，部署了学科建设规划制定工作。各局级重点学科建设预选点按照学科建设规划的要求，认真地制订了本学科的建设规划。11月18日～19日，国家中医药管理局局级重点学科建设专家指导委员会对各重点学科建设点的学科规划进行了审定，确定了各学科的建设目标和任务，标志着局级重点学科进入实质性建设阶段。

（濮传文）

国家重点基础研究发展规划（973）项目“方剂关键科学问题的基础研究”通过中期评估

国家重点基础研究发展规划（973）项目“方剂关键科学问题的基础研究”，1999年底启动以来，首席科学家与课题组长签定项目实施计划合同书、细化了中期评估前的工作内容与目标、成立了项目管理办公室、制定了《项目实施管理办法》。到2001年6月，经过一年多的研究，在文献资料调研、组成方剂中药饮片的化学质控方法及标准的建立、实验用方剂制备、方剂活性物质分离方法的选择及建立、方剂生物活性评价指标体系和评价方法的选择和建立、方剂生物活性全面评价、方剂的活性物质追踪分离等方面取得了良好进展，基本按计划任务书完成了研究工作。在课题中期检查的基础上，并根据科技部的统一要求，对项目的研究内容和人员进行了必要的调整，进一步明确了下一阶段项目的研究目标和重点任务。于2001年6月通过了科技部组织的的项目中期评估，并得到评估专家的好评，成功进入了“2＋3”的下一阶段。

（杨龙会）

“中医药在西部大开发中的作用研究”课题结题

为落实国家中医药管理局2000年中医药厅局长会议提出的“实施西部大开发战略，促进西部地区中医药包括民族医药的发展”的任务，发挥中医药在西部大开发中的资源优势、人才优势，展现民族医药在促进西部经济发展和民族团结中的地位和作用，根据国家实施西部大开发的总体战略要求，国家中医药管理局于2000年7月正式启动了“中医药在西部大开发中的作用研究”课题。

该课题包括一个综合课题和十二个子课题。该课题组组长是国家中医药管理局副局长李振吉，综合课题由中国中医研究院院长姚乃礼牵头，十二个子课题分别由我国西部省、自治区、直辖市的中医药主管部门的负责人牵头，邀请相关人员参加。经过一年多的努力，课题于2001年8月结题。

研究内容由五个部分组成：第一部分国家实施西部大开发的基本思想和战略，第二部分西部地区中医药发展现状，第三部分中医药在西部大开发中的地位和作用，第四部分中医药在西部大开发中的发展战略，第五部分项目建议。

其中项目建议包括：

一、西部地区中药产业化推进工程

（一）巩固与发展现有的中药产业基础，每个省应重点扶持几个有一定规模和经济实力的中药企业。

（二）建立现代企业制度，帮助和引导企业进行GMP改造。

（三）建立和完善药品研究开发体系，组建一批中药科技研究开发基地，促进西部地区中药科研开发水平的提高。

（四）加强药品临床药理基地建设。

（五）积极推广高新技术，提高中药企业的制药技术。

（六）建立一批民族药品临床研究基地和民族药生产基地，重点帮助条件较好的民族药生产企业按照GMP的要求进行技术改造，进一步促进民族药生产的现代化，培育西部民族药生产的领头企业。

二、西部地区绿色中药材的规范化种植项目

（一）建立中药材的规范化种植（GAP）基地，促进药材资源的开发和利用。

（二）加强野生中药材变家种和家养技术的推广，保护野生药材资源。

（三）发展生态中药农业，改善生态环境。通过中药材的种植，最大限度地增加天然植被，减轻水土流失，防止荒漠化。

（四）加强中药材有效成分的研究，制定中药材的质量标准。

（五）依托西部丰富的道地药材资源，开辟新品种、新资源的研究应用领域。

（六）开发以中药材为原料的传统中成药和新药制剂。

（七）加强对中药材饮片企业的技术改造，提高其技术含量。改变粗放经营，提高经济效益。

三、西部地区人才培养工程

（一）巩固与发展现有的高等中医药教育，提高其办学条件，通过高等学院的培养和教育，不断培养出高素质的中医药人才。

（二）以现有的高等院校、科研院所、医疗机构、生产企业为依托，加强人才的继续教育，提高现有中医药人才的素质，不断满足社会对各级各类人才的需求。

（三）加强中医药管理、中药材种植、中药生产、中医临床、中医药科研、中医药外向型人才等的培养工作，通过多种途径和方式，分期分批进行培训，提高其业务素质和实践能力，不断满足临床、科研、生产、教育和涉外等对中医药人才的需求。

（四）制定一些优惠政策，积极吸引国内各地和从国外回来的优秀人才，为其营造良好的发展环境。

（五）加强民族医药人才的培养，提高民族医药人才的整体素质，为民族医药的发展提供人才支持。

四、西部地区中医医疗机构（包括民族医疗机构）发展工程

（一）加强中医医疗机构（包括民族医疗机构）基础设施建设

建议重点改善100所省、地级中医医院和条件较好的县级中医医院的办院条件；选择50个中医专科进行重点建设，同时分别在藏医、蒙医、维医、傣医中各筛选10个左右的专科进行重点建设；近五年内加强对中医医院院长及其他管理人员的培训。

（二）制定积极的政策，引导多种经济成分创办中医医院，作为非营利性中医医院的补充和配套，满足不同层次的中医医疗服务需求。

（三）加强中医专科技术骨干的培养，重点选择200多名中医技术骨干进行培训，使他们能够熟练掌握重点专科的中医诊疗技术和技能。重视农村卫生技术人员的中医药知识和技能的培训，使他们能够熟练应用中（民族医）西医两法防治疾病。

（四）结合当地的实际，积极推广中医药适宜诊疗技术，提高中医医疗机构的诊疗水平。遴选一批具有中医药特色、技术成熟、技术含量高，已有一定推广基础的诊疗技术项目，在西部地市级、县级中医医疗机构进行推广。

（赵　明）

民族医药文献整理研究项目启动

民族医药文献是我国各个不同历史时期各民族防治疾病经验的结晶，是民族药开发利用和民族诊疗技术挖掘的源头，它是中国卫生事业不可分割的一部分。民族医药文献整理是西部地区开展科研、教育、临床和开发的基础性工作。为了挖掘整理出各民族具有代表性的医药文献，及时抢救民族医药文化遗产，提高民族医药学术水平及临床疗效，保障各民族人民健康，促进西部民族地区经济建设和社会发展，尊重民族习俗、增进民族团结，发展建设有中国特色社会主义卫生事业，特设立“民族医药文献整理研究”项目。

本项目本着“有所为、有所不为、突出重点”的工作原则，做到总体规划，分类指导，分步实施，以藏、蒙、维、傣四种民族医药文献整理工作为重点，还有回、壮、朝、彝、布依、苗、瑶、侗等8个民族的医药文献整理工作。通过对经典著作的整理、校勘、注释和汉文翻译，撰写出版具有时代气息的民族医药发展史、基础理论、临床学科、药物方剂的专著，预计3年计划完成经典著作5部，有关专著16～20部。

对此次整理工作提出要高起点，要代表21世纪文献整理工作的水平，出版的著作要具有科学性、实用性、权威性和民族医药学的特色，确定了课题的组织和运作方式：各牵头省负责组织招标本民族医药文献整理课题及其日常的管理工作，立项的课题根据《国家中医药管理局中医药科学技术研究基金管理办法》进行管理。

（科教司）

国家中医药管理局中医临床诊疗技术整理与研究项目

中医临床医学是一门实践性很强的科学，在诊断、预防、治疗疾病方面积累了丰富的经验，并取得了显著或不同程度的疗效（效应）。但是，许多中医临床诊疗技术尚需进一步系统整理和进行科学严谨的临床评价、技术规范工作，在此基础上推广应用。国家中医药管理局中医临床诊疗技术整理与研究项目（专项）拟筛选100项（左右）临床上确有效应的中医（中西医结合）诊断技术、治疗技术进行系统的研究整理，多中心、前瞻性地评价其临床效应和规范其技术标准，为临床提供更多的、安全有效的诊疗技术，以利于促进全面提高中医临床疗效。

自2000年9月启动的本项目拟连续5年，每年投入400万元，2000、2001年度先进行试点，定点招标；2002～2004年按年度进行全国招标。

为了落实好此项工作，起草了有针对性的《国家中医药管理局中医临床诊疗技术整理与研究项目管理办法》、《2000年度工作原则》、《2001年度工作原则》、《中医临床诊疗技术整理与研究项目临床科研设计指导原则》、《中医临床诊疗技术整理与研究项目技术操作规范文本》、《中医临床诊疗技术整理与研究项目申请书》（上、下册）、《中医临床诊疗技术整理与研究项目任务书》等一系列文件，从研究方法、方式上加以引导和规范。

2000年度在北京、上海、浙江、辽宁、广东5个省进行了试点，共收到申报课题61项，通过评审同意立项的有30个课题并已启动。2001年7月组织了入围课题负责人临床科研设计方法培训班，专门针对科研设计方法进行了培训，并且尝试了“专家联系制”这种质量控制方法。对于培训效果大家普遍反映强烈，认为收获很大，希望多组织这样的培训。

在总结2000年度工作的基础上，扩大到10个省进一步进行试点工作，黑龙江、吉林、江苏、陕西、山西、湖南、河南、湖北、山东、四川省共申报166个课题，通过评审同意立项的有55个课题。

（林超岱）

“九五”攀登计划预选项目——“经络的研究”通过验收

“经络的研究”“九五”的总体思路：“经络”是以具有十二经脉为主要特征的机体功能调节、体表各部位与内脏的联络和对内外环境发生反应的综合系统；经络现象是经络活动的表现形式。通过对经络现象产生机理和由经络理论提出的体表-内脏相对特异性联系规律及其作用物质的研究，揭示“经络”的功能结构基础。该项目共分4个课题进行实施，包括9个专题（含18个子专题），具体内容如下：

1．经脉循行线理化特性的研究
2．经脉与脏腑相关机理的研究
3．循经感传及经络实质的神经生物学实验研究课题
4．经络的文献研究

课题执行三年多来，各组不仅按计划完成了预定的工作任务，而且一些课题的研究已获得可喜的结果。已发表论文210篇（其中SCI收录论文29篇），出版学术著作4部；国际生命科学会议特邀报告7篇、大会报告20篇、分组报告36篇；全国性会议特邀报告3篇、大会报告24篇、分组报告12篇，并获得专利技术4项。

在项目实施过程中，建立了一支牢固的研究队伍，并注重人才的培养。本项目的课题承担单位13个，其中包括4个中医药专业机构（中国中医研究院针灸研究所、福建中医药研究院、湖南中医学院针灸经络研究所、安徽中医学院针灸经络研究所）、4个现代医学专业机构（中国医学科学院基础医学研究所、西安医科大学、大连医学院、解放军总医院）。4个综合性大学（清华大学、武汉大学、复旦大学、首都师范大学），及中国科学院心理研究所等科研机构。参加本项目的研究人员约133人，其中高级职称68人、中级职称45人、初级职称20人。在人才培养方面，三年来培养了博士后3人、博士生38人，为培养科研人才与师资队伍做出了重要贡献。

课题主要成就体现在以下几方面：

1．在肯定经络现象、特别是循经感传现象的基础上，从外周神经、骨骼肌的链状结构、脊髓运动神经元柱和大脑皮层多个角度基本阐明产生循经感传的神经生物学基础。

2．在经络循行部位，已证明存在较为明确的红外辐射现象；相关内脏病理状态下，可诱发出有关经脉的高温循行带。这种红外辐射源可能存在骨骼肌或细胞外基质中。根据光谱分析结果，除热致辐射外，还存在红外光子辐射。

3．穴位感受刺激时可沿经脉组织间隙出现特异的富含磷脂和蛋白的液晶物质，该间隙呈低流阻特性。液晶物质可能与经穴的调控作用有关。

4．经穴对相关内脏的活动调节除了有节段性植物神经反射功能外，还证明植物神经中枢也参与对内脏活动的调控。在此过程中，有相对特异性的肽类物质参与。如胃经穴对胃功能的调控与脑肠肽有关，心经、心包经穴位对心功能的调控作用与牵涉痛机制和神经肽Y释放有关。

5．通过对古代经络文献系统研究，明确提出了经络学说的科学内涵主要反映的是人体体表与体表、体表与内脏特定部位间特定联系的规律。经络问题的现代研究的目的即揭示出这种联系的生物学机制，从而将经络问题表述为一个能够被科学界普遍理解的科学问题。

此外，本项目在实施过程中，广泛开展各种国际交流和合作：三年多来，共派出到德国、美国、日本等10多个国家组织召开的多个与针灸、经络有关的重要国际学术会议40多人次，并作了特邀报告、大会专题报告，协助组织筹备了国际传统医学大会；与美国、德国、英国等10多个国家和地区的20多个重要学术机构建立了长期的学术交流与合作关系，并开始联合培养研究生；共接待了100多人次来自美国、德国、日本等国家的医学代表团和有关专家来访。

该项目于2001年11月通过科技部组织的验收，验收专家组认为，本项目设置具有前瞻性，项目课题分解合理，运行机制完善，经费分配和使用得当（共475万元），较好地完成了预定的任务。在循经感传机理、经脉-脏腑相关的神经-内分泌机制、经络-脏腑机理与牵涉痛联系的研究、中枢整合等方面取得了突出的成绩；在经脉的理化特性方面对循经红外辐射及机理、经脉与相关脏器的特异液晶物质的研究具有创新性成绩。项目综合研究成果达到了国际先进水平，项目综合评价A级（优）。

（洪　净）

“九五”攀登计划项目
“中药现代化关键问题的基础研究”通过验收

“九五”攀登计划项目“中药现代化关键问题的基础研究”，自1998年立项开展工作以来，根据项目计划任务书的要求，通过境内外19个不同单位、230名科技人员的合作努力，运用化学、药理等多学科技术方法，围绕研究工作假说开展了工作，取得了一系列富有意义的研究进展。

项目根据中医药的优势与特色提出：中药及其复方由多种化学组分群构成，多种化学组分通过多靶点、多途径发挥整合调节作用，这一新的现代概念，并通过当归补血汤、四君子汤、补阳还五汤、千金黄连丸加味、人参四逆汤、安宫牛黄丸和桂枝汤药效物质基础和作用机理研究，得到了初步证实。这对正确理解中药的有效成分、深入认识中药本质，挖掘复方潜能，进行了有重要现实意义的探索性工作，充实和丰富了药学及生命科学的相关内容，推动了中药学科的进步与产业发展。

研究工作中新发现的四君子汤促进肠道隐窝细胞的增殖、分化、移行以“健脾”；桂枝汤双向调节神经肽及其细胞内信号传导以“调和”营卫；当归补血汤纠正细胞膜通透性异常，“补气”以固摄血液；人参四逆汤中干姜的一些癸酮、癸烷能增强附子中生物碱的拮抗失血性休克、改善微循环的作用，验证了“附子无干姜不热”，甘草及其甘草酸可降解附子的双酯型二萜生物碱以“解附子毒”等，都从不同侧面丰富和发展了中医药和复方配伍的相关理论。

本项目通过研究构建中药及复方的分布式联邦型数据库实用系统和 KDD 的方法研究，以及创建、引用、改进了 8 种实验模型，在国内首次试用 ESI/MS^n、LC-NMR 等联用技术，用血清药物化学等检测研究中药组分，以汞的络合物合成探讨中药中重金属的体内存在状态，既加快了科研任务的完成，也为适于中药研究新方法的建立和应用，作出了有益的探索，从而提高了中药研究工作水平。

研究中发现的 17 种从现有资料推定的新化合物、23 种新的中药活性部位及 30 种活性单体，申请了 4 个专利，已获得一项新药证书，相当数量有应用开发前景，具有较好的潜在经济价值。4 项有关生化、化学新现象的发现，对生命科学、化学的发展，也提供了有价值的科学资料。

在研究过程中，组织或参与了 67 次国内外学术会议，发表了学术论文 126 篇，项目的研究假说得到了国内外同行的引用，扩大了学术影响，培养了博士后 14 名、博士生 38 名，有 10 人作为国家部委优秀人才获得资助或奖励。

在 2001 年 11 月 30 日的验收会议上，项目验收专家委员会认为，本项目具有比较明显的创新性，总体上，与国际、国内同类研究相比较，居于领先的水平，并一致同意通过验收。

（杨龙会）

“十五”国家科技攻关计划重大项目“中医药现代化研究与产业化开发”启动

为全面提高我国中医药研究与产业化开发的科学技术水平，加快中医药现代化、国际化进程，科技部将“中医药现代化研究与产业化开发”列为“十五”国家科技攻关计划重大项目。该项目主要针对中医药现代化发展及产业化过程中存在的主要问题，组织全国力量开展联合攻关，解决中药生产中的共性、关键性技术难题，提高中药质量控制技术水平、完善中药研究、开发、生产规范体系，提高中医药治疗主要重大难治疾病诊疗水平，加强中医药知识产权保护，加快中医药现代化、国际化进程，提高我国中医药产业的国际竞争能力，使中医药产业成为国民经济新增长点。

本项目主要包括四方面研究内容：1. 中药生产关键技术及优质高效中药品种示范研究；2. 重大难治疾病的中医药诊疗研究；3. 创新中药研究开发能力建设；4. 中医药知识产权保护及国际化战略研究。经科技部批准，共有34个课题立项，总支持经费5001万元。国家中医药管理局受科技部委托作为该项目的组织实施部门。

（陆建伟）

七、教育管理

2001年中医药教育工作概述

2001年中医药教育工作认真贯彻第三次全国教育工作会议精神，认真学习，深入调研，结合中医药教育的现状和特色，转变政府职能，加强宏观战略研究；抓好学科建设，促进学术发展；加强继续教育，提高队伍素质；扎扎实实推进中医药教育改革和发展。

一、完成全国中医药继续教育工作会议筹备工作

加强人才培养，造就一支高素质的中医药人才队伍，是推动中医药事业在新世纪取得新发展的重要基础。为此拟召开全国中医药继续教育工作会议，全面推进这项工作。并确定会议的主要任务为以第三次全国教育工作会议精神为指导，结合中医药继续教育工作的现状，加强宏观战略研究；逐步建立适应新世纪的中医药继续教育体系，全面提高中医药继续教育的质量效益。为筹备好这次会议，我司组织专家对北京、浙江、上海、广东、四川、河南、山西等省（市）中医药继续教育工作开展的情况进行了较深入的调查研究。通过调查，我们对中医药继续教育总结了一些规律性的认识，初步积累了按照中医药行业特点开展继续教育工作的一些经验。

二、第二批全国老中医药专家学术经验继承验收工作结束，开展第三批师承工作的主要文件基本完成　第二批继承工作自1997年上半年开始，到2001年年初，所有参加这项工作的35个地方和单位均完成了结业资格审查和规定的结业考核。经与人事部、卫生部多次沟通、协商，在对上报材料进行认真的分类、整理、录入的基础上，由人事部、卫生部和国家中医药管理局及有关专家共同组成考核检查验收委员会，对上报材料进行了检查验收，第二批共有845名继承人，其中710人通过了验收，通过率为84%。开展第三批继承工作的《通知》、《细则》等有关文件在与人事部、卫生部共同研究、讨论的基础上，目前已进入具体的文件会签阶段。

三、顺利完成局级重点中等中医药学校建设验收工作

根据国家中医药管理局级重点学校建设工作实施计划，于2001年4月组织专家组对8所学校和另外3所自行建设申请验收的学校进行了验收检查。

局级重点学校建设在硬件和软件建设上均取得了较大成绩，在向职业教育转变中探索并积累了一定的经验，在中等中医药学校中起到了骨干示范作用。使中等中医药教育资源得到了进一步充实和加强。到目前，8所学校均达到省部级重点中专学校标准，其中有6所学校被教育部确定为国家级重点中专。局级重点学校建设工作，在各方面的努力下收到了“低投入、高产出”的良好效果。

四、试行非医学专业本科毕业生攻读中医学科学博士学位试点工作

为贯彻落实2000年全国中医药研究生教育工作会议精神，加速中医药高层次、复合型人才的培养，经过半年多的调查和广泛征求意见，与教育部联合下发了《关于开展非医学专业本科毕业生攻读中医学研究生工作的试行办法》(下称办法)。《办法》明确这次先在北京、上海、广州、南京中医药大学四所中医药高校试点，2002年开始招生，每校招收20人。专业为中医基础理论。招生对象为：文学、哲学、历史学、理学和工学5个门类，16个专业的本科毕业生，学制5年，实行5年一贯，中期分流，毕业后获得医学科学博士学位。根据《办法》，我司组织制定了《指导性培养方案》。这项工作的开展为培养中医高层次、复合型人才开辟了一条新的途径。

五、第二批局级中医药重点学科建设全面实施

根据中医药重点学科建设工作会议精神和部署，在各单位申报的基础上，经过多形式、多层次的评审，从66个单位，申报的267个学科点中遴选出24个学科，78个学科点作为本次局级重点学科建设点。本次局级重点学科建设工作在原有的基础上进行了较大的调整和改革，如将重点学科建设从教育的角度提升为全局、全行业的一项重要工作、明确了学科建设中的一些理论问题进行了研究、明确了学科建设的目标任务（七项主要内容）、调整了学科建设的模式，建立了有效运行机制、理清了重点学科建设与重点实验室、研究室、专科专病中心建设的关系。2001年11月19~20日局重点学科建设专家指导委员会对各学科的规划进行了认真的审定。

六、加强中医药（包括民族医药）教材建设

1. 启动新世纪高等中医药教育本科教材建设　这次教材编写采取“政府指导、学会主办、学校联办、出版社协办”的改革模式，引入了竞争机制，调动学校和出版社的积极性。成立了全国中医药教材建设研究会和全国高等中医药专业教材建设专家指导委员会。目前，18门主干教材教学大纲已经审定，28门配套教材主编人选业已确定。

同时，受教育部的委托，组织申报“十五”国家级规划教材工作。全国先后申报中医药教材144本（其中五年制115，七年制29)。经组织有关人员及专家初步审定，上报教育部“十五”国家级规划教材中医药教材84本（其中五年制64，七年制22)。

2. 在藏医学教材启动的前提下成立全国高等院校藏医专业教材编审委员会　该委员会负责制定藏医学教材发展规划、检查并指导有关藏医学教材的编写工作。

3. 协助《中医药名词术语辞典》(中文稿）出版工作　该书集中数十名专家、历经3年多，反复修改、完善，于2001年10月份正式出版，成为当前中医药名词术语规范化的标志，为下一步辞典翻译和中医药外文教材建设奠定了基础。

4. 新版中等中医药教材编写工作　此次教材编写有以下几个特点：学校广泛参与（医疗和护理两类24门教材，参与学校达28所，参编人数129人)；管理上实施在专业编审委员会领导下的主编和主编单位负责制。在管理机制上，实施动态管理，对不能胜任的编写人员将及时予以更换；突出职业教育特点，保持中医药特色和综合能力培养为本位的原则；以面向农村基层、城镇社区、中药企业培养人才为目标。更新观念，淡化学科意识，强化专业目标，整体优化，保持教材先进性和实用性。目前中药专业15门教材课程大纲已通过专家审定并报教育部。中医和护理类各门教材大纲已基本完成。

七、面向21世纪高等中医药教学内容和课程体系改革研究课题

1. 启动中医本科毕业生中医药主体知识和技能标准的专门研究　该工作在9月底组织有关专家进行研讨，提出制定中医本科毕业生中医药主体知识和技能标准，从中找出中医药人才标准研究的突破口。

2. 面向21世纪教学内容和课程体系改革研究　各研究项目均已写出中期检查报告。2001年12月召开课题研究专家指导委员会会议，研究存在问题，部署明年验收工作。

八、"两项赛会"成功举办

由国家中医药管理局和教育部体育卫生与艺术教育司联合主办的"全国第三届高校武术比赛暨第六届全国中医药院校传统保健体育运动会"（以下简称"两项赛会"）于2001年8月11~16日在广西中医学院召开。"两项赛会"的召开促进了承办单位的建设和发展，并且推动了全国高校学生健康教育与素质教育，同时也扩大了中医药行业在全国的影响与声誉。

（贺兴东　陈梦生）

国家中医药管理局局级重点中医药学校建设验收结束

根据国家中医药管理局局级重点中医药学校建设实施方案，1998年，国家中医药管理局在全国确定了8所局级重点中医药学校建设单位。依据局级重点中医药学校建设工作计划及验收标准，2001年4月组织专家对8所局级重点中医药学校建设单位和自行建设申请验收的学校进行了检查验收。局级重点学校建设工作在地方各级人民政府、中医药行政管理部门和各学校的共同努力下。各校在教学质量、办学条件等方面均有了很大的提高和发展，在向职业教育转变中探索并积累了一定的经验，在中等中医药学校中起到了骨干示范作用。到目前，八所学校均达到省部级重点中专学校标准，其中六所学校被教育部确定为国家级重点中专。

椐统计，三年中，八所学校各方面投入经费共计一亿三千多万元。其中国家中医药管理局投入占4.8%，地方投入占27.8%，学校自筹占67.3%。强有力的资金投入，使各校基础设施建设成绩显著，办学条件日臻完善。三年来，八所学校共新征土地144亩，比原占地增加了17.4%，新增校舍131874平方米，比原建筑面积增加了47.6%，新增教学设备总值2574.5万元，比原教学设备增加了203%，新增图书27.25万册，比原藏书增加44.5%，现代化教育教学设备相对齐全，体育场地、设施完备，实践、实习基地不断增加，为实施素质教育奠定了坚实基础，促进了中医药教育事业的发展壮大。

本次验收合格的局级重点中医药学校有：河南省南阳中医药学校、陕西省渭南中医学校、江西省中医药学校、湖北省中医药学校、重庆市中医学校、黑龙江省中医药学校、湖南省中医药学校、四川省绵阳中医学校、北京市中医学校、江苏省连云港中药学校、广东省新兴中药学校。

（徐金香）

新世纪高等中医药教材编写工作

根据教育部文件要求和目前全国中医药高等教育教学改革的需要，国家中医药管理局于2001年4月份正式启动新世纪高等中医药教材编写工作。该工作采取了“政府指导、学会主办、学校联办、出版社承办”新机制，全部工作由全国高等中医药教育学会组织，中国中医药出版社承办。为了加强对高等中医药教材编写工作的指导，国家中医药管理局专门成立由全国知名中医药专家组成的全国高等中医药专业教材建设专家指导委员会，负责制定全国高等中医药专业教材建设发展规划、指导教材编写工作。同时全国高等中医药教育学会也成立了由各高等中医药院校分管教学的校长组成的全国高等中医药专业教材建设研究会，专门负责高等中医药教材理论和实际问题的研究，开展教材编写、评价和推广工作。经多次组织专家研讨并结合当前中医药教育改革的实际情况，新世纪高等中医药教材分成主干教材、配套教材、改革教材和创新教材四个类型进行组织编写，目前已经确定18门主干教材、28门配套教材，其主编人选、教学大纲和体例要求以及各教材编委会已开始正常工作。

（陈梦生）

教育部、国家中医药管理局开展非医学专业本科毕业生攻读中医学研究生试点工作

为了适应新世纪社会发展需要，培养一批从事中医学科学研究的跨学科、复合型高层次专门人才，进一步提高中医学理论研究水平和促进学术进步，加速中医药现代化的步伐，同时探索培养中医药高层次复合型人才的新模式、新途径，根据2000年召开的全国中医药研究生教育工作会议精神，国家中医药管理局科技教育司与国务院学位委员会办公室、教育部高校学生司、研究生工作办公室、高等教育司等，经过充分论证，决定从2002年起，在北京、上海、南京、广州等4所中医药大学开展非医学专业本科毕业生攻读中医学研究生试点工作。教育部办公室、国家中医药管理局办公室于2001年8月21日联合下发了关于开展试行工作的通知及《非医学专业本科毕业生攻读中医学研究生试行办法》。

试点工作的招生专业为中医基础理论，招生规模2002年每校20名，与本单位硕士研究生招生同步进行，面向全国招生。凡获得理学、工学、哲学、文学、历史学等学士学位，并在本科阶段通过全国英语四级考试、获得相应等级证书的本科毕业生（含应届毕业生）均可报考。考试试卷的命题、制卷与阅卷等工作委托北京大学、清华大学组织进行。考虑到考生本科阶段不同的专业背景，共列出49组试题供考生选择。

招收非医学专业本科毕业生攻读中医学研究生，按硕士研究生招生，入学后进行硕博连读，同时实行中期筛选制度。根据试点工作培养要求，学习年限为5年，其中课程学习时间两年半，临床实习时间一年，科研工作与撰写论文时间一年半。第五学期末进行中期考核，

合格者进入博士研究生阶段学习；未通过中期考核者，不能进入博士研究生阶段学习。各项考试、考核合格，并通过博士论文答辩者，授予医学科学博士学位。论文答辩未达到博士学位水平，但已达到硕士学位论文水平者，授予医学科学硕士学位。未能通过中期考核者，各安排半年临床实习与撰写论文时间，通过论文答辩者授予医学科学硕士学位；课程学习不合格或学位论文答辩未通过者，发给结业证书。

为了做好试点工作，国务院学位委员会办公室和教育部高校学生司、研究生工作办公室，共同组织制定并印发了《非医学专业本科毕业生攻读中医研究生指导性培养方案》（以下简称《培养方案》）。目前各试点单位正在积极紧张地进行招生考试前的各项准备工作，并根据《培养方案》要求，结合本校实际，组织制订实施细则。

考生的复试与录取工作，将由试点院校根据国家有关规定，在教育部与国家中医药管理局的指导下组织进行。

（许云秋）

全国高等院校藏医学专业教材编审委员会成立

为保证全国高等院校藏医学专业教材编写工作顺利进行，国家中医药管理局研究决定成立以全国著名藏医专家、西藏自治区藏医院名誉院长强巴赤列和青海省藏医院名誉院长尼玛为顾问，国家中医药管理局科技教育司司长贺兴东同志为主任委员，陈资全、杨殿兴、侯志民、阿登、艾措千、措如·才朗为副主任委员的全国高等院校藏医学专业教材编审委员会（以下简称“编审委员会”），负责该系列教材编写的指导工作。

编审委员会主要职责：制定全国高等院校藏医学专业教材建设发展规划，向政府主管部门提出意见和建议；审定藏医学专业教材科目和编写内容；检查并指导藏医学专业教材编写工作；开展藏医学专业教材建设学术研讨与经验交流；组织全国藏医学专业优秀教材推荐与国际交流活动。为此编审委员会专门下设办公室，挂靠在青海省卫生厅负责日常工作。由青海省卫生厅副厅长曹正逵同志兼任办公室主任。

编审委员会委员汇集目前全国藏医教育、科研和医院的知名藏医专家和学者，全部是副高职称以上。他们是青海藏医学院、西藏藏医学院、成都中医药大学、甘肃中医学院、青海藏医院、青海省藏医药研究所、青海省河南县蒙藏医院、西藏自治区藏医院、四川省阿坝州藏医院、四川省甘孜州藏医院、甘肃省甘南州藏医药研究所、云南省迪庆州藏医院以及美国利众基金会的王炼、李福安、扎西郎杰、旦科、旦正加、完德才让、尕玛措尼、李先加、三智加、桑杰、多杰、星全章、昂青才旦、才布扎、尼玛次仁、旺堆、桑旦、占堆、次陈尖参、班玛丹增、巴珠、英巴、华江、唐卡拉杰、降拥四朗、图布旦、次智木、尕藏陈来、楞本嘉、向·楚程加赞、扎西泽仁、更藏嘉等。委员中有相当一大批专家是目前正在进行的全国高等院校藏医学专业教材主编或者主审，相信经过认真的组织和把关，新编写出版的全国高等院校藏医学专业教材一定能够反映目前藏医药专业的学术水平，保证全国藏医药专业高等人才培养的需要。

（陈梦生）

中医药网络教育迅速发展

随着人类进入21世纪和我国加入WTO之后，医疗保健领域向中医药界提出了大量的、高素质的人才需求。加强中医药在职教育，提高中医药队伍素质，已成为中医药行业、个人生存和发展的实际需要；进行高水平、低成本、广覆盖、深层次的中医药人才的教育与培训，已成为中医药行业共同关注的课题。网络技术赋予了教育与培训更广阔的施展空间，使网络教育有可能成为培养中医药高素质人才的最主要、最现实、最经济的途径。

我国中医药网络教育自1998年起步以来，在国家教育部和国家中医药管理局的领导下，从无到有，由小到大，现已在中医药高等网络学历教育和中医药网络继续教育两个方面初步奠定了基础，开创出中医药网络教育的新事业。

（一）中医药高等网络学历教育　北京中医药大学网络教育学院（WWW.iBUCM.com，简称“网院”）是北京中医药大学的二级机构，由国讯医药网络科技开发（集团）有限公司（简称“国讯医药集团”）独家提供技术支撑，是目前唯一由国家教育部批准成立的高等中医药网络教育机构。经过多方的协作与努力，“网院”现已初具规模，取得了如下主要进展：①国家教育部以教高厅［2000］9号文件批准“网院”已设置的本、专科学历教育、学士学位教育。开设中医、中药、针灸、护理4个专业3个层次的招生口，2001年招生人数已逾3000人。②在国家教育部及各省市教育主管部门的领导下，“网院”已在全国15个省市建立了21个教学点，每个教学点都配备了专门的管理班子。③建立了网络教育课件设计制作的专业队伍，开创性地建设了一批中医药网络教育课件。在没有可以直接援用的中医药网络教育课件设计、制作规范与标准的情况下，以相关“国标”（GB）和国家教育部、国家中医药管理局相关规范、标准为依据，结合中医药学的特点，制定了《中医药网络教育课件教案文本编写大纲》、《中医药网络教育课件设计与制作规范》、《中医药网络教育课件检测标准与检测流程》等系列规范、标准（试行稿）。目前已设计制作了近40门集文字、图片、动画、音频、视频于一体的高水平的网络教育课件，并全部通过了专家评审。④“网院”研究开发了教学管理系统、学员报名系统、网上作业系统等一系列功能强大、全面的网络教学支撑系统，真正体现了网络教学的便捷与实用性。

（二）中医药网络继续教育　二十一世纪中医药网络教育中心（WWW.iTCMedu.com，简称“网教中心”）是由国讯医药集团独家主办的中医药网络继续教育机构，受国家中医药管理局委托，在国家中医药管理局科技教育司的指导下，负责国家级中医药网络继续教育项目（含网络师承教育项目）的课件设计制作与运营，面向海内外开展中医药网络继续教育，促进中医药文化国际交流。其主要任务是面向基层、面向临床、面向全球，开展全方位、多层次的中医药网络继续教育，并运营中医药网络继续教育资源。

“网教中心”经过多年的努力，运用“政府主管、企业主办、单位联办、多方协作”的运作模式，取得了初步成效与进展：①建立了9个省市分中心和香港教学网站；完成了7个国家级中医药网络教育项目课件的设计制作任务，并通过了专家组审定，其中5个课件达到了“国际领先水平”；搭建了中医药网络教育平台“中华中医药教育在线（WWW.iTCMedu.com）”，2001

年国内外注册学员200余人，非注册访问28890人，日访问率平均为13500人次；吸收师承教育的经验，与中国教育电视台合作，拍摄制作了部分《中医名家》电视网络教学片，为中医药网络继续教育事业的发展奠定了较坚实的基础。②初步创建了中医药网络继续教育质量保障体系：精品课件（课堂讲授，文献查询，智能练习，自动组卷）→网络教学（优秀师资，全面系统，超越时空限制，交互式）→期刊辅导（重点难点，解答交流）→定期答疑（分中心、分学科定期集中面授，答疑解难）→定点考核→名师讲座（针对重大或关键性的学术专题，特聘名师进行网络或定点专题讲座）→临床实践（对需要临床观摩、实践的项目，到指定医院随师临床实践、考核）→择优培训（择优选送专科专病进修，考核；择优选送继续接受师承教育，考核）。③在主管部门的指导和联办单位的支持下，“网教中心”负责申报、设计和制作国家级中医药网络继续教育项目课件。公布了包括贺普仁教授主讲的《针灸三通法》和《中风病的诊疗》、刘弼臣教授主讲的《中医儿科学系列专题讲座》等在内的7个网络继续教育项目。④国讯医药集团创建于1997年9月，是由著名中医药学专家孙光荣教授等和计算机网络技术精英朱嵘研究员等为主体组成的致力于中医药网络教育、医药行业的应用软件开发和专业应用服务的中外合资高新技术企业，集团为高等医药网络学历学位教育、医药从业人员网络继续教育和网络师承教育以及在职培训等提供信息技术综合解决方案和网络技术应用服务；为医疗机构、医药企业、社保机构、社会福利团体的管理以及社区卫生，提供信息技术综合解决方案和网络技术应用服务；以强大的网络技术与多媒体信息技术为依托，面向全球开展多层次全方位的中医药网络教育。

（蔡铁如）

八、其 他 管 理

提议筹建中国中医药博物馆

政协九届全国委员会第四次会议上，龙致贤、于生龙等委员提出“关于建立中国中医药博物馆”的提案（第1190号），被全国政协提案委员会列为重点提案。由全国政协提案委员会组织国家文物局、国家中医药管理局、北京市政府办公厅、北京市规划委、北京市文物局等单位参加的协调会上，北京市文物局表示将“北京市地安门东大街113号——清太医院遗址”列为文物暂保单位。2001年7月至9月，全国政协提案委员会组织政协委员、国家计委、国家文物局和北京市政府有关部门、国家中医药管理局共同组成调研组，赴北京、天津、上海、杭州、西安等地就筹建中国中医药博物馆进行调研。国家中医药管理局对建立中国中医药博物馆的提案非常重视，将其列为“国家中医药管理局政策研究专项课题——中医药文物古籍现状、问题及对策研究”，抽调人员组成工作班子。提出中国中医药博物馆总体设计起点要高、功能要齐、设备要全。2001年11月6日，全国政协提案委员会组织召开“建立中国中医药博物馆”工作协商座谈会，全国政协副主席杨汝岱及部分政协委员、国家计委、财政部、国家文物局、北京市政府办公厅、北京市文物局、北京市规划委、国家中医药管理局和部分新闻单位的负责人出席。全国政协办公厅向中共中央办公厅、国务院办公厅报送《关于尽快建立国家级中医药博物馆的建议》(政全厅发[2001]66号)，提出四点建议：①中国中医药博物馆应尽快列入国家发展重大项目；②中国中医药博物馆建设应纳入北京奥运整体建设规划；③中国中医药博物馆建设应充分展现时代风貌；④中国中医药博物馆要采用新的运行机制。杨汝岱副主席给李岚清副总理写信，提到“在现在的条件下，建立一个国家级中医药博物馆很有必要。”，李岚清副总理2001年12月17日批示：请卫生部研处。卫生部张文康部长立即批转：请中医药局研究。目前，此项筹建工作正在抓紧落实。2002年1月28日国家中医药管理局政策研究专项课题——中医药文物古籍现状、问题及对策研究结题。

（谭建华）

《中华人民共和国中医条例（草案）》修订进展情况

从2000年6月起，由全国政协牵头，国务院办公厅、国务院法制办、卫生部、国家中医药管理局组成的联合调研组，对广东、贵州、云南三省的中医及中医立法工作进行了调研；8 月份，全国人大教科文卫委员会组织赴宁夏和内蒙古自治区对中医立法情况开展调研，国家中医药管理局也积极参与了调研。通过调研，大家对中医药工作有了更加深切的感受，对当前中医药事业发展中的突出矛盾和问题有了深入的了解，对中医立法的指导思想、立法宗旨、立法目的等进一步达成共识。在此基础上，形成了《中华人民共和国中医条例（草案）》。于 2000 年 11 月 10 日上报卫生部，2000 年 12 月 12 日，殷大奎和佘靖副部长在卫生部主持召开了《中华人民共和国中医条例（草案）》的协调会，卫生部、国家中医药管理局有关司、办参加。会后，国家中医药管理局对《中华人民共和国中医条例（草案）》加以修订。2001 年全国中医药工作会议期间，国家中医药管理局邀请国务院法制办有关同志听取地方中医药管理部门对《中华人民共和国中医条例（草案）》的修改意见。2001 年 6 月 7 日国家中医药管理局与卫生部共同听取了国务院法制办对修订过的《中华人民共和国中医条例（草案）》的意见。会后国家中医药管理局就有关问题征求了人事部、社会保障部等有关部委的意见。根据意见，进一步作了修订。2001 年 8 月 11 日提交卫生部部务会讨论，原则通过。会后，就有关立法依据、民族医药、医疗气功管理、广告管理和中药管理等内容进行了部分修订，卫生部已于 2001 年 10 月 25 日将《中华人民共和国中医条例（草案）》上报国务院法制办。

（张恒有）

泰国颁发首批中医行医许可证

泰国副总理兼卫生部长空·达巴兰西 2001 年 1 月 9 日在曼谷的华侨中医院向泰国首批获得中医行医许可证的 11 名中医师颁发证书。这是自 2000 年 7 月 1 日泰国政府宣布中医合法化后首次颁发中医行医许可证。

空·达巴兰西在颁发仪式上发表讲话说，中医在泰国历史悠久，而随着中医在泰国取得合法地位，越来越多的中医师能够取得证书合法行医，将使泰国人民在医疗服务方面具有更多更好的选择。他说，作为泰中友好协会主席，他相信泰中医学上的交流将造福两国人民，促进两国业已存在的友好关系进一步发展。

出席仪式的中国驻泰国大使傅学章说，泰国此次颁发中医行医许可证，是中泰两国在医学合作领域取得的又一新成果，标志着新世纪两国医学合作的良好开端。

泰国自去年宣布中医合法化后，已经有数百人向政府申请中医行医执照。近年来，中泰两国在中医学方面的合作不断加强，两国分别于 1997 年和 2000 年签署了两项关于医学合作的谅解备忘录。

（杨晴川）

首届欧州-中国传统医学大会在罗马召开

为期 3 天的首届欧洲-中国传统医学大会 2001 年 12 月 2 日在位于罗马的意大利医学艺

术史学院礼堂落下帷幕。来自中国、意大利、英国、法国、荷兰、德国、美国、印度等国的300多名中医药专家、学者和意大利卫生部有关部门负责人出席大会。与会者在大会上踊跃发言，就中医中药学术情况进行交流。他们纷纷表示，将尽自己最大努力，在自己从事的中医药事业中取得出色的成绩，弘扬优秀中医文化，造福人类。

这是欧洲历史上第一次举行如此大规模的中医药学术交流大会。会议期间，专家、学者们共宣读了50多篇论文，从不同的角度介绍了中医传播到欧洲的历史和目前的形势，论述了他们各自在中医药、针灸、推拿和导引的临床、教学及研究工作中的成果和经验。尽管这是一次民间组织会议，但意大利卫生部等有关机构为表示对会议的重视，不仅派有关官员与会，而且在大会开幕式现场专门安排了乐队，演奏了中意两国国歌。

许多中医药学专家、学者在学术报告或大会发言时都认为，今天，在包括医学科学在内的世界科学技术迅猛发展、知识信息大爆炸的新形势下，进一步认真研究和探讨中华民族文化精华之一的中国传统医学，并使之发扬光大，海内外所有有志于中医药学研究的人士感到的不仅仅是一种需要，而更重要的应是一份责任。为了使中西医更好地相互借鉴、取长补短，许多与会的欧洲国家西医医生与中医医生一起切磋，真诚热烈地开展学术交流。

关于中医文化，正如意大利医学艺术史学院院长安杰罗·卡帕罗尼教授在开幕式讲话时所说，中医中药作为中国的传统医学，是中国古老文明与文化的重要组成部分。在漫长的历史进程中，中国传统医学为中华民族的崛起和发展，起到了无可替代的作用。中国传统医学，作为世界医学科学苑中的一支奇葩，不仅是中国人民勤劳与智慧的结晶，而且也是世界各国人民共同的宝贵财富。

应邀专程与会的中国国家中医药管理局副局长李振吉在接受新华社记者采访时指出，中国政府历来重视中医药的发展，一贯坚持中西医并重的方针，并把发展中医药作为国家医疗卫生工作的重点。在新千年和新世纪，人类对生命健康与生活质量更加关注，传统医学特别是中医药的发展，新的机遇应时而生。中国改革开放20多年来，中医药不仅在国内得到了快速发展，而且在海外的发展更是突飞猛进。目前，仅在人口1600万的荷兰，就有中医诊所约1600家，平均1万人拥有一家中医诊所。据不完全统计，目前在西欧地区，仅华人华侨开办的中医诊所就有8000家之多。加上外国人开办的，数量至少还得翻一番。他表示相信，中医药发展的前景广阔。

大会的组织者之一、英国伦敦杏仁中医研究生院负责人马伯英教授在对新华社记者谈及这次会议的成果时说，经过近8个月精心准备的这次会议开得很成功，达到了预期的目的。但是，他同时也指出，随着中国加入世界贸易组织和东西方文化的进一步融合，中国传统医学正在越来越快、为越来越多的西方国家和人民所接受和欢迎。然而，中医药在时逢机遇的同时，也面临着许多挑战，例如，如何进一步把中医药规范、有序地推向国际市场，如何进一步发挥中医药在为全人类健康和卫生事业服务中的作用，以及扩大和提高其在国际范围内的影响和地位，如何尽快地培养高素质的中医药人才等等，这些都是所有从事中医药事业的人士必须正视并认真加以应对的重大问题。

（袁锦林）

国家中医药管理局所属14家期刊参加首届“中国期刊展”

由中宣部、新闻出版总署主办的首届中国期刊展于2001年11月1日至4日在北京中国国际展览中心举行。

此次中国期刊展是建国以来规模最大的期刊博览会。这次期刊展的主题是“建设强劲的中国期刊方阵，创立品牌，走向世界”。通过展览这种形式，充分展示我国期刊业取得的巨大成就、整体规模和发展实力，宣传期刊出版工作在“两个文明”建设中发挥的重要作用，增进期刊出版单位与广大读者的联系和沟通，通过展览，交流经验，互相促进，提高质量，共同发展。

为了展示中医药期刊的发展成就，积极利用这次展览机会，加强与各兄弟期刊的交流，增加与广大读者的联络，国家中医药管理局组织所属14家期刊参加了这次期刊展并划拨专款予以支持。同时，在展览期间，积极配合主办单位组织了一次义诊活动，既为参展人员提供了服务，又扩大了中医药的影响。

国家中医药管理局由于组织工作出色，荣获了优秀组织奖。

（赵文华）

《中医杂志》等3种中医药期刊进入中国期刊方阵

根据新闻出版总署《关于公布拟进入“中国期刊方阵”名单的通知》（新出报刊〔2001〕1389号）和科学技术部《关于公布科技期刊方阵名单的通知》（国科发财字〔2001〕340号），国家中医药管理局主管的《中医杂志》、《中国骨伤》、《北京中医药大学学报》3种期刊榜上有名。

这次科技期刊的评选推荐工作由科技部负责组织，按照期刊方阵入选要求和比例，经部门推荐、专家评审，最终选出716种进入中国期刊方阵。其中“双高”（知名度高、学术水平高）期刊40种，“双奖”（获中国期刊奖、中国期刊提名奖）期刊58种，“双百”（百种社科、科技期刊）期刊122种，“双效”（社会效益、经济效益）期刊496种。《中医杂志》、《中国骨伤》被列入“双奖”期刊名单，《北京中医药大学学报》被列为“双效”期刊名单。

这次入选“中国期刊方阵”的期刊，统一由新闻出版总署颁发“中国期刊方阵期刊荣誉证书”和标识，并在期刊封面印制“中国期刊方阵标识”。

（赵文华）

第二批全国老中医药专家学术经验继承工作结束

第二批全国老中医药专家学术经验继承工作自1997年初迄今已经结束。第二批师承工作共确定导师557名，继承人845名。经人事部、卫生部、国家中医药管理局联合组成的考核验收委员会对30个省、自治区、直辖市及5个部门报来的出师考核材料进行审核，其中710名继承人经考核合格出师，合格率为84%。

第二批老中医药专家学术经验继承工作，从最初导师和继承人的遴选到最终继承人的结业考核，各地都做到了严肃、认真、求实。各地严格按照《全国老中医药专家学术经验继承工作管理办法》及《实施细则》的规定，在借鉴第一批继承工作成功经验的基础上，规范了管理、教学和考核等各个环节工作。由于各地有关部门和各级领导的大力支持，第二批师承工作达到了继承老中医药专家学术经验和培养高层次中医临床和中药技术人才的双重目的，取得的成绩是显著的。

1. 在第二批老中医药专家学术经验继承工作中，经过三年的跟师学习和临床实践，大多数继承人能基本掌握指导老师的学术经验和技术专长，其临床能力和业务素质都有较大程度提高，相当一部分继承人已被聘任高一级专业技术职务，成为各地中医药学术和技术骨干。

2. 继承人通过撰写跟师笔记、临床病历、学习日记、学术论文和结业论文，较全面、系统地总结、整理了指导老师的学术经验和技术专长，从而使老中医药专家的学术经验和技术专长得到继承和发扬。

3. 继承工作和科研工作相结合，相当一部分继承人在三年学习期间主持或参与了有关课题的研究工作，取得了较好的科研成果，同时也促进了指导老师学术经验的整理和提高。

4. 丰富和发展了传统师承教育方式，为更多更好地培养高层次中医临床人才和中药技术人才提供了宝贵经验。

全国老中医药专家学术经验继承工作是继续教育工作的重要组成部分，是具有中医药特色和优势的继续教育形式，是一项长期的战略性任务。今后一个时期，这种以师承方式培养中医药实用型人才为主要任务的继承工作，还将继续发挥重大作用。

（张为佳）

国家中医药管理局有关领导出访交流情况

一、2001年6月26日至7月7日由卫生部副部长兼国家中医药管理局局长佘靖率领的中国卫生代表团访问了白俄罗斯、德国和荷兰。

在访问白俄罗斯期间，同白俄罗斯卫生部长就加强传统医药的合作交换了意见。白方希望与中国合作，并在明斯克市建立传统医学中心，同时希望派人到中国学习中医药。在访问德国期间，参加了德国巴伐利亚洲魁茨汀市中医院建院十周年庆祝活动。佘部长一行还顺访了荷兰，参加了欧洲华人中医药发展战略研讨会，并商谈了筹建欧洲中医药学会联合会事宜。

二、应台湾中国医药学院的邀请，国家中医药管理局李振吉副局长一行十人，于2001年3月20至4月2日访问了台湾。

代表团在台期间，参加“海峡两岸中医药学术交流座谈会”和“海峡两岸中医药行政学术交流研讨会”，大家就共同关心的中医药行政管理、政策法规、临床评估、中医药教育、中西医结合、中药标准和中药材质量等方面进行了广泛的交流及讨论。

代表团还参观了台湾中国医药学院台中附属医院、秀传医院、长庚医院、台北市中医院、荣总医院、长庚大学、台中顺天堂制药厂、台中明通北京药厂及台北胜昌制药有限公司等。

代表团在台期间，多次向台湾同胞介绍大陆近几年来中医药在教育、科研、医疗及国际合作等方面取得的成就，进一步增进了两岸中医药界的相互了解和友好关系。

三、应澳大利亚维多利亚省卫生部中医医管局邀请及新西兰卫生部邀请，房书亭副局长率领中医药代表团于2001年8月27日至9月4日分别访问了澳大利亚和新西兰。

访澳期间，代表团分别访问了澳大利亚卫生部、澳大利亚维多利亚省卫生部、维省议会，会见了澳国家卫生部长，药品监督管理局、州卫生部长、州议长，就两国在中医药立法、科研等方面进行了会谈，并就中医师注册，专业人员交流，教材编写，药品管理等方面商谈了具体合作意见。

访新西兰期间，代表团与新卫生部就两国在传统医药管理方面的情况进行了交流，还参观了新西兰中医、针灸学会的教学、医疗诊所。中医药代表团是第一次访问新西兰的中医团体，为今后中新医药交流创造了良好条件。

四、应韩国卫生部的邀请，以国家中医药管理局副局长房书亭为团长的三人代表团于2001年10月11日至15日赴韩国参加了由韩国卫生部主办的第十一届世界传统医学大会，并代表我局参加了传统医药发展的部长论坛，出席了15日开幕的第六届中韩医学研讨会。韩国政府对此次大会给予了高度重视，韩国总统金大中及夫人出席了在11日举行的招待晚宴，并在第二天的开幕式上播出了讲话录像。部长论坛上，来自韩国、老挝、越南、中国、日本、泰国、澳大利亚、蒙古和印尼的部长或代表出席并发表了演讲。由于论坛的主要议题为如何发展传统医药，房书亭局长代表国家中医药管理局就此方面做了报告。

最后，大会通过了关于发展传统医药的会议宣言。为了表示国家中医药管理局对中韩在传统医学合作上的支持，代表团特意参加了于15日开幕的第六届中韩传统医学研讨会，房书亭局长也在开幕式上作了开幕致词。

（姜再增　沈志祥）

2001年蒙医药国际学术会议在呼和浩特召开

由内蒙古自治区人民政府和国家中医药管理局主办的2001年国际蒙医药学术会议于

2001年8月18日至20日在呼和浩特市召开。这是我国第一次举办的蒙医国际会议，会议的主要内容是蒙医学术交流，同时举办了内蒙古自治区蒙医药发展五十年成就展览。这次会议得到了有关领导的高度重视，全国人大常务委员会布赫副委员长担任大会名誉主席。卫生部部长张文康、国家中医药管理局副局长李振吉、内蒙古自治区党委副书记、政府主席乌云其木格出席了开幕式并发表了讲话。来自蒙古国、日本、俄罗斯、韩国、法国等10个国家的27名国外代表及来自中国内地、香港特区的308名代表参加了学术研讨会，参观了蒙医成果展览。这次会议共收到了蒙医药论文963篇，选出395篇，用蒙、汉、英三种文字出版。学术会议围绕蒙医药学术水平的提高及蒙医药事业在21世纪的发展这一主题，从蒙医药基础理论，临床诊疗、蒙药开发研究、蒙医药管理、蒙医药现代化等方面进行了深入的交流、研讨。会议的成功召开，在国内外引起了良好反响，这将对蒙医药在国内、外的发展起到积极作用。

（沈志祥）

WHO西太区第52届委员会通过传统医学地区发展战略

2001年9月10～14日，WHO西太区第52届委员会在文莱首都斯里巴加湾举行。本届会议正式通过了“WHO西太区传统医学发展战略”，作出了发展传统医学的会议决议，在国际传统医学发展历史上具有十分重要的意义。

WHO西太区包括亚洲的部分国家和地区以及西太平洋国家和地区，共计37个成员国（地区），传统医学在这一区域内的大部分国家和地区被程度不同地使用。据WHO统计，目前西太区有14个国家和地区政府正式颁布文件承认传统医学，而在十年前，仅有中国、越南、韩国、日本等四个国家承认传统医学。

WHO西太区曾经在1985年的第36届地区委员会和1987年的第38届地区委员会上讨论过传统医学，通过了两个传统医学议案，主要内容为认可传统医学的治疗方法，鼓励将草药和针灸纳入国家健康战略。在1998年的第49届地区委员会上，传统医学作为技术专题被介绍。上个世纪九十年代后叶，鉴于传统医学在地区成员国内的广泛应用，WHO西太区重视了传统医学发展战略的研究。1997、1999和2000年，西太区先后在库克群岛、帕劳和巴布亚新几内亚召开了太平洋岛国卫生部长会议，专题讨论传统医学，提出对传统医学的政策支持，1999年10月和12月先后在我国北京召开传统医学国家政策研讨会和中西医结合研讨会，具体对国家政策支持在发展传统医学中的作用问题进行研究和讨论。2000年到2001年上半年，西太区传统医学项目处成立地区发展战略起草小组，开始着手进行战略文件的具体起草工作。2001年9月，传统医学地区发展战略文件经第52届地区委员会会议讨论通过。该份文件的主要内容是：①为传统医学制订国家政策；②提高公众对传统医学的了解和认识；③评价传统医学的潜在经济点；④建立适当的传统医学标准；⑤鼓励和加强传统医学的循证医学研究；⑥尊重传统医学的文化整体性；⑦制订保护和保存健康资源和知识产权的政策。

WHO 西太区传统医学发展战略的通过标志着传统医学在国际上的发展进入了一个新的更高阶段，各国政府必将在地区传统医学发展战略框架指导下，加快制订传统医学国家政策，加强传统医学科学研究，制订普遍使用的传统医学实践和评价标准、增大对传统医学在知识产权保护、草药质量控制、自然资源保护等热点问题的国际交流与合作，传统医学必将迎来一个在更大范围得到应用、更深领域得到研究开发的新的发展机遇，将逐步与现代医学相结合，融入国家卫生保健体系。

(王笑频)

中华中医药学会对外交流

加强中医药的对外交流与合作，促进中医药更广泛的走向世界，形成多形式、多渠道、多层次地对外交流与合作的局面。2001 年上半年先后接待了美国、日本、法国、澳大利亚、南非、韩国等国家和香港、台湾地区的中医药团体和个人，广泛地获取了信息，并与相关的中医药团体商议和商定了下一步的交流计划，草签和口头商定了几个学术交流会议的协议。

韩国大韩韩医师协会与学会有着多年的交往与联系，自 1992 年两会签订了学术交流合作协议以来，学术交流活动日渐频繁，并多次共同举办过中韩中医药学术交流研讨会，为中韩两国中医药界工作者的交流提供了机会。应学会邀请，大韩韩医师协会会长崔焕英、副会长孙淑英及国际交流部部长金冀相，于 2001 年 7 月 17 日至 7 月 18 日来学会访问。两会在友好的气氛中畅谈、总结、回顾了近十年来合作的体会与经验，展望了中医药事业发展的美好前景，同时在 1992 年签订的学术交流合作协议的基础上补充了相关的内容，由李俊德副秘书长和崔焕英会长签署了新的学术交流合作协议。国家中医药管理局副局长、中华中医药学会副会长房书亭，国家中医药管理局国际合作司司长沈志祥、副司长姜再增等有关领导会见了大韩韩医师协会的来宾，并勉励两会不断加深友谊，加强交往，共同携手为人类的健康事业做贡献。

为进一步加强国际间中医药界的学术交流，促进中医药走向世界，由学会与瑞士神针中医药联合中心共同主办、北京广安医药联合中心与瑞士神针中医药联合中心承办、法中医药交流协会与世界中医药学会瑞士分会协办“首届瑞士国际中医药学术大会”。会议于 2001 年 11 月 24 日至 12 月 6 日在瑞士日内瓦召开。会议广泛交流中医药科研、教学、医疗、药物研究开发等方面的学术进展；针灸在治疗疑难病、肿瘤、美容、减肥等临床应用经验；中医药学基础理论研究、应用研究的新进展；中医药学与现代医学的关系及二者的结合，同时进行中医药和医疗器械、医疗用品等展览展示。

(中华中医药学会)

2001 年度中国中西医结合学会工作会议在西安举行

中国中西医结合学会成立 20 周年、《中国中西医结合杂志》创刊 20 周年纪念大会暨

2001年度学会工作会议于2001年10月20～22日在陕西省西安市召开，来自全国各省、自治区、直辖市及台湾地区的436位专家、学者出席会议，国家中医药管理局、陕西省卫生厅、陕西省科协、陕西省中医药管理局等单位的领导出席会议并讲话。会议主要议程为总结学会成立20年来各学科发展成就；特邀国内著名专家作专题学术报告；纪念《中国中西医结合杂志》创刊20周年座谈会；增选学会第五届理事会副会长；总结2001年度学会工作；制订2002年学术活动计划及2003年学术活动初步设想；颁发“中西医结合贡献奖”等。

中国中西医结合学会会长陈可冀院士首先致开幕词。他指出：“要进一步激发大家从事中西医结合理论和临床创新的激情，弘扬中华民族精神，团队协作、实事求是，刻苦努力，为团结中西医，进一步促进中西医结合、促进国内外学术交流，为实现中医药现代化，丰富世界医学做出新的贡献。”

国家中医药管理局顾问于生龙代表国家中医药管理局向大会致以祝贺，他在充分肯定中国中西医结合学会和《中国中西医结合杂志》的各项成就后强调指出：“只有不断地继承创新、开拓思路，努力开展原创性中西医结合医学研究，才能保证我国开创的中西医结合医学研究在国际上的领先地位，为人类医学的发展作出更大的贡献。”

卫生部副部长兼国家中医药管理局局长佘靖为会议撰文“北京四大名医与中西医结合”，使与会者对加强中西医团结合作，促进中西医结合事业发展受到很大鼓舞和启迪。

危北海副会长在会上作了题为“开创新世纪中西医结合医学发展的新局面”的工作报告，系统总结了中国中西医结合学会和《中国中西医结合杂志》20年来的奋斗历程和取得的卓越成就。20年来组织召开国际学术会议12次、全国性学术会议380次，参会代表累计6.2万人次。全国现有省市级以上中西医结合医院57所，中西医结合研究院所30余所。全国性中西医结合学术期刊已有7种，各省市及专业委员会主办中西医结合学术期刊10种，每年发表中西医结合论文近万篇。全国会员队伍得到壮大和发展，由创会初期的1.3万名增长到5.2万名（2001年9月统计），二级学术组织专业委员会发展到35个。

会议特别邀请了北京大学中医药现代研究中心主任徐筱杰教授、广州中山医科大学侯灿教授、四川大学华西医院李廷谦教授、台湾中西整合医学会杨思标教授、北京急救中心李宗浩主任医师、北京大学中医药现代研究中心副主任黄熙教授及中国科学院院士、华南师范大学量子电子学研究所刘颂豪教授等国内著名专家就科学发展前沿问题与中西医结合医学的关系作了专题学术报告。

大会期间，分别召开了中国中西医结合学会2001年度学会工作会议和第五届二次理事会议，总结了2001年度学会工作，讨论制订了2002年学术活动计划。选举王文健教授为第五届理事会副会长，增补赵健雄教授为第五届理事会理事。在大会闭幕式上授予丁义江等463名同志“中西医结合贡献奖”，最后，由陈士奎副会长兼秘书长致闭幕词。

（穆大伟）

全国民族医药专科专病及全国土家族医药学术会议

一、为了总结交流民族医药专科专病防治经验，推进民族医药专科专病建设，中国民族医药学会和民族医药报社在国家中医药管理局医政司支持下，于2001年12月1日至3日在广西北海市联合主办全国民族医药专科专病学术研讨会，得到各地民族民间医药工作者的积极响应。

国家中医药管理局医政司做了“民族医药与专科专病建设”的讲座；

中国民族医药学会做了“提高民族医药的临床活力”的报告；广西民族医药研究所做了“民族医药科研方法探讨”的报告；

研讨会收到了以民族民间医药防治专科专病为主的学术论文，以及其它有关民族医药的医学史、基础理论、药品开发、工作经验等来稿100多篇，并评选了20多篇优秀论文。参会的民族医药工作者进行了广泛的临床交流和参观学习。

二、中国民族医药学会于2001年2月5日至7日在湖南省湘西土家族苗族自治州首府吉首市召开全国土家族医药学术会议。主要来自于湖南、湖北、贵州、重庆的土家族医药工作者进行了学术报告和专题讲座，讨论了民族医药与西部开发的有关问题，研讨了土家族医药发展与协作的主题，并组织了参观考察。

会议收集的论文包括以下几方面：

（一）土家族医药临床经验总结，专科专病建设、专方专药临床应用；

（二）土家族药物资源的种植、开发和研究；

（三）土家族医药文献的收集整理及研究；

（四）土家族医药与西部开发；

（五）土家族医药与中医药关系的探讨；

（六）其它民族民间医药征文。

（中国民族医药学会）

中俄传统医学研讨会在京召开

中俄传统医学研讨会于2001年10月13~14日在中国中医研究院广安门医院举行，参加会议的人员有：卫生部朱庆生副部长、国家中医药管理局李振吉副局长和有关政府官员及专家。

俄罗斯方面参加研讨会的专家有卡尔配也夫AA，基谢列娃.T.H教授、药学博士，梅泽洛夫.B.B教授 医学博士，瓦西里也娃，埃普什采恩O.H.，波诺马列夫.H.B.。

会议由国家中医药管理局国际合作司姜再增副司长和中国中医研究院广安门医院院长主持。朱庆生副部长代表中国卫生部，并以中俄教育、文化、卫生和体育合作委员会卫生分委会中方主席的身份在开幕式上发表讲话。李振吉副局长代表国家中医药管理局介绍了中医药在中国的现状及发展趋势，俄罗斯代表团团长也在会上宣读了俄罗斯联邦卫生部舍甫琴科部长的贺信。

双方专家就中国中医药总体现状，包括医疗，教育，科研，国际合作，经贸合作等方面；俄罗斯中医药发展史，俄罗斯中医药的地位及政策（俄方）；中俄双方在中医药领域的交流与合作的历史回顾与展望，中医药治疗某种疾病的经验交流；中俄在中医药市场的合作前景——双边贸易洽谈及合作办医，中俄中医药科技开发合作等进行了研讨。

（崔永强　刘喜明）

中医药行业作风建设得到加强

按照国务院纠风办和卫生部纠风办的部署，根据2001年全国中医药工作会议提出的加强中医药行业作风和精神文明建设坚持“两手抓，两手都要硬”的具体要求，国家中医药管理局及时召开纠正行业不正之风工作会议，督促各直属（管）医院建立健全管理办法。围绕提高医疗服务质量和水平，树立医务人员良好形象，开展了对直属（管）医疗单位的行风建设检查工作。

一年来，在北京市开展的卫生系统规范化服务达标活动中，群众对局各直属（管）医院的满意度均在90%以上。据不完全统计，2001年仅中国中医研究院所属四所医院共拒收患者红包15人次，合计人民币4026元，工艺品62件，金戒指1枚，收到患者及家属表扬信424封、锦旗86面、匾61块。广大医务工作者认识到“以病人为中心”，深化医疗卫生体制改革是实践“三个代表”重要思想的内容，是医院生存发展的核心问题。卫生医疗服务的好坏最能代表人民群众的利益。

（薛爱和）

学术进展

一、一年学术进展

2001 年度中医药系统获国家科学技术进步奖 2 项，涉及中药材质量标准及其对照品的研究和方剂与证的药物动力学的研究。

（一）中医

基础理论

心主神明与脑主神明的探讨，反映了对五行框架的藏象理论的突破意识。五运六气的六气胜复、亢害承制、气化同化等理论，不仅有临床指导意义，对探索生命科学的基本规律也有启发和指导意义。多学科研究中医理论方兴未艾，如对中医气的认识；以计算机技术展开舌诊客观化研究；情志病的机理研究对中医藏象研究提供了新的思路和方法；基因组织学研究有可能使辨证论治转变为“辨基因论治”，并拓展至诸证的遗传学基础学等方面，从而有可能带动中医基础理论研究发生质的飞跃。

临床各科

1. 传染病　刘建平等对叶下珠属治疗慢性 HBV 感染的疗效和安全性进行系统评价，结果显示，叶下珠属对血清 HBsAg 转阴有积极效果，在血清 HBsAg、HbeAg、HBV-DNA 转阴以及转氨酶复常方面，叶下珠优于非特异性治疗或其他草药治疗，叶下珠与干扰素联合用药比单用干扰素效果更好，某些叶下珠属可能具有抗乙型肝炎病毒和改善肝功能的作用。

2. 肿瘤　消化系、呼吸系肿瘤的临床报道甚多，以肺癌、肝癌、恶性胸水、食管癌、白血病等病种多见。对胃癌前期病变研究颇为重视。张强等对接受放疗的头颈部肿瘤患者加用清热生津方后，能改善口干、保护唾液腺分泌功能。李宝元报道白龙片对癌基因和抑癌基因的调节作用基本与诱导分化剂环六亚甲苯二乙酰胺（HMBA）相似，但优于 HMBA。洪振中报道茵陈蒿水煎剂对模型大鼠致癌和骨髓微核突变有不同程度的预防作用。

3. 内科　不少课题得到各级机构的资助，结合较先进的观察指标进行实验探索。程显声采用病例对照研究方法，提示吸烟是慢性阻塞性肺疾病的重要致病因素。孙伟正等用补髓生血冲剂治疗慢性再障 30 例，总有效率 73.3%，实验表明该方是通过降低促凋亡基因 Fas 的水平来抑制凋亡。黄春林等研究表明加味阳和冲剂对膜型肾病脾肾阳虚证动物模型具有降低尿蛋白、降血脂、提高血清蛋白、改善血液流变学异常、减轻肾脏损伤作用。李彩熙等经对照研究发现，肾炎颗粒（中、大剂量）能明显减少尿中蛋白质排泄量，显著增加血清蛋白，显著降低血清尿素氮、肌酐及甘油三酯。丁学屏等观察到由虫类组成的灵异胶囊对糖尿病性周围神经病变的疗效明显优于益气养阴药。陈锡群等研究表明，养肝熄风方与左旋多巴对帕金森模型大鼠治疗具有协同作用。李如奎等发现平颤汤能明显地调节抗氧化激酶的酶系统，增强抗自由基损伤的能力，延缓帕金森病模型大鼠病情的发展。

4.妇科　张亚萍等发现坤宁丸能明显改善更年期综合征患者的临床症状，使 E_2 水平回升至接近正常更年期妇女水平，T 淋巴细胞 CD 亚群恢复至生育期妇女水平，IL-2 活性提高至正常更年期妇女水平。刘素涵等在治疗念珠菌阴道炎中发现，冲洗阴道并坐浴的药液温度维持 40℃～43℃时，疗效最佳，认为温浴疗法可改变细胞膜通透性，利于药物渗透，并能提高局部组织免疫力，促进炎性渗出物吸收，加速病菌输离患部。任利等观察到高、低剂量的胶艾汤均具有兴奋小鼠离体子宫肌的作用而显现缩宫止血功效，并可提高去卵巢大鼠血清雌二醇和孕酮的含量。方凤奇等发现妊高宁Ⅱ号能明显降低妊高征孕鼠的雌激素水平，降低孕鼠血清 TXB_2 含量，提高 6-Keto-$PGF_{1\alpha}$ 含量，具有复方降压片同等的降压效果。王美芬等认为尿 NAG、尿 β_2-MG 能较早反映妊高征患者肾小管功能受损情况，简单而灵敏，可作为常规检查项目。

5.儿科　汪受传等以开肺化痰解毒法治疗病毒性肺炎 104 例，总有效率 98.1%，优于病毒唑对照组（$P<0.05$）。孙彦敏等用金玉散敷脐治疗小儿反复呼吸道感染 100 例，显效率为 62.0%，总有效率为 97.0%，优于左旋咪唑对照组（$P<0.05$），免疫指标也有改善（$P<0.01$）。蔡德培等以滋阴泻火中药加甲地孕酮片治疗女性特发性性早熟，在乳核单位、子宫和卵巢容积、血黄体生成素含量、骨龄差/年龄差、最终身高预测等方面均有改善。

6.外科　皮肤病的文献数量仍列居首位，以临床报道为主。杨志波用竹黄颗粒Ⅱ号治疗肝气郁结型银屑病，优于复方青黛胶囊对照组，且发现能降低患者血浆中 P 物质和血管活性肽的含量。于建斌等在内服阿昔洛韦、外涂酞丁胺软膏的基础上加用参芪片治疗复发性生殖器疱疹，其复发率、复发间隔时间及免疫指标改善等方面均优于对照组。郑雪平等发现珠黄霜通过提高肛瘘术后创面肉芽中脯氨酸含量而显示良好的促愈效应。李尚珠等用阿魏酸钠治疗闭塞性动脉硬化症。刘晓艳等用补肾固髓片治疗多发性硬化症，经对比治疗研究证实有良好的效果。此外，在胆道、胆囊病以及中医药促创面愈合等方面有较多的报道。

7.骨伤科　郑家名用自拟屈肘过顶快速达肩非牵引复位手法治疗肩关节脱位，其 1 次复位成功率明显高于传统整复手法，临床愈合时间显著缩短。谭沛南等在西医治疗基础上加用参脉注射液、清开灵注射液和云南白药，治疗重型颅脑损伤，其康复良好率和重残率均明显好于西医组。对于股骨头缺血性坏死，李宝芬等在以钻孔减压术的同时，治疗组内服股骨头 1 号治疗，显效率和总有效率均显著优于复方丹参组。王华松等认为骨碎补促进骨折愈合的机理可能是提高血钙、磷浓度的乘积，促进钙磷沉积；增强机体内残骨活动，提高血清 ALP 的活性，增强转化生长因子 β_1 在骨痂组织中的表达。石关桐等研究发现伤科接骨片可以调节骨的愈合过程中转化生长因子 β_1 的合成和分泌，从而促进骨折愈合。

8.五官科　眼科疾病：丁哲等指出，视网膜静脉阻塞病例，无论是气滞阻络，还是气虚推动无力或统摄失权所致，都应该注重瘀血的形成及出现的瘀血症状，不宜强调原发机制。谢学军等研究表明，复方糖障明有明显的抗氧化作用，能减轻糖尿病大鼠的晶体高渗性损伤和晶体蛋白异常代谢，有效抑制晶状体上皮细胞凋亡，从而有效抑制糖尿病性白内障的形成。徐克明等研究表明高三尖杉酯有明显提高难治性青光眼滤过手术远期疗效的作用。张宗端等发现优视胶囊能提高视网膜与视乳头的局部血液供应，具有保护视功能免受高眼压损伤的作用。彭清华在国家标准《中医临床诊疗术语－证候部分》基础上，对眼科证候进行了补充修改，使其体系基本完成。耳病：徐绍勤等研究提示，蜗内神经结构的退变可能是老年性聋的主要病理基础，复聪片能有效支持蜗内神经结构，促进神经生长因子产生及其受体结合，从而产生疗效。鼻病：李平等研究表明各类慢性鼻炎均存在血液流变性异常，对活血化瘀法的应用具有指导意义。严道南等发现鼻敏2号合剂治疗变应性鼻炎的疗效与开瑞坦相仿。

9. 针灸　经络的研究进一步深入。张世红等研究发现C类纤维参与了外周神经末梢之间跨节段信息传递，可能是循经感传发生的神经生物学机制之一。郑利岩等发现经络系统与微循环系统有着极为密切的关系。张维波认为多角度、多观点的有机结合可能是成功解决经络问题的方向。

周金山等发现关元穴和子宫的传入投射纤维在腰3到骶5之间脊神经节内有汇聚与重叠，可能是子宫与关元联系的神经基础。胡智慧、朱兵等发现耳穴电特性具有反映癌肿、系统性红斑狼疮病理变化的特异性，认为耳穴特异性与生物分子活性密切相关。

吴根诚认为针药复合麻醉和镇痛符合当今麻醉、镇痛时多种技术、多种药物复合应用的潮流，具有重要的应用价值。邓春雷采用唇针麻醉与神经间（近）节段取穴结合的方法能正确反映针麻对手术切皮痛的镇痛效果，为筛选针麻方案提供了一种新的途径。

临床治疗的疾病谱分布与往年基本相似，主要集中在神经精神系统、消化系统、外科、骨伤科等领域。

10. 推拿　黄明利等采用推拿加中药熏洗治疗废用性肩关节炎僵硬症，方黎明采用牵引推拿配合中药热敷综合疗法治疗腰椎间盘突出症，何智芳采用整脊疗法结合水针治疗心律失常，杨绍峰等采用腹部按摩疗法治疗萎缩性胃炎等均有良好疗效。足部按摩的报道逐渐增多。刘爱萍对痔漏手术所产生的尿潴留进行足反射区穴位按摩治疗，结果明显优于新斯的明对照组。陈立早用足底按摩治疗抗癌药物所引起的便秘，孟强等用足底按摩治疗子宫内膜异位症所致痛经也取得理想的效果。5月在上海召开了全国推拿流派和文献交流大会。

11. 气功　国家体育总局于2001年4月30日正式组建成立健身气功管理中心。9月15日在上海召开了第八届国际气功研讨会。解余宏等以糖尿病防治气功疗法治疗非胰岛素依赖型糖尿病，结合控制饮食、收效良好。张一和对练功程度检测评估指标的设计、设备的研制应用作了介绍。

12. 护理　中医整体护理因其科学性和先进性而受到医护人员及患者的好评，它要求护理扩展到预防，既注重疾病，又着重疾病产生的季节、气候、身心情志和环境变化等因素，在辨证施护的过程中体现中医的整体观念。

预防与养生

随着医疗模式的转变，对养生保健的意识日益重视。黄民杰认为中医传统养生学强调“天人相应”，顺应自然，重视稳定的心理因素及道德修养等，有其自身的特点和优势，然而若一味顺应自然、消极避世、过度禁欲或辟谷等则不适用于积极、开放的现代社会，有一定的局限性。赵伟康等发现老年“肾阳虚”鼠线粒体能量代谢低下，氧化损伤加剧，可能与神经内分泌调控及线粒体微观失调有关。童普德等发现补肾益精方对衰老大鼠α、βMHC基因表达有逆转作用。陈智松等认为补肾生血药作用机理是促进骨髓GM-CSF基因的转录，该基因是“肾生髓”的分子基础之一。赵小京等报道乾隆养生胶囊能够提高小鼠免疫调节功能。

（二）中　药

理论研究

余惠通过定性定量刻划寒热药性的生物热动力学效应，获取寒热药性差异表达的基因片段及其可能的相关基因，建立中药四性的热动力学模型和基于热生物学的中药四性模式识别系统。宋秉智等发现神经系统毒性与不同的四气五味、归经等的关系有显著的差异，以含生物碱类、苷类、毒蛋白类、萜类、内酯类以及金属类的毒性发生率较集中。

中药资源

文献报道以西部地区为多，提示西部地区是开发天然药物的理想区域。部分省区以《中药材生产质量管理规范》为准则建立中药材生产基地，为推进中药现代化打下基础。

齐迎春等对三尖杉基、叶的生药性状、组织结构及粉末特征作了系统鉴别。有关中药材真伪鉴别的报道较多。陈吉炎等发现湖北省贵重药中假劣品种较少，普通药材中假劣品种增多。唐勇等对拳参及其混淆品草血竭的饮片作了比较，发现荧光反应和乙醚提取液的薄层层析及紫外光谱鉴别法较为理想。李萍等提出了开展中药材全息图谱质量评测人工智能系统的策略。刘荔等采用近红外反射光谱结合聚类分析和判别分析方法，对蓼科酸模属 15 种药用植物及 3 个产地的羊蹄进行鉴别，快速而正确，为生药鉴定提供了一种新的方法。吉林省中医药研究院、中国医学科学院药用植物研究所、中国药科大学、四川省中药研究所、中国中医研究院中药研究所、北京大学药学院、沈阳药科大学徐东铭等完成 66 种常用中药材质量标准机器对照品的研究获国家科学技术进步二等奖。

中药化学

从常用中药及民间药物中分得 80 余个新化学成分，并开展了植物环肽、小分子水溶性成分、丹宁、海洋生物、中药复方等有效成分的体内外代谢产物等方面的化学成分研究，反映了与中医临床结合的特点。

中药药剂

中药处理工艺的研究与应用受到广泛的重视，各种新型的制剂制备工艺得到逐步推广。除了目前常用的 20 多种剂型外，缓释制剂、控释制剂、靶向制剂已引起普遍重视。随着各种分析方法的创新和分析技术的应用，中药制剂中复杂组分的分析有了可靠的技术保证。

中药药理

对心脑血管、抗肿瘤方面的药理研究甚为活跃。对抗肝损伤的研究有所深入：分子生物学、免疫学等方法被广泛应用；中药药效学比较研究更为多样化；在研究中更注重中药有效成分与临床治疗相结合。如黄起壬等认为油茶皂甙对盐酸异丙肾上腺素所致心肌缺血大鼠可产生药理性预适应保护作用；吴旭等发现蜕皮甾酮能增加冠状动脉血流量、促进毛细血管再生；高晓东等发现雄黄可抑制 HL-60/ADR 细胞生长，逆转其耐药，促进细胞凋亡。许爱华等发现银杏外种皮多糖抗肿瘤机制可能在于阻止 G2-M 期细胞转换，影响癌细胞周期中的进程和干扰 S

期细胞 DNA 合成以及诱导小鼠肝癌细胞凋亡。

中药炮制

刘侠、张振凌等对乳香、蛋黄油的炮制方法进行研究。孙亦群、李祥等对乳香、没药、明党参炮制前后挥发油的化学成分及含量进行了研究。邱鲁婴发现炮制后的郁金其镇痛作用有所加强。

方剂研究与应用

中国人民解放军第四军医大学、中国中医研究院西苑医院陈可冀等完成的方剂与证的药物动力学研究获国家科技进步二等奖。

(三)民族医药

肖一宾以土家药鲜蒴藋加工而制成的0.5%喷雾剂喷涂患部,治疗70例变态反应性接触性皮炎,治愈率44.7%,总有效率94.7%,明显优于地塞米松对照组;以其鲜品10克,兑沸水1000ml,待温后外洗患部,不使用其他药物,治漆疮50例,治愈率80.0%,总有效率98.0%。

(四)台港澳中医药

台湾对本地区的药用植物进行有效成分的提取、分离及纯化,建立结构-活性相关性。对生脉散、丹参、钩藤、人参的水抽取物,黄芩、旋覆花、丹参的酒精抽取物等疗效进行评估和开发。从40余种抗老化的中草药中筛选出银杏叶、何首乌、淫羊藿、金樱子等加以研发。从丹参、钩藤、刺五加、人参、三七、茵陈、川芎等有保护中枢神经作用的中药中制备出80余种粗萃物及纯化合物。对健步丸提高骨质疏松者骨质量、血府逐瘀汤的药理作用等作进一步研究。并开展阳虚患者语音分析仪的研制。此外,为降低健保支出,对芝麻、苡仁、苦瓜等保健食品的抗氧化、抗肿瘤、降血脂、降血糖、调节免疫等功能进行了研究和开发。

(《中国中医药年鉴》编辑部　沈施德执笔)

二、中　医

（一）基础理论

【概述】

自从20世纪以来，中医基础理论已经发展成为独立的学科，并跨越了以《内经》为中医基础的历史时期。现代的中医基础理论研究主要在理论探讨和实验研究两方面展开。虽然《内经》研究是理论探讨的主要内容，但并不仅仅是诠释《内经》或引深各家学说，而且还要在当代医学时间中，沿循中医学理念，发现新的医学现象和生命科学规律。上世纪50年代，中医学开始用实验研究方法探讨理论，开拓了新的发展理论渠道。虽尚未尽善，但已使中医学理论研究步入了实验研究的时代。进入21世纪，中医学基础理论的研究仍循此脉络，继往开来。在理论研究方面，除对证及辨证论治、藏象特征及脏腑相关研究、诊法及治法研究等继续深入之外，2001年的有关论文值得重视的有三点。一是关于心主神明与脑主神明的争论，反映了对五行框架的藏象理论的突破意识，同时要求中医藏象的功能实在和结构实在，即功能与形态的统一。这方面理论问题，呼吁广大中医界开展更深入研究与争论。二是在全球重视生态大系统研究实现可持续发展之际，对运气学说深入研究尤有必要。五运六气理论的推演格局、周期性自古就有争论，但其中的六气胜复、亢害承制、气化同化等理论不仅对临床有指导意义，也对探索生命科学的基本规律有重要启发和指导意义。近年来关于运气学说的论文提示了运气学说的理论价值。三是从多学科理念探索中医学理论。如对气的理论从哲学、文化、物理、化学、生理、病理等多视角对其探讨，都有所增益。又如从基因组学研究“证-基因表达谱”及证与证、证与病、证与体质的差异等，虽方兴未艾，但此项工作的深入开展有可能带动中医基础理论研究发生质的飞跃。2001年中医基础理论实验研究报道甚多，但重复者也不鲜见，很多是证实性、检测指标性的实验，期待有方法创新、中医理论含量高、能揭示新规律的中医学实验研究成果。

（孟庆云）

【运气学说研究】

一、理论探讨

蒋宏杰等根据近十年国内学者的有关研究成果总结出一种年月日时干支的简易推算法，便于运气学术的研究和应用。

苏颖等根据《素问·六元正纪大论》的记载以及运气学说的基本理论对《内经讲义》（六版教材）“客运”的推算方法提出质疑，认为客运的太少相生是仅限于客运初运所在的这一个五行周之内的，五行数是五个，为单数，所以客运太少相生不是无止境数下去的，而是有界限的，只限于客运初运所在的这一个五行周之内，从角至羽。苏氏认为《内经讲义》（六版教材）推算四运为少角，终运为太徵，显然不对。

二、气候预测

徐健华根据中运的太过或不及，结合六气的司天在泉来确定当年何气流行、太过或不及，以及是否平气之年，并逐项和连云港（新浦）地区1954～1983年气象资料的气温、相对湿度、风速的平均值相对照，取其逐年对照差的30年正、负平均数为基准，设在基准范围内为平气之年，范围外的为运气流行、太过或不及，然后对照其符合百分率进行统计学处理。结果发现该学说用来解释连云港的气候时只对于异常气候（非平气之年）有实际意义。

三、临床运用

朱茂胜结合运气学说阐释肝病之发病与辨治。指出厥阴风木司天之年（巳亥年）或厥阴风木在泉之年（寅申年）在气化、物化上均具木化特点，好发肝病。肝胆为甲乙木，夏为丙丁火，故肝到夏季火旺时，便借火气之能克金，金受克而不能制木，肝木之气可逐渐转好。相反，肝木病遇到庚辛秋金旺时，便会加甚，若幸未至死，入冬得壬癸水气维护而逐渐好转。如逢春木之气，会大有起色。但若风木之气太盛，对肝病不利。王更生等通过阐述肾脏生理、病理与五运六气的关系，指出应用运气学说指导中医肾病的辨治，从“气运衰旺”的理论分析补与泻可以循病之本而治之，有益于临床。董宝真运用运气学说分析庚辰年的气候特点为金运太过，全年气候干燥少雨。说明该年气候不仅肝木受邪，凡阴液不足之证莫不加重，阴虚、血虚体质者应注意保养津液。董氏提出“五运六气”说朴素直观，有一定的局限性，不可过分依赖。

（周国琪　王丽慧）

【肾脏理论的发生学研究】

近年来，李如辉从发生学角度对肾脏理论纵、横两个方面进行研究。在纵向上，将肾藏象学说的发展轨迹梳理为创生、从实体到功能态的演化以及肾脏系统理论的最后确立三个阶段；在横向上，就“肾主蛰”、“肾主水”、“肾藏精”、“肾合膀胱”等理论的发生进行了系统的探寻。

李氏认为肾脏最初含义源于解剖观察，但由于中医藏象学说建构经历了“从实体到功能态的演化”，因此对中医肾脏概念应从“实体”和“属性”两方面加以界定，其有着“藏”与“象”两方面规定。“内景之象”、“征象”为肾脏之象，以“肾气及其流布”释肾脏之藏。李氏认为肾气概念的产生源于中国古代哲学精气学说引入中医学的结果。

“肾主蛰”理论发生于脏气法时理论和类比推理。肾应冬，而冬日“蛰虫周密”。则知“肾者主蛰”。李氏认为肾病虚、实特性上的分歧根源在于视角的不同。《内经》着眼于虚实的一般原则及肾病证型的临床实际，而钱乙则着眼于五脏的病理传变过程，肾病意味着五脏病变的“最后阶段”。

李氏认为“肾主水”功能发生学途径是以膀胱的解剖生理为基础，以“肾合膀胱”理论为中介，由腑及脏推衍出“肾主水”功能而将“肾主水”理论的发生归结为水行特性的推衍是错误的。

李氏认为“肾藏生殖之精”理论的产生非解剖之成果，而是“精气溢泻-阴阳和-有子”之间因果关系的观察及其判断。由于机体的生长、发育与生殖机能发展的同步性，使《内经》将主生长、发育归结为“生殖之精”。“精气溢泻”之道与尿液排泄之道的“合一”可能是《内经》在理论上将“生殖之精”归结为肾的根本原因。肾藏“诸脏腑之精”理论的发生是以“肾藏生殖之精”理论为基础和前提的。

“肾主纳气”理论的发生是在把握肺肾联系的经验事实基础上，应用“肾者主蛰”理论合理外推的结果。

李氏认为解剖方法是“肾合膀胱”产生的主要原因，肾与膀胱解剖位置相近，是确定脏腑相合关系的重要参数。司外揣内的观察方法、阴阳学说、五行学说共同参与了“肾合膀胱”理论的构建过程，而“肾-膀胱”对应式的最终固定有赖于经络的形成、发展和完善。

“形与神俱”观点的发生是“肾藏志”、“应惊恐”发生学研究的起点。“肾藏志”发生学原理以“肾藏精”理论的发生为基础，对行为意志支配的体悟是“肾藏志”理论赖以发生的重要环节；健忘治肾获效是“肾藏志”理论赖以发生的另一依据之一。“肾应恐”源于临床上对恐惧太过致病征象的观察，以及情志疗法在实践中的应用，从治疗环节证实了“肾-恐”对应式的合理性。

“肾者，作强之官，伎巧出焉”乃运用“社会关系”模式来类比说明脏腑生理及其相互关系的结果。作强之官解作“职掌机体壮健之官”不仅符合该理论的真实发生学轨迹，也符合《内经》本旨。“肾开窍于耳”理论的产生可能是以表知里的观察方法。具体体现在肾与耳病理环节和治疗反证上，但最主要原因还可能是五行学说的介入。“肾开窍于前阴”是“肾主水及藏精”理论的衍生物，而肾开窍于后阴是由于同气相求。

解剖使《内经》观察到脑-髓-骨的结构及其之间的联系，“肾藏精”理论的发生构成“肾主骨”理论发生学的前提。“肾主骨”理论发生的重要原因还有骨、齿生长壮老与生殖机能发展上的同步性。“肾主骨、生髓、通于脑”理论还源于五行学说的介入。“肾其华在发”发生学依据主要对毛发与生殖机能发展同步性的观察及五行学说介入两方面。

从发生学角度审视“肾为先天之本”理论，只代表代与代之间的关系，除此无实际意义。

（夏文芳）

【肺与大肠相表里的研究】

张少军等认为“肺与大肠相表里”的“大肠”当定位在整个肠道，故“肺与大肠相表里”实为“肺与肠道相表里”，是指肺与肠道的传导通降功能关系密切。肺主宣发是肠道得以濡润的基础，肺主肃降是肠道传导功能的动力；肠道的传导通畅，肺气才不至于壅滞。肠道以通为用，肺气以降为和，二者的通和降是互相依存，互为因果的。蒋洪耀认为食管与肺在位置、生理、病理及证治诸方面具有相关性，因此肺与食管相匹配较传统的肺合大肠更具合理性和实用性。

刘长恩概述了国外有关研究，发现炎症性肠病患者的肺功能多见异常，且亚临床气道高反应性多见。克隆病患者的肺功能异常率为36%～68%，活动性克隆病出现支气管肺泡灌洗液淋巴细胞增多，但不伴肺部及临床放射学异常。溃疡性结肠炎易产生支气管病变，结肠切除术后，支气管树成为新的免疫攻击靶器官，易致支气管化脓性病变迅速出现和进展。

张元兵对于慢性阻塞性肺病，依据“肺与大肠相表里”理论和“痰瘀伏肺，气道壅塞”的思想，着眼于疏利气机，采用涤痰行瘀，利气除壅，通脏平喘法治疗，常有显效。

（张　挺　张少军）

【心主神明和脑主神明的研究】

心主神明和脑主神明的争论，由来已久。周东浩等认为心神说和脑神说的功过是非不能一概而论，从辨证的观点看，两者各掌握了真理的一部分，但都有各自的局限性。从历史的观点看，中医心神说是由于中医朴素的系统观和独特的司内揣外的研究方法决定的，侧重于反映神经-内分泌-免疫网络免疫部分信息处理的整合特点；脑神说则是西医还原论思想的产物，侧重于反映神经-内分泌-免疫网络神经部分信息处理的还原特征。

翟双庆等探讨了中医学“脑主神明”与道家、道教的关系。认为中医学“脑主神明”观在道家、道教“泥丸主元神”观察之前就已经有其雏形，而被发扬光大则是受到西医解剖学影响。另外，中医学与道家、道教在脑与神问题上的认识存在着部位、理论依据等多方面的差异。因此，翟氏认为中医学“脑主神明”观的建立主要源于西医学的传入，而与道家、道教之论关系不大。

赵益业等认为中医学自《内经》时代起继承了把心视为思维器官的文化传统，把大脑的思维能力以“心”字指代，建立了心主神明的思维模型，并且一直沿用至今，此“心”字是文学意义上的指向性概念，非近世以来解剖学心脏概念所涵容。中医心主血、脑和神明的观点是把循环系统与高级神经活动合起来都属于心。心的功能远不只是解剖学所指心脏之功能，而是与之有密切联系的系统功能的综合概念，包括推动血液循环的心脏功能，调节心血管活动的神经和体液因素，以及大脑高级神经系统等一系列功能活动。提出心主神明是对精神-神经-内分泌-免疫-靶组织这个机体最重要调控网络的整体概括，是中医学整体观念、五脏相关的重要体现。

目前存有“心主神明”、“脑主神明”和“心脑共主神明”三家之说。杨忠奇采集了68例闭合性脑损伤病例，安格拉斯哥昏迷分级标准（Glasgow Coma Scale）予以评分，同时检测心电图、血压和血常规，结果：不同损伤程度的患者中，发生不同程度的神志改变。而反映心脏功能的心率、血压与出现心律不齐、心肌缺血的例数之间没有明显关系（$P > 0.01$）；反映心血灌养功能的指标（包括心率、血压、血红蛋白）相近（$P > 0.01$）。杨氏认为大脑疾病对精神意识和情感思维的影响起至关重要和直接的作用，患者的神志改变同心脏功能变化并不一致，“心主血”的功能同神志的改变没有必然联系。因此有必要结合现代医学修正“心主神明”理论，将“脑主神明”的理论落实于理、法、方、药诸方面，完善和发展中医理论体系。

（王庆其　李兆健）

【“气”的研究】

对于气的涵义和功能，至今仍有不同的看法。有学者试图通过现代科技手段揭示中医学气的本质。

（一）气的涵义　孙广仁指出，中医学的“气”，是维持人体生命活动之根本，中医学气血理论是研究人体之中各种具体的气的概念、来源、结构、功能的理论，与古代哲学的气学说研究的范围、对象不同，应加以区别。李艳等认为中医学的“气”是在古代哲学概念的基础上，通过对人体生命现象的观察和推理而形成的。从生理学角度，气是维持人体生命活动的最基本物质，从病理学角度，气亦是致病因素，具体使用上可指代病理变化、病理过程、疾病名称和疾病因素。

对于“气”究竟是物质还是功能的问题至今仍有争议。余冬梅肯定了气是构成人体和维持人体生命活动的精微物质，并且指出目前存在将“气”一词在不同语言环境中的不同含义与气的概念混淆；将作为物质之气的物质性与功能性的讨论和气究竟是物质还是功能的讨论混淆。陈晓东等认为“气”不是物质，而是物质运动的表象，是人在感觉和知觉基础上形成的具有一定概括性的感性形象，是感性认识的高级形式。从表象层次来研究生命活动，是“气”这一概念的精华，超越了以分析还原思想为基础的现代科技理论。王强等指出，在中医学中，“气”既可以是个别又可以是一般，具有多层次的内涵，一般意义上的“气”与现代哲学上的“物质”概念接近。但是，“气”又具有非物质性，不能以偏概全地说“气”就是或不是物质，也不能把“气”仅说成是属性，应根据此概念所应用的不同语境，对气不同层次的实质加以分化研究。

郝小梅等将《内经》所论述的气大致分为自然界之气、人体生理之气、病邪之气和药物之气，对明确中医“气”的概念有一定意义。陈倩亮认为《内经》不但承认气是物质的本原，而且提出了运动是气的根本属性，并注重形气的相互转化，以及气是信息的载体几个方面，反映出《内经》自发运用辩证唯物主义的基本原理，初步萌发出信息论、控制论的雏形。

（二）气的功能 中医学中，不同层次和种类的气在人体生命活动中起着不同的作用。任继学认为人体所具有三维生理系统的基本构架为精、气、神，其中正气、营气、卫气构成了人体三维防御系统，其基础是“真气”，亦称“正气”。周吉善将营气和卫气的功能比喻成磁场。认为营气有形，是体液循环的一种功能，可以对应于流动的血液；卫气无形，行于体表具有保卫作用，是功能的一种反映，对应于血流产生的磁场。于越对《内经》中卫气的生理功能和病理变化进行了讨论，指出卫气开合具有调节人体呼吸、脉息、机体温凉变化以及机体不同抗病状态的作用。刘毅认为阳气不仅是物质而更多的是对脏腑功能的概括。五脏各分阴阳，以肾阳为本，生理上以阳气行事；以六经分证来看，阳气分实阳、虚阳；从疾病传变的方向及部位而言，阳气可分为表阳（上焦之阳）、中阳（中焦之阳）、元阳（下焦之阳），并以此指导临床治疗用药。纪立金从理论和临床两个方面对脏气分阴阳进行了探讨，认为脏气分阴阳既是中医学气学理论的本意，也是五脏各自本能“活力”的两个方面。对于正确认识脏气与脏阴、脏阳的概念及其关系，以及正确运用益脏气、滋脏阴与温脏阳的药物配伍关系，具有重要的临床指导意义。孟农等对“血为气之母”提出异议。认为气和血无论在生成还是在运行中，气都占据主导地位，其关系应是“气为血之帅，血为气之母”，应进一步对气在人体整个生命活动中发挥的作用进行研究。温长路指出《内经》中气的顺逆变化规律是客观存在的，形象地表达了气的生理、病理，是不停运动的，是可以调控的。对其规律的全面理解，有利于对气病成因、转归的认识和治则的制定，从而提高临床疗效。不应狭义地认识“气逆”这一概念，应全面地认识和解决气机的“不顺”问题。

（三）气的实质 张永忠认为，人体之“气”的实质就是生命现象的本质，即新陈代谢，包括机体和各组织器官的物质代谢、能量代谢及伴随能量所发生的生命机能。宋剑南通过现代实验研究气与痰瘀之间的关系，认为脏腑之气、尤其是肝脾之气是生痰和由痰致瘀的调节枢纽。气虚和气滞是病理产物之痰转变为致病因子之痰的关键和主要限速因素，体内自由基的积累和由此而引起的一系列连锁反应可能是气虚、气滞的最直接体现，其中尤以蛋白质的氧化修饰最为重要。由此推测，气可能与体内氧化作用有某种关联。马威等通过研究不同年龄、性别人发中微量元素含量与肾气的关系，指出人发中微量元素含量可以作为中医肾气的量化指标之一。张茂林根据中医理论对气的认识，结合现代医学知识，将中医学的气理论与人体线粒体的能量代谢相比较，提出人体的气与体内线粒体有许多密切关系，认为线粒体可能是气的重要组成部分。

（张苇航）

【舌诊客观化研究】

近年舌诊客观化研究主要是在与计算机技术的融合中进行。

作为舌象客观度量方法的计算机舌象图像分析是在标准的成像环境下，采集受试者的彩色舌图像，再进行图像处理和分析，对舌色、苔色、舌苔的厚度与湿润度等舌象指标进行分类与定量化。这一系列研究主要是围绕如何对舌象图片进行图像处理而展开。李圣春等认为图像处理的水平直接决定着舌象客观化研究的进程。

清华大学和中国中医研究院西苑医院将舌诊自动识别定位于色彩模式识别，应用模糊数学理论，借助 munsell color 识别系统建立了中医舌象真彩色图像系统，并进一步开发出中医舌诊专家系统，集舌诊图像输入、切割处理、图像分析、辨证诊断、立法处方、网络传输等多项功能于一体。翁维良等运用该系统对血瘀证舌质颜色范围进行研究，结果显示血瘀组与非血瘀组比较，红色分量 R 值明显降低（$P<0.05$），蓝色分量 B 值显著升高（$P<0.05$），血瘀组与非血瘀组绿色分量 G 值无显著差异（$P>0.05$）。进一步运用该系统对血瘀证舌下络脉进行观察，结果表明舌下络脉颜色、粗细结节、分支、弯曲的变化与舌质 RGB 量值密切相关，对舌质 RGB 的量值观测，可以综合反映血瘀证舌质的变化情况。

赵忠旭等人提出基于数学形态学和 HIS 模型的彩色舌图像分割算法、并采用修正的多项式回归模型进行彩色校正、应用监督 FCM 聚类算法用于舌色苔色分类。蒋依吾等人进行了电脑化中医舌诊系统研究。依据 RGB 彩色影像经检测矩形区域、增强影像对比、影像二值化及边界检测，得出舌曲线影像并将之分离为舌质与舌苔两大特征。

苏开娜等人采用二分光反射模式讨论舌苔图像上亮斑象素点在 RGB 彩色空间的分布特征及亮度特征，以进行舌苔润燥的分析。

在中国国家自然基金委的资助下，香港理工大学与哈尔滨工业大学合作开展的中医诊断自动舌象分析与研究取得进展，对大量典型病例的舌诊照片进行分类整理并输入计算机，通过舌图像的多种参数及量化特征，依据统计模式识别方法，建立了疾病诊断系统。该研究充分利用计算机技术，在方法和技术上给舌诊客观化研究注入了新的内容。但是现阶段的研究内容仍以颜色为主，未能在舌质、舌苔的质地、纹理、形态、动态等方面实现舌象信息的综合全面的客观化识别。

（张志枫　王志国）

【攻下法的研究及应用】

杨海青结合出血性脑中风急性期的病机，根据“急则治其标”的原则，阐述该病应用下法能迅速扭转病势，对降低中风患者的病死率、致残率以及尽快恢复具有积极的作用。认为泄可去闭，促进意识障碍的恢复；急下存阴，防惊厥的发生；下可去实，促进肠胃功能的恢复，预防应激性溃疡及出血的发生；还能预防和减轻肺部感染。

薛红总结了下法在 4 种神经内科疾病中的应用：中风无论是中经络还是中脏腑，出血性还是缺血性，只要不是极虚欲脱，其急性期皆可通下；帕金森病下之可通腑降浊，升清利窍，使气机升降复常，从而敷布气血，畅达血脉，改善震颤、强直等原发病；癫痫之发病，以气机逆乱起决定作用，下法既有通便之功，又有调畅气机的作用，可导浊下行，使痰化瘀去，以杜病源；病毒性脑炎若见阳明腑实证，应速用泻下通闭之法。

庄逸群阐述肠痈“脓已成”仍可攻下的机理。大肠为传导之官，以通为用，其气本主达下，若失传导之能，会导致气血循行不利，秽物不去，壅滞阻塞。且肠痈之主要病机为气滞、血瘀、湿阻热壅，所以无论脓成与否，肠道内炎性渗出物和秽浊毒素都应“下之”。

胡国荣用下法治疗肠痹、中毒性菌痢。指出肠痹多因肠蠕动功能低下，使宿便残留，久结不去，甚则形成梗阻。如患者正气尚充，当寒温并用，下气除满，推荡结滞，则顽症可愈。中毒性菌痢由于热毒湿邪客犯肠道所致，应通因通用，以排脓去腐，推陈致新。

朱培庭，王志刚等通过系列实验研究证明清热通下中药锦红片（红藤、生大黄、蒲公英）能有效地抑制肠道细菌的移位，对抗内毒素血症，并有显著降低血清胆红素的作用，对急性胆道感染大鼠肝肾功能有明显的保护作用。

（陈　晓　王丽慧）

【活血化瘀法机理及应用】

（一）理论探讨　蔡健伟指出活血化瘀法为预防老年病的发生、提高临床疗效开辟了治疗的新途径。李振光等结合痫证发病机理论述活血化瘀通经络法可堵“风、痰”产生之源而治其本，又可改善瘀血病理产物而治其标，为标本同治的佳径。屠庆祝等从瘀血、血瘀与中风发生的关系，整体治疗与局部治疗的关系，血肿吸收与水肿消除之间关系等方面阐述了活血化瘀法治疗脑出血急性期的机理。石卫人等认为血瘀是疮疡不愈的重要因素，须从“瘀”辨治。桂美华认为肝之发病往往与“瘀”相关，运用通瘀法，将瘀滞于肝中的湿热、痰浊、邪毒较快地排出体外，从而能改善肝瘀滞的病理状况。其所指的“瘀”，除瘀血外，还包括湿热、痰浊、邪毒。

（二）实验研究　杨养贤等实验证明补肾化瘀法可以显著增加模型鼠脑血流量以及海马和皮质的局部血流量，提高其海马和皮质乙酰胆碱及神经肽的含量，作用明显优于脑复康组。提示补肾化瘀法治疗血管性痴呆的作用机理之一是增加脑血流量，调节脑组织神经递质以及神经肽。李庆选等通过对胃及十二指肠溃疡手术切除标本进行溃疡病变部位及非溃疡区域的病理组织学研究，发现溃疡处的动脉狭窄明显高于非溃疡区域，且具有显著动脉血管管腔的瘀血、毛细血管增生及毛细血管瘀血。认为血瘀是胃及十二指肠溃疡的病理组织学基础。活血化瘀法可逆转其血液流变学及血流动力学的异常，从根本上完成胃及十二指肠溃疡的康复过程。张艳军等观察了活血化瘀注射液（HHI-I）对体外培养大鼠肺微血管内皮细胞与白细胞粘附率的影响，认为抑制白细胞内皮细胞的过度粘附是活血化瘀重要的作用机理之一。

（三）临床运用　吴瑞勤等分别对83例红斑狼疮患者投以活血化瘀药（大黄、丹参、昆明山海棠、雷公藤等），结果阴虚组以及气阴两虚组疗效显著，而阳虚组疗效较差，提示须结合辨证。李立认为血瘀证之形成与寒热的关系密切，寒热并调才能和顺阴阳，故其治疗在祛瘀的同时，应注重寒热配伍。

（王丽慧）

【情志理论的研究】

（一）情志致病的研究　金曦等提出情志活动是在心神的统领和调节下，各脏腑机能活动的综合体现。表现在病理上，情志致病总是“从心而发伤及内脏”，而“脏腑受损气病为多”，故情志致病的机理主要在于气机失调。具有气机失和实多虚少，脏腑失常经络不利，气病在先累及津血等特点。

孙理军等认为情志致病的重要环节是影响机体的免疫力。情志状态与正气密切相关，脏腑气血津液的生理功能状态就是正气在情志病变中抗邪能力的反映。情志和调则五脏安和，气血调畅，疾病不起。若情志失于调畅，必将影响气血津液的正常运行而使内脏不和，发而为病。由此可见，正气在情志病变中占有主导地位。

董少萍认为意志因素在情志发生、致病过程中起重要的作用。七情能否致病主要取决于机体的耐受力，而机体耐受力又和人的意志力有着直接关系。加强意志力的锻炼，将有助于提高个体心理免疫力，进而达到防治疾病的目的。

（二）其他研究　杜文东对“思”历来被释为思维、思虑一说提出质疑，认为亦指某种情绪。杜氏引证《尔雅》、《辞源》等文献，认为“思”与“喜、怒、悲、忧、恐、惊”等情绪并列时，与“忧”、“愁”、“哀”、“恐”等情绪相通。结合“思伤脾”、“思则气结”等论述，与因消极情绪引发的临床病理现象相对照，发现抑郁情绪状态导致的躯体症状与“伤脾”、“气结”的临床症状相吻合，由此推断“思”作为致病情绪，其实质等同于抑郁情绪。

武刚从情志学说科学内涵、情志致病临床辨治的规范化、情志致病病理生理学机制、情志致病动物模型复制等方面对中医情志学说的研究思路加以探讨。认为情志致病临床辨治规范化研究包括情志致病的病因病机、特点和主要证型以及防治。情志致病的动物模型复制应以现代医学的应激理论和方法为重要依据，在复制过程中，应尽可能排除躯体应激带来的干扰，建立较为纯粹的情志心理应激模型。武氏认为应结合现代医学应激理论、神经生理学、神经免疫学等研究情志致病的病理生理学机制。目前，心理应激的现代研究已深入到脑机制，开展情志致病的脑机制的研究，不仅有助于阐明情志的致病机制，还将为中医藏象研究提供新的思路和方法。

（陈慧娟）

【证及辨证论治的研究】

（一）证的研究　目前关于证的概念争议较多。陈易新等认为“证”是机体对于外界因素的一种反应性的表现，是机体的一种特定功能状态。牛淑平等认为中医的“证”与“病”含义是根本一致的，都是疾病的病因、病位、病症、病性等基本要素的总称。刘宗潇认为，证是疾病的功能态，是在疾病发展过程中，在致病因素及其他诸因素的共同作用下，机体所产生的临床综合表现，是机体在疾病发展过程中某一阶段的病理概括。证既是疾病的全部或部分临床表现的综合，又是在一定程度上对疾病本质的部分反映，但只是反映疾病某一方面的异常变化。成肇智认为“证”泛指医生收集到的可用作中医诊断凭证的有关病人的信息，主要指症状、体征为主的临床表现，也包括为中医诊病所重视的体质、性别、年龄、职业、自然环境（天时、气候、地理等因素）、生活水准、此前的诊疗经过等状况，以及各种现代检测的结果等。申程玺认为，证的确切概念是一类由于细胞因子网络紊乱的基本病理过程和临床综合征。赵学军等认为可以分为证的规范化和证本质的研究两大类，并指出前者是后者的基础，故应优先进行证的规范化研究，特别是证候标准的研究。提出证候标准的规范化研究应该紧密联系临床实际，在严格遵循循证医学、现代流行病学和数学等学科基本原则的基础上，获取确凿、充分的证据，据此建立科学、规范的中医证候标准。

（二）辨证论治的研究　袁国庆认为辨证的关键是要抓住主症，抓主症具有实用性强、疗效好、执简驭繁等意义，并列举了抓主症的方法。夏明歧等指出传统的辨证论治不能完全覆盖人类已认识的疾病，微观辨证正是根据这类矛盾而产生的新的辨证方法，只有将病与证结合，宏观的证候与微观的实验检查指标相结合，才能使辨证论治更具体化，体现其先进性和优越性。汪涛等强调在临床病证结合论治中应辨病在先、辨证在后，即先用理化方法检测微观指标确定病名，再审病程、定邪正、定病位，确定证型。这种辨病辨证模式有利于揭示证的本质，建立证的微观辨证体系，寻找治疗疾病的有效药物。

（童舜华）

【肝阳上亢证的微观研究】

张玉金等发现高血压肝阳上亢证患者的心率、餐后两小时血糖及胰岛素和C-肽值较正常组都明显升高，提示胰岛素抵抗是高血压肝阳上亢证的病理基础之一，且决定其发生发展和预后。提出治疗高血压肝阳上亢患者应考虑中药对糖代谢的影响、纠正糖代谢紊乱，控制高胰岛素血症及高胰岛素敏感性。

王光平等应用信使核糖核酸（mRNA）差异显示术，研究肝阳上亢、肝阳化风两证的分子机理，使用15种不同的引物组合，经逆转录和PCR扩增后，发现肝阳上亢患者与正常受试者的基因之间有14条区带表现不同的表达，肝阳化风患者与正常受试者的基因之间有11条区带表现不同的表达，且肝阳上亢患者与肝阳化风患者的基因之间有6条区带表现不同的表达，在肝阳上亢组、肝阳化风组和正常受试者之间大部分不同表达的基因其表达为降低。提示肝阳上亢、肝阳化风两证除了具有可能相同的分子基础外，两者具有不完全相同的分子机理。

陈孝银等将病人分成肝阳上亢组、肝肾阴虚组及健康对照组，分别采用分光光度法测定血清钙、连续自动测定法检测红细胞膜ATP酶活性、离子选择电极法测定细胞内Na^+、Ca^{2+}浓度，从血清学及细胞学角度研究肝阳上亢证的机理。结果显示肝阳上亢证组的血清钙与其它两组无统计学差异；红细胞膜ATP酶活性明显低于健康对照组及肝肾虚组，而胞内Na^+、Ca^{2+}浓度则明显高于其他两组。陈氏等推测，肝阳上亢证中红细胞内Na^+、Ca^{2+}浓度升高，主要是由于红细胞膜ATP酶活力下降所致；而胞内Na^+、Ca^{2+}浓度升高很可能是肝阳上亢证患者血管紧张度增高的病理机制之一，并有可能是肝阳上亢证转化成肝风内动证的病理机制。

黎杏群等用放射免疫法测定164例中医肝病各证型患者的血浆环核苷酸总量，发现肝阳上亢证、肝火上炎证、肝气郁结证、肝阳化风证、肝血虚证患者均呈cGMP升高，而cAMP较正常值无显著差异，cAMP/cGMP比值降低，提示与植物神经递质释放水平有关。

（王丽慧）

【基因研究在中医证研究中的应用】

王忠等认为中医的整体观和中药的多靶点调节决定了在应用基因组学相关理论与技术研究中医药时，应避免因研究条件的不同而无法对研究结论作可比性分析。基因研究指标的局限性限制了中医药学的优势发挥。而基因组学的最新检测、分析技术已经能够在基因组层次上对众多基因的表达进行动态的检测，如能结合药物干预研究证候相关基因及关键基因的调控作用，必将大大丰富和发展中医证候组学。

李际强等认为基因组学是从整体上研究各个基因之间的结构与功能的关系，这与中医的整体观具有惊人的相似之处。可以在不同疾病的同一证中，寻找基因组学中的共同性，并在同一疾病的不同证型间观察它们的差异性，通过系统分析、归纳、整理，建立一个“证-基因表达谱”，使原本模糊、杂乱的证变得明确、规范。通过研究基因的功能及其表型间的关系来获取大量与“证”相关的基因，把这些相关基因表达调控正常与否作为指标，实现证的标准化与量化，从而由“辨证论治”转变为“辨基因论治”。

方肇勤认为基因芯片技术在证的研究方面，当使用证的动物模型，或在疾病模型基础上通过辨证，区分为不同的证，对主要病变组织了解后，便可以利用基因芯片技术，观察有关组织基因的变异，了解证与证、证与病、证与体质之间的差异。当辨证论治取效后，采用基因芯片技术，可以观察治疗前后有关组织基因转录的差异，不同时段基因转录的差异和揭示证和辨证论治在基因水平上的机制与因果关系，发展证及证治的中医基础理论。在经络现象的研究方面，根据针灸经络理论，可以采用基因芯片技术观察不同穴位、不同刺激方法、频率和强度所导致有关组织基因转录的差异，以及时段的变化和因果关系；观察在治疗不同疾病和相应证方面的具体途径，其结果将极大地深化对针灸经络现象的认识。

李杰芬认为应利用基因组学研究提供的新知识和新方法，从证相关基因研究入手，拓展至诸证的遗传学基础及相关基因编码蛋白的空间结构和生物功能的研究等，有可能带动中医基础理论研究发生质的飞跃。

（管冬元）

参考文献

C

蔡健伟．血瘀与老年病关系初探．新中医，2001；(4):5

陈倩亮．试述《内经》论“气”的哲学基础．中医研究，2000；(2):2

陈晓东，李婷．气非物质论．中国中医基础医学杂志，2001；(12):12

陈孝银，唐纯志，严　灿，等．肝阳上亢证的血清学及细胞学研究．辽宁中医杂志，2001；(1):3

陈易新，陈家旭，季绍良．对于证实质研究的辨识与思考．中国医药学报，2001；(6):10

D

董宝真．庚辰年运气初析．河南中医，2001；(4):4

董少萍．论情志致病中的意志因素．中国中医基础医学杂志，2001；(7):18

杜文东．论“思”的实质及其临床意义．中医杂志，2001；(3):187

F

方肇勤．基因芯片技术现状及其在中医基础实验研究中的应用．上海中医药大学学报，2001；(1):17

G

桂美华．通腑法治疗肝病的临床运用及体会．上海中医药杂志，2001；(1):21

H

郝小梅，刘　梅，陈　群．浅谈《内经》关于气的分类．中医药研究，2000；(5):5

胡国荣．妙用下法起沉疴．安徽中医临床杂志，2001 (4):293

J

纪立金．脏气分阴阳刍议．山东中医药大学学报，2001；(2):82

蒋宏杰，顾植山．年月日时干支的简易推算法．安徽中医临床杂志，2001；(4):286

蒋洪耀．“肺与大肠相表里”理论的重新认识．中国中医基础医学杂志，2001；(2):16

蒋依吾，陈建仲，张恒鸿，等．电脑化中医舌诊系统．中国中西医结合杂志，2000；(2):145

金　曦，金　冬．论情志病发病机理．中国中医基础医学杂志，2001，(7):20

L

黎杏群，李学文，陈泽奇，等．中医肝病各证患者的血浆环核苷酸变化．湖南中医学院学报，2001；(2):4

李际强，李振洁，符林春．应用基因组学研究中医药的思考．湖南中医药导报，2001；(1):2

李杰芬．基因组学发展对中医证实质研究的启示．上海中医药杂志，2001；(2):11

李　立．寒热并调——谈活血化瘀法的临床配伍．陕西中医，2001；(4):228

李庆选，沈玮，罗宪津，等．活血化瘀法治疗胃及十二指肠溃疡的病理组织学基础．现代中西医结合杂志，2001；(5):385

李如辉，张光霁．“肾藏志、应惊恐”理论的发生学剖析．浙江中医学院学报，2001；(1):5

李如辉．“肾合膀胱”的发生学探寻．浙江中医学院学报，2000；(6):4

李如辉．“肾者，作强之官，伎巧出焉”的发生学原理．浙江中医学院学报，2001；(2):6

李如辉．肾“开窍于耳及二阴”、“在液为唾”理论的发生学探析．浙江中医学院学报，2001；(3):9

李如辉．肾“主骨、生髓、通于脑，其华在发”理论的发生．浙江中医学院学报，2001；(4):7

李如辉．肾脏若干基本概念的发生学思考．浙江中医学院学报，2000；(2):8

李如辉．肾脏生理功能的发生学诠释．浙江中

医学院学报，2000（5）:12

李如辉．肾脏生理特性的发生学诠释．浙江中医学院学报，2000；（4）:3

李圣春，凌昌全．计算机技术在中医舌诊研究中应用进展．安徽中医学院学报，2001；（6）:58

李四强，田锦林，曹勇军．从“一方多用”谈“中西医结合”．甘肃中医，2001；（1）:10

李　艳，严　灿，邓中炎．气的涵义浅识．中医药研究，2000；（4）:4

李振光，王净净．从瘀治痫理论基础及机理的研究摄要．中医药学刊，2001；（4）:323

刘长恩，兰　岚．炎症性肠病的肺部表现．中国实用内科杂志，2000；（7）:438

刘宏潇．辨证与辨病论治临证结合优势探析．中医药学刊，2001；（5）:460

刘　毅．浅谈中医阳气之分层．中医研究，2000；（6）:2

M

马　威，薛　莎，吴文莉，等．人发微量元素对肾气的量化研究．中国中医基础医学杂志，2001；（4）:32

孟　农，谢志勇．小议“气”与“血”．新疆中医药，2001；（1）:5

N

牛淑平，朱长刚．同病异治异病同治．中国中医基础医学杂志，2000；（10）:3

R

任继学．人体三维生理系统简述．上海中医药杂志，2000；（9）:4

S

申维玺．论中医“证”的现代医学属性和概念．中医杂志，2001；（5）:307

石卫人，林梓凌．论感染创面从“瘀”论治．新中医，2001；（11）:9

宋剑南．“气”在痰瘀相关过程中的物质基础．中医杂志，2001；（4）:242

苏开娜，卢翔飞．基于图像处理的舌苔润燥分析方法的研究．中国图像图形学报，1999；（4）:345

苏　颖，刘宏岩．运气学说客运五步太少相生问题的商讨——《内经讲义》（六版教材）质疑．中国中医基础医学杂志，2001；（2）:12

孙广仁．古代哲学的气化学说与中医学的气化理论．浙江中医学院学报，2001；（5）:1

孙广仁．中国古代哲学精气学说对中医学精气生命理论的影响．福建中医药，2001；（2）:9

孙理军，陈震霖．情志致病的免疫学研究．陕西中医学院学报，2001，（3）:8

T

屠庆祝，张增强．对活血化瘀法治疗脑出血急性期有关问题的再认识．浙江中西医结合杂志，2001；（5）:304

W

汪　涛，姚石林．先病后证，判明邪正消长态势是辨证的关键．中国中医基础医学杂志，2001；（3）:1

王爱民，沈兰荪，赵忠旭．监督 PCM 聚类算法及其在中医舌象自动分类中的应用．模式识别与人工智能，1999；（4）:480

王爱民，赵忠旭，沈兰荪．中医舌象自动分析中舌色、苔色分类方法的研究．北京生物医学工程，2000；（3）:136

王更生，孙华英，王　建，等．略论运气学说与肾病临床辨治．湖北中医学院学报，2001；（1）:9

王光平，金益强，鄢东红．应用信使核糖核酸差异显示研究中医肝阳上亢、肝阳化风证的基因表达．湖南中医学院学报，2001；（1）:6

王　强，孙立亭．论气的一般性与个别性．山东中医药大学学报，2001；（2）:86

王志刚，朱培庭，袁作彪，等．清热通下法对急性胆道感染大鼠肝细胞凋亡影响的研究．中医研究，2001；（1）:12

王志刚，朱培庭，章学林，等．通里攻下法对急性梗阻性胆道感染及肾功能的影响．辽宁中医杂志，2001；（1）:58

王　忠，王　阶，王永炎．后基因组时代中医证候组学研究的思考．中国中西医结合杂志，2001；（8）:621

温长路．对《黄帝内经》中气顺逆变化问题的理性思维．河南中医，2001；（1）:3

翁维良，黄世敬，洪尚杓．运用中医舌诊专家系统对血瘀证舌下络脉的观察．中医杂志，2001；（4）:233

翁维良，黄世敬，洪尚杓．运用中医舌诊专家系统对血瘀证舌质的研究．中国中医基础医学杂志

2000；(10)：58

吴瑞勤，孙　越，朱光斗．活血化瘀与辨证分型治疗系统性红斑狼疮．华中医学杂志，2001；(2)：73

武　刚．情志学说研究思路探析．安徽中医学院学报，2001，(4)：4

X

夏明歧，司家奎，张　锐．无证从病与微观辨证关系例证．山东中医杂志，2001；(5)：369

徐建华．运气学说的现代气象验证初探——连云港（新浦）台 1954～1983 年气象资料分析．北京中医，2001；(3)：8

薛　红．下法在治疗神经内科疾病中的运用体会．陕西中医，2001；(2)：99

Y

杨海清．通下法治疗脑出血急性期理论探讨．湖南中医杂志，2001；(2)：5

杨养贤，李　锐，陈松盛，等．补肾化瘀法改善缺血性认知障碍作用机理研究．中国中医基础医学杂志，2001；(1)：15

杨忠奇，冼绍祥，赵立诚．从颅脑损伤后的病理生理变化论"脑主神明"．广州中医药大学学报，2001；(1)：86

杨忠奇，赵立诚，邓少娟．"心主神明"和"脑主神明"之争．广州中医药大学学报，2000；(2)：123

杨忠奇，赵立诚，冼绍祥．从颅脑损伤论"脑主神明"．中国中医基础医学杂志，2000；(12)：2

于　越．卫气开合论．辽宁中医杂志，2001；(11)：651

余冬梅．中医之"气"的再认识．江苏中医，2000；(6)：4

袁国庆．辨证论治抓主症．江西中医学院学报，2001；(2)：78

Z

翟双庆，王洪图．试论中医学"脑主神明"与道家、道教的关系．中国中医基础医学杂志，2001；(1)：13

张光霁，李如辉．肾为先天之本的发生学考察．中国中医基础医学杂志，2001；(12)：881

张茂林，张六通，邱幸凡，等．论线粒体与中医"气"的关系．中国中医基础理论杂志，2001；(4)：60

张少军，童　瑶．肺与大肠相表里的现代研究及评析．中医函授通讯，2000；(3)：14

张艳军，赵连根，吴咸中．活血化瘀注射液对大鼠肺微血管内皮细胞与白细胞粘附率的影响．天津中医学院学报，2001；(2)：20

张永忠．论中医学之气的实质是新陈代谢．中国中医基础医学杂志，2000；(5)：8

张玉金，张文芝．高血压病辨证分型和胰岛素抵抗关系的探讨．河南中医，2001；(1)：35

张元兵，洪广祥．"肺与大肠相表里"在慢性阻塞性肺疾病急性发作期的应用．江西中医药，2000；(3)：15

赵学军，李任先，郎建英．论"证"的研究思路．中国中医基础医学杂志，2001；(6)：1

赵益业，吴焕林，邓铁海．试论心主神明．中医药研究，2000；(1)：2

赵忠旭，王爱民，沈兰荪．舌象分析仪中彩色校正的研究．电子测量与仪器学报，1999；(3)：1

周东浩，周明爱．"心主神明"之我见．中国医药学报，2001；(4)：10

周吉善．营气、卫气、经络的物理学基础．中国中医基础医学杂志，2001；(4)：20

朱茂胜．略论运气学说．湖北中医学院学报，2001；(3)：12

朱培庭，张静吉，高　炬，等．锦红片对急性胆道感染大鼠细胞因子调节和肠黏膜屏障保护作用的实验研究．上海中医药杂志，2001；(4)：39

庄逸群．肠痈"脓已成，不可下也"吗？．湖南中医药导报，2001；(1)：43

（二）临床各科

(1) 传 染 病

【概述】

2001 年度传染病（国家法定须作传报的 35 种）范畴发表的文献约 650 余篇，其中约 73% 以上为病毒性肝炎的临床治疗及实验研究，其次为性病、流行性腮腺炎、流行性出血热、肺结核以及细菌性痢疾、百日咳、病毒性脑炎等病证的治疗与研究。

（一）病毒性肝炎　急性病毒性肝炎，陈兰玲报道 58 例，以清热解毒利湿、活血退黄为治则，自拟急肝方（茵陈、蒲公英、大黄、木通、丹参、蔻仁、甘草等）煎服，同时配合西药常规疗法治疗，并与单用西药常规治疗的 51 例作对照。10 天为 1 疗程，经治 2 个疗程，两组的总有效率分别为 96.6%（56/58）、86.3%（44/51）；$P<0.05$。顾维琛报道 176 例，采用新鲜金粟子草 250g，打汁饮服（或金粟子草 100g 煎服），平均治疗 26 天，有效率为 92.0%（162/176）。慢性病毒性肝炎，乙型病毒性肝炎（乙肝）的治疗，孙玉冰报道 136 例，治以疏肝健脾、清热利湿、活血养阴法，自拟中药浓缩颗粒剂（柴胡、郁金、丹参、白花蛇舌草、溪黄草、苡米、白芍、女贞子等）冲服，3 个月为 1 疗程。连服 2 个疗程，总有效率 91.1%（125/136）。HBsAg、HBeAg 的阴转率分别为 41.2%（56/136）、90.8%（109/120）。HBV 基因突变是乙肝患者临床表现及转归多样化的主要原因。近年，HBV Pre-C 的突变已成为研究热点。盛国光等采用单链构象多态性（SSCP）银染技术，检测 HBV Pre-C 基因突变有较好的特异性和敏感性，该方法稳定、简便、快速，能基本满足临床大面积大样本筛选的需要。丙型病毒性肝炎，陈建杰等报道 91 例，分为治疗组 48 例和对照组 43 例，分别以清肝冲剂（柴胡、黄芩、白术、猫人参、刘寄奴等）和赛若金治疗。经治 6 个月，两组的总有效率分别为 74.8%、79%，$P>0.05$。随访 3～6 个月的 HCV RNA 阴转率分别为 27.1%（13/48）、34.9%（15/43），$P>0.05$。重症肝炎，潘家旺报道 28 例，自拟急黄汤（生大黄、茵陈、虎杖、炒栀子、丹皮、赤芍、青皮、郁金、厚朴、砂仁等）煎服配合维生素 C、维生素 B_6、门冬氨酸钾镁、人体白蛋白等西药治疗。结果总有效率为 57.1%（16/28）。沈丽萍等报道 40 例，辨证分为热毒炽盛、热毒内陷 2 个证型，分别施以中药煎服（或鼻饲），联合西药常规疗法治疗，并与单用西药治疗的 36 例作对照。结果两组的治愈率分别为 67.5%（27/40），41.7%（15/36），$P<0.05$。淤胆性肝炎，叶庆斌报道 70 例，随机分为治疗组 40 例和对照组 30 例。均采用西药保肝（肌苷、肝泰乐、门冬氨酸钾镁等）及甘利欣治疗，治疗组加用中药（茵陈、赤芍、丹参、生地、黄芩、栀子、丹皮、枳实、郁金、柴胡等）煎服。经治 2～3 个月，总有效率分别为 97.5%（39/40）、80.0%（24/30），黄疸消退平均天数分别为 37.2 天、52.6 天，$P<0.05$。

（二）细菌性痢疾　沈霞报道小儿急性痢疾 90 例，分为治疗组 58 例和对照组 32 例。两组患儿均根据药敏结果选用两种抗生素口服或静滴并依病情补液、纠酸对症治之，治疗组加用黄连素保留灌肠（先用生理盐水 200ml 回流灌肠，继之灌入黄连素20～

30ml，保留 0.5h，1 天 1 次），经治 3～5 天，两组的总有效率分别为 100%、81.3%（26/32），P＜0.05。刘更祥等报道 78 例，以黄芩治痢汤（黄芩、葛根、秦皮、白芍、若参、马齿苋等）煎服，1 天 1 剂。平均治疗 7.5 天，总有效率 92.2%（72/78），痊愈率 67.8%（53/78）。

（三）百日咳　周慧生报道 48 例，自拟温肺化饮汤（半夏、麻黄、五味子、干姜、天竺黄、贝母、细辛、百部、葶苈子等）煎服，1 天 1 剂。经治 7 天，总有效率 95.8%（46/48）。陈锦文报道 60 例痉咳期患者，自拟解痉止咳汤（桑白皮、白芥子、苏子、百部、蜈蚣、地龙、白僵蚕等）煎服，1 天 1 剂。经治 1～3 周后，症状、体征完全消失者 56 例。

（四）病毒性脑炎　孙兰平等报道 37 例，以清开灵静脉滴注、中药（大青叶、板蓝根、鱼腥草、一枝黄花、大黄等）灌肠，同时用青霉素、病毒唑、胞二磷胆碱、甘露醇、地塞米松等西药治疗。平均住院 13.75 天，总有效率 97.3%（36/37），治愈率（症状、体征消失，脑电图正常或轻度异常）86.5%（32/37）。

（五）流行性出血热　郝向春等报道 180 例，随机分为治疗组 120 例和对照组 60 例。均以病毒唑静滴及对症治疗，治疗组加用清瘟败毒饮为主，随证加减煎服。结果治疗组平均发热天数、多尿天数、血小板恢复正常天数、尿蛋白转阴天数以及并发症的发生率均明显少于对照组（P 均＜0.001）。

此外，艾滋病的治疗已有专条介绍。邵友华报道肠伤寒 34 例，以黄芩滑石汤（黄芩、滑石、猪苓、茯苓皮、大腹皮、白蔻仁、通草等）煎服，配合西药补液及适当选用环丙沙星、氨苄青霉素、氯霉素等治疗，7 天为 1 疗程，一般治疗 2～3 疗程。结果治愈 32 例。李国琼报道猩红热 31 例，按辨证分为邪侵肺卫、邪入气营、疹后阴伤 3 个证型，分别施以中药煎服，全部患者均于 2～5 天治愈，随访无并发症。谷杰法报道腮腺炎 139 例，以盐泥外敷，治疗 3 天内显效 112 例，5 天内显效 22 例。李亚黎报道传染性单核细胞增多症 24 例，以消黄化瘀散结汤（茵陈、栀子、郁金、当归、川芎、醋柴胡、醋龟板、醋鳖甲等）随症加减煎服，经治 7～14 天，痊愈（症状消失、血中白细胞恢复正常、无异常淋巴细胞存在）24 例。

（王育群　张　玮）

【病毒性肝炎的证型研究】

聂广等根据重型肝炎发病的临床特点，探讨其辨证的原则和方法，以及辨证分型的标准。对 250 例重型肝炎和 360 例一般肝病（对照组）患者的临床症状、体征，采用计算机统计方法，得出各个证型的频数分布情况，并与对照组进行比较，x^2 检验、逐步判别分析法等予以分析，根据判别函数及判别系数归纳出各证型的主、次症状及辨证要求，而初步得出重型肝炎辨证分型的标准方案。经检验所建立的各个判别函数对该组病例判别效果较好，诊断价值较高，其敏感度为 76.7%～86.7%，特异度为 80.0%～83.3%，准确度为 80.0%～86.7%。辨证分型标准具体体现为 4 个主症及 12 个证型：黄疸-湿热壅盛、热毒炽盛、肝肾阴虚，腹水-湿热弥漫三焦、阳虚水泛、气血瘀阻，出血-热毒炽盛、脾不统血、气滞血瘀，昏迷-热毒入营、湿浊弥漫、阴阳离脱。聂氏等认为重型肝炎辨证分型标准的研究是一项复杂艰巨的工作，尚需在文献调研、临床病例的收集整理、专家论证、计算机技术应用及结合微观辨证等方面下功夫，才能得到科学的、实用的结果。

楼孝惠等将 60 例慢性乙型肝炎（CHB）按辨证分为湿热中阻、肝郁脾虚、肝肾阴虚、瘀血阻络、脾肾阳虚等 5 个证型，检测其血清白细胞介素-2（IL-2）、白细胞介素-10（IL-10）、白细胞介素-12（IL-12）、干扰素-γ（IFN-γ）水平，观察不同证型的CHB与各指标含量的关系，并与正常健康者作对照。研究结果表明，除脾肾阳虚型的IL-10和瘀血阻络型的IL-12低于对照组外，其余各证型组的检测指标均高于对照组 $P<0.05$；各证型组的总体差异明显，$P<0.05$；各证型组间比较，湿热中阻、肝郁脾虚、瘀血阻络、脾肾阳虚的IL-2差异明显 $P<0.05$，IL-10无明显差异，肝郁脾虚的IL-2与湿热中阻、肝肾阴虚差异明显，$P<0.05$，肝郁脾虚的IFN-γ与肝肾阴虚、瘀血阻络、脾肾阳虚差异明显，$P<0.05$。提示CHB细胞因子水平与其辨证分型有一定的相关性。朱春华等研究不同证型的CHB与IFN疗效之间的关系。选择46例具有IFN治疗适应症的CHB患者，在一般护肝基础上使用IFN-α，同时按辨证分为湿热蕴结、肝郁脾虚、肝肾阴虚、肝肾阳虚、瘀血阻络等5个证型，分别给予中药煎服。疗程为3~6个月，观察各证型病人对干扰素的应答情况。结果总有效率为73.9%（34/46），其中湿热蕴结型及肝郁脾虚型的有效率分别为87.5%、77.8%，明显高于其余各型，$P<0.01$。提示CHB湿热蕴结型及肝郁脾虚型患者较适应于使用IFN抗病毒治疗。

张琴等研究探讨肝硬化黄疸的不同证型与客观指标的关系。将199例肝硬化黄疸患者辨证分为肝郁脾虚、气滞血瘀、热郁湿阻、肝肾亏虚等4型，分别检测血清总胆红素（SB）、总胆汁酸（TBA）、白球蛋白的比值（A/G）、血清透明质酸（HA）、Ⅲ型前胶原（PC Ⅲ）、Ⅳ型胶原（Ⅳ C）及Child-Pugh分类要求检测的项目。结果①热郁湿阻型、肝肾亏虚型SB、TBA均值均明显高于肝郁脾虚型，分别有显著差异；热郁湿阻型、肝肾亏虚型A/G比值均明显低于肝郁脾虚型，且有显著差异；肝肾亏虚A/G比值与气滞血瘀型比较有显著差异。②气滞血瘀型、热郁湿阻型、肝肾亏虚型3型的血清HA值依次升高，与肝郁脾虚型比较均有显著差异；热郁湿阻型、肝肾亏虚型均明显高于肝郁脾虚型，且分别有显著差异；气滞血瘀型、热郁湿阻型、肝肾亏虚型Ⅳ C值均高于肝郁脾虚型，且分别有显著差异。③肝郁脾虚型以Child A级为主（73.9%）；气滞血瘀型以Child B级为多（45.2%）；肝肾亏虚型以Child C级为多见（57.5%）。

（张　波　张广业）

【中药注射液治疗病毒性肝炎的临床研究】

（一）黄疸型病毒性肝炎　董桂芬等报道40例，用苦黄注射液（苦参、茵陈、大黄、柴胡、大青叶等）30ml合促肝细胞生长素120mg分别加入10%葡萄糖250ml中静滴，1天1次，30天为1疗程，并与用茵栀黄注射液合门冬酸钾镁各20ml治疗的40例作对照，两组总有效率各为90.0%（36/40）、77.5%（31/40），$P<0.01$。张经良等报道35例，用苦黄注射液（20~30ml加入10%葡萄糖250ml中静滴，1天1次，3周为1疗程）治疗，总有效率为85.7%（30/35），而对照组采用综合疗法（用门冬酸钾镁、能量合剂、茵栀黄等）治疗30例，总有效率为66.7%（20/30），$P<0.01$。孙为安等报道120例，分为治疗组与对照组各60例，分别以苦黄注射液40~60ml、门冬酸钾镁40ml加入10%葡萄糖250ml中静滴，1天1次，2周为1疗程，结果苦黄注射液组在临床症状、体征改善及肝功能复常时间均显著优于对照组（$P<0.01$）。石丽霞报道482例（包括急、慢性黄疸型肝炎、淤胆型肝炎、肝硬化、重症黄疸型肝炎），随机分成3组。治疗组280例予熊胆注射液4ml，肌肉注射，1天2次；对照A组102例予茵陈汤（茵陈、栀子、大黄等煎服），1天1剂；对照B组100例予甘利欣注射液150mg加入10%葡萄糖250ml静滴，1天1次。均以20天为1疗程。经治1~3疗程，

总有效率分别为 96.1%（269/280）、84.3%（86/102）、88.0%（88/100），P<0.05%。

（二）慢性乙型病毒性肝炎　窦宇明等报道 72 例，以苦参碱注射液 150mg 加入 10%葡萄糖溶液中静滴，1 天 1 次，并与用茵栀黄注射液治疗的 30 例作对照。经治 2 个月，两组的肝功能血清 ALT 复常率分别为 82.4%（56/68）、78.6%（22/28），P<0.05；SB 降为正常率分别为 90.2%（46/51）、57.1%（12/21），P<0.01；HBsAg 的阴转率分别为 16.7%（12/72）、13.3%（4/30），P>0.05；HBeAg 阴转率分别为 42.2%（19/45）、10.5%（2/19），P<0.05；HBcAg 阴转率分别为 30.4%（21/69）、24.1%（7/29），P>0.05。张明侠等报道 89 例（轻度 24 例，中度 56 例，重度 9 例），应用博尔泰力（苦参素）注射液肌肉注射，并与用 α-干扰素治疗的 45 例（轻度 11 例，中度 30 例，重度 4 例）作对照。结果两组肝功能复常率分别为 82.0%（73/89）、77.8%（35/45），HBeAg 的阴转率分别为 40.4%（36/89）、42.2%（19/45），HBV-DNA 阴转率分别为 42.7%（38/89）、44.4%（20/45）P>0.05。徐丽等报道 40 例，用苦参素注射液 400mg 肌肉注射，胸腺肽 60mg 加入 10%葡萄糖溶液中静滴，1 天 1 次，并与用甘利欣及门冬酸钾镁注射液治疗的 40 例作对照。疗程均为 3 个月，结果两组血清 ALT、TBiL 复常率分别为 92.5%（37/40）、73.9%（17/23）和 67.5%（27/40）、39.1%（9/23），P<0.05；HBsAg、HBeAg、HBV-DNA 阴转率分别为 37.5%（15/40）、45.0%（18/40）、52.5%（21/40）和 37.5%（15/40）、17.5%（7/40）、22.5%（9/40），P<0.05。覃后继报道 80 例，应用甘利欣（主要成分为甘草酸二胺）注射液 150mg、香丹注射液 20ml 加入 10%葡萄糖溶液中静滴，1 天 1 次，并与单用甘利欣注射液治疗的 60 例作对照。30 天为 1 疗程。结果治疗组患者的血清肝纤维化指标（PC-Ⅲ、LN、HA、Ⅳ-C）、ALT、TBiL 均下降明显，A/G 上升显著，与治疗前及对照组比较有显著差异。

（张广业　张　玮）

【中草药治疗慢性乙型肝炎的系统评价】

刘建平等报道对中草药治疗慢性乙型肝炎（CHB）随机对照试验进行系统评价。收集比较中草药与安慰剂、未治疗、非特异性治疗或干扰素治疗慢性乙型肝炎并随访达 3 个月以上的随机与半随机对照试验，以及中草药联用干扰素与单用干扰素比较的试验。纳入试验的方法学质量采用 Jadad 评分标准与随机分配隐藏。数据采用 Cochrane 协作网专用软件 RevMan4.1 版进行统计分析。结果有 9 篇随机对照试验共治疗 936 名病人满足纳入标准。其中有 1 篇属于高质量的试验，双盲试验有 2 篇。回归分析表明存在发表偏倚“倒漏斗”图（funnel Plot）显示不对称图形（P=0.047）。与非特异性治疗或安慰剂比较，扶正解毒汤显示有清除血清 HBsAg、HBeAg 及 HBV-DNA 的疗效；猪苓多糖对清除血清 HBsAg 与 HBV-DNA 有效；叶下珠对清除 HBeAg 有效。复方叶下珠和苦参碱对清除血清 HBeAg、HBV-DNA 及恢复肝功能的效果与干扰素相当。试验未发现严重的副作用。

刘建平等对叶下珠属治疗慢性 HBV 感染的疗效和安全性进行了系统评价。收集比较叶下珠与安慰剂、不治疗、非特异性治疗、其他草药治疗或干扰素治疗慢性 HBV 感染者的随机临床试验，以及叶下珠合用干扰素与单用干扰素比较的随机试验。纳入试验的质量用 Jadad 记分量表加随机隐藏评价。结果有 22 篇共 1947 名患者符合纳入标准。其中有 5 篇双盲试验被评为高质量试验，其余均为低质量试验。与安慰剂或不治疗比较，叶下珠属对血清 HBsAg转阴有积极效果，叶下珠与干扰素比较，在血清HBsAg、HBeAg和HBV-DNA转阴效果方面没有显著差异，在血清HBsAg、HBeAg、HBV-DNA转阴以及转氨酶复常方面，叶下珠优于非特异性治疗或其他草药治疗。分析表明叶下珠与干扰素联合用药比单用干扰素效果更好。试验没有报告发生严重的副反应事件。根据系统评价，某些叶下珠属可能具有抗乙型肝炎病毒和改善肝功能的作用。

刘建平等对中草药治疗HBV无症状携带者的疗效与安全性进行了系统评价。收集比较中草药与安慰剂、未治疗、非特异性治疗或干扰素治疗HBV无症状携带者并随访达3个月以上的随机临床试验。采用Jadad评分标准与随机分配隐藏。数据采用Cochrane协作网专用软件Revman4.1版进行统计分析。结果有3篇共涉及307名病人、随访达3个月及以上的随机临床试验符合纳入标准。均为低质量试验。健脾温肾方与干扰素比较对清除HBV具有显著效果；叶下珠和黄芪与安慰剂比较未见显著的抗病毒效果。对8个随访少于3个月的随机临床试验的分析表明，中草药对病毒标志物无显著疗效。

（张应文）

【病毒性肝炎实验研究】

熊益群等的研究，采用一次性灌胃异硫氰酸α-萘酯（ANIT）中毒制备大鼠黄疸模型，观察不同剂量的消黄散（茵陈、大黄、郁金、赤芍、桃仁、马鞭草等）对大鼠血清NO、ET及ALT、TBil、GGT、ALP和肝组织病理变化的作用及机理，并与用思美泰治疗组作对照。结果显示，消黄散、思美泰均能显著改变上述指标，消黄散中、大剂量在某些方面优于思美泰（$P<0.01$）。其退黄的作用机理可能是通过对NO、ET的影响，从而调节肝脏微循环，达到抗肝损伤，恢复肝脏功能的作用。聂广等的研究，以中医病因病机理论为指导，模拟邪毒的致病过程。将80只1天龄武汉麻鸭，随机分成正常对照组、病理造模组、秋水仙碱防治组、解毒软肝汤（茵陈、白花蛇舌草、蒲公英、败酱草、虎杖、丹参、穿山甲、鳖甲等）的小剂量及大剂量防治组。结果表明，动物造模组具有明显球结膜微循环障碍（$P<0.01$）及血液流变学改变（$P<0.01$），白蛋白降低（$P<0.05$），血清MDA升高（$P<0.01$），以及血清PCⅢ、HA、LN和肝组织Hyp含量升高（$P<0.01$）；组织病理可见肝细胞水肿、脂肪变、间质炎细胞浸润、纤维增生和病毒颗粒。而解毒软肝汤除能降低肝纤维化指标（$P<0.01$）和减轻组织病理学改变外，还能降低MDA及血液流变学指标，改善肝功能和球结膜微循环（$P<0.01$），并存在剂量依赖关系。陈压西等采用1天龄雏鸭经腹腔感染方法建立鸭乙型肝炎动物模型，观察肝苏颗粒浸膏粉口腔灌胃治疗4周，以及停药后1周，其体内抗鸭DHBV的作用。结果表明，肝苏各剂量组于用药后血清DHBV-DNA滴度显著降低或极显著降低（$P<0.05$或$P<0.01$）；停药1周后中、小剂量组血清DHBV-DNA有明显回升现象，而大剂量组回升现象不明显。张春清等研究银杏叶提取物（GbE）对CCl_4大鼠肝组织TGF-β_1mRNA表达及细胞外基质沉积的影响。结果表明，GbE有显著抑制大鼠肝组织胶原沉积作用，其能阻止CCl_4大鼠血浆血小板活化因子病理性增加，减少脂质过氧化，抑制TGF-β_1mRNA表达，而起到抗纤维化作用。王全楚等的研究表明，软肝缩脾丸（黄芪、紫河车、丹参、田三七、龟板、水蛭等）对肝纤维化大鼠Ⅰ、Ⅲ型胶原基因调节及蛋白表达具有明显的抑制作用。其机制可能是通过改善肝内微循环，控制肝细胞炎症反应，改善肝脏功能，减少细胞外基质的生成与沉积，促进胶原的降解，调节免疫功能等作用从而达到抗肝纤

维化的目的。成扬等的研究表明，氧化苦参碱有减轻小鼠肝脏炎症活动度并可能通过下调 TGF-β_1 mRNA 表达而抑制小鼠免疫性肝纤维化的发生。黄贤樟等研究表明，高、中、低剂量丹参注射液均具有降低 CCl_4 大鼠血清 ALT、AST 的作用，并有显著降低血清 HA、PCⅢ、ⅣC 的作用。CCl_4 大鼠经治疗后肝细胞损伤，肝脏脂肪变性与纤维组织形成较少，其中高、中剂量组防治肝纤维化的作用优于低剂量组。王晓玲等研究表明，丹参可抑制 TGF-β_1 刺激的 NIH/3T3 细胞Ⅰ型胶原基因表达，这种作用有一部分是通过抑制 c-fos 的转录而实现的。丹参是否可通过其他途径如增加 APL 蛋白的活性、增加 APL 蛋白与胶原启动的结合以及其他转录调节因子等实现对胶原生成的抑制，仍有待进一步研究。张书文等的研究表明，肝胆舒康胶囊（白芍、柴胡、茵陈、郁金、姜黄、丹参、鳖甲、大枣）具有明显降低大鼠免疫性肝纤维化血清指标（LN、HA、PCⅢ），降低大鼠血清和肝组织中的 Hyp 含量，及减少肝组织内胶原含量，并可抑制肝组织内贮脂细胞（FSH）的增殖和转化，使 FSH 功能减弱，抑制肝内胶原的形成，从而起到防治肝纤维化的作用。彭勃等的研究表明，丙肝康（西洋参、黄芪、五味子、板蓝根、甘草）对由牛血清白蛋白引起的大鼠免疫性肝纤维化有抑制作用。但对肾上腺皮质功能无影响。

（张　莹）

【艾滋病的治疗】

艾滋病（AIDS）近年急速发展为全球流行，预后严重，防治较困难而引起各国的重视。吕维柏报道治疗的 437 例患者，取得了 47.2%的有效率，其中主要是免疫功能（T_4 细胞计数和 T_4/T_8 比值）与临床症状的改善。哈特疗法是目前公认的治疗 AIDS 的有效疗法。其由单一疗法发展为联合方法，可能是受中医复方的影响，优点是抑制 HIV 的疗效肯定，机理明确，可以延缓 AIDS 的发病，明显延长病人的生命和降低死亡率；缺点则为价格昂贵，病人必须终身用药，且不能完全杀灭 HIV、停药后反跳率高。因此，建议在疾病一开始就把哈特疗法与中医免疫增强剂结合起来，其效果可能会更好。王健等报道 HIV 感染及 AIDS 患者 29 例，采用益气养阴扶正为主的中研Ⅱ号（黄芪、人参、枸杞子、当归、升麻、柴胡、甘草等）治疗，3 个月为 1 疗程。治疗前后进行免疫功能检测指标对比，部分患者（16 例）治疗前后进行病毒载量（HIV-Rt-PCR）检测。结果治疗后 CD_4 绝对数升高者 8 例，14 例下降，7 例无变化；CD_4/CD_8 比值 2 例升高，1 例下降，16 例无变化；CD_4 绝对数、CD_4/CD_8 比值两项同时上升者 2 例。6 例 HIV-Rt-PCR 下降（其中 2 例下降至测不出水平），8 例上升，2 例无变化，经统计学处理，以上各指标疗前疗后比较，无显著差异（$P>0.05$）。中研Ⅱ号在病毒、免疫、体重、症状体征四方面的疗效分别为 37.5%、27.6%、17.8%、64.3%，从四方面综合判断，总有效率为 48.3%（14/29）。危剑安等报道 HIV 感染前驱症（ARC）期患者 40 例，给予艾灵颗粒（北京广安门医院制剂，每袋 10g，1 次 2 袋，早晚各服 1 次）冲服治疗。经治后所有病人在 3～12 个月之内均复查 2 次血清 ELISA，HIV 抗体全部阳性，未出现阴转者。治疗前及治疗后每 3 个月复查 1 次 CD_3、CD_4、CD_8 值，发现随疗程延长 CD_4 绝对值，CD_4/CD_8 比值逐渐升高，治疗后 3 个月及 12 个月 CD_4 升高、不变、降低的例数分别为 10、5、25 和 14、8、18，治疗前、后 CD_4/CD_8 比值 ≥ 1、<1、<0.5、<0.05 例数分别为 2、10、20、8 和 4、14、18、4，治疗后 3、6、9、12 个月的总有效率分别为 62.5%（25/40）、65.0%（26/40）、72.5%（29/40）、77.5%（31/40）。治疗 1 年后临床积分值为 32.5±

18.7，与治疗前的15.2±11.1比较有显著差异（$P<0.05$），提示长时间服药后临床症状明显改善，减轻了患者的痛苦，提高了生存质量，同时有保护和提高AIDS患者免疫功能的作用。

（张　玮　张广业）

【肺结核的治疗】

肺结核的治疗，临床报道多以中西医结合为主。欧炯昆报道50例，以养阴益气汤（百合、党参、生地、熟地、沙参、麦冬、杞子、山药、茯苓、山茱萸等）为基本方，随证加减煎服，同时服用异烟肼、利福平、吡嗪酰胺等抗痨药。并设单纯西药治疗的41例作对照。经治2个月，两组的总有效率分别为98.0%（49/50）、82.90%（34/41），$P<0.05$；显效率（临床症状消失，X线病灶修复，痰涂片2次以上抗酸杆菌阴性）分别为82.0%（41/50）、68.3%（28/41）。王革新报道76例，以百合固金汤（生地、熟地、百合、芍药、当归、贝母、甘草、玄参、桔梗、百部等）为基本方，随证加减煎服，同时服用异烟肼、乙胺丁醇、利福平、吡嗪酰胺等抗痨药。经治6个月，总有效率为88.2%（67/76），显效率（临床症状消失，痰涂片连续3个月阴性，胸片显示病灶已硬结钙化）32.9%（25/76）。雷素英等报道62例耐多药患者，按入院顺序随机分为治疗组32例和对照组30例。根据药敏试验及参考患者以往用药史，选择4种以上药物联合应用，两组化疗方案均为3HZKETh/3HZETh/6HThE，治疗组加用中药（百部、黄芪、麦冬、海浮石、杏仁、百合、杞子、川贝、桔梗、夏枯草等）煎服。经治3个月，两组痰菌阴转率分别为78.1%（25/32）、50.0%（15/30），$P<0.05$；胸片显示病灶吸收好转率分别为87.5%（28/32）、56.7%（17/30），$P<0.05$。黄党生等报道50例老年患者，以黄芪注射液30ml加入5%葡萄糖250ml溶液中静滴，1天1次，同时服用异烟肼、利福平、吡嗪酰胺等抗痨药。并与单用抗痨药治疗的50例作对照。经治3个月，治疗组与对照组的痰菌阴转率分别为80.0%（40/50）、54.0%（27/50），胸片病灶吸收率分别为82.0%（41/50）、56.0%（28/50），P均<0.01。牛红蕊等报道76例老年患者，按入院顺序随机分为治疗组39例和对照组37例。两组初治患者均采用2HRE（S）Z/4HR，复治患者用$2KHZ_{1321}Th/10HZ_{1321}Th$化疗方案；治疗组加用黄芪注射液20ml加入5%葡萄糖500ml溶液中静滴，1天1次。经治2个月，两组的痰菌阴转率分别为79.5%（31/39）、56.8%（21/37），胸片吸收总有效率分别为84.6%（33/39）、67.6%（25/37），P均<0.05。对两组患者检测治疗前、后红细胞免疫功能指标变化，并与30名健康人作对照。结果显示，两组患者红细胞免疫功能均低于健康人（$P<0.05$），两组治疗前后红细胞C_{3b}花环率比较均有升高，但治疗组的升高幅度优于对照组（$P<0.01$）。同时有较多学者报道用中西药物治疗肺结核咯血，亦取得满意疗效。马培勇报道182例，随机分为治疗组89例和对照组93例。两组患者化疗方案均采用2SHSZE/6H3R3E3，治疗组按辨证分为肺阴亏虚、阴虚火旺、气阴耗伤、阴阳两虚等4个证型，分别施以中药煎服。经治8个月，两组的痰菌阴转率分别为94.4%（84/89）、74.2%（69/93），胸片病灶吸收率分别为93.3%（83/89）、68.8%（64/93），P均<0.005。李兆兵等报道240例，随机分为治疗组与对照组各120例。两组患者化疗方案均采用3HERZ/6HRE，治疗组同时服用抗痨丸（鳖甲、牡蛎、白及、黄精、条参、当归、玄参、浙贝母、党参、白术等24味研末泛丸）治疗。经治9个月，治疗组和对照组的总有效率分别为86.7%（104/120）、58.3%（70/120），痊愈率（临

床症状消失，痰涂菌阴性，胸片显示病灶吸收钙化）分别为31.7%（38/120）、7.5%（9/120）、P均<0.01。

（邢练军）

参考文献

C

陈健杰，王灵台，任进余，等．清肝冲剂对慢性丙型肝炎的作用研究．中西医结合肝病杂志，2001；（4）:19

陈锦文．解痉止咳汤治疗百日咳痉咳期60例疗效观察．中国中医药信息杂志，2001；（3）:61

陈兰玲．急肝方治疗急性病毒性肝炎58例疗效观察．湖南中医杂志，2001；（2）:15

陈压西，齐珍元，郭树华，等．肝苏颗粒浸膏粉抗鸭乙型肝炎病毒的实验研究．中西医结合肝病杂志，2001；（3）:162

成　扬，张　旻，刘茶珍，等．氧化苦参碱对免疫性肝纤维化的胶原纤维化合成和TGF-β1mRNA的影响，中西医结合肝病杂志，2001；（4）:210

D

董桂芬．苦黄合促肝细胞生长素治疗急性黄疸型肝炎40例．现代中西医结合杂志，2001；（16）:1545

窦宇明，李学昌，朱兴邦．苦参碱治疗慢性乙型肝炎临床观察．实用中医药杂志，2001；（4）:37

谷杰法．盐泥外治腮腺炎．中医外治杂志，2001；（1）:48

顾维琛．金粟子草治疗急性黄疸型肝炎176例临床观察．基层中药杂志，2001；（2）:62

H

郝向春，马素娟，陈玉良．清瘟败毒饮治疗流行性出血热120例临床观察．中国中西医结合急救杂志，2001；（1）:45

黄党生，张胜男．黄芪注射液与抗结核药物联用治疗肺结核50例．湖南中医杂志，2001；（3）:36

黄贤樟，余世锋，汪帼斌．不同剂量丹参注射液抗肝纤维化的实验研究．中西医结合肝病杂志，2001；（4）:213

L

雷素英，刘清珍，李银生．中西医结合治疗耐多药肺结核32例．中国中西医结合杂志，2001；（3）:226

李国琼．31例猩红热证治体会．云南中医中药杂志，2001；（4）:14

李亚黎．消黄化瘀散结汤治疗肝炎型传染性单核细胞增多症24例．河南中医药学刊，2001；（2）:39

李兆兵，曹晃林，谢征利．抗痨丸结合化疗治疗复治菌阳Ⅲ型肺结核120例．湖南中医杂志，2001；（2）:40

刘更祥，闫文革．黄芩治痢汤治疗菌痢78例疗效观察．现代中西医结合杂志，2001；（5）:427

刘建平，秦献魁，Heather Mclntosh. 草药叶下珠治疗慢性乙型肝炎病毒感染的系统评价．中国循证医学，2001；（2）:78

刘建平，林　辉，Heather Mclntosh. 中草药治疗乙型肝炎病毒无症状携带者的系统评价．中国循证医学，2001；（3）:147

刘建平，林　辉，Heather Mclntosh. 中草药治疗慢性乙型肝炎随机对照试验的系统评价．中国循证医学，2001；（1）:16

楼孝惠，陈　智，黄　茵，等．慢性乙型肝炎中医证型与IL-2、IL-10、IL-12、IFN-γ水平的关系初探．中西医结合肝病杂志，2001；（5）:282

吕维柏．艾滋病中西医预防与治疗的进展．浙江中西医结合杂志，2001；（5）:265

M

马培勇．中药辅助治疗复治菌阳肺结核疗效观察．中国中医药信息杂志，2001；（5）:66

N

聂　广，余绍勇，江福生，等．重型肝炎中医辨证分型标准的初步研究．中国中西医结合急救杂志，2001；（3）:172

聂　广，曾常春，朱清静，等．邪毒致鸭肝血瘀阻证动物模型的初步研究．中西医结合肝病杂志，2001；（2）:88

牛红蕊，来中海，袁　亮，等．黄芪注射液辅

助治疗老年肺结核的疗效观察．中国中西医结合杂志，2001，(5)∶349

O

欧炯昆．中西医结合治疗肺结核 50 例疗效观察．湖北中医杂志，2001；(4)∶15

P

潘家旺．急黄汤治疗亚急性重型肝炎 28 例．河北中医，2001；(1)∶32

彭　勃，任周新，袁　珂，等．丙肝康对大鼠肝纤维化的抑制作用及对肾上腺皮质功能的影响．云南中医中药杂志，2001；(1)∶36

S

邵友华．中西医结合治疗肠伤寒的临床观察．湖北中医杂志，2001；(1)∶22

沈　霞．黄连素灌肠治疗小儿急性菌痢疗效观察．现代中西医结合杂志，2001；(8)∶740

沈丽萍，刘喜菊，夏立新．中西医结合治疗急性重症肝炎的临床观察．现代中西医结合杂志，2001；(13)∶1231

盛国光，李瀚旻，冉瑞琼，等．应用 PCR-SSCP 银染技术检测 HBV 基因点突变．中西医结合肝病杂志，2001；(4)∶216

石丽霞，张文超，张振家．熊胆注射液治疗黄疸型肝炎 280 例疗效观察．新中医，2001；(4)∶23

孙兰平，魏妙华．中西医结合治疗小儿病毒性脑炎 37 例．福建中医药，2001；(1)∶30

孙为安，沈庆雷．苦黄注射液治疗急性黄疸型肝炎．实用中医内科杂志，2001；(2)∶31

孙玉冰．单味中药浓缩颗粒剂治疗慢性乙型肝炎 136 例．湖南中医杂志，2001；(3)∶32

T

覃后继．甘利欣与香丹注射液合用对慢性乙型肝炎肝纤维化的影响．中西医结合肝病杂志，2001；(1)∶15

W

王　健，于智敏，李国勤，等．中研 2 号治疗艾滋病病毒感染及艾滋病患者 29 例临床观察，中医杂志，2001；(7)∶418

王革新．中西医结合治疗肺结核体会．现代中西医结合杂志，2001；(8)∶746

王全楚，申德林，张成道，等．软肝缩脾丸对肝纤维化大鼠肝脏Ⅰ、Ⅲ型胶原基因调节及蛋白表达的影响．中西医结合肝病杂志，2001；(3)∶152

王晓玲，刘　平，童普德，等．丹参对转化因子β1 刺激的 NIH/3T3 细胞表达Ⅰ型胶原和 c-fos mRNA 的影响．中西医结合肝病杂志，2001；(1)∶19

危剑安，孙利民，张　维，等．艾灵颗粒治疗 HIV 感染 ARC 期 40 例．中国中医药信息杂志，2001；(7)∶62

X

熊益群，朱慧敏，张赤志，等．消黄散对实验性大鼠黄疸的影响．中西医结合肝病杂志，2001；(3)∶154

徐　丽，吴晓燕，陈艳华，等．苦参素与胸腺肽治疗慢性乙型肝炎 80 例临床观察．长春中医学院学报，2001；(3)∶18

Y

叶庆斌．中西医结合治疗淤胆型肝炎 40 例．中西医结合肝病杂志，2001；(4)∶227

Z

张　琴，刘　平．肝硬化黄疸中医证型研究．中西医结合肝病杂志，2001；(3)∶139

张春清，朱菊人，石恒美，等．银杏叶提取物对大鼠肝组织 TGF-RNA 表达胶原沉积的影响．中西医结合肝病杂志，2001；(5)∶284

张经良，张晓莉．苦黄注射液治疗黄疸型病毒性肝炎 35 例．中国实验方剂学杂志，2001；(1)∶57

张明侠，李　晶，蒋蓓莉．博尔泰力注射液治疗慢性乙型肝炎 89 例．中西医结合肝病杂志，2001；(4)∶226

张书文，李　伟，李建国，等．肝胆舒康胶囊防治大鼠肝纤维化的实验研究．中西医结合肝病杂志，2001；(1)∶27

周慧生．温肺化饮汤治疗百日咳 48 例．实用中医药杂志，2001；(3)∶23

朱春华，连豫苞，曾祥铨．慢性乙型肝炎中医证型与干扰素应答的关系．中西医结合肝病杂志，2001；(3)∶147

(2) 肿　　瘤

【概述】

2001年度，公开发表的肿瘤专题文章约520篇。其中临床报道占67%左右，实验报道占12%，介绍中医药防治肿瘤的导向、进展、经验等综述性文章占20%，还有少量病因、病机研究的报道。60%左右的文章按系统或病种分类进行报道，其中消化系统约占50%，呼吸系统占35%。各病种论文按数量降序可排列为肺癌、肝癌、恶性胸水、食道癌、白血病等。绝大部分文章以抗癌药物的临床、实验、综述为主体。胃癌的研究中对癌前期病变研究的文章约占1/2。抗癌方药的研究中，经典方约占4%，绝大部分为经验方。中医药研究与中西医结合研究的比例约为3:5。

（一）临床报道　主要集中在肺、肝、胃三脏。按其内容有：①以抗癌为主。②配合西医（手术、放化疗）增效减毒。③缓解癌症症状。其比例分别为4:2:1。抗癌研究占临床报道的50%以上。隋道敬等用百合固金汤化裁而来的扶正煎（百合、生地、熟地、玄参、当归、麦冬、白芍、沙参、黄芪、女贞子、蚤休、白花蛇舌草、鱼腥草、川贝、山慈菇）加减治疗40例中晚期肺鳞癌，与化疗（MVP）对照组进行对比，结果2组抑瘤率无差异，1年生存期扶正煎治疗组高于对照组（$P<0.01$）。徐伯平等将120例肝癌切除术后的患者分为中药组（61例，服用有化瘀健脾疏肝作用的中药5~6周）和对照组（59例，不用中药），两组均在手术后第8~9周复查肝功能。结果中药组谷丙转氨酶（ALT）、谷草转氨酶（AST）、血清白蛋白（ALB）、转肽酶（GGTP）、血清总胆红素（TBIL）、血清直接胆红素（DBIL）的恢复均优于对照组（P均<0.05）。蔡光蓉等对162例肿瘤手术后患者，用音乐疗法（辨证施乐）配合抗肿瘤治疗（化疗加中药辨证施治）116例为治疗组，并设对照组（单用化疗加中药辨证施治）46例。音乐疗法系根据阴阳人格体质学说，将人格体质分为土、金、木、火、水5型，根据5种民族调式音乐（宫、商、角、徵、羽）的特点与五脏五行关系，选择曲目进行治疗。结果显示，音乐疗法能够调节肿瘤患者的情绪，优化情感效应，改善躯体症状，增强免疫功能，提高机体的自我调节能力。配合西医（手术、放化疗）增效减毒的报道除增效、升白外，对放化疗引起的口干、粘膜溃疡、消化道反应的治疗报道增多。张强等报道将120例首程放疗的头颈部肿瘤患者分为观察组60例，除放疗外加用清热生津方（金银花、射干、当归、川芎、赤芍、麦冬、石斛、西洋参、枸杞、葛根）；对照组60例，单用放疗。结果，随放疗剂量的增加，患者口干程度增加，唾液流速与淀粉酶分泌速度下降；而观察组口干程度曲线较对照组明显平坦，放疗至20、40、60Gy时，观察组唾液流速及淀粉酶分泌速度均较对照组高。说明头颈部肿瘤患者放疗过程中辅以清热活血生津方可改善口干症状，保护其唾液腺的分泌功能。中药缓解癌症症状的报道以癌症止痛篇数为多（外治法约占1/2），其次为癌性发热的治疗等。苏淑茵等进行不同剂型中药镇痛膏外治癌性疼痛的临床对比观察。结果橡皮膏组镇痛作用（疼痛缓解率、起效时间、持续止痛时间）均较油膏组好。2者对胸、胁肋疼痛疗效最高，缓解率分别为100%、83%以及100%、86%。其次对腹部疼痛的缓解率均为67%。橡皮膏对脊柱、四肢的疼痛缓解率为50%，油膏为20%。对中医证型疗效分析显示，橡皮膏与油膏对血瘀引起的癌性疼痛有效率分别为90%、73%，痰湿挟瘀型分别为78%、70%，气血双亏型分别为50%、

60%。副反应（皮肤红疹等）橡皮膏组占 4.1%，油膏组占 6.9%。

（二）实验研究　大部分为抗癌有效方、药的验证与机理研究。李宝元等研究复方中药白龙片（白英、龙葵、当归等）与环六亚甲基二乙酰胺（HMBA）对人胃癌（MGC80-3）细胞不同周期时相细胞癌基因 c-H-ras、c-myc，抑癌基因 Rb、p53 和 p21 以及 PKC_{-a}基因表达的影响。结果：①中药白龙片对癌基因和抑癌基因的调节作用基本与诱导分化剂 HMBA 相似，但中药白龙片的作用优于 HMBA。②中药白龙片或 HMBA 对 MGC80-3 细胞增殖抑制和促分化作用的分子机理和两类药物对细胞周期内癌基因与抑癌基因调节相关。洪振丰等报道了茵陈蒿水煎剂对亚硝酸钠和 N-甲基苄胺（经常被用作食品防腐和腌制剂，重要的工业原料）诱发的 SD 大鼠，食道增生性病变和骨髓微核突变的预防作用。发现饮用茵陈蒿水煎剂各组表现了不同程度的对模型大鼠防癌和防骨髓微核突变的作用。单保恩等用^{3}H 介入法分析了白花蛇舌草提取物（ODE）对小鼠脾细胞的增殖活性；用^{51}Cr 游离实验测定了小鼠和人杀伤细胞对肿瘤细胞的特异性杀伤活性，用 ELISA 法和生物法研究了 B 细胞抗体产生及单核细胞的细胞因子产生，并用^{3}H 介入法分析了单核细胞对肿瘤细胞的吞噬功能，用层析法、蛋白酶消化法和糖分解处理（$NaIO_4$ 处理）分析了白花蛇舌草的化学成分。结果：ODE 对小鼠脾细胞的增殖活性有很强的促进作用，能增强小鼠与人杀伤细胞对肿瘤细胞的特异性杀伤活性，增强 B 细胞抗体的产生及单核细胞的细胞因子产生，并增强单核细胞吞噬对肿瘤细胞的吞噬功能；认为 ODE 对小鼠和人有免疫调节作用，并通过刺激机体的免疫系统杀伤或吞噬肿瘤细胞。白花蛇舌草的化学成分为 90 道尔登的糖蛋白。裘奇等报道了木通致大鼠肿瘤作用的实验研究。用不同剂量木通水煎剂给大鼠灌胃建立急性肾损伤模型，进行形态学及免疫组化的动态测定。表明大剂量木通具有致大鼠肿瘤的作用，其中肾肿瘤发生率相对较高，组织学类型以肾间叶性肿瘤为主，分化成熟的肾间叶性肿瘤伴有波形蛋白（Vimentin）平滑肌肌动蛋白（SMA）、p53 和 PCNA 的阳性表达，肾外肿瘤的发生率相对较低。

（三）综述及其他　大部分文章为罗列以往报道的动态、经验等的综述，还有少数文章表述了个人对中医、中西医结合研究方向的意向。杨丽静等认为，中医药治疗恶性肿瘤的特点及亟待解决的问题有：首先，中医药治疗肿瘤疗效衡量的标准必须客观化和规范化；其次，要准确运用科学综合统计分析方法来评价中医药治疗肿瘤的疗效。测定疗效的标准和评价疗效的方法是中医药治疗肿瘤疗效准确测评的 2 个方面，互相依赖，缺一不可。张洪亮等认为，中医药防治肿瘤中存在的问题有：病因认识上，侧重热毒发病，轻视寒冷因素。证候把握上，重视现有症状，忽视无症可辨。治疗措施上，整体调理卓有成效，局部减荷却难建功。指导思想上，承认中医药居辅助地位，对情况变化时的主导作用认识不够。防治关系上，重治轻防。药物开发上，重单方轻复方。孙永宁等认为，近年来，发表了大量的中医药治疗肿瘤文章，但在 4000 余种中成药制剂中却只有 17 种治疗或辅助治疗恶性肿瘤的中成药，近年来从天然药物中开发出的新药比重越来越大而中成药开发肿瘤用药很少，与临床需求不相适应。建议加强抗癌中药的筛选、药效物质基础研究、药理作用及机制、方剂配伍规律等基础研究，有利于开发治疗恶性肿瘤中成药选题的针对性和产品定位。加强横向协作，吸收利用新方法、新技术。

（张丽英）

【食管癌的治疗与研究】

张强等用马蔺子素合用放疗（用药组）

治疗食管癌 84 例，与单用放疗（对照组）治疗食管癌 30 例进行对照观察。结果：用药组与对照组的 CR + PR 率分别为 88.2% 和 86.7%，虽然两组间无显著差异（$P > 0.05$）；但其 CR 率分别为 67.7% 和 40.0%，两组比较，差异显著（$P < 0.05$）。提示马蔺子素具有客观的放疗增敏（增效）作用，同时不增加病人急性放射反应，耐受良好。

高新平等用黄芪增免散（红参、黄芪、枸杞子、女贞子、肉苁蓉）治疗围手术期食管癌患者 37 例，共 4 周。采用甲苯胺蓝染色方法，对手术切除标本进行组织学观察用药后食管癌间质（包括肥大细胞、微血管和淋巴细胞）反应的变化，并与同期手术治疗的 14 例患者作对照。结果与对照组比较，治疗组食管癌间质肥大细胞数量和淋巴细胞灶状聚集增多，间质微血管损伤现象明显（$P < 0.01$）。提示黄芪增免散对围手术期食管癌患者免疫功能有改善作用。

孟伟等观察了复方大承气汤治疗食管贲门癌术后胃排空障碍的疗效。方法：术后 5～12 天发生本病的患者（平均胃液引流量为 980ml）36 例，随机分成治疗组 20 例，经胃管给予复方大承气汤治疗；对照组 16 例，给予 3%高渗盐水等洗胃。结果：治疗组进食的恢复时间为 6～13 天，平均（8.45 ± 2.15）天，对照组为 9～30 天，平均（16.31 ± 6.49）天，有极显著差异（$P < 0.01$）；治疗组每日平均胃液量为（700.36 ± 62.30）ml，对照组为（1106.80 ± 110.62）ml，有极显著差异（$P < 0.01$）。提示复方大承气汤能促进胃肠蠕动，缩短胃排空障碍的时间，对于治疗食管贲门癌术后胃排空障碍有良好的疗效。

刘家祥等观察了食管癌切除消化道重建术后，早期应用中药对消化功能恢复和免疫功能改善的影响，以及对术后并发症的防治情况。方法：78 例食管癌患者术前随机分为治疗组和对照组，治疗组 42 例术后早期（d1）给予空肠内滴注中药（黄芪、大黄、党参、白术、当归、枳实、厚朴、丹参、黄芩）和对照组 36 例术后早期空肠内滴注生理盐水进行比较。分别记录 2 组术后消化功能、并发症（低钾血症、低钙血症、低蛋白血症、肺部感染、尿道感染、切口感染、吻合口漏等）发生以及术后 d1 和 d9 免疫功能恢复情况。结果：治疗组术后消化功能恢复明显早于对照组（$P < 0.01$）；治疗组术后 d9 免疫功能比术后 d1 明显改善（$P < 0.05 \sim 0.01$），对照组术后 d1、d9 免疫功能无明显改善；治疗组并发症发生率明显低于对照组（$P < 0.05$）。认为食管癌术后早期给予中药治疗，能够促进胃肠功能早期恢复，提高患者的免疫机能，有利于减少术后并发症的发生。

洪振丰等为研究中药茵陈蒿的抗肿瘤作用机理，观察了茵陈蒿水煎剂对实验性食道肿瘤大鼠病变组织抗癌基因 P^{53} 和细胞周期蛋白依赖性激酶 cdk_2 表达的影响。结果表明，肿瘤大鼠食道组织 P^{53}、cdk_2 表达增高，而饮用茵陈蒿水煎剂各组 P^{53}、cdk_2 的表达均不同程度受到抑制（P 均 < 0.01）。提示茵陈蒿水煎剂对食道肿瘤大鼠 P^{53}、cdk_2 的表达有下调作用，这可能是该药抗肿瘤的机理之一。

（文　耘）

【胃癌的治疗与研究】

（一）临床研究　何成奇等进行痰毒瘀结型胃癌与脂质代谢关系的临床研究。发现胃癌患者痰毒瘀结证的检出率达 70.9%，高血脂为血中之痰浊，这种痰浊的生化物质基础是甘油三酯（TG）和低密度脂蛋白（LDL）升高。为了加强痰毒瘀结证诊断的客观性、治疗的针对性及改善胃癌预后，本研究就胃癌痰毒瘀结证与脂质代谢的关系进行了探讨。方法：痰毒瘀结型胃癌 60 例和对照组非胃癌患者 20 例同时检测血清总胆固醇（TC）、TG、高密度脂蛋白（HDL）、过氧化脂质（LPO）、铜、锌、锰超氧化物歧化酶（CuZnSOD和MnSOD）水平，并进行统计学分析。结果与对照组相比，试验组TC、TG、LPO显著增高（$P<0.05$），而CuZnSOD和MnSOD水平却显著降低（$P<0.05$）。认为痰毒瘀结型胃癌患者存在脂质代谢紊乱，此为痰毒瘀结型胃癌提供了病理学依据，且对防治胃癌的发生发展和转移有着较大意义。钟薏等进行云芝糖肽对胃癌化疗患者减毒作用的临床观察。60例分为两组，治疗组口服云芝糖肽，对照组口服鲨酐醇，观察症状、生存质量、免疫功能、血常规等指标。结果显示，云芝糖肽可以明显改善患者化疗后气阴二虚的证候，对化疗药物所致骨髓与免疫功能的抑制有明显保护作用。邹菁等观察了精制蛇毒复方胶囊治疗胃癌术后患者的临床疗效。方法：60例病例随机分两组。治疗组30例，口服精制蛇毒复方胶囊。对照组30例，辨证施治，口服中药汤剂。疗程为2个月。治疗前后观察：临床症状、生存质量、血液流变学指标、免疫指标、生存期及复发转移率。结果：治疗组与对照组均能改善患者脘腹疼痛、腹胀等症状（$P<0.05$），两组均能提高患者生存质量（$P<0.05$）。治疗组能明显降低患者高纤维蛋白原和高血浆粘度（分别为$P<0.01$、$P<0.05$），而对照组无明显降低作用（$P>0.05$），治疗后两组之间比较存在明显差异（上述两指标分别为$P<0.01$、$P<0.05$）；治疗组平均生存期32.7月，对照组25.2月，两组有明显差异（$P<0.05$）；生存率治疗组高于对照组，分别为76.7%（23/30）和60%（18/30），$P<0.05$；治疗组复发转移8例（26.7%），对照组13例（43.3%），治疗组复发转移率低于对照组（$P<0.05$）；两组治疗前后T细胞亚群和NK细胞指标均无明显变化。认为精制蛇毒复方胶囊对改善胃癌术后患者临床症状、提高生存质量、改善高粘血症、延长生存期、延缓肿瘤复发转移具有一定的疗效。

（二）实验研究　李宝元等研究复方中药白龙片（白英、龙葵、当归等）与环六亚甲基二乙酰胺（HMBA）对人胃癌MGC80-3不同周期细胞的生长与表型调节的共性作用。方法：采用高压笑气加胸腺嘧啶脱氧（TdR）双阻断法将MGC80-3细胞分别同步于G_1、S、G_2、M 4个时相，用中药复方白龙和HMBA分别处理各时相细胞。结果：中药白龙或HMBA对MGC80-3不同周期细胞具有显著的增殖抑制作用，抑制率达46.2%～75.3%。细胞在软琼脂上的生长势态和细胞周期中的增殖抑制相似，但在S与G_2期中中药白龙的作用优于HMBA。与此同时细胞质微丝组装，除M期外，均显著增加。认为中药白龙与HMBA对人胃癌MGC80-3各时相细胞的生长与分化表型作用具有明显的共性特征，能为中西医结合提供理论认识基础。李勇等探讨大蒜素诱导胃癌BGC-823细胞凋亡的作用及机制。方法：传代培养人胃腺癌BGC-823细胞，使细胞浓度为5×10 E5个/ml。分别加入10 E-5g/L（大蒜素1）和10 E-3g/L（大蒜素2）的大蒜素，另设对照组，培养时间分别为6h、24h、48h、72h。结果（与对照组相比）：①大蒜素可明显提高胃癌细胞凋亡率、降低PI值（$P<0.01$或$P<0.05$），且表现出明显的细胞凋亡的形态学变化。②大蒜素可明显降低胃癌细胞CEA、GST-π的水平（$P<0.01$或$P<0.05$）。③大蒜素可明显提高胃癌细胞的cAMP水平（$P<0.01$），降低PKC水平（$P<0.01$或$P<0.05$）。④大蒜素能够显著增加胃癌细胞fas基因及bax基因蛋白的表达（$P<0.05$或$P<0.01$）；降低bcl-2基因蛋白的表达（$P<0.01$）。认为大蒜素可通过对第二信号系统cAMP、PKC的影响，增强细胞凋亡始动基因fas、凋亡

促进基因 bax 的表达，抑制凋亡抑制基因 bcl-2 的表达，增加细胞凋亡率，并使胃癌细胞凋亡，并抑制其增殖活性；并可导致胃癌细胞 CEA、GST-π 的合成减少，从而降低其水平，为临床应用中药大蒜素治疗胃癌提供了实验依据。王建平等研究消痰散结方（半夏、胆南星、茯苓、枳实、陈皮、炙甘草）对裸鼠胃癌组织中胃癌细胞粘附分子 $CD_{44}V_6$ 表达的影响，并探讨消痰散结方抑制胃癌细胞转移的作用机理。方法：建立裸鼠 MKN-45 人胃癌模型，采用免疫组化 S-P 法检测胃癌组织中 $CD_{44}V_6$ 的表达。结果：中药组胃癌组织中 $CD_{44}V_6$ 表达水平明显低于空白对照组。认为该方抑制胃癌细胞转移的作用机理可能与其能影响粘附分子的表达，从而影响细胞的粘附性机制有关。王氏等又研究了该方对裸鼠胃癌组织中胃癌细胞粘附分子 ICAM-1 表达的影响。发现中药组胃癌组织中 ICAM-1 表达水平明显低于空白对照组。认为该方抑制胃癌细胞转移的环节可能与影响粘附分子的表达，进而影响细胞的粘附性机制有关。许冬青等研究涤痰化瘀汤（生半夏、制南星、代赭石、紫丹参、露蜂房）及其药物血清（剂量为临床等效量）对体外培养的人胃癌 SGC-7901 细胞株的抑制作用。发现涤痰化瘀汤大、中、小剂量级及其药物血清组对人胃癌 SGC-7901 细胞的抑制率分别为 78.5%、41.4%、27.8% 和 23.9%。提示该方及其药物血清对人胃癌 SGC-7901 细胞生长均有明显的抑制作用。

（文　耘）

【肺癌的治疗与研究】

（一）临床研究　唐武军等观察中药固本抑瘤Ⅱ号（黄芪、党参、白术、茯苓、鸡血藤、枸杞子、莪术、肿节风、女贞子、茜草）联合 MVP 方案化疗治疗晚期非小细胞肺癌（NSCLC）的疗效、毒性反应、免疫功能变化及生活质量的改善情况。方法：将 90 例晚期 NSCLC 患者随机分为治疗组（A 组：MVP 方案化疗，同时服用中药固本抑瘤Ⅱ号）及对照组（B 组：MVP 方案化疗，不服中药），至少治疗 2 个周期后评估疗效及不良反应。结果：A、B 两组有效率（CR + PR）分别为 40.0% 和 28.6%（$P>0.05$），稳定率分别为 80.0% 和 52.4%（$P<0.05$）；中位生存期 A 组 29 周，B 组 27 周（$P>0.05$）；生存质量的改善 A 组优于 B 组（$P<0.05$）；血液学毒性反应、恶心呕吐及发热症状 A 组明显少于 B 组（$P<0.05$）；免疫功能及血液流变学指标 A 组优于 B 组（$P<0.05$）。认为该药联合 MVP 方案化疗治疗晚期 NSCLC 能增强机体免疫功能，改善血液高凝状态，减轻化疗毒副反应，改善患者生存质量。刘嘉湘等为观察益肺抗瘤饮（黄芪、北沙参、天冬、女贞子、石上柏、重楼等组成）治疗非小细胞肺癌的临床疗效，将 271 例患者随机分为益肺抗瘤饮组（A 组）、益肺抗瘤饮加化疗组（B 组）及单纯化疗组（C 组）进行对比观察。结果：A 组（127 例）治疗后 CR（完全缓解）、PR（部分缓解）、NC（无变化）总计为 81.10%，B 组（80 例）治疗后为 87.50%，C 组（64 例）为 71.88%。远期转移率：A 组为 23.50%，B 组为 20.00%，C 组为 35.71%。提示该方有延长生存期，提高生存率、生存质量及提高多项免疫功能的作用。周荣耀等观察夏枯草注射液治疗支气管肺癌胸水的疗效，并通过动物实验探讨其机理。方法：①78 例支气管肺癌伴中等或大量胸水的住院病人，均附有病理学或细胞学诊断，随机分为夏枯草注射液组，榄香烯组和化疗组，采用导管导丝操作法，细管闭塞引流和胸腔内注射药物治疗。②通过兔胸腔积液造模，胸腔内注射药物后观察胸膜病理变化。结果夏枯草注射液组和榄香烯组之间疗效无显著性差异，均优于化疗组（$P<0.01$），夏枯草注射液组副作用小于榄香烯和化疗组。提示夏枯草注射液和榄香烯组的

胸膜反应优于对照组，在治疗支气管肺癌胸水方面有较好的疗效且毒副反应极小。卢君仁等观察消积饮（黄芪、云芝、莪术、白花蛇舌草等）及其与化疗结合对中晚期肺癌的治疗作用。方法：将112例中晚期肺癌患者随机分为消积饮组、化疗组和消积饮加化疗组3组。消积饮组予以消积饮治疗；化疗组根据肿瘤的病理类型，鳞癌用CAP方案，腺癌用EP方案，小细胞肺癌用CE方案；消积饮加化疗组同时予消积饮加化疗药治疗。各组均治疗1个疗程，比较各组临床症状、生存质量、癌灶大小、远处转移、T淋巴细胞亚群的变化以及药物不良反应和生存期的情况。结果：在对瘤体治疗方面，消积饮组对肺癌的有效率为4.1%，稳定率为53.1%，化疗组为21.2%、48.5%，消积饮加化疗组为46.7%、76.7%；消积饮组的缩瘤效果较化疗组差（$P<0.05$）；消积饮组的远处转移率明显低于化疗组（分别为19.1%、69.2%，$P<0.01$）；消积饮组的中位生存期长于化疗组（375d、234d，$P<0.01$）；消积饮组生存质量提高和稳定的患者多于化疗组（$P<0.01$）；消积饮组治疗后T淋巴细胞亚群中CD_3^+、CD_4^+的比例较治疗前显著升高（$P<0.01$），CD_8^+的比例显著降低（$P<0.01$）。消积饮组无明显不良反应，对心、肝、肾等器官无损伤作用；消积饮加化疗组抑制肺癌的作用优于消积饮组和化疗组；而不良反应较化疗组轻（$P<0.01$）。认为该方能够缓解中晚期肺癌患者临床症状，提高患者细胞免疫功能，延缓肺癌发展和转移，改善患者生存质量，延长生存期；与化疗药物配合应用能提高化疗药物的缩瘤效果并减轻化疗药物的毒副反应。

（二）实验研究　卢君仁等又探讨了消积饮对Lewis肺癌生长的作用机制。方法：将Lewis肺癌细胞接种在C_{57}BL/6小鼠皮下，把小鼠随机分成消积饮组、替加氟组和生理盐水组，分别给予消积饮、替加氟和生理盐水灌胃，1天1次。21天后停药，测定各组小鼠的皮下瘤重并计算抑瘤率以及运用流式细胞仪分析观察各组小鼠肿瘤细胞周期各时相分布的情况。结果：消积饮组的皮下瘤重较生理盐水组低（$P<0.01$），抑瘤率是43.1%；消积饮组的肿瘤细胞G_0/G_1期细胞比例增高，S期细胞比例降低（$P<0.01$），呈现明显的G_0/G_1期阻滞现象。认为该方通过促使肿瘤细胞发生G_0/G_1期阻滞，阻断细胞DNA合成而抑制Lewis肺癌生长。周俊琴等研究“保肺泰”（黄芪、生地、茯苓、麦冬、半夏、半枝莲、绞股蓝等）对肺癌化疗增效作用的机理。方法：用lewis肺癌小鼠建立荷瘤模型，分别处理为对照组、保肺泰组、保肺泰+化疗组、化疗组。第21天剥离肿瘤组织，称重，计算抑瘤率，检测肿瘤细胞凋亡率及各时相细胞数；无菌取脾，检测NK细胞活性及淋巴细胞转化率。结果：保肺泰能够抑制S期细胞数，使细胞阻滞在G_0/G_1，降低PI指数，其抑瘤率与对照组比较有显著性差异（$P<0.05$），可明显提高荷瘤小鼠NK细胞活性及淋巴细胞转化刺激指数，保肺泰+化疗组与化疗组比较有显著性差异（$P<0.01$）。认为该方对荷瘤小鼠的肿瘤生长有明显的抑制作用，并能降低瘤重与体重比；其作用机制可能与提高机体免疫力，抑制肿瘤细胞的增殖等有关。刘侠等研究绞股蓝总皂苷（GPs）对小鼠Lewis肺癌肿瘤生长、脾淋巴细胞数及NK细胞活性的影响。采用整体动物的抑瘤试验、脾淋巴细胞计数及NK细胞活性测定。结果GPs对小鼠Lewis肺癌细胞具有明显的抑制作用，在剂量10、20、40mg/kg腹腔注射（ip）给药条件下，其瘤重抑制率（TWI）分别为（29.8±1.3）%、（51.4±2.2）%和（50.0±1.6）%。同时，GPs ip给药后荷瘤小鼠脾淋巴细胞总数明显增加，外周血NK细胞活性明显升高，脾

NK 细胞活性也明显升高。认为该药的抗肿瘤作用与其对荷瘤小鼠免疫功能的增强作用密切相关。

（方东行 郭常典）

【急性白血病的研究】

（一）证候分型与耐药蛋白表达　苏伟等为观察急性白血病中医证候分型与 P170（耐药蛋白）表达及临床疗效的关系，对 146 例急性白血病患者进行了分析总结。结果气血两虚型患者 P170 表达较低，临床缓解率较高；气阴两虚型与温毒瘀血型患者 P170 表达较高，临床缓解率较差（P 均 < 0.01）。此研究为今后通过辨证论治改善与多药耐药相关的中医证候提供了理论依据。

（二）清毒饮和养正片治疗　蔡宇等研究清毒饮（白花蛇舌草、大青叶等）和养正片（黄芪、黄精等）协同化疗治疗白血病的作用机理。方法：取 615 小鼠随机分为 4 组，除空白对照组外，均接种成 L7212 白血病模型，化疗药物为环磷酰胺（CTX）腹腔注射，灌胃清毒饮和养正片各 0.5ml，治疗 8 天后，取血测定 NK 细胞、T 细胞亚群、红细胞免疫功能。结果治疗后小鼠 NK 细胞、T 细胞亚群、红细胞免疫功能各项均有不同程度升高，除红细胞免疫中 DTER 外，治疗组与模型组和/或空白组比较均有显著性差异（$P < 0.05$）。认为该两复方合用协同化疗治疗白血病有提高小鼠机体免疫功能状况的作用。

（三）清开灵注射液治疗　陈泽涛等研究清开灵注射液（牛黄、水牛角、珍珠母、黄芩、栀子、金银花、板蓝根等）及其有效成分治疗急性白血病的作用机理。方法：采用体外培养技术、MTT 法、细胞形态学、DNA 凝胶电泳及流式细胞检测技术，对清开灵及其有效成分诱导的人急性早幼粒白血病（HL-60）细胞凋亡进行分析。结果：清开灵及其有效成分黄芩甙、猪去氧胆酸对 HL-60 细胞均有很强的细胞毒作用，牛黄胆酸的作用次之；前三者在体外作用 6h 即可诱导细胞凋亡，流式细胞仪检测出现典型凋亡峰；牛黄胆酸无诱导 HL-60 细胞凋亡作用。认为该方及其有效成分可在体外诱导白血病细胞凋亡，可能是其治疗急性白血病的作用机理之一。

（四）川芎或苦参治疗　李建华等研究具有钙拮抗作用的中药川芎嗪对白血病细胞株 K562/ADM 多药耐药性的逆转作用。方法：选用异搏定作阳性对照，观察川芎嗪 10μg/ml 剂量下对多药耐药细胞株 K562/ADM 多药耐药性的逆转作用。结果川芎嗪在非细胞毒性剂量下能使 K562/ADM 对阿霉素和长春新碱的 IC_{50} 降低，使细胞内阿霉素和柔红霉素的浓度升高，但对细胞表面的糖蛋白 P-170 却没有影响。认为该药具有逆转白血病细胞株 K562/ADM 多药耐药性的作用。罗文纪等观察苦参碱对白血病细胞株 HL-60 的诱导分化作用。采用体外细胞培养技术，从细胞增殖、形态学变化、NBT 还原能力测定、非特异性酯酶染色及细胞表面分化抗原测定等方面进行观察。结果苦参碱在 12.5～50μg/ml 浓度范围内能明显抑制 HL-60 细胞的增殖，细胞向成熟粒系方向分化，NBT 还原反应能力增强，α-NAE 染色呈阴性，CD_{15}、CD_{11b} 阳性率表达上升而 CD_{33} 阳性率表达降低，CD_{14} 阳性率处理前后无变化。认为该药可能是一种良好的白血病细胞分化诱导剂，具有潜在的抗白血病作用。

（五）鬼臼或乳香治疗　金伟等采用 MTT 法和流式细胞仪技术，研究了天然药物鬼臼毒素（podophyllotoxin）对人慢性髓细胞性白血病 K562 细胞凋亡及细胞周期的影响。结果鬼臼毒素对 K562 细胞的 IC_{50} 是 79.19umol.L^{-1}；以 IC_{50} 药物浓度作用人 K562 细胞 24h，细胞凋亡率达到 31.96%，G_0-G_1 期峰前有亚二倍体峰出现，说明鬼臼毒素能快速有效地诱导 K562 细胞发生凋亡。齐振华等研究乳香诱导急性非淋巴细胞白血病细胞凋亡中对 Bcl-2 基因蛋白的影响。采用 DNA 片段百分率及免疫组化法检测 30 例急性非淋巴细胞白血病细胞及白血病细胞株 HL60 细胞经 100μg/ml 乳香处理前、后 Bcl-2 基因蛋白表达水平。发现乳香能诱导急性非淋巴细胞白血病细胞及 HL60 细胞凋亡并下调 Bcl-2 基因蛋白表达水平。认为 Bcl-2 基因蛋白表达水平下调可能是该药诱导急性非淋巴细胞白血病细胞凋亡的重要机制之一。

（六）斑蝥或蜂毒治疗　黄雪强等研究去甲斑蝥素诱导人 T 淋巴细胞白血病细胞株 6T-CEM 的凋亡作用。利用 DNA 断裂点标记法（TUNEL）、DNA 凝胶电泳、活细胞拒染以及光镜方法研究有关细胞的凋亡。结果 UNEL 标记及 DNA 凝胶电泳显示10～40μg/ml 剂量的去甲斑蝥素作用 6T-CEM 细胞 24h 及 10μg/ml 剂量的该药作用 6T-CEM 细胞超过 18h 后即出现典型的细胞凋亡特征。认为一定剂量范围内的去甲斑蝥素可在直接杀伤作用较小的情况下明显诱导 6T-CEM 细胞凋亡，不会因细胞坏死而引起炎症反应，这对于该药应用于临床有重要意义。黄氏等又研究蜂毒素诱导人 T 淋巴细胞白血病细胞株 6T-CEM 的凋亡作用。利用 DNA 断裂点标记法（TUNEL）、DNA 凝胶电泳、活细胞拒染以及光镜方法进行研究。结果 5μg/ml 蜂毒素作用 4h 及 4μg/ml 蜂毒素作用 24h 均诱导 6T-CEM 出现明显的凋亡特征。认为该药在杀伤 6T-CEM 的同时还能明显诱导细胞凋亡。

（七）蟾蜍或穿山甲治疗　徐瑞成等研究中药蟾蜍灵诱导白血病 HL60 细胞凋亡的作用。应用台盼蓝染色法测定 HL60 细胞的生长曲线，应用相差显微镜、电子显微镜和 DNA 琼脂糖凝胶电泳等技术分析细胞凋亡。发现蟾蜍灵与 HL60 细胞共育时，能明显抑制细胞生长，细胞呈典型的凋亡形态学改变（细胞皱缩，染色质凝集，沿核膜内侧分布，呈新月形，可见由膜包被细胞内容物的凋亡小体的产生），细胞 DNA 裂解成 180～200bp 及其倍数的片段，电泳得到特有的梯形条带，认为该药诱导细胞凋亡是其抗肿瘤的作用机制之一。谢新生等研究中药穿山甲对急性髓细胞性白血病细胞株 HL-60 的作用。采用形态学观察，流式细胞仪、Caspase-3 酶活性测定、免疫组化等方法。结果穿山甲浓度在 2.5～10mg/ml 范围内可抑制 HL-60 细胞生长，并诱导其发生凋亡，并激活 Caspase-3 酶活性，下降 bcl-2 基因表达。

（文　耘）

参考文献

C

蔡　宇，蔡天革，唐凤德．清毒饮和养正片协同化疗对 L7212 白血病小鼠免疫功能的影响．中国中医基础医学杂志，2001；(8)：33

蔡光蓉，李佩文，焦丽平，等．音乐疗法配合抗肿瘤治疗 116 例肿瘤患者的临床观察．中国中西医结合杂志，2001；(12)：891

陈泽涛，董　倩，张　玲，等．清开灵注射液及其有效成分诱导人急性早幼粒白血病细胞凋亡的研究．中国中西医结合杂志，2001；(11)：840

D

单保恩，张金艳，杜肖娜，等．白花蛇舌草的免疫学调节活性和抗肿瘤活性．中国中西医结合杂志，2001；(5)：370

G

高新平，赵卫星，张志亮，等．黄芪增免散对围手术期食管癌间质反应的影响．中国中西医结合杂志，2001；(3)：171

H

何成奇．痰毒瘀结型胃癌与脂质代谢关系的临床研究．中医研究，2001；(1)：21

洪振丰，高碧珍，王郑选，等．茵陈蒿防癌和

防微核突变的相关研究．福建中医学院学报，2001；(1):37

洪振丰，高碧珍，许碧玉，等．茵陈蒿对实验性食道肿瘤大鼠 P^{53} 和 cdk_2 表达的影响．福建中医学院学报，2001；(2):36

黄雪强，凌昌全，陈　哲，等．蜂毒素诱导人 T 淋巴细胞白血病细胞株 6T-CEM 的凋亡作用．安徽中医学院学报，2001；(5):39

黄雪强，凌昌全，宋田斌，等．去甲斑蝥素诱导人 T 淋巴细胞白血病细胞株凋亡的实验研究．浙江中医学院学报，2001；(5):49

J

金　伟，李亚莉，姜　民，等．鬼臼毒素对人 K562 白血病细胞的作用研究．中医药信息，2001；(6):48

L

李　勇，刘冀红，赵　群，等．大蒜素对人胃腺癌 BGC-823 细胞影响的研究．中国中西医结合外科杂志，2001；(5):307

李宝元，梁云燕，王代树．中药白龙片与 HMBA 对人胃癌不同周期细胞癌基因与抑癌基因表达调控的共性研究．中国中西医结合杂志，2001；(4):286

李宝元，梁云燕，王代树．中药白龙与环六亚甲基双己酰胺对人胃癌不同周期细胞生长与表型调节的共性研究．中国中西医结合杂志，2001；(5):354

李建华，杨佩满．川芎嗪逆转 K562/ADM 细胞多耐药性的研究．现代中西医结合杂志，2001；(15):1405

刘　侠，汪平君，许伏新．绞股蓝总皂苷抑制小鼠 Lewis 肺癌生长与提高免疫力研究．安徽中医学院学报，2001；(1):43

刘家祥，韩　平．食管癌术后早期应用中药 42 例疗效观察．南京中医药大学学报，2001；(2):123

刘嘉湘，施志明，李和根，等．益肺抗瘤饮治疗 271 例非小细胞肺癌临床观察．上海中医药杂志，2001；(2):4

卢君仁，刘伟胜，徐　凯，等．消积饮治疗中晚期肺癌的临床观察．广州中医药大学学报，2001；(3):195

卢君仁，刘宇龙，吴万垠，等．消积饮对 Lewis 肺癌细胞周期影响的实验研究．中医药研究，2001；(3):38

罗文纪，虞荣喜，朱宁希．苦参碱诱导白血病细胞株 HL-60 分化的实验研究．中国医药学报，2001；(5):21

M

孟　伟，李保东，丁　涛．复方大承气汤治疗食管贲门癌术后胃排空障碍 20 例．陕西中医，2001；(7):390

Q

齐振华，张国平，柳　昕，等．乳香诱导急性非淋巴细胞白血病细胞凋亡中对 Bcl-2 基因调节．湖南中医学院学报，2001；(3):24

裘　奇，刘志红，印洪林，等．木通致大鼠肿瘤作用的实验研究．中国中西医结合杂志，2001；(4):291

S

苏　伟，李　伟，梁　冰．急性白血病中医证候分型与 P170 表达及临床疗效关系的研究．北京中医药大学学报，2001；(2):55

苏淑茵，李　忠，何秀兰，等．不同剂型中药镇痛膏外治癌性疼痛的临床对比观察研究．北京中医药大学学报，2001；(2):65

隋道敬，周丽娜，李　刚．扶正煎治疗中晚期肺癌 40 例．山西中医，2001；(6):16

孙永宁，刘　晖．开发治疗恶性肿瘤中成药的优势和不足．中国中医药信息杂志，2001；(6):40

T

唐武军，王笑民，郁仁存，等．固本抑瘤Ⅱ号联合 MVP 方案治疗晚期 NSCLC．中国中医药信息杂志，2001；(7):43

W

王建平，魏品康，李毅华，等．消痰散结方对裸鼠 MKN-45 人胃腺癌组织中 $CD_{44}V_6$ 表达的影响．成都中医药大学学报，2001；(3):20

王建平，魏品康，许　玲．消痰散结方对裸鼠胃肿瘤中 ICAM-1 表达的影响．辽宁中医杂志，2001；(8):498

X

谢新生，张秀丽，赵家军，等．穿山甲煎液诱导 HL-60 细胞凋亡的研究．浙江中西医结合杂志，2001；(8):477

徐伯平，张亚奇，李升平，等．化瘀健脾疏肝

法对改善肝癌术后肝功能的影响．中国中西医结合杂志，2001；(10):742

徐瑞成，陈小义，陈　莉，等．蟾蜍灵诱导人白血病 HL60 细胞凋亡的初步研究．中国中药杂志，2001；(1):59

许冬青，王明艳，徐　力，等．涤痰化瘀汤对人胃癌 SGC-7901 细胞生长影响的研究．南京中医药大学学报，2001；(3):164

Y

杨丽静，张书臣．中医药治疗恶性肿瘤的特点及亟待解决的问题．河北中医，2001；(4):307

Z

张　强，丛　景，李道乾，等．清热活血生津方对头颈部放疗唾液腺功能保护作用临床研究．中国中医急症，2001；(2):82

张　强．马蔺子素放射增敏治疗食管癌Ⅲ期临床研究．中国中医药信息杂志，2001；(10):39

张洪亮，曾永秀．试述中医药防治肿瘤中存在的六个问题．新疆中医药，2001；(2):1

钟　薏，邹　菁，张丽英．云芝糖肽对胃癌化疗患者减毒作用的临床观察．辽宁中医杂志，2001；(11):668

周俊琴，安　军，金普乐，等．“保肺泰”对肺癌小鼠化疗增效作用的实验研究．天津中医，2001；(4):33

周荣耀，徐中伟，倪爱娣，等．夏枯草注射液治疗肺癌胸水的临床和实验研究．浙江中西医结合杂志，2001；(1):5

邹　菁，张丽英．精制蛇毒复方胶囊对胃癌术后患者的临床效果观察．浙江中西医结合杂志，2001；(10):606

(3) 内　　科

【概述】

2001 年度内科范围所报道的文章约 8000 余篇。各系统除临床病例观察外，不少课题在各级机构的资金赞助下，结合当前国内外较先进的观察指标进行了实验研究，取得了不少成绩，为阐明中医药的作用机制作了有益的探索。

（一）中医急症　金妙文等用抗厥注射液治疗休克 89 例，并随机设对照组 77 例。结果治疗组显效 72 例，总有效率 94.4%。又建立心源性休克、感染性休克动物模型，从整体器官、细胞、分子水平观察抗厥注射液治疗休克的作用机理。提示抗厥注射液有迅速升高血压效应，稳压时间长，能减轻心肌组织损伤，改善血液流变学各项指标，减轻组织缺血缺氧，降低体内产生皮质醇、内皮素、一氧化氮等内源性致伤因子，降低重要器官脂质过氧化。任利等用清气透热方（生石膏、金银花、栀子、虎杖、丹皮）治疗高热 124 例，并设西药对照组 120 例，给予病毒唑加青霉素静滴。结果治疗组 24h 内退热率 35.5%，48h 内退热率 82.3%，而对照组对应时间退热率分别为 21.7% 和 51.7%，两组有非常显著差异。

（二）呼吸系统疾病　近年来中医中药治疗尘肺的临床研究有了一定的进展。崔永联等以养肺宁矽合剂（黄芪、人参、龟甲、枸杞、当归、川芎、淫羊藿、茯苓、大枣、地黄、山茱萸、杜仲、川贝等 20 多种药）治疗 70 例中医辨证为气阴两虚、气滞血瘀的尘肺，结果临床症状改善显著，细胞免疫改善，致纤维化指标血清铜蓝蛋白下降，细胞因子如转化生长因子、粒细胞巨噬细胞集落因子及白细胞介素下降，超氧化物歧化酶升高，加抗氧化剂后双链剩余率改善等。姜静等观察中药辛夷气雾剂在轻、中度支气管哮喘治疗中的作用。采用中药辛夷气雾剂 5～7 天，对照组采用喘康速气雾剂 5～7 天。结果治疗组和对照组总有效率相等，治疗组的显效率明显高于对照组。提示中药气雾剂外治法在治疗哮喘中有肯定疗效。林晓霞等探讨人工发酵虫草菌粉防治支气管哮喘方面的新用途。方法为测定肺功能和肺灌流液中嗜酸性粒细胞变化。结果虫草菌粉5g/kg对致敏豚鼠抗原攻击引起的肺阻力增高和动态肺顺应性降低以及致敏大鼠肺灌流液中嗜酸粒细胞增高都有明显抑制作用。提示虫草菌粉可用于哮喘缓解期的治疗或与其它平喘药合用。李莉等用叙利亚金黄地鼠吸入香烟烟雾建立慢性阻塞性肺疾病的动物模型，用中药脑肺康观察对照组、吸烟组和脑肺康组的血清中MDA和SOD含量。结果吸烟组血清中MDA含量明显高于对照组，脑肺康组其含量低于吸烟组，吸烟组血清中SOD含量明显低于对照组，脑肺康组其含量低于吸烟组。程显声评价社区综合干预防治慢性阻塞性肺疾病的效果，探讨吸烟者慢性阻塞性肺疾病的易患因素。证实支气管反应性及居室环境，职业暴露，吸烟方式，香烟有无过滤嘴，双亲有无慢支或肺气肿史，兄弟姐妹有无慢支或肺气肿史等与吸烟者发生慢性阻塞性肺疾病有关。

（三）心血管系统疾病　病毒性心肌炎属中医心悸、胸痹等范畴。魏强华等以名老中医张镜人的复方四参冲剂（人参、丹参、沙参、苦参、炙甘草）治疗160例。经治1疗程（四周）后，症状有效率为90.6%，ST-T改变有效率为84.6%，早搏有效率为71.9%，并能显著提高NK细胞活性及具有调节T淋巴细胞亚群功能。曹洪欣等通过对VMC小鼠心肌细胞凋亡及凋亡相关重要调控基因c-myc、Bcl-2蛋白的检测，发现心肌细胞凋亡及其相关调控基因可能参与病毒性心肌炎的发生和发展，而参白口服液（人参、黄芪、白茅根等）可能通过调节c-myc、Bcl-2的阳性表达，起到防止细胞过度凋亡的作用，从而对病毒性心肌炎有较好的防治作用。马志媛等用调搏灵胶囊（人参、石菖蒲、丹参、赤芍、麦冬、炙甘草、苦参、甘松）治疗充血性心力衰竭患者，对照组服心律平，两组同时加用地高辛。结果治疗组心功能改善、对AV的改善、左室收缩、舒张功能的改善均优于对照组。治疗组地高辛停用率和减少率为86.7%，优于对照组50%。徐燕等用西药（消心痛、速尿、地高辛）的同时加用坎离煎（熟附片、太子参、黄芪、白术、桂枝、丹参、葶苈子、车前子、白芍、麦冬、猪茯苓、川连等）。治疗30例，结果对心率变异性（HRV）的提高优于单用西药30例的对照组。提示HRV是有效评价心脏植物神经功能状态的无创伤性指标，其降低反映了心脏自主神经受损水平。樊巧玲等评价养心复脉口服液（党参、丹参、郁金、徐长卿、五味子、炙甘草、苦参）对于早搏的治疗效果。结果治疗组抗早搏作用与对照组（心律平片）相当，但在改善症状方面明显优于对照组。同时许惠琴对该药抗心律失常的机制进行探讨。提示该药可明显对抗乌头碱、氯化钡、冠脉结扎诱发的大鼠心律失常，具有提高乌头碱致大鼠室早、室速和室颤的剂量，推迟氯化钡致大鼠室早和室速的发生时间及缩短大鼠心律失常的持续时间，降低冠脉结扎所致大鼠室早的发生率。于震等用黄松胶囊（黄连、苦松等）观察对多种实验性心律失常的影响。结果该药能明显降低氯仿所诱发小鼠室颤的发生，延长氯化钡模型大鼠心律失常出现时间，缩短心律失常持续的复律时间，明显缩短乌头碱性大鼠心律失常室早及室速持续时间，与对照组比较有显著差异。冼绍祥等取冠心病心血瘀阻证、血瘀证及非血瘀证各30例，比较相关指标。结果前二者与非血瘀证比较，其一氧化氮、6-酮前列腺素均显著降低，内皮素/一氧化氮、血栓素B-2、血栓素B-2/6-酮前列腺素、血小板聚集率、全血粘度、还原粘度、红细胞压积、聚集指数及总积分明显升高。冠心病心血瘀阻组与后两组比较，其左室射血时间明显延长，血浆心钠素明显增高，心脏指数、心肌收缩指数则明显减少。与血瘀证组比较，其高频心电图阳性率明显增高。提示冠心病心血瘀阻证是血瘀证中的一个分型，具有一般血瘀证的微观病变基础，又有其微观变化特点，即心脏收缩功能的损伤、心肌受损、心房扩张和压力升高。

（四）消化系统疾病　陆为民等报道192例萎缩性胃炎癌前病变患者，随机分为治疗组用胃舒胶囊（党参、白术、苡仁、枳壳、丹参、莪术、仙鹤草等）口服，对照组给予胃宁冲剂冲服，疗程均为6个月。表明胃舒胶囊组总有效率91.4%，胃镜有效率为70.3%，对萎缩、肠化、异型增生有效率分别为64.1%、66.4%、67.9%，并能显著降低AGNOR颗粒数，抑制PCNA的表达，与对照组比较差异有显著性意义。提示胃舒胶囊对萎缩性胃炎癌前病变的临床症状、胃镜征象、病理变化有显著改善作用，可能与抑制和纠正细胞的异常增殖和分化有关。王松坡等用乐胃煎（党参、白术、茯苓、半夏、蛇舌草、延胡等）观察乐胃煎对大鼠胃癌前病变（GPL）胃粘膜异型性的影响。检测胃粘膜结构异型指数（ISA）、腺体形状指数（IEF）、体外周形状因子（GSF）及核腺比例值指数（INF）变化。结果乐胃煎组大鼠中、重度异型性增生及肿瘤发生率明显低于模型组，与维甲酸组差异无显著性意义。乐胃煎组与维甲酸组大鼠上述各形态参数值均明显低于模型组，对GSF、IGF的改善优于维甲酸，并能有效改善EPL大鼠胃粘膜的异型性，从而阻断胃癌前病变的进一步发展。胡鸿毅等用胃祺饮（党参、黄芪、莪术、当归等）观察阻断慢性萎缩性胃炎合并胃癌前病变的抗增殖作用，以叶酸作对照组。中药组能明显阻断化学致癌物对粘膜的炎症损伤，改善癌前病变组织粘膜萎缩和不典型增生程度，并优于对照组，提示益气化瘀为主的胃祺饮通过改善PLGC患者气虚血瘀的病理基础，降低病变组织增殖水平，诱导细胞正常凋亡，从而对胃癌前病变细胞的增殖有良好的阻断作用。衡先培等以《瑞竹堂经验方》之胜红丸为主加减治疗34例糖尿病胃轻瘫的患者，并与西沙必利治疗的36例对照。结果治疗组对患者厌食、食欲减退及餐后上腹不适的疗效较对照组有优势，而对照组对恶心的疗效较治疗组为优。两组对上腹饱满、早饱、呕吐的疗效较为接近。钡餐造影提示胜红丸加减方可增加胃蠕动。杨桦用疏肝理气方（柴胡疏肝汤、痛泻要方、六磨汤等方为主）配合心理疗法治疗肠易激综合征60例，治愈20例，总有效率95.0%。认为应用中医药与心理治疗配合对肠易激综合征改善症状，减轻病人痛苦，促进疾病痊愈具有良好作用。谢建群等观察疏肝健脾汤对肠易激综合征患者血浆胃动素（MOT）的调节作用，对24例肠易激综合征患者以疏肝健脾汤治疗，疗程为4周。治疗前后测血浆MOT，并与12例正常组比较。结果肠易激综合征患者MOT含量明显高于正常对照组，用疏肝健脾汤治疗后，过高的血浆MOT明显下降。提示该方对血浆MOT有较好的调节作用。张正利等认为溃疡性结肠炎遗传素质和免疫失调均与中医“肾”的关系十分密切。肾主藏精、主生殖，先天禀赋差异主要归于“肾”，而“肾”特别是“肾阳”与神经内分泌关系密切，通过长期补肾，可以影响神经内分泌免疫网络，调节激素、神经递质、细胞因子的变化与基因的表达，从而影响活性物质的释放，改善机体的免疫失衡状态。张高祥对治疗溃疡性结肠炎的灌肠疗法作如下改进：一是体位调整，让病人在注入药物后依次做胸膝位，右侧卧位，仰卧位姿势，使药物顺势逆流，进入结肠近端。二是用双导管塑料瓶和血压计气囊组成压力灌流器。三是将灌肠液设计为速释与缓释两部分，选用山莨菪碱和利多卡因加入灌肠液中组成速释液部分，提高了灌肠液的生物利用度。

（五）造血系统疾病　李学军等观察了

补髓生血冲剂（党参、黄芪、菟丝子等）对骨髓增生异常综合征的骨髓造血细胞体外增殖影响，中药组在细胞因子的协同作用下，所形成的集落数明显高于对照组。王展翔等观察了扶正驱邪丹（人参、黄芪等）对K562细胞株及造血干细胞的影响。发现对红系造血干细胞有明显促进作用，对粒系祖细胞作用不明显。说明该药扶正力量大于驱邪，改善贫血作用明显，而清热解毒作用较差。张永锋等认为原发性血小板减少性紫癜的病因主要是热、虚、瘀，病机可归结为火热熏灼、迫血妄行和气虚不摄、血溢脉外两类。辨证分型大致分为血热妄行、气不摄血、阴虚内热、脾肾两虚和瘀血阻络五型。陶仁惠用补络补管汤（生龙骨、生牡蛎、山茱萸、参三七、仙鹤草、紫草、茜草、赤芍、生甘草）加味治疗难治性过敏性紫癜31例，其显效率、总有效率均较服强的松等的31例对照组有显著性差异。韩冰虹等以口服麦胶蛋白的IgAN的饮食抗原造模方法，将化斑颗粒剂（苦参、知母、赤芍、生地、苍术、地肤子、荆芥、防风、槐花、当归、甘草）进行防治AP的实验研究。通过网状内皮系统、吞噬系统、吞噬指数、CIC、24h尿蛋白定量、IgA、IgG和复合IgA+IgG沉积测试，以及肾脏病理检查，化斑颗粒剂对实验性AP肾损伤有良好的防治作用。贾氏等以银浮汤（金银花、连翘、生地、浮萍、白茅根、紫草、菊花、丹皮、甘草）加减，联合转移因子治疗35例AP，结果愈显率明显高于35例强的松对照组。治疗后IgA、IgM、CD4、CD4/CD8比值、红细胞C3b受体花环率均较治疗前有显著降低，且与对照组比较有显著性差异。表明银浮汤加转移因子治疗AP调节免疫的功能优于强的松。孙伟正等用补髓生血冲剂（熟地黄、山萸肉、枸杞子、淫羊藿、巴戟天、鹿茸、黄芪、红参、鸡血藤、白花蛇舌草、猪苓等）治疗慢性再障30例，3个月为1疗程，治疗两个疗程后，总有效率73.3%。表明再障患者血清Fas水平处于高表达，Bcl-2水平呈低水平，补髓生血冲剂治疗后Fas水平下降，而Bcl-2水平治疗后有所升高，但仍低于正常。说明补髓生血冲剂是通过降低促凋亡基因Fas的水平来抑制凋亡，并非调节凋亡抑制基因Bcl-2的表达。

（六）泌尿系统疾病　非淋菌性尿道炎是由性接触传播的一种尿道炎。主要致病菌为沙眼衣原体及支原体。周亦农以复方尿炎康颗粒（鱼腥草、车前子、益母草、黄精、土茯苓、蒲公英、丹参、淮山药、黄柏、延胡索、甘草）治疗该病200例，结果治愈率116例，明显优于100例氧氟沙星对照组的47例。陈自愚用内外合治法治疗152例，内服加减龙胆泻肝汤；外用洁春方（山苦瓜、苦参、断肠草、百部、蛇床子、地肤子、苍耳子、五倍子、大枫子、枯矾）煎汁去渣，阴道冲洗或坐浴局部病灶，治愈117例，总有效率91.0%，对照组152例静滴阿奇霉素，同时口服氟哌酸，治愈95例，总有效率90.0%，治疗组治愈率明显优于对照组。黄春林等以加味阳和冲剂（肉桂、熟地、鹿角胶、炮姜、麻黄、白芥子、甘草、防己、益智仁）观察膜型肾病脾肾阳虚证动物模型，与强的松对照治疗。治疗组具有降低尿蛋白、降血脂、提高血清蛋白、改善血液流变学异常、减轻肾脏病理损伤作用。李彩熙等以大鼠慢性肾衰动物模型，随机分为模型组、肾炎康复组、肾炎颗粒（黄芪、女贞子等）大、中、小剂量组及正常对照组，灌胃给药治疗5周。肾炎颗粒治疗组尿中蛋白质排泄量明显减少；大剂量组血清蛋白显著增加，血清尿素氮、肌酐及甘油三酯显著降低，高磷血症也得到缓解（中、大剂量组）；病理组织学检查与模型组差异显著，正常肾小球显著增多。

（七）新陈代谢疾病　近年来，有关糖尿病周围病变的中医治疗报道较多，疗效较高。丁学屏等观察了灵异胶囊（全蝎、僵蚕、蕲蛇等）对糖尿病性周围神经病变的疗效，治疗组60例总有效率明显高于益气养阴中药（黄芪、太子参、生地、黄精等）对照组及弥可保对照组。临床症状改善、体表电生理检测、感觉神经传导速度的改善等均优于两对照组。杨竞等以糖神散（黄芪、熟地、丹参、水蛭、泽泻、川牛膝）治疗Ⅱ型糖尿病周围神经病变30例，在改善临床症状，降低红细胞中山梨醇含量，改善血液流变学指标，加快运动神经传导速度方面，糖神散优于西药组（口服 $VitB_1$、$VitB_6$）及济生肾气丸组。中医治疗高脂血症的报道日益增多。伍新林等以通心络胶囊（人参、多种虫类药及赤芍、冰片）治疗86例原发性高脂血症。治疗组治疗前后TC、TG、HDL-C、LDL-C均变化显著，血粘五项指标（低切全血粘度、高切全血粘度、红细胞聚集指数、血浆比粘度、红细胞比积）均明显下降，对照组则无明显变化。治疗组显效率、总有效率均明显优于丹参片对照组。龚振岭等以天水丹胶囊（半夏、升麻、地龙、水蛭、人参、全蝎、山茱萸、天麻、虎杖等）治疗96例高脂血症，显效率、总有效率均明显高于脂必妥对照组。治疗组TC、TG、动脉硬化指数（AL）均较治疗前显著降低，HDL-C显著增高，与对照组比较有显著性差异。龚康敏等观察了荷花饮（苍术、何首乌、荷叶、泽泻、绞股蓝、生大黄等）预防大鼠高脂血症的作用，结果TC、TG、LDL-C、AL均显著低于模型组，全血比粘度、红细胞压积明显低于模型组，脂肪肝数少于模型组，体重增殖较模型组显著降低。阎氏等以复合茶（茶叶、银杏叶、枸杞、红曲等）观察了家兔的降血脂作用，亦有类似的作用。

（八）神经精神系统疾病　邓氏等用头痛康颗粒（川芎、红花、当归、丹参、葛根、全蝎、菖蒲、延胡索等）治疗头痛45例，对照组45例口服西比灵。两组均连续治疗15天，随访6个月以上。治疗组临床愈显率为73.3%，其中治愈13例；对照组临床愈显率44.4%，其中治愈6例，两组对比有显著差异。赵世珂等用溶栓胶囊与黄芪注射液联合治疗缺血性中风62例，设对照组观察，28天为1疗程。治疗组痊愈率58.0%，总有效率96.8%，疗效明显优于对照组。提示本方法有利于临床症状的改善及神经功能的恢复。王尔杰等将经过CT确诊为急性脑梗塞的病人80例，随机分为维奥欣组40例，对照组40例，维奥欣组口服维奥欣片（穿山甲中提取的8种水溶性甾体皂甙），对照组用尼莫地平，结果维奥欣组总有效率97.5%，而明显优于对照组77.5%。陈锡群等将36只帕金森模型大鼠随机分为A、B、C组，分别以左旋多巴、养肝熄风方（生地、当归、白芍、首乌、炙甘草、山萸肉、玄参、北沙参等）加左旋多巴、生理盐水胃饲，持续12周，观察其旋转行为的动态变化。结果B组动物出现对侧旋转行为；旋转总数及旋转强度在3～7周间较A组低，11周后则升高；旋转时间5周后较A组延长，无反应率4周始较A组减低。说明养肝熄风方与左旋多巴具有协同作用，并可减轻长期应用左旋多巴引起的运动并发症。李如奎等用平颤汤（炙甘草、丹参、白芍、钩藤、益母草、制大黄、升麻浓缩液）及其拆方对帕金森病模型大鼠自由基损伤保护作用进行实验研究。结果平颤汤能明显地调节抗氧化激酶的酶系统，增强抗自由基损伤的能力，有效地减少MDA的生成，提示平颤汤治疗帕金森综合征的更积极的意义在于抗自由基的神经保护作用，延缓病情的发展。认为平颤汤可用以治疗早期的帕金森病人。蒲小平等证实肉苁蓉成分CampneosideⅡ对神经毒素MPP+诱导细胞凋亡具有明显的保护作用。王义方等以落花生枝叶治疗失眠症146例，随机全盲分为治疗组72例，对照组74例，结果治疗组临床痊愈率16.7%，显效41.7%，总有效率73.6%。两组对比有显著差异。贺戈等用酸枣仁合剂对中老年失眠症进行了临床防治探讨。服药组与对照组在收缩压、脉搏和呼吸频率方面比较显著下降，睡眠质量明显提高，睡眠时间平均增加66分钟。许良对1000例失眠症病案进行了回顾性分析，从中发现诱发因素以精神过劳与情绪郁结为主。同时用从肝论治基本方（桑叶、菊花、天麻、钩藤、柴胡、龙骨、牡蛎、葛根、川芎）煎服。结果痊愈71例，显效161例，总有效率达90.1%。江文等从中西医结合的角度对癫痫的发病机制作了探讨：从中医阴阳学说来分析，癫痫发作本质上是神经元异常放电所致；而神经元异常放电又是神经元兴奋（阳）与抑制（阴）失去平衡所致。神经元阳盛阴衰时，即兴奋占优势，表现为部分癫痫发作和全身性强直痉挛性癫痫发作等。为中医辨证用药提供了理论依据。张海威用痫宁胶囊（蝉衣、僵蚕、全蝎、半夏、石菖蒲、炒二丑、川芎、郁金、磁石、龙骨、牡蛎、夜交藤等）治疗癫痫40例，3～6个月仍不能完全控制癫痫发作者则加丙戊酸纳，结果单用中药三年内无一次发作者5例，加丙戊酸纳后三年内无一次发作者25例。30例中脑电图异常者17例，半年后转正常者10例，三年后仍未正常者2例。

（马贵同　韩　捷）

【感染性休克的治疗与研究】

（一）临床应用　金妙文等用具有行气活血、开闭固脱功效的抗厥注射液治疗休克(厥脱)89例,并随机设对照组77例。治疗组显效72例,有效12例,总有效率94.4%(84/89);对照组显效38例,有效22例,总有效率77.9%(60/77),$P<0.01$。高建军等在综合治疗基础上加用参附注射液治疗肺部、肠道、泌尿道等感染所致感染性休克40例,并与单纯采用综合治疗的31例进行对照,结果两组治疗前后血压、心率及尿量变化无显著性差异,但纠正休克时间,治疗组明显优于对照组。参附注射液对心功能有明显改善作用,每搏输出量、每分输出量、射血分数和心脏指数均较治疗前明显改善。

（二）实验研究　金妙文等建立心源性休克、感染性休克动物模型，从整体器官、细胞、分子水平观察抗厥通脉注射液治疗休克的作用机理。对模型动物血压、心率、4小时存活率、心肌组织学变化、血浆皮质醇、内皮素、血管紧张素Ⅱ、肿瘤坏死因子、超氧化物歧化酶、丙二醛、一氧化氮等观察。结果能明显升高心源性休克家兔的血压、降低心率，并减少心源性休克家兔4小时内的死亡数，提高成活率，与生理盐水比较差异显著（$P<0.01$）。提示抗厥通脉注射液有迅速升压和稳压效应，能减轻心肌组织缺血、缺氧损伤，改善血液流变性，降低体内产生皮质醇、内皮素、血管紧张素Ⅱ、肿瘤坏死因子、一氧化氮等内源性致伤因子，降低重要脏器脂质过氧化物。抗厥通脉注射液治疗休克作用的机制可能通过调节血管舒缩功能，强心，改善微循环，减轻组织缺血、缺氧，降低体内内源性致伤因子，稳定生物膜，保护线粒体、溶酶体等超微结构的功能等多种综合效应，从而逆转和阻断厥脱（休克）的发展。

（彭　雷）

【高热的治疗】

苗曼华治疗急性感染性高热患者512例，随机分成两组，治疗组382例，用清热解毒汤（金银花、大青叶、柴胡、连翘、紫草、甘草）温服，轻者每日1剂，重者每日2剂，对照组130例，用抗生素、抗病毒西药。服药5～7天，治疗组治愈252例（49.2%），显效190例（37.1%），有效65例（13.0%），无效5例（0.98%），总有效率86.3%。其中以病毒性感染疗效最佳。任利等参照中华人民共和国卫生部药政局颁布的《中药新药治疗高热的临床研究指导原则》选择244例高热患者，随机分为治疗组（124例）和对照组（120例）。治疗组服用清气透热方（生石膏、金银花、栀子、虎杖、牡丹皮，制成口服液，含生药1g/ml），成人每次40ml，对照组给予病毒唑+青霉素或先锋Ⅵ，常规剂量静滴。疗程3天。结果治疗组24h内退热率为35.5%，48h内退热率为82.3%，而对照组对应时间退热率分别为21.7%和51.7%。两组体温复常时间比较，有显著性差异（$P<0.01$）。另以新鲜酵母悬液和细菌内毒素致家兔发热，观察清气通热方的解热作用。结果高、低剂量的清气透热方对新鲜酵母悬液和细菌内毒素引起的家兔体温升高均有非常明显的抑制作用。尹秋等用清瘟解热冲剂（柴胡、黄芩、金银花、连翘、大青叶等，含生药5g，石家庄冀中医药研究所提供），治疗外感高热，随机将患者分为治疗组（106例）和对照组（53例）。治疗组106例用清瘟解热冲剂每包9g，每次1包，每6h一次，开水冲服。对照组53例用青霉素640万单位/d静脉点滴，病毒唑0.8g/d静脉点滴。2组均3日为1个疗程。结果治疗组总有效率为89.6%，对照组为77.4%，2组总有效率、开始退热时间、完全退热时间比较均有显著性差异（$P<0.05$或$P<0.01$）。

（肖梅华）

【尘肺的治疗】

（一）尘肺的治疗　崔永联等治疗70例尘肺。选择经专业医疗机构确诊的尘肺患者并符合中医气阴两虚、气滞血瘀证者70例。其中矽肺组30例，石棉肺组40例。两组均以养肺宁矽合剂治疗（黄芪，人参，龟甲，枸杞，当归，川芎，淫羊藿，茯苓，大枣，地黄，山茱萸，杜仲，川贝母等20多种药）1d服2次，每次25ml，30天为1疗程，治疗3个疗程，观察治疗前后临床症状，细胞免疫，纤维化指标及细胞因子改变，SOD细胞DNA损伤指标及一氧化氮改变。结果临床症状改善显著，细胞免疫（CD4，CD8，CD4/CD8，NK细胞）改善，致纤维化血清铜蓝蛋白（CP）下降，细胞因子指标转化生长因子（TGF-β，粒细胞巨噬细胞集落因子，白细胞介素）下降；超氧化物歧化酶升高；加抗氧化剂后双链剩余率改善以及一氧化氮升高。比较治疗前后差异有显著性意义。提示养肺宁矽合剂治疗尘肺有满意疗效。

（二）尘肺合并症治疗　冯毅认为煤工尘肺晚期常因合并症死亡。其时虚寒肺痿为多见。以温肺益气为基本治法。治疗煤工尘肺合并慢性支气管炎急性感染1例，辨证属肺气虚寒，宣降失常，治以温肺益气，方以麻黄附子细辛汤加减（麻黄、桂枝、半夏、五味子、杏仁、附子、厚朴、干姜、炙甘草、细辛），10剂缓解，再以小青龙汤加附子，紫菀，款冬花等加减，服30余剂后临床治愈。治煤工尘肺合并药物性肝炎后低热1例，辨证属肺脾气虚，肺失清宣，治拟补益肺脾，清宣退热。方用黄芪、党参、桂枝、杏仁、升麻、柴胡、白术、茯苓、陈皮、炙甘草。5剂后热平，再以补中益气汤10剂，食增神佳。治煤工尘肺兼过敏性鼻炎1例，辨证属肺气虚寒，感受外邪，鼻窍失畅，治拟温肺益气，散寒通窍。方用黄芪、党参、桂枝、麻黄、干姜、辛夷、荆芥、蝉蜕、五味子、半夏、白芍、炙甘草、细辛，3剂后症减，再进8剂告愈。治煤工尘肺兼老年性遗尿1例。辨证属肺虚不固，风寒外束，治以宣肺散寒益气，先投小青龙汤加味。方用麻黄、桂枝、白芍、半夏、五味子、干姜、细辛、甘草，3剂后咳喘轻，夜尿次数减，加吴茱萸继进7剂，后予金匮肾气丸善后，随访3月，未见遗尿。

（招萼华）

【老年人肺炎的治疗】

李建云等将经中医辨证属痰热壅肺或气阴两虚证或痰热壅肺兼气阴两虚证的老年细

菌性肺炎患者，年龄在 60～75 岁之间，随机分为治疗组 33 例，对照组 31 例，参照 1995 年中华医学会制定的健康老人标准，排除 1 月之内有感染性疾病者，选择健康老人 22 名。前两组均在西医抗菌及对症治疗的基础上（治疗前 14 天及观察期间停用激素及其它影响免疫功能的药物），治疗组加服毒素清口服液（人参、瓜蒌、生地黄、鱼腥草、白头翁、丹参，每 10ml 含生药 10g），每次 20ml，1 天 2 次，每 7 天为 1 疗程，用药 2 个疗程，结果老年人肺炎患者的 IgA，IgG，IgM，C3，CD3 水平显著高于健康老年组，治疗后治疗组较治疗前除 C4 外，均有明显改善，接近健康老年组水平，并较对照组为优，提示毒素青配合西医常规治疗老年细菌性肺炎（痰热壅肺，气阴两虚证）具有明显治疗效果，其作用机理可能与降低患者体内显著升高的 IgA，IgG，IgM 与 C3 水平，提高患者外周血中明显降低的 CD3，CD4 水平，降低明显升高的 CD8 水平，使 CD4/CD8 比例达到平衡，从而维持 T 细胞免疫调节网络平衡。李国勤等治疗老年急性细菌性肺炎 97 例，年龄在 60 岁以上。采用单双号随机分为中西医结合治疗组 49 例，西医治疗对照组 48 例，两组资料经统计学处理无显著性差异（$p>0.05$）。对照组用抗生素治疗，治疗组抗生素用法同对照组，清开灵注射液 20ml，1 天 2 次。内服中药：生麻黄、杏仁、生石膏、甘草、鱼腥草、丹参、金银花、黄芩、桔梗、瓜蒌、浙贝母、葶苈子、黄芪、西洋参，1 天 1 剂，两组疗程均为 3 周。治疗组治愈 41 例，好转 5 例，总有效率 93.9%（46/49）；对照组分别为 29 例，11 例，总有效率 83.3%（40/48），治疗组的治愈率和有效率明显高于对照组（$P<0.01$ 和 $P<0.05$）。表明中西医结合治疗优于单纯西医治疗。杨周瑞治疗老年人肺炎 60 例，年龄 55～85 岁，平均年龄 69.2 岁。随机分为治疗组与对照组各 30 例。治疗组用扶正与祛邪方（金银花、连翘、浙贝、甘草、桔梗、陈皮、柴胡、黄芩、明党参、鱼腥草），对照组用单纯祛邪方（金银花、连翘、黄芩、桑叶、桔梗、黄连、菊花、浙贝、知母、鱼腥草、陈皮、甘草），16 天为 1 疗程，两组中的部分危重病人，不同程度使用抗生素及对症处理，结果治疗组痊愈 15 例，进步 11 例，总有效率 86.7%（26/30），对照组分别为 10 例，8 例，总有效率 60.0%（18/30），有显著性差异，提示扶正与祛邪疗法并用治疗老年肺炎效果比单纯应用祛邪法好。

（招萼华）

【慢性阻塞性肺疾病的研究】

慢性阻塞性肺疾病（COPD）简称慢阻肺，是具有气流阻塞的慢性支气管炎和（或）肺气肿，特征为慢性气流阻塞并呈进行性发展，后期常合并肺心病，预后不良。发病机理尚不清楚，一般认为 COPD 是气道炎症性疾病，病程较长，反复发作，迁延难愈。田正鉴等报道 COPD 的中医病机特点有：肺气虚是 COPD 发生和发展的内在条件，吸烟、六淫是导致 COPD 发生和发展的主要外因，痰瘀内阻贯穿 COPD 病程始终，多脏腑（尤其是肺、脾、肾、心、脑等）功能失调是 COPD 病情发展的必然结果。故本虚标实是 COPD 的基本病理特征。在 COPD 稳定期，用健脾补肾、益气活血等法治疗，可延缓 COPD 的病情进展。李莉等用叙利亚金黄地鼠吸入香烟烟雾建立 COPD 的动物模型，用中药脑肺康（又名 814，中国医学科学院血液病学研究所研制）观察对照组、吸烟组和脑肺康组血清中 MDA 和 SOD 含量，结果吸烟组血清中 MDA 含量明显高于对照组，脑肺康组其含量低于吸烟组，吸烟组血清中 SOD 含量明显低于对照组，脑肺康组其含量明显低于吸烟组。提示脑肺康通过改善氧化-抗氧化失衡来预防和治疗 COPD。吴其标等用益气养阴活血化痰中药颗粒剂（人参、黄芪、山药、防风、麦冬、苇茎、丹参、桃仁、全瓜蒌、浙贝母等）治疗33例，1天2次，每次20克，6个月为1疗程。分别于服药前及服药3个月、6个月做外周血淋巴细胞亚群、白细胞介素-2（IL-2）、肿瘤坏死因子（TNF-α）的测定。结果COPD患者$CD3^+$、$CD4^+$、$CD4^+/CD8^+$低下，$CD8^+$增高，血清IL-2水平降低，TNF-α水平增高，IgG、IgA降低，提示细胞免疫与体液免疫功能低下。益气养阴活血化痰法对COPD患者的细胞免疫与体液免疫功能都有增强和调节作用，服药后与服药前比较均有显著性差异（$P<0.01$，$P<0.05$）。孙子凯等用薤葶合剂（薤白、葶苈子、瓜蒌皮、法半夏、桑白皮等）治疗急性发作期COPD患者，观察对缺氧性肺动脉高压动物模型肺动脉压的影响。1天3次，2周为1疗程。结果：无论是动物模型组还是COPD患者，薤葶合剂均能改善肺功能，降低肺动脉高压。程显声评价社区综合干预防治慢性阻塞性肺疾病（COPD）的效果，采用病例-对照研究方法，探讨吸烟者COPD的易患因素。以烟雾刺激复制金黄地鼠COPD模型，观察中药制剂对其保护作用。结果：干预区人群干预措施到位率高于对照区，提高了戒烟率，延缓了肺功能下降速度，降低了COPD患病率，减少了肺心病死亡率，提示社区综合干预是一种有效延缓COPD发生、降低肺心病死亡的措施。证实α1-AT活性、支气管反应性及居室环境、职业暴露、吸烟方式、香烟有无过滤嘴、双亲有无慢性支气管炎或肺气肿史、兄弟姐妹有无慢性支气管炎或肺气肿史与吸烟者发生COPD有关。提示吸烟是COPD的重要致病因素。中药制剂对模型动物肺有明显保护作用。

（林　琳）

【支气管哮喘的治疗】

中医药对支气管哮喘的研究近况，多从辨证论治、复方加减、专方专药、综合治疗几个方面研究。

（一）复方加减治疗　周江华观察海石合剂（麻黄、杏仁、五味子、海蛤壳、石韦）对支气管哮喘模型豚鼠的治疗作用。制作支气管哮喘动物模型，观察海石合剂对支气管哮喘有关指标的作用。结果：海石合剂可使哮喘豚鼠TXB-2↓、6-K-PGF-La↓恢复正常，cAMP含量提高，cAMP/cGMP升高。提示海石合剂有显著的平喘作用。

（二）专方专药治疗　倪雪莉等观察复方丹参注射液治疗支气管哮喘发作期的临床疗效，将43例患者随机分为治疗组（23例）和对照组（20例），分别给予常规药物合复方丹参注射液和常规药物治疗，疗程均为14天。结果复方丹参组总有效率为95.7%，与常规治疗组有显著差异（$P<0.05$）。提示加用活血化瘀药物复方丹参注射液治疗支气管哮喘发作期有较好的疗效。林晓霞等探索人工发酵虫草菌粉防治支气管哮喘方面的新用途。方法为测定肺功能和肺灌流液中嗜酸性粒细胞变化。结果虫草菌粉对致敏豚鼠抗原攻击引起的肺阻力增高和动态肺顺应性降低以及致敏大鼠肺灌流液中嗜酸性粒细胞增多都有明显抑制作用（$P<0.05$）。提示虫草菌粉可用于哮喘缓解期的治疗或与其它平喘药合用。

（三）外治疗法　姜静等观察中药辛夷气雾剂在轻、中度支气管哮喘治疗中的作用。方法：采用中药辛夷气雾剂5～7天。对照组采用喘康速气雾剂5～7天。结果：治疗组和对照组总有效率是相等的，治疗组的显效率明显高于对照组。结论：中药雾化剂在治疗哮喘中疗效是肯定的。王秀琴等观察止喘口罩对支气管哮喘的作用效果。治疗组80例用止喘口罩，对照组30例口服蛤蚧定喘丸，对治疗结果进行统计学处理。临床有效率分别是：治疗组87.5%，对照组60.0%（$P<0.01$），两组肺功能检查结果

比较，$P<0.05$。陈少卿等用白芥子散（白芥子、细辛、甘遂、延胡索）穴位敷贴治疗本病130例，并设对照组35例。治疗组疗效明显优于对照组（$P<0.01$）。本方法对本病有温肺化痰、止咳平喘之功效。

（彭　雷）

【肺心病的中西医结合治疗】

潘佳蕾将54例肺心病患者随机分为2组，治疗组32例在西医常规治疗基础上加用黄芪注射液，内服以益气温阳、活血化瘀、利水消肿为主的中药汤剂（茯苓、白术、泽泻、党参、桂枝、制附片、生益母草、毛冬青、葶苈子），总有效率90.6%（29/32），明显优于22例单纯常规西药对照组（15/22），$P<0.05$。且可减少西药强心利尿剂的不良反应。谢东霞等用十全大补汤和牵正散加减（党参、茯苓、炒白术、当归、生地、赤白芍、半夏、杏仁、川芎、黄芪、桂枝、全蝎、白僵蚕、白附子、鱼腥草、蒲公英）配合西药抗感染及对症支持疗法治疗肺心病急性发作60例，结果显效30例，好转28例，总有效率为96.7%（58/60）；优于单纯西药对照组（21/30）。$P<0.05$。沈巍等用肺心汤（生晒参、丹参、当归、川芎、赤芍、红花、地龙、炙甘草）加西医常规治疗肺心病急性期30例，疗效明显优于常规西药治疗对照组（$P<0.05$），并能明显改善血液流变性（$P<0.01$）。李俊成等将86例肺心病急性发作期患者随机分成2组，对照组43例用吸氧、抗生素、解痉平喘、强心、利尿、纠正电解质紊乱和酸碱失衡等治疗。治疗组43例给以口服慢阻通气丸、抗咳喘丸，同时静滴清开灵注射液、丹参注射液、维脑路通，必要时吸氧，注意纠正酸碱失衡和电解质紊乱。2组疗程均为14天。结果治疗组总有效率为88.4%（38/43），显著高于对照组58.1%（25/43）（$P<0.01$）。治疗组治疗后血气分析动脉氧分压（PaO_2）升高、pH值升高，二氧化碳分压（$PaCO_2$）下降；肺功能中肺活量，第1秒用力呼气容积及用力肺活量增加，较对照组均有显著改善（P均<0.05）。袁广俊等将中西医治疗组和单纯西医治疗组各40例均以吸氧、解痉平喘、抗感染及纠正呼吸衰竭为基础治疗，中西医治疗组加用保肺汤（丹参、黄芪、赤芍、川芎、葶苈子、杏仁、党参、地龙、枳实、丝瓜络、黄芩、茯苓、生甘草）治疗。结果中西医组在改善临床症状、提高PaO_2、降低$PaCO_2$、降低全血粘度、血浆比粘度、血细胞比容等方面明显优于对照组（$P<0.01\sim0.05$），总有效率分别为90.0%（38/40）、75%（30/40）。薛堂语治疗肺心病继发急性呼吸道感染108例，随机分成2组。对照组48例，给西药常规治疗，治疗组60例在西药常规治疗的基础上，辨证运用阳和汤、五味消毒饮、苇茎汤等治疗，对照组显效率、总有效率分别为50%（24/48）、68.8%（33/48），治疗组分别为68.3%（41/60）、90.0%（54/60），有显著差异（$P<0.05$）。郭凤龙将高原老年肺心病急性发作患者随机分为2组，对照组用抗生素、利尿剂、强心甙等，中西医治疗组用（金银花、黄芩、党参、知母、杏仁等）配合西药抗生素、利尿剂、强心甙等，结果中西医治疗组和西药治疗组的总有效率分别为54.3%（25/46）、78.3%（36/46），$P<0.05$。

（张玉萍）

【冠心病的实验研究】

吕中等设冠心病组80例，另设健康对照组。分别检测外围血单核细胞（PBMC）、促凝活性（PCA）、组织型纤溶酶原激活物（T-PA）及其抑制物（PAI-1）活性。结果冠心病各组与健康对照组比较，PBMC、PCA、PAI-1表达均显著升高，而T-PA表达显著下降（$P<0.01$）；血瘀证与非血瘀证组（痰浊与气滞组）之间PBMC、T-PA、PAC表达有显著差异（$P<0.01$），而PAI-1

表达无差异（P > 0.05）；痰浊组与气滞组之间各项指标未见差异（P > 0.05）。提示冠心病患者单核细胞凝血/纤溶活性改变与中医分型之间有一定相关性，PMBC、PCA增高和T-PA降低的程度对区别血瘀证和非血瘀证具有意义，血瘀证患者处于明显的血栓前状态。

马晓昌选择血瘀证患者73例，冠状动脉造影结果：单支病变29例（39.73%），双支病变9例（12.33%），三支病变35例（47.92%）。冠状动脉狭窄程度：轻度54支，中度38支，重度31支，完全阻塞29支。对73例患者辨证分型，血瘀证积分与冠状动脉造影进行比较，结果：73例冠心病患者均有不同程度的血瘀表现，但寒凝血瘀和阳脱血瘀等血瘀重症积分值最大，阳虚血瘀，痰浊血瘀和气虚血瘀次之，而气滞血瘀和阴虚血瘀等血瘀轻证积分值最小。冠状动脉造影所见，寒凝患者的血管病变支数最多，气滞与阴虚患者的血管病变支数较少，而气滞与阴虚患者的冠状动脉狭窄程度较轻，阳脱和阳虚患者较重。提示冠状动脉血管的病变支数越多，狭窄程度越重，血瘀证积分值越大，血瘀程度越重，它们之间存在较好的相关性。

张丽萍等选择64例冠心病患者，辨证后分为气滞血瘀型、心气虚型、气虚血瘀型、气阴两虚型四组，与30例正常人作对照，采用彩色多普勒超声心动图仪，血流变快测仪测定心功能指标和血流变指标。结果：CHD左室舒张功能障碍早于收缩功能障碍。CHD气虚组与非气虚组左心室舒缩功能指标有明显差异（P < 0.01，P < 0.05），各证型舒缩功能受损规律为：气滞血瘀型 < 心气虚型 < 气虚血瘀型 < 气阴两虚型。CHD血瘀组与非血瘀组血流变指标存在差异。提示左心室功能和血流变指标可以作为CHD血瘀证、气虚证的定量性客观指标。

冼绍祥等取冠心病心血瘀阻证、血瘀证及非血瘀证各30例，比较内皮素、一氧化氮、血栓素、6-酮前列腺素、血液流变学、血小板聚集率、心钠素、高频心电图和心功能状况。结果冠心病心血瘀阻证、血瘀证两种证型与非血瘀证比较，一氧化氮、6-酮前列腺素等都有显著降低，血小板聚集率、全血粘度、血浆粘度、还原粘度、红细胞压积、聚集指数及总积分等明显升高。与血瘀证组及非血瘀证组比较，冠心病心血瘀阻证组的左室射血时间明显延长、血浆心钠素水平明显增高，心脏指数与心肌收缩指数则显著减少；与血瘀证组比较，冠心病心血瘀阻证组的高频心电图阳性率明显增高。提示冠心病心血瘀阻证是血瘀证中的一个分型，它具有一般血瘀证的微观病变基础，而冠心病心血瘀阻证的微观变化特点，即心脏收缩功能的损伤、心肌受损、心房扩张和压力升高。

（柳　文）

【室性早搏的治疗与研究】

室性早搏是一种常见的异位心率，原发病以冠心病、心肌炎引起居多，属中医“心悸”“怔忡”“惊悸”等范畴。现将该病的研究综述如下：

（一）中药单方治疗　黄显文用马钱子单味药治疗室性早搏45例，服药3～10天，心电图检查，部分患者早搏完全消失，有效率达87.5%

（二）中药复方治疗　钱嘉宏用苦参颗粒剂（苦参、黄芪、党参、丹参、麦冬、柏子仁、炙甘草）与心律平对照。两组各自用药2周。结果苦参颗粒剂总有效率83.7%，对照组总有效率86.3%。两组疗效无明显差异（P > 0.05）。薛朝璇用自拟方调心汤（丹参、紫石英、生地黄、连翘、麦冬、川芎、炙甘草、桂枝）治疗60例。结果：总有效率96.6%。曹晶等用自拟加味炙甘草汤随机单盲分为治疗组（自拟加味炙甘草汤组）104 例、对照组（口服美西律、复方丹参、消心痛）70 例，治疗组总有效率 96.1%，对照组总有效率 74.2%，2 组比较有显著性差异（$P<0.01$）。樊巧玲评价养心复脉口服液（党参、丹参、郁金、徐长卿、五味子、炙甘草、苦参）对于早搏的治疗效果。治疗组的抗早搏作用与对照组（心律平片）相当，但在改善患者症状方面明显优于对照组（$P<0.01$），且未见明显毒副作用。张庆福用苦甘珠口服液（苦参、炙甘草、炙黄芪、党参、五味子、珍珠母、丹参、当归、降香、石菖蒲、远志）治疗室性早搏 119 例；对照组 57 例，服用美西律。结果：治疗组总有效率为 94.1%，对照组总有效率为 77.2%，2 组比较有非常显著差异（$P<0.001$）。马玉萍用生脉散加减治疗 106 例。痊愈 62 例，好转 30 例，总有效率 86.8%（92/106）。李瀛将 107 例患者随机分为治疗组（55 例）和对照组（52 例），治疗组用静脉滴注参麦注射液和复方苦参注射液治疗，对照组用普罗帕酮治疗。治疗组与对照组治愈率分别为 56.4%，32.7%，（$P<0.05$）；治愈后半年复发率分别为 17.9%，60%（$P<0.05$）。

（三）中西医结合治疗　蔡悦用自拟"心悸方"（太子参、麦冬、白芍、阿胶、玄胡、丹参、瓜蒌皮、郁金、炙甘草、五味子、黄连）治疗 58 例频发室性早搏，配用心律平治疗，并与单纯用心律平的对照组 52 例做比较。治疗组 58 例中，显效 29 例，有效 25 例，无效 4 例，恶化 0 例；对照组 52 例病人中，显效 13 例，有效 20 例，无效 17 例，恶化 2 例。治疗组疗效优于对照组（$P<0.01$）。

（四）实验研究　许惠琴用养心复脉口服液（党参、丹参、五味子、炙甘草等）探讨抗心律失常的作用。养心复脉口服液可明显对抗乌头碱、氯化钡、冠状动脉结扎诱发的大鼠心律失常，具有提高乌头碱致大鼠室性早搏（VPB）、室性心动过速（VT）和心室颤动（VF）的作用，推迟氯化钡致大鼠 VPB 和 VT 的发生时间及缩短大鼠心律失常的持续时间，降低冠状动脉结扎所致大鼠 VPB 的发生率。于震等用黄松胶囊（黄连、苦松等）观察对多种实验性心律失常的影响。结果黄松胶囊能明显降低氯仿诱发小鼠室颤的发生率，延长氯化钡模型大鼠心律失常的出现时间，缩短模型大鼠心律失常的持续和复律时间，能明显缩短乌头碱性大鼠心律失常的室性早搏及室性心动过速的持续时间，与模型对照组比较均有显著差异。

（刘道清　庆　慧）

【病毒性心肌炎的治疗与研究】

病毒性心肌炎属中医心悸、胸痹等范畴，是一种临床常见病、多发病。其病因病机多以正虚为本，尤其是心肺气阴两虚，以病毒内侵为标。临床治疗及实验研究多以益气养阴法为主。魏强华等报道 160 例，以名老中医张镜人的复方四参冲剂（太子参、丹参、南沙参、苦参、炙甘草等）治疗，4 周为 1 疗程。经治 1 疗程后，对症状的有效率为 90.6%，对 ST-T 改变的有效率为 84.6%，对早搏的有效率为 71.9%，并能显著提高本病 NK 细胞活性和调节 T 淋巴细胞亚群功能。侯桂荣等报道 70 例，分两组：治疗组 40 例，以黄芪四物汤（黄芪、当归、白芍、川芎、熟地黄、甘草）随症加减，1 天 1 剂，并配合极化液、病毒唑、能量合剂、抗生素、维生素 C 静脉点滴；对照组 30 例，除不用黄芪四物汤外，其它用药与治疗组同。两组经治疗 20 天后，治疗组总有效率 95.0%，其中痊愈 20 例，有效 18 例；对照组总有效率 63.3%，其中痊愈 10 例，有效 9 例。两组对比，$P<0.05$。陈荣等报道以自拟宁心汤（西洋参、黄芪、丹参、五味子、麦冬、炙甘草）煎服治疗急性病毒性心肌炎 124 例，1 天 1 剂，经治 30 天后，痊愈 57 例，好转 64 例。总有效率为

97.6%（121/124），余勇等报道59例，以炙甘草汤（党参、生地、桂枝、阿胶、麦冬、麻仁、大枣、炙甘草）随症加减治疗，1天1剂，10剂为1疗程，经治1~2个疗程后，治愈49例，好转8例。总有效率为96.6%（57/59），曹洪欣等报道通过对VMC小鼠心肌细胞凋亡及凋亡相关重要调控基因c-myc、Bcl-2蛋白进行检测的实验研究，发现心肌细胞凋亡及其相关调控基因可能参与病毒性心肌炎的发生和发展，而参白口服液（人参、黄芪、白茅根等）可能通过调节c-myc、Bcl-2的阳性表达，起到防止细胞过度凋亡的作用，从而对病毒性心肌炎有较好的防治作用。

（汤晓龙）

【充血性心力衰竭的中西医结合治疗】

马志媛等用调搏灵胶囊（人参、石菖蒲、赤芍、丹参、门冬、甘松、炙甘草、苦参，每粒胶囊含生药0.2g）。根据《中药新药研究指导原则》及美国纽约心脏协会（NYHA）制定的心功能分级标准，将病人随机分为治疗组和对照组；治疗组每次服调搏灵胶囊2~3粒，1天3次，同时服地高辛0.125mg，1天1次。对照组给予心律平100mg，1天3次，同时服地高辛0.125mg，1天1次。两组均治疗2周。结果治疗组的心功能改善总有效率为93.3%，优于对照组83.3%（$P<0.05$）；治疗组对AV的改善总有效率为76.7%，优于对照组70%（$P<0.05$）；治疗前后治疗组对患者左室收缩、舒张功能变化的改善优于对照组（$P<0.05$）；治疗组地高辛的停止使用率和减少率为86.7%而优于对照组的50.0%（$P<0.05$）。徐燕等将60例患者随机分组为中药治疗组和西药对照组各30例。西药组用消心痛，速尿，地高辛等强心利尿扩血管为主的基础用药，中药组（心肾阳虚患者）在用西药的基础上加用坎离煎（熟附片、白术、白芍、麦冬、猪苓、茯苓、太子参、桂枝、丹参、生黄芪、葶苈子、车前子、川连等）1天1剂，早晚各1次，连服2个月。中药组对HRV的提高优于西药对照组（$P<0.05$）。提示心率变异性（HRV）是有效评价心脏植物神经功能状态的无创伤性指标，其降低反映了心脏自主神经受损水平；大多数CHF病人存在自主神经功能紊乱，可出现HRV降低的异常现象。李成林用对照组以西医常规治疗，观察组在西医常规治疗的基础上加服以益气温阳法为基本组方（附子、红参、桂枝、白术）的中药汤剂进行治疗，随机分为中药组40例和西药对照组20例，疗程均为10天，西药对照用强心、利尿、扩血管、血管紧张素转换酶抑制剂。中药组对心功能改善的总有效率为92.5%，明显优于对照组75%（$P<0.05$）；且平均疗程为5.6±1.6天，明显短于对照组7.0±2.1天（$P<0.05$）。治疗前后两组T3、FT3、FT4均有所改善，但中药组的提高较对照组明显（$P<0.05$）。白民刚等将120例心功能在3~4级的CHF病人，按NYHA制定的心功能分级标准，随机分成治疗组与对照组各60例，两组均以消心痛或心痛定、双氢克尿塞为基础治疗，必要时予以抗炎及补钾。治疗组在此基础上加康心力胶囊（红参、黄芪、丹参、川芎、附子、葶苈子、枳实、泽泻等），1天3次，每次3粒（每粒0.5g），用药2周，治疗组对患者临床症状改善总有效率为96.7%，优于对照组88.4%（$P<0.05$）；治疗组心功能改善较对照组明显（$P<0.05$）；治疗组超氧化物歧化酶（SOD）、谷胱苷肽酶（GSH-Px）、ANP含量的增高明显优于对照组（$P<0.05$），而丙二醛（MDA）含量明显低于对照组（$P<0.05$），并在动物实验上得到相同结果。提示氧自由基参与了心力衰竭患者的脂质过氧化，而心钠素（ANP）含量的异常与心力衰竭有相关性。

（许旭伟）

【幽门螺杆菌相关性胃病的治疗】

蒋振明等研究中药复方清胃冲剂（徐长卿、连翘、赤芍、玄胡、旋覆花、平地木、炙甘草）、双黄连口服液对幽门螺旋杆菌（HP）的抑菌作用。运用液体倍比稀释法对以上药物进行体外实验研究，结果清胃冲剂和双黄连口服液在一定浓度下对 HP 均有抑菌作用。罗其泰认为用抗菌三联疗法和蒲蛇柴参汤（蒲公英、茯苓、蛇舌草、柴胡、白芍、枳壳、炙甘草、太子参、白术）结合治疗感染 HP 的慢性萎缩性胃炎，与单纯用抗菌三联疗法（三钾二枸橼酸络合铋 120g，阿莫西林 250mg，甲硝唑 200mg，4 次/天，连用 2 周）的对照组对比，治疗组根除率为 79.9%，对照组根除率为 76.8%，差异不显著。但症状缓解情况，治疗组明显低于对照组。刘建国用胃舒煎（黄连、黄芩、党参、白术、白芍、香附、陈皮、丹参、白及）治疗并观察 86 例患者，1 天 3 剂，30 天为 1 疗程。观察胃粘膜胃镜变化与 HP，发现总有效率 88.4%。金理正等探讨了中西医联合治疗慢性胃炎伴 HP 阳性患者的疗效。确诊患者 124 例，随机分为治疗组与对照组各 62 例，两组同时用雷尼替丁、甲硝唑治疗，治疗组加服中药，治疗 1 个月后，治疗组、对照组总有效率分别为 77.5%、45.1%，$P<0.01$。结论为中西医联合应用能显著改善慢性胃炎的临床症状，提高清除 HP 的阳性率。何良志等观察了清胃止痛丸（黄连、地榆、白芍、白及）对胃溃疡（PU）的溃疡愈合及清除幽门螺旋杆菌 HP 的作用。随机分为治疗组（60 例）和对照组（60 例），分别用清胃止痛丸、四方胃片治疗，治疗前后观察溃疡愈合、中医证候和 HP 清除情况。结果治疗组有效率为 86.7%，对照组为 71.7%（$P<0.05$）。治疗组中医证候有效率 91.7%，对照组有效率为 88.3%；组间比较，差异有显著性（$P<0.05$）。治疗组有较好的抑制 HP 作用。治疗前后比较 $P<0.01$，HP 清除率为 47.0%。清胃止痛丸有良好的治疗胃溃疡和清除 HP 作用。

（张振贤）

【肠易激综合征的治疗与研究】

（一）临床应用　李新民等应用自拟理肠汤口服治疗肠易激综合征患者 125 例，结果总有效率为 97.6%。同时设对照组 73 例，运用西药治疗，总有效率为 64.1%。经统计学处理分析，差异非常显著（$P<0.001$），治疗组疗效明显优于对照组。通过对不同年龄组患者临床特点的观察，认为本病的发病机理属肝郁脾虚、寒热虚实夹杂。本方具有疏肝解郁，益气健脾，寒热并治之功，治疗本病颇为有效。杜长湘为探讨营卫不和与肠道功能紊乱的关系，以桂枝汤为主治疗 35 例肠易激综合征，结果治愈 28 例，有效 5 例，总有效率 94.3%（33/35）。杨桦应用疏肝理气方（柴胡疏肝汤、痛泻要方、六磨汤等方为主）配合心理疗法治疗肠易激综合征 60 例，治愈 20 例，显效 28 例，有效 9 例，总有效率 95.0%（57/60）。认为应用中医药与心理治疗配合对肠易激综合征在改善症状，减轻病人痛苦，促进疾病痊愈方面具有良好疗效。林大钊运用四神汤治疗 39 例脾肾虚寒型 IBS 患者，同时设立 22 例匹维溴铵对照组，计算疗效指数，治疗 4 周疗效指数为（90.13 ± 17.18）%，显著高于对照组的（85.67 ± 20.31）%（$P<0.001$），治疗组治愈、显效、有效率分别为 10.3%、71.8%、12.8%，总有效率为 94.9%。提示四神汤治疗脾肾虚寒型 IBS 有良好的临床疗效。

（二）临床基础研究　陈永萍等对肠易激综合征不同中医证型与神经内分泌学相关性进行了研究。方法：选两种中医证型的 IBS 患者、溃疡性结肠炎患者及正常对照者各 20 例，采用放射免疫法测定血浆中 P 物质、血管活性肠肽含量，同时取乙状结肠粘膜作 SP、VIP 阳性细胞免疫组化检测。结果不同中医证型 IBS 病人血浆 SP、VIP 含量及结肠粘膜 SP、VIP 阳性细胞数有不同的异常改变。结果：研究提示脑肠肽有可能成为 IBS 中医微观辨证的客观依据之一。谢建群等观察疏肝健脾汤对肠易激综合征患者血浆胃动素（MOT）的调节作用，对 24 例肠易激综合征患者以疏肝健脾汤治疗，疗程 4 周，治疗前后测血浆 MOT，并与 12 例正常组比较。结果肠易激综合征患者 MOT 含量明显高于正常对照组（P<0.001），用疏肝健脾汤治疗后，过高的血浆 MOT 显著下降（P<0.001）。提示该方对血浆 MOT 有较好的调节作用。

（郑舜华）

【慢性萎缩性胃炎的治疗与研究】

慢性萎缩性胃炎（CAG）是一种临床常见的疑难病症，属癌前疾病，治疗颇为棘手。

（一）中医辨证研究　孙蕾民等将 CAG 患者经中医辨证论治分为健脾 1 组、健脾 2 组、化湿组、西药组和正常对照组，检测各组治疗前后血清 EGF 水平变化，结果：CAG 各组治疗前血清 EGF 均明显高于对照组（P<0.01），治疗后健脾 1、2 组临床症状和病理变化明显改善（P<0.01），两健脾组血清 EGF 含量也明显下降（P<0.05），化湿组治疗后血 EGF 上升（P<0.05），西药组治疗后血清 EGF 变化不大。提示 CAG 炎症刺激可导致血清 EGF 反应性升高，经中药治疗后 EGF 水平恢复；检测 EGF 可作为观察 CAG 转归的敏感指标。卓家和等对 361 例慢性胃炎临床资料分析表明，慢性胃炎病种分布以浅表性胃炎为最多见，占总例数的 60.1%。其次为浅表-萎缩性胃炎，占 15.8%，继之为萎缩性胃炎和反流性胃炎，分别占 15.51% 和 8.6%。中医辨证分型以脾胃虚弱型为多数，占总例数的 43.8%，其次为肝胃不和型占 23.8%，继之脾胃湿热型占 19.4%，脾胃血瘀型占 8.6%，胃阴不足型占 4.4%。经卡方检验，慢性胃炎各病种与中医辨证分型分布差异有非常显著性意义（P<0.001）；中医辨证分型中脾胃虚弱型与各证型比较，差异有非常显著性意义（P<0.01），提示脾胃虚弱是本病的主要病机，健脾补气是治疗本病的大法，应贯穿始终。但临证中多有虚实兼夹、寒热错杂等兼证，治疗仍需审证求因，辨证论治。

（二）临床应用　陆为民等报道 192 例萎缩性胃炎癌前病变患者，随机分为治疗组（128 例）用胃舒胶囊（党参、白术、苡仁、枳壳、丹参、莪术、仙鹤草等，每胶囊含生药 0.5 克，由江苏省中医院制药厂生产）口服，对照组给予胃宁冲剂冲服，疗程均为 6 个月。治疗组总有效率为 91.4%，胃镜有效率 70.3%，对萎缩、肠上皮化生、异型增生的有效率分别为 64.1%、66.4%、67.9%，并能降低其积分值。胃舒胶囊能显著降低 AgNOR 颗粒数、抑制 PCNA 的表达，与对照组比较差异有显著性意义（P<0.01，<0.05）。提示胃舒胶囊对萎缩性胃炎癌前病变的临床症状、胃镜征象、病理变化有显著改善作用，可能与抑制和纠正细胞的异常增殖和分化有关。税明煜等用平胃康胶囊（黄芪、太子参、乌梅、石斛、黄连素粉、三七、炙元胡、炙甘草、丹参等）口服，并与胃乐宁行同步观察临床症状、胃镜、病理改变等比较，结果平胃康组 200 例，临床症状改善总有效率 93%；胃乐宁组 150 例，临床症状改变总有效率 75.0%，两组相比有差异（P<0.05）。平胃康组胃镜复查有效率 81.0%；胃乐宁组复查总有效率 55.0%，两组相比有显著差异（P<0.05）。幽门螺旋杆菌治疗组检出率 65%，治疗后检出率为 48.0%；对照组 HP 检出率 64.0%，治疗后无转阴。提示平胃康胶囊治疗慢性萎缩性胃炎的疗效优于胃乐宁。

（三）实验研究　王公坡等用乐胃煎

(党参、白术、茯苓、半夏、白花蛇舌草、延胡索等)观察对大鼠胃癌前病变(GPL)胃粘膜异型性的影响。运用自动图像分析系统检测胃粘膜结构异型指数(ISA)、腺体形状指数(IGF)、体外周形状因子(GSF)及核腺比值指数(ING)变化。乐胃煎组大鼠中、重度异型增生及肿瘤发生率明显低于模型组($P<0.05$),与维甲酸组差异无显著性意义($P>0.05$)。乐胃煎组大鼠上述各形态参数值均明显低于模型组($P<0.01$)。维甲酸组各指标与模型组比较差异亦有极显著性意义($P<0.01$)。乐胃煎对GSF、IGF的改善优于维甲酸($P<0.01$)。提示乐胃煎能有效改善GPL大鼠胃粘膜的异型性,从而阻断胃癌前病变的进一步发展。胡鸿毅等用胃祺饮(党参、黄芪、莪术、当归等)的中药组与叶酸的对照组预防和治疗,观察阻断慢性萎缩性胃炎合并胃癌前病变(PLGC)的抗增殖作用。结果中药组能明显阻断化学致癌物对粘膜的炎症损伤,改善癌前病变组织粘膜萎缩和不典型增生程度,结果优于对照组($P<0.05$)。同时中药组治疗后PCNA指数、P21 H-ras基因蛋白阳性指数分别为12.8%、10.3%,并能增强癌前病变组织细胞凋亡指数,疗效明显高于对照组($P<0.05$)。提示益气化瘀为主的胃祺饮通过改善PLGC患者气虚血瘀的病理基础,降低病变组织增殖水平,诱导细胞正常凋亡,从而对胃癌前病变细胞的增殖有良好的阻断作用。

(郑舜华)

【溃疡性结肠炎的治疗与研究】

(一)灌肠治疗　采用灌肠治疗溃疡性结肠炎的疗效已被肯定。但传统常规保留灌肠法因药物逆行进入结肠时,常受到位于乙状结肠处结肠括约肌的影响,不能顺利通过乙状结肠而使药液仅仅作用于直肠,降低了保留灌肠的疗效。张高祥等报道对灌肠方法作了如下改进:①体位调整让病人先采用左侧卧位,注入药物后,依次作胸膝位、右侧卧位、仰卧位姿势,每个体位保持1分钟,要求5分钟完成,使药液顺势逆流,进入结肠近端。②采用双导管塑料瓶和血压计气囊部分组成压力灌肠器,利用其能产生恒定压力,使中药药液迅速顺势逆流,加速雾化,大大减少对括约肌刺激,弥漫性通过结肠生理括约肌区和乙状结肠,充盈至全结肠。③将灌肠液设计为速释与缓释两部分。选用山莨菪碱10mg于灌肠前5分钟肌注;利多卡因100mg加入灌肠液中组成速释部分,有效抑制生理括约肌痉挛,抑制结肠运动,延长排空时间,扩大弥漫面积,提高灌肠液(缓释部分)的生物利用度。

(二)其它疗法进展　赵朝坤借助肠镜给药法治疗溃疡性结肠炎,用蒲及粉(蒲黄、白及、黄连、三七等)高压消毒后在肠镜直视下将药粉20~30mg撒于溃疡面及周围3cm表面。治疗56例,其中52例痊愈,4例好转。康新年等采用药物膏剂贴敷,操作方法简便,应用肠炎贴膏(肉桂、党参、白术、茯苓,水煎3次后,浓缩、收膏、贮存)纳入脐眼,外用伤湿止痛膏覆盖。共治疗62例,痊愈27例,好转33例,无效2例。

(三)治疗作用机制探讨　张正利等报道溃疡性结肠炎时的遗传素质和免疫失调均与中医“肾”的关系十分密切。肾主藏精,主生殖,先天禀赋差异主要归于“肾”,而“肾”特别是“肾阳”与神经内分泌关系密切,通过长期补肾,可以影响神经内分泌免疫网络,调节激素、神经递质、细胞因子的变化与基因的表达,从而影响活性物质的释放,改善机体的免疫失衡状态。程卫军报道溃疡性结肠炎患者多伴有不同程度的精神抑郁寡欢、多疑善虑、意志消沉或心烦易怒等情志不遂症状,说明整个疾病过程均有不同程度的气机不畅,气血郁滞存在,采用疏肝理气的方法可使气血流畅而肠道传导功能复常。刘桂兰等报道溃疡性结肠炎时不仅存在着宏观毒瘀证，还存在着微观毒瘀证，炎症程度与血液的高粘程度有关，因此不应忽视活血化瘀解毒法的应用。因活血解毒药有调整免疫、抗炎、抑菌、清除炎性产物及细胞毒，改善肠组织循环，改善血液高凝状态及镇静、止痛作用，有利于溃疡的修复与消除。

（韩捷　马贵同）

【脂肪肝的治疗】

脂肪肝的致病因素大体分为营养性、化学性、内分泌代谢性、生物性、遗传性、免疫性、精神、心理和社会性因素等。中医中药治疗脂肪肝有独特疗效。

（一）临床治疗　祝峰峰等用自拟消脂汤（桑寄生、首乌、巴戟天、贝母、白芥子、赤芍、枳壳、郁金、泽泻、草决明、丹参）与对照组复方胆碱片，2片/次，tid。肌苷片，0.2g/次，tid。维生素C0.2g/次，tid作对照，治疗组总有效率为97.0%，优于对照组的68.8%。董怀文等用自拟“健肝汤”（乌梅、女真子、五味子、山楂、何首乌、炒枣仁、当归、泽兰、丹参、草决明、厚朴、砂仁、生甘草）治疗酒精性脂肪肝50例。总有效率达94.0%（47/50）。程吉东等用清肝合剂（葛花、荷叶、茵陈、栀子、白术、山楂、赤芍、丹皮等），与对照组服用东宝肝泰片3片/次，3次/天。以6周为1疗程，治疗组总有效率90.6%，高于对照组总有效率55.6%。裴道灵等用口服疏肝健脾（柴胡、枳壳、丹参、泽泻、延胡索、白术、党参、生薏仁、白及、决明子、垂盆草、生山楂）与口服多烯康胶囊、吉非罗齐等的对照组相比较，疗程3个月。治疗组治愈率16.1%，显效率53.6%，有效21.4%，总有效率91.1%。对照组治愈率8.9%，显效率30.4%，有效率25.0%，总有效率64.3%。两组间存在非常显著差异（$P<0.01$）。提示疏肝健脾法对老年脂肪肝有良好作用。牟吉荣等用疏肝化脂饮（柴胡、枳壳、制香附、大黄、芍药、郁金、三棱、莪术、菖蒲、瓜蒌实、山楂、鸡内金、泽泻）治疗脂肪肝60例，总有效率为85.0%（51/60），提示酒精和肥胖是脂肪肝的重要病因，肝郁气滞、瘀血、痰浊、湿阻是脂肪肝的病机，而疏肝理气、化瘀血、涤痰消积、化湿浊能有效预防之。殷银霞等用脂肪肝丸（柴胡、当归、白芍、白术、陈皮、木香、丹参、生山楂、大黄、枳实、干姜等）治疗100例脂肪肝病人，随机分为2组，各50例。治疗组口服脂肪肝丸，对照组口服东宝肝泰片。疗程2～3个月，观察肝脏B超、肝功、血脂及血流变的变化。治疗组总有效率92.9%，而对照组为84.0%，两组比较有显著性差异（$P<0.05$）。

（二）实验研究　龚康敏等观察荷叶饮预防大鼠高脂血症及对相关指标的作用。将大鼠随机分为四组，空白对照组饲以普通饲料，其他三组均饲高脂饲料，连续灌胃40天。结果荷叶饮组大鼠的TC、TG、低密度脂蛋白胆固醇（LDL-C）、动脉硬化指数（AI）均显著低于模型组，$P<0.01\sim0.05$。全血比粘度、红细胞压积明显低于模型组，P均<0.05。脂肪肝数（25%）少于模型组（100%），体重增值较模型组显著降低，$P<0.01$。提示荷叶饮有抑制高脂血症大鼠TC、TG、LDL-C和AI的作用，能改善血液的浓度、高粘状态，减缓体重增值，并抑制脂肪肝的发生，值得进一步研究。

（张振贤）

【非淋菌性尿道炎的治疗】

非淋菌性尿道炎是由性接触传播的一种尿道炎，在临床上有尿道炎的临床表现。属中医“淋证”、“白浊”、“尿浊”等范畴。本病多发于青年性旺盛时期，男女均可发病，男性多于女性。主要病原体为沙眼衣原体，其次为支原体。据统计，其发病率占我国性病发病的第三位。目前中医治疗主要采用以下几种方法：

（一）基本方治疗　周亦农将300例患者分为中药治疗组200例用复方尿炎康颗粒剂（鱼腥草、车前草、益母草、黄精、土茯苓、蒲公英、丹参、怀山药、黄柏、延胡索、甘草）口服；对照组100例用国产氧氟沙星片，口服。用药时间为3周，停药1周后复查。结果：中药组痊愈116例，有效62例；对照组痊愈47例，有效25例。两组间总有效率有显著性差异（P<0.05）。李学兴采用蒲苓解毒汤（蒲公英、鱼腥草、丹参、土茯苓、马鞭草、白花蛇舌草、地肤子、川萆薢、川柏、川牛膝、丹参、泽兰）治疗非淋菌性尿道炎72例。并设氟哌酸和阿奇霉素对照组。结果：中药组72例，治愈55例，有效9例，无效8例；氟哌酸组40例，治愈14例，有效5例，无效21例；阿奇霉素组53例，治愈39例，有效7例，无效7例。经统计学处理，中药组与氟哌酸组的治愈率及总有效率有显著差异（P<0.01）。中药组与阿奇霉素组的治愈率及总有效率无显著差异（P>0.05）。龚奉璋用解毒化瘀汤（苦参、土茯苓、白花蛇舌草、当归、丹参、益母草、桃仁、没药）治疗非淋菌性尿道炎128例。结果多数患者服药后2小时开始显示效果，也有服药后30分钟见效，总有效率为96%。在消除泌尿系症状、杀灭病菌及衣原体方面有作用。

（二）内外合治　陈自愚等选择304例本病，观察组152例采用中药内外兼治法：内服加减龙胆泻肝汤；外用洁春方（山苦瓜、苦参、断肠草、百部、蛇床子、地肤子、苍耳子、五倍子、大枫子、枯矾）煎汁去渣，阴道冲洗或坐浴局部病灶。对照组152例给予阿奇霉素、氟哌酸，合并阴道滴虫或疱疹病毒感染则联合使用甲硝唑或阿昔洛韦等。结果观察组治愈117例，好转25例，无效14例，总有效率91.0%。对照组治愈95例，好转38例，无效15例，总有效率90.0%。两组总有效率差异无显著性（P>0.05），治愈率观察组明显优于对照组（P<0.05）。

（三）中西医结合治疗　陈嘉兴对中西医结合治疗非淋菌性尿道炎进行了疗效分析。其方法为：将本病患者随机分成9组，均治疗14天，于服药结束1个月内、3个月内复查并判定疗效。第1组给予自拟化浊利湿汤（败酱草、鱼腥草、蒲公英、萆薢、丹参、山药、车前草、黄柏、木通、苦参、土茯苓、牛膝、甘草）；第2组给予美满霉素；第3组给予环丙沙星；第4组给予氟哌酸；第5组给予克拉霉素；第6组给予中药化浊利湿汤加美满霉素；第7组中药化浊利湿汤加环丙沙星；第8组中药化浊利湿汤加氟哌酸；第9组中药化浊利湿汤加克拉霉素。以上结果，应用X^2检验，1组中药化浊利湿汤组与各单独西药组（2组、3组、4组、5组）之间无显著性差异（P>0.05）。6组、7组、8组、9组（即中西医结合组），分别与1组、2组、3组、4组、5组（即单纯用中药组或单纯用西药组）比较，有显著差异（P<0.01）。表明：化浊利湿汤治疗非淋菌性尿道炎获得较满意疗效，其效果等同于美满霉素、环丙沙星、氟哌酸和克拉霉素；中药化浊利湿汤分别与以上各种西药联合运用，其治愈率、有效率均明显提高。说明化浊利湿汤不仅对非淋菌性尿道炎有治疗作用，而且与以上抗生素有协同作用。

（刘道清　庆　慧）

【慢性肾病综合征的治疗】

慢性肾病综合征是由各种原因导致的慢性肾脏损害，在临床上表现为“三高一低”。中医主要从补脾益肾、渗湿通淋入手进行治疗。

李亚林等自拟淫羊藿汤（淫羊藿、巴戟天、鹿衔草、党参、生黄芪、石韦、白花蛇舌草、川芎、丹参）治疗55例，1天1剂，

1天2次配合强的松。总缓解率81.8%，总有效率92.7%。李力等将43例患者随机分为治疗组和对照组，治疗组用血府逐瘀胶囊（桃仁、红花、赤芍、川芎、当归、牛膝、柴胡、香附、枳壳、桔梗、生地、甘草），水煎服，1天1剂，1天2次，对照组用复方丹参片，每次4粒，1天3次。治疗组总有效率93.5%，对照组83.3%。周薇莉随机将90例分成治疗组（46例）和对照组（44例）。治疗组用中药（山药、玉米须、黄芪、杜仲、五味子）煎汤冲服加味蛄蛭散（蝼蛄、水蛭等量焙干研粉）药粉10g，1天1剂，分2次口服。西药用药同对照组；对照组为强的松成人1天1mg/kg，总量≤80mg/d，凌晨1次顿服。8周后减量，减量过程中使用1个疗程的环磷腺胺。3个月为1个疗程。治疗组总有效率91.3%，1年内复发2例。对照组总有效率为68.2%，1年内复发10例。贺茂华将52例患者随机分为治疗组（32例）和对照组（20例）治疗组用保真汤（黄芪、白术、甘草、茯苓、当归、生地、党参、白芍、柴胡、黄柏、莲子肉）制成丸剂，每次10g，1天3次，对照组用强地松1mg/kg·d，顿服。30天为1疗程，3疗程后进行评价。结果治疗组总有效率为90.6%，对照组总有效率65.0%。两组差异显著 $p<0.05$。郭录章将78例随机分为治疗组（45例）和对照组（33例）。治疗组口服强的松配合自拟益气化浊汤（黄芪、仙灵脾、白术、茯苓、熟地、山萸肉、车前子、制大黄、丹皮、益母草、生地榆、连翘、益智仁），1天1剂。对照组单纯口服强的松。治疗2个月后观察疗效，结果治疗组治疗前后各项指标比较均有显著性差异（$P<0.05$ 或 $P<0.01$），治疗组完全缓解率和有效率分别为68.9%和93.3%，高于对照组的45.4%和87.9%，2组完全缓解率比较有显著差异（$P<0.05$）。黄春林等观察膜性肾病脾肾阳虚证动物模型，利用加味阳和冲剂（肉桂、熟地黄、鹿角胶、炮姜、麻黄、白芥子、甘草、防己、益母草，30g/d），与强的松（每片5mg，剂量为5mg/(kg·d)）进行对照治疗。结果加味阳和汤具有降低尿蛋白，降血脂，提高血清蛋白，改善血液流变学异常，减轻肾脏病理损伤的作用，而对肾功能无影响。

（肖梅华）

【慢性肾功能衰竭的治疗与研究】

慢性肾功能衰竭，从证候辨析，多认为是本虚标实，而病因实质是浊毒内蕴、阻隔三焦、毒入血分，形成了因虚致实、大实有羸状之候。治疗以补肾排毒、凉血化瘀、疏利三焦等法。焦淑芳等报道60例，随机分成治疗组（30例）和对照组（30例）。治疗组以温阳降浊汤（干地黄、山药、山茱萸、茯苓、牡丹皮、桂枝、附片、生大黄），每日1剂，每日2次；对照组用包醛氧淀粉，10g/次，3次/天。观察12周，结果治疗组显效18例，有效7例，总有效率83.3%(25/30)。对照组改变无统计学意义。李和平等报道50例，以排浊凉血汤（生大黄、槟榔、大腹皮、生地榆、水蛭、丹参、茜草、桃仁、蚤休、黄连、白鲜皮、荆芥、苏梗）治疗，1天1剂，2次/天，4周为1个疗程，结果显效率38.0%，好转率50.0%，无效率12.0%，总有效率88.0%。殷苏燕报道50例，随机分为中药治疗组（25例）和西药对照组（25例）。在常规护理的基础上，治疗组加用健脾泄浊化瘀合剂（黄芪、苡仁、芡实、当归、丹参、何首乌、生大黄、生牡蛎、半夏、茯苓、陈皮、红花），1天1剂，水煎，3个月1疗程，大便以1天1～3次为宜。结果治疗组总有效率76.0%，对照组总有效率24.0%，治疗组总有效率明显优于对照组（$P<0.05$）。顾左宁等报道324例，按2:1随机将患者分为治疗组（216例）和对照组（108例）。两组均采取以下治疗方法：①口服化湿泄浊、健脾和胃

之加味温胆汤（半夏、陈皮、竹茹、枳实、苍白术、茯苓、生姜、焦楂曲、制大黄、甘草），煎汤口服，每日 1 剂，分早、晚 2 次服；②控制血压；③纠正酸中毒；④调整水、电解质，使之处于正常水平；⑤治疗并发症。治疗组在此基础上加用中药（生大黄、煅牡蛎、蒲公英、炙甘草，水煎）灌肠 1 天 1 次，10 天为 1 疗程，2 疗程之间休息 3～4 天。2～3 个疗程后以肾衰 4 个主症的改善情况进行统计。结果恶心呕吐、食欲不振、舌苔浊腻好转率在 90.0% 以上。疗效明显优于对照组；腰酸乏力好转率在 60.0%以上，疗效与对照组比较差异显著。徐锡兰等报道 36 例，以固本降浊化瘀汤（黄芪、党参、当归、生地黄、熟地黄、益母草、石韦、丹参、水蛭、巴戟天、黄精、枸杞子、砂仁、大黄、甘草）水煎服，1 天 1 剂，1 个月为 1 个疗程，结果显效 10 例，有效 21 例，无效 5 例，总有效率 86.1%（31/36），$P<0.05$。李彩熙等以 150mg/kg 的剂量给 Wistar 大鼠灌胃腺嘌呤 3 周造成慢性肾衰的动物模型，腺嘌呤灌胃 1 周后，随机分成若干组（模型组、肾炎康复片组（1.32g/kg）、肾炎颗粒大剂量组（16g 生药/kg）、中剂量组（8g 生药/kg，为临床等效剂量）、小剂量组（4g 生药/kg）及正常对照组（氢氯噻嗪片）。其中肾炎颗粒为当代名医时振声验方（黄芪、女贞子等组成）；肾炎康复片，0.3g/片；氢氯噻嗪片，25mg/片。临用前以 1% NaCl 溶液配制成 0.2g/L 浓度的药液，置 38℃恒温箱内保温。灌胃给药治疗 5 周。实验结果表明，肾炎颗粒治疗组尿中蛋白质排泄量明显减少（$P<0.001 \sim 0.01$），大剂量组血清白蛋白显著地增加（$P<0.001$），血清尿素氮、肌酐及甘油三酯显著降低（$P<0.001$），高磷血症也得到缓解（中、大剂量组 $P<0.01 \sim 0.001$）；病理组织学检查与模型组差异显著（$X^2=37.25 \quad P<0.005$），正常肾小球显著增多（$P<0.001$）。

（肖梅华）

【再生障碍性贫血的治疗与研究】

周韶虹等用生血合剂治疗老年再生障碍性贫血 62 例，随机分为治疗组 32 例和对照组 30 例。治疗组脾肾阳虚型用生血Ⅰ号（黄芪、党参、白术、当归、熟地、补骨脂、菟丝子、巴戟天、丹参、三七、鸡血藤、甘草等），脾肾阴虚型用生血Ⅱ号合剂（生血Ⅰ号方去补骨脂、巴戟天加生地、女贞子、旱莲草、丹皮等），每次 20ml，1 天 3 次；对照组 30 例用康力龙。疗程 3 个月。结果治疗组治愈 6 例、缓解 9 例、明显进步 12 例、无效 5 例，总有效率 84.4%，治愈缓解率 46.9%，明显优于对照组（$P<0.05$）。治疗组外周血象明显升高，T 淋巴细胞亚群比例趋向正常，自然杀伤细胞活性（Nka）增加，白介素-2（IL-2）产生减少，骨髓增生程度明显好转，均有统计学意义（$P<0.05$，$P<0.01$）。提示生血合剂治疗老年再障疗效良好，安全无毒，其疗效机制可能是通过调整免疫，改善骨髓微环境，促进造血功能的恢复来实现的。孙伟正等用补髓生血冲剂（熟地黄、山萸肉、枸杞子、淫羊藿、巴戟天、鹿茸、黄芪、红参、鸡血藤、白花蛇舌草、猪苓等）治疗慢性再障 30 例，每次 1 袋，1 天 3 次，3 个月为 1 疗程，治疗两个疗程后，结果治愈 1 例，缓解 12 例，明显进步 9 例，无效 8 例，总有效率 73.3%（22/30），明显优于再障生血片对照组 61.1%（$P<0.05$）。实验表明 AA 患者血清 Fas 水平处于高表达，Bcl-2 呈低水平，补髓生血冲剂治疗后 Fas 水平下降（$P<0.05$），与对照组差异显著（$P<0.05$），与正常组无显著差异（$P>0.05$），而 Bcl-2 水平治疗后有所升高，但仍低于正常，且与对照组比较无显著差异（$P>0.05$），说明补髓生血冲剂是通过降低促凋亡基因 Fas 的水平来抑制凋亡，并非调节凋亡抑制基因 Bcl-

2的表达。孙氏等又应用免疫组化技术，对36例补髓生血冲剂治疗前后的慢性再障患者，单染法标记骨髓 CD_{34}^+ 和 Fas^+ 细胞，双染法标记骨髓 $CD_{34}^+mP_{53}$ 表达细胞，结果慢性再障患者治疗前后骨髓 CD_{34}^+ 和 $CD_{34}^+mP_{53}$ 表达细胞均低于12例正常对照组（$P<0.05$），治疗后高于治疗前（$P<0.05$），Fas^+ 细胞治疗前后均高于正常对照组（$P<0.05$），治疗后低于治疗前（$P<0.05$），表明补髓生血冲剂可能通过降低促凋亡的Fas抗原表达，提高抑制凋亡的 mP_{53} 蛋白表达，抑制慢性再障患者骨髓造血干细胞过度凋亡。孙氏等还应用电镜和原位末端标记检测技术，发现电镜下慢性再障患者易见骨髓造血细胞的凋亡现象，补髓生血冲剂治疗前骨髓造血细胞凋亡阳性指数显著高于治疗后（$P<0.05$）。

梁永生以复方皂矾丸（西洋参、海马、皂矾等）联合康力龙治疗再障36例，治愈10例，显著进步12例，进步9例，总有效率86.0%（31/36），明显优于基础治疗组（左旋咪唑、康力龙、强的松、叶酸）的总有效率53.5%（$P<0.005$）。

（陆家惠　周永明）

【白细胞减少症的治疗】

唐伟其自拟补心脾、调肝肾的益白汤（当归、黄芪、山药、白芍、白术、酸枣仁、桑椹、鸡血藤、炙甘草）治疗白细胞减少症80例，经治疗30天，两组均为1疗程，治疗组治愈50例、有效23例、总有效率91.3%（73/80），明显优于利血生、维生素 B_6、沙肝醇对照组（$P<0.05$）。郭娇等用升白益血方（黄芪、熟地、白术、白花蛇舌草、菟丝子、阿胶、山慈菇）治疗白细胞减少症37例，痊愈6例、显效20例、有效8例，总有效率91.9%（34/37）。陈不尤用扶正升白汤（黄芪、黄精、鸡血藤、枸杞、当归、紫河车、女贞子、绞股蓝、补骨脂、菟丝子、白术、砂仁）治疗放疗中的白细胞减少症39例，总有效率71.8%，明显高于利血生、沙肝醇对照组12.8%（$P<0.05$）。郭雅明等对氯氮平所致白细胞减少症25例，用自拟升白汤（黄芪、熟地、山药、鸡血藤、补骨脂、枸杞、首乌、白术、党参、当归）加减治疗，2周为1疗程，2个疗程后，显效18例、有效3例，总有效率84.0%（21/25），优于沙肝醇组（$P<0.01$）。王肃治疗甲状腺机能亢进症合并白细胞减少症42例，治疗组在口服利血生、肌苷基础上加服参芪片（由人参、黄芪、当归、枸杞、熟地、菟丝子、泽泻、鹿角胶、天麻等组成），治疗4周，治疗组总有效率95.6%，优于利血生、肌苷对照组（$P<0.05$）。高长钧等用参麦注射液每日60ml静滴治疗40例白细胞减少症，与30例利血生对照组比较，结果总有效率分别为85.0%、60.0%，差异显著（$P<0.05$）；治疗组治疗2、4、6周后，白细胞数明显高于治疗前（$P<0.05$，$P<0.05$，$P<0.01$），亦高于同期对照组（$P<0.01$）；治疗组升高白细胞50%所需时间短于对照组（$P<0.05$）；两组复发率比较亦有显著差异（$P<0.05$）。陈梦麟采用中西医结合方法治疗白细胞减少症，中药组32例以"愚鲁汤"（党参、银柴胡、大枣、生姜），随证加减治疗；西药组20例用利血生、沙肝醇、维生素 B_4；中西医结合组44例同时用上述中药和西药，治疗4周后，中西医结合组显效22例、有效18例，总有效率90.9%（40/44），明显优于中药组和西药组，白细胞数的增加幅度也高于中药组与西药组。陈春永等将71例恶性肿瘤化疗患者随机分为两组，治疗组自化疗日开始口服健脾补肾中药（补骨脂、益智仁、仙灵脾、肉桂、熟地、何首乌、女贞子、山萸肉、党参、黄芪、茯苓、白术、山药、甘草，随证加减），至化疗后28天止；对照组仅予化疗。结果治疗组37例白细胞减少症发生率为13.5%，明显低于对照组

(P<0.01)。

(许 毅 周永明)

【过敏性紫癜的治疗】

陶仁惠用补络补管汤（生龙骨、生牡蛎、山茱萸、参三七、仙鹤草、紫草、茜草、赤芍、生甘草）加味治疗难治性过敏性紫癜（AP）31例，对照组口服强的松、静滴丹参，两组还同时口服维生素C、扑尔敏，10天为1疗程，治疗组显效21例，有效8例，显效率67.7%，有效率93.5%；对照组31例显效率、有效率分别为38.7%、71.0%，两组显效率、有效率比较有显著差异（P<0.01，P<0.05）。韩冰虹等以化斑颗粒剂（苦参、知母、赤芍、生地、苍术、地肤子、荆芥、防风、槐花、当归、甘草）进行防治AP的实验研究。结果中药（化斑颗粒剂）、中西药（化斑颗粒剂加甲氰米胍）防治组网状内皮系统（RES）吞噬系数（k值）、吞噬指数（α值）明显高于模型组（P<0.05）；防治给药的中药、中西药、西药组血清CIC含量均明显降低（P<0.01、P<0.01、P<0.05），治疗给药的中西药组血清CIC降低（P<0.05）；各组均不同程度减少24小时尿蛋白定量，但预防给药的中药、中西药组和治疗给药的中西药组24小时尿蛋白定量减少最明显(P<0.01)；防治给药的中药、中西药组单纯IgA、IgG和复合IgA+IgG沉积减少；中药、中西药防治组肾脏病理检查基本正常，中西药治疗组病变明显减轻。提示化斑颗粒剂对实验性AP肾损伤有良好的防治作用。郑春英等中西医结合治疗AP，治疗组用抗敏消癜汤(麻黄、蝉蜕、地龙、丹参、防风、荆芥、红花、牛膝、细辛、羌活、独活、甘草、川乌、草乌)，对照组用西药(扑尔敏、强的松、维生素C和葡萄糖酸钙等)。治疗组127例中，治愈123例(占97.0%)，1年内复发率为8.0%；对照组140例中，治愈125例(占89.0%)，1年内复发率为19.0%。两组治愈率、复发率比较有显著差异(P<0.05)。

(周韶虹 周永明)

【原发性血小板减少性紫癜的证型和治疗】

张永锋等认为原发性血小板减少性紫癜（ITP）的病因主要是热、虚、瘀，病机可归结为火热熏灼、迫血妄行和气虚不摄、血溢脉外两类。辨证分型大致归纳为血热妄行、气不摄血、阴虚内热、脾肾两虚和瘀血阻络五型。闫桂荣等辨证分型治疗64例，治疗血热妄行15例，用凉血止血方（生地、赤芍、紫草、大蓟、小蓟）。治疗气不摄血15例，用益气摄血方药（炙黄芪、党参、仙鹤草、旱莲草、茜草炭、当归、甘草）。用温阳填精方（仙灵脾、熟地、仙鹤草、地榆炭、补骨脂、桑椹子、女贞子、五味子、全当归）治疗脾肾阳虚34例。各型同时加服乌鸡白凤丸，结果显效17例、有效24例、好转20例、无效3例。金非等将91例随机分为两组，治疗组61例，用止衄1号（党参、海螵蛸、生地、丹皮、艾叶炭、阿胶）治疗阴虚火旺、虚热内扰型30例，用止衄2号（归参补血片，含何首乌、枸杞子、红参、黄芪、当归、三七等，沈阳生物化学制药厂生产）治疗脾肾气虚型（31例），对照组（30例）口服强的松。治疗组总有效率为91.8%（其中止衄1号组为93.3%，止衄2号组为90.3%）；对照组总有效率为76.7%，治疗组与对照组比较有显著性差异（P<0.05）。治疗组有效的56例1年后复发率（30.4%）明显低于对照组的复发率（91.3%）（P<0.01）。

李琦等用血复康冲剂（黄芪、白术、党参、生地、鳖甲、补骨脂、当归、丹皮、赤芍、田三七、鸡血藤、侧柏叶、大黄、茜草、栀子炭等）治疗ITP48例，每次10g（1袋），1天3次，疗程3月以上。结果显效23例、良效13例、进步8例、无效4例，其中血热动血型12例，气不摄血型20例，阴虚火旺型16例，有效率分别为

91.7%、90.9%、93.7%，组间比较无显著差异（P>0.05）。文明清用紫癜消胶囊（党参、白术、黄芪、茯苓、当归、阿胶、墨旱莲、紫草、茅根、田三七研末）治疗ITP100例，设立80例强的松组对照组进行比较，两组治疗3月后，治疗组显效72例、良效17例、进步3例、无效8例，总有效率为92.0%（92/100），对照组总有效率为72.5%，两组比较有显著差异（P<0.05）。蒋凯等用紫癜汤（黄芪、西洋参、当归、紫草、茜草、大小蓟、丹参、水蛭粉），治疗慢性ITP57例，1疗程（30天）后，结果治愈26例、显效23例、无效8例，总有效率85.9%。姜梅芳自拟升板散（枸杞子、黄芪、白术、阿胶、何首乌、生地、花生衣、仙鹤草、血余炭、白茅根、藕节炭、三七、生大黄、丹皮、丹参、炙甘草）治疗26例，总有效率92.3%。王忠建等以归芪五草汤（生黄芪、当归、紫草、仙鹤草、旱莲草、茜草、甘草、赤芍、丹皮炭）治疗ITP53例，结果治愈18例、显效31例、无效4例。

（朱文伟　周永明）

【骨髓增生异常综合征的治疗】

骨髓增生异常综合征是一组克隆异常的恶性疾病。属中医“虚劳”、“血证”等范畴。骨髓中的造血干细胞增殖分化异常，发生无效造血，是本病主要病机。临床主要表现为面色苍白、头晕、乏力、心慌、纳差等贫血症状，以及皮肤瘀斑、瘀点、鼻衄、齿龈出血等，可出现反复发热和感染。部分病例可能转化成急性白血病。中西医结合治疗有较好的疗效。

（一）临床治疗　毕临林治疗87例，分为3型：气血亏虚、血瘀阻滞型（MDSI型），治法健脾益气、补血养肝、活血化瘀，选用四君子汤、四物汤、桃红饮加减治之；气虚阴亏、瘀血阻络型（MDSII型），治以益气养血、活血补肾之法，选用四君子汤、左归饮、桃红饮加减治之；气血亏虚、阴阳俱虚型（MDSII+阳虚症状），治以益气养血、温肾壮阳之法，选用四君子汤、四物汤、右归饮加减。结果痊愈29例（33.3%），有效28例（32.2%），无效30例（34.5%），总有效率65.5%。刘岐焕等设对照组31例，服用康力龙、维甲酸、阿糖胞苷，有效率为61.0%；治疗组33例，除服用上述西药外，加服益血康（海马、花生衣、大枣等），有效率84.9%。两组比较，P<0.01，有显著性差异。许毅等以健脾补肾活血法（黄芪、党参、白术、当归、熟地黄、菟丝子、三七、鸡血藤、甘草等）为主配合西药高三尖杉酯碱、阿糖胞苷、维甲酸，治疗30例，总有效率73.3%。叶欧江等用再障生血片（人参、黄芪、鹿茸、菟丝子等）和天赐丸（白花蛇舌草、山慈菇、半枝莲、三七、人参、黄芪等），配合阿糖胞苷，治疗38例，总有效率73.7%；对照组10例单纯用阿糖胞苷，总有效率50.0%，两组比较有明显差异（P<0.05）。

（二）实验研究　李学军等观察了补髓生血冲剂（党参、黄芪、菟丝子等）对本病骨髓造血祖细胞体外增殖的影响，中药组在细胞因子的协同作用下，所形成的集落数明显高于单纯用细胞因子对照组，P<0.05。王展翔等观察了扶正祛邪丹（人参、黄芪等）对K562细胞株及造血干细胞的影响，实验结果发现，扶正祛邪丹对红系造血干细胞有明显促进作用，对粒系祖细胞作用不明显。说明该药扶正优于祛邪，改善贫血作用明显，而清热解毒作用较差。

（刘道清　庆　慧）

【特发性水肿的治疗】

特发性水肿是一种水盐代谢紊乱的综合征，属功能性水肿范畴。按其临床表现与中医的“瘀胀”、“水肿”大致相同，发病机制尚未明确，目前缺乏特异性治疗手段。中医辨证治疗疗效较好，但无治疗本病的中成药。

李盛富用自拟消肿汤（柴胡、白芍、枳壳、茯苓、白术、甘草、猪苓、泽泻、桂枝）治疗特发性水肿50例，治愈30例，显效10例，好转8例，无效2例。王冠华等用自拟特消饮（党参、黄芪、白术、柴胡、木香、槟榔、大腹皮、茯苓、猪苓、泽泻、防己）治疗特发性水肿患者56例，总有效率92.7%。沈炳章用疏肝运脾法拟基本方（柴胡、青陈皮、甘草、当归、白术、白芍、香附、茯苓、泽泻、炙黄芪、益母草）治疗200例，提示本方具有调节神经、内分泌功能和激素代谢平衡的作用。陈华用防己茯苓汤加味（防己、黄芪、桂枝、茯苓、茯苓皮、甘草、白术、香附等）治疗特发性水肿100例，总有效率为85%，马跃红拟基本方（柴胡、当归、赤芍、白芍、郁金、香附、泽兰、益母草、茯苓皮、冬瓜皮）治疗特发性水肿患者36例，治愈23例，好转12例，无效3例，总有效率为92.1%。魏晨用加味苓桂术甘汤（白茯苓、桂枝、白术、甘草、泽泻、生姜皮、益母草、红枣）治疗39例，提示本方有不同程度的利尿，改善血管通透性，调节内分泌，增强免疫能力等作用。毕临林等用中药辨证治疗特发性水肿患者65例，脾虚湿盛型方：黄芪、白术、茯苓、猪苓、泽泻、山药、车前子、陈皮、桑白皮；脾肾阳虚型方：熟地、山药、山萸肉、茯苓、泽泻、丹皮、炮附子等。用药3周后，治愈59例，好转4例，无效2例，总有效率96.9%，治愈率90.7%。

（刘道清　刘　霖）

【糖尿病周围神经病变的治疗】

近年来，有关糖尿病周围神经病变的中医治疗报道较多、疗效较高。汪氏观察了糖神康对糖尿病周围神经病变（DRN）的疗效。方法：将65例DRN患者（符合气阴两虚兼血瘀证的诊断标准）随机分为治疗组35例和对照组30例。两组患者均在合理控制饮食、使用降糖药物或胰岛素控制血糖的基础上，治疗组加服糖神康（黄芪、淮山药、益母草、生地、炒白术、川芎、枸杞子、麦冬、水蛭研末服6g），1天1剂，持续12周；对照组先肌注 $VitB_1$、$VitB_{12}$，2周后改服呋喃硫胺及 $VitB_{co}$，持续10周。结果治疗组显效18例，有效12例，总有效率85.7%；对照组分别为5例、9例、46.7%，组间比较有显著性差异（$P<0.05$）。治疗组在改善临床症状，降低全血及血浆比粘度，改善腓总神经运动纤维传导速度方面均优于对照组。杨竞等观察了糖神散对Ⅱ型糖尿病周围神经病变的作用。将80例患者随机分为3组，各自在控制饮食、适当运动、口服西药降糖药、停用治疗糖尿病的其他中药2周的基础上，采用单盲给药。治疗组30例口服糖神散（黄芪、熟地、丹参、水蛭、泽泻、川牛膝）2g（每克含生药3.10g）每日3次；中药对照组30例口服济生肾气丸6g，1天3次；西药对照组20例口服 $VitB_1$、$VitB_6$，1天3次。均治疗14周。结果在改善临床症状，降低红细胞中山梨醇的含量，改善血液流变学指标，加快运动神经传导速度，中药明显优于西药，而糖神散又优于济生肾气丸。丁学屏等观察了灵异胶囊对糖尿病性周围神经病变的疗效。随机分设3组，A组60例，口服灵异胶囊（全蝎、僵蚕、蕲蛇等）5粒（每粒含生药0.3g），1天3次；B组30例，口服益气养阴中药（黄芪、太子参、生地、黄精等）复方，1次1袋（每袋含生药54g），1天2次；C组30例，口服弥可保1~2粒，1天3次。结果：A组显效14例，有效39例，总有效率88.3%；B组分别为3例、20例、76.7%；C组分别为4例、20例、80.0%。组间比较差异显著（$P<0.05$）。并观察到，在临床症状改善方面，灵异胶囊组的作用最好，略优于弥可保组；益气养阴组对无力症状的改善作用最好，但对神经功能受损的改善则不如其他两组。对体表电生

理检测结果提示灵异胶囊组的作用最为明显，对感觉神经传导速度的改善作用也优于两个对照组。王静等观察了糖痹康胶囊治疗糖尿病周围神经病变的临床疗效。方法：将120例患者随机分为治疗组和对照组，治疗组66例，口服糖痹康胶囊（黄芪、白芍药、桂枝、白僵蚕、地龙、全蝎、蜈蚣、白花蛇等），每次8粒，每日3次；对照组58例，口服 $VitB_1$ 20mg、$VitB_{12}$ 50mg、卡马西平100mg，均1天3次。两组均用药8周。结果：治疗组显效64例，有效2例，总有效率100%；对照组显效16例，有效20例，总有效率62.1%，两组比较有显著性差异（$P<0.05$）；治疗组治疗后神经传导速度与治疗前比较有显著性差异（$P<0.01$），而对照组则无显著性差异。魏氏等观察了补阳还五汤加减治疗糖尿病周围神经病变的疗效。将80例2型糖尿病随机分为治疗组与对照组各40例，两组均在西药对症处理基础上治疗组给予补中益气汤加味方：黄芪、地龙、莪术、当归、红花、桃仁、川芎、赤芍、鸡血藤。足趾冷痛者加附子，肢体麻木如蚁行者加僵蚕，筋脉挛急者加刘寄奴。1天1剂，水煎服；对照组口服弥可保。8周为1疗程。结果：治疗组显效17例，有效20例，总有效率92.5%；对照组分别为4例、14例、45%。两组症状好转情况、神经传导速度的变化、血液流变学指标的改善，治疗组均优于对照组（$P<0.05$ 或 $P<0.01$）。

（史欣德）

【糖尿病胃轻瘫的治疗和研究】

糖尿病胃轻瘫是由于糖尿病引起的全胃肠道动力障碍所致的一系列临床症状，多由于高血糖状态直接影响到胃肠道的运动，使病人胃张力降低，胃排空延迟，特别是进食固体食物时更加明显，常自诉烧心、泛酸、厌食、恶心、呕吐、腹胀及便秘等。近年来，中医治疗本病方面取得一定进展。

（一）中西医结合治疗　张小红采用参苓白术散和西沙必利片联合治疗42例本病患者，烧心、泛酸明显者加鱼骨、煅牡蛎；恶心、呕吐明显者加半夏、陈皮、竹茹；腹胀、腹疼者加厚朴、莱菔子、延胡索；便秘者加大黄、枳实。治疗期间严格控制饮食，继续服用降糖药物。结果治愈率76.2%，有效率92.9%。高明松将本病患者120例，随机分成治疗组60例内服养阴和胃汤（黄芪、党参、麦冬、炒麦芽、天花粉、乌梅、香附、厚朴、枳壳、生地、石斛），同时服用西沙必利片；对照组60例服西沙必利片。治疗组治疗后总有效率为93.3%，对照组有效率86.7%，比较差异有显著性（$P<0.05$）。李红等自拟方（制半夏、青皮、陈皮、木香、白术、枳实、茯苓、槟榔、白芍、焦山楂、神曲、鸡内金）联合普瑞博思治疗30例，并设对照组30例单服普瑞博思。结果治疗组总有效率为90.3%，明显优于对照组70.0%。韩杰等将72例本病患者随机分为治疗组42例和对照组30例，2组均口服西药降血糖，治疗组同时以燥湿和胃降逆汤（苍术、陈皮、砂仁、半夏、丹参、代赭石、鸡内金、葛根）为基本方随证加减治疗，对照组服用吗丁啉，均治疗2个疗程观察疗效。治疗结果治疗组明显优于对照组。空腹血糖治疗组治疗后较治疗前明显降低（$P<0.01$），对照组治疗后较治疗前无明显差异（$P>0.05$）。徐慧先等治疗66例，随机分为治疗组38例和对照组28例。两组均采用饮食控制，并给美吡达口服，治疗组服用自拟益气养阴方剂养胃汤（黄芪、山药、白术、沙参、麦门冬、厚朴、枳壳），对照组加服吗丁啉。结果治疗组明显优于对照组。

（二）辨证分型治疗　黄福斌等辨治本病患者42例，并与吗丁啉片或西沙必利片等西药治疗的40例对照观察。临床辨证分5型治疗：肝胃不和型：治以疏肝和胃法，药用柴胡、枳壳、苏叶、木香、青皮、佛手、茯苓、白芍、焦三仙、砂仁、甘草；痰湿中阻型：治以化痰和中法，药用苍术、白术、厚朴、陈皮、半夏、藿香、佩兰、茯苓、竹茹、莱菔子、砂仁；胃中积热型：治以清热通腑法，药用黄连、大黄、枳实、槟榔、石膏、知母、玄参、生地黄、鸡内金；胃阴不足型：治以养阴益胃法，药用北沙参、麦冬、生地黄、山药、天花粉、石斛、葛根、鸡内金、山楂、白芍、佛手、绿萼梅、甘草；脾胃气虚型：治以健脾和胃法，药用党参、茯苓、白术、山药、黄芪、木香、陈皮、佛手、焦麦芽、焦山楂、焦六曲、鸡内金、砂仁、甘草。发现中医辨证分型治疗和西药促胃动力治疗本病均有较好疗效，总有效率分别为95.2%和80.0%，但以治疗组疗效更好，且有统计学意义（$P<0.01$）。同时治疗组治疗前后空腹血糖水平改善也有明显优于对照组的趋势，凸显了辨证论治的优势。

（三）成方化裁治疗　王聪一应用甘草泻心汤加减治疗32例，治疗同时注意控制血糖和纠正水电解质失衡，总有效率为87.5%，有一定疗效。唐廷汉用半夏泻心汤加减治疗50例，取得较好疗效。郑晓军等应用升阳益胃汤（出自《脾胃论》，为六君子汤加味而成）治疗48例，并在临床应用中重用黄芪，加强补气升提功效，疗效良好。据现代临床研究和动物实验证实，六君子汤有明显的促胃动力作用，对十二指肠运动也有明显的双向调节作用，单味黄芪对血糖亦有双向调节作用。何百科应用葛根四磨汤（葛根、银杏叶、人参、槟榔、沉香、乌药）治疗糖尿病胃轻瘫患者104例，对照组40例服用普瑞博思，结果显示：治疗组总有效率87.8%，对照组有效率75.0%，差异有显著性意义（$X^2=3.973$，$P<0.05$）。且治疗组有67例血糖下降，54例血脂下降，而对照组血糖下降者仅8人，血脂均无下降。衡先培等以《瑞竹堂经验方》中胜红丸为主方加减（半夏、枳壳、陈皮、青皮、莱菔子、莪术、黄连）治疗34例本病患者，并与西沙必利治疗的36例对照。结果表明：治疗组对患者厌食、食欲减退及餐后上腹不适的疗效较对照组有优势；而对照组对恶心的疗效较治疗组为优。两组对上腹胀满、早饱、呕吐的疗效较为接近。钡餐造影提示胜红丸加减方可增加胃蠕动。

（四）依法组方治疗　陈允旺应用健脾和胃法拟方（党参、茯苓、白芍、白术、甘草、砂仁、陈皮、苍术、半夏、木香、薏苡仁、焦山楂、焦六曲）治疗本病患者69例，并与吗丁啉治疗的35例对照，收到满意疗效。该方不但可改善脾胃功能，且能加强降糖药物作用。贺盘良采用疏肝理气法治疗本病47例，自拟基本方（柴胡、枳壳、陈皮、香附、砂仁、白芍、炙甘草、炒白术、炒麦芽、焦三仙）随证加减治疗，总有效率87.2%。治疗后患者空腹血糖值显著降低。

（五）中成药治疗：韩国平等自拟中药“消痞丸”（由西洋参、生黄芪、山药、白术、黄连、当归、赤芍、丹参、苏梗、藿梗、旋覆花、代赭石、杏仁、橘红、半夏、瓜蒌等组成，焙干研面，水泛为丸）治疗患者36例，对照组32例口服西沙比利治疗。结果显示两组疗效无显著差异（$P>0.05$）。沈磊等应用六味安消胶囊（土木香、大黄、山奈、诃子、寒水石等）治疗42例，2周后临床症状明显改善。六味安消胶囊具有显著的促胃肠动力作用，且无明显副反应，是治疗DGP的有效药物。高春耕应用六味安消胶囊治疗本病48例，亦证实该药具有改善肠胃功能的作用。

（刘道清　刘　霖）

【高脂血症的治疗和研究】

中医治疗高脂血症的临床观察与研究报道近年来相当多。治疗上以自拟方药为主。伍氏等观察了通心络胶囊对血脂及血粘稠度的影响。方法为：将86例原发性高脂血症患者随机分成2组。治疗组50例，口服通心络胶囊（人参、多种虫类药及赤芍、冰片），每次4粒，1天3次；对照组36例服用丹参片，每次3粒，1天3次。共治疗8周。结果治疗组显效25例，好转18例，总有效率86.0%；对照组分别为4例、8例、33.3%。治疗组疗效明显优于对照组（P<0.01)。治疗组治疗前后TC、TG、HDL-C、LDL-C均变化显著（P<0.01)，对照组TC、LDL-C有变化（P<0.05)，而TG、HDL-C无明显变化；治疗组治疗前后血粘5项指标（低切全血粘度、高切全血粘度、红细胞聚集指数、血浆比粘度、红细胞比积）均明显下降（P<0.01)，对照组则无明显变化。韦湘林等观察了调脂胶囊对高脂血症的疗效。将159例高脂血症患者随机分为3组，观察组75例服调脂胶囊（山楂叶、柴胡、白术、白芍、当归等)，每次4粒，1天3次；对照组1组52例服多稀康，每次0.9g，1天3次；对照2组32例服非诺贝特，每次0.1g，1天3次。均用药4周为1疗程。结果：3组对血脂的总有效率分别为：92.2%、82.7%和90.6%。观察组与对照1组比较与P<0.05，与对照2组比较P>0.05。观察组与对照1组TC、TG、HDL-C、LDL-C治疗均值比较均P<0.05；与对照2组比较TG P<0.05，其余各项血脂均P>0.05。龚振岭等观察了天水丹胶囊治疗高脂血症的临床疗效。将139例高脂血症患者随机分2组，治疗组96例服天水丹胶囊（半夏、升麻、地龙、水蛭、人参、全蝎、山茱萸、天麻、虎杖等)，每次3粒（每粒0.4g)，1天3次；对照组43例服脂必妥，每次3片（每片0.35g)，每日3次；均以30天为1疗程，2个疗程后观察疗效。结果显效76例，有效18例，总有效率97.9%，对照组分别为25例、13例、88.37%，组间比较有显著性差异（P<0.01)；治疗组TC、TG水平较治疗前明显降低，HDL-C水平显著增高（P<0.01)，动脉硬化指数（AL）也显著下降（P<0.01)，与对照组比较有显著性差异。王东生等观察了清热利湿法调脂的临床疗效。方法：将60例高脂血症患者随机分为2组，治疗组30例服茵陈五苓散汤剂，1天1剂；对照组服绞股蓝总甙胶囊，每次40mg，1天3次。均以30天为1疗程。结果治疗组显效19例，有效9例，总有效率93.3%；对照组分别为9例、20例、86.7%。两组比较有显著性差异（P<0.01)。同时发现茵陈五苓散能改善血液流变性、降低血粘度，更适合用于高脂血症的早期。

在高脂血症实验研究方面，龚康敏等观察了荷叶饮（苍术、何首乌、荷叶、泽泻、绞股蓝、生大黄等）预防大鼠高脂血症的作用。将SD大鼠随机分为4组，空白对照组饲以普通饲料，其他3组均饲高脂饲料。高脂模型组不治疗，阳性对照组饲以天雁减肥茶1g/（kg·d)，荷叶饮组饲荷叶饮16g/(kg·d)。连续灌胃40天，空腹称重后断尾尖采血，用酶标法测各组大鼠TC、TG、HDL-C、LDL-C，再给药饲养3天，空腹麻醉后断颈采血检测。结果：荷叶饮组大鼠的TC、TG、LDL-C、AL均显著低于模型组(P<0.01～P<0.05)；全血比粘度、红细胞压积明显低于模型组（P<0.05)，脂肪肝数（25%）少于模型组（100%)；体重增值较模型组显著降低（P<0.01)。阎永建等观察了复合茶（茶叶、银杏叶、枸杞、红曲等）的降血脂作用。方法：40只家兔随机分为5组。Ⅰ组为正常对照组，Ⅱ组为高脂血症模型组，Ⅲ组为绿茶对照组，Ⅳ组为低剂量复合茶组，Ⅴ组为高剂量复合茶组。分别于实验前、后6周末、12周末称重，测定血清TC、TG、HDL-C、LDL-C，并于12周末处死动物。结果家兔用高脂饲料喂养12周可形成以高胆固醇血症为主的高脂血症；复合茶可明显降低家兔的体重，减少

脂质在动脉壁和肝脏中的沉积，降低血清TC、TG、LDL-C，升高 HDL-C（$P<0.01\sim P<0.05$），并发现随着实验时间延长，复合茶的血脂调节作用逐渐增强，剂量-效应关系亦愈加明显。

（史欣德）

【缺血性中风的注射治疗】

王济华等报道脉络宁注射液治疗急性缺血性中风，治疗组 66 例，用脉络宁 50mg 加入 GS250ml，1 天 2 次静滴。对照组 52 例，采用胞二磷胆碱 0.75g 加入低右旋醣酐 500ml 静滴，1 天 1 次，30 天为 1 疗程，结果治疗组痊愈率 31.8%，总有效率 83.3%，明显优于对照组痊愈率 23.1%、总有效率 63.4%，两组治疗前后血液流变学比较有显著性差异。童蓓丽治疗缺血性中风，随机分为治疗组和对照组各 40 例。对照组用血塞通 8ml 兑入 5%GS250ml 静滴，1 天 1 次。治疗组除血塞通外，加用参麦注射液 30ml，兑入 5%GS250ml 静滴，1 天 1 次，20 天为 1 疗程。结果治疗组痊愈率 45.0%，总有效率 95.0%。对照组痊愈率 20%，总有效率 77.5%。治疗组患者治疗前后血液流变学比较 $P<0.01$，两组治疗前后血液流变学比较 $P<0.05$。提示参麦注射液具有益气养阴、敛汗固脱、生津止汗的作用。马玉兰等认为气虚血瘀是缺血性中风的主要病因。黄芪与川芎嗪治疗缺血性中风从理论上更贴近中医益气活血治本的方义。将 52 例患者随机分为甲、乙两组。甲组 30 例，用黄芪注射液 60ml 加入川芎嗪 200mg 兑入 5%GS500ml 静滴，1 天 1 次。乙组 22 例，采用川芎嗪 200mg 兑入 5%GS500ml 静滴，1 天 1 次。结果：甲组痊愈 4 例、显效 16 例、进步 7 例、无效 2 例、恶化 1 例，总有效率 90%，乙组痊愈 1 例，显效 7 例、进步 9 例、无效 3 例、恶化 2 例，总有效率 77%，两组病例经 μ 检验，差异具显著性 $P<0.01$。赵世珂等用溶栓胶囊（为中药地龙提取物）与黄芪注射液联合治疗缺血性中风 62 例，设对照组观察，28 天为 1 疗程。结果治疗组痊愈率 58.0%，总有效率 96.8%，疗效明显优于对照组（$P<0.05$）。提示本方法有利于临床的改善及神经功能恢复。宋英秀治疗脑梗塞 88 例，随机分为两组，均用 0.9% NaCl 加降纤酶静滴（第一天 10u，第二天至第五天 5u），治疗组在此基础上加灯盏花素 60mg 加入 5%GS 中静滴，1 天 1 次，14 天为 1 疗程。结果治疗组显效率 86.7%，总有效率为 95.6%，显著高于对照组。并使患者血液流变学指标得以改善。提示注射用灯盏花素具有松弛平滑肌、降低血粘度、清除有害自由基作用。

（周英豪）

【震颤麻痹症的治疗和研究】

（一）临床应用　鲍远程等将西医常规治疗疗效明显衰减的震颤麻痹症（PD）病人 88 例，随机分为中药组抗震止痉胶囊（何首乌、白芍、丹参、地龙、天麻、枸杞子、肉苁蓉、蕲蛇等）30 例、中药（抗震止痉胶囊）加谷胱甘肽组 29 例及西医常规治疗组 29 例，并检测各组用药前后的血抗氧化酶活性。显效率比较：中药组 56.7%，中药加谷胱甘肽组为 75.8%，西医常规治疗组为 44.8%。中药加谷胱甘肽组与中药组及西医常规治疗组比较，其显效率均有显著差异（$P<0.05$，$P<0.01$）。Webster 评分比较：中药组和中药加谷胱甘肽组治疗前后 Webster 评分比较均有显著差异（$P<0.05$，$P<0.01$）。对血抗氧化酶的影响：中药组、中药加谷胱甘肽组、西医常规治疗组治疗前抗氧化指标均较正常组有明显差异（$P<0.05$，或 $P<0.01$），中药加谷胱甘肽和中药组对 PD 患者血抗氧化酶活性均有增强效应（$P<0.05$，$P<0.01$）。而西医常规治疗组血抗氧化酶活性治疗后明显下降（$P<0.05$）提示抗震止痉胶囊合谷胱甘肽对西医常规治疗疗效明显衰减的 PD 患者具有较好的疗效，对 PD 可能人具抗氧化能

力，故长期用之具有神经保护性治疗作用，而西医常规治疗在一定程度上降低了 PD 病旋多巴可能会在一定程度上加速病情进展。叶中峰采用中医辨证分型治疗震颤麻痹 36 例，按中医辨证分肝阴不足型、肝气郁结型，肝阴不足型治以滋阴养肝熄风（生地、汉归、杞子、天麻、钩藤、僵蚕、全蝎、蜈蚣、沙参、麦冬、白芍），肝气郁结型治以疏肝解郁、活血祛瘀（柴胡、香附、枳壳、桃仁、红花、赤芍、郁金、当归、白芍、川芎、麝香），疗程为 2 个月，治疗结果显效 7 例（占 19.4%），总有效率 75%。

（二）实验研究　陈锡群等用养肝熄风方（生地、当归、白芍、首乌、炙甘草、山萸肉、玄参、北沙参等）与左旋多巴联合应用对帕金森模型大鼠神经行为的影响，将 36 只帕金森模型大鼠随机分为 A、B、C 组，分别以左旋多巴、养肝熄风方药加左旋多巴、生理盐水胃饲（1 次/天），持续 12 周，观察其旋转行为的动态变化。B 组动物出现对侧旋转行为；旋转总数及旋转强度在 3～7 周间较 A 组低，11 周后则升高；旋转时间 5 周后较 A 组延长；无反应率 4 周始较 A 组减低（均 $P<0.05$）。说明养肝熄风方药与左旋多巴具有协同作用，并可减轻长期应用左旋多巴引起的运动并发症。李如奎等用平颤汤（炙甘草、丹参、白芍、钩藤、益母草、制大黄、升麻浓缩液）及其拆方对帕金森病模型大鼠自由基损伤保护作用的实验研究。采用从大鼠肝脏、大脑分离线粒体，用 Fe_2SO_4-VitC 处理，分别加入平颤汤或其 3 种拆方，测定 MDA 的变化。结果平颤汤能增加抗自由基损伤的能力，有效地减少 MDA 的生成，延缓 PD 病情的发展。作者认为平颤汤可以作为临床上治疗早期的 PD 病人，推迟使用左旋多巴的时间或作为中西医结合治疗 PD 病人的方药之一。蒲小平等为探讨肉苁蓉成分是否对 MPP^+ 诱导的大鼠小脑颗粒细胞凋亡有保护作用，采用肉苁蓉成分预先孵育大鼠小脑颗粒细胞，经 MPP^+ 处理后，用甲基尿-派诺宁染色，DNA 凝胶电泳，流式细胞术检测等方法，证实中药肉苁蓉成分 Campneoside Ⅱ对神经毒素 MPP^+ 诱发细胞凋亡具有明显的保护作用。以 MPP^+ 为诱导建立的大鼠小脑颗粒细胞凋亡模型，可用于研究与帕金森病有关的细胞凋亡的调控机制和筛选 PD 药物。

（周英豪）

【癫痫的中西医结合治疗】

江文等从中西医结合的角度对癫痫的发病机制作了探讨：从中医阴阳学说来分析，癫痫发作本质上是神经元异常放电所致，而神经元异常放电又是神经元兴奋（阳）与抑制（阴）失去平衡所致。神经元阳盛阴衰时，即兴奋占优势，表现为部分癫痫发作和全身性强直阵挛性癫痫发作；神经元阴盛阳衰时，即抑制占优势，表现为失神性癫痫发作等。

张海成用自拟“痫宁胶囊”（蝉衣、僵蚕、全蝎、半夏、石菖蒲、炒二丑、川芎、郁金、磁石、龙骨、钩藤、夜交藤等），治疗 3～6 个月，仍不能完全控制癫痫发作者则加西药丙戊酸钠 1 天 0.2～0.6g，治疗癫痫 40 例。结果单用中药 3 年内无一次发作者 5 例（占 12.5%），加用丙戊酸钠后 3 年内无 1 次发作者 25 例（62.5%）。以上 30 例中脑电图异常者 17 例，经半年治疗后转正常者 10 例，1 年后转正常 18 例，3 年后仍未转正常者 2 例。路辉等在常规抗癫痫西药（AED）治疗仍有发作的情况下，加用“癫痫散”（远志、天麻、竹茹、葛根、石菖蒲、延胡索、水蛭等）治疗 50 例难治性癫痫，显效 21 例，有效 9 例，效差 9 例，无效 11 例，总有效率 60.0%（30/50）。王明柱等对大发作型癫痫用镇肝熄风、清热化痰法（龙骨、牡蛎、石决明、海蛤、菖蒲、郁金、天竺黄、白矾、全蝎、礞石滚痰丸）。小发作型癫痫用补心肾、健脾化痰法（熟地、淮山药、枸杞子、党参、杜仲、山茱萸、白术、当归、石菖蒲、广郁金、远志、炙甘草)，另选用西药氯硝西泮、卡马西平、丙戊酸钠等，共治疗98例癫痫，其中70例15天内控制发作，有效87.5%，无效12.5%，2年内未发者52例，停药复发者12例（占12%)。褚联洲用中西医结合的方法治疗1例癫痫持续状态取得满意疗效。入院后迅速给予安定静注，肌注苯巴比妥，20%甘露醇快速静滴，吸氧、纠正水电解质平衡、控制感染等治疗。1小时后病情好转。患者呈现轻度紫绀，并有恶心、呕吐，遂加用“治痫1号方”（礞石、石决明、天麻、天竺黄、胆南星、钩藤、全蝎、僵蚕、代赭石、红花、桃仁、法半夏等）水煎后插胃管鼻饲，用药2小时后抽搐明显减轻，继用2天抽搐停止。

（王庆其）

【脑梗塞的中西医结合治疗】

李启荣将经CT确诊为急性脑梗塞的病人70例,随机分为治疗组40例,对照组30例;两组在常规治疗(甘露醇、肠溶阿斯匹林、胞二磷胆碱)的基础上,治疗组用地龙注射液6ml+5%葡萄糖溶液250ml静滴,1天1次,对照组用川芎嗪160mg+低分子右旋糖酐500ml静滴,1天1次,15天为1疗程。结果治疗组总有效率为92.5%,而对照组总有效率为70.0%,两组疗效有显著差异($P<0.05$);且治疗组患者的血液流变学高切、低切、血浆比粘度、红细胞压积、纤维蛋白原治疗后均显著下降($P<0.05$);而对照组治疗前后指标变化无显著意义($p>0.05$)。

王尔杰等将经CT确诊为急性脑梗塞的病人80例，随机分为维奥欣组40例，对照组40例；维奥欣组加服维奥欣片（秦岭山区特有药用植物穿山龙中提取的8种水溶性甾体皂甙，每片80mg）160mg/每次，1天2次，服用31天。对照组口服尼莫地平40mg～60mg，1天2次，静注甘露醇125ml，连用3天，改为1天3次，连用3天，继而1天2次，连用2天后停，并静滴706代血浆500ml+丹参20ml，结合支持对症治疗（静滴$VitB_6$、肌苷等)，14天后停止输液，休息3天再肌注维脑路通，连用14天。结果维奥欣组总有效率为97.5%，而明显优于对照组77.5%（$p<0.05$)。

王晓峰等根据体征和CT扫描确诊为脑梗死的病人289例，随机分为治疗组140例，对照组149例；两组病人均接受常规综合治疗（甘露醇、胞二磷胆碱、活脑素、口服中药、必要的抗生素、降压药及降糖药等)。治疗组再加用正康脑明（有效成分为三七总皂甙）400mg加入5%或10%葡萄糖注射液或0.9%氯化钠注射液静滴，1天1次，15天为1疗程，间隔3～5天再用1疗程。结果治疗组痊愈率及总有效率与对照组差异不大（$0.5<p<0.75$)，而显效率明显优于对照组（$p<0.01$)。正康脑明可促进患者肢体功能恢复，缩短病程，与目前常规治疗脑梗塞的药物有协同作用

李景玉等将经CT确诊为急性脑梗塞的病人42例，随机分为治疗组21例,对照组21例；两组病人均接受低分子右旋糖酐500ml静滴,1天1次;维脑路通0.8g加入5%葡萄糖注射液250ml静滴,1天1次;纳络酮4mg加入0.9%氯化钠注射液250ml静滴,1天1次。治疗组加用补阳还五汤化裁方(黄芪、丹参、当归、川芎、红花)。两组均以4周为1疗程。结果治疗组的基本治愈率与对照组相比虽有提高,但差异不大($P>0.05$);而治疗组显效率及总有效率明显优于对照组($P<0.05$)。提示中药口服联用纳络酮静滴治疗急性脑梗塞具有良好的治疗效果。

（许旭伟）

【偏头痛的治疗】

偏头痛是临床常见病。中医认为偏头痛多属内伤头痛，风、火、痰、瘀是偏头痛的常见致因素。丘英明等用通络活血汤（川

芎、白芍、柴胡、白芷、丹参、延胡索、全蝎、蜈蚣、甘草）治疗偏头痛102例，煎服，对照组50例口服尼莫地平20mg，1天3次，西比灵胶囊5mg，1天1次。10天为1疗程，经治3疗程后，治愈73例，显效20例，治疗组总有效率91.2%；对照组治愈23例，显效14例，总有效率74.0%。两组对比，$P<0.01$。吴哲报道212例，采用通窍活血汤合半夏白术天麻汤加减（白芷、桃仁、川芎、赤芍、丹参、地龙、蜈蚣、全蝎、红花、橘红、法夏、白术、云苓、天麻、麝香、细辛、藁本、葛根、葱白、生姜、大枣）煎服，连服15天后，将上药做成丸散续服1~3个月以巩固疗效，经治疗全部有效，其中治愈198例，好转14例。刘维等报道200例，以自制清上止痛丸（川芎、菊花、白芷、细辛、酒当归、白僵蚕、麦门冬、防风、黄芩、羌活、独活、甘草）每次1丸，1天3次，3个月为1疗程。经1个疗程治疗后，控制105例，显效56例，有效20例，总有效率为90.5%（181/200）。邓元江等用头痛康颗粒（川芎、红花、当归、丹参、葛根、全蝎、石菖蒲、延胡索等）治疗头痛45例，口服，每次1包，15g/包，1天2次；对照组45例，每次口服西比灵5~10mg，1天2~3次。两组均连续治疗15天，随访6个月以上，治疗组治愈13例，显效20例，有效8例，临床愈显率为73.3%（33/45）；对照组治愈6例，显效14例，有效17例，临床愈显率为44.4%（37/45）。两组对比有显著差异（$P<0.01$）。程德华报道54例，用桃红四物汤加味治疗，并设对照组50例，以西比灵及谷维素治疗，总有效率分别为：治疗组90.7%，对照组78.0%。刘庆宪报道用颅痛散（川芎、牛膝、芍药、细辛、僵蚕）治疗59例，对照组53例口服天麻密环片，总有效率分别为：治疗组71.9%，对照组47.2%。戴洪建等报道以祛风活血方治疗48例，雷月琴等报道以自拟养血熄风通络汤治疗48例，均取得较好疗效。综观上述临床报道，所采用方药均为活血祛瘀为主，兼顾行气养血、祛风通络等。

（汤晓龙）

【失眠症的治疗】

失眠症已成为临床常见病，多发病。近年来，临床对失眠症的治疗主要包括心理疏导、行为干预、光疗镇静催眠药治疗、中医中药治疗。因前两种作用有限，西药治疗副作用大且容易耐药，中医治疗优势逐渐显露。对单味药的治疗日渐深入。王义方等为验证落花生枝叶治疗失眠症的疗效，对146例失眠症患者进行随机全盲分为治疗组72例，对照组74例，用SPIEGEL国际睡眠量表评定。结果治疗组临床痊愈16.7%、显效41.7%、有效15.3%、总有效率73.6%。两组比较有非常显著性差异（$P<0.01$）。曾仲意等观察刺五加注射（黑龙江省完达山制药厂生产）治疗失眠症69例，随机分为刺五加治疗组35例与安定对照组34例，治疗组用刺五加注射液40~60ml加入5%葡萄糖注射液250ml静脉滴注，qd×10天；对照组用安定2.5~7.5mg，睡前30分钟口服，均以10天为一疗程。治疗组痊愈9例，显效13例，有效11例，总显效率为62.9%（22/35）。两组疗效比较，差别有高度统计学意义（$P<0.01$）。贺弋等用酸枣仁合剂（酸枣仁、茯苓，每30ml含生药6g）对中老年失眠症进行了临床防治探讨，结果服药组与对照组在收缩压，脉搏和呼吸频率方面比较明显下降，睡眠质量明显提高，睡眠时间平均增加66.0min。

许良对1000例失眠症病案进行了回顾性分析，从中发现诱发因素以精神过劳与情绪郁结为主；同时用从肝论治基本方（桑叶、菊花、天麻、钩藤、柴胡、龙骨、牡蛎、葛根、川芎）煎服，每日2次，结果痊愈71例，显效161例，有效669例，总有效率达 90.1%（901/1000）。于丽江提出顽固性失眠从瘀论治，运用血府逐瘀汤加减治疗。章景行从脑电生理方面进行了深入细致的研究。提出睡眠调节涉及多级脑中枢的相互联系，应从整体出发，充分利用现代科技手段，探讨深慢波睡眠机制。

（许　良　孙　克）

参考文献

B

白民刚，刘玉华，谷刚，等．康心力胶囊治疗充血性心力衰竭临床与实验研究．中医杂志，2001；(3):156

鲍远程，周厚广，汪　瀚，等．抗震止痉胶囊合谷胱甘肽对帕金森病患者血抗氧化酶影响．安徽中医学院学报，2001；(4):11

毕临林．中医药治疗骨髓增生异常综合征 87 例．河南中医，2001；(2):42

毕临林，孙铭．中药治疗特发性水肿 65 例临床观察．河南中医药学刊，2001；(1):49

C

蔡　悦．中西医结合治疗频发室性早搏 58 例．中药材，2001；(5):388

曹长恩．中医药治疗支气管哮喘的临床研究近况．中医药信息，2001；(1):16

曹洪欣，郭书文，周令望，等．参白口服液对病毒性心肌炎心肌细胞凋亡及其相关调控基因影响的研究．中国中医药信息杂志，2001；(10):16

曹　晶，金祥银．加味炙甘草汤治疗冠心病室性早搏 104 例．陕西中医，2001；(2):67

陈不尤．扶正升白汤治疗放疗中白细胞减少症的临床研究．南通医学院学报，2001；(4):367

陈春永，徐凯，邓宏，等．健脾补肾法预防化疗白细胞减少症所致白细胞减少症的临床观察．广州中医药大学学报，2001；(4):295

陈　华．防己茯苓汤加味治疗特发性水肿 100 例．福建中医药，2001；(5):26

陈嘉兴．中西医结合治疗非淋菌性尿道炎疗效分析．天津中医，2001；(2):14

陈梦麟．中西医结合治疗白细胞减少症 44 例．时珍国医国药，2001；(3):256

陈　荣，南振军．宁心汤治疗急性病毒性心肌炎 124 例．陕西中医学院学报，2001；(3):25

陈少卿，王在意，麦用军．白芥子散敷贴治疗支气管哮喘 130 例．陕西中医，2001；(10):615

陈锡群，蔡定芳，郑振．养肝熄风方药对帕金森大鼠旋转行为的影响．上海中医药大学学报，2001；(2):41

陈永萍，李任先，张万岱，等．肠易激综合征不同中医证型的神经内分泌学研究．第一军医大学学报，2001；(3):202

陈允旺．健脾和胃法治疗糖尿病性胃轻瘫 69 例附吗丁啉治疗 35 例对照。浙江中医杂志，2001；(4):144

陈自愚，赵　青．内外合治女性顽固性非淋菌性尿道炎 156 例．山东中医杂志，2001；(1):19

程德华．桃红四物汤加味治疗偏头痛 54 例．安徽中医学院学报，2001；(1):19

程卫军．疏肝健脾法治疗溃疡性结肠炎的临床观察．中国中西医结合杂志，2001；(1):34

程显声．慢性阻塞性肺疾病社区人群综合干预的研究．医学研究通讯，2001；(7):14

褚联洲，郭　丽．中西医结合治疗癫痫持续状态．中国急症，2001；(3):171

崔永联，王鑫君，王育学，等．中药养肺宁矽合剂治疗尘肺的临床研究．中医杂志，2001；(8):480

D

戴洪建，汤国祥，盖飞天．应用祛风活血方治疗偏头痛 48 例．北京中医，2001；(1):25

邓元江，王净净，贺福元，等．头痛康颗粒治疗偏头痛的临床观察．湖南中医药导报，2001；(2):48

丁学屏，叶伟成，沈远东，等．灵异胶囊治疗糖尿病周围神经病变及其对体表电生理的影响。上海中医药大学学报，2001；(1):27

董怀文，王书军．健肝汤治疗酒精性脂肪肝 50 例．中西医结合肝病杂志，2001；(2):110

杜长湘．桂枝汤为主治疗 35 例肠易激综合征．

上海中医药杂志，2001；(2)：28

F

樊巧玲．许慧琴，李飞等．养心复脉口服液治疗早搏的临床与实验研究．中国中西医结合杂志，2001；(2)：111

范欣生，周志祥，姜静，等．中药吸入治疗中轻度支气管哮喘的临床疗效及对血、痰中 IL-8 水平的影响．中国医药学报，2001；(2)：38

冯　毅．益气汤治疗老年煤工尘肺合并症体会．中医杂志，2001；(5)：270

G

高长昀，刘书敏，王霞．参麦注射液治疗白细胞减少症．湖北中医杂志，2001；(5)：37

高春耕．六味安消胶囊治疗糖尿病胃轻瘫 48 例．中国中西医结合消化杂志，2001；9 (4)：243

高建军，刘红．加用参附注射液治疗感染性休克 40 例临床分析．贵阳中医学院学报，2001；(1)：19

高明松．中西医结合治疗糖尿病胃轻瘫 120 例．浙江中西医结合杂志，2001；11 (2)：85

龚奉璋．解毒化瘀汤治疗非淋菌性尿道炎 128 例．新中医，2001；(7)：59

龚康敏，魏克民，厉兰娜．荷叶饮预防大鼠高脂血症及相关指标实验观察．浙江中西医结合杂志，2001；(3)：148

龚振岭，靳国春，田元祥等．天水丹胶囊治疗高脂血症的临床观察。河北中医，2001；(9)：645

顾左宁，王钢，曾安平，等．中药口服与灌肠合治慢性肾衰 216 例临床研究．江苏中医，2001；(7)：17

郭风龙．中西医结合治疗高原老年肺心病急性发作 46 例．陕西中医，2001；(10)：583

郭　姣，谭毓治，龙晓英，等．升白益血方治疗白细胞减少症 37 例分析与实验研究．中医药学刊，2001；(4)：371

郭雅明，刘翠峰，王清香．中药升白汤治疗氯氮平所致白细胞减少症临床观察．中医药研究，2001；(2)：12

H

韩冰虹，金基成，赵丹阳，等．化斑颗粒剂防治过敏性紫癜肾损伤的实验研究．中国中医药科技，2001；(6)：377

韩国平，王热闹，蔡霞，等．消痞丸治疗糖尿病性胃轻瘫症 36 例．河南中医药学刊，2001；(1)：42

韩　杰，张玉玲，敬淑梅．中西医结合治疗糖尿病性胃轻瘫 42 例疗效观察．河北中医，2001；(5)：374

何百科．葛银四磨汤治疗糖尿病胃轻瘫 104 例．陕西中医函授，2001；(1)：30

何良志，张琼，王书臣．清胃止痛微丸治疗胃溃疡的临床研究．中国中西医结合杂志，2001；(6)：422

贺茂华．保真汤为主治疗肾病综合征的疗效观察．湖北中医杂志，2001；(2)：10

贺盘良．疏肝理气法治疗糖尿病胃轻瘫 47 例．江苏中医，2001；(11)：28

贺弋，邵继红．酸枣仁合剂对中老年失眠症的防治研究．陕西中医，2001；(2)：87

衡先培，黄青松．胜红丸治疗糖尿病性胃轻瘫临床研究．安徽中医学院学报，2001；(2)：13

侯桂荣，张淑亭，邢阳，等．黄芪四物汤治疗病毒性心肌炎疗效观察．河北中医，2001；(8)：569

胡鸿毅，郑红斌，陆雄，等．胃祺饮阻断胃癌前病变组织增殖作用的实验研究．中国中西医结合消化杂志，2001；(1)：324

黄春林，杨霓芝，刘旭生，等．加味阳和汤治疗实验性大鼠膜性肾病脾肾阳虚型的实验研究．中国中医药信息杂志，2001；(8)：33

黄春玲．柴芩双花汤治疗高热 176 例．新中医，2001；(12)：48

黄福斌，徐兆山．辨证分型治疗糖尿病性胃轻瘫 42 例-附西药治疗 40 例对照．浙江中医杂志，2001；(4)：145

黄显文．中药“马钱子”的临床应用．中医药研究，2001；(5)：49

J

江　健．糖神康治疗糖尿病周围神经病变临床观察。安徽医科大学学报，2001；(3)：235

江　文，黄远桂，黄熙，等．癫痫发病机制的中西医学说．安徽中医学院学报，2001；(4)：1

姜　静，尚　宁，范欣生．中药辛夷雾化吸入治疗支气管哮喘．临床肺科杂志，2001；(2)：17

姜梅芳．升板散治疗原发性血小板减少性紫癜 26 例．实用中医药杂志，2001；(6)：8

蒋　凯，宋德新，李光．紫癜汤治疗原发性血小板减少性紫癜 57 例．河南中医药学刊，2001；(1)∶52

蒋振明，徐国绥，张存钧．中药复方对幽门螺旋杆菌抑菌作用的体外实验．中国中西医结合消化杂志，2001；(2)∶101

焦淑芳，喻　红．温阳通腑降浊法治疗慢性肾衰竭阳虚浊毒证疗效观察．湖南中医学院学报，2001；(2)∶51

金　非，佟艳梅．中药治疗原发性血小板减少性紫癜临床研究．辽宁中医杂志，2001；(6)∶355

金理正，李昌茂．幽门螺旋杆菌相关性胃炎 124 例的治疗分析．浙江中西医结合杂志，2001；(1)∶16

金妙文，周仲瑛，方泰惠，等．抗厥通脉注射液治疗厥脱（休克）的机制研究．中国中西医结合急救杂志，2001；(6)∶326

金妙文，周仲瑛，方泰惠，等．抗厥注射液治疗休克（厥脱）的机理研究．中国中医急症，2001；(1)∶9

L

雷月琴，张壮丽．自拟养血熄风通络汤治疗偏头痛 48 例．陕西中医，2001；(2)∶91

李彩熙，金　龙，李军梅，等．肾炎颗粒的主要药效学研究．中药新药与临床药理，2001；(1)∶11

李成林．加用益气温阳法对充血性心力衰竭患者甲状腺激素水平的影响．广西中医药，2001；(3)∶3

李国勤，宋庆乔，齐文升，等．中西医结合治疗老年急性细菌性肺炎 49 例．中国中医药信息杂志，2001；(7)∶68

李和平，白晓梅．排浊凉血化瘀法治疗慢性肾功能衰竭 50 例．新疆中医药，2001；(3)∶28

李　红，侯凤英．中西医结合治疗糖尿病胃轻瘫 30 例临床观察．新中医，2001；(5)∶34

李建云，程　龙，李素云，等．毒素清对老年细菌性肺炎患者体液免疫和 T 细胞亚群的影响．中医杂志，2001；(7)∶411

李景玉，谢子安．中西医结合治疗急性脑梗塞的临床观察．辽宁中医杂志，2001；(6)∶363

李俊成，田银海，张辉，等．中西医结合治疗肺源性心脏病急性发作期的临床观察．中国中西医结合急救杂志，2001；(2)∶100

李　莉，阮英茆，张旭晨，等．吸烟导致慢性阻塞性肺疾病地鼠模型的建立及中药脑肺康的防治作用．中医杂志，2001；(10)∶615

李　力，罗卫东，陶新朝，等．血府逐瘀胶囊治疗肾病综合征高脂血症 31 例．陕西中医，2001；(10)∶595

李　琦，吴超．血复康治疗原发性血小板减少性紫癜的临床观察．浙江中西医结合杂志，2001；(6)∶343

李启荣．广西中医学院学报，地龙注射液治疗脑梗塞的初步临床观察．2001；(2)∶52

李如奎，屠英梅，赵虹，等。平颤汤及其拆方对帕金森病模型大鼠自由基损伤保护作用的实验研究。中国中医药科技，2001；(6)∶346

李盛富．自拟消肿汤治疗特发性水肿 50 例．福建中医药，2001；(5)∶29

李新民，郭艳霞，徐彩虹．自拟理肠汤治疗肠易激综合征 125 例疗效观察．甘肃中医，2001；(2)∶14

李学军，周莲云．补髓生血冲剂对骨髓增生异常综合征骨髓造血祖细胞体外增殖的影响。福建中医药，2001；(4)∶38

李学兴．蒲苓解毒汤治疗非淋菌性尿道炎 72 例．实用中医药杂志，2001；(6)∶17

李亚林，洪东荣．自拟淫阳藿汤配合激素治疗成人原发性肾病综合征 55 例．福建中医药，2001；(3)∶11

李　瀛．参麦注射液与复方苦参注射液联用治疗室性早搏．浙江中医学院学报，2001；(4)∶18

梁永生．复方皂矾丸治疗再生障碍性贫血临床疗效评价．广州中医药大学学报，2001；(2)∶123

廖继东，汪明春，马秀君，等．组胺 H_2 受体阻滞剂对免疫介导再生障碍性贫血小鼠血清 IFN-γ、TNF-α、IL-2 水平的影响．中华血液学杂志，2001；(10)∶542

林晓霞，谢强敏，沈文会，等．虫草菌粉对致豚鼠肺功能和大鼠气道炎症反应的影响．中国中药杂志，2001；(9)∶622

林燕钊．四神汤治疗脾肾虚寒型肠易激综合征 39 例的临床疗效观察．黑龙江中医药，2001；(4)∶39

刘桂兰，石少波，黄笃高，等．中医治疗溃疡

性结肠炎的思路．湖南中医药导报，2001；(2):61

刘建伟．宣肺化痰法治疗支气管哮喘72例．湖南中医杂志，2001；(2):41

刘岐焕，程范军．益血康为主治疗骨髓增生异常综合征的临床研究．湖北中医杂志，2001；(4):7

刘庆宪．“颅痛散”治疗偏头痛59例疗效观察．江苏中医，2001；(9):23

刘 维，李相中，刘晓楠．清上止痛丸治疗偏头痛200例疗效观察．河北中医，2001；(6):427

刘银鸿，马艳东．溃疡性结肠炎的中医药治疗近况．河北中医，2001；(7):557

卢丽艳，王佟，徐萍，等．大蒜素注射液治疗急性加重期肺心病．医学研究通讯，2001；(2):56

陆为民，单兆伟，沈洪，等．胃舒胶囊对慢性萎缩性胃炎癌前病变增殖细胞核抗原及AGNOR的影响．中国中西医结合消化杂志，2001；(1):11

路 辉，王炎炎，陈馥，等．癫痫散配合西药治疗难治性癫痫50例．中国中西医结合杂志，2001；(6):645

吕 中，祝光礼，施赛珠．冠心病患者单核细胞凝血/纤溶活性改变与中医证型关系．浙江中医杂志，2001；(1):34

罗其泰，郭志远．抗菌三联疗法合蒲蛇柴参汤治疗感染幽门螺旋杆菌萎缩性胃炎．江西中医药，2001；(5):43

M

马晓昌，尹太英，陈可冀，等．冠心病中医辨证分型与冠状动脉造影所见相关性比较研究．中国中西医结合杂志，2001；(9):654

马玉兰，李斌．黄芪注射液与川芎嗪合用治疗缺血性中风的临床观察．中国中西医结合杂志，2001；(4):315

马玉萍，张玉芬，书进义．平律汤治疗频发性室性早搏106例．山西中医，2001；(5):7

马跃红．疏肝活血利水法治疗特发性浮肿38例．中国中医药信息杂志，2001；8 (6):75

马志媛，董陆玲，赵 巍，等．调搏灵治疗充血性心力衰竭并室性心律失常的临床研究．河北中医，2001；(7):485

苗曼华．清热解毒汤治疗急性感染性高热512例．安徽中医学院学报，2001；(4):29

牟吉荣，徐刚．疏肝化脂饮治疗脂肪肝60例．四川中医，2001；(8):45

N

倪雪莉，吴坤红．复方丹参注射液治疗支气管哮喘发作期的临床观察．上海中医药杂志，2001；(3):22

P

潘佳雷．中西医结合治疗肺源性心脏病急性期疗效观察．浙江中西医结合杂志，2001；(2):87

裴道灵，周王琴，张先．疏肝化脂法治疗老年脂肪肝临床观察．四川中医，2001；(6):28

蒲小平，李晓蓉，李慧浓，等．肉苁蓉成分CAMPNEOSIDE Ⅱ对神经毒素 MPP^+ 诱发细胞凋亡的保护作用．北京大学学报，2001；(3):217

Q

钱嘉宏．复方苦参颗粒剂治疗室性早搏43例．陕西中医，2001；(2):67

丘英明，伍德娜．通络活血汤治疗偏头痛疗效观察．河北中医，2001；(4):258

R

任 利，杨传英，贾玉梅，等．清气透热方治疗高热疗效观察及实验研究．国医论坛，2001；(4):27

S

沈炳章．疏肝运脾法治疗特发性水肿200例．江苏中医，2001；(11):31

沈 磊，沈志祥，罗和生，等．六味安消胶囊治疗糖尿病性胃轻瘫42例．中国中西医结合消化杂志，2001；(4):240

沈 巍，奚治斌．中西医结合治疗肺源性心脏病急性期的疗效观察．南京中医药大学学报，2001，(2):89

税明煜，赵永锋，何健，等．平胃康治疗慢性萎缩性胃炎的临床研究．中华中西医杂志，2001；(7):608

宋英秀．灯盏花素、注射液治疗脑梗塞45例疗效观察．中医杂志，2001；增刊：230

孙蕾民，乔樵，姒健敏，等．健脾益气化湿中药对慢性萎缩性胃炎表皮生长因子水平的影响．中国中西医结合杂志，2001；(7):510

孙淑英．鱼腥草注射液治疗外感高热症46例．辽宁中医杂志，2001；(6):357

孙伟正，陈宝忠，李依菲，等．补髓生血冲剂对慢性再生障碍性贫血患者骨髓 CD34 + FAS 及

CD34 + MP53 表达细胞影响的实验研究．中医药学报，2001；(4)∶36

孙伟正，罗梅宏，蒋宁，等．补髓生血冲剂对慢性再生障碍性贫血患者血清 FAS、BCL-2 表达作用的影响．中国实验方剂学杂志，2001；(4)∶54

孙伟正，于壮，田静，等．补髓生血冲剂抑制慢性再生障碍性贫血患者骨髓造血细胞凋亡的实验研究．中国中西医结合急救杂志，2001；(3)∶140

孙子凯，曹世宏，奚肇庆，等．葶苈合剂治疗急性发作期 COPD 及对缺氧性肺动脉高压的影响．南京中医药大学学报，2001；(1)∶17

T

唐日东．中药治疗伤寒持续高热 47 例．实用中医药杂志，2001；(12)∶12

唐廷汉．半夏泻心汤治疗糖尿病胃轻瘫 50 例．四川中医，2001；19 (9)∶35

唐伟其．益白汤治疗白细胞减少症 80 例临床观察．湖南中医杂志，2001；(5)∶17

陶仁惠．补络补管汤治疗难治性过敏性紫癜 31 例．安徽中医临床杂志，2001；(6)∶440

田正鉴，徐幼明，李亚清．慢性阻塞性肺疾病中医病机探微．湖北中医学院学报，2001；(1)∶29

童蓓丽．参麦注射液治疗缺血性中风 40 例疗效观察．江西中医药，2001；(6)∶12

W

王聪一．甘草泻心汤加味治疗糖尿病胃轻瘫 32 例．国医论坛，2001；16 (5)∶9

王东生，周衡，殷文学，等．清热利湿法调脂的临床观察。中国中医药信息杂志，2001；(5)∶50

王尔杰，刘平，袁准．维奥欣辅助治疗急性脑梗塞 80 例．陕西中医，2001；(8)∶461

王冠华，易颂余．特消饮治疗特发性水肿 56 例．实用中医内科杂志，2001；(3)∶40

王济华，李予妹，闫慧霞，等．脉络宁注射液治疗急性缺血性中风 66 例临床研究．中国民间疗法，2001；(4)∶54

王　静，李向华，孙风华，等．糖痹康胶囊治疗糖尿病周围神经病变临床研究。河北中医，2001；(8)∶567

王明柱，胡殿仕，陈西萍，等．中西医结合治疗癫痫 98 例．现代中西医结合杂志，2001；(10)∶16

王松坡，蔡淦，窦丹波，等．乐胃煎对大鼠胃癌前病变胃粘膜异型性的影响．中医杂志，2001；(2)∶14

王　肃．参芪片治疗甲状腺机能亢进症并白细胞减少症临床观察．河北中医，2001；(1)∶61

王晓峰，李兴运，冯素珍．正康脑明辅佐治疗脑梗塞 140 例．陕西中医，2001；(8)∶463

王秀琴，彭秀芬，李应全，等．止喘口罩治疗支气管哮喘 80 例．山东中医杂志，2001；(7)∶398

王义方．落花生枝叶制剂治疗失眠症的临床全盲验证观察．上海中医药杂志，2001；(35)∶5

王展翔，许勇钢，廖军鲜，等．扶正祛邪丹对 K562 细胞株及造血干细胞的影响。中国中医基础医学杂志，2001；(1)∶27

王忠建，白黎明．归芪五草汤治疗原发性血小板减少性紫癜 53 例．浙江中医杂志，2001；(6)∶244

韦湘林，方显成，钱海凌，等．调脂胶囊治疗高脂血症的临床观察。广西中医药，2001；(1)∶5

魏　晨．加味苓桂术甘汤治疗特发性水肿 39 例．中国民间疗法，2001；(8)∶37

魏玲玲，刘　震，丁　莉．益气活血法治疗糖尿病周围神经病变 40 例临床观察。中医杂志，2001；(7)∶421

魏强华，石蕴玉，沈博生，等．复方四参冲剂治疗病毒性心肌炎临床研究．中国中医药信息杂志，2001；(2)∶46

文明清．紫癜消胶囊治疗原发性血小板减少性紫癜 100 例总结．湖南中医杂志，2001；(1)∶13

吴其标，李素云，马利军．益气养阴活血化痰法对 COPD 稳定期免疫功能的影响．长春中医学院学报，2001；(2)∶10

吴艳霞，王　顺．不同证型老年胸痹心痛患者血清脂蛋白结构比较分析．湖北中医杂志，2001；(6)∶3

吴　哲．中药治疗偏头痛 212 例．中国民间疗法，2001；(3)∶58

伍新林．通心络胶囊对血脂及血粘状态的临床研究。中国中医基础医学杂志，2001；(5)∶352

X

冼绍祥，黄鹂，刘小虹．冠心病心血瘀阻证和血瘀证差异的临床研究．中药新药与临床药理，2001；(5)∶321

谢东霞，杨晓．中西医结合治疗肺心病急性发

作期60例．山西中医，2001；(1):26

谢建群，李国霞，陆雄，等．疏肝健脾汤对肠易激综合征血浆胃动素的调节作用．上海中医药杂志，2001；(6):13

徐慧先，王冬梅，韩冰，等．益气养阴法治疗糖尿病胃轻瘫38例．中医药信息，2001；(2):33

徐锡兰，庄慧魁，董秀丽，等．固本降浊化瘀汤治疗慢性肾衰竭36例，山东中医药大学学报，2001；(4):261

徐　燕，桑珍．坎离煎对心肾阳虚型心衰患者心率变异性的影响．辽宁中医杂志，2001；(10):583

许惠琴．养心复脉口服液抗实验性心律失常的作用．江苏中医.2001；(11):54

许　良．从肝论治失眠症——附1000例临床资料分析．上海中医药杂志，2001；(16):6

许　毅，周永明，黄振翘，等．健脾补肾活血法为主治疗骨髓增生异常综合征的临床观察．上海中医药杂志，2001；(7):10

薛朝璇．调心汤治疗室性早搏60例．陕西中医，2001；(2):67

薛堂语．中西医结合治疗慢性肺心病继发急性呼吸道感染60例．四川中医，2001；(9):20

Y

闫桂荣，李岳勃，刘子华．辨证治疗原发性血小板减少性紫癜64例．实用中医内科杂志，2001；(2):31

严　龙．退热1号方治疗外感高热148例．实用中医药杂志，2001；(9):19

阎永建．复合茶对实验高脂血症家兔降血脂作用的研究。卫生研究，2001；(1):52

李传英，任利，陈兴元．清气透热方治疗气分高热124例．河南中医药学刊，2001；(4):40

杨大量，李辉，程吉东．清肝合剂治疗酒精性脂肪肝54例．中西医结合肝病杂志，2002；(4):241

杨丁龙，段学忠．冠心病的心虚证不同证型与血小板活化分子CD62P及CD63表达的关系．中国中医药科技，2001；(5):293

杨桦．疏肝理气配合心理疗法治疗肠易激综合征．云南中医学院学报，2000；(4):18

杨　竞，李淑玲，杨进，等．糖神散治疗2型糖尿病周围神经病变临床研究。山东中医杂志，2001；(4):201

杨巧之，孙世之，吕学云，等．川芎嗪和西咪替丁治疗过敏性紫癜临床观察．中国中西医结合急救杂志，2001；(1):63

杨周瑞．银翘散合补中益气汤加减治疗老年肺炎的临床研究．中医研究.2001；(1):25

叶成德．解肌清热饮治疗外感高热166例．陕西中医，2001；(3):144

叶欧江．中西医结合治疗骨髓增生异常综合征(RAEB、RAEB-T)48例报告．实用肿瘤杂志，2001；(3):198

叶中峰．辨证分型治疗震颤麻痹36例．四川中医，2001；(10):30

殷苏燕．健脾泄浊化瘀合剂治疗早中期肾衰临床观察．北京中医，2001；(5):13

殷银霞，陈玲，吴玉泓．脂肪肝丸治疗脂肪肝50例临床观察．甘肃中医学院学报，2001；(2):22

尹建军．雷公藤治疗哮喘的基础与临床研究进展．浙江中医杂志，2001；(5):224

尹秋，陈启俊．清瘟解热冲剂治疗外感高热临床观察．河北中医，2001；(3):169

于丽江．从瘀论治顽固性失眠．江苏中医，2001；(17):5

于　震，周红艳，王军，等．黄松胶囊治疗实验性心律失常的研究．辽宁中医杂志，2001；(8):496

余　勇，文庆莲，杨思进，等．炙甘草汤加减治疗病毒心肌炎59例．实用中医药杂志，2001；(2):14

袁广俊，张秀梅，袁冬．中西医结合治疗慢性肺心病急性发作期临床观察．山东中医杂志，2001；(7):412

Z

曾仲意，曲敬，冯均，等．刺五加注射液治疗失眠症的临床观察．黑龙江中医药，2001；(2):10

张高祥，李增兰．冲药全结肠保留灌肠法的改进及其疗效观察．上海中医药杂志，2001；(8):29

张海成．中西医结合治疗癫痫40例临床观察．中医药研究，2001；(17):4

张丽萍，张向力，唐魏冠．心病中医辨证分型与左心功能关系的临床研究．中国中医药信息杂志，2001；(7):50

张庆福．苦甘珠口服液治疗室性早搏 119 例临床观察．河北中医，2001；(6):423

张小红．参苓白术散和西沙比利联合治疗糖尿病性胃轻瘫 42 例．安徽中医临床杂志，2001；(3):182

张永锋，夏洪生．原发性血小板减少性紫癜辨证论治现状分析．深圳中西医结合杂志，2001；(1):13

张正利，蔡 淦．溃疡性结肠炎中医治疗及理论探讨．陕西中医，2001；(7):405

章景行．探讨深慢波睡眠机制的重要意义．中国中医基础医学杂志，2001；(66):8

赵世珂，郭立华，李春红．中药治疗急性缺血性中风 62 例．陕西中医，2001；(8):455

郑春英，翟向京．中西医结合治疗过敏性紫癜 127 例．四川中医，2001；(6):37

郑晓军，戴一娜，等．升阳益胃汤治疗糖尿病胃轻瘫 48 例．四川中医；2001；19 (7):29

周江华．海石合剂治疗支气管哮喘的实验研究．湖北中医杂志，2001；(2):46

周韶虹，周永明，黄振翘，等．生血合剂治疗再生障碍性贫血的临床研究．上海中医药杂志，2001；(10):18

周薇莉．加味蛄蛭散为主治疗肾病综合征 46 例-附单纯西药治疗 44 例对照．浙江中医杂志，2001；(10):443

周亦农．复方尿炎康颗粒剂治疗非淋菌性尿道炎临床研究．华中医学杂志，2001；(1):19

周中山．冠心病心绞痛中医证型与血流变学的相关性研究．湖南中医药导报，2001；(7):360

祝俊峰，李卫山．消脂汤治疗脂肪肝 68 例．中西医结合肝病杂志，2001；(2):109

卓家和，陈寿菲，郑立升．慢性胃炎中医辨证分型研究-附 361 例临床资料分析．新中医，2001；(2):21

(4) 妇 科

【概述】

2001 年中医妇科领域发表文章约 953 篇，其中月经病 257 篇，约占 27.0%(257/953)；妇科各种炎症 237 篇，约占 24.9%(237/953)；胎产疾病 233 篇，约占 24.5%(233/953)；妇科杂病 222 篇，约占 23.3%(222/953)，亦有理论上论述治疗妇科疾病的体会，内容丰富，对促进中医妇科的发展起到良好的作用。

（一）理论的论述 杜秀英论述了从肾论治妇产科疾病的体会。认为妇科疾病与肾气盛衰关系密切。杨小海认为肾虚与血瘀互为因果，故从补肾祛瘀法论治妇产科疾病。刘宪鸣认为心的功能与经、带、胎、产密切相关，正如《女科经伦》中指出："妇人百病皆自心生"。故从心论治妇科疾病。

（二）月经病 月经病的治疗用药方法各异。马春芬用少腹逐瘀颗粒冲剂治疗痛经 50 例，与该方丸剂（9g/丸）治疗痛经 50 例对照，结果治疗组明显优于对照组。朱兵等用少腹逐瘀制成膏状物，每次 10g，分别置于两张 4cm×4cm 胶布中心，于月经前 5 天贴在脐中及关元穴，每日换药 1 次，3 个月经周期为 1 疗程，治疗痛经 30 例，并与服用痛经胶囊 30 例对照观察。结果：治疗组总有效率 90.0%（27/30），对照组 86.7%（26/30）。

活血化瘀治崩漏，徐建新与黄根珠等均依据致崩漏之病因，分别以温经化瘀、清热化瘀、补气化瘀、疏肝化瘀法治崩漏，均获良好疗效。陈莹等用自拟血见宁（当归、红花、桃仁、川芎、牛膝、柴胡、三棱、莪术、三七粉、海螵蛸等，制成颗粒剂）对 68 例血瘀证之崩漏进行观察，并测治疗前后血小板内 cAMP、cGMP 的变化。结果：显效 56 例，总有效率 98.5%（67/68）。治疗后 cAMP 含量增加，cGMP 含量降低，其比值增加。说明该药抑制血小板过度激活和聚集，使血小板功能恢复正常，从而改善血瘀状况达到治疗目的。

高泌乳素血症多从肝肾论治，因乳房属胃，乳头属肝，经血乳汁同源。肝失疏泄，气血逆乱，血不循常道，下归血海为经，反逆上乳房，迫乳外溢。肝郁及肾，肝肾精亏，血海空虚，月水不能如期而至。故余军、杨晓、张帆等均从肝肾论治。

陈大蓉等用更年青胶囊（熟地、黄连、何首乌等）治疗更年期综合征205例，愈显率65.4%（134/205），有效率96.1%（197/205）。张亚萍等用坤宁安丸（桂枝、白芍、甘草、龙骨、牡蛎、柴胡、当归等）观察对更年期综合征患者生殖内分泌-免疫功能的影响。结果用药后患者临床症状明显改善，E_2水平回升接近正常更年期妇女。T淋巴细胞CD亚群恢复至生育期妇女水平；IL-2活性提高至正常更年期妇女水平。

（三）生殖器炎症　许琴仙等用红藤汤Ⅰ号（红藤、败酱草、紫花地丁、蒲公英、丹参等）灌肠治疗盆腔炎240例，总有效率92.5%（222/240），与口服妇乐冲剂组100例比较，P＜0.05。张美阁也用中药煎剂（金银花、野菊花、土茯苓、连翘、透骨草、三棱、莪术、败酱草、荔枝核、木香、丹参、当归）煎成150ml。保留灌肠治疗慢性盆腔炎86例，7天为1疗程，急性炎症1～2个疗程；慢性炎症3～4疗程均可治愈。朱勤芬用中医药综合治疗慢性盆腔炎108例。内服药：赤白芍、川芎、当归、柴胡、制乳香、制没药、泽兰、苍术、黄柏、败酱草。随症加减。兼有输卵管不通者加穿山甲、皂角刺、路路通。日服1剂。灌肠药：毛冬青、两面针、透骨草、蒲公英、败酱草、黑老虎。浓煎取200ml保留灌肠，1天1次。外敷药：皂角刺、透骨草、千年健、羌独活、赤芍、乳香、白芷、延胡索。共研细末，温水加酒调糊状，热敷下腹部，1天1次。静滴药：丹参（或鱼腥草）注射液16～20ml＋10%GS500ml滴注，1天1次。全部病例10天为1疗程，共2个疗程。结果痊愈95例。

（四）胎产疾病　妊娠肝内胆汁瘀积（ICP）是产科近年来日渐重视的高危妊娠疾病。王庆霞等中西医结合治疗ICP390例。西药：①10% G.S100ml＋地塞米松10mg，静滴，1天1次，连用3天。②低分子右旋糖酐500ml＋复方丹参注射液4～8ml，三磷酸腺苷40mg，辅酶A100U、维生素C注射液2g，静滴，1天1次。③苯巴比妥钠0.03g，tid，7天为1疗程。必要时休息7天天再开始下一疗程。中药：茵陈、山栀、制大黄、夏枯草、郁金、泽泻、青蒿、白芍、当归、蝉衣、续断、益母草。1天1剂，水煎服。结果：全部患者皮肤瘙痒、黄疸均明显减轻。产后2～7天症状全部消失。产后1周转氨酶、胆红素、血胆酸下降至正常。分娩方式：生理产221例占56.7%（221/390），剖腹产196例占43.3%（196/390），胎死宫内3例占0.8%（3/390）。邓巧玲等中西医结合治疗ICP31例，设单纯西药组为对照。西药：①熊去氧胆酸50mg，1次/日，5～10天。②10%葡萄糖500ml＋辅酶A100u＋复方丹参注射液16ml＋维生素C2.0＋维生素$B_6$0.2静滴，1次/日，5～7天。③5%葡萄糖盐500ml＋地塞米松10mg静滴，1次/日，5～7天。治疗组加汤剂：茵陈、黄芩、生地、田基黄、鬼见羽、川断、山栀子、地肤子、夏枯草、白术、茯苓、土茯苓、绿豆。热盛加黄连、金银花。腹胀便秘加生大黄（后下），1天1剂直至分娩。结果：治疗组31例中，围产儿轻度窒息2例，占6.5%（2/31），早产1例占3.2%（1/31），无围产儿死亡。对照组32例中新生儿窒息12例，占37.5%（12/32），围产儿死亡10例占31.3%（10/32）。两组对比有显著差异。习惯性流产，妊娠高血压综合征的治疗情况见条目中。

（五）妇科杂病　程泽莉用消癥汤（桂枝、丹参、当归、法半夏、茯苓、三棱、莪术、赤芍、生鸡内金）治疗卵巢囊肿126例，囊肿直径2.8～7.9cm。治疗结果84例治愈，总有效率89.7%（113/126）。阮敖林用活血消癥汤治疗卵巢囊肿100例，治愈78例，有效率92.0%（92/100）。

温苹等用消斑灵散（制首乌、黄芪、刺蒺藜、丹参各60g，白芷、重楼、苦参各30g）治疗外阴白色病变50例，6g/次，1天3次口服，连服100天，忌食酒及辛辣之品。总有效率达96.0%（48/50）。吴水仙用中药内外合治外阴白斑42例。内服药：当归、川芎、白芍、熟地、丹皮、菟丝子、淫羊藿。1天1剂。外熏药：当归、仙灵脾、白蒺藜、白花蛇舌草、补骨脂、白鲜皮、紫草。煮沸15分钟加冰片，熏洗患处日1～2次，总有效率92.9%（39/42）。何丽华等中西医结合治疗外阴白色病变114例。西药口服 VB_1 10mg，VA5万u，均日3次。外用药：增生型用肤轻松软膏10g加乙烯雌酚20g；硬化苔藓型用25%黄体酮鱼肝油软膏；混合型用以上两型外用药交替使用。各型均每日涂患处2次，2个月为1疗程。中药外洗：苦参、白鲜皮、蛇床子、艾叶、千里光、生白矾（后下），煎取1500ml，早晚各洗1次。内服药辨证治疗分肝郁滞络，肝经湿热，心脾两虚，脾肾阳虚。结果：半年后随访，痊愈96例，总有效率99.1%（113/114）。

（六）实验研究　任利等观察胶艾汤缩宫止血作用及对性激素水平的影响。结果：高、低剂量胶艾汤均具有兴奋小鼠离体子宫肌的作用，显示了一定的量效关系，并可提高去卵巢大鼠血清雌二醇和孕酮的含量。杨洪艳报道孙卓君等观察青功汤（当归、生地、淮山药、旱莲草、白芍、杞子）对阴虚内热型大鼠的血清FSH，LH，E2和P的影响。该药可升高E2、P的值，降低FSH、LH的值，有调节激素水平的作用，还可抑制血小板聚集，减轻血瘀的作用。

（李光荣）

【高泌乳素血症的治疗】

高泌乳素血症是指非哺乳期妇女体内血清泌乳素水平升高所引起的内分泌失调的疾病。闭经伴溢乳者称为“闭经溢乳综合征”。属中医“闭经”、“乳泣”、“不孕”等范畴。

杨晓翡自拟清肝降乳汤（生麦芽60g，丹参、益母草各30g，茯苓、当归、白芍、女贞子、旱莲草、川断各15g，泽兰、白术、香附、仙灵脾各12g，丹皮、栀子、柴胡、川牛膝、陈皮各9g）治疗高泌乳素血症25例，总有效率为92.0%（23/25）。张帆用通经敛乳方（枸杞子、菟丝子、杜仲、仙茅各15g，麦芽30g，郁金12g，枳壳、当归、白芍各10g，川芎6g）结合月经周期辨证用药。月经后期加党参、何首乌、熟地黄、女贞子；经间期加肉苁蓉、巴戟天、赤芍；月经前期加淫羊藿、川牛膝、泽兰、茺蔚子；月经期则以调经为主，根据偏肾阳虚、肾阴虚、痰湿、气血两虚等证的不同辨证用药。有性器官萎缩征象者加黄精、鹿角胶、紫河车粉；乳汁清稀，加芡实、五味子、牡蛎。以上方药均每天1剂，水煎2次，早晚分服。1月为1疗程，连用1～3疗程。共治疗30例，总有效率为96.7%（29/30）。周爱英用消乳方（炒麦芽60g，当归、川芎、神曲各10g，熟地12g）治疗高泌乳素血症23例，总有效率87.0%（17/23）。湿重加茯苓皮、桑白皮、薏苡仁、车前子等，气虚加黄芪，肾虚加枸杞子、菟丝子，有热者加半枝莲、黄芩，气郁者加柴胡、郁金。经期停药。何贵翔用生地、熟地、淮山药、栀子、白芍、钩藤各10g，山萸肉、丹皮各12g，柴胡、生甘草各6g，炒麦芽60g，并根据偏肝肾亏损，脾肾不足型或见月经稀发、闭经症或病程迁延日久者辨证加减。以上均单味中药饮片浓缩颗粒配方，加温开水200ml冲匀，每日分2次口服。1个月为1疗程，治疗3个疗程。治疗25例，总有效率为84.0%（21/25）。同时观察发现，该药可降低血清 PRL，升高 FSH、E_2 值。

叶天真自拟调经回乳汤（柴胡、枳壳、白芍、车前子各 10g，生麦芽 60g，牛膝 15g，甘草 5g）治疗闭经泌乳综合征 15 例，临床根据肝郁血瘀，肝肾不足，痰湿阻滞型辨证加减，总有效率 93.3%（14/15）。余军将该病分为四型：肝郁气滞型，药用柴胡、白芍、当归、白术、茯苓、郁金、香附、麦芽、仙茅等；肝郁火炽型，药用栀子、柴胡、龙胆草、黄芩、生地、丹皮、黄连、白芍、麦冬、牛膝、麦芽等；肝肾亏虚型，偏阳虚者药用熟地、山药、山茱萸、枸杞子、肉桂、当归、鹿角胶、紫石英、菟丝子；偏阴虚者用枸杞子、菊花、黄柏、白芍、山茱萸、栀子、女贞子、旱莲草、地骨皮、何首乌、麦冬、牛膝、麦芽；肝郁脾虚型，药用柴胡、香附、山药、白术、茯苓、白芍、扁豆、麦芽、砂仁、黄芪。

（李光荣　艾　莉）

【经前期紧张综合征的治疗】

经前期紧张综合征属中医“经前情志异常”、“经前乳胀”、“经前头痛”等范畴。

丁树栋等用自拟舒肝宁神汤（柴胡、白术各 12g，香附、枳壳、青皮、川芎、郁金各 9g，当归、酸枣仁各 18g，茯苓 10g，远志、炙甘草各 6g）治疗经前期紧张综合征 68 例，总有效率为 97.1%（66/68）。气滞血瘀加桃仁、红花各 9g；肝火亢盛加龙胆草 12g，栀子、黄芩、丹皮各 10g，大黄 15g。1 天 1 剂，水煎分早晚 2 次服。于经前 15 天开始服用，服至月经来潮停药，连用 3 个月经周期为 1 疗程。陆启滨自拟经前舒汤（柴胡、香附、山茱萸、合欢皮、鹿角片、丹皮各 10g，熟地黄、益母草各 15g，川芎 6g）随症加减治疗该病 52 例，1 天 1 剂，于经前 1 周服，2 周为 1 疗程，连服 2～3 个疗程，总有效率 94.2%（49/52）。陈文英将经前期紧张综合征分为四型：肝郁气滞型用柴胡疏肝散加减，心肝火旺型用龙胆泻肝汤加减，肝肾阴虚型用一贯煎加减，脾肾阳虚型用参苓白术散合苓桂术甘汤加减。月经前 14 天开始服用，1 天 1 剂，12 天为 1 疗程，治疗 1～3 个疗程。共观察 188 例，总有效率为 96.3%（181/188）。沈碧琼等总结了治疗经前期紧张综合征的三种方法：①对于症状严重影响生活和工作者，或中医治疗不明显或无效时，应中西医结合治疗。西医主要为对症治疗。经期或经后症状缓解期，配予调补肝肾、养血柔肝之中药。②周期疗法：卵泡期予促卵泡汤（熟地、丹参、山药、白芍、香附、何首乌、白术、菟丝子、肉苁蓉），肾阴虚加女贞子、旱莲草；肾阳虚加仙茅、淫羊藿，经净后始服，连服 7～10 天；排卵期予促排卵汤（丹参、桃仁、川牛膝、当归、路路通、车前子、香附、枳壳），连服 2～3 天；黄体期予益气滋肾汤（黄芪、白术、山药、黄精、桑寄生、续断、女贞子，旱莲草、菟丝子、淫羊藿等），肾阳虚加鹿角、肉苁蓉，连服至下次月经来潮。③肝郁气滞型用逍遥散加减。马秀琴用柴胡疏肝散加味（柴胡、炒白芍、制香附、当归、郁金、金铃子、陈皮、枳壳、甘草），配合心理疗法即通过医生利用语言、动作、行为或借助客观事物，改变患者紧张的心理状态，达到治疗目的。

（李光荣　艾　莉）

【霉菌性阴道炎的治疗】

中药外洗为治疗霉菌性阴道炎的常用疗法。朱玲用马鞭草 30g 煎水外洗，1 天 1 次，5 天 1 疗程，28 名患者 3 疗程内均痊愈。吴学红等以止痒灵洗剂（苦参、紫草、蛇床子等）1∶15 稀释后冲洗阴道，1 天 1 次；西药组用 2%碳酸氢钠冲洗后上克霉唑栓 1 粒，均 10 天 1 疗程，两组 2 疗程的疗效经统计学处理无明显差异。赵颂杰等、陈何红等、朱长丽、李惠均用黄柏、蛇床子等中药制剂外洗。赵氏治疗了 72 例，痊愈率

80.6%（58/72）。朱氏以二黄子洗液冲洗阴道，1天2次，14～28天为1疗程，100例痊愈率55.0%（55/100）。陈氏将中药制成pH5.6～6.0的治霉灵洗剂进行阴道冲洗，bid，用药2天停药1天，20天为1疗程，1～2疗程后治愈率为94.0%（94/100）。李氏采用坐浴法，1天1次，10天为1疗程；西药组用苏打水洗后阴道上制霉菌素片，疗效中药组为优，两组比较P<0.01。李莲用氟康唑配合苦参、黄柏、徐长卿、艾叶等煎汤坐浴3个月，治疗34例顽固性霉菌性阴道炎痊愈32例。魏永华等以达克宁栓0.2g纳阴道，qn，为对照组，治疗组在此基础上加苦参洗剂熏洗外阴，均7天1疗程，治疗组治愈率89.8%（79/88），总有效率96.6%（85/88）。卜跃明用中药（贯众、蚤休、胆草等）熏洗配合保妇康栓，7天1疗程，疗后复查白带，阳性者重复治疗，阴性者经净后继上保妇康栓7天，连续3个月经周期，300例复发性霉菌性阴道炎的临床治愈率96.7%（290/300）。吴建荷等用苏打水或温开水冲洗阴道后上制霉菌素片50万u及妇炎胶囊0.4g3天，配偶服斯皮仁诺，霉菌治愈率94.0%（47/50），真菌治愈率70.0%（35/50）。刘素涵等观察了中药温浴疗法在治疗念珠菌阴道炎中的作用。以蛇床子散加减的肤康洗剂阴道冲洗后纳达克宁栓1枚，14天1疗程，分温浴组（药液维持40℃～43℃）及室温组。结果：中药温浴组治愈率明显高于室温组。认为温浴疗法可改变细胞膜通透性，利于药物渗透，并能提高局部组织免疫力，促进炎性渗出物吸收，加速病菌输离患部。金家隆从脾肾虚损，带脉不固，寒湿或湿热内生等方面论治，拟山药、芡实、金樱子、党参、黄柏等加减，1天1剂，10天1疗程，67例患者经1～3疗程后，有效率89.5%（60/67）。李佳华用龙胆草50g水煎服，tid，并以凡士林膏调100g苦参末，外擦阴部，85例患者10天内均治愈。

（王　燕）

【习惯性流产的治疗】

凡是自然流产连续发生三次或三次以上者，每次发生流产的时间在或不在同一妊娠月份，称为习惯性流产，中医称之为“滑胎”、“数堕胎”。

（一）孕前治疗　张淑珍等用补肾固冲丸治疗习惯性流产21例，补肾固冲丸组成：菟丝子、川断、阿胶、鹿角霜、巴戟天、桂枝、枸杞、当归、党参、白术、砂仁、熟地、大枣（去核）炼蜜成丸，tid，每次9g。连服3个月为1个疗程，月经期停服，1～2个疗程后观察疗效。调治期间均避孕6个月～1年。经2个疗程治疗，21例中19例治愈，受孕并足月分娩；2例无效。刘荔等用益气固肾汤（黄芪、人参、焦白术、菟丝子、川断、炒杜仲、桑寄生、山茱萸、当归、白芍、砂仁、甘草）治疗习惯性流产30例，采用事先服药法，即准备怀孕2月前先服益气固肾汤隔日1剂，停经后1天1剂或隔日1剂服，服至3个月后，改为每3日1剂服，至6个月后停药。结果：治愈26例，无效4例。陈洪荣等用固冲安胎饮（生地黄、紫石英、墨旱莲、麸炒白芍、麸炒白术、党参、桑寄生、续断、女贞子、枸杞子、菟丝子、大枣、甘草）治疗习惯性流产31例，停经后开始服药，1天1剂，分早晚2次服。尿检HCG阳性即加服维生素E100毫克，bid。结果：治愈，28例，占90.3%（28/31）；无效，3例，占9.7%（3/31）。

（二）孕后保胎　王津用自拟归胶二术汤（当归、阿胶、苍术、白术、党参、熟地、白芷、菟丝子、桑寄生、砂仁、佩兰、黄芩、甘草）共奏补肾益气、健脾利湿、养血安胎之功。腰酸加杜仲、川断、狗脊；神疲乏力加炙黄芪，重用党参、白术，心烦口干、尿赤，加黄芩、栀子；小便失禁加益智仁、覆盆子。1天1剂水煎，分2次服，30天为1疗程。治疗滑胎66例，结果：治愈50例，好转7例，无效9例。廖传桂等用自拟固胎汤（川断、杜仲、山药、桑寄生）治疗习惯性流产20例，根据中医辨证加减治疗，兼气血虚，加黄芪、熟地、艾叶、阿胶；脾肾虚者，加菟丝子、白术、棕榈炭、阿胶；血热型，加生地、白芍、黄柏、苎麻根；下血较多者加阿胶；外伤受损者加当归、熟地、川芎、阿胶；若出血较多去当归、川芎，加艾叶炭。1天1剂水煎，分2次服，10天为1疗程。治疗滑胎20例，结果治愈12例，好转6例，无效2例。傅丽丽等用自拟安胎饮（桑寄生、山药、白芍、川断、菟丝子、党参、白术、石莲子、阿胶、焦生地、黄芩、炙甘草）治疗先兆及习惯性流产86例。1天1剂，5天为1个疗程。服药1个疗程痊愈者61例，占71.0%（61/86），2个疗程痊愈者20例，占23.3%（20/86），3个疗程痊愈者3例，占3.5%（3/86），无效2例，占2.3%（2/86）。总有效率为97.7%（84/86）。许丽娜用自拟固肾保胎饮（白芍、菟丝子、桑寄生、续断、杜仲、巴戟天、阿胶、白术、紫苏子、砂仁、甘草）治疗滑胎20例，结果：治愈17例，无效3例。张华山用益气保元汤（黄芪、潞党参、桑寄生、生谷芽、炒白术、升麻、炙甘草）治疗习惯性流产108例。中气虚甚者，重用黄芪、党参；脾虚纳减者，重用白术，并加淮山药；少腹坠胀较甚者，重用升麻，再加柴胡；腰酸痛甚或坠胀者，重用桑寄生，酌加杜仲、菟丝子；腹痛者，加炒白芍、乌梅，出血量多者，加阿胶、仙鹤草。1天1剂，水煎3次，每次取汁200毫升，食前温服。10剂为1个疗程，1～3个疗程后观察疗效。获效病例服药至6个月后，改为每月服5剂，直至足月。结果：经1～3个疗程治疗后，89例痊愈，14例好转，5例无效。总有效率达到95.4%（103/108）。王凤英补肾固胎法治疗习惯性流产。方药：熟地、山药、菟丝子、杜仲炭、续断、桑寄生、砂仁、黄芪、当归、白术、黄芩、阿胶、炙甘草、艾叶炭。流血多加仙鹤草、地榆炭、陈皮。痊愈35例，无效1例。

（庄燕鸿）

【妊娠高血压综合征的治疗与研究】

（一）临床应用　杨子琦等用脉络宁注射液配合西药治疗妊娠高血压综合征（以下简称妊高征）160例，并与硫酸镁治疗的140例患者做对照。治疗组用脉络宁注射液（玄参、石斛、牛膝、金银花）20ml加入10%葡萄糖注射液500ml静脉滴注，1次/天，连用7天。对照组用25%硫酸镁首次剂量为10ml加50%葡萄糖注射液20ml，缓慢静脉推注，以后再用25%硫酸镁60ml加入右旋糖酐或葡萄糖注射液1000ml，以67～100ml/h的滴速静脉滴注，至夜间加用25%硫酸镁10ml肌肉注射，每天用60～80ml。两组均选择性配合应用常规剂量镇静剂、降压药、脱水剂，连用7天。结果：治疗组阴道分娩者多，剖宫产者少，产后出血少，表明脉络宁注射液对产程无影响，不增加产后出血量，对新生儿无影响。对照组新生儿普遍肌张力低下，反应性差。张梅玉对38例有妊高征倾向的患者进行中西药结合治疗观察。用阿斯匹林20mg，3次/天；维生素E100mg，2次/天；维生素C100mg，3次/天；丹参片2片，3次/天，口服。结果，经治疗1～2周后，平均动脉压下降1～1.7kPa，说明四药联合应用预防妊高征具有良好的效果。朱宁云等辨治1例妊高征继发视网膜剥离患者，用补中益气汤加茯苓、扁豆、薏苡仁、天麻、钩藤、石决明等，治疗1周后改人参养营汤加减，10天而愈。

（二）实验研究　方凤奇等进行了妊高宁Ⅱ号冲剂对妊高征大鼠血清E_2、TXB_2、6-Keto-$PGF_{1\alpha}$影响的研究。对照用药为复方降压片。结果妊高宁Ⅱ号（知母、黄柏、山药、熟地、龙骨、龟板等组成）能明显降低妊高征孕鼠的雌激素水平，降低孕鼠血清 TXB_2 含量，提高 6-Keto-$PGF_{1\alpha}$ 含量，优于西药对照组，且具有同复方降压片同等的降压效果。王美芬等对妊高征患者肾小管功能损害的指标进行了探讨。认为尿 NAG、尿 β_2-MG 能较早反映妊高征患者肾小管功能受损情况，测定方法简单，标本取材方便，指标灵敏，可作为妊高征患者常规检查项目。

（李光荣　艾　莉）

【药物流产后阴道出血的治疗】

冷观群用益母草片治疗药物流产后阴道出血 98 例，用米非司酮总量 150mg，早晚各 25mg，12h 1 次，空腹，连服 3 天，第 4 天服用米索前列醇 600ug，留院观察 6h，孕囊排出或未排出者阴道出血少均服用益母片 4 片，2 次/天，连服 7 天，结果显效 69 例，有效 18 例，无效 11 例，总有效率 88.8%（87/98）。与对照组（不服药）比较，有显著性差异。郑秋萍等对 168 例早孕药物流产妇女按单双号分成 2 组，治疗组在孕囊排出后加服益母草合剂 3 次/天，每次 100ml，连服 7 天。对照组不服益母草合剂。结果：完全流产率，治疗组为 94.8%（91/96），对照组为 84.7%（61/72），有显著性差异。阴道流血时间及阴道流血量治疗组明显少于对照组，有极显著性差异。吴火妫等用理血王（主要成分为三七）治疗药物流产后出血。治疗组 68 例药流后用理血王 2 片，2 次/天，共 5 天；对照组 62 例药流后用维生素 C 0.2g，3 次/天，共 5 天。结果治疗组出血时间及出血量明显少于对照组。郑抗美观察了清宫饮（黄芪、当归、益母草、三棱、莪术、大黄、赤芍、桃仁、红花、枳壳）对药物流产后阴道出血时间的影响。观察组 30 例，药物流产阴道开始流血后服用清宫饮，1 剂/天，分 3 次服完。对照组（30 例）药物流产后不用清宫饮。结果观察组完全流产率为 96.7%（29/30），对照组为 80.0%（24/30）；阴道出血情况观察组明显优于对照组。韩敬美等在治疗药流后阴道出血中应用清宫益母汤。观察组 60 例，药流当晚给予清宫益母汤（益母草、当归、川芎、炒桃仁、炮姜、甘草）1 剂/天，早晚分 2 次服，连服 3 天。对照组 60 例用催产素。结果：观察组出血量少的有 57 例，对照组 41 例，有显著差异。观察组完全流产 57 例，对照组 54 例，两组比较无显著差异。张延丽等用“宫瘀净”胶囊（黄芪、当归、三七等）辅助治疗药物流产。宫瘀净组在孕囊排出后立即服用“宫瘀净”胶囊，共服 7 天。与产妇康组（服益坤产妇康颗粒）、对照组（药流后不服药）进行比较。结果以宫瘀净组阴道出血时间最短，阴道出血量最少。杨剑萍采用益母川芎汤（益母草、黄芪、紫草、川芎、当归、五灵脂、炮姜）减少药流后阴道出血，并与对照组（不服中药）比较，结果用益母川芎汤者阴道出血时间及阴道出血量均显著减少。陆桂芬观察了药物流产配伍加味生化汤冲剂后阴道出血情况。共 363 例，随机分成 2 组。第一组在完全流产后加服加味生化汤冲剂，2 次/天，每次 1 包，并适量口服抗生素。第二组仅用抗生素。第一组出血量、出血时间明显少于对照组，有非常显著差异。关红樱对生化汤防治药物流产后阴道出血进行了临床分析。320 例分成 2 组，治疗组 160 例予以生化汤加味治疗（当归、川芎、桃仁、炮姜、炙甘草、益母草、党参、五灵脂、赤芍、黄芪、大枣）。对照组 160 例不用药。结果：治疗组出血量、出血时间明显少于对照组，月经恢复情况良好。季小芬等对妇科止血汤防治药物流产后阴道出血情况进行了临床观察。观察组在药流后用妇科止血汤（党参、炒黄芪、炒白芍、当归、川芎、益母草、荆芥炭、蒲黄炭、蒲公英、五味子），对照组药流后用催产素，结果妇科止血汤组阴道出血量、阴道出血持续时间及月经恢复等情况均优于对照组。王桂芳等用化瘀清宫汤（当归、赤芍、丹参、花蕊石、鹿衔草、炮姜、血竭、三七粉）治疗药物流产后出血180例，并与对照组（服益母草冲剂）作对比，结果：化瘀清宫汤组阴道出血量、阴道出血持续时间及月经恢复等情况均优于对照组。张燕等用自制宫得康口服液（当归、川芎、桂枝、茯苓、丹参、桃仁、炮姜炭、党参、荆芥炭、白芍、黄柏、甘草等）用于药物流产200例。结果：宫得康口服液组完全流产率高于催产素组，阴道出血量减少，阴道出血时间缩短。

（庄燕鸿）

【产后尿潴留的治疗】

（一）中西医结合治疗　陈燕中西医结合治疗产后尿潴留44例。对产后6小时不能排尿者，服用补中益气汤化裁：党参20g，黄芪20g，白术25g，当归10g，益母草20g，升麻3g，桔梗9g，萹蓄15g，木通15g，灯心草20g，炙甘草9g。服中药同时给予新斯的明1mg/支足三里穴（双侧或单侧）封闭，常规消毒穴位后进针1～2寸，得气后缓慢注射1mg；并与西药组用新斯的明1mg肌肉注射作对比。结果：痊愈35例，有效9例。疗效优于西药组。李华玉等治疗产后尿潴留70例。中西结合组（70例）用新斯的明0.5mg肌肉注射，同时给予木通、滑石（包煎）、冬葵子、槟榔各9g，枳壳12g，生甘草6g，1剂，煎服。西药组（68例）单用新斯的明0.5mg肌肉注射。结果：中西结合组治疗后全部成功；西药组成功46例。

（二）中药外治法　青俐用车前草穴位贴敷治疗产后尿潴留。鲜车前草30g，食盐3g，捣烂为泥。将药泥贴敷于脐下气海、关元部位，范围以10cm×10cm为宜，药泥直接接触皮肤，干后可反复涂敷2～3次。治疗30例。结果：贴敷20分钟内自行排尿者15例，20～30分钟排尿者8例，30～40分钟排尿者6例，40分钟以上未排尿而行导尿者1例。袁泉等用半夏外用治疗产后尿潴留。将生半夏15g左右及大蒜2瓣，加水少许，共捣烂为糊状，敷于脐中或关元穴，上面覆盖胶布，以热水袋热敷其上方。觉热气入腹，即觉尿意。治疗11例，均获痊愈。

（三）中药内服　张美阁用生化汤加减（当归、炮姜、川芎、桑白皮、马兜铃、紫菀、桃仁、通草、甘草）治疗产后尿潴留，并随症加减。治疗30例，治愈率为93.3%(28/30)；对照组（30例）采用条件反射诱导排尿、热气熏蒸、按摩及用新斯的明等，有效率为76.7%（23/30）。

熊新年用单味滑石粉治疗产后尿潴留。取细滑石粉50～60克，以沸水浸泡至水温适宜时，将其搅匀后稍作沉淀，取浑浊药液200～250ml，1次服下，视病情需要可每天服1～2次以上。经治30例，除1例无效外，29例均在4小时内排尿。

（庄燕鸿）

【免疫性不孕的治疗】

史晓源认为肝肾脾肺不足、气血亏虚、冲任不调为本，气滞血瘀痰凝或湿热邪毒内蕴为标，故拟滋养肝肾、活血化瘀法，补肾健脾、温阳化痰法，清泻肝火、宁血助孕法等八法辨治。张西芝等以隔绝疗法加强的松20mg，qd，连服7天，每7天递减50mg为对照组，28天为1疗程，于月经第5天开始服。治疗组在此基础上加服六味地黄丸10g，tid。半年内受孕者治疗组18人，对照组5人。姜增明等用助孕1号丸滋养肾阴治疗56例，助孕2号丸温运肾气治疗22例，对照组设安慰剂组及隔绝疗法组。均90天为1疗程。结果治疗组总有效率93.6%(73/78)，对照组总有效率38.7%(12/31)。赵凯自制抗免Ⅰ号片(生地、枸杞、巴戟、丹参、骨碎补、丹皮、莪术、徐长卿、菟丝子、浙贝母、生牡蛎等)用于治疗组56例，每次10片，tid；对照组35例予强的松5mg，qd，避孕套避孕，均2月1疗程。

治疗组、对照组妊娠率分别为 53.6%(30/56)和 14.3%(5/35),差异显著。赵瑞认为该病肝肾不足、阴虚火旺证多见。治疗组 58 例予加味滋肾生肝饮(生熟地、山萸肉、山药、炒当归、赤芍、柴胡、丹皮等),对照组 52 例服强的松和维生素 E,加隔绝疗法。均 30 天为 1 疗程,每疗程结束后查 AsAb,转阴停药,最多治疗 3 疗程。停药两年妊娠为痊愈,AsAb 转阴但未孕为好转。治疗组痊愈率 34.5%(20/58),好转率 84.5%(49/58);对照组痊愈率 23.1%(12/52),好转率 55.8%(29/52)。

(王 燕)

参考文献

B

卜跃明．保妇康栓治疗复发性霉菌性阴道炎 300 例．时珍国医国药，2001；(7):641

C

陈大蓉，金 哲，周家明，等．更年青胶囊治疗女性更年期综合征 205 例临床研究．中医杂志，2001；(2):95

陈何红，姜建庭，王 臻．治霉灵洗剂治疗霉菌性阴道炎 100 例．中医研究，2001；(1):48

陈洪荣，刘春华，李 超．固冲安胎饮治疗习惯性流产 31 例．山东中医杂志，2001；(6):354

陈 娟．热按摩联合开塞露治疗产后尿潴留 111 例．现代中西医结合杂志，2001；(16):1571

陈文英．辨证治疗经前期综合征 188 例观察．实用中医药杂志，2001；(1):4

陈 燕．中西医结合治疗产后尿潴留 44 例．河南中医药学刊，2001；(3):72

陈 莹，孟 炜，史松瑶，等．血见宁治疗血瘀型崩漏证的研究．辽宁中医杂志，2001；(3):183

程泽莉．消癥汤治疗卵巢囊肿 126 例．实用中医药杂志，2001；(8):10

D

戴芙蓉，王陈仙．中西医结合治疗孕妇念珠菌性阴道炎 103 例．四川中医，2001；(4):59

邓巧玲，邓志刚．中西医结合治疗妊娠肝内胆汗瘀积症 31 例．中国民间疗法，2001；(4):190

丁树栋，管恩兰，丁树琴．舒肝宁神汤治疗经前期紧张综合征 68 例．中医药研究，2001；(3):19

杜秀英．补肾法在妇科的临床应用．陕西中医，2001；(6):377

F

方凤奇，陈 曦，姜 南，等．妊高宁Ⅱ号对妊高大鼠血雌激素 2，血栓素 2 及 6-酮-前列素 F2α 的影响．中国中医药科技，2001；(1):8

傅丽丽，王 星．自拟安胎饮治疗先兆及习惯性流产 86 例，四川中医，2001；(2):45

G

关红樱．生化汤防治药物流产后阴道出血临床分析．现代中西医结合杂志．2001；(5):416

H

韩敬美，刘长惠．清宫益母汤在药物流产后阴道出血中的应用．中国中医药信息杂志．2001；(6):64

何贵翔．浓缩颗粒剂治疗高催乳素血症 25 例．辽宁中医杂志，2001；(7):416

何丽华，胡晓光，刘英杰．中西医结合治疗外阴白色病变 114 例．中国民间疗法，2001；(2):10

侯 臻，马 延．少腹逐瘀汤治疗习惯性流产 1 例．广西中医药，2001；(2):42

黄根珠，吴 瑞．活血化瘀治崩漏．四川中医，2001；(5):50

J

季小芬，杨丽英．妇科止血汤防治药物流产后阴道出血临床观察．时珍国医国药．2001；(6):542

姜增明，常红军，张国萍．免疫性不孕症中医治疗对抗精子抗体的影响．山东中医药大学学报，2001；(4):276

金家隆．中药治疗霉菌性阴道炎 67 例．中国中医药科技，2001；(4):268

L

冷观群．益母草片治疗药物流产后阴道出血98例疗效分析．中国中医急症．2001；(1):28

李华玉，秦绪丽，刘长春．中西医结合治疗产后尿潴留70例．陕西中医，2001；(6):342

李　惠．中药洗剂治疗霉菌性阴道炎100例．吉林中医药，2001；(3):25

李佳华．口服中药龙胆草液局部涂擦苦参膏治疗霉菌性阴道炎．中医药学报，2001；(3):36

李玉兰，李　峰．针药配合治疗产后尿潴留40例．河南中医，2001；(4):52

廖传桂，易静薇，宋　水．自拟固胎汤治疗习惯性流产20例．四川中医，2001；(8):5

刘　荔，化玉梅．益气固肾汤治疗习惯性流产30例．中医研究，2001；(1):51

刘素涵，谢凤云，程安一，等．中药温浴在治疗念珠菌性阴道炎中的作用．中医外治杂志，2001；(2):24

刘宪鸣．从心论治几种妇科病的粗浅体会．福建中医药，2001；(1):31

陆桂芬．药物流产配伍加味生化汤冲剂363例观察．中医药学刊．2001；(1):70

陆启滨．经前舒肝汤治疗经前期紧张症52例．云南中医中药杂志，2001；(4):34

M

马春芬．少腹逐瘀冲剂治疗寒凝血瘀痛经50例．陕西中医，2001；(6):322

马秀琴．少女经前期紧张症的中医治疗．中国民间疗法，2001；(7):24

Q

青　俐．车前草穴位贴敷治疗产后尿潴留．四川中医，2001；(6):22

邱翠华．中医治疗免疫性不孕20例临床观察．中国民间疗法，2001；(6):58

R

任　利，翟亚平，商保军．胶艾汤缩宫止血作用及对性激素水平的影响．陕西中医，2001；(6):380

阮敖林．活血消癥汤治疗卵巢囊肿100例．黑龙江中医药，2001；(2):38

S

沈碧琼，柴廉明．经前期紧张综合征临床治疗体会．黑龙江中医药2001；(3):28

史晓源．免疫性不孕的中医辨证施治方法探要．陕西中医函授，2001；(4):1

苏佩清．六神栓治疗霉菌性阴道炎临床观察．山东中医杂志，2001；(7):401

W

王凤英．补肾固胎治疗习惯性流产．吉林中医药，2001；(2):25

王桂芳，张　俊．化瘀清宫汤治疗药物流产后出血180例．实用中医药杂志，2001；(4):12

王　津．自拟归胶二术汤治疗滑胎66例．湖南中医药导报，2001；(6):314

王美芬，陈德君．妊高征患者肾小管功能损害的指标探讨．中国中西医结合肾病杂志，2001；(6):346

王庆霞．中西医结合治疗妊娠肝内胆汗瘀积症390例．江苏中医，2001；(3):19

魏永华，董丽娟，李好宗．中西医结合治疗念珠菌性阴道炎88例疗效观察．现代中西医结合杂志，2001；(3):217

温　苹，韩　雪．中药消斑灵散剂治疗外阴白色病变50例．中医药学报，2001；(4):14

吴火妫，杨丽英．理血王减少药物流产后出血临床观察．时珍国医国药．2001；(2):149

吴建荷，周月华．中西医结合治疗霉菌性阴道炎50例．时珍国医国药，2001；(7):662

吴水仙．中药内服外熏外阴白斑42例．江苏中医，2001；(6):26

吴学红，李勐华．止痒灵洗液治疗霉菌性阴道炎100例．中国民间疗法，2001；(8):30

X

肖玉凤．当归汤治疗习惯性流产2例．陕西中医，2001；(6):382

熊新年．单味滑石粉治疗产后尿潴留．新中医，2001；(7):38

徐新建．活血化瘀法在治疗崩漏中的应用．时珍国医国药，2001；(5):437

许丽娜．固肾保胎饮治疗滑胎20例．新中医，2001；(1):63

许琴仙，郑红枫．自制红藤汤Ⅰ号灌肠治疗慢性盆腔炎240例．浙江中西医结合杂志，2001；(6):377

Y

杨洪艳，王　惠．功能失调性子宫出血的中医研究概况．四川中医，2001；(3):19

杨剑萍．益母川芎汤减少药物人流后阴道出血临床观察．现代中西医结合杂志 .2001；(11):1049

杨清树，郭绪英，夏　萍．药物穴位封闭治疗产后尿潴留 78 例．中国中医药信息，2001；(6):70

杨　晓．清肝降乳汤治疗高泌乳素血症 25 例．四川中医，2001；(3):52

杨晓翡．清肝降乳汤治疗高泌乳素血症 25 例．四川中医，2001；(3):52

杨晓海．补肾祛瘀法论治妇科疾病．吉林中医药，2001；(2):12

杨子琦，焦自珍，钮红丽，等．脉络宁注射液配合西药治疗妊娠高血压综合征临床观察．中国中西医结合杂志，2001；(7):536

叶天真．调经回乳汤治疗闭经泌乳综合征 15 例．浙江中医杂志，2001；(7):296

余　军．闭经溢乳综合征论治浅谈．甘肃中医，2001；(2):37

袁　泉，刘卫东．半夏外用治疗产后尿潴留．中医杂志，2001；(2):75

Z

张　帆．通经敛乳方治疗高催乳素血症 30 例疗效观察．新中医，2001；(4):25

张华山．益气保元汤治疗习惯性流产 108 例．浙江中医杂志，2001；(7):296

张梅玉．小剂量阿斯匹林、维生素 E、维生素 C、丹参片预防妊高征．吉林中医药，2001；(2):64

张美阁．生化汤加减治疗产后尿潴留临床观察．四川中医，2001；(8):54

张美阁．中药煎剂保留灌肠治疗盆腔炎 86 例．吉林中医药，2001；(3):24

张淑珍，宋晨霞，刘文华．补肾固冲丸治疗习惯性流产 21 例．中国民间疗法，2001；(1):35

张西芝，陈志英．中西医结合治疗免疫性不孕症 36 例．湖南中医杂志，2001；(2):49

张雅萍，王　秀．坤宁安丸对更年期综合征患者生殖内分泌-免疫功能的影响．中医药信息，2001；(3):52

张延丽，吴素惠，李　翘．“安瘀净”胶囊辅助药物流产的疗效观察．中医药研究，2001；(2):51

张　燕，翁时秋，王晓元．自制宫得康口服液用于药物流产 200 例．安徽中医临床杂志，2001；(3):188

赵　凯．抗免Ⅰ号片治疗女性血清抗精子抗体阳性不孕疗效观察．四川中医，2001；(4):57

赵　梅．隔盐灸治疗产后尿潴留 35 例．江苏中医，2001；(9):44

赵　瑞．中药治疗免疫性不孕症的临床研究．中医药研究，2001；(3):14

赵颂杰，李淑香．中药熏洗治疗霉菌性阴道炎 72 例．中国民间疗法，2001；(3):12

郑抗美．清宫饮对药物流产后阴道出血时间的影响．中国中医药信息杂志 .2001；(6):71

郑秋萍，缪文良，张云芬，等．药物流产后加服益母草合剂治疗阴道出血的临床观察．云南中医中药杂志 .2001；(4):15

周爱英．消乳方治疗高泌乳素血症 23 例．陕西中医，2001；(6):360

朱　兵，余　涛，牟玉华．少腹逐瘀汤外用治疗痛经的体会．河南中医，2001；(2):53

朱长丽．二黄子洗液治疗霉菌性阴道炎．中国民间疗法，2001；(8):30

朱　玲．马鞭草治疗念珠菌性阴道炎及流行性结膜炎．中医杂志，2001；(6):331

朱宁云，张　瑞．妊娠高血压综合征继发视网膜剥离辨治例析．中医药学刊，2001；(4):356

朱勤芬．中医药综合治疗慢性盆腔炎 108 例．江西中医药，2001；(3):33

(5) 儿　科

【概述】

2001 年度正式公开发表的中医儿科学术论文约 1100 余篇。内容涉及基础理论、临床治疗、实验研究和预防保健等各个方面，基本上反映了当前中医、中西医结合儿科的学术水平。

一、急重症的治疗

1. 病毒性脑炎　卢燕等报道 81 例，在综合西医治疗的基础上，分为中药组49例，辨证为气营两燔和营血蕴热型，以清热豁痰法，药用金银花、连翘、钩藤、僵蚕、菖蒲、郁金等；对照组32例用病毒唑。结果治愈率分别为81.6%（40/49）、62.5%（20/32），总有效率为95.9%（47/49）、81.3%（26/32），P<0.05。谢平等用柴葛解肌汤（柴胡、葛根、黄芩、栀子、白芷、赤芍等）结合穿琥宁、甘露醇治疗22例，结果，治愈率36.4%（8/22），总有效率77.3%（17/22）。

2. 流行性乙型脑炎　王毅等用安宫牛黄丸（鼻饲）与阿昔洛韦5mg/kg静脉点滴联合治疗28例，设立西药对症治疗25例作对照。结果两组治愈率分别为96.4%（27/28）、76.0%（19/25），P<0.05。

3. 传染性单核细胞增多症　邓年春以凉膈散加减（大黄、香薷、蚤休、黄芩、连翘、金银花等）治疗45例，结果显效率28.9%（13/45），总有效率88.9%（40/45）。贺金安等根据卫气营血辨证，病初用银翘散，热入气营用清营汤，恢复期用沙参麦冬汤，结合西医常规治疗37例，结果治愈率94.6%（35/37），总有效率100%。朱慧华等用清营汤加味（水牛角、黄连、生地、连翘、蒲公英、丹参等）治疗28例，设立干扰素对照组24例，结果痊愈率分别为82.1%（23/28）、54.2%（13/24），总有效率96.4%（27/28）、75.0%（18/24），P<0.05。

二、常见病、多发病的治疗

（一）肺系疾病的治疗　仍是今年研究总结的重点，其中尤以外感发热、反复呼吸道感染、夏季热、咳嗽、哮喘、间质性肺炎等为多，对病毒性肺炎、支原体肺炎、咳嗽变异性哮喘的研究则较为深入。

1. 病毒性肺炎　汪受传等以开肺化痰解毒法治疗104例，用清肺口服液（麻黄、杏仁、石膏、拳参、丹参、虎杖等），总有效率98.1%（102/104），优于病毒唑治疗的对照组90.7%（39/43），P<0.05；两组在体温恢复正常、咳嗽消失、气喘消失和肺部罗音消失上均明显有效，但组间比较，P分别为<0.01，>0.05，<0.05，>0.05。万伟祖等用肺毒清冲剂（柴胡、僵蚕、紫苏叶、蝉蜕、连翘等）治疗30例，治愈率56.7%（17/30），总有效率93.3%（28/30），与病毒唑、青霉素治疗的对照组43.3%（13/30）和100%比较，P>0.01。宋铁玎等用小儿清肺饮（麻黄、炒杏仁、石膏、甘草、炒葶苈、黄芩等）治疗97例，痊愈率96.9%（94/97），优于用病毒唑治疗47例的76.6%（35/47），P<0.01；两周内肺部阴影完全恢复率分别为98.97%（96/97）和85.1%（40/47），P<0.05。

2. 支原体肺炎　蒋道国等以清金解毒液（桑白皮、桔梗、杏仁、川贝母、沙参、黄芩等）灌肠治疗60例，治疗组治疗后退热时间、止咳时间、平喘时间、肺部罗音消失时间和肺X阴影消失时间均优于红霉素对照组，P<0.05或P<0.01；治疗组血清IgA、IgG、IgM、IL-2水平较治疗前明显提高，P<0.05或P<0.01。详见专条。

3. 咳嗽变异性哮喘　翟乃海等用二龙射干麻黄汤（地龙、穿山龙、射干、炙麻黄、生姜、细辛等）治疗42例，总有效率为97.6%（41/42），详见专条。

（二）脾系疾病的治疗　重点集中表现在厌食症的治疗和实验研究、婴幼儿腹泻、便秘、上消化道出血以及轮状病毒性肠炎的治疗上，使得整个研究水平相对较高。

1. 病毒性肠炎　张文春等用葛根芩连汤（葛根、黄连、石榴皮、半夏、白术、木香等）灌肠治疗80例，设立对照组80例用病毒唑、庆大毒素和654-2等。结果两组治愈率分别为60.0%（48/80）、28.8%（23/80），显效率为15.0%（12/80）、13.8%（11/80），总有效率95.0%（76/80）、

70.0%（56/80），P＜0.01。侯爱凤等用诃子四苓汤加减（诃子、肉豆蔻、白术、陈皮、泽泻、猪苓等）灌肠治疗108例，设立病毒唑对照96例，结果治愈率分别为81.5%（88/108）、43.8%（42/96），总有效率为98.1%（106/108）、93.8%（90/96），详见专条。

2. 霉菌性肠炎　董幼祺等用洁肠合剂（葛根、乌梅、荷叶、黄连、金银花、生甘草等）治疗40例，设立制霉菌素对照组20例，结果两组治愈率分别为87.5%（35/40）、55.0%（11/20），P＜0.01；血清钾、钠、钙治疗后洁肠合剂组均较治疗前上升，P＜0.01；大便成形及止泻时间均较对照组为优，P＜0.01。

（三）心系疾病的治疗

秦飞虎以加减小柴胡汤（柴胡、半夏、党参、甘草、生姜、黄芪等）治疗病毒性心肌炎31例，对照组31例用西药，疗程为3周。结果，两组痊愈率分别为58.1%（18/31）、38.7%（12/31），总有效率96.8%（30/31）、61.3%（19/31），P＜0.05。杨淑华等用黄芪、丹参、太子参、玄参、苦参、麦冬等加减配合西药抗感染、抗休克、免疫抑制剂、对症等治疗80例，结果，治愈率67.5%（54/80），总有效率95.0%（76/80）。

（四）肾系疾病的治疗

1. 紫癜性肾炎　郑健等将100例随机分为2组治疗，治疗组50例在辨证基础上加用活血化瘀药，对照组50例按西医常规治疗。结果，治疗组和对照组完全缓解率分别为64.0%（32/50）、54.0%（27/50），总有效率为94.0%（47/50）、80.0%（40/50），P＜0.05；治疗组的甲皱微循环功能得到明显改善，与对照组比较，P＜0.01。卢燕等治疗67例，辨证分两型。毒热风蕴型用消癜益肾饮Ⅰ号（仙鹤草、小蓟、苦参、石韦、凤尾草、倒扣草等）；脾肾两虚型用Ⅱ号（生黄芪、生山药、菟丝子、芡实、莲须、豆豉等）。并设立西药对照组30例。结果两组治愈率分别为65.7%（44/67）、33.3%（10/30），总有效率86.6%（58/67）、63.3%（19/30），P＜0.01。

2. 小儿特发性高钙尿症　李伟伟等治疗51例，分为对照组18例予多饮水，低盐、低钙饮食；治疗组21例在对照组治疗的基础上加用补阳还五汤加味（黄芪、当归、赤芍、地龙、红花、桃仁等）；西药组20例在对照组治疗的基础上加用双氢克尿噻和维生素E。结果，24h尿钙减少和血尿阴转率治疗组均优于对照组，P＜0.05；治疗组与西药组效果相同。

（五）神经系疾病的治疗

1. 儿童抽动症　肖旭腾等以定风安神汤（蝉蜕、僵蚕、石菖蒲、钩藤、菊花、白芍等）治疗46例，痊愈率86.96%（40/46），总有效率100%。

2. 抽动秽语综合征　孙孝登等将86例辨证分为肺肾阴虚型药用党参、黄芪、竹茹、白芍、生地、熟地等；脾虚肝亢型药用党参、炙黄芪、淮山药、炙甘草、白术、僵蚕等。并设立氟哌啶醇和安坦治疗的对照组81例。结果两组显效率分别为67.4%（58/86）、50.6%（41/81），总有效率94.2%（81/86）、80.2%（65/81），P＜0.01。随访1年，复发率分别为17.1%（12/70）、28.6%（18/63）。杨丽新用培土抑木法，药用太子参、钩藤、茯苓、白术、炙甘草、菖蒲等治疗36例，治愈率13.9%（5/36），显效率33.3%（12/36），总有效率88.9%（32/36）。陆磊用大定风珠加味（阿胶、生龟板、鳖甲、生牡蛎、熟地、白芍等）治疗12例，设立氟哌啶醇对照组11例。结果两组显效分别为3、3例，有效7、5例，无效2、3例。

3. 儿童眨眼症　胡田桂等药用焦山楂、焦神曲、炒谷芽、炒麦芽、鸡内金、苍术等治疗208例，对照组30例口服A、D胶丸，外滴抗生素眼药水。结果两组治愈率分别为89.4%（186/208）、0，总有效率为97.1%（202/208）、13.3%（4/30），$P<0.05$。马天富等用定瞬汤（白洋参、莲子、白术、刁竹、独脚金、决明子等）结合口服A、D胶丸。经治39例，痊愈率66.7%（26/39），总有效率92.3%（36/39）。

（六）其它

1. 儿童生长痛　张敏用芍药龙牡甘草汤（白芍、鸡血藤、龙骨、牡蛎、延胡索、怀牛膝等）治疗23例，结合使用钙剂及维生素D，用2~5天，均治愈。

2. 手足口病　王晓翠等用板蓝根冲剂内服，并药用苦参、百部、大黄、五倍子等外洗治疗20例，设立西药对照组20例，结果两组治愈率分别为90.0%（18/20）、45.0%（9/20），$P<0.01$。陈建平分期辨证治疗22例，急性期用银蒲芩菊汤（银花、蒲公英、黄芩、野菊花、连翘、赤芍等），缓解期用谷仁蝉藤汤（谷芽、麦芽、生薏苡仁、蝉蜕、钩藤、淡竹叶等）加减。结果均愈，平均疗程为4天。

3. 性早熟　俞建等用滋阴泻火方（生地、知母、炙龟板、龙胆草、玄参、夏枯草等）治疗性发育提前女童60例，治疗后第二性征明显消退，乳核Tanner分期降低，$P<0.01$；B超子宫、卵巢容积未增加，$P>0.05$；Tanner骨龄与年龄比较未再提前，成年预测身高有增加趋势。项秀荷用柴胡疏肝散结汤（柴胡、黄芩、白芍、当归、郁金、香附等）治疗女童性早熟33例，32例症状和体征缓解，其中10例FSH、LH、E_2升高者治疗后复查均下降，P均<0.05。蔡德培等以滋阴泻火药生地、炙龟板、黄柏、知母、玄参、丹皮等及甲地孕酮片治疗女性特发性性早熟51例，设立单用甲地孕酮片治疗的对照组35例。结果两组乳核单位、子宫及卵巢容积、血黄体生成素含量治疗前后自身比较均为$P<0.001\sim0.05$；骨龄差/年龄差、最终身高预测治疗组治疗前后及治疗后组间比较均为$P<0.001\sim0.01$。

4. 智力低下　幸小玲用脑神经生长素注射液根据病情轻重及年龄大小，1次选择2~5ml，每穴注入0.5~2ml。主穴取哑门、风池、大椎，交替配以前顶、后顶、左右络却穴等治疗46例，结果智力、语言能力、双下肢肌力进步率分别为91.3%（42/46）、41.3%（19/46）、21.7%（10/46），流涎减少4例。

5. 恙虫病　朱海用卫分宣湿饮（香薷、青蒿、荷叶、滑石、茯苓、竹叶等）结合氯毒素静脉滴注治疗14例，设立单纯氯毒素治疗的对照组17例。结果，在退热时间和临床症状改善方面，治疗组优于对照组，$P<0.05$。

另有学者研究了幼年类风湿性关节炎、小儿多涎、新生儿坏死性小肠结肠炎等。

有关新生儿高胆红素血症、新生儿缺氧缺血性脑病、癫痫、过敏性紫癜等的治疗，详见专条。

（高修安　朱锦善）

【直肠给药治疗小儿外感发热】

吴艳明等应用小儿退热滴肠液（荆芥、薄荷、石膏、大黄、防风、钩藤等）直肠滴注法治疗小儿外感发热病（风热证）116例，1次5~10ml/kg，1天2次；对照组30例，用先锋Ⅵ 50~100mg/kg·d，分1~2次加入10%葡萄糖液中静脉滴注。根据国家中医药管理局《中医病证诊断疗效标准》，就患儿体温、咽红肿痛、咳嗽声嘶、鼻塞流涕、血白细胞计数5项指标，每个指标分为4个等级，在治疗前后分别进行评分。结果，治疗组与对照组痊愈率分别为74.1%（86/116）、46.7%（14/30），$P<0.01$；总有效率分别为97.4%（113/116）、96.7%（29/30）。治疗组与对照组体温恢复正常天数分别为2.671 ± 0.857、3.275 ± 1.313，$P<0.05$。马建海用小儿退热合剂

(鱼腥草、板蓝根、石膏、黄芩、金银花、葛根等)灌肠治疗54例,根据小儿的年龄、体质、病情,1次灌注20~40ml,1天2~3次。对照组48例用西药治疗,结合病情选用抗生素、病毒灵、退热药及支持疗法。结果,治疗组与对照组体温首次降至正常时间平均分别为13.66小时、19.1小时,$P<0.01$;体温完全降至正常时间平均为22.82小时、37.3小时,$P<0.01$。李成文等报道108例,分为治疗组78例,用速退热(柴胡、黄芩、薄荷、大黄、枳实等)直肠给药,1支30ml,相当于原生药30g,按年龄每次用1/3~2支不等,每4~6小时用1次,连用3~4次。对照组30例,用小儿退热栓1支,塞入肛门;青霉素静脉滴注,1天1次。结果,治疗组与对照组痊愈率分别为91.0%(71/78)、43.3%(13/30),总有效率为97.4%(76/78)、86.7%(26/30),$P<0.01$。

王秀坤等用银翘散加味(银花、连翘、牛蒡子、薄荷、柴胡、淡竹叶等)灌肠治疗30例,3岁以内100ml,3~6岁200ml,7~14岁250ml,1天2次。对照组8例用银翘散加味煎剂,分次口服。结果治疗组与对照组体温恢复正常<24小时分别为16例、2例,24~48小时为9例、2例,>48小时为5例、4例,$P<0.05$;总疗效两组比较,$P>0.05$。蒋建胜用翘荷汤(连翘、钩藤、银花、薄荷、山栀、桔梗等)灌肠治疗66例,每剂煎取药液100ml,<1岁1天用1/2剂,1~3岁1天1剂,>3岁1天2剂,分4次保留灌肠。对照组50例以双黄连注射液60mg/kg·d静滴给药,1天1次,巴米尔每次0.1~0.2g口服,1天2~3次。结果两组总有效率及平均退热时间比较,$P>0.05$,但灌肠剂解热作用明显,药后约0.5小时起效,作用持续约6小时,且免除针药之苦。

李婉丽采用复方大柴胡汤(柴胡、黄芩、葛根、薄荷、枳实、大黄)灌肠治疗105例,将复方大柴胡汤制成灌肠剂,30ml/支,每支含生药约30g。3岁以内每次1支,3~7岁每次2支,7岁以上每次3支,1天3次,2天为1疗程。结果,痊愈率为54.3%(57/105),显效率24.8%(26/105),总有效率为93.3%(98/105)。韦丽莎用甘露消毒丹加减水煎液30~50ml高位直肠滴注治疗32例,每6小时重复治疗1次,连用24小时;对照组30例使用抗病毒、抗菌消炎、口服中药、物理降温等。结果治疗组与对照组痊愈率分别为62.5%(20/32)、33.3%(10/30),显效率34.4%(11/32)、40.0%(12/30),$P<0.05$。

王连深等用鱼腥草注射液配合安痛定注射液灌肠治疗54例。不足24个月者,鱼腥草注射液12ml,安痛定注射液2ml,超过24个月者,鱼腥草注射液20ml,安痛定注射液2ml,1天1次灌肠。结果,显效率94.4%(51/54),总有效率为100%。

(李 岚 俞景茂)

【中医药治疗对反复呼吸道感染儿免疫功能的影响】

陈建昌等认为复感儿存在脾虚夹滞、虚中夹实的证候,治疗应益气健脾、消食导滞并重。采用复感灵冲剂(生黄芪、炒白术、防风、陈皮、制半夏、枳壳等)治疗56例,1~3岁每次1袋,4~7岁每次1.5袋,7岁以上每次2袋,1天2次。对照组30例服转移因子口服液,按0.5ml/kg·d,分1~2次。结果,治疗组治疗前后免疫球蛋白IgG、IgA、IgM,T细胞亚群CD_3、CD_4、CD_8、CD_4/CD_8比较,P均<0.01;治疗组和对照组总有效率分别为96.4%(54/56)、76.7%(23/30),$P<0.05$。证明复感灵冲剂具有提高和调节机体体液免疫和细胞免疫功能的作用。

林胜英等研究千龙合剂(太子参、麦冬、白芍、千层纸、龙利叶)对复感儿童免疫功能的影响。治疗组24例,<2岁者每次50ml,2~6岁者每次80ml,6岁以上每次100ml;对照组14例用核酪口服液,每

次10ml。均隔日1次，连服3个月。结果，治疗前后治疗组IgG、IgA、C_3明显提高，$P<0.05$；略优于对照组，但无显著差异，$P>0.05$。

李琳等对九代清源口服液增强反复呼吸道感染患儿免疫功能进行了临床观察。将100例患儿随机分为常规对照组和九代清源口服液治疗组各50例，均以常规治疗，治疗组在此基础上加用九代清源口服液，5ml/kg·d，早、晚各1次，疗程均为4周。结果显示，患儿治疗前CD_3^+、CD_4^+、CD_4^+/CD_8^+、NK细胞活性及IgG、IgA显著降低、CD_8^+、IgM和sIL-2R显著升高，治疗后各指标明显好转，与正常对照组比较，$P<0.05$。魏校敏等治疗55例，药用党参、黄芪、大青叶、鱼腥草、金银花、黄精等，药量根据年龄增减，1天1剂，14天为1疗程。对照组64例以转移因子肌肉注射，1个月为1疗程。两组给药前后自身对照IgG、IgA、IgM、唾液sIgA浓度都有显著增高，$P<0.05$；两组有效率无显著差异。

陈银燕用健脾益肾膏方（南沙参、北沙参、茯苓、白术、防风、徐长卿等）治疗60例，全部病例血清免疫IgA测定均低于正常值。每年冬至以后，每日早晚各1次，每次根据年龄大小服膏方10～20ml，用温开水冲服，1个月为1疗程。结果，IgA水平显著提高，治疗2个疗程后，总有效率为91.7%（55/60）；次年冬至再服2个疗程后，总有效率为96.7%（58/60）；治疗后每月发病次数和发病天数与治疗前比较，$P<0.01$。

贾文翠等用扶正女贞素片，<1岁20mg，1天2次，1～2岁20mg，1天3次，2～5岁40mg，1天2次，5～8岁40mg，1天3次，2个月为1疗程。对照组缓解期不用药。结果，各年龄组IgG、IgA治疗后较治疗前明显升高，$P<0.01$，IgM治疗前后无显著差异；T细胞亚群的变化，CD_3、CD_4治疗后较治疗前明显升高，$P<0.01$，CD_8治疗后较治疗前降低，$P<0.05$，CD_4/CD_8比值较治疗前显著升高。治疗组92例，痊愈率为50.0%（46/92），显效率39.1%（36/92），总有效率96.7%（89/92）；对照组无痊愈和显效病例，总有效率为17.6%（12/68），$P<0.01$。扶正女贞素片为女贞子的提取物，有促进淋巴细胞增殖，增强巨噬细胞吞噬功能，与IL-2有协同作用，提高机体免疫力，无明显不良反应。

孙彦敏等用金玉散（黄芪、防风、莱菔子、鸡内金、五倍子、乌梅等）敷脐治疗100例，1～3岁每次2g，4～8岁每次3g，>9岁每次4g，用食醋2～3ml调成糊状，1天换药1次。对照组40例用左旋咪唑2.6mg/kg·d，分2次服，每周服2天，停5天。均以3个月为1疗程。结果，治疗组和对照组显效率分别为62.0%（62/100）、30.0%（12/40），总有效率为97.0%（97/100）、85.0%（34/40），$P<0.05$；治疗组治疗后血清免疫球蛋白IgG、IgA与治疗前比较，$P<0.01$，IgG与对照组治疗后比较，$P<0.05$；T细胞亚群的变化，CD_3、CD_4和CD_4/CD_8与治疗前比较，$P<0.01$；头发微量元素Zn、Ca与治疗前比较，$P<0.05$。

（李　岚　俞景茂）

【咳嗽变异型哮喘的治疗】

杜昌华为寻找诊断咳嗽变异型哮喘（CVA）的客观指标，应用中医电脑诊断系统对156例CVA患儿和94例哮喘、100例其它慢性咳嗽的患儿（对照组）进行耳穴角窝中（喘点）的测定，参数超过100为阳性。结果CVA组与对照组角窝中的阳性相比，$P<0.01$，而CVA组与哮喘组角窝中的阳性相比，$P>0.05$。说明耳穴角窝中的测定对诊断CVA有一定的价值。

高禾用急则治其标、缓则治其本的方法

治疗39例，发作期用麻黄、苏子、制半夏、杏仁、炙款冬、炙僵蚕等；缓解期用麻黄、制半夏、炙百部、炙款冬、仙灵脾、川芎等。连服2~4周。病情稳定、无咳嗽后，改用紫河车粉0.2/kg·d，连服3个月。结果，显效率56.4%（22/39），总有效率94.9%（37/39）。蔡抗援以宣肺豁痰法治疗48例，方用三拗汤合清金化痰汤（麻黄、杏仁、黄芩、山栀、知母、桑皮等），1周为1疗程。同时作最大呼气流量测定判断疗效。结果，基本控制率52.1%（25/48），显效率20.8%（10/48），总有效率97.9%（47/48）。徐尔山从风痰论治42例，以熄风化痰宣肺止咳方（炙麻黄、杏仁、僵蚕、款冬花、胆南星等）治疗，对照组35例用博利康尼治疗，疗程均为2周。结果2组近期疗效无明显差异（$P>0.05$）；远期疗效（3~36个月随访）治疗组与对照组的复发率分别为16.7%（7/42）、45.7%（16/35），$P<0.05$；哮喘发生率为7.1%（3/42）、34.3%（12/35），$P<0.01$。帅明华等从虚寒论治69例，随机分为2组，治疗组39例用三拗汤合二陈汤加地茶、紫草、蝉蜕、太子参；对照组用杏苏散。2组均服常规维生素K。结果，治疗组与对照组痊愈率分别为48.7%（19/39）、40.0%（12/30），总有效率为92.3%（36/39）、66.7%（10/30），$P<0.05$；在咳嗽减轻、消退和夜咳停止时间上，治疗组也均优于对照组，$P<0.01$。

朱杰将本病分为3度，观察了212例。治疗组108例中轻度13例，中度35例，重度60例；对照组104例中轻度12例，中度35例，重度57例。并观察了治疗前后症状及肺功能PEF值（呼气峰流速值）的变化。治疗组用克喘三号合剂（党参、生黄芪、白术、防风、苏叶、香附等）和开开开药枕（黄芪、白术、荆芥、防风、苏叶、柴胡等），对中重度均短期（一般1~2周内）加服博利康尼或吸入喘乐宁气雾剂；对照组用酮替芬口服、必可酮吸入治疗。疗程均为3个月。结果，临床控制率分别为37.0%（40/108）、28.8%（30/104），显效率为52.8%（57/108）、38.5%（40/104），总有效率为95.4%（103/108）、86.5%（90/104），$P<0.01$。祝天俊等治疗81例，内服益肺平合剂（人参、麦冬、五味子、白芍、桂枝、白果等），外用芥辛散（白芥子2份，细辛1份），布包蒸热敷贴肺俞穴。治疗2周后，显效率65.4%（53/81），总有效率90.1%（73/81）。

吴迪祥等将68例分成2组，治疗组38例内服抗敏定喘散（地龙、僵蚕、炙麻黄、贝母、重楼、炙甘草等）；对照组30例内服博利康尼和赛庚啶，疗程均为1周。结果，治疗组与对照组显效率分别为55.3%（21/38）、16.7%（5/30），总有效率为94.7%（36/38）、76.7%（23/30），$P<0.05$。

帅明华等以中西医结合治疗65例，发作期用抗敏止咳汤（炙麻黄、杏仁、川芎、地龙、僵蚕、全蝎等）辨证施治，配合舒喘灵、息斯敏和酮替芬片；对照组50例仅用西药治疗。疗程为2周。缓解期治疗组坚持固肾健脾益肺之法，选用防哮汤，加服酮替芬；对照组单服酮替芬。疗程为3个月。结果，治疗组与对照组临床控制率分别为72.3%（47/65）、52.0%（26/50），总有效率为100%、96.0%（4/50），$P<0.05$；肺功能PEF值的变化比较，$P<0.05$。

孙孝登等将124例随机分成2组，对照组61例用舒喘灵、酮替芬，严重者加强的松；治疗组63例在对照组治疗的基础上加服麻僵合剂（蜜麻黄、胆制僵蚕、延胡索、百部、陈皮、地龙干等）。疗程为2周。治疗组与对照组痊愈率分别为58.7%（37/63）、47.5%（29/61），总有效率为96.8%（61/63）、77.0%（47/61），$P<0.01$；治疗组平均咳嗽消失时间为6.23±1.92天，对照组为8.76±2.59天，$P<0.01$。尹洁

等将100例分为2组，均口服氨茶碱。治疗组加用宁肺丸（防风、茯苓、荆芥、制南星等），1周为1个疗程。结果，对照组和治疗组总有效率分别为72.0%（18/50）、94.0%（47/50），P<0.01。

（邱静宇）

【肺门淋巴结核的治疗】

曾立昆治疗56例，辨证为3型。肺郁不宣型12例，药用荆芥、鱼腥草、前胡、杏仁、桔梗、桑皮等；肺火旺型14例，药用麻绒、杏仁、石膏、细茶、鱼腥草、白及等；肺阴虚型30例，药用青蒿、白及、夏枯草、百部、黄精、桑皮等。结果，痊愈率82.1%（46/56），总有效率96.4%（54/56）。刘芳贵等治疗89例，其中肺阴亏虚型15例，气虚脾弱型26例，气阴两虚型48例。以培土生金散（山药500g，猫爪草200g，川贝母、生黄芪各100g，白及300g）内服，1~5岁1次5g，6~12岁1次10g,1天3次。30天为1疗程。经2~3疗程治疗后，治愈率80.9%(72/89)，总有效率94.4%(84/89)。尹雪峰等采用参苓白术散加桔梗、炙款冬花、紫菀、南沙参、百部、黄精等，30天为1疗程，轻者3疗程，重者6疗程，必要时配合抗痨治疗。共治45例，显效率88.9%(40/45)，总有效率为100%。

尹全珍以中西医结合治疗300例，均符合全国小儿结核病防治座谈会所制订的标准。采用抗痨方（山萸肉、射干、桑白皮、白及、百部、川贝母等），结合异烟肼等，40天为1疗程。结果，1疗程痊愈率62.3%（187/300），其余患儿在第2个疗程全部治愈。赵开仁等治疗300例，采用抗肺门淋巴结核协定方（猫爪草、夏枯草、白及粉、百部、浙贝母、矮地茶等）随症加减，结合异烟肼等，30天为1疗程。结果，第1疗程治愈率71.7%（215/300），第2疗程全部治愈。

（王宪英）

【支原体肺炎的治疗】

周中山报道60例，随机分为治疗组30例，用马鞭草汤（马鞭草、黄芩、鱼腥草、柴胡、板蓝根、浙贝母等），1天1剂；对照组30例口服四环素，0.5g/次，4次/天。7天治疗组和对照组好转率分别为63.3%（19/30）、36.7%（11/30），P<0.05；12天两组患儿均痊愈。治疗组体温恢复正常、肺部阴影吸收天数较对照组为短，P<0.01；咳嗽消失天数也短，P<0.05。褚艾尼等用清原汤（千里光、羊蹄草、蚤休、白头翁、槟榔、百部等）治疗57例，1天1剂，水煎分3~5次口服；对照组28例用红霉素20~30mg/kg·d静脉滴注。均14天为1疗程。结果治疗组和对照组总有效率分别为98.2%（56/57）、85.7%（24/28），P<0.05；咳嗽明显减少时间及肺部罗音消失时间治疗组优于对照组，P<0.05；对照组在治疗过程中出现消化道反应8例，有4例反应严重而不能坚持治疗，而治疗组在服药期间没有发现不良反应。

夏旭红报道对照组30例用红霉素30~40mg/kg·d静脉点滴，治疗组32例在对照组治疗基础上加用荆芥、桔梗、杏仁、地骨皮、紫菀、款冬花等，并随证加味，恶心、呕吐者加焦三仙、半夏；血尿或蛋白尿者加白茅根、仙鹤草；胸闷、气短者加黄芪、丹参、当归、桂枝。1天1剂，分3次温服。结果治疗组痊愈率90.6%（29/32），对照组为70.0%（21/30），P<0.01；且治疗组在疗程及退热时间上均明显短于对照组。张家雷等治疗70例，均常规给予红霉素25~30mg/kg·d静脉滴注；其中40例加服虎杖合剂（虎杖、贯众、丹参、川芎、苏子、葶苈子等）并随证加减。1天1剂，疗程1~2周。结果治疗组显效率和总有效率分别为47.5%（19/40）、92.5%（37/40），对照组为16.7%（5/30）、66.7%（20/30），P<0.05；治疗组患儿咳嗽和肺部罗音消失时间

明显短于对照组，P<0.01。刘学兵等治疗79例，均给予红霉素30/kg·d静脉点滴，配合对症处理；其中40例作为治疗组，加用复方丹参注射液0.2ml/kg·d，疗程均为2周。结果在肺部症状及体征消失时间和X线恢复正常时间上，治疗组较对照组为优，P<0.05。

蒋道国等用清金解毒液（桑白皮、桔梗、杏仁、川贝母、沙参、黄芩等制成浓度为含生药1g/ml的液体）灌肠治疗60例，10ml/kg·d，分两次保留灌肠，对照组60例用红霉素20mg/kg·d，分两次静脉滴注。10天为1疗程。结果，治疗组主要症状和体征消失时间明显优于对照组，P<0.01；治疗组和对照组治愈率分别为93.3%（56/60）、75.0%（45/60），P<0.05；治疗组治疗后血清IgA、IgG、IgM和白细胞介素-2（IL-2）水平较治疗前明显增高，P<0.05～P<0.01；IL-2水平与对照组比较，P<0.05。

（李　岚　俞景茂）

【轮状病毒性肠炎的治疗】

刘长江等报道70例，其中轻度腹泻12例，中度腹泻54例，重度腹泻4例。随机分为观察组和对照组各35例。观察组用苍苓止泻口服液（苍术、茯苓、马鞭草、柴胡、黄芩、葛根等），3天后进行轮状病毒抗原（Rv-Ag）复检和免疫功能检测，并观察其疗效、转阴率和免疫功能变化，对照组用病毒唑，10mg/kg·d静脉滴注。两组均不用抗生素、止吐止泻药，只给予口服补液盐以纠正脱水及电解质紊乱。观察组和对照组显效率分别为77.1%（27/35）、51.4%（18/35），总有效率94.3%（33/35）、85.7%（30/35），P<0.01。治疗后止泻时间，观察组为51.56±13.32小时，对照组为64.27±17.54小时，P<0.01。Rv-Ag转阴率，观察组为68.6%（24/35），对照组为42.9%（15/35），P<0.05。张桂玲等将确诊的患儿204例随机分成2组，均口服思密达。治疗组104例用苍苓止泻口服液，对照组100例用病毒唑治疗。结果，治疗组总病程比对照组明显缩短，P<0.01；且治疗组显效率39.4%（41/104），优于对照组21.0%（21/100），P<0.01；治疗组总有效率97.1%（101/104）优于对照组58.0%（58/100），P<0.01。刘平英等应用黄芪注射液治疗60例，治疗方法为1岁以下者口服黄芪注射液，每次5ml，1～2岁者每次10ml；对照组50例，口服小儿利宝（含庆大霉素5000u），1岁以下者每次半包，1～2岁者每次1包。均1天2次，疗程3天，凡病情好转而未愈者加服3天。结果，治疗组显效率58.3%（35/60），总有效率91.7%（55/60）；对照组显效率44.0%（22/50），总有效率74.0%（37/50），P<0.01。田友好等用莪术油葡萄糖注射液治疗45例，20～25ml/kg·d静脉滴注，对照组30例用病毒唑10～15mg/kg·d静脉滴注。结果治疗组和对照组均痊愈，但治疗组腹泻停止时间为2.25±1.25天，对照组为5.25±4.25天，P<0.01。曾芸莉治疗61例，用0.04%莪术油葡萄糖注射液25ml/kg·d静脉滴注，停喂乳制品，改用乳儿糕（大米、精面）炒黄后蒸服。对照组50例用病毒唑10mg/kg·d静脉滴注。两组均静脉补液，纠正电解质失衡及对症处理。结果，治疗组显效率65.6%（40/61），总有效率95.1%（58/61），对照组显效率20.0%（10/50），总有效率80.0%（40/50），P<0.01。王复兴用泻痢灵胶囊（丁葵草、叶下珠、厚朴、甘草）治疗54例，6个月～2岁每次1粒，>2岁每次2粒，2次/天，以温开水调服，3天为1个疗程；对照组30例用病毒唑治疗。结果，治疗组治愈88.9%（48/54），总有效率98.1%（53/54）；对照组治愈率70.0%（21/30），总有效率90.0%（27/30），P<0.01。苗延良报道60例，用沙参麦冬汤加减（沙参、麦冬、天花粉、桑叶、

玉竹、生扁豆等），腹泻次数多、伤阴重者酌加煨诃子。病情重者除口服外，以煎取液保留灌肠 30min，早晚各 1 次，一般用药 5 天。结果，治愈率 86.7%（52/60），总有效率 95.0%（57/60）。赵学礼用自拟苍苓天水散（苍术、茯苓、黄芩、葛根、藿香、车前子等）治疗 166 例，开水冲服，或水煎服。（年龄 + 1）×0.5g 为 1 次量，3～4 次/天；重度脱水者，应配合输液疗法。结果，无明显脱水的 32 例，治愈率 100%；轻度脱水的 86 例，治愈率 87.2%（75/86）；中度脱水的 48 例，治愈率 81.3%（39/48）。总治愈率 87.95%（146/166），总有效率 97.6%（162/166）。贾义红等用八味芍药栀子汤（白芍、栀子、枳壳、薏苡仁、黄芩、诃子等）治疗 120 例，对照组 100 例口服次苍或鞣酸蛋白。两组均补液，纠正酸碱失衡，口服思密达或乳酸菌素。结果，治疗组和对照组痊愈率分别为 91.7%（110/120）、68.0%（68/100），总有效率为 96.7%（116/120）、73.0%（73/100），$P < 0.01$；平均止泻时间分别为 2.41 ± 0.06d、4.93 ± 0.765d，$P < 0.01$。

张文春等用葛根芩连汤灌肠（葛根、黄连、石榴皮、半夏、白术、木香等）治疗 80 例，设立对照组 80 例用病毒唑、庆大霉素和 654-2 等。结果两组治愈率分别为 60.0%（48/80）、28.8%（23/80），显效率为 15.0%（12/80）、13.8%（11/80），总有效率 95.0%（76/80）、70.0%（56/80），$P < 0.01$。侯爱凤等用诃子四苓汤加减（诃子、肉豆蔻、白术、陈皮、泽泻、猪苓等）灌肠治疗 108 例，设立病毒唑对照组 96 例，结果治愈率分别为 81.5%（88/108）、43.8%（42/96），总有效率为 98.1%（106/108）、93.8%（90/96）。

（邱静宇）

【过敏性紫癜的治疗与研究】

吴颖萍等辨证分型治疗小儿过敏性紫癜（AP）60 例，血热型用犀角地黄汤加味，血瘀型用芍药甘草汤合失笑散加减，血瘀湿阻型药用：桃仁、赤芍、牡丹皮、桑枝、木瓜、桑寄生等；对照组 30 例用常规西药治疗。结果，治疗组总有效率 91.7%（55/60），对照组 50.0%（15/30），$P < 0.01$。卢燕以消癜益肾饮治疗 67 例，分为毒热内蕴和脾肾两虚 2 个证型，分别应用消癜益肾饮 1 号（仙鹤草、小蓟、苦参、石韦、凤尾草、倒扣草等）和消癜益肾饮 2 号（生黄芪、菟丝子、生山药、芡实、莲须、豆豉等）治疗，对照组 30 例用维生素 C 和复方丹参片。结果，治疗组和对照组总有效率分别为 86.6%（58/67）、63.3%（19/30），$P < 0.01$。

项秀荷以祛瘀凉血汤（三七、丹参、生地、牡丹皮、赤芍、白茅根等）加减治疗 42 例，设立激素治疗对照组 25 例。结果，近期疗效治疗组和对照组有效率分别为 90.5%（38/42）、52.0%（13/25），$P < 0.01$；2 年内复发率为 12.8%（5/39）、36.4%（8/22），$P < 0.05$。张亦群等用清热凉血汤（生地、银花、连翘、土大黄、乌梅、蝉衣等）治疗 41 例，设立西药对照 26 例。结果，治疗组与对照组痊愈率分别为 68.3%（28/41）、38.5%（10/26），总有效率为 87.8%（36/41）、53.8%（14/26），P 均 < 0.01；随访半年，复发率为 19.4%（7/36）、41.7%（5/12）。谢翠珠用清热凉血活血法治疗 56 例，基本方：水牛角、生地、赤芍、紫草、丹参、丹皮等。2 周为 1 疗程，用 2 个疗程，结果，治愈率 78.6%（44/56），总有效率 94.6%（53/56）。

郑天文等药用：水牛角、丹皮、生地、紫草、栀子、白花蛇舌草等，结合强的松、扑尔敏等治疗 30 例，设立单纯西药对照组 30 例。结果，治疗组在皮疹消退时间、7 天内皮疹消退例数、腹痛消退时间、关节症状消失时间、肾脏损害（水肿、血尿、蛋白尿等）消失时间和1年随访复发例数上均优于对照组，$P<0.05$。姜兆合等用祛癜汤（生地、丹皮、茜草、紫草、赤芍、白茅根等）结合强的松等西药治疗30例，并设立单纯西药对照组22例，结果两组痊愈率分别为90.0%（27/30）、72.7%（16.22），$P<0.01$。杨巧芝等用川芎嗪和西咪替丁治疗52例，设立单用西咪替丁对照组40例。结果治疗组在皮疹消退和消化道症状消失时间上优于对照组，$P<0.05$；对肾损害预防效果比较上也优于对照组，$P<0.01$。王天峰治疗50例用脉络宁注射液加常规治疗，对照组48例则用常规治疗。结果治疗后在皮肤症状、关节症状、消化道症状及肾脏损害消失时间上，治疗组均优于对照组，$P<0.05$。孙丽等治疗128例，分型施治再配合复方丹参注射液，痊愈率96.9%（124/128），总有效率100%。

郑健等将100例紫癜性肾炎随机分为2组治疗，治疗组50例在辨证论治基础上加用活血化瘀药如丹参、赤芍、田七粉、琥珀、白茅根等，对照组50例按西医常规方法治疗。结果，治疗组和对照组完全缓解率分别为64.0%（32/50）、54.0%（27/50），总有效率为94.0%（47/50）、80.0%（40/50），$P<0.05$。治疗组的甲皱微循环功能得到明显改善。

贾文翠等对观察组35例采用银浮汤（金银花、连翘、生地、浮萍、白茅根、紫草等）加转移因子治疗，并与采用常规治疗的对照组35例比较，同时与40名健康儿童作健康对照。结果，治疗前（急性期）与健康对照组比较，IgA、IgM、CD_4、CD_4/CD_8比值，红细胞C_{3b}受体花环率均明显升高，而CD_8明显下降，P均<0.01。观察组与对照组治疗前后免疫指标的比较，$P<0.01$，而观察组更优于对照组，$P<0.05$。观察组显效率97.1%（34/35）与对照组74.3%（26/35）比较，$P<0.01$。张永熙等用紫癜汤（生地、紫草、柴胡、白茅根、金银花等）治疗41例，治疗组治愈率87.8%（36/41），总有效率97.6%（40/41），明显高于用激素治疗的对照组60.0%（12/20）、80.0%（16/20），$P<0.05$；治疗组治疗前CD_4/CD_8活性值均低于健康对照组，分别为$P<0.05$和$P<0.01$；CD_4、CD_8比值较健康对照组增高，$P<0.05$；血清免疫球蛋白IgG明显低于对照组，$P<0.05$，IgA、IgM高于健康对照组，$P<0.05$和$P<0.01$。治疗后CD_4、CD_8活性值、CD_4/CD_8比值及血清免疫球蛋白较健康对照组比较，P均>0.05。

（高修安　朱锦善）

【新生儿高胆红素血症的治疗】

袁新华等将300例分成2组各150例，治疗组在出生后第1天始即服茵陈汤（茵陈、山栀、淡竹叶、茯苓、泽泻、大黄等）服用3～5天；对照组不用药，2组喂养相同。结果治疗组和对照组血清总胆红素不同日龄动态变化，生后2～9天治疗组胆红素浓度明显低于对照组，$P<0.05\sim0.001$；高胆红素血症的发生率治疗组为14.0%（21/150），对照组为29.3%（44/150），$P<0.002$。杨建新等用黄栀花口服液（黄芩、金银花、栀子、大黄）治疗新生儿混合性高胆红素血症80例，与用复方大青叶口服液治疗80例作对照。结果，治疗组和对照组显效率分别为37.5%（30/80）、20.0%（16/80），总有效率为90.0%（72/80）、67.5%（54/80），$P<0.05$。顾筱琪等以黄疸茵陈冲剂（茵陈、黄芩、制大黄）治疗晚期新生儿高胆红素血症52例，显效率42.3%（22/52），总有效率100%。血清胆红素治疗前为（220.74 ± 17.43）μmol/L，治疗后为（88.07 ± 20.85）μmol/L，$P<0.001$，未见有严重不良反应。

李占魁等对76例患儿随机分为治疗组41例和对照组35例，治疗组在常规治疗

（蓝光照射、酶诱导剂及病因治疗）的基础上加用茵栀黄注射液和四磨汤口服液（木香、乌药、枳壳、槟榔），而对照组则用常规治疗。结果，治疗组胆红素日均下降值明显高于对照组，P<0.01。丛培喜等报道治疗组91例也在常规治疗（蓝光照射、酶诱导剂等）的基础上加用四磨汤口服液，而对照组则单用常规治疗。结果，治疗后24小时、72小时血胆红素（μmol/L）复查，治疗组分别为251.73±50.36、196.31±46.73；对照组为179.45±55.27、232.36±51.82，P<0.05或P<0.01。所需光疗总时间（小时）：治疗组为40.57±13.74，对照组为52.31±19.47，P<0.05。皮肤黄疸消退时间（天）：治疗组为4.35±1.87，对照组为6.02±2.13，P<0.01。郭新莉等采用西医常规治疗的同时，加用清黄汤（茵陈、栀子、泽兰、丹参、虎杖等）口服，结果，治疗组48例胆红素日均下降值为（53.18±17.10）μmol/L，对照组为（36.69±11.46）μmol/L，P<0.01。刘征丽等以消黄利胆冲剂（茵陈、茯苓、栀子、黄柏、郁金、槟榔等）配合西医常规疗法治疗84例，设立单纯西医常规治疗对照84例。2组血胆红素降至正常所需天数，分别为4.8±2.5d和6.1±4.6d，P<0.05。何梅燕等将80例分成结合组39例，在西药治疗的基础上加茵陈蒿汤治疗，与西药治疗组41例对比，结果，结合组和对照组治愈率分别为89.7%（35/39）、80.5%（33/41）。两组治愈所需天数治疗组最快4天、最慢13天，对照组为4天、15天，P<0.05。靳耀生等用化湿运脾汤（茵陈、栀子、大黄、党参、茯苓、猪苓等）配合西医常规疗法治疗86例，设立单纯西医常规治疗对照62例。结果，2组患儿经住院治疗全部治愈。治疗后血清胆红素日均下降值治疗组较对照组显著，P<0.05；血清胆红素降至正常所需时间治疗组较对照组短，P<0.05。王明明报道对照组32例用常规西药治疗，治疗组39例加用苦黄注射液（苦参、大黄等）静脉滴注，结果入院第7天及出院时测定血胆红素各1次，治疗组均较对照组下降快，P<0.05。

郭萍等将42例新生儿高胆红素血症的患儿分为治疗组和对照组，治疗组22例采用辨证施治：阳黄用茵陈蒿汤加减；阴黄用茵陈理中汤加减。并配合蓝光持续照射及激素、白蛋白等西药治疗，对照组20例单纯采用光疗及激素、蛋白治疗。结果，治疗组治愈率86.4%（19/22），平均退黄时间7.0天；对照组治愈率60.0%（12/20），平均退黄时间9.6天，P<0.01。计卫东等采用微量血清胆红素测定仪研究了中药与光疗的比较疗效，分别测定了中药组、光疗组和对照组新生儿每日血清胆红素浓度的动态变化，显示中药的退黄作用与光疗基本相似，中药显效缓慢、但作用持久，无反跳现象；光疗的作用相对较强，但维持时间短，停疗后有反跳现象。

陈红武等将116例患儿随机分成3组，对照组42例采取常规治疗，培菲康组20例采取常规治疗+培菲康，联合组54例采取常规治疗+培菲康和消炎利胆片，观察3组血清胆红素、胆汁酸日均下降值和治愈所用天数。结果，培菲康组和联合组血清胆红素、胆汁酸日均下降值均明显高于对照组，治愈所用天数均明显低于对照组，P均<0.001；联合组疗效优于培菲康组，P<0.05。

（高修安　朱锦善）

【新生儿缺氧缺血性脑病的中西医结合治疗】

覃金艳在支持、对症治疗和并用脑代谢激活剂胞二磷胆碱的基础上，加用复方丹参注射液6~10ml/d静脉滴注治疗34例新生儿缺氧缺血性脑病（HIE），10天为1疗程。以临床症状消失时间及脑电图改变作为疗效评定指标，设立对照组31例不用复方丹参注射液。观察组总有效率94.1%（32/34），对照组70.97%（22/31），P<0.05。陈红武等在对症支持治疗基础上联合应用脑活素和复方丹参注射液，总有效率为93.3%（42/45），高于单用西药的对照组86.1%（31/36）；联合用药治疗的患儿其临床症状和体征恢复时间、心肌酶谱改善幅度、新生儿期新生儿神经行为评分（NBNA）等方面均优于对照组，P<0.05或P<0.01。王世俊等将60例中、重度HIE患儿随机分成治疗组和对照组，治疗组在常规治疗的基础上加用复方丹参，分别于急性期及恢复期检测血液与脑脊液中ET-1、NO、CK-BB的含量。结果治疗组显效率及总有效率分别为80.0%（24/30）、93.3%（28/30），对照组为66.7%（20/30）、80.0%（24/30）；急性期血液与脑脊液中ET-1、NO、CK-BB的含量2组比较，P>0.05，恢复期比较，P<0.01。王剑等对69例中、重度HIE患儿采用纳络酮及复方丹参注射液联用治疗，总有效率94.6%（35/37），常规治疗对照组为62.5%（20/32），P<0.01。赵红对126例HIE采用复方丹参-1.6二磷酸果糖治疗，治疗组与对照组的总有效率分别为89.7%（61/68）和74.1%（43/58），P<0.05；并在意识恢复、反射恢复、肌张力恢复和住院天数上均明显优于对照组，P均<0.01。

许慧芹等将88例患者随机分为治疗组、对照组各44例，对照组进行纠正低氧血症和低血压、抗惊厥、控制脑水肿及促进脑细胞恢复等治疗，治疗组在对照组治疗的基础上加用醒脑静（麝香、冰片、栀子、郁金等），结果治疗组患儿24小时内抽搐停止率、72小时内意识障碍消失率、1周内原始反射恢复率均明显高于对照组，P均<0.05。郭蕴琦等探讨川芎嗪对HIE脑组织的保护作用，将47例患儿随机分为Ⅰ组和Ⅱ组，2组均给一般治疗的同时，Ⅰ组加用川芎嗪治疗。结果，Ⅰ组血浆神经元特异性烯醇化酶（NSE）和红细胞总钙量（EryCaT）治疗前后自身对照，P均<0.01；Ⅱ组NSE和EryCaT治疗前后自身对照，P均>0.05；治疗后NSE、EryCaTⅠ组和Ⅱ组比较，P均<0.01。张秋才等以川芎嗪8mg/kg静脉滴注配合常规治疗20例，设立脑活素配合常规治疗对照20例。用放免法测定患儿血浆，结果观察组显效率70.0%（14/20），总有效率100%，对照组显效率45.0%（9/20），总有效率80.0%（16/20），P>0.05；两组治疗前后血浆血栓素B_2及6-酮-前列腺素F_{1a}含量变化均较治疗前下降，P<0.01和P<0.05，但观察组下降幅度大于对照组，P<0.01。王广吉等在综合治疗基础上用参麦注射液静脉慢滴，同时应用25%硫酸镁0.5~0.75ml/天深部肌肉注射治疗30例，设立综合治疗对照组30例。结果治疗组总有效率93.3%（28/30），对照组为83.3%（25/30）；血脂质过氧化终产物丙二醛、磷酸肌酸激酶及其脑型同功酶较对照组明显下降，血清镁升至正常。患儿6月龄时神经精神运动发育商（DQ）值测定，两组也有明显差异。

张青以生脉注射液为主治疗62例HIE合并心肌损害的患儿，结果治疗组32例在临床症状和体征消失时间、心电图及心肌酶谱恢复正常时间较对照组明显缩短，P<0.05或P<0.01；20项NBNA评分治疗组明显高于对照组，P<0.01。

张思莱等通过使用益脑Ⅰ号方（丹参、黄芪、当归、地龙、茯苓、白术等）、益脑Ⅱ号方（在Ⅰ号方的基础上加钩藤、全蝎、僵蚕）观察14例HIE的脑血流量变化，发现中药组比常规治疗对照组14例的脑血流量明显增多，P<0.01。王广吉等通过血脂质过氧化终产物丙二醛、磷酸肌酸激酶及其脑型同功酶和血清镁的测定，发现参麦注射液有养心复脉、益气固脱作用，并能激活网

状内皮系统、抗休克、保护脑细胞、清除氧自由基、减缓细胞凋亡作用；同时应用镁剂可纠正低镁血症，减轻再灌注损伤，稳定细胞膜，降低病死率及伤残率。

（高修安　朱锦善）

【癫痫的治疗与研究】

张士卿等报道王伯岳的经验，临证治疗重视调理心、肝、脾、肾，习用千金龙胆汤、温胆肠、钩藤饮等化裁。王霞芳等报道董廷瑶治痰经验。痰在上者吐之，痰在里者下之。以豁痰利窍，清心抑肝先治其标，痰去之后，再图其本。常以钩藤、天麻平肝熄风，胆星、竹节、白附子、天竺黄、川贝母豁痰利窍，或痰得上越吐出；用竹沥、保赤散、礞石滚痰丸等下其顽疾，以龙齿、菖蒲入心镇痫。邱静宇报道江育仁对本病的认识，认为病因多由痰、风、火、瘀相兼为患，多以熄风、豁痰、镇惊等法并用，有先天不足、肝肾和心脾亏虚的存在，应从正虚邪实之证作标本兼治。周志忠等认为小儿癫痫系痰气上逆，脉道阻塞，孔窍不通，脑络受损所致。虚、痰、瘀互为因果，脾肾虚损是本，痰瘀互结阻络是标；当健脾益肾、祛痰通络并举，病作、病休均应服药，直至正复病去。

辛莉等用抗痫胶囊（胆南星、天麻、太子参、茯苓、半夏、菖蒲等）治疗风痰闭阻型癫痫301例，设鲁米那对照100例，结果治疗组总有效率74.8%（225/301），高于对照组60.0%（60/100），$P<0.05$；治疗组不良反应率2.3%（7/301），优于对照组39.0%（39/100），$P<0.01$。黄斌等用参术痫速康胶囊（党参、白术、茯苓、陈皮、半夏、钩藤等）治疗脾虚痰盛型癫痫840例，观察6个月。结果，痊愈率27.0%（227/840），显效率45.5%（382/840），总有效率96.4%（810/840）。徐荣谦等以通络熄风法治疗38例，药用乌梢蛇、蕲蛇、地龙、青礞石、白花蛇、白檀香等辨证加味。结果，痊愈率10.5%（4/38），显效率55.3%（21/38），总有效率92.1%（35/38）。常冬梅等以平肝豁痰醒脾法治疗62例，药用柴胡、郁金、当归、天麻、钩藤、天竺黄等随证加味，结果临床治愈率77.4%（48/62），显效率16.1%（10/62），总有效率98.4%（61/62）。

韦俊等辨证分型治疗85例，发作期：肝火旺盛型用龙胆泻肝汤加减，肝风痰浊型用定痫丸化裁，痰迷心窍型用涤痰汤化裁，脾虚肝旺型用钩藤饮化裁。缓解期：肝肾阴虚型用大补元煎化裁，气血双虚型用养营汤化裁，并联合抗癫痫西药。与同期单用西药治疗40例比较，临床治愈率分别为87.1%（74/85）、70.0%（28/40），显效率为4.7%（4/85）、10.0%（4/40），总有效率97.6%（83/85）、85.0%（34/40），$P<0.05$。张磊昌用牛黄天麻散（牛黄、天麻、麝香、附子、白附子、僵蚕等）配合苯妥英钠、苯巴比妥等治疗60例，痊愈率35.0%（21/60），总有效率93.3%（56/60）。

胡思源等用抗痫胶囊（太子囊、白术、茯苓、陈皮、半夏、石菖蒲等）治疗36例，以发作次数和脑电图为观察指标，结果用药4周，脑电图癫痫异常放电的累计时间明显缩短，与用药前比较，$P<0.05$；临床发作次数也相应地减少或消失。即时实验用药，可使戊四氮诱发的大白鼠脑电图阵发性棘波样改变的持续时间明显缩短，与模型对照组比较，$P<0.001$。

（高修安　朱锦善）

参考文献

C

蔡德培，季志英，时毓民．滋阴泻火中药及甲地孕酮治疗女性特发性性早熟的临床研究．中国中西医结合杂志，2001；(10):732

蔡抗援．宣肺豁痰法治疗小儿咳嗽变异型哮喘48例．实用中医药杂志，2001；(11):9

常冬梅，杨　絮，甄　薇．平肝豁痰醒脾法治疗小儿癫痫症62例．辽宁中医杂志，2000；(6):266

陈红武，黄　铮，姚英民．复方丹参注射液治疗新生儿缺氧缺血性脑病的临床研究．中国中西医结合杂志，2001；(10):752

陈红武，黄　铮，姚英民．中西医结合治疗新生儿高胆红素血症．第一军医大学学报，2001；(3):217

陈建昌，高国洁，满长臣，等．复感灵冲剂防治小儿反复呼吸道感染的临床研究．山东中医杂志，2001；(6):343

陈建平．辨证治疗小儿手足病22例，浙江中医杂志，2001；(7):301

陈银燕．健脾益肾膏方防治小儿反复呼吸道感染临床观察．中国中医药信息杂志，2001；(4):68

褚艾尼，夏贞莲，覃耀真．清原汤治疗小儿支原体肺炎57例．四川中医，2001；(9):59

丛培喜，徐　华．四磨汤佐治新生儿高胆红素血症91例．中国中西医结合杂志，2001；(7):547

D

董幼祺，王邦才，张永兴．洁肠合剂治疗小儿霉菌性肠炎临床与实验研究．中国中西医结合杂志，2001；(6):419

杜昌华．耳穴角窝中（喘点）在咳嗽变异型哮喘诊断中的意义．湖北中医杂志，2000；(2):25

G

高　禾．中药治疗小儿咳嗽变异型哮喘39例．实用中医药杂志，2001；(2):11

顾筱琪，赵翠英．黄疸茵陈冲剂治疗晚期新生儿高胆红素血症52例．安徽中医临床杂志，1997；(6):310

郭　萍，秦　竹，王　丽．中西医结合治疗新生儿高胆红素血症22例临床观察．内蒙古中医药，2000；(2):20

郭新莉，焦　丽，齐江宁，等．清黄汤佐治新生儿高胆红素血症48例．陕西中医，2001；(5):264

郭蕴琦，李建国，郭蕴岚，等．川芎嗪对新生儿缺氧缺血性脑病的治疗作用．实用儿科临床杂志，2000；(2):87

H

何梅燕，莫蒙易．中西医结合治疗新生儿高胆红素血症．广西中医药，1995；(1):3

贺金安，牟春燕，刘燕飞，等．中西医结合治疗传染性单核细胞增多症37例．现代中西医结合杂志，2001；(18):1782

侯爱凤，连华彦．诃子四苓汤加减灌肠治疗婴幼儿病毒性肠炎108例．吉林中医药，2001；(5):35

胡思源，于　敏，向　阳，等．中药抗痫胶囊对脑电图癫痫异常放电影响的临床与实验研究．中国实验方剂学杂志，1999；(3):21

胡田桂，陈根喜．中药治疗儿童目眨208例．中医杂志，2001；(5):291

黄　斌，陈永辉，黄　浩，等．参术痫速康胶囊治疗小儿癫痫脾虚痰盛型临床研究．中国医药学报，1999；(4):37

J

计卫东，卓安山，陈爱娟，等．中药对新生儿高胆红素血症防治作用的研究．辽宁中医杂志，2001；(2):87

贾文翠，张有成，魏阿平，等．急性过敏性紫癜免疫功能的改变及中西医结合治疗对其调节作用．中国中西医结合杂志，2001；(8):585

贾文翠，张有成．扶正女贞素片对小儿反复呼吸道感染的免疫学影响及疗效观察．中国中西医结合杂志，2001；(5):390

贾义红，庞香茹，王霄扬，等．自拟八味芍药栀子汤治疗婴幼儿秋季腹泻120例．中医杂志，2001；(6):376

姜兆合，王　伟，陈　静．中西医结合治疗过

敏性紫癜 30 例．中国中医药信息杂志，2001；(7):69

蒋道国，尤家平．清金解毒液灌肠治疗小儿支原体肺炎临床研究．湖北中医杂志，2001；(7):10

蒋建胜．翘荷汤灌肠治疗小儿外感高热．浙江中西医结合杂志，2001；(7):445

靳耀生，牛保太，邹爱玲，等．“化湿运脾汤”治疗新生儿高胆红素血症 86 例．河南医科大学学报，2001；(5):618

L

李　琳，季海生，任兴斌，等．九代清源口服液增强反复呼吸道感染患儿免疫功能的临床实验研究．中国免疫学杂志，2001；(1):36

李成文，张秀华，王春芳．速退热直肠给药治疗小儿外感高热疗效观察．河南中医药学刊，1999；(2):32

李婉丽．复方大柴胡汤灌肠治疗小儿外感发热 105 例．陕西中医，2001；(5):260

李伟伟，夏贞莲．补阳还五汤加味治疗小儿特发性高钙尿症 59 例．四川中医，2001；(8):56

李占魁，陈　玺，熊红霞，等．四磨汤和茵栀黄治疗新生儿高胆红素血症疗效观察．陕西医学杂志，2000；(3):159

林胜英，罗　蓉，张国熙，等．千龙合剂对复感儿童免疫功能的影响．江西中医药，2001；(5):36

刘长江，周建华，高铁铮，等．苍苓止泻口服液治疗婴幼儿轮状病毒肠炎临床研究．现代中西医结合杂志，2001；(11):1018

刘芳贵，冷崇芬．培土生金散治疗小儿肺门淋巴结结核 89 例．浙江中医杂志，2001；(2):61

刘平英，朱司金．黄芪注射液治疗婴幼儿轮状病毒肠炎 60 例．实用中医药杂志，2001；(8):33

刘学兵，慈慧敏，辛爱菱．中西医结合治疗肺炎支原体肺炎的体会．现代中西医结合杂志，2001；(4):327

刘征丽，陈必良，李宏芳，等．中西医结合治疗新生儿高胆红素血症 84 例．陕西中医，2001；(5):265

卢　燕，陈　芳，季之颖，等．清热豁痰法治疗儿童病毒性脑炎临床研究．北京中医药大学学报，2001；(5):48

卢　燕，陈　芳，杨　燕．消癜益肾饮治疗过敏性紫癜肾炎的临床研究．北京中医药大学学报，2001；(4):63

陆　磊．大定风珠加味治疗抽动秽语综合征 12 例．湖北中医杂志，2001；(7):28

M

马建海．中药灌肠治疗小儿外感高热 54 例．中医外治杂志，2001；(3):14

马天富，邵　萍，夏永莲．中西药合用治疗儿童多瞬症 39 例．实用中医药杂志，2001；(3):22

苗延良．沙参麦冬汤治疗小儿秋季腹泻．山东中医杂志，2001；(3):138

Q

秦飞虎．加减小柴胡汤治疗病毒性心肌炎 31 例．上海中医药杂志，2001；(4):22

邱静宇．小儿癫痫从正虚邪实论治的理论探讨．长春中医学院学报，1999；(1):5

S

帅明华，郭春香．从虚寒论治小儿咳嗽变异型哮喘的临床研究．中国医药学报，2001；(4):73

帅明华，郭春香．中西医结合治疗小儿咳嗽变异型哮喘 65 例．中国中医药信息杂志，2001；(7):64

宋铁玎，王雪平，张宏伟，等．小儿清肺饮治疗小儿病毒性肺炎 144 例．辽宁中医杂志，2001；(2):94

苏绍斌．复方丹参注射液治疗新生儿缺氧缺血性脑病 68 例疗效分析．淮海医药，2001；(5):423

孙　丽，张志芹，朱淑春．复方丹参注射液辅佐治疗小儿过敏性紫癜 128 例．陕西中医，2000；(8):349

孙孝登，邱文菁．中医辨证分型治疗抽动-秽语综合征 86 例．中医杂志，2001；(7):425

孙孝登，朱学龙．中西医结合治疗小儿咳嗽变异型哮喘 63 例疗效观察．国医论坛，2000；(6):42

孙彦敏，陈耀平，马凤琴，等．金玉散敷脐对小儿反复呼吸道感染免疫机制影响的临床研究．中国中医药信息杂志，2001；(4):46

T

覃金艳．复方丹参注射液治疗新生儿缺氧缺血性脑病 34 例临床疗效观察．广西医学，2001；(6):1365

田友好、李斌安。莪术油葡萄糖注射液治疗秋

季腹泻 75 例体会．现代中西医结合杂志，2001；(8):752

W

万伟祖，袁　磊，朱　健，等．肺毒清冲剂治疗小儿病毒性肺炎 30 例疗效观察．新中医，2001；(4):17

汪受传，朱先康，李江全，等．开肺化痰解毒法治疗小儿病毒性肺炎的研究．辽宁中医杂志，2001；(7):410

王　剑，刘光平．联用纳络酮及复方丹参注射液治疗 HIE 疗效观察．中原医刊，2001；(6):27

王　毅，胡巧玲．阿昔洛韦与安宫牛黄丸联合治疗流行性乙型脑炎的临床观察．贵阳中医学院学报，2001；(3):31

王复兴．泻痢灵治疗小儿轮状病毒性肠炎 54 例．福建中医药，2001；(2):50

王广吉，张　健，戴文献，等．参麦注射液与硫酸镁治疗新生儿缺氧缺血性脑病 30 例．江苏中医，2001；(11):14

王连深，尹传兰，马志良．鱼腥草注射液配合安痛定注射液灌肠治疗小儿感冒发热 54 例．吉林中医药，2001；(3):37

王明明．苦黄注射液治疗新生儿高胆红素血症 39 例疗效观察．现代中西医结合杂志，1999；(11):1813

王世俊，江凤霞．复方丹参治疗中重度缺氧缺血性脑病的临床研究．山东中医药大学学报，2001；(5):341

王天峰．脉络宁注射液佐治小儿过敏性紫癜．时珍国医国药，2001；(1):89

王霞芳，林　洁．董廷瑶治疗小儿癫痫经验．中医文献杂志，2001；(2):32

王晓翠，李红涛．中药内外并治手足口病 20 例．光明中医，2001；(5):43

王秀坤，田　力．银翘散加味灌肠治疗小儿外感发热 30 例临床观察．国医论坛，2001；(1):39

韦　俊，黄燕萍，韦　星，等．中西医结合治疗小儿癫痫 85 例．陕西中医，2001；(5):266

韦丽莎．甘露消毒丹加减灌肠治疗小儿发热 32 例．广西中医药，2001；(4):31

魏校敏，林　青，王　薇．中药对易感儿童体液免疫的调节作用及 119 例临床观察．中医药学报，2001；(2):34

吴迪祥，孙永峰．抗敏定喘散治疗小儿咳嗽变异型哮喘 38 例．中医杂志，2000；(6):357

吴艳明，陆力生，卞同琦，等．小儿退热滴肠液治疗小儿外感发热病临床观察．南京中医药大学学报，2001；(5):287

吴颖萍，杜文娟．辨证治疗小儿过敏性紫癜疗效观察．河北中医，2001；(1):13

X

夏旭红．中西医结合治疗小儿支原体肺炎 32 例．河北中医，2001；(7):547

项秀荷．柴胡疏肝散结汤治疗女童性早熟 33 例疗效观察．中医杂志，2001；(1):36

项秀荷．祛瘀凉血法治疗过敏性紫癜 42 例临床观察．新中医，2001；(4):46

肖旭腾，刘洪校．定风安神汤治疗儿童抽动症 46 例疗效观察．新中医，2001；(10):20

谢　平，王宗银．中西医结合治疗小儿病毒性脑炎 22 例．四川中医，2001；(5):57

谢翠珠，董　勤．清热凉血活血法治疗小儿过敏性紫癜 56 例．浙江中医学院学报，2001；(4):22

辛　莉，魏佑莲，叶其芬，等．抗痫胶囊治疗小儿癫痫 301 例：附西药对照组 100 例．辽宁中医杂志，1999；(11):496

幸小玲．脑神经生长素穴位注射治疗小儿智力低下 46 例．针灸临床杂志，2001；(9):6

徐尔山．从风痰论治小儿咳嗽变异型哮喘 42 例．浙江中医杂志，2001；(11):478

徐荣谦，刘　玲．通络熄风法治疗小儿癫痫 38 例．北京中医药大学学报，1999；(4):73

许慧芹，陈立庚．醒脑静注射液配合常规西药治疗新生儿缺氧缺血性脑病 44 例疗效观察．安徽中医临床杂志，2001；(4):259

Y

杨建新，王晓静，侯秀芳．黄栀花口服液治疗新生儿混合性高胆红素血症疗效观察．吉林中医药，2001；(3):26

杨丽新．培土抑木法治疗小儿抽动秽语综合征 36 例．浙江中西医结合杂志，2001；(9):575

杨巧芝，孙世志，吕学云，等．川芎嗪和西咪替丁治疗过敏性紫癜临床观察．中国中西医结合急救杂志，2001；(1):63

杨淑华，杨素珍．小儿病毒性心肌炎的中西医

治疗-附 80 例疗效观察．中国中西医结合急救杂志，2001；(1):40

尹　洁，王　莉，孙雪梅．宁肺丸治疗小儿咳嗽变异型哮喘．现代中西医结合杂志，2000；(7):590

尹全珍．中西医结合治疗肺门淋巴结核 300 例．云南中医中药杂志，2000；(5):10

尹雪峰，雷清平．参苓白术散为主治疗小儿肺门淋巴结核 45 例．湖南中医药导报，2001；(5):223

俞　建，时毓民，汪永红，等．滋阴泻火方对性发育提前女童生长发育的影响，辽宁中医杂志，2001；(1):19

袁新华，富琴琴，曹凤珠，等．早期服用茵陈汤对新生儿胆红素代谢的影响．现代中西医结合杂志，2000；(1):5

Z

曾立昆．分型论治小儿肺门淋巴结核 56 例．湖南中医杂志，1999；(6):46

曾芸莉．莪术油配合饮食疗法治疗小儿秋季腹泻 61 例．湖南中医药导报，2001；(3):113

翟乃海，朱永霞．二龙射干麻黄汤治疗小儿咳嗽变异型哮喘 42 例．黑龙江中医药，2001；(5):23

张　敏．芍药龙牡甘草汤治疗儿童生长痛 23 例．浙江中医杂志，2001；(10):444

张　青．生脉注射液治疗新生儿缺氧缺血性脑病合并心肌损害临床研究．山西医药杂志，2001；(2):113

张桂玲，卢青军，李永申．苍苓止泻口服液为主治疗小儿病毒性肠炎 104 例．安徽中医临床杂志，2001；(4):261

张雷家，孔令芬．虎杖合剂联合抗生素治疗小儿支原体肺炎的临床观察．中国中西医结合杂志，2001；(1):68

张磊昌．中西医结合治疗小儿癫痫 60 例．江苏中医，2001；(10):35

张秋才，李黎辉，赵桂英，等．川芎嗪对缺氧缺血性脑病新生儿血栓素 B_2 及 6-酮-前列腺素 F1a 含量的影响．中国中西医结合杂志，2001；(12):942

张士卿，谭玉玲．先师王伯岳治疗小儿癫痫经验撷要．甘肃中医学院学报，2001；(1):1

张思莱，朱丽霞，周鸿敏．益脑方对新生儿缺氧缺血性脑病的脑血流的改变．北京中医，1997；(3):36

张文春，龙千里．葛根芩连汤灌肠治疗婴幼儿轮状病毒性肠炎 80 例．中医药研究，2001；(5):20

张亦群，胡　红．清热凉血汤治疗过敏性紫癜 41 例．上海中医药大学学报，2001；(1):32

张永熙，单翠英，刘　焯．紫癜汤治疗小儿过敏性紫癜及免疫学研究．辽宁中医杂志，2001；(7):414

赵　红．丹参-果糖治疗新生儿缺氧缺血性脑病的疗效评价．湖北中医学院学报，2001；(2):51

赵开仁，蒋松泉．中西医结合治疗小儿肺门淋巴结核 300 例．中国中西医结合杂志，1999；(10):591

赵学礼．治疗婴幼儿流行性秋季腹泻临床体会．中国中医基础医学杂志，2001；(4):79

郑　健，林东红，曾章超．小儿过敏性紫癜性肾炎中医辨证与甲皱微循环的关系．中国中医药信息杂志，2001；(2):40

郑天文，郭芹梅，李联侨，等．中西医结合治疗过敏性紫癜 30 例．中国中西医结合杂志，2000；(10):789

周志忠，陈俊龙．健脾益肾祛痰通络治疗小儿癫痫举隅．四川中医，2001；(1):50

周中山．马鞭草汤治疗支原体肺炎临床观察．湖南中医学院学报，2001；(1):51

朱　海．中西医结合治疗小儿羌虫病 14 例．新中医，2001；(4):33

朱　杰．克喘三号合剂配合药枕治疗儿童咳嗽变异型哮喘 108 例．山东中医杂志，2001；(2):80

朱慧华，陈燕萍，徐　钢．清营汤加味治疗小儿传染性单核细胞增多症 28 例疗效观察．河北中医，2001；(8):571

祝天俊，陈丁丁，杜克宽．中药内外合治小儿咳嗽变异型哮喘 81 例．湖北中医杂志，2000；(7):30

(6) 外　科

【概述】

2001年有关中医外科领域的文献内容丰富，涉及病种广泛，绝大多数是临床研究报道，其中在疮疡、乳房病、皮肤病、肛肠病、周围血管病、急腹症等方面的研究更为深入。

（一）疮疡　毛平等将外科常用的金黄膏由传统膏剂改为贴膏，不但保存了传统金黄散的药效成分，而且使用方便，可随疮疡面积大小而剪贴。将45例急性阳性疮疡患者，随机分为如意金黄贴膏治疗组30例，传统金黄膏对照组15例，观察其疗效，7天为1疗程，结果发现总有效率分别为96.7%（29/30）、93.3%（14/15），P>0.05。樊建开等选择阳证疮疡50例，阴证疮疡24例，正常人20例，检测其血液流变学指标（全血粘度低切、血浆粘度、血沉、血沉k值、纤维蛋白原等）。结果发现疮疡患者表现为“高粘”，“高凝”，“高聚”状态，而阴证组血浆粘度明显高于阳证组，P<0.01。方晴等用自制内消膏（白芷、大黄、黄柏、生川乌、生草乌、生南星等）治疗84例，与紫金锭作对照治疗43例，每日1次外涂患处，3天为1疗程，观察3个疗程。结果发现内消膏组和对照组治愈率分别为65.5%（55/84）、41.9%（18/43），总有效率91.7%（77/84）、86.0%（37/43），P<0.05；治愈时间分别为4.30±1.88天、5.90±1.77天，P<0.05；并发现内消膏对角叉莱胶所致大鼠足跖肿胀有明显的抑制作用。

（二）乳房病　乳腺炎、乳腺增生病仍是研究的重点。卞卫和等提出浆细胞性乳腺炎的病机是先天不足，本虚标实，病证为实，但属阴证，病位在乳腺，与肝胃有关，治疗宜温阳化痰，活血消肿，常用阳和汤加减。其观点有独到之处，但对于该病是否属阴证，值得进一步探讨。有关乳腺增生病治疗的文献颇多，与以往相比，更注重诊断标准的规范化，设立对照组，强调辨证用药。赵志民等治疗138例，辨证分3型。肝郁痰凝型用逍遥散合消瘰丸加减；冲任不调型用二仙汤合逍遥散加减；气滞血瘀型用失笑散合开郁散加减。配合耳针治疗。结果治愈率65.9%（91/138），显效率14.5%（20/138），总有效率91.3%（126/138）。杨传欣等用欣汉Ⅴ号（柴胡、香附、昆布、海藻、瓜蒌、玄参等）治疗1280例，与用乳癖消治疗130例作对照，总有效率分别为97.1%（1243/1280）、86.9%（113/130），P<0.01。肖宪法用消乳增方（柴胡、陈皮、甘草、罂粟壳、瓜蒌皮、猫爪草等）治疗86例，与用乳癖消胶囊治疗80例作对照，治愈率分别为54.7%（47/86）、41.3%（33/80），P<0.05。详见专条

（三）瘿瘤　中医药辨证治疗亚急性甲状腺炎颇有特色，石磊等对近20年的治疗概况进行回顾，从分型、分期论治、专方专药及中西医结合疗法几方面叙述，并就研究中的问题提出了自已的看法。向丽萍等用瘿瘤丸（莪术、海藻、香附、丹皮、商陆、土茯苓等）口服治疗甲状腺腺瘤100例，对照组用四海瘿瘤丸治疗50例，3个月后总有效率分别为94.0%（94/100）、78.0%（39/50），P<0.05。程宇星等对51例甲状腺腺瘤囊内出血患者治疗前均作细针穿刺细胞学检查证实为良性肿瘤，先用细针穿刺抽液，再予活血化瘀、消肿散结的柴胡、半夏、枳壳、延胡索、赤芍、青皮等内服。结果痊愈率78.4%（40/51），总有效率96.1%（49/51）。

（四）皮肤病　有关皮肤病的文献仍列居中医外科文献之首位，以临床治疗报道为主，也有实验研究的文章。杨志波等将67

例肝气郁结型银屑病患者随机分成竹黄颗粒Ⅱ号（郁金、柴胡、水牛角、生地、玄参、红花等）治疗34例和用复方青黛胶囊治疗的对照组33例。结果，基本痊愈率分别为76.5%（26/34）、48.5%（16/33），总有效率为97.1%（33/34）、78.8%（26/33），$P<0.05$；竹黄颗粒Ⅱ号还能降低肝气郁结型银屑病患者血浆中P物质和血管活性肠肽的含量。张晓杰等分析了228例寻常型银屑病的临床资料，认为阳热偏盛，热毒蕴结是其发病的病理基础，瘀热互结是主要的病理变化，风邪贯穿于发病的始终，为辨证论治、遣药组方提供了依据。赵娴等从病因病机、中医药辨证论治、药物外治、针灸疗法等4方面综合论述了近年来对扁平疣的认识和治疗。于建斌等将63例复发性生殖器疱疹分成对照组29例，内服阿昔洛韦，外涂酞丁胺软膏；治疗组34例在对照组治疗的基础上加用参芪片（人参、黄芪、鹿角、熟地、枸杞子等），结果，3个月时治疗组和对照组复发率分别为17.6%（6/34）、44.8%（13/29），$P<0.05$；6个月时为26.5%（9/34）、72.4%（21/29），$P<0.01$。复发间隔时间分别为35～158天，平均为128.7±56.6d；24～141d，平均为85.4±47.8d，$P<0.01$。治疗组治疗后CD_3^+、CD_4^+百分率及CD_4^+/CD_8^+比值升高，CD_8^+百分率降低，与治疗前比较，$P<0.05$，与对照组治疗后比较，$P<0.05$；治疗组治疗后IL-2水平、RBC-C_3b形成率升高，与治疗前比较$P<0.05$；血清SIL-2R水平较治疗前降低，$P<0.05$。有关湿疹、痤疮、日光性皮炎、放射性皮炎、瘢痕疙瘩等的治疗，详见专条。

（五）肛肠病　王兰英等用痔清冲剂（大黄、当归、白芍、枳壳、生地、槐花等）内服并熏洗治疗痔疮223例，总有效率为97.8%，其中Ⅰ期内痔，Ⅱ期内痔、外痔、混合痔的有效率分别为97%，96%，100%，100%，与单用痔清冲剂内服相比，$P<0.05$。曾华等对318例混合痔术后患者用自拟痔外洗剂（苦参、枯矾、蒲公英、忍冬藤、五倍子、艾叶等）坐浴，对照组224例用高锰酸钾溶液坐浴。结果发现痔外洗剂对痔疮术后止血、止痛、消肿和疮口愈合效果显著好于对照组，P均<0.01。辛学知等用复方熏洗剂（荆芥、防风、苦参、黄柏、红花、蛤蟆草等）坐浴观察其对肛肠病术后伤口愈合的作用，将820例病人随机分成治疗组450例，高锰酸钾对照组370例，结果发现复方熏洗剂有明显的抗炎及促进伤口愈合作用，疗效优于对照组，$P<0.05$。郑雪平等将50例低位单纯性肛瘘术后患者随机分为珠黄霜治疗组25例和马应龙麝香痔疮膏对照组25例，分别在术后第3、7、14天创面肉芽组织上取材，应用碱水解比色法检测羟脯氨酸含量。结果术后第7、14天创面羟脯氨酸含量治疗组显著高于对照组，$P<0.05$。认为珠黄霜通过提高肛门术后创面肉芽中脯氨酸含量来显示良好促愈效应。

庄鑫等综合国内外资料，并结合收治的108例复发性肛瘘进行临床复发原因调查分析，发现肛瘘有十大复发因素，即手术不彻底，查无内口，55岁以上高龄，从事驾驶员、三轮车工作，习惯性便秘，卫生习惯差，分支瘘管，瘘管周围瘢痕组织，继发或并发他病，消瘦等免疫低下。故在治疗上提出术前、术中、术后同步进行针对各种复发因素的治疗，提高了一次治愈率，降低复发率。详见专条。

（六）周围血管病　奚九一回顾近50年诊治脉管病的经验，提出“因邪致瘀，祛邪为先”的学术观点；总结了在诊治过程中应注意分病辨邪，分期辨证，侧重辨析邪、瘀、损的主次，并根据其主邪及邪、瘀、损三者主次指导用药的经验；强调急性期重在祛邪，缓解期重在化瘀补虚。有关血栓闭塞性脉管炎和静脉炎的治疗，详见专条。

李尚珠等指出，白细胞在动脉硬化发病中的作用已成为研究的重点。李氏等用阿魏酸钠治疗闭塞性动脉硬化症42例，并与同期观察的36名健康人作对照。结果近期治愈率40.5%（17/42），显效率50.0%（21/42），总有效率95.2%（40/42）；治疗前白细胞自发活化率和表面粘附分子表达率均明显高于对照组，P<0.01；治疗后与治疗前比较均下降，P<0.01。

刘晓艳等用补肾固髓片（淫羊藿、肉苁蓉、仙茅、生地、制首乌、郁金等）治疗多发性硬化43例，显效率为39.5%（17/43），总有效率为88.4%（38/43）；治疗前后临床症状、神经功能体征以及全面功能障碍评定（EDSS）评分比较，P<0.01。实验研究发现大剂量补肾固髓片能明显抑制或延缓变态反应性脑脊髓炎动物发病，抑制脑和脊髓的炎症反应和脱髓鞘改变，抑制血清白细胞介素-2、白细胞介素-6、肿瘤坏死因子和髓鞘碱性蛋白的活性，与模型组比较，P<0.01；与醋酸泼尼松组比较，P>0.05。

（七）急腹症　有关胆石病及急慢性胆囊炎的治疗和胆管结石及胆管炎中西医结合的治疗，详见专条。

（八）外科其他病　中医药促进创面愈合的研究仍是热点课题，相关临床和实验研究，详见专条。

（陈红风）

【慢性皮肤溃疡的治疗】

一、临床治疗

1. 粉剂　左新河外用黄甘粉（生黄芪、生甘草等按比例配置）治疗30例，并与市售拔毒生肌散治疗15例做对照，结果治疗组治愈率86.7%（26/30），总有效率100%；对照组治愈率6.7%（1/15），总有效率60.0%（9/15），P<0.05；治疗组有效疗程最长90天，最短10天，平均43.8天，对照组最长90天，最短28天，平均60.5天，P<0.05。巫超芬等共治107例，治疗组64例用珍珠层粉撒布创面，厚度0.1cm，外敷纱布，每周换药1次；对照组43例用氟哌酸纱条或呋喃西林纱条，1～2天换药1次。结果，显效率分别为56.3%（36/64）、13.95%（6/43），总有效率100%、60.5%（26/43），P<0.01。

2. 膏剂　程宇星等对不同病因所致的慢性难愈性创面200例，均用生肌膏（当归、白蜡、轻粉、血竭、白芷、甘草等）外敷治疗，并与用凡士林外敷治疗178例作对照，两组疗程均以10天为1疗程。结果，治愈率分别为60.5%（121/200）、43.8%（78/178），显效率21.0%（42/200）、20.2%（36/178），总有效率93.0%（186/200）、83.7%（149/178），P<0.01。刘新文等用愈创膏（麝香、珠珍粉、当归、蟹黄、血竭、大黄等）外敷治疗30例，并与独角膏外敷10例作对照。结果治疗组治愈率66.6%（60/30），总有效率96.7%（29/30）；对照组为30.0%（3/10），总有效率90.0%（9/10），P<0.05。唐国民用大黄消炎膏（生大黄、地榆、紫草、黄连、黄柏、血竭）治疗感染性创面40例，并与用新亚绿路药膏治疗40例进行对照观察，两组换药都以5天为1个疗程。结果治疗组显效率87.5%（35/40），总有效率92.5%（37/40）；对照组为50.0%（20/40），总有效率72.5%（29/40），P<0.01。

3. 溶液　荆萍用复方虎杖液（虎杖、枯矾、冰片）用于感染疮口换药197例，并与采用0.1%雷夫奴尔换药139例作对照。结果，治疗组痊愈率45.7%（90/197），总有效率92.9%（183/197）；对照组分别为21.6%（30/139），76.98%（107/139），P<0.01）。

4. 胶囊　高中和等用血竭胶囊口服及取适量药粉敷于疮口处治疗臁疮37例，并设三妙丸配外用雷夫努尔纱布换药治疗31

例为对照。结果治疗组与对照组痊愈率分别为54.1%（20/37）、9.7%（3/31），总有效率为86.5%（32/37）、58.1%（18/31），P<0.01。

二、实验研究

樊建开等探讨疮疡的发病机制和阴证、阳证临床表现不同的物质基础。选择阳证组50例（分为双黄连组28例和丹参组22例），阴证组24例，正常组20例。双黄连组内服五味消毒饮合萆薢渗湿汤化裁，外敷金黄散或玉露散，静脉滴注双黄连粉针剂；丹参组同双黄连组的治疗，并同时予丹参注射液20ml加入5%葡萄糖注射液中静脉滴注，1天1次；阴证组急性期用药同阳证组，慢性阶段内服托里消毒散合人参养营汤化裁。结果阳证组全血粘度低切、血浆粘度、血沉、血沉K值、纤维蛋白原高于正常组，P<0.05或P<0.01；阴证组除红细胞比积外，其余各项指标明显高于正常组，P<0.01；阴证组血浆粘度明显高于阳证组，P<0.01；阳证组治疗后血液流变学特征性指标下降明显，P<0.05或P<0.01；丹参组与黄连组比较无差异，P>0.05。治疗时间丹参组优于黄连组，P<0.05。结论为疮疡患者在血液流变学上表现为“高粘”、“高聚”、“高凝”状态，血浆粘度增高幅度的差异可能为阴证、阳证临床表现不同的病理基础之一，清热解毒配合活血化瘀在阳证疮疡的治疗中具有较好的协同作用。李斌等测定了外用复黄膏（大黄、蛋黄油、血竭、珍珠粉、紫草等）治疗的小鼠溃疡疮面模型中的微量元素Zn、Cu。结果表明：模型组创面Zn含量较正常皮肤高，而Cu未见升高。复黄膏组创面组织中Zn含量较模型组为高，P<0.01，认为复黄膏对创面组织中Zn趋化性影响是其促进创面愈合的机理之一。

（李　斌　肖秀丽）

【湿疹的治疗】

王小萍报道秦亮甫治疗150例，内服板蓝根、滑石、石膏（先煎）、葫芦壳、黑白丑等；外洗方为苦参、黄柏、樟木、明矾、冰片、地肤子等，1天2～3次；涂搽方为炉甘石、明矾、冰片、川黄连、苦参。用药期间忌海鲜发物。结果，痊愈率33.3%（50/150），显效率50.7%（76/150），总有效率为93.3%（140/150）。付宏伟治疗婴儿湿疹223例，用清热化湿散（金银花、山栀、黄连、灯芯草、茯苓、薏苡仁等），每次6g，1天2次，开水冲泡30min，滤干凉服。若糜烂渗出严重，以野菊花、白芷、苦参、黄柏、黄连、甘草，煎汤冷湿敷。若以丘疹为主，用黄连、黄柏、薄荷、甘草制冷霜外涂。经治1周，结果痊愈率73.99%（165/223），总有效率96.4%（215/223）。沈廷琮治疗138例，以清热解毒、祛风燥湿、养血活血为治则，内服苦参、龙胆草、黄芩、紫花地丁、防风、蝉蜕等。10天为1疗程，共治6个疗程。痊愈60.1%（83/138），总有效率90.6%（125/138）。马仁美治疗141例，在急性期用清热利湿方（龙胆草、黄芩、山栀、苦参、泽泻、车前子等），外用苦参、野菊花、马齿苋、蜀羊泉、车前草、白鲜皮冷湿敷；亚急性期用祛风凉血方（荆芥、防风、蝉衣、牛蒡子、浮萍、地肤子等），外洗用防风、苦参、蛇床子、豨莶草、地肤子；慢性期用养血祛风方（生地、赤芍、丹皮、当归、荆芥、蝉衣等）；外用首乌藤、皂角刺、夏枯草、地肤子、白鲜皮浸洗。并与西药常规治疗82例作比较。结果，中药组与西药组总有效率分别为86.5%（122/141）、69.5%（57/82），P<0.05。

李晓玲治疗急性湿疹26例，单用透骨草，全株入药，鲜者效更佳，干者200g，鲜者400g，水煎熏洗患部，每次30min，1天2次。轻者1剂而愈，最多不过10剂，全部治愈。付玉山取莱菔子60g放置于热砂锅中拌炒10min，取出研末，装瓶备用。若皮损渗出液较多者，以干粉撒于皮损处，若渗液干燥后，改用以麻油调药粉成糊状外搽，1天多次。经治24例，均愈。

彭锦芳治疗139例，用祛风止痒汤（苦参、黄连、黄柏、蛇床子、地肤子、白鲜皮等，瘙痒甚加防风，渗液多者加水杨梅、滑石粉）煎汤外洗，1天2次，连用5天。治愈率76.98%（107/139），总有效率97.8%（136/139）。王敬忠用雄防汤（雄黄、防风、枯明矾、花椒、苦参、蛇床子等）加1块纯棉纱布同煎，取出纱布并倒1/4的药液擦洗10min，1天4次。经治229例，治愈率88.6%（203/229），总有效率94.8%（217/229）。施康能治疗亚急性湿疹62例，以银蛇汤（金银花、蛇床子、苦参、丹参、生地、黄柏等）水煎20min，候凉后取药液500ml，浸泡或湿敷患处，每晚1次，每次30min，同时用七叶一枝花研末，调麻油外涂。1天2次，15天为1个疗程，2个疗程后，治愈率51.6%（32/62），总有效率95.2%（59/62）。

刘宜国等以灌肠方（龙胆草、栀子、大黄、金银花、白鲜皮、苦参等）250ml，用加压灌肠器灌肠。隔日1次，5次为1个疗程。经治68例急性湿疹，痊愈率86.8%（59/68），总有效率95.6%（65/68）。

潘祥龙等应用抗炎1号注射液（蒲公英、苍耳子、白花蛇舌草）50ml静脉滴注，1天1次，15天为1疗程。经治30例，痊愈率20.0%（6/30），显效率50.0%（15/30），总有效率86.7%（26/30）。治疗前患者血清IgE和外周血嗜酸性细胞较正常值为高，$P<0.01$，治疗后有所下降，治疗前后比较，$P<0.05$。

（李咏梅）

【日光性皮炎的治疗】

植物日光性皮炎又称蔬菜日光性皮炎。隋冠华等治疗78例，均因食用灰菜、油菜、小白菜后受日晒而发病。病程1～12天，其中轻型11例，中型50例，重型17例。用鲜小孩拳500g（或干品20g），水煎后洗患处，1次30min，洗后自然晾干。1天3～4次。重症者可配合内服清热解毒、祛风止痒、活血化瘀的中药。结果，治愈率97.4%（76/78），总有效率100%。疗程2～7天，平均5天。

龚雯等用马应龙麝香痔疮膏涂抹于晒伤部位，敷药层厚薄以隐见皮肤为度。对直径>0.2cm的水疱，消毒后穿刺放出疱液，然后拭净再行涂药。对易晒伤但尚未受损部位，涂药防晒。涂药时间最好在早晨日出前。1天涂药1～2次，保留全天。经治31例军训学生，均痊愈。

庄亦仁等用夏季灵糖浆（藿香、青蒿、金银花、苦参、黄柏、地骨皮等）治疗夏季皮炎60例，1次30ml，1天2次。对照组45例，口服扑尔敏，静脉注射维生素C。均7天为1个疗程。结果，治疗组和对照组痊愈率分别为78.3%（47/60）、11.1%（5/45），显效率8.3%（5/60）、15.6%（7/45），总有效率91.7%（55/60）、66.7%（30/45），$P<0.05$）。倪晓等用夏季皮炎方（藿香、佩兰、薄荷、青蒿、生地、金银花等）治疗36例，1天1剂；对照组32例口服安泰乐。2组均同时外用炉甘石洗剂和止痒洗剂。结果，治疗组和对照组痊愈率分别为16.7%（6/36）、9.4%（3/32），显效率为27.8%（10/36）、18.8%（6/32），总有效率为83.3%（30/36）、68.8%（22/32），$P<0.05$。江海燕等用金蝉止痒冲剂（金银花、蝉蜕、连翘、苦参、黄芩、栀子等）治疗65例，对照组25例口服息斯敏。2组均使用加黄色素的生理盐水安慰剂外搽。疗程为8天。结果，治疗组与对照组痊愈率分别为53.8%（35/65）、44.0%（11/25），显效率76.9%（50/65）、52.0%（13/25），总有效率95.4%（62/65）、72.0%（18/25），$P<0.05$。

张建如用止痒洗剂（荆芥、防风、生地、升麻、蝉衣、苍术等）治疗夏季皮炎560例，煎煮后洗浴患处，1天2次。结果，用药5天，治愈率79.6%（446/560），总有效率91.8%（514/560）。梁育翠治疗35例，药用黄柏、苍术、地肤子、苦参、鱼腥草、土茯苓、川椒、明矾、蛇床子、甘草。煎煮后局部外洗，泛发者进行药浴，洗后不必用清水清洗。1天1～2次，1次15min，3天为1疗程。结果治愈率80.0%（28/35），总有效率100%。王翔等用肤阴洁（地肤子、千里光、黄柏、蛇床子等）治疗32例，以肤阴洁25ml，加温水配成5%溶液外洗患部，痊愈率25.0%（8/32），总有效率84.4%（27/32）。梁隆生治疗50例，用解热止痛散一包外擦患部，1次擦1min左右，然后外涂肤轻松，1天3次。对照组36例，只用肤轻松。结果，治疗组与对照组治愈率分别为68.0%（34/50）、27.8%（10/36），基本治愈率88.0%（44/50）、80.6%（29/36）。

（朱新革）

【放射性皮炎的防治】

殷剑明等应用单味黄芩水提物外涂在放射野的皮肤处防治皮炎的发生。观察110例，治疗组54例，对照组56例不用药。结果，治疗组皮肤的0度、Ⅰ度、Ⅱ度、Ⅲ度损伤为0、48、6、0例；对照组为0、34、17、5例，$P<0.01$。2组放射后明显红斑、斑状湿性红斑和融合性湿性皮炎的发生，治疗组均低于对照组，$P<0.05$。张强等将116例鼻咽癌随机分为A、B两组，每组58例，均行根治性放疗。放疗中A组用紫虎防射油（紫草、虎杖、珍珠粉、枸杞粉、血竭粉、地龙粉等）外涂放射野皮肤，B组用湿润烧伤膏（山东长清制药厂生产）外涂放射野皮肤。结果，损伤出现时放射剂量A组和B组分别为（47.800±6.697）Gy、（43.625±8.261）Gy，$P>0.05$；皮肤的急性放射性损伤率A组和B组分别为17.2%（10/58）、55.2%（32/58），$P<0.01$；在皮肤损伤病例中，A组皮肤Ⅰ级、Ⅱ级的放射损伤例数均少于B组，$P<0.01$；放疗结束后，局部病灶残留率比较，$P<0.05$，并且A组无任何不良反应。显示紫虎防射油能减轻皮肤急性放射性损伤，提高正常组织皮肤放射耐受性，但不降低放疗对肿瘤病灶的疗效。

张强报道90例，其中鼻咽癌76例、乳腺癌10例，肺癌4例。分2组，治疗组60例用虎杖涂剂（虎杖200g，蒸馏水等制成）外涂，对照组30例用庆大霉素液外涂，均10天为1疗程。结果，治疗组和对照组治愈率分别为44.4%（40/90）、50.0%（15/30），总有效率为98.3%（59/60）、83.3%（25/30），$P<0.05$。王贞喜等用紫草油（紫草、忍冬藤、当归、白芷、冰片、芝麻油）外涂皮损处，1天2～3次。经治38例均为鼻咽喉癌行放疗者，治愈率86.8%（33/38），总有效率97.4%（37/38）。杨香然等治疗45例均为Ⅱ度急性放射性皮炎，皮炎发生部位在胸壁、腋窝、颈上。治疗组30例，以虎柏液（虎杖、黄柏）外涂；对照组15例，用庆大霉素液外涂。结果，1周内愈合率分别为93.3%（28/30）、60.0%（9/15），$P<0.05$。杜志强认为鼻咽癌患者一经确诊为放射性皮炎，不论是干性或湿性，即用虎杖50g，清水200ml武火煎成约50ml药液，外洗患部，1天4～6次。经治90例，均愈。其中3天治愈15例，5天49例，6～10天26例。金庆满等采用活血生肌水剂（黄芩、紫草、血竭、三七、乳香、没药等）外用治疗Ⅱ度和Ⅲ度放射性皮炎28例，对照组22例用维斯克水剂外敷。结果，2组均有疗效，但治疗组Ⅲ°放射性皮炎的疗效较对照组为优，$P<0.05$。

（滕　颍）

【银屑病的治疗与研究】

一、临床治疗

张晓杰等分析了228例寻常型银屑病的临床资料，认为阳热偏盛，热毒蕴结是其发病的病理基础，瘀热互结是主要的病理变化，风邪贯穿于发病的始终，为辨证论治、遣药组方提供了依据。刘巧等从毒论治寻常型银屑病100例，其中热毒型42例用热毒胶囊（青黛、露蜂房、重楼、黄芩、土茯苓、金银花等），血毒型58例用血毒胶囊（羚羊角、生地黄、土茯苓、全蝎、蜈蚣、紫草等），同时外用皮毒清霜（青黛、枯矾、冰片）；对照组30例用郁金银屑片（郁金、莪术、红花、香附、大黄、秦艽等），外用去炎松-尿素软膏。结果，治疗组痊愈率48.0%（48/100），总有效率96.0%（96/100）；对照组痊愈率10.0%（3/30），总有效率73.3%（22/30），$P<0.01$。杨洪浦等应用潜阳散结法治疗80例斑片状银屑病，予顽银灵浓煎剂（龟板、鳖甲、夏枯草、白花蛇舌草、玄参、天冬等），8周为1个疗程；对照组50例用银屑灵冲剂。结果观察组和对照组痊愈率分别为10.0%（8/80）、4.0%（2/50），显效率为30.0%（24/80）、4.0%（2/50），总有效率为85.0%（68/80）、32.0%（16/50）。魏跃钢等以清开灵注射液治疗寻常型为主的银屑病94例，并给予犀角地黄汤内服及适当外治，对照组42例仅服犀角地黄汤内服及适当外治。结果清开灵组临床治愈率28.7%（27/94），显效率39.4%（37/94），总有效率94.7%（89/94），对照组治愈率14.3%（6/42），显效率21.4%（9/42），总有效率69.0%（29/42），$P<0.01$；且清开灵组疗程明显短于对照组，$P<0.01$。杨志波等将67例肝气郁结型银屑病患者随机分成竹黄颗粒Ⅱ号（郁金、柴胡、水牛角、生地、玄参、红花等）治疗34例和用复方青黛胶囊治疗的对照组33例。结果，基本痊愈率分别为76.5%（26/34）、48.5%（16/33），总有效率为97.1%（33/34）、78.8%（26/33），$P<0.05$；竹黄颗粒Ⅱ号还能降低肝气郁结型银屑病患者血浆中P物质和血管活性肠肽的含量。朱瑾波等应用肤泰宝（雷公藤、丹参、黄芪、三七、生地等）治疗寻常性银屑病921例，并与口服消银片262例作对照，结果治疗组与对照组临床痊愈率分别为24.8%（228/921）、19.5%（51/262），基本痊愈率27.8%（256/921）、22.5%（59/262），总有效率88.7%（817/921）、78.6%（206/262），$P<0.05$；半年后复发率为13.6%（24/176）、21.3%（10/47），$P<0.05$。高炳爱等用复方参地汤（生地、丹参、乌蛇、白蒺藜、土茯苓、草河车等）合迪银片治疗慢性斑块型银屑病35例（综合组），同时与单纯服复方参地汤的25例（中药组）和单纯服迪银片的18例（西药组）作对照。结果，3组总有效率分别为94.3%（33/35）、88.0%（22/25）、83.3%（15/18）；显效率为48.6%（17/35）、36.0%（9/25）、22.2%（4/18），$P<0.05$。时水治用土槐六根汤（土茯苓、生槐花、紫草根、板蓝根、生地黄根、白茅根等）配合扶正荡邪合剂治疗118例，并与用复方青黛丸30例作对照，结果治疗组痊愈率64.4%（76/118），总有效率92.4%（109/118）；对照组痊愈率10.0%（3/30），总有效率73.3%（22/30），$P<0.05$。

王东海等应用平银糊膏（黄芪、丹参、白芷、青黛、狼毒）敷脐治疗118例，并设用0.1%氯氟舒松溶液外涂30例作对照组，结果治疗组治愈率38.98%（46/118），总有效率83.89%（99/118）；对照组为53.3%（16/30）和93.3%（28/30）；皮损消退时间和复发时间治疗组平均为16.8天、78.6天，对照组为8.9天、41.7天，P值均<0.01。

党亚正等用蛤庀轻软膏（蛤粉、生石

膏、熟石膏、大黄、黄柏、黄连等）轻涂患处治疗寻常型银屑病282例，与恩肤霜治疗180例作对照，两组均内服生槐花、白茅根、生地、土茯苓、紫草、茜草等。结果治疗组和对照组痊愈率分别为31.9%（90/282）、33.3%（60/180），总有效率为87.2%（246/282），90.0%（162/180），$P<0.05$。

二、实验研究

陈爱明等对银屑病患者血清中补体$_3$、补体$_4$的活化裂解片段补体$_{3a}$（C_{3a}）和补体$_{4a}$（C_{4a}）进行检测，探讨其与银屑病辨证分型之间的关系。选择寻常型银屑病48例，辨证分为血热型23例，血瘀型16例，血燥型9例，对照组为23例健康献血员。结果银屑病组及其中的血热型和血瘀型血清C_{3a}含量均高于对照组，P均<0.01；血燥型与对照组无差异，$P>0.05$；血瘀型大于血热型和血燥型，P均<0.05；血热型大于血燥型，$P<0.05$。银屑病组及其中的血热型和血瘀型血清C_{4a}含量均高于对照组，$P<0.01$或$P<0.05$；血燥型与对照组无差异，$P>0.05$；血热型大于血燥型，$P<0.05$；血瘀型与血热型和血燥型相比无差异，$P>0.05$。表明本结果与银屑病三型之间的内在联系是相符的。刘洪普等选择了48例，采用流式细胞技术对不同证型的患者血小板膜糖蛋白（CD_{41}，CD_{61}）的表达，按辨证分为血热型16例，血瘀型17例，血燥型15例，另选健康者41例。取肘静脉血2ml，经过血液样品处理、免疫反应、流式细胞仪检测等步骤，结果银屑病患者血小板CD_{41}及CD_{61}明显高于健康组，$P<0.01$；CD_{41}表达量血热型显著高于血燥型，$P<0.01$；血瘀型显著高于血热型，$P<0.05$；CD_{61}表达量血热型显著高于血燥型，$P<0.01$；血瘀型显著高于血热型$P<0.05$。说明银屑病患者活化血小板显著增高，在血瘀型患者中血小板CD_{41}及CD_{61}表达量显著高于血热型和血燥型，进一步说明了血小板活化和血瘀证的密切关系。

（李　斌　肖秀丽）

【瘢痕疙瘩的治疗与研究】

马春太等以祛瘢效灵汤（生地、白花蛇舌草、马齿苋、玄参、花粉、丹参等）治疗26例，1天1剂，显效率73.1%（19/26），总有效率96.2%（25/26）。

张国华报道外用乌倍膏（乌梅、五倍子、蜈蚣、苦参、生地、麝香）治疗50例，对照组40例，用复方去炎松注射液行瘢痕内浸润注射，均1天1次，观察30天。结果，治疗组和对照组痊愈率分别为16.0%（8/50）、7.5%（3/40），总有效率为86.0%（43/50）、55.0%（22/40），$P<0.05$。杨俊东用复方五倍子膏（五倍子、蜈蚣等）敷于患处，共治325例，治愈率为100%，疗程最短7天，最长21天。李毅等以化痞散（丹参、海藻、瓦楞子、昆布、枳实、五倍子等）和小金丹各30g，用麻油、蜂蜜调匀后，敷贴在患处，1天1次。经治3～6个月，共治28例，治愈率46.4%（13/28），总有效率89.3%（25/28）。

谷廷敏等指出，深度烧伤创伤及邮票植皮后部分患者局部易出现增生性瘢痕。用维穹瘢痕霜（维甲酸、冰片、川芎、地塞米松等）治疗62例，其中增生性瘢痕50例，中厚断层供皮区愈合后的创面12例。1天外涂2～3次，60天为1疗程。结果，优佳率45.2%（28/62），良好率30.6%（19/62），总有效率98.4%（61/62），1例无效者为增生性瘢痕。冯延民等以消瘢霜（五倍子、斑蝥）外涂面颈部瘢痕45例，其中有扁平型、凹陷型、萎缩型。1天1次，1个月为1疗程。结果疗效达1级率62.2%（28/45），2级率28.9%（13/45），3级率8.9%（4/45）。

邹世光等用皂角刺、三棱、莪术、白花蛇舌草、威灵仙、生南星等，放入醋中熬沸

45min后去渣，加蜜再熬，徐加蜈蚣、冰片粉，调成糊状，敷于瘢痕疙瘩处，隔日换1次。治疗10～20天。经治41例，痊愈率92.7%（38/41）。訾贵才治疗23例，将乌梅制成炭，研末，用蜂蜜调后敷于瘢痕上，2天换药1次。治愈率65.2%（15/23），总有效率95.7%（22/23）；疗程一般烫伤痊愈快，烧伤次之，刀伤需更长。

胥方元等以灭瘢膏（腊月羊脂、丹参、五倍子、蜈蚣、紫草、刺五加）超声透入法治疗37例，与对照组以超声波加碘离子直流电导入治疗42例作比较，均1天1次。结果，治疗组和对照组治愈率分别为54.1%（20/37）、30.95%（13/42），总有效率100%、85.7%（36/42），$P<0.05$；治疗15天和30天内的治愈显效率分别高于对照组，$P<0.01$和$P<0.001$；治疗组平均治疗29.7±16.3次，低于对照组85.1±18.1次，$P<0.01$。

张士云等探讨了复黄膏减少皮肤创面瘢痕形成的作用机理，以背面皮肤局部创伤大鼠模型，分别采用放射免疫法、免疫组化法和RT-PCR法动态观测其对大鼠创面渗液中透明质酸（HA）含量、创面组织中Ⅰ、Ⅲ型胶原含量以及创面修复组织中TGF-β_1mRNA表达水平的影响，并与白玉膏和凡士林作比较。结果显示：复黄膏可明显提高HA含量（并维持一个较高水平）和Ⅲ/Ⅰ型胶原比例，对TGF-β_1mRNA表达有良好的调控作用，优于白玉膏和凡士林。

（王宪英）

【痤疮的治疗】

彭武斌用茵陈蒿汤加味治疗116例，对照组65例，内服抗生素、维生素E等，两组均外用氯柳酊。结果，治疗组和对照组治愈率分别为70.7%（82/116）、50.8%（33/65），$P<0.05$。刘颖等以玉容消痘袋泡剂（白花蛇舌草、桑白皮、枇杷叶、丹参、山楂、漏芦根等）治疗52例，对照组30例用清热暗疮片，30天为1疗程。治疗组和对照组显效率分别为82.7%（43/52）、36.7%（11/30），总有效率100%、10.0%（3/30），$P<0.01$。药效学试验显示该药具有抑菌、抗炎、调整性激素水平和增强机体免疫功能的作用。

江超等治疗80例，用仙方活命饮水煎内服，药渣再煮后外洗患处，2周为1疗程。结果，痊愈率80.0%（64/80），其中1疗程治愈47例，2～3疗程治愈17例，总有效率97.5%（78/80）。彭阳平等也以仙方活命饮内服外洗治疗56例，显效率64.3%（36/56），总有效率92.9%（52/56）。

杨敬博将新鲜枸杞子捣碎成泥，早晚涂搽面部皮肤并按摩10min，结合内服加味桃红四物汤。3周为1疗程。经治37例，治愈率54.1%（20/37），显效率24.3%（9/37），总有效率94.6%（35/37）。高萍等外用仙方玉容膏（贵阳医学院制药厂生产）治疗120例，与用痤疮灵（贵阳疏美达保健药品厂生产）治疗48例作比较，痊愈率分别为73.3%（88/120）、37.5%（18/48），$P<0.05$。康天瑞以复方皂刺煎剂（皂角刺、金银花、连翘、白芷、夏枯草、生地等）加压喷雾治疗51例，显效率98.0%（50/51）。

卢学炎等观察600例，分成3组，中药组202例，用复方石膏四黄汤（生石膏、白花蛇舌草、金银花、黄连、黄芩、黄柏等）；西药组193例，内服维胺脂胶囊，外擦维胺脂软膏；结合组205例，中西药同用。结果，治疗21天后，基本痊愈率结合组64.9%（133/205），中药组43.1%（87/202），西药组27.5%（53/193），$P<0.05$。随访6个月，复发率分别为9.6%（19/198）、21.2%（38/179）、34.6%（47/136），$P<0.05$。

（王耀萍）

【乳腺增生的治疗与研究】

阙华发等将本病辨证分为冲任失调型和肝郁痰凝型，并观察了患者神经递质、内分泌激素水平的变化与分型的关系。结果，肝郁痰凝型患者5-羟色胺、雌二醇（E_2）、催乳素（PRL）、E_2与孕酮（P）比例异常升高，分别为P<0.05、P<0.01、P<0.001、P<0.05；冲任失调型患者P、睾酮（T）明显降低，均为P<0.001；PRL、E_2/P、E_2/T、促卵泡刺激素（FSH）与促黄体生成素（LH）比值异常升高，均为P<0.01。两组比较，肝郁痰凝型5-羟色胺、E_2、PRL、E_2与P比值升高尤为明显，提示本病发病与神经内分泌密切相关，为辨证分型提供了客观指标。赵志民等治疗138例，辨证分3型。肝郁痰凝型用逍遥散合消瘰丸加减；冲任不调型用二仙汤合逍遥散加减；气滞血瘀型用失笑散合开郁散加减。配合耳针治疗。结果治愈率65.9%（91/138），显效率14.5%（20/138），总有效率91.3%（126/138）。宋爱莉等用抗增汤（香附、柴胡、橘叶、当归、白芍、茯苓等）治疗150例，总有效率为98.0%（147/150），在临床症状、体征及钼靶X线片、血激素、红外线扫描等方面的改善均优于乳康片组85.0%（85/100），P<0.01。高美荣等将184例随机分组，治疗组134例用乳结消丸（柴胡、赤芍、白术、当归、丹参、昆布等），对照组50例用乳癖消片。均治疗6个月。结果治愈率分别为53.7%（72/134）、48.0%（24/50），显效率28.4%（38/134）、28.0%（14/50），总有效率95.5%（128/134）、86.0%（43/50），P<0.01；治疗组20例血清中E_2、PRL明显降低，而P、T则有所回升。罗华玉等用乳康散（金银花、连翘、川贝、赤芍、皂刺、穿山甲等）治疗80例，对照组40例口服乳癖消、天冬素，治愈率分别为83.8%（67/80）、52.5%（21/40），总有效率为92.5%（74/80）、72.5%（29/40），P<0.05。曹建西等用仙茅乳瘤消汤（仙茅、仙灵脾、当归、巴戟天、茯苓、白术等）治疗202例，总有效率98.0%（198/202）；对照组98例内服乳宁颗粒，总有效率为92.9%（91/98），P<0.05。尹梅等以乳癖汤（仙茅、仙灵脾、柴胡、熟地、肉苁蓉、鹿角片等）治疗534例，总有效率90.1%（481/534），与用三苯氧胺治疗的对照组80.1%（149/186）比较，P<0.01。王常勇等以归脾逍遥丸（柴胡、黄芪、党参、生地、当归、白芍等）治疗120例，痊愈率71.7%（86/120），显效率18.3%（22/120），总有效率97.5%（117/120）。优于用乳癖消治疗的120例对照组，P<0.01和P<0.05。

顾海琳采用周期疗法治疗60例，月经前5天以疏肝理气为法，方用柴胡疏肝散加减；月经后5天以调理冲任为法，方用二仙汤加减。对照组59例，用天冬素片和逍遥丸。3个月经周期为1疗程。结果，显效率分别为93.3%（56/60）、59.3%（35/59），总有效率为100%、83.1%（49/59），P<0.05；1年后复发率为0、8.5%（5/59），P<0.005。孙宇建治疗86例，月经前7天服疏肝理气、健脾化痰的消癖1号（香附、柴胡、茯苓、川楝子、半夏、贝母等），月经后3天服疏肝解郁、活血化瘀、化痰散结方（香附、柴胡、茯苓、青皮、当归、王不留行等）随证加减治疗86例，治愈率79.1%（68/86），总有效率98.8%（85/86）。杨传欣等用欣汉V号（柴胡、香附、昆布、海藻、瓜蒌、玄参等）治疗1280例，与用乳癖消治疗130例作对照，总有效率分别为97.1%（1243/1280）、86.9%（113/130），P<0.01。肖宪法用消乳增方（柴胡、陈皮、甘草、罂粟壳、瓜蒌皮、猫爪草等）治疗86例，与用乳癖消胶囊治疗80例作对照，治愈率分别为54.7%（47/86）、41.3%（33/80），P<0.05。

尹小青以海丝枳芍贝母汤（海藻、赤芍、浙贝母、枳实、丝瓜络）随证加减治疗64例，治愈率92.2%（59/64），总有效率98.4%（63/64）。宋海波等采用瓜蒌散加味（瓜蒌、橘核、荔枝核、当归、香附、柴胡等）治疗136例，总有效率为97.1%（132/136）。

孙继红采用柴芥乳增消（柴胡、白芥子、青皮、浙贝母、穿山甲、白芍等）内服，配合药渣外敷治疗40例，总有效率100%。卫俊娥等药用柴胡、当归、白芍、白术、茯苓、香附等内服及药渣外敷治疗236例，治愈率63.6%（150/236），显效率24.2%（57/236），总有效率为98.3%（232/236）。

张养民等以莪术注射液5ml肌肉注射，1天1~2次，10天为1疗程。共治50例，均愈，一般第1疗程症状消失，第2疗程乳房变软，第3疗程临床治愈。

高美荣等对不同类型的患者96例，分别佩带药磁乳罩（柴胡、乳香、没药、昆布、海藻、当归等）治疗，1月为1疗程。经治疗前后临床症状、体征、近红外线乳腺扫描、乳腺肿块检测比较，结果治愈率27.1%（26/96），显效率33.3%（32/96），总有效率91.7%（88/96）。

（刘晓鸫）

【痔疮的治疗】

张晓明等用消痔口服液（槐花、栀子、丹皮、火麻仁等）治疗60例，1次1支，1天2次，10天为1疗程，观察1~2个疗程。结果，治愈48.3%（29/60），显效40.0%（24/60），总有效率98.3%（59/60）。

陈霞用复方坐浴液（黄连、黄柏、栀子、蒲公英、白头翁、红花等）治疗100例，其中混合痔炎性肿胀期70例，内痔嵌顿13例，炎性外痔57例和血栓外痔10例。取复方坐浴液50ml加温水1000ml稀释后乘热先熏后坐浴，20min/次，2~3次/天，5天为1疗程。结果显效率78.0%（78/100），总有效率97.0%（97/100）。

邓泽谭等自制寒冰痔疮胶丸（寒水石、冰片、熊胆、血竭等）治疗130例，早晚各纳肛1次。其中内痔38例，炎性外痔27例，血栓外痔23例，混合痔25例，肛裂17例。与用马应龙痔疮膏治疗的80例作对照。痊愈率分别为32.3%（42/130）、8.8%（7/80），显效率43.8%（57/130）、26.3%（21/80），总有效率95.4%（124/130）、87.5%（70/80），$P<0.01$。

金文根等用消痔灵注射加外剥内扎术治疗内痔嵌顿48例，其中32例伴有排便困难，16例有出血性渗液。结果全部治愈，术后1~4天肛门水肿完全消退，8~14天痔核脱落，创面平均愈合时间为12天。任宏兵在治疗环状混合痔的同时采用消痔灵注射液与分段式齿形结扎多切口引流术相结合治疗68例患者，均在12~19天内痊愈。术后肛缘平整，无并发症及后遗症。

恭刚等用多功能微波治疗仪治疗痔疮122例，一次治愈率达91.8%（112/122）。该法操作简单，患者痛苦少，术后的处理同手术其他疗法。随访检查，治愈的112例中，痊愈率91.1%（102/112），显效率为100%。对内痔效果最好。

姚礼庆等采用肛门镜下吻合器痔切除术（PPH），主要通过切除肛门外脱垂的粘膜，使肛垫上移，恢复正常的解剖结构，同时切断和结扎了直肠下动、静脉的末端分支，使供血量减少，15~20天后痔核逐渐萎缩。经治36例，有效率100%。该法常用于重度脱垂的痔病患者，具有治愈或显著改善术前症状，手术时间短，住院天数少，并发症少，术后恢复快，肛门不狭窄，不易复发等特点。

（王　琛）

【肛瘘的治疗】

（一）复杂性肛瘘　庄鑫等通过108例

复发性肛瘘临床调查发现，复发原因除查无内口、手术不彻底外，多数为非外科因素，手术与抗复发治疗同步进行，可明显提高治愈率，降低复发率。并认为全面彻底手术是抗复发的前提；术前、术中、术后有效抗感染和有效换药处理创面是抗复发的成功关键；降低直肠下端压力和摩擦，改善肛周血液循环，促进创面迅速愈合，是抗复发的中坚环节；营养支持和增强免疫机能是抗复发的物质保证。梁健民采取主管切挂、支管开窗引流术治疗高位复杂性肛瘘78例，结果治愈率100%。梁氏认为本术式既成功地保护了肛门的括约功能，又无并发症与后遗症，是目前中西医结合治疗高位复杂性肛瘘的较理想的术式。李一兵等采取不切断括约肌一次性根治术治疗高位肛瘘126例。其中1次手术治愈率94.4%（119/126），疗程13~75天，平均28天；5例术后又行扩创术，2例术后复发。认为使用肠线切实缝合括约肌深面是手术成功的关键。周建清采用一次性切开挂线疗法治疗高位肛瘘78例，全部治愈，疗程18~35天，术后无肛门狭窄或失禁等后遗症，近远期随访，均无复发。麻耘等采用挂线疗法配合祛腐生肌散（三七、黄芩炭、冰片、制乳香、制没药、青黛等）外敷术后创口治疗150例，创口愈合天数7~8天，创口感染率1.3%（2/150）；对照组均采取挂线疗法，术后用1∶5000高锰酸钾坐浴创口，凡士林纱布外敷，创口愈合天数12~16天，创口感染率6.0%（9/150）。黄志坚采用部分切除引流法治疗高位肛瘘8例，均治愈出院，随访2年未见复发，平均住院天数55.75天。

（二）婴幼儿肛瘘　袁淑霞等采用切开疗法治疗26例婴幼儿肛瘘，全部病例在10~28天痊愈，随访17例，无复发及肛门功能异常。术中找准内口及彻底清除感染肛腺，在治疗中有极其重要的意义。

（三）结核性肛瘘　李清喜等采用抗痨药物换药治疗结核性肛瘘8例。低位单纯性肛瘘行管壁全切除术，低位复杂性肛瘘行切开术，高位肛瘘行切开挂线术，术后用1%异烟肼合利福平粉粘于凡士林纱布条上换药，8例患者均口服异烟肼、利福平、乙胺丁醇。全部治愈，平均疗程33天。术后随访5个月~1年，无复发。

（潘一滨）

【肛肠病术后创面愈合的治疗】

汪韶峰等应用乌骨生肌膏（乌贼骨、大黄、血竭、马钱子、苏木、儿茶等）用于混合痔术后创面换药，共治疗160例，并与用马应龙痔疮膏换药的60例作对照。治疗组术后每日便后用0.02%P．P溶液坐浴，生理盐水清洗伤口后，用乌骨生肌膏纱条内置肛内和外敷创面；对照组用马应龙痔疮膏纱条，方法同治疗组。均1天换药1~2次，3天为1疗程。2个疗程后，术后疼痛、水肿、出血等症状的疗效，治疗组明显优于对照组，$P<0.05$；平均愈合天数分别为16.2天、18.7天；伤口愈合30天后，患者瘢痕大小及柔软度，治疗组也明显优于对照组。结果，显效率分别为88.8%（142/160）、66.7%（40/60），总有效率为98.8%（158/160）、90.0%（54/60），$P<0.05$。秦建平等应用复方锡类膏（凡士林、白糖、冰片、锡类散）药物纱条对210例混合痔剥扎术后伤口换药，对照组70例用凡士林纱条引流。1天换药1次。术后伤口肉芽组织生长情况有效率分别为98.6%（207/210）、70.0%（49/70）；2周内愈合有效率为93.3%（196/210）、81.4%（57/70），$P<0.001$。曾华等对318例混合痔术后用痔外洗剂（苦参、黄柏、蒲公英、忍冬藤、枯矾、五倍子等）坐浴，并与224例用高锰酸钾溶液坐浴治疗作对照。结果，在止血、止痛效果，创面水肿减轻，伤口愈合时间等方面，均较对照组为优，$P<0.01$。

洪月光等采用紫龙生肌膏（紫草、地

龙、紫河车、当归、血竭、白芷等）用于肛肠病术后伤口换药共治108例，并设立常规换药的对照组69例。结果，治疗组和对照组疼痛缓解率分别为76.5%（75/98）、30.6%（11/36），$P<0.05$；伤口愈合天数为18.1±7.9、26±9.8，$P<0.01$。辛学知等将820例肛肠病术后病人随机分为：治疗组450例用复方熏洗剂（荆芥、防风、苦参、黄柏、红花、五倍子等）；对照组370例用高锰酸钾，2组同时在术后第3天熏洗或坐浴。每日早晚各1次。结果治疗组对伤口渗液、疼痛、水肿、出血及伤口愈合均优于对照组，$P<0.05$。

郑雪平等将50例低位单纯性肛瘘术后患者随机分为珠黄霜治疗组25例和马应龙麝香痔疮膏对照组25例，分别在术后第3、7、14天创面肉芽组织上取材，应用碱水解比色法检测羟脯氨酸含量。结果术后第7、14天创面羟脯氨酸含量治疗组显著高于对照组，$P<0.05$。认为珠黄霜通过提高肛门术后创面肉芽中脯氨酸含量来显示良好促愈效应。

（何春梅）

【烧伤创面愈合的治疗】

曾凡举等用地龙浸出液直接喷洒于烧伤创面，每1～2小时1次，治疗168例已感染创面，其中烧伤为浅Ⅱ度者82例，深Ⅱ度者80例，Ⅲ度者6例。结果，Ⅱ度以内创面在2周内愈合，愈合后很少留有疤痕，浅Ⅲ度创面在3周内愈合，留有轻微的疤痕。随访3个月～1年，未发现创面新生疤痕。治愈率100%。陈兆记等用紫草油（紫草、白芷、忍冬藤、生地榆、冰片粉、香油等）纱布外敷治疗180例Ⅱ度烧伤，对照组180例外敷新洁尔灭等，2组患者均愈。治疗组与对照组浅Ⅱ度无感染创面分别为5～8天、8～10天完全脱痂愈合，平均6天、9天；深Ⅱ度无感染创面8～10天、10～13天愈合，平均9天、11.8天；结果在愈合时间上治疗组明显短于对照组，$P<0.01$。刘广宝等自制烫伤散（煅石膏、青黛、冰片、氟哌酸粉）治疗小面积烫伤42例，创面48个；对照组36例，创面45例，外敷绿药膏。3～5天换药1次。结果，显效率分别为29.2%（14/48）、17.8%（8/45），总有效率为95.8%（46/48）、80.0%（36/45），$P<0.05$。牟文亮用地虎黄散（地榆、虎杖、大黄等量）治疗烧烫伤36例，烧烫伤面积最大者为45.0%，最小为6.0%。结果全部治愈，除2例重度烧伤愈合后有少许瘢痕挛缩外，34例均无瘢痕。疗程最短4天，最长30天，平均15天。愈后经随访均无功能障碍。

崔向君用紫草油纱布外敷治疗烧伤晚期残余创面56例，愈合率100%，愈合时间最短6天，最长16天，平均为8.4天；愈合创面平整，光滑，弹性好。何风雷用生肌膏（制象皮粉、当归、血余、生龟板、生地、生石膏等）治疗烧伤残余创面26例，残余创面最小者1.0%，最大者12.0%。结果，21例创周上皮爬行迅速，创面基底不断有皮岛生成并逐渐融合成片，且愈合后瘢痕薄，弹性好，不易破溃；另5例确诊基底部无上皮组织时，行植皮治疗，成活率极高，不需反复植皮，有效率为100%。

孙建飞等用Ⅱ号洗剂（苍术、黄柏、苦参、金银花、野菊花、地肤子等）治疗烧伤并发湿疹样皮炎26例，湿敷于皮损处，1天2次，1次30min。结果全部治愈，疗程最短3天，最长7天。

（刘晓鸫）

【血栓闭塞性脉管炎的治疗与研究】

徐晋等用加减清营汤（生地、丹皮、赤芍、丹参、银花、连翘等）治疗20例，治疗1个月后全血粘度、血浆粘度、红细胞压积明显降低、血小板聚集率等均显著降低，经统计学处理，其作用与通塞脉片对照组相似。黄克江等以血塞通注射液（主要成分为三七总皂甙）股动脉注射治疗 36 例，治愈率 90.0%（27/30），总有效率 100%。

韩宝利等用中西医结合治疗 57 例，寒湿型以阳和汤加黄芪、鸡血藤、红花；血瘀型以桃红四物汤加减；热毒型以四妙勇安汤酌加丹参、延胡索；气血两虚型用人参养营汤加减；配合应用阿斯匹林、潘生丁等。结果治愈率 24.6%（14/57），显效率 40.4%（23/57），总有效率为 94.7%（54/57）。聂斌治疗 137 例，以通脉汤（毛冬青、两面针、当归、川牛膝、延胡索、桔梗等）辨证加减；配合静脉滴注云南灯盏花注射液 30ml，或精制蝮蛇抗栓酶 0.75U，或低分子右旋糖酐加复方丹参注射液 20ml；并加用中药外洗和穴位注射等治疗。结果，治愈率 69.3%（95/137），总有效率为 97.8%（134/137）。

何立纲认为本病起病隐匿，病程进展缓慢，呈周期性发作，往往需要经过数年才趋严重。病程演变可分三期，应根据不同阶段采取综合的治疗方法，包括药物内服、局部处理和手术疗法。脉络寒凝型用阳和汤加减，可配合应用山莨菪碱静脉滴注，还可应用复方丹参注射液、脉络宁注射液及蛇毒制剂等治疗。脉络血瘀型用当归活血汤加减，若偏热者可加金银花、玄参；偏寒者加制附片；气虚者加黄芪。亦可配合应用山莨菪碱、复方丹参注射液、脉络宁注射液及蛇毒制剂等。脉络瘀热型用四妙勇安汤加味。脉络热毒型常用四妙勇安汤合五味消毒饮加减，根据脓液的性质或细菌培养的结果配合应用强力有效的抗生素。气血两虚型常用八珍汤加减。韩生先介绍了运用五虫活血逐瘀汤（䗪虫、地龙、全蝎、水蛭、蜈蚣、毛冬青）治疗本病的体会。虚寒型合阳和通瘀汤加减；气血瘀滞型合活血逐瘀汤加减；湿热型合利湿化瘀汤加减；热毒型合黄连解毒活血汤加减；气血双虚型合人参养荣活血汤加减。杨大红等认为治疗本病应以活血化瘀为基本治则，佐以温阳、益气、清热解毒。温阳活血用阳和汤、四逆汤合活血药加减，清热解毒、活血化瘀用解毒活血汤加减，益气活血用补中益气汤、十全大补汤合活血药；配合具有疏通经络、调理气血及止痛作用的针灸疗法。南喜连认为本病关键是脉络瘀阻，血瘀证贯穿始终，但由于致瘀的病因不同以及瘀血的转化不同，辨证施治时常用 5 种方法：温经散寒，活血通络法；行气活血，化瘀止痛法；清热养阴，活血化瘀法；清热解毒，化瘀通络法和补益气血，活血化瘀法。和建清指出本病为素体阴阳失调，复感寒湿，受冻、外伤或湿热饮食（现代医学认为吸烟尤为突出），邪与血结，导致气血塞滞，经脉闭塞所致。活血祛瘀结合清热解毒、益气养阴、温阳散寒及除湿通络有祛除血栓、减低血液粘滞度、促进侧支循环建立及扩张血管作用。和氏认为，扩张血管法尤适用于寒湿阻滞型。依据热胀冷缩及寒者热之原则，用附片、川乌、草乌、细辛、蜀椒、桂枝、雪上一枝蒿、香薷等温经散寒类药煎液温水浸泡、熏蒸，结合内服温阳散寒剂（楤木、制附片、桂枝、细辛、杭芍、干姜等），可直接扩张血管而改善临床症状。

（刘晓鸫）

【血栓性静脉炎的治疗】

王安春等采用红花注射液静脉滴注治疗 42 例，并与低分子右旋糖酐加丹参注射液治疗 36 例作比较，结果红花注射液缓解局部疼痛、减轻下肢肿胀、消除色素及总体疗效均优于对照组，$P<0.05$；治愈率分别为 30.95%（13/42）、16.7%（6/36），显效率为 42.9%（18/42）、19.4%（7/36），总有效率 90.5%（38/42）、75.0%（27/36），$P<0.05$；在改善血液流变学方面也优于对照组，$P<0.05$。许保华等以脉络通颗粒（黄芪、金银花、当归、玄参、水蛭、蜈蚣等）治疗 206 例，与对照组 70 例用通塞脉片治疗作比较。疗程均为 3 周。结果，治愈率分

别为 20.9%（43/206）、15.7%（11/70），显效率为 27.2%（56/206）、21.4%（15/70），总有效率 83.5%（172/206）、77.1%（54/70），P<0.05；其主要症状肿胀、疼痛、压痛、舌质暗红及苔薄黄等方面的消失率明显优于对照组，P<0.05。张霞等以脉痹片（茵陈、赤小豆、生米仁、炒苍术、黄柏、木防己等）治疗 101 例，与用复方丹参片治疗 33 例作对照，结果，治疗组治愈率 50.5%（51/101），显效率 26.7%（27/101），总有效率 95.0%（96/101）；对照组分别为 27.3%（9/33）、33.3%（11/33）、75.8%（25/33），P<0.05。

霍清萍用化瘀通络汤（当归、鸡血藤、地龙、全蝎、蜈蚣、水蛭等）配合西药抗凝、溶栓治疗下肢深静脉血栓形成 47 例，与单纯用西药治疗的 56 例对照，结果治疗组总有效率为 97.9%（46/47），对照组为 83.9%（47/56），P<0.05。

王作胜等以醋调如意金黄散调成糊状外涂患部治疗 64 例化疗后静脉炎，治愈率为 84.4%（54/64），痊愈所需时间为 4~61 小时，总有效率为 96.9%（62/64）。毒性分级越轻疗效越好，治疗时间也越短。

高垣宇等以激光照射局部 20min 后，先外敷红军膏，再用三色膏，同时内服三七粉，2.5g/次，1 天 2 次，20 天为 1 疗程。经治 85 例，痊愈率 80.0%（68/85），总有效率为 100%。韩书明治疗 146 例，内服当归、川芎、红花、桃仁、苏木、紫草等，水煎或制成蜜丸均可。按所发部位加引经药，周围皮肤暗肿硬者减蒲公英、泽兰、紫草，加黄芪、穿山甲、玄参等，同时用红霉素、蕲蛇酶静脉滴注。1 天 1 次，10~14 天为 1 疗程。结果，痊愈率 92.5%（135/146），总有效率 99.3%（145/146）。

（徐兆东　薛慈民）

【胆石病及急、慢性胆囊炎的治疗与研究】

在胆石病证型研究方面，麻晓慧等从 20 年中医、中西医结合杂志中收集到的资料分析，有中医证型诊断的 585 例，其中肝胆气郁证 260 例（44.4%），肝胆湿热证 227 例（38.8%），血瘀证 80 例（13.7%），脾失健运证 59 例（10.1%），郁热证 52 例（8.9%），阴虚证 43 例（7.4%），脾阳虚证 33 例（5.6%），热毒证 26 例（4.4%），胃气不和证 22 例（3.8%），胃肠热结证 15 例（2.6%），气虚证 12 例（2.1%），少阳证 7 例（1.2%），正虚邪陷证 1 例（0.2%）。说明肝胆气郁证及肝胆湿热证是临床最常见的证型，也是本病的基本病理改变。

在辨证分型论治方面，张友礼等辨证论治胆石症 228 例，其中肝胆气郁型 90 例，以疏肝理气散结为主，常用柴胡、郁金、香附、木香、枳壳、白芍等；肝胆湿热型 60 例，以清热利胆通下为主，常用茵陈、黄芩、山栀，大黄、木香、郁金等；脾胃虚弱型 48 例，以健脾益气为主，常用茯苓、白术、扁豆、山药、薏苡仁、砂仁等；热毒壅积型 30 例，以清热解毒，凉营通脉为主，常用茵陈、大黄、山栀、芒硝、黄芩、赤芍等。结果，显效率 65.8%（150/228），总有效率 94.7%（216/228）。

在单方验方治疗方面，古伟明等用大柴胡汤加减辨证治疗胆石病 120 例，其中 30 例肝郁气滞型加木香、玄胡、郁金，68 例肝胆湿热型加茵陈、川楝子，22 例肝郁脾虚型加茯苓、白术、郁金，兼有血瘀加王不留行、莪术，黄疸明显加溪黄草、虎杖。而对照组 68 例，采用西医常规治疗，用氨苄青霉素或灭滴灵静滴，口服 33.3%硫酸镁，1 天 3 次。疗程均为 1 月。结果，治疗组痊愈率 20.8%（25/120），显效率 51.7%（62/120），总有效率 97.5%（117/120）；对照组痊愈率 11.8%（8/68），显效率 50.0%（34/68），总有效率 94.1%（64/68）。治疗组痊愈率高于对照组，P<0.01；以肝胆湿热型疗效最好，肝郁脾虚型疗效最

差。姚芳用疏利活血汤（柴胡、郁金、金钱草、荷包草、平地木、制香附等）治疗老年胆石病50例，并与西药爱活胆通治疗的20例进行对照。结果，治疗组治愈率4.0%（2/50），显效率16.0%（8/50），总有效率88.0%（44/50）；西药组显效率5.0%（1/20），总有效率45.0%（9/20），P＜0.05。余靖等应用清胆利湿汤（茵陈、黄芩、柴胡、延胡索、半夏、枳壳等）治疗慢性胆囊炎辨证为肝胆湿热型134例，并观察治疗前后病人血浆一氧化氮（NO）、内皮素（ET）的变化情况。治疗前抽取静脉血检查血浆NO、ET，口服清胆利湿汤，疗程为4周。获效的病例复查血浆NO、ET。结果发现慢性胆囊炎肝胆湿热型的临床症状和血浆NO、ET水平有关，病人中胁肋疼痛较重者血浆ET明显高于胁肋疼痛较轻者及正常人，NO水平则无明显差异；脘腹痞满较重者血浆NO明显高于脘腹痞满较轻者，ET水平则无明显差异。慢性胆囊炎处于相对活动期时有ET释放，引起胆囊不规则收缩，产生胁肋疼痛。肝胆湿热型慢性胆囊炎脘腹痞满可能和胆囊炎性浸润等因素刺激内皮细胞，使NO的合成和分泌增加，胆道平滑肌舒张，胆囊排空延缓，消化功能障碍有关。清胆利湿汤能调整肝胆湿热型慢性胆囊炎病人血浆NO、ET水平或ET/NO比值，从而改善胆囊功能，促进胆汁排泄，消除临床症状。

在综合治疗方面，陈伟民等将584例胆囊结石病人分设西药、中药、中药加推按运经仪综合疗法3组进行对比观察，西药组41例用口服舒胆通、爱活胆通片；中药组62例用四金排石汤（大叶金钱草、鸡内金、海金沙、郁金、枳壳、青皮等）煎服，加口服肝胆结石片；综合组481例用内服四金排石汤加推按运经仪治疗，并配合简化总攻疗法。中、西药组30天为1个疗程，综合组15天为1个疗程，一般治疗2个疗程。结果3组中以综合组排石疗效最为显著，其排净率、总排石率、总有效率分别为16.8%（81/481）、51.1%（246/481）、84.8%（408/481）；中药组次之为11.3%（7/62）、37.1%（23/62）、67.7%（42/62）；西药组最差为2.4%（1/41）、7.3%（3/41）、43.9%（18/41）。P＜0.05或P＜0.01。

杨欣总结了朱培庭教授经验，认为胆石病的治疗应注意：①强调从肝论治，正本清源。根据临床及实验提示，胆石是继发于肝脏内在病变及所产生的致石性病理性胆汁而形成的，因此治疗必求其本，从肝论治，不仅仅局限清除结石本身，目的在于正本清源。②注意病证结合，分期施治。根据胆石病的发病特点，急性发作期的病机关键在于“热”、“郁”、“结”，常根据病邪热化的程度分为蕴热、湿热、热毒3个阶段。而慢性静止期的病机特点是“郁”、“虚”，主要分为肝胆气郁和肝阴不足2型。急性发作期按“急则治其标”采用疏肝利胆，清热解毒，攻下通腑等治法，方用大柴胡汤合金铃子散、茵陈蒿汤合大柴胡汤、茵陈蒿汤合黄连解毒汤等加减。慢性静止期按“缓则治其本”，以养阴柔肝、疏肝利胆为治法，方用养肝利胆汤（生地黄、何首乌、枸杞子、茵陈、虎杖、大黄等）、胆宁汤（茵陈、虎杖、大黄、青皮、陈皮、郁金等）加减。③遣方用药时必须重视肝体阴而用阳之特性。肝为刚脏，肝气常有余，肝阴常不足，胆病治肝，不可妄伐。慢性期病性多虚，或虚实夹杂，治宜养肝柔肝，兼顾脾肾。急性期病性多实，疏肝、清肝须中病即止，尤其在气滞、湿热、热毒等病邪已缴，病情基本控制的情况下，切勿迭进攻伐之剂，应侧重于对肝之体用功能的调节，以固其本。对禀性不耐，素体阴亏者，在急性期热邪最易燥化，更应予以重视。

（朱培庭　沈　平）

【胆管结石及胆管炎中西医结合治疗与研究】

顾自强等以中西医结合治疗肝内胆管结石21例，内服利胆合剂（金钱草、海金沙、茵陈、柴胡、郁金、炒枳壳等），1天3次，1次30ml；同时吞服硝石矾石散（白矾、火硝）、六一散各3g。西药用熊去氧胆酸，1天3次，1次50mg。10天为1个疗程。期间8例病人行手术治疗，6例行纤维胆道镜取石术。结果最短服药1.5疗程，最长服药7.5疗程，平均3.2疗程；临床治愈7例，好转10例，总有效率80.95%（17/21）。沈平等对17例T管造影证实有直径在0.4～0.9cm残余结石的病人进行辨证：肝胆气郁型9例，予疏肝清热、利胆通下法，方用胆宁汤加减（柴胡、黄芩、山栀、茵陈、虎杖、青皮等）；肝阴不足型8例，予养肝护阴，利胆通下法，方用养肝利胆汤加减（生地、杞子、首乌、黄芩、山栀、茵陈等）。服药期间夹闭T管，以无右胁部闷胀疼痛为原则，并保持1天排便2～3次。结果，17例胆总管内残余结石均排出，最快为2周，最慢为8周，平均为4周。认为胆道术后直径<0.9cm的残余结石，经辨证论治有排出的可能。苏南湘用茵栀黄注射液加氨苄青霉素治疗胆总管泥砂样结石合并胆管炎40例，并与单用氨苄青霉素治疗的40例进行疗效比较，治疗组用茵栀黄注射液50ml/d+氨苄青霉素9g/d治疗；对照组仅用氨苄青霉素治疗。连续治疗3天。结果治疗组与对照组腹痛消失、发热消退平均为3天、5天，周围血中白细胞总数恢复正常为4天、7天，转氨酶恢复正常为7天、10天，直接胆红素恢复正常为9天、12天，P<0.05。

韦林陈等将171例重症急性胆管炎手术病人于术前随机分为2组。对照组93例，采用常规抗休克治疗。治疗组78例除常规抗休克治疗外，加用生脉注射液100ml加入5%葡萄糖注射液500ml中静脉滴注。结果术前休克纠正数对照组占76.3%（71/93），治疗组占96.2%（75/78），P<0.01；休克纠正平均时间分别为8.0±4.3小时、4.0±3.2小时，P<0.01；术后死亡例数为24.7%（23/93）、12.8%（10/78），P<0.05。

在治疗急性重症胆道感染的实验研究方面，朱培庭等将SD大鼠胆总管结扎并向胆总管内注入致病性大肠杆菌建立大鼠急性胆管炎模型，分设模型A组，锦红片（红藤、蒲公英、生大黄）B组，抗生素C组，单纯结扎D组，及假手术E组。以观察锦红片在急性胆道感染时，对细胞因子的调节和肠粘膜屏障的保护作用。结果，实验提示锦红片能有效地抑制肠道细菌的移位，对抗内毒素血症，并能显著降低血清胆红素，减轻急性胆道感染对肝肾损伤的作用，能保持细胞因子和炎症介质在急性炎症反应时的相对稳定，抑制过度的炎症反应，维持机体免疫功能的平衡。锦红片具有调节机体免疫和保护肠粘膜屏障的作用。沈彬等将Wistar大鼠胆总管横断，制成急性重症胆道感染模型。分设造模组以造模后生理盐水灌胃；减压组以造模后胆管减压内引流+生理盐水灌胃；中药组以造模后胆管减压内引流+大黄合剂（大黄、白头翁、败酱草、茵陈、丹参、甘草等）。然后观察对实验大鼠血清铁蛋白和胆红质的影响。结果，中药组大鼠血清铁蛋白和胆红质的浓度与造模组、减压组比较均明显下降，P<0.05或P<0.001。说明大黄合剂能明显降低血清胆红质和铁蛋白浓度，其机理与其保护肝脏、抗炎，减少肝细胞的变性坏死，从而减少铁蛋白从细胞中溢出，减少炎症的单核细胞和吞噬细胞合成大量铁蛋白有关。

（朱培庭　沈　平）

参考文献

B

卞卫和，任晓梅．浆细胞性乳腺炎病机探讨．南京中医药大学学报，2001；(4):212

C

曹建西．陈　剑．仙茅乳瘤消汤治疗乳腺增生病 202 例疗效观察．河南中医药学刊，2001；(1):15

陈　霞．复方坐浴液治疗痔疮的临床观察．云南中医中药杂志，2001；(1):20

陈爱明，苗登顺．银屑病辨证分型与血清 C_{3a}、C_{4a}的关系．中医杂志，2001；(8):496

陈伟民，庞晓霞，朱玮华．584 例胆囊结石排石疗效对比分析．中医杂志，2001；(4):218

陈兆记，薛广英．紫草油的临床应用研究．甘肃中医，2001；(1):58

程宇星，熊凤珍，谢细玲，等．生肌膏治疗慢性难愈性创面 200 例疗效观察．新中医，2001；(8):20

程宇星，姚睿智，黄　坚．细针穿刺结合中药治疗甲状腺腺瘤囊内出血 51 例疗效观察．新中医，2001；(5):30

崔向君．紫草油纱布外敷治疗烧伤晚期残余创面观察．辽宁中医杂志，2001；(6):361

D

党亚正，王咸昌，李新田，等．蛤庀轻软膏外用并中药口服治疗寻常型银屑病 282 例．中国中西医结合杂志，2001；(7):494

邓泽潭，刘世文．寒冰痔疮胶丸治疗痔疮的临床观察．中国中西医结合外科杂志，2001；(2):114

杜志强．虎杖外洗治疗放射性皮炎 90 例．新中医，1995；(11):41

F

樊建开，姜宏军．疮疡的血液流变学研究及临床观察．河北中医，2001；(6):405

方　晴，干　磊．内消膏治疗疮疡的临床研究及实验观察．中医药研究，2001；(2):17

冯延民，顾　莹，赵玉春，等．消瘢霜治疗瘢痕的药物研究．长春中医学院学报，1998；(4):47

付宏伟．中西医结合治疗婴儿湿疹 223 例疗效观察．上海中医药杂志，1999；(10):38

付玉山．莱菔子外用治疗湿疹 24 例．中医外治杂志，1997；(2):36

G

高　萍，师晶丽．仙方玉容膏治疗痤疮的临床与实验研究．湖北中医杂志，2001；(2):11

高炳爱，许　铣．复方参地汤与迪银片联合治疗慢性斑块型银屑病的疗效评价．中国中西医结合杂志，2001；(1):15

高恒宇，赵秉正，邓海军．综合疗法治疗血栓性浅静脉炎 85 例．中国民间疗法，2001；(5):39

高美荣，马　杰，王松鹤，等．乳结消丸治疗乳腺增生症 184 例临床研究．河北中医药学报，2000；(4):15

高美荣，马　杰，王松鹤，等．药磁乳罩治疗乳腺增生症 96 例临床观察．新中医，2001；(4):53

高中和，石红乔．血竭胶囊治疗老年臁疮 37 例．山西中医，2001；(3):5

龚　雯，王晓明．马应龙麝香痔疮膏防治日光性皮炎 31 例．云南中医中药杂志，2001；(4):28

古伟明，李法雄．大柴胡汤加减辨证治疗胆结石 120 例。陕西中医，2001；(1):9

谷廷敏，杨　杰，李兰青，等．维穹瘢痕霜治疗和预防增生性瘢痕的临床体会．现代中西医结合杂志，2001；(12):1147

顾海琳．中药周期疗法治疗乳癖 60 例．广西中医药，2001；(1):29

顾自强，何建新．中西医结合治疗肝内胆管结石 21 例．江苏中医，2001；(2):19

H

韩宝利，韩　卫，刘士敏．中西医结合治疗血栓闭塞性脉管炎 57 例．中医药信息，2001；(3):39

韩生先．五虫活血逐瘀汤治疗脉管炎经验．河南中医，2001；(2):16

韩书明．内外结合治疗血栓性静脉炎 146 例．新中医，2001；(2):54

何风雷，郭建军．生肌膏治疗烧伤残余创面 26 例．国医论坛，2001；(4):25

何立纲．血栓闭塞性脉管炎治疗体会．河南中医，2001；(2):15

和建清．血栓闭塞性脉管炎治疗浅识．河南中医，2001；(2):18

洪月光，张　敏．紫龙生肌膏促进肛肠病术后伤口愈合的疗效观察．河北中医，2001；(5):348

黄克江，刘乃英．血塞通注射液股动脉注射治疗脉管炎 36 例．中医药信息，2001；(3):40

黄志坚．部分切除引流法治疗高位肛瘘 8 例．北京中医，2001；(3):19

霍清萍．化瘀通络配合抗凝、溶栓治疗下肢深静脉血栓形成．上海中医药杂志，2001；(2):36

J

菅贵才．乌梅外敷治疗瘢痕．上海中医药杂志，2001；(12):29

江　超，姜华静，柯黎黎．仙方活命饮治疗痤疮 80 例．山东中医杂志，2001；(8):475

江海燕，杨昌达，黄良月．金蝉止痒冲剂治疗瘙痒性皮肤病临床观察．成都中医药大学学报，1996；(4):19

金庆满，宁小明，杨述特，等．活血生肌水剂外治放射性皮炎的临床观察．湖南中医药导报，2001；(1):33

金文银，李云君．消痔灵加外剥内扎术治疗内痔嵌顿．湖北中医杂志，2001；(5):40

荆　萍．复方虎杖液用于感染疮口换药的临床观察．中国中西医结合杂志，2001；(4):313

K

康天瑞．复方皂刺煎剂加压喷雾治疗重症痤疮 51 例临床观察．甘肃中医，2001；(4):39

L

李　斌．祛瘀生肌法对创面微量元素 Zn、Cu 的影响．新中医，2001；(1):75

李　毅，韩文彬．化痞散外用治疗瘢痕疙瘩 28 例．中国中西医结合杂志，2001；(7):555

李清喜，熊红秀．抗痨药物换药治疗结核性肛瘘 8 例．中国中西医结合外科杂志，2001；(1):52

李尚珠，黄平平，金永娟，等．阿魏酸钠对闭塞性动脉硬化症患者白细胞自发活化及表面粘附分子表达的影响．中国中西医结合杂志，2001；(7):492

李晓玲．透骨草治疗急性湿疹 26 例．中医外治杂志，1997；(3):5

李一兵，张彦峰，朱银香，等．括约肌无损伤根治术治疗高位肛瘘 126 例临床报告．陕西中医学院学报，2001；(1):34

梁健民．切挂开窗引流术治疗高位复杂性肛瘘的临床观察．现代中西医结合杂志，2001；(3):197

梁隆生．解热止痛散治疗夏季皮炎疗效观察．重庆医学，1994；(4):254

梁育翠．中药外洗治疗夏季皮炎 35 例．中医外治杂志，2001；(3):4

刘　巧，张永杰．从毒论治寻常型银屑病 100 例临床研究．中医杂志，2001；(9):550

刘　颖，严素芳，李建利，等．玉容消痘袋泡剂治疗寻常型痤疮的研究．四川中医，2001；(6):56

刘广宝，王玉珍．自制烫伤散治疗小面积烫伤 42 例．四川中医，2001；(7):58

刘洪普，刘华昌，李冠勇，等．银屑病辨证分型与血小板膜糖蛋白表达的关系．中国中西医结合杂志，2001；(3):173

刘晓艳，孙　怡．补肾固髓片治疗多发性硬化的临床与实验研究．中国中西医结合杂志，2001；(1):10

刘新文，刘亚明，杨继峰，等．愈创膏对溃疡修复作用的临床研究．中国医药学报，2001；(4):39

刘宜国，刘春来，崔玲玲．中药保留灌肠治疗急性湿疹 68 例．中国民间疗法，2001；(6):29

卢学炎，黄　静．复方石膏四黄汤加味治疗痤疮的临床观察．中国中西医结合杂志，2001；(6):468

罗华玉，田献中．自拟乳康散治疗乳腺增生病 80 例．河南中医药学刊，2001；(1):15

M

麻　耘，洪启和．挂线疗法配合祛腐生肌散外敷治疗肛瘘 150 例．安徽中医临床杂志，2001，(3):197

麻晓慧，楚更五．胆病证型及症状学研究．浙江中医杂志，2001；(1):32

马春太，夏晓萍，李志刚，等．祛瘢效灵汤治疗瘢痕疙瘩26例观察．新疆中医药，2001；（4）：22

马仁美．内外合治法治疗湿疹141例．上海中医药杂志，1999；（11）：34

毛　平，樊建开．如意金黄贴膏治疗急性疮疡的临床观察．上海中医药杂志，2001；（7）：32

牟文亮．地虎黄散治疗烧烫伤36例．四川中医，2001；（8）：62

N

南喜连．从瘀辨治脉管炎五法．河南中医，2001；（2）：17

倪　晓，陆明琳，李凤歧．夏季皮炎方治疗夏季皮炎疗效观察．临床皮肤科杂志，1994；（1）：46

聂　斌．中西医结合治疗血栓闭塞性脉管炎137例．山东中医药大学学报，2001；（3）：203

P

潘祥龙，缪　晓，竺　炯，等．中药抗炎1号注射液对急性湿疹疗效及血清IgE的影响．上海中医药杂志，2001；（3）：34

彭锦芳．祛风止痒汤治疗婴儿湿疹139例．广西中医药，1999；（4）：27

彭武斌．茵陈蒿汤加味治疗痤疮116例．新中医，2001；（2）：58

彭阳平，何　浩．仙方活命饮治疗青少年痤疮56例．新中医，2001；（2）：26

Q

秦建平，梅　嘉．复方锡类膏对混合痔剥扎术后创面愈合的疗效观察．四川中医，2001；（4）：64

阙华发，阙振福，邓相爱，等．乳腺增生辨证分型与神经内分泌相关性研究．中医药学刊，2001；（2）：98

R

任宏兵．分段齿形结扎多切口引流术治疗环状混合痔68例．四川中医，2001；（5）：63

S

佘　靖，张炳厚，刘红旭，等．肝胆湿热型慢性胆囊炎一氧化氮、内皮素水平及中药治疗影响．中国中医药信息杂志，2001；（5）：42

沈　彬，温午麒，孙建堂．中药对急性重症胆管炎血清铁蛋白和总胆红质的影响．现代中西医结合杂志，2001；（11）：1008

沈　平，许阳贤，朱培庭．辨证治疗胆道术后残余结石17例．江苏中医，2001；（1）：30

沈廷琮．中药治疗湿疹138例观察．山西中医，1998；（2）：17

施康能．银蛇汤为主治疗亚急性湿疹62例．江西中医药，2001；（5）：52

石　磊，吴　德．亚急性甲状腺炎中医药治疗概况．新中医，2001；（8）：69

时水治．土槐六根汤配合扶正荡邪合剂治疗银屑病118例．北京中医，2001；（1）：29

宋爱莉，叶　林，孙贻安，等．抗增汤治疗肝郁脾虚型乳腺增生病的临床研究．山东中医药大学学报，2001；（3）：181

宋海波，李建香，杨来启，等．瓜蒌散加味治疗乳腺囊性增生136例．陕西中医，2001；（3）：145

苏南湘．茵栀黄注射液治疗胆总管结石40例．湖南中医杂志，2001；（3）：40

隋冠华，隋吉东．小孩拳外洗治疗植物日光性皮炎78例．中国民间疗法，2001；（5）：29

孙继红．中药内服外敷治疗乳腺增生40例．陕西中医，2001；（3）：146

孙建飞，马拴全，石小智．中药Ⅱ号洗剂治疗烧伤并发湿疹样皮炎26例临床观察．陕西中医学院学报，2001；（4）：30

孙宇建．86例乳腺增生的中医药治疗．北京中医，2001；（2）：31

T

唐国民．大黄消炎膏治疗感染性创面40例．湖南中医杂志，2001；（2）：27

W

汪韶峰，朱湘生，刘小球，等．乌骨生肌膏用于混合痔术后创面换药160例总结．湖南中医杂志，2001；（3）：21

王　翔，袁文运．肤阴洁治疗会阴瘙痒夏季皮炎和阴囊湿疹．中国民间疗法，1999；（4）：37

王常勇，韩金江．归脾逍遥丸治疗妇女乳腺增生症120例临床观察．北京中医，2001；（3）：24

王安春，钟　栩．红花注射液治疗血栓性浅静脉炎疗效观察．中国中医药信息杂志，2001；（2）：60

王东海，陈君霞．平银糊膏敷脐治疗银屑病118例．中医外治杂志，1999；（3）：4

王敬忠．雄防汤外洗治疗急性湿疹229例．中

医外治杂志，1999；(4):23

王兰英，张鹤鸣，凌文辉，等．痔清冲剂治疗痔疮的临床研究．湖南中医学院学报，2001；(1):49

王小萍．秦亮甫教授治疗湿疹150例．上海中医药杂志，2001；(7):31

王贞喜，郑应馨，李玉芳，等．紫草油治疗放射性皮炎的临床观察．时珍国医国药，2001；(6):531

王作胜，刘超英，丁志勇．如意金黄散外涂治疗化疗后静脉炎64例．山东中医杂志，2001；(5):342

韦林陈，姚小红．生脉注射液在重症急性胆管炎患者术前抗休克治疗的应用．福建中医药，2001；(2):21

卫俊娥，白郁仙，刘彩林．中药内服外敷治疗乳腺增生236例疗效观察．山西中医，2001；(3):20

魏跃钢，刘　岩，王晓华，等．清开灵注射液治疗银屑病94例临床观察．中医药研究，1999；(1):9

巫超芬，罗艳欣．珍珠层粉治疗慢性溃疡及褥疮64例．中国民间疗法，2001；(4):30

X

奚九一．因邪致瘀，祛邪为先——论脉管病的诊治思路与方法．上海中医药杂志，2001；(6):4

向丽萍，有毅良．瘿瘤丸治疗甲状腺腺瘤的临床观察．湖南中医学院学报，2001；(1):33

肖宪法．消乳增方治疗乳腺增生病86例疗效观察．新中医，2001；(8):22

辛学知，尹玉锑，周爱英．中药复方熏洗剂对肛肠病术后伤口愈合的临床观察．河北中医，2001；(3):165

胥方元，何成松，巫益民．中药超声透入法防治瘢痕增生临床观察．中国中西医结合杂志，1996；(3):179

徐　晋，傅　雷，龙期伯，等．清营通脉法治疗血栓闭塞性脉管炎的临床研究．南京中医药大学学报，2001；(3):152

许保华，唐　丽，唐静文，等．脉络通颗粒治疗血栓性静脉炎的临床观察．中国中医药信息杂志，2001；(4):69

薛　刚，蔡发堂．微波治疗痔疮122例疗效分析．现代中西医结合杂志，2001；(4):335

Y

杨　欣．朱培庭教授治疗胆石病经验撷要．中国中医药信息杂志，2001；(6):72

杨传欣，刘桂贞，张　磊，等．欣汉V号治疗乳腺增生症的临床研究．中国中西医结合外科杂志，2001；(1):16

杨大红，杨　霄，杨　敏．针药合用治疗血栓闭塞性脉管炎．河南中医，2001；(2):17

杨洪浦，唐　丽，田松，等．潜阳散结法治疗斑片状银屑病——附80例临床报告．中国中西医结合外科杂志，2000；(1):52

杨敬博，王立国，金　笛，等．新鲜枸杞子泥外敷加味桃红四物汤内服配合按摩治疗寻常性痤疮37例．安徽中医临床杂志，2001；(4):267

杨俊东．复方五倍子膏治疗瘢痕疙瘩325例．临床皮肤科杂志，1998；(2):138

杨香然，陈秋立，庞志诚，等．虎柏液治疗Ⅱ°急性放射性皮炎．河北中医，1997；(6):34

杨志波，欧阳恒，罗文辉．竹黄颗粒剂Ⅱ号治疗肝气郁结型银屑病的临床观察．中国中西医结合杂志，2001；(4):269

姚　芳．疏利活血汤治疗老年慢性结石性胆囊炎50例．浙江中医杂志，2001；(4):148

姚礼庆，唐　竟，孙益红，等．经吻合器治疗重度痔的临床应用价值．中国实用外科杂志，2001；(5):205

殷剑明，徐伯平，冯惠霞，等．单味黄芩防治急性放射性皮炎的临床观察．中国中西医结合杂志，2001；(4):304

尹　梅，赖　寒，李　霞，等．自拟乳癖汤加减治疗乳腺增生症534例疗效观察．安徽中医临床杂志，2001；(3):187

尹小青，钟华绣，杨　艳．海丝枳芍贝母汤治疗乳腺增生症64例疗效观察．新中医，2001；(3):51

于建斌，尹光文，何秋波，等．参芪片辅助治疗复发性生殖器疱疹的临床疗效及其免疫调节作用．中国中西医结合杂志，2001；(11):831

袁淑霞，朱元廷，赵宝忠．26例婴幼儿肛瘘的手术治疗．中国中西医结合外科杂志，2001；(3):195

Z

曾　华，张　存，邓建忠．痔外洗剂治疗痔疮术后318例疗效观察．新中医，2001；(7):21

曾凡举，贺子岑，刘士平，等．地龙浸出液治疗烧伤168例疗效观察．国医论坛，2001；(1):36

张　强，丛　景，李道乾，等．紫虎防射油治疗放射性皮炎临床研究．中国中医药信息杂志，2001；(5):48

张　强．虎杖涂剂治疗放射性皮炎60例．中国中医药信息杂志，1999；(1):51

张　霞　李安举，李忠远，等．脉痹片治疗血栓性静脉炎临床研究．山东中医杂志，2001；(2):76

张国华．乌倍膏治疗瘢痕疙瘩50例观察．实用中医药杂志，1997；(2):22

张建如．止痒洗剂治疗夏季皮炎560例．中医外治杂志，2000；(6):52

张士云，唐汉钧，崔全起，等．复黄生肌愈创油膏减少皮肤创面瘢痕形成的作用机理研究．上海中医药大学学报，2001；(2):52

张晓杰，耿立东，赵纯修．寻常型银屑病病因病机探讨．山东中医杂志，2001；(10):586

张晓明，徐　月．消痔口服液治疗痔疮60例．中国中医急症，2001；(1):58

张养民，韩文斌．莪术注射液治疗乳腺增生50例．陕西中医，2001；(6):361

张友礼．丁　红．辨证论治胆石症228例．湖北中医杂志，2001；(5):31

赵　娴，郭东艳．中医药治疗扁平疣的进展．陕西中医学院学报，2001；(3):57

赵志民，李　琳，李卿明．辨证施治治疗乳腺囊性增生病138例体会．贵阳中医学院学报，2001；(1):29

郑雪平，丁义江，郑妙贞，等．珠黄霜对肛门术后创面羟脯氨酸的影响．中国中西医结合杂志，2001；(4):272

周建清．一次性切开挂线疗法治疗高位肛瘘78例临床观察．黑龙江中医药，2001；(1):24

朱瑾波，李仲杰，陈慧灵，等．肤泰宝治疗寻常型银屑病921例临床观察．中国中医药科技，2001；(1):46

朱培庭，张静文，高　炬，等．锦红片对急性胆道感染大鼠细胞因子调节和肠粘膜屏障的保护作用的实验研究．上海中医药杂志，2001；(4):39

庄　鑫，黄连成．108例复发性难治性肛瘘的临床研究．福建中医药，2001；(3):31

庄亦仁，曹　毅，吴蓓玲，等．夏季灵糖浆治疗夏季皮炎60例．中国中西医结合杂志，1999；(9):565

邹世光，张　琴．皂角刺在骨刺、白癜风、瘢痕疙瘩中的应用．江西中医药，1998；(1):62

左新河．黄甘粉治疗体表慢性溃疡临床观察．湖北中医杂志，2001；(9):31

(7) 骨伤科

【概述】

2001年度，在中医骨伤科专业杂志和中医综合性杂志上发表有关中医骨伤科方面的论著、论文有1600余篇。内容以临床和实验研究为主。在临床方面，着重报道了常见病及疑难病新的治疗思路和方法，发挥中西医结合的优势，继承创新，不断提高疗效。实验研究方面，采用最新科学技术方法，结合中医理论，从多层次、多角度、多方向进行研究。

(一) 学术探讨　顾云伍等提出了中西医结合治疗骨折的新概念，认为中西医结合治疗骨折已由过去的以中医为主配合有限的西医治疗发展到中西各半相辅相成的治疗方式，基础理论研究方面由以往的中医理论解释深入到利用现代医学的高新技术对其机理分析，使其更具科学性。房敏等追溯了近年来对颈部软组织病变在颈椎发病过程中的研究轨迹，探讨了软组织病变在颈椎发病中的作用，发现颈部软组织病变不但贯穿颈椎病发病始终，而且是临床多种症状的主导性病因。白少英等探讨运用模糊数学原理预测股骨颈骨折后股骨头缺血性坏死的方法，将股骨颈骨折后并发股骨头缺血性坏死的相关因素归结为9个因素，28个水平；将并发股头缺血性坏死的可能性分为5个等级。认为该方法可以较准确预测股骨颈骨折后并发股骨头缺血性坏死可能性的大小，为有针对性地改进股骨颈骨折的诊疗方法提供了依据。高飞总结了殷墟甲骨卜辞中的骨伤科疾病，对商代甲骨文中骨伤科疾病的病名、骨伤科治疗原则的萌芽及“骨凡有疾”的概念进行了分析探讨。徐纪庆等回顾了中医手术发展史略，认为中医在坚持传统的理论外，更需不断吸收先进方法，探索出规范化、定量化的指标，发展出具有中医特色的现代化中医手术治疗手段。李凤春等对外伤性颈椎脱位程度分型进行了探讨，将环枢关节脱位分为环枢关节直向脱位、环枢关节旋转脱位。下颈椎脱位分为下颈椎直向脱位和旋转脱位。

（二）临床研究　周耀君等用皮牵甩肩法治疗肱骨外科颈骨折57例。患者坐位，患侧手握0.5～3Kg重物，伤肢处于自然下垂之中立位。疼痛缓解后，行皮牵引：用长条胶布粘在患肢桡侧肩至指尖，经一带孔扩张板后，再从指尖至腋下缘粘于尺侧，胶布绷带自上而下包缠好。在扩张板上悬挂0.5～3Kg重物。内收型患肢外展30°～45°，外展型及无明显成角畸形患肢于中立位，均前屈30°。结果：接近解剖复位47例，功能复位8例，功能复位接近正常2例。陈玉明用拇指牵引弓形板固定治疗Bennett骨折16例，复位后用粘膏作拇指皮肤外展牵引。将石膏托置腕掌侧，内置一压舌板，弯钩向上，并长出拇指3cm。再将拇指皮肤牵引粘膏固定在弯钩上粘牢。用棉垫顶压骨折远端。再将弓形夹板放在第一掌骨桡背侧压在棉垫上，宽粘膏固定。牵引固定6周，结果优9例，良5例，尚可2例。赵虬等运用骨折单位概念治疗重型关节内Colles骨折，Colles骨折远侧骨折单位（DFU）包括桡骨远折端、三角纤维软骨和撕脱的尺骨茎突。局麻后，持续牵引，感到骨擦感后，用拇指按压桡骨远端，使DFU尺偏及稍旋前位，以骨性标志判断复位。小夹板固定，伤肢悬于胸前，行握拳锻炼。结果本组38例，均解剖复位。徐甄理治疗旋后外旋型踝部骨折106例：患者仰卧，医者两手分别握患肢足背、后跟，行拔伸牵引，并作踝关节外翻、外旋、跖屈抖动，再快速行踝关节内翻、端提、背伸及内旋；重复手法1～2次，至复位满意。行踝关节背伸90°、内翻内旋位U型石膏固定；3周后，改小夹板固定3～4周。结果：优良占88.7%（94/106），总有效率为97.2%（103/106）。周英杰等以平乐正骨八法为基础，颅环牵引下手法复位治疗颈椎双侧关节突关节脱位30例，结果成功29例，失败1例。关宏刚用Enders钉固定配合中药桃红四物汤等治疗股骨干骨折内固定失效骨不愈合36例，结果均愈合。朱才兴等用手法治疗颈胸椎后关节紊乱引起的心肌缺血症状28例，颈椎用推顶法，胸椎用按压法，结果：痊愈占60.7%（17/28），显效占28.6%（8/28），总有效率为100.0%（28/28）。唐传其治疗强直性脊柱炎86例用强肾治痹汤（含谷芽、生黄芪、淫羊藿、雷公藤、川断、青风藤等）内服，用舒筋活络散（当归、川芎、乳香、没药、生川乌、生草乌等）热敷患处，并用蛇毒注射液2ml/日，1次肌注。结果：显著好转占52.3%（45/86），总有效率为94.2%（81/86）。郭中琦等用抗风湿散（含海狗肾、补骨脂、杜仲、当归、制马钱子、防风、羌活、枳实、制草乌头等）治疗强直性脊柱炎48例，该方加白酒浸泡24小时后，每日3餐前服用。结果：显效（痛、晨僵消失，血沉及C反应蛋白复常，骨质改善）占68.8%（33/48），总有效率为93.8%（45/48）。修忠标等用补阳还五汤治疗周围神经损伤44例，并设弥可保作对照组34例，3个月为一疗程，疗程间隔1个月，均用1年。结果两组优良率分别为81.8%（36/44）和70.6%（24/

34)，有显著性差异（$P<0.01$）。梁志强等辨证治疗骨科术后非感染性发热45例，分为瘀热型、阴虚内热型、湿热型3种，并分别用桃红四物汤加味、清骨散加味、四妙散加味治疗。对照组43例，物理降温。结果术后1、2日治疗组体温下降幅度均大于对照组（$P<0.01$）。董云强用四步疗法治疗腰椎间盘突出症180例，即骶骨裂孔注入康宁克通、维生素、利多卡因等，手法按摩复位、甘露醇静滴、当归液患椎旁注射。结果：痊愈占88.9%（160/180），显效占8.3%（15/180），总有效率为100.0%（180/180）。

（三）实验研究　施杞等研究了益气化瘀补肾法对退变椎间盘Ⅱ型胶原mRNA表达的影响。结果显示颈椎病家兔椎间盘的Ⅱ型胶原mRNA表达比正常组显著降低，益气化瘀补肾法可以上调Ⅱ型胶原mRNA基因的表达，从而延缓椎间盘退变。刘日光等对丹仙康骨胶囊治疗激素性股骨头缺血坏死血运变化的影响进行研究，发现丹仙康骨胶囊可改善病变股骨头内微循环与促进成骨细胞的分化增殖，从而加速骨坏死修复过程。此外，还有王国文等观察了参麦注射液对骨关节炎模型动物关节软骨胶原含量的影响、唐旭升等对手法治疗大鼠膝骨关节炎的超微结构进行了研究、王华松等研究了骨碎补对骨折愈合中TGF-β1表达的影响等，详见专条。本年度，中医骨伤科领域的获奖项目有施杞等的"芪麝颈康丸治疗颈椎病的药效机理研究"（中国高校科学技术奖2等奖）等。

（施　杞　杨　洋）

【肱骨髁上骨折的治疗】

肱骨髁上骨折的治疗方法以闭合复位为主，或用经皮克氏针固定，外用夹板或石膏固定；对于难复性的、或肿胀明显的则先行尺骨鹰嘴牵引后再复位固定。大家讨论的焦点在于对肘内翻的防治。李文霞等采用手法整复、石膏托桡倾旋后位固定方法治疗14岁以下儿童闭合肱骨髁上骨折135例，总优良率达94.1%（127/135）。黄龙等对于此类患者采用手法复位骨折后，于屈肘90°位，用药酒浸湿的纱布包绕肘部后，用2块船型小夹板内外侧做超关节固定，前后侧不用夹板，然后根据"三点加压法"放置压垫，以绷带"8"字超肘关节屈曲>90°绑扎，根据骨折三期辨证施治共456例，随访2年以上有285例，肘关节外观和功能均正常。汤优民等治疗98例，其中闭合复位石膏托固定89例，小夹板固定1例，3例开放性骨折急诊清创内固定术，3例外院多次整复，严重肿胀伴张力性水泡者，先行尺骨鹰嘴牵引，肿消后行切开复位内固定；随访68例，平均5年。结果：优占77.9%（53/68），良占14.7%（10/68），总有效率为95.6%（65/68）。金生等治疗73例难复性儿童肱骨髁上骨折，采用先行尺骨鹰嘴牵引2天，复片若未复位则在维持牵引下手法复位，小夹板加压垫外固定，牵引平均维持16天，夹板固定2周左右，并外敷上海石氏伤科三色敷药。结果：优占68.5%（50/73），良占19.2%（14/73），总有效率为98.6%（72/73）。吴明忠采用闭合复位后，肘关节在90°~30°范围内做来回屈伸3~4次，促使骨皮质嵌插，以减少肘内翻的发生；局部湿敷跌打万花油或消肿止痛膏，四夹板加压垫超肘关节深屈肘外固定，共治疗118例，优良率为80.5%（95/118）。陈新民采用矫枉过正手法治疗，对于尺偏型骨折，使桡侧有一定的嵌插，而桡偏型则不许矫枉过正；共治疗144例，随访2~12年，功能恢复正常者128例，携带角减小者10例，肘内翻5°~25°者5例。刘献祥等分析了302例肱骨髁上骨折中伴合并症的98例，其中血管损伤54例，神经损伤23例，感染4例，肘内翻14例，肘外翻3例；认为血管损伤多为骨折断端刺激和压迫肱动脉，神经损伤由于神经挫伤、牵拉和压迫引起，感染系清创不彻底，肘内翻大部分系尺偏型骨折，肘外翻由于骨折矫正不当所致。因此，合理的复位、良好的固定及正确的 X 线评价是防治并发症的重要措施。赵云昌等在报道的 142 例小儿肱骨髁上骨折中，合并有血循环障碍 19 例，骨折复位后循环亦恢复；合并神经损伤 17 例，复位后 2 周至 1 月内功能得到恢复；另有 5 例行切开复位发现神经仅为受压，于术后 3 周～3 月内恢复，无后遗症存在。

（莫　文　施　杞）

【股骨干骨折的治疗】

詹新宇等使用杉树皮夹板加皮牵引治疗儿童股骨干骨折 215 例。固定材料用医用橡皮膏、桃花纸、中绷带、杉树皮夹板等。牵引材料以医用橡皮膏为主，其长度为骨折断端处至足跟下 5cm，宽度为膝周径的 1/2。手法复位：患儿取仰卧位，一助手持患儿双腋，另一助手持患侧踝部，两人做持续牵引；术者立于患儿一侧，使用按压、端提、旋转等手法，矫正畸形，然后包扎固定。内服中药：初起有血瘀征象者，使用攻利法，药用当归、赤芍、桃仁等加减；中期瘀血未去、筋骨未连者，使用和法，药用骨碎补、续断等；晚期多见虚象者，使用补法，药用炙黄芪、党参、炒杜仲等。治疗结果：达到解剖对位者 80 例，功能对位者 135 例；重叠在 1.0cm 以内者 75 例，1.5cm 以内者 45 例；向外成角 10°以内者 15 例。随访 3 月～4 年，治愈率 100%。褚立希等使用三期功能锻炼治疗小儿股骨干骨折 35 例。治疗方法：患儿仰卧位，患肢置于布郎氏架上，股骨髁上牵引，小夹板固定，外展 20°～30°，膝关节屈曲 20°～45°，早期牵引重量约为 4～6kg。牵引 1 周，达到解剖复位或功能复位。三期功能锻炼：早期（第 1 周）前 3 天为背伸足趾，后 4 天背伸踝关节；同时，双手撑床抬上身，进行上肢和腰肌的锻炼。中期（第 2～3 周）为抬小腿，5～10 次/天；后期（第 4 周）为抬高整个患肢。结果：优占 68.6%（24/35），良占 22.9%（8/35），优良率为 91.4%（32/35）。陈希等使用交锁髓内钉治疗成人陈旧性股骨干骨折短缩畸形 26 例。在硬膜外麻醉下，病人取健侧卧位，以畸形处为中心，取大腿外侧切口，在成角最大处或者原骨折切口或假关节处折骨，将骨折面修成长斜形，清除松解疤痕粘连纤维骨痂，切除硬化骨质，扩大骨髓腔，髓内钉顺行击入近端，矫正畸形后，再击入远端，远端使用 2 枚锁钉固定后，持骨器夹持近端骨干，徐徐敲击钉尾，使骨折两端延长，折骨处做大块滑动植骨并用钢丝或丝线固定，骨折间隙植入髂骨松质骨，安装近端 2 枚锁钉。治疗结果：随诊 9 月～2 年，骨折愈合时间在 4～6 月。其中 1 例延长 7cm，3 例延长 5cm，13 例延长 4cm，8 例延长 1cm，1 例仍短缩 2cm。关宏刚讨论 Enders 钉固定配合中药治疗股骨干骨折内固定失败致骨不愈合 36 例。治疗方法：病人仰卧位，硬膜外麻醉，取大腿外侧切口，取出内固定物，从股骨内外侧髁上 1/3，与股骨干侧位轴线交点为 Enders 钉进钉处，击入 2 枚 Enders 钉，长度最少超过骨折上下 8cm 为宜；在股骨外侧，跨越骨折线凿出长 5cm、宽 2cm 骨槽，深达骨髓腔，取髂骨修成大小适宜骨块，置入骨槽中，检查固定，可用克氏针固定。骨折缺损处，使用足量自体骨或异体骨植入。术后外用伤科黄水，石膏托固定。折线后使用驳骨膏外敷，杉树皮夹板固定。中药内服早期用桃红四物汤加减、田七丸、新伤去瘀冲剂，后期使用筋络舒丸、骨宝丸、舒筋洗药外洗。治疗结果：1 期愈合 34 例，2 期愈合 2 例，其中 3 例拆夹板过早，导致成角畸形，骨折愈合时间平均 5.6 个月。傅家兴讨论了 24 例股骨干骨折内固定失败的原因。24 例病人（平均年龄 35 岁）中螺钉松动者 14 例，钢板弯曲 4 例，钢板断裂 2 例，髓内针弯曲 1 例，髓内针松动3例，失败时间在30天~8个月。认为原因有：内固定物选择不恰当、手术操作不规范、缺乏正确的植骨理念和术后护理不善。

（孙 鹏 施 杞）

【肩关节脱位的治疗】

李开金等用改良椅背复位法整复肩关节前脱位35例。治疗方法：准备一个靠背椅，椅背高度相当于患者腋中线第3~4肋水平。(以右肩关节前脱位为例）患者侧身坐于椅上，右上肢越过椅背并靠于椅背上，腋下垫软枕或卷成圆柱状的衣物，勿使右肋面紧贴椅背。术者站在患者的右侧，按肩关节弹性固定位略微用力持续向下顺势牵引，并缓慢将上肢外展约45°，同时使右上肢外旋；术者左手置于患者右肩，以拇指勾持肱骨头内侧向外后方推挤；如复位过程中术者感到有物卡阻，可略加大外展牵引力度，同时持患腕反复内外旋右上臂，当复位成功时通常会有肱骨头入臼的回纳感。对于如此操作仍没有复位的病例，术者可用上述方法再行复位，但在顺势牵引时可将患肢外展上举至150°左右后，缓慢内收内旋患肢，则可获复位成功。复位后用纸板固定肩关节于垂肩、屈肘悬吊位2~3周，解除固定后逐步进行肩关节功能锻炼。结果：1次整复成功占88.6%（31/35），总有效率为97.1%（34/35)。3例1次未整复成功者经加大角度牵引后再用本法复位成功；合并肱骨大结节骨折的12例，复位后骨折均获良好对位。

陈汉雄对采用传统整复方法失败的18例难治性肩关节前脱位患者采用反足蹬法整复获得成功。治疗方法：患者平卧于诊断床上（以右侧脱位为例)，术者先立于患者右侧身旁，右手握患肢肘部，左手按压于患肩肩峰处，顺势（患肢上臂多弹性固定于外展30°位）拔伸并使上臂前屈至90°。然后术者移至患者头部右侧，右足后移，左足蹬稳患者右肩峰，将患肢伸直置于上举160°、外展30°的位置上，持续拔伸，当患者顿感疼痛如失时，说明已复位。术后宜维持牵引片刻，候患者肌肉松弛后，术者右手握患肘维持拔伸，左手掌置于患肩腋下，向外上按压以防再脱位。屈肘放下患肢，检查Dugas征阴性，肩部饱满后，上臂置于内旋内收位，用3号绷带贴胸固定，三角巾悬吊2周。本组患者均一次获得成功，摄X线片显示关节关系正常，未发现肩部骨折及神经、血管损伤。2周后解除外固定，经手法理伤和继续外敷内服中药，3周后肩部功能恢复良好，总有效率为100.0%（18/18)。

郑家名报道了肩关节脱位非牵引整复与传统疗法的对比观察。观察组42例应用非牵引的手法整复，对照组40例采用传统牵引方法整复。观察组采用自拟的屈肘过顶快速达肩非牵引复位手法。以右侧脱位为例，患者正坐位，术者站于患者右侧前斜方，在与患者交谈的同时，用一指禅轻手法放松肩关节周围韧带肌肉约1min，左手置于患者腋窝处，触到肱骨头向外托住，右手握住患者腕部使其屈肘90°，以上2下1的节奏缓慢上抬患肢，至肘部超过头顶达最高处时，左手用力推送肱骨头向后向外，同时右手快速将患肢上臂内收外旋至贴胸前臂搭肩位。该过程中可触到肱骨头入臼感或听到入臼声。整个过程应连续不间断，先慢后快，轻松自然。术后用绷带将患肢固定于搭肩贴胸位2周，并嘱患者主动进行手指活动及上肢肌肉运动，解除固定后再进行医者指导下的适度功能锻炼。治疗结果：观察组1次复位成功占95.2%（40/42)，对照组1次复位成功占70.0%（28/40)，观察组1次复位成功率明显高于对照组（$P<0.01$）。临床愈合时间治疗组2~3周，平均16.5天；对照组3~4周，平均21.5天，差异显著。

赵飞对仰卧推顶法与拔伸足蹬法整复肩关节脱位的疗效进行了比较。患者分为A、B两组。A组63例，采用仰卧推顶法：患者仰卧，一助手位于患者健侧肩外上方，并用一布单绕过患侧腋下固定患者上身，另一助手握患肢肘及腕部作对抗牵引，同时将患肢慢慢外展外旋。此时位于患肢内侧的术者用双手拇指抵于脱位的肱骨头用力向外上方推顶并内旋肩关节，同时令助手将患肢内收内旋，即可复位。B组63例，采用拔伸足蹬法：患者仰卧位，术者立于患者的伤侧，用两手握住伤肢腕部，并用足跟伸入患侧腋下（右侧脱位，术者用右足；左侧脱位，术者用左足），另一腿伸直站地，然后双手牵引患肢，先使患肢外展外旋，再使其内收内旋，利用足跟为支点的杠杆作用，将肱骨头挤入关节盂内，当有肱骨头回纳感觉时，即可复位。两组复位成功后，均用胸壁绷带固定法，前臂用颈腕带悬托于胸前，固定2～3周。结果：A组复位成功占98.4%（62/63），B组复位成功占82.5%（52/63），2组间有显著性差异（$P<0.01$）。功能评定结果：经1～3个月的随诊观察，A组痊愈占88.9%（56/63），总有效率为98.4%（62/63）；B组痊愈占65.1%（41/63），总有效率为82.5%（52/63）；2组间亦有显著性差异（$P<0.01$），表明仰卧推顶法复位肩关节脱位优于拔伸足蹬法。

（方东行　孟　迁）

【肩关节周围炎的治疗】

（一）中药内服　闫霞等用自拟寒湿方（炙黄芪、麻黄、细辛、苍术、寄生、茯苓、桃仁、红花、吴萸、六方藤、炙甘草）辨证加减内服治疗肩周炎150例。结果：痊愈占79.3%（119/150），显效占17.3%（26/150），总有效率为100.0%（150/150）。

（二）穴位贴敷　薛庆蛟等用麝香蛇香散（白花蛇、麝香、乳香、没药、冰片、肉桂）适量撒在患肩的肩井、肩髎、中府或阿是穴上，用伤湿止痛膏固定。2～3天换药1次，5次为1个疗程，共治疗肩周炎150例。1～2个疗程后，显效占54.7%（82/150），总有效率为100.0%（150/150）。

（三）手法加熏洗　何浚治等采用何天祥的伤科理筋手法（有点穴舒筋法、滚揉理筋法、运摇揉筋法、压肩展筋法、顶搬牵抖法）配合中药熏洗治疗肩周炎200例。熏洗中药由当归、黄芪、防风、白芷、羌活、海风藤、海桐皮、青泽兰、木瓜、牛蒡子、伸筋草、舒筋草等组成。结果：痊愈占94.5%（189/200），总有效率为100.0%（200/200）。

（四）中药内外并用　金岷报道用中药熏洗配合中药内服治疗肩周炎136例。对照组128例单用中药内服治疗（风寒湿型用蠲痹汤，瘀滞型用活络效灵丹，气血虚型用黄芪桂枝五物汤合四物汤化裁）；治疗组136例在中药内服治疗的基础上加用中药外治，药用麻黄、细辛、艾叶、白芥子、透骨草、当归尾、姜黄、桑枝、五加皮、三棱、莪术、威灵仙，煎后用热药液淋洗或浸洗患肩，并配合功能锻炼，每次1小时，2次/天。结果：治疗20天后，治疗组痊愈占83.8%（114/136），总有效率为97.1%（132/136）；对照组痊愈占62.5%（80/128），总有效率为82.8%（106/128）；2组间有显著性差异（$P<0.01$）。

（五）综合治疗　王福林以手法为主综合治疗肩关节周围炎110例。治法有手法按摩，中药（羌活、桂枝、姜黄、秦艽、当归、海风藤、细辛、乳香、没药、木香、桑枝）热敷，穴位注射（强的松龙、维生素B_1、B_{12}），中药肩痹汤（羌活、桂枝、当归、白芍、桑枝、秦艽、丹参、姜黄、青风藤、海风藤、透骨草、甘草）内服，功能锻炼等。结果：治疗1个月后，痊愈占70.9%（78/110），显效占21.8%（24/110），总有效率为98.2%（108/110）。王策等分期治疗肩关节周围炎123例。分为急性期、粘连期两型，均采用中药伸筋膏（马钱子、川乌、草乌、细辛、乳香、没药、土元、元胡、穿山甲、川芎、姜黄、桂枝、伸筋草、透骨草、木瓜、白芍、甘草、樟脑等）外敷，伸筋汤（黄芪、当归、白芍、土元、穿山甲、元胡、川芎、姜黄、桂枝、羌活、防风、甘草）内服；急性期配合局部痛点封闭，粘连期配合手法按摩松解。结果：治疗1个月后，急性期痊愈占96.3%（78/81），粘连期痊愈占88.1%（37/42），两型总有效率均为100%。

（文　耘）

【坐骨神经痛的治疗】

（一）外敷与内服相结合　黎柳松用中药热敷与内服相结合的方法治疗坐骨神经痛54例。中药外敷方由制川乌、制草乌、威灵仙、细辛、宽筋藤、鸡血藤、白芷、透骨草、炮穿山甲、白花蛇、肉桂、乳香、没药、桃仁、红花、黄芪、当归、陈醋组成，诸药装入数个布袋蒸30～40min，取出冷却至患者能耐受后，分别将药包外敷于患侧的肾俞、环跳、委中、昆仑或最痛点，每次30min，每天2次。中药内服药酒方由生地、川芎、海桐皮、五加皮、牛膝、甘草、苡米、杜仲、肉苁蓉组成，早晚各服1次；疼痛剧烈者，每晚加服龙马定痛丹（炙马钱子、地鳖虫、地龙、全蝎、朱砂）。结果：治疗7～28天后，临床痊愈占62.9%（34/54），显效占18.5%（10/54），总有效率为100.0%（54/54）。

（二）分年龄段辨治　郭延东报道分年龄段辨治坐骨神经痛53例。①青壮年组（年龄<50岁）32例，用通络止痛方（生麻黄、生麦芽、生乳香、生没药、血竭、孩儿茶、红花）内服。②中老年组（年龄>50岁）21例，用独活寄生汤加减（独活、秦艽、防风、细辛、桑寄生、牛膝、杜仲、党参、茯苓、甘草、当归、赤芍药、熟地黄、川芎、巴戟天、威灵仙、红花）内服，合参金酒（丹参、金毛狗脊、白酒）外搽内服。结果：青壮年组痊愈占36.0%（18/50），总有效率为96.0%（48/50）；中老年组痊愈占28.6%（6/21），总有效率为85.7%（18/21）。认为本病以活血化瘀、祛风止痛为基本治法，中老年患者则应加以补益肝肾。

（三）自拟验方内服　邹方昕等用蛇蝎药酒（白花蛇、川乌、草乌、首乌、紫草、威灵仙、桂枝、透骨草、全蝎、白酒、红糖）内服治疗坐骨神经痛68例。结果：治疗7～62天后，显效占79.4%（54/68），总有效率为97.1%（66/68）。古景慧等用顽痹散（川牛膝、制乳香、制没药、苍术、麻黄、全蝎、僵蚕、甘草、制马钱子）内服治疗本病58例。治疗45天后，痊愈占70.7%（41/58），显效占18.9%（11/58），总有效率为96.6%（56/58）。韩加强用温肾通督汤（麝角霜、熟地、生麻黄、细辛、白芥子、川断、制乳香、制没药、杜仲、蜈蚣）内服治疗继发性坐骨神经痛46例。经治15～35天后，痊愈占84.9%（39/46），总有效率为95.7%（44/46）。余金明等用蝎蛇散（祁蛇、蜈蚣、全蝎）内服治疗坐骨神经痛30例。经治7～14天后，痊愈占60.0%（18/30），显效占36.7%（11/30），总有效率为96.7%（29/30）。

（文　耘）

【头部内伤的中西医结合治疗】

郭宝平等对61例重型原发性颅脑损伤〔格拉斯哥昏迷评分（GCS）<8分，原发昏迷>6小时〕患者随机分为治疗组31例，对照组30例。治疗组用中西医结合治疗，对照组单用西医治疗。2组患者入院后均按西医常规颅脑损伤非手术治疗原则进行脱水、抗炎、使用Ca^{2+}拮抗剂（如尼莫通等）及其他对症治疗。对有局部颅压增高或局部出血较多者，必要时大骨片开颅行颅内外减压手术。治疗组同时早期从胃管以胃肠营养泵均匀滴注自拟中药“颅内消瘀汤”，1剂/天，5天为1个疗程；同时静滴中药针剂醒脑静注射液20～40ml/d，10天为1个疗程。必要时可重复2～3个疗程，对照组未用中药治疗。颅内消瘀汤由丹参、土鳖虫、川芎、香附、三棱、莪术、乳香、没药、桃仁、冰片组成。对2组病例在入院时、伤后3～10天、伤后16天或出院时做颅脑CT扫描及GCS评分，出院（或死亡）时均进行格拉斯哥预后评分（GOS）。结果：治疗组患者昏迷持续时间及平均住院时间较对照组均显著缩短（P均<0.01）。按GOS评分，治疗组的显效率（61.3%）和总有效率（83.9%）也明显高于对照组（分别为30.0%和60.0%），P均<0.05。

谭沛南等将121例重型颅脑损伤患者随机分成2组，西医治疗组60例，中西医结合治疗组61例。中西医结合组在西医组治疗的基础上加用参麦注射液、清开灵注射液和云南白药进行治疗。结果：中西医结合组病死率（29.5%）低于西医组（38.3%）；肺部感染发生率（19.7%）及多器官功能障碍发生率（1.6%～18.0%）均明显低于西医组（分别为38.3%和6.7%～43.3%），P均<0.05。2组存活人群按GOS评分进行比较，中西医结合组患者康复的良好率（53.5%）和重残率（9.3%）均明显好于西医组（分别为27.0%和40.5%）。认为中西医结合治疗重型颅脑损伤可以降低患者的重残率，提高救治成功率和患者的生存质量。

林来长报道中西医结合治疗颅脑损伤466例。除西医保守治疗及严重患者手术外，早期应用中药（昏迷者采用插管鼻饲）。气滞血瘀型（402例），主方由天麻、川芎、荷叶、丹皮、当归、钩藤组成；气血亏虚型（46例），八珍汤或独参汤加川芎、天麻、菊花；痰湿瘀热型（18例），二陈汤加黄芩、黄连、栀子、淡豆豉。结果：存活率为90.9%（424/466），后遗伤残的康复较好，认为早期应用中药有利于损伤脑细胞的恢复或再生代偿。

刘丽嘉等报道中西医结合治疗广泛性脑挫伤42例。共观察82例患者，并分为2组：治疗组42例除应用西药脱水剂、止血剂、抗感染、营养支持、营养脑细胞和脑神经治疗外，经胃管注入中药颅脑逐瘀汤（川芎、丹参、黄芩、三棱、莪术、赤芍、红花），2次/天。对照组40例单用以上西医治疗。结果：治疗组存活率为97.6%（41/42），对照组存活率为92.5%（37/40）。治疗组在生命体征尽早平稳、缩短昏迷时间、加快颅内血肿吸收速度等方面优于对照组。

卜文良等用内服安宫牛黄丸（1丸/天）、通窍活血汤（桃仁、红花、赤芍、川芎、穿山甲、地鳖虫、麝香、郁金、鲜石菖蒲、生姜、老葱）治疗脑外伤后持续植物状态（PVS）26例。用药10剂为1个疗程，同时结合针灸、推拿治疗。西药用胞二磷胆碱、脑活素、纳络酮，个别病例给予高压氧仓治疗。结果：痊愈占69.2%（18/26），基本痊愈占26.9%（7/26），显效占30.8%（8/26），总有效率为73.1%（19/26）。

楼林将颅脑损伤后综合征病例随机分为中西医结合组39例和对照组47例。中西医结合组用强力天麻杜仲胶囊和西药三磷酸腺苷、辅酶A、谷维素、脑复康、尼莫地平、安定、氯丙嗪等；对照组只选用以上西药。结果：中西医结合组痊愈占48.7%（19/39），总有效率为92.3%（36/39）；对照组痊愈占36.2%（17/47），总有效率为70.2%（33/47）；2组间有显著性差异（P<0.01）。提示加用天麻、杜仲可以提高颅脑损伤后综合征的临床疗效。

（方东行　孟　迁）

【股骨头缺血性坏死的治疗】

（一）中药内服　郭会卿等为了进一步观察愈骨丹内服治疗股骨头缺血性坏死的临床疗效，以马氏骨丸为对照，将300例患者随机分为两组。观察组150例服用愈骨丹（当归、黄芪、透骨草、土鳖虫、自然铜、三七、肉桂、杜仲、水蛭、补骨脂等），对照组150例服用马氏骨丸（北京市鼓楼中医医院研制，市售）。在同等条件下进行治疗观察，分别记录两组患者髋痛、跛行、关节功能及X线平片、CT或MRI等影像学检查4项指标治疗前后的积分变化，1个月为1个疗程。结果：统计学处理分析显示，观察组显效占56.7%（85/150），总有效率为88.0%（132/150）；对照组显效占40.7%（61/150），总有效率为75.3%（113/150）。两组治疗效果比较，观察组明显优于对照组（$P<0.05$）。

（二）中西药内外合治　宁亚功等用六联疗法治疗股骨头缺血性坏死36例。治法：①内服补肾活骨汤（熟地、麝角霜、桂枝、丹参、苏木、骨碎补、乳香、没药、透骨草、牛膝、地鳖虫）。②患肢静点络泰（注射用血塞通，含三七总皂甙）。③髋部介入治疗（尿激酶、络泰、罂粟碱）。④中药（活血通络方）蒸气浴。⑤骨蒸（将活血定痛散调敷患处，用TDP神灯照射）。⑥中药（温通泡浴散）药浴。3个月为1个疗程。参照1995年丹东成人股骨头缺血性坏死的疗效评价标准（百分法）。结果：痊愈占16.7%（6/36），显效占52.8%（19/36），总有效率为97.2%（35/36）。认为六联疗法能提高本病的治愈率，缩短疗程，对难治的Ⅲ、Ⅳ期患者亦体现出相同的疗效。

（三）中西药静脉滴注　杨敏杰等治疗股骨头缺血性坏死3586例。根据赵伟德提出的分型方法，将患者分为早期、中期、晚期3组。治法：①静脉滴注。第1疗程（15天为1疗程）早期患者用尿激酶，中晚期患者用川芎嗪、黄芪、血塞通；第2疗程均用黄芪、血塞通、川芎嗪。②中药内服。早期患者以瘀血型为主，用痹痛消胶囊（桃仁、红花、川芎、肉桂、干姜、穿山甲、三七、鸡血藤、秦艽、香附、地龙）；中晚期患者以肾虚型为主，用通脉生骨胶囊（鹿茸、龟甲、肉桂、乳香、没药、桃仁、红花、杜仲、熟地黄、人参、蕲蛇、全蝎等）。治疗2～6疗程。根据全国骨科学会制定的百分法、临床评价与X线评价综合作为疗效标准。结果：早期患者优占76.5%（747/976），良占20.1%（196/976），总有效率为99.4%（970/976）；中期患者优占48.0%（887/1848），良占29.0%（536/1848），总有效率为94.3%（1742/1848）；晚期患者优占36.0%（274/762），良占42.3%（322/762），总有效率为90.7%（691/762）。

（四）中药介入治疗　刘汝专观察了丹参、川芎嗪等药介入治疗对早、中期股骨头缺血性坏死的治疗作用。方法：将股骨头缺血性坏死患者48例分为2组。观察组28例，应用罂粟碱合丹参、川芎嗪等注射液介入治疗；对照组20例，应用罂粟碱合尿激酶合低分子右旋糖酐等注射液介入治疗。观察2组疼痛、髋关节功能改善及X线片或MRI改变情况。根据1995年全国骨科学会制定的百分法作为疗效标准。结果：观察组优占53.6%（15/28），良占39.3%（11/28），优良率为92.9%（26/28）；对照组优占40.0%（8/20），良占25.0%（5/20），优良率为65.0%（13/20）；2组间优良率有显著性差异（$P<0.05$）。此外，观察组在改善症状和髋关节功能方面亦明显优于对照组（$P<0.01$）。

（五）钻孔减压术合用中药　李宝芬等将患者随机分成2组，观察组200例，对照组100例。治法：①钻孔减压术。患者均施行此手术，绝对避免负重并进行功能锻炼。②中药内服。观察组服用股骨头Ⅰ号（红花、穿山甲、鹿茸、龟甲、桃仁、熟地、威灵仙、杜仲、延胡索、当归），对照组服用复方丹参片。治疗时间平均为9个月。根据髋关节功能和X线判定疗效。结果：平均治疗9个月后，观察组显效占36.5%（73/200），总有效率为92.5%（185/200）；对照组显效占5.0%（5/100），总有效率为25.0%（25/100）；2组间有显著性差异（$P<0.01$）。

（六）骨移植合用中药　毕荣修等报道中西医结合治疗股骨头缺血性坏死的临床研究。方法：采用带旋髂深血管蒂髂骨瓣骨膜移植和内服中药（红花、丹参、川芎、当归、桃仁、牛膝、穿山甲、地龙等）综合治疗78例，5年以上随访40例，采用Harris疗效评分标准。结果：优占57.5%（23/40），良占30.0%（12/40），优良率为87.5%（35/40）。认为手术方法结合中药治疗本病具有协同作用，中药具有改善受血区的血液循环、增强移植骨成骨能力的作用。

（文　耘）

【损伤治疗的实验研究】

（一）骨折　顾坚毅等探讨中药新伤续断汤（当归、地鳖虫、炙乳香、炙没药、丹参等）对骨折愈合中胶原代谢的影响。组织形态学显示治疗组血肿吸收、机化较快，软骨性骨痂出现早，骨化提前。免疫组化染色显示：术后10天治疗组Ⅱ、Ⅲ型胶原染色深于对照组，20天治疗组Ⅰ型胶原染色明显强于对照组，30天治疗组Ⅰ型胶原染色仍较深，而且排列规则。认为新伤续断汤能够改善局部血液循环，促进血肿吸收、机化，加速各型胶原的合成，改善胶原的结构排列，从而促进骨折愈合。赖建豪等探讨补阳还五汤促进骨折愈合的机制。用药组骨痂羟脯氨酸含量与钙的含量在造模后第7、14、21天高于对照组；用药组造模后第35、49天腓骨抗折荷重力量显著高于对照组（$P<0.05$）。王华松等探讨骨碎补促进骨折愈合的机理。结果显示骨折愈合过程中，骨碎补组血钙、磷浓度乘积显著高于对照组，推测该药促进骨折愈合的机理可能是提高血钙、磷浓度的乘积，促进钙磷沉积；增强机体内成骨活动，提高血清ALP的活性；增加TGF-β_1（转化生长因子-β_1）在骨痂组织中的表达，促进骨折愈合。石关桐等观察应用伤科接骨片（三七、红花、乳香、没药、鸡骨、自然铜等）对骨折愈合过程中TGF-β_1的变化。在骨折后的同一时间，实验组和对照组的骨痂组织中TGF-β_1的染色有差异，实验组的峰值比对照组提前1周出现，且比对照组的峰值高。伤科接骨片可以调节骨愈合过程中TGF-β_1的合成和分泌，从而促进骨折的愈合。

（二）骨病　王国文等通过研究参麦注射液对骨关节炎模型动物关节软骨胶原含量的影响，来探讨参麦注射液用于骨性关节炎保守治疗的可能性。结果显示参麦注射液能够明显减缓软骨胶原的丢失，并在解除固定后显著增加胶原纤维的含量。褚立希等发现补益肝肾中药复方关节1号方具有明显的消炎、消肿作用，能显著提高模型兔关节滑膜CAMP、关节软骨氨基多糖及7种氨基酸的含量，提示关节1号方能促进OA早期基质合成代谢和软骨修复。曹建国等观察到自拟痹痛合剂具有使PGE2降低，cAMP升高，从而抑制滑膜组织增生，减轻滑膜、软骨和软骨下骨组织破坏程度。唐旭升等观察手法对膝关节炎的预防及治疗效果。结果，手法干预组和透明质酸钠组软骨发生胞浆空泡化，细胞器数量减少，功能减退以及细胞固缩甚至细胞坏死崩解等退变现象的程度均较空白对照组轻，认为手法对该病有防治效果且与透明质酸钠相当。

（三）软组织损伤　石鉴玉等观察到山羊血及其小复方（山羊血、血竭、三七）对实验鼠的软组织损伤肿胀有明显的消肿镇痛作用，而且具有药效维持时间长的优点。张爱平等通过动物实验认为纳米相陶瓷远红外线对急性软组织损伤有良好的消炎镇痛作用。周建华等观察到西红花膏对实验小鼠有明显的消肿止痛作用。

（四）神经系统损伤　李保林等发现，加味补阳还五汤能使实验性脊髓损伤的脊髓神经功能 CBS 值明显下降，运动诱发电位的波幅明显提高，脊髓轴浆运输能力改善，髓鞘、神经元细胞结构恢复。刘世清等通过研究复方丹参对脊髓损伤后血清钙、镁、锌、铜含量的影响，来了解其对损伤的脊髓组织的保护作用。治疗组血清中的钙、铜含量较对照组低，锌镁含量较对照组高，部分接近正常值，证实复方丹参能抑制脊髓损伤血清中钙、镁、锌、铜含量的异常变化，促进其恢复平衡，对脊髓损伤起到保护作用。申才良等用原子吸收光谱法测定脊髓组织和血清中的铜锌含量，研究微量元素与急性脊髓损伤的关系。发现脊髓损伤后，血清和脊髓组织中铜含量升高，锌含量下降。认为其在脊髓继发性损伤过程中可能起着重要的作用。

（高广凌　莫　文　施杞）

参考文献

B

白少英，马风阁，朱　强．模糊数学方法预测股骨颈骨折后股骨头缺血性坏死．中医正骨，2001；(1):9

毕荣修，董建文，谢　进，等．中西医结合治疗股骨头缺血性坏死临床研究．山东中医药大学学报，2001；(1):32

卜文良，徐妙娣，张厚泰，等．中西医结合治疗脑外伤后持续植物状态．浙江中西医结合杂志，2001；(1):33

C

曹建国，祁文学．自拟痹痛合剂治疗类风湿性关节炎的实验研究．黑龙江中医药，2001；(2):29

陈　希，陈仲泽．交锁髓内钉治疗陈旧性股骨干骨折短缩畸形 26 例．中医正骨，2001；(4):45

陈汉雄．反足蹬法整复难治性肩关节前脱位的机理．中医正骨，2001；(5):41

陈新民．“矫枉过正”手法治疗小儿肱骨髁上骨折．中国骨伤，2001；(6):363

陈玉明．拇指牵引弓形板固定治疗 Bennett 骨折．中国骨伤，2001；(4):244

褚立希，曹学伟，刘亚非．三期功能锻炼在小儿股骨干骨折治疗中的应用．中医正骨，2001；(4):43

褚立希，周恩元，赵敏辉，等．关节 1 号方治疗骨关节炎的实验研究．上海中医药大学学报，2001；(1):47

D

董云强．四步疗法治疗腰椎间盘突出症 180 例．按摩与导引，2001；(1):29

F

房　敏，严隽陶．软组织病变在颈椎发病中的作用．中国骨伤，2001；(2):94

傅家兴．股骨干骨折内固定失败原因分析-附 24 例报告．中医正骨，2001；(7):5

G

高　飞．殷墟甲骨卜辞中的骨伤科疾病．中医正骨，2001；(2):45

古景慧，袁素霞，陈　玉．顽痹散治疗坐骨神经痛 58 例报告．中医正骨，2001；(6):48

顾坚毅，汤荣光，罗建中．新伤续断汤对骨折愈合中胶原影响的实验研究．中国中医骨伤科杂志，2001；(4):28

顾云伍，韩　慧，尚天裕．中西医治疗骨折新概念．中国骨伤，2001；(1):3

关宏刚．Enders 钉固定配合中药治疗股骨干骨折内固定失效骨不愈合．中国中医骨伤科杂志，2001；(2):51

郭宝平，何炳威，钱东翔，等．中西医结合抢救重型原发性颅脑损伤的临床研究．中国中西医结合急救杂志，2001；(4):236

郭会卿，吴振平，杨　豪．愈骨丹治疗股骨头

缺血性坏死疗效观察．中医正骨，2001；(7):13

郭延东．分年龄段辨治坐骨神经痛 53 例．河北中医，2001；(3):221

郭中琦，李俊兰．抗风湿散治疗强直性脊柱炎 48 例疗效观察．河北中医 2001；(4):267

H

韩加强．温肾通督汤治疗继发性坐骨神经痛 46 例．四川中医，2001；(2):29

何浚治，何天祥．手法配合中药熏洗治疗肩周炎 200 例．四川中医，2001；(1):70

黄　龙．内外侧夹板固定治疗肱骨髁上骨折的机理．中医正骨，2001；(11):23

J

金　岷．中药内外并举治疗肩周炎 136 例疗效观察．湖南中医药导报，2001；(7):379

金　生，王锦年，陆秉泰．难复性儿童肱骨髁上骨折的中医治疗．长春中医学院学报，2001；(3):31

L

赖建豪，林昭庚，曹月龙，等．补阳还五汤对兔骨折骨痂成分和生物力学性能的影响．中国中医骨伤科杂志，2001；(4):32

赖建豪，林昭庚，王天美，等．补阳还五汤对骨折模兔血液成分和血清生化的影响．中医正骨，2001；(5):11

黎柳松．中药热敷治疗坐骨神经痛 54 例．中国民间疗法，2001；(4):27

李宝芬，陈淑兰，闫国强，等．中西医结合治疗股骨头坏死 200 例．中国中西医结合外科杂志，2001；(3):164

李保林，何洪阳，郑　重，等．加味补阳还五汤治疗急性脊髓损伤的实验研究．中医正骨，2001；(6):3

李凤春，石福明，赵庆安，等．外伤性颈椎脱位程度分型的探讨．中医正骨，2001；(12):51

李开金，杨　挺，诸方受．改良椅背复位法整复肩关节前脱位．中医正骨，2001；(5):38

李文霞，高泉阳．手法整复石膏托桡倾旋后位固定治疗儿童肱骨髁上骨折．中医正骨，2001；(2):22

梁志强，张葆青，余宇峰，等．辨证治疗骨科术后非感染性发热 45 例临床疗效观察．中医正骨，2001；(8):35

林来长．中西医结合治疗颅脑损伤 466 例．福建中医药，2001；(3):26

刘丽嘉，隋韶光，王福生．颅脑逐瘀汤治疗广泛性脑挫伤 42 例临床疗效观察．中国中西医结合急救杂志，2001；(2):91

刘日光，沈冯君，杨述华，等．丹仙康骨胶囊对激素性股骨头缺血坏死血运变化的影响．中国中医骨伤科杂志，2001；(5):15

刘汝专．中西医结合介入治疗股骨头缺血性坏死疗效观察．广西中医药，2001；(3):13

刘世清，王　钢，陶海鹰，等．丹参对脊髓损伤后血清钙、镁、锌、铜含量的影响．中国中医骨伤科杂志，2001；(3):13

刘献祥，林木南，符臣学．肱骨髁上骨折并发症 98 例临床分析．中国骨伤，2001；(4):200

楼　林．天麻杜仲对颅脑损伤后综合征疗效观察．浙江中西医结合杂志，2001；(4):218

N

宁亚功，彭仲杰，李峻辉，等．内外合治法治疗股骨头缺血性坏死 36 例报告．云南中医中药杂志，2001；(3):8

S

申才良，江　曙，董英海，等．微量元素在急性脊髓损伤中的变化．中国中医骨伤科杂志，2001；(1):15

施　杞，周红海，沈培芝，等．益气化瘀补肾法对退变椎间盘Ⅱ型胶原 mRNA 表达的影响．中国中医骨伤科杂志，2001；(1):1

石关桐，吴宇峰，沈培芝，等．伤科接骨片对实验型骨折愈合过程中 TGF-β_1 的影响．中国骨伤，2001；(12):727

石鉴玉，吴军豪，闵熙敬，等．山羊血及小复方消肿镇痛作用的实验研究．中医正骨，2001；(1):7

T

谭沛南，黄细富．中西医结合治疗重型颅脑损伤的临床研究．中国中西医结合急救杂志，2001；(5):316

汤优民，范　明，裘天强．肱骨髁上骨折证治探讨．中国骨伤，2001；(10):624

唐传奇．中西医结合治疗强直性脊柱炎 86 例．辽宁中医杂志，2001；(2):105

唐旭升，杜　宁．手法治疗大鼠膝骨关节炎的

超微结构研究．中国中医骨伤科杂志，2001；(1)：7

W

王　策，何　斌，王爱民．分期治疗肩关节周围炎123例体会．中医正骨，2001；(8)：39

王福林．手法为主综合治疗肩关节周围炎疗效分析．中医正骨，2001；(8)：47

王国文，潘海乐，曲　波，等．参麦注射液对骨关节炎模型动物关节软骨胶原含量的影响，中国中医骨伤科杂志，2001；(2)：14

王华松，黄琼霞，许申明．骨碎补对骨折愈合中血生化指标及TGF-β_1表达的影响．中医正骨，2001；(5)：6

王华松，许申明．骨碎补对骨折愈合中TGF-β_1表达的影响．中国中医骨伤科杂志，2001；(4)：10

吴明忠．深屈肘整复固定伸直型肱骨髁上骨折118例．中国中西医结合外科杂志，2001；(4)：272

X

修忠标，盖秀丽，潘铁军，等．补阳还五汤治疗周围神经损伤临床观察．辽宁中医杂志，2001；(5)：286

徐纪庆，侯宝兴．中医骨伤科手术发展史及其展望．中医正骨，2001；(5)：54

徐甄理．旋后外旋型踝部骨折106例治疗体会．中医正骨，2001；(1)：33

薛庆蛟，李振仁，高　勇．麝香蛇香散治疗肩周炎150例．中医外治杂志，2001；(4)：42

Y

闫　霞，方　路．自拟寒湿方加减治疗肩周炎150例临床观察．云南中医中药杂志，2001；(3)：19

杨敏杰，太　鑫，张翠英，等．中西医结合治疗股骨头缺血性坏死临床报告．中医药学报，2001；(3)：31

杨生民，仝允辉．牵引治疗儿童双股骨干骨折13例报告．中医正骨，2001；(1)：32

余金明，王小凤．蝎蛇散治疗坐骨神经痛30例．河北中医，2001；(5)：375

Z

詹新宇，詹振宇，詹庄锡，等．杉树皮夹板加皮牵治疗儿童股骨干骨折．中医正骨，2001；(1)：42

张爱平，林燕萍，王和鸣，等．纳米相陶瓷远红外线治疗急性软组织损伤动物模型实验研究．福建中医学院学报，2001；(1)：20

赵　飞．仰卧推顶法与拔伸足蹬法整复肩关节脱位疗效比较．时珍国医国药，2001；(2)：141

赵　虮，王　沛．运用骨折单位概念治疗重型关节内Colles骨折．中国中西医结合外科杂志，2001；(1)：47

赵云昌，冯太山，李桂红．中西医结合治疗小儿肱骨髁上骨折142例．现代中西医结合杂志，2001；(3)：236

郑家名．肩关节脱位非牵引整复与传统疗法的对比观察．中医正骨，2001；(2)：16

周建华，孙之镐．西红花膏治疗急性软组织损伤的实验研究．中医外治杂志，2001；(3)：8

周耀君，刘天宇．皮牵甩肩法治疗肱骨外科颈骨折57例．中国骨伤，2001；(1)：49

周英杰，赵庆安，郭艳幸，等．颅环牵引下手法复位治疗颈椎双侧关节突关节脱位．中医正骨，2001；(6)：23

朱才兴，刘立明，成忠实，等．手法治疗颈胸椎后关节紊乱引起心肌缺血症状的疗效分析．中国骨伤，2001；(6)：336

邹方昕，高文红，赵东新．蛇蝎药酒治疗坐骨神经痛68例．中医药学报，2001；(2)：38

(8) 五　官　科

【概述】

2001年五官科发表的论文约950余篇，其中眼科约占43%，主要集中于视网膜病、内眼病、角膜病、视神经病及结膜病等的治疗及实验研究；耳科约占9%，较集中于耳聋、中耳炎等的治疗与研究；鼻科约占14%，集中于慢性鼻炎、变应性鼻炎、鼻窦炎等的治疗与研究；咽喉科约占14%，以慢性咽炎、扁桃体炎及声带疾病等的治疗报道为多；口腔科约占20%，多集中于口腔粘膜及齿龈疾病的治疗。

一、眼科疾病

1. 眼底病　①视网膜静脉阻塞的临床报道较多，治疗以活血化瘀为主，丁哲等的实验研究发现，单纯活血化瘀与补气活血化瘀中药相比，无论是眼底出血吸收的平均天数还是眼底改变比较，差异均无显著性。因此认为无论是气滞阻络、还是气虚推动无力或统摄失权引起的瘀血，其客观结局皆为瘀血形成，治疗应注意急症表现出的瘀血证候，而对原发机制并不强调，这和中医“审证求因”病因学说的认识是吻合的。②糖尿病视网膜病变（DR）的治疗，有较多报道在传统的养阴基础上加入活血祛瘀药。谢学军等实验研究显示，补肾活血中药可诱导糖尿病大鼠视网膜 Müller 细胞发生反应性星形胶质化，提示 Müller 细胞反应性星形胶质化可能对糖尿病视网膜损伤具有保护作用。（详见专条）③老年性黄斑变性，李波等报道43例77眼肝肾阴虚萎缩型患者，以滋阴明目丸（熟地、黄精、枸杞子、菟丝子、丹参、三七、羌活、石菖蒲等）口服治疗3个月，视力提高的总有效率为61.0%。对动物实验研究表明，滋阴明目丸具有清除过氧化物中醛类化合物如 MDA 等及调节血管活性肽 NO、ET 的作用。④视网膜疾病的动物实验研究方面，郑燕林等的研究表明，水蛭素对外伤性增生性玻璃体视网膜病变（PVR）细胞基质的形成具有一定的抑制作用。接传红等的研究表明，血管内皮生长因子有促进牛眼视网膜色素上皮（RPE）细胞的 DNA 合成作用，而榄香烯（由莪术中提取的倍半萜烯类化合物）可抑制生长因子诱导的 RPE 细胞的 DNA 合成。

2. 内眼病　①虹膜睫状体炎，郭霞报道31例，以抗炎明目袋泡剂（黄芪、生地、太子参、女贞子、黄精、知母、黄柏、当归、茯苓等）冲饮，并与口服波尼松治疗的30例作对照，经治3个月，治疗组和对照组的痊愈率分别为80.6%（25/31）、60.0%（18/30），$P<0.05$。②白内障，晶状体蛋白质的广泛氧化而使晶状体蛋白聚合被认为是导致白内障的一个重要原因。谢学军等的实验研究（国家中医药管理局重点课题）表明，中药复方糖障明对糖尿病（DM）大鼠有明显的抗氧化损伤作用，并能抑制 DM 大鼠晶状体组织多元醇通路的异常活跃，从而减轻晶状体高渗性损害；能减轻 DM 性大鼠晶状体蛋白异常代谢的作用，其作用可能与其抑制 DM 性白内障形成的机理有关；能有效抑制 DM 大鼠晶状体上皮细胞凋亡，从而有效地抑制 DM 性白内障的形成。（详见专条）③青光眼，余克明等（卫生部科研基金）对63例73眼难治性青光眼随机分为高三尖杉酯碱（HH）组32例37眼和对照组31例36眼。所有患者均接受同一标准的小梁切除手术，术毕及术后 HH 组分别球结膜下注射 HH，1次0.1mg，对照组未用药。术后随访观察5～8年，HH 组和对照组的功能性滤过泡的累计百分率分别为73.0%、44.2%，手术成功累计百分率分别为75.7%、41.7%，P均<0.01。提示高三尖杉酯碱有明显提高难治性青光眼滤过手术远期疗效的作用，其影响较持久，效果稳定。张宗端等的实验研究（国家重点科技项目）表明，优视胶囊（由通瘀、开窍中药组成）具有保护视功能免受高眼压损害的作用，其机制可能是改善了视网膜与视乳头局部血液的供应状况，提高了神经节细胞及其轴突对缺血低氧的耐受能力，使可能发生或濒临变性坏死的神经节细胞及轴突得以保护或恢复。

3. 视神经病　胡翠月报道前部缺血性视盘病变40例，采用星状神经节阻滞，同时按辨证分为肝肾不足、肝阳上亢，气阴不足、脉络瘀阻与气滞血瘀、脉络不通3个证型，分别施以中药煎服，并与用球后注射及静脉滴注扩血管药物治疗的36例作对照。两组的总有效率分别为90.0%（36/40）、77.8%（28/36），P<0.05。李志英等的研究（国家中医药管理局科学基金课题），探讨了急性视神经炎中西医结合治疗难点的思路与对策，以期提高本病的临床治疗水平。（详见专条）

4. 角膜病　较集中于单纯疱疹病毒性角膜炎（HSK）的临床研究，文献约30余篇、病例近2000例。较多报道在用常规西药治疗的同时，加服中药治疗，以缩短疗程，减少其复发率。且二者合用的疗效较单纯用常规西药治疗为优，提示中医药有其优势和潜力。但对本病的疗效标准报道各异，且疗效机理的报道尚无。（详见专条）

5. 其它　彭清华的研究（国家中医药管理局科研基金资助）通过分析眼科辨证的特点，论述了建立眼科专科辨证体系的必要性，在中华人民共和国国家标准《中医临床诊疗术语——证候部分》的基础上，对眼科证候进行了补充修改，使其体系基本完成，还对眼科辨证中证名的应用进行了规定，并从证候表现、证的表现、治法、主方等四方面对53个眼科常见证候进行探讨。

二、耳科疾病

1. 耳聋　突发性聋，临床报道以活血化瘀为主，储九圣等报道53例，以灯盏花素20ml、尿激酶4万U分别加入10%葡萄糖溶液中静滴，1天1次，并与单用尿激酶治疗的48例作对照。两组的总有效率分别为86.8%（46/53）、64.6%（31/48），P<0.01。谭凌翔报道34例，以络泰冻干粉（三七总皂甙）针剂0.4g加入5%葡萄糖溶液中静滴，并与用复方丹参注射液治疗的34例作对照。治疗组和对照组的总有效率分别为94.1%（32/34）、73.5%（25/34），P<0.01。刘蓬等的研究发现，肾阴虚对豚鼠听力的影响主要以6KH$_Z$为中心的高频率听力下降，其原因可能与肾阴虚引起耳蜗底回外毛细胞部分坏死有关；滋补肾阴中药对这一影响有拮抗作用。刘芳芳等的研究发现，补阳还五汤减方（黄芪、当归、川芎、红花）能够通过改善血液流变性，恢复血栓素A_2-前列环素动态平衡等途径增加内耳血流，改善急性血瘀证动物模型的内耳微循环。徐绍勤等的研究（国家新药研究基金）提示蜗内神经结构的退变可能是老年性聋的主要病理基础，而复聪片能有效支持蜗内神经结构可能基于的途径是，促进神经生长因子与其受体的结合；通过保护毛细胞，间接促进神经生长因子的产生。

2. 梅尼埃病　本病的临床报道文献约20余篇，究其病因，乃多归纳为“风、痰、虚、瘀”，治疗多以泽泻汤化裁。姚勤等采用抗晕片治疗90例，并与眩晕停片治疗的30例作对照，观察服药10天后病情控制情况以及6个月后疾病的发作情况。结果两组的总有效率分别为92.2%、86.7%，P<0.05。经实验证明，抗晕片具有减轻实验性内淋巴积水的程度，降低内淋巴积水造成的耳毛细胞损害以及改善听力的作用，并能减少丙氯磷转圈综合征模型兔的发生，有一定的镇静作用。（详见专条）

3. 中耳炎　韩晓丽等报道渗出性中耳炎187例，以利湿通口服液（苏叶、泽泻、白术、浮萍、菊花、石菖蒲、葛根等）治疗，经治12天，总有效率为97.3%（182/187）。经药效学实验证明，利湿通具有抗炎、消水肿、抗过敏作用，且无毒副作用。王芸报道急性化脓性中耳炎208例，以鱼腥草注射液（加入2%利多卡因、地塞米松分别作患耳穴位注射、外用滴耳）治疗，并与用头孢氨苄胶囊治疗的80例作对照。经治5天，两组的治愈率分别为96.6%（201/208）、85.0%（68/80），P<0.05。

三、鼻科疾病

1. 慢性鼻炎　李平等的临床研究，探索了本病外周血体液免疫功能及血液流变性特点。结果显示，本病患者的外周血体液免疫功能无明显异常（$P>0.05$），总补体水平明显高于正常组（$P<0.01$），其原因尚有待阐明；慢性单纯性鼻炎和慢性肥厚性鼻炎均存在血液流变性的异常，其对指导中药活血化瘀或抗凝血液的应用具有临床意义。

2. 变应性鼻炎（AR）　本病的临床报道较多，治疗仍多从肺脾肾着手。彭顺林等报道36例，以鼻敏灵（黄芪、白术、防风、五味子、肉桂、细辛、覆盆子、地龙等）煎服，并与服用酮替芬治疗的31例作对照。两组的总有效率分别为88.9%（37/41）、87.5%（35/40），$P>0.01$。严道南等的临床研究（国家自然科学基金课题）对41例AR，以鼻敏2号合剂（辛夷、桑白皮、菊花、茜草、紫草、旱莲草等）口服，并与服用开瑞坦治疗的40例作对照。两组的总有效率分别为90.2%（32/36）、67.7%（21/31），$P<0.01$。经实验研究证实，鼻敏2号合剂对小鼠皮肤被动过敏反应的作用与开瑞坦相似，与生理盐水对照组有非常显著差异。周小军等的实验研究（国家中医药管理局资助课题）观察寒证及热证豚鼠AR细胞功能和形态的特征表明，寒证AR豚鼠血嗜碱性粒细胞（BC）更易于脱颗粒，靶器官上肥大细胞（MC）、嗜酸性粒细胞（EC）效应细胞更多地聚集并大量脱颗粒，从而引发和加剧变应性反应及炎症。由此可见，寒证存在着BC、MC、EC功能活化并特异性聚集于靶器官上特点，一旦外邪（变应原）侵袭，便引发AR，这是寒证易于发生AR的潜在机理。余洪猛等的研究表明，鹅不食草挥发油对以豚草花粉变应原建立AR动物模型有明显的疗效。

3. 鼻窦炎　慢性鼻窦炎的临床报道，多以验方或中成药为主。范国平报道84例，自拟扶正通窍化瘀汤（黄芪、紫花地丁、辛夷、黄芩、甘草、白芷、蔓荆子、苍耳子等）煎服，1天1剂。经治21～60天，总有效率为91.7%（77/84），毛承深等、周洪根等的报道，均以鼻渊舒口服液分别治疗66例、562例，总有效率分别为93.9%、95.0%。（详见专条）

四、咽喉口齿科疾病

1. 咽喉疾病　①咽部急性感染，张剑华等报道75例，以金灯山根口服液（挂金灯、山豆根、牛蒡子、桔梗等）服用，并与用青霉素治疗的35例作对照。经治5天，总有效率分别为93.3%（70/75）、94.3%（33/35），$P>0.05$。②慢性咽炎的临床报道较集中，约40余篇、2000余病例，治疗以验方、中成药及局部用药等为主。（详见专条）

2. 口腔粘膜疾病　①口腔扁平苔藓，张燕春报道69例，以口藓净片（金银花、黄连、紫草、生地、水牛角粉、当归、灵芝、冬虫夏草、板蓝根等）口服，经治3个月，总有效率为75.4%。②口腔溃疡，复发性口腔溃疡的临床文献约40余篇、近3000病例。其中以中成药治疗的报道为多。（详见专条）

3. 齿龈疾病　王银龙等报道急性冠周炎50例，采用2%精制蜂胶酊和生理盐水交替冲洗冠周，擦干冠周组织置10%蜂胶酊于龈袋内；同时给予适量的抗生素和抗厌氧菌药物。并与采用双氧水和生理盐水冲洗，冠周龈袋置放2%碘甘油治疗的48例作对照。两组的显效率分别为72.0%（36/50）、41.7%（20/48），$P<0.05$。

（张应文　熊大经）

【糖尿病视网膜病变的治疗与实验研究】

糖尿病视网膜病变（DR）是糖尿病最为严重的微血管并发症之一，具有特异性改变的眼底病变。近年来，中医药在临床及实验研究中，显示了其对DR的疗效。

临床研究方面，较多报道在传统的养阴基础上加入活血祛瘀药。李文东等报道90例154眼糖尿病眼底出血患者，以辨证与辨病相结合，从肝、脾、肾着手分期治疗。用糖网胶囊Ⅰ号（柴胡、龙胆草、白芍、生地、玄参、三七等12味）、Ⅱ号（鬼箭羽、泽泻、半夏、西洋参、大黄、白术等11味）、Ⅲ号（女贞子、葛根、山茱萸、黄芪、鬼箭羽等11味）分别治疗单纯型DRⅠ、Ⅱ、Ⅲ期患者。并与用阿斯匹林、肌醇、多烯康、潘生丁、芦丁等治疗的61例109眼作对照。2个月后复查空腹及餐后2小时的血糖、糖化血红蛋白、血压、血脂、血液流变学及眼底等以评定疗效，结果两组的总有效率分别为83.1%（128/154）、67.9%（74/109），$P<0.01$。王伟报道28例42眼糖尿病眼底出血患者，分为阴虚、气阴两虚及阴阳两虚等3个证型，并结合眼底病变分别施药。经治1～3个月，总有效率为88.1%（37/42）。赵红认为DR临床上多表现为典型的肝肾阴虚症状，而以滋补肝肾活血法（知柏地黄丸加减）治疗70例，总有效率为91.4%（64/70）。蒋莉报道60例非增殖性DR，分为治疗组与对照组各30例。两组均用常规治疗糖尿病西药，治疗组加服熊胆逐瘀片（熊胆粉、三七、丹参、当归、川芎、红花、桃仁等）治疗，结果治疗组的临床症状改善率及全血粘度的降低率均明显优于对照组，$P<0.01$。赵曼报道62例DR，自拟降糖明目胶囊（大黄、三七、丹参、天南星、茯苓、泽泻、菖蒲、菊花等）治疗。经治2个月，检查视力、眼底，并与治疗前作自身对比，结果有效率为95.2%（59/62）。杨海燕等报道33例61眼，在服用西药降糖药的基础上，用益肾活血方（生地、熟地、黄精、枸杞子、石斛、当归、红花、葛根、鸡血藤、牛膝、杜仲、枳壳、玄参、石决明）煎服，并与单用西药（优降糖、降糖灵、达美康）治疗的27例52眼作对照。经治1个月后，予彩色多普勒超声诊断仪检测眼动脉血流频谱，结果中药组眼动脉血流收缩期峰值血流速度，舒张期末血流速度，平均流速时间均较对照组明显升高，而阻力指数明显降低。余敏忠等采用VERIS Ⅳ视觉诱发反应图像系统测量和分析糖尿病视网膜病变Ⅰ～Ⅱ期34只眼和Ⅲ～Ⅳ期30只眼的多焦视网膜电图改变。结果表明，在糖尿病视网膜病变发展过程中多焦视网膜电图反应密度比潜伏期较早出现异常，提示多焦视网膜电图可用于DR患者视功能损害的监测。

实验研究方面，何剑峰等应用孔雀绿比色分析法对糖尿病大鼠发病后不同时期内视网膜组织中钠钾ATP活性进行检测，并与空腹血糖、糖基化血红蛋白、视网膜组织中钠钾含量及病程进行分析。结果表明，糖尿病大鼠视网膜组织中钠钾ATP活性明显下降，钾离子含量下降，钠离子含量增加，钠钾ATP活性变化与空服血糖、糖基化血红蛋白、视网膜组织中钠钾含量及病程密切相关。周水平等取40只SD大鼠随机分成正常对照组、链脲佐菌素糖尿病组与络通预防组，探讨络通对糖尿病大鼠视网膜微血管的作用及其可能机理。结果发现，糖尿病大鼠6个月时出现高凝、高粘现象，视网膜微血管损害比较明显，络通干预后高凝、高粘现象及视网膜病变明显改善。谢学军等以链脲佐菌素造成大鼠糖尿病模型，探讨用补肾活血复方制剂对糖尿病大鼠视网膜保护作用的机制。结果发现，在病程6个月时，视网膜上胶质纤维酸性蛋白阳性细胞的染色强度，中药中剂量组明显高于正常对照组，中药高剂量组明显高于其余各实验组。提示补肾活血中药可诱导糖尿病大鼠视网膜Müller细胞发生反应性星形胶质化，而示Müller细胞反应性星形胶质化可能对糖尿病视网膜损伤具有保护作用。

（李　洁）

【白内障的治疗与研究】

戴达历将95例皮质性白内障患者随机分为治疗组52例和对照组43例，分别用障翳散和白内停眼药水治疗，经治6个月后复查，结果两组的有效率分别为76.9%（40/52）、37.2%（16/43），显效率（视力提高3行以上）分别为17.3%（9/52）、11.6%（5/43），$P<0.01$。通过裂隙灯作治疗前后对照检查，发现部分病例晶体皮质混浊并无明显减轻，但视力却提高或显著提高，可能是障翳散能起到减轻玻璃体混浊的作用，然而是否可提高激活视光细胞视敏度，尚有待观察。

王勇等认为，尽管迄今已有不少关于中医药防治白内障的临床研究，且报道均具有一定的疗效，但这些研究普遍存在着不够严谨的问题。不少研究白内障严重程度和疗效判断标准者仅以视力好坏和改善来判定，缺乏客观的判断标准。当然视力的改善与否确实是疗效判定的一项重要指标，但视力的好坏，视力的增进与减退，除受白内障是否好转的影响外，还受瞳孔大小、晶体调节力、其它眼病、机体状况以及训练程度等多种因素的影响。因此，白内障的疗效判断还需要更为客观的科学的重要指标，这就是依据晶体混浊分级分类标准，用裂隙灯显微镜观察比较晶体混浊及其变化情况。对白内障的实验研究，发现了某些能延缓和减轻实验性白内障的中药，但研究手段和研究工作有待深入，且急待结合临床开发切实有效的防治白内障新药。

晶状体蛋白质的广泛氧化而使晶状体蛋白聚合被认为是导致白内障的一个重要原因。谢学军等的实验研究（国家中医药管理局重点课题）表明，中药复方糖障明能明显提高糖尿病（DM）大鼠血清和晶状体中谷胱甘肽过氧化物酶（GSH-px）和超氧化物歧化酶（SOD）的活性，对DM大鼠有明显的抗氧化损伤作用；能抑制DM大鼠晶状体组织多元醇通路的异常活跃，从而减轻晶状体高渗性损害。糖障明具有减轻DM性大鼠晶状体蛋白异常代谢的作用，其作用可能与其抑制DM性白内障形成的机理有关。持续的高血糖可导致大鼠晶状体上皮细胞发生不可逆的损伤，而糖障明能有效抑制DM大鼠晶状体上皮细胞凋亡，从而有效地抑制DM性白内障的形成。陈双厚等的研究（国家中医药管理局重点课题），观察复方参果液（由参果、五味子、枸杞子、黄芪、白芍等组成）对半乳糖性白内障形成的抑制作用及其机理。以裂隙灯观察记录晶状体混浊度的变化，治疗结束后进行晶状体蛋白相关酶活性测定。结果显示，经复方参果液治疗的大鼠半乳糖性白内障核混浊率降低，晶状体的透明率提高。晶状体蛋白过氧化氢酶（CAT）和SOD活性升高，并基本恢复到正常水平。其作用可能与提高半乳糖性白内障大鼠晶状体蛋白抗氧化损伤能力有关。谢汉兴等的研究，观察固本明目胶囊（白芍、蚕蛹、紫河车、熟地、枸杞子等8味）对大鼠半乳糖白内障的血清及晶状体中维生素E、一氧化氮（NO）、丙二醛（MDA）的影响。结果显示，固本明目胶囊对Ⅱ期以下晶状体混浊有显效，对Ⅲ期晶状体混浊有一定作用；可对抗维生素E过度消耗，延缓自由基损伤进程，并能明显降低NO、MDA含量。

（李　洁）

【单纯疱疹病毒性角膜炎的治疗与研究】

临床报道单纯疱疹病毒性角膜炎（HSK）的文献约30余篇、病例近2000例。张海南等认为，本病急性阶段以肝火上炎多见，具有伤津动血、热邪上炎等“火”的特点。将58例HSK肝火上炎证患者随机分为治疗组30例和对照组28例，对照组以西药常规治疗，治疗组采用清肝泻火汤（由黄芩、栀子、龙胆草、白芍、决明子等组成）口服，疗程均为28天，治疗前后采用放射免疫法同步检测血浆血栓素B_2（TXB_2）、前列腺素F_2a（PGF_2a）、前列腺素E_2（PGE_2）、肿瘤坏死因子（TNF）。结果两组的总有效率分别为93.3%（28/30）、71.4%（20/28），$P<0.01$。治疗组的TXB_2、PGF_2a、PGE_2、TNF均较治疗前明显降低（$P<0.05$，$P<0.01$），而对照组与治疗前无显著差异（$P<0.05$）。提示清肝泻火汤可提高治疗HSK肝火上炎证的疗效，并改善其异常的实验指标。朱惠安等报道131例204眼HSK肝经风热型患者，采用新制柴连汤（黄连、黄芩、栀子、柴胡、荆芥、防风、蔓荆子、蝉衣、木贼草、甘草）随证加减煎服，治愈率（自觉症状消失，角膜荧光素染色阴性）为81.4%（166/204）。周至安等认为本病乃风热邪毒上攻所致，可“汗而发之”，并以辛温发散为主、清热解毒为辅（以麻黄、蒲公英、黄连、生甘草组成英黄汤煎服，1天1剂）治疗60例62眼，同时与用4%吗啉胍眼液水、干扰素眼液水滴眼治疗的60例60眼作对照。7天为1疗程。结果两组的治愈率（自觉症状及结膜充血消失，角膜恢复透明或疤痕化，荧光素染色阴性等）分别为75.8%（47/62）、63.3%（38/60），$P<0.05$。

邢素珍等认为，眼科临床辨证目前多承袭内科证名，难以反映眼科证候的特殊性，且内科证名所系的症状，眼科不一定见到，或眼科有时无明显的全身症状，若笼统冠以证名，有失辨证之意义。从中医整体与局部统一的观点来认识反复发作的重型HSK，符合“久病多虚”，“邪之所凑，其气必虚”，“风为百病之长，善行而数变”等理论，治以补气实内以固本，疏风散邪，开玄府以治其本。刑氏等报道68例69眼，随机分为治疗组36眼和对照组33眼。均采用常规西药治疗，其中治疗组加服八味大发散加减（麻黄、细辛、黄芪、羌活、防风、藁本、白芷、蔓荆子、当归、生地、栀子，1天1剂，水煎分服2次，连服4周，疗程8周）。经治后，治疗组与对照组的治愈率（局部症状消失，荧光素染色阴性，角膜无水肿）分别为83.3%（30/36）、57.6%（19/33），$P<0.05$；复发率分别为10.0%（3/30）、42.1%（8/19），$P<0.05$。殷纳新报道35例，亦以八味大发散（以麻黄、川芎、细辛、羌活、防风、藁本、白芷、蔓荆子为基本方，随证加减煎服，10天为1个疗程，经1～4个疗程）治疗，总有效率为94.3%（33/35），其中显效（眼刺激症状消失，白睛不红赤，风轮遗留薄翳，荧光素染色阴性）18例。魏丽歌报道30例复发性HSK，采用扶正祛邪法（以党参、黄芪、白术、防风、柴胡、白蒺藜等为基本方，随证加减煎服。对实质型及角膜色素膜型加点1%阿托品眼液及无环鸟苷眼液）治疗，结果治愈率（局部症状消失，荧光素染色阴性，角膜无水肿，房水光闪辉转阴，KP吸收且仅有色素型KP残留）为86.7%（26/30）。尚有较多以局部用药为主的报道，如陈兹满等以100%鱼腥草注射液为主，行结膜下注射，联合鱼腥草注射液与氯霉素眼药水配制成眼液滴眼治疗60例，并与用1%无环鸟苷眼液滴眼治疗的38例作对照。两组的治愈率分别为86.7%（52/60）、63.2%（24/38），$P<0.025$；平均治愈时间分别为$20.7\pm11.9d$、$34.3\pm10.7d$，$P<0.001$。罗荣帮以鱼腥草注射液为主治疗167眼，寇宁等以复方半枝莲滴眼液（半枝莲、丹参、青葙子等）为主治疗54眼，颜兴治等以板蓝根注射液为主治疗35例，治愈率分别为63.5%（106/167）、79.6%（43/54）、91.4%（32/35）。

综上文献表明，在用常规西药治疗HSK的同时，加服中药治疗，可缩短疗程，减少其复发率。且二者合用疗效较单纯用常规西药治疗为优，提示中医药有其优势和潜力。其中张海南等的临床研究为国家自然基金资助项目，探讨了中药治疗对 TXB_2、PGF_2a、PGE_2、TNF 等指标的影响；邢素珍等临床研究认为，眼科临床辨证要反映眼科证候的特殊性等，对提高中医药的疗效有积极作用。但对中药治疗本病疗效标准报道各异，且疗效机理的报道尚无。

（张应文）

【急性视神经炎的治疗】

急性视神经炎是可致盲的急重眼病。王笑可等报道 36 例，采用加味丹栀逍遥散（丹皮、栀子、当归、白芍、柴胡、茯苓、白术、薄荷、甘草、生姜、大黄、菖蒲、桃仁、红花）煎服，1 天 1 剂，10 天为 1 个疗程。经治 1～3 个疗程，总有效率为 97.2%，其中治愈（视力达到 1.0 或恢复到病前视力）12 例，显效（视力提高大于 4 行）14 例。陈一兵等报道 35 例 49 眼，以丹栀逍遥散加味（柴胡、丹皮、山栀、当归、白芍、白术、茯苓、川芎、丹参）煎服，同时用强的松、维生素 B_1、维生素 B_{12} 等西药。经治疗后，患者的视力均有不同程度提高，随访6～24 个月，除 2 例病情有反复外，33 例均稳定。李志英等认为应用中医为主、中西医结合的方法治疗本病有较好疗效，然因治疗过程中由于应用激素带来的副作用，在病变发展过程容易并发视神经萎缩，使视功能难以恢复正常。为此，李氏等的研究（国家中医药管理局科研基金课题），探讨了急性视神经炎中西医结合治疗难点的思路与对策，以提高本病的临床治疗水平。其论述急性视神经炎应用激素治疗过程中、治疗后常见副作用及免疫抑制剂副作用的中药治疗，在急性期，根据辨证与辨病相结合，应把握好“本虚标实”的特点，分清缓急，结合中西医学的最新成就，及时调整治疗方案，缩短激素的用药周期，预防并发视神经萎缩。康复期或出现视神经萎缩，则以扶正固本为主，采用中药、针刺、理疗等综合方法治疗，对防治视神经萎缩的发生、发展均有积极的作用。通过改善病变组织微循环障碍，增强局部组织代谢能力和组织营养，有利于受害视细胞和视神经纤维的功能恢复。随着对中医药治疗本病的确切作用机理的深入研究，将会取得令人满意的疗效。

（张应文　刘红娣）

【视疲劳的治疗】

视疲劳是视觉系统代偿功能丧失后视觉功能降低的表现。赛自金等认为，本病乃血虚感受风邪所致，治当以疏风止痛为主。并以川芎茶调散合四物汤加减（川芎、羌活、白芷、细辛、防风、荆芥、熟地、当归、牛膝、甘草煎服，1 天 1 剂）联合西医综合疗法（如矫正屈光不正、训练集合功能、采用 0.5% Pilocarpin 眼液滴眼及心理疗法等）治疗 45 例，同时与单用综合疗法治疗的 50 例作对照。结果两组的总有效率分别为 80.0%（36/45）、48.0%（24/50），治愈率（眼部及全身症状均消失，能长时间近距离视物达 6h 以上者）分别为 35.6%（16/45）、16.0%（8/50），$P<0.01$。李学源等认为本病乃因用眼过度，导致气血不足、肝肾两虚。治宜益气补血、滋补肝肾、增视明目，自拟消疲增视汤（黄芪、党参、白术、当归、熟地、菟丝子、女贞子、枸杞子、酸枣仁、远志、菖蒲、木香煎服，1 天 1 剂）治疗 156 例，经治 15d 后，全部有效，其中临床治愈（视疲劳症状消失，视力恢复正常或达到原有水平）82 例。卜文超报道 82 例，自拟养目汤（柴胡、茵陈、白芍、当归、川芎、枸杞子、人参、黄芪、茯苓、青葙子、珍珠母、菖蒲）加减煎服。1 天 1 剂。经治3～6 天，全部有效，其中治愈（眼痛、头痛及全身兼症消失）63 例。王浔生报道 40 例，自拟加味参麦散（党参、麦冬、五味子、当归、香附、枸杞子、蝉蜕、木瓜、蔓荆子、菊花、决明子、甘草）煎服，1 天 1 剂。15 天为 1 个疗程。经治 2 个疗程，总有效率为 87.5%（35/40），其中治愈（症状完

全缓解，能正常工作与学习者）19例。

（刘红娣 张应文）

【突发性耳聋的治疗】

突发性耳聋的临床报道，多以活血化瘀为主。陈金湘报道58例，以自拟通窍活血汤（磁石、葛根、骨碎补、川芎、大枣、甘草、郁金、菖蒲）煎服。1天1剂。并与用山莨菪碱、能量合剂、激素等治疗的54例作对照。两组均辅以高压氧舱治疗，10天为1疗程。结果两组的总有效率分别为86.2%（50/58）、70.4%（38/54），痊愈率（0.25HZ~4KHZ各频率听阈恢复至正常）分别为27.6%（16/58）、14.8%（8/54），P<0.05。刘炳珊等报道78例，按中医辨证分肝胆火旺、瘀滞清窍与痰火郁结分别施以清肝胆邪火、活血化瘀通窍与清火化瘀理气开郁中药煎服，同时采用静脉滴注川芎注射液80~120mg/d、胞二磷胆碱0.5/d，10天为1疗程。并与用静脉滴注低分子右旋糖酐、罂粟碱、胞二磷胆碱等治疗的40例作对照。结果（按1996年10月上海全国会议制定的《突发耳聋诊断依据和疗效分级》评定）两组的总有效率分别为87.2%（68/78）、75.0%（30/40），治愈率分别为43.6%（34/78）、25.0%（10/40），P<0.01。翟毓红等报道32例，以碟脉灵注射液200ml加入低分子右旋糖酐500ml中静脉滴注，1天1次，并配合内服自拟复聪汤（川芎、菊花、枸杞子、黄芪、葛根、磁石、丹参、首乌、钩藤、熟地）煎服，1天1剂。同时与单用碟脉灵注射液（方法同前）治疗的30例作对照。10天为1疗程。结果两组的总有效率分别为81.3%（26/32）、56.7%（17/30），治愈率（主观听力恢复正常，听阈均值在25dB以内）分别为53.1%（17/32）、33.3%（10/30），P<0.05。谭凌翔报道34例，采用络泰冻干粉针剂（主要成分为精制三七总皂甙）0.4g加入5%葡萄糖溶液250ml中静脉滴注，1天1次。并与用静脉滴注复方丹参注射液治疗的34例作对照。均以10天为1疗程。结果治疗组与对照组的总有效率分别为94.1%(32/34)、76.5%(26/34)，痊愈率(0.25HZ~4KHZ各频率听阈恢复至正常或达健耳水平，或达此次患病前水平）分别为76.5%（26/34）、32.4%(11/34)，P<0.01。谭氏认为络泰冻干粉针剂能有效地改善内耳供血，增加局部血流量，使因缺氧缺血而致损害的毛细胞功能得以恢复。储九圣等报道53例，治以灯盏花素20ml、尿激酶4万U分别加入10%葡萄糖溶液中静脉滴注1天1次。并与用静脉滴注尿激酶治疗的48例作对照。两组均天同时辅以ATP、辅酶A、维生素B_1、维生素B_{12}等治疗，10天为1疗程。结果两组的总有效率分别为86.8%（46/53）、64.6%（31/48），痊愈率（$0.25H_Z \sim 4KH_Z$各频率听阈恢复至正常或达健耳水平）分别为35.8%（19/53）、22.9%（11/48），P<0.01。

（张应文 沈龙柱）

【梅尼埃病的治疗】

梅尼埃病的临床报道文献约20余篇，究其病因，乃多归纳为“风、痰、虚、瘀”，治疗多以泽泻汤化裁。张中柏等认为本病既非单纯性的风火痰湿，又非单纯的虚证，而是以肝、脾、肾三脏之虚为本，风火痰饮为标的复杂病证。其报道113例急诊患者，先予20%甘露醇250ml静滴后，以加味五苓散（泽泻、白术、猪苓、天麻、钩藤、半夏、陈皮、生姜）煎服，1天1剂。113例经首次治疗后，临床症状消失者占85.0%（96/113）。董文兵报道86例，治以健脾定眩汤（党参、黄芪、白术、半夏、橘红、茯苓、泽泻、竹茹、川芎、牛膝、天麻、甘草）煎服，1天1剂。平均用药2.9剂，治愈率（眩晕、呕吐、耳鸣均止，活动如常，眼颤消失）为88.4%（76/86）。刘小菊等报道58例，以泽泻汤合补中益气汤加减煎服，1天1剂。经治3~10天，临床治愈率

（眩晕、恶心呕吐、耳鸣耳聋消失如常人）为79.3%（46/58）。陈兴泉报道78例，治以金匮泽泻汤加味（泽泻、白术、丹参、茯苓、半夏、钩藤、天麻、陈皮、生姜、竹茹等煎服，1天1剂），并与采用扩血管、利尿等西药治疗的30例作对照。均以7天为1个疗程。两组的治愈率（症状、体征消失，随访1年复发者）分别为83.3%（65/78）、33.3%（10/30），P＜0.01。张明兰等报道35例，以仙鹤草、决明子为主煎服，经治3天，有效率为94.3%（33/35）。此外，有以中成药为主的临床报道，周嘉平治疗85例，以β-七叶皂甙钠注射液25mg加入5%葡萄糖溶液250ml中静脉滴注，1天1次。83例均在2天内临床治愈或好转。李家健治疗35例，以复方丹参注射液16～20ml合清开灵注射液40～60ml分别加入10%葡萄糖溶液中250ml中静脉滴注，1天1次，并与用山莨菪碱注射液、低分子右旋糖酐及ATP、辅酶A等治疗的32例作对照。用药5天后，两组的治愈率分别为82.9%（29/35）、59.4%（19/32），P＜0.05。姚勤等采用抗晕片治疗90例，并与眩晕停片治疗的30例作对照，观察服药10天后病情控制情况以及6个月后疾病的发作情况。结果两组的总有效率分别为92.2%（83/90）、86.7（26/30），控制率（主症积分较治疗前减少91%以上，治疗后6个月的发作次数较治疗前发作次数之间比值为0，纯音听阈平均提高25dB以上，语言识别率提高20%以上）分别为34.4%（31/90）、26.7%（8/30），P＜0.05。动物实验证明，抗晕片具有减轻实验性内淋巴积水的程度，降低内淋巴积水造成的耳毛细胞损害以及改善听力的作用，并能减少丙氯磷转圈综合征模型兔的发生，有一定的镇静作用。

（沈龙柱　张应文）

【慢性鼻窦炎的治疗与研究】

慢性鼻窦炎的临床报道，多以验方或中成药为主。范国平报道84例，自拟扶正通窍化瘀汤（黄芪、紫花地丁、辛夷、黄芩、甘草、白芷、蔓荆子、苍耳子、野菊花、皂角刺、路路通、党参、当归）煎服，1天1剂。经治21～60天，总有效率为91.7%（77/84），治愈率（症状体征消失，X线复查鼻窦腔粘膜炎症阴影吸收，1年以上未见复发）45.2%（38/84）。李洪锋报道50例，治以呋麻滴鼻液滴鼻、甲硝唑片口服，同时加用黄芩汤合苍耳子散（苍耳子、白芷、辛夷、桔梗、薄荷、荆芥、赤芍、桑白皮、黄芩、连翘、甘草）随证加减煎服，1天1剂。10剂为1个疗程。并与口服复方长效磺胺、甲硝唑、头孢氨苄、螺旋霉素等西药治疗的50例作对照。经治3个疗程，治疗组与西药组的总有效率分别为82.0%（51/50）、72.0%（36/50），治愈率（症状消失，鼻腔粘膜肿胀消退，X线片示鼻窦粘膜恢复正常，内窥镜检查中鼻道及溴裂无脓、窦口开放良好，窦腔粘膜上皮化）分别为44.0%（22/50）、36.0%（18/50），P＜0.01。高国芬等报道285例，采用鼻舒适（以苍耳子、鹅不食草、白芍、旱莲草等为基本方）4片口服，1天3次。15天为1个疗程。连服1～2个疗程，总有效率为88.1%（251/285），治愈率（症状、体征消失，副鼻窦X片复查正常）为77.3%（209/285），治愈率（症状、体征消失，副鼻窦X片复查正常）为77.3%（209/285）。卢长云报道67例，采用鼻窦炎口服液（重庆桐君阁药厂生产）10ml口服，1天3次。并与用藿胆丸治疗的60例作对照。20天为1个疗程。经治1～2个疗程，总有效率分别为94.0%（63/67）、73.3%（44/60），近期治愈率（症状消失，鼻通气，前后鼻孔检查无粘脓涕，嗅觉正常，4个月以上无复发）分别为71.6%（48/67）、40.0%（24/60），P＜0.01。张念祖等报道本病化脓性患者180例，随机分为实验组100例和对照组80例，均先行上颌窦穿刺，生理盐水冲洗后，实验组配合内服鼻窦炎口服液（重庆桐君阁药厂生产）10ml，1天3次，20天为1个疗程；对照组于窦腔注入庆大霉素4万U，1周1次，共穿刺3次。经治3个月，总有效率分别为95.0%（95/100）、60.0%（48/80），痊愈率分别为43.0%（43/100）、22.5%（18/80），$P<0.05$。毛承深等、周洪根等的报道，均以鼻渊舒口服液（成都华神药业有限责任公司生产）分别治疗66例、562例，总有效率分别为93.9%（62/66）、95.0%（534/562），痊愈率分别为51.5%（34/66）、41.6%（234/562）。

（沈龙柱　张应文）

【慢性咽炎的治疗与研究】

慢性咽炎的临床报道较集中，约40余篇、2000余病例，治疗以验方、中成药及局部用药等为主。郑少盟认为，本病的病机复杂，正虚为本，邪实为标，病程缠绵。正虚主要有肺（肾）阴虚、脾气虚、肾阳虚，邪实主要有气滞、痰凝、血瘀。樊连学报道108例，以养阴利咽汤（生地、麦冬、玄参、白芍、青果、贝母、丹皮、射干、木蝴蝶、甘草）随证加减煎服，1天1剂，30天为1个疗程。结果总有效率为95.4%（103/108），治愈率（自觉症状及咽后壁淋巴滤泡消失）为47.2%（51/108）。耿学英等报道300例，以慢咽宁（麦冬、五味子、玄参、山茱萸、生地、射干）随证加减煎服，1天1剂。并与用庆大霉素、地塞米松、维生素C、654-2等加入0.9%氯化钠注射液中作超声雾化吸入治疗的106例作对照。均以15天为1个疗程。经治1~2个疗程，两组的总有效率分别为97.3%（292/300）、72.6%（77/106），临床治愈率（症状消失或基本消失，咽部病变恢复正常）分别为72.0%（216/300）、36.8%（39/106），$P<0.01$。喻青报道148例，随机分为治疗组92例和对照组56例。均采用庆大霉素、地塞米松、α-糜蛋白酶加入板蓝根超声雾化吸入，及薄荷喉片口含、2%碘甘油涂搽咽部等治疗，治疗组则加服清热养阴、生津利咽中药（以玄参、麦冬、桔梗、生地、白芍、天花粉、玉竹、野菊花、甘草等为基本方随证加减）煎服，1天1剂，10天为1个疗程。经治6~7个疗程评定疗效，两组的总有效率分别为92.3%（85/92）、57.1%（32/56），治愈率（咽痛、咽干、异物感等症状消除，喉底血络扩张消退，肌膜肿大和颗粒消失，随访6个月无复发）分别为25.0%（23/92）、17.9%（10/56），$P<0.01$。刘慧勤报道220例，随机分为治疗组128例和对照组92例。治疗组以慢咽宁汤（玄参、麦冬、沙参、生地、银花、鱼腥草、牛蒡子、川贝、射干、桔梗、郁金、甘草）煎服，1天1剂。10天为1个疗程。同时用鱼腥草注射液作超声雾化吸入，1天1次。5天为1个疗程。对照组应用CO_2激光，同时用庆大霉素、地塞米松和糜蛋白酶加入生理盐水中作超声雾化吸入，1天1次。5天为1个疗程。经治20天后，两组的总有效率分别为96.1%（123/128）、89.1%（82/92），治愈率（异物感、阻塞感、咽干、咳嗽等症状消失，咽部粘膜充血及侧索红肿消失）分别为39.1%（50/128）、28.3%（26/92），$P<0.05$。吴禹等报道256例，采用新癀片（厦门中药厂生产）含服，并与服用氨苄青霉素治疗的268例作对照。两组的总有效率分别为85.2%（218/256）、42.5%（114/268），$P<0.01$。范勇报道100例，以增效牛黄喉症胶囊口服治疗，经治3周后，总有效率为92%。彭顺林等的研究，观察了慢性咽炎动物模型的病理形态。结果显示，慢性咽炎动物模型咽部粘膜上皮（钉突状）增生，固有层和粘膜下层淋巴细胞、单核细胞及纤维母细胞增生，血管数量显著增多，粘膜下层内粘液腺分泌活跃，浆液腺粘液化等。这些改变与临床慢性

咽炎的病理特征较符合。

（张守杰　张应文）

【复发性口腔溃疡的中成药治疗】

复发性口腔溃疡的临床文献约40余篇、近3000病例。由于本病从发病到治疗，个体差异较大，中医辨证证型较多，口服汤药有诸多不便。因此，刻下有较多用中成药治疗的报道。张志荣等报道48例，自制白银含漱液（白残花、银花、五倍子、佩兰、薄荷）含漱，1天3次，1次10min。并与用珠黄散局部喷涂治疗的40例作对照。经治3天，两组的总有效率分别为97.9%（47/48）、35.0%（14/40），其中用药1～2天，疼痛消失，溃疡愈合各为37例、0例，P＜0.01。杨鸿飞等报道121例，随机分为中药组45例、西药组42例、VB_2组34例。中药组中药（水蛭、大青叶、黄柏、山药、吴茱萸、牛膝、儿茶、甘草、冰片）煎取浓液，用棉球蘸取，涂于擦干的溃疡表面，隔湿持续15min，1天2次。西药组以金霉素、强的松、达克罗宁、聚乙烯醇、维生素A、甘油及蒸馏水混合，制成药膜，涂于患处，持续15min，1天2次。VB_2组口服维生素B_2，1天1次。经治15天，三组的总有效率分别为95.6%（43/45）、83.3%（35/42）、14.7%（5/34）。段开文等报道184例阴虚型患者，以滇虹口溃液（滇橄榄、麦冬、生地、赤芍等）口服，1次15ml，1天3次。经治4天，有效率为93.0%（171/184），其中临床治愈率为33.2%（61/184）。崔淑霞报道40例，以青黄生肌散（青黛、黄连、黄柏、龙胆草、儿茶、白芷、冰片等研细）涂于溃疡面，1天4次，并与用冰硼散涂敷治疗的35例作对照。经治3～5天，两组的总有效率分别为92.5%（37/40）、74.3%（26/35），治愈率（用药3天内，溃疡愈合，疼痛消失）分别为37.5%（15/40）、22.9%（8/35），P＜0.05。张霞等报道103例以消溃散（青黛、石膏、硼砂、黄柏、牛黄、薄荷、冰片、雄黄等研细末）涂敷患处并用棉球压迫10～15min，1天3次。经治5～7天，总有效率为95.1%（98/103），其中治愈率（溃疡愈合，症状消失，随访半年无复发）为54.4%（56/103）。韩月红等报道37例，以青桂散（青黛、肉桂、枯矾、冰片、黄连、五倍子、儿茶等研末）涂敷患处，1天3次。经治3天，疼痛消失溃疡愈合者21例。

（戚清权　张应文）

参考文献

B

卜文超．养目汤治疗眼疲劳的临床观察．云南中医学院学报，2001；（2）:26

C

陈金湘．通窍活血汤治疗突发性耳聋．实用中医药，2001；（1）:8

陈双厚，刘瑞华．复方参果液对大鼠半乳糖性白内障及晶状体蛋白相关酶活性的影响．中国中医眼科杂志，2001；（3）:131

陈太平，韩晓丽，沈　伏，等．利湿通口服液治疗渗出性中耳炎临床研究．河北中医，2001；（4）:254

陈兴泉．金匮泽泻汤加味治疗美尼埃病78例．四川中医，2001；（1）:29

陈一兵，翟　楠，王雪菁，等．中西医结合治疗急性视神经炎．江西中医药，2001；（4）:48

陈兹满，刘文英，赖锦端．鱼腥草注射液为主治疗单纯疱疹病毒性角膜炎60例．辽宁中医杂志，2001；（7）:426

储九圣，鲍学礼．灯盏花素尿激酶联合治疗突发性耳聋疗效分析（附53例报告）．江西中医学院学报，2001；（1）:5

崔淑霞．青黄生肌散治疗复发性阿他溃疡40例．实用中医杂志，2001；（4）:35

D

戴达厉．障翳散治疗皮质性白内障疗效观察．

上海中医药杂志，2001；(8):18

丁　哲，丁淑华．活血化瘀中药治疗实验性视网膜静脉阻塞模型的研究．中国中医眼科杂志，2001；(2):72

董文兵．健脾定眩汤治疗美尼埃病86例．江苏中医，2001；(4):20

段开文，马美尔，杨保秀，等．滇虹口溃液治疗复发性口疮阴虚证的临床观察．云南中医中药杂志，2001；(4):27

F

樊连学．养阴利咽汤治疗慢性咽炎108例．新中医，2001；(6):57

范　勇．增效牛黄喉症胶囊治疗慢性咽炎100例疗效观察．浙江中西医结合杂志，2001；(8):514

范国平．扶正通窍化瘀汤治疗慢性鼻窦炎．四川中医，2001；(1):64

G

高国芬，黄春芬．中成药鼻舒适治疗慢性鼻窦炎285例报告．贵阳中医学院学报，2001；(2):27

耿学英，陈占法，董田林．慢咽宁治疗慢性咽炎300例．河北中医，2001；(7):515

郭　霞，吕　璐，刘　玲，等．抗炎明目袋泡剂治疗慢性葡萄膜炎临床研究．山东中医药大学学报，2001；(4):256

H

韩月红，成之远，刘汝安．青桂散治疗复发性口疮．中国民间疗法，2001；(6):48

何剑峰，仇宜解，鲍连云．糖尿病大鼠视网膜组织中钠钾三磷酸腺苷酶活性变化的研究．中国中医眼科杂志，2001；(1):10

胡翠月．星状神经节阻滞联合辨证治疗前部缺血性视盘病变．中国中医眼科杂志，2001；(2):93

J

蒋　莉．熊胆逐瘀片治疗非增殖性糖尿病视网膜病变观察．辽宁中医杂志，2001；(4):213

接传红，郭　彤，张惠蓉．血管内皮生长因子对牛视网膜色素上皮细胞DNA合成的影响和榄香烯抗增殖作用的研究．中国中医眼科杂志，2001；(2):75

K

寇　宁，魏国玲，杨整军．复方半枝莲滴眼液治疗病毒性角膜炎临床观察．辽宁中医学院学报，2001；(4):37

L

李　波，邝国平，李传课，等．滋阴明目丸治疗肝肾阴虚萎缩性老年性黄斑变性的临床和实验研究．中国中医眼科杂志，2001；(4):202

李　平，包碧惠，何　跃，等．慢性鼻炎体液免疫与血液流变性的检测及其意义．成都中医学院学报，2001；(3):18

李洪锋．中西医结合治疗慢性鼻窦炎．中国民间疗法，2001；(7):7

李家健．复方丹参注射液合清开灵注射液治疗梅尼埃病35例．广西中医药，2001；(4):20

李文东，董巧云，苏秀海，等．中药分期辨治糖尿病眼底出血90例临床研究．中国中西医结合急救杂志，2001；(5):318

李学源，周爱娟．消疲增视汤治疗视疲劳症156例临床观察．黑龙江中医药，2001；(2):23

李志英，张　淳，王　燕，等．中西医结合治疗急性视神经炎的难点与对策．中国中医急症，2001；(1):36

刘　蓬，邱宝珊，王培源，等．肾阴虚对豚鼠听力的影响及补肾中药的拮抗作用．中国中西医结合耳鼻咽喉科杂志，2001；(2):59

刘炳珊，孙彩波，马文波，等．三联疗法治疗突发性聋78例临床观察．中国中西医结合耳鼻咽喉科杂志，2001；(3):133

刘芳芳，李学佩．补阳还五汤减方对豚鼠内耳微循环障碍的影响．中国中西医结合耳鼻咽喉科杂志，2001；(4):157

刘慧勤．中药慢咽宁汤治疗慢性颗粒性咽炎疗效分析．长春中医学院学报，2001；(3):36

刘小菊，周　波．中药治疗美尼埃病58例．陕西中医，2001；(8):471

卢长云．鼻窦炎口服液治疗慢性鼻窦炎67例临床观察．中国中西医结合耳鼻咽喉科杂志，2001；(3):139

罗荣帮．鱼腥草注射液配合西药治疗单纯疱疹病性角膜炎164例．中国中西医结合杂志，2001；(6):470

M

毛承深，臧秀琴，王金芳．鼻渊舒口服液治疗慢性鼻窦炎66例疗效观察．中国中西医结合耳鼻咽喉科杂志，2001；(6):296

P

彭清华，朱文锋．眼科专科辨证体系及眼科常见证候的研究（1）．辽宁中医杂志，2001；（1）：12

彭顺林，钟 渠，黄青松，等．鼻敏灵治疗变应性鼻炎 36 例临床观察．中国中医药信息杂志，2001（3）：58

彭顺林，钟 渠，熊大经，等．慢性咽炎动物模型病理形态学观察．成都中医药大学学报，2001；（2）：22

S

赛自金，初培莲，刘 勇，等．川芎茶调散合四物汤加减联合西医综合疗法治疗视疲劳．眼视光学杂志，2001；（3）：174

T

谭凌翔．络泰冻干粉针剂治疗突发性耳聋的临床观察．云南中医学院学报，2001，（2）：12

谭凌翔．络泰冻干粉针剂治疗突发性耳聋的临床观察．云南中医学院学报，2001；（2）：12

W

王 伟．辨证治疗糖尿病性眼底出血．四川中医，2001；（4）：72

王 勇，祁明信，黄秀榕，等．中药防治白内障的现状与展望．福建中医药，2001；（1）：44

王 芸．鱼腥草注射液治疗急性化脓性中耳炎的体会．中国中西医结合耳鼻咽喉科杂志，2001；（3）：137

王笑可，阿 琴．加味丹栀逍遥散治疗急性视神经炎．中国民间疗法，2001；（3）：31

王浔生．"加味参麦散"治疗视疲劳 40 例．江苏中医，2001；（1）：29

王银龙，唐 燕，程文显，等．中西医结合治疗急性冠周炎 50 例疗效观察．中国中西医结合急救杂志；2001；（1）：47

魏丽歌．扶正祛邪法治疗复发性单纯疱疹病毒性角膜炎 30 例．陕西中医，2001；（3）：150

吴 禹．新癀片治疗慢性咽炎的临床观察．中国中西医结合杂志，2001；（4）：308

X

谢汉兴，傅江南，王晓光，等．固本明目胶囊对大鼠白内障抗氧化物质的影响．中国中医眼科杂志，2001；（3）：137

谢学军，李 萍，肖 丹，等．糖障明对糖尿病大鼠晶状体水溶性蛋白质的影响．中国中医眼科杂志，2001；（3）：128

谢学军，李 萍，罗旭升等．糖障明对糖尿病大鼠晶状体氧化状态的影响．中国中医眼科杂志，2001；（1）：1

谢学军，李 翔，肖 丹，等．补肾活血中药对糖尿病大鼠视网膜胶质纤维酸性蛋白的影响．中国中医眼科杂志，2001；（2）：66

谢学军，罗旭升，李 萍，等．糖障明对糖尿病大鼠晶状体上皮细胞凋亡的影响．中国中医眼科杂志，2001；（3）：125

邢素珍，孙建西，霍冬梅．补散法在深层单疱性角膜炎中的应用．中医药信息，2001；（4）：36

徐绍勤，刘佳运，彭 斌，等．复聪片对老年大鼠蜗内神经结构影响的实验研究．中国中西医结合耳鼻咽喉科杂志，2001；（1）：6

Y

严道南，俞晶华，卞慧敏，等．鼻敏 2 号合剂治疗变应性鼻炎临床疗效和对小鼠皮肤被动过敏反应的作用．中国中西医结合耳鼻咽喉科杂志，2001；（6）：289

颜兴治，潘秀真．板蓝根注射液联合无环鸟苷治疗单疱病毒性角膜炎，福建中医药，2001；（2）：8

杨海燕，杨建华．益肾活血方治疗糖尿病性视网膜病变 61 眼临床及彩色多普勒眼动脉血流频谱观察-附单用西药治疗 52 眼对照．浙江中医杂志，2001；（1）：30

杨鸿飞，刘蜀敏，纪德才．局部应用中药治疗复发性口疮的临床研究．中医药学报，2001；（2）：35

姚 勤，肖森林．抗晕片治疗梅尼埃病的临床与实验研究．湖南中医杂志，2001；（4）：14

殷纳新．八味大发散治单疱病毒性角膜炎 35 例．江西中医药，2001；（4）：37

余洪猛，文三立，刘志刚，等．鹅不食草治疗过敏性鼻炎的实验研究．中国中西医结合耳鼻咽喉科杂志，2001；（5）：220

余克明，彭大伟，刘 杏，等．高三尖杉酯碱作为难治性青光眼滤过手术辅助药的临床研究——中远期临床分析．中国中医眼科杂志，2001；（4）：202

余敏忠，张 欣，钟兴武，等．多焦视网膜电

图在不同分期糖尿病视网膜病变检查中的应用．中国中医眼科杂志，2001；(2):82

喻　青．中西医结合治疗慢性咽炎148例疗效观察．贵阳中医学院学报，2001；(1):13

Z

翟毓红，周亚光．中西医结合治疗突发性耳聋32例．云南中医中药杂志，2001；(4):17

张　霞．消溃散治疗复发性口腔溃疡．中医药研究，2001；(2):23

张海南，黎杏群，梁清华，等．清肝泻火汤治疗单纯疱疹病毒性角膜炎肝火上炎证的临床研究．湖南中医学院学报，2001；(2):39

张剑华，臧朝平，李春芳．金灯山根口服液治疗咽部急性感染75例疗效观察．中国中西医结合耳鼻咽喉科杂志，2001；(2):74

张明兰，陈署光，于睿杰，等．仙鹤草、决明子治疗美尼埃病临床疗效研究．中医药信息，2001；(1):29

张念祖，田宏斌，王莲芸，等．鼻窦炎口服液治疗慢性化脓性鼻窦炎的临床观察．中国中西医结合耳鼻咽喉科杂志，2001；(4):168

张燕春．"口藓净片"治疗扁平苔藓69例观察．中国医药学报，2001；(2):76

张志荣，黄秋琴．白银含漱液治疗复发性口疮的疗效观察．湖北中医学院学报，2001；(2):36

张中柏，张　云．中西医结合治疗梅尼埃病113例．河北中医，2001；(2):149

张宗端，段侯国．优视胶囊对急性高眼压家兔眼压及神经节细胞的影响．眼视光学杂志，2001；(2):99

赵　红．辨证治疗糖尿病视网膜病变．河南中医，2001；(3):54

赵　曼．中药治疗糖尿病性视网膜病变62例．中国民间疗法，2001；(3):56

郑少盟．慢性咽炎的中医治疗．浙江中医学院学报，2001；(3):33

郑燕林，蒋纪恺，王万杰，等．水蛭素对外伤性增生性玻璃体视网膜病变细胞外基质的影响．中国中医眼科杂志，2001；(1):5

周洪根，黄　群．鼻渊舒口服液在治疗儿童慢性上颌窦炎中的应用．中国中西医结合耳鼻咽喉科杂志，2001；(6):283

周嘉平．β-七叶皂甙钠注射液治疗美尼埃病85例观察．吉林中医药，2001；(3):34

周水平，仝小林，朴信映，等．络通对糖尿病大鼠视网膜超微结构的影响．中医药学报，2001；(2):53

周小军，安　辉，田道法，等．寒、热证豚鼠变应性鼻炎细胞功能及形态学观察．中国中西医结合杂志，2001；(3):209

周至安，欧扬，涂良钰．英黄汤治疗单纯疱疹病毒性角膜炎60例．新中医，2001；(4):57

朱惠安，张明亮，曾红艳，等．新制柴连汤为主治疗单疱病毒性角膜炎131例．辽宁中医杂志，2001；(2):89

(9) 针　　灸

【概述】

2001年度，在公开学术刊物上共发表有关针灸方面的学术论文2000余篇。临床报道与研究占文献总量的76.1%，与2000年度基本持平，实验研究约8.2%，较去年增加约3个百分点，表明针灸学实验研究受到重视。临床文献中以骨伤科和神经系统疾病居多，分别占16.2%和15.9%。现将本年度针灸学术的进展和动态归纳如下。

一、经络　朱兵等观察到刺激离体坐骨神经引起腓肠肌纤维兴奋过程中的去极化电位形成的综合电流能刺激穿越该肌之神经，引起该神经支配的肌肉继发性兴奋，认为该现象是由于外周神经中包含的传入神经在受到刺激后可能引起该感受野出现继发性的感觉，推测此与中医经络循行的机制相似；并发现这种激活反应累计的时间总和效应有助于解释沿经脉感觉慢速迁移的现象。张栋等观察了生化脓性胆管炎家兔模型体表温度分布，发现胆囊病变后体表的躯干侧面纵向高温线分布与胆经走形相近，认为内脏病变是循经高温线产生的机制之一，为中医经络脏腑相关理论提供了实验依据。张栋等还应用红外热像仪和插入式测温方法，对家兔体表在艾灸后产生的循经高温线下的组织温度进行测定，结果艾灸后形成的循经高温线的升温只出现在体表和皮肤层，认为该现象可能与经脉有关。张世红等采用在脊神经背侧皮支上分离细束的方法，观察电刺激相邻脊髓节段皮神经对 C 类机械纤维传入放电的影响。结果提示 C 类纤维参与了外周神经末梢之间跨节段信息传递，推测这可能是循经感传发生的神经生物学机制之一。曹东元等以神经原性炎症反应作为经络活动的指标，观察到电刺激“足三里”后经背根反射和长轴突反射可引起胃肠道等消化系统内脏呈现特征性分布的神经原性炎症反应，而其他内脏组织不出现类似反应。认为穴位刺激引起内脏组织的神经原性炎症反应是由细传入纤维通过轴突反射和背根反射介导的，可以作为研究经脉-脏腑相关的途径。郑利岩等以激光多普勒血流仪检测低频声循经传导时，观察到经络输声后经脉线的皮肤微循环血流量明显增加，而非经脉线皮肤微循环血流量无统计学变化，表明经络系统与微循环系统有着极为密切的关系。

张维波从三个方面总结了经络研究的现状。神经论主张经络现象是神经系统的一种功能表现，并无独立的经络结构；体液论认为经络就是已知的脉管或间隙结构，包括早期的血脉论、淋巴管论、间隙体液论等，以细胞内液为介质的细胞缝隙连接假说也可包括在内；能量论认为经络是某种电磁波或电子能量的优势传递渠道。并从学术角度评述上述观点的优劣，认为单纯的某个观点难以完美地解释经络问题，而多种观点的有机结合可能是解决经络问题的成功方向。高震从细胞分子角度提出经穴能量系统的线粒体腺三磷学说，认为经穴系统是富含线粒体腺三磷较多细胞组成的线路和点。刘里远讨论了皮肤中存在传递针刺信号的交感通道，认为这种交感神经敏感通道是组成经络的核心。彭印高从经络的行波特性，共振效应及经气本质三个方面分析后认为经络是一种时空构型，经气是某种生物波，但缺少相关的实验依据。

二、腧穴　穆祥等利用多普勒血流仪同步探讨穴位和对照点的血流，并用计算机进行数据处理和图形分析，结果认为腧穴的实质是具有特异性舒缩频率的微循环单元。金淑英观察不同经穴对大鼠胆汁流量（BF）及 Na^+、K^+、Cl^- 含量变化的影响，结果电针“曲泉”能增加 BF 及 K^+ 浓度，降低 Na^+ 浓度，不影响 Cl^- 浓度；电针“太冲”对上述指标影响不显著；电针“日月”以降低 BF 为主，不影响胆汁中离子浓度；电针“足三里”及“少海”对上述指标均无影响。上述结果为经穴特异性及经穴脏腑相关性理论提供了实验依据。张平等观察鸡“后海”穴（相当于人的长强穴）区，发现该穴区结缔组织内微血管致密成网，并与腔上囊和泄殖腔的微血管形成网络连接，此区的淋巴管亦很丰富，推测腧穴的实质应为躯体的结缔组织（包括相关的血管、淋巴管及神经）及内脏器官等多种结构的立体复合构筑。周金山等利用 HRP 神经束路追踪技术观察大鼠关元穴一级感觉神经元在脊神经节内的节段分布，发现关元穴和子宫的传入投射纤维在腰 3 到骶 5 之间脊神经节内有汇聚与重叠，认为这可能是子宫与关元联系的神经基础。陈凌、燕平等的实验同时证明，不同组方对胃功能均有改善作用，但以足三里、中脘和内关三穴相配效果最佳。胡智慧、朱兵等的实验显示，耳穴电特性具有反应癌肿、系统性红斑狼疮病理变化的特异性，认为耳穴特异性与生物分子活性密切相关。黄建军等以文献整理为主结合实验研究，认为五脏原穴与五脏之间具有密切相关的特异性，六腑原穴与六腑之间无显著的相关特异性，而六腑下合穴与六腑的相关性较明显，因此对六腑原穴作为六腑之代表穴提出质疑。

张建华等用解剖断面法和解剖层次法研究缺盆穴的解剖结构和针刺深度，认为向下直刺的安全深度应控制在26.83mm之内。张文兵等结合解剖及临床实践总结出反阿是穴取穴法，又名肌肉起止点取穴法，对各种急慢性软组织损伤疗效满意。反阿是穴没有固定位置，在临床运用中强调取穴原则反对将穴位固定化。寻找反阿是穴时，首先确定阿是穴（病灶）位置，根据阿是穴所在的肌肉来确定反阿是穴。如阿是穴位于肌肉的起点，反阿是穴必位于该肌肉的肌腹或止点上；如阿是穴位于肌肉的肌腹，反阿是穴必位于该肌肉的起、止点上；如阿是穴位于肌肉的止点，反阿是穴必位于该肌肉的起点或少数在肌腹上；如阿是穴不在肌肉上，则在附着于阿是穴周围的肌肉上寻找反阿是穴。尹改珍等从腧穴的定位描述、穴位联线、骨度分寸、特殊形体定位等方面分析了腧穴学中教学示教与指导点穴操作中的若干疑点。胡智海等根据国标制定的风市穴取穴法，测量了500个正常人体风市穴的定位，按照骨度分寸理论，将所得测量值与理论值比较，结果为11.18+0.17寸，明显大于理论值7寸。建议风市穴的定位应为垂手直立时，中指尖所指处，或腘横纹上11寸最准确。石锦萍等用实验证明针刺胃脘下俞能提高胰岛素含量，修复胰岛形态，且血糖的下降与胰岛素的升高呈密切负相关。认为胃脘下俞与胰腺存在着神经分布、生理功能和病理变化等密切的内在联系，是胰腺器官在机体体表的功能感应点，该穴位具有背俞穴特性，建议将该穴归属于背俞穴，以胰俞命名。华晓寅建议应明确前臂骨度肘横纹中肱二头肌肌腱尺侧曲泽穴和腕横纹中掌长肌肌腱与桡侧腕屈肌肌腱之间大陵穴之间的距离是12寸。马传江根据经穴不断充实发展的历史现实，认为凡位于十二经脉与任督二脉循行线上，主治范围与所在经脉及腧穴主治范围具有共性的穴位，都可归入十四经穴范畴，以排除腧穴学发展概念上的障碍。黄劲柏等介绍了循证医学对针灸选穴配方的影响。

三、刺灸法　韩钟等用裂解气相色谱法测定了隔物灸隔介物底部冷凝液中的成分。结果显示，药饼在施灸全过程中无相关中药成分析出，隔姜析出少量成分，隔蒜析出成分较多，认为鲜质隔介物的析出成分可能是灸治的作用基础，药饼存在其他作用环节，提示针灸临床药饼的制备需从工艺方面多作改进。李观荣等对艾灸“唇红为度”作了观察，发现灸量达到“唇红为度”与血液检测普遍出现“泪滴样红细胞”有密切联系，可将之视为灸量的参考标准。于天源等观察了电针不同穴位、频率对胃粘膜的保护作用，认为同一穴位对不同指标有不同的调整作用，不同的刺激量对各指标的调整结果也不相同。范钰等以免疫球蛋白、白细胞总数为指标研究艾灸、穴位注射黄芪注射液对恶性肿瘤患者化疗毒副反应的不同作用。发现上述两法均可提高白细胞总数及免疫球蛋白，但在提高白细胞总数方面，穴注组优于艾灸组；而在提高免疫球蛋白方面，艾灸组优于穴注组。认为艾灸、穴位注射优于艾灸组；而在提高免疫球蛋白方面，艾灸组优于穴注组。认为艾灸、穴位注射均可防治恶性肿瘤化疗毒副作用，而不同针灸方法具有不同的效果。黄晓卿等对动物实验文献做了回顾，着重分析了电针刺激参数的应用情况，认为主要的问题是电针刺激参数不统一，这制约了结果的相互比较和印证，使得针刺研究难以更深入进行。

许佳年结合临床经验认为针灸疗效有5个基本决定因素，即得气状况、穴位特异性、针法灸法的刺激常数、个体差异、时间因素相互作用，以前三个因素的作用最为重要。何晓莉从体质、气血盛衰、患者机能状态、针刺深浅及针具五个方面归纳了影响毫针疗效的因素及对策。李锋等根据标本根结理论总结出磁极针的补泻原则，认为按磁力线方向和经脉循行方向判断，顺者为补，逆者为泻。朱江等分析了电针联线方式与疗效和针感之间的关系，认为在电针治疗肢体疾患时可选用同侧联线方式，治疗全身疾患时选用非同侧联线方式为好。沈饮荣考证了灸法的发展过程，认为其简便廉验及无副作用的特点值得临床推广，并从原材料、适应证、疗效、抗衰老及国际交流几个方面对灸法的发展前景做了展望。

四、治疗　涉及临床治疗的文献共约1100余篇，疾病谱分布与往年基本类似。其中，急症18篇，以个案经验交流为主。传染病13篇，涉及肝炎、结核病等。肿瘤报道17篇，多与控制患者放化疗副作用有关。呼吸系统疾病41篇，以支气管哮喘和支气管炎为主。消化系统疾病160余篇，集中在消化道溃疡、胃炎、结肠炎、呃逆、腹泻等。心血管疾病42篇，以高血压、冠心病、心律失常为多。血液系统疾病9篇，主要是白细胞减少症。泌尿生殖系统疾病70余篇，尿潴留、泌尿系结石、遗尿、前列腺炎为主要涉及病种。内分泌系统疾病37篇，糖尿病及其相关疾病高居榜首，其次是痛风和肥胖。神经系统疾病280余篇，主要病种有中风、面瘫、神经痛、头痛、癫痫等。精神神志疾病30余篇，50%以上是失眠。妇产科文献58篇，主要是痛经、月经病、盆腔炎、不孕等。儿科疾病57篇，集中在小儿脑瘫、腹泻和呼吸道疾病方面。外科疾病120余篇，集中在皮肤病和急慢性软组织损伤。骨伤科文献280余篇，集中在肩周炎、颈椎病、各种扭伤、腰椎间盘突出。五官科疾病76篇，以耳部疾病、牙痛、鼻炎居多。与戒毒有关的文献有4篇，其中戒烟3篇。

五、实验研究　杨永清等观察了针刺和针刺血清对肾上腺切除（ADX）和普通大鼠哮喘模型的作用，发现二者均能降低两类哮喘大鼠的气道阻力与外周嗜酸粒细胞计数，提示针刺血清具有与针刺类似的抗哮喘作用。赵玫等的研究结果显示，针刺能明显降低肥胖大鼠下丘脑外侧区饥饿中枢的兴奋性，提高腹内侧核饱食中枢神经细胞单位时间内电活动，认为中枢神经核团参与针刺减肥。唐照亮等建立佐剂性关节为大鼠模型后，损毁海马交感神经和摘除肾上腺，结果艾灸“肾俞”可促进松果腺褪黑素（MT）分泌，血清IL-6、IL-2含量上升，提示松果腺MT参与艾灸抗炎免疫作用的高位调节。张雪朝等研究了耳针对血管性痴呆大鼠（VD）学习记忆的改善与bcl-2蛋白表达的关系。结果耳针治疗后，海马CA1区神经元丢失减轻，bcl-2明显增加，大鼠学习记忆障碍明显改善。

六、针刺麻醉与针刺镇痛　秦必光等公布了国家“九五”科技攻关课题“针刺复合小剂量硬膜外麻醉胆囊切除术操作规程”的研究结果，认为该法对年老体弱者更为适宜。唐育民等制定了“针刺复合安氟醚吸入全麻食管癌切除术”临床操作规程，认为该法刺激较轻，特别是术后胃肠功能恢复较快，值得推广。吴根诚对“九五”攻关项目“优化针药复合麻醉和镇痛的临床及机理研究”，从针药结合镇痛、针麻临床、针麻对生理功能的保护三个方面作了总结。认为针药复合麻醉和镇痛符合当今麻醉、镇痛时多种技术、多种药物复合应用的潮流，因而具有重要的应用价值。邓春雷采用唇针麻醉与神经同（近）节段取穴相结合的方法，在健康人群模拟针麻，结果认为该法能准确反映针麻对手术切皮痛的镇痛效果，为筛选针麻方案提供了一种新的研究途径。陈大燕等采用不同剂量芬太尼经穴位埋管微泵持续给药法，治疗顽固性疼痛，认为该法安全有效、操作简便。李桂兰等观察到犊鼻穴灌注异搏定后，针刺大鼠足三里穴的镇痛效应消失，而在距犊鼻穴不远的委中穴灌注异搏定，其针刺效应尚存，说明针效的产生有 Ca^{2+} 参与。

七、文献与老中医经验　裴景春等分析了明清时期的中医文献，认为明清时期是针灸处方及其理论成熟完善时期。向谊等回顾了10年来国内针刺治疗中风的论文，主要特点是，大宗的病理报告开始出现、针法日益增多、诊断标准更为规范、前瞻性研究增多、针刺治疗中风开始引起国外医学关注。存在的主要问题是，低水平重复研究较多、忽视对照组的设立或对照组设立不当、疗效判定标准不统一、辨证分型名不副实、观察时间过短等。认为针刺治疗中风较西医有独特的优势及优点，进一步重视科研设计与论文撰写，对针刺治疗中风走向世界大有裨益。

马岩总结了石学敏院士的学术特点：倡用"醒神"及"调神"法治疗危急重证，泻血扶正、针药合用为其所长。陈得成、吴中朝等从手法和"得气"两方面总结了邱茂良教授的针灸临床经验。龙海鹏总结了杨兆钢教授芒针经验，"疏弹趋动，技巧术行"为其基本手法和原则。王民集总结了邵经明教授善取大椎、风池治神志病的独特经验。

八、针灸器材　顾星采用微电机传感技术，研制了针灸手法教学测试仪，它能客观反映针刺中的提插、捻转手法，使学生直观定量的掌握运针力度。临床的灸疗装置更是层出不穷，如马雄的悬灸装置，张仁尊的可调式微烟灸疗器，都以安装简易，操作灵活，便于施灸，提高疗效为特点。乐小燕等研制的DAG多功能艾灸仪取得了比传统针灸更好的疗效。

九、小结　本年度针灸学的动态可以概括为，(1) 经络研究在探索中进步；(2) 针灸临床的规范化研究进入实施阶段；(3) 针灸学研究的观念、思路与方法引人注目；(4) 针灸作用物质基础研究呈现初步结果。研究中存在的主要问题是，临床研究的科学性有待进一步提高，实验研究思路上的创新性不够。

（杨永清）

【经络研究】

刘里远等认为，经络的实质是交感神经敏感线。《内经》的经络包括运行营血的血管性经络和运行卫气的非血管性经络两类，后者即针刺信号沿皮肤经线的传导过程。基于五个方面原因——针刺信号传递或循经感传发生在皮肤内，针刺后皮肤经线交感神经递质释放和阻断与经络传导相关，微量的α受体兴奋剂穴位注射可模拟出针刺效应，经脉线为交感神经富集线，皮肤中存在特异的儿茶酚胺细胞——刘氏认为皮肤经线传导通道确实存在，而其实质则是交感神经敏感线；血管本身是体内最典型的交感神经及其递质的敏感通道。因此，交感神经敏感线是两类经络的共同核心。综合《灵枢》经脉的有关描述，结合临床体会，郑利岩认为经脉似附着于一定组织上的功能带；经脉不是独立的系统及组织，不是单一的功能体现，而是借助于"筋膜"类组织，产生P物质、组织胺、神经激肽A等特殊物质，具有多种功能的调节体系；深入研究经络应从针刺后机体产生或聚积的神经肽入手，观察其功能及其调节规律，进而确定发挥功能的组织细胞，弄清其分子生物学特性，最终阐明经络实质。孟凡迅等根据感觉神经特异蛋白29KD的分子生物学特性，提出经络实质是"29KD蛋白桥接"感觉神经末梢，形成跨皮节传递信息假说，并认为经脉-中枢协同作用组成机体最重要的整体联动性的调节系统。

卢六沙认为在体液环境中酶原的激活即对酶分子链上各活性基团相对位置的调整

之精度是纳米数量级的，如此之精度在液相环境内只有通过液晶排序才能实现。经络是生命期间处于胆甾相溶致液晶态的体液。周东浩等通过对现代免疫解剖学、生理学与祖国针灸经络学说比较研究，认为经络实质是免疫细胞、免疫分子循行通路，是免疫系统信息调节传输渠道，是神经-内分泌-免疫网络的重要组成部分。针灸可能是通过有丝分裂原途径激活免疫系统，并进而恢复神经-内分泌-免疫网络整体协调平衡达到治疗目的，细胞因子是针灸效应的中介物质。孙明韵从祖国医学的认识和方法学角度出发，认为经络是由机体相对于它附近而言的一种解剖或组织结构有明显差异的部位所构成；是机体组织相互联系和协调活动时所形成的一种能量分布不均匀区域，即具有明显能差或不同性质能的转化处。"经气"则是该场所中不同组织在相互联系中产生的一种与脏腑组织活动相关的能量物质。该物质可能是光、波、电、磁、蛋白链等。经气在具有能差的经络线路中流行、聚集并活跃地转化，从而起到通道、联络、调节的功能。这种经络路线可以由任何不同组织形成，它在解剖结构上没有固定的同一性，常有其质而无其形。经络是生命体"有机联系"和"运动"的具体体现，是生命整体活动的一种综合表现形式。穆祥等研究了小型猪低阻线区皮内微血管的分布特性，认为经络的实质是有序的微血管网络。

刘长林认为经络是一种时间占优势的生命现象，应用现代科学常用的分解式的视实体为终极原因的思路是无法揭示经络的本质的。中医将人的生命视为特殊的过程性整体，用考究时间内容的特殊方法才发现了经络。"气"作为经络的体现者，是时间属性占优势的物质存在，与空间属性占优势的物质存在——实物和物理场不同。一切生命现象的直接的物质承担者和推动者都是"气"。"气"是虚体，不独立占有三维空间。因此，与有形的人身实体组织共存，还有一无形的人身虚体系统存在，共同完成人的生命过程。彭印高等根据临床热感循经感传现象，结合经络存在共振现象的观察结果，认为经络具有行波特性，而经络活动则与共振性密切相关。经络与经气是非物质的，经络是一种时空构型，经气则是某种生物波。

陈少宗等认为，经络学说的重要目标是指导临床实践，而当前经络实质研究所取得的结果却远离了针灸临床实践的需要，因而经络实质研究乃至整个经络现代化研究均是失败的。王毅等通过对经络实质研究及经络研究方法的分析并与针刺麻醉机制研究的对比分析，认为循经感传的研究无法揭示经络的实质；经络显示研究缺乏科学依据，目前还不具备进行经络显示研究的条件；经络研究首先应该解决的是针刺穴位怎样作用于内脏器官及其作用途径。

经络学说是中医最基础的理论，但对经络实质的研究一直未能取得突破性进展。目前的经络实质研究，各家争鸣、假说林立，未能形成统一意见。王毅等认为，在针刺所产生的两个作用——引起脏腑功能变化以达到治疗效果和引起循经感传等经络现象以引起大脑的感觉中，前者才是经络最本质的东西，经络实质研究因此而可简化为经穴-脏腑相关问题。当前之所以存在多种假说并存的现象，其关键原因在于研究者未弄清楚经络脏腑相关和循经感传的关系，试图在经络研究中寻求可以包容此两种现象的系统而造成的混乱。张维波回顾现代经络研究之后认为，当前解释经络现象和阐述经络实质的假说可分为三大类，即神经论、体液论和能量论；学派的形成是科学发展的重要阶段，学派的竞争与学术观点的自由辩论对学科的发展具有重大意义。

循经感传作为最常见的经络现象，其研究一直是经络研究的重要内容，其研究主要涉及确证、应用及机理三个方面：

（一）对循经感传现象的确证　周迪湘等用^{32}P整体放射显影技术，对220例骨病患者（手三阳、三阴、足三阳各30例，足三阴130例）进行循经路线穴位示踪，结果阳性176例。许平对164例马里患者针刺足三里诱发感传现象进行观察，结果137例患者诱发出不同程度的感觉传导，占观察例数的83.54%。其中92例为双相性传导，42例为下肢离心性传导，3例为向心性传导。许氏还观察了年龄、性别差异对循经感传的影响，发现青壮年人群对针刺感传的敏感程度高于老年人群；同年龄组男性针刺感传敏感者明显高于女性。研究同时还表明，针刺感传气至病所对治疗效果有明显影响。杨广印等将90例成人受试者随机分成手法刺激组、电针刺激组和留针对照组各30例。针刺足少阳胆经光明穴，分别记录在针后第5、10、15、20、25、30min末针感到达部位及循行路线。结果：3组中手法组感传效果最佳、电针组次之而留针组最差（$P<0.05$）。随着感传激发时间的递增，感传效果也相应地提高（$P<0.01$）。提示采用手法激发和相应延长激发时间可提高激发效果。

（二）循经感传的临床应用　俞红五取患侧阳白、四白、颧髎、翳风、地仓、颊车、足三里、合谷运用手法诱导循经感传治疗特发性面神经麻痹33例。对照组30例针刺得气后留针30min，治疗组在此基础上在合谷穴以手法诱导循经感传气至病所。结果治疗组治愈（面部表情肌正常，两侧额纹对称，闭目完全，双鼻唇沟正常，口角无下垂，各种反射恢复正常）23例，好转（面部表情肌大部正常，两侧额纹基本对称，闭目欠完全，鼻唇沟略浅，口角无明显下垂，各种反射基本正常）9例，总有效率97%；对照组治愈16例，好转12例，总有效率93.2%。两组对比总有效率无明显差异，但治疗组治愈率明显高于对照组。马小允等运用风池穴循经感传治疗枕神经炎102例。结果痊愈（症状、压痛完全消失）75例；显效（症状基本消失、自觉颈部不适减轻）20例；有效（症状和体征较治疗前减轻）6例；无效（针刺3个疗程，症状时轻时重，病情得不到控制）1例。对不同病程患者疗效卡方检验显示病程短者疗效好（$P<0.001$）。

（三）循经感传机理研究　宋亚文认为，循经感传的物质载体为针刺过程中产生的离子、自由基、带电荷的生物活性物质等微观物质，它们沿着磁力线的螺旋向前运动——漂移以及磁场对它们的约束作用构成了循经感传这一特殊的经络现象。朱兵等的实验表明，刺激坐骨神经引起的腓肠肌纤维兴奋过程中的去极化电位形成的综合电流能刺激穿越该肌的神经，引起该神经支配的肌肉继发性兴奋反应。由于外周神经中还包含有穿入的感觉神经，即可能引起该神经感受野出现继发性的感觉，这种感觉和运动反应很可能涉及中医经络的循经感传现象的机制。将引起继发性神经-肌肉反应的刺激电流降至阈值强度，连续2个或更多的脉冲刺激（间隔在10～100ms之间）可发生时间总和的激活反应。这种时间综合效应有助于解释沿经脉感觉慢速迁移现象。

（魏建子　沈雪勇）

【针灸治疗支气管哮喘】

2001年报道的针灸治疗支气管哮喘的方法有6种，穴位敷贴仍是报道较多的方法之一。报道治疗病例2000余例，平均总有效率86.3%，与去年相当。实验研究和有实验检测指标的临床报道占总报道文献量的一半，是2001年针灸治疗哮喘报道的特点。

（一）针刺疗法　张云卿在哮喘发作时，用0.5寸毫针平刺膻中穴，提插捻转，使病人感到局部胀麻，留针30min，治疗61例，显效21例，有效39例。刘红娥针刺膻中、定喘、肺俞、肾俞、鱼际穴，治疗87例，结果用药量减少50%以上的有效病人64例。万文蓉针刺百会、风府、风门、风池、大椎、肺俞、定喘、膻中、支沟等穴为主，治疗哮喘30例，93.0%（28/30）有效，根据穴位部位不同，配合艾条或隔物灸，效果更好。

（二）艾灸疗法　王国珍等隔姜灸定喘、肺俞穴治疗哮喘30例，88.0%（26/30）有效。

（三）拔罐结合其它疗法　黄万义以麻油为介质，急性发作期在脊柱两侧旁开2寸行走罐疗法10次，最后将火罐吸定在双侧肺俞穴；缓解期从大椎到尾骶在脊柱正中行走罐疗法10次，最后在肾俞、命门穴间横向走罐，定罐在命门穴；火罐后结合指针，治疗小儿哮喘30例，93%（28/30）有效。张丽颖等在膻中、风门、列缺、肺俞、定喘、天突、丰隆拔火罐后，行穴位敷贴，治疗21例，90.4%（19/21）有效。

（四）穴位贴敷疗法　樊学忠等提取麻黄20g、白芥子20g、玄胡18g、细辛10g、甘遂20g、麝香少许的有效成分制成药膏，敷贴①心俞、肺俞、膈俞、肾俞、脾俞，②风门、大椎、定喘、天突、膻中两组穴位，分夏季和冬季两组治疗356例，夏季三伏天治疗组89.7%（191/213）有效，春、秋、冬季治疗组（冬季组）76.2%（109/143）有效，认为夏季组在近、远期疗效上均明显优于冬季组。徐绿萍等用自制止喘膏（白芥子、甘遂、细辛、延胡索、生麻黄比例为6:6:3:3:2，共研细末，加少量冰片封存备用），初伏敷贴肺俞、定喘，中伏敷贴风门、厥阴俞、膻中，末伏敷贴大杼、心俞、华盖，治疗218例，95.8%（209/218）有效。楮东宁等同前用止喘膏交替敷贴心俞、肺俞、膈俞和定喘、风门、膻中两组穴位，治疗205例，94.6%（194/205）有效，部分患者治疗后肺功能明显改善，外周血嗜酸粒细胞计数、ECP水平明显降低，血皮质醇无显著改变。倪伟等用自制阳虚哮喘敷贴方（熟附块、巴戟天、补骨脂、麻黄、丁香、吴萸、肉桂、桑寄生、仙灵脾，共研细末，姜汁调糊）敷贴天突、大椎穴，治疗寒性哮喘96例，89.6%（86/96）有效，治疗后患者血清IL-5和ECP含量显著降低。戴文军等将麻黄、细辛、甘遂、延胡、白芥子各等份共研细末，姜汁调糊，发作期取肺俞、定喘、风门、大椎，缓解期用肺俞、膏肓俞、膈俞、肾俞，治疗27例，85.2%（23/27）有效，与针刺治疗对照组有效率76.0%（19/25）无明显差异，两组治疗后患者的血浆P物质明显降低，血管活性肠肽明显升高。马佰录将党参、黄芪、白芥子、五味子、百部、细辛、甘遂以2:2:2:1:1:1:1的比例混合，共研细末，鲜姜汁调糊制饼，敷贴在肺俞、心俞、肾俞、膻中、命门穴上，治疗哮喘180例，89.0%（160/180）有效。

（五）穴位注射疗法　王永兴等选择29例中度支气管哮喘患者，采用曲安缩松40mg肺俞穴位注射，四周后，患者的FEV_1、$FEV_1\%$、$PD_{20\text{-}FEV1}$均较治疗前明显改善。沈利华等用卡介菌多糖核酸注射足三里、肺俞、定喘穴，治疗35例，94.3%（33/35）有效，较肌肉注射组和针灸同样穴位治疗组的效果为优。穴位注射后患者血液IgE下降，补体C_3上升，CD_8升高，CD_4/CD_8比值减小。

（六）其它疗法　李月等将羊肠线与豨莶草共煮30min制成药线，在膻中穴作穴位埋藏，治疗单纯性支气管哮喘360例，近期有效率97.8%（352/360），远期治愈率65.6%（236/360）。与单纯羊肠线膻中穴埋藏的近期有效率97.3%（146/150）相比较无明显差异，但其远期治愈率较后者的56.0%（84/150）为高。杨金林在膻中穴行兔脑垂体埋藏，治疗小儿顽固性哮喘30例，66.7%（20/30）有效。夏胜华等在拇指掌侧大鱼际进行割脂，治疗缓解期支气管哮喘取得较好疗效。瞿群威等寒证取百劳、肺俞、膏肓俞，热证取大椎、风门、肺俞，行火针疗法，之后将菟丝子、白芥子、五味子、玄胡、细辛、甘遂、杜仲、僵蚕等按一定比例配伍后，以麻油加红丹熬成黑膏药，敷贴在火针后的穴位上，治疗咳喘 105 例，97.1%（102/105）有效。

（七）实验研究　杨永清等研究了针刺肺俞、风门、大椎后大鼠血清的抗哮喘作用。结果显示，肾上腺切除哮喘大鼠经针刺治疗后的血清可明显降低肾上腺切除和普通哮喘大鼠的气道阻力与外周血嗜酸粒细胞计数，表明针刺血清具有与针刺类似的抗哮喘作用，且该针刺血清的作用不依赖肾上腺皮质激素。方向明研究了艾灸肺俞、大椎、定喘对豚鼠血清可溶性白细胞介素-2 受体（SIL-2R）和血浆内皮素（ET）的影响。结果艾灸后 SIL-2R 和 ET 均比哮喘组明显降低。李月梅等将麻黄、细辛、甘遂、延胡索、附片、防风、五味子、白芥子各等份，烘干共研细末，鲜姜汁、蜂蜜调糊，并混以 3mL/kg 的氮酮以促进皮肤吸收，敷贴于豚鼠定喘、风门、肺俞穴，结果豚鼠发生点头呼吸的频度、肺组织炎性渗出和嗜酸粒细胞计数明显减少。张汉民、赖洪康等观察到自血混合丙球穴位注射肺俞后，过敏性哮喘豚鼠肺组织 β 受体数目明显增加，肺和支气管组织炎症细胞浸润明显减轻，支气管壁充血、水肿消失。倪伟等在足三里穴注射卡介菌多糖核酸治疗哮喘 266 例，结果治疗后患者血清 IL-5 和 ECP 含量明显低于 147 例臀部肌肉注射对照组。

（杨永清）

【麦粒灸对脾虚泄泻的治疗和实验研究】

余华等通过观察麦粒灸治疗脾虚泄泻证患者唾液淀粉酶活性、D-木糖、血清 SIgA 的影响。将 112 例患者随机、单盲分为治疗组（56 例）和对照组（56 例），全部病例按照《中药新药临床研究指导原则》中制定的中医脾虚泄泻统一诊断标准结合现代医学慢性腹泻诊断标准明确诊断。治疗组取穴脾俞、胃俞、阴陵泉、足三里，每穴麦粒灸 3 壮，2 天 1 次。对照组内服参苓白术散，1 天 3 次。两组均 1 月为一疗程。结果，治疗组和对照组总体疗效分别为 85.7%（48/56）、72.2%（41/56），两组疗效有显著差异；临床症状改善情况显示，麦粒灸能显著改善患者腹泻、食欲减退、食后腹胀等症状，且作用优于对照组，对肢体倦怠、神疲懒言等症状改善与对照组相当；治疗前后两组病例唾液淀粉酶活性比较，治疗后，两组患者酸刺激后唾液淀粉酶活性比酸刺激前升高，酸刺激前后差值与对照组与治疗前后相比差异有非常显著差异，治疗组酸刺激前后唾液淀粉酶活性差值与对照组相比，差异亦有非常显著性意义；治疗前后两组病例 D-木糖排泄率比较，治疗后两组 D-木糖排泄率均显著提高，其中治疗组提高显著，与对照组相比有统计学意义；治疗前后两组病例血清 SIgA 含量比较，治疗后两组 SIgA 较治疗前均有下降，两组间无统计学意义。

余氏等以同样方法观察麦粒灸治疗脾虚泄泻证患者尿 D-木糖、血浆中分子物质含量的影响。结果发现，经过麦粒灸治疗后，临床症状和两项实验指标均有改善。其中中分子治疗后两组血浆中分子较治疗前差异有显著性，治疗组与对照组相比差异亦有显著性。

余氏等的研究结果显示，麦粒灸能显著改善患者脾虚泄泻症状，并显著提高唾液淀粉酶活性、尿 D-木糖排泄率，降低血清 SIgA 含量和血浆中分子物质，其作用优于对照组。提示麦粒灸治疗脾虚泄泻疗效肯定。

（李　洁）

【针灸治疗外伤性截瘫】

刘洁等将 106 例外伤性截瘫随机分为 3 组，针灸 + 中药组、针灸组、中药组。①针灸督脉方法：在损伤脊髓平面上、下两个椎体间隙各进 1 针至硬膜外，捻转得气后守气，在脊髓损伤早期可采用隔姜上、下移动灸督脉损伤部位。②针刺神经干方法：高位截瘫有上肢症状者取新设（1～4 颈神经相交处）、极泉（臂丛神经），可酌加尺泽（桡神经）、曲泽（正中神经）、少海（尺神经）。下肢取太冲（股神经）、殷门或环跳（坐骨神经）、委中（胫神经）、腓总神经刺激点，有腹胀及二便不通者加八髎（骶丛神经）。③脏腑俞募穴（或华佗夹脊）：心俞、肝俞、脾俞、胃俞、膻中、中脘、天枢、期门、中极、关元。华佗夹脊可取感觉平面的上、下两个椎体各旁开 0.5 寸进针。④一般穴位：上肢取合谷、三间（或劳宫），下肢取足三里、涌泉，其它穴可酌情加减。其中②③用平补平泻法，配合穴位注射，穴注药物用抗菌Ⅰ号（中药成分补中益气汤）6ml + 维生素 $B_1$2ml + 维生素 B_{12}1ml，治疗时胸腹组与背部组穴注与针刺交替使用。①②可适当配合电针刺激，痉挛性瘫痪用疏密波，弛缓性瘫痪用断续波，3 个月 1 疗程，治疗周期 2～6 疗程。中药治疗时，将病症分为 3 期，早期活血化瘀、调和营卫，方用血府逐瘀汤或复元活血汤加减；中后期宜补益气血、强筋壮骨、补益肝肾，方用补阳还五汤或补中益气汤与六味地黄汤或健步虎潜丸加减治疗。通过感觉改变、肌力改变，对反射、括约肌功能、植物神经功能等指标进行疗效评价，发现针灸治疗外伤性截瘫（无论完全性与不完全性截瘫）均可取得良好疗效，优于常规单纯中药治疗；不完全性截瘫单纯针灸即可取到良好疗效，常规中药的介入无明显意义；针灸及中药治疗完全性外伤截瘫有协同作用，优于单纯针灸、中药治疗。

李惠兰等用头针合并埋针方法治疗截瘫神经痛。头针选用感觉区、足运感区、运动区上 2/5，留针 1 小时。疼痛区选取阿是穴埋针，令患者每日按压埋针处 3～4 次。2 天更换 1 次，20 天为 1 疗程。经国际公认的 MPQ 疼痛问卷评定疗效，治疗前后有显著性差异。

成道友等对 27 例腰椎外伤性截瘫采用电针加推拿分期治疗，术后 1 天定为急性期，术后 5 天即开始治疗。取穴髀关、伏兔、膝眼、风市、足三里、阳陵泉、昆仑、解溪、太溪，1 天选用 6 个，得气后接电针，用疏密波，以深度肌肉抽动及患者能忍受为度，留针 30min。推拿先点按膝眼、伏兔、足三里、解溪等，后用滚法自髂前上棘向下至大腿前面，到小腿、踝关节、足背、脚趾；再拿委中、承山、涌泉，同时配合髋关节、膝关节、踝关节以及趾关节的活动，时间约 25min。术后 1 天以上为恢复期。电针穴位分 2 组，一组髀关、伏兔、膝眼、足三里、解溪等；一组夹脊穴、环跳、委中、承山、昆仑等。每天交替。推拿分 2 步，第 1 步同急性期，时间缩短为 15min，第 2 步先点按环跳、委中、承山、涌泉，再施滚法于臀部、股后部、小腿后部，治疗重点在环跳、委中、承山、涌泉及跟腱部位，时间约为 15min。结果，显效 8 例，有效 15 例，无效 4 例，总有效率 85.2%（23/27）。

刘志良以针灸为主治疗 224 例，电针两组腧穴交替使用，①百会、夹脊、环跳、承扶、殷门、承山、昆仑；②肩髃、曲池、外关、合谷、髀关、阳陵泉、足三里、三阴交、太冲、八风。取连续波，频率 60～80 次/min，留针 30min，1 天 1 次，15 次为 1 疗程。灸法背部取夹脊穴，四肢取曲池、足三里、血海，腹部取关元、气海，采用隔姜灸，连灸 5 壮，每次 2～3 穴，1 天 1 次。穴位注射，用当归注射液，维生素 B_1、B_{12}，神经生长因子等选择一定穴位进行小剂量注射，1 天 1 次，每次 2～4 穴。同时配合心理康复与功能锻炼。结果治愈 26.7%（60/224），有效 64.2%（144/224）。

（许佳年　庄海春）

【针灸治疗癫痫】

吴定宗等发现电刺激诱发癫痫的大鼠尾壳核、中脑网状结构、黑质、上丘均可遏制皮层棘慢波，毁损后黑质、上丘使电针效应减小。在脑内一些部位微量注射密胆碱-3、氟哌啶醇、对氯苯丙胺、氯丙氨丁酸、3-MP这些影响中枢递质的药物均使痫波延长，针效变差。而注射蝇蕈醇使痫波缩短，针效加强，AP5也有使痫波缩短作用。说明上述皮层结构及中枢递质均与小发作痫波及电针制痫密切相关。

温屯清针刺内关治疗戒毒并发癫痫78例，发作时行强刺激手法，缓解后改为平补平泻，留针30min，中间行针2次，1天1次，10次为1疗程。结果，经1疗程治疗，显效55例，有效18例，无效5例，总有效率93.6%（73/78）。王进才运用背三针治疗癫痫120例，背三针即大椎、神道、腰奇，大椎以局部酸、胀、麻为宜，神道针感顺督脉向上沿皮透身柱，腰奇针感顺督脉向上沿皮刺入2.5寸；急性发作期配人中、百会、内关、合谷、太冲；缓解期配足三里、心俞、肝俞、脾俞、肾俞；痰多配丰隆；白天发作配申脉；夜间发作配照海。1天1次，每次30min，每10min行针1次，10次为1疗程，3个疗程统计疗效。结果，显效86例，有效28例，效差4例，无效2例，总有效率98.3%（118/120）。马融等通过治疗小儿癫痫强直-阵挛性发作进行临床观察，将60例随机分成治疗组和对照组，每组30例，治疗组针刺加自制熄风胶囊，取人中、百会、风池、内关、太冲、足三里，人中、太冲用捻转泻法，足三里用捻转补法，其余均平补平泻，留针30min，每10min行针1次，1天1次，8天为1疗程，休息2天后进行第2疗程。瘀血痫配三阴交；痰痫配丰隆；惊痫配神门；昼发配申脉；夜发配照海。自制熄风胶囊主要有紫河车、天麻、全蝎、僵蚕、半夏、石菖蒲、郁金等。<1岁，每次服1粒，1～3岁，每次服2粒，4～16岁，每次服3～7粒，最多不超过8粒，每天3次。对照组只服熄风胶囊，剂量同上。一般在治疗6个月后评定疗效，若诊前服用抗痫西药，则7个月后评定。结果，治疗组总有效率96.7%（29/30），对照组总有效率90.0%（27/30），两组在发作频率、发作持续时间、发作症状及脑电图等疗效评价时有差异。邓元江等采用穴位埋线加小剂量抗痫西药治疗癫痫全身强直-阵挛发作，治疗组64例，取大椎、肝俞、丰隆、腰奇、鸠尾、阳陵泉、心俞，每次取3～4穴，深度为针刺常规深度，每25～30天埋线1次，换用它穴交替进行，连续埋线4～5次。西药根据病情，选用卡马西平、丙戊酸钠、丙戊酸镁等抗痫西药口服，剂量为常规剂量一半，并选用氨酪酸、维生素B_6、脑益嗪等辅助药口服，为常规剂量，1天2～3次，连服1年以上。对照组65例，药物与治疗组相同，用常规剂量。治疗1年后进行疗效评定，结果，治疗组总有效率93.8%（60/64），对照组总有效率86.2%（56/65），治疗组临床疗效优于对照组；脑电图均有改善，治疗组优于对照组；治疗组原发性、继发性疗效相同。林军等对治疗组160例采用穴位埋线，主穴厥阴俞透心俞、肝俞透胆俞、脾俞透胃俞、腰奇穴、癫痫穴；配穴：风痫加大椎、风门；食痫加足三里、梁丘；痰痫加丰隆、足三里；血瘀加膈俞、血海；先天型加肾俞、命门。主穴每次交替选取，配穴辨证取穴。每隔20天施治1次，6次为1疗程。对照组130例针刺治疗，主穴鸠尾、大椎、腰奇、间使、丰隆，配穴同治疗组，平补平泻，留针20min，每隔5～10min行针1次，隔日1次，6个月为1疗程。经1疗程后评定疗效，治疗组总有效率89.4%（143/160），对照组总有效率77.7%（101/130）。

（许佳年　庄海春）

【针灸治疗神经根型颈椎病】

神经根型颈椎病是临床较为常见的疾病，中医辨证属痹痛型颈椎病。目前为获得满意疗效多运用综合保守方法治疗。王麦绒等采用针刺、按摩配合穴位注射治疗神经根型颈椎病60例。针刺以风池、颈夹脊、肩井穴为主，并随症加减；按摩以按揉阿是穴和滚揉颈部肌群为主，配合颈部拔伸及左右转颈；穴位注射选用丹参注射液和维生素B_{12}注射液，混匀后注入双侧颈夹脊穴，1天1次，10次为1个疗程。治疗3个疗程后，参照《中医病证诊断疗效标准》进行疗效统计。结果，治愈28例，显效21例，有效9例，无效2例，总有效率96.7%（58/60）。李晓阳等以针推结合治疗神经根型颈椎病120例。针刺选取风池、颈夹脊、曲池、外关诸穴，推拿则以揉、捏、拿、拔伸、扳等手法为主，1天1次，7次为1疗程。共治疗3个疗程。疗效根据《中医病证诊断疗效标准》加以判断。结果，痊愈95例，显效19例，好转6例。李路等运用针刺加颌枕位牵引治疗神经根型颈椎病67例。方法是针刺以颈夹脊为主，酌情配穴，配合头前倾15°卧位颌枕带牵引，1天1次，7日为1疗程。平均治疗3个疗程。结果，痊愈14例，显效21例，有效28例，无效4例，总有效率94.0%（64/67）。姜玲珍等以电针加耳压法治疗本病47例。主穴取风池、天柱、肩井、曲池、外关、中渚、合谷、颈夹脊穴，配合王不留行籽贴压颈、颈椎、神门、皮质下等耳穴，隔日1次，10次为1个疗程。共治疗2个疗程。结果，痊愈14例，好转27例，无效6例，总有效率87.%（41/47）。丁文涛用穴位注射结合手法按摩、牵引等方法治疗本病78例。具体操作是在颈夹脊、肩髃、合谷注射当归注射液，配合滚、按、摩、推局部肌肉及颈项部拔伸旋转复位法和颌枕牵引。结果，痊愈48例，有效29例，无效1例，总有效率98.7%（77/78）。罗道珊等采用寻骨风注射液穴位注射颈夹脊穴配合温和灸治疗神经根型颈椎病31例，1天1次。10次为1疗程。3个疗程后，痊愈12例，显效13例，好转6例。韦英才使用经筋针刺结合壮药外敷治疗本病，方法是取手三阳经筋线上的“筋结点”（即病灶）及颈夹脊穴为主，配伍风池、曲池、手三里诸穴，另取壮药五香血藤、九龙藤混合粉末30～40g，米醋调成糊状，外敷于颈部、纱布及胶布固定，睡前敷上，次晨取下。1天1次，10次为1个疗程。疗效判断依据《临床疾病诊断依据治愈好转标准》。结果，痊愈82例，好转33例，无效13例，总有效率89.8%（115/128）。

此外，针对穴位注射疗法在神经根型颈椎病中的广泛使用，林鑫烈等还从神经根型颈椎病的病理基础及其成因出发，对单纯运用穴位注射疗法的可行性及其可行的范围进行了深入探讨，提出“单纯运用具有消除炎症或调节免疫的穴位疗法来治疗神经根型颈椎病应当是可行的”。

（刘世敏）

【针灸在肿瘤治疗中的应用】

临床和实验研究显示针灸可以改善肿瘤患者症状，缩小肿瘤体积，减轻恶性肿瘤放疗、化疗所致骨髓抑制及消化系与神经系统症状，提高患者生存质量。近年来，针灸治疗恶性肿瘤和抗化疗后引起的骨髓抑制和消化道反应取得一定进展，简要综述如下：

（一）临床观察　辛育龄等应用电针治疗320例恶性肿瘤患者，包括乳腺癌105例，皮肤癌38例，口腔癌51例，腮腺癌34例，头面部肿瘤32例，甲状腺癌29例，黑色素瘤21例，横纹肌瘤10例。选用BK92型直流电治疗仪，电压6～8v，电流40～80mA。针灸后肿瘤直径缩小，生存率1y以上为88.1%，2y为76.9%，3y为63.8%，4y为49.1%，5y为44.7%。

临床上约90%以上肿瘤病人化疗后引

起骨髓抑制现象。范钰等对63例呼吸、消化系统恶肿瘤患者分别采用温和悬灸法或穴位注射黄芪注射液，于化疗前第5天开始艾灸足三里、三阴交，至化疗后第7天停止；穴位注射组，取穴同艾灸组。经18天，3个疗程的治疗，艾灸组和穴注组白细胞均有所提高，并优于应用鲨肝醇、利血生等西药组（$P<0.01$）；且穴注组较艾灸组疗效更好。赵小青等针灸配合十全大补汤治疗恶性肿瘤患者化疗后所致骨髓抑制，38例患者于化疗开始时进行针灸治疗，以足三里、三阴交、合谷、大椎、中脘、膈俞为主穴，兼以血海、地机、脾俞、肾俞。结果显示，针灸时间越早，远期效果越好，并使降低的白细胞显著上升（$P<0.05$）。

消化道反应也是恶性肿瘤化疗后常见的症状，沈国伟等结合WHO制订的化疗毒性反应标准，采用积分值来观察针灸治疗前后症状改变情况，对80例肿瘤病人随机分为温针灸组、针刺组和艾灸组，取穴均为足三里。结果发现，针刺组即时止呕效应优于温针灸组和艾灸组，而温针组的持续止呕效应优于针刺组和艾灸组；且不同化疗周期的针灸治疗前后比较，针灸足三里都能取得良好的止呕效应。马东兴等应用胃复安和维生素B_6穴位注射足三里，治疗162例各型恶性肿瘤化疗后消化道反应患者，有效率为86.6%（140/162）；与肌注恩丹西酮对照组控制消化道反应比较无差异。毛琰涛分别应用耳穴贴压法或胃复安加地塞米松防治82例恶性肿瘤患者化疗引起的胃肠道反应，用王不留行籽贴压胃、神门、皮质下、交感、内分泌、脾等耳穴，至化疗结束；对照组用胃复安加地塞米松治疗。结果显示，耳穴组有效率87.8%（72/82），无明显副反应；对照组有效率71.3%（57/80）。

（二）实验研究　针灸可正向调节肿瘤患者的免疫抑制状态。叶芳等对28例各型恶性肿瘤患者化疗后免疫功能低下进行观察。采用电针足三里、三阴交、中脘、内关等。结果显示，T细胞亚群、CD3、CD4、CD8和NK细胞治疗前后均有不同程度的改善（$P<0.05$）。范钰的研究提示，临床应根据恶性肿瘤化疗患者的不同毒副反应使用不同的针灸治疗方法。艾灸足三里、三阴交，黄芪注射液穴位注射相同腧穴，前后观察免疫球蛋白（IgG、IgA、IgM）变化。结果显示，艾灸优于穴位注射（$P<0.05$）。而白细胞数变化，穴注优于艾灸。

查炜的实验研究表明，S180腹水瘤小鼠经CTX化疗后，采用不同配穴艾灸、温针灸可改变小鼠血清中丙二醛（MDA）、谷胱甘肽过氧化酶（GSH-PX）和超氧化物歧化酶（SOD）等。足三里、命门、大椎三穴同用明显优于其它各配伍组，足三里配命门优于足三里配大椎。田建辉等应用局部穴位贴敷方法也可显著降低sIL-2R水平。将抗癌腹水膏贴于艾氏腹水癌小鼠水分、肝俞、脾俞、肾俞、膀胱俞、三焦俞等穴位进行治疗。结果显示与模型组比较能使sIL-2R水平显著下降。

（裴　建）

【血管性痴呆的治疗和实验研究】

血管性痴呆（Vascular Dementia，VD）是由于脑血管因素导致脑功能损害所致的痴呆综合征。该病患者有明显的记忆、计算、思维、定向、判断等能力障碍，给家庭和社会带来沉重的负担。对于VD的病因迄今尚未明确，临床上仍缺乏能从根本上阻止VD发展进程的有效药物，探索防治VD的非药物疗法逐渐成为国内外研究的热点之一。本文就针刺对VD的研究作一综述。

（一）临床研究　莫飞智等通过激光针与传统针刺进行比较，激光针组主穴取百会、风府，双侧风池，并随症加穴，采用半导体激光器（输出功率0～2W，连续可调，美国SDL公司生产）、波长808nm，输出功率120mW，距离1.00cm，每穴照射2min，能量密度 43.64J·cm^{-2}。针刺组主穴、随症取穴同激光针组，用 30 号 1.5 寸毫针，针刺得气后留针 30min，每 10min 行针 1 次。结果，针刺前后两组疗效比较，经 Ridit 检验，无统计学意义。治疗前后 ADL（日常生活能力）及神经功能缺损评分差值比较，针刺组较激光针组有显著意义。主要症状评分治疗前后比较，治疗后两组症状评分降低有统计学意义。但差值比较显示，针刺组自觉症状减少较激光针组有显著意义，而情感症状、精神症状减少之差值相比较无统计学意义。

（二）实验研究　田元祥等主要观察了电针对拟血管性痴呆小鼠免疫功能的影响。具体方法是复制脑缺血再灌注拟血管性痴呆小鼠模型，分别于术后 7、15、30 日检测电针肾俞、膈俞、百会穴后模型小鼠免疫器官指数的变化，分析电针对模型小鼠免疫功能的影响，来探讨针刺治疗 VD 的作用机理。结果，提示电针可双向调节模型动物的脾脏指数，因而可能对免疫功能也存在调节作用，认为这是电针改善 VD 的作用机理之一。赵建新等观察同样的模型小鼠经电针肾俞、膈俞、百会穴治疗 7 日后海马 CA_1 区细胞数目的影响。发现模型组海马 CA_1 区的场数目、面密度、面数密度均显著减少，而电针可显著抑制海马 CA_1 区细胞坏死、脱失，增加细胞数目，从而改善模型小鼠的学习记忆障碍，提示这是针刺治疗血管性痴呆的可能作用途径之一。莫飞智等则采用肾性高血压（RHR）后再造脑缺血拟血管性痴呆大鼠模型，观察电针百会、大椎等穴后，中枢胆碱能系统乙酰胆碱酯酶（ AchE 活性在胆碱能神经元内较高，因此其活性可以反映胆碱能神经元活性，可作为脑萎缩过程中中枢胆碱能神经异常的指征）含量的改变情况。结果，电针使海马、纹状体中 AchE 含量显著升高，改善 VD 大鼠学习记忆能力。张雪朝等选用改良的 Pulsinelli4-血管阻断（4-vessel occlusion，4-VO）制备 VD 大鼠模型，通过针刺耳穴肾、脑，采用免疫组化技术分别观察了 VD 大鼠学习记忆障碍的改善与神经型一氧化氮合酶（nNOS）、bcl-2 和 bax 凋亡相关蛋白表达的关系。结果，耳针治疗后，血管性痴呆大鼠海马 CA_1 区 nNOS 蛋白表达减少，海马 CA_1 区神经元丢失比率较模型组减少，与学习及成绩呈负相关；而 bcl-2、bax 蛋白表达增加，特别是 bcl-2 明显增加，与学习记忆成绩呈正相关。张氏认为耳针改善 VD 大鼠学习记忆，一方面可能是针刺抑制缺血后 nNOS 的过量增加；另一方面可能是通过针刺调控细胞凋亡，达到对 VD 大鼠海马神经元的保护作用。陈华德等采用拟血管性痴呆小鼠模型，通过哑门穴穴位注射脑活素法，观察脑内 NO 含量改变情况。结果显示，穴位注射可以降低脑组织 NO 含量，减轻大脑神经元损伤，保护脑组织，防治血管性痴呆。

（刘世敏）

【针刺治疗神经官能症】

董子平采用电针治疗抑郁症患者 101 例，取穴百会、印堂。并随症配穴，忧郁寡言加脑户、哑门、天突；失眠健忘加神道、内关；多梦眩晕加肾俞、太溪，呆滞少动加少商、十宣；妄想躁扰加水沟、大椎、神门。针刺百会时，针尖向前方斜刺入 5～8 分，刺印堂时，向上斜刺 5～8 分，行捻转补法，余配穴平补平泻。接通 G6805 电针仪，用疏密波，频率 6～8Hz，强度以患者耐受为度，通电 30min，1 天 1 次，10 次为 1 疗程。治疗结果，痊愈 33 例，显效 40 例，好转 9 例，无效 19 例。提示电针对抑郁症焦虑躯体化症候群，认知障碍症候群效果较理想，对反应性抑郁症疗效更为突出，针刺对于改善抑郁心境，焦虑状态躯体化症状及睡眠障碍有显著疗效。乔岩岩采用神门透少海治疗 30 例焦虑症患者。取 3 寸毫针，直刺一侧神门穴，得气后针尖斜向少海透刺，再行另一侧神门透少海，双侧同时快速捻转，留针20～30min，1天1次，10次为1疗程。结果，治疗一个月后，临床痊愈8例，显效16例，有效6例。作者认为神门为心经原穴，少海为合穴，二者相配，宁心安神，可通过抑制交感神经兴奋，调节大脑皮质兴奋和抑制过程而改善焦虑症状。张洪等采用针刺治疗157例焦虑患者。针刺取穴百会、人中、内关、三阴交以醒脑开窍，五脏肾俞穴（心俞、肝俞、脾俞、肺俞、肾俞），安神定志穴（四神聪、本神、神庭、神堂），配合用当归天麻注射液在背俞穴穴位注射。结果，痊愈69例，显效44例，好转35例，无效9例。廉南等以针刺四神聪为主治疗厄瓜多尔籍焦虑症患者。将120例患者随机分为两组各60例，治疗组取四神聪，配合印堂穴；对照组取神门，配合三阴交。结果，治疗组60例，痊愈47例，有效12例，无效1例；对照组60例，痊愈30例，有效22例，无效8例。两组比较，治疗组疗效优于对照组；两组的治疗疗程比较无统计学意义；治疗组年龄分阶段与疗效间关系比较有统计学意义，提示年龄在40岁以下者疗效较好。徐耀智采用电针配合耳穴压籽治疗52例神经衰弱患者。取穴百会、风池刺入0.5～1寸，接通G6805电针仪，疏密波，通电20min；耳穴取脑、内分泌、皮质下、神门，用王不留行籽粘在胶布再贴在耳穴上，1天自己按压3～5次，3天一换，5次为一疗程。结果，痊愈34例，好转16例，无效2例。李淑萍将120例神经衰弱患者划分为三组，其中针刺兴奋组70例，中药组27例，针刺镇静组23例。针刺兴奋组取穴风池、太阳、百会、内关，用捻转泻法。中药组分实证和虚证组，实证中肝郁型用龙胆泻肝汤，痰热型用温胆汤；虚证中阴虚型用黄连阿胶汤，心脾两虚型用归脾汤，心胆气虚型用安神定志丸。镇静组针刺取神门、三阴交，平补平泻手法。结果，治疗2疗程后，针刺兴奋组痊愈49例，好转17例，无效4例。中药组痊愈8例，好转12例，无效7例。针刺镇静组痊愈4例，好转12例，无效7例。丁德正以神庭、通里配陷谷治疗青春型精神病，太冲配风府治躁狂型抑郁型精神病，阴郗配神门治躁狂笑不休，百会配四神聪治抑郁状态。季扬主张用对穴治疗精神疾患，尤重于神门、三阴交。认为神门行气分，三阴交行血分，两穴配伍，调气和血，养心安神，交通心肾。

韩毳等对慢性应激状态抑郁大鼠造模后，采用电针针刺百会、三阴交，通过放射免疫法测定皮质醇和促肾上腺皮质激素。结果经方差分析，针刺前后有显著性差异。推测针刺可促进下丘脑-垂体前叶-肾上腺皮质轴的功能促进分泌，增加血中皮质醇含量，减少下丘脑室旁核阳性神经元数目，发挥多层次良性调节作用。

（胡　军）

【针刺对实验性肥胖大鼠的影响】

赵玫等为了探讨中枢神经系统在针刺减肥过程中所起的作用，揭示中枢调节与外周作用途径之间的内在联系，对实验性肥胖大鼠下丘脑外侧区（LHA）、腹内侧核（VMH）神经细胞单位时间内电活动特征进行了实验观察。方法是选用高脂致肥饲料喂养SD大鼠，制作实验性肥胖模型。应用神经细胞微电极记录和脑立体定位技术，通过对实验性肥胖大鼠针刺治疗，观察LHA饥饿中枢、VMH饱食中枢神经细胞单位时间内电活动（Hz）。从实验结果中发现，经过1疗程的针刺治疗后，针刺组大鼠体重显著减轻，与肥胖模型组相比较差异有非常显著意义，与正常组基本接近，说明针刺治疗，通过神经和体液调节，效果良好，有效地减去了肥胖大鼠超常的体重，基本达到正常水平，证实临床针刺减肥作用的可靠性。同时，针刺组大鼠经过1个月的治疗后，LHA电活动水平远远低于肥胖组，与正常组持平；VMH 电活动水平大大高于肥胖组，也高于正常组，说明针刺不仅能够降低 LHA 的兴奋性，而且能够提高 VMH 的兴奋性，使饱食中枢的活动水平占据优势，削弱 LHA 的活动，降低其兴奋性，从而控制肥胖大鼠亢进的食欲。认为针刺对下丘脑中枢核团的调控作用是针刺减肥的主要机制之一。

刘志诚等采用高脂致肥饲料喂养 SD 雄性大鼠，制作肥胖动物模型，观察针刺对其体重、体脂和纹状体组织单胺类神经介质含量的影响。结果显示，肥胖大鼠治疗前后相比，正常组和对照组体重明显增高，而针刺组各项肥胖指数均明显降低；治疗后针刺组各部位脂肪量均低于对照组。提示针刺具有减肥作用。肥胖大鼠纹状体酪氨酸（Tyr）、多巴胺（DA）、去甲肾上腺素（NA）、色氨酸（Trp）、N^+、K^+-ATP、Ca^{2+}-ATP 酶均明显低于正常水平，而 5-羟色胺（5-HT）、5-HT/5-羟吲哚乙酸（5-HIAA）明显高于正常水平。针刺治疗在取得良好减肥效应的同时，肥胖大鼠纹状体 Tyr、NA、DA、Trp、Ca^{2+}-ATP 酶水平明显回升，而 5-HT 和 5-HT/5-HIAA 水平明显回降。提示针刺对肥胖大鼠纹状体的良性作用可能是其实现减肥效应的中枢作用机制之一。

（李　洁）

【针灸对心脑血管的影响】

（一）对血流量的影响　许能贵等应用凝闭大鼠一侧大脑中动脉致局灶性脑缺血模型，选择能够灵敏反映脑缺血、缺氧及脑功能局部状态下脑血流量（rCBF）和自发脑电（EEG）为指标，观察电针督脉大椎、百会两穴对脑缺血后神经元损伤的保护作用。结果发现，大鼠在局灶性脑缺血时，rBCF 大幅度下降，但予电针 10min 后，则 rCBF 显著升至正常水平，与假手术组相比，无显著性差异（$P>0.05$）。表明电针可改善脑血流量，阻止脑缺血后血流量的下降，从而保护缺血性脑神经元损伤。

（二）对血液流变性的影响　姜小英采用艾灸足三里、关元穴的方法，观察灸法对老年心脑血管疾病患者血液流变性的影响。结果表明，灸后患者全血比粘度、血浆比粘度、红细胞聚集指数等项指标均有明显改善（$P<0.01$），提示艾灸疗法可有效改善血液流变性，对老年性心脑血管疾病有较好的防治作用。袁慧采用贴压耳穴脑、心、脾、肝、肾、神门、皮质下，配合针刺丰隆穴，治疗多发性脑梗塞 40 例，观察治疗前后的血液流变性等指标的变化。结果发现，治疗后全血比粘度、血浆比浓度、红细胞电泳时间、纤维蛋白原等血液流变性指标均有明显改善。韩宝杰采用刺络疗法治疗 45 例中风病患者，观察治疗前后血液流变学的变化，发现治疗前血液流变学各项指标均明显高于正常值（$P<0.01$），而治疗后除红细胞压积、纤维蛋白原外，全血粘度、血浆粘度、血小板聚集率等显著改变（$P<0.05$ 或 0.01），认为刺络放血可明显改善缺血性脑血管病的血液流变性，提示刺络疗法对中风病的预防和治疗均有积极作用。

（三）对血压的影响　邱春用王不留行籽贴压耳穴，观察该法对异常动脉血压（高血压与低血压）及心血管功能的即时影响，发现此法对高血压的即时有效率为 89.6%，对低血压的即时有效率为 88.0%，耳穴贴压改善心血管功能，认为系通过改变心泵引起其他心血管功能的改变而调整异常动脉血压，对血压具有较明显的即时疗效。张英等以二肾一夹型高血压大鼠为观察对象，分别采用针刺、艾灸、针加灸治疗，观察三种治疗方法的降压效果及对肾素-血管紧张素-醛固酮系统、心钠素含量的影响。结果表明，三种治疗方法对血压及肾素-血管紧张素-醛固酮系统、心钠素含量均有一定的影响，但三者的作用存在一定的差异，针加灸的作用最强，针刺次之，艾灸的作用较弱。赵善民等对麻醉的家兔进行电针刺激实验。先行放血，使失血量分别占总血量的30%和50%，然后补入等量的生理盐水，造成等容血液稀释，出现血压降低，心率改变和微血管变化后，再电针足三里穴观察血压、心率和微血管的改变。结果表明，30%等容稀释出现低血压后电针具有明显的升压作用（$P<0.01$），心率稍减慢，眼结膜微血管血流加速、管径稍变大；50%等容稀释出现明显低血压后再电针已不具有升压作用，但能维持血压在一定水平，心率加快，眼结膜微血管内血流变慢（$P<0.01$），部分血管关闭。结果提示，等容血液稀释30%左右时，电针的升压作用最显著。

（四）对血管结构的影响　赵军等采用结扎家兔左椎动脉及可逆性夹闭双颈总动脉，造成不完全性脑缺血-再灌注模型，观察针刺对其血液流变性及脑组织超微结构变化的影响。结果表明，针刺可有效改善造模后血液流变性异常，电镜下观察到脑组织结构损伤亦减轻。经立体定量分析，线粒体密度及毛细血管基膜厚度，针刺组与造模组相比有显著差异（$P<0.01$），提示针刺对脑缺血再灌注损伤具有保护作用。王北松在电镜下观察针刺对脑缺血再灌流家兔大脑皮质突触和毛细血管的影响。结果发现，针刺除可减轻突触前膜变性及突触后膜水肿外，还可减轻毛细血管内皮细胞和基膜的损害，从而改善大脑皮质的血液循环。

（王　静）

【针灸对胃粘膜损伤的影响】

一、临床研究

梁繁荣等将93例消化性溃疡患者，随机分为穴敷组33例、针灸组30例和西药组30例，进行临床对比观察。治疗1月后，中医证候总有效率分别为87.9%、86.7%和63.33%；胃镜显示总有效率为84.9%，86.7%和63.3%，3组比较差异无显著意义。代针膏穴敷与针灸均可明显减少溃疡面积（$P<0.01$），使幽门螺旋杆菌（HP）明显消失（$P<0.05$），血清IgG、IgM明显升高（$P<0.05$），说明代针膏具有类似针灸的抑制胃酸分泌，促进溃疡愈合的作用。刘希元采用针刺梁丘、中脘、内关、足三里等穴治疗52例上消化道溃疡，施以补泻手法，捻转提插，直到得气，留针40min，行针1次/10min，1天1次，12次为1疗程，2天后继续下一疗程。治疗结果，39例痊愈，9例好转。吴绪荣等治疗50例胃、十二指肠溃疡，选用两组穴位即足三里、内关、公孙及中脘、脾俞、胃俞交替使用并随症加减。1天1次，平补平泻，留针30min，5天为1疗程，每疗程后休息2天。9个疗程后复查胃镜。结果14例治愈，11例显效，21例好转，总有效率为92.0%（46/50）。

二、实验研究

1. 穴位研究　燕平等测定胃粘膜损伤大鼠粘膜一氧化氮（NO）含量、胃粘膜血流量及损伤指数，以观察足三里不同配方对胃粘膜损伤大鼠胃粘膜的保护作用，寻求最佳处方。结果发现，足三里不同配方均可使大鼠胃粘膜损伤指数下降，胃粘膜NO水平、胃粘膜血流量明显升高，但以足三里+中脘+内关穴组改变最为明显，且与其他3组之间有显著差异（$P<0.05$）。严洁等观察电针刺激家兔四白、梁门及足三里对胃粘膜损伤的防御保护性作用。结果显示，电针足阳明经不同部位经穴，均可使家兔胃粘膜损伤指数显著降低，胃粘膜前列素E_2（PGE_2）及表皮生长因子（EGF）的含量增加，其中以足三里最为明显（$P<0.01$），而电针足三里外2cm的对照点，则未见显著性差异。于天源等研究不同频率的电针作用于不同穴位时，在保护胃粘膜效应上的差别，结果发现，同一穴位对于不同指标（LI、SOD、

MIDA）有不同的调整作用，不同的刺激量对于各指标的调整结果亦不相同，足三里在保护胃粘膜方面的使用更强。

2. 手法研究　呈学飞等以大鼠为研究对象，设正常空白对照组、模型对照组、温通针法组、捻转补泻组，以血清胃泌素、血浆 PGE_2 及胃黏膜组织的胃泌素、PGE_2 及显微镜下胃黏膜组织形态结构的改变为效应指标，探讨温通针法对应激性胃黏膜损伤的保护作用。结果表明，针刺可明显提高血浆及胃黏膜组织 PGE_2 的含量，降低血清及胃黏膜组织胃泌素的含量，且温通针法优于捻转针法，两者相比有显著差异。认为针刺可减轻胃黏膜分泌，起到保护作用。

3. 机理研究　王景杰等将雄性 SD 大鼠 96 只，随机分成正常对照组、应激组和应激 + 针刺组，测定迷走神经背运动核（DMV）自发放电、胃电数据及胃粘膜损伤指数等，探讨针刺对应激状态下大鼠胃动力障碍及胃粘膜损伤的防治作用，认为应激可以导致胃动力障碍和胃粘膜损伤，且关系密切；而针刺足三里对其有明显的防治作用。秦明等观察了电针对应激大鼠血浆超氧化物歧化酶（SOD）、丙二醛（MDA）和 PGE_2 的影响，以探讨电针对胃粘膜保护作用的机制，结果发现电针对胃粘膜的损伤具有保护作用，其机制与其影响氧自由基代谢和前列腺素水平有关。且电针对 PGE_2 的调节与针刺时间有关。杨琦等观察电针对应激大鼠胃粘膜血流量与血浆内皮素（ET）、NO、降钙素基因相关肽（CGRP）的影响及其相互关系，结果表明，电针足三里穴可增加胃粘膜血流量，对胃粘膜损伤有保护作用，其机制可能与调节血浆 ET、NO、CGRP 水平有关。秦明等还观察电针对应激大鼠胃粘膜损伤的保护作用及对血浆 EGF 和 CGRP 水平的影响，认为血浆 EGF、CGRP 参与电针对胃粘膜的保护作用机制，且电针调节 CGRP 与针刺时间有关。

（王　静）

【针灸对免疫功能的影响】

（一）对细胞免疫的影响　叶芳对 28 例患者应用化疗的同时加用电针疗法，测定治疗前和电针治疗 4 个疗程后 T 细胞亚群及 NK 细胞活性。结果发现，化疗前 CD_3^+ 数目处于正常范围的低值状态，CD_4^+ 则显著低于正常范围，CD_8^+、CD_4/CD_8 及 NK 细胞的测值均在正常范围。化疗 1 月后，由于同时使用电针疗法，各项指标没有下降（$P<0.05$），提示电针疗法确能提高化疗患者的免疫功能。姜淑云等应用头穴针刺和药物治疗急性脑卒中病人，并对比研究了患者治疗前后的 CD_3^+、CD_4^+、CD_8^+ 以及 CD_4/CD_8。结果发现，急性脑卒中病人 CD_3^+、CD_4/CD_8 低于正常人平均水平，差别具有显著性，CD_8^+ 高于正常人水平，差别具有显著性；治疗后结果则表明头穴针刺能明显地改善病人的免疫功能。熊涛等观察风湿仙丹结合穴位埋线对类风湿性关节炎患者免疫功能的影响，发现该法能极显著改善患者的 CD_4^+、CD_8^+、CD_4/CD_8 水平。侯瑜等选择中风病人作为观察对象，针刺百会、大椎、关元、肩髃、曲池、中渚、环跳、风市、足三里、阳陵泉、太冲等穴，测定 T 和 B 淋巴细胞数目、淋巴细胞增殖功能、自然杀伤细胞（NK）活性，以观察针刺对中风病人免疫功能的影响。结果发现，针刺后中风病人外周血液单核细胞（PBMC）中 CD_{25}^+细胞率趋于正常（$P<0.001$），淋转率和 NK 活性明显增高（$P<0.01$），认为针刺对中风病人的细胞免疫功能有增强作用。王瑞辉等以完全福氏佐剂足踝关节注射造成大鼠关节炎动物模型。电针足三里和昆仑穴，以腹腔巨噬细胞 IL-1 和脾脏细胞 IL-6 的活性作为观察指标，并设正常组、模型组、电针 + 纳洛酮注射组进行对照。结果表明，电针可抑

制IL-1、IL-6的活性。赵宁侠等将健康大鼠随机分为正常对照组、足三里组、非经非穴组，测定各组大鼠的外周血T淋巴细胞亚群及C3b受体花环率（RBC-C_3bRR），红细胞免疫复合物花环率（RBC-ICR）。结果显示，电针足三里组，各项指标明显高于正常对照组（$P<0.01$）；电针非经非穴组，各项指标与正常对照组相比无统计学差异（$P>0.05$）；且足三里组各项指标明显高于非经非穴组（$P<0.01$）。结果提示，电针足三里可明显提高大鼠的细胞免疫粘附功能及T细胞功能。赵宁侠等还研究了电针对红细胞免疫的影响，发现电针足三里穴后正常大鼠外周血RBC-C_3bRR、RBC-ICR明显升高（$P<0.01$）；免疫抑制模型大鼠外周血RBC-C_3bRR明显低于正常对照组（$P<0.05$），电针治疗后各项指标均有明显升高（$P<0.01$）；非经非穴组各项指标与正常对照组相比无显著性差异，认为电针足三里穴可提高正常大鼠及免疫抑制模型大鼠的红细胞免疫粘附功能。高巍等将大鼠随机分成正常对照组、足三里组、免疫抑制模型组、非经非穴组、足三里+免疫抑制组，研究电针足三里穴对神经-内分泌-免疫网络的影响及其机制。结果发现，电针足三里穴后正常大鼠外周血的CD_4^+、RBC-C_3bRR | RBC-ICR均明显升高（$P<0.01$），CD_8^+无显著变化（$P>0.05$）；脑垂体和外周血中SP、VIP的含量增加（$P<0.01$）；且CD_4与SP、VIP含量的变化（$r=0.744$，$P<0.05$；$r=0.738$，$P<0.05$；$r=0.822$，$P<0.05$；$r=0.848$，$P<0.05$）呈显著正相关（$r=0.719$，$P<0.05$）。免疫抑制组大鼠CD_4^+、RBC-C3bRR明显低于正常对照组（$P<0.05$），CD_8无显著变化（$P>0.05$）；脑垂体和外周血中SP、VIP的含量减少（$P<0.01$）。足三里+免疫抑制组CD_4^+（$P<0.01$）、RBC-C_3bRR（$P<0.01$）以及脑垂体和外周血中SP、VIP的含量（$P<0.01$）与免疫抑制组有差异，与正常对照组相比无显著差异（$P>0.05$）。非经非穴组的各项指标与正常对照组相比无显著差异（$P>0.05$）。表明电针足三里穴可提高正常大鼠及免疫抑制模型大鼠的细胞免疫功能和红细胞免疫粘附功能。

（二）对体液免疫的影响　王强用针灸治疗18例类风湿性关节炎患者，并观察针治前后免疫功能的动态变化。结果发现，针灸可明显降低类风湿性关节炎患者的IgA和IgM（$P<0.01$）。罗健等用挑筋等方法，取膀胱经、华佗夹脊、督脉等穴，治疗25例强直性脊柱炎（AS）患者，并观察免疫球蛋白、甲襞微循环治疗前后的变化。结果发现AS患者治疗前IgA、IgG、CRP、ESk、IgM均较正常值升高（$P<0.01$），治疗后，IgA、IgG、CRP、ESR等指标与治疗前比较，有显著改善（$P<0.05$）。熊涛等观察风湿仙丹结合穴位埋线对类风湿性关节炎免疫功能的影响，发现该法能极显著调节患者的IgG、IgM水平。裴海涛等将100例急性脑血栓形成患者随机分为对照组和治疗组各50例，对照组使用常规的治疗急性脑血栓形成的药物，治疗组再加用生物全息针刺疗法，动态检测两组病人治疗前后体液和细胞免疫功能变化情况，结果发现生物全息针刺疗法可以升高血清IgM含量，解除脑血栓病人的免疫抑制状态。何燕萍等将80只SD大鼠分为4组，采用主动免疫法建立血清抗精子抗体（ASAb）阳性大鼠模型，并于造模同时分别用针刺（取穴关元俞、次髎）、归肾液（由熟地、菟丝子、女贞子、淮山药、枸杞子、桑寄生、山萸肉等组成）及针药结合治疗。结果发现，针刺结合归肾液治疗组大鼠血清AsAb阴性率明显高于归肾液、针刺治疗组（$P<0.05$及（$P<0.01$），认为针药结合有抑制AsAb产生的作用。

（三）针灸影响免疫功能的原理研究

张利泰等以创伤大鼠为模型，同时外周注射阿片受体拮抗剂纳洛酮，观测电针镇痛和免疫调节的效应，并以放射免疫法检测下丘脑、垂体、血液、伤口周围组织的β-EP含量变化，探讨创伤电针镇痛和免疫调节的β-EP机制。结果发现，电针可极明显降低血中β-EP含量，同时提高伤口周围组织β-EP；创伤后痛阈降低的同时，伴有免疫功能抑制，而电针患侧环跳、健侧足三里、三阴交提高痛阈的同时，也提高了免疫功能。作者还发现，腹腔注射纳洛酮完全阻断了针刺对免疫功能的调节，提示β-EP参与电针抗创伤免疫机制。唐照亮等建立佐剂性关节炎大鼠模型，分别损毁其海马内NA神经和摘除肾上腺，观察艾灸对松果腺褪黑素（MT）及细胞因子IL-6、IL-2的影响，以研究MT对炎症与免疫的调节，探讨艾灸抗炎免疫作用的机理。结果发现艾灸肾俞穴能恢复和促进大鼠MT的分泌，使IL-6降低、IL-2升高，与对照组比较差异显著（$P<0.05$，（$P<0.01$）。失去肾上腺和海马交感神经的支配，松果腺MT上升、IL-6、IL-2含量上升，灸疗的抗炎免疫作用被削弱或部分阻断。结果提示，松果腺MT参与艾灸抗炎免疫作用的高位调节。高巍等研究了电针大鼠足三里穴对神经-内分泌-免疫网络的影响及其机制，认为电针刺激足三里穴可提高正常大鼠及免疫抑制模型大鼠的细胞免疫功能和红细胞免疫粘附功能，同时，脑垂体和外周血中SP、VIP的含量也明显升高，提示针刺治疗可以提高机体免疫力，其机制可能与SP、VIP合成和释放增多有关，并通过该免疫递质对神经-内分泌-免疫调节网络发挥作用。高巍等还研究了电针大鼠足三里穴对免疫活性P物质（ir-SP）及细胞免疫的影响。认为电针刺激足三里穴可提高正常大鼠及免疫抑制模型大鼠的细胞免疫功能和红细胞免疫粘附功能，同时，脑垂体和外周血中ir-SP的含量也明显升高，提示针刺治疗可以提高机体免疫力，其机制可能与ir-SP合成和释放增多有关，并通过该免疫递质对神经-内分泌-免疫调节网络发挥作用。

（王　静）

【针刺麻醉研究】

秦必光回顾了针刺复合硬膜外麻醉研究的进展情况。针刺麻醉为20世纪50年代我国医务工作者首创，并应用于临床的一种新的麻醉方法。大量的临床研究表明，针麻下施行手术存在术中镇痛不全、肌肉紧张、内脏牵拉反应的不足，从而影响其在临床普及应用。为此20世纪70年代后期国内学者提出采用针药复合麻醉方法增强针麻效果，并因效果显著而先后成为国家七五、八五、九五科技攻关课题。

吴根诚等回顾了由复旦大学医学院牵头的“九五”攻关专题“优化针药复合麻醉和镇痛的临床及机理研究”的研究情况。该专题的攻关任务是，在“八五”攻关课题开展针药复合麻醉的基础上，深入探讨针药结合用于麻醉及镇痛的作用特点和优势，显示针刺不仅具有镇痛作用，还具有重要的生理保护功能，从而为进一步发展中西医结合针药复合麻醉奠定良好的基础。

开展针药结合镇痛研究方面：北京妇产医院采用针药结合的方法，在分娩镇痛方面完成260例，分为Hans刺激、Hans+安定、安定、Hans+曲马多、曲马多及对照组共六组。经临床比较观察，针药结合组效果优于单纯用药或Hans刺激组。中国中医研究院针灸研究所在动物实验和人体观察中证实，远节段穴位镇痛的电针强度明显高于同节段或近节段穴位的电针强度。在158例腰痛患者身上，观察到针刺复合小剂量Ba-cloven和可乐宁，可显著加强针刺镇痛效果。在30例腰椎间盘突出症髓核摘除术患者身上，观察到针刺结合小剂量杜冷丁对术后痛起了很好的镇痛作用。北京大学医学部对原有的 Hans 刺激仪进行设计改进，制成四导异步输出 Hans 仪，建立了小鼠电针镇痛的模型，用基因敲除法证实，中枢β-内啡肽参与低频强度电针镇痛，还发现内吗啡肽也参与低频电针镇痛。通过建立神经源性疼痛模型，观察到电针的良好疗效及多次电针的累加作用。

开展针刺与硬膜外或全麻结合的临床研究方面：成都中医药大学附院采用针药结合小剂量硬膜外麻醉，进行胆囊切除术 194 例，针药结合组可减少硬膜外麻醉用量 36%；相同局麻用药量阻滞范围要宽 2.16 神经节段。手术应激反应及免疫功能均有一定改善。四川省肿瘤医院采用针刺复合安氟醚吸入全麻方法，进行食管癌切除手术 120 例，针药结合组可减少用药量 33%～39%，术中生理扰乱小，循环功能稳定，免疫指标有所改善。

开展针药复合麻醉对生理功能保护作用的研究方面：上海仁济医院完成针药结合全麻心内直视手术 30 例，采用血流动力学、心肌酶学、心肌形态学、免疫反应及临床观察等指标，结果表明，针刺复合麻醉具有术后恢复好，住院时间短及住院费用低的特点，对机体的应激和免疫功能有一定的调整作用。上海华山医院开展脑肿瘤（包括胶质瘤和脑膜瘤）手术 29 例，通过对血清 IL-6、NSE 及 TGF_{β} 等能反映脑创伤及炎症状态的敏感指标观察，结果提示针刺组对患者的脑神经具有调节和保护作用。上海眼耳鼻喉科医院完成针药结合麻醉下行声门再造术 30 例，均为以往全麻下新喉再造术后声门不够通畅，常年戴用气管切开套管，未恢复正常喉功能者。针麻手术时病人处于清醒状态，易于重建符合生理宽度的新声门，术后均顺利拔除气管插管，喉功能恢复率达 93%。上海市第一人民医院完成针药复合麻醉下肾移植 44 例，证实针刺可减少硬膜外阻滞的麻药用量，使循环功能较稳定，肾功能指标恢复较好，表明针刺具有明显的保护功能作用。复旦大学医学院开展褪黑激素加强针刺镇痛及改善免疫抑制的实验研究，观察到褪黑激素具有镇痛作用，能加强针刺镇痛作用，本身不会形成药物依赖。其效应与脑内β-内啡肽释放及合成增加、脑内新发现的孤啡肽释放及合成减少有关。褪黑激素还能加强针刺改善创伤大鼠的免疫抑制。

（魏建子　孙平龙）

【古代针灸处方探讨】

周庆辉曾在 1991 至 1993 年间发表《针灸处方发展概要》等文，探讨针灸处方的发展，在 1995 卷中已作介绍。近年来裴景春、冯起国等对古代针灸处方配穴也进行研究，他们认为针灸处方形成于东汉，发展于晋隋唐宋，成熟于元明清，这些看法与周氏相似。

裴、冯二氏以《黄帝内经》《难经》《伤寒论》为依据，系统分析东汉以前针灸处方配穴原则及规律，认为从春秋战国至东汉时期，针灸处方及其理论由萌芽到形成，为针灸处方的发展奠定了基础。这一时期的配穴处方具有四个特点：以循经取穴为主，以取其他穴（包括局部取穴、邻近取穴、表里经取穴等）为辅；以单穴处方为主，多穴处方较少；注重应用特定穴（原穴、络穴、五输穴等），完善特定穴理论；出现针灸处方配穴方法，如前后配穴法，五行配穴法等。

到晋隋唐时期，针灸处方仍以单穴为主，但多穴处方已开始大量出现，且出现了大量灸方，如《肘后备急方》《小品方》《千金方》《外台秘要》等；处方中提出针刺补泻手法以及艾灸；出现了妇科、儿科疾病的针灸处方；处方配穴的方法包括近道法、远道法和俞募配穴法。这一时期是针灸处方理论不断得到充实和积累的时期。

明清是针灸处方及其理论成熟完善时期，《玉龙歌》《针灸大成》《针方六集》

《循经考穴编》等著作对此有所贡献。这一时期的处方有四大特点：配穴处方成为主流，单穴或两穴处方已很少见，针灸处方已近成熟；配穴理论极其丰富，配穴方法层出不穷，如局部取穴法、邻近取穴法、局部与邻近相配合法、上下配穴法、前后配穴法、表里配穴法、手足同名经配穴法、络穴配穴法、十二原穴夫妇相合法、担截配穴法、八脉交会穴配穴法等；针灸处方配穴中含有“君臣佐使”的思想；提出并发展透穴刺法。透穴刺法包括纵向循经透刺、横向他经透刺、表里阴阳经透刺，透穴刺法的特点是刺针数量少，刺激穴位多，具有调和阴阳、协调表里、激发经气、改善症状之作用。

（刘立公）

【古代针灸医籍研究】

近年来对针灸古医籍的专项研究较多，如黄龙祥首次全面阐述了中国针灸学术发展史，出版了《中国针灸学术史大纲》一书。该书系统考辨了针灸发展史中若干重要学术问题，力求在全面占有、细密考辨史料的基础上，根据当时特定的历史、文化背景，对各种学术思想的形成、演变，做出尽可能客观的叙述，并提出有理有据的看法，其中若干见解与目前流行的看法不同。该书收集的资料广博，许多史料、版本、图片均为首次公开发表。作者还总结了自己和他人的治史经验，论述了史学研究的一般规律、基本方法及研究模式。全书由“引论”、“经络部”、“腧穴部”、“刺灸法部”、“治疗部”五部分组成。

《针灸甲乙经》中的禁（慎）针禁（慎）灸腧穴有数十个，李戎等对此进行探讨，绘制成两表，列出了每穴禁（慎）针禁（慎）灸的具体情况、理由、原文出处，确定禁（慎）针穴为17个，禁（慎）灸穴为26个，并指出其中绝大多数穴经后世实践证实，均可针（灸），还进一步探寻古人确立诸多禁（慎）针禁（慎）灸腧穴的原因。古代禁（慎）针的原因是解剖知识欠缺，针具比较原始、粗糙，消毒意识淡薄，上古文献或师传经验的告诫，人神禁忌的影响。古代禁（慎）灸的原因，除了与上述禁（慎）针原因相同者外，还有瘢痕灸导致的不良后果，辨证失误导致误灸等。

甘肃省敦煌莫高窟藏经洞所出我国中世纪文书中有唐宋医学写卷，与针灸有关的有20个卷号，张侬氏对其灸法特色进行讨论，认为其中《灸经图》是重灸派专著，取穴达52个，其中古穴为髓孔、五舟、天门、颞俞、手阳明、扳眉、足阳明等，灸壮多至一千壮。现代临床运用该著记载的方法治疗消渴、脑外伤等取得了理想效果。《新集备急灸经》乃唐代针灸专著，为急症施灸所集，该著作中有针灸明堂图，其中不少穴位不同于传世针灸医籍所载穴位名称，而阴会穴是世界上记载最早的耳穴。《杂疗病药方》有苇筒耳孔灸法，“不知名医方”中有隔豉饼灸、隔硫黄粉灸、隔雄黄灸等法，发展了葛洪隔物灸法，为珍贵医籍。

柴铁劬对《难经》针灸学成就进行了归纳总结，认为其贡献有三：①确立奇经学说，完善经络理论；首创八脉之名，完善八脉循行，详述生理病理。②阐释特定穴，理论与实践并重；首创八会穴及其主治，完善十二原穴及治疗机理，确定五输穴应用大法及其在四季的应用，阐明俞募穴治病机理。③奠定配穴诸法，完善刺灸理论；确立补母泻子法，首创泻南补北法，拓展迎随补泻法，重视营卫四时补泻，提倡刺井泻荥法。总之，《难经》在针灸学理论方面成就巨大，影响深远。

何扬子对《采艾编翼》进行了考证，发现现存版本有相当篇幅是后人从《医宗金鉴》中取出补入的，特别是卷三的外科方药。剔除后人补辑的内容，《采艾编翼》是一部上、下两卷的灸法专著，上卷为灸法基础，主要论述经络、腧穴、灸法、治则等；下卷为灸法治疗学，主要论述临床各科疾病的灸法治疗。该书内容简明扼要，易学易用，经验独特，临床实用，艾药并用，相得益彰，具有浓郁的岭南特色。其著者和校辑者还有待考证。

李鼎考证了宋代解剖《存真图》的来龙去脉。认为该图是宋崇宁年间，泗州府杀犯人时医人画工所绘，后由杨介加以校对，“以所见五脏之真，绘而为图”，“又益之十二经，以《存真图》名之”。书成之后，未见刊行，但经传抄而得流传。对该图有过直接介绍的是明代施沛，他在《藏府指掌图》与《经穴指穴图》中收入了《存真图》中的十幅图，内容比较完整，引证可信，被后世著作引用。明清间的《循经考穴编》中载有施沛书中的八图。清代王宏翰《医学原始》一书中亦载有以上八图。元代《十四经发挥》虽未提到《存真图》，但引录了其中不少文字。《存真图》中观察得最有新意的是脑脊髓，这一关于脊神经的描绘和解说为以往各书所未见，值得珍视。

此外，对于针灸学在《黄帝内经》中的地位，《内经》的刺热特色，张从正的放血疗法，《针方六集》的学术价值亦有人作了探讨。

（刘立公）

参考文献

C

曹东元，牛汉璋，赵　晏，等．穴位刺激引起的神经原性炎症反应．中国针灸，2001；(11):662

查　炜．不同配穴针灸对 CTX 化疗小鼠抗氧化系统的影响．南京中医药大学学报自然科学版．2001，(5):312

柴铁劬．《难经》针灸学成就探讨．2001；(6):375

陈　凌．低频电针促胃电节率规整性穴位组方研究．福建中医学院学报，2001；(1):25

陈大燕，等．不同剂量芬太尼经穴位埋管微泵持续给药治疗顽固性疼痛临床研究．中国中西医结合杂志，2001；(6):431

陈得成，邱茂良．邱茂良教授古说匡正．中国针灸，2001；(3):178

陈华德，陈　虎．穴位注射对血管性痴呆小鼠脑内 NO 含量的影响．中国中医药科技，2001；8 (4):253

陈少宗，王　杰．科学主义的尴尬与中医学的多向度发展．医学与哲学，2000；(7):21

成道友，唐植纲，万芳圆．电针加推拿分期治疗外伤性截瘫 27 例疗效观察．针灸临床杂志，2001；(3):20

褚东宁，贾桂娈，王　旭，等．伏贴膏治疗支气管哮喘 205 例临床观察．浙江中西医结合杂志，2001；(8):506

D

戴文军，赖新生．天灸疗法对支气管哮喘患者血浆 SP 和 VIP 含量的影响．针刺研究，2001；(2):134

邓春雷．模拟针麻对术区镇痛效果的观察．陕西中医学院学报，2001；(2):38

邓元江，王净净，林亚平等．穴位埋线加小剂量抗痫西药治疗癫痫全身强直-阵挛发作临床观察．中国针灸，2001；(5):271

丁德正．针灸辅治精神疾病撷拾．河南中医，2001；(2):58

丁文涛．水针手法综合治疗神经根型颈椎病 78 例．陕西中医，2001；22 (8):491

董子平．电针治疗抑郁症 101 例．中国针灸，2001；(1):6

F

樊学忠，刘建平．中药穴位敷贴治疗支气管哮喘不同季节不同证型的疗效分析．中国针灸，2001；(3):138

范　钰．不同针灸方法防治恶性肿瘤化疗毒副

反应临床比较研究．中国针灸，2001；(5):259

范　钰．针灸防治恶性肿瘤化疗毒副反应的临床研究．上海针灸杂志，2001；(1):12

范　钰，杨兆民，万　铭，等．不同针灸方法防治恶性肿瘤化疗毒副反应临床比较研究．中国针灸，2001；(5):259

方向明．血清 SIL-2R 在艾灸治疗哮喘豚鼠中的作用．辽宁中医杂志，2001；(5):315

冯起国．古代针灸临证处方分析．辽宁中医杂志，1998；(9):429

G

高　巍，黄裕新，陈　洪，等．电针足三里对大鼠 ir-SP 及细胞免疫的影响．第四军医大学学报，2001；(9):793

高　巍，黄裕新，陈　洪，等．脑肠肽在针刺调节免疫反应中的作用．第四军医大学学报，2001；(9):776

高　震．论经穴的能量系统的本质及刺激传导机理．中国针灸，2001；(3):161

顾　星．中医针刺手法测试仪的研制．中国针灸，2001；(4):229

H

韩　髦，李晓泓，李光武．电针百会三阴交对慢性应激抑郁模型大鼠轴的影响．北京中医药大学学报，2001；(2):3

韩　钟，徐晓庆，杨修方，等．裂解气相色谱法对隔物灸作用成分分析．上海针灸杂志，2001；(4):36

韩宝杰．刺络疗法对中风病患者血液流变学影响的临床观察．天津中医，2001；(1):28

何晓莉．影响毫针疗效的因素及对策．浙江中西医结合杂志，2001；(8):446

何燕萍，唐纯志，梁国珍，等．针药结合疗法对免疫性不育大鼠血清抗精子抗体的影响．广州中医药大学学报，2001；(2):140

何扬子．《采艾编翼》考证．中国针灸，2000；(12):752

侯　瑜，高书荣，赵稼薇．针刺对中风病人免疫功能的影响．上海针灸杂志，2001；(3):16

胡知海，潘守伦，潘山鹰，等．风市穴定位的人群抽样分析．中国针灸，2001；(2):85

胡智慧．耳穴特异性与生物分子活性的关系．南京中医药大学学报，2001；(1):39

华晓寅．前臂骨度分寸法的确定和标示．上海针灸杂志，2001；(4):39

黄建军，程　凯．原穴与脏腑相关性分析．中国针灸，2001；(6):347

黄劲柏．循证医学及其对选穴配方的影响．中国针灸，2001；(6):369

黄龙祥．中国针灸学术史大纲．华夏出版社，2001

黄万义．走罐配合指针治疗小儿哮喘 30 例．上海针灸杂志，2001；(3):24

黄晓卿．针刺研究中电针应用的文献分析和初步研究．中国中医基础医学杂志，2001；(1):73

J

季　扬．对穴临床应用举隅．针灸临床杂志，2001；(4):41

姜玲珍，张莲瑛．电针加耳压治疗神经根型颈椎病 47 例．上海针灸杂志，2001；20 (3):20

姜淑云，杜　晶，东贵荣．头穴针刺治疗急性脑卒中的临床免疫学研究．黑龙江中医药，2001；(1):53

姜小英．艾灸足三里、关元穴对血液流变学的影响．四川中医，2001；(3):75

金淑英，孙世晓，桑希生．从大鼠胆汁流量及其 Na^+、K^+、Cl^- 含量看经血脏腑相关性．中国针灸，2001；(8):490

瞿群威，袁申平．火针配合穴位敷贴治疗咳喘 105 例．上海针灸杂志，2001；(3):13

L

赖洪康，李俊雄，唐志军，等．自血混合丙球穴注疗法对哮喘豚鼠肺组织和支气管作用的光镜观察．针刺研究，2001；(1):19

乐小燕．DAG 多功能艾灸仪治疗膝关节骨性关节炎临床观察．中国针灸，2001；(11):687

李　鼎．宋代解剖《存真图》的来龙去脉．上海中医药杂志，1998；(9):38

李　锋．标本根结理论对磁极针临床应用方法的指导．陕西中医，2001；(1):42

李　路，杨　硕．针刺加牵引治疗神经根型颈椎病 67 例．贵阳中医学院学报，2001；23 (2):35

李　戎．简析《针灸甲乙经》中的禁（慎）针禁（慎）灸腧穴．中国针灸，2001；(11):695

李　月，李　星，王丽萍，等．穴位药线植入治疗单纯性支气管哮喘 360 例临床观察．中国针

灸，2001；(1):11

李观荣．艾灸灸量以唇红为度的初步观察．四川中医，2001；(6):17

李桂兰．犊鼻穴灌注异搏定对针刺大鼠足三里穴镇痛效应的影响．天津中医学院学报，2001；(2):24

李惠兰，孙　岚．头针治疗截瘫神经痛疗效观察．中国针灸，2001；(4):209

李淑萍．针刺兴奋疗法治疗神经衰弱 120 例．中医药学刊，2001；(1):81

李晓阳，张养民，高旋慰．针刺推拿治疗神经根型颈椎病 120 例．陕西中医，2001；22 (8):488

李月梅，赖新生，江钢辉，等．穴位敷贴对哮喘豚鼠引喘潜伏期及肺组织病理变化的影响．广州中医药大学学报，2001；(2):137

廉　南，雷中杰．针刺四神聪治疗厄瓜多尔籍焦虑症患者临床观察．成都中医药大学学报，2001；(3):51

梁繁荣，鄢路洲，朱慧民，等．代针膏穴敷治疗消化性溃疡临床研究．中国针灸，2001；(1):7

林　军，邓傅萍．穴位埋线治疗癫痫 160 例疗效观察．中国针灸，2001；(11):653

林鑫烈，孙茂峰．穴位疗法治疗神经根型颈椎病之浅见．中国针灸，2001；21 (6):371

刘　洁，胡湘明．针灸中药治疗外伤性截瘫临床疗效对比研究．中国针灸，2001；(1):3

刘长林．经络的时间本质——人身虚体系统试说．中国中医基础医学杂志，2000；(3):43

刘红娥．针刺治疗支气管哮喘 87 例临床观察．陕西中医学院学报，2001；(3):36

刘里远，彭　安，潘　娟，等．交感神经敏感线与机理实质．中国针灸，2001；(5):285

刘希元．针灸治疗上消化道溃疡 52 例疗效观察．时珍国医国药，2001；(3):250

刘志诚，孙凤岷，韩　燕，等．针刺治疗单纯性肥胖症的实验研究．针刺研究，1998；(1):69

刘志诚，孙凤岷，朱苗花，等．针刺对肥胖大鼠纹状体作用的研究．针刺研究，2001；(2):122

刘志良．针灸为主治疗外伤性截瘫 224 例临床观察．针灸临床杂志，2001；(5):25

龙海鹏，杨兆钢．杨兆钢教授芒针经验浅识．中国针灸，2001；(9):549

卢六沙．从经络的液晶体模型到针刺的基因位点调控．中国针灸，2001；(10):603

罗　健，孔令深，黄柳和，等．挑筋法对强直性脊柱炎免疫球蛋白和甲襞微循环的影响．中国针灸，2001；(1):51

罗道珊，陈丹云．穴位注射为主治疗神经根型颈椎病疗效观察．中国针灸，2001；21 (3):153

M

马　融，张喜莲，刘玉珍，等．针刺加熄风胶囊治疗小儿癫痫强直-阵挛性发作的临床观察．中医杂志，2001；(5):276

马　雄．“悬灸装置”临床应用观察．中国针灸，2001；(10):629

马佰录．穴位贴药治疗哮喘临床疗效观察．中国中医急症，2001；(3):167

马传江．经血数量及经穴标准．山东中医药大学学报，2002；(1):13

马东兴．胃复安与维生素 B_6 足三里注射治疗化疗后消化道反应的疗效分析．中国针灸．2001，21 (2):75

马　岩．石学敏院士学术思想探寻．中国针灸，2001；(7):421

毛琰涛．耳穴治疗化疗引起胃肠道反应的临床观察．新疆中医药．2001，(2):31

孟凡迅，邵政一，徐济良．从感觉神经特异蛋白 29KD 的分子生物学特性探讨经络实质及其作用机理，中国针灸，2001；(2):87

莫飞智，李建强，邓铁涛，等．激光针与针刺对血管性痴呆的临床疗效比较．浙江中医杂志，2001；36 (8):353

莫飞智，李建强，雷立屏，等．电针对血管性痴呆大鼠学习记忆行为及脑乙酰胆碱酯酶的影响．中医杂志，2001；42 (6):344

穆　祥．腧穴实质与微血管的生理学研究．中国中医基础医学杂志，2001；(12):47

穆　祥，高立云，杨佐君，等．小型猪低阻线区皮内微血管分布的研究．中国中医基础医学杂志，2000；(3):10

N

倪　伟，于素霞，王宏长，等．穴位敷贴法治疗寒性哮喘．上海针灸杂志，2001；(3):10

P

裴海涛，杨吉秀．生物全息针刺疗法对急性脑血栓形成患者免疫功能的影响．中医药学报，

2001；(4):39

裴景春．东汉以前针灸处方配穴的原则及规律的探讨．辽宁中医杂志，2000；(1):31

裴景春．晋隋唐时期针灸处方配穴的原则及规律．中医药学报，2001；(2):49

裴景春．明清时期针灸处方配穴的原则及规律研究．中医药学刊，2001；(3):263

彭印高，李　毅．经络的波动性．上海针灸杂志，2001；(2):32

Q

乔岩岩．神门透少海治疗焦虑症 30 例．中国针灸，2001；(2):81

秦　明，黄裕新，王景杰，等．电针对应激大鼠血浆 EGF 和 CGRP 及胃粘膜损伤的影响．第四军医大学学报，2001；(9):797

秦　明，黄裕新，王景杰，等．电针在应激大鼠胃粘膜保护作用中对氧自由基和前列腺素的影响．第四军医大学学报，2001；(9):803

秦必光，艾中立．针刺复合小剂量硬膜外麻醉胆囊切除术操作规程．针刺研究，2001；(1):60

秦必光．针刺复合硬膜外麻醉研究现状．针刺研究，2001；(3):162

邱　春．耳穴贴压对异常动脉血压的即时调整．上海针灸杂志，2001；(4):11

S

沈国伟．针灸足三里对抗化疗呕吐反应临床研究．中国针灸．2001，(3):158

沈利华，吴萍玲，邱潮林，等．穴位注射对支气管哮喘免疫应答的研究．现代中西医结合杂志，2001；(15):1407

沈钦荣．灸疗的发展过程及展望．光明中医，2001；(4):10

石锦萍，钟松柏，毛敬伟，等．胃脘下输与胰腺相关性的实验研究．中国针灸，2001；(8):485

孙明韵．试论经络的实质．针灸临床杂志，2001；(2):4

T

唐育民，君志礼，任光国．针刺结合安氟醚吸入全麻食管癌切除术临床操作规程．针刺研究，2001；(1):58

唐照亮，宋小鸽，李　俊，等．艾灸抗炎免疫作用中松果腺褪黑素高位调节的研究．中国针灸，2001；(7):429

田建辉．抗癌腹水膏穴位贴敷对艾氏腹水癌 SIL-2R 水平的影响．中国外治杂志，2001；(2):6

田元祥，赵建新，曹　刚，等．电针肾俞、膈俞、百会穴对拟血管性痴呆小鼠免疫器官的影响．河北中医，2001；23 (1):67

W

万文蓉．温阳利气法治疗哮喘 30 例临床观察．中国针灸，2001；(11):649

王　强．针灸对类风湿性关节炎患者免疫功能及抗自由基酶类的影响．中国中医药信息杂志，2001；(8):68

王　毅，将大宗，刘洪广．当前经络实质研究中存在的问题——从针刺麻醉机制的研究来看当前经络实质的研究．陕西中医学院学报，2000；(6):1

王　毅，将大宗．对经络实质研究中存在问题的讨论．针刺研究；2000；(1):72

王北松．针刺对脑缺血再灌流家兔大脑皮质突触和毛细血管影响的电镜观察．中国中医药科技，2001；(2):83

王国珍．隔姜灸治疗哮喘病 30 例．针灸临床杂志，2001；(4):503

王进才．背三针治疗癫痫 120 例．上海针灸杂志，2001；(2):20

王景杰，黄裕新，郭庆东，等．心理性应激状态下针刺对大鼠 DMV 放电、胃电和胃粘膜损伤的影响．第四军医大学学报，2001；(9):806

王麦绒，张鹏天，杨　惠，等．针推穴封治疗痹痛型颈椎病 60 例．陕西中医学院学报，2001；24 (3):39

王民焦．邵经明教授治疗神志病经验．北京中医药大学学报，2001；(5):56

王瑞辉，杨介宾．电针对佐剂性关节炎大鼠 IL-1 和 IL-6 活性的影响．陕西中医学院学报，2001，(4):43

王永兴，应延风，郭耿仁．曲安缩松穴位注射对哮喘患者肺功能改善作用．现代中西医结合杂志，2001；(2):95

韦英才．经筋针刺法结合壮药外敷治疗神经根型颈椎病 128 例临床分析．河北中医，2001；23 (1):42

温屯清．针刺内关治疗戒毒者癫痫 78 例．中国针灸，2000；(4):226

吴定宗，万 平，张 煜，等．电针遏制癫痫小发作的实验研究．上海针灸杂志，2000；(5):39

吴根诚，陈正秋，秦必光．优化针药复合麻醉和镇痛的临床及机理研究．针刺研究，2001；(3):161

吴绪荣，曾振秀，李家康．针灸治疗胃、十二指肠溃疡50例．中国中西医结合消化杂志，2001；(3):175

吴学飞，郭永明，郑俊江，等．温通针法对应激性胃黏膜损伤的保护作用．上海针灸杂志，2001；(4):40

吴中朝．邱茂良教授针刺手法与得气精要．中国针灸，2001；(5):297

X

夏胜华，李志宏．割治法治疗支气管哮喘．中国民间疗法，2001；(5):22

向 谊．近十年来针刺治疗中风偏瘫论文分析．中国中医药信息杂志，2001；(3):91

辛育龄．电针治疗体表恶性肿瘤的临床观察．中国中西医结合杂志，2001；(3):174

熊 涛，瞿群威，沈玉杰，等．风湿仙丹结合穴位埋线对类风湿性关节炎免疫功能影响的观察．湖北中医杂志，2001；(2):7

徐绿萍，周 近．穴位敷贴治疗支气管哮喘218例疗效观察．河北中医，2001；(5):367

徐耀智．电针配合耳穴压籽治疗神经衰弱52例．针灸临床杂志，2001；(7):37

许佳年．关于提高针灸疗效的若干因素．上海针灸杂志，2001；(4):1

许能贵，周逸平，许冠荪，等．电针大椎、百会穴对局灶性脑缺血大鼠脑血流量和自发脑电的影响．中国中医药科技，2001；(1):3

Y

严 洁，常小荣，刘建华，等．电针足阳明经穴对家兔胃粘膜损伤防御性保护作用的研究．中国针灸，2001；(6):350

燕 平，冀来喜，郝重耀，等．胃黏膜损伤的穴位组方研究．上海针灸杂志，2001；(4):44

杨 琦，秦 明，黄裕新，等．电针对应激大鼠胃粘膜血流及血浆ET、NO、CGRP的影响．第四军医大学学报，2001；(9):800

杨金林．膻中穴兔脑垂体埋藏治疗小儿顽固性哮喘30例．中国中医药信息杂志，2001；(3):77

杨永清，崔龙苹，马淑兰，等．肾上腺切除哮喘大鼠针刺血清的抗哮喘作用研究．针刺研究，2001；(2):114

杨永清，崔龙萍，马淑兰，等．肾上腺切除哮喘大鼠针刺血清的抗哮喘作用研究．针刺研究，2001；(2):114

叶 芳，陈少宗，刘伟明．电针疗法对28例化疗患者免疫功能的影响．山东中医杂志，2001；(4):221

叶 芳．电针疗法对28例化疗患者免疫功能的影响．山东中医杂志，2001；(4):221

尹改珍．腧穴学定位操作若干疑点分析．新疆中医药，2001；(2):51

于天源，孙露芬，孙承琳，等．电针不同穴位、频率对胃粘膜保护作用的观察．中国针灸，2001；(11):667

于天源，张露芬，孙承琳．电针不同穴位、频率对胃粘膜保护作用的观察．中国针灸，2001；(11):667

余 华，张安仁，张月娥，等．麦粒灸对脾虚泄泻证患者尿D-木糖及血浆中分子物质含量的影响．中医杂志，2001；(3):151

余 华，张安仁，张月娥，等．麦粒灸对脾虚泄泻证患者唾液淀粉酶活性及血清SIgA的影响．针刺研究，2001；(1):63

余 华，张安仁，张月娥，等．麦粒灸治疗脾虚泄泻证的临床研究．中国针灸，2001；(3):131

袁 慧．耳压配合针刺对多发性脑梗死血液流变学及血脂的影响．实用中医药杂志，2001；(9):35

Z

张 栋．循经高温线下深部温度的测定．中国中医基础医学杂志，2001；(10):62

张 栋，付卫星，叶燕燕，等．实验性胆囊炎家兔体表循经高温线显示．上海针灸杂志，2001；(1):42

张 洪，曾 征，邓 鸿．针刺治疗焦虑性神经症157例．针灸临床杂志，2001；(1):10

张 依．郭煌医学灸法特色．中国针灸，2001；(9):563

张 平，曹承刚，左志林，等．后海穴区腔上囊的微血管构筑．上海针灸杂志，2001；(1):44

张 英，刘又香，潘克英．针刺、艾灸、针加

灸对肾素-血素紧张素-醛固酮系统、心钠素含量影响的比较研究．湖北中医学院学报，2001；(2):20

张汉民，李俊雄，俞　瑜，等．自血混合丙球穴注对哮喘豚鼠肺组织中受体的影响．中国中医基础医学杂志，2001；(8):27

张建华，余安胜，赵英侠，等．缺盆穴的解剖结构和针刺深度．中国针灸，2001；(8):493

张丽颖．拔罐配合穴位贴敷治疗支气管哮喘21例．针灸临床杂志，2001；(7):28

张利泰，陈以国，成泽东．电针抗大鼠创伤痛免疫抑制效应的实验研究．辽宁中医杂志，2001；(6):379

张仁尊．可调式微烟灸疗器．中国针灸，2001；(7):441

张世红，赵　晏，孙启新，等．电刺激相邻脊髓节段皮神经对大鼠C类机械感受单位传入放电的影响．针刺研究，2001；(1):5

张维波．现代经络研究中的三个主要思路．中国中医基础医学杂志，2001；(6):46

张文兵．反阿是穴肌肉起止点取穴法．辽宁中医杂志，2001；(7):432

张雪朝，吕明庄，蒋乃昌，等．耳针对血管性痴呆大鼠记忆及海马凋亡相关蛋白表达的影响．中国针灸，2001；21 (8):499

张雪朝，肖茂磊，孙国杰，等．耳针改善血管性痴呆大鼠记忆与nNOS表达的关系．上海针灸杂志，2001；20 (1):39

张雪朝，肖茂磊，孙国杰．耳针改善血管性痴呆大鼠记忆障碍及其与bcl-2表达的关系．针刺研究，2001；26 (2):106

张云卿．针刺膻中穴治疗支气管哮喘61例．深圳中西医结合杂志，2001；(2):100

赵　军，程为平，张　岩．针刺对脑缺血-再灌注家兔脑保护作用的实验研究．中国医药学报，2001；(2):52

赵　玫，刘志诚，苏　静，等．针刺对实验性肥胖大鼠下丘脑饱食中枢的影响．针刺研究，1999；(2):98

赵　玫，袁锦虹，李　嘉，等．针刺对实验性肥胖大鼠下丘脑摄食中枢的影响．中国针灸，2001；(5):305

赵建新，田元祥，李国明，等．电针肾俞、膈俞、百会穴对拟血管性痴呆小鼠CA_1区细胞数目的影响．中医药信息，2001；18 (3):57

赵宁侠，高　巍，黄裕新．电针足三里穴对大鼠红细胞免疫的影响．浙江中医学院学报，2001；(2):47

赵宁侠，高　巍，史恒军，等．电针足三里及非经非穴点对大鼠细胞免疫的影响．云南中医学院学报，2001；(1):37

赵善民，方　卓．电针在血液稀释性低血压中的升压作用．右江民族医学院学报，2001；(4):511

赵小青，郭晓园．针灸治疗肿瘤化疗后所致骨髓抑制38例．山东中医杂志，2001，(5):349

郑立岩．经脉似附着于一定组织上的功能带．中国针灸，2001；(1):35

郑利岩．循经声信息对经脉线皮肤微循环影响的实验研究．辽宁中医杂志，2001；(11):685

周东浩，周明爱．经络实质新探——免疫调节网络假说．国医论坛，2001；(3):9

周金山，晋志高，陶之理．关元一级感觉神经元在脊神经的节段分布．上海针灸杂志，2001；(3):40

朱　兵，贲　卉，徐卫东，等．神经-肌肉继发性兴奋的时间总和——“循经感传”机制研究（Ⅰ）．中国针灸，2001；(4):217

朱　兵，贲　卉，徐卫东，等．神经-肌肉继发性兴奋的时间总和-“循经感传”机制研究（Ⅱ）．中国针灸，2001；(5):291

朱　兵，陈巩荪，许瑞征，等．耳穴的电学特性及其特异性．中国针灸，2001；(12):731

朱　江，张　军，张露芬，等．电针联线方式初探．中国针灸，2001；(9):541

(10) 推　拿

【概述】

2001年有关推拿的论文有500余篇。5月在上海召开了全国推拿流派和文献交流大会。发表论文近100篇，以临床研究与治疗经验总结居多，涉及面也较广。

（一）基础实验　张锦平等应用生物材料实验机和压力传感器对新鲜尸体腰椎的髓核内压力进行定量化测量。结果认为腰椎牵扳手法对髓核内压力有明显影响，在牵扳过程中髓核内压力始终保持较低压力，因而较为安全。毕胜等比较临床上几种常用的腰部推拿手法对腰椎髓核内压力的影响，认为牵扳手法治疗腰椎间盘突出症时较为安全。应航观察在不同着力点、不同角度的纵向牵拉力作用下颈椎关节的应力变化，认为颈椎关节后缘所受应力大小与牵引力的着力点和方向之间存在密切关系，在临床施行颈椎推拿手法治疗时，视病变关节的不同，应选择相应的着力点和方向。刘波等对连续4～7天离心收缩训练的兔骨骼肌进行生物力学测试，结果表明：中医推拿和熏洗方法对连续4～7天离心收缩训练的兔伸趾肌（EDL）和胫骨前肌（TA）的峰值肌力矩和作功的恢复无明显作用，但对总功有恢复作用。训练7天后EDL粘弹性下降，推拿和熏洗对EDL粘弹性的降低有明显的恢复作用，从而减少肌肉受伤的几率。

（二）临床研究　主要集中在颈肩腰腿痛疾病方面，在神经、消化、儿科疾病等方面也有所涉及。黄明利等采用推拿加中药熏洗治疗废用性肩关节炎僵硬症120例。手法：①以全手掌在伤肢肩关节表面进行上下来回摩擦。②提拿肩关节及两端的肌肉、筋膜、韧带。③以拇指指尖对肩前等诸穴进行点压。④握住患者腕部对肩关节实施不同方向的抖动和摇晃。⑤酌情对关节进行被动屈伸扳拉。结果优60.0%（72/120），良25.0%（30/120），总有效率95.8%（115/120）。方黎明采用牵引推拿配合中药热敷综合疗法治疗腰椎间盘突出症30例。方法：①牵引。②推拿以提腿压腰法、斜扳复位法、直腿抬举加压法为主。③中药热敷。结果痊愈43.3%（13/30），显效46.7%（14/30），总有效率96.7%（29/30）。袁相龙用点穴推拿、正骨复位、理筋顺肌法治疗寰枢关节半脱位70例，结果痊愈67.1%（47/70），总有效率92.9%（65/70）。杨承杰用手法理筋、关节屈伸及中药熏洗法治疗膝关节骨关节病，龙国峰用斜扳法、屈髋屈膝按压法、双手四部正骶法治疗产后骶髂关节错缝均获较好疗效。何智芳采用整脊疗法结合水针治疗83例心律失常患者，手法有俯卧冲压法、仰头摇正法、低头摇正法、侧头摇正法、侧卧摇肩法。结果痊愈67.5%（56/83），显效22.9%（19/83），总有效率100%（83/83）。杨绍峰等采用腹部按摩法治疗萎缩性胃炎56例，用推拉法、归挤法、托提法、揉按法；结果近期临床痊愈50.0%（28/56），显效33.9%（19/56），总有效率96.4%（54/56）。杨胜禄选双侧神门、内关、三阴交、足穴，用点、揉、叩等手法，配合特定电磁波照射风池穴治疗失眠症32例，结果总有效率100%（32/32）。张静用补脾经、平肝经、揉二马、揉关元、揉百会、擦八髎治疗小儿腹股沟斜疝16例，便秘者加清大肠、退六腑、运水入土，结果痊愈62.5%（10/16），显效25.0%（4/16），总有效率100%（16/16）。王春岩以按摩为主治疗小儿咳喘症74例，方法：①取鲜姜汁清肺经，推大肠，捏揉合谷，揉板门，分推掌横纹，掐总筋，推三关，补肾水，清天河水，顺运内八卦，双拇指按揉双侧肺俞，两掌对搓患儿前后心，用两掌分别搓两侧上肢，最后掌按揉百会。②中药保肺散治疗。结果痊愈68.9%（51/74），显效16.2%（12/74），总有效率98.7%（73/74）。

（三）足部按摩　报道渐增多。刘爱萍对100例痔瘘手术所产生的尿潴留进行了足反射区经穴按摩和新斯的明常规处置各50例进行了对比，足按摩组反射区选择肾、输尿管、膀胱等；足太阳膀胱经采用大拇指指腹经推摩法，由跗阳穴推向至阴穴20次；足少阴肾经从然谷起以大拇指肚循经推摩至三阴交20次；三阴交以重点揉压，每区按摩10～20次，按摩后饮温开水300～500ml。结果：按摩组痊愈94.0%（47/50），无效3例；常规组痊愈72.0%（36/50），无效14例；具有非常显著差异（$P<0.01$）。陈立早用足底按摩治疗抗癌药物所引起的便秘患者12例，取胃、小肠、大肠等反应区为主反射区；肾、输尿管、膀胱反应区为辅反射区，每次30～50min，按摩后即刻饮开水300～500ml，每天按摩1次，10次为1疗程，一般1～3个疗程，结果痊愈58.3%（7/12），显效25.0%（3/12），总有效率100.0%（12/12）。孟强等单纯运用足底按摩治疗子宫内膜异位症引起的痛经38例，方法：以食指第一指间关节之顶点施力或用拇指指腹施力，按压肾上腺、卵巢、脑垂体、淋巴腺等反射区，结束后嘱患者饮温开水300～500ml，10次为1个疗程，治疗3个疗程后，显效55.3%（21/28），总有效率94.7%（36/38）。

（四）文献研究　赵毅对《小儿按摩经》的书名、作者与成书年代进行了考证，认为该书的作者称“四明陈氏”为妥，并将该书的成书年代范围由原来的1405～1601年缩小至1574～1601年之间。

（严隽陶　许　军）

【推拿治疗偏头痛】

偏头痛是血管性头痛的一种，又称为原发性血管性头痛，属中医“头风”、“头痛”范畴。王海等用按揉弹拨颞部法治疗偏头痛54例。治疗方法：①点按睛明穴2～3min。②按揉太阳穴2～3min。③按揉头维、颔厌、悬颅、率谷、角孙诸穴10min。④按揉弹拨阿是穴（两侧颞部痉挛点）3～5min。⑤双手四指微屈，拇指与四指自然分开，通过双腕快速摆动，带动微屈的四指，在两侧颞部进行快速扫散1～3min。⑥用微屈的双手四指指腹轻轻叩击颞部2min。以上方法每天治疗1次，5次为1个疗程。头痛及伴随症状消失，随访1年未复发为治愈；头痛及伴随症状消失，随访1年发作1～3次为好转；经上述方法治疗2个疗程，头痛无明显改变者为无效。结果痊愈29.6%（16/54），总有效率90.7%（49/54）。陈国民用推拿及穴位割治疗法治疗偏头痛52例。①推拿：按揉患侧睛明、攒竹、太阳、印堂、鱼腰、阳白、头维、百会、四神聪、风池诸穴，每穴1～3s。再抹印堂→鱼腰→太阳→风池，往返3～5遍。然后用一指禅推法推印堂、阳白、太阳、头维。最后用拿法从头顶至颈项部操作3～5遍。②穴位割治：取患侧太阳、曲池穴，常规消毒，在两穴上作轻轻的割划，以划痕出现为度（割划时一般以不痛或微痛为好），然后再用预先消毒过的火罐加以拔罐，留罐约5～6min，出血量约3～5ml，起罐后用无菌干棉球擦净瘀血，并用酒精棉球消毒，可2～7天重复1次。1个月后参照上海市卫生局《中医常见病证诊疗常规》观察疗效。结果痊愈69.2%（36/52），总有效率94.2%（49/52）。方加虎等用推拿治疗偏头痛51例，对照组（睡前服西比灵每日10mg）23例。均以2个月为1疗程。推拿方法，①患者正坐位，医者立于患者正前侧，五指伸，四指并拢，食指在上与率谷穴平齐，拇指分翘，指尖相对，并放在印堂穴上，用一指禅推法，由印堂→天目→鱼腰→太阳→丝竹空→率谷→玉枕→风池→风府→眉冲→五处→青龙角穴（在百会穴两旁的高骨，相当于顶结节）。②患者坐位，医者以五指分别放置于头部的督脉、两侧膀胱经和胆经，由前向后用拿法6～10遍，然后以拇指推两侧桥弓穴，再以拇指偏峰及四指指腹在头部两侧的头维穴、率谷穴、角孙穴、天冲穴等用扫散法，最后在头面部的印堂、睛明、迎香、承浆等穴依次用分法3～5遍。③患者正坐位，医者立其前或后面，两手掌在患者的头顶上，前起神庭、囟门，后至百会，左右齐青龙角，包括督脉三阳经脉循行的经穴在内，做太极圈样的摩法10~20圆圈为度。④用小鱼际揉大椎穴，拿肩井。参照国家中医药管理局《中医病证诊断疗效评定标准》中“头风”的疗效评定标准。结果39例接受检测的患者治疗前的脑血流正常率为37.3%，异常（一侧或双侧脑血管痉挛）率为62.8%，治疗后正常率为49.0%，异常率为50.9%，有显著差异（P<0.05）。治疗组头痛的每月发生次数及每次发作持续时间均少于对照组，治疗组和对照组的治愈率、好转率、有效率分别为27.5%、58.8%、86.3%和17.4%、52.2%、69.6%，有显著差异（P<0.05）。殷鸿春用推拿少阳经为主治疗偏头痛68例。治疗手法：①患者坐位，用一指禅推法治项部两侧少阳经及膀胱经，上下往返治疗，然后揉按风池、风府穴。顶风池之拇指用力向前上方顶，使痛胀感由头侧部传到同侧眼周围。②患者仰卧位，用一指禅推法或指揉法，自印堂向上经前额发际至头维、太阳，用大鱼际揉前额、太阳穴，配合按印堂、鱼腰、太阳、百会。百会一穴，实证推按向前，虚证推按向后，然后在百会穴用颤法，使颤感传到脚心。中指着力推按角孙穴的筋结，使酸胀感传至整个侧头部，最后钩拿风池、翳风各0.5min。同上位，揉拿中渚、阳陵泉。拿中渚穴时，以胀感向臂方向传导为好；拿阳陵泉时，以整个小腿部有酸胀感为宜。③临证加减：肝火盛者，点压肝俞、胆俞，拿太冲，擦涌泉；肝胆湿热者，拿曲池、太冲，下捏脊9遍；气血虚弱者，上捏脊9遍，按揉脾俞、关元、气海；瘀血者，点压膈俞，擦前额及两侧太阳，重按角孙；痰浊阻滞者，摩腹、点揉中脘、天枢，拿丰隆，揉足三里、内关。④以上操作完毕，再点颤百会、拿风池、扫散两侧颞部。1次/天，5次为1个疗程，3个疗程观察疗效。结果：1个疗程痊愈（症状消失，随访6个月未复发）12例，2个疗程痊愈16例，3个疗程痊愈12例，痊愈率为58.8%（40/68）；总有效率为92.7%（63/68）。

（方东行　郭常典）

【推拿治疗前列腺炎】

袁培英采用按摩配合热水坐浴治疗慢性前列腺炎25例，治法：①患者俯卧位，先在腰及骶部两侧做推、揉、压手法，然后用双手拇指分别沿两侧膀胱经自肾俞至八髎穴进行推揉，重点按揉肾俞穴，最后用掌直擦腰骶部及八髎穴；然后患者仰卧位，在小腹部做横向滚法，再用手掌按揉中下腹，继以关元穴为中心做摩法，最后用拇指依次按揉气海等。②热水坐浴。结果：痊愈68.0%（17/25），总有效率92.0%（23/25）。史文杰采用按摩加足部反射区疗法治疗28例，治法：①先用手掌在腰及骶部两侧按揉数遍，然后用双手拇指分别沿两侧膀胱经从肾俞按揉至八髎穴，最后用手掌横擦腰骶部。②先用手掌在小腹部按揉，然后用多指揉拨两侧腹股沟上方，接着用双手掌沿双下肢内侧分别同时搓揉，最后用拇指依次按揉气海等。③患者仰卧位，先用手掌擦足底，然后，一手持脚，用另一手拇指或食指第二指间关节依次顶按足底肾上腺、肾、输尿管等反射区。结果：痊愈60.7%（17/28），总有效率92.9%（26/28）。俞祝全治疗50例，应用中药坐浴，1次/天，并用右手食指及中指并拢顺时针作环状按摩会阴部约50次，另予干毛巾包中药药渣温热敷下腹部约20min；对照组30例予野菊花栓1枚，睡前塞肛。共治疗2个月。结果：治疗组和对照组近期临床治愈率和总有效率分别为46.0%（23/50）、88.0%（44/50）和10.0%（3/30）、40.0%（12/30），有非常显著性差异（P<0.001）。赵孝金介绍推拿加矿泉水浴疗法：①患者取仰卧位，双腿屈

膝屈髋，暴露下腹部，医者以双手四指掌面为着力点，交替摩腹。②医者以右手掌心“劳功穴”，紧贴患者曲骨穴上，舌顶上腭，意守丹田，作缓慢深沉的向前臂运力、按压。④医者用拇指指腹面点揉患者关元等穴。④患者体位偏向左侧位，双大腿微屈膝关节，两腿之间垫一枕头暴露会阴部，医者以右手中指指腹点揉会阴穴。⑤患者取俯卧位，医者在患者双侧膀胱经、肾俞等各揉10～15min，双手叠起横擦肾俞等，每次治疗30～40min，15次为1疗程。⑥天然温矿泉水浸泡全身并自我按摩会阴部。王多赏令患者取胸膝位，操作者戴手套，食指涂石蜡油后从骶尾处滑入肛门，在直肠前壁距肛门缘约4～5cm处扪及前列腺，进行均匀的按摩，直到前列腺液从尿道滴出，完毕后嘱患者立即排尿，治疗72例，收效良好。黄宜成令患者在吸气时收小腹、缩肛门，呼气时放松，连续做5～10min，每天至少1次，在收腹提肛时同时按摩下腹部。

（许　军　严隽陶）

【推拿治疗颈性眩晕】

孟宪鹏等治疗颈性眩晕120例。①揉按拨捋：揉按颈椎棘突、关节突和横突在体表投影的痛点；点按斜方肌、胸锁乳突肌、头夹肌、头半棘肌、肩胛提肌、头上斜肌、头下斜肌、头后大小直肌等肌腱附着处；横拨竖捋推拿按摩项部肌肉韧带、刮铲异常硬结。②提端牵引：患者正坐、医者站在患者背后，两前臂尺侧放在患者双肩向下用力作为支点，双手拇指顶住风池，四指及手掌托起下颌，使颈椎向上拔伸，然后做颈部缓慢旋转动作，如此反复3次。③定点旋转复位：适用于棘突偏歪、颈椎有旋转者，操作方法，以第5棘突向右偏歪为例，患者坐于30cm高的凳上，医者立于患者后方，左手拇指抵住颈5棘突右侧，令患者屈颈并向后靠于医者之胸腹部，医者右手掌置于患者左侧下颌角部，用力将其头部向右上方向提拉旋转，同时利用左拇指将棘突推向左侧。在提拉旋转过程中，一般可听到清脆响声，患者即感症状好转，旋转完毕后按揉放松颈项肌。结果痊愈54.2%（65/120），总有效率96.7%（116/120）。孟氏同时观察了治疗前后TCD变化情况，治疗后左椎动脉、右椎动脉及基底动脉的平均流速均显著上升。缪金华采用牵引下推拿治疗80例。先行俯卧位枕颌牵引，起始牵引重量5kg，颈椎前屈10°左右，时间10min。然后医者从患者颈部到上胸背部着重是棘突及两横突处行推滚手法，并在肩井、天宗穴处用拿法治疗，治疗量以肌肉松弛并产生热感为度，然后加大牵引重量到10kg，医者用小鱼际有节律地按压颈部及胸背部棘突3遍，棘突处常有轻微的移动感，再拿揉1遍，解除牵引。最后取仰卧位，点揉睛明、太阳，拿五经，叩百会。结果痊愈77.5%（62/80），总有效率98.8%（79/80）。巫善全，巫善东运用推拿配合中药治疗颈性眩晕95例。推拿取太阳、头维、角孙、率谷、百会、四神聪、风池、风府、颈夹脊、大椎、大杼、风门、肩中俞、肩外俞、内关、后溪、绝骨，随症加减；用推、拿、按、滚、提拿、拔伸、抹等手法。结果痊愈57.9%（55/95），总有效率91.6%（87/95）。李益其用一指禅推法施于百会、四神聪、风池等穴约10min；揉法施于颈项部，以放松局部紧张的肌群约10min；按揉法施于肩井、天宗、手三里和合谷等穴；然后采用拔伸旋转推扳复位法。以C4棘突左偏为例，医者右手拇指偏峰顶住患者C4棘突左下方，左肘部以及前臂托住患者下颌部，左手掌托扶患者右侧颞颌部，以左肘及前臂用力向上拔伸患者颈椎，同时向左旋转患者颈部，当旋转到一定位置时按顶C4棘突的右手向前方推动，同时左手掌向左方向扳动，此时可听到一声清脆的摩擦声响，同时右拇指所顶C4棘突有向右移动的感觉，说明复位成功。结果痊愈

70.0%（35/50），总有效率 94.0%（47/50）。连宝领等运用经颅多普勒（TDTD）、听觉脑干诱发电位（BAEP）等检测手法，探讨推拿治疗颈源性眩晕的作用机制。结果发现，颈项部按揉手法能改善椎-基底动脉血供，改善颈部本体觉的紊乱；眼眶周围抹法手法能部分改善椎-基底动脉血供，间接调节植物神经功能。

（何永瑞　郑贤国）

【推拿治疗寰枢关节半脱位】

袁相龙用正骨推拿治疗寰枢关节半脱位70例。治法：①点按肩中、肩外、天宗、风池 、肩井穴各30秒，再在颈椎两侧轻揉一指弹推法、托推法治疗约10min。②正骨复位以左半脱位为例，医者用左手拇指顶住枢椎棘突，其余四指扶持颈部，患者头部前屈20°、右旋15°；另一手上肢肘部托住患者颌部，患者头部紧贴医者前胸；缓慢提起头部作手法牵引约数分钟，接着左手拇指顶推，与右手臂旋转力同时瞬间完成复位，在旋转过程中可听到"咯咯"响声，患者自觉症状减轻，头部转动自如，即表示复位成功。③理筋顺肌，在患部颈椎两侧作轻揉的按揉理筋手法。结果痊愈67.1%（47/70），总有效率92.9%（65/70）。郑良佐以手法为主配合中药治疗77例。手法治疗：用手指指腹在颈项部软组织做分筋理筋手法，然后做旋转复位法。以第2颈椎棘突右偏为例，医者以右手拇指置于第2颈椎棘突右侧，右手手掌置于患者的右颌面部，嘱患者稍抬下颌，头右侧屈约20°，医者左手向左后上方旋提下颌，右手拇指向左前上方推，常可听到"咯"的一声，触摸偏移的棘突复位，复位完成，再在肩髎、肩中、天宗、风池作点穴疗法。睡觉时颈部枕直径约10cm实心软圆枕心，以头微仰为宜。内服祛风活血止痛汤。结果痊愈53.3%（41/77），总有效率88.3%（68/77）。范剑非等全部采用手法复位：①坐位，放松局部肌肉，揉风池、风府穴，揉按肩背部。②仰卧位，术者端坐患者头顶后部方向，一手托患者后枕部，另手抱患者下颌部，沿颈椎前凸弧的延伸方向作对抗拔伸牵拉，力量以患者能接受为限，时间大约1min。在拔伸牵引过程中同时行寰枢关节的前后方向运动，并按枢椎齿突偏斜的相反方向旋扳，角度约为45°，在此过程中听到响声即为整复成功。③整复后继续伸牵颈椎数次，整理颈部肌肉筋腱并嘱患者静卧10min。结果：完全恢复及显效82.6%（38/46），总有效率97.8%（45/46）。黄一琳等采用综合疗法治疗98例，方法：①纠正不良颈姿。②颈背部作点穴、揉按、拿捏、弹拨等轻揉的理筋手法。③颌枕带卧位牵引，颈部呈中立位，重量从3kg开始，逐渐增至5kg，时间40至60min。④颈部锻炼。结果：症状与体征消失33.7%（33/98），减轻41.8%（41/98），总有效率95.9%（94/98）。

（郑贤国　何永瑞）

【推拿手法及其机理的实验研究】

董泉声等为了对比观察轻、重按摩手法对家兔内毒素发热的拮抗作用，用热敏电阻温度计测定内毒素致热兔直肠温度变化，手法选择直推与指压，分别代表轻、重按摩手法，穴位取涌泉穴，结果：指压手法拮抗内毒素发热非常显著（$P < 0.01$），直推手法则无统计学意义（$P > 0.05$），认为按摩重手法的退热作用明显优于轻手法。姜宏等采用8具成人尸体颈椎标本（C1～C7）制成颈椎生物力学模型，观察不同牵引角度对颈5～6小关节刚度与应力的影响，结果：后伸15°～25°、6kg牵引下，颈椎小关节刚度下降90%（$P < 0.05$），应力下降70%～80%（$P < 0.05$），认为后伸牵引对颈椎小关节压力载荷的降低最为明显，颈椎病患者伴有小关节病变明显者应考虑轻度后伸位（15°左右）牵引。房敏等通过用生物力学电测技术观察颈部拔伸法的应力分布来探讨颈

部拔伸法的生物力学作用机制，结果认为在小角度前屈时使用颈部拔伸法不但安全，而且可获得最佳效果。张锦平等应用生物材料实验机和压力传感器对新鲜尸体腰椎的髓核内压力进行定量化的测量。结果认为：腰椎牵扳手法对髓核内压力有明显影响，在牵扳过程中髓核内压力始终保持较低压力，因而较为安全。应航等采用光弹材料按 1:1 比例制成颈椎模型，通过计算模型上形成的等差干涉条纹级数，分别观察 C4～7 颈椎关节后缘在各种拉力作用下的应力分布。结果：颈椎模型受力后，摄下光屏上清晰的等差干涉图谱，计算结果显示，着力于 C2 且以 15°的牵拉力作用时，C4～7 关节后缘的作用力普遍较大，尤其 C4～5；当牵拉力的角度为 20°～25°、且作用于 C1、C2 时，表现为 C5～6，C6～7 应力最大。毕胜等用 5 具新鲜尸体腰椎在生物力学材料实验机上，在计算机定量控制下模拟不同手法的作用条件，使用引伸仪测量神经根与临近椎间盘之间的位移。结果：3 种手法的位移分期为：1.283 ± 0.758mm，1.411 ± 0.769mm，1.348 ± 0.774mm。认为腰椎间盘突出手法推拿的治疗机制是通过神经根相对位移来减轻或消除髓核突出症对神经根的刺激与压迫。吴华军等对 31 例腰椎间盘突出症患者手法前后的电生理检查，测定周围神经传导速度（MCV、SCV）及 H 反射值，并进行比较研究，结果显示 MCV、SCV 及 H 反射有显著性差异（$P < 0.05$），认为手法对腰椎间盘突出症所致的神经损伤有康复作用。张昊等则通过观察手法防治兔膝骨关节炎扫描电镜下超微结构的变化，认为手法确能有效地防治骨关节炎。

（许　军　严隽陶）

参考文献

B

毕　胜，等．推拿手法治疗腰椎间盘突出症的机制．中国康复医学杂志，2001；(1):8

毕　胜，李义凯，赵卫东，等．推拿手法对腰椎髓核内压影响的实验研究．中国康复医学杂志，2001；(2):77

C

陈国民．推拿及穴位割治疗法治疗偏头痛 52 例．上海中医药杂志；2001；(6):22

陈立早．足底按摩治疗化疗性便秘 12 例．湖南中医药导报，2001；(2):69

陈秀珍．推拿治疗小儿口疮 28 例．河北中医，2001；(6):456

D

董泉声，董新民，先茂全，等．轻重按摩手法拮抗家兔内毒素发热的对比观察．中国中医基础医学杂志，2001；(6):38

F

范剑非，郭思宁．手法治疗颈椎寰枢关节半脱位 46 例．现代康复，2000；(3):457

方加虎，冀　斌，陶　琦．推拿治疗偏头痛 51 例临床疗效观察．长春中医学院学报；2001；(1):16

方黎明．综合疗法治疗腰椎间盘突出症 30 例．浙江中医学院学报，2001；(1):61

．房　敏．颈部推拿拔伸手法的在体研究．颈腰痛杂志，2000；(3):200

H

何智芳．采用整脊疗法治疗脊柱错位致心律失常 83 例．按摩与导引，2001；(2):17

黄明利，林明强，王　静．推拿加中药熏洗治疗废用性肩关节僵硬症 120 例．山东中医杂志，2001；(8):478

黄一琳，侯晓桦．寰枢关节半脱位 98 例临床分析．颈腰痛杂志，2000；(1):43

黄宜成．按摩运动法治疗慢性前列腺炎前列腺增生体会．中国民间疗法，1997；(3):20

J

姜　宏．牵引对颈椎小关节生物力学影响的实验研究．中国运动医学杂志，2000；(1):100

L

李益其．颈性眩晕的推拿治疗．按摩与导引，2000；(4)：24

连宝领，严隽陶，沈国权等．推拿治疗颈源性眩晕作用研究（上）．按摩与导引，2001；(1)：6

连宝领，严隽陶，沈国权，等．推拿治疗颈源性眩晕作用研究（下）．按摩与导引，2001；(2)：9

刘　波，张世明，马　建，等．中医外治法对连续离心收缩训练兔骨骼肌生物力学特性的影响．中国运动医学杂志，2000；(4)：373

刘爱萍．足按摩治疗痔瘘术后尿潴留 100 例．中医外治杂志，2001；(1)：3

龙国峰．手法治疗产后骶髂关节错缝．按摩与导引，2001；(3)：62

M

孟　强，张　悦．足底按摩治疗子宫内膜异位症之痛经 38 例．按摩与导引，2001；(2)：55

孟宪鹏，孟丽娟．推拿治疗颈性眩晕 120 例．长春中医学院学报，2001；(1)：15

缪金华．牵引下推拿治疗颈性眩晕 80 例．中医正骨，2001；(3)：42

S

史文杰．按摩加足部反射区疗法治疗慢性前列腺炎 28 例临床观察．按摩与导引，1999；(6)：22

W

王　海，郑凤胡．按揉弹拨颞部治疗偏头痛 54 例．按摩与导引，2001；(3)：22

王春岩．按摩为主治疗小儿咳喘症．按摩与导引，2001，(1)：53

王多赏．手法按摩治疗慢性前列腺炎 72 例体会．浙江中西医结合杂志，1999；(2)：134

巫善全，巫善东．推拿配合中药治疗颈性眩晕 95 例．山东中医杂志，2001；(7)：418

吴华军，叶树良，沈景允，等．手法对腰椎间盘突出症周围神经传导速度及 H 反射的影响．中医正骨，2000；(3)：15

Y

杨承杰．手法加中药熏洗治疗膝关节骨关节病 62 例．新中医，2001；(4)：52

杨绍峰，高金泉．腹部按摩治疗萎缩性胃炎 56 例临床观察．按摩与导引，2001；(1)：21

杨胜禄．点穴配合 TDP 照射治疗失眠症 32 例．四川中医，2001；(1)：72

殷鸿春．推拿少阳经为主治疗偏头痛 68 例．中医外治杂志，2001；(1)：5

应　航．推拿手法作用的实验应力分析．中国医学物理学杂志，2001；(1)：60

俞祝全．中药坐浴配合按摩治疗慢性前列腺炎 50 例．中国民间疗法，1998；(3)：24

袁培英．按摩配合热水坐浴治疗慢性前列腺炎 25 例．中国民间疗法，2001；(2)：47

彭相龙．正骨推拿治疗寰枢关节半脱位 70 例报告．中医正骨，2001；(3)：47

Z

张　昊．手法治疗实验性膝骨关节炎扫描电镜研究．中国中医骨伤科杂志，2000；(2)：1

张　静．推拿治疗小儿腹股沟斜疝 16 例．中医外治杂志，2001；(1)：50

张锦平，罗家良，李义凯，等．牵扳手法对腰椎髓核内压力影响的实验研究．中国中医骨伤科杂志，2001；(2)：21

赵　毅．《小儿按摩经》考略．上海中医药杂志，2001；(8)：43

赵孝金．推拿加矿泉水浴治疗慢性前列腺炎疗效分析．按摩与导引，1997；(5)：17

郑良佐．手法为主配合中药治疗寰枢关节半脱位 77 例．广西中医学院学报，2000；(4)：31

（11）气　　功

【概述】

2001 年度，气功领域发生的重大事件有：国家体育总局 4 月 20 日下达了《关于组建健身气功管理中心的通知》。健身气功管理中心于 4 月 30 日正式成立，该组织的主要任务是根据国家的法律、法规和中央关于健身气功的方针、政策，统一组织、指导健身气功的开展，加强其管理，并将其纳入规范化、科学化、法制化的轨道。9 月 15 日，在上海召开了第八届国际医学气功研讨会，共有100余位中外学者参加，有38篇论文在大会正式交流，内容涉及气功理论探讨、基础研究、临床应用、实验研究、功法介绍及养生应用等，成为本年度发表论文的主体（详见专条）。在期刊上发表的文章有刘城林等报道扶正中药配合导引运动提高肺癌患者生存质量的研究。将60例肺癌化疗患者随机分为两组，A组（治疗组）30例在化疗的同时给以扶正中药并配合导引运动疗法；B组（对照组）30例单纯化疗。结果发现，在提高生存质量方面A组优于B组（$P<0.05$）。张一和对学功者练功掌握程度的检测与客观评估进行了研究。首先以教功者气功态的主要生理指标为研究对象，建立对学功者进行检测与评估的参照模型，并研制了相应的计算机检测与评估设备，对90名不同组别的受试者进行了练功过程中的呼吸、心电、左右侧脑电的同步检测等有关实验。结果显示，已建立的2个功种的模型基本准确，所采取的技术路线与检测评估设备具有应用价值（详见专条）。此外，还有一些学者介绍了各种健身操。如魏慧强的"抗衰益寿操"由十式组成，习练时要求屏除杂念、放松身体、调匀呼吸，不仅适合于中老年人，也适于年轻人等。

（文　耘）

【气功治疗糖尿病】

解余宏等对40例均以WHO（1985年）糖尿病诊断标准确诊为非胰岛素依赖型糖尿病（NIDDM）患者进行了治疗观察。40例非胰岛素依赖型糖尿病（临床分类NIDDM）。分为阴虚阳亢型30例，阴阳两虚型6例，脾虚湿阻型4例。采用"发气带功"和自己练功相结合的方法，意念原则为养阴清热。治疗功法为其创编的"糖尿病防治气功"。从第二个月开始，逐渐减少药量以至全部停服一切药物；合理减轻饮食控制。经治疗后，40例患者口渴、多饮、尿频、自汗、心烦易怒等自觉症状均见明显改善，治疗前空腹血糖均值为11.89mmol/L、尿糖（+++）；治疗3个月后均值为8.44mmol/L、尿糖（++）；治疗半年后（35例）均值为7.72mmol/L、尿糖（+）；治疗一年后（17例）均值为7.27mmol/L、尿糖（+）。治疗半年后测试血脂27例，其胆固醇、β-脂蛋白、甘油三酯均值都有所下降。疗效：练功3个月后，显效占20.0%（8/40），总有效率为90.0%（36/40）；练功半年后，显效占51.4%（18/35），总有效率为94.3%（33/35）；练功一年后，基本痊愈占11.8%（2/17），显效占82.4%（14/17），总有效率为100%（17/17）。华夏智能气功培训中心从593例糖尿病患者中随机取样120例，采用智能气功捧气贯顶法、三心并站庄、形神庄等功法进行治疗。根据病情逐渐停减药物，适当控制饮食，经治24天，绝大多数病人自觉症状改善；练功前后空腹血糖有显著差异（$P<0.01$）；练功后心电图也得以改善，高血脂下降，说明并发症得到控制；尿糖总的变化呈下降趋势。痊愈率10.8%（13/120），显效率26.7%（32/120），总有效率为99.2%（119/120）。

（李鹤云　郑嘉慰）

【练功程度检测评估的研究】

近年来，对气功的效应及机理，从生理、生化、免疫及理论等各个方面已做了大量的研究，但练功实践中却缺乏对学功者练功掌握程度进行检测与客观评估的手段。张一和对这一课题进行了探讨和研究。由于当前气功的机理实质尚未完全明确，张氏首先以教功者气功态的主要生理指标为研究对象，建立对学功者进行检测与评估的参照模型，并研制相应的计算机检测与评估设备，以期在现象与应用中对其进行逐步认识。①检测评估指标的设计。调心、调息、调身是练功的3个基本要素，练功在生理意义上是一种以大脑高级神经活动为主，有器官自主神经活动参与，包括二者间整合作用在内，由意念调控的生理现象，也会在脑电、心电、呼吸等这些生理指标上有所反映。从练功的入静方式、意守或调控的部位、调心与调息的侧重等方面来看，各功种的要求均有所不同，检测评估中首先要关注的应是不同功种的功率谱个性特征与不同生理指标在练功过程中的同步规律，随后才是气功态的共性规律。为此，在检测中采用以鼻部呼吸、心电Ⅰ、顶部中央区左右侧自发脑电为研究对象的四路信号同步采集技术，在练功前、中、后三个时段顺序进行，并进行32K点的FFT处理。在其存在已知气功态生理共性的条件下，着重不同功种的功率谱分布规律与同步规律的个性特征，建立教功者的气功态综合生理模型。对相应学功者以同样的检测处理所获得的功率谱，以教功者模型为标准，并根据模型中所定义的特征频段群、相关运算参数群、权系数群，进行二者间各功率谱段的相似程度求算，进行三个层次上的权系数分配，从而对学功者目前的练功掌握程度进行计算机评估。②检测评估设备的研制。检测评估设备由四通道生理信号检测卡、通用计算机检测以及评估专用软件三部分组成。检测评估专用软件以分级菜单方式运行，所有分析的数据、曲线均可以表格、图形的形式打印出来。信号检测具有采样参数设置、采样信号动态监视、图形冻结和继续、通道可动态关启、动态调整通道增益，以及信号存储等信号检测功能。信号处理可将获得的练功前、中、后各时段各通道的时域信号重新调出，通过前后翻页与时间轴的压缩扩展进行四信号在同一时间轴下的显示，支持局部除伪迹处理与处理后的重新存储；可进行2^N点数的FFT处理。信号分析可将已有的功率谱文件重新调出。$N<15$的分段功率谱可进行线阵排列；$N=15$的全程功率谱可进行某信号的同一样本练功三时段或不同样本某一练功时段的同频率轴比较。评估方案设计首先需建立各功种气功态综合生理指标的计算机辨识模型。模型由两部分组成，一是模型样本的12条全程功率谱(练功过程中三时段的四信号)，一是模型的评估方案。评估方案反映了对模型特征和规律的描述，以及对其他样本进行评估时将采取的评估策略。专用软件具有随时在屏幕上进行各评估方案设计、修改、浏览的功能。设计的目的是突出自身不同于其他模型的特征和规律，并以本学功群体的评估分数显著高于其他学功群体为检验标准。此外，软件还具有评估运算、显著性分析等功能。③实验应用。检测评估设备的研制完成后，对包括金丹功教功者1名，相应学功者12名；内丹功教功者1名，相应学功者13名；其他功学功者22名；非练功者41名，共90名受试者进行了练功过程中的呼吸、心电、左右侧脑电的同步检测及32K点的FFT处理等有关实验。首先是对两位教功者的12条全程功率谱进行了自身、交叉、同组别与不同组别学功者的比较和分析，在具备已知气功态生理共性的前提下，根据功率谱分布规律与同步规律的特征，设计了各自的评估方案，建立了以特定教功者为代表的2个功种的气功态综合生理模型。随后分别以这2个模型为参照，先后对所有的90个样本进行了计算机评估。结果显示，对各样本的评估分数与屏幕上功率谱比较所看到的功率谱相似程度基本相符，且线性匹配；不同学功组只有在采用相符的参照模型进行评估时才能得到较高分数，反之得低分。表明已建立的以特定教功者为代表的2个功种的气功态综合生理模型基本准确，所采取的技术路线与检测评估设备具有一定的应用价值。

(文　耘)

【医学气功的研究与探讨】

2001年9月15日，在上海召开了第八届国际医学气功研讨会，共有38篇论文在大会正式交流。现将国内学者的研讨简介如下。

（一）气功理论探讨　盛康毅对有关气功疗法的定义与范畴、分类、宜忌及其与其他疗法之关系等若干问题作了辩析，认为应早日建成气功疗法的学术体系。姚琼等认为气功是我国古代的一种传统养心修身法。它是运用意识，通过呼吸和肢体的运动调节，使自身的身心处于优化状态的一种锻炼方法，具有锻炼身体、祛病延年和塑造形体等的作用，而这种作用的实施完成是与自身的意识活动分不开的。张一方等提出，气功是一种心身协同学，并应用微观协同学、宏观协同学和唯象协同学3种不同的研究方法，结合协同学的数学理论，描述了气功的某些特征，认为其在有些方面类似于激光，能产生有序性、单色性、非线性、相干性等。沈鹤年认为，经络学说和精气神学说是探索研究气功科学的基础。张天戈认为，医疗气功的名词重复比较多，极为混杂，必须进行规范化。对每一个气功名词的含义（定义、概念、内容）要确定下来，有些名词可以留下作为历史参考，对迷信、封建、不健康的怪诞词汇则必须清除。雷斌等认为应当使气功的理论和方法逐渐现代化。要根据科学的理论，编排并向群众推广不属于任何门派、任何个人的功法。要大量培训高素质的气功人才，把气功引导到科学、健康的轨道上来。

（二）气功基础研究　余平等观察了气功练功者在调身、调息、调心过程中自主神经平衡调节情况，并用心率变异的方法给予定量分析。结果发现，在气功调身过程中，心率变异无明显变化。在气功调息过程中，可见明显的0.06~0.12HZ调息峰，并且调息的深度作用大于频率作用，同时可见RR趋势上的规则变动，PSD的低频段明显大于非调息过程（$P<0.05$），但是通过Q-T变异分析，低频段调息峰消失，无明显优势。在调心过程中，0.15~0.40HZ的高频段明显大于非调心过程（$P<0.05$），并且随着调心的时间和深度加强而趋势更加明显。认为调身的过程作为一种导引作用，对自主神经平衡无明显影响。调息的过程所反映的是交感神经兴奋性增强，还是由于呼吸深度改变而作用于窦房结所致有待于进一步的研究。吴家蓉等应用远红外热相仪观察练功者练功前、中、后右手各部位体表温度的变化，研究气功锻炼过程中相关经络气血运行的规律。结果：练功运气过程中右手各手指（包括各指节、指端）、手掌及劳宫穴温度迅速上升（与运气前比较，$P<0.05$~0.01）；收功后温度下降至练功前水平或略低。提示练功时随着气在经络中运行的加快，其中的血也加快了运行，这也为“气为血之帅”提供了客观依据。吕直等报道真气运行法填精补脑、却老延年的神经内分泌基础研究。该实验根据衰老与内分泌功能减退相关学说，对20例老年练功者进行练功前后脑电和内分泌激素（主要是性激素和垂体激素）的检测观察。结果发现，练功通督后脑电趋于有序化，不仅性功能增强，对垂体、性腺功能也有较好的促进作用。王泰东等研究了练功出偏（走火入魔）的分型。认为“走火”是由于“三调”不当，引起气机失调，使气不循经所致。按其定位定性可分为上丹田（气冲头顶）、中丹田（气停胸膈）、下丹田（气聚小腹）和气机乱窜。此外，“情志障碍”是介于走火与入魔的过渡期，可由气机失调久治无效而进入情志障碍，也可由练功不当所形成，属郁证范畴。“入魔”，主要由于体质过敏，弱而不均的神经类型，有精神病家族史以及不良心理状态，或练功不纯等因素引起。可分成情感性入魔（又分为癫症、狂症）和幻觉妄想型入魔（又分为幻觉、妄想）。由于走火入魔的病机不同，症状各异，因此在治疗上要辨证施功。走火为气机失调所引起，治疗上以主动性自我纠偏及气功师导引为主，再配合心理诱导，气功点穴按摩及中药调理。情志障碍则以心理疏导及主动性自我纠偏为主，配

合中药治疗，必要时加用气功导引。入魔是以精神障碍及不良心理所造成，出现各种精神，神经及躯体症状，对情感性入魔，可以主动性自我纠偏，配合中西药物治疗为主，必要时进行气功导引，对幻觉妄想型入魔应以西药为主配合中药、气功点穴及导引。

（三）气功临床应用　项汉平等报道导引放松功调理运动性失眠的研究。练功方法：在自我或他人诱导下，采用平坐姿势配合观想。首先由头上方无限高至头皮、头等，沿身体部位依次向下“松、静、空”到脚、地下无限深，在身体相对“静、空”后再观想“虚无的我”呈“柔和、光亮、明净”。收功则将意识收回丹田，并合掌于脑前片刻，最后睁眼搓手擦脸活动身体。共观察了16名运动员，因疲倦、入睡困难、睡后易醒、伴有食欲不振、头晕、月经量少状况下，接受专业教师的诱导，自主放松。在此期间未服中西药情况下，运动员均获症状好转、运动成绩提高，在一定运动负荷后气功导引下次晨的静脉血尿素氮（BUN）和血清肌酸激酶（CK）值较前对照组有显著差异（$P<0.001$）。认为导引放松功有助于运动员机体内环境的调节及睡眠的改善。黄达串介绍项汉平用气功导引为训练后的恢复手段，对运动员训练后次晨BUN、CK生化指标进行了观察，测试后的统计结果表明，在相对中等或小的运动负荷下的气功导引与非气功后BUN、CK值呈显著性差异。认为气功点穴、气功按摩和气功导引都能帮助运动员打通经络、调节内气运行、促进血液循环、提高机体供能能力，短时间使人体疲劳得到恢复。蔡冠华等介绍了33例肿瘤患者练郭林气功疗法前后多项免疫指标的变化。观察发现，练郭林气功能明显提高患者的细胞免疫功能，增强机体战胜肿瘤的能力。金宏柱等探讨了“糖尿病防治气功”的功理功法。该功法由提气开功、丹田吐纳、三田调气、脘腹按摩、三焦清理、呼吸停闭、宣肺理气、健脾益胃、益肾滋阴、引气归元共10节组成。

（四）气功实验研究　储维忠等研究了“半辟谷”对S-180腹水型移植瘤小鼠的影响。该实验从肿瘤细胞的能量代谢角度出发，采用控制小鼠食量及饮食结构（中医“半辟谷”）的方法，观察腹水型S-180移植瘤小鼠共83只。结果发现：处理组平均存活时间明显延长（$P<0.005\sim0.001$），生存质量提高，血糖水平较低。王正昌等采用Cohen的方法，观察气功“外气”对XLI-Blue菌基因转化的影响。参加该实验的气功师分别修习武当山紫宵宫三天门悟性功、空劲功、金丹太极功等。结果提示，气功“外气”对XLI-Blue菌可能有杀灭使用，因而能影响它的转化系数。

（方东行）

参考文献

C

蔡冠华，张　怡，朱晴晖，等．肿瘤患者郭林气功疗法前后多项免疫指标的变化．中国·上海第八届国际医学气功研讨会论文集，(2001)：170

储维忠，王正昌，陈惠菊，等．“半辟谷”对S-180腹水型移植瘤小鼠的影响．中国·上海第八届国际医学气功研讨会论文集，(2001)：66

H

华夏智能气功培训中心康复一部．120例糖尿病患者练功效果观察．东方气功，2000；(3)：2

黄达串．浅谈气功对运动疲劳的作用．中国·上海第八届国际医学气功研讨会论文集，(2001)：165

J

解余宏，杨舜民．气功治疗40例Ⅱ型糖尿病疗效观察及机理探讨．中国·上海第八届国际医学气功研讨会论文集，(2001)：73

金宏柱，解余宏．“糖尿病防治气功”功理功

法探讨．中国·上海第八届国际医学气功研讨会论文集，(2001)：131

L

雷　斌，陈青山．气功的科学研究与发展策略．中国·上海第八届国际医学气功研讨会论文集，(2001)：79

刘城林，游红，刘丽萍，等．扶正中药配合导引运动提高肺癌患者生存质量的研究．现代康复，2001；(9)：38

吕　直，李亚平，陈少春，等．真气运行还精补脑神经内分泌基础研究报告．中国·上海第八届国际医学气功研讨会论文集，(2001)：24

S

沈鹤年．经络学说和精气神学说是探索研究气功科学的基础．中国·上海第八届国际医学气功研讨会论文集，(2001)：121

盛康毅．关于气功疗法若干问题之辨析．中国·上海第八届国际医学气功研讨会论文集，(2001)：59

W

王泰东，董妙成．气功走火入魔分型的初探．中国·上海第八届国际医学气功研讨会论文集，(2001)：150

王正昌，董妙成，曹凯鸣，等．气功外气对XLI-Blue菌基因转化的影响．中国·上海第八届国际医学气功研讨会论文集，(2001)：22

魏慧强．抗衰益寿操（上）．中老年保健，2001；(5)：24

吴家蓉，马燕红，袁伟芳，等．气功运气过程中手部远红外热相图的变化．中国·上海第八届国际医学气功研讨会论文集，(2001)：113

X

项汉平，浦　毅．导引放松调理运动性失眠研究．中国·上海第八届国际医学气功研讨会论文集，(2001)：45

Y

姚　琼，施伟忠．浅析心理因素在气功健身中的作用．中国·上海第八届国际医学气功研讨会论文集，(2001)：158

余　平，沈仲元，柴剑宇，等．气功调身、调息、调心的心率变异研究．中国·上海第八届国际医学气功研讨会论文集，(2001)：98

Z

张天戈．谈中国医疗气功名词的规范化．中国·上海第八届国际医学气功研讨会论文集，(2001)：92

张一方，罗　新，朱念麟．气功：一种心身协同学．中国·上海第八届国际医学气功研讨会论文集，(2001)：51

张一和．学功者练功程度的检测评估技术及设备研制．中国中医基础医学杂志，2001；(4)：55

（12）护　理

【概述】

随着医学模式从“生物医学模式”向“生物-心理-社会医学模式转变”，赖英桃认为以往的以疾病为中心的功能整体制护理、责任护理方法逐渐被整体护理所取代，并因其科学性和先进性而受到医护人员及患者的好评。

（一）中医整体护理特点　刘崇敏指出整体护理是中医整体观的体现，整体护理强调护理以患者为中心。中医认为“人与天地相应”，这就要求从生理护理发展到心理护理，从护理扩展到预防，从小环境扩展到大环境，根据病人所患疾病的特点和不同体质采取相应的护理，不同体质即把患者视为一个有机的整体，既看重疾病，又更看重疾病产生的季节、气候、身心变化、环境因素等，以此进行辨证施护体现中医整体观念。

（二）中医整体护理的实施　整体护理是以护理程序为框架，根据病人身心、社会、文化需要，提供适合于个体的最佳护理。李莹莹、徐国梅等认为中医整体护理更有其独特的护理内涵，实施步骤为：通过望、闻、问、切收集病人健康状况，做出病人健康估计；通过症状、证型分析拟定中医护理诊断；根据“急则护其标，缓则护其本”的原则制定护理计划；将辨证施护、三因制宜、同病异护融入护理计划的实施与评价中。进行中医整体护理的关键在于能否运用整体观念、辨证施护等理论评估病人的身心状况，及时发现病人现存和潜在的健康问题，并因人因时因地制宜，随时观察评价实验效果，修订护理计划，使病人得到综合的、动态的、连续性的护理。曹少鸣认为在中医理论的指导下，应增加四季养生、情志养生和饮食养生等中医方面的内容。

（三）情志与护理　中医学认为，精神因素可导致内脏功能失调而产生各种病症。因此护理人员要充分掌握病人的思想动态，邓月仙针对其紧张恐惧、消极悲观失望等进行情志护理，掌握与不同心理状态病人的沟通艺术。苏敏对痰热壅肺型喘证患者进行调查，得出喘证患者的心理护理重点在解除心理上的依赖情绪，减轻患者对自身状态的掩饰度，对喘证患者提供心理护理有了一个指导意见，为临床采取相应的护理措施提供了根据。

（四）建立适应全新观念下的护理队伍

随着医学模式的转变，要求护理人员要不断提高自身素质。蒋菁提出护理人员要以中医整体观指导临床护理；运用辨证方法，指导辨证施护；要掌握药物的性、味、煎煮、服法与护理的关系；向病员宣教具有食疗作用的药物。张杰等报告云南省卫生厅组织有关专家制定的《中医临床护士规范化培训大纲（试行）》，这对完善护理学教育制度，培养合格的中医临床护理人才，提高中医护理水平，具有重要的现实意义。

（周文泉　罗增刚）

【中风病辨证施护及功能锻炼】

中风为常见的严重威胁中老年身体健康的疾病，且易于复发。而对中风病人护理工作的好与坏直接影响治疗和抢救效果。葛慧芳认为中风病人络脉空虚，风邪入中，外感风邪，劳累伤气，护理上应适度寒温，保持居室空气流通，但不宜让风直吹病人。病初起应卧床休息，病情稳定 1 周后开始进行功能锻炼，不能下床者，可在床上锻炼。对肝肾阴虚，肝阳偏亢或忧思恼怒者，应根据病人的性格、病情轻重、家庭环境的不同做好心理护理。阴虚阳亢的病人易出汗，所以要保持皮肤清洁，勤换衣服。便秘时可多吃青菜、蜂蜜。痰热腑实、上扰诸窍者，护理上应加强饮食管理，给营养丰富的清淡饮食，勿过饱，忌油腻肥甘、烟酒辛辣之品，注意口腔卫生。周峻认为中风病人可结合自身情况做一些合适的运动，以促进新陈代谢。①选用牛角或桃木梳，从额前向后梳，到枕部，要贴紧头皮，着力适中，在 2 分钟内大约梳 100 次，每天坚持 10 分钟，可以舒展松弛神经和血管。②温水泡脚后，分别按摩足底、足背至全足，特别是涌泉穴，至微发热。具有健脑益智、畅通周身气血的作用。蒋芹等报道了 32 例脑中风患者辨证施护体会。①保持病室清洁、安静，温、湿度适宜，光线柔和。注意勿使风直吹患者。②患病初期由于痰热腑实、气机不利，表现为烦躁易怒，应劝慰患者安心治疗，热情地帮助解决困难，使之身心愉悦，避免一切精神因素刺激。观察大便、脉象和舌苔的变化。保持皮肤清洁，预防褥疮发生。做到勤翻身、勤按摩、勤擦洗、勤整理、勤更换、加强营养，减少并发症发生。

（徐　敏　陈卓君）

【慢性肺心病的辨证施护】

王淑云辨证施护慢性肺心病 72 例，同期按双盲法随机设对照组 52 例，中医采用辨证分型论治，西药采用常规抗生素、解痉平喘、氧疗等治疗。治疗组进行辨证施护。①初期，多表现为肺部合并感染，中医辨证属痰热瘀阻。饮食以清淡为主，可适量进食百合麦冬粥、梨等以清热化痰，多饮水以促进痰液稀释，保持室内空气新鲜，注意情志护理，解除病人紧张、烦躁情绪，以降低支气管的应激水平。也可配合按摩或针灸合谷、肺俞以清热化痰补肺气。②中期多表现为肺心功能不全，喘息水肿，中医辨证属阳虚水阻。指导病人适当进食化痰温阳利水食物，如白萝卜、赤小豆、冬瓜等。密切观察出入水量，适当限制活动，以利于心肺功能改善。③后期多表现为呼衰、肺脑和心衰及酸碱平衡失调，中医辨证多为喘脱、厥脱。引导病人克服愁、恐情绪，控制室内声光刺激，饮食可参以红参、西洋参等。④恢复期多表现为脾肺肾虚，宜多进补脾益气之食品，指导病人逐渐增加室内外活动及呼吸功能锻炼。结果治疗组72例中，显效58例，有效12例，无效2例，总有效率97.2%。对照组52例中，显效8例，有效20例，无效24例，总有效率53.9%。贺玉兰等将自理学说运用于肺心病缓解期的患者，帮助患者提高自理能力，使患者通过自我护理达到控制疾病，促进健康，改善生活质量的目的。①体位引流的自理指导，教会病人体位引流方法，出院在家时在家属帮助下进行，每日引流次数视引流分泌量及病人自觉症状改善而定，每次时间5～15min，不宜过长，引流时做胸廓叩拍以增强引流效果，缩短引流时间。②有效咳嗽的自理指导，有效咳嗽能促进分泌物引流。指导病人掌握有效咳嗽的技巧，缓缓吸气，一次吸气后连续咳3声，停止咳嗽，缩唇将余气尽力呼尽，再缓慢吸气或平静呼吸片刻，准备再次咳嗽。鼓励患者将气管深部的痰咳出，鼓励饮水。蒋丽莉指导患者取仰卧位，双手平放在胸骨下端双侧肋缘交接处平静呼吸，在呼气时将手轻轻地向下压迫，吸气时仍用力向下压，让肌肤对抗自己的手。一般连续5～7次后休息1次，再继续进行。经过此种训练后，大多数患者的通气功能均有明显改善，从而提高活动时的耐受能力和自身的抗病能力，减少发病次数，缓解了肺心病的发展。

（刘慧风）

参考文献

C

曹少鸣，王云华．中医护理与养生．湖北中医杂志，2001；(1):56

D

邓月仙．浅谈护士与肿瘤病人的心理沟通．云南中医中药杂志，2001；(3):43

G

葛慧芳．中风病人的中西医结合护理．浙江中医学院学报，2001；(6):77

H

贺玉兰，贺成芳，朱　倩．慢性肺源性心脏病缓解期患者的自理指导．河北中医，2001；(1):57

J

蒋　芹，赵晓艳．32例脑中风患者辨证施护体会．中国中医急症，2001；(6):358

蒋　菁．浅谈中医药知识的掌握与临床护理的关系．光明中医，2001；(4):4

蒋丽莉．肺源性心脏病缓解期的中医护理．河北中医，2001；(6):464

L

赖英桃，彭玉红．浅谈中医理论对手术室开展整体护理的指导作用．黑龙江中医药，2001；(4):52

李莹莹，李雅君．从护理程序谈整体观念在整体护理中的应用．辽宁中医杂志，2001；(4):250

刘崇敏．就中医基础理论浅谈整体护理的内涵．贵阳中医学院学报，2001；(2):57

S

苏　敏．痰热壅肺型哮喘患者的个性分析及对策．时珍国医国药，2001；(11):1033

W

王淑云，王爱丽，王登秀．慢性肺心病72例辨证施护体会．国医论坛，2001；(4):52

X

徐国梅．浅析中医特色护理与整体护理．时珍国医国药，2001；(4):313

Z

张　杰，符坤秀，李　静．中医临床护士规范培训初探．云南中医中药杂志，2001；(3):41

周　峻．中风病的预防与调护．湖北中医杂志，2001；(6):54

（三）预防与养生

【概述】

随着社会的进步以及医疗模式的转变，人们对于养生保健的意识正在日益增强。养生保健医学作为中医学特色的理论组成部分，在人们增强体质、防病延年中起着重要的作用。诸多医家对养生保健学从理论和实践等方面均进行了研究探索。本年度文献报道有近百篇，概述如下。

一、传统养生文献的论述

中医传统养生保健对现今实践仍具有指导作用。肖合聚等通过对《老子》与《庄子》两书中有关文字的分析比较，认为《老子·十章》之“载营魄抱一，能无离乎？专气致柔，能婴儿乎？涤除玄览，能无疵乎？”是老子的“卫生之经”。其实质内容为“以静养神、以动养形、形神相亲”；并认为《老子》之“专气”即《庄子》之吐纳导引术，后者或是前者的嬗变，是表里俱济的形体修炼养生方法。

《内经》中有关形神兼养理论是中医养生思想体系中的重要组成部分。贺松其从辨证的形神一体观和具体的形神兼养大法两个方面对这一理论进行了系统化、理论化的整理，为现代医学模式的转变和现代心身医学的建立以及养生保健提供了经验和理论。丛春雨通过对“七损八益”文献的整理研究，指出其精神在于中国古代医学家把合理的节欲戒色与保精、惜精、护精、固精的养生观念有机的结合在一起，其间有效的运用了吐纳、导引等气功方法，并把心理与精神疗法结合起来，这对今天的性医学、性卫生学、性心理学、性保健学的建立和发展具有一定的指导作用。

李永峰对孙思邈的预防医学思想进行了论述，提出在《千金方》中收录了大量的养生预防内容，从环境养生、时辰养生预防和针灸保健预防3个方面，结合现代研究做了阐述。李建国等将《备急千金要方》、《千金翼方》中有关养性养生的论述归纳为：(1)调养精神，不枉耗神气；(2)倡食补，节饮食及饮食禁忌；(3)节欲固精；(4)劳逸结合；(5)顺应自然，依时摄养；(6)按摩导引，调气内视；(7)养老防病。胡龙才认为《普济方》摄生经验的特点主要是博采抗衰老之各家学说，强调保精养生，同时重视老年疾病，以期祛疾延年，推崇食养疗法，详备膏酒粥茶各种药膳，形成了独具特色的保精养生体系，对后代医家产生了较大的影响。

韩传锋等对张景岳养生思想总结为：禀受于天，制命于人；调养脾胃，增补后天；保精治形，阴阳并重；防劳慎色，调情养性；中年修理，再振根基；练功固齿，健身延年。

二、现代中医养生观念的论述

陈吉指出环境养生作为中医养生学的一部分，指导人类预防疾病，增强体质，保护人体健康，其在康复医学中的应用主要体现在疗养方面。并从“自然环境与健康”、“居住环境与健康”以及“室内环境与健康”三个方面探讨环境对人类健康的影响，提出改善环境质量的一些基本方法，来指导人们选择和创造适宜的生活环境。惠六宁对中医整体观和全息生物学展开了论述，指出其相关性的特点就在于用整体的观点认识人，认识人与宇宙的统一性。并讨论二者的关系，寻找相互交叉融合的基本点，运用现代的科学技术、理论和语言加以深化和表述中医诊断、防病、治病、养生等方面的机制和思想。

三、衰老及抗衰老机理探讨

陈刚、张茂林等认为肾虚夹实（血瘀、痰浊等）是衰老的基本病理变化。皮均明等认为气虚失运致痰浊形成则加速衰老进程，而黎鹏程等指出肝失疏泄也是衰老的重要原因。

赵伟康等通过实验发现老年“肾阳虚”鼠线粒体能量代谢低下，氧化损伤加剧，可能与神经内分泌调控及线粒体微观失调有关。童普德等发现延衰中药补肾益精方对衰老大鼠 α、βMHC 基因表达有逆转作用。陈智松等认为补肾生血中药作用机理是促进骨髓 GM-CSF 基因的转录，该基因是“肾生髓”的分子基础之一。

四、养生方剂的实验研究

随着现代医学的发展，许多医家运用先进的实验室技术来探讨中药养生延寿的作用机制。赵小京等报道乾隆养生胶囊能够提高小鼠单核-巨噬细胞系统对碳粒的廓清率，并能促进绵羊红细胞致小鼠红细胞溶血素的生成和小鼠脾 T 淋巴细胞的转化率，证实该药具有提高小鼠免疫调节的作用。秦大莲等观察了四抗神农养生片对实验性胃溃疡的作用。结果：试验组与对照组比较，试验组的溃疡指数和胃蛋白酶活性均下降；胃酸 pH 值上升（$P<0.05$）；MIC（最低抑菌浓度）和 MGC（最低杀菌浓度）分别为 3.1%、6.3%，抑菌强度为 + +。证实该药物具有明显的抗胃溃疡、加强脾胃运化的作用。

五、中医养生的研究思路及方法探讨

刑玉瑞等从顺势中医思维的角度分析中医养生理论，认为中医通过顺应天时自然之势、顺应体质偏颇之势以及气质变异之势达到养生保健的目的。王海鹰结合我国不同地域的特点以及对人体的不同影响，提出相应的饮食调护和中医药调治方法。赵波认为通腑可维持肠腑清洁，排泄代谢产物，防治营养过剩导致的各种疾患，保持体内良好的生存环境，是现代养生、保健的重要手段之一。胡小江认为补肾、健脾、活血化瘀虽然是中医药养生延衰的根本，但是非药物疗法养生有着不可替代的优势，具体介绍了气功、针灸、按摩、饮食、心理、音乐、舞蹈等疗法的作用。董跃珍等对中药养生疗法总结了阴阳平衡法、补肾健脾法、气通血运法、弥补先天法、辨证用药法和防治兼宜法；对中医修身养性法总结为四时养生法、饮食调理法、修性养神法和动静适宜法。对临床均有一定的借鉴作用。肾虚、脾虚致衰说早已得到共识，而养生保健、延缓衰老从肝入手正受到医家关注。胡志红认为肝郁与早衰有着极为密切的关系，诸病起于郁，诸郁始于肝，肝为病源，运用调肝解郁治法有助于预防早衰。

（周文泉　罗增刚）

【养生的原则和方法】

黄民杰认为中医传统养生学强调“天人相应”，顺应自然，重视稳定的心理因素及道德修养，强调辨证的保健观等，有其自身的特点和优势；然而若一味顺应自然、消极避世、过度禁欲以及抑制食欲等则不适用于积极、开放的现代社会，有一定的局限性。

郭因根据中医养生保健理论，提出应从天人相应、人际相和、自身身心相和入手构建绿色保健学三方面。

刑玉瑞等从顺势中医思维的角度分析中医养生理论，认为中医通过顺应天时自然之势、顺应体质偏颇之势以及气质变异之势达到养生保健的目的。陈俊文主张在日常生活中展开科学又超前的养生活动，提出不渴也应经常饮水，不累也应主动休息，无喜事也应笑口常开，不饿也应按时进餐，无便意也应定时入厕，不困也应按时睡觉，无痰也应主动咳嗽，无病也应主动求医等八项主动养生原则。王海鹰结合我国不同地域的特点以及对人体的不同影响，提出相应的饮食调护和中医药调治方法。赵波认为通腑可维持肠腑清洁，排泄代谢产物，防治营养过剩导致的各种疾患，保持体内良好的生存环境，是现代养生、保健的重要手段之一。

（陈　晓　王丽慧）

【衰老及抗衰老的机理探讨】

陈刚等认为衰老的基本病机是肾虚、血瘀、痰浊，指出肾虚是衰老的病理生理基础，痰瘀是衰老的催化剂。张茂林认为肾虚是导致衰老的根本原因，而瘀血痰浊既是衰老的病理产物，又是导致衰老的重要因素。肾虚夹实是衰老的基本病理变化。吴水生等将历代对衰老机理的论述总结为先天说、后天说、主虚说、主实说等4大类，认为衰老以虚为本，以实为标，其核心是肾虚衰老说。皮明均等认为衰老是一个缓慢渐进的退化过程，而气虚失运致痰浊形成可进一步加速衰老进程，因此益气化痰开窍法有助于延缓衰老。吕爱平等认为脾肾虚弱致痰瘀形成是导致衰老的原因。汪运富等从阳明脉衰、气血乏源，脾虚不健、气化失常及现代研究的佐证等方面探讨了脾虚致衰老的机理，并对健脾抗衰老方剂的临床应用进行了论述。黎鹏程等指出肝疏泄失职是导致衰老的重要因素。认为肝肾同源，肝虚可导致肾虚而加速衰老。胡志红认为肝郁失于调达是衰老的主要因素，因此调理肝气对延缓衰老有重要的临床指导意义。刘琴等认为督脉是生命之源和生命之神的联系纽带，是人体阴阳平衡的主导统帅以及脏腑功能的调控中枢和通路，故督脉强盛不衰在抗衰老中具有重要意义。

李庆阳等分析了149例老年人T细胞亚群的变化，发现肾虚老年人CD_3、CD_4显著降低，CD_8显著升高，CD_4/CD_8显著降低。认为肾虚、衰老、T细胞免疫功能三者关系密切。赵伟康等通过实验发现老年“肾阳虚”鼠线粒体能量代谢低下，氧化损伤加剧，可能与神经内分泌调控及线粒体微观失调有关（国家中医药管理局资助课题）。童普德等发现延衰中药补肾益精方对衰老大鼠α、β MHC基因表达有逆转作用（上海市教委资助课题）。陈智松等认为补肾生血中药作用机理是促进骨髓GM-CSF基因的转录，该基因是“肾生髓”的分子基础之一。

（陈　晓　王丽慧）

参考文献

C

陈　刚，郭茂川，张六通，等．肾虚、血瘀、痰浊为衰老的基本病机．中国中医基础医学杂志，2001；(7):9

陈　吉，赖新生，余　瑾．中国环境养生学在康复医学中应用．现代康复，2001；(11):22

陈俊文．浅谈主动养生法．湖北中医杂志，2001；(9):53

陈智松，吴志奎，蔡辉国，等．从补肾生血药对衰老小鼠骨髓GM-CSF基因转录水平的影响探讨肾生髓的分子基础．中国中医基础医学杂志，2001；(4):28

丛春雨．试论七损八益．中医文献杂志，2001；(4):1

D

董跃珍，陈黎琼．浅论中医抗衰老方法在临床中的应用．时珍国医国药 2001；(7):622

G

郭　因．建立绿色保健学的思考．安徽中医学院学报，2001；(4):1

H

韩伟锋，蔡永敏．张景岳养生学术思想探析．吉林中医药，2001；(1):1

贺松其．略论《内经》的形神兼养理论及意义．辽宁中医学院学报，2001；(2):

胡龙才．《普济方》摄生抗衰老经验探讨．山东中医杂志，2001；(11):646

胡小江．养生延缓衰老研究思路与方法探讨．安徽中医临床杂志，2001；(6):411

胡志红．试论肝郁与早衰的关系．河北中医，2001；(4):305

黄民杰．论中医传统养生学在现代自我保健中的地位．河南中医，2001；(6):9

惠六宁，马东华，吉　千．中医整体观与全息生物学关系探讨．宁夏医学院学报，2001；(3):221

L

黎鹏程，皮明均，李定祥．延缓衰老从肝调理探讨．辽宁中医杂志，2001；(5):262

李建国，王洪琦．试析孙思邈养性之道．陕西中医学院学报，2001；(6):9

李庆阳，郑家铿．老年肾虚与T细胞亚群关系．福建中医学院学报，2001；(2):5

李永峰，李　红．论孙思邈预防医学思想．陕西中医学院学报，2001；(4):7

刘　琴，郭书堂．论督脉在抗衰老中的作用．北京中医药大学学报，2001；(2):14

吕爱平，李德新．脾肾虚弱导致衰老的机制探讨．辽宁中医杂志，2001；(2):70

P

皮明均，黎鹏程．论气虚痰阻与衰老．湖南中医学院学报，2001；(1):31

Q

秦大莲，刘明华，肖顺汉，等．四抗神农养生片对实验性胃溃疡的抑制作用．泸州医学院学报，2001；(1):14

T

童普德，王晓玲，胡旭东，等．延衰中药补肾益精方对大鼠左心室α、β MHC、mRNA增龄变化的影响．中国中医基础医学杂志，2001；(4):34

W

王海鹰．浅谈地域性调摄养生．湖北中医杂志，2001；(8):55

吴水生，傅晓晴，林求诚．中医衰老学说评述．福建中医学院学报，2001；(1):60

X

肖合聚，肖伟杰，肖　军．老子“卫生之经”探讨．河南中医，2001；(1):13

刑玉瑞，张喜德，由彦霞．中医顺势思维研究(续三)．陕西中医学院学报，2001；(3):4

Z

张茂林．中医学衰老理论探讨．湖北中医杂志，2001；(9):9

赵　波．通腑在养生方面的作用．黑龙江中医药，2001；(2):3

赵传康，周志东，金国琴．老年期肾阴阳虚损大鼠的线粒体能量代谢及其调控机理的研究．中国中医基础医学杂志，2001；(3):31

赵小京，毛连根，郑秀凤．乾隆养生胶囊对小鼠免疫调节功能的影响．浙江中医学院学报，2001；(3):53

三、中　药

（一）理论研究

【概述】

2001年有关中药理论研究方面的报道有40余篇，涉及性味、归经、升降、浮沉、配伍等内容。有理论探讨、有实验研究、有从临床角度进行的研究、也有从文献资料方面进行的研究，虽然尚未有突破性进展，但也不乏一些研究的新思路、新方法。

（一）药味　吴兰朝根据历代诸家对淡味药的有关记载及现代药理研究分析，认为淡味药的含义即“甘而淡薄”说较符合实际，且大多数淡味药含有构成甘味的糖类、蛋白质、淀粉等成分。洪忠国等从化学基础研究论述了药物产生酸味及酸味药的功能。酸味的定味基为质子 H^+，氢离子浓度是影响酸味强度的主要因素，其生物学意义有：助消化、促进吸收及酶的激活与抑制。助味基为酸味剂 HA 的共轭碱离子 A^-，直接影响酸味强度和品质，其生物学意义为增加酸味，促进消化吸收，作为营养物质参与代谢过程，一些特殊结构的酸味药可以作为辅酶、还原剂、氧化剂以及维生素参与生理过程。对于酸味的功能，郑虎占归纳为收敛固涩、生津、熄风、补益、安蛔、行散、解毒等。

（二）药性　余惠旻等回顾了药物四性的研究，大致分为两个阶段：20世纪60年代以前称为朴素的研究阶段，主要根据直觉、直观判断进行研究，60年代以后称为现代科学研究阶段，主要对四性的药理药效和可能的物质基础进行了探讨和研究。如研究认为“寒性药”就是能最终改善机体热量过剩的反应状态或适合这种状态的药物，“热性药”则是能最终改善机体热量不足的反应状态或适合于这种状态的药物；研究认为抑制交感神经介质的合成和释放可能是寒凉药的基本作用之一；研究认为温热药与寒凉药对机体的机能活动存在兴奋和抑制的对应关系，即温热药对机体功能的病理性衰退起兴奋作用，寒凉药对机体功能的病理性亢进起抑制作用。至于四性的物质基础，则从微量元素、无机盐类中的结晶水和一些化合物及其相关性方面进行了研究。但这两个阶段的四性研究有较大的局限性和片面性。1998年以来，余惠旻对于四性的研究有所创新：现代生物物理化学（微量量热法和差示热扫描等技术）、分子生物学、中药血清药物化学、细胞信息传导等前沿学科的发展及其在中医药上的渗透作用，为研究中药四性提供了新思路新方法，通过定性定量刻划寒热药性的生物热动力学和热化学效应，获取寒热药性差异表达的基因片段及其可能的相关基因，建立中药四性的热动力学模型和基于热生物学的中药四性模式识别系统，阐明中药四性的客观真实性。程彬彬提出，根据药物对实验动物体温的影响性质和影响程度可以进行“狭义”四性的定性定量测定；根据中医以表象为依据的诊断学特征并结合现代研究观点，可以设定“广义四性指数”

来进行广义四性的定性定量分析。

（三）归经　康晓红通过文献考证及桂枝的功用主治，认为桂枝是应该入肝经的。吴永健根据归经理论来指导临床应用，如选择药物、选用引经药、选择炮制辅料等。宋小莉、王海东综述了中药归经理论的研究现状。归经包含着趋向和归属两个涵义。“归”主要是指药物作用所及或药物效应的定向、定位；“经”是以经络、脏腑等脏象学说为基础形成的，带有药性理论特色的方向、空间和功能的综合。现代归经理论常用的实验研究方法有：中药有效成分体内分布观察法、微量元素体内分布观察法、药效观察法、环核苷酸水平变化观察法以及受体学说。利用受体学说的理论体系和技术来研究药物归经可能有利于中医药的发展，因为归经学说和受体学说的目的都是探求寻找药物的高度选择作用机制及效应机制。归经与受体关系的实验研究取得进展和突破，将会给归经理论一个明确的、较完整的科学阐述。

（四）配伍　①配伍的实验研究：袁海龙等研究方药配伍对茵陈蒿汤中栀子苷溶出率的影响。经统计分析，栀子、茵陈水煎液，栀子、大黄水煎液，全方水煎液与栀子水煎液进行 t 检测，结果表明，合煎茵陈、大黄后栀子苷含量明显提高（$P<0.01$）；全方水煎液，栀子苷含量更明显提高（$P<0.001$）。说明茵陈、大黄、全方有利于栀子苷溶出。陈辉等研究了牛膝与红花的配伍。结果表明：牛膝、红花分别均能降低 RBC 数、Hb 含量，延长凝血时间，增大毛细血管的直径和开放数，有抗炎作用，能明显升高脾脏指数，合用后上述作用均较单用增强，合用能降低肾上腺指数，两者相须为用，增强活血化瘀功用。王桂红研究了黄连与甘草、大黄、金银花、黄芩、栀子等分别配伍后对抑菌作用的影响。结果表明：黄连与甘草等不同中药的配伍因发生沉淀反应，其有效成分小蘖碱的损失是不同的，其抗微生物作用变化与小蘖碱的损失具有一定的相关性，也有一定的差异性。因为甘草、栀子对金黄色葡萄球菌和痢疾杆菌无作用，两者配伍后由于小蘖碱的损失而抑菌作用降低较多；金银花、大黄、黄芩对金黄色葡萄球菌和痢疾杆菌有一定抑制作用，弥补了小蘖碱的损失而出现的抑菌作用下降。刘元发用紫外-可见光谱分析了 9 对“对药”和非“对药”间多分子体系，结果提示：化学成分相近分子结构或构型、构象相似是中药（植物药）组方配伍的原则之一。②配伍应用：曹淑英提出了泻下药的合理配伍，与行气药相伍以行气泻下，大黄与芒硝相伍增强泻下之功，与利湿药相伍以利湿逐水，与活血化瘀药相伍以活血泻下，与清热药相伍以清热泻下，与重镇降逆药相伍以降逆泻下，与扶正药相伍以攻补兼施。邹文俊等探讨了解表用药的规律，辛温发汗透邪与解表，清热解毒与解表，辛散透邪配伍寒凉清热解毒与解表。丁元庆阐述黄芪与金银花配伍可以益气养阴，解毒排脓，活血通脉。冯毅介绍了桂枝与三七配伍用于寒性疼痛如胸痹、脱疽的经验。

（五）毒性　宋秉智等对 102 种神经系统毒性中药的文献资料进行分析，神经系统毒性与不同的四气五味、归经等的关系有着十分显著的差异；神经系统毒性与有效成分的关系，以含生物碱类、苷类、毒蛋白类、萜类、内酯类以及金属类的毒性发生率较集中。黄文权等研究表明，单味药甘草、甘遂、大戟、海藻、芫花对实验大鼠循环系统、消化系统、神经系统、呼吸系统均无明显影响，对肾功能尿素氮、肌酐及肝功能之总蛋白亦无明显影响。配伍药物对大鼠循环、消化、神经系统有不同程度的损害，证明十八反中甘草与甘遂、大戟、海藻、芫花同用仍有一定毒副反应。

（王锦鸿）

【中药性能的研究】

中药的性能研究，除了较集中在归经以外，还体现在性味以及综合性的研究方面。

孙适人探讨了苦味与辛味中药的配伍。苦辛药物的配伍主要体现在寒热并用的方剂中，主要用于寒热错杂之证；而药物的选用则取决于寒热的部位，寒邪在何部位则选用作用于该部位的辛热药，热邪在何部位就用作用于该部位的苦寒药。此外，苦味药与辛味药组成的苦辛通降法又常用于治疗湿热、痰热病证，包括苦辛寒清法、苦辛平润法、苦辛甘淡法等。

陈富兰等着重探讨了炮制对中药性能的影响。不同的炮制方法可以改变药物的性味，包括抑制中药的某种气味，增强药物的某种性味，以及从本质上改变药物原有的性味。炮制也可改变药物升降浮沉的作用趋向。通过炮制，还可在一定程度上改变部分药物的性能，尤其是补泻之性，从而对中药的性能、分类归属产生影响。炮制对中药毒性的影响更是显而易见，无论是药物的偏性，还是副作用，刺激性或是毒害作用，都可以通过炮制的方法予以改变，乃至消除。同样的，通过应用不同性质的辅料对药物进行炮制，从而可以调整和改变某种药物的归经属性。因此，中药的炮制对药物性能的影响是全方位的。

邓毅等较为全面地从平衡的角度论述了中药的性能及应用。药物的性味本身就代表了阴阳，温热药性与辛、甘、淡的药物为阳，用于治疗阴寒病证；寒凉药性与酸、苦、咸、涩的药物属阴，用于治疗阳热病证。从而以药物性味的阴阳纠正或消除机体阴阳的盛衰，达到平衡。药物的归经反映了药物对机体的选择性作用，是药物的作用点。中医将药物治疗部位与脏腑辨证相结合，使药物能更准确地发挥其纠正阴阳失调的基本作用。发生在同一病位的疾病，既可能是阴寒证，也可能是阳热证。因此在遵循性味理论的前提下，应结合药物的归经理论，使药物对阴阳的平衡作用更精确化、具体化。药物性能之一的升降浮沉本身就是要与疾病所表现出的趋势相对立，用以改善或消除疾病，纠正机体的偏差，从而达到平衡。即药物升发的特性属阳，用于纠正向下、向里、内陷的病势，从而使机体恢复平衡的状态。而以药性之偏用于治疗疾病的偏性，以偏纠偏，以毒攻毒的治法，来纠正机体偏盛偏衰的病理现象，是平衡法在药物毒性理论中的具体应用。此外，中药性能的平衡作用还可体现在具体的治法中。

（杨柏灿　蒋小贝）

【中药配伍的研究】

中药配伍的研究，集中体现在临床应用和理论探讨两方面：陈仁寿着重阐述了防风的祛风作用在不同配伍中的应用。配伍祛风药以治外感表证，如配荆芥、葛根治疗外感风寒表证；配伍薄荷、连翘、葛根治疗外感风热表证；配伍黄芪、白术治疗气虚外感，说明防风随不同的配伍可广泛应用于不同的外感表证。现代药理研究也证实防风的祛风解表作用是通过解热和降温而起效的。防风配伍祛风通窍药，如羌活、独活、威灵仙、川乌、草乌、附子等则用于治疗风湿痹证，随不同的配伍，可用于治疗不同类型的痹证。而与乳香、桂枝等同用，则可用于治疗痛风。现代药理研究证实了防风的抗炎止痛效果。防风的祛风作用配伍透疹止痒药，又常用于治疗麻疹透发不畅，风疹、湿疹、疥癣等引起的皮肤瘙痒。防风的祛风作用，除了用于治疗外感风邪所引起的病证，配伍熄风止痉药，还常常用于治疗破伤风、惊风及中风所引起的惊厥、痉挛、抽搐以及口眼歪斜等，如配伍天麻、钩藤、牛黄等。除此之外，防风的祛风作用随不同的配伍，还广泛应用于肝经风热证，手足麻木不仁，肠风下血，肝脾不和之泄泻以及疮疡初期的红肿热痛等。但防风的祛风作用对于血虚发痉及阴虚火旺者则当慎用。

章文青从治风方剂来探讨祛风方药的配伍规律。在疏散外风的配方中，疏风剂常与川芎、当归、乳香、没药等活血祛瘀药配伍以治疗风湿痹证；配伍生地、当归、桑寄生、杜仲、牛膝等补益药以治痹证日久兼肝肾不足、气血两亏之证；配伍肉桂、乌头、细辛等温里散寒药用于治疗风寒湿痹之证偏于寒者。而在平熄内风的配方中，平肝熄风之药常与滋阴柔肝药如生地、白芍、麦冬、阿胶、龟板、鳖甲等同用以治各型肝风内动病证；配伍栀子、黄芩、玄参等清热药则用于治疗肝阳化风和热极生风之证；配伍贝母、竹茹等化痰药，用于治疗热极生风、痰液内生之证；配伍茯神、夜交藤、五味子等安神药，用于治疗阴虚、血虚动风之证。

杨新年等通过总结张仲景《伤寒论》《金匮要略》方剂中12个药对的配伍应用，探讨张仲景的药对配伍应用规律及对临床的指导意义。干姜与人参、吴茱萸与人参均为温中祛寒与补脾益气配伍组成的药对，用于治疗脾胃虚寒证；温肾回阳的附子与温脾暖中的干姜配对以回阳救逆；以温热药与辛散药配对治疗里寒内盛的病证，如干姜配细辛，附子配细辛；以辛散疏肝之柴胡与补血养肝之白芍配对是疏肝调肝的佳对，而以疏肝透达的柴胡与清胆泻热的黄芩组对则是和调少阳的功用所在；用发汗散寒的麻黄与温经透营的桂枝相配，是发汗解表用于风寒表实的最佳药对；而以泻下攻逐的大黄配以软坚润燥的芒硝，则是治疗阳明腑实，燥屎内结的著名药对。此外，张仲景以行散消胀的厚朴配伍下行破结的枳实治肠胃气滞证，以泻火清热的黄连与泻热通腑的大黄组对治疗火热内盛证，泻火清心的黄连与滋阴养血的阿胶配对以治阴亏火旺之烦热证，泻火清热的黄连与温中散寒的干姜配伍以治寒热互结证，以及温里散寒的附子与泻下攻击的大黄配对以治寒积便秘等等，充分显示了张仲景丰富的用药经验。掌握其中的规律，必能提高疗效。

杨胜辉等从临床应用角度阐述了十八反中甘遂与甘草，附子与半夏、浙贝，瓜蒌与附子三组相反药对在临床应用中取得佳效而无严重毒副作用。

罗世江从药理、化学、物理变化等方面论述了甘草的配伍应用，认为甘草的功用与其配伍对象适应的病证、用量以及与所配伍药物的用量比例、甘草所含的成分以及与配伍药物所含成分的相互作用、炮制方法、所用剂型等多种因素有关。

（杨柏灿　蒋小贝）

【中药归经理论的研究】

对于中药归经理论的研究目前仍以实验研究为主，并提出了进一步研究的思路。

宋小莉、王红梅等通过对上世纪50年代以来中药理论的实验研究总结，认为中药归经理论的研究方法主要集中在文献和实验研究两个方面。在文献方面主要是开展了对归经的涵义、源流、发展及其意义、分类等问题的深入探讨。文献研究既促进了归经学说的系统化和规范化，也为归经的实验研究提供了理论指导。在归经的实验研究上，集中在①中药有效成分体内分布观测：检测中药有效成分在体内的分布，包括应用同位素示踪、放射自显影技术等，并引入了现代药代动力学的方法，从而提出归经的实质就是药物活性成分在体内某些脏器的高浓度分布的观点。但该方法只分析了中药中的某一种活性成分在体内的分布，而对其他活性成分的体内分布则缺乏研究。②微量元素体内分布的观测：应用原子吸收光谱技术测定中药中的微量元素，研究中药微量元素与中药归经的关系。但该方法仅从一个侧面说明部分中药的归经机制，而难以从整体上对归经机制予以阐述。③药效观察：该方法强调中药归经理论的实践性，运用统计分析法或药效学实验研究，表明中药归经与药理作用的相关性。该方法更体现了中医的特点，但较笼统，不能从深层理论说明归经的实质。④环核苷酸水平变化的观测：应用放免法测定用药后组织中环核苷酸含量的变化作为归经的依据，认为此法客观可行，符合中医特色，但有待改进和完善。⑤受体学说：这是一个相对较为新颖的有关研究中药归经理论的途径，目前尚处于设想阶段而缺乏实验研究报道。认为中药的归经与受体学说有许多相似之处，中药之所以产生治疗作用是由于药物的某种成分在细胞膜上与受体发生了某种化学变化的结果。

通过以上总结和分析，王氏等对中药的归经研究提出了今后的研究方向：系统的药效学研究结合中药作用机制的研究以及开展药理、化学、病理、解剖、生理、生化等学科的协作研究。

王海东等通过对中药归经理论研究现状的总结较为系统地论证了中药归经理论与受体学说的关系，并提出了中药的归经理论从受体学说进行认识的研究思路。王氏认为中药的归经说明了起作用的有效化学成分具有结构特异性，这种特异性符合了某种受体的要求，从而结合产生作用，表现出一定的限定性和选择性。因此，以受体学说来说明归经的本质是可能的。受体既具功能单位，又具定位的特点，中药归经与作用于某种或某几种受体有关。因此，以受体学说来研究中药归经，可以更深层次揭示归经的机理，同时又可避免因中西医内脏概念的不一致所导致的确定归经定位难的缺陷。对此，应综合中药化学、生物学、药理学等学科的参与来研究中药的归经与受体的关系。

李盛清等应用计算机建立《中药大辞典》数据体系分析中药五味与五脏归经的关系。认为辛味主入肝、脾、肺经，苦味主入肝经，甘味主入肝、脾经，酸味主入肝、脾、肺经，咸味主入肝、肾经，与传统认识的五味入五脏有所不同，而药物总的倾向入肝经。

秦华珍通过对人参的功效、配伍、应用、文献研究以及现代药理研究等方面资料的分析，提出人参除了归心、脾、肺经以外，还应归于肾经。

（杨柏灿　蒋小贝）

参考文献

C

曹淑英．泻下药的合理配伍应用．中草药，2001；(3)：283

陈　辉，毛晓健，毛小平，等．牛膝与红花配伍的实验研究．云南中医学院学报，2001；(1)：9

陈富兰，王绍梅．中药性能与炮制的关系．中医药学报，2001；(4)：27

陈仁寿．防风的祛风作用及其配伍作用．中国中药杂志，2000；(9)：574

程彬彬．中药四性广义狭义定性定量分析设想．国医论坛，2001；(2)：17

D

邓　毅．论中药性能中平衡法的运用．甘肃中医，2001；(1)：7

丁元庆．黄芪与金银花的配伍及应用．光明中医，2001；(2)：6

F

冯　毅．桂枝伍三七在寒性痛症中的应用．江西中医药，2001；(3)：52

H

洪宗国，程旺元．酸味中药及其功能的化学基础研究．中医药学刊，2001；(1)：92

黄文权．中药十八反中部分禁忌药的毒理实验研究．成都中医药大学学报，2001；(1)：45

K

康晓红．桂枝是否入肝经．河南中医，2001；(1)：68

L

李盛清，黄兆胜，刘明平，等．五味与五脏归经关系探讨．中医研究，2000；(5):5

刘元发，傅风华，沈云修，等.9对“对药”和非“对药”间多分子体系紫外-可见光谱分析．中国中医基础医学杂志，2001；(7):66

罗世江．甘草配伍应用的药理．广西中医学院学报，2000；(1):76

Q

秦华珍．人参还应归肾经．广西中医学院学报，2001；(2):1

S

宋秉智，高耀宗．神经系统毒性中药及其与药性和有效成分的关系．中医药研究，2001；(4):52

宋小莉，王树荣．中药归经理论现代实验研究.山东中医药大学学报，2001；(1):76

孙适人．谈苦味与辛味中药配伍．时珍国医国药，2000；(7):642

W

王桂红．黄连与药物配伍对抑菌作用影响的研究．中医药学刊，2001；(4):401

王海东，陈文垲．归经研究与受体学说的思考.湖北中医学院学报，2001；(3):8

王海东．中药归经理论研究与受体学说关系的论证．浙江中医杂志，2001；(8):323

王红梅，张朔生，赵怀舟．归经实验研究现状与展望．山西中医，2000；(5):48

吴兰朝．淡味药含义探析．安徽中医学院学报，2001；(4):52

吴永健．试述中药归经理论在临床的应用．四川中医，2001；(7):21

Y

杨胜辉，刘　威．十八反中几组药物配伍的临床应用．陕西中医，2000；(4):179

杨新年，刘景超．张仲景药对配伍应用浅探．山东中医杂志，2001；(8):457

余惠旻，周红祖，肖小河，等．中药四性的研究进展与展望．中国中医基础医学杂志，2001；(8):61

袁海龙，赵艳玲，肖小河，等．方药配伍对茵陈蒿汤中栀子苷溶出率的影响．中药材，2001；(2):133

Z

章文青．治风剂配方规律探讨．河南中医药学，2001；(1):1

郑虎占．酸味初探．北京中医药大学学报，2001；(2):9

邹文俊，雷载权，张廷模．解表用药规律探讨.成都中医药大学学报，2001；(1):7

（二）中药资源

【概述】

在中药现代化系统工程中，中药原料生产是根本。因此中药资源的合理开发和有效保护应更加得到广泛的重视。2001年在中药资源调查和利用方面的报道，以西部地区为多，说明西部地区是发现和开发天然药物的理想区域。在中药栽培方面的报道以栽培技术及组织培养研究为多，反映出栽培技术研究和生物技术的应用是中药材规范化生产的关键。部分省区报道了以《中药材生产质量管理规范》（GAP）为准则，逐步建立了中药材生产基地，推行良种、良地、良法的种植模式，生产出优质、高产、无污染并可获得较高经济效益的药材，作为中药现代化研究的物质基础。

一、中药资源的调查与合理开发

1.西部地区中药资源的调查与利用　张仕元介绍了西部天然药物开发的现状，指出西部地区是中国重要的天然药物宝库，也是中国民族药业的主要集中地，有少数民族50多个，他们大多依托本地丰富的生物资源，就地取材，极大地丰富了中华民族的医药宝库，开发利用的价值非常大。随着西部大开发战略的实施，西部各地在调查和分析各地具体情况的基础上已纷纷制定计划发展天然药物产业。2001 年资源调查和利用的报道较多，如①邹天才对贵州药用植物资源进行调查与鉴定，贵州有植物药品种 3294 种，兼有北温带、温带、南亚热带甚至热带的植物类群，很多药材在国内享有盛名，在药材市场上占有重要地位。在开发利用方面提出了在对贵州药用植物种质资源实行有效保护和确保植物体药用质量的前提下，合理高效的开发利用和大面积规范化栽培种植，走资源节约型、产品高科技的中药现代化发展道路。②李隆云等报道了藏药资源的开发和利用现状，中国藏药学者深入各藏区，对藏药植物的物种、地理分布、生存环境、蕴藏量、传统用药经验等进行了调查，基本上查清了青藏高原的藏药资源情况，为藏药的进一步研究提供了有价值的参考依据。在开发利用方面应突出藏药特色。对药源应采取开发与保护并重的原则，以保护求发展，以发展促保护，就地保护与迁地保护、自然更新与人工抚育相结合，使藏药资源的开发利用与保护步入良性发展轨道，达到经济、社会、生态效益的和谐统一。除上述报道外，对黔北毛茛科、甘肃鹅绒藤属和马先蒿属、贵州薯蓣属、川渝地区胡颓子属、伊犁州肉苁蓉、民族药滇白珠等的药用植物资源也进行了调查，并提出开发利用建议。

2. 其他地区的中药资源调查和利用　2001 年对吉林省、安徽省大别山区、山东省盐碱地、青岛崂山、浙江丽水山区等地的药源调查均有报道。此外对福建悬钩子属、砂仁等的药源也进行了调查。周立介绍吉林省有丰富的中药材资源优势，动、植、矿物药材达 1000 余种，占全国品种总量的三分之一。其中，蕴藏量占全国二分之一以上的品种约 40 余种，人参、鹿茸等 10 余种地道药材产量居全国之首。由于长白山开发的历史较短，人为破坏程度较低，具有生长天然绿色中药材的良好生态环境，中药材质量优良，驰名中外。中药材种植基地建设已有扎实的基础，人工种植中药材 30 余万亩，其中 10 余种主要药材已自然形成相对集中的生产基地和主要产区。谈永进介绍安徽省大别山区野生药用动植物种类及养殖栽培品种都很丰富，分布在境内的中药材近 2 000 种，其中霍山县有 1 700 余种，金寨县 1 300 余种，岳西县有 1 100 种。总蕴藏量约 25 万吨，其中蕴藏量最大的是岳西县和霍山县。每年已有大量药材供应市场，并有很大的开发潜力。

二、药用动、植物的栽培与饲养

1. 栽培技术的研究　陈震等介绍了中药材栽培技术的主要特点。指出要根据各种药用植物的生长特性和栽培目的，采用符合其生长特性的科学栽培技术和加工方法。2001 年对白术、穿山龙、东川芎、盾叶薯蓣、防风、荆芥、桔梗、茅苍术、牛蒡子、沙棘、延胡索、天麻、射干等的高产栽培技术均有报道。如：武晓霞等介绍了沙棘的高产栽培技术，沙棘是多年生灌木或小乔木，雌雄异株，根系发达，耐瘠、耐旱、适应性强。在平原栽培，为了创高产和收获便利，必须建立矮化密植丰产园。采用条带整地、集中施肥的方法，整地深 40cm，厩肥与土掺匀后填入整平。行株距初定为 2m × 1m，几年后随树冠的扩大和根系的延伸，再抽行去株移植。生长过程中要及时整形与修剪，定植当年的小树在 0.8m 处短截定干，经 3～4 年培养成为矮干型的基本骨架。定植时按 5:1 或 6:1 合理搭配雌雄株，利于授粉，提高座果率，增加产量。进入座果期的丰产园，1 公顷可收鲜叶 6000kg，收鲜果 30 000kg。

2. 野生变家种的研究　对一些野生资源日趋减少且需求量大的品种，进行引种驯化。如魏德生等对黄山药进行引种驯化研究，用根茎及种子繁殖，在酸性及微碱性土壤环境下均能正常生长发育，且产量高，皂素含量达医药工业生产要求，最高含量为3.07%，最低含量为1.51%。在贵州产区可以大力推广种植。如李春霞等探讨了圆叶娃儿藤野生变家种的丰产栽培技术，亩产干品（藤、叶）200～250kg。

3．组织培养的研究　用组织培养进行优良种苗无性系的快速繁殖或保护珍、稀、濒危药用植物的种质资源，也可用于改良品种。2001年对百合、甘草、鼓槌石斛、金钗石斛、藿香、黄花蒿、黄芪、南方红豆杉、肉苁蓉、天麻、溪黄草、灵芝、紫花前胡、芦荟、紫草、银杏、天师栗、罗布麻等的组织培养均有报道。如张兴翠等为了改良现有的芦荟栽培品种，丰富遗传育种资源，对中华芦荟、美国芦荟等进行多倍体诱导。结果表明：以浓度为0.5%的秋水仙碱溶液处理丛生芽24h效果最好。得到的变异芽90%为纯合的四倍体。其染色体数量由14（$2n=2x=14$）变为28（$2n=4x=28$）。又如蔡永萍等通过实验证明天麻可以用组织培养方法快速繁殖成米麻作为种麻。

4．药用植物病虫害防治的研究　为了使收获的药材中农药残留量符合限量标准，必须应用农业的、生物的、物理的方法和无公害农药等技术措施，防治药用植物多种病虫害。例如温学森等报道了对地黄病毒病的防治措施。①倒栽留种：通过选择感病轻或抗性强的单株进行扩大繁殖，能在一定程度上克服病毒的危害。②选用抗病的优良品种：如金状元、小黑英等，都是优良的抗病品种。③有性繁殖：现有资料表明有性繁殖的种子无病毒。④脱毒苗的应用：茎尖脱毒已经成为十分成熟的生物技术，是解决地黄病毒病的根本途径。又如伍有声等以华南植物园“蘘荷园”为重点对姜科植物害虫的种类、发生、危害及防治方法进行系统调查和实验。指出防治应做好种植地选择，适度荫蔽，选留不带害虫的种子、种苗、种姜，适当控制植株密度，及时清洁田园，适时和合理使用化学及生物农药，并保护有益生物。

除上述地黄病害和姜科植物虫害防治研究外，2001年对云南药用植物根结线虫病的调查以及白术主要病害的防治等亦有报道。

5．药用动物饲养的研究　为了缓解部分常用动物药药源的紧缺、保护野生资源、提高药材质量，对药用动物的饲养也受到重视。2001年对蝎、水蛭、大海马及蚁狮等均有饲养研究。吕军仪等报道，大海马规模化工厂化大面积养殖已获成功。该项目解决了大海马健康苗种培养、水质处理与调控、强化营养及饵料选择、高效低毒药物系列防止暴发性疾病发生等的配套技术。建立了大海马养殖的工艺流程，为海洋药源生物的大量增殖提供了一个范例。

6．中药材规范化种植及基地建设　由于生产优质绿色中药材的需要，2001年对药材规范化种植及基地建设的研究报道甚多。如吴忠等报道，目前中药材生产规范化研究的热点是《中药材生产质量管理规范》（GAP），因为GAP是对中药材生产实施规范化管理的基本准则，是药学与农学结合的产物。从产前（如种子的品质标准化）、产中（如生产技术管理各环节标准化）到产后（如加工和贮藏运输等标准化）都遵照规范加以实施，形成完整的管理系统，有利于药材生产的产量稳定和质量可控。国家科技部关于“中药现代化研究与产业化”的实施方案提出在两年内要支持5个中药材种植基地，选择20个中药材进行规范化、规模化种植示范。2001年云南、广东、吉林、四川、湖北等部分省区还介绍了中药材生产基地的建设现状，为其他省区建立规范化、规模化药材生产基地提供了经验和技术。

2001年除以上叙述的各项研究外，在地道药材、药用植物遗传育种、生长发育特性及最佳采收期、加工方法、贮藏等方面的研究亦均有报道。

（洪　恂）

【甘肃省药用植物资源的调查】

一、甘肃省鹅绒藤属及马光蒿属药用植物资源调查

鹅绒藤属 Cynanchum L. 植物在中国约产53种12变种，药用有39种，多以根入药，具滋补、强壮、解毒和消痰等功能。苟占平等在陇南、天水、定西、临夏、兰州和酒泉等地调查、采集，整理出本属植物18种1变种，其中17种药用植物2个为分布新记录的品种。分别是①鹅绒藤组：戟叶鹅绒藤 Cynanchum sibiricum Willd. 药用根及果实，具补益气血、下乳和止泻的功能；鹅绒藤 C. chinense R. Br. 药用根及新鲜茎的乳汁，根祛风解毒、健胃止痛，茎乳汁外敷，治疗疣赘。②牛皮消组：牛皮消 C. auriculatum Royle ex Wight 药用块根，具滋补、强壮、补血、收敛精气和乌须黑发的功效，其种子作藏医用药，治热痢和胆病；朱砂藤 C. officinale（Hemsl.）Tsiang et Zhang 药用根，具理气、止痛、强筋骨、祛风湿和明目的功效；白首乌 C. bungei Decne. 药用块根，具滋补、强壮、补血、收敛精气和乌须黑发的功效；峨眉山牛皮消 C. giraldii Schltr. 药用根及藤茎，根具清热解毒和消食健胃的功效，藤茎治疗痈疖疮毒。③催吐白前组：大理白前 C. forrestii Schltr. 药用根及茎，具清热散邪和生肌止痛的功效，全草作藏医用药，具清热解毒的功效；柳叶白前 C. stauntonii（Decne.）Schltr ex Lev. 药用根及根茎，具泻肺降气、祛痰止咳的功效；竹灵消 C. inamoenum（Maxim.）Loes. 药用根及根茎，具清热凉血、利尿通淋和解毒疗疮的功效，地上部分为藏医用药，具清热利尿和涩肠止泻的功效；徐长卿 C. paniculatum（Bunge）Kitagawa 药用根及根茎，具降气、消痰和止咳的功效；老瓜头 C. mongolicum（Maxim.）Hemsl. 药用根及根茎，具止咳、祛痰、平喘的作用；粉绿白前 C. canescens（Willd）K. Schum. 系甘肃新记录；钟冠白前 C. bicampanulatum M. G. Gilbert et P. T. Li；地梢瓜 C. thesioides（Freyn）K. Schum. 药用全草，具补肺气、清热降火、生津止渴和消炎止痛的功效，种子作蒙药用，主治同连翘；雀瓢 C. thesioides（Freyn）K. Schum. var. australe（Maxim.）Tsiang et P. T. Li 药用同地梢瓜。④隔山消组：隔山消 C. wilfordii（Maxim.）Hemsl. 药用块根，具养阴补虚、健脾消食的功效。⑤青羊参组：紫花杯冠藤 C. purpureum（Pallas）K. Schum. 甘肃新记录；羊角子草 C. cathayense Tsiang et Zhang 药用根及果实。

马先蒿属（Pedicularis L.）植物在甘肃有53种、7亚种、6变种和1变型。主要分布在青藏高原东缘的甘南藏族自治州、河西走廊的祁连山区、白龙江流域为主的陇南地区、秦岭西端的小陇山区和兴隆山等地，陇东、陇中黄土高原各地、白银及河西走廊的较干旱地区分布较少。该属植物普遍含有大量的苯丙素苷和环烯醚萜苷，以及少量的木脂素苷和蜕皮甾酮，个别种类含有倍半萜，有些种类含抗癌活性成分。冯虎元等对甘肃马先蒿属药用植物资源初步整理出24种（包括种下等级），并列出了分种检索表。

二、甘肃省药用植物补遗

宋平顺等调查了甘肃省药用植物，发现了《甘肃中草药手册》《甘肃中草药资源普查技术报告》未被收载的药用植物72种和14变种，分述如下：

科名	植物名称	药用部位	功　用
灰包科	长根静灰球 Bovistella radicata(Mout.)Pat	子实体	清热利咽,止血
	大口静灰球 B.sinensis Lioyd	子实体	清热利咽,止血
水龙骨科	江南星蕨 Microsrum fortuni(Moore)Ching	全草	清热通淋,通络
	长圆石韦 Pyrrosia martini(Christ)Ching	全草	通淋利水
	纸质石韦 P.hetoractis (Matt.et Kuhm)Ching	全草	清湿热利水
	狭叶瓦韦 Lepisorus angustus Ching	全草	通淋利尿除湿
鳞毛蕨科	大羽贯众 Cyrtomium macnophyllum (Mak.)Tagawa	根茎、叶炳	清热解毒,止血杀虫
	刺齿贯众 C.caryotideum (Wall.)presl	根茎、叶炳	清热解毒,止血杀虫
蓼科	西栖蓼 Polygonum amphium L.	全草	清热解毒,利水止泻
马兜铃科	灯笼细辛 Asarum inflatum C.Y.Chene	全草	祛风散寒、止痛
	铜钱细辛 A.dehile Franch.	全草	止咳祛痰、散寒
小檗科	细脉小檗 Berberis dictyoneura Schneid	根皮	清热解毒,除风湿
	小檗 B.amurensis Rupr.	根皮	清热解毒,泻火
	置疑小檗 B.dubia Schneid	根皮	清热解毒,泻火
	涝浴小檗 B.gilgiana Fedde	根皮	提取黄连素
	小黄檗 B.francisci ferdinandli Schneid	根皮	清热解毒,泻火
石竹科	石头花 Gypsophila acutifolia Fisch.	根	清热凉血
	繁缕 Stellaria media(L.)Cyrill	茎叶	解除分娩后子宫收缩痛,促进乳汁分泌
毛茛科	粗齿铁线莲 Clematis argentilucida(Levl.et Vant)W.T.Wang	根,茎叶	根行气活血,祛风湿,止痛。茎叶解毒
	钝齿铁钱莲 C.obtusidentata (Rehd.et Wils.)H.Eichler	茎藤	清热解毒,止霍乱泻痢
	钝萼铁线莲 C.peterae Hand.-Mazz.	茎藤	同小木通
	小木通 C.armandii.Franch.	茎藤	同正品木通
	薄叶铁线莲 C.gracilifolia Rehd.et Wils var.pentaphylla (Maxim.)W.T.Wang	茎藤	祛风除湿,通络利尿
	黄花铁线莲 C.intricata Bge.	茎藤	祛风除湿通络
	长柄唐松草 Tbalictrum przewalskin Maxim.	根	祛风湿
	毛叶草芍药 Paeonia obovata Maxim var. willmottiae (Stapf)Stern	根	活血止痛
	毛叶川赤芍 P.veitchii Lynch var. woodwardii Stapf ex Coxstern	根	活血止痛
	毛果芍药 P.lactifolia Pall var. Trichocarpa (Bge.) Stern	根	同白芍药
樟科	卵叶钓樟 Lindera limprichtii H.Winkl	树皮	活血止痛
木兰科	武当玉兰 Magnolia sprengeri Pamp	花蕾,树皮	散风寒、通窍、止痛
	五味子 Schosandra chinensis(Turcz.)Baill	种子	同正品五味子
蔷薇科	峨眉蔷薇 Rosa omciensis Rolfe	果实	止血止痢,涩精
	扁刺蔷薇 R.sweginzowii Koehne	果实	补肝肾,涩精,止泻
	茅莓 R.parvifolius Linn.	根,茎叶	根活血舒筋,消肿止痛。茎叶清热解毒
	陕甘桃 Amygdalus potannii Yu	果仁	同桃仁
	甘肃核 A.kansuensis Skeels	果仁	破血,行瘀,润肠
	李光杏 Armeniaca vulgaris Lam.var.glabra S.X.Sun	果仁	同杏仁
	毛樱桃 Prunus tomentosa Thunb.	果仁	透疹,润肠利水
	腺地榆 Sanguisorba officinalis L. var. glandulosa (Kom.)Worosh	根	同地榆

续表

科名	植物名称	药用部位	功　用
芸香科	竹叶椒 Zanthoxylum armatum DC.	根、叶、果实	散寒止痛，消肿杀虫
大戟科	华南地构叶 Sberanskia cantonesis (Hance) Pax. et Hoffm	全草	祛风止痛
瑞香科	陕西瑞香 Daphne mptilloides Nitsche	茎皮，根皮	祛风湿
堇菜科	早开堇菜 Viola prionantha Bunge	全草	清热解毒，散瘀消肿
	维西堇菜 V. monbegii W. Beck	全草	消肿生肌
	短纹毛七星莲 V. diffusa Ging. var. brevibarbata	全草	清热解毒
伞形科	少毛北前胡 Peucedanum harrysmithii Fedd. ex Wolff var. Subglabrum Shan et Sheb	根	同正品前胡
	灰毛岩风 Libanotis spodotricbum K. T. Fu	根	散风寒、祛风湿、镇痛、止咳
	西蒙西风芹 Seseli intromong licum Y. C. Ma	根	散风寒，祛风湿
	黄芪邪蒿 S. inciso-dentatum K. T. Fu	根	解表祛风，解毒
	粗糙西风芹 S. sguarulasasham Shan	根	祛风，镇痛
	银州柴胡 Bupleurum yinchowense Shan et Y. Li	根	同正品柴胡
	线叶柴胡 B. angustissimum (Franch.) Kitag.	根	同正品柴胡
龙胆科	鳞叶龙胆 Gentiana sguarrosa Ledeb	全草	清热解毒
	瘤毛獐牙菜 Swertia pseudochinensis Hara	全草	清湿热，健脾胃
茄科	北方枸杞 Lycium chinense Mill. var. Potaninii (Pojark) A. M. Lu	根皮	清热利水，凉血除蒸
	截萼枸杞 L. truncatum Y. C. Wang	根皮	清肺利水，凉血除蒸
唇形科	长冠鼠尾草 Salvia plectranthoides Griff	根	活血化瘀止痛
	多毛并头黄芩 Scutellaria scordifolia Fisch. ex Schrank var. Villosima C. Y. Wu et W. T. Wang	全草	清热解毒，利尿
	方枝黄芩 S. delavayi Levl.	全草	清热解毒
玄参科	硕大马先蒿 Pedicularis ingens Maxim.	全草	清热凉血、活血、利尿
	甘肃马先蒿 P. kansuensis Maxim.	全草	活血调经、清热
茜草科	披针叶茜草 Rubia truppeliana Loes.	根	活血化瘀凉血
	卵叶茜草 R. ovatifolia Z. Y. Zhang	根	活血凉血散瘀
桔梗科	狭叶沙参 Adenophora gmelini (Spreng) Fisch.	根	润肺生津，清热止咳
	西峰沙参 A. stenanthina (Leded) Kitag. Subsp. xifengensis P. F. Tu et Y. S. Zhou	根	润肺生津，清热止咳
	秦岭沙参 A. petiolata Pax. ex Hoffm	根	润肺生津，清热止咳
菊科	朝鲜艾蒿 Artemisia argyi Levl. et Vant. var. gracilis Panp	叶	同正品艾叶
	野艾 A. lavandulaefolia DC.	叶	同正品艾叶
	毛莲蒿 A. vestita Wall.	全草	清热解毒，利尿止痒
	冻原白蒿 A. stracbeyi Hook. f. ex Thoms. ex C. B. Clarke	全草	清热解毒
	碱蒿 A. anethifolia Web. ex Stechm	全草	清热利胆
	细叶裂莲蒿 A. gmelinii Weh. ex Stechm	全草	清热解毒，祛风止痛，利湿
	黑沙蒿 A. ordosica Krascb	茎叶、根、种子	茎祛风湿，清热解毒，根止血，种子利尿
	牛口刺 Cirsium sbansiense Petrak	全草	止血凉血，消肿
	异叶佩兰 Eupatorum heterophyllum DC.	全草	清解暑热，健胃止泻
	灰枝紫菀 Aster poliothamnus Diels	全草	清热解毒
	蒜叶婆罗门参 Tragopogon porrifolius L.	根	强身提神开胃
	从株雪兔子 Saussurea tridactyla var. Maiduogania S. W. Liu	全草	祛风湿

续表

科名	植物名称	药用部位	功　用
菊科	扁舌橐吾 Ligularia veitchana(Hemsl.)Greenm 短舌橐吾 L.botryodes (C.Winkl.)Hand.-Mazz.	全草 全草	祛风寒,化痰止咳 化痰平喘
兰科	黄花白及 Bletilla ochracea Schltr.	块茎	生肌排脓,止血润肺
百合科	托柄菝葜 Smilax discotis Warb 黑叶菝葜 S.nigrescens Wang et Tang 兰州百合 Lilium davidii Duch. var. Unicolor (Hoog) Cotten	块茎 根 鲜茎	祛风湿 祛风湿,活血止痛 润肺止咳,宁心安神,补虚
天南星科	象南星 Arisaema elephas Buchet 灯台莲 A.sikokianum Franch. et Sav. var. serratam (Makino)Hand.-Mazz.	块茎 块茎	活血化瘀,祛风湿 祛风散结消肿

（方　法）

【中药材农药残留量测定研究】

中药材农药残留量超过允许标准，患者服用时间长易造成蓄积中毒，严重影响疗效的发挥，也影响中药进入国际市场。随着中国加入 WTO 以及中药现代化项目的实施，中药材农药残留污染问题应得到高度重视。在积极研究无公害栽培技术的同时，也要研究出快速、准确的测定方法，制定出相应的限量标准。

关于中药材农药残留测定研究现状，薛健等综合报道，中国在 80 年代初期科学工作者就开始进行农药残留量测定研究，内容涉及农药的各种类型，如有机氯、有机磷、氨基甲酸脂、菊脂等。研究最多的是有机氯类半衰期长，易引起蓄积毒性的农药（六六六、DDT、五氯硝基苯、艾氏剂等），而药材测定最多的是人参。陈瑞华等用薄层色谱法测定了阿胶、厚朴、鱼腥草的有机氯农药残留量；周长征等用气相色谱法测定了细辛、中成药中的有机氯农药残留；薛健用高效液相色谱法测定了大青叶中多菌灵的残留量。总结起来，测定方法是用石油醚、丙酮、氯仿等有机溶剂或混合溶剂通过超声、振荡、回馏等方法提取样品，经过柱层析、萃取等方法纯化,根据农药特性分别用 GC、HPLC 等仪器进行测定。国家“九五”中医药科技攻关“中药材质量规范化研究”项目,曾组织全国中药研究的科技力量,分别对 71 种常用中药材的有机氯、重金属含量进行系统的方法学研究及含量测定,使中药材的农药残留研究向前跨了一大步。

2001 年黄海燕采用高效能的毛细管气相色谱柱（CGC）和高灵敏度的电子捕获检测器（ECD）成功地分离和检测了常见的有机氯农药六六六、DDT 和五氯硝基苯。李庆等用毛细管气相色谱法对 40 种不同产地西洋参有机氯农药残留量进行测定，认为有必要在进口西洋参药材及制剂的检验标准中增加农药残留检查及规定限量标准。薛健等亦用气相色谱配电子捕获检测器对枇杷叶中 10 种有机氯农药残留量进行测定，结果表明此方法快速、准确。赵燕燕等报道，对有机氯农药的检测，电子捕获器是最灵敏、最方便的。热离子检测器和电检测化学检测器虽也可测氯，但灵敏度要差 2～3 个数量级。

（洪　恂）

【中草药饲料添加剂的研究】

畜产动物（猪、鸡、奶牛）、皮毛动物（羊）、伴侣动物（犬、猫）、水产动物（鱼、虾）和蜜蜂等的饲料添加剂与人们的日常生活密切相关，西药用于饲料添加剂的不足之处和中草药饲料添加剂的应用已引起了许多学者的注意，并根据不同的动物加以选择，吴德峰对这一方面的研究进行了报道。

一、中草药饲料添加剂的应用

1. 猪的中草药饲料添加剂　针对猪的胃肠容量大，采食量也大等生理特点，添加剂应以健脾消食为主，要加入槟榔、贯众、百部等驱虫除积、止咳平喘的中草药。但也要根据猪的不同情况区别对待，如哺乳仔猪消化能力较弱，应加入麦芽、山楂、神曲；架子猪和育肥猪为了催肥长膘，除了开胃健脾的中草药外，应辅以少量的镇静安神的中草药；僵猪的添加剂离不开祛虫除积、止咳平喘、补气活血的中草药，有用何首乌、贯众、苍术、黄芪、艾叶、五加皮、神曲、麦芽、茴香、穿心莲、大黄、甘草等12味中草药制成的“僵猪散”，饲喂僵猪，30天后比对照组增重3.27kg。

2. 禽用中草药饲料添加剂　禽类具有体温高、基础代谢高、消化道短的特点，对饲料的消化、吸收、排泄也快，宜选用回阳通脉、温里补气、健胃消食的中草药饲料添加剂，根据禽类有肉用和蛋用的不同，选用中草药添加剂时应灵活掌握。如用淫羊藿、何首乌等作为鸡的饲料添加剂，能使雏鸡成活率提高10.8%～18.2%；用栀子、茵陈、香附、党参、黄芪制成的“囊霸王散”，对鸡的传染性法氏囊病保护率达73%～90%，死亡率降低10%以下。北京农业大学用党参、茯苓、白术、甘草、苍术、白头翁、淫羊藿、知母、神曲、麦芽组成的添加剂按饲料的1%和0.8%喂雏鸡，测定雏鸡血凝抑制抗体效价（HI），结果：15天龄时，添加1%、0.8%和西药组的HI效价分别为4.25、4.3和3.75，差异不显著，而到40天龄时，HI效价分别为5.2、4.8和3.4，经生物统计，中草药组与西药组差异十分显著（$P<0.01$）。

3. 奶牛用中草药饲料添加剂　奶牛主要考虑增加乳汁的分泌，以益气和胃、疏肝解郁、通经下乳为组方原则的中草药添加剂为宜，并考虑到奶牛具有4个胃的特殊生理特点。经过努力已开发了“加味下乳通泉散”、“健胃增奶散”等较好的奶牛用中草药饲料，特别是在奶牛的催奶剂中，胡颓子科的沙棘（原本是大面积长在北方荒漠中的一种野生灌木）果实（沙棘果）开发成为动物的饲料添加剂，尤其是用作奶牛的催奶剂，取得了很好的效果。

4. 渔用中草药饲料添加剂　当前的渔用中草药饲料添加剂，用于调补气血，促进水产动物生长发育的中草药种类最多。如用党参、黄芪等制成的“肥鱼散”，能提高鲤鱼产量20%以上；穿心莲对于烂鳃病、肠炎、赤皮病有很好的治疗效果；用金银花、茵陈、仙鹤草等组方治疗鳖的白底板病，用板蓝根等组方治疗鳖的腮腺炎，都取得了很好的效果；在鳝鱼的饲料中添加以杜仲为主的中草药饲料添加剂，可使鳝鱼肌肉中含有的胶原蛋白增加，肉质改善。

5. 犬猫等宠物的中草药饲料添加剂　采用的中草药饲料添加剂是以犬猫的保健作用和疾病的防治为主，如已研制成以清凉爽口的薄荷为主的“薄荷糕”、以补脾利水的茯苓为主的“茯苓糕”、以健胃促消化的神曲、麦芽、山楂为主的“三仙散”等。在治疗疾病方面特别是病毒性传染病和细菌性传染病用药方面，中草药饲料添加剂也已显示出了优势，如用茵陈、栀子、车前、生地黄、白茅根、木通、大青叶、败酱草治疗犬急性黄疸性肝炎等，临床已有较多的报道。

6. 兔用中草药饲料添加剂　一般选用补气壮阳的中草药，除了达到增重促生长效果以外，还通过兔子对中草药的转化、吸收，变为有益于人体保健和美容的药膳食品。

7. 鸽用中草药饲料添加剂　除了促进生长外，着重在于提高繁殖率，并注意提高王鸽的受精率、孵化率、仔鸽成活率。

对于其他动物的中草药饲料添加剂，也

应根据动物特点而由不同的中草药组成。

二、中草药饲料添加剂的开发前景

中草药在饲料添加剂中的应用是一个很大的市场，应引起人们足够的重视。目前的中草药饲料添加剂的应用还存在着许多不足之处，所以要使中草药饲料添加剂能够推广和普及，必须改变当前的剂型粗乏的状态，实行科技攻关，制定产品质量标准和生产规范，应该在提高疗效和增加科技含量的基础上，进一步实现微量化、系列化和标准化。微量化，主要是适当地进行提取和精制，使添加量大幅度减少；系列化，就是根据动物不同生理和病理需要，研制具有不同功能特点的制剂，逐步形成系列；标准化，则是根据中药的特点，进一步制订或完善质量标准，使产品定型。

（高　山）

【中药材生产的规范化及基地建设研究】

中药材的质量影响着中药的科研、临床应用、中药制剂生产和中药国际贸易等方面的发展。因此生产优质药材已成为中药现代化、国际化的基础。为了有效控制中药材的质量必须制定相应的规范措施。徐鸿华报道了国家药品监督管理局提出和制定《中药材生产质量管理规范》（GAP）的过程，实施中药材 GAP 就是从保证中药材质量出发，控制影响药材质量的各种因素，规范药材生产的各个环节乃至全过程，以达到药材“安全、有效、产量稳定、质量稳定、可控”的目的。徐鸿华还介绍了部分省（区）实施中药材 GAP 的简况，目前全国已建立了 600 多个中药材生产基地，近两年又先后建立了 60 个重点品种的中药材规范化种植研究示范基地。马敏象等报道了云南中药材基地建设现状，较有规模的中药材种植基地有：三七、茯苓、砂仁、天麻、云木香、红花、芦荟、银杏、云当归、云黄连、丁香、薯蓣、黄山药等。其中文山州三七基地产量占全国产量的 84%，产量及质量均为全国之冠。以云南文山无公害三七基地公司为代表，按 GAP 标准种植的示范基地已达 1 000 亩。徐鸿华等还报道了广东药材 GAP 基地建设概况，广州中医药大学选定中国著名“南药”阳春砂、巴戟天、广藿香、广佛手、穿心莲 5 种常用大宗药材也是出口创汇需要的品种作规范化种植研究。根据传统产地优先选作基地的原则，分别在阳春、德庆、广州、饶平等市、县建立示范基地。还分别制定了上述 5 种药材规范化种植标准操作规程（SOP），为建立规范化、规模化的药材生产基地提供具有推广应用价值的技术。除上述 5 种药材外，还选定具有广东特色的广金钱草、肉桂、化州橘红等 15 种药材，作为广东省药材 GAP 示范基地进行建设。鉴于选育良种是实施中药材 GAP 的重要环节，已建立了广佛手、广藿香的良种繁育基地，阳春砂、巴戟天、穿心莲的良种繁育基地也正在建设中。蒋传中等报道了天士力商洛药源基地建设和丹参规范化种植研究的实际情况。为了保证该基地的产品质量，建立了丹参药源基地质量监控系统，从选种、育苗、栽培、田间管理、采收、加工、仓储、包装、运输等各个环节，都制定了严格的质量标准及其操作规程（SOP），并付诸实施。丹参产量由原来亩产 300kg，提高到 350~400kg；丹参酮ⅡA 含量由原来的 0.18%~0.32%，增加到 0.36%~0.48%，丹参素由原来的 1.2%~1.5%，提高到 2.2%~2.8%；重金属和农药残留符合美国药品标准。从丹参基地的实践表明：按照“政府+龙头企业+高科技+基地+农户”的模式，按照 GAP 标准建立中药材基地，不仅可以提高产量和质量，还可以解决和控制重金属和农药残留量超标问题，是实现中药标准化、现代化、国际化的有效途径之一。

（洪　恂）

参考文献

C

蔡永萍，于力文，张鹤英，等．天麻的组织培养及快速繁殖．中草药，2001；(5):445

陈　震，丁万隆，陈　君，等．中药材栽培技术的主要特点．中国中药杂志，2001；(1):688

陈瑞华，汪宗莹，胡建国，等．中药中六六六、滴滴涕残留量的薄层层析．中药通报，1988；(8):482

F

冯虎元，安黎哲，王勋陵．甘肃马先蒿属药用植物资源调查．中草药，2001；(5):449

G

苟占平，杨永建，赵汝能．甘肃鹅绒藤属药用植物资源调查．中草药，2001；(1):69

H

黄海燕．CGC-ECD 法检测中药材有机氯农药残留量．中药材，2001；(4):239

J

蒋传中，任强华．按照 GAP 标准要求创建国家级药源基地．中药现代化，2001；(5):68

L

李　庆，邹巧根．毛细管气相色谱分析西洋参中有机氯农药残留量．中草药，2001；(5):415

李春霞，冯世鑫，钟仕强．园叶娃儿藤栽培技术的研究．中国中药杂志，2001；(1):26

李隆云，次仁己珠，占　堆，等．藏药资源的开发与利用．中国中药杂志，2001；(12):808

吕军仪，许实波，许东晖，等．海马工厂化健康养殖成果及开发前景．中药材，2001；(9):629

M

马敏象，彭靖里．云南中药材基地建设现状与产品开发前景分析．中药现代化，2001；(6):66

S

宋平顺，卫玉玲，朱俊儒，等．甘肃药用植物补遗（Ⅰ）．中药材，2001；(2):86

宋平顺，卫玉玲，朱俊儒，等．甘肃药用植物补遗（Ⅱ）．中药材，2001；(3):163

T

谈永进．安徽省大别山区中药材资源简介．时珍国医国药，2001；(5):480

W

魏德生，邹剑灵，王用平，等．黄山药的引种栽培．中草药，2001；(6):543

温学森，李先恩，杨世林．地黄病毒病及其亟待解决的问题．中草药，2001；(7):662

吴　忠，元四辉，钱　卫，等．中药材规范化种植的现状与前景分析．中药材，2001；(8):604

吴德峰．中草药饲料添加剂现状及前景(Ⅰ)．中国中医药信息杂志，2001；(1):31

吴德峰．中草药饲料添加剂现状及前景(Ⅱ)．中国中医药信息杂志，2001；(2):33

吴德峰．中草药饲料添加剂现状及前景(Ⅲ)．中国中医药信息杂志，2001；(3):38

吴德峰．中草药饲料添加剂现状及前景(Ⅳ)．中国中医药信息杂志，2001；(4):31

伍有声，董祖林，高泽正，等．华南地区姜科植物主要害虫及防治．中药材，2001；(2):79

武晓霞，徐　杰，徐同印．沙棘高产栽培技术．中国中药杂志，2001；(5):352

X

徐鸿华，丁　平，刘军民，等．广东药材 GAP 基地建设概况．中药现代化，2001；(3):82

徐鸿华．实施中药材 GAP 推进中药现代化．中药现代化，2001；(1):37

薛　健，陈建民，葛　兴，等．多菌灵在大青叶中残留量测定方法研究．中草药，1996；(3):156

薛　健，杨世林，陈建民，等．我国中药材农药残留污染现状与对策．中国中药杂志，2001；(9):637

薛　健，张　琪，张国良，等．枇杷叶中农药残留量测定研究．中国中药杂志，2001；(10):680

Z

张仕元．浅析西部天然药物开发的现状与问题．中药现代化，2001；(5):64

张兴翠，梁国鲁，杨光伟，等．芦荟的快速繁殖和多倍体诱导．中国中药杂志，2001；(8):538

赵燕燕，孙启时，王文泽．中药材农药残留研

究概况．中药材，2001；(7):529

周　立．充分利用吉林省中药资源优势实现中药现代化的思考．长春中医学院学报，2001；(3):5

周长征，杨春澍．气相色谱法测定细辛道地药材中有机氯类农药残留量．中国中药杂志，1998；(10):588

邹天才．贵州药用植物资源的调查和开发利用研究．中国中药杂志，2001；(5):305

(三) 药材鉴定

【概述】

优质的中药材是中药现代化工程的物质基础。对每一种药材必须鉴定其来源，评价其品质。因此对药材的生药学研究、真伪鉴别、品质评价及鉴定方法研究都是十分重要的。

(一) 生药学研究　对一些未做过系统鉴定的药材进行系统鉴定，作为区别真伪的依据。对一些同名异物或形态极为相似的药材进行系统鉴定以确定正品。2001 年对刺人参、多德草、广枣、鸡肉参、三尖杉、猪鬃草、松叶兰、水田七、头发七、香白芷、血水草、瓜子金、水罗伞、甜牛大力与苦牛大力等数十种药材的生药鉴别均有报道。如三尖杉过去未做过系统鉴别，齐迎春等研究了三尖杉茎、叶的生药性状、组织结构及粉末特征，指出叶形、射线、石细胞层、髓心树脂道与树脂道、管胞及淀粉粒的形态特征均可作为鉴定依据。又如陈黄保对广西地区民间药甜牛大力和苦牛大力进行生药对比研究，结果表明，两者虽名称相近，但其来源、性状、显微、理化及成分有明显不同。甜牛大力味微苦，组织特征可见石细胞环，几乎不见棕色块，主要成分含有生物碱、香豆素、糖类；而苦牛大力味苦，组织特征可见很多棕色块，未见石细胞，主要成分含有香豆素、糖类，不含生物碱。甜牛大力原植物为美丽崖豆藤 Millettia speciosa Champ.，苦牛大力原植物为绿花崖豆藤 M.championi Benth.，后者的功效尚未报道，因此两者应加以区别。

(二) 中药材真伪鉴别　陈吉炎等对湖北省 750 例次假劣药品进行分类比较，发现贵重药中假劣品种减少，普通药材中假劣品种增多。原因之一与鉴别方法专属性不高(对近缘品种难以鉴别）有关。因此在药材的真伪鉴别方面要加强技术研究。2001 年对药材真伪优劣鉴别的研究和报道有 100 多篇，其中以根与根茎类、全草类、果实与种子类、动物类药材为多。如①拳参及草血竭饮片的外观性状极为相似，草血竭饮片常误用为拳参饮片。唐勇等对拳参及其混淆品草血竭的饮片，做了性状、显微特征及醚或醇提液的荧光反应、薄层层析和紫外光谱比较。结果表明拳参与草血竭的荧光反应、乙醚提取液的薄层层析及紫外光谱有明显差异，而性状、显微特征、乙醇提取液的薄层层析及紫外光谱差异不明显。因此用荧光反应和乙醚提取液的薄层层析及紫外光谱加以鉴别，结果较为理想。②潘鲁敏等对党参及伪品充家种防风进行鉴别。形态特征：党参具有“狮子盘头”，家种防风不具有。显微特征：党参的木栓层外侧有石细胞存在，韧皮部散有淡黄色乳管群，并与筛管交互排列，家种防风栓内层韧皮部有类圆形油管存在；粉末特征中，党参含有菊糖和乳汁管，家种防风含有油管和韧皮薄壁细胞。因此可从外形及显微特征将两者加以区别。③薛漓对广藿香及其混淆品广防风进行鉴别。广藿香与广防风同属唇形科植物，其外观性状及显微特征均较为相似，但仔细观察，广藿香整体外观颜色偏灰黄白色，味苦中带凉，搓碎叶片嗅之有清香气；显微观察间隙腺毛明显。而广防风整体外观颜色偏灰绿色，味微苦无凉感，搓碎叶片嗅之微臭；显微观察未见间隙毛，结合紫外光谱和薄层色谱易将二者区分。④李峰等应用连续解离系统的十二烷基硫酸钠-聚丙烯酰胺凝胶电泳法对羚羊角及伪品山羊角、黄羊角、绵羊角、藏羚羊角进行电泳图谱比较。结果显示各样品间具有不同的蛋白质成分，可依此差异进行鉴别。

（三）中药材质量评价　近年对多种中药材的化学成分和生物活性物质进行了研究，中药材质量评价的目的就是利用中药材的有效成分或特征化学成分建立明确的质量控制标准。依据质量标准要求确定药材的最佳品种、产地和采收期，规范加工、炮制、储藏等生产环节。2001 年对麦冬、天南星、红花、防风、板蓝根、桑椹、陆英、牛黄、蟾酥等多种中药材均进行了质量评价。如①孙红祥等在测定 6 个不同产地麦冬药材样品中 14 种成分含量的基础上，以因子分析方法确定各成分指标的权数，采用模糊数学方法对这些药材的质量进行综合评价。结果表明：正品麦冬质量优于代用品山麦冬，正品麦冬中尤以萧山产者为最佳。本研究结果可以为优质药材选育提供参考。②肖永庆等对防风药材及市售饮片进行质控标准研究，采用薄层色谱法（TLC）测定防风药材及饮片中 4 个色原酮类成分，用高效液相色谱法（HPLC）测定防风中 2 个主要有效成分升麻苷及 5-0-甲基维斯阿米醇苷的含量。测定结果防风药材和饮片中必须同时检出升麻素、亥茅酚苷、5-0-甲基维斯阿米醇苷及升麻苷，上述 4 个成分的 TLC 鉴定可作为防风药材及饮片定性的依据，防风药材和饮片中有效成分升麻苷及 5-0-甲基维斯阿米醇苷的含量均不得低于 0.12%。在以上测定基础上可制定出防风的质控标准。除上述报道外，在中药材质量评测方法方面，李萍等依据多年来在中药质量控制领域的研究体会，结合国内外该领域的研究进展和发展趋势，从一个新的视角提出了开展中药材全息图谱质量评测人工智能系统的策略。研究的核心是探讨应用全息图谱（性状图谱、显微特征图谱、基因图谱、化学全成分图谱、主成分含量图谱、血清药化学图谱等）控制中药材质量的研究方法，并在此基础上，利用计算机图象识别技术与专家系统，建立一套完整的中药材质量检测人工智能系统，实现中药材的数字化、自动化检测。

（四）中药材鉴定方法研究　2001 年在中药材鉴别方法的使用方面仍然是传统鉴别方法和现代鉴别方法并用，如张尚鹏介绍的西洋参鉴别 12 法中 11 法为传统鉴别，1 法为薄层层析。现代鉴别方法用光谱、色谱及分子生物学技术鉴定均有。新方法的探索亦有报道，如①刘荔荔等采用近红外漫反射光谱结合聚类分析和判别分析的方法，对蓼科酸模属 15 种药用植物及 3 个产地的羊蹄进行定性鉴别，所得分类结果与传统植物分类学结果基本一致，且快速，准确。为生药鉴定提供了一种新的方法和手段。②刘向华、刘先权等对鹿类中药材及鳖甲进行了位点特异性 PCR 鉴定研究。这一方法能克服用 DNA 分子标记鉴别技术进行药材分子标记鉴别时存在的成本高、重现性不好、鉴别程序复杂等实际问题，使在药材鉴别中推广应用 DNA 分子标记技术成为可能，将有十分广阔的应用前景。③吴忠等首创了用微量元素作为分类特征，用计算机鉴定中药的方法。即微量元素特征谱的计算机鉴别。因为中药内微量元素的含量及分布与中药品种密切相关。每种中药都有各自的微量元素特征谱。用计算机处理各种中药的微量元素特征谱，就可实现中药的真伪鉴别分类。此方法快速、准确可靠，特别适合对大批样品进行鉴别分类。已鉴别了苦丁茶、麦冬、贝母、黄芩、细辛、三棱等的真伪，其研究结果与生药学鉴定结果完全一致。

（五）中药品种考证研究　2001年对古代本草或其他文献中所载部分药物来源进行考证发表的文章较多，有不少新的见解。如①卢穗万等考证了紫草茸名称的由来及其真实基原。认为紫草茸宋代始用于治痘疹，原用紫草初生嫩苗。因紫草嫩苗罕见，实际上采用的是紫草根（根头半寸）。此种紫草茸用量较大，明清方书亦多沿用。据此，古方所用紫草茸绝大多数源于紫草。南宋出现用紫草茸（紫草根皮碾成的茸状物）和胶一起伪造紫矿（虫胶类）的现象。明代后期起，紫草茸逐渐被移作紫矿的别名，卢穗万等认为这一现象起因于紫草茸被作为伪造紫矿的原料。故历史上紫草茸并非紫矿，功用亦有区别，不宜再混称，紫草茸不宜再用作紫矿的别名。②王宁经考证认为，汉代以前的菟丝子是指茯苓的地上菌丝，称为“菟丝”；晋代以后逐渐演变为旋花科植物，并沿用至今，药材称“菟丝子”。③叶国荣等对《本草拾遗》始载的草犀进行本草考证。综合比较草犀与宽叶金粟兰的植物形态、功效、应用范围后认为，古代本草记载的草犀就是现在金粟兰科植物宽叶金粟兰。草犀是从其功效方面的命名，唐代以后已不用，现民间多以其形态而称为四大王天、大四块瓦、大叶及已等。

（洪　恂）

【基因测序技术在中药鉴定中的应用】

随着现代分子生物学技术的发展，DNA分析技术已不断渗透到中药鉴定领域，推动了中药鉴定研究的发展。DNA分子作为遗传信息的载体，除具有较高的遗传稳定性外，比同工酶、等位酶及其他蛋白质等生物大分子还有更高的化学稳定性。在生物体死亡后，并不象同工酶等蛋白质那样，迅速降解。在陈旧标本中所保存下来的DNA仍能够用作分子遗传标记研究。

刘忠权等报道，目前用于中药材鉴定的分子标记技术主要有SCAR、RFLP、RAPD、PCR-RFLP、DNA测序和位点特异性鉴别PCR等。DNA测序是用Sanger的双脱氧链终止法等手段对药材特定的基因片段进行精确的DNA序列分析，分析结果可建立正品药材及相关伪混品的原动植物的基因序列数据库，用同样的方法对待检样品进行测序，对照数据库即可鉴定出中药材的真伪。目前用于中药材DNA测序的基因主要有叶绿体基因组rbcL，matK，rpoC与核基因组的rRNA，ITS等（植物类），线粒体基因组的12SrRNA和Cytb（动物类）。近年对龟板、鳖甲、海马、乌梢蛇及其混伪品、鹿鞭、鸡内金、金钱白花蛇及其伪品、野山参与栽培参等的DNA序列分析鉴别均有研究报道。

2001年对高原鼢鼠、蛇胆、三七、金银花、山药、水母雪莲、蛇床子、砂仁等亦进行了DNA序列分析鉴别。如刘玉萍等对山药基原进行DNA测序鉴别，采用PCR直接测序技术测定山药及其地方习用品的18SrRNA基因核苷酸序列并作序列同源性分析。结果：山药（Dioscorea polystachya Turcz.）、广山药（D.persimilis Prain et Burkill）和土山药（D.Japonica Thunb.）的18SrRNA序列长度均为1810pb，而方山药（D.alata L.）为1807pb。根据排序比较，广山药与正品山药的18SrRNA序列完全相同，而与土山药和方山药的序列同源性分别为99.89%和97.51%。为山药基源的准确鉴定及其品质评价提供了分子依据。又如曹晖等对三七及其伪品进行DNA测序鉴别，通过三七核18SrRNA基因和叶绿体matK基因测序及将其DNA序列建为一个标准对照，如要鉴定一个商品三七药材品种基原时，只要测其基因序列，与已知对照序列相吻合，即说明该药材是正品，反之是伪品。目前曹晖等正在进行人参属（Panax）和姜黄属（Curcuma）18SrNA和trnK基因对照序列库的建设工作，一旦顺序完成，可以从DNA分子水平建立人参、三七、郁金、莪术等药材标准，解决其真伪鉴别问题。

DNA测序技术，稳定性强，重现性好，结果准确可靠，用于种下一级分类亲缘关系研究最适宜。但操作复杂，成本较高，一时还较难普及。

（洪　恂）

【山茱萸及其伪品的鉴别】

纪美英、何英姿、郭刚、李爱群等对山茱萸进行了真伪品的性状鉴别：

特征 种类	来源	性状	气味
山茱萸	山茱萸科山茱萸 Cornus officinalis Sieb. et Zucc. 的干燥成熟果肉	呈不规则的片状或囊状，长1.0～1.5cm，宽0.5～1.0cm，表面紫黑色至黑褐色，皱缩，有光泽，顶端有圆形萼痕，基部有果柄痕，内表面较光滑，水浸后不褪色	气微，味酸、涩、微苦
川楝子果皮	楝科川楝 Melia toosendan Sieb. et Zucc. 的外果皮经染色加工	不规则片状，边缘向内卷曲，长1.0～1.5cm，宽0.7～1.1cm，表面黑褐色，皱缩，有明亮的膝样光泽，内表面附有海绵状果肉，易脱落。水浸后褪色，水浸液呈深棕褐色	气微，味酸、苦
葡萄果皮	葡萄科葡萄 Vitis vinifera L. 的干燥果皮	不规则的片状或扁球形，长1～2cm，直径约1cm，果皮破裂不完全。外表面红褐色，皱缩，无光泽，有时可见果柄。内表面灰褐色，附有果肉。每果有种子2粒，呈长卵形，基部明显喙状，腹面具2沟，棕红色，光泽，不易碎	气微，味酸、微甜
小檗果	小檗科小檗 Berberis amurensis Rupr. 的干燥果实	椭圆形，长0.6～1.2cm，红色，有皱纹，顶端有圆盘形柱头，内有长圆形种子两枚	味甚酸、涩
滇枣皮	鼠李科滇刺枣 Zizyphus mauritiana Lam. 的果皮	呈不规则的囊状或片状，稍卷缩破裂，长2～5cm，宽1～2cm，厚0.1～0.3cm，表面紫红色或紫黑色，少有光泽，顶端可见小花柱残基，基部有果柄痕迹。果皮稍硬而脆，革质	味酸
山荆子	蔷薇科山荆子 Malus baccata（L.）Borkh. 的干燥果实	圆球形，多已压扁，破裂，呈不规则的片块状，长1～1.5cm，厚0.2～0.6cm。表面紫红或紫黑色，皱缩，有光泽。顶端可见残留的萼筒和花柱。果核宽卵形，长约厚0.4cm，宽约0.3cm。质硬，革质	气微，味酸、涩
红枣	鼠李科枣 Ziziphus jujuba Mill. 的干燥成熟果皮	不规则的片状或卷曲状，长2.5～3.5cm，宽约1.5～2.5cm。表面暗红色，略带光泽，具不规则的皱纹，一端有深凹果柄痕，另一端有一小突点。果皮薄而稍脆，内面有疏松状黄棕色的中果皮	气微弱，味香甜
山葡萄	葡萄科山葡萄 Vitis amurensis Rupr. 的干燥果实	不规则片状或扁球形。直径0.4～0.8cm。表面棕褐色，附有少量果肉。种子2～4粒，呈卵形，基部略呈喙状，背侧有脐状突起，腹面具2沟，棕褐色，略光滑，长约0.4cm，宽约0.5cm。质柔软，不易碎	气微，味酸、微甜

虞秀武、童明华等将山茱萸与川楝子果皮作了粉末显微鉴别：

种类 粉末显微特征	山茱萸	川楝子
表皮细胞	多角形或类长方形，直径 16～30μm，胞腔内淡橙棕色，多皱缩，壁薄。内果皮细胞呈不规则多角形，主要为螺纹导管，直径 20μm	圆多角形，直径 11～22μm，胞腔内含棕色物；内果皮孔纹细胞呈类长多角形或长条形，直径 27～36μm，可见数个纹孔集成纹孔域
石细胞	类方形、卵圆形或长方形，纹孔明显，胞腔大，有的含淡棕色物	成群或单个散在，呈不规则长条形或长多角形，有瘤状突起或钝圆短分枝，弯曲成S形，胞腔细窄
纤维及晶纤维	少，细长或较短粗，末端尖或钝圆，长 168～450μm，直径 18～24μm	上下层交错排列或排列不整齐，无色或淡黄色，纤维长短不一，稍弯曲，直径 9～36μm
草酸钙簇晶	较少，直径 12～32μm	较少，直径 5～27μm
草酸钙方晶	少，直径约 11μm	较少，呈类方形、棱形，直径 13～16μm

朱山寅则对伪品山茱萸（葡萄果肉）进行薄层色谱鉴别，显示无熊果酸成分；紫外吸收光谱也有区别，山茱萸在 221nm、279nm 波长处有吸收峰，葡萄果肉在 238nm 波长处有一吸收峰。

（方 法）

【五灵脂的真伪鉴别】

五灵脂系鼯鼠科复齿鼯鼠 Trogopterus xantnipes Milne Edwards 的干燥粪便。粘连成块者称为灵脂块，散粒者称灵脂米。陈阿梅、周金鸾等对五灵脂及其伪品的性状作了鉴别。

特征 种类	形态	大小	色泽	质地	气味
灵脂块	椭圆形，表面常破碎，显纤维性，凹凸不平		有油润性光泽，呈焦红糖样，表面黑棕色、红棕色或灰棕色	质地硬，易碎，不平坦，可见有黄棕色树脂样物质	气腥臭，味苦
灵脂米	长椭圆形，两端钝圆	长 5～15mm，直径 3～6mm	表面较平滑或粗糙。黑棕色，可见淡黄色点状纤维，略具光泽，断面为黄绿色或棕褐色、纤维性	体轻质松，易折断	气微，味苦咸
鼠兔粪（草灵脂）	圆球形或长圆形，凝成块状，凹凸不平	直径 3～5mm	表面灰褐色或棕褐色凝成块者呈黑棕色或黑色	体轻、质松，易破碎，可见植物纤维	气微或无
飞鼠粪	长圆形，呈粉团状，凹凸不平	长 3～6mm 直径，2～3mm	表面棕褐色或黑褐色，断面无五色相嵌	硬	气微臭，味微苦
红耳鼠兔粪	圆形或扁圆形	24～40mm	表面黄褐色或淡黄色	轻松，易捻碎，有草质纤维	气微臭，味淡

唐生斌对 10 种 56 批次五灵脂商品进行了显微特征观察，其中正品五灵脂粉末特征比较单一，也较恒定，伪品五灵脂粉末特征较复杂。观察结果表明气孔类型及细胞形态可作为五灵脂粉末鉴别的一个指标，非腺毛类型等特征可作为鉴别的参考。现将正品五灵脂（复齿鼯鼠 Trogopterus xanthipes Milne-Edwards 的干燥粪便）与伪品五灵脂［红白鼯鼠 Petaurista alborus（Milne-Edwards）、栗褐大鼯鼠 Petaurista yunnanensis（Anderson）、小飞鼠 Petromys volans Linnaeus、棕鼯鼠 Petaurista petaurista（Pallas）、

灰头小鼯鼠 Petaurista elegans Muller、黄羊 Procapra gutturosa Pallas、山羊 Capra hircus Linnaeus、青羊 Nemorhedus goral Hardwicke、红耳鼠兔 Ochotona erythrotis Buchner 的干燥粪便］的显微特征列表比较如下：

鉴别部位 原动物名称	气孔类型	叶表皮细胞形态	非腺毛类型	石细胞特征	花粉粒特征	草酸钙晶体类型	原动物体毛特点
复齿鼯鼠粪便	气孔甚多。仅具一种凹陷型气孔，不成行排列	叶表皮细胞类长方形或长多角形，壁链珠状增厚，胞腔内具草酸钙小方晶或砂晶	单细胞或多细胞非腺毛易见，长圆锥形或短圆锥形，有的略弯曲	有时可见，类方形、圆多角形或略呈分枝状，壁较厚，纹孔及孔沟明显	偶见，类圆形，表明具颗粒状雕纹，有3个萌发孔	表皮细胞腔内有小方晶或砂晶	体毛偶见。具鳞片，作平行排列，边缘呈整齐的细锯齿状，髓质呈梯纹状，内含细颗粒状物
红白鼯鼠粪便	具两种凹陷型气孔，其中一种气孔成行排列	叶上表皮细胞垂周壁平直，外平周壁乳头状突起增厚	具较多见的簇生非腺毛	未见报道	未见报道	方晶和簇晶多见，簇晶棱角较钝；易见晶纤维	体毛偶见。特征与复齿鼯鼠相似，但髓质末梢具纵直纹，中部及基部呈梯纹
栗褐大鼯鼠粪便	气孔易见。具两种凹陷型气孔，成行或不成行排列，并具禾本科植物的气孔及不定式气孔	表皮细胞类方形或长方形，垂周壁波状弯曲	非腺毛多细胞弯曲；星状毛由数个细胞连接而成	类圆形或类方形，多成团，孔沟明显	花粉粒偶见。圆形，表面具三角形雕纹	方晶多见。方形、多角形或板状	体毛特征同小飞鼠
小飞鼠粪便	气孔少见，不具凹陷型气孔	未见报道	非腺毛较多；星状毛易见，体部4～8出2～3分枝，分枝末端似鹿角状	石细胞多见，类方形或多角形，纹孔及孔沟明显，有的胞腔内充满棕色物质，多成片状团块	花粉粒少见，类圆形或椭圆形，表面有细颗粒状纹理，气囊类肾形	簇晶易见，棱角钝；方晶亦易见；并有少见的含钟乳体晶细胞	体毛易见。特征与复齿鼯鼠相似
棕鼯鼠粪便	气孔易见。不具凹陷型气孔或为不定式气孔	叶上表皮细胞垂周壁平直，外平周壁乳头状突起增厚而呈双圆圈形	易见簇生非腺毛；具叠生非腺毛，完整者2～3叠，每叠4出分枝；星状毛易见；盾状毛偶见	石细胞较多，卵形，类方形或类多角形，纹孔及孔沟明显，多成团	未见报道	簇晶易见，圆形，棱角较尖；方晶多见，方形、菱形、双锥形或板状	体毛特征同小飞鼠

续表

原动物名称 \ 鉴别部位	气孔类型	叶表皮细胞形态	非腺毛类型	石细胞特征	花粉粒特征	草酸钙晶体类型	原动物体毛特点
灰头小鼯鼠粪便	气孔少见。不具凹陷气孔	未见报道	具众多单细胞或多细胞非腺毛，略弯曲；星状毛由数个披针形细胞连接而成	石细胞类方形，多成团，孔沟明显	花粉粒有时可见，圆形，表面具点状雕纹	簇晶较多，棱角较尖；方晶为方形、多面形或双锥形	体毛偶见。较短而顺直，有的外被鳞片，髓质梯纹状；有的无鳞片包围，髓质呈链珠状，基部具纵直纹理
黄羊粪便	气孔易见。不具凹陷型气孔	表皮细胞类方形或类长方形，垂周壁波状弯曲	易见单细胞或多细胞非腺毛；星状毛较易见，完整者体部由10余个细胞连接而成	石细胞易见，卵圆形、类多角形或分枝状，孔沟明显	未见报道	方晶多见；簇晶易见，细小，类圆形，棱角较钝，有晶纤维	体毛偶见。基部具鳞片，作复瓦状排列，中部以上无鳞片，髓质略呈链珠状，全体可见纵直纹
山羊粪便	气孔易见。不具凹陷型气孔	表皮细胞类方形或长方形，垂周壁波状弯曲	单细胞非腺毛少见；星状毛多见，体部由数个细胞连接而成	未见报道	未见报道	簇晶较大，菱形少见；方晶呈方形、菱形、多面形、双锥形，有晶纤维	体毛偶见。全体无鳞片包围，髓质无覆瓦状横隔，具纵直纹
青羊粪便	气孔易见。不具凹陷型气孔，或为不定式气孔	表皮细胞类方形或类长方形，垂周壁波状弯曲	非腺毛众多，单细胞或多细胞，有的表面具刺状突起；星状毛较易见，体部由数个细胞连接而成	石细胞类方形，壁厚，纹孔及孔沟明显	未见报道	未见报道	体毛偶见。全体无鳞片包围，髓质无覆瓦状横隔，不呈链球状，具纵直纹
红耳鼠兔粪便	气孔少见，不具凹陷型气孔	未见报道	非腺毛单细胞或多细胞；星状毛、簇生毛易见；盾状毛少见	石细胞多见，成团或散离，类方形或类多角形，壁厚，孔沟明显	未见报道	方晶较多，方形、多面形或板状；有晶纤维	体毛偶见。无鳞片包围，髓质具细密纵直纹

（方　法）

【中药品种的研究】

1.荜茇 荜茇系胡椒科植物荜茇 Piper longum L. 的干燥近成熟或成熟果穗，具有温中散寒、下气止痛的功效。因目前有些地方存在着以同属植物的果穗代替荜茇混用的现象，为此刘佑波等对其进行了考证，结果表明《南方草木状》《本草纲目》将荜茇与蒟酱等同是不准确的，其余本草所载荜茇均与现时所用的荜茇 Piper longum L. 相一致。所以正品应为胡椒科植物荜茇 P.longum 的干燥近成熟或成熟的果穗，而蒟酱 P.betle 等是混伪品，虽然它们在形态、产地、性味、功效等方面均有相似之处，但在临床用药时应注意加以区别。

2.龙胆 郭瑞等为了澄清龙胆原植物在文献记载中的错误和混乱现象，对其基原和品种进行了考证，结果表明龙胆最主要有4个品种：条叶龙胆 Gentiana manshurica Kitag.、龙胆 G.scabra Bge.、三花龙胆 G.triflora Pall. 及滇龙胆 G.rigescens Franch.。而其他头花龙胆、红花龙胆、德钦龙胆在民间作龙胆草用。正品龙胆的原植物应该是条叶龙胆 Gentiana manshurica Kitag.。

3.藁本 李云森等对云南地区习用的藁本品种进行了文献调研和实地考察，结果发现云南地区习用的藁本是黄蒿本和黑藁本两个品种，黄藁本的基原是伞形科滇芹属植物滇芹 Sinodielsia yunnanensis Wolff 和藁本属植物丽江藁本 Ligusticum delavayi Franch.，黑藁本的基原是伞形科藁本属植物蕨叶藁本 L.pteridophyllum Franch.。但它们的药理、药效作用是否一致，有待进一步研究。

4.水芹 为了弄清古代与近代所称的水芹是否同源，黄正明等从历代本草文献中记载的名称、生态环境与产地、种属与植物特征、功能与主治进行了考证，结果表明历代本草文献所载水芹及相似品种与现代基本一致，基原为伞形科水芹属植物，其正品为水芹 Oenanthe javanica（Bl.）DC.。水芹的名称、生态环境、原植物的形态特征、产地、功效与应用，古今文献记载相似。

5.九节菖蒲 王旭等对中药九节菖蒲进行了品种考证，结果表明九节菖蒲与石菖蒲原本为一物，所以九节菖蒲应该是天南星科植物石菖蒲 Acorus gramineus Soland. 的根茎，且天南星科菖蒲属植物水菖蒲 Acorus calamus L.、石菖蒲的变种植物钱菖蒲 A.gramineus Soland. var. pusillus Engl. 也叫九节菖蒲。因其外形、性味、化学成分、功效与石菖蒲基本相同，应用时可作石菖蒲用。而毛茛科植物阿尔泰银莲花 Anemone altaica Fisch. 的根茎只能叫节菖蒲，不能叫九节菖蒲。

6.无花果 无花果是目前研究较多的药食兼用的植物，其花托（即果实）、根、叶均可药用，但市场上常有同物异名、混淆、伪充现象的发生。为此，徐新春等对无花果的品种与植物来源进行了考证，结果表明无花果原产亚洲西部至地中海地区，早在明朝就有药用记载，《滇南本草》所载无花果为同属他种植物，其正品应为桑科榕属无花果 Ficus carica，同属植物榕树 F.microcarpa 果、薜荔 F.pumila 果等为混伪品。

7.草犀 叶国荣等对始载于唐代陈藏器《本草拾遗》的草犀进行了考证，比较了草犀与宽叶金粟兰的植物形态、功效、应用范围，认为古代本草中的草犀就是现在金粟兰科的宽叶金粟兰 Chloranthus henryi Hemsl.。草犀是根据其功效而命名，唐代以后已不再沿用，现民间多以其形态而命名为四大天王、大四块瓦、大叶及己等。

8.威灵仙 目前威灵仙的品种混乱现象已十分严重，据调查，以威灵仙之名入药的有8科54种之多。为此，徐涛等对威灵仙进行了本草考证，表明唐代《威灵仙传》

所载威灵仙应为毛茛科铁线莲属直立草本棉团铁线莲 Clematis hexapetala Pall. 为现《中国药典》所收载的威灵仙正品之一。而《本草纲目》和《植物名实图考》记载的威灵仙为蔓生，是棉团铁线莲的近缘种在效用基础上的重发现。

9. 菟丝子　王宁通过考证表明，《神农本草经》上所载的菟丝子与现代商品并非同一类植物，汉代以前的菟丝子应是"兔丝"，是指茯苓的地上菌丝，以后逐渐演变成旋花科的菟丝子属植物，至梁代以后的菟丝子均是指菟丝子属的多种植物，所以现今的菟丝子有大、小粒两种商品，来源于旋花科菟丝子属的菟丝子 Cuscuta chinensis Lam. 等 5 种植物的种子。

10. 蒙药利得日　利得日是蒙医常用的药材，具有清热、除湿等功效，但历代医籍传承各异，造成同名异物或同物异名混伪品种较多。宝音图等对利得日的植物形态特征、生长环境、性味功能及化学成分等方面进行了综合分析，表明其原植物应有 4 科 4 属 10 个品种，其中正品利得日是防已科的宽筋藤 Tinospora sinensis (Lour.) Merr.、心叶宽筋藤 T. cordifolia Miers 和金果揽 T. capillipes Gagnep. 等 3 种藤本植物；而苦参 Sophora flavescens Ait. 和木藤蓼 Polygonum aubertii Henry. 为利得日的代用品；但中华青牛胆、云南青牛胆、波叶青牛胆、五叶瓜藤均为混伪品。

（丁丽玉）

参考文献

B

宝音图，赵百岁，布日额．蒙药利得日的本草考证．中药材，2001；(11):823

C

曹　晖，刘玉萍，伏见格利，等．三七及其伪品的 DNA 测序鉴别．中药材，2001；(6):398

陈阿梅．五灵脂与鼠兔粪性状的经验鉴别．中草药，2000；(2):140

陈黄保．甜牛大力和苦牛大力的生药研究．中草药，2001；(9):843

陈吉炎，王启斌，程传联，等．中药材市场假劣品变化趋势分析．中药材，2001；(11):825

G

郭　刚．几种常见中草药的鉴别．中医药研究，2001；(1):51

郭　瑞，安伟健，高元泰．中药龙胆原植物的研究及本草考证．中草药，2001；(11):1039

H

何英姿．山茱萸及其伪品鉴别．时珍国医国药，2001；(1):57

黄正明，杨新波，曹文斌．水芹的本草考证．中草药，2001；(1):59

J

纪美英，于士隐．山茱萸与混伪品的性状鉴别．山东中医杂志，2001；(5):366

L

李　峰，潘丽坤，记俊元，等．羚羊角及伪品的凝胶电泳鉴别．中草药，2001；(5):454

李　萍，薛　粲．试论中药材全息图谱质量评测人工智能系统构建．中药现代化，2001；(4):42

李爱群，宋吉莲，丛永壮，等．山茱萸的真伪鉴别．时珍国医国药，2001；(5):422

李云森，叶晓雯，廖心荣，等．云南习用藁本的品种考证．中草药，2001；(3):257

刘荔荔，原　源，陈万生，等．近红外漫反射光谱法在羊蹄类生药分类中的应用．中草药，2001；(11):1024

刘王萍，何报作，曹　晖．基因测序技术在中药质量研究中的应用（Ⅱ）山药基原的 DNA 测序鉴别．中草药，2001；(11):1026

刘先权，王义权，周开亚，等．中药材鳖甲的位点特异性 PCR 鉴定研究．中草药，2001；(8):736

刘向华，王义权，周开亚，等．鹿类中药材的位点特异性 PCR 鉴定研究．药学学报，2001；(8):631

刘佑波，徐新春．萆茇的本草考证．中草药，2001；(12):1127

刘忠权，周材权，王义权．分子遗传标记技术在中药材鉴定中的应用．中药现代化，2001；(5):26

卢穗万，郑金生．紫草茸名实功效考辨．中国中药杂志，2001；(8):56

P

潘鲁敏，焦福贵，姚　强，等．家种防风伪充党参的鉴别．中草药，2001；(7):652

Q

齐迎春，易华林，梁学艺．三尖杉的形态组织鉴定．中药材，2001；(6):407

S

孙红祥，曾宪武，庄金山．麦冬类药材质量的综合评价．中药材，2001；(5):313

T

唐　勇，周春菊，申　欣，等．拳参及其混淆品草血竭的饮片鉴别．中药材，2001；(1):32

唐生斌．五灵脂及其伪品的显微鉴别．中草药，2001；(1):63

童明华，张　玮．山茱萸与染色川楝子果皮的鉴别．浙江中医学院学报，2001；(4):34

W

王　宁．菟丝子的本草考证．中药材，2001；(12):895

王　旭，张　君．中药九节菖蒲的品种考证．基层中药杂志，2001；(2):39

吴　忠，苏薇薇，林敬明，等．中药质量标准化和中药现代化系列研究．中药材，2001；(1):57

X

肖永庆，杨　滨，姚三桃，等．防风质量标准研究．中国中药杂志，2001；(3):185

徐　涛，万德光．威灵仙本草新考．中药材，2001；(4):293

徐新春，吴明光．无花果本草考证．中国中药杂志，2001；(6):392

薛　漓．广藿香及其混淆品广防风的鉴别．中草药，2001；(5):460

Y

叶国荣，彭德伟．草犀的本草考证．中国中药杂志，2001；(3):212

虞秀武．山茱萸及其新伪品川楝果皮的鉴别．基层中药杂志，2001；(6):30

Z

张尚鹏．西洋参鉴别十二法．中草药，2001；(9):845

周金鸾，田小宁．五灵脂与飞鼠粪和红耳鼠兔粪的鉴别．甘肃中医，2001；(3):76

朱山寅．山茱萸伪品葡萄果肉的鉴定．中草药，2001；(8):745

（四）中药化学

【概述】

2001年在中药化学方面发表的论文约1000篇，从常用中药及民间药物中分得80余个新化学成分，并且开展了植物环肽、小分子水溶性成分、丹宁、海洋生物、中药复方、中药及其复方有效成分的体内外代谢产物等方面的化学成分研究。反映了中药化学的研究更深入及结合中医临床实际的特点。

（一）植物中环肽成分的研究逐渐增多　如丁中涛等从石竹科多荚草中分得三个新的环肽成分-Polycarponin A、B、C，程永现等从民间草药短瓣花根中分得四个新的环八肽-短瓣花肽A、B、C、D。

（二）水溶性小分子化合物的研究　如钟德新等运用TSK-gel Toyopear HW 40F、MCIgel CHP20P、Cosmosil C18 750PN、Sephadex LH-20等反相色谱层析方法从穿心莲水溶性部位分得三个新的二萜酸盐为穿心莲酸镁、穿心莲酸二钠、穿心链酸二钾葡萄糖苷等。

（三）植物丹宁成分研究　丁岗等利用

凝胶色谱技术首次从诃子中分得诃子酸等10余个多元酚类成分。

（四）开展了海洋生物活性成分的研究 如林厚文、易杨华等从中国海南总合草苔虫中用抗癌活性追踪方法分离得到 Bryostatin 4 等 8 个活性成分。

（五）开展了中药复方中化学成分的研究 如吴军等从补阳还五汤的抗血栓有效部位分得芒柄花素、毛蕊异黄酮等 4 个异黄酮成分和一个紫檀烷的化合物；杨秀伟等从精制吴茱萸胶囊中分得吴茱萸次碱、人参皂苷 Rg2 等 8 个化学成分；文志明等从山丹汤的水煎醇沉的醇溶部位分得牡荆素、芍药苷、丹参素等 15 个化学成分。

（六）为了进一步解释中药有效成分的作用机制，中药成分的体内外代谢产物研究近来引起了许多学者的关注 如宋纯清、杨肖锋等研究了龙胆中主要有效成分龙胆苦苷的体内外代谢、血药浓度、代谢产物的结构及其血浓度的曲线，从人肠菌培养液中分得5种代谢产物，其中 3 个为新的化合物；王本祥、刘铁汉、陈昕等研究了淫羊藿苷、人参皂苷 Rb1、人参皂苷 Rg1 的肠菌代谢；王金辉等研究了拟人参皂苷 F11 在大鼠体内的代谢，从大鼠粪便中分离鉴定了 3 种代谢产物——人参皂苷 Rts、Ocotillol 和 F-3-1（6-0-α-L-吡喃鼠李糖基 1→2）-β-D-吡喃葡萄糖基-（20S，21S，24R-）-达玛-20（24）-环氧-3β，6α，12β，23，25-五醇。

（宋纯清 温 涛）

【75 种中草药中的新成分】

一年来，中国学者在 75 种中草药中发现 132 个新成分，现列表如下：

中药名和原植物名	新成分名称	分子式	熔点(℃)和旋光度	生物活性	报道者
1. 东川乌头 Aconitum geniculatum Fletcher et Lauener	滇羟碱	$C_{34}H_{47}NO_{11}$	$[\alpha]_D^{25.5}+31.6°$		董锦艳等
2. 泽泻 Alisma orientale (Sam.) Juzep	泽泻萜醇 E	$C_{17}H_{28}O_4$			彭国平等
3. 大蒜 Allium sativum L.	E-1, 7, 11-三烯-4, 5, 9-三硫杂十二烷-9,9-二氧化物	$C_9H_{14}S_3O_2$			陆茂松等
	Z-4, 9-二烯-2, 3, 7-三硫杂癸烷-7-氧化物	$C_7H_{12}S_3O_2$			
	3-乙烯基-6H-1, 2-二硫杂苯-2-氧化物	$C_6H_8S_2O$			
	2-乙烯基-4H-1, 3-二硫杂苯-3-氧化物	$C_6H_8S_2O$			
4. 云南崖摩 Amoora yunnanensis (H. L. Li.) C. Y. Wu	3β, 7α, 16β-trihydroxy-stigmast-5, 22-diene	$C_{29}H_{48}O_3$	132～134 $[\alpha]_D^{26}$-35.3°		罗晓东等
	3β, 7α, 16β-trihydroxy-stigmast-5-ene	$C_{29}H_{50}O_3$	151～153 $[\alpha]_D^{26}$-60.0°		
5. 穿心莲 Andrographis paniculata Nees	穿心莲酸镁	$C_{20}H_{26}O_6Mg$			钟德新等
	穿心莲酸二钠				
	穿心莲酸二钾葡萄糖苷				
6. 绿海葵 Anthopleura stell (verrill)	1-甲基黄嘌呤核苷	$C_{11}H_{14}N_4O_6$			禚如明等

续表

中药名和原植物名	新成分名称	分子式	熔点(℃)和旋光度	生物活性	报道者
7. 鹰爪 Artabotrys hexapetalus(L.f.)Bhandari	鹰爪木脂醇	$C_{27}H_{26}O_9$	194~196 $[\alpha]_D^{16}$-7.0°		余竞光等
	(R)-鹰爪三醇	$C_5H_{10}O_3$	$[\alpha]_D^{20}$-7.4°		
8. 长茎金耳环 Asarum longerhizomatosum C.F. Liang et C.S.Yang	4-(2,4,5-三甲基苯基)-3-丁酮		86~89		张树祥等
9. 筒鞘蛇菰 Balanophora involucrata Hook.f.	熊果酸-12-烯-11-羧基-3-醇正二十八酸酯		80~82		夏新中等
10. 铁破锣 Beesia calthaefolia(Maxin) Ulbr.	铁破锣酸	$C_{15}H_{14}O_2$	220~224		鞠建华等
	铁破锣皂苷 Q	$C_{65}H_{106}O_{30}$	226~230 $[\alpha]_D^{20}$-19.20°		
11. 白及 Bletilla striata (Thunb.)Reichb.f.	3-(4-羟基-3-甲氧基苯)-反式丙烯酸二十六醇酯		62		王立新等
12. 短瓣花 Brachystemma calycinum D.Don	短瓣花苷 A	$C_{11}H_{15}NO_7$			程永现等
	短瓣花环肽 A	$C_{37}H_{54}N_8O_9$	>250 $[\alpha]_D^{21}$-33.8°		
	短瓣花环肽 B	$C_{45}H_{57}N_9O_{10}$	240~242 $[\alpha]_D^{25}$-0.004°		
	短瓣花环肽 C	$C_{38}H_{56}N_8O_9$	>250 $[\alpha]_D^{25}$-21.0°		
	短瓣花环肽 D	$C_{42}H_{61}N_9O_{11}S$	215~217.5 $[\alpha]_D^{28}$-55.0°		
13. 北柴胡 Bupleurum chinense DC.	柴胡皂苷 q-1		230~246		梁 鸿等
14. 雀舌黄杨 Buxus bodinieri Levl.	雀舌黄杨碱 A	$C_{26}H_{45}N$	191~193		邱明华等
	雀舌黄杨碱 B	$C_{26}H_{41}NO_2$	202~205		
	雀舌黄杨碱 C	$C_{26}H_{39}NO$	150~154		
	雀舌黄杨碱 D	$C_{28}H_{46}N_2O$	212~215		
	雀舌黄杨碱 E	$C_{26}H_{44}N_2$	194~197		
15. 滇南红厚壳 Calophyllum polyanthum Wall. et Choisy	滇南红厚壳内酯 A	$C_{25}H_{26}O_6$	$[\alpha]_D^{26}$-176.54°		陈纪军等
	滇南红厚壳内酯 B	$C_{25}H_{26}O_6$	$[\alpha]_D^{26}$-9.960°		
16. 苦皮藤 Celastrus angulatus Maxim.	angulatinc	$C_{36}H_{48}O_{14}$		具有较强的抗炎活性	秦海林等
17. 蚂蝗七 Chirita fimbrisepala Hand.-Mazz.	蚂蝗七苷	$C_{26}H_{28}O_{14}$	212~213		周立东等
18. 小升麻 Cimicifuga acerina (Sieb.et Zucc.)Tanaka	(22R)-22-羟基升麻醇		270~273		张庆文等
	(22R)-22-hydroxy-24-O-acetylhydroshengmano 1-3-O-β-D-xylopyranoside	$C_{37}H_{60}O_{12}$	227~229		

续表

中药名和原植物名	新成分名称	分子式	熔点(℃)和旋光度	生物活性	报道者
19. 小叶臭黄皮 Clausena excavata Burm. f.	5,7,5'-三羟基-3',4'-二甲氧基黄酮 3-0-α-L-吡喃鼠李糖苷	$C_{23}H_{24}O_{12}$			何红平等
20. 威灵仙 Clematis chinenşis Osbeck	Clemaphenol A	$C_{20}H_{22}O_6$	$[\alpha]_D^{25}+72°$		何　明等
	二氢-4-羟基-5-羟甲基-2(3H)-呋喃酮				
21. 黄鞘蕊花 Coleus xanthanthus C. Y. Wu et Y. C. Huang	8,9-断裂-艾里莫芬-1(10),7(11)-二烯-8,12-内酯-9-酸	$C_{15}H_{20}O_4$	149.5～151.5 $[\alpha]_D^{25}+11.73°$		梅双喜等
22. 簇序草 Craniotome furcata (link.) O. kuntze.	cranioside A	$C_{16}H_{20}O_7$			岳建民等
	cranioside B	$C_{21}H_{26}O_{14}$			
23. 山楂 Crataegus pinnatifida Bye. var. major N. E. Br	山楂素Ⅰ	$C_{23}H_{20}O_{10}$	251～253		张培成等
24. 狗筋蔓 Cucubalus baccifer L.	2,22-dideoxyecdysterone 3-β-0-β-D-glucopyranoside	$C_{33}H_{54}O_{10}$	$[\alpha]_D^{28}+49°$		程永现等
25. 黄山药 Dioscorea panthaica Prain et Burkill	黄山药皂苷 C	$C_{52}H_{84}O_{22}$	180～182 $[\alpha]_D^{25}$-54.2°		董　梅等
26. 南川鹭鸶草 Diuranthera inarticulata Wang et K. Y. Liang	鹭鸶草苷 F	$C_{62}H_{100}O_{33}$		具有抗菌活性	杨维力等
	鹭鸶草苷 G	$C_{62}H_{100}O_{33}$	$[\alpha]_D^{22}$-20.0°		
27. 云南血竭 Dracaena cachinchinensis (Lour.) S. C. Chen	剑叶血竭素	$C_{31}H_{30}O_7$			周志宏等
28. 大蒜果树 Dysoxylum hainanense Merr.	(+)evofolin B	$C_{17}H_{18}O_6$	$[\alpha]_D^{26}+16.7°$		罗晓东等
29. 墨旱莲 Eclipta prostrata L.	eclabasaponins Ⅺ	$C_{50}H_{82}O_{19}$	231～233		赵越平等
	eclabasaponins Ⅻ	$C_{48}H_{77}Na_2O_{22}S$	235～237	具有诱导稻瘟霉菌丝变形的活性	
	异去甲蟛蜞菊内酯	$C_{15}H_8O_7$			张金生等
30. 四方蒿 Elsholtzia blande(Benth.) Benth	四方蒿素Ⅰ	$C_{24}H_{27}O_7$	147～148		吕金顺等
	四方蒿素Ⅱ	$C_{27}H_{28}O_7$	171～172		
	四方蒿素Ⅲ	$C_{22}H_{18}O_7$	185～186.5		
31. 灯盏花 Erigern breviscapus (Vant.) Hand.-Mazz.	1-0-甲基-3,5-0-双咖啡酰基奎宁酸甲酯	$C_{27}H_{28}O_{12}$	132～134 $[\alpha]_D^{20}$-34.7°		张卫东等
	5-0-咖啡酰基奎宁酸丁酯	$C_{20}H_{26}O_9$	121～122 $[\alpha]_D^{20}$-27.8°		

续表

中药名和原植物名	新成分名称	分子式	熔点(℃)和旋光度	生物活性	报道者
	1-羟基-2,3,5-三甲氧基酮	$C_{16}H_{14}O_6$	227~228		张卫东等
	1-(2'-γ-吡喃酮)-6-咖啡酰基-α-D-吡喃葡萄糖苷	$C_{20}H_{20}O_{11}$	145~146		
	5,4'-二羟基黄酮-7-O-β-D-吡喃葡萄糖醛酸丁酯	$C_{25}H_{26}O_{11}$	>300		
	3,5-二甲氧基苯甲酸-4-0-β-D-吡喃葡萄糖苷	$C_{15}H_{20}O_{10}$	163~164		
32. 石虎 Evodia rutaecarpa (Juss.) Benth. var. officinalis (Dode) Huang	石虎柠檬素 A	$C_{26}H_{30}O_{10}$	284~288 $[\alpha]_D^{22}$-70°		盖　玲等
33. 盔瓣耳叶苔 Frullania muscicola Steph.	豆甾醇二十烷酸酯	$C_{49}H_{86}O_2$	96~98		李光耀等
34. 桦褐孔菌 Fuscoporia obliqua Fr. Te. Lat	桦褐孔菌素	$C_{20}H_{14}O_9$	>300		何　坚等
35. 赤芝 Ganoderma lucidum (Leyss. ex Fr.) Karst.	赤芝酸 LM_1		130~131 $[\alpha]_D^{25}$+140°		罗　俊等
36. 无毒棉花子 Glandless cotton Seeds.	山奈酚-3-0-β-D-芹菜糖-(1→2)-[α-L-鼠李糖(1→6)]-β-D-葡萄糖苷	$C_{32}H_{38}O_{19}$	174~175 $[\alpha]_D^{25}$-37°		张庆建等
37. 山西甘草 Glycyrrhiza inshan Xi	乌拉尔甘草皂苷甲乙基正丁酯	$C_{48}H_{74}O_{16}$ $3H_2O$	178		宣春生等
	乌拉尔甘草皂苷甲甲基正丁酯	$C_{47}H_{72}O_{16}$ $3H_2O$	257		
38. 景洪哥纳香 Goninothalamus cheliensis Hu.	哥纳香醌	$C_{13}H_{10}O_5$	201~202		王　嗣等
	哥纳香呋喃并呋喃酮丙酮亚基化合物	$C_{16}H_{18}O_6$	165~166 $[\alpha]_D^{23}$+80°		
39. 泥胡菜 Hemistepta lyrata Bunge	泥胡木烯苷	$C_{27}H_{32}O_{11}$	112~113 $[\alpha]_D^{20}$-9.00°		任玉琳等
40. 红花岩黄芪 Hedysarum multijugum Maxim.	5,7-二羟基-4'-甲氧基-6,8-二异戊烯基异黄酮		162~165		王　伟等
	对香豆酸二十二酯		84~87		
41. 板蓝根 Isatis indigotica Fortune	依靛蓝双酮	$C_{23}H_{22}N_2O_5$	242		刘云海等
	E-二甲氧羟苄吲哚酮	$C_{17}H_{15}NO_4$	204~206		
42. 紫萼香茶菜 Isodon forrestii (Diels) Kudo	Abieforrestin	$C_{26}H_{40}O_{10}$	$[\alpha]_D^{24.7}$-24.05°		梅双喜等
43. 黄花香茶菜 Isodon sculponeatus (Vaniot) Hara	黄花香茶菜戊素	$C_{22}H_{30}O_7$	136~137 $[\alpha]_D^{145}$-124.56°		杨明惠等
44. 抱茎苦荬菜 Ixeris sonchi-folia Hance	蒲公英烷-20-烯-3β,16α-二羟基-3-乙酯	$C_{32}H_{52}O_3$	244~246 $[\alpha]_D^{20}$-32.0°		封锡志等
45. 略大凹顶藻 Laurencia majuscula Harvey	8-溴-1-烯-chamigrene	$C_{15}H_{25}Br$	124~125		徐效华等
	谷甾-4,25-二烯-3β,6β-二醇	$C_{29}H_{48}O_2$	242~243		

续表

中药名和原植物名	新成分名称	分子式	熔点(℃)和旋光度	生物活性	报道者
46. 黄连花 Lysimachia davurica Ledeb.	氯原酸乙酯		116~118		田景奎等
	氯原酸正丁酯		146~148		
47. 长缘厚朴 Magnolia rostrata W. W. Smith	木兰醌	$C_{15}H_{12}O_3$	73~76	可能有抗菌活性	邓世明等
48. 怀槐 Mauckia amurensis Rupr. et. Maxim	4',8-二羟基-7甲氧基异黄酮	$C_{16}H_{12}O_5$	243~245		黄文哲等
49. 黄花青蒿 Artemisia annua L.	12-脱氧-11烯青蒿素		93~94		谢笑天等
50. 厚果鸡血藤 Millettia pachycarpa Benth.	厚果鸡血藤丙素	$C_{21}H_{18}O_8$	156~158		邵伟艳等
	厚果鸡血藤丁素	$C_{19}H_{14}O_5$	170~171		
	厚果鸡血藤戊素	$C_{20}H_{14}O_6$	218~221		
51. 人参 Panax ginseng C. A. Meyer	[N,N'-双-(r-谷氨酰甘氨酰)胱氨酸,IGSSG)]			具有促眠活性	叶蕴华等
52. 云南拟单性木兰 Parakmeria yunnanensis Hu	云南拟单性木兰素 A	$C_{19}H_{20}O_3$	68~70 $[\alpha]_D^{21}$-101.5°		程永现等
53. 紫花前胡 Peucedanum decursivum(Miq.)Maxim.	紫花前胡素 D	$C_{19}H_{20}O_6$	100~102 $[\alpha]_D^{23}$-14.6°		姚念环等
	紫花前胡素 F	$C_{16}H_{16}O_6$	158~160 $[\alpha]_D^{23}$+61.5°		
54. 云南羌活 Pleurospermum rivulorum (Diels) K. T. Fu	1'-0-β-D-glucopyranosyl (2R, 3S)-3-hydroxynodakenetin	$C_{20}H_{24}O_{10}$	288~289 $[\alpha]_D^{21}$+15.1°		肖永庆等
	8-hydroxy-5-0-β-D-glucopyranosyl-psoraden	$C_{17}H_{17}O_{10}$	290		
55. 马尾松 Pinus massoniana Lamb.	massonianoside	$C_{25}H_{32}O_{10}$	127~128 $[\alpha]_D$-26.4°		毕跃峰等
56. 多荚草 Polycarpon indicum(Retz.)Merr.	prostratoside D	$C_{52}H_{84}O_{22}$	246~248 $[\alpha]_D^{25}$-21.0°		丁中涛等
	prostratoside E	$C_{52}H_{84}O_{22}$	223~226 $[\alpha]_D^{25}$+14.7°		
	potycarponin B	$C_{37}H_{64}N_8O_8$	182~184 $[\alpha]_D^{26}$-87.9°		
	potycarponin C	$C_{45}H_{68}N_8O_9$	183~186 $[\alpha]_D^{25}$-124.8°		
57. 寒莓 Rubus budergeri Miq	寒莓酸甲酯	$C_{31}H_{50}O_6$	226~229 $[\alpha]_D^{20}$+0.18°		邓烨等
58. 毛萼梅 Rubus chroosepalus Focke	2α,3β-二羟基乌苏-12,19-二烯-23,28-二酸	$C_{30}H_{44}O_6$	$[\alpha]_D^{27}$+28.5° (C,0.61,MeOH)		刘戎等
59. 土大黄(巴天酸模) Rumex patientia L.	十九烷酸-2,3-二羟丙酯		207~209		原源等
60. 黄白红菇 Russula ochroleuca(Pers.)Fr	硫代乙酸酐	$C_4H_6O_2S$	141~145		高锦明等

续表

中药名和原植物名	新成分名称	分子式	熔点(℃)和旋光度	生物活性	报道者
61. 四棱草 Schnabelia oligophylla Hand.-Mazz.	四棱草环肽	$C_{42}H_{62}N_9O_9$	208~209 $[\alpha]_D^{25}$-120°	对T/B淋巴细胞有免疫抑制作用	周 燕等
62. 千里光 Senecio oldhamianus Maxim.	7β,11-环氧-9α,10α-环氧-8-羰基艾里莫芬烷	$C_{15}H_{22}O_3$	165~166 $[\alpha]_D^{20}$-14.57°	促进癌细胞生长作用	杨 华等
	8,11-过氧-9α,10α-环氧-6-烯-8β-羟基艾里莫芬烷	$C_{15}H_{22}O_4$	134~135 $[\alpha]_D^{20}$-120.0°	较好的抗癌作用	
	7(11)-烯-9α,10α-环氧-8-羰基艾里莫芬烷	$C_{15}H_{22}O_2$	71~72 $[\alpha]_D^{20}$+79.60°	较好的抗癌作用	
	6-烯-9α,10α-环氧-11-羟基-8-羰基艾里莫芬烷	$C_{15}H_{22}O_3$	$[\alpha]_D^{20}$-90.00°		
63. 粟米 Setaria italica (L.) Beauv	甘油-α,β-二亚麻酸酯-α'-鼠李-鼠李糖苷	$C_{50}H_{82}O_{16}$			王海棠等
64. 槐 Sophora japonica L.	(Z)-1,1'-biindenyliden		>300		唐于平等
65. 海绵 Spongia zimocca subspecies irregularia Lemdenfeld	Zimoclatone B	$C_{19}H_{24}O_5$	274~275 $[\alpha]_D^{25}$-11.0°		曾陇梅等
	Zimoclatone C	$C_{20}H_{30}O_8$	243~244 $[\alpha]_D^{25}$-56.47°		
66. 瑞香狼毒 Stellera chamae jasme L.	瑞香狼毒素 A(1)	$C_{33}H_{28}O_{10}$	232~236 $[\alpha]_D^{19}$+176°	免疫调节活性	徐志红等
	瑞香狼毒素 A(2)	$C_{33}H_{28}O_{10}$	$[\alpha]_D^{15}$+181°	免疫调节活性	
	(-)-pinoresinol monomethyl ether		$[\alpha]_D^{30}$-58°		
67. 诃子 Terminalia chebula Retz.	异诃子裂酸	$C_{14}H_{12}O_{11}$	$[\alpha]_D^{25}$+13.86°		丁 岗等
	新诃子裂酸 neochebulic acid	$C_{14}H_{12}O_{11}$			
68. 蒺藜 Tribulus terrestris L.	蒺藜皂苷 A		273~275		徐雅娟等
	蒺藜皂苷 B		263~265		
69. 胡芦巴 Trigonella foenum-graecum L.	胡芦巴皂苷Ⅷ	$C_{44}H_{72}O_{18}$	173~175 $[\alpha]_D$-28.6°		尚明英等
	双咔唑				

续表

中药名和原植物名	新成分名称	分子式	熔点(℃)和旋光度	生物活性	报道者
70. 雷公藤 Tripterygium wilfordii Hook.f.	雷公藤植碱	$C_{36}H_{45}NO_{18}$	173～175 $[\alpha]_D^{25}$-3.8°		林 绥等
	雷公藤康碱	$C_{41}H_{47}O_{20}N$	192～193		
71. 弯蕊开口箭 Tupistra wattii Hook.f.	弯蕊苷 B	$C_{34}H_{58}O_{12}$	$[\alpha]_D^{18}$-18.7°		杨 帆等
	弯蕊苷 C	$C_{45}H_{74}O_{20}$	$[\alpha]_D^{20}$-44.3°		
	弯蕊苷 D	$C_{33}H_{55}O_{13}$	$[\alpha]_D^{20}$-45.7°		
	弯蕊苷 E	$C_{37}H_{56}O_{15}$	$[\alpha]_D^{26}$-39.9°		
72. 滇钩藤 Uncaria yunnanensis Hsia.K.C	滇钩藤碱Ⅰ		190～191		陶朝阳等
73. 云南割舌树 Walsura yunnansis C.Y.Wu	割舌醇	$C_{27}H_{40}O_3$	$[\alpha]_D^{28}$-15.8°		罗晓东等
74. 刺异叶花椒 Zanthoxylum dimorphophyllum Hemsl. var. spinifolum Rehd. et Wils.	6-(3'-甲基-2',3'-丁二醇基)-7-乙酰氧基香豆素	$C_{16}H_{18}O_6$	171～172		陶朝阳等
75. 生姜 Zingiber officinale Rosc.	1,5-环氧-3-羟基-1-(3,4-二羟基-5-甲氧基苯基)-7-(3,4-二羟基苯基)庚烷	$C_{20}H_{24}O_7$	$[\alpha]_D^{25}$-40.3°	具有抗氧化作用	何文珊等

(宋纯清　温　涛)

【中药中挥发油成分的提取与分析】

中药中含有挥发油成分的品种很多，大量的研究报道涉及挥发油的化学成分鉴定、提取工艺优化、质量控制方法选择、稳定性考察以及作用与疗效评价等方面。这些研究成果为含挥发油成分中药的提取、分析、制剂制备、临床合理应用提供了依据。

郭承军以挥发油的含量与化学成分为指标，选择山东省内具有代表性的济南、烟台、滨州、日照地区采集药材，对正品艾叶与野生艾叶进行比较分析。结果艾叶与野生艾叶所含挥发油的折光率、平均含量及主要成分有显著差异。谢莹等通过高效毛细管柱程序升温气相色谱法测定莪术醇的含量，比较 4 种姜黄属药材温郁金、姜黄、桂莪术、蓬莪术中莪术醇的含量。结果表明，4 种药材的挥发油中莪术醇的含量差异显著，这为姜黄属药材的质量控制提供了可靠的含量测定方法。罗秀珍等用 GC-MS 法分析鉴定姜科植物中药益智所含挥发油的化学成分，共鉴定了 64 个化合物，其中聚伞花烃香橙烯、芳樟醇、桃金娘醛、天竺葵酮-A 等成分在挥发油中含量较高。李吉来等用 GC-MS 法分析了石菖蒲所含挥发油的成分，共分离出 84 个峰，鉴定了 52 个化合物，β-细辛醚在挥发油中相对含量最高，占蒸馏法提取挥发油总量的 37.16%，占超临界 CO_2 萃取法提取挥发油总量的 31.15%。李桂生等分别用超临界 CO_2 萃取法和水蒸气蒸馏法提取当归挥发油，并对两种方法提得的挥发油进行比较分析。结果表明，两种提取方法所得的当归挥发油成分及藁本内脂的含量基本一致，而超临界 CO_2 萃取法所得当归挥发油的收率高，是水蒸气蒸馏法的 2 倍。陈志霞等应用气相色谱 质谱 计算机联用技术，对乙醚浸渍法及溶剂回流法所得的檀香油与水蒸气蒸馏法得到的挥发油进行了比较分析。结果表明,乙醚浸渍法所得檀香油中檀香醇的比率稍大于水蒸气蒸馏所得挥发油,两者化学成分的组成及比例相类似;经石油醚回流及乙醇回流所得的挥发油量比水蒸气蒸馏法多,而总檀香醇的含量及其他化学成分的组成比例基本相近。贺飞龙等用超临界 CO_2 萃取法与蒸馏法提取青蒿挥发油,并用 GC-MS 技术对提取所得挥发油成分进行分析比较。结果表明,超临界 CO_2 萃取法与蒸馏法所得挥发油的成分有一定差异。超临界 CO_2 萃取物中分得 102 个峰,占挥发油成分的 81%,其中挥发油的高沸点部分较多;蒸馏法提取物中分得 107 个峰,占挥发油成分的 86%,其中挥发油的低沸点部分较多。李艳等用乙醚冷浸-微波提取-水蒸气蒸馏法提取测定新疆党参中总挥发油的含量,提取时间由传统方法的 5h 缩短为 20min, 挥发油的提取量由 0.15%提高到 1.03%。陈振德等用超临界 CO_2 萃取法提取花椒所含挥发油,并用 GC-MS 联用技术对挥发油进行分离鉴定。结果花椒挥发油最佳萃取条件:压力为 32MPa,温度 40℃,时间为 1h。花椒挥发油提取量为 4.24%,挥发油中含有 58 个化学成分。魏刚等采用 GC-MS 联用技术对加味苍耳子散组方中每味药材所含挥发油的主要成分进行追踪,以优化挥发油的提取工艺。结果表明,组方中辛夷、丹皮、薄荷用水蒸气蒸馏法提取挥发油和川芎用乙醇回流法提取挥发油的工艺较佳。韩泳平等运用物质传递理论,对挥发油提取过程的机理提出合理假设,在主要操作条件如药材种类、粉碎度、加水倍量及供热量等因素不变的前提下,建立挥发油提取过程的动力学数学模型,并以甘松和丁香挥发油提取为例,对建立的模型进行了验证。

(陶建生)

【瑞香狼毒化学成分的研究】

瑞香狼毒 Stellera chamae jasme Linn. 为瑞香科狼毒属植物,又名断肠草,临床上主要用于皮肤病、结核病、肿瘤及慢性气管炎的治疗,近年来的研究还发现瑞香狼毒具有明显的生物活性,将成为有待开发的抗肿瘤、抗艾滋病的新药。对瑞香狼毒化学成分的研究报道较多,如魏春雁报道香豆素类化合物是瑞香科植物的特征性成分,现已从瑞香狼毒中分离鉴定了约 11 种,这 11 种香豆素化合物多数具有较强的生物活性。刘桂芳等从瑞香狼毒根中鉴定了二个新的化合物,分别为 3',14-二甲基-4',11-二甲氧基-5,7-二羟基苯骈二氢黄酮和异西瑞香素,同时还得到了西瑞香素、伞形花内酯及瑞香素。冯宝民等应用超声提取方法从瑞香狼毒中分得 5 个化合物,经光谱数据分析,鉴定为新瑞香素、β-谷甾醇、伞形花内酯、东莨菪素和胡萝卜苷,其中新瑞香素是从瑞香狼毒中得到的新的化合物。冯宝民等又用硅胶柱层析分离和波谱分析法,从瑞香狼毒根中分得 4 个黄酮类化合物,分别鉴定为新狼毒素甲、表枇杷素、狼毒色原酮和芫花醇乙,其中表枇杷素和芫花醇乙为首次从该植物中得到,同时还利用 2DNMR 修正了 Niwa 对化合物狼毒色原酮的 ^{13}CNMR 的归宿。陈业高等应用溶剂提取和柱色谱法分离、光谱技术鉴定结构,从瑞香狼毒中分离鉴定生物活性成分,结果分得 7 个化合物,分别为伞形花内酯、双白瑞香素、2,6-二甲氧基对苯醌、(-)eudesmin(+)matairesinol、lirioresinol B 和胡萝卜苷,其中化合物 2,6-二甲氧基对苯醌、(-)-eudesmin、(+)-matairesinol 为首次从瑞香狼毒中得到。

(郁韶明)

【中药中微量元素的研究】

微量元素与人体健康和疾病关系的研究,已取得了一定的成果。如曾白林等对微量元素与中药功效的相关性进行了分析。Zn 与中药功效的关系:具有平肝熄风、收敛、清热、活血、补肾壮阳作用的中药中 Zn 的含量较高,即 Zn 的含量越高,补肾功效越强;

Fe与中药功效的关系：Fe与中药的补血、补气功效有很大的关系，大多数矿物药中都含有Fe；Mn与中药功效的关系：Mn是机体中主要的微量元素之一，在生理上与消除自由基、抗衰老、粘多糖的合成、钙磷代谢、生殖与生长发育等都有密切关系，肾阴虚多采用含Mn较高的中药进行治疗；其它微量元素如Cu在滋阴药中的含量较高。陈惠玲等从贵州产的箭叶、粗毛、黔岭3种淫羊藿中，均测得含有Zn、Mn、Fe、Cu、Ni、Li、Sr、Co、Ca、Mg等10种元素，应都具有补肾及增强人体免疫功能的效用。陈惠玲等又测定了贵阳地区3个不同地点同一季节采集的箭叶淫羊藿中10种微量元素及总黄酮的含量，结果不同地区的同种箭叶淫羊藿，其药理活性成分的含量也会出现较大差异。徐洪耀等对不同地区魔芋粉中微量元素含量进行测定，结果Mg、Ca、Fe、Cu、Zn、Mn等元素的含量较丰富，其中Mg、Ca的含量最高，Fe、Zn和Mn的含量也较高，其次是Cu、Mo、Cr、Ni。各种魔芋中有毒有害元素Pb、Cd、Ba的含量都小于1%，远低于国家限定范围，但不同地区魔芋中所有微量元素的含量有较大差别。张普庆等测定了野生于鲁中地区的莴苣菜中10种无机元素含量，发现Zn、Se、P含量较高，其它元素含量与常见蔬菜相当或略高。孟令云等报道在翻白草中Zn、Mn含量较高，Ca、K、Mg含量特高，近期的一些研究发现糖尿病患者体内微量元素代谢紊乱，血清中微量元素Zn、Mn、Ca、Se含量明显降低，适当补充这些必要的微量元素对治疗糖尿病是必须和必要的，而天然无毒的翻白草无疑是最好的选择。王曙东等发现黄精根茎及须根中均含有Fe、Zn、Sr、Ba、Ge、Mn、Bi等18种微量元素和K、Mg、Ga、P等含量丰富的常量元素，其中Mn、Sr、Ge含量较高与黄精根茎及须根具有抗衰老作用有关；而P的含量丰富，提示黄精根茎及须根具有安神健脑作用；须根中的Sr、Ge、P、Ca、Na等元素含量较根茎为高，提示须根具有较强的抗衰老、防癌及安神健脑作用。李仕海等报道江苏产太子参中含有较高的Fe、Cu、Zn、Mn等微量元素与太子参的补益功效有一定的联系，特别是Zn、Mn对小儿食欲不振，乏力以及免疫功能低下具有治疗作用。黄澜等测定了海南中部地区野生枫香树叶中人体必需的10种无机元素含量，结果Zn/Cu比值（叶3.28）明显低于人类植物性食物中所含相应比值11.4。揭示了枫香树可能有治疗糖尿病和降血压的功效。赵鹤云等研究表明云南人参果是富含各种生命微量元素及营养成分的水果，具有极高的营养价值和开发应用前景。周舍丹等认为湛江矮蕾蕉、高蕾蕉假茎含有丰富的无机元素具有开发价值。

马济佩等则用质子激发X荧光分析方法（PIXE）测定了10种常见中药饮片，单煎后以及组成复方后手工煎煮和高压自动煎煮对微量元素含量的影响。结果，各中药饮片及其单煎后，微量元素含量有很大差异；而高压机器煎煮和常压人工煎煮相比，微量元素含量差异不明显。所以从微量元素角度看，应根据不同临床需要，对中药进行适当的处理。

（方　法　高　山）

参考文献

B

毕跃峰，郑晓珂，刘宏民，等．马尾松松针化学成分的研究．药学学报，2001；（11）:832

C

陈　昕，周秋丽，王本祥，等．人参皂苷Rb1在大鼠肠内菌代谢物吸收入血的成分研究．药学学

报，1999；(6):481

陈惠玲，魏升华，王建科，等．贵阳地区不同产地的箭叶淫羊藿微量元素及总黄酮含量测定．微量元素与健康研究，2001；(2):36

陈惠玲，吴珍云，杨　华，等．3种黔产淫羊藿微量元素的含量测定．微量元素与健康研究，2001；(1):39

陈纪军，许　敏，罗士德．滇南红厚壳的化学成分．云南植物研究，2001；(4):521

陈龙飞，贺　丰，李吉来，等．不同提取方法的青蒿挥发油成分的GC-MS分析．中药材，2001；(3):176

陈业高，孙汉董，徐志红，等．瑞香狼毒化学成分的研究．中国中药杂志，2001；(7):477

陈志霞，林　励．不同提取方法对檀香挥发油含量及成分的影响．广州中医药大学学报，2001；(2):174

程永现，周　俊，谭宁华，等．狗筋蔓中的植物蜕皮甾酮类化合物．植物学报，2001；(3):361

程永现，周　俊，谭宁华．短瓣花中的微量新环肽成分．植物学报，2001；(7):760

程永现，周　俊，谭宁华．云南拟单性木兰的化学成分．云南植物研究，2001；(3):352

程永现，周　俊，腾荣伟，等．短瓣花中的含氮化合物．云南植物研究，2001；(4):527

D

邓　烨，彭树林，张晓容，等．寒莓中三萜成分的研究．植物学报，2001；(6):644

邓世明，程永现，周　俊，等．长缘厚朴中的新苯醌及新木脂素类化合物．云南植物研究，2001；(1):121

丁　岗，刘延泽，陆蕴如，等．诃子中诃子裂酸的两个新异构体．中国药科大学学报，2001；(5):333

丁　岗，刘延泽，宋毛平，等．诃子中的多元酚类成分．中国药科大学学报，2001；(3):193

丁　岗，刘延泽，王　莉，等．诃子中主要可水解丹宁的结构鉴定．中国药科大学学报，2001；(2):91

丁中涛，周　俊，戴好富，等．多荚草皂苷D和E的结构．云南植物研究，2001；(2):261

丁中涛，周　俊，谭宁华，等．多荚草中的新环肽．植物学报，2001；(5):541

董　梅，吴立军，陈　泉，等．黄山药中甾体皂苷的分离与鉴定．药学学报，2001；(1):42

董锦艳，李　良．东川乌头中一个新的去甲二萜生物碱．云南植物研究，2001；(3):381

F

封锡志，徐绥绪，姚金鹏，等．抱茎苦荬菜化学成分研究．中草药，2001；(2):97

冯宝民，裴月湖，韩　冰．瑞香狼毒中的黄酮类化合物．中草药，2001；(1):14

冯宝民，裴月湖．瑞香狼毒中的化学成分研究．中国药学杂志，2001；(1):21

G

盖　玲，饶高雄，宋纯清，等．石虎化学成分研究．药学学报，2001；(10):743

高锦明，沈　杰，杨　雪，等．黄白红菇的化学成分．云南植物研究，2001；(3):385

郭承军．山东艾叶与野艾叶的挥发油比较研究．中成药，2001；(6):500

H

韩朝阳，陈万生，郑水庆，等．刺异叶花椒化学成分研究．药学学报，2001；(7):511

韩泳平，向永臣，王曙宾，等．挥发油提取过程动力学数学模型研究．中成药，2001；(1):11

何　坚，冯孝章．桦褐孔菌化学成分的研究．中草药，2001；(1):4

何　明，张静华，胡昌奇．威灵仙化学成分研究．药学学报，2001；(4):278

何红平，朱伟明．小叶臭黄皮的黄酮苷成分．云南植物研究，2001；(2):256

何文珊，魏孝义，李　琳，等．生姜中一新的抗氧化二苯基环氧庚烷成分．植物学报，2001；(7):757

黄　澜，宋小平．海南枫香中人体必需无机元素含量测定与分析．微量元素与健康研究，2001；(1):45

黄文哲，段金廒，李正亮．怀槐化学成分的研究（Ⅱ）．中国中药杂志，2001；(6):403

J

鞠建华，刘　东，林　耕，等．中国物有药用植物铁破锣中新皂苷类成分．植物学报，2001；(9):983

L

李　艳，鲁建江，王　莉，等．新疆党参挥发油提取工艺的改进．基层中药杂志，2001；（10）：687

李光耀，娄红祥，王　浩．盔瓣耳叶苔化学成分研究．中草药，2001；（8）：678

李桂生，马成俊，刘志峰，等．超临界 CO_2 萃取法与蒸气蒸馏法提取当归挥发油的比较．中草药，2001；（7）：581

李吉来，陈飞龙，贺　丰，等．石菖蒲挥发油成分的 GC-MS 分析及不同提取方法的比较研究．中药材，2001；（4）：494

李仕海，刘训红．江苏地产太子参中氨基酸及微量元素的分析．时珍国医国药，2001；（3）：199

梁　鸿，韩紫岩，赵玉英，等．新化合物柴胡皂苷 q-1 的结构鉴定．植物学报，2001；（2）：198

林　绥，李援朝，樱井信子，等．雷公藤倍半萜生物碱的研究（Ⅳ）．植物学报，2001；（6）：647

林　绥，李援朝，樱井信子，等．雷公藤倍半萜生物碱的研究．药学学报，2001；（2）：116

林厚文，易杨华，姚新生，等．中国南海总合草苔虫抗癌活性成分研究（Ⅳ）Bryostatin 8，16 的分离与结构鉴定．中国海洋药物杂志，2001；（4）：1

刘　戎，丁立生，陈能煜，等．毛葶梅根的化学研究．药学学报，2001；（1）：38

刘桂芳，付玉芹，王　连，等．瑞香狼毒化学成分研究．中国中药杂志，1995；（12）：738

刘桂芳，赵瑞凌，付玉芹，等．瑞香狼毒化学成分研究．中草药，1996；（2）：67

刘铁汉，王本祥，王　毅，等．淫羊藿苷的肠菌代谢研究．药学学报，2000；（4）：245

刘云海，秦国伟，丁水平，等．板蓝根化学成分研究（Ⅰ）．中草药，2001；（12）：1057

陆茂松，闵吉梅，王　夔．大蒜有机硫化物的研究．中草药，2001；（10）：867

吕金顺，沈　彤，郭　珍，等．四方蒿的化学成分．植物学报，2001；（5）：545

罗　俊，林志彬．赤芝子实体三萜化合物的结构鉴定．药学学报，2001；（8）：595

罗晓东，吴少华，马云保，等．大蒜果树的化学成分．云南植物研究，2001；（3）：368

罗晓东，吴少华，马云保，等．云南割舌树的化学成分．云南植物研究，2001；（4）：515

罗晓东，吴少华，马云保，等．云南崖摩的化学成分研究．植物学报，2001；（4）：426

罗秀珍，余竞光，徐丽珍，等．中药益智挥发油化学成分．中国中药杂志，2001；（4）：262

M

马济佩，张长明，何立群，等．不同处理方法对中药微量元素含量影响研究．时珍国医国药，2001；（3）：196

梅双喜，邓运鑫，彭丽艳，等．丽江产紫萼香茶菜中一新二萜苷．云南植物研究，2001；（3）：363

梅双喜，张宏杰，姜　北，等．黄鞘蕊花中的艾里莫芬烷型倍半萜．植物学报，2001；（8）：868

孟令云，孔一杰，徐文弟，等．翻白草微量元素的含量分析．微量元素与健康研究，2001；（2）：41

P

彭国平，楼凤昌．泽泻化学成分的研究．天然产物研究与开发，2001；（3）：1

Q

秦海林，赵天增，尚玉俊，等．苦皮藤根皮的[1]HNMR 指纹图解析．药学学报，2001；（6）：462

邱明华，杨文胜，聂瑞麟．雀舌黄杨的甾体生物碱．云南植物研究，2001；（3）：357

R

任玉琳，杨峻山．中药泥胡菜化学成分的研究．药学学报，2001；（10）：746

S

尚明英，蔡少青，林文翰，等．胡芦巴的化学成分研究．北京大学学报（医学版），2001；（3）：198

尚明英，蔡少青，手沢康弘，等．胡芦巴皂苷Ⅷ的结构鉴定．药学学报，2001；（11）：836

邵伟艳，祝亚非，关山越，等．厚果鸡血藤的化学成分研究．天然产物研究与开发，2001；（1）：1

宋纯清，杨肖锋，米靖宇，等．龙胆苦苷的人肠内菌代谢实验观察．时珍国医国药，2001；（1）：1

T

唐于平，楼凤昌，胡　杰，等．槐果皮中的脂

溶性成分．天然产物研究与开发，2001；(3):4

陶朝阳，易杨华，许强芝．滇钩藤化学成分研究．药学学报，2001；(2):120

田景奎，邹忠梅，徐丽珍，等．黄连花化学成分研究．中草药，2001；(11):967

W

王　嗣，张培成，陈若芸，等．景洪哥纳香化学成分研究．化学学报，2001；(1):1823

王　伟，陈　伟，陈虎彪，等．红花岩黄芪化学成分研究．北京大学学报（医学版），2001；(3):205

王海棠，时清亮，尹卫平．栗米脂质的分离与鉴定（Ⅱ）．中草药，2001；(12):1061

王金辉，李　铣．拟人参皂苷 F11 在大鼠体内的药物代谢研究．药学学报，2001；(6):427

王立新，韩广轩，舒　莹，等．中药白及化学成分研究．中国中药杂志，2001；(10):690

王曙东，宋炳生，金亚丽，等．黄精根茎及须根中微量元素及氨基酸的分析．中成药，2001；(5):369

魏　刚，刘进先，方春亮．GC-MS 追踪筛选加味苍耳子散挥发油提取工艺．中成药，2001；(2):81

魏春雁．瑞香毒素化学成分与生物活性研究的回顾与展望．中国药学杂志，2001；(9):577

文志明，徐礼深．山丹芍药汤化学成分的分离与鉴定（Ⅱ）．中国中药杂志，2001；(7):474

文志明，徐礼深．山丹芍药汤化学成分的分离与鉴定（Ⅰ）．中国中药杂志，2001；(6):406

吴　军，屠鹏飞，赵玉英．补阳还五汤中异黄酮和紫檀烷类化合物的分离和结构鉴定．中草药，2001；(7):583

X

夏新中，韩宏星，屠鹏飞．筒鞘蛇菰的三萜及甾醇成分研究．中草药，2001；(1):6

肖永庆，李　丽，谷口雅颜，等．云南羌活的苷类成分．药学学报，2001；(7):519

谢　莹，杭太俊，张正行，等．4 种姜黄属药材挥发油中莪术醇含量比较．中草药，2001；(7):600

谢笑天，郑　萍，张光耀．蒿甲醚合成母液中一个新成分的分离和鉴定．中草药，2001；(5):388

徐洪耀，严睿文，李玉成，等．不同地区魔芋粉中微量元素含量的测定．微量元素与健康研究，2001；(1):53

徐效华，卢建华，姚广民，等．略大凹顶藻化学成分研究．天然产物研究与开发，2001；(5):5

徐雅娟，谢生旭，赵洪峰，等．蒺藜果中两个新甾体皂苷的分离和鉴定．药学学报，2001；(10):750

徐志红，秦国伟，李晓玉，等．瑞香狼毒中新的双黄酮和活性化合物．药学学报，2001；(9):668

宣春生，赵晓红，冯福盛，等．山西甘草中两种新化学物质的分离鉴定．天然产物研究与开发，2001；(2):8

Y

杨　帆，沈　平，王一飞，等．弯蕊开口箭中的新甾体配糖体．云南植物研究，2001；(3):373

杨　华，王春明，贾中建．千里光中四个新倍半萜的结构．化学学报，2001；(10):1686

杨明惠，姜　北，赵勤实．黄花香茶菜的二萜成分研究．中草药，2001；(5):397

杨维力，田　军，彭树林，等．南川鹭鸶草的化学成分．药学学报，2001；(8):590

杨肖锋，宋纯清．龙胆苦苷的人肠内菌代谢研究，中国中药杂志，2000；(11):673

杨秀伟，肖诗鹰，杨　智，等．精制吴茱萸胶囊化学成分的研究．北京大学学报（医学报），2001；(3):280

姚念环，孔令义．紫花前胡化学成分研究．药学学报，2001；(5):351

叶蕴华，邢其毅．人参属植物中水溶性非蛋白氨基酸与寡肽的研究．化学学报，2001；(10):1531

余竞光，李彤梅，孙　兰．鹰爪种子化学成分的研究．药学学报，2001；(4):281

原　源，陈万生，郑水庆，等．巴天酸模的化学成分．中国中药杂志，2001；(4):256

岳建民，陈绍农，杨升平，等．蔟序草化学成分的研究．植物学报，2001；(11):1199

Z

曾白林，陈启霞，居明乔．微量元素与中药功效的相关性分析．时珍国医国药，2001；(7):658

曾陇梅，官　智，苏镜娱，等．两个新的海绵

烷型二萜内酯．化学学报，2001；(10):1675

张金生，郭倩明．旱莲草化学成分的研究．药学学报，2001；(1):34

张培成，徐绥绪．山楂叶化学成分研究．药学学报，2001；(10):754

张普庆，王秀玉，闫 芳，等．苣苣菜中无机元素含量测定．微量元素与健康研究，2001；(1):55

张庆建，杨 梅，杨 明，等．无毒棉花籽中黄酮苷的分离与鉴定．药学学报，2001；(11):827

张庆文，叶文才，车镇涛，等．小升麻中环菠萝密烷型三萜及其糖苷成分．药学学报，2001；(4):287

张树祥，蔡少青，赵玉英．长茎金耳环化学成分的研究．中国中药杂志，2001；(11):762

张卫东，HA.Thi Bang Tam，陈万生，等．灯盏花中新的酚酸类化合物的结构及活性研究．药学学报，2001；(5):360

张卫东，陈万生，王永红，等．灯盏花中两个新苷类化合物的结构鉴定．中国中药杂志，2001；(10):689

张卫东，陈万生，王永红，等．灯盏花中两个新化合物的分离与鉴定．中草药，2001；(7):577

赵鹤云，黄渊泽．云南人参果中微量元素的热分析测试研究．微量元素与健康研究，2001；(1):41

赵越平，汤海峰，蒋永培，等．中药墨旱莲中的三萜皂苷．药学学报，2001；(9):660

钟德新，宣利江，徐亚明，等．穿心莲中的三个二萜酸盐．植物学报，2001；(10):1077

周 燕，王明奎，彭树林，等．四棱草中的一个新环八肽．植物学报，2001；(4):431

周立东，余竞光，郭 伽，等．蚂蝗七根的化学成分研究．中国中药杂志，2001；(2):114

周舍丹，陈 蓉，饶颖竹．湛江矮蕾蕉高蕾蕉假茎无机元素含量分析．微量元素与健康研究，2001；(2):51

周志宏，王锦亮，杨崇仁．剑吐血竭素——国产血竭中一个新的二聚查耳酮．药学学报，2001；(3):200

禚如明，付宏征，张礼和，等．绿海葵中的核苷类成分．中草药，2001；(4):289

（五）中药药剂

【概述】

中药药剂是联接中医和中药的桥梁，中药药剂的现代化是中药现代化的重要组成部分，也是中医药事业发展的迫切要求和必然趋势，在中药现代化的进程中，中药制剂领域的研究和实践，对于整体提高中药制药的水平，保证临床用药的安全、有效、稳定，具有重要的作用和积极的意义。近年来，围绕实现中药现代化的目标，结合中药制药的实际状况和发展需要，中药药剂领域以中医药理论为指导，运用现代科学技术，在配制理论、生产技术、质量控制、稳定性等方面开展了广泛而深入的研究，新方法、新工艺、新技术、新设备、新辅料的推广应用和新剂型、新制剂的不断涌现，极大地丰富了中药药剂学的理论，有力地推动了中药药剂的进一步发展与提高，也为实现中药现代化目标提供了技术保证。

中药药剂领域涉及众多的学科，许多问题是目前医药学界研究和关注的热点。

（一）中药前处理工艺的研究　中药前处理工艺包括粉碎、混合、浸提、分离、浓缩、干燥等工艺过程，这是中药制药的重要环节，也是提高中药制剂质量的关键，其中超微粉碎技术、低温粉碎技术、超临界流体萃取技术、微波提取技术、超声波提取技术、逆流提取技术、动态温浸技术、絮凝沉淀技术、大孔树脂吸附技术、超滤技术、高速离心分离技术、分子蒸馏技术、薄膜蒸发技术、喷雾干燥技术、冷冻干燥技术等在中药前处理工艺中的研究与应用正受到广泛的重视。

（二）中药制剂工艺的研究　中药制剂种类繁多，中药制剂工艺的合理应用与中药制剂质量的提高密切相关，其中流化喷雾干燥制粒技术、快速搅拌制粒技术、薄膜包衣技术、固体分散技术、β-环糊精包含技术、脂质体制备技术、微型包囊技术、乳化技术、微球制备技术等也在中药制剂制备工艺中得到逐步推广与应用。

（三）中药剂型的研究　中药目前常用的剂型有 20 多种，新剂型的研究与开发，对于中药临床应用效果的提高与应用范围的拓宽具有重要意义，其中口服给药途径的颗粒剂、胶囊剂、口服液剂、滴丸剂、片剂，注射给药途径的肌肉注射剂、静脉注射剂，经皮给药途径的软膏剂、涂膜剂、膜剂、巴布剂、贴片剂，粘膜给药的舌下片剂、滴鼻剂、滴眼剂、直肠栓剂、微型灌肠剂、直肠用凝胶剂、阴道用凝胶剂等成为新剂型开发的重点，缓释制剂、控释制剂、靶向制剂在中药药剂领域也已引起普遍的重视。

（四）中药制剂质量控制的研究　中药制剂质量控制方法的研究和中药制剂质量标准的制订，是中药制剂质量保证的基础。随着各种分析方法的创新和分析技术的应用，中药制剂中复杂组分的分析有了可靠的技术保证，其中薄层色谱法、薄层色谱扫描法、气相色谱法、高效液相色谱法、高效毛细管电泳法、气相色谱-质谱联用、高效液相色谱-质谱联用等在中药制剂研究与生产中已有广泛的应用。

（陶建生）

【中药制剂提取分离新技术的研究与应用】

中药的提取分离是中药制剂制备前处理过程中重要的工艺环节。制备中药制剂时，根据药物原料的性质与特点，注意传统工艺方法的改进，加强新方法、新工艺、新技术的研究与应用，这对于中药制药行业的技术进步，对于中药制剂的质量提高和疗效保证，对于中药现代化目标的实现，无疑都具有十分重要的意义。

刘青等以水为溶剂用超声波法从芒果叶中提取芒果苷，并对不同频率超声波提取芒果苷的效率进行比较。结果表明，超声波频率对芒果苷的提取率有显著影响，超声波低频率的提取效率高，19kHz 超声波 50℃提取 60min 的提取率相当于常规水煎煮 120min 的提取率。王莉等运用微波技术提取板蓝根多糖，同传统回流法相比提取物中多糖含量由 0.81%提高到 3.47%，提取时间缩短 12 倍。刘中秋等以毛冬青总皂苷的洗脱率和精制度为指标，探讨研究 D_{101}型大孔吸附树脂富集、纯化毛冬青总苷的工艺条件与参数。结果表明，毛冬青样品上大孔树脂柱，用蒸馏水、50%乙醇依次洗脱，毛冬青总皂苷富集于 50%乙醇洗脱液部分，总皂苷洗脱率可达 95%，50%乙醇洗脱液干燥后总固体物中毛冬青总皂苷纯度可达 57.5%。用此法除杂效果好，可达到纯化毛冬青总皂苷的目的。杜江等将 D_{3520}型大孔吸附树脂用于黄褐毛忍冬总皂苷的提取分离，同传统乙醇回流法相比，新工艺水煎浓缩后，直接用 D_{3520}大孔树脂吸附分离，方法简单，药材中皂苷的提取率以及提取物中总皂苷的纯度都有明显提高。袁小红等以成品中乌头类生物碱含量为指标，比较超滤法和活性炭吸附法制备益气回阳注射液的工艺条件。结果表明，活性炭吸附法对成品中指标成分含量的影响较大，超滤法则可明显减少药液中乌头类生物碱的损失。龙琳等用超滤法制备川参通注射液，分别选择 0.6 万和 2 万分子截留量的超滤膜作为滤过介质，考察除热原效果及注射液中相关成分的变化。结果表明，超滤法除热原的效果理想，但超滤后注射液中有关成分如原儿茶醛、黄酮类、单糖等的变化较大。王文祥等在制备精制血府胶囊过程中，分别采用不同浓度醇沉和超滤工艺，并以处方中药物的主要有效成分芍药苷、阿魏酸以及浸膏得率为指标，考察制备工艺的合理性。结果表明，超滤法优于醇沉法，能更有效地保留有效成分。张彤等用壳聚糖澄清剂纯化中药水提液，并用原子吸收分光光度计对澄清处理后溶液中的锌、锰、钙及铅等元素的含量进行测定。结果表明，与传统水醇法相比，壳聚糖澄清工艺能明显提高锌、锰、钙等元素的转移率，同时对金属元素铅有一定的去除作用。易醒等以成品中总黄酮含量为指标，采用正交试验法对田基黄注射液的吸附澄清工艺进行比较研究。结果表明，澄清剂用量为 1ml/10ml，田基黄提取液浓度为 4g/ml，药液 pH 值为 5.3 时，澄清效果最佳。刘陶世等将孔径为 0.2μm 的无机陶瓷膜用于麻杏石甘汤和解毒净颗粒水提液的纯化精制，并对提液处理前后的性状、总固体量、指标成分含量等方面的变化进行对比分析。结果表明，无机陶瓷膜微滤技术对中药复方提取液具有较好的澄清除杂效果。水提液处理前均为浑浊液体，处理后颜色变浅成为澄明液体。麻杏石甘汤总固体去除率为 16.2%，麻黄碱和苦杏石苷的损失率分别为 20.11% 和 18.16%；热毒净颗粒总固体去除率为 27.58%，绿原酸和大黄酸的损失率分别为 18.28%和 22.86%。

（陶建生）

【中药指纹图谱质量控制技术研究】

中药指纹图谱是中药化学指纹图谱的简称，一般是指中药（包括中药原料、中药提取物和中药制剂等）经适当处理后，采用一定的分析手段，得到的能够包含该中药特征信息，标志该中药特性，并反映其内在质量稳定的图谱，可以是光谱图或色谱图。

建立中药指纹图谱，可以有效地克服现有中药质量控制模式存在的缺陷，通过对中药所含化学成分的整体宏观的感知和认识，对反映中药内在质量特征的综合性观察、评价与分析，以鉴别中药的真伪优劣并判断其质量的一致性与稳定性。无疑这对于中药质量控制标准同中医药理论的吻合，体现中医临床用药的特点，提高中药内在质量，从而被世界上更多的人理解和使用具有积极的意义。

近年来，指纹图谱技术作为中药质量控制的重要手段，正成为中药领域研究的一个热点。薛健等用气相色谱法对人参、西洋参气味的色谱进行指纹鉴别。结果，人参或西洋参不同产地的样品比较，其气相色谱图指纹轮廓一致，而人参与西洋参比较，其气相色谱图指纹轮廓则有显著差异。翟为民等用高效液相色谱法对人参、西洋参和三七进行指纹图谱研究。结果用乙腈-水梯度洗脱，样品无需净化，三种样品的皂苷类成分均可得到很好分离。周玉新等用高效液相色谱法对三七药材、三七提取物及市售含三七成分的注射液进行指纹图谱研究。结果用乙腈-水梯度洗脱所得色谱图能对三种样品所含各皂苷类成分均得到很好分离，可作为三七药材、三七提取物及含三七主成分的注射液的指纹图谱，具有专属性。贾晓斌等用高效液相色谱法研究人参皂苷类成分的指纹谱。流动相为乙腈-水梯度洗脱，结果以人参皂苷 Re 为对照品的标准指纹图谱有 16 个共有峰。张聪等用高效液相色谱法建立了 11 个红参皂苷样品的指纹图谱，对同一组中国红参和高丽参进行指纹谱比较研究。结果样品相互之间色谱峰重叠率在 65%以上，其中 8 个样品的八强峰其相对面积总和在 55%以上，说明所分析样品的品质比较接近。张文生等用高效液相色谱法建立丹参水溶液提取物的指纹图谱，并对天士力制药集团商洛丹参基地的丹参与市售丹参药材进行比较研究。结果提示，两者指纹图谱有明显区别。徐朝晖等采用 RAPD 技术对全国华中、西南、华东、东北等四大商品区的中药牛蒡子生品和其中两个商品区的制品进行 DNA 指纹图谱特征研究。结果表明，四大商品区的生品牛蒡子 DNA 指纹图谱一致，制品牛蒡子的DNA指纹图谱与生品有较大差异。李彩君等对高良姜的黄酮类成分进行薄层色谱指纹图谱研究，以解决高良姜的专属性鉴别问题。结果表明，用高良姜素、山奈素等8个特征荧光斑点构成了高良姜乙酸乙酯提取部位的薄层色谱指纹图谱，可有效地鉴别高良姜并评价其质量。颜玉贞等用高效液相色谱法，建立西青果和诃子两种药材所含鞣质类成分的色谱指纹图谱。结果获得的指纹图谱具有良好的重现性，可以明确鉴别西青果和诃子。秦海林等用硅胶柱色谱法分离苦皮滕根皮CGEA的化学成分，鉴定单体化合物的结构并对其进行^{1}HNMR研究，从而实现苦皮滕根皮的^{1}HNMR指纹图解析。结果表明，不同来源的苦皮滕样品，其中^{1}HNMR指纹图有很好的重现性和高度的特征性，该指纹图谱可用于其基原鉴定。王颖等采用LC-MS技术测定了中药三七(包括药材，中间体及针剂成品)的指纹图谱，实验结果确定以75%乙醇为提取溶剂较为适宜，中间体和成品可直接进行分析，三种样品的图谱比较具有相关性。戴德舜等用液质技术对桂枝汤A部分的双向调节样品与单向升温样品进行指纹图谱确定，应用质谱中的质荷比值及HPLC图的峰相，比较了两者之间的差异。周福添等以川芎氯仿提取物的HPLC-DAD分析检测为实例，对一些常用的中药化学特征指纹图谱分离质量的方法进行了讨论，借助化学计量学中有关数据的提取与处理、信息基础理论等手段，提出指纹图谱分离质量评价的新的定量标准。吴忠等利用计算机辨识的指纹图谱对一些中药材、中草药的质量进行了研究，认为如何确定共有峰和非共有峰的比例有待商讨，指纹特征的选择不应以峰的大小作为依据，指纹图谱控制模式应与药效学研究相结合。

（陶建生）

【纳米技术在中药研究中的应用】

纳米技术（Nanotechnology）是指用单个原子、分子制造或将大分子物质加工成粒径在1～100nm间的物质技术，也包括将一些高分子材料制成包嵌药物的纳米囊，其粒径可能超过100nm。纳米技术已广泛应用于材料学、电子学、生物学、显微学等多个领域并获得突破性进展。近年来纳米技术已在药学领域得到了应用，必将推动中药研究的发展。

徐辉碧等指出，现代中药的研究就是要在继承中药传统的基础上，充分利用现代科技手段，使中药具有先进的生产工艺和现代剂型，做到“有效、安全、可控”，将纳米技术应用于中药研究是现代中药发展的重要方向之一。纳米中药一般不是简单地将中药材进行粉碎至纳米量级，而是针对组成中药方剂的某味药的有效部位甚至是有效成分进行纳米技术加工处理，赋予传统中药以新的功能，这些功能可能有以下几方面：提高生物利用度，增强靶向性；降低毒副作用；呈现新的药效，拓宽原药的适应症；丰富中药的剂型选择；减少用药量，节省中药资源等。

将纳米技术引入中药的研究时，必须考虑中药组方的多样性、中药成分的复杂性，例如：中药单味药可分为矿物药、植物药、动物药和菌类药等，中药的有效部位和有效成分又包括无机化合物和有机化合物、水溶性成分和脂溶性成分等。因此，针对不同的药物，在进行纳米化时必须采用不同的技术路线，还必须考虑中药的剂型。纳米中药与中药新制剂关系十分密切，如何在中医理论的指导下进行纳米中药新制剂的研究，将中药制成高效、速效、长效、剂量小、低毒、服用方便、稳定性好的现代制剂，也是进行中药纳米化时必需考虑的重要问题。现已研究的“纳米石决明血清微量元素药效学”是基于石决明的成分为无机化合物，故以血清微量元素的变化观察不同粒径的石决明（纳米、微米、常态）的时效变化以阐明血清微量元素药效学。且纳米雄黄、纳米石决明等均已申请了专利。

古宏晨等介绍了纳米技术在中药现代化中的应用，认为中药现代化应充分重视中药制剂的现代化，为使中药面向世界，应将现代的高新技术引入到中药制剂之中。纳米药物粒子的制备有许多方法。①超细粉碎技术：通过机械力使中药材和中药有效成分粉碎，是药物粒径减小的最古老的方法。现代的粉碎技术可以达到细胞破壁的程度，这对加速中药材中有效成分的浸出、促进药物在生物体内的吸收有着重要的意义。最近，中国研制出一种利用湍流原理进行粉碎的高湍流粉碎机，对中药甘草的粉碎实验表明，产品粒径在1微米以下，对矿物药的粉碎，则可达到100纳米以下，而且粒径分布窄。该技术可能为用物理方法制备纳米粒子提供高效方便的途径，且该技术实现产业化的前景十分广阔。②固体分散技术：是通过物理分散获得纳米药物粒子的技术，制备方法主要有溶剂法、熔融法和溶剂-熔融法。采用喷雾干燥法将中药丹参中的脂溶性有效成分丹参酮分散于高分子PVP以及PVP和EC（乙基纤维素）的联合载体中，分别形成了速释型和缓释型丹参酮固体分散物。载体材料的使用量不同，丹参酮在其中的分散度（或粒径）也就不同。此外，固体分散技术在中药制剂青蒿素固体分散物、复方丹参滴丸、香连滴丸、苏冰滴丸等中也得到了应用。③包合技术：包合技术也是一种纳米药物粒子的制备方法。包合技术所采用的载体材料主要是环糊精，是一种纳米尺度的药物载体。β环糊精是目前国内外能大量进行工业化生产的超微型药物载体，其分子筒状结构大小适中，价格低廉，是首选的包合材料。环糊精药物包合物可以增加难溶性药物的溶解度和溶出度，降低药物的刺激性，特别是中药易挥发性成分经包合后，可明显提高保留率，增加贮存过程中药物的稳定性。中药有效成分包合到环糊精分子内的药物有紫苏叶挥发油、细辛挥发油、蟾酥、薄荷油、人参提取物、无花果提取物、冰片等。包合技术采用的方法主要有重结晶法、研磨法、喷雾干燥法、冷冻干燥法等，这些方法均可以工程放大，在中药现代化过程中应予以重视。④其他载体制备技术：微乳是将油、水、乳化剂和辅助乳化剂按一定比例在一定温度下通过适当方法混合而制得，是一种粒径在10~100纳米范围内的乳滴分散在另一种液体中形成的胶体分散系统，外观是透明液体。微乳作为药物的载体，可以增加难溶性药物的溶解度，提高水溶性药物的稳定性。此外，微乳还可作为缓释给药系统，或靶向给药系统。微乳作为透皮给药系统，不仅可以使难溶性药物在制剂中含量显著增大，而且还使活性物质的透皮扩散速率显著增加，明显加快生物体对药物的吸收。因此，微乳剂的制备应成为中药制剂现代化的重要手段。脂质体是由磷脂等分散在水中而形成的具有双分子层结构的囊泡。脂质体作为药物的载体，可以延长药物作用时间，增加药物在体内外的稳定性，降低药物的毒性，同时可使药物具有定向分布的靶向特性。现将中药制备成脂质体制剂的有喜树碱脂质体、长春新碱脂质体、类胡萝卜素脂质体等。将脂质体技术引入到中药制剂领域，可以明显提高中药对疾病的治疗指数，可使一些毒性较大的药物如鹤草酚、喜树碱等在治疗疾病时更安全。在中药现代化过程中，脂质体技术将为中药在治疗疑难疾病如心血管疾病、癌症等方面提供更有效的手段。

此外，袁鹏群等报道了纳米技术在药物合成、催化和分离过程中应用，可以提高效率、降低成术，改善产品的质量；刘奕明等报道了纳米技术的应用能够改善药物吸收、改变药物体内过程、增强药效，纳米颗粒可作为DNA、抗肿瘤药、蛋白质和多肽等多种药物的输送载体；王建新等报道了固体脂质纳米粒是一种性能优良、具有广阔发展前景的新型给药系统；瞿文等报道了脂质纳米球作为载体，能有效地实现靶向给药；邓嵘等报道了长循环纳米粒可用于缓控释制剂、临床造影诊断。对于 PEG 包衣的纳米粒，可通过适宜方法连接蛋白、抗体、基因等，用于靶向给药与基因治疗。

纳米技术作为“21 世纪的决定性技术”，将成为新世纪科技领域关注的热点之一。尽管纳米技术应用于中药的研究和开发，现在还刚刚起步，仍有许多问题需要解决，但有可能发展成为新的学科、新的产业。首项将纳米技术应用于中草药加工领域的纳米级中药微囊生产技术最近在西安国家高新技术产业开发区诞生并通过了产品技术鉴定。利用这项技术生产出的甘草粉体和绞股蓝粉体，经西安交通大学材料科学工程学院金属材料强度国家重点实验室和第四军医大学基础部药物化学研究室鉴定，均达到纳米级，其中甘草微胶囊微粒平均粒径为 19 纳米。

（高　山）

参考文献

D

戴德舜，曹　进，王义明，等．桂枝汤 A 部分指纹图谱的研究及比较（一）．中国实验方剂学杂志，2001；(2):1

邓　嵘，陈济民，姚崇奚，等．长循环纳米粒的研究进展．中国药学杂志，2001；(8):511

杜　江，丁　宁，贾宪生．大孔树脂吸附法在黄褐毛忍冬总皂苷提取中的应用研究．中国中药杂志，2001；(10):685

G

古宏晨，储茂泉．纳米技术与中药现代化．首都医药，2001；(6):21

J

贾晓斌，施亚芳，黄一平．人参皂苷类成分的 HPLC 指纹谱比较研究．中药材，2001；(10):722

瞿　文，陈庆华，朱宝皂．脂质纳米球的研究进展．中国药学杂志，2001；(11):724

L

李彩君，林巧玲，谢培山，等．高良姜中黄酮类成分薄层谱指纹鉴别．中药新药与临床药理，2001；(3):183

刘　青，戴传勇．不同超声波频率对芒果苷提取率的影响．广西中医药，2001；(4):58

刘陶世，韩立玮，袁铸人，等．无机陶瓷膜微滤技术精制麻杏石甘汤和解毒净颗粒的研究．中成药，2001；(3):164

刘奕明，陈　汇，曾繁典．纳米技术在药学研究中的应用进展．中国临床药理学杂志，2001；(5):371

刘中秋，蔡　雄，赖小平，等．大孔吸附树脂富集纯化毛冬青总皂苷工艺研究．中药新药与临床药理，2001；(1):51

龙　琳，张　昀．超滤法除热原对川参通注射液质量的影响．中成药，2001；(5):328

Q

秦海林，赵天增，尚玉俊，等．苦皮滕根皮的^{1}HNMR 指纹图解析．药学学报，2001；(6):462

W

王　莉，鲁建江，顾承志，等．微波技术在板蓝根多糖提取及含量测定中的应用．中药材，2001；(3):180

王　颖，陈新发，盛龙生．三七注射液指纹图谱的 LC/MS 测定．中药新药与临床药理，2001；(3):160

王建新，张志荣．固体脂质纳米粒的研究进展．中国药学杂志，2001；(2):73

王文祥，蒋小岗，顾　明，等．超滤和醇沉制备精制血府胶囊的实验研究．中国实验方剂学杂志，2001；(8):543

吴　忠，苏薇薇．计算机辨识的指纹图谱在中药材、中成药质量控制中的应用．中药材，2001；(11):830

X

徐朝晖，杨松松，康廷国．同种不同产地牛蒡子 DNA 指纹图谱鉴别．中草药，2001；(4):541

徐辉碧，杨祥良，谢长生，等．纳米技术在中药研究中的应用．中国药科大学学报，2001；(3):161

薛　健，张丽萍．人参、西洋参气味的色谱指纹鉴别．中草药，2001；(4):364

Y

颜玉贞，卢平华，谢培山．西青果与诃子的 HPLC 指纹图谱鉴别研究．中药新药与临床药理，2001；(3):173

易　醒，肖小年，邵恩华，等．田基黄注射液采用吸附澄清法新工艺的研究．江西中医学院学报，2001；(1):24

袁鹏群，郭葆玉．纳米技术在药物研究领域中的应用．解放军药学学报，2001；(1):38

袁小红，胡学军，钟燕珠．超滤法在益气回阳注射液制备工艺中的应用．中国实验方剂学杂志，2001；(8):543

Z

翟为民，袁永生，周玉新，等．人参、西洋参及三七参指纹图谱鉴别．中国中药杂志，2001；(7):481

张　聪，王智华，金德庄．中国红参与高丽红参的指纹谱比较研究．中草药，2001；(3):160

张　彤，徐莲英，蔡贞贞．壳聚糖澄清剂对中药水提液中锌、锰、钙及重金属元素铅的影响．中成药，2001；(4):243

张文生，叶正良，岳洪水．丹参药材指纹图谱研究．中药材，2001；(7):478

周福添，徐树棋，王兆基，等．化学计量学方法应用于中药化学特征指纹图谱．中药新药与临床药理，2001；(3):164

周玉新，袁永生，高　霞，等．三七药材及其制剂指纹图谱研究．中国中药杂志，2001；(2):122

（六）炮　制

【概述】

2001 年在中药炮制方面发表的论文约 300 篇，主要包括以下内容。

(一) 炮制工艺的研究　采用正交试验设计，梁新松得出甘草软化的最佳工艺为，加 4 倍量水，60℃浸泡 1h。席先荣等以甘草次酸和黄酮类化合物的含量为指标，筛选出蜜制甘草的最佳工艺：用 25% 的蜂蜜，闷润透心后，60℃烘 60min。孙龙宇等以水溶性浸出物含量为指标，筛选出杜仲炮制的最佳工艺为：切 3～4mm 的宽丝，砂温 130℃～140℃，炒制 3～5min。徐德春等以怀牛膝水溶性成分含量为指标，筛选其最佳炮制工艺为：切 3mm 厚片，加 10% 黄酒拌匀，用文火炒至表面黄色，见少许焦斑取出凉透。高秀芝等以外观质量和麻黄碱含量为指标，优选出微波蜜炙麻黄的最佳工艺为：中微波强度，加蜜量 12.5%，加热 30min。丁建江等提出爆压法制马钱子的新工艺，比较爆压法及砂烫法制马钱子中士的宁的含量，前者在 1.4%～1.49% 之间，后者在 1.22%～2.17% 之间。丁宗华等认为爆压法可替代砂烫法和烘烤法。田绍新研究表明：天麻所含天麻素、天麻苷元等在天麻烘软时（70℃左右）不受影响。蒋孟良等提出黄柏采用真空加温润药法软化，横切的切制方法。王潮奎等研究结果表明：半夏加热加压 30min 和经 8% 白矾溶液浸制均可使半夏的麻辣消除，水浸出物含量增加。刘侠等为解决乳香的结块问题，采用醋炙、吸附法、水煮、麸炒、砂炒 5 种炮制方法，并与生品进行比较，得出吸附法炮制效果最佳（成品全部呈粉末状）。何群等通过正交实验法优选海狗肾易于粉碎的工艺条件为：蒸罐压力 98kPa、蒸 3h、烘烤温度 210℃、烘烤时间 60min。张振凌等考察不同炮制方法对蛋黄油中主要成分脂肪油的影响。发现：烘法和干馏法制备的蛋黄油中脂肪油部分没有明显区别，二者与直接用氯仿提取的蛋黄油相比则有较大差异。张萱等筛选出用烘制法炮制枯矾的最佳条件是温度 240℃，时间 1.5h，样品粒度 5mm。

（二）炮制前后的化学和药理的比较研究　江海燕等认为炮制温度、辅料、酒和米醋使苦参炮制前后的苦参碱和氧化苦参碱含量产生变化。杨中林等研究表明：骨碎补经去毛净制后，可提高总黄酮及柚皮苷含量；砂烫、酒制、盐制并不影响总黄酮及柚皮苷含量，却有利于有效成分的溶出。田树革等研究显示：菟丝子各炮制品中总黄酮含量与生品比较有显著差异；各炮制品中多糖含量提出率较生品中含量均有增加，认为变化的原因是炮制温度和辅料食盐。孙亦群等研究发现乳香、没药炮制后挥发油总量明显减少，挥发油中低沸点化学成分及其含量亦有所减少。二药生品挥发油含量最高，醋制品次之，炒制品最少。周萍研究表明：炒诃子中没食子酸含量高于生诃子。采用体外氧自由基生成系统和羟自由基诱导的小鼠肝匀浆脂质过氧化反应方法，评价炮制对中药的抗氧化作用的影响。孔令东等研究表明：黄柏生品、清炒品、盐制品和酒制品水提取物和醇提取物可清除次黄嘌呤-黄嘌呤氧化酶系统产生超氧阴离子和 Fenton 反应生成的羟自由基，并能抑制羟自由基诱导的小鼠肝匀浆上清液脂质过氧化作用，它们之间抗氧化作用存在一定的差异性，其中酒炙炮制品醇提取物抗氧化作用较好，炒炭品则无抗氧化作用。但炮制可降低大黄、虎杖的抗氧化能力。杨澄等研究表明：桂枝炮制品水提取物清除超氧阴离子（O^{2-}）能力强于醇提取物，而清除羟自由基（·OH）能力和抗脂质过氧化作用弱于醇提取物。各炮制品之间抗氧化能力存在一定的差异性。邱鲁婴研究结果表明：郁金各炮制品均具显著的镇痛作用，且炮制后作用有所增强，以醋制品作用最强且持久。张余生等研究显示：威灵仙不同炮制品均具有镇痛、抗炎作用，其中以酒炙品的作用最强。陈青莲等研究发现山楂、炒山楂、焦山楂的水煎剂均能轻度促进小鼠胃排空，但无明显差异。肖冰梅等比较生大黄、淡盐水制大黄、浓盐水制大黄中蒽醌类成分的含量，发现盐制对蒽醌类成分无影响。胡昌江等实验显示：九制大黄蒽醌衍生物有降低试验性高血脂大白鼠血液 TC 的作用和改善流变学的作用（$P<0.01$）。陈旭等研究证实：续断不同炮制品均具镇痛、抗炎及抗凝血作用，以酒制续断的作用最强。黄政德等采用肾上腺素致怒及寒冷造成大鼠血瘀模型，比较丹参、大黄各炮制品对血小板粘附与聚集、PT、TT、PTT 等指标的影响。结果酒制丹参、大黄可增强活血祛瘀作用，白酒制较黄酒制好。韦英杰等研究表明：东北南星中总氨基酸含量生品明显高于各炮制品，胆南星含量最低，炮制后有无机元素引入或损失。认为水漂是氨基酸含量降低的关键因素，辅料是无机元素变化的关键因素。杨中林等口尝麻辣味试验结果表明，矾制比姜制去麻效果好，加热比不加热去麻效果好；兔眼刺激试验结果与口尝麻辣味试验结果具平行性；急性毒性试验表明东北南星生品混悬液毒性不明显。初步表明天南星多采用白矾为辅料，加热炮制天南星，具有科学依据。陈梅玲等研究结果表明：醋炙能增强决明子对金黄色葡萄球菌、绿脓杆菌、白色念珠菌的抗菌作用，酒炙能增强决明子对大肠杆菌、福氏痢疾杆菌的抗菌作用。刘丽芳等研究结果表明：水蛭经炮制后各种氨基酸的量有所降低，甾体类化合物组成发生了变化。吕文海等比较水蛭各制品的抗凝血、抗血栓作用。结果药效由强到弱为制水蛭超微散、生水蛭超微散、生水蛭散、生水蛭水煎剂、对照组。认为水蛭经超微粉碎，尤其是新法炮制后超微粉碎，可明显改善气

味、口感，提高疗效。

（三）炮制的质量控制　李阳春等研究结果表明：厚朴姜制前后厚朴酚及和厚朴酚总量降低13%～15%。参考《中国药典》对厚朴原药材含量的规定，认为姜制厚朴的厚朴酚及和厚朴酚总量应不低于1.6%为宜。苏锦研究表明：桂枝炒制后挥发油含量有所降低，蜜炙后略有增加；且贮存时间越长，含量越低。蜜度也随贮存时间的延长而降低，并按生桂枝、蜜炙桂枝、炒桂枝的顺序依次减小。但不同贮存期和炮制方法对挥发油化学组分基本无质的影响。李祥等采用毛细管气相色谱-质谱-计算机联用系统对明党参加工炮制前、加工炮制过程中的各部分挥发油及加工炮制后的挥发油的化学成分及含量进行研究。结果加工炮制后挥发油含量减少，质量发生变化，致敏活性成分-CSY的含量由鲜品中的0.0497%降至0.0134%，减少了73%。毛维伦等通过薄层层析，以生品、轻炭、标准炭、重炭进行对照，为确立炒炭存性的标准提供了实验依据。

（李　飞）

【24种中药炮制前后化学成分的比较】

1. 骨碎补　杨中林等用分光光度法测定了骨碎补不同炮制品中总黄酮的含量，用HPLC法测定了其柚皮苷的含量。结果，去毛生骨碎补、未去毛生骨碎补、砂烫骨碎补、酒骨碎补、盐骨碎补中总黄酮的含量（%）分别为5.0、4.1、5.0、5.1、4.9；柚皮苷的含量（%）分别为1.1、0.8、1.0、1.0、1.0；提取6h的总黄酮溶出率，生品为71.5%、砂烫品为85.9%、酒制品为91.1%、盐制品为93.3%。结果表明，骨碎补经去毛净制后，可提高总黄酮及柚皮苷含量；经砂烫、酒制、盐制后，并不影响总黄酮及柚皮苷含量，却有利于有效成分的溶出。

2. 姜　李计萍等用气质联用法、紫外分光光度法、薄层层析法从脂溶性和水溶性两大类成分对生姜与干姜的化学成分（挥发油、总姜酚、氨基酸）进行了比较研究。结果，干姜总挥发油含量低于生姜；在挥发油的组分中，干姜有2-庚醇、芳樟醇、松油烯-4-醇、α-松油醇、香茅醇、δ-榄香烯、橙花醇乙酸酯、异香橙烯、β-桉叶油醇等9个成分是生姜所没有的，生姜中的β-榄香烯和反-法呢醛等成分在干姜中未检出，且1，8-桉叶素相对百分含量干姜比生姜高；总姜酚含量生姜比干姜高；生姜中以游离氨基酸为主，而干姜中以结合氨基酸为主；生姜和干姜的醇提物、水提物的TLC比较，斑点明显不同。结果表明，干姜和生姜在化学成分定性、定量方面均有明显的区别。

3. 明党参　李祥等采用毛细管气相色谱-质谱-计算机联用系统对明党参炮制中的各部分挥发油的化学成分及含量进行研究。结果，初步鉴定了34种成分。其中，从明党参鲜品挥发油中鉴定出29种成分，占总油量97.87%，其主成分CSY的含量为70.94%；从明党参鲜品去外皮挥发油中鉴定出24种成分，占总油量93.45%，其主成分CSY的含量为75.91%；从明党参鲜品外皮挥发油中鉴定出19种成分，占总油量96.88%，其主成分CSY的含量为70.98%；从明党参炮制品挥发油中鉴定出11种成分，占总油量88.84%，其主成分CSY的含量为67.23%。作者认为，明党参加工炮制后挥发油含量减少，质量发生变化，致敏活性成分CSY的含量由鲜品的0.0497%降至0.0134%，减少了73%。这正是明党参加工炮制后无致敏性的主要原因。

4. 大黄　朱青等用TLC法测定了生大黄、熟大黄及其免煎颗粒中大黄素的含量。结果大黄素的含量分别是：生大黄饮片0.2175%、熟大黄饮片0.2021%、生大黄免煎颗粒0.4094%、熟大黄免煎颗粒0.1465%。表明，生大黄、熟大黄及其免煎颗粒中大黄素含量有一定差异，在中药复方的临床应用中应注意它们之间的异同，用量上应该有所不同。肖冰梅、裴刚等用分光光度法测定大黄不同炮制品中蒽醌类成分的含量。结果，生品、淡盐制品、浓盐制品总蒽醌含量（mg/g）分别为23.7052、22.8649、25.6047；游离蒽醌含量（mg/g）分别为13.6310、12.9580、13.2000；结合蒽醌含量（mg/g）分别为10.0742、9.9069、12.4047。数据统计显示，2种盐制大黄中的蒽醌含量与生大黄比较均无显著性差异（$P>0.05$）。这说明盐制对大黄中蒽醌类成分没有影响。

5. 苦参　江海燕等采用双波长薄层扫描法对苦参的不同炮制品进行了含量测定。结果，生品、炒黄品、麸炒品、酒制品、醋制品、炒炭品中苦参碱的含量（%）分别为0.1726、0.3089、0.2340、0.2809、0.2356、0.3949；氧化苦参碱的含量（%）分别为2.9130、1.9750、2.2904、2.7408、1.9478、0.0382。结果表明，传统炮制法使苦参碱含量比生品高，而氧化苦参碱则以生品含量为最高，提示苦参不同炮制品中两种成分与生品比较有显著性差异。

6. 东北南星　韦英杰等用高效液相色谱法测定氨基酸、用原子分光光度法测定无机元素，以考察不同炮制方法（浸制法、煮制法）及不同辅料（白矾、姜液、胆汁）对东北南星的影响。结果，东北南星中总氨基酸含量生品明显高于各炮制品，其中胆南星含量最低，其它各炮制品含量相当；无机元素Zn、Ca含量生品高于各炮制品，Fe含量生品低于各炮制品。作者认为，水漂是东北南星炮制后氨基酸含量降低的关键因素，辅料中无机元素的含量是东北南星炮制后无机元素变化的关键因素。

7. 白芍　侯江雁等用薄层扫描法对白芍不同炮制品中芍药苷的含量（μg/g）进行了测定。结果，生白芍为0.461、麸炒白芍为0.389、醋炒白芍为0.364、炒黄白芍为0.350、炒焦白芍为0.331、酒炒白芍为0.211。实验表明，白芍中芍药苷的含量与炮制方法的关系为：生品>麸炒品>醋炒品>炒黄品>炒焦品>酒炒品。李松等为了控制白芍及炒白芍浓缩颗粒质量，建立芍药苷的高效液相色谱法，分别测定了1996～2000年间6份不同批号样品的白芍及炒白芍浓缩颗粒中芍药苷的含量。结果，作为内控标准，暂定白芍、炒白芍浓缩颗粒中芍药苷含量分别不得少于9.0%、8.0%。作者认为，此方法简便、灵活、准确、重现性好，其他组分对测定无干扰，可作为质量控制中的含量测定方法。

8. 当归　孟同凤等对当归不同炮制品的挥发油含量、物理常数、化学组分以及油室的微观组织结构进行了比较研究。结果，挥发油的含量（%），生品0.403、酒炙品0.373、土炒品0.300；挥发油的折光率两炮制品较生品略有增大，其它比重、旋光度均有所下降；薄层层析色谱表明，生品与炮制品之间、不同炮制品之间，挥发油的化学组分有所变化，各组分的相对含量按生品、酒炙品、土炒品而依次递减；显微观察油室，生当归内含油少许，酒当归内尚有少许油滴，土当归的油室基本为空腔。结果表明，炮制对当归挥发油的含量有一定影响。

9. 川芎　李松林用薄层扫描法及滴定法对川芎不同炮制品生物碱含量进行了测定。结果，生川芎、酒炙川芎、醋炙川芎的总生物碱含量（%）分别为0.041、0.052、0.060；川芎嗪含量（%）分别为0.0168、0.0158、0.024。结果表明，川芎炮制后川芎嗪及总生物碱含量有所变化。

10. 狗脊　贾天柱等用络合法测定了狗脊不同炮制品中鞣质含量（%）。结果，生狗脊17.07、砂烫狗脊10.04、蒸制狗脊2.65、酒炙狗脊11.26、盐炙狗脊5.97。结果表明，鞣质含量以生品为最高，各炮制品比较砂烫法和酒炙法含量较高，说明砂烫法是一种简便可行的方法。由狗脊炮制后鞣质含量降低可以看出鞣质并非狗脊中的主要有效成分，若临床上主要用鞣质成分防治疾病时，建议宜用生狗脊。

11. 苍术　李氏用《中国药典》方法研究了不同炮制方法对苍术挥发油含量（ml/g）的影响。结果，生苍术 1.296、清炒苍术 1.087、麸炒苍术 1.072、米泔水浸炒苍术 1.007。从实验结果分析，苍术通过炮制后挥发油含量明显降低，达到了去油、缓和药性的目的。鉴于米泔水制使苍术挥发油含量减少较多，且其炮制方法条件较难掌握，需时也较长，因此苍术的炮制方法以清炒（炒焦）和麸炒为宜。

12. 半夏　邓然兴等采用薄层色谱扫描法比较研究了传统方法炮制的姜半夏与蒸制法炮制姜半夏所含成分β-谷甾醇的变化。结果，半夏中β-谷甾醇的含量（mg/g）生品 0.092、药典法制品 0.046、广东法制品 0.055、蒸制法姜半夏 0.039。经统计三者无显著性差异。临床应用亦证实，用蒸制法新工艺所制的姜半夏同样安全有效。

13. 厚朴　李阳春等用《中国药典》所规定的 HPLC 法对不同产地、同批不同株及同株等数种情况九批厚朴姜制前后所含厚朴酚及和厚朴酚进行了含量测定。结果，厚朴姜制前后所含厚朴酚及和厚朴酚总量降低 13%～15%。作者根据所得实验结果并参考《中国药典》(2000 版）一部对厚朴原药材含测的规定认为，姜制厚朴中厚朴酚及和厚朴酚总量以不低于 1.6%为宜。

14. 桑白皮　寿丹等用高效液相色谱法对桑白皮不同加工方法及采收期的东莨菪内酯含量进行了比较研究。结果，东莨菪内酯含量（% mg/g）去粗皮桑白皮为 3.8974、不去粗皮桑白皮为 4.1174。这一结果说明桑白皮的粗皮中也含有东莨菪内酯。而桑白皮的加工方法可不作严格要求。

15. 黄柏　蒋孟良等用单波长锯齿扫描法测定不同软化的黄柏药材及不同切制方法的黄柏水煎液中小檗碱含量，以探讨不同软化与切制方法对黄柏中小檗碱含量的影响。结果，小檗碱的含量（%），在 8 种不同的软化方法中，高压蒸为 0.825、常压蒸为 1.259、真空加温润药为 1.332、20℃浸 3h 为 0.891、20℃浸 2h 为 1.071、20℃浸 1h 为 1.094、30℃浸 1h 为 0.700、10℃浸 1h 为 1.119，在两种不同的切制方法中，纵切为 0.578、横切为 0.609。结果表明，黄柏在切制前的软化以真空加温润药法为最佳，切制方法以横切为优。

16. 淫羊藿　陈惠玲等采用火焰原子吸收光谱法测定了粗毛淫羊藿生品及 3 种不同炮制品中 10 种微量元素的含量。结果，粗毛淫羊藿生品和羊脂炙品、酒炙品、盐炙品中均含有所测的锌、锰、铁、铜、钴、镍、锶、锂、钙、镁（Zn、Mn、Fe、Cu、Co、Ni、Sr、Li、Ca、Mg）等 10 种元素，其中 Zn 的含量 3 种炮制品中均高于生品，尤其是酒炙品较生品增加 41.65%；而羊脂炙品中的 Fe 和 Li、酒炙品中的 Mn 和 Ni、盐炙品中的 Ni 含量亦比生品高。

17. 女贞子　李炯林用薄层扫描法对女贞子的几种不同炮制品中齐墩果酸含量作了比较。TLC 薄层定性结果表明，女贞子经炮制后，其主要成分齐墩果酸并未改变。TLCS 结果表明，女贞子不同炮制品中齐墩果酸含量（%），生品 1.56、酒炖品 1.60、酒蒸品 1.54、醋制品 1.51、盐炒品 1.50、盐水蒸品 1.49、焙制品 0.94。

18. 蒲公英　宋丽丽等用薄层色谱法研究超微粉碎对蒲公英成分溶出特性的影响。结果，超微细粉体薄层色谱有明显改变，其中代表成分咖啡酸可在甲醇及水中快速溶出。说明该类成分已呈释放状态，极易溶出，由此可简化提取过程。

19. 蛋黄油　张振凌等采用罗紫哥特里

法测定脂肪油含量、气相色谱法测定脂肪酸含量、《中国药典》方法测定脂肪油理化性质。结果，烘法和干馏法炮制的蛋黄油中脂肪油含量分别为97.2%和97.7%，所含脂肪酸的种类、含量以及酸值、碘值、皂化值、相对密度、折光率相近；而氯仿提取法制备品中脂肪油的含量为88.9%，与烘法和干馏法的差异较大。作者认为，烘法和干馏法制备的蛋黄油中脂肪油部分没有明显区别，二者与直接用氯仿提取的蛋黄脂肪油相比则有较大差异。

20. 水蛭　刘丽芳等采用HPLC-柱后衍生化法测定了氨基酸组成的变化，用GC-MS法测定了甾体类化合物组成的变化，以探讨水蛭经炮制后的化学成分变化情况。结果，水蛭经滑石粉烫制后各种氨基酸的量都有所降低；生水蛭中主要含胆固醇，其它甾体类化合物未检出，而经过炮制后的水蛭其甾体类化合物组成发生了改变，胆固醇的氧化产物有所增加。结果显示现行的水蛭炮制方法对其成分有较大的影响。

21. 乳香、没药　孙亦群等用GC-MS法分析了乳香、没药炮制前后挥发油化学成分及其含量变化。结果，挥发油总量生品2.30%、醋制品1.90%、炒制品1.85%；挥发油各组分中，低沸点、易挥发的小分子成分，在炮制后含量减少较多，甚至消失；而对沸点较高的大分子成分影响不大。结果表明，乳香、没药经炮制后，其挥发油总量明显减少，挥发油中低沸点化学成分及其含量亦有所减少。二药生品挥发油含量最高，其化学成分及含量最多，醋制品次之，炒制品最少。

22. 炭药　毛维伦等用薄层层析法作为测定炭药存性标准的手段，以炮制栀子、槐花、干姜、地榆、贯众等5种中药的生品、轻炭、标准炭、重炭进行对照研究。通过对5个样品的对照，在相同位置的斑点均显同一颜色，标准炭与其它对照品斑点位置均有特殊性差异，均可作为炒炭存性的标准。这一实验，不仅为确定栀子、槐花、干姜、地榆、贯众等5种炭药存性的标准提供了依据，并为进一步弄清炭药化学成分的变化及炭药作用机理提供了参考。

23. 种子类　贺德辉用煎煮法分别对苏子等8味种子类中药的生品、炒制品进行提取，测定干浸膏量，以探讨种子类中药清炒对其浸出物的影响。结果，苏子、决明子、白芥子、牛蒡子、蔓荆子、酸枣仁、牵牛子、瓜蒌子等8味种子类中药清炒制品的干浸膏量均高于生品，浸出物增加率（%）分别为5.58、49.27、10.73、6.09、24.26、6.84、285.57、96.37。这一结果证明种子类中药清炒增效是有实质性依据的，是可信的。

24. 当归散　王爱武等用高压液相色谱法比较了酒制及超微粉碎对当归散中黄芩苷溶出量的影响。结果，黄芩苷含量（$\mu g \cdot mg^{-1}$）生当归散为26.937、酒制当归散为26.544、超细生当归散为31.714。结果表明，酒制对当归散中黄芩苷溶出几乎无影响；经超微粉碎后，黄芩苷的溶出量明显增加。作者认为，就当归散中黄芩苷溶出量而言，超细粉碎有重要意义，而酒制意义不大。

（王兴法　王　炜）

【18种中药炮制前后药理作用的比较】

1. 丹参　蒋孟良等用血瘀模型对酒制丹参进行了活血祛瘀（包括血液流变学、血小板功能、微循环、离体心脏灌流等）的试验，测定全血粘度、血浆粘度、红细胞压积、血沉、血浆总蛋白、纤维蛋白原、红细胞电泳时间、红细胞聚集指数。结果，各试验组与模型组比较表明，丹参各炮制品（生丹参、黄酒炙丹参、白酒炙丹参）都有活血作用。对生丹参水提与醇提和丹参各组比较表明，各指标无显著性差异（$P > 0.05$）；丹参酒炙后能明显增强其活血作用。黄政德等采用肾上腺素（Adr）致怒及寒冷造成大鼠血瘀模型，比较丹参各炮制品对血小板粘附与聚集、凝血酶原时间（PT）、凝血酶时间（TT）、凝血活酶时间（PTT）等指标的影响。结果，黄酒与白酒炙丹参和生丹参均可显著降低血小板粘附与聚集的作用，使PT、TT、PTT等显著延长；酒炙丹参比其生品作用显著增强（$P<0.05$ 或 $P<0.01$）。表明酒制丹参可增强活血祛瘀作用，且白酒制较黄酒制好。

2. 虎杖　孔令东等采用体外氧自由基生成系统和羟自由基诱导的小鼠肝匀浆脂质过氧化反应，评价炮制对虎杖抗氧化作用的影响。结果，虎杖生品、清炒品、酒炙品水提及醇提物均能清除次黄嘌呤-黄嘌呤氧化酶反应体系产生的超氧阴离子和Fenton系统产生的羟自由基，并能抑制羟自由基诱导的小鼠肝脏匀浆上清液过氧化脂质生成，具有一定的抗氧化作用；虎杖各炮制品的抗氧化作用，无论是水提物还是醇提物都是生品强于清炒品和酒炙品，这说明炮制降低了虎杖的抗氧化能力。所以在用虎杖治疗与自由基有关的一系列疾病如肝炎、肾炎时，应选择生虎杖入药为佳，提取方式以醇提为宜。

3. 大黄　蒋氏等对酒制大黄进行了活血祛瘀的试验。结果，各试验组与模型组比较表明，熟大黄有活血作用，生大黄与白酒组仅有微弱的作用。生大黄与熟大黄比较表明，低切粘度及纤维蛋白原两指标 $P<0.05$；大黄酒炙后活血作用明显加强。黄氏等也比较了大黄各炮制品对血小板功能和抗凝血作用的影响。结果，酒炖大黄可显著降低血小板粘附与聚集的作用，使PT、TT、PTT等显著延长；酒炖大黄比其生品作用显著增强（$P<0.05$ 或 $P<0.01$）。表明酒制大黄可增强活血祛瘀作用，白酒制较黄酒制好。孔氏等又评价了炮制对大黄抗氧化作用的影响。结果，大黄的生品、清炒品、酒炙品水提及醇提物均能清除次黄嘌呤-黄嘌呤氧化酶反应体系产生的超氧阴离子和Fenton系统产生的羟自由基，并能抑制羟自由基诱导的小鼠肝脏匀浆上清液过氧化脂质生成，具有一定的抗氧化作用；大黄各炮制品的抗氧化作用，无论是水提物还是醇提物都是生品强于清炒品和酒炙品，这说明炮制降低了大黄的抗氧化能力。因此在用大黄治疗与自由基有关的一系列疾病如肝炎、肾炎时，应选择生大黄入药为佳，提取方式以醇提为宜。胡昌江等探讨九制大黄蒽醌衍生物对动物高血脂及血液流变学的影响。结果，九制大黄蒽醌衍生物有降低实验性高血脂大白鼠血液TC、TG的作用和改善血液流变学的作用（$P<0.01$），在1～4g/kg范围内，随着剂量增大而增大。这一结果提示，九制大黄蒽醌衍生物对高血脂、肥胖症及其并发症具有较好的治疗作用，为进一步开发应用大黄及其炮制品提供了一定的理论依据。

4. 东北南星　杨中林等通过实验，考察了不同炮制方法（浸制、煮制）及不同辅料（白矾、姜液、胆汁）对东北南星毒副作用的影响。结果，口尝麻辣味实验显示，矾制比姜制去麻效果好，加热比不加热去麻效果好；兔眼刺激试验表明，各炮制品均能明显降低刺激性，与口尝麻辣味实验结果具平行性；急性毒性研究也显示东北南星生品混悬液毒性不明显。实验提示，现行天南星炮制方法多采用白矾为辅料、加热炮制天南星，具有科学依据。东北南星生品临床使用具一定安全性，但不能忽视其也有相当的刺激性与副作用。

5. 续断　陈旭等采用小鼠扭体法、热板法进行镇痛作用研究，采用小鼠耳肿法及毛细血管通透性实验法进行抗炎作用研究，采用小鼠凝血时间测定法进行抗凝血作用研究，以比较炮制对续断药理作用的影响。结果，续断不同炮制品均能明显降低因醋酸刺激引起的扭体反应次数，其中以酒炙品作用最强；生品及酒炙品对小鼠毛细血管通透性有抑制作用；凝血时间测定显示，各炮制品组均能延长小鼠的凝血时间。结果表明，续断不同炮制品均具镇痛、抗炎及抗凝血作用，其中以酒炙后续断作用较强，盐炙品较弱，但各炮制品间经统计学分析无显著性差异。这一实验结果与续断酒炙后能增强活血强筋骨作用的中医理论相吻合。

6. 威灵仙　张余生等采用小鼠扭体法、热板法进行镇痛作用研究，采用小鼠耳肿法及毛细血管通透性实验进行抗炎研究，以比较炮制对威灵仙镇痛抗炎作用的影响。结果显示，威灵仙不同炮制品均具有抑制毛细血管通透性作用，明显降低因醋酸刺激引起的扭体反应次数，显著减轻二甲苯致小鼠耳廓肿胀值（$P<0.05$），其水煎剂能明显提高小鼠的痛阈值，具有抗炎、镇痛作用，其中以酒炙威灵仙的作用较强，

7. 郁金　邱鲁婴对郁金不同炮制品进行了镇痛作用的研究。结果，生郁金、醋郁金均能明显降低因醋酸刺激引起的小鼠扭体反应次数，对热刺激引起的疼痛反应亦均能明显提高小鼠的痛阈值，有显著镇痛作用，其中以醋制后作用最强且持久。实验结果为药典中收载醋炙郁金及临床应用醋炙品提供了理论依据。

8. 三棱　毛春芹等采用小鼠扭体法、热板法对三棱中相对含量较高的总黄酮成分进行了镇痛作用的研究。结果，三棱总黄酮能明显降低因醋酸刺激引起的扭体反应次数，对热刺激引起的疼痛反应亦均能明显提高小鼠的痛阈值，有显著的镇痛作用，醋制后作用较生品有所增强。结果显示，三棱总黄酮具显著的镇痛作用；三棱经醋制后，其镇痛作用有所增强。这与中医的醋制后增强其散瘀止痛功能的理论相吻合。

9. 半夏　高昌琨等通过小鼠扭体、家兔眼结膜致炎反应实验，比较了半夏及其炮制品对动物粘膜的刺激性。结果，生半夏、清半夏、姜半夏、法半夏均有较明显的刺激性，均能致家兔眼结膜发生炎性反应，但反应的程度不同，生半夏 > 清半夏 > 姜半夏 > 法半夏。并认为，法半夏刺激小，临床上适应范围广，对虚寒与湿热之痰饮内停均可用之。赵典刚等选择腹腔刺激性、镇咳作用、对胃肠道功能的影响，制定客观分析指标比较研究了半夏熟法炮制品的药理作用及毒性、刺激性。结果，半夏熟法炮制品（即高压锅蒸制品）与药典法炮制品（清半夏、姜半夏、法半夏）的毒性、刺激性均较生半夏大为降低，但其相互之间的有效药性、毒性、刺激性并无明显差异；然而，就炮制工艺而言，半夏的熟法炮制具有省事省时、生产工艺易于控制、有利于机械化大生产等优点。

10. 地榆　郭淑艳等以小鼠尾部出血时间为指标，比较了地榆炒炭前后的止血效能。结果，平均时间（min）生地榆组为6.02、地榆炭组为3.96、生理盐水组为1.26。通过t检验表明，它们之间有显著性差异。表明地榆有止血作用，地榆炭的止血作用优于生地榆。

11. 黄柏　孔令东等采用体外氧自由基生成系统和羟自由基诱导的小鼠肝匀浆脂质过氧化反应方法，研究炮制对黄柏抗氧化作用的影响。结果，黄柏生品、清炒品、盐炙品和酒炙品水提取物和醇提取物可清除次黄嘌呤-黄嘌呤氧化酶系统产生超氧阴离子和Fenton反应生成的羟自由基，并能抑制羟自由基诱导的小鼠肝匀浆上清液脂质过氧化作用，它们之间抗氧化作用存在一定的差异性。炒炭品则无抗氧化作用，而酒黄柏醇提取物的抗氧化作用较好。

12. 桂枝　杨澄等采用体外氧自由基生成系统和羟自由基诱导的小鼠肝匀浆脂质过氧化反应方法，研究炮制对桂枝抗氧化作用的影响。结果，桂枝生品、清炒品、蜜炙品水提取物清除超氧阴离子能力强于醇提取

物，而清除羟自由基能力和抗脂质过氧化作用弱于醇提取物。各炮制品之间抗氧化能力存在一定差异性。结果显示，炮制能影响桂枝的抗氧化作用。

13. 诃子　庞锦江等采用乙酰胆碱、氯化钾诱发家兔平滑肌收缩，观察生、炙诃子对气管平滑肌收缩活动的影响。结果表明，生诃子对乙酰胆碱和氯化钾诱发的气管平滑肌收缩无明显作用；而炙诃子对乙酰胆碱诱发的气管平滑肌收缩无明显的抑制作用，这种抑制作用可能与一氧化氮和前列腺素类物质的释放、cGMP 及肾上腺素能受体无关，呈现非上皮依赖性特点。炙诃子对氯化钾诱发的气管平滑肌收缩无明显作用。生、炙诃子作用的差别可能与鞣质的含量不同有关。

14. 马钱子　黄芳等用药物累积法测定普通马钱子粉与超细马钱子粉的表观药动学参数。结果，普通粉与超细粉均符合一室开放型模型，测得 Tmax 分别为 1.30h、0.31h；Cmax 分别为 131.2mg/kg、176.5mg/kg；CL 分别为 0.1054mg/kg/h、0.2108mg/kg/h。结果发现，超细粉体技术既可加快、加大马钱子在体内的吸收，又可加快其在体内的消除。

15. 肉豆蔻　郭惠玲等用药理实验的方法观察了肉豆蔻不同炮制品对小鼠肠推进及药物性腹泻的影响。结果，肉豆蔻经煨制后可对抗番泻叶及蓖麻油的致泻作用，其中面煨品、麸煨品作用明显，滑石粉煨品仅有作用趋势；肉豆蔻的炮制品无论面品、滑品、麸品都能明显抑制小鼠体内小肠推进功能，对新斯的明所致的小肠推进功能亢进有明显的抑制作用。结果表明，肉豆蔻的涩肠止泻作用可能与对抗 M 受体兴奋和直接抑制肠蠕动有关。

16. 桃仁　刘英等以炒桃仁提纯总蛋白为对象，通过测定抗体形成细胞的产生、血清溶血素的生成、对 LPS 诱导的 B 细胞转化功能的影响，探讨炒桃仁总蛋白对小鼠 B 细胞功能影响。结果表明，炒桃仁总蛋白能够促进抗体形成细胞的产生、血清溶血素的生成、对 LPS 诱导的小鼠 B 细胞转化功能无协同刺激作用，这说明炒桃仁总蛋白能够提高肌体体液免疫功能。其作用机理可能是炒桃仁总蛋白作用于 B 细胞克隆激活剂直接刺激抗体产生。刘氏等又通过测定 TNF-a、IL-2 产生水平的影响，从细胞因子水平探讨炒桃仁总蛋白对免疫系统的影响。结果，炒桃仁总蛋白对 LPS 刺激 TNF-a 的产生有明显促进作用，并呈炒桃仁总蛋白浓度依赖关系。表明炒桃仁总蛋白对 LPS 刺激 PBMCs 产生 TNF-a 有明显协同作用。各浓度炒桃仁总蛋白对 IL-2 的分泌无明显诱导作用。研究表明炒桃仁总蛋白能明显促进荷瘤小鼠 sTNF-a 的分泌，以发挥抗肿瘤效应。

17. 酸枣仁　李廷利等采用阀剂量的戊巴比妥钠致小鼠的睡眠实验方法，观察生、炒酸枣仁水煎剂对小鼠睡眠时间的影响。结果表明，生、炒酸枣仁煎剂均能显著延长阈剂量戊巴比妥钠小鼠的睡眠时间。但二者催眠作用起效时间不一，生枣仁比炒枣仁早 8 天。这说明生枣仁较炒枣仁起效时间快。

18. 水蛭　吕文海等用 BT-1500 型离心沉降式粒度分析仪测定了生、制生蛭超微散的粒度。肝小鼠抗凝血、抗血栓作用，比较了生水蛭丝水煎剂、1/2 煎剂剂量的普通散、超细散、制水蛭超微散的药效，并对其安全性进行了考察。结果，供试品药效由强到弱为：制水蛭超微散、生水蛭超微散、生水蛭散、生水蛭水煎剂、对照组。表明水蛭经超微粉碎，尤其是新法炮制后超微粉碎，可明显改善气味、口感，提高药效。

（王兴法　任晓瑛）

【15 种中药炮制方法的比较】

1. 甘草　席先蓉等以甘草中甘草次酸

和黄酮类化合物为检测指标，用正交试验法选择蜂蜜用量、烘制温度、烘制时间，确定最佳炮制工艺条件。结果，影响甘草炮制的主次因素是烘制温度 > 加蜜量 > 烘制时间，蜜制甘草的最佳工艺是：加入 25% 的蜂蜜闷润透心后，在 60℃烘 60min。最佳工艺的蜜炙甘草外观呈深黄色，不粘手，甘草次酸和黄酮类化合物的平均含量分别是 0.8358% 和 1.5169%。梁新松以甘草酸为指标，采用正交试验法对甘草的软化方法及对饮片质量的影响进行了考察。结果表明，甘草软化时浸泡的温度、时间、加水量对其饮片的质量有影响，甘草最佳软化方法是：浸泡温度为 60℃、浸泡时间为 1h、浸泡用水为药量的 4 倍。

2. 怀牛膝　徐德春等采用正交实验设计，对怀牛膝切制饮片厚度和酒制工艺进行了初步探讨。结果怀牛膝炮制工艺是：切成 3mm 厚的怀牛膝饮片，加 10% 黄酒拌匀，用文火炒至表面黄色，略见少许焦斑取出凉透为佳。

3. 川乌　川乌的炮制，《中国药典》记载水煮法，江西用传统的甘草、皂角、生姜漂煮制。张同凤等以总生物碱与酯型生物碱为指标，采用滴定法与分光光度法对江西法制川乌和《中国药典》法制川乌进行了比较。结果：总生物碱含量（%），生品为 0.6498、药典法为 0.2651、江西法为 0.2397；酯型生物碱含量（%），生品为 0.1375、药典法为 0.0739、江西法为 0.0637。这说明江西法较药典法更能降低川乌的毒性。

4. 何首乌　陈建斌等用薄层色谱层析法对何首乌饮片“厚与薄”及炮制方法进行了实验研究。结果显示，何首乌的饮片规格对其有效成分的溶出有很大影响。目前福州出售的制首乌饮片厚度一般为 6 ~ 10mm，是《中国药典》规定厚度的 2 ~ 3 倍，经检测都很难将其成分较完全地煎出。并认为，何首乌饮片应按《中国药典》要求切成 2 ~ 4mm 厚片或 1 ~ 2mm 薄片或丁块，再与黑豆汁拌匀后蒸制或炖制。

5. 大黄　肖冰梅等用紫外分光光度法测定蒽醌类成分、高效液相法测定没食子酸的含量，研究两种不同炮制方法对淡盐制大黄的影响。结果表明，两种盐制大黄之间游离蒽醌、总蒽醌及结合蒽醌的含量、没食子酸的含量没有显著性差异。所以微波炉炮制盐大黄可以代替小火炒制盐大黄。

6. 桂枝　苏锦用《中国药典》法比较了桂枝不同贮存期中生品与炮制品的挥发油含量。结果，桂枝炒制后挥发油含量有所降低，且贮存时间越长，含量越低。并按生桂枝、蜜制桂枝、炒桂枝的顺序依次减小。但不同贮存期和炮制方法对桂枝挥发油化学组分基本无质的影响。

7. 丹皮　卞艳红等采用薄层色谱法、分光光度法对各类丹皮饮片中丹皮酚进行分析。结果，不同产地、不同购地的丹皮饮片中，有一半未切成薄片的饮片达不到《中国药典》所规定的标准。所以目前市售丹皮饮片质量差异较大，应引起有关部门的注意。

8. 麻黄　高秀芝等以外观质量和麻黄碱含量为考察指标，采用正交试验，优选工艺参数，研究微波炉蜜炙麻黄新工艺。结果，用中微波强度，含蜜量 12.5%，加热 30s，微波蜜炙麻黄的成品质量最佳。其成品为表面呈深黄色，微有光泽，具有蜜香气。

9. 淫羊藿　王蕾蕾等以淫羊藿苷为指标，用高效液相法考察 28 批淫羊藿饮片的质量。结果，除了 3 批川西淫羊藿中淫羊藿苷的含量高于 1.50% 以上外，其余 25 批均较低，有 13 批低于《中国药典》中淫羊藿苷的含量“不得低于 0.50%”的规定，不合格率为 46%。究其原因，检测的 28 批淫羊藿饮片均为全草切制而成，不符合药典项下“摘取叶片，水润切丝，干燥”的炮制规定。所以，要严格按照药典要求进行加工炮制，以提高淫羊藿饮片的内在质量，保证临床用药安全有效。

10. 马钱子　丁宗华等采用溶剂提取法提取总生物碱，用理化方法、TLC、UV、IR对提取物进行鉴定，以比较爆压法炮制与其他法炮制的马钱子主要成分之间的关系。结果，马钱子经爆压法、砂烫法和烘烤法炮制后，总生物碱的含量下降甚微，与生品比较仍达92%～95%以上；三种炮制品中主要成分士的宁和马钱子碱定性鉴别结果差异不大。说明这三种炮制法对马钱子生物碱主要成分的含量分布影响差异不大，爆压法可替代砂烫法和烘烤法。瞿群威等用正交设计法对爆压法炮制马钱子的工艺进行了研究。结果，采用爆压法，压力在152kPa，时间为5min左右，样品马钱子中士的宁的含量均可达到砂烫法炮制的效果，符合《中国药典》炮制马钱子的标准。这表明爆压法炮制马钱子是可行的。丁建江等采用爆压法和砂烫法炮制马钱子，测定马钱子中士的宁的含量，并将两种炮制方法进行比较。结果，爆压法制马钱子士的宁的含量为1.44%、砂烫法为1.85%。由此可见，用爆压法炮制，提高了马钱子饮片用药的安全性及临床疗效。

11. 苦杏仁　柏璐以苦杏仁苷含量为指标，对生、燀苦杏仁的稳定性进行了初步探讨。结果，生品的贮存有效期为68.4d、燀制品为103.7d。结果显示，燀制苦杏仁比生品的贮存有效期限长。

12. 宣木瓜　芮双平等以水浸出物总量、pH值和总有机酸（柠檬酸）含量为指标，对宣木瓜的两种加工方法进行比较。结果，传统木瓜药材、传统木瓜饮片、新法木瓜饮片、市售木瓜饮片中水浸出物含量（%）分别为7.74、7.16、7.72、5.60，pH值分别为3.025、3.498、3.032、4.003，柠檬酸含量（%）分别为3.64、2.95、3.68、2.62。结果表明，新法加工炮制的木瓜饮片很好地保存了木瓜的有效成分，是一种值得推广的好方法。

13. 乳香　为了解决乳香的结块问题，刘侠等对乳香生品、醋炙法、吸附法、水煮法、麸炒法等5种不同炮制方法进行了比较研究。结果，通过水分、总灰分、醇浸出物、水浸出物、挥发油的含量测定，紫外光谱、薄层色谱的比较观察。结果表明，各炮制品（除总灰分外）的含量测定值有显著性差异。吸附法成品色泽黄白、形状全部呈粉末，而其他4种方法的成品部分或全部结块。所以乳香采用吸附法炮制效果最佳。

14. 海狗肾　何群等采用出粉百分率为考察指标，研究了海狗肾炮制过程中影响粉碎效果的因素，并通过正交试验法优选最佳的工艺条件。结果，在粉碎海狗肾时，烘烤温度和蒸罐压力对其酥脆膨胀效果影响较大。正交试验及方差分析表明，蒸罐压力98kPa、蒸罐时间3h、烘烤温度210℃、烘烤时间60min，炮制成的海狗肾，粉碎效果最好，出粉百分率最高，原料近乎全部被粉碎成粉末。

15. 枯矾　张萱等采用正交实验设计，以硫酸铝钾的含量为考察指标，筛选出用恒温电热干燥箱烘制法炮制枯矾的最佳条件是：温度240℃，时间1.5h，样品粒度5mm。用这一条件炮制的枯矾颜色洁白、无光泽不透明、体轻松、手捻易碎。既符合《中国药典》的规定，又适合传统的用药习惯。

（王兴法　谢金龙）

参考文献

B

柏　璐．苦杏仁生、焯制品的稳定性探讨．基层中药杂志，2001；(3):26

卞艳红，龙全江，徐雪莲．市售丹皮饮片质量分析．时珍国医国药，2001；(5):412

C

陈　旭，张先洪，陆兔林．炮制对续断药理作用影响．中成药，2001；(11):799

陈惠玲，王建科，任永全，等．粗毛淫羊藿及其不同炮制品中10种微量元素的含量．中国中药杂志，2001；(3):159

陈建斌，薛团梅，包国荣，等．何首乌不同切制方法的质量研究．福建中医学院学报，2001；(4):41

陈梅玲，饶春恺．不同炮制方法对决明子抗菌作用的影响．中国药业，2001；(4):7

陈青莲，江雪平．山楂不同炮制品对小鼠胃排空作用的影响．中药材，2001；(12):887

D

邓然兴，黄儒龙，范宋玲．不同方法炮制姜半夏对β-谷甾醇含量的影响．基层中药杂志，2001；(2):25

丁建江，丁宗华，赵家胜，等．爆压法代替砂烫法制马钱子的研究．湖北中医杂志，2001；(4):50

丁宗华，赵家胜，沈玉杰，等．爆压法炮制马钱子的可行性分析．时珍国医国药，2001；(7):598

G

高昌琨，吴　琼，张陆军．半夏及炮制品对动物粘膜刺激性比较．安徽中医学院学报，2001；(6):49

高秀芝，张　薇，沈烈行．微波炉蜜炙麻黄新工艺研究．中药材，2001；(4):263

郭惠玲，侯建平，赵　勤，等．肉豆蔻不同炮制品对小鼠肠推进及药物性腹泻的影响．陕西中医学院学报，2001；(4):46

郭淑艳，贾玉良，徐美术．地榆炒炭前后止血作用的研究．中医药学报，2001；(4):28

H

何　群，勾大卉，蒋孟良，等．活力壮胶囊原料药海狗肾炮制过程中各种因素对粉碎效果的影响．中成药，2001；(4):260

贺德辉．中药清炒增效的实验探讨．时珍国医国药，2001；(2):128

侯江雁，葛正华，曹喜红．炮制前后白芍中芍药苷含量变化研究．中医药学报，2001；(2):43

胡昌江，马　烈，何学梅，等．九制大黄蒽醌衍生物对动物高血脂及血液流变学的影响．中成药，2001；(1):31

黄　芳，郭立玮，金万勤．药物累积法测定普通马钱子粉与超细马钱子粉的表观药动学参数．南京中医药大学学报，2001；(3):162

黄政德，蒋孟良，易延逵，等．酒制丹参、大黄对大鼠血小板功能及抗凝血作用的研究．中成药，2001；(5):341

J

贾天柱，胡凤艳，李　军，等．狗脊不同炮制品中鞣质的含量测定．辽宁中医杂志，2001；(5):305

江海燕，陈　勇，张　辉，等．苦参不同炮制品中苦参碱和氧化苦参碱含量测定．中成药，2001；(3):185

蒋孟良，黄政德，易延逵，等．酒制丹参、大黄对大鼠血液流变学影响的研究．中国中药杂志，2001；(11):783

蒋孟良，李　红，尹志芳，等．不同软化与切制方法对黄柏中小檗碱含量的影响．中药材，2001；(4):265

Q

瞿群威，吴凤涛，沈玉杰，等．正交实验探讨爆压法炮制马钱子的最佳条件．时珍国医国药，2001；(11):984

K

孔令东，杨　澄，仇　熙，等．黄柏炮制品清除氧自由基和抗脂质过氧化作用．中国中药杂志，2001；(4):245

孔令东，杨　澄，仇　熙，等．炮制对大黄、

虎杖抗氧化作用的影响．中国中药杂志，2001；(6):388

L

李　明．不同炮制方法对苍术挥发油含量的影响．中医研究，2001；(2):26

李　松，徐海波．高效液相色谱法测定白芍及炒白芍浓缩颗粒中芍药苷含量．时珍国医国药，2001；(1):29

李　祥，陈建伟，叶定江，等．明党参挥发油及致敏活性成分 CSY 在加工炮制中的化学动态变化研究．中成药，2001；(1):28

李计萍，王跃生，马　华，等．干姜与生姜主要化学成分的比较研究．中国中药杂志，2001；(11):748

李炯林．女贞子不同炮制品中齐墩果酸含量研究．广西中医药，2001；(6):48

李松林．不同川芎炮制品中生物碱含量测定．河南中医药学刊，2001；(5):18

李廷利，刘　立，孙加源，等．生、炒酸枣仁催眠作用的实验研究．中医药学报，2001；(5):35

李阳春，高家鉴，张伟敏，等．厚朴姜制前后所含厚朴酚及和厚朴酚总量的变化．中成药，2001；(6):415

梁新松．甘草最佳软化方法探讨．时珍国医国药，2001；(4):322

刘　侠，冀生亮，孙美华．乳香 5 种炮制方法的实验研究．基层中药杂志，2001；(1):3

刘　英，张伟兵，王雅贤，等．炒桃仁总蛋白对 TNF-a、IL-2 产生水平的影响．中医药学报，2001；(4):50

刘　英，张伟兵，王雅贤，等．炒桃仁总蛋白对小鼠 B 细胞功能影响的实验研究．中医药学报，2001；(2):55

刘丽芳，金蓉鸾，徐国钧，等．中药水蛭经炮制后的成分变化研究．中成药，2001；(12):880

吕文海，邱福军，王作明．炮制与超微粉碎对水蛭药效影响的初步实验研究．中国中药杂志，2001；(4):241

M

毛春芹，陆兔林，邱鲁婴．三棱不同炮制品总黄酮镇痛作用研究．南京中医药大学学报，2001；(5):299

毛维伦，许腊英，陈　曙，等．5 种炭药存性标准的薄层研究．湖北中医学院学报，2001；(1):41

孟同凤，何　莉．当归炮制研究初探．陕西中医学院学报，2001；(5):52

P

庞锦江，郑天珍，张小郁，等．生、炙诃子对气管平滑肌收缩活动的影响．中药材，2001；(2):120

裴　刚，肖冰梅．大黄不同盐制方法对其蒽醌的影响．基础中药杂志，2001；(2):24

Q

邱鲁婴．炮制对郁金镇痛作用影响的研究．时珍国医国药，2001；(6):501

R

芮双平，刘亚飞，周建理．宣木瓜饮片加工方法的改进．基层中药杂志，2001；(4):42

S

寿　丹，孙静芸．桑白皮不同加工方法及采收期的东莨菪内酯含量比较．中成药，2001；(9):650

宋丽丽，张启明，王鸽子．超微粉碎对蒲公英成分溶出特性的影响．时珍国医国药，2001；(6):492

苏　锦．不同贮存期的桂枝生品与炮制品的质量研究．中药材，2001；(4):260

孙龙宇，蒋纪洋．正交试验探讨杜仲的炒制方法．时珍国医国药，2001；(11):986

孙亦群，魏　刚，周莉玲，等．乳香、没药炮制前后挥发油化学成分及含量变化．中药材，2001；(8):566

T

田绍新．烘法炮制天麻实验研究．时珍国医国药，2001；(3):224

田树革，周晓英，肖新芳，等．菟丝子及其不同炮制品中有效成分含量的研究．新疆医科大学学报，2001；(1):68

W

王爱武，耿　晖，魏　魏．酒制及超微粉碎对当归散中黄芩苷溶出效果的影响．山东中医杂志，2001；(4):237

王潮奎，慕文静．半夏炮制的实验探讨．河南中医药学刊，2001；(4):12

王蕾蕾，黄海欣，孙振国．28 批淫羊藿饮片质

量考察．基层中药杂志，2001；(3):26

韦英杰，张宝玲，杨中林，等．炮制对东北南星中氨基酸及部分无机元素含量的影响．中成药，2001；(4):258

X

席先蓉,陈　庆．正交设计研究甘草蜜制工艺．中国中药杂志，2001；(7):460

肖冰梅，裴　刚．盐制对大黄中蒽醌类成分的影响．中成药，2001；(2):103

肖冰梅，张春桃，裴　刚，等．淡盐水制大黄的两种炮制方法的研究．中医药学报，2001；(4):24

徐德春,蒋纪洋，张涌泉．牛膝炮制工艺初探．时珍国医国药，2001；(8):695

Y

杨　澄，仇　熙，孔令东，等．炮制对桂枝抗氧化作用的影响．中成药，2001；(3):183

杨中林，韦英杰，杜　慧，等．东北南星不同炮制品的毒性及刺激性研究．中成药，2001；(2):101

杨中林，韦英杰，何执静，等．骨碎补不同炮制品中总黄酮及柚皮苷含量测定．中国中药杂志，2001；(10):682

Z

张　萱，王桂娥，朱天琪．枯矾炮制工艺的选优．中药材，2001；(4):262

张同凤，朱小华．川乌炮制工艺研究．江西中医学院学报，2001；(3):113

张余生，陆兔林．炮制对威灵仙镇痛抗炎作用的影响．中药材，2001；(11):815

张振凌，房　方，李　军，等．不同方法制蛋黄油中脂肪油的研究．中国中药杂志，2001；(1):28

赵典刚，郝桂兰，王振海，等．半夏熟法炮制品与药典法炮制品药理作用比较的实验研究．中国中医药科技，2001；(6):366

周　萍．高效液相色谱法测定生诃子及炒诃子中没食子酸含量．时珍国医国药，2001；(4):291

朱　青，傅春升，韩相宁．生大黄、熟大黄及其免煎颗粒中大黄素含量比较．山东中医药大学学报，2001；(3):230

（七）中药药理

【概述】

2001年单味中药药理研究具有以下特点：心脑血管、抗肿瘤方面的研究仍是研究的重点，同时对抗肝损伤的研究较以往更加深入；分子生物学、免疫学等研究方法被更多的应用；中药药效学比较研究更为多样化；在研究中注重应用中药有效成分（或有效部位）及临床治疗实践，使所得出的研究结论更具有理论及实践价值。

（一）对心脑血管的研究　历来受到众多学者的关注，通过应用分子生物学技术、电生理、放射免疫、酶学等技术方法，从不同角度反映了中药的作用。如张海港等发现三七总皂苷可增加烫伤大鼠心肌 Gsα mRNA 表达，增强 AC 活性，增加 cAMP 生成。刘维莞等表明水杉总黄酮预防容量超负荷大鼠心肌肥厚形成的分子机制之一可能是抑制心室 c-fos 蛋白表达。在保护心肌缺血再灌注损伤的研究方面，朱志彤等发现葛根素能抑制缺氧时 TNF-α 的分泌，对复氧后心肌具有升高 TNF-α 的作用，并剂量依赖性地抑制 IL-6 的过度分泌。冯津萍等认为黄芪是通过抑制细胞凋亡、升高 NO 和 NOS 活性来保护心肌的。何靖康等提出雷公藤内酯可使再灌心肌细胞间粘附分子-1、血管细胞间粘附分子-2、E-选择素的表达和核转录因子-KB 的活性明显降低，减轻供心的缺血再灌注损伤，延长移植物的存活时间。梁日欣等认为川芎嗪预处理保护心肌作用机制可能与 PKC 和 Gi/o 蛋白介导有关。程桂荣等研究表明，黄芪预处理可减少缺血再灌注心肌损伤，并诱导心肌细胞热休克蛋白（HSP70）

的表达。康艳萍等发现丹参可减轻 OFR 和 TXA_2/PGI_2 的平衡失调。黄起壬等认为油茶皂苷对盐酸异丙肾上腺素（ISO）所致心肌缺血大鼠可产生药理性预适应保护作用，且此作用是由 NO 介导的。吴旭等研究表明，蜕皮甾酮能减轻冠状动脉结扎致心肌梗死，机制为促进 VEGF 表达和毛细血管再生及增加冠状动脉血流量。刘洁等发现与毒毛花苷 K 相比人参皂苷 Rg2 是一种安全范围宽的中效强心药物。

（二）对神经细胞的保护作用　与抑制细胞凋亡、防止钙超载、诱导热休克蛋白表达等有关。如何丽娜等发现赤芍总苷及芍药苷对大鼠皮层神经细胞钙超载损伤有显著的保护作用。李志强等认为三七总皂苷可能通过诱导脊髓组织热休克蛋白（HSP）神经元的表达而保护脊髓继发损伤。孙岚等提出川芎嗪保护放射性损伤机制可能是通过增强 FAK 的表达实现的。李岚等认为川芎嗪可降低局部脑缺血再灌注所致的纹状体内 IL-1β 含量增多，川芎嗪改善脑缺血再灌注所致肺损伤的机制可能与抗自由基、提高组织 Ca^{2+}-ATP 酶活性有关。曲友直等发现丹参、黄芪可增强 BCL-2 蛋白表达，这可能是益气活血中药治疗缺血性中风的机理之一，而灯盏花保护脑缺血再灌注的机制可能与其降低血清胞浆酶及下调 fos 蛋白表达有关。齐刚等认为绞股蓝总苷可明显减轻缺血再灌注对大鼠海马及齿状回 DNA 和 RNA 损伤。李平等发现黄芪可抑制缺血区促凋亡基因 P53 表达，增强抑凋亡基因 bcl-2 的表达。孙保亮等认为银杏叶制剂通过逆转蛛网膜下腔出血后 NO 的异常改变，而减轻脑血管痉挛及其脑缺血性损伤。何丽娜等发现丹参酮保护脑损伤的机制可能主要与抑制细胞损伤初期病变进程及细胞钙超载有关。马晓红等研究表明，大蒜新素对脑皮质微粒体的 Na^+、K^+-ATPase、Ca^{2+}、Mg^{2+}-ATPase 活力的提高有利于大蒜新素防治脑缺血作用。晏雪生等研究表明大黄素保护大脑皮层神经元细胞的机制可能与破坏中分子物质活性有关，推测大黄治疗尿毒症脑病的机制与大黄素密切相关，而川芎嗪防治尿毒症与中分子物质无直接关系。陈勤等认为知母皂苷能够提高东莨菪碱拟痴呆小鼠的学习记忆能力机制可能不是直接提高胆碱乙酰转移酶，而是通过提高脑 M 受体密度实现的。朴景华等发现类叶升麻苷对东莨菪碱所引起小鼠学习记忆能力障碍有改善作用，其作用机制可能与抑制乙酰胆碱酯酶活性和激活 M 受体的作用有关。刘广益等发现人参皂苷、槲皮素对癫痫脑损伤具有保护作用，且联合应用时更明显。徐淑梅等认为桂枝对中枢神经系统的突触传递过程有明显的抑制效应。

（三）对血管方面的研究　其主要集中在中药对血管内皮功能的改善方面。如吴焕明等发现丹参酮Ⅱ-A 硫酸钠可能通过下调血小板原性生长因子（PDGF）mRNA 基因表达而有效抑制低氧内皮细胞条件培养液（HECCM）诱导的肺动脉平滑肌细胞增殖。尹春琳等认为芦荟大黄素对平滑肌细胞的增殖抑制作用可能不是通过影响 c-myc 基因表达实现的。李庆平等研究表明粉防己碱可降低肾血管性高血压大鼠主动脉平滑肌细胞（AVSMC）对 NE 和 AngⅡ促增值作用敏感性及反应性增高，抑制 AVSMC 增值和 DNA 合成。李民等采用含麦冬、生地的血清，发现两者对血管内皮细胞（VEC）具有增殖作用。张旭等研究表明含麦冬血清具有抗人脐静脉内皮细胞（HUVEC）凋亡的作用。

（四）抗肿瘤的研究　分别从影响基因表达、诱导分化或凋亡、抑制增殖、细胞毒、增效减毒、增强机体免疫等角度探讨了有关中药的作用机制。如梅兵等研究表明香菇多糖可促进 IFN mRNA 和 SODm RNA 的表达。洪振丰等认为茵陈蒿煎液抗肿瘤机制与下调 P53 和 cdk_2 表达有关。何静等发现诱导 bcl-2 基因蛋白表达水平下调可能是姜黄素诱导初治急性髓系白血病原代细胞凋亡、乳香提取物诱导急性淋巴细胞白血病凋亡的机制之一。李勇等研究表明大蒜素可通过第二信号系统 cAMP、PKC 的影响，增强 fas、bax 的表达，增强细胞凋亡率，抑制其增殖活性，导致胃癌细胞癌胚抗原（CEA）、谷胱甘肽转移酶（GST-π）的合成减少。陈小红等认为人参皂苷能刺激细胞株增殖，并通过诱导 c-fos 或 GATA-1 转录因子而调控造血细胞与增殖或分化有关基因的表达，高晓东等发现雄黄可抑制 HL-60/ADR 细胞生长，逆转其耐药，促进细胞凋亡，且呈剂量依赖性，其机制可能与 Pgp 表达下调有关。杨雁等认为黄芪总苷诱导肝癌细胞凋亡的机制与上调肝癌细胞的 wtp53 表达有关。陈晓春等发现人参皂苷减少细胞内源性 NO 生成及抑制半胱天冬酶 3 的活化可能是其对抗多巴胺诱导 PC12 细胞凋亡的机制。章国来等提出猪苓多糖可引起 T24 细胞内 Ca^{2+} 水平的显著变化，且主要表现在细胞核内，提示猪苓多糖可能有诱导细胞调亡的作用。许爱华等发现银杏外种皮多糖抗肿瘤机制可能在于阻止 G2-M 期细胞转移而影响癌细胞在细胞周期中的进程和干扰 S 期细胞 DNA 合成以及诱导小鼠肝癌细胞凋亡。王振刚等认为在体内锌离子可能影响雷公藤多苷对多种自身免疫性疾病及肿瘤性疾病的临床治疗作用及副作用。朱宁希等发现苦参碱对 HL-60 细胞诱导分化作用与其下调 c-myc 基因表达、阻滞细胞在 G_1 期有关。陈晓莉等提示葛根提取物具有一定抗癌活性。贾正平等应用血清药理学方法，发现直接抑制肿瘤细胞增殖及 DNA 合成是瑞香狼毒的重要抗癌机制。谭宇蕙等提出小蘗碱体外能抑制胃癌 MGC-803 细胞增殖和诱导细胞凋亡，其细胞毒性较弱。周龙恩等表明紫杉醇具有较强的抑制 MDA-MB-435 细胞粘附，侵袭和转移的作用。史曦凯等提出人参皂苷单位 Rbl 逆转耐药作用是通过抑制 P-GP 外排药物功能实现的。张慧珠等研究表明，钩藤总碱、药根碱、靛玉红均可逆转 KB_{v200} 细胞对长春新碱的耐药性，而姜黄素与长春新碱合用对 KB 和 KB_{v200} 细胞均具有增敏作用。杨雁等认为黄芪总提物具有抑制肝癌生长、甲胎蛋白（AFP）分泌及 γ-GT 活性的作用。

（五）对机体免疫系统的研究　这方面的报道主要与调节细胞因子等因素有关。如汪华林等发现川芎嗪能下调活动期狼疮肾炎患者外周血单核细胞 B7-2mRNA 表达，合并使用地塞米松效果更佳。陈华圣等研究表明银杏外种皮多糖可促进核瘤小鼠及 CTX 损伤小鼠脾淋巴细胞的 IL-2 活性，减少血清 sIL-2R 的形成，从而促进其免疫功能。张骏等认为大黄素对肿瘤坏死因子-α（TNF-α）的分泌和［Ca^{2+}］i 有双向调节作用，推测其可能具有免疫双向调节功能。陈晓理等发现大黄对正常和烧伤小鼠均具有明显的促进肠道免疫分泌 IgA、总蛋白、补体 C3 和 HDL 的作用。肖波等提出雷公藤多苷可能通过抑制 CD28-NF-kB 这一信号传导通路而抑制免疫反应。张庆等认为大枣中性多糖能引起小鼠腹腔巨噬细胞中［Ca^{2+}］i 迅速升高，提示［Ca^{2+}］i 升高可能是其活化巨噬细胞，增强其细胞毒性，促其分泌 IL-1、TNF、NO 的重要信号。李明春等研究表明，灵芝多糖组分 GLB_7 通过外钙内流及 IP_3 敏感和 IP_3 非敏感钙池释放 Ca^{2+} 引起 T 细胞中［Ca^{2+}］i 升高，通过 Na^+/H^+/交换系统及其它调节途径引起 T 细胞［PH］i 升高，从而激活 T 细胞。康文红等发现旱莲草乙酸乙酯总提物对小鼠外周血 T 淋巴细胞 CD_4^+、CD_8^+ 亚群具有调节作用。张佩等认为槐胺碱通过减少 CD_3、CD_4 细胞数，降低 CD_4/CD_8，抑制 T 淋巴细胞增殖，从而抑制移植排斥反应。

（六）抗炎抗内毒素的作用　杨沁等认

为黄芪总苷的抗炎机理与其降低血管通透性和抑制白细胞游出、降低 PLA_2 活性、减少 IL-8、PGE_2、NO 等炎性介质的产生及抑制氧自由基生成有关。封士兰等发现山生柳抗炎作用与降低毛细血管通透性、抑制 PGE 合成释放有关。刘云海等提出板蓝根氯仿提取物及其组份Ⅲ具有抗内毒素致鼠巨噬细胞诱生肿瘤坏死因子（TNFα）和白细胞介素6（IL-6）的作用。张根葆等认为银杏内酯减轻内毒素所致的胃肠损伤和病变的发展机制可能与拮抗内毒素引起 PAF 等炎症介质释放有关。梁爱华等认为青蒿琥酯在体内外均可明显抑制内毒素诱导的巨噬细胞炎性因子 TNFα 及 NO 产生。周晓红等发现黄芪苷可提高内毒素休克大鼠 SOD 活性、降低 MDA 含量，增强吞噬细胞的吞噬功能，从而对机体起到保护作用。

（七）对消化系统方面的研究　主要是以抑制肝纤维化、保护肝脏的报道为多。如王晓玲等认为丹参可能通过抑制 c-fos 的基因表达进而抑制Ⅰ型胶原的基因表达。白娟等发现灯盏花液可能通过影响储脂细胞增殖和向成纤维细胞转化而抑制肝内胶原合成的。宋少刚等提出黄芪总提物对体外激活的肝星状细胞的增殖和产生胶原有明显的抑制作用，而产生抗肝纤维化的作用。胡聪等认为不同浓度的黄芩苷、苦参碱均对 TNF-α 和 Act D 所诱导的肝细胞凋亡有抑制作用。杨静等研究表明 18α-甘草素在转录水平下调大鼠肝细胞 CYP1A1，CYP2E2 和 CYP3A1 表达，从分子机理阐明 18α-甘草酸治疗肝损伤和预防癌症的作用机制。郑敏等发现大蒜素剂量依赖性抑制小鼠肝组织内还原性谷胱甘肽（GSH）耗竭及谷胱甘肽 S-转移酶（GST）下降，增强肝脏的结合解毒功能，从而保护肝脏及机体。田伟军等研究表明雷公藤多苷通过诱导间质中浸润细胞凋亡，移植后近期全面抑制受体的免疫反应状态、加快免疫耐受状态的诱导等途径对移植肝脏起到了保护作用。赵伟等提出当归对低温保存的大鼠肝脏有保护作用，但在保存液中达一定浓度后，作用不再随浓度增加而增强。楼恺娴等认为大黄素治疗急性胰腺炎的作用机制可能是通过诱导细胞因子 TGFβ1 基因表达增强，调控细胞增殖和分化，刺激多种细胞外基质成分合成，增加胰组织 DNA 合成和蛋白含量，参与胰腺细胞修复、再塑过程。聂克等发现黄芪能上调脾虚大鼠胃壁细胞静息状态下和胃泌素刺激下［Ca^{2+}］i 的下降。魏岳斌等研究表明，丹参可能通过升高 NO、增加表皮生长因子（EGFR）的表达，从而改善胃溃疡大鼠胃粘膜微循环及促进胃粘膜上皮细胞增生，发挥抗胃溃疡作用。朱金照等认为砂仁促进胃肠动力作用与其增加血及胃肠道胃动素（MTL）、P 物质（SP）含量有关。石雪迎等发现三七总皂苷对人胚胃粘膜上皮细胞系 GES-1 及其转化细胞有显著的增殖抑制作用。

（八）抗菌、抗病毒的作用　姚振生等认为野核桃叶提取物对革兰阳性菌、酵母型真菌具有明显的抑制作用，且水提液优于乙醇提取液。褚小兰等研究表明，5 种地锦草中以斑地锦抗炎、止血、抑菌作用最明显。蒋建敏等发现苦丁茶灌服能明显提高大肠杆菌、痢疾杆菌、肺炎杆菌及乙型链球菌感染小鼠的存活率。杜平华等提出黄芩等 9 种中药对幽门螺旋杆菌有较好的抗菌效果。王志洁等发现黄芪总皂苷对 HSV-2 333 株的直接杀灭、增殖抑制的治疗指数优于阿昔洛韦。于超等认为槲寄生、甘草水提物有较好的抗 HBV 作用。王卫华等认为虎杖通过直接杀灭病毒和抑制生物合成两个环节发挥其抗柯萨奇病毒 B3（CVB3）作用。李双杰等发现苦瓜素具有明显抑制 CVB3-RNA 复制作用。

（九）对清除自由基、延缓衰老的研究　项光亚等认为金丝桃提取物对大鼠离体组织匀浆的脂质过氧化及由 Fe^{2+}-H_2O_2 体系、

Fe^{2+}-VitC 体系和 Fe^{2+}-Cys 体系诱导的脂质过氧化具有抑制作用。曲长江等认为脂质过氧化损伤和抗氧化酶活性降低是脾虚的病理基础之一，从自由基损伤角度而言，脾虚造模方法中，大黄泻下加劳倦过度法优于单因素脾虚造模法。栗坤等研究表明，细辛和杜仲的抗衰老作用与增加 NO，降低 MDA 含量，提高 NOS 活性有关。

（十）对泌尿系统的研究　主要是为了改善肾功能、抑制肾小球增殖等，如董兴刚等研究表明汉防己甲素延缓肾小球硬化机理与下调肾皮质 TGF-βmRNA 表达、肾皮质Ⅳ型胶原 mRNA 表达有关。倪兆慧等认为黄芪可抑制肾小球系膜细胞（HMCs）增殖及Ⅳ型胶原蛋白的过度生成，从而延缓慢性肾脏疾病向肾硬化进展。冯进等发现，人参皂苷具有保护缺血再灌注肾功能，减轻肾组织病理损害、提高肾皮质 NO 含量与髓质 NO 含量的比值、抑制肾皮质细胞凋亡等作用。刘旭生等提出川芎嗪注射液能提高大鼠腹膜透析效能，其作用与增加超滤量及腹膜毛细血管血流量有关。

（十一）对生殖系统、内分泌系统的研究　这方面的报道相对较少，郑高利等研究表明，葛根异黄酮对去卵巢大鼠骨质疏松症的防治作用可能与其弱雌激素样活性有关。徐向斌等认为莪术对大鼠子宫肌电的明显兴奋作用与 M 受体和 α 受体有关。钱东生等研究表明山茱萸乙醇提取液对非胰岛素依赖性糖尿病（NIDDM）降糖机制与促进外周组织葡萄糖转运体-4mRNA 和蛋白表达增加有关。

（十二）中药代谢动力学的研究　王菲等研究表明淫羊藿等补肾壮阳药清晨服用效果最佳，证实了中药“择时服药”理论有一定的科学性。李玉虎等发现黄芪等药物有抗矽肺效应。姜一化等认为，雷公藤对银屑病 ABKMA 模型角朊细胞的增殖有抑制作用。赵晋明等提出，骆驼蓬总碱对成熟包虫囊有抑制作用，其疗效与丙硫咪唑相当，两药联合应用优于单一用药。陶艳梅等发现阿米卡星所致的［Ca^{2+}］i 下降可破坏豚鼠耳蜗外毛细胞慢运动，而银杏叶提取物 Egb761 对此有抑制作用。张建清等研究为将 TK6 细胞应用于 tk 基因突变的毒理学评价和机理的研究提供了实验依据。

（王树荣）

【川芎嗪药理作用的研究】

川芎嗪化学名为四甲基吡嗪，是从川芎的生物碱中分离得到的有效单体，在临床上已广泛应用，现就近年来该药的药理作用研究介绍如下。

（一）对心肌缺血再灌注损伤（MIRI）的保护作用　梁日欣等发现家兔或大鼠结扎冠状动脉前连续静脉给川芎嗪 5min，能降低动物缺血再灌注时室颤和室速的发生率，缩小心肌梗塞面积和抑制血浆乳酸脱氢酶（LDH）增高，可使缺血动脉灌注后的兔左室内压（LSVP）、左室压最大上升及下降速率（± dp/dt Max）升高，表明川芎嗪对动物心肌缺血再灌注有一定保护作用。心肌细胞实验提示其作用机理可能与蛋白激酶 C 和 Gi/o 蛋白介导有关。储利胜等在改良的 Euro-Collins 心脏保存液中添加川芎嗪后，能提高保存 6h 后离体大鼠心脏的心功能和冠脉流量，降低心肌含水量，减少 LDH 和肌酸激酶（CK）的漏出，升高 SOD 活性和降低 LPO 含量。万福生等采用大鼠冠脉结扎再通 20min 造成缺血再灌注动物模型，给予川芎嗪后，可提高心肌细胞膜和线粒体中 SOD、还原型谷胱甘肽 GSH-Px 和 Ca^{2+}-ATP 酶活性，降低心肌 MDA 和钙含量，实验提示该药抗自由基的作用对心脏产生保护作用的机理。上述实验表明川芎嗪从多方面对 MIRI 有良好的保护作用。韩焱福等报道川芎嗪对烫伤豚鼠心肌有保护作用。

（二）抗血管内皮细胞增殖或损伤作用

李松等报道以川芎嗪或含川芎嗪的兔血清加入培养基内，发现川芎嗪对家兔主动脉球囊损伤平滑肌细胞增殖有显著抑制作用。林蓉等用 H_2O_2 诱导人胎儿脐静脉内皮细胞（HUVECs）损伤，并给予川芎嗪，结果显示，该药可部分拮抗 H_2O_2 损伤 HUVECs 所致乳酸脱氢酶（LDH）活性和内皮素的释放，抑制 MDA 生成，提示对血管内皮细胞的保护作用与其抗脂质过氧化作用有关。蔡晨等报道川芎嗪可减轻烧伤豚鼠早期血管内皮细胞损伤。廖福龙等在平板-平板剪切装置流变仪上模拟体内血流特点，观察剪切对体外培养人脐静脉 EC 的影响，结果表明川芎嗪可以抑制剪切力诱导的血管内皮细胞分泌血管性血友病因子（VWF）以及血小板聚集，防治血栓形成。

（三）对脑的保护作用　洪英等报道川芎嗪注射液临床用于治疗脑梗塞，取得良好的效果。岑德意等采用大鼠脑梗塞模型和小鼠双侧颈动脉结扎模型，静脉注射川芎嗪可显著改善大鼠异常神经症状和小鼠缺血脑组织 NO 和 MDA 含量，对脑梗塞有保护作用。陈洁文等利用脑片技术、电镜等方法证明川芎嗪可提高脑片的耐缺氧能力，能抑制神经突触传递和脑细胞过度兴奋，对脑缺血大鼠大脑皮层的超微结构有保护作用。王世军等的多个实验显示该保护作用可能与其调节脑血流量、改善微循环、抑制血小板聚集、增加 SOD 和 GSH-Px 的含量，降低血浆内皮素（ET）、调节 $6Keto\text{-}PGF_{1\alpha}$ 与 TXB_2 的比例有关。吴芹等报道，川芎嗪对 KCl 和 NA 所致的新生大鼠脑内 Ca^{2+} 增加有阻滞作用，有利于防治缺氧缺血性脑病。

（四）对肺动脉高压的影响　黄志宏等报道川芎嗪对缺氧肺动脉高压大鼠的形成有预防作用，此作用可能与纠正失衡的降钙素基因相关肽与内皮素-1 的比值有关。王良兴等实验显示，该作用机理还可能与其抑制 TXA_2 合成和肺动脉结构型一氧化氮合酶（ceNOS）及其基因表达有关。

（五）抗自由基作用　赵玉珍等、粟坤等给老龄小鼠灌肠川芎嗪，连续 4 周，可升高老龄小鼠心和肝中 SOD 及谷胱甘肽过氧化酶（GSH-Px）的活性。李建生等实验报道，老龄大鼠缺血再灌注肾脏损伤与自由基损伤有关，川芎嗪对该药物肾脏保护作用是与其抑制脂质过氧化反应有关。王晖观察到小鼠急性缺氧时，川芎嗪对心脑的保护作用是与其能升高 SOD 含量有关。李枣园等利用抗坏血酸体系产生羟自由基，川芎嗪在 0.5～0.63g/L 清除羟自由基的清除率达 38.7%。多种实验显示，川芎嗪对心脑血管疾病的作用机理是与其抗自由基的作用分不开的。

（六）其他作用　如刘忠华等报道皮下注射川芎嗪 20mg/kg 能抑制小鼠大部分吗啡戒断症状。范治云等报道给小鼠每天灌服 100mg/kg、200mg/kg 川芎嗪，连续 7d，可显著抑制小鼠二甲苯到耳肿胀和 5-HT 致足肿胀，拮抗醋酸致毛细血管通透性增加，有较好的抗炎作用。刘志坚等报道灌胃给药，能减轻乙醇致大鼠胃粘膜损伤的程度。刘钰瑜等报道环磷酰胺模型大鼠同时每天给川芎嗪 50mg/kg，连续 15 天，可增加模型大鼠白细胞数、胸腺重、肝重、骨钙/骨干重比值、骨羟脯氨酸/骨干重比值，表明有对抗环磷酰胺的免疫抑制及骨质疏松等不良反应。王晖等在离体透皮实验研究中发现：磷酸川芎嗪可透皮吸收，吸收的主要屏障是角质层。此外，郑红等报道川芎嗪对烫伤动物肾脏早期或肺损伤有保护作用。

（金若敏　宁　炼）

【雷公藤的药理作用和不良反应】

雷公藤是卫矛科雷公藤属植物。临床上可应用于治疗类风湿性关节炎、肾病综合征等自身免疫性疾病。

一、药理作用

力弘等实验表明 60～120mg/kg 雷公藤多苷能抑制角叉菜胶性大鼠足跖肿胀和大鼠棉球肉芽肿、抑制大鼠Ⅲ型、小鼠Ⅳ型的变态反应。120mg/kg 时对 T_H、T_S 细胞均有抑制作用。30mg/kg 雷公藤多苷能有效预防大鼠佐剂性关节炎继发性病变，明显抑制小鼠脾淋巴细胞转化、降低血清溶血素水平。表明雷公藤多苷有良好的抗炎免疫抑制作用。苏素文等、张永健等实验显示，雷公藤多苷抗大鼠佐剂性关节炎、角叉菜胶性足肿胀和棉球肉芽肿的作用与其抑制体内 NO 水平有关。

虞海燕等采用系统性红斑狼疮（SLE）病人外周血单个核细胞体外培养，观察到雷公藤碱戊对 B 细胞功能的多个环节具有抑制作用，抑制 B 细胞的活化增殖，从而抑制其产生 IgG。王希海等观察到雷公藤多苷对大鼠 T 细胞 DNA 合成能力，IL-2 的产生和活性，T 细胞对 IL-2 的反应性等均在给药后 12～14h 有显著抑制作用，3d 后作用减弱，7d 后作用消失。

雷公藤多苷对免疫性皮肤病有良好的治疗作用。张倩等将 0.25mg/L 雷公藤多苷与皮肤角朊细胞共育 7h，结果显示该药可抑制角朊细胞株增殖并诱导其凋亡，凋亡的机理与 bel-Xs 基因上调有关。

黄怀鹏等运用血清药理学方法观察到雷公藤抑制肾小球系膜细胞（MC）增殖的作用机理之一是通过抑制 NO 和一氧化氮合酶的分泌。

王胜军等实验结果显示，雷公藤皂苷能抑制树突状细胞诱导实验性自身免疫性甲状腺炎的发生。

此外，对雷公藤内酯醇类也进行了研究。莫碧文等报道雷公藤内酯醇能显著抑制哮喘豚鼠气道壁内细胞 NF-KB 的表达，是治疗哮喘的机理之一。邱海波等报道雷公藤氯内酯醇具有抑制肺泡巨噬细胞中促炎介质（TNF-α、IL-1β、IL-6、IL-10 及 NO）和抗炎介质表达的作用。刘浩等认为雷公藤内酯免疫抑制的机理是对 T 细胞内 IκBα 基因转录的调控以及抑制 T 细胞内 NF-KB 的活力。

杨静娴等将雷公藤醋酸乙酯提取物连续灌胃 7d，对 2 周和 4 周佐剂性关节炎大鼠血小板聚集率进行了观察，发现可使血小板聚集率明显下降，但对血小板解聚无明显作用。

杨春欣等通过实验认为雷公藤水溶性部分中含有免疫抑制作用较强的活性成分。李鸣等实验证明雷公藤茎叶水提物 200mg/kg、400mg/kg 灌肠给药，有明显的抗炎镇痛作用。

黄芒莉等报道雷公藤地上部分浸膏有抗炎作用，对弗氏完全佐剂所诱发的大鼠足跖原发性与继发性病变均有抑制作用。同时还有明显的镇痛作用。结果表明，雷公藤地上部分药理作用均与雷公藤相似。

上述研究表明雷公藤通过多种成分、多种途径而起到抗炎、免疫抑制等作用。

二、不良反应

与雷公藤临床的独特疗效一样，雷公藤的毒性也是引人注目的。不良反应主要表现在消化、泌尿、生殖、造血系统及皮肤等方面。其中最为常见的为消化系统，服药后可出现食欲不振、上腹不适、恶心、呕吐等。如孙效龙报道有导致溃疡性结肠炎 15 例。生殖系统也是雷公藤不良反应的常发系统，在女性方面耿爱萍等报道用药 6 年导致卵巢、子宫萎缩 1 例。用雷公藤片或多苷片治疗 60 例和 50 例，引起月经失调者分别为 18.3%、10%。付萍等报道服用雷公藤多苷致闭经者 9 例，其血中 FSH、LH 明显增加，而 E_2 等明显降低，提示该药对女性的主要作用是卵巢的卵泡细胞。在男性方面则表现为精子减少，王晓旭等报道追访的 146 名雷公藤服用者，其中 56 例有药后精子密度减至近零或为零，精子密度复常需 3 个月以上。

史影等、毕可波等报道服用雷公藤多苷或雷公藤致急性肾功能衰竭各 1 例。寿晓琳报道用雷公藤引产致急性肾功能衰竭 1 例。陈远辉报告连续 4d 用雷公藤 45～60g 水煎致心源性休克 3 例。林建峰等报道雷公藤内酯醇具有局部刺激作用。因此恰当、准确地制定雷公藤治疗用药方案，以求取得最佳疗效和最大限度防止药物不良反应是非常重要的。

（金若敏　宁　炼）

【黄芩茎叶总黄酮的药理作用研究】

黄芩茎叶总黄酮（TF）是从黄芩地上部分茎叶中提取的活性成分，具有降血压、降血脂、改善心律失常等多方面的药理活性。

赵铁华等研究表明，TF 有解热、镇痛作用：大鼠腹腔注射 21.1～84.4mg/kgTF 能显著降低酵母菌所致的体温升高；家兔腹腔注射 21.1mg/kgTF 可降低松节油所致的体温升高，其解热作用较阿司匹林、安痛定和柴胡强；小鼠皮下注射 60～180.8mg/kgTF 或灌服 54.3～217mg/kgTF 可显著减少醋酸所致扭体反应数；腹腔注射 TF 可以提高钾离子皮下透入致痛大鼠和热致痛小鼠的痛阈值；腹腔注射 30.1～180.8mg/kgTF 或灌胃给予 108.5～217mg/kgTF 可抑制二甲苯所致小鼠耳廓肿胀，灌胃给药可抑制蛋清致大鼠足跖肿胀。另外，腹腔注射给药还能减轻棉球致大鼠肉芽肿的重量，表明其有抗炎作用。

李素婷等研究发现，TF 灌胃给药能显著减少 CCl_4 致肝损伤小鼠肝脏 MDA 的含量。灌服 TF 还能显著延长小鼠断头后喘息持续时间，降低小鼠脑组织 LPO 含量，提高 GSH-Px 活力，对脑缺血缺氧有一定保护能力。TF 还能剂量依赖性地抑制体外大鼠肝匀浆温育、过氧化氢诱发的 MDA 的生成，有一定的抗脂质过氧化能力。

赵铁华等还发现，TF 对免疫功能有一定影响。灌胃给予 TF 可以增加绵羊红细胞所致小鼠溶血素抗体的生成，并能抑制 2,4-二硝基氟苯酸致小鼠耳廓肿胀，降低小鼠碳廓清的吞噬系数。腹腔注射 100～200mg/kgTF 可减轻小鼠 LA795 肺腺癌肿瘤和 S_{180} 肉瘤的重量，具有抗肿瘤活性。

（宁　炼　金若敏）

【淫羊藿的药理研究】

淫羊藿，又称仙灵脾，为小檗科植物淫羊藿的全草，能补肾壮阳、益精健骨。化学成分研究证明，淫羊藿含有黄酮类化合物、生物碱、多糖、木脂素及微量元素。药理研究表明其对免疫、心血管、造血、生殖系统均有影响。

（一）抗炎免疫作用　郝炳华等、张逸凡等研究表明，淫羊藿总黄酮能显著抑制巴豆油所致小鼠耳肿胀和肉芽组织增生、醋酸所致小鼠腹腔毛细血管通透性增加、角叉菜胶致大鼠原发性和继发性足跖肿胀，具有抗炎作用。其抗炎机理为降低炎症渗出物中前列素 E 和丙二醛的含量，提高红细胞过氧化氢酶的活力。葛林阜等认为，淫羊藿对免疫功能有较大影响，能提高正常小鼠的 T 淋巴细胞 α-醋酸萘酯酶阳性率、腹腔巨噬细胞吞噬率和吞噬指数，并可使环磷酰胺型小鼠的上述指标恢复正常水平。淫羊藿苷能提高正常小鼠胸腺、脾脏重量，增强巨噬细胞吞噬功能，增加红细胞 C3b 受体花环率和血清 TNF-α 水平。姜南等报道，50μg/L 淫羊藿苷体外给药可增强 LAK 细胞对 K562 细胞的杀伤活性。淫羊藿总黄酮能显著增加荷瘤小鼠巨噬细胞吞噬功能，淋巴细胞转化率和脾脏比值，能显著增加红细胞 C3b 受体花环率并降低红细胞免疫复合物花环率，在一定程度上可以抑制肿瘤细胞的生长。灌胃给予淫羊藿多糖与总黄酮均可明显提高衰老大鼠血液白介素-2、自然杀伤细胞的活性，具有增强机体神经内分泌免疫网络的调节功能。淫羊藿还能减轻强的松对大鼠下丘脑-垂体-肾上腺-胸腺轴的抑制作用。陆军等、汪年松等临床研究表明，淫羊藿能使维持性血透患者外周血 T 淋巴细胞亚群增多，血清 sIL-2R、IL-6 和 TNF-α 水平升高，具有调节患者细胞免疫的作用。

（二）对内分泌系统功能的影响　孟宪丽等、蔡定芳等报道，灌胃给予 10～20g/kg 淫羊藿能明显提高氢化可的松所致阳虚大鼠的睾丸酮、雌二醇的水平，可增加大鼠前列腺-贮精囊、提肛肌-海绵球肌、子宫、肾上腺及胸腺重量。许青媛认为，淫羊藿水提物的促性腺作用较皂苷为强。徐暾海等报道，灌胃给予淫羊藿多糖与总黄酮均可明显提高衰老大鼠血液促性腺激素、睾酮、雌二醇、下丘脑和皮质内啡肽的活性。吕红斌等认为，灌肠淫羊藿能提高家兔的血睾酮水平，刺激睾酮的分泌。徐瑶等研究表明，含淫羊藿醇提物血清能促进内皮细胞释放 NO，这可能是其治疗阳痿的作用机制。赵胜利等认为，淫羊藿煎剂能使甲基硫氧嘧啶所致甲状腺机能低下小鼠的脑 β 受体最大结合容量和亲和力及耗氧率恢复正常，这可能是其助阳的生化机制。另外，郑军等报道，淫羊藿还能使羟基脲致阳虚小鼠血浆中分子物质降低，巯基升高，以发挥其助阳作用。

（三）健骨作用　淫羊藿具有健骨作用。如季晖等报道，口服 75～300mg/kg 淫羊藿总黄酮 3 个月，能明显提高骨质疏松大鼠的骨表现密度和骨密度，对子宫系数和血清雌二醇水平无显著影响；骨形态计量学结果表明，高剂量组大鼠骨小梁吸收表面百分率和形成表面百分率等参数明显降低，骨小梁体积百分率明显提高。刘素彩等体外实验表明，20μg/L 的淫羊藿苷可促进大鼠成骨细胞合成分泌碱性磷酸酶和Ⅰ型胶原蛋白，促进骨细胞的分化，使骨形成增加，但对成骨细胞的增殖没有影响。

（四）对心血管和血液系统功能的影响　金春花等报道，东北淫羊藿皂苷可显著改善心肌缺血，对脑部缺血缺氧及心律失常有一定改善。刘守义等研究表明，颈静脉给予 60～120mg/kg 朝鲜淫羊藿总黄酮苷能显著拮抗氯化钡、乌头碱诱发的大鼠心律失常和肾上腺素诱发的豚鼠心律失常。于永红等认为，淫羊藿能促进免疫损伤合并高胆固醇喂饲致动脉粥样硬化（AS）家兔主动脉及冠状动脉 AS 病灶的消退。

（五）其他　邹焰等报道，淫羊藿具有提高老年小鼠耐缺氧和抗氧化能力的作用，使血浆和组织中的 MDA 降低，红细胞 SOD 活性增加，与人参配伍使用，二者有协同作用。

（金若敏　宁　炼）

【黄连致溶血毒性争议的研究】

黄连为常用中药，在中医药文献中向来认为无毒，且有解毒功能。无论是《中国药典》规定，还是地方应用品种，一般都用毛茛科黄连属植物的干燥根茎。其含小檗碱、黄连碱、甲基黄连碱、掌叶防己碱、药根碱等多种生物碱，其中以小檗碱为主，习称为黄连素。高晓山、杨守业等报道，1978 年，新加坡政府卫生部宣布黄连或小檗碱为毒品，认为孕妇或新生儿服用黄连或小檗碱，能诱发 G-6-PD（葡萄糖-6-磷酸脱氢酶）缺陷新生儿溶血性黄疸、核黄疸，全面禁止买卖、持有、医用黄连。与之呼应，国内孙启明、官希吉等也主张新生儿忌用黄连。还有人在香港、新加坡多次发表论文，主张川连、茵陈、牛黄等可以与血白蛋白竞争性结合而使游离血胆红素增多，导致新生儿黄疸加重，发展为核黄疸。

然而，陈馥馨等认为中医自古有给新生儿服用黄连的黄连法，陈可冀也报道了文献记载，清朝皇室有给新生儿服用含黄连的福寿丹开口的传统。至今，安徽、湖南、江西、四川、福建、广东、广西、台湾等南方诸省、区民间仍有给新生儿服用黄连或含黄连方剂的习俗。为此，对这一方面进行了较多的研究。

(一)临床研究　①1982年,台湾学者廖昌立等对照观察22例新生儿连续三天喂饲黄连煎剂,第三天血胆红素平均(8.25±1.47)mg%,与对照组的(9.46±1.92)mg%没有显著差异;第七天,分别为(7.32±2.24)mg%和(10.68±2.62)mg%,给黄连组反低于对照组($P<0.0005$)。观察对象中,有7例为G-6-PD缺乏者,分属于实验组(3人)、对照组(4人)。观察七天内血胆红素的最高值分别为(6.53±1.19)mg%、(11.125±0.17)mg%)。产后第六天,检查末梢血的血红蛋白和红细胞,实验组分别为(18.0~12.8)g%、(6.25~4.36)$10^6/mm^3$;对照组分别为(18.5~12.7)g%、(6.08~3.85)$10^6/mm^3$。显示G-6-PD缺乏新生儿用黄连后，并没有发生严重溶血。②2000年，汪长生等报道了江西省220例新生儿服用黄连的追踪调查（110例未服用黄连为对照组），结果未发现服用黄连诱发核黄疸的病例；也未发现服用黄连对新生儿健康、生长、发育不利影响的证据；对新生儿黄疸发病率、发生迟、早都未见显著影响。所以调查结果不支持新生儿服用黄连会加重黄疸的说法，也没有获得新生儿服用黄连与核黄疸发生有关的证据。③高雨农等报道了9例妊娠晚期曾服用小檗碱妊娠妇女所生新生儿的黄疸期血清胆红素与同期未服用小檗碱的285例正常分娩新生儿黄疸期血清胆红素对比，并无明显提高，且无一例达到正常组的最高组值（Ⅴ级）。另外，针对南方民间给新生儿服用含黄连开口药的习俗，汪长生等对江西叶爱莲等，对浙江刘克丽等，对湖南姜国峰等和黄佛生等，对福建及安徽等地区进行了服用含黄连开口药的新生儿回顾性调查。分别调查了100、163、176、201、128、58例，共826例，其中，一部分单独服用单味黄连，一部分还用黄连水拭口或吸吮，一部分则是服用含黄连方剂（组成各地不同）。全部观察的病例中，没有发现核黄疸或类似核黄疸症状、核黄疸后遗症的病例，与对照组相比，一般在新生儿黄疸出现时间、持续时间方面也未见异常。部分病例在黄疸期曾进行血检验，血胆红素定量、血红蛋白都没有明显异常。

（二）实验研究　李建荣等报道，如果黄连能诱发溶血，一定浓度的黄连应可引起血红细胞的渗透脆性增加，乃至溶血、血胆红素增加。实验证明：治疗剂量的黄连对大鼠离体血红细胞渗透脆性没有明显影响。林娜等报道，黄连和小檗碱对实验性G-6-PD缺陷大鼠离体血红细胞渗透脆性也没有明显影响，不能引起溶血。杨守业等报道在中医药文献中，黄连并不是妊娠禁忌药。实验证明：妊娠期小鼠服用黄连或小檗碱，并未引起胎仔黄疸和其他胚胎毒性。给哺乳母小鼠服用$2/3LD_{50}$黄连和小檗碱对新生鼠仔的血清胆红素、ALT、血红蛋白和血球压积，较对照组都没有显著变化。母鼠的血清胆红素、ALT、血红蛋白和体重较对照组也都没有显著变化。胎仔血清总胆红素、ALT（GPT，谷丙转氨酶）、血红蛋白定量，较对照组都没有发现显著差异。

综上所述，没有发现妊娠期服用治疗量黄连或小檗碱，可能促使胎儿溶血或发育不良的证据；新生儿服用小量黄连不致引起不正常溶血、黄疸加重、乃至核黄疸。所以不支持新加坡卫生部关于黄连有毒、不利新生儿的意见。

（高晓山）

【含马兜铃酸类成分中药毒性的研究】

近年来，含马兜铃酸类成分中药可引起肾损伤的报道引起了国内外的高度重视。1993年比利时报道2例妇女因服用含广防己的中草药制剂进行减肥治疗，出现肾间质纤维化，并进而将其称为“中草药肾病”。至1998年已有100余人因服用该减肥药而导致慢性肾损害，其中1/3接受肾移植。1999年美国FDA颁布了含马兜铃酸植物药的使用禁令，并禁止川木通、粉防已等不含马兜铃酸，但易与含马兜铃酸药材混淆品种的进口。2000年新加坡颁布了对马兜铃科属药物的管理方法。国内也陆续出现了关于马兜铃酸毒性方面的研究报道。

马兜铃酸普遍存在于马兜铃属植物中，据文献记载，含马兜铃酸植物全世界约有200余种，国内约有40余种，本属植物《中药大辞典》收载的有15种，《中国药典》收载的有5种，相关品种有数10种，已由国家批准的中成药百余种。可见，含马兜铃酸成分中药涉及面极广，该问题不仅关系到中药的国际地位，同时也关系到患者的用药安全，对该类中药的研究势在必行。

一、研究现状

1. 化学研究　马兜铃属植物均含有马兜铃酸，是植物界发现的第一个含硝基化合物。目前已从该属植物中分离到倍半萜、生物碱和菲衍生物等三类化学成分。朱大元等报道日本从青木香中分离出四个马兜铃内酰胺类化合物。楼风昌等报道从关木通(Aristolochia manshuriensis Kon)茎皮中分离出新化合物——马兜铃酸BⅡ甲酯（3,4-二甲氧基-10-硝基菲-1-羧酸甲基），并进一步从中分离出马兜铃酸萜酯Ⅰ，确认了另11个已知化合物，即马兜铃酸Ⅰ、Ⅱ、Ⅲa、Ⅳ、Ⅳa、对羟基桂皮酸、β-谷甾醇、豆甾烷-3，6-二酮、6-羟基-豆甾-4-烯-3酮、胡萝卜苷、二十八酸甘油单酯。

对国产18种马兜铃属植物中马兜铃总酸含量的薄层法测定结果显示，根茎类在0.07%～1.1%、茎藤类在0.03%～0.48%。张丽华等、崔宁等对临床应用最多的关木通、广防已和青木香中的马兜铃酸含量进行了测定，反相高效液相色谱法、薄层扫描法测定关木通中马兜铃酸含量为0.052%～1.52%。陈浩桉等用薄层扫描法测定广防已中马兜铃酸含量为0.93%～3.66%。张永萍等用反相高效液相色谱法测定了青木香中马兜铃酸含量为0.34%～0.67%。同属植物中其它品种的马兜铃酸含量报道较少。

2. 毒理研究　60年代的研究认为，马兜铃酸具有抗肿瘤和增强机体白细胞吞噬的作用。随着研究的深入，80年代国内外学者均先后发现，马兜铃酸具有较强的致突变性和致癌作用。谢大英等通过微核试验显示，马兜铃酸Ⅰ能诱发原核微生物碱基置换和移码型突变，是一种化学致突变剂。曾美怡等报道，马兜铃酸Ⅰ、Ⅱ的马兜铃内酰胺Ⅰ、Ⅱ对Salmonella株有致突变性，但马兜铃内酰胺的致突变性强度明显低于马兜铃酸类。致癌试验显示，10mg/kg·d马兜铃酸对大鼠连续灌胃给药3个月可诱发大鼠胃贲门窦部位的重度乳头状瘤，偶见恶性病变，停药3～6月后有40%大鼠的胃贲门窦部病变发展为鳞状细胞癌；0.1mg/kg·d马兜铃酸对大鼠连续灌胃给药12个月，停药后4个月发现56%的大鼠出现胃窦部癌。所以马兜铃酸是迄今为止对啮齿类动物最强的致癌物。裘奇等报道，大鼠连续灌胃关木通3～5天，可导致大鼠病变位于皮髓交界处的急性肾小管坏死。张晓明等报道目前国内外尚未见有马兜铃酸诱导实验动物出现慢性肾间质纤维化的报道，其原因可能与给药时间或马兜铃酸的剂量不足有关。

3. 药代动力学研究　曾美怡等报道，大鼠口服马兜铃酸Ⅰ后，其80%转化为代谢产物马兜铃内酰胺Ⅰa排出体外，46%经尿排出，37%经粪便排出，其余存在于尿和粪便中的少量代谢产物是马兜铃内酰胺Ⅰ、马兜铃酸Ⅰa和马兜铃酸Ⅰ等。大鼠口服马兜铃酸Ⅱ后，其13.5%转化为代谢产物马兜铃内酰胺Ⅱ排出，尿和粪便中各占4.6%、8.9%，其它代谢产物为马兜铃内酰胺Ⅰa等。小鼠口服上述2种化合物，得到的代谢产物与大鼠相似，豚鼠、兔和犬未全获得上述代谢产物。而人连续服用0.9mg/kg马兜铃酸3天，第3天才能在尿中检出马兜铃内酰胺Ⅰ、Ⅱ。连续服用0.9～1.35mg/kg马兜铃酸3～5天，日服用量的1/9～1/6在尿中，1/7～1/3在胆汁中，1/100在唾液中，1/40～1/20在乳汁中，少量患者尿中马兜铃酸的每日排出量有增加趋势，提示马兜铃酸在人体内有蓄积。

4. 临床研究　吴松寒等认为，1964年国内首次报道了两例患者因服用大剂量木通引起急性肾衰竭。进入90年代国内外有关服用含马兜铃酸成分中药出现肾损伤的报道陆续增多。比利时、英国报道了因治疗湿疹长期服用含关木通的制剂致肾功能衰竭的病例。谌贻璞等报道北京中日友好医院肾内科在2年内收治了25例因服用含马兜铃酸中药制剂致肾损伤的患者，其中6例已进入慢性肾功能衰竭晚期。综合该类患者的临床表现，将其概括为4种临床类型，即急性马兜铃酸肾病、急进性马兜铃酸肾病、慢性马兜铃酸肾病、肾小管酸中毒并Fanconi综合征。急性马兜铃酸肾病病理检查符合急性肾小管坏死，肾小球于光镜下呈系膜细胞轻度增生，电镜下呈脏层上皮细胞部分足突融合。急进性马兜铃酸肾病光镜下30%肾小球呈缺血性硬化，肾间质弥漫纤维化，少量灶状淋巴及单核细胞浸染，小动脉管壁增厚，符合慢性肾小管间质肾病。慢性马兜铃酸肾病患者常有多年间断小量服用含马兜铃酸中成药史，病变隐袭进展，逐渐出现肾小管功能损害，数年内逐渐从氮质血症进入终末期肾衰竭。病理检查见广泛少细胞性肾间质纤维化。肾小管酸中毒并Fanconi综合征病理主要表现为肾小管变性。以上临床病理分型是相对的，在一定条件下可相互转换。刘继红报道因心肌炎服含木通10g汤剂，治疗3～4周后出现多尿，4000～5000ml/d，尿糖+++，多饮，口服糖耐量实验正常，肾功能及血压正常，未作治疗，半年后肾穿病理示急性肾小管间质病变伴轻度系膜增生性IGA肾病。桑健报道一关节痛患者，自购关木通200g，每日100g煎服，第一天后即感恶心，第二天服药约0.5h头晕，呕吐不止，呕吐物为胃内容物及中药咖啡样液体，继而出现下肢浮肿。尿常规：尿糖+，蛋白++，RBC5～8/HP，WBC2～5/HP，血生化：白蛋白39g/L，球蛋白25g/L，血糖3.5mmol/L，CO_2CP10mmol/L，BUN 7.82mmol/L，Scr270.06umol/L，k^+5.2mmol/L，Na^+、Cl^-、Ca^{2+}正常。B超：两肾集合系统分离，结构紊乱。被诊为急性肾衰竭。马红梅等对国内外34例马兜铃酸肾病患者的统计结果显示，国内患者的服药时间为1～28d，剂量15～400g/d，出现症状时间为0.5～28d；国外患者的服药时间为66～2190d，剂量1g/d，出现症状时间为10～2190d。谌氏等认为目前对此类患者尚无有效治疗方法，一旦出现肾损伤后即使停药，也无法阻止肾损伤的发展，而马氏报道仅有一例停止透析后连服六味地黄丸加减使肾功能一度恢复正常。

陈文等对马兜铃酸肾病因发病机理不详而提出以下假说：①木通具有“胞浆毒”特性，能长期滞留于肾小管上皮细胞内导致肾损害。②直接刺激肾间质成纤维细胞，分泌细胞外基质导致纤维化。③细胞凋亡参与了疾病过程。

二、问题存在的严重性

含马兜铃酸中药涉及到《中药大辞典》收载的马兜铃属中药马兜铃、天仙藤、朱砂莲、关木通、寻骨风、广防己、青木香、青香藤、通城虎、假大薯、白金古榄、淮通、管南香、鼻血雷和南木香15个品种；《中国药典》收载的有马兜铃、关木通、广防已、青木香和天仙藤5个品种；国家批准的中成药有百余种，其中含关木通的41种，不同剂型50余种；含青木香者17种，不同剂型20余种；含马兜铃者11种；含广防已者5种。如包括马兜铃科的细辛则涉及的面更广，影响到176个品种。

细辛是中药复方中的常用药，关木通、青木香在中医临床的使用也较为广泛。如果国外错将广防已做粉防已使用，错将关木通做川木通使用，属于用错品种或剂量过大、长期服用所致。但北京中日友好医院报道的患者长期或短期反复服用“龙胆泻肝丸”、“妇科分清丸”等名方后引致肾损伤的报道，我们已不能不正视含马兜铃酸类中药引致肾损伤的严重问题。我们可以将国外由于对中药的错误认识，而将“中草药肾病”的错误称谓纠正为“马兜铃酸肾病”，但我们不能不重视对含马兜铃酸成分中药的研究。这事关中药的国际声誉和患者的用药安全，应引起国家有关管理部门的高度重视。

三、应对的措施

1. 加强基础研究　含马兜铃酸成分的中药涉及品种较广，临床应用较广泛，对其限制使用或完全禁止使用目前均缺乏依据。基础研究是制定含马兜铃酸成分限量标准及药政管理部门制定相关政策的依据。建议国家相关管理部门重视该类问题的基础研究，从含马兜铃酸成分中药的物质基础及其毒效关系做起，搞清马兜铃酸的毒性成分及其代谢产物、中毒剂量、着毒机理、检测标准和配伍对毒性成分的影响等问题，探讨通过炮制和配伍等手段降低或除去马兜铃酸成分的方法。

2. 加强对易混淆品种的管理　FDA为安全起见，禁止易发生混淆品种的进口和使用。国内虽不存在将粉防已用做广防已的问题，但不能排除市场上木通品种的混乱问题。目前，商品木通主要来源于马兜铃科Aristonochia属、毛茛科Clematis属和木通科Akebia属3科10种植物，以关木通和川木通为主。药材采购时对于关木通和川木通多不予区分，是造成临床用药品种混乱的关键。加强对木通品种马兜铃酸含量的测定工作，避免品种混乱对患者造成损害。

3. 加强对已批准上市品种的监控　国家中医药管理局虽已对含马兜铃酸成分中药的毒性问题立题研究，但要等到研究结果尚需时日，对已批准上市品种的监控同样应引起管理部门的重视。目前，含马兜铃酸类成分中成药及汤剂并未引起临床的高度警惕，如“龙胆泻肝丸”等一些品种每日都有大量患者在服用，建议政府管理部门在制定有关政策前，发挥临床评价机构的职能，对已批准上市含马兜铃酸的中成药实施监控，对临床证实确有毒副作用的品种暂停使用。对于含有马兜铃酸的儿童用药更应慎重，如小儿金丹和小儿导赤片均含有关木通，临床虽未见毒副作用的报道，但考虑到儿童的用药安全，也应暂停使用。

（李建荣）

【中药毒性与过敏反应】

一、中毒反应

1. 心血管系统　王娜莎等报道11例男性高血压患者，其中8例合并高心病，3例合并冠心病。自行口服鹿茸，多者1次服10g，少者也有5～6g，而且1次吞服，有7例还同时有饮酒史。结果2例因脑溢血、心功能不全死亡，8急性心功能不全经抢救而脱险。何华等报道一患者因关节痛空腹服水煎1h含制川乌、制草乌各6g的汤剂，2h后出现口舌及全身麻木，头晕，胸闷，心慌，站立不稳，继之出现意识丧失，呼吸、心跳停止。心电图示频发室性早搏。实验室检查，心肌酶、肝细胞酶均高于正常。顾凤云等报道一腰腿痛患者，服含乌头的药酒

100ml，先感头面手足麻木，随之呼吸困难，腹痛，烦躁不安。心率150次/min，血压10/7kPa，心电图示多源多发室早、室速。另一患者服含乌头的汤剂，2～3min后期出现心慌、气短。血压12/10kPa，心率140次/min，心电图示室早、室速、房早、房速。非阵发性、交界性心动过速。沈荣基等报道一患者因踝扭伤自购五加皮150g，水煎后冲白酒顿服，即刻出现头晕眼花，声音嘶哑，呼吸困难，心率减慢，血压下降，最终因抢救无效而死亡。

2.消化系统　范瑞琴等报道一患者用15g葛花泡水饮服，10min后出现剧烈呕吐，呕吐物呈清水粘液状，上腹疼痛，口唇麻木，心悸，大汗淋漓，血压10.7/5.33kPa。心电图：心率46～57次/min，窦性心动过缓，ST-T缺血型改变。

3.泌尿系统　刘继红报道因心肌炎服含木通10g汤剂，治疗3～4周后出现多尿，4000～5000ml/d，尿糖+++，多饮，口服糖耐量实验正常，肾功能及血压正常，未作治疗，半年后肾穿病理示急性肾小管间质病变伴轻度系膜增生性IGA肾病。桑健报道一关节痛患者，自购关木通200g，每日100g煎服，第一天后即感恶心，第二天服药约0.5h头晕，呕吐不止，呕吐物为胃内容物及中药咖啡样液体，继而出现下肢浮肿。尿常规：尿糖+，蛋白++，RBC5～8/HP，WBC2～5/HP，血生化：白蛋白39g/L，球蛋白25g/L，血糖3.5mmol/L，CO_2CP10mmol/L，BUN 7.82mmol/L，Scr270.06umol/L，k^+ 5.2mmol/L，Na^+、Cl^-、Ca^{2+}正常。B超：两肾集合系统分离，结构紊乱。被诊为急性肾衰竭。何建英等报道一患者每天服含木通10g的减肥药，2周后出现烦渴、多尿、乏力，甚至软瘫。尿pH8.0～9.0，尿糖+++，尿氨基酸67.9mmol/d，尿蛋白1.1～2.5g/d，BUN15.83mmol/L，Cr236umol/L，动脉血气分析系代谢性酸中毒。肾活检示：局灶性肾小管上皮细胞变性、萎缩、坏死，间质弥漫性淋巴细胞浸润，IGA（+～++）在间质血管壁及小管基底膜颗粒状沉积；一患者两天内共服含木通75g的汤剂，随后出现上腹部不适，恶心、呕吐、腹肌及腰背肌触压痛，尿糖+++，尿蛋白0.45～1.8g/d，1月后尿量减少约800ml/d，肾功能BUN39.7mmol/L，Cr1702umol/L，肌酶谱AST70u/L，LDH69u/L，HBDH666u/L。肾活检示：肾小管上皮细胞水肿、空泡变性或坏死，间质淋巴细胞及少数中性粒细胞浸润，肾小球大致正常，IGA+++、CA+++、1GM+、在系膜区及部分毛细血管壁沉积。

4.其他　王瑞芳等报道一糖尿病患者，因连续月余服含盐浸地骨皮的汤剂，引起血糖明显升高。

二、过敏反应

1.休克　韩金华报道一患者因美尼埃综合征服含酸枣仁90g的汤剂，第一剂后即出少量冷汗，服第二剂时冷汗淋漓，面白肢冷。另一患者因耳鸣眩晕服含酸枣仁90g的汤剂，40min后即开始出现全身冷汗淋漓，伴有心烦。将酸枣仁减至50g后二例均无不良反应。叶海宁等报道2男1女嚼食新鲜西洋参根茎0.5～1g，5～10min后突发头晕、胸闷心悸、腹胀、恶心呕吐、出冷汗。体检血压偏低，心率偏快。

2.皮疹　张玮等报道一患者因关节炎用苍耳子水煮液外敷局部，用药2h后局部出现大片红斑，继而水疱、糜烂及渗出，而且痒感剧烈。

（汪文娟）

参考文献

B

毕可波，贾玉礼．煎服过量雷公藤根致急性肾功能衰竭 1 例．中国中药杂志，2000；(3):191

C

蔡　晨，韩元勋．川芎嗪对烧伤豚鼠早期血管内皮细胞保护作用的实验检查．安徽医科大学学报，1999；(1):54

蔡定芳，沈时谋，陈晓红，等．淫羊藿减轻外源性糖皮质激素抑制神经内分泌免疫作用的临床与试验研究．中国中西医结合杂志，1998；(1):80

岑德意，陈志武，宋必卫，等．川芎嗪对大鼠脑梗塞的保护作用．中国药理学通报，1999；(5):464

陈　勤，胡雅儿，夏宗勤．知母皂苷元对东莨菪碱所致学习记忆障碍和脑胆碱乙酰转移酶活力降低的影响．中药材，2001；(7):496

陈　文，谌贻璞．马兜铃酸肾病．临床肾脏病杂志，2001；(1):33

陈馥馨，高晓山．古代中医药文献中的黄连单方及黄连法．中成药，1997；(9):39

陈浩桉，徐国钧．防己类药材中马兜铃酸Ⅰ和总生物碱的含量测定．中国中药杂志，1994；(6):323

陈华圣，许爱华，王　翊．银杏外种皮多糖对免疫功能低下小鼠 IL-2 活性及 sIL-2R 的影响．中药药理与临床，2001；(4):17

陈洁文，汤湘江，万文成，等．川芎嗪对大鼠急性脑缺血缺氧损伤的保护作用．广州中医药大学学报，1998；(1):60

陈可冀，等．《清宫医案研究》，中医古籍出版社，1990 版 325、331、482、779、801、804 页

陈淑娟，杨毅梅，刘奕明，等．蝙蝠葛碱大鼠体内药物代谢动力学研究．中国药理学通报，2001；(2):225

陈小红，高瑞兰，徐卫红，等．人参皂苷对红系、粒单系、巨核系细胞株的增殖及转录因子的诱导作用．中国中西医结合杂志，2001；(1):40

陈晓春，朱元贵，王小众，等．人参皂苷 Rgl 对抗多巴胺对 PC12 细胞凋亡的诱导作用．中国药理学与毒理学杂志，2001；(5):342

陈晓莉，王骊骊，薛克昌．葛根提取物对肝癌细胞增殖及细胞周期的作用．广东药学院学报，2001；(3):183

陈晓理，黄兴兰，吴　浩，等．大黄对正常和烧伤小鼠肠道免疫分泌的影响．中国中西医结合杂志，2001；(10):754

陈远辉．急性雷公藤中毒致心源性休克 3 例报告．福建医药杂志，1999；(3):56

谌贻璞，陈　文．马兜铃酸肾病存在四种临床病理类型．中华肾脏病杂志，2000；(6):406

程桂荣，易胜中．黄芪预处理大鼠心肌保护效应的实验研究．高血压杂志，2001；(4):316

储利胜，施雪筠，席时芳，等．川芎嗪提高心脏保存效果的实验研究．中药新药与临床药理，2000；(2):80

褚小兰，廖万玉，楼兰英，等．地锦类中草药的药理作用研究．时珍国医国药，2001；(3):193

崔　宁，方银杏，钱继红．薄层扫描法测定关木通及其制剂中马兜铃酸 A 的含量．中成药，2001；(2):147

D

董兴刚，安增梅，卢　明，等．汉防己甲素对肾小球硬化大鼠肾单位的影响．中国中西医结合肾病杂志，2001；(7):384

董兴刚，安增梅，杨海春，等．汉防己甲素对肾小球硬化大鼠肾皮质Ⅳ型胶原基因表达的影响．泰山医学院学报，2001；(1):18

杜平华，朱世真，吕　品．20 种中药材对幽门螺杆菌体外抗菌活性的研究．中药材，2001；(3):188

F

范瑞琴，冯　艳，赵昌林．葛花中毒 1 例报告．湖北中医杂志，2001；(6):42

范治云，刘玉兰．川芎嗪对急性炎症的抗炎作用．中药药理与临床，1999；(6):13

封士兰，孟　彦，党月兰，等．山生柳的抗炎镇痛作用．中药药理与临床，2001；(2):17

冯　进，沈寅初，蒋仁军，等．人参皂苷对兔

缺血再灌注肾 NO 含量及细胞凋亡的影响．贵州医药，2001；(9):794

冯津萍，卢　奕，赵炳让，等．黄芪抑制家兔心肌缺血再灌注时细胞凋亡的实验研究．中国中西医结合急救杂志，2001；(1):13

付　萍．雷公藤致闭经患者性激素水平测定．临床皮肤科杂志，1999；(2):33

G

高晓东，陈　烨．雄黄对 HL-60/ADR 作用的初步研究．南通医学院学报，2001；(4):349

高晓山．黄连有毒问题的来龙去脉及引起的思考．中医药面临新挑战及其对策研讨会资料汇编．北京中医药学会，1994 年 15～28 页

高晓山．黄连致溶血性黄疸毒性的提出和争议（续）．中国中医药信息杂志，1996；(7):6

高晓山．黄连致溶血性黄疸毒性的提出和急议．中国中医药信息杂志，1996；(6):3

高晓山．中医药面临新的挑战．中医药面临新挑战及其对策研讨会资料汇编，北京中医药学会，1994 年 1～14 页

高雨农，高晓山．妊娠晚期服用盐酸小檗碱对新生儿血清胆红素的影响回顾性调查简报．中国中药杂志，2000；(9):564

葛林阜，董政军，姜国胜，等．淫羊藿苷对小鼠免疫调节作用的研究．中华实用医学，2001；(3):25

耿爱萍，许志忠，陈　宁，等．长期服用雷公藤后卵巢子宫萎缩 1 例．山西中医，2000；(5):6

顾凤云，刘高峰，姜桂珍，等．乌头碱中毒 2 例报告．中医药信息，2001；(3):24

官希吉，陈修添．呱呱坠地忌黄连，《家庭医疗顾问——专家谈病》，广州：广东高等教育出版社，1990 版 316 页

国产马兜铃属的植物和生药研究．资源利用．1983；(4):291

H

韩金华．大剂酸枣仁引起冷汗反应．光明中医，2001；(4):61

韩焱福，韩之勋．中药川芎嗪对烫伤动物豚鼠心房肌保护作用的实验研究．安徽医科大学学报，2000；(4):285

郝炳华，陶　明，何立瑞，等．淫羊藿总黄酮对荷瘤小鼠细胞免疫及红细胞免疫功能的影响．西安医科大学学报，1999；(3):323

何　华，段有文．浅议制川、草乌的不良反应．光明中医，2001；(4):61

何　静，陈　燕，吴裕丹，等．姜黄素对原代急性髓性白血病细胞凋亡及调控蛋白 Mcl-1、Bax、Bak 表达的影响．同济医科大学学报，2001；(4):327

何建英，刘丽华，冯学亮．木通肾损害 3 例及文献复习．陕西中医，2001；(1):51

何靖康，顾振伦，于曙东，等．雷公藤内酯抑制大鼠再灌注损伤及延长供心存活时间．中国新药与临床杂志，2001；(6):423

何丽娜，何素冰，江　怡，等．赤芍总苷对大鼠皮层神经细胞钙超载损伤的保护作用．中药新药与临床药理，2001；(3):212

何丽娜，何素冰，杨　军．丹参酮对氯化钾及 N-甲基-D-门冬氨酸诱导 PC12 细胞钙超载损伤的保护作用．中国现代应用药学杂志，2001；(3):179

何丽娜，杨　军，姜　怡．丹参酮对培养 PC12 细胞损伤模型的保护作用．中国中药杂志，2001；(6):413

洪　英，裴丽曾．中成药治疗脑梗塞．中成药，1998；(9):21

洪振丰，高碧珍，许碧玉，等．茵陈蒿对实验性食道肿瘤大鼠 P53 和 cdk_2 表达的影响．福建中医学院学报，2001；(2):36

胡　聪，韩聚强，修贺明，等．苦参碱对体外肝细胞凋亡的影响．中国中医药科技，2001；(4):242

胡　聪，韩聚强，徐　铮，等．黄芩苷对大鼠肝细胞凋亡的影响．中国中药杂志，2001；(2):124

黄佛生，胡更英，陈永英，等．福建省永定县新生儿服用黄连情况回顾性调查报告．中国中药杂志，2001；(8):572

黄怀鹏，陈志强，王　虹，等．雷公藤对肾小球系膜细胞增殖及其分泌 NO、NOS 影响的实验研究．山东中医药大学学报，2001；(3):222

黄芒莉，夏义武，熊　玮．雷公藤地上部分浸膏的抗炎、镇痛作用．中药新药与临床药理，2000；(2):100

黄起壬，曹守仪，何　明，等．NO 介导的油茶皂苷对在体大鼠产生的药理性预适应保护作用．

中草药，2001；(1):44

黄志宏，汤泰素，黄纳斯，等．川芎嗪对缺氧肺动脉高压大鼠血浆内皮素、降钙素基因相关肽水平的影响．广州中医药大学学报，1998；(4):275

J

季　晖，刘　康，龚晓健，等．淫羊藿总黄酮对摘除卵巢大鼠骨质疏松症的防治作用．中国骨质疏松杂志，2001；(1):4

贾正平，樊俊杰，王彦广，等．瑞香狼毒水提物小鼠药物血清对小鼠白血病 L_{1210} 细胞增殖、克隆形成和 DNA 合成的影响．中草药，2001；(9):807

姜　南，姚　靖．淫羊藿苷对 LAK 细胞活性的影响．中医药学报，2001；(3):42

姜国峰，高晓山．福建省邵武市新生儿服用黄连情况回顾性调查报告．中国中药杂志，2001；(3):208

姜一化，郑　一．雷公藤煎液对银屑病 ABKMA 模型影响的研究．湖北中医杂志，2001；(6):47

蒋建敏，王　兵，许实波，等．苦丁茶的抗菌作用研究．中药药理与临床，2001；(1):18

金春花，洪　铁，王英军，等．东北淫羊藿对心肌缺血和心律失常的影响．长白山中医药研究与开发，1995；(3):53

K

康文红，王庆伟，高　翔，等．旱莲草乙酸乙酯总提物对小鼠外周血 T 淋巴细胞亚群影响．安徽中医学院学报，2001；(6):52

康艳萍，李淑云．丹参对缺血再灌注心肌脂质过氧化及其 TXA_2/PGI_2 平衡关系的影响．锦州医学院学报，　2001；(1):4

邝枣园，吴　伟，黄衍寿．葛根素、丹参、川芎嗪注射液对羟自由基水平的影响．中药新药与临床药理，1998；(2):92

L

李　岚，赵光东，张　健．川芎嗪对局部脑缺血再灌流模型纹状体内 IL-1β 的影响．中国临床神经科学，2001；(1):36

李　民，张　旭，朱　平，等．麦冬、生地药血清对血管内皮细胞增殖的影响．国医论坛，2001；(5):43

李　鸣，夏志林，叶树范．雷公藤茎、叶的抗炎镇痛药理作用研究．海峡药学，1999；(3):27

李　平，张　梅．黄芪对脑缺血后细胞凋亡相关基因表达的影响．安徽中医学院学报，2001；(4):48

李　松，王建华，陈胜兰．川芎嗪对家兔主动脉损伤平滑肌细胞增殖的抑制作用．中国药理学报，1999；(10):917

李　勇，刘冀红，赵　群，等．大蒜素对人胃腺癌 BGC-823 细胞影响的研究．中国中西医结合外科杂志，2001；(5):307

李建荣，高晓山，林　娜，等．黄连及黄连、黄芩配伍对大鼠离体血红细胞渗透脆性的影响．中国实验方剂学杂志，1999；(2):31

李建生，李建国，郭盛典，等．川芎嗪和参麦注射液对脑缺血再灌注肾脏损伤老龄大鼠自由基代谢的影响．中国药理学通报，2001；(4):421

李明春，雷林生，王庆彪，等．灵芝多糖对小鼠 T 细胞胞浆游离 Ca^{2+} 浓度和胞内 pH 的影响．中国药理学通报，2001；(2):167

李庆平，陆泽安，饶曼人．粉防己碱对高血压大鼠血管平滑肌细胞增殖的抑制作用．中国药理与毒理学杂志，2001；(2):145

李双杰，张宝林，邓　晖，等．苦瓜素对柯萨奇 B_3 病毒 RNA 复制抑制作用的研究．上海中医药杂志，2001；(5):45

李素婷，石艳华，杨鹤梅，等．黄芩茎叶总黄酮对肝脏 MDA 生成的影响．中国中医药信息杂志，2001；(6):23

李素婷，王海林，杨鹤梅，等．黄芩茎叶总黄酮对脑组织缺氧的保护作用．中国中医基础医学杂志，2001；(1):35

李文凡，刘春英，白　娟，等．灯盏花液对实验性肝纤维化胶原合成的抑制作用．中医药学刊，2001；(1):79

李玉虎，李智民，李　蓉，等．中草药抗矽肺的体外实验研究．江西医药，2001；(5):349

李志强，雷　君，陈泽斌，等．三七总皂苷对大鼠脊髓损伤后 HSP70 阳性神经元表达的影响．中国中医骨伤杂志，2001；(3):20

力　弘，罗永峰，李　瑞．雷公藤多苷的抗炎和免疫抑制作用．上海医科大学学报，2000；(6):502

栗　坤，郑福禄，龚淑珍，等．细辛、杜仲及其合剂对D-半乳糖所致衰老年小鼠NO、NOS和MDA的影响．黑龙江医药科学，2001；(4):1

梁爱华，薛宝云，李春英，等．青蒿琥酯对内毒素诱导的炎性因子合成抑制作用的研究．中国中西医结合急救杂志，2001；(5):262

梁日欣，廖福龙，韩　东，等．川芎嗪预处理对麻醉家兔心肌缺血再灌注损伤的保护作用．中药药理与临床，2000；(2):11

梁日欣，廖福龙，韩　东．川芎嗪预处理对心肌缺血再灌注损伤保护作用机制的研究．中药药理与临床，2001；(3):8

梁日欣，廖福龙，李　文，等．川芎嗪的药理性预适应对麻醉大鼠心肌缺血再灌注损伤的保护作用．中药药理与临床，1999；(5):13

廖昌立，乐俊仁，刘　森，等．茵陈蒿汤与单味黄连对中国新生儿生理性黄疸（胎黄、胎疸）之初步观察．中国医药学院年报，1982；(13):1

廖福龙，游　云，韩　东．川芎嗪及大蒜素对剪应力诱导的内皮细胞分泌血管性血友病因子与血小板聚集的影响．中华医学杂志，2001；(8):508

林　娜，高晓山，李建荣，等．黄连和小檗碱对实验性G6PD缺陷大鼠红细胞渗透脆性的影响．中国中药杂志，1998；(9):562

林　蓉，刘俊田，李　旭，等．川芎嗪对血管内皮细胞损伤的保护作用．中国药理学与毒理学杂志，2000；(6):425

林建峰，朱　惠，郑幼兰．雷公藤内酯醇的局部刺激作用．中国临床药理学与治疗学，2000；(2):131

刘　浩，刘志红，陈朝红，等．雷公藤内酯：一种T淋巴细胞核因子-κB的强效抑制剂．中国药理学报；2000；(9):782

刘　浩，孙文娟，吕文伟，等．人参皂苷Rg2与毒毛旋花子苷K的强心作用及毒性比较．中草药，2001；(9):809

刘广益，郭　勇，方一心，等．人参皂苷、槲皮素对急性癫痫大鼠弓状核损伤的保护作用．泸州医学院学报，2001；(2):91

刘继红．木通引起肾损害1例报道．浙江中西医结合杂志，2001；(3):178

刘克丽，高晓山．长沙地区新生儿服用黄连情况的回顾性调查报告．中国中药杂志，2000；(11):698

刘守义，张铁华，孔淑萍，等．朝鲜淫羊藿总黄酮苷抗心律失常作用的实验研究．中药药理与临床，1998；(4):16

刘素彩，孔德娟，赵京山，等．淫羊藿对大鼠成骨细胞增殖与分化的影响．中国中医基础医学杂志，2001；(8):28

刘维莞,杨晓茹,屠治本，等．水杉总黄酮抗实验性心肌肥厚及抑制心室c-Fos蛋白表达的作用．中草药，2001；(4):329

刘旭生，杨霓芝，林启展，等．川芎嗪注射液对大鼠腹膜透析效能的影响．中国中西医结合肾病杂志，2001；(3):130

刘钰瑜，吴　铁，崔　燎，等．川芎嗪防治环磷酰胺不良反应的作用探讨．中华临床医药杂志，2001；(6):13

刘云海，林爱华，丁水平．板蓝根对内毒素致炎性因子的影响．中国药科大学学报，2001；(2):149

刘志坚，胡　伟．川芎嗪注射液对大鼠胃粘膜损伤的保护作用．中药药理与临床，1998；(3):17

刘忠华，张树平，李　娜，等．川芎嗪对小鼠吗啡戒断症状的抑制作用．中国现代应用药学，2000；(2):97

楼风昌，彭国平，李红阳．木通马兜铃中马兜铃酸萜酸Ⅰ的结构解析．南京中医药大学学报，1996；(4):22

楼风昌，彭国平，王　颖，等．木通马兜铃化学成分研究．药学学报，1995；(8):588

楼恺娴，龚自华，袁耀宗，等．大黄素对急性胰腺炎胰腺组织TGFβ1表达的影响．中国中西医结合杂志，2001；(6):433

陆　军，崔爱东，蔡　良，等．淫羊藿对血液透析患者T淋巴细胞亚群的影响．中西医结合实用临床急救，1998；(4):148

吕红斌，王嘉英，岳　珍．淫羊藿糖浆对家兔血睾丸酮水平的影响．中国运动医学杂志，1998；(1):80

M

马红梅，张伯礼．关木通肾毒害及其防治．中草药，2001；(4):369

马晓红，潘鑫鑫．大蒜新素对肾型高血压大鼠和老年大鼠脑皮质微粒体ATPase活力的影响．中

国药理学通报，2001；(2):205

梅　兵，朱　慧，吴自荣，等．香菇多糖对荷瘤小鼠 IFN mRNA 和 SOD mRNA 的影响．中国现代应用药学杂志，2001；(3):181

孟宪丽，李建亚，张　艺，等．淫羊藿多糖对老年大鼠神经内分泌免疫调节作用的研究．中药药理与临床，1998；(3):19

孟宪丽，张　艺，李建亚，等．淫羊藿总黄酮对老年大鼠神经内分泌免疫调节作用的研究．中药药理与临床，1998；(4):10

莫碧文，王昌明，刘晓睛，等．雷公藤对豚鼠哮喘模型核因子-κB 表达的作用．中国药理学通报，2001；(5):525

N

倪兆慧，张庆怡，钱家麒，等．黄芪对人肾小球系膜细胞 CD_{44} mRNA 表达的影响．中国中西医结合肾病杂志，2001；(1):13

聂　克，王汝俊，王建华．脾虚大鼠胃壁细胞胞浆游离钙离子浓度及黄芪对其调节作用的研究．中药药理与临床，2001；(2):15

O

欧　芹，江旭东，王桂杰，等．白术水煎剂对老龄大鼠心肌 Na^+，K^+-ATPase 和血清 TAA 的影响．黑龙江医药科学，2001；(2):1

P

朴景华，蒲小平，马　建，等．类叶升麻苷对东莨菪碱所致记忆获得性障碍的改善作用．中国药理学通报，2001；(6):625

Q

齐　刚，张　莉，宋月英，等．绞股蓝总苷对全脑缺血再灌注大鼠海马及齿状回的保护作用．中草药，2001；(5):430

钱东生，朱毅芳，朱　清．山茱萸乙醇提取液对 NIDDM 大鼠骨骼肌 GLUT4 表达影响的实验研究．中国中药杂志，2001；(12):869

邱海波，杨　毅，周韶霞．雷公藤氯内酯醇对小鼠肺巨噬细胞体外炎性反应的影响．中国药理学报，2001；(12):1197

裘　奇，刘志红，陈惠萍，等．木通所致大鼠急性肾损伤的实验观察．肾脏病与透析肾移植杂志，1999；(8):15

曲长江，刘　劲，宫艳华，等．大黄泻下与劳倦过度单、复因素造模脾虚小鼠过氧化与抗氧化改变的比较研究．中国中西医结合消化杂志，2001；(4):213

曲友直，高国栋，胡沛珍，等．丹参、黄芪对脑缺血再灌注后 BCL-2 蛋白表达影响的实验研究．西北国防医学杂志，2001；(3):268

曲友直，赵燕玲，赵文英，等．灯盏花注射液对脑缺血再灌注损伤的保护作用．安徽中医学院学报，2001；(3):36

S

桑　健．木通中毒致急性肾衰竭 1 例．中国中西医结合肾病杂志，2001；(6):357

沈荣基，沈翠娥．口服五加皮中毒死亡 1 例报告．福建中医药，2001；(4):20

石雪迎，赵凤志，戴　欣，等．三七总皂苷对转化的人胃粘膜上皮细胞增殖的抑制作用．北京中医药大学学报，2001；(5):29

史　影，王　梅．雪公藤中毒致急性肾功能衰竭 1 例．中国实用内科杂志，1999；(8):502

史曦凯，张翼军，赵春竞．人参皂苷单体 Rb1 对多药耐药细胞系 K562/HHT 细胞内柔红霉素浓度的影响．重庆医学，2001；(6):507

寿晓琳．雷公藤引产致急性肾功能衰竭 1 例报告．浙江中西医结合杂志，1999；(4):276

宋少刚，杨　雁，陈敏珠，等．黄芪总提物对大鼠肝星状细胞增殖及产生胶原的影响．中国临床药理学与治疗学，2001；6 (2):111

苏素文，张永健，谢　彦，等．雪公藤多苷对大鼠佐剂性关节炎的治疗作用与 NO 的关系．中国药理学通报，1999；(1):60

粟　坤，赵玉珍，朱秋霜，等．川芎嗪对老龄小鼠心、肝超氧化物歧化酶活力的影响．黑龙江医药科学，1998；(5):4

孙　岚，刘文励，孙汉英，等．川芎嗪对放射损伤小鼠骨髓基质细胞 FAK 的表达的影响．中国中西医结合急救杂志，2001；(5):266

孙保亮，夏作理，杨明峰，等．银杏叶制剂对蛛网膜下腔出血鼠体感诱发电位和一氧化氮的影响．中国中药杂志，2001；(5):329

孙启明．婴儿千万别喂开口药．家庭中医药，1996；(5):60

孙效龙，雷保全．中药治疗雷公藤制剂所致溃疡性结肠炎 15 例．湖南中医杂志，2000；(1):30

T

谭宇蕙，陈冠林，郭淑杰，等．小檗碱对人胃癌 MGC-803 细胞生长抑制及诱导凋亡的作用．中国药理学通报，2001；(1):40

陶艳梅，董维嘉，贾淑萍，等．银杏叶提取物 Egb761 对阿米卡星所致离体豚鼠耳蜗外毛细胞内钙和运动性变化的影响．中国药理学与毒理学杂志，2001；(5):372

田伟军，王鹏志，朱理玮，等．雷公藤多苷对大鼠原位肝移植排斥反应的治疗作用．中国中西医结合外科杂志，2001；(4):257

W

万福生，赵小曼，刘　波，等．川芎嗪对大鼠心肌缺血再灌注损伤保护作用的研究．中国临床药理学与治疗学杂志，1998；(3):184

汪长生，高晓山．江西省德兴市新生儿服用黄连情况调查报告．中国中药杂志，2000；(5):315

汪华林，叶任高，李幼姬，等．川芎嗪对活动期狼疮性肾炎外周血单个核细胞 B7-1 和 B7-2mRNA 表达的影响．中国中西医结合肾病杂志，2001；(5):262

汪年松，唐令诠，竺艳娟，等．淫羊藿对维持性血液透析 HCV 感染者细胞免疫功能的作用．上海免疫学杂志，2001；(2):115

汪年松，唐令诠，竺艳娟，等．淫羊藿对维持性血液透析患者细胞免疫功能的影响．中国中西医结合肾病杂志，2001；(1):31

王　菲，郑　杨，肖洪彬，等．择时服用淫羊藿对性激素水平的影响．中医杂志，2001；(10):619

王　晖，高莉莉，许卫铭，等．磷酸川芎嗪的体外透皮吸收．中草药，2000；(2):117

王　晖．急性缺氧状态下川芎嗪对心脑的保护作用．中国药理学通报，2000；(6):654

王良兴，陈少贤，徐正介，等．川芎嗪对慢性低 O_2（高 CO_2）性大鼠肺动脉高压的预防作用及其作用机制．中国药理学通报，2000；(1):63

王良兴，陈少贤，徐正介，等．川芎嗪对慢性低氧和高二氧化碳致大鼠肺动脉高压及 TXA_2 和 PGI_2 的影响．中国临床药理学与治疗学，2000；(1):21

王娜莎，王济南．鹿茸引发急性心功能不全、脑血管意外 11 例临床分析．现代中西医结合杂志，2001；(8):754

王瑞芳，赵焕娥，王爱莲．盐浸地骨皮毒性反应 1 例报道．时珍国医国药，2001；(1):87

王胜军，许化溪，刘恭植．雷公藤皂苷和白介素-10 抑制树突状细胞诱导实验性自身免疫性甲状腺炎．中国药理学报，2000；(10):919

王世军，姬广臣，毛海燕，等．葛根素、丹参注射液、川芎嗪对 MCAO 大鼠血浆 6Keto-$PGF_{1\alpha}$、TXB_2、NO、ET 的影响．中药药理与临床，1999；(4):22

王卫华，肖　红，陈科力，等．虎杖提取液抗柯萨奇病毒 B3 的实验研究．湖北中医杂志，2001；(9):47

王希海，卢英民，马轶涛．雷公藤多苷对胸腺 T 细胞免疫功能的动态研究．中药药理与临床，1999；(5):26

王晓玲，刘　平，童普德，等．丹参对转化生长因子 β_1 刺激的 NIH/3T3 细胞表达Ⅰ型胶原和 c-fosmRNA 的影响．中西医结合肝病杂志，2001；(1):19

王晓旭，孙辉臣，康尔竹，等．停用雷公藤糖浆精子密度可复性调查．河北医科大学学报，1999；(6):350

王振刚，王　芳，刘爱华，等．锌离子与雷公藤多苷诱导细胞生物周期变化．中华风湿病学杂志，2001；(4):230

王志洁，黄铁牛，刘焱文，等．黄芪总皂苷抗 HSV_2 的实验研究．浙江中医学院学报，2001；(5):43

魏岳斌，李国成．丹参对胃溃疡大鼠血清一氧化氮含量和胃粘膜表皮生长因子受体表达的影响．中国中西医结合消化杂志，2001；(4):211

吴　芹，黎　刚，杨素芬，等．川芎嗪对大鼠脑细胞内游离钙的影响．遵义医学院学报，2000；(4):301

吴　旭，晋　军，梁自文，等．蜕皮甾酮对冠状动脉闭塞致大鼠心肌梗死的有益作用及机制．中草药，2001；(8):721

吴焕明，尹为华．丹参酮Ⅱ-A 硫酸钠对低氧诱导肺血管平滑肌细胞增殖的影响．同济医科大学学报，2001；(2):106

吴松寒．木通所致急性肾功能衰竭 2 例报告．江苏中医，1964；(10):12

X

项光亚，杨　瑜，阮金兰，等．金丝桃抗脂质过氧化作用研究．同济医科大学学报，2001；(3):211

肖　波，李　静，吴志国，等．雷公藤多苷对CD28在实验性自身免疫性肌炎发病中作用的影响．中国中西医结合急救杂志，2001；(4):198

谢大英，王雅文．马兜铃酸A的致突变性．中国药理学与毒理学研究．1987；(3):208

新加坡颁布对马兜铃科属药物的管理方法．中国中医药信息杂志，2001；(1):86

徐　瑶，卞国武，吴敏毓，等．淫羊藿醇提物对内皮细胞释放NO的影响．中药新药与临床药理，2001；(1):38

徐淑敏，何津岩，林来祥，等．桂枝对致痫大鼠海马CAI区诱发场电位的影响．中草药，2001；(10):619

徐暾海，王英军，洪　铁，等．东北淫羊藿水提物与淫羊藿皂苷抗缺氧及壮阳作用的比较研究．长白山中医药研究与开发，1995；(3):50

徐向斌，秦晓民，徐敬东，等．莪术对大鼠在体子宫肌电活动的影响及其机制研究．中国中药杂志，2001；(5):334

许爱华，贾筱琴，陈华圣，等．银杏外种皮多糖抑制小鼠肝癌及诱导肝癌细胞凋亡的研究．中药新药与临床药理，2001；(5):340

许青媛．淫羊藿对大鼠性腺功能的影响．中药药理与临床，1996；(2):22

Y

晏雪生，姜　琳，张建军，等．大黄素、川芎嗪对中分子物质损伤之人胚大脑皮层神经元细胞的影响．中草药，2001；(2):151

杨　静，彭仁琇，于皆平．18α-甘草酸下调"胶原蛋白凝胶三明治"培养的大鼠肝细胞P450酶活性及mRNA表达．中国药理学与毒理学杂志，2001；(2):155

杨　沁，路景涛，王　斌，等．黄芪总苷的抗炎作用及其作用机制探索．中国临床药理学与治疗学，2001；(1):21

杨　雁，陈敏珠．黄芪总苷对肝癌细胞凋亡及wtp53基因表达的影响．中国药理学通报，2001；(4):447

杨春欣，马爱妞，董　颖，等．雷公藤水溶性免疫抑制作用部位的筛选研究．中国中西医结合急救杂志，2001；(5):268

杨静娴，梁文波，金　力，等．雷公藤对实验性关节炎大鼠血小板聚集功能的影响．中草药，1998；(3):187

杨守业，冯卫红，王　岚，等．黄连和小檗碱诱发新生儿黄疸的实验研究2．黄连和小檗碱对小鼠胚胎的毒性研究．中国学术期刊文摘（科技快报），1996；(12):12

杨守业，冯卫红，王　岚，等．黄连和小檗碱诱发新生儿黄疸的实验研究3．哺乳母鼠服用黄连和小檗碱对小鼠新生仔的影响．中国学术期刊文摘（科技快报），1996；(12):12

杨守业，高晓山．黄连"诱发和加重"新生儿黄疸的研究概况．中国中药杂志，1996；(3):187

姚振生，叶荷平，陈　杰，等．野核桃叶提取物的体外抗菌作用．江西中医学院学报，2001；(3):122

叶爱莲，高晓山．浙江丽水新生儿服用黄连情况调查报告．中国中药杂志，1998；(9):564

叶海宁，王　丹．嚼食新鲜西洋参中毒3例分析．天津中医，2001；(1):41

尹春琳，徐成斌，王申五，等．芦荟大黄素对球囊动脉血管损伤后体外培养的平滑及细胞c-myc基因表达的影响．中国中西医结合杂志，2001；(7):525

于　超，郭　辉．中草药提取物体外抑制HSV的筛选实验．中药药理与临床，2001；(1):23

于永红，胡昌兴，孟卫星，等．茵陈、赤芍、三棱、淫羊藿对家兔动脉粥样硬化病灶消退作用及原癌基因C-myc、C-fos、V-sis表达的影响．湖北民族学院学报·医学版，2001；(2):4

虞海燕，秦万章，吴厚生．雷公藤碱戊对系统性红斑狼疮患者B细胞免疫功能的体外实验研究．中国免疫学杂志，1999；(1):27

Z

曾美怡，李敏民，赵秀文．关于马兜铃酸类成分的毒性反应．中药新药与临床药理，1995；(2):48

张　骏，翁福海，李会强，等．大黄素对大鼠腹腔巨噬细胞产生的TNFα、IL-1、IL-6及细胞$[Ca^{2+}]$ i的影响．中草药，2001；(8):718

张　佩　纪丽丽，王晨光，等．槐胺碱对皮肤

抑制大鼠 T 淋巴细胞的影响．中草药，2001；(3)：230

张　倩，陈学荣，白小薇，等．雷公藤多苷对皮肤角朊细胞株增殖抑制及凋亡的调节作用．北京医科大学学报，2000；(4)：343

张　庆，雷林生，杨淑琴，等．大枣中性多糖对小鼠腹腔巨噬细胞胞浆游离 Ca^{2+} 浓度的影响．中药药理与临床，2001；(3)：14

张　玮，刘佃全，李玉胜，等．外用苍耳子引起接触性皮炎 1 例．中国中药杂志，2001；(5)：356

张　旭，龚婕宁，卞慧敏，等．麦冬药物血清血管内皮细胞凋亡的分子机制．南京中医药大学学报，2001；(5)：289

张根葆，秦　兵，钱大青．银杏内酯对内毒素休克兔胃功能损害的影响．中国中医药科技，2001；(3)：160

张海港，李晓晖，李淑惠，等．三七总皂苷对烫伤大鼠心肌 Gsα mRNA 表达的影响．中草药，2001；(11)：1000

张慧珠，杨　林，刘淑梅，等．中药活性成分体外逆转肿瘤细胞多药耐药性的研究．中药材，2001；(9)：655

张建清，张立实，王瑞淑．TK6 细胞 tk 基因突变试验检测甲基磺酸甲酯的诱变．中国药理学与毒理学杂志，2001；(6)：462

张丽华，车　军，陆亚男，等．薄层扫描法测定关木通中马兜铃酸的含量．特产研究，1998；(2)：28

张晓明，郑法雷，李　艳，等．马兜铃酸致大鼠慢性肾小管-间质损伤的初步研究．中国中西医结合肾病杂志，2001；(1)：6

张逸凡，于庆海．淫羊藿总黄酮的抗炎作用．沈阳药科大学学报，1999；(2)：122

张永健，苏素文，谢彦华，等．雷公藤多苷的抗炎作用与 NO 的关系．中国药学杂志，2000；(1)：20

张永萍，徐国均．反相 HPLC 法测定青木香药材中马兜铃酸 A 的含量．中国药科大学学报，1993；(1)：56

章国来，曾　星，梅玉屏，等．猪苓多糖对膀胱癌细胞钙粒子浓度的影响．中国临床药理学与治疗学，2001；(3)：204

赵　伟，程　颖，刘永锋，等．当归对大鼠肝脏低温保存影响的实验研究．中西医结合肝病杂志，2001；(6)：347

赵晋明，杨文光，马新民．骆驼蓬总碱治疗小鼠腹腔细粒棘球蚴病的实验研究．新疆医科大学学报，2001；(2)：125

赵胜利，刘　红，刘　洁，等．淫羊藿对甲状腺机能低下小鼠脑 β 受体和耗氧率的作用．河南医科大学学报，1996；(2)：45

赵铁华，邓淑华，高　巍，等．黄芩茎叶总黄酮对免疫功能影响的实验研究．中国中医药科技，2001；(3)：177

赵铁华，高　巍，邓淑华，等．黄芩茎叶总黄酮对 LA795 小鼠肺腺癌抑瘤作用的初步观察．中国中医药科技，2001；(3)：172

赵铁华，高　巍，杨鹤松，等．黄芩茎叶总黄酮抗炎作用的实验研究．中国中医药科技，2001；(3)：173

赵铁华，花宝金，石艳华，等．黄芩茎叶总黄酮对小鼠肉瘤 S_{180} 瘤株体内增殖的抑制作用．中国中医药信息杂志，2001；(7)：34

赵铁华，杨鹤松，邓淑华，等．黄芩茎叶总黄酮解热作用的实验研究．中国中医药科技，2001；(3)：174

赵铁华，杨鹤松，邓淑华，等．黄芩茎叶总黄酮镇痛作用的实验研究．中国中医药科技，2001；(3)：175

赵玉珍，栗　坤，王光岩，等．川芎嗪对老龄小鼠心、肝组织中谷胱甘肽过氧化物酶活化的影响．黑龙江医药科学，1998；(4)：18

郑　红，韩之勋．中药川芎嗪对烫伤动物豚鼠肾脏保护作用的实验研究．安徽医科大学学报，2001；(2)：138

郑　军，骆永珍，孟宪丽，等．川产淫羊藿对"阳虚"模型动物血浆中分子物质与巯基含量的影响．中国中药杂志，1995；(4)：238

郑　敏，丁　虹，江　晖，等．大蒜素对小鼠实验性肝损伤的保护作用．中草药，2001；(5)：440

郑高利，张信岳，方晓林，等．葛根异黄酮对去卵巢大鼠骨矿密度和骨强度的影响．中草药，2001；(5)：422

周龙恩，刘红岩，徐少锋，等．紫杉醇对

MDA-MB-435 人乳腺癌高转移细胞粘附、侵袭及迁移能力的影响．中国药理学与毒理学杂志，2001；(1):51

周晓红，凌亦凌，黄善生，等．黄芪苷对内毒素休克大鼠 SOD、MDA 及吞噬细胞发光的影响．河北中医药学报，2001；(2):31

朱大元，黄宝山．马兜铃属植物的化学、药理和临床·国外医学．药学分册．1979；(2):83

朱金照，冷恩仁，陈东风，等．砂仁对大鼠胃肠运动及神经递质的影响．中国中西医结合消化杂志，2001；(4):205

朱宁希，罗文纪，虞荣喜，等．苦参碱对白血病细胞诱导分化作用和机理研究．上海中医药大学学报，2001；(1):43

朱志彤，姚　智，娄建石，等．葛根素对缺氧-复氧时乳鼠心肌细胞分泌细胞因子的作用．中国药理学通报，2001；(3):296

邹　焰，陈　玮，范学良，等．淫羊藿、人参耐缺氧、耐疲劳及抗氧化作用的实验研究．遵义医学院学报，2001；(1):15

（八）方药的研究与应用

【概述】

2001 年中医方剂学的临床应用与研究又有明显进展。

（一）临床应用　古方（经方）应用方面，张水源报道以柴胡加龙骨牡蛎汤加味治疗高脂蛋白血症 58 例，总效率达 87.9%（51/58），与对照组相比有显著性差异（$P<0.05$），两组治疗前后自身及治疗后组间比较均有显著差异（$P<0.05$）；曹晶等报道以加味炙甘草汤治疗冠心病室性早搏 104 例，总效率达 96.2%（100/104），与对照组比较有显著性差异（$P<0.01$）；秦飞虎报道用加减小柴胡汤治疗病毒性心肌炎 31 例，总效率达 96.8%（30/31），与参照组相比有显著性差异（$P<0.005$）。时方应用上，如劳献宁以当归六黄汤治疗肺结核盗汗症 82 例，总效率达 96.3%（79/82），与对照组比较有显著性差异（$P<0.01$）；章力勤用香砂六君子汤加味治疗胆汁返流性胃炎 32 例，总效率达 96.9%（31/32），与对照组比较有显著性差异（$P<0.01$）；郝向春等用清瘟败毒饮治疗流行性出血热 120 例，设对照组 60 例，结果少尿期及低血压休克期的越期率两组分别为 91.7%（110/120）、76.7%（46/60）（$P<0.01$），86.7%（104/120）、75.0%（45/60）（$P<0.01$），发热、多尿、血小板复常及尿蛋白转阴日数治疗组均短于对照组（$P<0.001$）；朱慧华等以清营汤加味治疗小儿传染性单核细胞增多症 28 例，总有效率达 96.4%（27/28），与对照组比较有显著性差异（$P<0.05$）；吴俊西等以地黄饮子加减胶囊治疗老年期血管性痴呆 68 例，结果治疗组与对照组治疗后血清胆固醇（TC）甘油三酯（TG）、全血粘度、血浆比粘度和红细胞压积、修改的长谷川痴呆量表（HDS）积分、高密度脂蛋白（HDL）和脑血液量均有显著差异（$P<0.05$ 或 $P<0.01$），治疗组总效率达 98.5%（67/68），对照组为 66.7%（24/36），两组比较差异显著（$P<0.01$）。自拟方应用上，如蒋玉清用乌附麻辛桂姜汤（乌头、附子、麻黄、细辛、桂枝、生姜）治疗坐骨神经痛 35 例，总有效率达 97.1%（34/35），与对照组比较有显著差异（$P<0.05$）；李毅等以黄芪黄连解毒汤（黄芪、黄连、黄芩、黄柏、栀子、连翘、葛根、丹参、丹皮、茯神、甘草）治疗急性病毒性心肌炎 166 例，3 个月治疗 52 例，6 个月治愈 133 例，与对照组比较有显著差异（$P<0.05$）；陈萍以自拟升清降浊汤（黄芪、白术、茯苓、陈皮、升麻、柴胡、枳实、党参、降香、葛根、槟榔）辨证加减治疗胃下垂 360 例，结

果治愈280例，好转73例，总效率达98.1%（353/360）；莫宏全以肾炎汤（金银花、白花蛇舌草、半枝莲、车前子、蝉衣、蚤休、鱼腥草、白茅根、益母草、丹参）治疗小儿急性肾小球肾炎60例，治愈49例，有效10例，总效率达98.3%（59/60），与对照组比较有显著差异（$P<0.05$）；李京以降脂口服液（首乌、枸杞子、杜仲、寄生、山楂、半夏、决明子、丹参等）治疗高脂血症210例，显效102例，有效97例，总有效率达94.8%（199/210），与对照组比较有显著差异（$P<0.05$）；王伟娜等以百合龙牡汤（百合、龙骨、牡蛎、夜交藤、女贞子、当归、白芍、枸杞子）治疗女性更年期综合征100例，治愈72例，好转20例，总效率达92.0%（92/100），与对照组比较有显著性差异（$P<0.05$）。

（二）实验研究　一年来对方药进行的实验研究，既有研究广泛深入的特点，又密切结合临床实践。如李晨辉等以泽泻汤加味防治高脂血症及利胆作用的实验研究表明，本方具有显著降低大鼠血清总胆固醇（TC）、低密度脂蛋白（LDL）、肝血浆总胆固醇和甘油三酯（TG）含量（P值均<0.05）；增加2小时胆汁流量（$P<0.05$）；增加胆汁胆固醇总量的同时（$P<0.05$）还可增加胆固醇助溶剂——总胆汁酸和磷脂的含量，证明本方药健脾利湿浊是治疗高脂血症的重要途径。王雪峰等报道了小柴胡汤对心肌炎小鼠IL-ZR及FASL表达的影响，实验表明本方药在病毒性心肌炎急性期能明显提高心肌浸润细胞IL-ZR的表达，与病毒对照组相比有显著差异（$P<0.05$），而对FASL的表达无明显影响。卢跃卿等报道鳖甲煎丸对大鼠肝纤维过程中肝脏胶原及血清前胶原Ⅲ等的影响，表明本方药对轻度和较重度肝纤维化均能明显减轻肝脏Ⅰ型胶原（COI）、Ⅲ型胶原（COⅢ）、Ⅳ型胶原（COIV）的阳性程度，降低血清透明质酸（HA）、层粘蛋白（LN）、Ⅲ型前胶原（PCⅢ）含量，改善血液循环，增加肝内循环血量，使肝内胶原纤维的降解增加，能直接抑制肝内胶原的沉积，从而减缓纤维化的发生。薛莎等报道了右归丸对家兔肾阳虚证生化指标及皮质醇的影响，服用本方药后家兔总蛋白水平有所恢复，肝功能、肾功能急性损伤得到了及时控制，胆固醇合成量增加，甘油三酯水平回落明显，皮质醇及乳酸脱氢酶水平显著升高，糖合成量增加，糖酵解强度提高，体温回升。范世平等进行的糖心宁胶囊治疗糖尿病性冠心病的实验研究表明本方药能显著降低高血糖模型大鼠空腹血糖，提高胰岛素分泌能力，降低TC、TG、LDH水平，升高HDL水平，并能明显改善心肌缺血模型大鼠心肌缺血状态。

此外，于晓红等报道了桂枝茯苓丸对小鼠免疫功能影响，认为本方药对免疫功能低下小鼠具有免疫刺激和免疫调节作用。谭兴贵等研究表明鹿鞭、狗鞭、牛鞭均有壮阳作用，以鹿鞭作用最好。

在药物配伍的研究方面，如徐艳春等报道了黄连与吴茱萸配伍前后吴茱萸碱及吴茱萸次碱的含量，不同配伍方剂［左金丸（6:1）、变通丸（1:1）。甘露散（2:1）］两种生物碱有不同含量。

（王道瑞）

【半夏泻心汤的药理研究】

王庆国等以半夏泻心汤及其拆方对慢性胃溃疡大鼠进行实验。将健康雄性WISTAR大鼠48只，随机分为蒸馏水组、辛开药组、苦降药组、甘调药组、辛开苦降组、辛开甘调组、苦降甘调组和全方组，共8组，每组6只。实验前禁食24h（自由饮水）后灌药3ml/只，30min后记录30min，计算十二指肠肌电快波振幅及其持续时间。结果表明辛开药物半夏、干姜，苦降药物黄芩、黄连分别单独使用会抑制十二指肠的运动；甘调药物人参、甘草、大枣、单独使用会增加十二指肠的运动；辛开药物与苦降药物合用时，并不是两组抑制作用的叠加，反而会增加十二指肠的运动；甘调药物的抑制作用消失，反而表现出较强的促进十二指肠运动作用。可认为半夏泻心汤中的补药能促进消化道平滑肌运动。王庆国等将健康雄性大鼠随机分为正常对照组、模型对照组、手术对照组、辛开组、苦降组、甘补组、辛开苦降组（辛苦组）、苦降甘补组（甘苦组）、辛开甘补组（辛甘组）和全方组，共10组，观察半夏泻心汤及各组拆方对正常大鼠十二指肠平滑肌电活动的影响，结果各治疗组与模型对照组比较，胃液中EGF含量均有升高趋势，其中以甘补组升高尤为突出，根据其升高幅度排序依次为：甘补组 > 苦降组 > 苦甘组 > 辛开组 > 全方组 > 辛苦组 > 辛甘组。手术对照组与模型对照组间比较有显著性差异（P均 < 0.01），而甘补组、苦降组与模型对照组间比较有极显著性差异。表明其对胃肠运动功能的作用具有差异性（P均 < 0.001）。金东明等选用标准饲养的大鼠50只，随机分5组，即空白组（平衡喂养，自由饮水，30天后处死）、造模组（经造模后，拉椎处死，送病理检测）、加减半夏泻心汤组（由半夏、黄芩、乳香等组成，1g生药/ml，煎剂灌胃2.4ml/100g，1天1次，30天后处死）、半夏泻心汤原方组（1g生药/1ml，煎剂灌胃2.4ml/100g，1天1次，30天后处死）、胃乐新组（以胃乐新冲剂水溶后成1g/ml浓度，以1.28ml/100g灌胃，1天1次，30天后处死）。结果空白组大鼠胃粘膜未见异常，造模组胃粘膜壁细胞减少，壁细胞出现大量空泡变性，腺体萎缩，粘膜厚度变薄，粘膜层及粘膜下层有大量炎细胞浸润，胃窦G细胞减少，部分大鼠胃粘膜出现了明显的肠上皮化生。而3个给药组上述病理变化明显减轻，且加减半夏泻心汤组减轻最为明显。吴丽芹等报道半夏泻心汤能增加合并HP感染大鼠慢性胃炎模型胃粘液层磷脂和氨基己糖含量，与阴性对照组相比有显著差异（P < 0.01 ~ 0.05）。说明了本方治疗幽门螺旋杆菌相关性胃炎的作用机理。

（肖梅华　汪文娟）

【温胆汤的应用与研究】

一、临床研究

（一）神经精神系统疾病　王小平等以本方为主治疗失眠75例，其中痰热内扰型，加黄连、珍珠母等；肝郁化火型，加龙胆草、柴胡等；阴虚火旺型，加黄连、阿胶等；心脾两虚型，加党参、当归等；心胆气虚型，加党参、远志等。结果：痊愈44例，显效15例，有效9例，总有效率90.7%（68/75）。王静华以本方加天麻、川芎、葛根为基本方治疗偏头痛30例。1个月为1疗程。结果痊愈17例，显效7例，有效4例，总有效率为93.3%（28/30），疗效明显优于用尼莫地平和谷维素的西药组。

（二）心血管系统疾病　李毅以温胆汤加黄芪、黄连为基本方，治疗急性病毒性心肌炎268例，包括室上性、室性、房室传导阻滞、心房扑动颤动。2周为1疗程。见心房扑动颤动时，先予西地兰静脉推注。参照全国心血管会议制定的疗效标准，服药3个月，痊愈率64.6%（173/268）；服药6个月，痊愈率94.8%（254/268）。洪杰斐以本方加党参、柴胡、黄连为基本方，治疗心脏神经官能症48例，7天为1疗程。结果痊愈17例，显效19例，有效10例，总有效率95.8%（46/48）。治疗时间平均12.5天。

（三）消化系统疾病　高学清以温胆汤合左金丸（黄连、吴茱萸）为主治疗胆汁返流性胃炎62例，30天为1个疗程。结果治愈23例，好转33例，总有效率为90.3%（56/62）。提示上方对胃-肠吻合术后引起的胆汁返流性胃炎疗效较差，对单纯幽门括约肌功能失调者疗效显著。沈明用本方治疗功能性消化不良42例，症状持续4周以上。治疗4周后，显效34例，有效6例，有效率95.2%（40/42）。明显优于吗叮啉对照组。

二、药理研究

王平等用高效液相技术观察了加味温胆汤（温胆汤加白芥子、石菖蒲、胆南星、远志、熟地、制首乌、人参等）对SAM-P/10老化痴呆鼠脑内皮层、海马、纹状体等与学习记忆关系密切的8种氨基酸水平的影响。结果该方对SAM-P/10皮层、海马、纹状体的GLU等兴奋性氨基酸（EAA_s）亢进状态有显著的调节作用，对于抑制性氨基酸（IAA_s）的调节作用表现在对异常升高的γ-GABA水平的降低和使降低的Tau水平上升。

（瞿 融）

【参麦注射液的应用与研究】

（一）临床应用 马洪玲治疗慢性肺源性心脏病心力衰竭37例，在常规抗感染等基础上，同时给予SMI20ml加入5%葡萄糖250ml静滴，1天1次，连续10天。结果显效24例，有效10例，总有效率91.9%(34/37)。对照组37例未加用参麦注射液，显效10例，有效15例，总有效率67.6%(25/37)。两组比较有显著性差异($P<0.01$)。何约明等辅以参麦液治疗结核病盗汗有效。在常规抗痨治疗的基础上加用SMI40～50ml加入5%葡萄糖盐水250ml静滴，1天1次，10天为1疗程。结果加参麦注射液组50例中显效22例，占44.0%（22/52）；有效25例，占50.0%（25/50）；总有效率94.0%（47/50)。单纯抗痨组50例中显效8例，占16.0%（8/50）；有效18例，占36.0%（18/50）；总有效率52.0%（26/50）。两组比较有显著性差异（$P<0.01$）。

（二）实验研究 王汉森等研究阿霉素（ADR）复制新生大鼠心肌细胞中毒模型，观察参麦注射液对中毒性心肌细胞的保护作用及其机制。结果SMI能减少ADR中毒心肌细胞的乳酸脱氢酶（LDH）释放量，降低细胞内丙二醛（MDA）含量和Ca^{++}，同时增强细胞内SOD活力。表明SMI能够对抗自由基引起的脂质过氧化和逆转细胞内钙超载，从而保护ADR中毒心肌细胞。张善堂等研究表明，实验性心衰大鼠左室舒缩功能减退，血浆血管紧张素Ⅱ（angⅡ)、内皮素（ET)、心钠素（ANP）显著升高。与模型组相比，参麦注射液组左心室内压峰值（LVSP）升高17.31%，对左心室舒张末压（LEVDP)，血浆angⅡ、ET、ANP浓度分别降低56.15%、32.65%、38.52%、9.44%，有显著性差异（$P<0.05$)。何丽云等从细胞凋亡方面观察，研究参麦注射液对脑的保护作用。缺氧缺糖可诱导神经细胞凋亡和引起细胞内游离钙离子增加。钙超载是缺血性脑损伤的发病机制之一，又在缺血后神经元凋亡发生中起关键作用。而参麦液能抑制缺氧缺糖诱导的神经细胞凋亡，降低细胞内游离钙离子浓度，有神经细胞保护作用。何泽云等研究表明，腹膜透析配合参麦注射液具有减少腹膜间皮细胞脱落和促进受损的间皮细胞修复与再生作用。其作用机理是SMI增强腹透大鼠腹透液中C_3、IgG含量，提高巨噬细胞吞噬指数及吞噬百分率，增加了腹膜局部防御功能，保护间皮细胞，扩张微血管。

（三）毒副反应 参麦注射液毒副反应小，仅有轻度头晕不适或烘热感。吴平凤综述参麦注射液毒副反应包括过敏性皮疹、过敏性休克、心绞痛等，认为参麦注射液推注过速，强心作用过于明显，从而造成心肌耗氧量增加，心肌缺氧而诱发心绞痛。李莉近期也报道了输注参麦注射液引起的变态反应1例，全身瘙痒烦躁，呛咳，呼吸急促，心悸胸闷，恶心腹痛。推测为过敏原进入人体后引起组胺快速释放，血管通透性增高，毛细血管扩张，支气管平滑肌、胃肠平滑肌痉挛，腺体分泌增加所致。

（王锦鸿）

【柴胡加龙骨牡蛎汤的应用与研究】

（一）临床应用　孙松涛应用柴胡加龙骨牡蛎加减治疗少阳郁热型广泛焦虑症72例。30剂为1个疗程，总疗程为3个月。结果痊愈49例，显著进步13例，有效7例，近期治愈率为68.1%（49/72），总有效率95.8%（69/72）。林松以柴胡加龙骨牡蛎合白金丸为基本方，治疗癫痫30例，20天为1疗程，癫痫持续状态加用镇静剂、降颅压治疗，结果除2例脑发育不全无效外，其余病例均有效，定期随访一年均未再发。李素明将柴胡加龙骨牡蛎化裁治疗精神神经疾病中的癫痫、神经官能症、精神分裂症、情志性精神症、更年期精神病共86例，均有良好的疗效。认为本方对上中下三焦之余邪积热、肝郁、气滞、痰结所致之病均有治疗作用。张国安等以柴胡加龙骨牡蛎加减治疗消化性溃疡39例（其中胃溃疡9例，十二指肠球部溃疡28例，复合性溃疡2例），4周为1个疗程。结果临床痊愈24例，显效8例，有效5例，总有效率为95.9%（37/39）。张水源以柴胡加龙骨牡蛎加味治疗痰湿型、肝郁气滞型、肝郁脾虚型高脂蛋白血症87例，随机分为治疗组58例，对照组29例。对照组口服山楂精降脂片，1天3次，每次10片。疗程为3个月，结果治疗组显效41例，有效10例，总有效率为87.9%（51/58）；对照组显效13例，有效9例，总有效率为75.9%（22/29）。治疗组均明显优于对照组（P<0.05）。

（二）实验研究　张有志等实验表明，柴胡加龙骨牡蛎汤的大、小剂量均能明显缩短小鼠强迫游泳的不动时间，其中以小剂量作用最为显著。慢性应激模型的大鼠与正常组比较，水平运动次数与垂直运动次数均明显减少，差异极显著；本方组的水平运动、垂直运动同模型空白组比较，均有显著差异（P<0.01和P<0.05）。提示本方具有抗抑郁作用。

（孙伟华）

【炙甘草汤的应用与研究】

（一）临床应用　余勇等用炙甘草汤加减（水煎后加清酒10ml服用），治疗病毒性心肌炎59例，10剂为1个疗程，必要时可重复1~2个疗程。结果治愈49例，好转8例，总有效率96.6%（57/59）。曹晶等观察了加味炙甘草汤治疗冠心病室性早搏174例，随机分为治疗组104例和对照组70例。治疗组用加味炙甘草汤，每天1剂，水煎服，对照组口服美西律、复方丹参、消心痛等。两组均以1个月为1个疗程。结果总有效率分别为96.1%（100/104）和74.3%（52/70），有显著性差异（P<0.01）。其中以气虚血瘀、心虚胆怯、阴虚火旺型疗效显著，而痰瘀互结型则疗效差。周国栋等以加味炙甘草汤治疗阵发性心房颤动，96例患者随机分为治疗组56例和对照组40例。治疗组用加味炙甘草汤，对照组口服胺碘酮。经治疗4周，结果总有效率分别为78.0%（44/56）和60.0%（24/40），治疗组优于对照组。苗润泰以炙甘草汤加减治疗44例老年病态窦房结综合征属心气阳虚、心肾阳虚为主者，15天为1个疗程，经治2~6疗程，显效30例，好转10例，总有效率90.9%（40/44）。提示本方能益气养阴，温阳复脉，具有提高窦房结的兴奋性，加速房室传导，提高心率，纠正心律失常的作用。丁纯志等对132例初次化疗（用阿霉素）病人分为治疗组70例和对照组62例。治疗组在用阿霉素前3天至结束后1周口服炙甘草汤，对照组给予西药常规治疗。3周化疗结束后，均做心电图、心肌酶及心脏体格检查，结果治疗组心脏毒性反应8例，发生率为11.4%（8/70）；对照组心脏毒性反应17例，发生率27.4%（17/62），P<0.05。提

示本方有防治阿霉素心脏毒性的作用。

（二）实验研究　陈兰英等用大鼠离体心房肌和心乳头肌，研究炙甘草汤中甘草酸、人参总皂苷和麦冬总皂苷对心肌自律性、兴奋性和功能不应期的作用。结果这3种成分合用作用优于两两配伍，两两配伍作用又强于单个作用，并且作用随麦冬总皂苷浓度增高而加强，当甘草酸、人参总皂苷和麦冬总皂苷按0.384～0.144～0.120mg/ml组方时，明显降低大鼠离体右心房肌自律性和左心房肌兴奋性，明显延长左心房肌功能不应期，明显抑制肾上腺素诱发大鼠离体乳头状肌自律性和心律失常，而缺少这3种成分的炙甘草汤的作用明显低于炙甘草汤全方。提示甘草酸、人参总皂苷和麦冬总皂苷为炙甘草汤中抗心律失常的主要有效成分及部位。

（孙伟华）

【益心康胶囊的实验研究】

益心康胶囊(H303)制剂(丹参、川芎、黄芪及山楂等),用于冠心病、心绞痛等缺血性心脏病的防治。近年来,韩铃等人利用血清药理学的方法研究H303的作用机制。

一、对氧应激所致心肌线粒体损伤的保护作用

（一）对线粒体脂质过氧化、超微结构、肿胀度及GSH含量的影响　1、对心肌线粒体脂质过氧化的影响，不同浓度的H303（50～80kg/kg）均能降低脂质过氧化水平，且与损伤无药血清组比较均有显著性差异。2、对心肌线粒体肿胀度的影响，根据miller RN方法测定，结果：当损伤剂量为0.2mM/5mM时，线粒体肿胀度增加：H303含药血清可使肿胀度降低，其中以100，200mg/kg组较为明显。3、对心肌线粒体超微结构的影响，FE^{2+}/H_2O_2损伤后，心肌线粒体超微结构发生了变化，H303可使线粒体内膜和外膜的完整性、嵴排列紊乱及断裂等现象得到改善，从而抑制了损伤所致的超微结构的改变。4、对线粒体还原型谷胱苷肽（GSH）含量的影响，采用OPT荧光法，在分光光度计上测定发现：FE^{2+}/H_2O_2损伤后，线粒体GSH含量明显降低，当损伤剂量为0.2mM/0.5mM时，400mg/kg.H303含药血清可使GSH含量明显增加，与损伤无药血清比较有显著性差异。结果H303抗心肌缺血损伤的作用机制可能是通过防止线粒体脂质过氧化、防止或减轻线粒体的肿胀、保证线粒体结构的完整以及保护线粒体内源性抗氧化物质等作用而实现的。

（二）对心肌线粒体膜电位的影响　利用激光聚焦显微镜观察，结果：羟自由基损伤体系FE^{2+}/H_2O_2与豚鼠心肌细胞共同孵育30～60min后，H303含药血清能提高心肌细胞存活率，提高心肌细胞膜电位水平。提示H303含药血清可保护线粒体膜电位，从而发挥其膜稳定作用。

（三）对心肌线粒体游离钙和摄钙能力的影响　将Fe^{2+}/Vitc损伤体系在体外与大鼠心肌细胞共同孵育30min，利用双波长荧光分光光度计，以Fura-2/AM为荧光指示剂进行测定发现：选择2.5/2.5mM的Fe^{2+}/Vitc损伤剂量，摄钙能力由正常血清对照组的73.1%降至30.8%；H303含药血清组（50～800mg/kg）可使摄钙能力不同程度的增加，说明H303具有一定恢复自由基损伤后线粒体摄钙能力降低的作用。提示H303对氧自由基的清除作用保护了线粒体膜结构和功能，使钙泵功能维持基本正常的状况，从而保持了摄钙功能的正常发挥。

二、对异丙肾上腺素（ISO）所致心肌生物膜损伤的保护作用

（一）对心肌组织脂质过氧化的影响　应用微量测定法发现：ISO损伤大鼠心肌可导致心肌线粒体及血清MDA含量异常升

高，分别较正常组升高 48% 和 84%；H303 可降低线粒体和血清 MDA 的含量。

（二）对血清酶活性的影响　ISO 损伤大鼠血中 CPK 及 LDH 水平比正常组分别升高了 33% 和 56%，H303 能抑制 ISO 损伤所致的 CPK 及 LDH 水平的升高。

（三）对线粒体磷脂酶 A_2 活性的影响　利用陈思锋的磷脂酶 A_2 简便快速法测定，结果 ISO 损伤大鼠心肌线粒体 PLA_2 活性显著升高；H303 可明显阻止 PLA_2 活性的升高。

（四）对心肌线粒体 PL/CHO 的影响　按 trinder 酶法测定 PL，按 CHOD-PAP 法测定 CHO，结果 ISO 损伤组线粒体膜 PL 总量显著降低；H303 可明显提高 PL 的含量，而对 CHO 含量则无显著影响；H303 对 PL/CHO 比值降低具有一定的改善作用。

（五）对心肌线粒体、心肌肌纤维膜游离脂肪酸（FFA）的影响　按李龙官"临床生化检验"方法测定，结果 ISO 损伤可致大鼠心肌线粒体、心肌肌纤维膜的 FFA 含量升高；H303 大剂量组可显著抑制 FFA 的升高，而小剂量组仅阻止肌纤维膜的 FFA 的升高，对线粒体的 FFA 含量增高无显著降低作用。

（六）对心肌线粒体、肌纤维膜膜脂流动性（LFU）的影响　采用 DPH 探针，在荧光分光光度仪上测定 LFU 后发现：ISO 损伤后导致线粒体及肌纤维的 LFU 显著降低；预防性地给予 H303 后上述现象可以得到改善。结果 H303 对 ISO 损伤导致的心肌肌纤维膜和线粒体膜结构及功能损伤具有保护作用。

（潘颖宜）

【醒脑静注射液的研究与应用】

醒脑静注射液（麝香、冰片、山栀子、郁金等）是由安宫牛黄丸改制成的水性注射液，配合其他疗法，能醒脑开窍、解毒止痉，对中毒性脑病有很好疗效。

（一）对酒精中毒的治疗作用　近几年来，有多个医院使用醒脑静注射液辅助治疗急性或重度酒精中毒病人共计 122 例。除采用常规对症治疗外，静脉滴注本品 20～40ml。结果患者治疗后清醒时间为 0.8～3.8h；饮酒至清醒时间为 5.06±2.46h。与常规治疗组比较，均有显著性差异。周叶庭用该药静滴治疗酒精中毒所致意识障碍 72 例，20ml/次，1 天 1 次，治疗 3 天。结果轻型、中型和重型病例平均促醒时间分别为 1.5±0.3h，5±0.8h 和 14±2.2h，尤其对中毒严重昏迷病人疗效显著。

（二）对有机磷农药中毒的治疗作用　陈和金等报道醒脑静注射液静滴 20ml，辅助治疗有机磷农药中毒 32 例。对常规治疗的不足（如中毒的反跳、解救药阿托品的毒副作用）有很好的改善作用，对促进神志转清、意识改善有利。

（三）对脑血管疾患的作用　郑立学等用醒脑静注射液 30～40ml/d，辅助治疗急性重型脑出血患者 41 例。结果该药对重型脑出血病人在促进清醒、降低发热者的体温等方面功效显著，意识恢复时间为 39.8±24.5h，发热恢复时间为 4.9±1.5d，显效率为 82.9%（34/41）。麻耘等按 $1ml\cdot kg^{-1}\cdot d^{-1}$ 量治疗颅脑损伤病人 44 例，临床症状改善较常规治疗为优。王景超等用本品治疗急性脑血管昏迷的病人 140 例，20ml/d，7 天为 1 个疗程，总有效率 94.3%（132/140），明显优于仅采用基础治疗组。醒脑静注射液对急性脑梗死有良好疗效。苗榕生等观察到用该药治疗 2 周后，CD116，CD54 表达明显减低，而 CD4，CD8 的表达有所恢复，CD4/CD8 比值相对增高。说明醒脑静注射液减少脑损伤可能是与减少粘附分子 CD116，CD54 的表达有关，同时可促使 CD4，CD8 比率增加，恢复免疫功能。

（高建平　金若敏）

【中药复方防治老年期痴呆的药理研究】

老年期痴呆（senile dementia）主要包括老年性痴呆（Alzheimer's disease，AD）与血管性痴呆（vascular dementia，VD）/多梗塞性痴呆（multi-infarct dementia，MID）两大类型。老年期痴呆，属中医学老年呆证等范畴，其共同病因病机为虚、痰、瘀，故目前复方治疗多从益气、补肾、消痰、化瘀、开窍等立法组方。依据复方主治类型，本文就抗AD复方与抗VD复方分别介绍其药理研究如下：

（一）抗AD复方　王平等发现醒脑益智方对SAM-P/10老化痴呆鼠脾细胞IL-6较同龄正常SAM-R/1鼠显著升高，并能调节或抑制SAM-P/10老化痴呆鼠脾细胞IL-6水平，具有较好的免疫调节作用及积极的预防AD意义。王平等认为加味温胆汤对SAM-P/10老化痴呆鼠，加味温胆汤1号方可降低海马、纹状体异常升高γ-氨基丁酸（γ-GABA）水平；而预防方、1号方与2号方可不同程度地升高皮层牛磺酸（Tau）水平，其对抑制性氨基酸的调节作用可能参与了改善脑功能的中枢机制。黄敬耀等发现复方二精灵可提高谷氨酸（Glu）与过氧化氢（H_2O_2）损伤原代胚胎大鼠皮层神经细胞的细胞存活率，减少LDH漏出，降低细胞膜LPO含量，升高GSH-PX活性。对缺血缺氧大鼠，复方二精灵可降低脑组织乳酸（LA）含量，而对$ALCL_3$所致拟痴呆小鼠，复方二精灵可提高学习记忆能力，总体上通过保护脑细胞发挥抗AD作用。

（二）抗VD/MID复方　张力等应用改良四血管法全脑反复缺血再灌复制VD大鼠模型，发现化呆醒神汤能明显缩短水迷宫试验中游全程时间，减少进入盲端错误次数，改善VD大鼠空间学习分辨能力；跳台与避暗试验中，化呆醒神汤显著延长逃避潜伏期，明显减少错误次数，改善VD大鼠学习记忆障碍。深入研究发现，化呆醒神汤不仅通过提高VD大鼠海马和皮质内神经肽SS mRNA合成能力并增加精氨酸加压素（arginine vasopressin，ASP）含量，增加神经营养作用，促进受损神经元功能的恢复，并且通过增加CA1区、密叶皮质内乙酰胆碱酯酶（AchE）阳性纤维数量，减轻CA1区神经元损伤，从而改善VD大鼠的学习记忆障碍。应用颈外动脉注射血栓造成多发性脑梗塞，加注山莨菪碱以促进智力障碍形成VD大鼠模型，张崇泉等认为健脑通络益智方可通过提高VD大鼠皮层、下丘脑、海马、纹状体DNA合成代谢，改善病理损伤，明显提高VD大鼠避暗反应回避阳性率，缩短潜伏期，改善学习记忆能力。全战旗等认为左心注射液体石蜡栓子造成MID模型大鼠，在水迷宫实验中发现参仙汤可提高模型大鼠正确数，缩短作业时间；参仙汤还可提高脑、肝组织超氧化物歧化酶（SOD），降低丙二醛（MDA）、脂褐素（LF）含量，可能是通过对抗脑缺血再灌注自由基损伤，达到改善MID大鼠学习记忆功能。

（林志宏　严永清）

【中药复方抗细胞凋亡作用的实验研究】

徐萌等研究表明清香散（香薷、地胆草等）可抑制伤寒沙门菌致湿热证大鼠肝细胞凋亡率增加，血清超氧歧化酶（SOD）活性下降、丙二醛（MDA）含量上升和肝组织脂质过氧化物（LPO）水平，其清热祛湿功效可能与调节机体抗氧化系统活性，抑制过氧化反应后细胞凋亡损伤有关。赵学军等研究表明由法半夏、白术等组成的理脾化痰方，可减小AS家兔主动脉内膜相对厚度，降低VSMCski-67表达率和凋亡阳性率，能同时抑制VSMCs增殖和过高水平凋亡，阻抑早期AS的形成。周本杰等发现经连黛片（黄连、青黛等）大鼠药物血清处理过的人胃癌细胞株MGC-803细胞，在形态方面表现部分体积变小、细胞膜皱缩或卷曲、细胞浆和细胞器密度增高、细胞核固缩以及细胞核破裂或溶解；在单参数流式细胞仪的直方图上，出现一位于 G_0/G_1 期左侧的凋亡区，表明连黛片可通过诱导 MGC-803 细胞凋亡，对胃癌可能具有防治作用。β淀粉样蛋白（β-amyloid，Aβ）（25μmol/L）通过升高凋亡蛋白酶级联反应过程中的关键蛋白酶 caspase-3（CPP32）表达，并通过减少凋亡抑制基因 bcl-2 转录，增加凋亡促进基因 bax 与及早反应基因 C-jun 的转录，诱导大鼠原代海马神经元凋亡。姚明忠等发现含调心方大鼠含药血清可提高 bcl-2 表达，降低 bax、C-jun 与 caspase-3 表达，抑制 Aβ 诱导神经元凋亡。含连二亚硫酸钠 Earls 液（1.0mmol/L）与人神经母细胞瘤细胞株（SHSY5Y）作用可造成缺氧/缺糖，细胞出现凋亡。何云丽等研究表明救脑宁注射液可能通过抗细胞缺氧/缺糖时脂质过氧化与自由基损伤，减轻氧化应激，控制 DNA 断裂，降低缺氧/缺糖 SHSY5Y 细胞凋亡率，抑制细胞凋亡，具有神经细胞保护作用。尤劲松等发现地贞颗粒给药后可减轻幼鼠卵泡重量减少程度，减少发生颗粒细胞凋亡卵泡，延缓卵泡闭锁过程，为临床治疗妇女更年期综合征的有效方剂。

（李　丽　严永清）

【黄芪注射液的实验研究】

裴林等用新生大鼠右侧颈动脉结扎术制备幼鼠缺氧、缺血性脑损伤模型，结果模型组幼鼠脑组织含水量增加，脑血流量减少，脑组织（NO）、丙二醛（MDA）含量增高；而应用黄芪注射液 0.1ml 组和 0.5ml 组脑组织含水量降低，脑血流量明显增加，NO、MDA 含量明显降低（$P<0.05$ 或 $P<0.01$）。提示黄芪注射液具有消除幼鼠脑组织水肿，增加脑组织血流量，抑制脂质过氧化损伤，降低 NO 及自由基损伤代谢产物 MDA 含量的作用，对缺氧、缺血性脑损伤具有治疗作用。刘建国等对麻醉开胸急性心肌梗死犬，采用静脉 1 次给药（0.3～1.0G/kg），记录结扎前后心电图变化等，确定心肌梗死程度。结果黄芪注射液可降低开胸麻醉犬死亡率，降低急性心肌梗死后 ST 段抬高程度，减慢心率，对缺血区心肌坏死有保护作用。邹文俊等采用阿霉素体外损伤大鼠心肌线粒体和体内小鼠心脏毒性两种模型，测定黄芪注射液对其心脏毒性的保护作用。结果阿霉素体外引起大鼠心肌线粒体丙二醛（MDA）水平升高，谷胱甘肽含量降低及线粒体肿胀等，黄芪注射液对上述损伤有明显的保护作用；体内实验表明，黄芪注射液对阿霉素引起的小鼠心肌线粒体 MDA、血清肌酸磷酸激酶、门冬氨酸氨基转移酶活性水平增高及超氧化物歧化酶活性降低等损伤均有较好的保护作用。体外、体内各浓度黄芪组与对照组及阿霉素组比较，有明显差异（$P<0.01$ 或 $P<0.05$），且呈量效关系。提示黄芪注射液能拮抗阿霉素引起的心脏毒性，为临床应用黄芪注射液作为抗肿瘤辅助药物提供了实验依据。王文花等采用牛血清白蛋白给白鼠尾静脉注射，建立免疫复合物性肾炎模型，用黄芪注射液腹腔注射治疗，每次 1ml，1 周 7 次，共 7 周。结果显示与模型对照组比较，黄芪注射液治疗组 NF-kB 表达率显著下降（$P<0.001$），TNF 含量下降（$P<0.05$），C_{3b} 花结率升高（$P<0.001$），IC 花结率下降（$P<0.01$）。提示 NF-kB 的过度表达是产生免疫病理损伤的关键；黄芪注射液通过降低 NF-κB 来抑制免疫反应，发挥治疗作用。

（孙伟华）

参考文献

C

曹　晶，金祥银．加味炙甘草汤治疗冠心病室性早搏104例．广西中医药，2001；(1):10

陈和金，陈国芳．醒脑静注射液治疗有机磷农药中毒32例．四川中医，2001；(3):36

陈兰英，陈　奇，刘荣华，等．炙甘草汤中麦冬总皂甙及其配伍对心肌生理特性的影响．中国实验方剂学杂志，2000；(4):30

陈兰英，陈　奇，刘荣华，等．炙甘草汤主要成分对心肌生理特性的影响．中草药，2001；(2):134

陈　明，戴光厚．醒脑静注射液治疗急性乙醇中毒38例．安徽中医临床杂志，2001；(3):172

陈　萍．自拟升清降浊汤辨证加减治疗胃下垂360例．国医论坛，2001；(5):25

陈中伟．醒脑静治疗重度酒精中毒的疗效观察．现代中西医结合杂志，2001；(10):928

D

丁纯志，陈　群，赵景胜．炙甘草汤防治阿霉素心脏毒性的疗效观察．北京中医药大学学报，2001；(3):59

F

范世平，饶振芳，马晓霖，等．糖心宁胶囊治疗糖尿病性冠心病的实验研究．新中医，2001 (7):75

G

高富杰．醒脑静注射液治疗急性乙醇中毒30例．现代中西医结合杂志，2001；(3):248

高学清．左金温胆汤治疗胆汁返流性胃炎62例．湖北中医杂志，2001；(5):30

H

韩　玲，陈可冀．缺血性损伤对大鼠心肌生物膜的影响及益心康胶囊的保护作用．中药药理与临床，2001；(6):25

韩　玲，陈可冀．氧应激对豚鼠心肌细胞线粒体膜电位的影响及益心康胶囊含药血清保护作用的研究．中国中西医结合杂志，2001；(6):441

韩　玲，陈可冀．益心康胶囊含药血清对氧应激所致心肌线粒体损伤的保护作用．中国实验方剂学杂志，2001；(3):25

韩　玲，陈可冀，任建平等．益心康胶囊和复方丹参片对心肌代谢及其耗氧量的影响．中药药理与临床，2000；(2):3

韩　玲，陈可冀．益心康胶囊和复方丹参片含药血清对FE2+/抗坏血酸致大鼠心肌线粒体游离钙及摄钙能力改变的影响．中国中医基础医学杂志，2001；(6):19

郝向春，马素娟，陈玉良．清瘟败毒饮治疗流行性出血热120例临床观察．中国中西医结合急救杂志，2001；(1):45

何丽云，孙塑伦，范吉平，等．救脑宁注射液对缺氧/缺糖神经细胞凋亡的影响．北京中医药大学学报，2001；(2):21

何丽云，孙塑伦，范吉平，等．参麦注射液对神经细胞凋亡及胞浆钙变化的影响．中国中西医结合杂志，2001；(8):605

何约明，邱庆南．参麦注射液治疗结核病盗汗临床疗效观察．中草药，2001；(2):153

何泽云，尤昭玲，谭元生．参麦注射液对肾5/6切除大鼠腹膜间皮细胞的保护作用研究．中国中西医结合急救杂志，2001；(3):134

洪　华．醒脑静配合纳络酮治疗重度酒精中毒36例．浙江中医杂志，2001；(4):181

洪杰斐．黄连温胆汤加味治疗心脏神经官能症48例．四川中医，2000；(9):23

黄敬耀，周　瑾，魏　海，等．复方二精灵抗老年性痴呆的药理实验研究．江西医学院学报，2001；(2):53

J

蒋玉清．乌附麻辛桂姜汤治疗坐骨神经痛35例．实用中医内科杂志，2001；(3):16

金东明，吴巍，孙树权，等．改良半夏泻心汤治疗慢性萎缩性胃炎实验研究长春中医学院学报．2001；(3):41

L

劳献宁，王晓杰．当归六黄汤治疗肺结核盗汗82例．新中医，2001；(6):54

李　毅．二黄温胆汤加减治疗急性病毒性心肌

炎 268 例．上海中医药杂志，2000；(7):22

李晨辉，尉中民，张秋菊，等．泽泻汤加味防治高脂血症及利胆作用的实验研究．北京中医，2001；(6):46

李　京．降脂口服液治疗高脂血症 210 例临床观察．北京中医，2001；(5):23

李　莉．参麦注射液变态反应 1 例．现代中西医结合杂志，2001；(13):1274

李素明．柴胡加龙骨牡蛎汤治疗精神神经疾病．河南中医药学刊，2001；(1):34

李　毅，沈玲妹．黄芪黄连解毒汤治疗急性心肌炎疗效观察．辽宁中医杂志，2001；(6):347

林　松．柴胡加龙骨牡蛎汤合白金丸治疗癫痫 30 例．吉林中医药，2001；(3):34

刘建国，许凤锦．杜文明，等．黄芪静脉注射对麻醉犬急性心肌梗死的保护作用．中成药，2001；(5):351

卢跃卿，任小巧，陈永旭，等．鳖甲煎丸对大鼠肝纤维化过程中肝脏胶原及血清前胶原Ⅲ等影响的动态观察．河南中医，2001；(5):19

M

麻　耘，陶进．醒脑静注射液治疗颅脑损伤．基层中药杂志，2001；(3):54

马洪玲．参麦注射液治疗慢性肺源性心脏病心力衰竭疗效观察．时珍国医国药，2001；(4):364

苗榕生，张晓明，王红彦．醒脑静对急性脑梗塞患者细胞黏附分子及 T 细胞亚群的影响．北京中医药大学学报，2001；(1):64

苗润泰．炙甘草汤加减治疗老年病窦综合征 44 例．陕西中医，2000；(9):390

莫宏全．肾炎汤加减治疗小儿急性肾小球肾炎 60 例．广西中医药，2001；(3):34

P

裴　林，刘唤荣，张少丹，等．黄芪对缺氧缺血性脑损伤幼鼠一氧化氮、丙二醛含量的影响．中国中西医结合急救杂志，2001；(4):222

Q

秦飞虎．加减小柴胡汤治疗病毒性心肌炎 31 例．上海中医药杂志，2001；(4):22

S

沈　明．温胆汤治疗功能性消化不良 42 例．河南中医，2000；(4):50

孙松涛．柴胡加龙骨牡蛎汤加减治疗广泛性焦虑症 72 例．中医杂志，2000；(2):95

T

谭兴贵，曾　嵘，贺福元．鹿鞭狗鞭牛鞭的壮阳作用实验研究．中医药学报，2001；(6):33

仝战旗，赵美玲，郑青平．参仙汤改善多发性脑梗塞性痴呆大鼠学习记忆及其作用机制研究．军医进修学院学报，2001；(1):5

W

王　平，刘　玲，张六通，等．加味温胆汤对 SAM-P/10 老化痴呆鼠三个脑区递质氨基酸的影响．中国实验方剂学杂志，2001；(4):24

王汉森，马沛然．参麦注射液对阿霉素中毒心肌细胞脂质过氧化和钙超载的影响．安徽中医学院学报，2001；(3):38

王景超，高功臣，白宏英．醒脑静治疗急性脑血管病昏迷的临床观察．现代中西医结合杂志，2001；(2):123

王静华．加味温胆汤治疗偏头痛 30 例．现代中西医结合杂志，2000；(17):1666

王　平，周安方，张六通，等．醒脑益智方对 SAM-P/10 老化痴呆鼠脾细胞 IL-6 水平的影响．中国中医药科技，2001；(2):103

王庆国，李宇航，牛欣，等．半夏泻心汤及其拆方对慢性胃溃疡大鼠表皮生长因子的影响．中国中西医结合急救杂志，2001；(35):137

王庆国，李宇航，赵琰，等．半夏泻心汤及其拆方对正常大鼠胃肠运动功能的影响．北京中医药大学学报，2001；(6):19

王伟娜，李默华，伊鹏．百合龙牡汤治疗女性更年期综合征 100 例．中医药学报，2001；(5):28

王文花，戴恩来，崔笑梅．黄芪注射液对肾炎大鼠肾皮质细胞 NF-KB 表达影响的实验研究．中国中西医结合肾病杂志，2001；(8):450

王小平，刘志良．温胆汤加味治失眠症 75 例．江苏中医，2001；(3):23

王雪峰，刘芳，李冬梅，等．小柴胡汤对心肌炎小鼠 IL-2R 及 FasL 表达的影响，辽宁中医杂志，2001；(7):439

吴俊喜，李国卿，李静君，等．地黄饮子加减胶囊治疗老年期血管性痴呆 68 例疗效观察．河北中医，2001；(2):88

吴丽芹，姜惟，姚欣，等．半夏泻心汤对合并幽门螺旋杆菌感染大鼠慢性胃炎模型胃粘液层磷

脂、氨基己糖的影响．中国中医药信息杂志，2001；(5):29

吴平凤．参麦注射液不良反应．时珍国医国药，2001；(2):188

X

徐　萌，高云飞，吴仕九．清香散对湿热证大鼠的抗氧化和肝细胞凋亡作用．中药材，2001；(6):420

徐艳春，魏露雪，王亚丽．高效液相法测定黄连配伍肉桂前后肉桂酸的含量．中国中药杂志，2001；(1):47

薛　莎，汤学军，马威，等．右归丸对家兔肾阳虚证生化指标及皮质醇的影响．中医杂志，2001；(7):434

Y

姚明忠，赵伟康．调心方对B淀粉样蛋白所致大鼠海马神经元凋亡的调控作用．中草药，2001；(6):521

尤劲松，胡随瑜．地贞颗粒对幼鼠卵泡颗粒细胞凋亡的影响．湖南中医学院学报，2001；(1):11

于晓红，郑瑞范，王雅贤等．桂枝茯苓丸对小鼠免疫功能的影响．中医药信息，2001；(2):52

余　勇，文庆莲，杨思进，等．炙甘草汤加减治疗病毒性心肌炎59例．实用中医药杂志，2001；(2):14

Z

张崇泉，孙兆泉，张炜宁，等．健脑通络益智方对血管性痴呆大鼠脑内DNA合成影响的实验研究．湖南中医药导报，2001；(1):8

张国安等．柴胡加龙骨牡蛎汤治疗消化性溃疡39例．湖南中医杂志，2000；(4):27

张　力，王洪图．化呆醒神汤对大鼠血管性痴呆模型SS、AVP含量及SS MRNA表达的影响．中国中西医结合杂志，2001；(8):608

张　力，王洪图．化呆醒神汤对大鼠血管性痴呆模型病理变化及胆碱能纤维的影响．北京中医药大学学报，2001；(3):23

张　力，王洪图．化呆醒神汤对大鼠血管性痴呆模型行为学影响的研究．辽宁中医杂志，2001；(7):441

张善堂，王钦茂，陈礼明，等．参麦注射液对实验性心力衰竭大鼠左室舒缩功能及血浆ANGⅡ、ET和ANP的影响．中国中西医结合急救杂志，2001；(1):21

张水源．柴胡加龙骨牡蛎汤加味治疗高脂蛋白症58例．福建中医学院学报，2001；(2):11

张有志，聂惠民，张德昌等．柴胡加龙骨牡蛎汤等经方治疗抑郁症的动物行为学研究．中国中医基础医学杂志，2001；(7):30

章力勤．香砂六君子汤加味治疗胆汁返流性胃炎．浙江中医学院学报，2001；(3):48

赵学军，李任先，刘国普，等．理脾化痰方对食饵性动脉粥样硬化症家兔血管平滑肌细胞增殖和凋亡的调控．广州中医药大学学报，2001；(2):144

郑立学，张卫华．醒脑静注射液治疗急性重型脑出血临床疗效观察．中国中西医结合急救杂志，2001；(5):286

周本杰，陈蔚文，王建华．连黛片药物血清诱导MGC-803细胞凋亡的初步观察．中国医药学报，2001；(3):71

周国栋，张京春，史大卓．加味炙甘草汤治疗阵发性心房颤动56例．中国中西医结合杂志，2000；(10):756

周叶庭．醒脑静治疗酒精中毒意识障碍72例．浙江中医杂志，2001；(1):46

朱慧华，陈燕萍，徐　钢．清营加味治疗小儿传染性单核细胞增多症28例疗效观察．河北中医，2001；(8):571

邹文俊，李　忌，刘忠荣，等．黄芪注射液拮抗阿霉素心脏毒性作用的研究．中成药，2001；(5):348

四、医 药 文 献

（一）医 药 古 籍

【概述】

2001年医药古籍在古籍考证方面、医籍探讨、病证研究等方面研究取得了进展。现分述于下：

经典著作考证方面：《内经》成编年代一向有争议。牛占和认为《灵枢·九针十二原》的“余子万民，养百姓而收租税”，与鲁国实行“初税亩”的历史背景相似；《阴阳系日月》中正月建于寅的历法、书中无神论思想以及《素问》称引的古经文献，有的出于《灵枢》。认为《灵枢》的初编年限约在春秋末期公元前594~475年间。高媛等考证了《太素》撰写时代，依据“太子文学”职官、杨上善著作、杜光庭《道藏》14《道德真经广圣义》序、玄元皇帝封号、《太素》原文及注释避讳，认为当在唐初唐高宗李治乾封元年（666年）以后，至高宗卒年弘道元年（683年）。刘玉玮考证了明代丹溪学派的源流和著作，指出朱震亨创立的滋阴学说，在明代成为主流医学。传世署名丹溪的著作有20余种，属丹溪亲撰的仅有《格致余论》、《局方发挥》、《百草衍义补遗》等。嫡传门人以戴思恭、王履、刘纯为代表。私淑者有徐彦纯、程充、高叔宗、黄济之、孙一奎、王纶、卢和、汪机、虞抟、方广、蒋用文等，其他兼取丹溪学术的名家有方谷、贺岳、吴正伦、张介宾、龚信、程式、叶云龙等。明代丹溪学派对祖国医学的发展起到了重要作用。现存《千金要方》有二种传本，一是宋代校正医书局校注本《千金要方》，二是未经宋人校改的《孙真人千金方》（现存20卷）。二者篇目次序、文字内容都有较大的出入。黄幼民等认为这种差异由宋代校正医书局改编造成。黄氏认为《千金翼方》卷26~28是据《千金要方》各卷针灸方辑录而成的特点，从《千金翼方》卷26“小儿惊痫第三”、卷27“肝病第二”的文字与《孙真人千金方》完全相同，以及宋校本《千金要方》宋人注文分析，从而得出这一结论。《轩岐救正论》的成书年代，《中医图书联合目录》定为1644年，陈俊孙据书中医案记载的年月，确定定稿在顺治二年秋冬之交（1645年），于年底刊刻，并于康熙十三年（1674年）重刻。《神农本草经》成书年代历来众说纷纭，李今庸根据两汉以来的古文献记载及不避汉文帝刘恒、汉殇帝刘隆、晋武帝司马炎讳字等方面的考证认为该书成于三国时代（220~280年）。《烟霞圣效方》及《医林方》已佚，作者不详，佚文见于朝鲜金礼蒙编的《医方类聚》，杜勇据佚文和《永乐大典》残卷，考证出《烟霞圣效方》作者是元代医家韩仁（字义和，道号逍遥子）。又据王恽所撰的墓文，《医方类聚》中所引《医林方》和《胎产救急方》相关文字，证明《医林方》亦可能是韩仁所撰。李刘坤对温病名家吴鞠通生平著述进行了考证，吴瑭（1758~1836年，字配衍，号鞠通）系淮安府山阳县（今江苏淮安市）人。《温病条辨》于1798年落笔，历时15年，成书于1813年。《医医病书》成书于1831年，1915年刊行于世。1833年将一生治验整理为《吴鞠通医案》，1916年才出版发行。

医籍探讨方面：王淑民在伦敦大不列颠图书馆查阅敦煌石窟医学写本时，发现了S.3347、3395、9987A三个残卷的拼合点。将敦煌（备急单验药方卷）首次缀辑成功，并把缀辑内容附于文章之后。孙永显提出《医心方》中的10幅经脉图（缺心脉和小肠脉）是现存最早的经脉图，对研究经脉循行和三阴交、大都、太白、公孙等穴的定位和排列顺序有重要参考价值。元代葛可久著《十药神书》是我国现存第一部治疗肺痨的专书，张胜从五个方面探讨了《十药神书》的学术价值及治痨特点；谭同来等归纳了《十药神书》治痨特点。《黄帝内经》与《希氏文集》是东西方经典医著，成书年代相近，著书性质相似。于薇从朴素的唯物辩证法观点、对解剖、生理知识的论述、对疾病的认识与处理及其他方面，对二书作了粗略比较。周学霆所撰脉学专书《三指禅》对脉学具有独特见解，曹美莹探讨了该书的脉学特点。宋培瑚指出《刘涓子鬼遗方·序》中“永明元年，太岁己卯”、“永和十九年，资财不薄”两处年号有误，前者年号与干支不符，后者无此年号，有待考证后纠正。王雪苔对《黄帝针经》源流作了专门论述，提出《黄帝内经》又名《九卷》，认为《黄帝针经》与唐宋两种传本《灵枢经》是一源二歧的关系，指出现存的《灵枢经》就是古《黄帝针经》。林亿等引录北宋《黄帝九墟内经》的文字，皆见于传世的《灵枢经》，系《灵枢经》之别本。

在病证研究方面：李其忠等考证与辨析了病、证、症三字古今医学含义，历代医籍病、证命名源流，表明凡言“病”者，多泛指患病、病变，而非特定涵义的“病”；“症”字至明初才逐渐应用于医籍，金元以前的医籍中，凡病候、方证、症状、体征等多用“证”来表达，此后医籍中又长期存在着“症”、“证”、乃至与“病”并用或混用现象。认为目前要求将中医诊断落实到以症状名、体征名为主体的所谓“病证”名称上，既缺乏古代文献依据，又不符合中医对现代疾病诊治研究和发展的需要。李辉等考证了痴呆源流以及治则方药。认为宋《养老奉亲书》将老年人精神、性格、行为上的病态表现概述为“咨煎背执，等闲喜怒，性气不定，返同小儿”，与老年痴呆的认识和早期表现有许多相似之处。痴呆名首见于华佗《神医秘传·治痴呆方》，历代文献中直接论述的不多，明《景岳全书·杂证谟》明确提出痴呆病名，清代陈士铎《辨证录》立“呆病门”，《石室秘录》有痴呆病治法。

在古籍简介评述方面：郑金生简要介绍了元代周天锡编《图经备要本草诗诀》2卷、明代徐凤石撰《秘传音制本草大成药性赋》5卷、清代浦士贞《(夕庵）读本草快编》6卷等14种海外所藏及国内《联目》未载之本草古籍作者、书名、卷数、版本及主要内容。胡春雨等介绍了明赵府居敬堂本《灵枢经》校刻特点，版本有3种：一为12卷6册，与《素问》合刊；二为12卷4册，名《黄帝内经灵枢经》；三为12卷6册本。赵府本刊刻时主要与明代熊宗立种德堂本相校，作了订正误字、改正文字、补脱文、改假字等整理工作。唐代孟诜晚年所著《食疗本草》是我国现存最早的食疗专著，现存辑佚本收载食药260条。童晓青对该书的学术特点进行了总结、归纳与评述。认为《食疗本草》体现了“药食同源”的思想，书中注意强调饮食宜忌及注意事项，还介绍了部分食物的烹调和加工贮存方法。成建军等对清代钱熙祚（字雪枝，一字锡之）校勘整理《灵枢经》（守山本）所用的底本、校本、综合运用对校、本校、他校、注意韵语，以及整理的内容作了简要介绍。《石药尔雅》二卷，一名《百药木雅》，唐代梅彪撰，成书于唐宪宗元和元年（806 年）。尚志钧将此书的标题、所释的 168 种药名、记载的目录，作了简要介绍。

（包来发）

【《十药神书》的研究】

《十药神书》是我国现存第一部治疗肺痨的专书，元代葛可久著。书中对肺痨病病机、治法的论述及其十首良方的创设，对后世痨病学的发展有深远的影响。

张胜从以下五个方面探讨了《十药神书》的学术价值。

（一）摆脱墨守局方的时风流弊。葛氏认识到温燥药是加重肺痨病，甚至促使死亡的重要因素。指出滋阴润燥，填精益损，乃肺痨病的基本原则。

（二）食补药治揉合的营养疗法。书中论述了肺痨的病机为“虚火上炎，克伐肺金”，“气血精津亏损”，并将“虚则补之”作为治疗痨病的基本原则。对于“久痨虚惫者”，推出食补与药治相结合的治疗方法，并以食补为主，药治为辅，如“白凤膏”、“补髓丹”、“润肺膏”等。

（三）调和脾胃俾药食吸收转输。该书在治痨着重补虚的同时，非常重视脾胃运化功能对药物、食物吸收转输的重要作用，所创制的补虚方剂，都具有补中有消、补而不腻的特点。他将滋阴扶羸的白凤膏与参苓平胃散合用，在填精生髓的补髓丹中也掺入平胃散末。

（四）精当实用的治血理论方药。该书创立了治血理论：“肺痨呕血急宜凉血止血”、“血热则行、血冷则凝、见黑则止”。对古今临床治疗血证具有重要的实用指导意义。代表方有甲字十灰散和乙字花蕊石散。

（五）对后世医家的启迪影响。绮石继承了葛可久治痨治虚之道，在其著作《理虚元鉴》中都渗透着葛可久学术思想的精髓。清代名医叶天士将葛可久治痨治虚理论广泛用于温病治疗实践，在《临证指南医案》中运用《中药神书》十首良方的病例屡见不鲜。

谭同来等将《十药神书》治痨特点归纳为以下几个方面。

（一）析病因，察虚损，止血为首务。葛氏认为肺痨的发病原因主要是人体气血精津内虚，痨虫乘虚袭人，感受为病，治疗上应根据虚损不同，治肺宜清金保肺，勿妄投大寒之药，免伤中土；治脾应培土调中，勿进大热之品，免伤肺阴，治肾应益其精，调其脾胃。葛氏认为肺痨的咳血、咯血，动则多于火，损者多于气，火盛则迫血妄行，气伤则血无以存。故须急则治其标，止血为首务，后以化瘀、补血而收功。

（二）养真元，固根本，奇而不离正。葛氏法“久痨虚惫，髓干精竭，血枯气少”，方用癸字补髓丹，旨在调脾胃，鼓舞脾土散精以滋肾精。“治虚弱、骨蒸、体虚”用保真汤，益气补血，滋阴降火。

（三）详审病势，同中求异。葛氏主张治疗肺阴不足，虚火上炎，久嗽咳逆上气用润肺膏；治疗久嗽阴虚内有痰火，兼挟风寒用保和汤；治疗久嗽、咳白痰、吐血证用太平丸，三方均治肺痿，立法处方大相径庭。

（四）通权达变，随证加减。葛氏在十方中明示药物加减有二方。一为治“久嗽肺痿”的保和汤，一为治“虚弱、骨蒸、体虚”的保真汤。二方共加减药物五十九味，加减选用药物十分精当，临床医家仍袭用至今。此外，葛氏颇讲究服药的方法，分为察病情间服，区别病人性别调服、排去异物后服。

（蔡永敏　韩传锋）

【敦煌《备急单验药方卷》首次缀辑】

王淑民 2000 年 7 月受 Wellcome 基金会的赞助支持，在伦敦大不列颠图书馆查阅敦煌石窟医学写本时，发现了 S.3347、3395、

9987A 三个残卷的拼合点。

写本 S.3347、S.3395 是第一批公布的英藏敦煌文献中的两个医学写本，在《敦煌古医籍考释》与《敦煌医药文献辑校》中 S.3395 被命名为《不知名医方第三种》，S.3347 被命名为《不知名医方第十三种》。写本 S.3395 高 14.5cm，长 27.5cm。此残卷残缺上半部，下半部残缺少量，首尾均有残缺的痕迹。其无书名标题，现存 31 行文字。写本 S.3347 高 28cm，长 105cm，首尾均残。现存 129 行文字，其中前 30 行缺写本上半截，后 90 余行缺写本下半截，原缺书名标题及撰者。在以往研究敦煌英藏医学写本时，没有条件阅读原写本，多依据胶片释文。这次作者获得看写本原件的机会，首先注意这四个残卷考察。经过仔细核对、比较，证明王冀青教授的发现是正确的，进一步发现了其中三个残卷的拼合点。

（一）作者在大不列颠图书馆用了两周时间反复观察比较四个写本残片，先分别重新释文，然后逐行进行比较，终于在符咒找到了突破点，然后依次向两边延伸拼合内容。将 S.9987 的 23～24 行与 S.3347 的 1～19 行上下拼合，其间不仅每行文字都可以连属，而且 S.3347 的第 1、4、5、6 行首各有半个字，与上半部拼合后得一完整字。

（二）在将 S.9987A 与 S.3347 缀辑后，作者开始找其它两个编写的拼合点。这第二次发现的中心拼合点在 S.9987A 第 15 行末与 S.3395 第 25 行。在 S.9987A 第 15 行末有“蒜”字的上半部，在 S.3395 第 25 行首有“蒜”字的下半部，上下拼合可得一完整的“蒜”字，以此 15 行与 25 行为中心拼合向两边延伸拼合内容。结果 S.9987A 第 1～22 行与 S.3395 第 9～25 行上下拼合。其间不仅每行文字均可连属，而且 S.9987A 第 2、9、14、15、16、20 行末各有半个字，与下部拼合后得一完整字。至此 S.9987A 的全部内容与 S.3395 的大部及 S.3347 的前部首次实现了拼合。

（三）S.9987B_2V 的拼合点未找到，但其与上三个残卷用纸、书法、字体、墨色全同，特别是字形大小与墨色的深浅度与 S.3395 残卷极为接近；加之 S.9987 B_2V 文中记“鸠集单验，始悟天地所生”，而 S.3395、9987A、3347 三个残卷内容均为单验药方，四个残卷写本内容相同，故此认为，S.9987 B_2V 当为 S.3395、9987A、3347 的卷首内容。作者将缀辑内容附于文章之后。

（王玉琢）

【《医心方》中经脉图的文献价值】

日本丹波康赖于永观二年（984 年）编撰的《医心方》广泛收录了我国唐代及其以前的许多医学文献，其中不少早已亡佚。值得提出的是该书卷二十二“妊妇脉图月禁法第一”（以下简称“妊妇脉图”）记述了按经脉逐月养胎及针灸禁忌部分，有十幅插图（缺手少阴心脉、手太阳小肠脉），对经脉循行和腧穴定位都有精辟的阐发。

“妊妇脉图”的重要意义主要有以下三方面。

（一）它是目前所知现存最早的经脉图。以往大多认为宋代王惟一于天圣四年（1026 年）成书的《铜人腧穴针灸图经》里的经脉图是最早的，但《医心方》成书早于前者四十余年。该书虽是日本人所撰，但其内容仍是继承我国古代医学遗产而完成。

（二）《医心方》给某些经脉循行路线提出了佐证。经脉图画出了某些脏腑器官的大体形状和部位。是最早画出手阳明大肠脉自“髃之前廉”行向后背，又从后背前入缺盆一段的循行图。该书对足三阴经胸腹部循行路线的学术争论也提出了有力的佐证。

（三）经穴的定位历来存在着不少争议，该经脉图给某些经穴的定位提出了文献依据。

总之，它对研究古代经脉循行和腧穴定

位有重要的参考意义，值得引起针灸学术界的重视。

（陆肇基）

【周学霆《三指禅》中“缓脉”的阐释及重要意义】

周学霆（1771～1834）字荆威，号梦觉道人，湖南邵阳人，所撰脉学专书《三指禅》对脉学具有独特见解，它以对举法拈出“缓脉”，以定平人脉息。认为缓脉代表一身之元气，明辨“缓脉”可十分了然疾病轻重及预后。故立“缓脉”为准，并用二十六种病脉互相对照，达到简捷、易记易颂易掌握的目的。

脉诊是我国古代医家经过长期临床实践逐步发展和完善形成的诊病方法。但往往难以掌握和辨别，使得医者“心中了了，指下难明”。周氏指出：“医理无穷，脉学难晓，会心人一旦豁然，全凭禅悟。”禅悟的前提是意会，因而他强调意会。《三指禅》序言说：“医者意也，至于脉理，尤以意会。”指出对于脉理尤其是“缓脉”，要时时思索、不断体会，久而久之就会昌明指下。熟练掌握“缓脉”后，权度诸脉了如指掌。

该书评论平脉辨证治，对疾病采用脉诊紧密结合病因、病理、证候以确定治法和方药，切于临床实用。

（陆肇基）

【中西医学经典《黄帝内经》与《希氏文集》的比较】

《黄帝内经》（以下简称《内经》）是一部涵盖了古代哲学思想精髓，完整保存中国古代医学精华的传统医学巨著，但世界医学史著作上几乎没有提及。而古希腊的医学著作《希氏文集》（下称《文集》）在各部《世界医学史》中均占有重要地位。将两部具有影响的东西方经典医著作一比较，具有非常意义。

两部巨著成书年代相近，著书性质相似。据考《内经》成书年代约公元前1世纪～公元2世纪，即战国至西汉时期，是许多医学家将历代口耳相传的医疗经验汇集整理，托名出书。《希氏文集》是古希腊医学家希波克拉底光辉医学成就的传世代表作，由其弟子及后代医家共同完成。《内经》早期作品与希氏后半生的生存年代同时（约公元前460～前355年）。

于薇从以下几个方面对两部著作进行了比较。

（一）朴素的唯物辩证法观点：两书对人体生理、病理现象的论述，均基于物质基础上，这种朴素唯物辩证观点是当时区分医巫、医学与宗教的重要标志。阴阳五行学说是《内经》理论的基本核心，其借用了当时的哲学思想归纳阐述医学现象及治疗经验，形成独特的医学理论体系。阴阳五行学说成为独特的中医理论，是《希氏文集》不可比拟的。《文集》把前人对分泌物及排泄物的观察归纳为体液学说，认为人体与生命的基本元素由血液、粘液、黄胆和黑胆四种液体组成，四种液体的不同配合使人有不同的体质。其中《论古代医学》一篇把疾病归于由饮食或特殊气象条件造成。认识到太阳、阴晦、气候、风、水、蒸气、遗传和分泌等的不规则都对疾病的形成起重要作用。

（二）对解剖、生理知识的论述：《内经》对解剖、生理知识的论述非常精确。如《灵枢·肠胃篇》记载了消化道的长度，食道与肠道之比与现代医学相当接近。《内经》提到血、血液循环、脉管的概念。《灵枢·血络论》更指出“血出而射者”，“血少黑而浊者”，提出了动脉的概念，并较清晰地区分出动静脉二种不同血液。而《文集》提到动脉的概念是指气管和支气管，静脉则是包含血液的血管，是从静态看待血液的。《文集》还指出脑是一个腺体，是思想与意志的活动中心。

（三）对疾病的认识与处理：两书论述疾病的生成、变化、诊断分类、治疗及预后有着很惊人的相似之处，都提出过环境因素、季节、地域及个性特征、生活方式对疾病的影响。《内经》甚至认识到了疾病的潜伏期。《文集》中《论古代医学》一篇把疾病归于饮食不当或特殊的气象条件。认为观察病人是医生最基本的职责，并强调自然力是疾病的医生。这些对疾病的发展及预后的认识对后世医学发展有指导意义。

（四）《内经》强调补虚泻实等相反的治疗原则，并记载了适用于相反的治则的治法，如砭石、毒药、九针等。希氏《箴言》载有多余减去，缺少补足的相反治疗原则，但在使用上多对具体病症而言，较少作为一种提钢挈领的概念。对预防思想的论述两书多处可见。希氏对医学道德的论述更集中、较突出。如《希波克拉底誓言》、《论可贵的品行》等。而《内经》较少述及。

总之《文集》中的主要论述《内经》中大部分都有，且阐述更为详尽，其独特的理论指导着中医学从古至今的医疗实践。但由于历史、地域及民族的原因，二千多年来《内经》只在本土及周边国家有较深层的影响，加上其文字深奥，使人难以理解，因而影响了其在世界医学发展史中的作用和地位。《希氏文集》的传世经过了后世医学的不断研究整理。福斯历经 40 余年的整理工作，在 1595 年出版了拉丁文版本，后经各国的翻译整理，成为西医学代表著作，对推动西方医学发展有很大作用。

于薇认为，为了使祖国医学遗产变为世界科技财富，应当用现代科学技术知识研究探索发掘《黄帝内经》，使传统的中医药学理论得以发扬光大。并有计划有目的地培养大批医学、训诂学、外语人才，集中精力开展科学的编译，发掘古典文献，让《内经》在世界医学史上占据其应有的地位。

（黄　瑛）

参考文献

C

曹美莹．《三指禅》中的脉学特点．中华医史杂志，2001；(4):227

陈俊孙．再论《轩岐救正论》的成书年代．中医文献杂志，2001；(1):26

成建军，马　湃．清代钱熙祚对《灵枢经》校勘整理贡献考略．中医药学刊，2001 (3):232

D

杜　勇．《烟霞圣效方》及《医林方》作者考．河南中医，2001；(2):66

G

高　媛，马　迁．《太素》撰写时代考．中医药学报，2001，(3):72

H

黄幼民，黄龙祥．宋代校正医书局改编《千金要方》的新证据．中华医史杂志，2001；(2):78

L

李　辉，刘健民．痴呆源流考．中医药研究，2001；(2):4

李今庸．三国时代的《神农本草经》——《神农本草经》成书年代考．上海中医药大学学报，2001；(2):8

李刘坤．温病名家吴鞠通生平著述考．中华医史杂志，2001；(2):103

李其忠，李孝刚，胡冬裴，等．中医古今病、证命名源流辨析．上海中医药大学学报，2001；(1):8

刘玉玮．明代丹溪学派考．中华医史杂志，2001；(3):165

N

牛占和．对《灵枢》初编年限的几点考证．中华医史杂志，2001；(1):54

S

尚志钧．《石药尔雅》简介．基层中药杂志，

2001；(3):34

宋培瑚．《刘涓子鬼遗方·序》中两处与年号有关的错误．中华医史杂志，2001；(1):12

孙永显．《医心方》中的经脉图．中华医史杂志，2001；(3):175

T

谭同来，聂绍通．葛可久《十药神书》治疗肺痨管窥．湖南中医学院学报，1999；(2):30

童晓青．唐代孟诜《食疗本草》考议．中医药学刊，2001 (3):218

W

王淑民．敦煌《备急单验药方卷》首次缀辑．中华医史杂志，2001；(1):48

王雪苔．略论《黄帝针经》．江西中医药，2001；(2):39

Y

于　薇．《黄帝内经》与《希氏文集》的粗略比较．中医文献杂志，2001；(4):8

Z

张　胜．《十药神书》学术价值浅探．时珍国医国药，2001；(2):178

郑金生．海外所藏及国内《联目》未载之本草古籍述略．中华医史杂志，2001；(1):7

胡春雨，赵允南，张沁园．明赵府居敬堂本《灵枢经》校刻特点．中医文献杂志，2001；(2):18

（二）学派研究

【概述】

2001年度，在中医各家学说和学派研究领域共发表学术论文约330篇。文献分布频数按递减次序排列为：张仲景及其著作的研究（约占46%），清代医家及温病学说的研究（占21%），金元医家研究（占7%），明代医家研究（占8%），近代医家研究（占7%），晋、隋、唐、宋医家研究（占4%），综合性文章（占7%）。

符强探讨了汉代张仲景辨治杂病的“宜思维”（这一中国古代思维方式的特点是注重思维对象的差异性或具体规定性，而后制定相应的对策和方法），认为其所著《金匮要略》在疾病辨治过程中所体现出来的“宜思维”，有宜时、宜人、宜疾3个方面。王淼源认为，该书中不乏对生命时间结构的认识，以及应用时空观对疾病辨证论治的记载；其有关天人相应、因时制宜、发病时间、“欲解”、“复发”及顺时调摄、因时辨证、择时用药、把握病势等论述，无不具有鲜明的实践性，是中医时间医学理论的重要组成部分。张慧琪等认为，张仲景所著《伤寒论》奠定了血瘀证和活血化瘀法的基础，使瘀血致病理论基本形成了一个完整的理论体系。其特点有：①瘀血病位的广泛性。②瘀血成因的多样性（寒凝、热甚、气滞、久病、离经之血等）。③瘀血的病理特点有寒瘀互结、热瘀互结、燥瘀互结、湿热瘀互结、水饮瘀互结、痰疟瘀互结、热毒瘀互结等。④瘀血的诊断征象主要有疼痛、肿块、发热、神志异常及其他外观、舌脉征象。⑤瘀血的论治主要有针对致瘀因素用药、针对瘀血部位用药、针对瘀结程度用药及针对瘀血兼夹他邪用药等。⑥根据血液瘀滞程度判断危重疾病的预后。张胜则将该书中遣用甘草的方法归纳为养心复脉、扶正泄痞、补中温阳、协调阴阳、柔肝调脾、缓急和胃、益气建中、健脾利水、泻火解毒、利咽清热、调和营卫、调达表里、祛痰止咳13种。

周霞等探讨了唐代孙思邈对髓的认识。认为孙思邈在所著《千金要方》中，将髓病单列一节，指出髓病有虚实，与肝胆密切相关。髓虚病主要症状为脑痛不安，其病因病机是寒邪侵袭胆腑为虚，其治疗用羌活补髓丸方。髓实病主要症状为发热、惊悸、烦躁不安、急躁易怒等，其病因病机是肝为热邪所扰，条达疏泄之功能失常，肝之精气不能正常排泄，壅塞为实，其治疗用柴胡发泄汤方。

王卫群认为，金代刘完素运用和发展了《内经》的“亢害承制论”，阐明其含义，并推广到病机、病理范畴，从而揭示了疾病病理的本与标之间的内在联系。何永明等探讨了李东垣论治心下痞之学术思想。①心下痞的病名意义是指胃脘部发生气机闭塞不通的病症。②病症归属土、属太阴和阳明、属脾胃。③病因有饮食不节、劳役过度、精神刺激、妄用药物攻下等。④病机为脾胃升降功能失常。⑤证候特点是心下满而不痛。⑥证治分型可分为伤寒误下致心下痞和酒积、杂病误下致心下痞两大类。⑦治疗特色有善用黄连、黄芪、人参、炙甘草、升麻和柴胡，并注重因人、因时制宜及病后调摄等。冯志广等归纳张从正外治汗法有温室发汗、情志相胜发汗、砭刺发汗、澡浴发汗、导引按跻发汗5种。刘时觉等探讨了元代朱丹溪中风证治的破、承、立。认为朱丹溪在病因病机方面辩驳《局方》之非，立足于河间火热论并确立湿热生痰、实中挟虚的观点。在治则治法方面批驳该书风痿不分，多以治风之药通治诸痿有误；又喜一方通治诸症，不合辨证论治精神。在方药运用方面力辨该书用药之非并继承东垣治痿经验。

王振国等认为，明代李时珍在《本草纲目》的附方中，收载治疗头痛的内服方80余首。这些方药味少、效力专，其特色有注重病因辨证、用药范围广泛、制剂服法各异、治法灵活多变等。张晓峰认为，傅山在《傅青主女科》中，运用白术的特色有可补可利、能固能通及使用范围广、用治病证多等；该药在不同方剂中剂量轻重悬殊，而又重用作为主药；表明傅山对该药有全面、深刻而又独到的认识。简志谋等认为，缪希雍《先醒斋医学广笔记》的学术理论特色有首先提出病邪从口鼻而入，治伤寒独重阳明，疗脾胃擅益脾阴，治吐血宜降气行血，论中风倡“内虚暗风”；其验案精妙真实。谭学林将张介宾补肾治法特点归纳为五脏之伤，究必及肾；温阳补肾，从重从纯；养阴治形，填补精血；阴中求阳，阳中求阴等。

冯崇廉认为，“养阴保津”是清代王孟英学术的中心思想。①平淡清养的养阴特色。如避用滋腻、浊药轻投。②泻阳保阴的存阴法门。如清泄热邪、清化痰热、清利湿热、平熄肝风、疏解郁结。③行气布津的养阴新见。如疏通经络、行气布津，清肃肺胃、降气布津。④未伤先护的保津主张。如用药清淡、慎用温燥，用药轻灵、护胃保津，泻火或温阳亦不忘护阴等。董幼祺认为，叶天士提出了“凡病宜通”的治疗学思想，并贯通整个医疗活动，跃升为其治病疗疾的准则之一，并确立了一系列具体治法。如通阳泄浊法、通阳化饮法、泄肝通胃法、宣通气血法、通腑利尿法、通补阳明法、温柔通补奇经法。刘德荣认为，陈修园所著《医学从众录》，论治内科杂病多本医学经典之旨，辨证精细，深究病机，治证善取前代名医之长和民间经验，加以发挥。如对痢证、淋证、痰饮、咳嗽、泄泻等病证的治疗，均体现其辨证用药的特点。陶亦鸣认为，费伯雄“和法缓治”的特点有师古人意而不泥古方、首重脾胃中气、制方用药以“和缓”为准则、以护正气为本等。李立探讨了王清任活血化瘀法的配伍用药特色。认为王氏对气血之间的关系有深刻的认识，对活血化瘀法的使用十分灵活，尤其善于使用气血俱通之药，气血兼入，气通血活。黄吉庆指出，温热病学是中医治疗急性热病的一门学科，其学术思想起源于《内经》。要做好温热病学术的继承与发展，应该坚持以温热病基本理论为指导，进行临床辨证论治；加强温热病有效方药的研制，改进剂型和给药途径；提倡中西医结合，建立研究温热病的人才队伍。

刘向哲等认为，近代张山雷在其所著《中风诠》中，提出治疗中风八法，即醒脑开闭、回阳固脱、潜镇肝阳、开泄痰涎、顺气降逆、养血培肝、滋阴益肾、通经宣络。此外，还强调在肝阳浮越时的一些用药禁忌，如禁用风药升散、表药疏泄、芳香走窜、温补刚燥、滋腻养阴、呆笨补中等。赵德喜探讨了张锡纯治疗脑充血病的方药。认为张氏在《医学衷中参西录》中对脑充血病以中风论之，然从其症状来看，相当于出血性中风、缺血性中风等。张氏在书中载本病医案22则，总共出方42首，所拟的成方均有很高的临床实用价值。其特点有主以镇肝降胃安冲、引血下行，辅以清火柔肝、滋肾补阴，组方根于临床、用药丝丝入扣，以及预防用药必达脉至和平等。

（文　耘）

【浅析张仲景运用甘草的规律】

牟地庆通过对《伤寒论》中用甘草的70首方剂和《金匮要略》中用甘草的86首方剂的探析，将仲景对甘草的临床应用特点归纳如下：补气宁心重用甘草（复脉益心用炙甘草汤，宁心安神用甘麦大枣汤），温中回阳重用甘草（四逆汤），和胃止呕重用甘草（脾胃虚之呕用甘草泻心汤，虚寒性呕吐用四逆汤，胃肠实热呕吐用大黄甘草汤）。缓急止痛重用甘草（酸甘化阴缓急止痛用芍药甘草汤，温经助阳散寒止痛用甘草附子汤）。祛痰止咳重用甘草（温肺止咳用甘草干姜汤，散寒止咳用麻黄汤）。解毒重用甘草（解毒利咽用甘草汤，排脓解毒用桔梗汤，解疹毒和解阴阳毒用升麻鳖甲汤和王不留行散）。安虫杀虫重用甘草（甘草蜂蜜汤）。缓和药性多用甘草（麻黄汤）。配伍禁忌亦用甘草（甘遂半夏汤）。甘草与禁忌：发汗的方多用小剂量，如麻黄汤；调和营卫缓和药性多为中剂量，如桂枝汤、白虎汤；健脾益气、通阳复脉、缓急止痛多为大剂量，如桂枝附子汤、炙甘草汤。仲景对甘草亦有不用之处，如白通汤症较四逆为重，回阳宜速，故去甘草之缓。在猛攻急下的大、小承气汤及攻下逐饮的十枣汤、己椒苈黄丸等方均不用甘草，恐其甘性牵制攻逐之力。

徐宗裔等从4方面对张仲景在《伤寒论》方中甘草的运用进行了探讨：①以甘补之。甘温补中、养胃健脾，代表方小建中汤；甘温益气、通阳复脉，代表方炙甘草汤；甘温补阳、回阳救逆，代表方四逆汤；甘温复阳、补中益心，代表方桂枝龙骨牡蛎汤。②以甘和之。调和营卫、安内攘外，代表方桂枝汤；调和内外、和解少阳，代表方小柴胡汤；调和寒温、解表散饮，代表方柴胡桂枝干姜汤；调和阴阳、回阳救阴，代表方芍药甘草附子汤；调和辛酸、蠲饮敛肺，代表方小青龙汤；调和甘苦、调和寒温、补泻并调，代表方黄连汤。③以甘缓之。缓急舒挛、解痉止痛，代表方芍药甘草汤；缓而行之、缓驱风湿，代表方甘草附子汤。④以甘泻之。以甘泻之、清热解毒，代表方甘草汤；以甘泻之、泻火解毒，代表方桔梗汤。

祝小惠将《伤寒论》、《金匮要略》中有关甘草的运用归纳为六个方面：①甘则可缓。四逆汤中配甘草为防辛散太过，以缓和药性；甘草附子汤配甘草可使附子、桂枝等峻烈之药缓缓发挥作用，以祛除风湿之邪；调胃承气汤、旋覆代赭汤中配甘草可缓和下行之药的速降，使这些药物在中焦发挥药效。②甘则调和。如小柴胡汤和半夏泻心汤中用甘草可调和药物的寒热之性。③益气补心。代表方有炙甘草汤、四逆汤、四逆散、当归四逆汤、甘草麻黄汤、麻黄附子汤、桂枝甘草汤和桂枝甘草龙骨牡蛎汤。④清热泻火。代表方甘草汤、甘草泻心汤。⑤甘守津还。如白虎汤、白虎加人参汤、竹叶石膏汤、麦门冬汤，用甘草配人参、粳米甘温扶中，益气生津；配知母、竹叶、石膏、麦门冬等则甘寒养液，肺胃之气恢复则津液易还。⑥甘则培中。如苓桂术甘汤，方中甘草配茯苓能降浊阴、宁心悸，配桂枝能温阳以利水，配白术能健脾燥湿，更能甘温补中以绝痰饮后患，从原方中4味药的排列顺序亦可看出甘草用在培中以善后。

（蔡永敏　韩伟锋）

【张子和外治法析要】

（一）外用吐剂　陈军民将张子和的吐法外用方剂归纳为四：①引涎用方。代表方为“脑宣方”，用于治疗通身黄疸。②漉涎用方。代表方剂有“牙宣药”、“治牙痛方”。③嚏气用方。代表方剂有“青金散”、“不卧散”、“治牙痛方”、“治倒睫方”、“治头风方”，广泛用于牙痛、倒睫、头痛、外感等病。④追泪用方。专用方是“锭子眼药”。

（二）外用汗法　冯志广等归纳张子和外治汗法有五：①温室发汗。密闭居室，室内生火或床下置火盆，提高室内温度，“以藉火力出汗”，用于飧泄、风水、狂证、头热痛、腹胀水气等。②情志相胜发汗。在不寐医案中，用情志相胜之法，以怒治思，大怒之下，患者毛脉怒张，汗出而愈。③砭刺发汗。张氏认为出血与发汗机理类同，故将砭刺出血之法广泛用于治疗20余种内、外、五官科疾病。④澡浴发汗。广泛用于虚劳、洞泄及小儿悲哭不止等病。⑤导引按跻发汗。治疗外感时气，张氏常采用导引法或用按摩法。孙花仙等则将张子和外治汗法归纳为砭刺出血、澡浴洗渫、九曲玲珑灶及燠室燔法。

（三）外治牙病　赵厚亮等总结张子和外治牙病的用药方法和特点有：①烟熏法。治风蛀牙病用巴豆去皮，在灯焰上炙，令烟出熏牙痛处。②漱口法。治胃火牙痛，口噙冰水一口，然后用大黄末治疗等。③刷牙法。张氏在仙人散、牙痛方和牙宣药的应用中都使用了刷牙法。④填坑法。用花椒研碎，填入牙坑中，可立止牙痛。⑤捻线法。麝香玉线子方记载将药捻作线，漱口后“用毛翎撩缝中净，将线子上于齿缝”。⑥嗅鼻法。⑦擦贴法。如牙宣药用药末外擦；仙人散是临卧擦牙等。其特点有专病专方专用、药物多样、配合食补及灵活多变、交互应用。

（四）外治皮肤病　刘富强将张子和用外治法治疗皮肤病的特色归纳为四：①薰蒸洗法。②放血疗法。③外用专方治专病。如白及调涂方治疗“跰”；生地汁调油散熬膏外涂治烫火伤；“治冻疮法”，强调“夏丹医之”治冻疮；治癞专用“治癞涂眉方”等。④外用美容专方。如乌须黑发方有“乌头药”和“黑药方”2首，还有除臭去纹方，而去瘤方则是用蜘蛛丝缠绕赘生物根部，使面部有根蒂的小型疣瘊自然脱落。这些方法至今仍有现实意义。

（蔡永敏　韩伟锋）

【朱丹溪学术思想及论治痰饮、中风特色】

杨剑民等认为，朱丹溪对张子和“惟务攻击”之法的阐释，对后学认识攻邪之论有很大启发和帮助。在丹溪著作《格致余论·张子和攻击注论》中，集中反映了他对子和攻邪的认识。①挑战权威，质疑子和攻邪。丹溪认为：“张子和书，惟务攻击。”“初看其书，将谓医之法尽于是矣。”后因思《内经》，即大胆提出“不能不致疑于其间”。实质是疑于子和之“惟务攻击”。②引经据典，维护子和师尊。丹溪云：“子和之书非子和之笔也。”丹溪在提出质疑后，又言“其法必有过于朋辈者”，再次肯定了张氏攻邪学说之学术地位和技术水平。对张子和攻邪之法，持否定态度之医家甚众，而象丹溪认知者并不多见。③从师崇师，阐发攻击之法。丹溪在熟读医学经典数年之后，从师于罗太无，通过对其攻补兼用治疗病案的分析，明确指出：自有攻补兼用，亦有先攻后补，又有先补后攻，全面阐发了攻击之方法，这样不但完善了丹溪认为的子和“惟务攻击”之不足，而且发扬了其师治验，阐明了丹溪对攻邪学说的深刻认识。丹溪认为，攻邪之前，必先补其正气，否则，邪击正伤，得不偿失，这与子和认识颇有差异，但这与其“阳有余阴不足”之学术思想是相吻合的。④尊古不泥，论证相火之理。朱丹溪在“张子和攻击注论”中明确提出：“阴易乏，阳易亢，攻击宜详审，正气须保护。”丹溪把攻击之法与相火之论融汇贯通，既弘扬了子和攻击之法，又确立了其相火之论。

邵景丽等认为，朱丹溪论治痰饮，立意独特，将痰分为湿痰、风痰、内伤挟痰等类，临床治痰，重视脾胃，以二陈汤为准绳，根据痰之性质，分而治之，并善选用具有特殊功效的治痰药物。①临证论痰，立意独特。丹溪对于痰证的病因病机特点进行论述，将痰分为湿痰、风痰、内伤挟痰等类，这些论述突破了《金匮要略》中所说的痰饮范围，开始蕴育着广义“痰”的概念。他指出“痰之为物，阴气升降，无所不到”，认为“痰来去无定，聚散无常，五脏六腑莫不为患，或贮于肺，或贮于胃，或凝滞于心膈，或聚于肠间，或客于经络、四肢等等。临证诊病亦多从痰论治”。②擅长治痰，重视脾胃。丹溪认为“治痰必求之本”，“大凡治病用利药过多，致脾气虚，则痰易生而多”，又认为“盖脾为后天之本，脾运不健，则津液不化，聚而成痰”，提出“顺气为先，分导次之”的创见。③临证用药，自成一体。丹溪根据痰的不同属性及致痰因素的不同，组成不同方剂，主要按湿、热、食积、气、血、三焦辨证选方，同时也总结了不少有特殊功效的药物，如湿痰治疗用苍术、白术，热痰用黄芩、黄连，食积用神曲、麦芽，风痰用白附子、天麻之类，滑痰用竹沥，酒痰用青黛，郁痰用僵蚕、杏仁、瓜蒌等。④痰瘀同治，血活痰化。丹溪对于痰瘀关系较前人更为注意，提出“痰瘀并存，痰瘀同治”的理论，并开创了痰瘀致病学说。

刘时觉等探讨了朱丹溪中风证治的破、承、立。认为丹溪的医学理论本于《内经》，继承刘河间，旁参李东垣、张子和，而与当时盛行的《局方》之学格格不入。在医学实践中，对三家之学取其长而去其短，更参以江南地土卑湿，湿热相火为病甚多的地理特点，人多情欲过极伐伤气血的社会风气，创立“阳有余阴不足”、“相火论”，且在杂病的气血痰郁火的辨证论治方面有独到造诣。所以，丹溪的医学思想有攻击破坏的一面，也有继承发扬的一面，更有创新立说的一面。金元之际，医学界对中风病因病机的认识正处于由外因向内因的转变过程中，丹溪医学思想的这种攻击、继承、创立在中风证治中表现得淋漓尽致。在病因病机方面：①辩驳《局方》之非。《局方发挥》首先辩驳《局方》的中风证治。丹溪认为当时风痿不分，风病与诸痿证混同论治，起因于《局方》以治风之药通治诸痿。又认为《内经》风痿，各有篇目，治法各异。风属外感，主症多汗而恶风；痿证，则有“瘫痪、痿弱、卒中不醒、僵仆㖞斜、挛缩、眩晕、语涩不语”等等症状，对中风的典型表现，丹溪均称之为“痿”，这并不被医界所接受，所以搞混了风与痿的是丹溪，并非《局方》。但丹溪这一错误论证的目的在于论证其病因属热、属虚。②立足于河间火热论。丹溪阐述中风病因病机，将河间火热论与《内经》论“痿”相结合，丹溪于中风之外提出一个痿来，并非独出心裁而是有其深意。这深意就在于以火热讨论中风的病因病机。③确立湿热生痰、实中挟虚的观点。破承之余，《金匮钩玄》对中风的病机提出自己的看法：“大率主血虚有痰；或虚挟火与湿；亦有死血留滞，外中于风者；亦有中气者。”“半身不遂，大率多痰，在左属死血、无血；在右属痰、有热，气虚。”另外，论痿：“断不可作风治而用风药，湿热、痰、无血而虚、气弱、瘀血。”丹溪的中风病因病机观是反对外风说，赞同刘河间，主张湿热生痰生风、实中挟虚。在治则治法方面：①批驳《局方》风痿不分，认病识症不真，妄用香窜辛燥，多以治风之药通治诸痿有误；又喜一方通治诸症，不合辨证论治精神；历数《局方》至宝丹、灵宝丹、润体丸等方剂用药之非。②师法刘河间、李东垣。刘河间以“除心火，益肾水”著称，这也是他中风的治则。丹溪借《内经》“诸痿生于肺热”，《难经》“东方实，西方虚，泻南方，补北方”，来阐述河间的这一观点。③确立己见。针对内伤气弱血少，湿热生痰生风的病机认识，丹溪治疗中风首重顺气化痰，尤善用吐法，也注意兼顾活血、益气、养血。在方药运用方面：①力辨《局方》用药之非。由于认病识证本身的错误，《局方》治风诸方立法即错，自不待言，丹溪又提示诸方用药之误，认为《局方》诸方辛温之药多，金石药多，香燥药多，而补益养血药少，是基本的用药错误。②继承东垣治痿经验。丹溪取法河间泻南补北的治法，但不拘具体方药。“东垣先生取黄柏为君，黄芪等补药辅佐以治诸痿，而无一定之方”，则成为丹溪治痿的重要内容，无论湿热、湿痰、气虚、血虚，都在相应的方剂中加用黄柏、苍术。而黄芪则因其性上升不宜于湿热相火盛者而被丹溪“去其短”了。③治风痿心法。急性期：治痰为先，首选吐法。治痰药中，丹溪特别推崇竹沥、荆沥。后遗症：“半身不遂，大率多痰，在左属死血、无血；在右属痰、有热，气虚。”所以，左半身不遂责之于血，用桃红四物加竹沥、姜汁；右半身不遂责之于痰与气，二陈汤、四君汤加竹沥、姜汁。

（方东行　郭常典）

【张介宾临证中重视补肾法浅探】

谭学林将张介宾补肾治法特点归纳为四：①五脏之伤，穷必及肾。张氏认为，对于杂病，不论七情、六淫、饮食等原因，虽可起于心、肺、肝、脾，但“及其甚也，则四脏相移，必归脾肾”。脾肾之中，尤以肾为重要。②温阳补肾，从重从纯。张氏的补肾治法特重专一精纯，推崇从重滋填纯补，并以温补为主。其次强调分清阴虚阳虚，即“以寒热分阴阳，则阴阳不可混。”“凡阳虚多寒者，宜补以甘温，而清润之品非所宜；阴虚多热者，宜补以甘凉，而辛辣之类不可用。”对真阴不足者，主张以纯甘壮水、柔润濡养之品填补真阴精血。③养阴治形，填补精血。温补不忘养阴，填补精血以治形，并常用柔润添精和某些血肉有情之品，是其补肾治法的另一显著特点。张氏对外感、内伤各种疾病，无不重视养阴，反复强调“补阴之理”。在具体用药上，张氏善用熟地。他认为熟地黄是精血形质中第一品纯厚之药，故广泛应用于一切精血亏损、肾水真阴不足之证。④阴中求阳，阳中求阴。治疗上张氏提出“善补阳者，必欲阴中求阳，则阳得阴助而生化无穷；善补阴者，必欲阳中求阴，则阴得阳升而泉源不竭”。张氏据这种阴阳互济理论，创制了一系列补肾名方，如左归丸等。张氏还通过阴阳互济的理论，将补肾治法中的补肾与补脾从用药上融为一体，如将人参与熟地黄伍用。其它如黄芪、炙甘草等也常融于补肾方中，开创了补肾治法中脾肾双补的治疗思路。另外，张氏还发展了引火归原、纳气补肾的治法。

纪立金对张介宾补肾阴阳观从四个方面予以探析。①补肾之法，真阴为本。张氏所言“真阴”系指肾中精气。认为“虚邪之至，害必归阴，五脏之伤，穷必及肾”。并且认为“治病必当求本。善五脏之本，本在命门，神气之本，本在元精，此即真阴之谓也”。②育阴之用，涵阳为度。张氏育阴之用，是为了涵阳，是治疗肾阴虚的基本方法。治肾阴虚他主张用甘平、甘温之滋润，也就是注重滋补，但不忘升发，虽然目的是育阴，是补水，但要达到涵蓄、包容肾中之阳，左归饮、左归丸组方上就体现了这种思想。③扶阳之妙，培阴生阳。张氏对于肾阳虚也不单纯温阳，而是在培阴基础上，用扶阳之妙法。具体地说，是在温补肾阳之时，以填精补髓，滋养阴精的药物为主为基，配合温阳化气之品，而达到阴阳相偶，化生阳气的综合作用。这主要体现在右归饮、右归丸两方上。王少华则将张介宾运用熟地通过配伍以补肾的经验从滋肾填精、滋肾温阳、养阴血补元气、补肾养血、补肾壮腰、滋肾养血、滋肾填精、补脾益肾、培补脾肾、补益肝肾养阴清热、滋肾清胃、滋养脾肾、滋肾温脾降逆、滋养肝肾温经散寒、温补脾肾涩肠止泻、补益肝肾健脾固下、温补命门缩尿止遗、滋肾养血宁心益脾、养血补肾调气活血、益气养血补肾、益精养血壮阳等方面进行了归纳。

（韩伟锋　蔡永敏）

【叶天士学术思想及临证特色】

董幼祺等认为，在张仲景“五脏元真通畅，人即安和”思想的启迪下，叶天士提出了“凡病宜通”的治疗学思想，并贯通整个医疗活动，跃升为其治病疗疾的准则之一。他认为百病之生，皆因郁滞痞塞，凝结不通而成，因此治疗上必须突出“通”字，并确立了一系列具体治法。①通阳泄浊法。主要治疗寒湿、阴浊等阴邪潜逆，阳气受蔽，不得舒展而致的胸痹、肿胀、呕吐、泄泻、痢、痹、痉厥、胃痛等疾。叶氏认为对此阴浊困阳所致之疾，“欲驱浊阴，急急通阳”，用药以辛热温通阳气为主，配以化湿泄浊，随机而行。②通阳化饮法。对支饮咳逆，悬饮酸痛，叶氏每以小半夏加茯苓汤为基础，加桂枝、杏仁、薏苡仁、柏子仁、花椒等辛通阳气，降逆驱饮。③泄肝通胃法。为叶氏论治肝气乘胃之证而设。用药“取苦味之降，辛气宣通”、“苦降酸泄和阳，佐微辛以通胃”。④宣通气血法。叶氏多施之于月经病、积聚、郁、癥瘕、疝等疾。肝郁血瘀而见两胁作胀或疼痛，小腹胀痛，叶氏用药每以金铃子散加味。若“脉不循序流行，气血日加痹阻，失治，必结瘕聚，痃痞之累”，叶氏常用三棱、莪术、香附等攻结逐瘀，即可使奇经八脉顺畅流行，又荡涤留瘀，预防癥瘕。⑤通腑利法。若太阳不开，膀胱失司，则聚水而成病，症见小便不通，腹膨胀满，跗肿，脉沉。治宜洁净腑以利水，药用四苓、椒目、海金沙、防己、大腹皮、厚朴之类。⑥通补阳明法。叶氏通补之“通”非辛开苦降之谓，亦非承气汤苦寒下夺，实指能顺达胃气，补而不腻的治胃虚诸法。⑦温柔通补奇经法。叶氏云：“下元之损，必累八脉”，“是劳伤肾精，而八脉皆以废弛失职”。其治法“议温通柔润剂，从下焦虚损主治”，“辛温咸润，乃柔剂通药，谓肾恶燥也”。用药即舍桂附刚烈劫脂，又去知柏苦寒沉着，每于柔润之中佐以温通，辛润通补。叶氏“凡病宜痛”的治疗学思想对当今的临床实践仍具很大的指导意义。如用温柔通补奇经法治慢性衰弱性疾病、通阳泄浊法论治冠心病、泄肝通胃法治慢性胃炎、通阳化饮法治慢性支气管炎等均具效鉴之义。

朱平认为，叶天士创立了卫气营血辨证体系，用来指导温病的辨证论治，然而叶天士还提出了以三焦辨治温病的观点，并用于指导临床实践。在当时俗医皆以“陶书六经看病，仍是与先表后里之药”辨治温病的情况下，叶氏的这种观点堪称先进。①辨治温病，需究三焦。叶天士在继承前辈学术成果的基础之上，提出：“故仲景伤寒先分六经，河间温热当究三焦”。所谓“当究三焦”，实质上是强调了在温病的诊疗过程中，要注意病变在脏腑间的传变以及病变部位的辨别。②三焦脏腑，各有所属。叶氏认为上焦的脏腑包括肺与心包，中焦的脏腑包括脾胃，肝肾归属下焦。此外，叶氏还提出另一意义上的三焦，即腑的概念。他说：“再论其病不传血分，而邪留三焦，亦如伤寒中之少阳病也。彼则和解表里之半，此则分消上下之势，随证变法”。叶氏这里所说的三焦，指的是六腑中的三焦，与前面提及的三焦是有区别的。③温邪伤人，三焦传变。叶氏说："温邪吸入，上焦先受"。又指出，邪气在上焦，若失治误治，或正不胜邪，就有可能发生传变。传变的途径有两条：一曰"漫延中下"，一曰"游行三焦"。中焦病的来源，有两种途径：一种是由上焦传变而来，另一种是邪气直接侵犯中焦而致，叶氏所说的"夏暑发自阳明"就是指后一种情况而言的。中焦的病变较为复杂，多为温病病变的中期阶段，同时也是湿热类温病转化之枢机。下焦肝肾的病变，多为虚证，或虚实夹杂之证。还指出湿热之邪可以由上焦弥漫三焦。④明辨三焦，分而治之。叶氏对三焦病证有不同的治则与用药。指出，"上焦宜降、宜通"、"上焦药用辛凉"。上焦用药以轻清为主，力戒性味厚重之品。若见热入心包之证，强调"必用至宝丹或牛黄清心丸"以开窍醒神，清热解毒，拯危救急。叶氏对中焦病的治疗方法是灵活多变的。提出"中焦宜守宜行"、"药用苦辛寒"。治疗下焦病，主张"宜潜宜固"，"药用咸寒"。湿热之邪，弥漫三焦，治疗颇为棘手。叶氏主张"开上郁，佐中运，利肠间"。用药忌大苦大寒大温，相反却选用辛开苦降、淡渗而又能化气流动之品。朱氏指出，叶天士所倡导的温病三焦辨治是不完善的，对某些问题的看法也不完全正确，同严格意义上的三焦辨证还有一定的差别；但叶氏的这些观点，对于认识温病的三焦演变规律及治疗原则，以及对三焦辨证体系的起源、发展和完善都是有帮助的。

朱平又分析了叶天士治疗咳嗽的主要方法。外感咳嗽，叶氏重在祛邪，其治法可归纳为4种：①寒伤卫阳，辛温散寒。常用桂枝汤加减来治疗外感寒邪所致的咳嗽。对于"寒热客气"，即所谓"寒包火"之证，则用麻杏石甘汤以治之。②风热犯肺，辛凉解散。用药多为杏仁、桑叶、象贝、薄荷等，取"辛以散邪，佐微苦以降气"之意。③燥伤肺卫，辛凉甘润。药用桑叶、玉竹、大沙参、甜杏仁等，诸药合用，可收疏表润燥、祛邪安正之效。④暑湿袭肺，辛凉微苦。投用杏仁、瓜蒌皮、半夏、知母、竹沥等，诸药合用，透表清暑，渗湿泄热，则咳嗽自解。内伤咳嗽，叶氏的治法均以固本为主。主要分为5类：①久病及肾，金水同调。药用熟地、甜北参、麦冬、茯神、川石斛、天冬。②营卫交虚，温建中阳。叶氏常用小建中汤来治疗咳嗽。此系通过温补中焦的方法来补益肺脏、补阳益阴，巧妙地利用了五行间的相生相克、虚则补其母的原理。③久咳不已，三焦论治。用熟地、胡桃肉、淮山药等滋阴温肾，加用麦冬、北沙参润肺生津，再用黄芪、白扁豆等益胃土以生金。④摄纳无权，益肾敛气。用济生肾气丸、六味丸、都气丸加减治疗。⑤肺胃两伤，甘凉养胃。投麦冬、沙参、玉竹、白芍、扁豆等甘凉濡润之品。此外叶氏治疗内伤咳嗽，也力主佐金平木，用于肝木偏亢，反侮肺金所谓"木火刑金"之咳嗽，用药多为薄荷、丹参、栀子、苦丁茶、钩藤等平肝疏肝之品；至于久咳肝郁络伤，又须柔肝通络，药用旋覆花、冬瓜子、桃仁等辛润通络之品。对于痰饮咳嗽，叶氏多用杏仁桂枝汤加减治疗。叶氏治疗咳嗽还有两大原则：一是反对过辛泄肺或过汗伤津，慎用辛温燥烈，多用辛平、辛凉之品；其次是"治肺勿损胃"，再三告诫不宜用"苦寒沉降，胃口伐而肾关伤"，强调时时注意顾护胃气与津液。

钟建等对叶天士运用经络病机辨治痹病的医案进行了归纳总结。认为叶氏在运用经络病机理论辨治痹病上有三大特点。①推崇"经热则痹，络热则痿"的论点。在叶氏痹病医案中，湿热痹所占比重最大，突出了热痹及湿热痹的重要性，并认为其病因病机多为"湿热伤气及温热入血络而痹者"，在湿热痹的治疗上常用《金匮要略》木防己汤加减，擅长用石膏、羚羊角、寒水石等清热通络药，强调痹与痿在病位上有在经在络之区别，并认为病久痹邪入络成痿，故痹、痿之间又有密切的联系。②提出“新邪”宜急散，“宿邪”宜缓攻。在治疗中，叶氏主用辛香走窜之品，以麝香、没药、乳香、红花等为代表。并提出对“邪留经络”者“须以搜剔动药”。③善从阳明、奇经治痹。在痹病后期，由于病久体虚，出现阳明、肝肾气血亏虚，从而奇经不充，营络瘀滞，而致痹邪不除。为此，叶氏主张从中焦阳明入手，用辛甘化风法，以通阳宣络。在痹病奇经辨治上，叶氏常从阳维、阴维入手温养奇督，润脉通络。用药上，选择血肉有情之品填补奇经，如鹿茸、鹿角霜、龟板之品；再配以温通经脉之药，共奏补益肝肾、扶正祛邪之效。

（文　耘）

【张锡纯用药特色探讨】

汪自源等认为，近代中西汇通派医家张锡纯所著《医学衷中参西录》重用生山茱萸治险症之处甚多，所论重用生山茱萸治疗脱证、血证、类中风证、心腹肢体疼痛等经验和临床应用已达当时的最高水平，对中医急症临床至今仍具有重要的研究价值。所创重用生山茱萸的方剂20余首，如回生生山茱萸汤、急救回阳汤等仍为目前常用方剂。①治脱证。张氏谓：山茱萸之功用，长于救脱，其性不独补肝，凡人身之阴阳气血将散者，皆能敛之，故救脱之药，当以山茱萸为第一。②治血证。张氏谓：山茱萸之性，又善治内部血管或肺络破裂，以致咳血、吐血久不愈者。③治类中风证。张氏谓：类中风证，其剧者，忽然昏倒，不省人事，所谓尸厥之证。凡人元气之脱，皆脱在肝，故人虚极者，其肝风先动，肝风动，即元气欲脱之兆也。此证肝风因虚而动，愈迫阳气不浮，乃内生之风，故宜用濡润收效之品以息之。山茱萸为补肝之主药，其酸温之性，既能补正，又善逐邪，能引诸药入肝以熄风，为养肝熄风之要药，善熄内风，尤适用于类中风证。④治心腹肢体疼痛。张氏谓：山茱萸主寒湿痹，《本经》原有明文，凡心腹肢体有所疼痛，皆其气血不能流通。“山茱萸主心下邪气，寒热，温中，逐寒湿痹。”诸家本草多谓其能通利九窍，其性不仅补肝，而兼能通利气血，若但视为收涩之品，则浅之乎视山茱萸矣。

赵德喜探讨了张锡纯治疗脑充血病的方药。认为张氏在《医学衷中参西录》中对脑出血病以中风论之，然从其症状来看，或眩晕，或头痛彻目，或突然昏倒，不醒人事，或偏身麻木，痿废不用，或口眼歪斜，种种证候，相当于风头旋、出血性中风、缺血性中风等。张氏在书中载本病医案22则，有明确方药者21则，总共出方42首，所拟的成方镇肝熄风汤、建瓴汤、起痿汤、养脑利肢汤等均有很高的临床实用价值。①主以镇肝降胃安冲，引血下行。重用生赭石、生龙骨、生牡蛎等介石类药物，以平肝、镇逆、降冲、引血下行。②辅以清火柔肝，滋肾补阴。这类药有龙胆草、白芍、生地、山萸肉、枸杞子等。③组方根于临床，用药丝丝入扣。如治沧州军官案，在服用清火，平肝，引血下行之药后，“竟周身发热，汗出如洗”，“思之，恍悟其故”；“盖肝为将军之官，中寄相火，骤用药敛之、镇之、泻之，而不能将顺其性，其内郁之热转挟所寄之相火起反动力也”；“遂为加茵陈二钱，服后遂不出汗”。④预防用药必达脉至和平。从其病案来看，脑充血脉象大多为弦硬有力或弦长等有余之脉，正与现今临床所见相同。张氏曰：“必服至脉象平和，毫无弦硬之意，而后始可停止也”。⑤不轻用补阳还五汤。当时，王清任《医林改错》中的补阳还五汤已广为流传，但王氏在其书中未明言舌脉及虚实，引起许多误用。张氏不唯中风病初期不用此类药，即使后期见虚证用此类药亦十分谨慎，而以赭石、牛膝监制之以防其升；用花粉调剂之以防其生热。⑥亦用活血法。在活血药的选用上有乳香、没药、三七等。

但张氏在治疗此病时并未应用水蛭等极具破血之力的药，并且不提倡早期应用破血化瘀药，这是张氏治疗本病的不足。

钟秋生等探讨了张锡纯应用茅根治疗水肿和鼓胀的经验。①滋阴利水。张氏认为，茅根味甘淡，能滋阴清虚热及利小便。如治一自觉肌肤发热，心内作渴，小便甚少水肿证，单用鲜白茅根煎汤，频频饮之，5天而愈。②宣通郁热。茅根性微凉，能去实火，善宣通郁热，使达于外。如治一妇人，因阴虚为热，渐觉小便不利，积成水肿，服用通利小便之药皆无效，心中常觉烦躁，诊其脉数近六至，重按似有力，辨证为阴虚作热，又兼有实热，予鲜茅根250g，煎汤，徐徐温饮，使药力昼夜相继。连服5天，热退便利，肿遂尽消。③宣通脏腑。张氏认为，茅根能直通脏腑，畅达经络，兼治外感之热，而利周身之水。如治一妇人，得水肿证，脉象大致平和，而微有滑数之象，予浓煎鲜茅根汤饮之，数日病愈强半，后因其证反复，予越婢汤去石膏加滑石发之，再饮白茅根汤，数日病遂痊愈。④理气化水。认为凡气之郁而不畅者，茅根皆能畅达之，善利水又善理气。其自制治鼓胀方，由生鸡内金、生于术(白术之上品)、鲜茅根组成，方中重用茅根，乃取其理气利水之功效。

贾建义探讨了张锡纯运用金石类药物的经验。在《医学衷中参西录》方论中，载方189首，其中属于自创方有34个门类，共166首方剂。其中大量而广泛地使用石膏、代赭石、龙骨、牡蛎、朱砂、石决明、朴硝、硝石、滑石等金石类药物。统计张氏方书中运用石膏组方达16首之多，治疗内伤、外感病症近40种，用到龙骨配牡蛎的有24方。①治疗热病擅用石膏。张氏认为“石膏之质，中含硫氧，是以凉而能散，为清阳明胃腑实热之圣药，无论内伤外感用之皆效，即他脏腑有实热者用之亦效，”视病情或单用或配伍。②治疗脱症善用龙骨。张氏认为山茱萸肉酸涩微温，能补益肝肾，故推为固脱之首。继于酸敛之后，善用龙骨、牡蛎以固涩，谓龙牡“但敛正气，而不敛邪气”，两相配伍，萸肉之收，得龙牡之涩，元气即可固而不散；并据气血、阴阳不同而随证配伍。其用龙骨之法，认为宜生用而不宜煅用。

贺松其探讨了张锡纯运用代赭石的经验。认为张锡纯在《医学衷中参西录》中运用代赭石，独具匠心，经验颇丰，多有创新，该书载方170余首，而用代赭石之方即有23首。张氏用代赭石，立论清晰，屡建奇效。①对代赭石性味功能的独特见解。张氏云：“赭石，色赤，性微凉，能生血兼能凉血，其质重坠，又善镇逆气，降痰涎，止呕吐，通燥结，用之得当，能建奇效”，而且“性甚和平，虽降逆而不伤正。”所以张氏称代赭石为“降胃、平肝、镇冲之良药。”②用法用量大胆创新，力主生用，善投重剂。张氏认为代赭石生用者佳，煅用者差，并主张重用。此外，亦强调其禁忌，如大气下陷、久泄久利及妊娠3个月以上者皆禁用。③用于降胃。主要用于治疗因胃气上逆所致之呕吐、呃气、吐血、衄血、便结等。④用于平肝。主要用于治疗因肝阳暴动，痰火扰神所致的内中风、癫狂、痫风等。张氏认识到中风之证，如果确系痰火气血上壅的上盛下虚之证时，则重用赭石以辅佐人参、地黄、山药诸药，使其补益之力直趋下焦，“而上盛下虚之危机旋转甚速莫不随手奏效。”代表方有镇肝熄风汤。张氏治癫狂借代赭石重坠之力，摄引痰火下行，使窍络之塞者皆通，则“心与脑能相助为理，神明自复其旧也”，临证又多配以祛痰之品。痫证的发生，张氏认为“莫不气机上逆，痰涎上涌”。治疗时在《千金方》之磁朱丸中加入赭石、半夏。⑤用于镇冲。主要用于治疗因冲气上逆之喘息、恶阻等证。如肾阴虚而喘，常配山药、地黄、玄参，代表方为澧泉饮。张氏还常以单味大剂量代赭石镇冲顺气疗初妊恶阻呕吐，多获奇效，未见有坠胎之虑，此乃其重坠不妨胎之创见。

(方东行　郭常典)

参考文献

C

陈军民．张子和外用吐剂析要．中医外治杂志，2001；(4):19

D

董幼祺，王邦才．叶天士凡病宜通治疗学思想探述．中医杂志，2001；(2):69

F

冯崇廉．王孟英养阴保津学说探讨．中医文献杂志，2001；(1):18

冯志广，杨建宇．张子和外治汗法简析．光明中医，2001；(4):封4

符　强．浅探仲景辨治杂病的思维．国医论坛，2001；(4):4

H

何永明，高原．李东垣论治心下痞之学术思想．中国中医基础医学杂志，2001；(7):72

贺松其．张锡纯运用代赭石心法探幽．中医研究，2001；(2):2

黄吉庆．温热病学术的继承与发展．中国中医急症，2001；(3):149

J

纪立金．张景岳补肾阴阳观之探析．中华医史杂志，2001；(4):234

贾建义．张锡纯运用金石类药物的经验赏析．福建中医药，2001；(3):7

简志谋，严世芸．《先醒斋医学广笔记》探微．上海中医药杂志，2001；(1):44

L

李　立．论王清任活血化瘀法的配伍用药特色．福建中医药，2001；(4):41

刘德荣．陈修园《医学从众录》辨证用药经验初探．云南中医学院学报，2001；(1):21

刘富强．张子和外治皮肤病简析．中医外治杂志，2001；(4):40

刘时觉，刘尚平．丹溪中风证治的破、承、立．中医药学报，2001；(1):57

刘向哲，张鲁峰，张暑霞．张山雷治疗中风八法．河南中医，2001；(2):34

M

牟地庆．仲景对甘草运用的探析．四川中医，2001；(5):15

S

邵景丽，慕建华，石建民．朱丹溪痰证论治特点探析．四川中医，2001；(2):4

孙花仙，赵留记，杨建军．张子和外治汗法简析．中医外治杂志，2001；(4):41

T

谭学林．张景岳补肾治法特点探析．中医杂志，2001；(7):389

陶亦鸣．费伯雄和法缓治的学术简介．浙江中医学院学报，2001；(4):12

W

汪自源，徐重明．张锡纯重用生山茱萸治疗中医急症探述．河北中医，2001；(2):113

王淼源．试析仲景时间医学观．光明中医，2001；(5):3

王少华．张景岳用熟地发微（上）．浙江中医杂志，2001；(5):210

王少华．张景岳用熟地发微（下）．浙江中医杂志，2001；(6):254

王卫群，杨惠琴．对刘完素亢害承制论的认识．新疆中医药，2001；(4):1

王振国，齐向华．《本草纲目》治疗头痛内服方特色．安徽中医学院学报，2001；(4):9

X

徐宗裔，朱熹安．浅谈《伤寒论》方中甘草的运用．江苏中医，2001；(2):30

Y

杨剑民，杨建宇，侯勇谋．浅谈朱丹溪对张子和攻邪的认识．内蒙古中医药，2001；(1):35

Z

张慧琪，伍喜良．张仲景瘀血致病理论浅探．国医论坛，2001；(1):5

张　胜．《伤寒论》中甘草遣用探析．湖北中医杂志，2001；(1):39

张晓峰．《傅青主女科》运用白术特色探析．

中医杂志，2001；(3)：188

赵德喜，孙元莹，王少华，等．张锡纯治疗脑充血病方药浅析．长春中医学院学报，2001；(2)：2

赵厚亮，张继红，杨建宇．张子和外治牙病用药方法简介．中国民间疗法，2001；(7)：54

钟　建，韩　英．浅析叶天士运用经络病机辨治痹病的特点．山东中医药大学学报，2001；(2)：97

钟秋生，梁成名，黄素嫦．张锡纯应用茅根治疗水肿和鼓胀的经验．安徽中医临床杂志，2001；(3)：230

周　霞，韩福祥．浅析孙思邈对髓的认识．山东中医药大学学报，2001；(4)：254

朱　平．叶天士论温病三焦辨治浅探．湖北中医学院学报，2001；(1)：11

朱　平．叶天士治咳方法探讨．山西中医，2001；(3)：9

祝小惠．试论《伤寒论》、《金匮要略》中甘草的运用．河北中医，2001；(10)：789

（三）医药信息

【中医药基础数据库系统简介】

由北京中大安信科技发展有限公司开发的"中医药基础数据库系统"于2001年8月17日在北京通过国家教育部组织的鉴定。该系统利用了Oracle所支持的OAS软总线、PL/SQL软插件技术，有利于系统在国际互联网上的应用，为中医药数据库走向国际创造了条件。将改变和丰富行业人员查阅文献资料的方式，提供在一个时间范围里同时全文浏览几种甚至上千种书籍文献，大大提高查阅的速度和文献的使用效率。本系统设有中医理论数据库、中药数据库（包含图、功能）、针灸穴位及处方数据库（包含图、功能）、中医医案数据库、中医人名和书籍数据库、中医现代文献主题结构解析数据库。该系统具有以下特点：①在远期工程目标的框架下采取全方位开发方案，实现基础数据层、专题研究层和智能决策层三层功能结构；②根据中医文献的特点，设计有"全文主题解析工作单"，保证入库中医药数据的正确性、完整性、基础性和系统性；③定义了110多个表（关系），500多个属性，数据结构2～3级不等，各个子库的模式表述程序（DDL）有1300余行，已达到中大规模；④查询功能从"导引式"改变为"开放式"，设置查询干预和二次查询功能，提示当前查询的逻辑关系；⑤能对查询结果进行关联分析、数据总结、数据分类、聚类分析、序列模式分析等，初步实现面向主题的数据挖掘功能；⑥专题研究信息系统能将"数据"转换为"信息"，再由分析技术进行信息挖掘，形成某一专题层面的综合分析，产生知识性的认识，并能对信息间的关联进行深层推理。

（方　法）

参考文献

R

任廷苹，刘晓峰，高剑波，等．中医药基础数据库系统介绍．中国中医药信息杂志，2001；(11)：90

五、医　药　史

【概述】

2001年全年度发表论文仍在300篇左右，在医药史研究领域的不少方面有所深入、拓展或有所发现。现摘要分述如下：

（一）医史研究方向　程之范指出21世纪应加强中西医学史比较的研究，而此研究的重要前提是资料一定要准确全面，并且一定要有正确的指导思想。真正的比较是通过中西医学的历史演变，正确理解医学进化的过程和规律。李经纬等认为中医学思想史的研究在医史研究领域中是一个相当薄弱的环节，并讨论了"中医学思想史"的概念、范畴及其与中医学史的关系。

（二）医学思想研究　关于易学对中医学思想影响的评价是目前学术界争议较大的问题，顾植山等撰文对此进行了探讨。认为，没有易学思想的影响和指导，中医学理论体系的产生是难以想象的，这主要表现在中医学形成时期，宋、明以后易学的影响，有积极的一面，也有消极的一面。应恰如其分地评估医易的现实意义，过分拔高其地位，对当代中医学发展恐亦无俾益。

隋唐时期的医学思想处于一个承前启后的阶段，是医史研究领域的一个薄弱环节。张志斌撰文在此方面做了探索，认为有以下五个特点：一是受大同思想影响的医书编撰思想；二是重视人命、重视健康的思想；三是重视实践感知的认识论；四是分析综合法倾向为主的方法论；五是在鬼神、天命方面具有矛盾观点。

（三）医学流派　刘玉玮对丹溪嫡传、私淑及兼取丹溪学术的名家的学术著作和思想做了概述，认为明代医家对朱丹溪学术思想的继承、发展与补阐，使其在祖国医学发展史上有了重要地位，丹溪学派是明代医学学术流派的主旋律。项长生等指出固本培元派由汪机等医家创立，是明清以至近代医学史上的一大创造和发明，改善了历来在难治病方面治不如法的局面。

（四）医学人物　任现志讨论了元代儿科医家曾世荣的学术贡献。张鸣钟等对清代医家杨栗山的生卒年代、里籍进行了考证，并指出升降散非杨氏首创。郑洪介绍了近代岭南医家梁龙章，他行医中外，创为善堂，救治疫症，倡言变法，是一位值得铭记的中医名家。吴文清指出至今为止发现最早的提出中西医汇通的应是徐寿，而不是李鸿章。李刘坤对吴鞠通的生平及著作进行了考证，认为其生卒年代应为1758年至1836年，而《温病条辨》的成书年代不是一般认为的1798年，而是1813年。徐春波撰文指出，近来有学者对《黄帝内经太素》一书为杨上善所分类编撰提出了异议，但通过他的考证，认为《太素》一书确出自杨上善之手。

（五）方药史　朱建平认为，方剂最迟在春秋末战国初就已出现。通过对先秦时期的医学文献《五十二病方》、《养生方》、《杂疗法》、《黄帝内经》等的研究，从八个方面详细论证了先秦时期是中医方剂学萌芽和初步发展时期。《神农本草经》的成书年代历来众说纷纭，李今庸通过对两汉以来古文献记载及帝王避讳字等方面的考证，认为该书成书应在三国时期（公元220～280年），可能系道教人士所撰。于有华等通过对《太平惠民和剂局方》方剂配伍的研究认为，《局方》虽用成药，但大多列出送服之剂，并强调“因时用药”，同样能体现辨证论治的灵活性；《局方》重视方剂配伍与剂量，尤重配伍的比例。章健对宋代官刊方书和个人方书的特点进行了比较，指出官刊方书篇幅大，资料丰富，有一定的法定权威，所收方剂以成药居多。个人方书简要质朴，重视实践，分科精细，显示出专科特长。1999 年 9 月出版的《中华本草》是一部综合性本草巨著，宋立人认为该书的出版具有重大的历史意义，是继《本草纲目》以后我国药物学的又一次系统全面的总结，体现了现代中药学科技发展的时代特征，创建了与当前中药学术相适应的编撰体例，具有学术性和实用性的双重作用，为我国现代中药学发展奠定了基础。

（六）疗法源流　八段锦是享有盛誉的运动疗法，包来发对八段锦发展史作了分析，认为其源于南朝梁代，形成于宋代，发展于明清，清末基本定型。刘星、王欢论述了中医刺血术的发展，认为春秋以前为起源及萌芽阶段，战国至唐为理论奠基及经验积累阶段，宋至元为理论创新及特色形成阶段，明清为完善和成熟阶段。

（七）疾病认识史研究　余新忠对烂喉痧出现年代进行了考证，认为叶天士之烂喉痧医案与叶天士无关，雍正癸丑亦非烂喉痧的首度流行时间，此病于康熙晚年已在江南出现。周小军等对鼻咽癌古代文献进行了研究，搜集了鼻咽癌的古病名，并对有关证治及预防等的文献做了分析。李辉等对古代关于痴呆病的文献做了初步整理。

（八）中朝医学交流　《医林撮要》是一部朝鲜医学名著，梁永宣对其中涉及到的明代中朝医 学交流的资料进行了分析，认为该书综合了李朝前期的朝鲜医书及当时所应用的中国医书资料，其中中国医学名著有几十种。此外，作者在将该书中“朝质问方”、“中朝传习方”的内容与傅懋光《医学疑问》一书相核对后指出，以往认为《医林撮要》记述了《医学疑问》内容的说法是没有依据的。在另一篇文章中，梁永宣通过对《医学疑问》与《答朝鲜医问》两书的研究，推测朝鲜与中国明朝廷之间曾有过多次医学质问活动，万历、天启年间有文字记录的至少有两次，而王应遴未能解答的“问十条”在比其早七年的傅懋光书中已经回答。

（九）其他　李春生等研究了中国宫廷美容发展史，认为可分开为三个阶段。夏至西晋末为萌芽时期，东晋至唐末为形成时期，五代至清末为充实发展时期。杨仕哲等讨论了清初汤若望改历对运气学说的影响，认为原本在天文界争议最大的觜参顺序问题对运气学说几乎毫无影响，而其时刻制和节气的变革只会让运气学说的历算更精确。

（傅　芳　陈东枢）

【易学与中医学的关系】

易学与中医学的关系，历来有“医易同源”和“医源于易”等讲法。顾桓山等从以下几个方面探讨了易学对中医学思想的影响。①自然观：易学的自然观有两个基本观点。一是“天人合一”；二是以天地阴阳二气的交感变化为产生宇宙万物的本源。易学的这两个基本观点，在中医学中有充分体现。②认识客观世界的思维方式。易学认识客观世界的途径，主要是通过观察物象来体会客观事物的性能，用取象比类来归纳事物特性，立卦象以表达对客观世界的认识。中医藏象学说是通过人体外在的表现来推测人体内脏生理规律的学说，是对内脏功能系统反映于外的“象”的概括。③阴阳辩证法思想的影响。阴阳原理是卦爻相合排列的基本原则，易学反映了古代阴阳思想的最高范畴。阴阳原理贯彻于中医理论的各个方面。《黄帝内经》虽然在文字上没有引用《易经》条文，但阴阳学说受易理的影响是不争的事实。④借取易学模式构建医学理论框架。易学对客观世界变化规律的表达，除了卦画外，还采用了一些图形模式，如河图、洛书、太极图等，而中医的藏象学说与四时五行的配应与河图模式相一致。⑤各家理论著作中，常引易说作为说理依据。如《圣济经》以坎离二卦释精与神；刘元素《素问玄机原病式》引易理论述鼻窒、鼽等病证的病机。⑥药性理论方面，张元素融易于药理之中，创药物性味阴阳厚薄升降理论。李东垣在《东垣试效方》把药物的四气、五味、升降沉浮酸以十二消息卦，结合四时、五脏，构成一系统模式。⑦诊断方面，张璧著《云岐子脉法》论“九道脉诀”以八卦加中土配九脉；王好古在《此事难知》中载有“面部形色之图”，将后天八卦方位用于面部望诊。⑧针灸方面出现了“灵龟八法”和“飞腾八法”，推拿出现了“运八卦法”。

白东艳等从五个方面探讨了医易的密切关系。①易学阴阳观与中医学理论基础。认为《黄帝内经》中有关阴阳的论述与《周易》的基本理论一脉相承，二者可以说是继承和发展的关系，《易传》阴阳观是体，《内经》阴阳内容为用。②易学“八卦成列”与中医学整体观。《易传》建立了“八卦成象，象在其中”的古朴系统整体思想。中医学中脏象理论、十二经络理论、方剂学君臣佐使等原则，都体现了整体思想的特点。③易学变易之理与中医学运动观。易理的本质含义就是“变易”。这种运动变化的观点，被中医理论所吸收，形成中医学的运动观。④易学“八卦类化”与中医学“五行取象”。八卦以天、地、水、火、雷、风、山、泽为征象，类比和归纳自然界纷纭的复杂事物和现象。中医学中取象比类方法，都源于此。⑤易学“尚中”之理与中医学平衡观。“尚中”思想指要抓住事物的本质 属性和矛盾主要方向以及“执中御两”的哲学理念。这一思想对中医学生理观、病理观、养生观的形成都有重大影响。

贾成祥指出《黄帝内经》受周易取类比象的影响，把五脏同五行、五味、五色、五方、五窍的关系统一起来，目的在于概括它们之间固有的普遍联系，这种联系本来是长期的医疗实践中总结出来的，而把它纳入五行这一共通的“类”当中，就便于对它们之间的矛盾运动作出合理的推断。

（蔡永敏　韩伟锋）

【先秦时期方剂学的萌芽与初步形成】

朱建平以《黄帝内经》、《五十二病方》等马王堆出土医书为主要研究对象，认为先秦时期是方剂学的萌芽和初步形成阶段。

（一）方剂的出现　医药起源可上溯到人类出现之初，而有文字记载者当推传说中的神农。《淮南子·修务训》：“神农……尝百草之滋味，水泉之甘苦，令民知所避就。当此之时，一日而遇七十毒。”如果将单味药看作单方，此可谓最早记载医方起源的文献。春秋时期，人们已经有意识地收集验方，以备不时之用，如齐国就有“献方”的习俗。《孔丛子》记载：“大夫众宾并复献攻疗之方。……众人为此，故各言其方，欲售之以已人之疾也。凡言其方者，称其良也，且以参据所以已之之方优劣耳。”可见，方剂最迟在春秋末战国初业已出现。

（二）方剂分类、数量与剂型　《五十二病方》采用以疾病分类的方法，将所载的283首方分列于52种病之下，便于临床医生与病家按病索方，一直为后世沿用。《黄帝内经》将方剂分为“大、小、缓、急、奇、偶、复”七方，依据病邪的轻重、病位的上下、病势的缓急、病体的强弱分别运用。

从传世和出土文献看，《黄帝内经》中载13方，《五十二病方》载方283首。与之同时出土的马王堆医学帛书《养生方》、《杂疗方》分别载方79首和21首。可见，先秦时期医方的数量至少在400首以上。当时方剂剂型繁多，马王堆医方剂型就多达17种，包括汤、酒、醋、丸、末等。

（三）方剂的配伍与复方组成　先秦时

期医生已较好组织、应用复方，并能根据情况随证加减。如《五十二病方》的治疽方，由白蔹、黄芪、芍药、桂、姜、椒、茱萸、酒8味药物组成，并按照疽病的不同情况调整处方中某味药物的用量，“骨疽倍白蔹，肉疽倍黄芪，肾疽倍芍药”，体现中医早期的辨证论治思想。当时的方剂不少已由多味药物组成，如2味药以上组成的复方在《五十二病方》中有43首，《养生方》中有28首，《杂疗方》中有8首。

君臣佐使配伍、五味配伍等组方原则在先秦文献均有迹可寻。《素问·至真要大论》曰：“风淫于内，治以辛凉，佐以苦，以甘缓之，以辛散之，”“风淫所胜，平以辛凉，佐以苦甘，以甘缓之，以酸写之。”《晏子春秋·卷一》“内篇”说：“所谓和者，君甘则臣酸，君淡则臣咸”。这些制方原则为中医方剂学的发展奠定了理论基础。

（四）方剂的治法和临床应用　《五十二病方》载有汗、温、清、消、补五法，所载方剂临床应用广泛，涉及内、外、妇、儿、眼、伤科的疾病，此外还有食疗方、养生方等。《黄帝内经》所载13方，主要用于内科，而用于精神病、妇科、外科病各一方。《内经》记载许多治法及其理论依据，如《素问·阴阳应象大论》讲到“形不足者，温之以气；精不足者，补之以味”等。

先秦时期的方剂理论与组方配伍原则，常常为后世阐述成方配伍原理时援引，或作为创制方剂的理论依据。因此，先秦时期是中医方剂学的萌芽和初步形成时期，对秦汉时期尤其是张仲景《伤寒杂病论》取得“众方之祖”的成就打下了良好基础。

（杨奕望）

【隋唐时期医学思想分析研究】

张志斌对隋唐时期医学思想进行了分析研究，指出这一时期医学思想具有以下特点。

（一）医书编撰受大同思想影响　隋唐时期，实行了中央集权的封建统治，促进了南北各民族间的大融合及经济的发展，符合中华民族的大同心理，影响着医学家们医书编撰的指导思想。如《四海类聚方》，《诸病源候论》、《新修本草》、《千金方》、《外台秘要》等。

（二）重视人命，重视健康的思想　这一时期的意识形态中儒、道、佛三家并行，对医学思想的影响也是三者兼而有之。但在医学思想中道教思想的影响比较大。主要表现为重视生命，重视健康，讲究静心宁神，修心养性，排除各种世俗欲念的干扰，颐养生命。

（三）重视实践感知的认识论　此时对疾病的认识与研究的指导思想从概括走向具体，从笼统走向细致，从疾病的大致分类到具体病证的探讨。无论是医家的个人著作，还是政府编撰的著作，都以切于实用为目的。如《诸病源候论》、《千金方》、《经效产宝》、《新修本草》等。

（四）分析综合法为主的方法论　如《诸病源候论》的病症分析是根据临床上应用望、闻、问、切等各种手段进行调查研究所收集到的疾病资料，结合观察病人的自然、社会环境等其他客体所得的多种信息，加以分析与综合，并从中找出某种规律，作出对病因病机的推测。

（五）在鬼神、天命方面的矛盾观点　隋唐时代的医家的认识论大多是唯物的，但仍然部分存在着鬼神、天命观念，与当时的社会环境是分不开的。如《诸病源候论》中对传染病的认识，提出了物质性“戾气”病因的新说，但在预防问题上，提出了“为法术以防之”，此“法术”大多是指“存神攘辟”的符咒及意念。

（陈丽云）

【宋代官刊方书和个人方书特点探讨】

宋代是方书发展的鼎盛阶段，无论是官刊方书和个人方书都颇具特点。

宋代官刊方书主要包括《太平圣惠方》、《太平惠民和剂局方》和《圣济总录》，其主要特点是：

（一）资料丰富，卷帙浩瀚　如《太平圣惠方》全书100卷，载方16834首，详细记录北宋以前方剂学发展的成就，是我国第一部由政府组织编写、以收录方剂为主的医学著作。《圣济总录》是北宋末年朝廷组织编写的又一部较大规模的方书，共分200卷，66门，包括内、外、妇、儿、五官、针灸、正骨等各科疾病，载有历代方剂及民间验方2万余首。

（二）统一规范，医界指南　官方医书由政府组织编写，有一定的学术水平和法定权威，因而具有法律效应，如《太平惠民和剂局方》是官方刊行的成药药典。《圣济总录》则重视理论，强调以理论指导临床实践。《太平圣惠方》刊行后，庆历六年何希彭从中选其精要为《圣惠选方》作为教材应用了数百年。

（三）成药居多，服用方便　官刊方书的另一特点是成药居多，便于应用。如《圣济总录》所载2万余方中，大多是丸、散、膏、丹等剂型，汤剂很少。《和剂局方》则为成药专著。

宋代个人编撰的方书数量之多，是较为显著的，和官刊方书相比较，其主要特点有：

（一）简要质朴、删繁就简　如陈言的《三因方》把各种疾病都归于三因，然后按因施治。严用和的《济生方》、王贶的《全生指迷方》等，也都是从病源、病候、脉象等理论探讨入手，而使治法达到简约而有理可据的程度。许叔微的《本事方》也是采方简要、论理清晰。王硕的《易简方》更是突出反映了这一特点。

（二）重视实践，亲身治验　如《本事方》是许叔微“漫集已试之方及所得心意，录以传远”的医学著作。严用和《济生方》中的有些内容取之前人，但并非照搬照抄，而是结合临床实践灵活变化。如根据临床肾虚腰重、脚肿、小便不利的特点，在仲景金匮肾气丸中加入牛膝、车前子，名为加味肾气丸，成为肾虚水肿的名方。另外《史载之方》、《洪氏集验方》、《魏氏家藏方》、《朱氏集验方》等都凝聚着宋代医家的宝贵医疗经验。

（三）分科精细，方有专长　妇产科方面，影响较大的当为陈自明的《妇人大全良方》。儿科方面以钱乙的《小儿药证直诀》为代表，以脏腑病理学说立论，较系统地作出了儿科疾病辨证论治的范例。此外，尚有董汲的《小儿斑疹备急方论》、陈文中的《小儿病源方论》、《小儿痘疹方论》、刘昉的《幼幼新书》等儿科专著。外科有陈自明的《外科精要》，倡导外科用药应根据脏腑经络虚实，因证施治，不可拘泥“热毒内攻”之说，还有《卫济宝书》、《集验背疽方》等。眼科有《银海精微》，食疗养生则当推陈直的《养老奉亲书》。这些书的出现，标志着宋代分科已日趋精细，方剂显示出专科特长。

总之，宋代的两类方书各有所长，从不同角度展示了宋代方书辉煌时期的面貌。

（吴鸿洲）

【中国美容发展史】

李春生等将中国宫廷美容发展史分为三个阶段。①萌芽时期（公元前2070～公元316年）。殷纣王时代已应用红花汁凝脂妆饰，战国时代西施善用“脂泽粉黛”；《五十二病方》，对“头脂”、“靡（磨）脂”等美容制剂已有明确记述。还载录了“般（瘢）”和“干骚（瘙）”等与美容相关的疾病治法，列方8首。《史记》载，西汉惠帝时，郎、侍中皆傅粉。景帝朝（公元前156年）以后，对沐浴较为重视。这个时期，面脂、面汤等美容化妆剂型，已诞生和发展。②形成时期（公元317～公元896年）。自东晋迄唐末580年间是宫廷美容化妆学的形成时期。隋唐时期国外的美容香身药不断输入我国，促进了宫廷美容化妆品的发展。《肘后备急方》列《治面疱发秃身臭心昏鄙丑方第五十二》，是国内文献中最早的美容篇章。该篇列美容方19首。金代杨用道在对本书的补录中，收入了“陈朝张贵妃常用膏方”，是现存第一张宫廷用面部美容处方。刘宋时代，宫廷贵族偏爱香身辟秽之方，宋明帝尝撰《香方》一卷留给后世。孙思邈在《千金翼方·妇人面药》篇收录美容方139首。《外台秘要》40卷，录美容方达200余首。③充实和发展时期（公元907～1911年）自五代宋、金、元、明至清末约1000年间是宫廷美容学充实和发展时期。《太平圣惠方》书中收集了五代至宋初宫廷的美容化妆方剂，并列美容相关疾病21门，载方336首。元初许国祯编纂《御药院方》载美容化妆方剂较丰富，列宫廷方25首。龚氏所撰《鲁府禁方》收集鲁王府美容13方。另外，《永乐大典》、《普济方》、《奇效良方》均载有大量美容方剂。

（蔡永敏　韩伟锋）

【痴呆源流考】

痴呆是指发生在老年期或老年前期，以精神呆傻蠢笨、行为异常、言辞颠倒为主要表现的一种神志疾病。李辉等对痴呆源流作了考证。

早在《内经》中就有许多相关论述。如《灵枢·海论》载：“髓海有余，则轻劲有力，自过其度，髓海不足，则脑转耳鸣，胫酸眩冒，目无所见，懈怠安卧”。《灵枢·天年》明确指出：“六十岁，心气始衰，苦忧悲，血气懈惰，故好卧……八十岁，肺气衰，魄离，故言善误矣”。表明老年人所发生的情感、思维障碍与心、脑、肾等脏器气血盛衰有关。

隋唐时期，有关老年病的防治和理论受到医家的关注，其中孙思邈对老年智能、精神、情志的改变有相当的认识。《千金翼方·养性》指出：“忘前失后，兴居怠惰，计授皆不称心，视听不稳”，“健忘嗔怒，性情变异”等，其皆由“肾精竭乏，阳气日衰”致“心力渐退”所为，提出以药物和精神调摄等方法治疗，如老人久服彭祖延年柏子仁丸可强记不忘；老年智昏善忘者拟服大黄芪丸益元气、补五脏。宋代陈直《养老奉亲书》中将老年人精神、性格、行为上的病态概括为“咨煎背执，等闲喜怒，性气不定，返同小儿”，这些细微的观察和病因病理上的见解与现代医学对老年痴呆的认识有许多相似之处。

明代，老年医学进一步发展。李时珍《本草纲目》中就汇集有40味益智药物，200余种“耐老”、“增年”药物，且对每种益智药的作用机理作了阐述，如“淫羊藿辛温，益气强智”，适用于“老人昏耆，中年健忘”。在论述药物功效时，强调“脑为元神之府”，将脑的生理功能与神明直接联系起来。此时，对老年病的临床观察更加具体，如李梴《医学入门》记载“老年精血俱耗，平居七窍反常，鼻不嚏而出涕，耳无声耳蝉鸣……，时而口干，寐则涎。溲不利而自遗，便不通而成泻，昼时对人瞌睡，夜则独卧惺惺，此老年之病”。其后，张景岳明确提出“痴呆”病名，在《景岳全书·杂病谟》中设“癫狂痴呆”专论，阐述痴呆的病因病机和证治方药。张氏认为“痴呆证平素无痰，而或以郁结，或心不遂，或以思索，或以疑虑，或以惊恐，而渐至痴呆”，“此其逆气在心或肝之经，气有不清而然”，故治疗当“但察其形体强壮，饮食不减，别无虚脱等证，则悉宜服蛮煎治之，最稳最妙”，这些论述一直被后世医家所推崇。

清初，随着西方医学进入中国，西医有关大脑与记忆、精神关系的论述对中医理论产生了深刻影响，推动了中医脑说的演进。如汪昂在《本草备要》中说“人之记性皆在脑，小儿善忘者，脑未满也，老人健忘者，脑渐空也”。王学权《重庆堂随笔》提出“盖脑为髓海，又名元神之府，水足髓充，则元神清湛而强记不忘矣，若火炎髓竭，元神渐昏，未老健忘，将成劳损也”。王氏将记忆力的强弱与髓海的充足与否，及与疾病的关系联系起来加以论述，颇有见地。王清任在《医林改错·脑髓说》中进一步阐明“灵机记性不在心，在脑”，还说“两耳通脑，所听之声归于脑，脑气虚，脑缩小，脑气与耳窍之气不接，故耳聋”，并强调“高年无记性者，脑髓渐空”，故立通窍活血汤以活血化瘀通脑窍。陈士铎在《辨证录·呆病门》中描述了痴呆的症状，并认为病之所成，乃“肝郁则木克土，而痰不能化，胃衰则土不制水而痰不能消，于是痰积在胸中，盘踞于心外，使神明不清而成呆病矣”，治疗拟“开郁逐痰，健胃通气”，使“心地光明，呆景尽散”。其在《石室秘录·呆病治法》中还设有洗心方、转呆丹、还神至圣汤等，从而更丰富了痴呆的辨证论治内容。

（吴鸿洲）

【中朝医学交流】

明万历、天启年间，中国和朝鲜高层次间医学交流过程中，留下了两部重要的书籍，一为傅懋光所撰的《医学疑问》，一为王应遴所撰的《答朝鲜医问》，均为朝鲜医官来中国质问医学的记录，两书写作背景各异，内容互不引用，是两次独立的答疑解难，梁永宣对二书作了比较，以期深入了解中朝医学交流情况。

傅懋光万历丁未年（1607 年）后在圣济殿（原御药房）从事医疗活动，并兼任太医院教习官，1617 年后升为御医。同年朝鲜国派遣内医院教习御医崔顺利等针对行医时所产生的有关疑问“就质于”明太医院，朝廷委派傅懋光等主持了这次答疑，傅氏所著《医学疑问》是双方的会谈记录，并于1617 年刊行。

王应遴主要从事修志及天文学方面的研究，平日喜读医学书籍。天启甲子年（1624 年）春，他在长安休养时，整理了朝鲜医所问 24 条疑问的个人解答，收入《王应遴集》，题名为《答朝鲜医问》，后日本将该内容抽出单行。王应遴不是专业医生，只是朝廷官员，从目前掌握的史料来看，他没有与朝鲜医官进行面对面的交流，而只是作出了书面回答。

从《医学疑问》一书内容分析，药物鉴别（特别是药物的基本特性）以及临床病证的治疗是朝鲜一方的提问重点，此外还有关于医学理论的质问，术语多出自《东垣十书》、《医学正传》、《直指方》、《得效方》等。据此可以窥知当时在朝鲜医界受重视的主要医书，同时也可以了解朝鲜医家在钻研中医古籍时严谨认真的态度。

从《答朝鲜医问》来看，此时朝鲜医官的目光开始转向如何提高治病疗效方面，并已研究中医理论中较深奥的经络问题，这是朝鲜医生医学理论知识逐渐丰富的充分体现，并且值得一提的是，此时他们对朱丹溪的著作有了深入的研究，丹溪学说在朝鲜医界中得到了广泛的应用。

在《答朝鲜医问》中，王氏将未能回答的十个问题（即“问十条”）列于书末，期待“当世高明，各出所见，以答之”，但“问十条”中的问题，在傅懋光书中已有解答，梁氏认为，这很可能与傅氏之书流传不广，王氏所参阅的属不同年代的明朝廷记录有关。

《医林撮要》由朝鲜内医郑正先撰、杨礼寿校正，是一部综合性方书，综合了李朝前期已成的朝鲜医书及当时所应用的中国医书资料。书中载有“中朝质问方”和“中朝传习方”。前者确实引有中国医学的内容。梁氏指出《医学疑问》共载方剂 80 余首，无一与《医林撮要》中“中朝质问方”及“中朝传习方”有关，从而认为《医林撮要》

六、民族医药

【藏医药治疗风湿性类风湿性关节炎】

黄三青治疗风湿类风湿性关节炎200例，治疗组100例，服用二十五味儿茶丸，3丸/次，1天3次，温开水化服；对照组100例，服用其它抗风湿类药。经治90天，治愈率分别为15.0%（15/100）、10.0%（10/100），显效率为61.0%（61/100）、50.0%（50/100），P<0.05；总有效率为95.0%、90.0%，P>0.05。恩和等用七十味珍珠丸治疗风湿性关节炎108例，其中急性活动期36例，慢性发作者72例。隔日在晚睡前白酒调服或白开水服1丸。偏血热者配合勒德力·敦汤古日古木·朱日格、楚斯尔土茯苓汤、别嘎日·朱瓦；偏湿寒者配合扫吉德·尼米吉勒浩、高由·敦巴、别嘎日·朱瓦、楚斯尔土茯苓汤。14天为1疗程，经治2~4个疗程，近期治愈率72.2%（78/108），总有效率达92.6%（100/108）。马德保用二十五味驴血丸（驴血、白檀香、紫檀香、诃子、毛诃子、牛黄、麝香、藏红花等），儿茶汤送服治疗类风湿关节炎120例。参照全国中西医结合风湿病学会"风湿四病"疗效标准，显效率86.7%（104/120），96.7%（116/120）。魏华报道164例，均符合美国风湿学会风湿诊断标准。用猛鹏散加味（诃子、黑草乌、麝香、木香、黄葵子等）治疗类风湿性关节炎140例，与消炎痛对照组22例作比较，治疗组在临床症状如晨僵、压痛、关节痛等改善方面均明显优于对照组，P<0.05；治疗组在血沉下降、类风湿因子转阴率、抑制体液免疫方面，也均优于对照组，P<0.05或P<0.01。

万玛才旦采用口服四味藏木香汤（粉）每次3~5勺，每勺约重0.9g，1~2次/天，早晚水煎服；二十五味文冠木丸，1次4~5丸，中午用温开水送服；二十五味驴血丸，1次4~5丸，下午温开水或儿茶汤送服；十五味芸鹏丸，1次1~2丸，天黑前用温开水送服。配合外用五味甘露药浴，浴液中加青稞酒25ml、麝香浸泡液25ml（温水500ml浸泡0.5~1g麝香）、五根散10g、驱黄水散10g。洗浴10~15min后，在热炕上出汗5~8min，然后起床活动或按摩。1天1~2次，10天为1个疗程。共观察78例，结果治愈率26.9%（21/78），显效率46.2%（36/78），总有效率为94.9%（74/78）。辛措吉采用内服二十三味生等丸、二十五味驴血丸和十五味乳鹏丸，服药1~2月。配合五味甘露汤洗浴，1天2次，10天为1个疗程。结果，132例中ASO阳性率为12.1%（16/132），转阴率为12.5%（2/16），下降率18.8%（3/16）；类风湿因子阳性率为61.4%（81/132），转阴率为17.3%（14/81），下降率38.3%（31/81）；血沉阳性率为51.5%（68/132），转阴率为33.8%（23/68），下降率57.4%（39/68）。

李占财用五味甘露汤（麻黄、黄花杜鹃、园柏、水柏枝、白野蒿等经酒曲发酵约1~3天，晒干），用时装入纱布袋后放入高压蒸气锅内加热煮沸1h，将熬好的药液倒入浴盆内，另取白酒500g，再取五根散、驱黄水散各200g，分成20等份，每次浴前各取1份加入药液中。水温40℃~42℃，浸泡全身10~20min，2次/天。经治88例，显效率40.9%（36/88），总有效率达96.6%（85/88）。白树军以五味甘露汤加文冠木，仿李氏使用的药物和方法，经治65例，治愈率84.6%（55/65），总有效率为96.9%（63/65）。张勇以五味甘露浴精粉治疗风湿性类风湿性关节炎56例，其中类风湿性关节炎35例，风湿性关节炎21例。治疗时取500g浴精粉在热水中溶解，放天人沐浴盆中，将水温调至38℃～42℃，再加白酒100ml，病人入盆全身浸泡。1疗程7天，1天2次，每次20～30min。病人泡浴后在热炕或电褥子上发汗10min。结果，痊愈率占32.1%（18/56），显效率48.2%（27/56），总有效率达94.6%（53/56）。

（朱新革）

【蒙医药治疗消化性溃疡】

消化性溃疡归属于蒙医的胃痛病、胃包病范畴。发病机理为"赫依"、"希日"、"巴达干"三症加"病血"为"宝日"症。刘玉杰等以蒙药六味安消散（诃子、山奈、大黄、寒水石、面碱、木香）治疗40例，早晚各口服3g，15天为1疗程。结果，治愈率87.5%（35/40），总有效率97.5%（39/40）。嘎勒曾等局部喷洒蒙药制剂，以形成药膜，阻断胃酸及碱性返流液的浸蚀，促进愈合，配合用蒙药嘎日喜等。将胃镜检出324例随机分为3组进行治疗。其中治疗组104例，在胃镜直视下清除溃疡创面坏死组织，用生理盐水冲洗，经活检孔用塑料管向创面喷洒蒙药制剂，使之在创面形成药膜。蒙药制剂配方：寒水石（凉制）35g，雄黄10g，石决明（煅）、朱砂、银朱各5g，冰片25g，麝香0.5g，血竭10g；研末混匀与蒸馏水按3:2比例配制。术后禁食3h，2天内进流质。同时早服嘎日喜2g，上午服伊赫汤2g，下午服尤日勒-13 2g，晚上服壮西-21 2g。2周后复查胃镜。必要时每7天1次，连续放药3次，4周后复查胃镜。对照Ⅰ组120例，早服阿木日-6 2g，上午服伊赫汤2g，下午服尤日勒-13 2g，晚上服壮西-21 2g。6周为1疗程，胃镜复查随访。对照Ⅱ组100例，口服甲氰咪胍，配合庆大霉素、黄连素等对症治疗，6周为1疗程，胃镜复查。结果，治疗组、对照Ⅰ组与对照Ⅱ组的痊愈率分别为84.6%（88/104）、54.2%（65/120）、82.0%（82/100），总有效率为95.2%（99/104）、70.8%（85/120）、95.0%（95/100），与对照Ⅰ组相比，$P<0.05$，与对照Ⅱ组相比，$P>0.05$；1年内复发率治疗组为6.7%（7/104），对照Ⅰ组为16.7%（20/120），对照Ⅱ组为12.0%（12/100），治疗组与两对照组相比，$P<0.05$。无明显毒副作用及并发症。

（滕　颍）

【蒙医药治疗风湿性类风湿性关节炎】

刘二翠等治疗139例类风湿性关节炎，均经蒙、西医相结合确诊。治疗以舒筋活血，通经活络，祛风燥湿，理气活血，消炎止痛，补益肝肾。风热湿痹型和瘀血闭阻型早服帮哈格-25味3g，上午服扎冲-11味3g，下午服巴日格顺-5汤3g，晚服古日冲3g，温开水送服；风寒湿痹型早服用阿嘎-35味3g，上午服森登-25味3g，下午服图来乌日勒3g，晚服乌力础-18 3g，可与苏格木勒-10交替服用，服法同上。药浴以"五味甘露浴"为主，加红柳、麻黄、白蒿、草决明、文冠木、川楝子等，一起煎煮，提取药液2000ml。1天1次，1次30～50min。各型均适用。风热湿痹型和瘀血内阻型外敷用图来什娃日（生草乌、菖蒲、狼毒、苏木、草决明、冬葵子等）研末后加食醋或蛋清调成糊状，直接敷患处，3h后去除。风寒湿痹型用隔蒜或隔姜灸，每个患处可灸3～5壮，1天1次。结果，治愈率40.3%（56/139），显效率48.9%（68/139），总有效率为100%。伊敏等将73例分为热型组31例和寒型组42例。内服当玛丸（石榴、肉桂、豆蔻、荜茇、红花）；25味驴血丸（干驴血、天竺黄、红花、丁香、肉豆蔻、草果等）；15味芸香丸（白芸香、诃子、菖蒲、广木香、苘麻子、川楝子等)。药浴用刺柏、照山白、麻黄、水柏枝、小白蒿等。1天1次，7天为1个疗程，可治疗1~3个疗程。结果，治愈率28.8%（21/73），显效率46.6（34/73），总有效率95.9%（70/73）。

（朱新革）

【蒙医药治疗银屑病】

蒙医学认为，凡饮食不节，胃火受损，汗后受凉，情感抑郁，外伤或其它疾病等因素的影响，都会导致三根失调而使皮肤气血运行受阻，随而黄水增生扩散于皮肤，均会诱发银屑病发生。张海玉等治疗50例，病程最短者为5天，最长者为15年。治疗以孟根·乌苏-18味丸为主，伴有消化不良者加服通拉嘎-5味，月经不调者加服乌力吉-18味或毛仁·扎格朱。赫依琪苏型，宜益气活血、祛黄水，配合别冲-15味；黄水型，宜清热、燥黄水、活血，配合通拉嘎-5味；血热型，治宜清热解毒、凉血、活血，配合古日古木-13味。1疗程为1个月，最长为3个疗程，最短为1个疗程。结果，痊愈率38.0%（19/50），显效率44.0%（22/50），总有效率达100%。

白平安等认为应以调理三根，理气活血，燥黄水为治疗原则。治疗10例，均有明显牛皮癣特征，除内服药物外，外用10%净肤膏（萨普如格-朱格玛），由炙巴豆、大麻子、可瓜子、雄黄、信石、白云香等10味药组成，隔日1次擦涂。配合内服蒙成药：早服玛日钦-13味2g，中午服乌力础-18味2g，晚服宝依冲-15味2g，1天1次，白开水送服，忌食生冷酸辣等刺激性食物。1个月为1个疗程，有脓疮者加用抗生素消炎或对症用药。结果，痊愈4例，显效3例，总有效率70.0%。痊愈患者追踪随访2年，无1例复发。

（朱新革）

【蒙医整骨喷酒拃抚和按摩法的力学原理】

喷酒拃抚和按摩疗法是蒙医传统整骨疗法中的一种辅助疗法。照那木拉对其生物力学原理作了剖析。

（一）喷酒拃抚疗法　将酒喷射到骨折端，处在“应激适应”阶段的骨折部位在这种喷雾状、高速流酒液刺激下，瘀血、气滞、肿胀、疼痛部位热量散发加快，疼痛缓解。随之，在术者的轻柔拃抚下，酒从皮肤汗毛孔渗透到骨折周围的肌肉、肌腱、血管等软组织，产生安抚、营养、活血化瘀、舒筋散结以及行气通络的作用，使患者进入精神振奋状态，正处“应激适应”阶段的骨折段在喷酒拃抚功能的“因势利导”下，人体的应激本能被进一步激发与调动，自我修复与调整功能增强，为手法整复创造有利的内外环境。

（二）喷酒按摩疗法　初期为整复后1周左右时间，对压垫处、固定的小夹板上下两处、小夹板的间隙中间、瘀血肿胀处施以喷洒按摩，起到活血散瘀、消肿止痛、舒经活络的作用。增加骨外膜增生的血管血液循环，促进纤维骨痂的形成。中期为手法整复后两周，·有了充分的血液供应，而骨折后期血液供应主要靠骨髂内血液循环。喷酒按摩疗法有助于激活骨骼内血管，改善血液循环，从而促使生成骨痂的细胞不断侵入骨折部，不断增殖、钙化，而形成中间骨痂，加快骨折愈合。后期骨折愈合达到一定程度，施以喷洒按摩，能起到补气养血、温经通络、强筋壮骨、软坚散结、恢复功能的作用。能增加纤维骨痂钙化和骨骼内血液循环，从而加速骨折愈合，恢复正常功能。

（朱新革）

【维医药治疗糖尿病】

吾布力哈斯木·艾合买提等将172例糖尿病患者，根据维医理论分为热性141例和寒性31例。热性者先药用天山堇菜、马齿苋子、车前子、罗王子、胡罗卜子、玫瑰花等研粗末，浸泡在开水中内服，1天3~5

次，共服30～40天；后期药用琥珀、天竺黄、玫瑰花、珊瑚、香青兰、丁香罗勒等制成散剂，1天服2次，1次7g，服12天。血糖正常后服用孜亚比都司片和复方塔巴西尔片，服15天。寒性者药用小茴香根皮、旱芹根、铁线蕨、洋茴香、葡萄干、无花果干等制成糖浆，服12～14天，然后用排泻剂复方阿亚然吉片，连服3天。稳定期予复方苏来莆丸、衣木砂克丸、加瓦热西库尼度尔片等。结果，热性者总有效率为95.04%（134/141），寒性者为93.5%（29/31）。

买买提哈斯木等采用传统维医的四大"何里提"学说和体液学说的辨证法，粘液质内混合黑胆汁质型用滋芽比体片1号和依子何尔汤（苏艾勒伏米斯热、依子何尔、巴斯巴色、木斯里色皮提、洋甘菊、地龙等）和具有补肾精降血糖作用的强身萝菠甫克比尔散；血液质内混合黑胆汁质型用滋芽比体片2号和卡帕克汤1号（苏艾勒伏米斯热、卡帕克籽仁、马齿苋籽、洋甘菊、阿米勒、比和可比尔等）；胆汁质内混合黑胆汁质型用滋芽比体片1号、2号和卡帕克汤2号（古里比那伏西、夏提刃吉印地、青葫芦、依子何尔、玫瑰花、黑亚日显吧尔等）。均配合西药二甲双胍。经治76例，治愈率3.9%（3/76），显效率26.3%（20/76），总有效率94.7%（72/76）。

（滕　颍）

【土家药治疗过敏性皮炎】

肖一宾等将70例变态反应性接触性皮炎随机分为两组，治疗组38例以土家药鲜蒴藋加工而成的0.5%喷雾剂喷涂患部，对照组32例采用地塞米松注射剂加汽水制成的0.5%喷雾剂喷涂患部，3～5次/天。均采用双盲法治疗，用药5天。结果治疗组治愈率为44.7%（17/38），对照组为25.0%（8/32），治疗组总有效率为94.7%（36/38），对照组为87.5%（28/32），$P<0.01$。肖氏等治疗漆疮50例，用土家药蒴藋全草鲜品10g兑沸水1000ml，待水温降低至40℃以下浸泡外洗患部，1天2次，治疗1周，观察治疗期间不使用其他任何药物。结果，治愈率为80.0%（40/50），总有效率为98.0%（49/50）。所有病人均无任何不良反应。

史庭仁等通过动物实验，观察土家药生药八棱麻叶治疗兔皮肤接触性生漆过敏反应的疗效。共分4组，治疗方法是将八棱麻鲜叶临用前捣烂取汁直接涂抹治疗部位；地塞米松软膏直接挤在治疗部位；模型组与正常组用蒸馏水涂洗，每天上、下午各用药1次，连续治疗5天。结果，八棱麻组全部愈合，并接近于正常皮肤颜色；地塞米松组有2个实验区全部愈合，3个有所好转，1个未见明显好转；模型组没有好转，并有恶化溃烂现象；正常组未见异常改变。提示八棱麻对生漆接触皮肤过敏有一定疗效，优于地塞米松。

（滕　颍）

【羌族医药疗法简介】

羌族医药有着悠久的历史，早在《神农本草经》就对羌族地区的药物有了记载。羌族医药许多独特的用药习惯、外用医疗技术和经验得以保留和继承，是依赖了一种比较原始的宗教形态下的巫师（羌族尊称之为"许"，汉族称"端公"），或家传，或拜师学艺，以口传心授、法事活动等方式沿袭下来。余志俊就羌族民间医疗方法进行了整理。

1. 波尔得即羊皮疗法　患者脱掉上衣，将活羊杀死，剥下皮趁热披在患者的身上裹紧，再被上羊毛毡，以火炉的热力使其大汗淋漓。此法主要用于治疗风寒湿困于全身，风湿骨节痛、腰痛、湿气肿痛等疾病。有温经通络，强身健体的作用。

2. 娃柳知即打通杆　其方法是到田间采取一截魔芋杆，长度为病人手肘到指尖距离，以一头在火炉上烤微软，将软的一头从食道插入，随即取出，令其吐出胃中之物。常用于小儿食积，胃胀等。

3. 杆其虾即割疳　是用小刀在患者的手掌掌面、食指底部浅割一小口并挤出一点黄水后，按入一点木炭粉。用以治疗长期消瘦，不思饮食，体质较差的小儿。

4. 没窝沙即驱风法　先将一枚鲜鸡蛋放入加了陈艾、花椒、菖蒲等草药的水中煮熟（中途将蛋壳敲破），鸡蛋取出剥壳后，在蛋的中间镶入银戒指，布包鸡蛋后，熨擦小儿眼眶、鼻梁或贴敷于肚脐上，凉后再煮，反复数次。主要治疗小儿因风寒而致的发烧，抽筋目瞬或肚胀、肚痛及消化不良等症。

5. 箕夸波尔即熏蒸　选用不同的药物在大瓦罐中煎熬，让药的蒸气熏蒸人体，最后可用药水浸泡擦洗身体。多用于风湿骨节痛、肢体麻木、中风偏瘫、肢体浮肿、坐骨神经痛、皮肤瘙痒症。

6. 着姑得即提背法　患者脱掉上衣，俯卧床上，施术者用双手拇食指从患者尾骶处逐步向上用力翻转皮肤至颈部为止，连翻3遍，再扪到脊骨凹陷处由下到上逐节地用力提，每次提响。用于治疗小儿疳积消瘦、食积、肚痛等症，另有强身健体之功。

7. 怖姆壳即烧灯火　用灯草一段蘸上菜油点燃后烧灼某穴位，烧时听到有烧炸之声音效果最佳；也可用一张薄红纸抹上清油，贴在患处，用灯草蘸清油点燃后点在红纸上，一个部位可点烧数点。多用于惊风、腹泻、肚痛、着凉、头疼、湿痹麻木、扭伤等疾病。

8. 沙册即熨法　取一碗约60℃左右的柴灰末，包好碗口，洒上自泡的药酒，将碗置于患者背部或腹部，熨烫抹动，灰冷后或药酒干后可再换，每次几分钟到半小时不等。用于伤寒而致的腹痛、腹胀、大便稀溏、妇女小腹疼痛、肢体冷痛等病症。

9. 脱毂即砭法　取白石头一块或数块烧烫放在铜盆中，将备好的草药液或药酒洒在上面，然后把患脚放在上面前后移动，或者将石头熨关节疼痛之处。用于治疗脚痛。

10. 西姆勒册即酒火疗法　施术者用手蘸上在碗中燃烧的药酒，在患部及周围摸、揉、叩、打，反复数次。以治疗湿气病及扭伤为主，如风湿麻木、骨节风、寒气内停等。

（朱新革）

参考文献

B

白平安，阿茹娜，刘振国．应用蒙药净肤膏治疗银屑病．中国民间疗法，2001；(4):61

白树军．藏医药浴治疗风湿类风湿性关节炎65例疗效观察．中国民族医药杂志，2000；(1):17

E

恩　和，阿　木，陶格苏．七十味珍珠丸治疗风湿性关节炎108例．中国民族医药杂志，2001；(2):13

G

嘎勒曾，佐图雅．胃镜直视下清创喷洒蒙药治疗溃疡病的临床观察．中国民族医药杂志，2001；(2):9

H

黄三青．藏药二十五味儿茶丸治疗风湿性关节炎100例临床观察．中国民族医药杂志，2001；(2):11

L

李占财．藏医药浴法治疗关节炎88例．中国民族医药杂志，1999；(1)：22

刘二翠，冀　锐，美　荣．蒙医辨证施治类风湿性关节炎临床总结．中国民族医药杂志，2001；(3):12

刘玉杰，李晓微．蒙药六味安消散治疗消化性溃疡40例．中国民族医药杂志，2001；(1):11

M

马德保．藏药二十五味驴血丸治疗类风湿关节炎120例临床观察．中国民族医药杂志，1998；(3):14

买买提哈斯木，苏比努尔，买合皮热提外力．维西医结合治疗糖尿病76例临床研究．中国民族医药杂志，2001；(2):79

S

史庭仁，肖一宾．土家药八棱麻治疗生漆过敏实验报告．中国民族医药杂志，2001；(4):21

W

万玛才旦．藏药内服外浴治疗风湿类风湿性关节炎78例观察．中国民族医药杂志，1999；(1)；15

魏　华．猛鹏散加味治疗类风湿病140例．辽宁中医杂志，2001；(3):158

吾布力哈斯木·艾合买提，迪利夏提·沙德穆罕默德．维医治疗糖尿病172例临床观察．中国民族医药杂志，2000；(1):8

X

肖一宾，符丁玖．土家药蒴藋治疗漆疮50例．中国民族医药杂志，2001；(1):44

肖一宾，史庭仁．土家药蒴藋治疗变态反应性接触性皮炎38例．湖南中医药导报，2001；(7):374

辛措吉．藏药浴对132例风湿病 **ASO**、**RF**、**ESR** 阴转率的临床研究．中国民族医药杂志，1999；(4):13

Y

伊　敏，格胜利．蒙药内服外浴法治疗风湿性类风湿性关节炎73例．中国民间疗法，2001；(2):38

余志俊．羌族民间疗法十则．中国民间疗法，2001；(11):53

Z

张　勇．藏药五味甘露浴精治疗风湿类风湿性关节炎56例．中国民族医药杂志，2001；(1):封三

张福全，包根晓，刘萨仁，等．蒙医对治疗类风湿性关节炎的探讨．中国民族医药杂志，2001；(4):2

张海玉，高志清．蒙医药治疗银屑病50例．中国民族医药杂志，2001；(2):20

照那木拉．蒙医喷酒捋抚按摩疗法的生物力学原理．中国民间疗法，2001；(12):55

七、台港澳中医药

【台湾中医药动态】

近年来，台湾地区中医药科研活动围绕着“中医现代化”及“中药科学化”而展开，科研活功的重点是：对中医药的疗效进行评估、着重对台湾地区的中草药等植物成分研究与开发，开发本土性保健用的中草药等，取得了一定的成果。

个别型科研活功所取得的成果主要有：①针对各种不同药用植物如多肶瓜馥木、紫番荔枝、桶钩藤、香叶树、兰屿花椒、冷子番荔枝、无根草、小构树等的有效成分加以大量抽取、分离及纯化，定出其结构，且筛选出及评估其药理活性，以建立结构-活性相关性，如冬虫夏草的 HI－A 成分，无细胞毒性，又有免疫抑制作用，且可能对人类 IgA 肾炎具有疗效。屏东木姜子含有 9 种含内酯环的 butanolides，皆具有抗癌作用，其中有 5 种为新的化合物。②中医药疗效评估与研发：证实生脉散水抽取物在 1.1g/kg 下，可使低血压鼠产生急性升高血压及心跳效应，均达 15% 左右；丹参、钩藤（根）的酒精抽取物及人参的水抽取物可大幅降低 f-Aβ25-35 诱发的成年大鼠海马回神经元细胞凋亡，从而推测这些中药对中枢神经元具有保护或增生作用；黄芩、旋覆花、丹参酒精抽取物（100μg/ml）及青脆枝氯仿抽取物（20μg/ml）可抑制脂多醣体诱发的 iNOS 生成，降低一氧化氮（NO）的产生。

整合型计划的主要成果有：①现已建立脑神经干细胞组织培养细胞模式，以提供脑神经干细胞模型来筛选抗老化中草药，并探讨脑神经干细胞的生长及分化。已初步筛选了 40 余种抗老化中草药，发现银杏叶、何首乌、淫羊藿及金樱子等抽取物，均有明显促进神经干细胞生长及分化的作用。对何首乌进行了纯化有效成分的工作；并进一步建立以激光激发萤光毛细管电泳仪探测由脑神经干细胞分化为成熟的神经细胞后，抗老化中药是否可诱发这些细胞产生各种相关的神经传导因子。此外，探讨保护因麦醯胺酸造成毒性的神经细胞的中草药成分，已筛选数种中草药，初步发现菟丝子、黑芝麻、女贞子及银耳有保护麦醯胺酸造成的神经细胞毒性；胡桃仁、女贞于、金樱子、丹参对 Aβ（142）的凝集反应有明显抑制作用。②近两年来，中枢神经保护作用中药之评估研究课题从 26 种中药中制备了 80 余种粗萃物及纯化合物。动物实验显示：丹参、钩藤、刺五加、人参、三七、茵陈、川芎及一些纯化合物，具有保护神经元的效力。丹参、西洋参及防风粗萃物，对脂多糖/干扰素所诱导的 iNOS 之发生具有明显抑制效应。

此外，一项为期五年以对中草药等植物成分进行研究与开发为主要内容的“中草药整合型计划”已正式通过台湾地区“行政院”的审批，并付之于进行。

而由各管理部门推动的中医药相关科研活动主要在以下几方面：

“卫生署”推动的中医药科研：①评估中医药对特定疾病的临床疗效；②确定中药方剂临床疗效的科学研究；③推动中医药临床研究能符合临床试验规范；④中医辅助诊断仪器的研究；⑤中药品质管制等方面。如“中药方剂健步丸对骨质疏松症患者骨质量影响的研究”等 12 项中医临床研究；各医学院校进行了“血府逐瘀汤与冠心二号方活性成分与药理作用的研究”等53项中医药疗效及药理研究；卫生主管部门对中医药对肝炎（或肝病）和骨质疏松症临床治疗疗效评估研究、中医药在癌症治疗之辅助性功能研究等重点征求计划，并要求参照“药品优良临床实验规范”进行；继续进行“中医闻诊现代化研究——阳虚患者的语音分析”等9项中医辅助诊断仪器的研究；在中药品质管制方面，进行了6项有关台湾地区药用植物资源调查、引种育苗、栽培等研究；共进行25项中药品质研究，如“台湾市售麦门冬药材之生药学研究”、“中药材微量有机磷农药之超临界流体检验方法之开发和调查研究”等。

“农委会”等推动的大型科技计划中的保健药用植物组，选定了霍山石斛、山药、金线莲、紫杉醇、柴胡等药用植物加以栽种开发。

为降低健保的负担，及促进营养保健的研究能力，由“卫生署”、“农委会”与“经济部”等共同组成的“保健食品跨部会整合推动小组”，将研究重点定为：①抗氧化的活性；②抗肿瘤的功能；③降血脂功效；④降血糖功效：⑤对过敏免疫功能的调节；⑥其他；着重于机能性食品的研发。为此，获得了初步成果，如生鲜的芝麻所含的抗氧化活性较弱，但以160℃～190℃炒焙，反而可增强其抗氧化活性；摄取芝麻可降低血胆固醇，以及增强血脂肪的抗氧化性，且可使红血球较不易破裂。冬虫夏草的研究表明其具有降血糖的功能。苡仁的实验已显示可相当有效地降低血三酸甘油酯和胆固醇，以及预防便秘。此外，杜仲叶、蕺菜、红凤菜、苦瓜等都被发现有很好的抗氧化作用。

其它的课题有：药师专业在台湾的演变、药师的专业角色与工作内容及药事人力分布研究。认为加强药学教育、建立合乎国际潮流的药学教育制度、师资质与量的加强、专业课程及实务训练的改进，是培育药师人力的当务之急。卫生政策暨健保给付是引导药学专业发展及人力供需的关键因素。此外，要重视持续教育的推展，应加强培养制药工业所需人力。

（肖林榕　林晓风）

八、国外中医药

【日本汉方医学的研究思路与发展】

阴赪宏等介绍日本富山医科药科大学的寺泽捷年在第50次日本东洋医学会学术总会上，从汉方药的基础实验研究和临床病例研究等方面对汉方药的研究思路和发展方向进行了探讨。

（一）汉方药的基础研究　日本已能应用HPLC（高效液相薄层层析法）和质谱等方法对生药和汉方方剂成分进行分析鉴定，根据HPLC测定的各种峰值鉴定特定化合物的水平。寺泽等曾对钩藤散进行了约130例的双盲临床对照试验研究，并与津村中央研究所合作对钩藤散的成分进行了分析研究。研究显示钩藤散的成分由于产地不同而有很大差异。华钩藤含有去氢钩藤碱、钩藤碱、异钩藤碱和异去氢钩藤碱，HPLC可见1～7指纹峰，而钩藤可见1～4指纹峰，几乎无5～7指纹峰。所以阐明钩藤成分中的5～7指纹峰与1～4指纹峰在药理作用方面的区别是今后的重要研究课题。津村中央研究所通过检测八味地黄丸合人参汤、八味地黄丸、茯苓四逆汤和乌头分别加水煎煮后药液中乌头碱、次乌头碱、新乌头碱的浓度发现，虽然药物中的乌头用量相同，但八味地黄丸合人参汤以及八味地黄丸单方中的乌头碱类生物碱含量明显增高。进一步研究表明，当在八味地黄丸中加入生药山茱萸时，其水煎液的pH值在5.1左右，此时生物碱类极易溶入水中。因此在临床治疗中应用八味地黄丸时应慎用乌头或附子。名古屋市立大学的荻原幸夫提出的以汉方方剂作为药物单位进行研究的方法为汉方药理学研究开辟了新的途径。

寺泽认为仅以一种生药的活性物质很难说明方剂的药理作用，所以应进一步开展“复方药理”研究。如富山医科药科大学对桂技茯苓丸预防家兔动脉硬化进展所进行的研究就是基于以上的观点。结果表明，桂枝茯苓丸组主动脉和腹主动脉的粥样硬化病变明显减少（约为10%，空白对照组约为30%）。血脂分析表明，桂枝茯苓丸组的总胆固醇、甘油三酯、高密度脂蛋白胆固醇、低密度脂蛋白（LDL）和极低密度脂蛋白（VLDL）虽有所降低，但与空白对照组相比，无显著性差异。认为桂枝茯苓丸不能减轻高胆固醇血症，其防治动脉硬化可能与防止LDL氧化有关。为此分别在桂枝茯苓丸组和空白对照组血清中加入铜离子使之氧化，结果显示桂枝茯苓丸组很难被氧化。由此表明，当桂枝茯苓丸中的某种成分存在于血液中时，血清不易被氧化。无论是β-VLDL值，还是LDL值均显示桂枝茯苓丸发挥了抗氧化作用。将脂质和桂枝茯苓丸混合进行体外试验研究发现，桂枝茯苓丸可以剂量依赖性地抑制氧化，表明桂枝茯苓丸是一种具有抗氧化作用的药物。寺泽等还计划对无症状性微小脑梗塞患者给予桂枝茯苓丸治疗3年。因为治疗6个月的患者脑血流量已较给予桂枝茯苓丸前增加了30%，所以希望能在4～5年后达到预期的效果。

（二）汉方药的临床研究　寺泽指出在循证医学中最推崇的证据是双盲对照（安慰剂）临床试验，这种方法非常适用于对一种或两种汉方方剂的疗效进行研究。通过对患者证及疾病的限定可以增强疗效评价的准确性。寺泽等进行钩藤散治疗脑血管性痴呆的双盲临床对照试验结果显示，129 例患者中钩藤散治疗有效率为 32%，安慰剂为 12%，两者间有显著性差异。对药物的综合评价显示，钩藤散是非常安全有效的药物，其安全有效率达 41%。寺泽认为在临床研究中，对以辨证为基础的汉方医学而言，详细的个案病例报告是必不可少的，应该包括患者的一般身体检查情况、汉方医学诊察所见及辨证。汉方药的临床研究应包括个案病例报告、开放式试验研究以及双盲试验研究。汉方药的基础研究应包括：①生药中所含有的活性成分的分离、提取以及化学结构分析；②将汉方方剂作为一种活性物质，阐明其药理作用。

（文　耘）

【中医中药在印度尼西亚的发展和现状】

刘家瑛等归纳了中医中药在印度尼西亚（简称印尼）的发展和现状。印尼的特点是岛屿多，领土辽阔，人口约 19000 万。据记载，中医中药在这个国家已经历了数百年的兴衰变迁。在印尼，最早涉足中医中药领域的是中药店及其坐诊中医师，或者是经营中药店者兼职中医师。1974 年印尼政府颁布了中医中药的管制法令，强制中药店必须聘用配药师一人，以监督售药，所有中医师必须向省卫生部门申请许可证，方可行医。1975 年印尼卫生部对药品进口实行严格管制，禁止中国成药进口，但印尼中药进口商则通过香港、新加坡继续进口中药，以满足印尼人的保健需求。1992 年 9 月 17 日，印尼国会通过并经总统签署了第 23 号卫生法令，将传统医药（含中医中药）列为大众通用的医药，开始重视中医中药的存在，并鼓励其发展。

（一）医疗机构　在印尼中医发展史上，现有记载最早的中医医疗机构是 1911 年由来自中国的中医师在东爪哇泗水市联合创办的“同济医院”，该医院为一所中医慈善机构。1930 年，一些华裔在印尼西加里曼丹的坤甸市联合兴建了一所名为“中华养病所”的中医诊所。1962 年印尼著名针灸医师杨渊源先生创办泗水健民针灸诊所，由健民针灸基金会主办。该会先后培养了近百名中医师，是东爪哇首府泗水市最具规模的中医针灸慈善机构。雅加达公众针灸医疗院创办于 1963 年，1968 年这家医疗院正式成立“印度尼西亚雅加达公众针灸基金会”，1988 年扩建、迁址，平均每日接待 200 多人次。治疗方法多为体针、耳针、头皮针、磁疗和电针等。目前有病床 40 张，针灸医师 14 名，规模日趋完善和现代化。1969 年，印尼万隆康源针灸医疗所成立，1973 年成立“康源针灸基金会”。此外，棉兰鹅城慈善诊疗所成立于 1986 年，是一个中西医综合性慈善机构。

（二）学术团体　1975 年 3 月 6 日，印度尼西亚雅加达中医协会成立。这是第一个经政府立案注册的华人民间团体，会员共有 125 名，钟记堂医师为第一任主席。此后，在全国各省相继成立分会。1969 年，印尼政府承认的唯一药业组织——印尼药业总会成立。1976 年，印尼政府为了发展传统草药及普及保健，将印尼生草药公会、西药商公会及印尼药业总会等有关组织合并组成全印尼传统药业公会。该组织共有会员 3000 多人。同时，全国仅 7 家持有执照的中药店被政府准许进口草药，其中包括雅加达 5 家，泗水 1 家，巨港 1 家。

（三）交流与合作　1960 年，印尼总统苏加诺访问北京时，曾接受中国大夫的诊治。1962 年，中国派遣岳美中、杨甲三、吴阶平等 6 位中西医专家前往印尼开展学术交流。同时，中国上海的黄羡明教授前往雅加达中央医院讲授针灸，使该院成为西医学习针灸的基地。70 年代，一批华裔女青年先后赴新加坡中医学院就读深造。经过 4 年的严格训练，获得了毕业证书，回国后相继开办了诊所。印尼中医协会将于 2003 年在雅加达承办“第7届亚洲中医药学术大会”。印尼十分重视中医药事业的发展和宣传。印度尼西亚日报（中文版）经常及时刊登有关中医药学术交流方面的新闻报道，以及“爱心”诊疗康复中心等有关机构的中医药诊疗活动等。印尼《呼声》杂志设有中医药医疗保健专栏，深受社会各界的喜爱，并得到了当地各级政府、卫生部门、新闻媒体的支持和好评。印尼中医协会与中国、美国、日本等国家的中医药组织建立了密切的联系，对外交流工作开展得较为活跃。

（四）教育　20世纪80年代以前，印尼没有一所正规的中医学院，学习中医大多是通过中国厦门大学海外函授学院，完成学业后进而成为中医师。当年第一批104名攻读厦门大学海外函授部中医科的进修生现在都已成为印尼中医界的知名人士，对印尼中医药的发展具有重要的影响。目前，约有中医师1500名，其中900多名为印尼中医协会会员。中医师必须经印尼中医协会向当地检察署及卫生部门推荐，取得这两个部门的登记证后，方可挂牌行医。首都雅加达行医者必须参加指定部门的基础考试，合格者方可申请行医执照，期限为2年，2年后还需重新注册。1960～1980年期间，由于没有正规的中医学院，一些知名的中医师以开班收徒的方式来传授中医药医术，其中著名的有杨渊源、廖益修、黄延章、曾凯、郭怀乡、赖远秋等。1983年7月，印尼中医协会创办了以印度尼西亚语为教学用语的中医学院，这是印尼中医教育发展的一个里程碑。

（文　耘）

【国外对大豆药理作用及临床应用的研究】

怡悦、梅洁、陈宝堂、戚本明、龚苏晓等综合近年来国外对大豆药用价值的研究，认为具有良好的临床应用前景。

一、药理作用研究

大豆的主要药效成分是大豆黄酮，与其相似的物质还有金雀异黄素、大豆苷等。

1. 雌激素样作用　大豆黄酮对雌激素表现为双向调节作用。当机体雌激素水平较低时，可通过直接作用于体内雌二醇受体，增加组织细胞的雌激素受体数目和亲和力；或作用于下丘脑，促进垂体生长激素和催乳素分泌，从而调节雌激素分泌；或者通过增强雌激素的生物学效应而体现雌激素样作用。当雌激素水平较高时，可通过增强体内高水平雌激素产生的负反馈调节作用；或直接与受体结合，阻断内源性雌激素与ER受体结合；或者通过调节体内性激素结合蛋白，从而减弱雌激素的生物学效应。

2. 抗氧化作用　大豆的有效成分具有较强的抗氧化作用，可使血和组织中的抗氧化酶活性增强，脂质过氧化物水平下降。据Wei H报道，对促癌剂诱导肿瘤细胞产生的H_2O_2有明显的抑制效应，也能抑制DNA氧化产生8-羟基脱氧鸟苷，防止DNA分子发生突变；Jha H报道，能明显抑制Fe^{2+}-ADP-NADPH系统引发的大鼠肝微粒体脂质过氧化物形成；Vedavanam k等在体外LDL脂质过氧化试验中，证实其具有抗氧化活性，能够预防葡萄糖诱导LDL氧化。

3. 抗肿瘤作用　Steele V E报道，以含金雀异黄素饲料饲养，能使促癌剂诱导的大鼠直肠癌病灶数量减少；对人胃癌细胞株有强烈的抑制作用，并可诱导癌细胞凋亡。Murkies A、Lu L J、Zhou J R等通过研究分别证实，大豆黄酮具有防治乳腺癌、抑制移植性人前列腺癌或其他肿瘤生长的作用，其抗癌作用主要依赖于对雌激素的调节或抗氧化作用。此外，它还是很强的酪氨酸酶特异性抑制剂，可抑制拓扑异构酶的活性，这与抗癌活性也有一定的相关性。

4. 心血管保护作用　Mizutamni K认

为，大豆黄酮的抗氧化作用可以防止血管平滑肌细胞的DNA损伤，从而起到防治高血压及冠心病的作用。

5. 血糖调节作用　Vedavanam K在葡萄糖诱导的体外LDL脂质过氧化试验中发现大豆提取物（SPE）中的有效成分在一定浓度时，剂量依赖性抑制兔体外肠的BBMV（刷状缘膜泡）对葡萄糖的吸收。因此认为，具有抗氧化作用的SPE还可作为肠BBMV葡萄糖吸收抑制剂降低饭后出现的血糖过高，这两种作用可能与其防治糖尿病及其相关疾病有关。

此外，铃木忠彦还报告了世界各地的大豆无盐发酵食品的主要香味成分及其药理作用。这些食品包括日本的纳豆、尼日利亚的Daddawa、缅甸的Pepo、泰国的Thua-nao、西不丹的Kinema等。它们的主要香味成分为四甲吡嗪（TMP）与2，5-二甲吡嗪（DMP）等吡嗪化合物，具有抑制家兔血小板凝集作用以及茶碱样磷酸二酯酶抑制作用，并认为其抑制作用与环核苷酸代谢有关。

二、临床应用研究

因为大豆具有较高的药用价值，故美国FDA在2000年初始之际已将大豆食品批准为第11种对健康有益的食品，临床应用研究主要有以下几方面：

1. 用于绝经期妇女　Murkies观察28例手术或自然绝经的妇女，经服用大豆粉，其烘热次数减少40%，绝经指数也明显下降，认为这可能与大豆粉中所含的异黄酮类植物雌激素有关。Arjmandi B H与Anderson J分别报道，大豆分离蛋白或大豆提取分离的异黄酮类物质对去卵巢的骨质疏松动物模型有防治作用，因此可用于防治绝经期妇女因雌激素水平下降所致骨质疏松。

2. 用于肿瘤防治　Adlercreutz H调查发现，与激素代谢密切相关的肿瘤如乳腺癌、前列腺癌和结肠癌与大豆制品的摄入呈负相关，认为豆制品所含的植物雌激素可能与其抗癌作用有关。美国得克萨斯大学医学研究人员报道，大豆食品可使30%～40%的妇女血中雌激素水平下降，从而降低其患乳腺癌的危险，因此认为食用大豆蛋白可作为乳腺癌的预防手段之一。美国纳什韦尔Vanderbilt大学的研究人员认为，常吃大豆食品的妇女其乳腺癌发生的可能性减少50%。研究人员对中国上海妇女的尿样进行了分析，测定大豆异黄酮的含量，结果发现异黄酮水平与大豆摄入量高度相关，并认为要达到食用大豆食品预防乳腺癌的目的，最佳食用时间应该是青春期前，甚至更早。

3. 用于心血管疾病　大豆食品可减少心脏病发作，并通过降低血中胆固醇含量而减少心脏疾病的并发症。FDA指出，如果其他食物含饱和脂肪酸和胆固醇量较低，则每日25g大豆蛋白即可产生良性作用。平田洋通过临床试验结果表明，含有大豆蛋白的豆浆粉对处于临界及有轻度高脂血症者具有改善血脂浓度的效果，认为这是一种有益而安全的食品，长期食用对心血管疾病的预防具有重要意义。

4. 用于增强免疫　木尾本修身采用人体NK细胞活性等与免疫有关的血液学指标，观察了大豆发酵品（Z851）对人体的免疫激活作用，结果表明服用Z851后有提高NK细胞活性的作用，但该作用主要出现在服后5h或8h之后，在24h内消失，无长期蓄积作用，故宜经常食用。认为这种大豆发酵品能增强机体免疫功能，对健康人和各种疾病患者均大有益处。

（王克勤）

【国外对钩藤散及钩藤的研究】

齐元富、怡悦、余文海、杜旭、梁爱华、同心、童建明、计惠民介绍了近年来国外对钩藤散及钩藤在动物实验与临床应用方面的研究。

一、动物实验

1. 对高血压动物模型的作用　丁宗铁等报告，钩藤散对应激引起的实验动物的血压升高有预防作用；石井权二报告，钩藤散对自发性高血压大鼠（SHR）有明显的降压作用，且呈剂量依赖性；松原利行等认为钩藤散与卡托普利并用对自发性高血压脑卒中大鼠（SHR-SP）有较好的预防效果。钩藤通过 Ca^{2+} 通道阻滞作用而使血管扩张，降低血压。后藤博三对 SHR 实验发现，钩藤提取物可抑制血管内皮生成自由基，增强对 Ach 的内皮依赖性血管松弛作用，表明钩藤对 SHR 的早期高血压可能有血管保护作用。Goto H 也观察到钩藤保护内皮细胞的功能，其作用之一是抑制来自内皮细胞的自由基的增生，故对高血压所致 SHR 血管损伤具有保护作用。木神原严报道，钩藤中的降压活性成分为异钩藤碱，其降压作用可持续 4h，但煎煮 15min 后效减，这是由于异钩藤碱转变成钩藤碱的缘故。无机盐的缓冲作用可防止 pH 值显著降低，抑制降压有效成分的转变，故钩藤散中的石膏能提高降压生物碱的得率。上野美惠等观察了不同剂型钩藤散长期给药对 SHR-SP 大鼠生存时间的影响，结果发现给予热水提取物组的生存期明显短于接近钩藤散原剂型的生药末组，认为这是由于加热提取过程中有效成分分解或挥发所致。

2. 对中枢神经系统的影响　广川信一等采用常压低氧负荷法观察，钩藤散可明显延长小鼠生存时间，具有抗缺氧、保护脑功能等作用。岩崎克典等报告，钩藤散对脑缺血小鼠的空间辨别障碍有明显改善作用，可使脑缺血所致的单胺神经功能低下恢复正常，并对缺血导致的细胞损害有较强的保护作用。三卷祥浩等报告，钩藤散具有一定的解痉作用，并认为这主要是依靠钩藤实现的。日本富山医科药科大学的 Itoh T 等发现，一定浓度的钩藤提取物水溶液，对谷氨酸诱导的培养大鼠小脑颗粒细胞的神经细胞死亡有显著的保护作用，并认为钩藤抑制 Ca^{2+} 内流是其保护作用的机制。

3. 毒理学研究　峰松澄穗等进行了钩藤散的毒性试验，结果单次经口给药未见死亡病例，推测其致死量在 8g/kg 以上。连续 13 周反复经口给予 $2000mg \cdot kg^{-1} \cdot d^{-1}$，亦未见任何毒性反应，故其安全量至少应在此剂量之上，因此认为钩藤散毒副作用很小，使用安全。

二、临床研究

1. 治疗高血压　松下哲报告应用钩藤散治疗 38 例，又对另外 22 例分组进行双盲对照观察；吉贺摄等报告 27 例；佐佐木等还对原发性高血压辨证为虚证者进行了分组对照观察表明，钩藤散对主要症状为头痛、眩晕、精神症状等的原发性高血压有显著疗效，可降低舒张压、收缩压、血清总胆固醇、甘油三酯，增加高密度脂蛋白，特别对血压异常高值或低值者有效，而对正常者没有影响，从而保证机体维持生理状态的脂质水平。

2. 治疗痴呆　日本富山医科药科大学和汉药研究所对钩藤散治疗脑血管性痴呆（VD）的疗效进行分析，随机对照观察 60 例（钩藤散组 32 例、安慰剂组 28 例），双盲观察 139 例（钩藤散组 69 例、安慰剂组 70 例），结果表明，钩藤散对患者症状的综合改善程度、有效性以及对自觉症状、精神症状、日常生活能力障碍的改善等均优于安慰剂，证明钩藤散治疗 VD 有效。岛田丰认为钩藤散的疗效是因其具有促进血液循环的作用，不仅可改善脑循环和脑代谢，还有提高生命活力的效果。山本孝之治疗 115 例 VD 患者，全面改善率为 36%，并发现对小梗塞型与大梗塞型痴呆的改善率较高，而对宾斯万格痴呆和边界梗塞型未见改善；对定向障碍、书写能力、抄写能力等均有显著改善，近记忆、幻觉、自主性情感障碍等亦有好转；还发现有效病例病程较短。由此认为钩藤散适用于脑梗塞引起的VD，病程较短或有肝肾功能障碍不能耐受西药副作用者。此外，山本孝之还观察了钩藤散对阿耳茨海默型痴呆（DAT）的疗效，并以改善神经传递作用的西药为对照组，结果钩藤散对早老性痴呆（AD）的改善率略高于对照组，对老年性痴呆（SDAT）的改善率明显增高，且近记忆、睡眠障碍、沐浴动作、漫游多动、幻觉、独语与老年行为量表智能方面的改善率皆明显高于对照组。

3.治疗头痛　高田理应用钩藤散治疗慢性紧张性头痛20例，改善率为60%～70%，认为其作用机理在于：通过中枢神经抑制作用抑制致痛物质的传递；镇静作用、植物神经阻滞作用使痛阈提高；肌松弛作用、解痉作用缓解肩、颈骨骼肌紧张；外周血管扩张作用改善血液循环。木村格观察60例以慢性头痛为主诉的脑血管病患者，应用钩藤散治疗6～9周达到最佳效果，有效率78.3%。西户孝昭等治疗26例高龄慢性头痛，其中22例为高血压、脑动脉硬化，结果17例平均服药2.1周后症状消失。竹田聪等治疗26例，有效率为70%。

4.治疗耳鸣、耳聋　奥野秀次等应用钩藤散治疗10例主诉耳鸣、有陈旧性感音性耳聋但未见传音系统异常的患者，8周后改善7例，认为其药理作用可能与利多卡因抑制耳鸣的药理作用相似。石户谷淳一等治疗耳鸣68例，结果稍改善以上37.1%，发现梅尼埃病引起者改善率高；突发性耳聋有效率达50%，但老年性耳聋及原因不明的感音性耳聋疗效差。斋藤晶对钩藤散治疗的40例耳鸣患者疗效进行了分析，认为有无头痛及高血压对疗效无显著影响，但70岁以上者有效率（84.7%）明显高于70岁以下者（48.1%）。此外，田口喜一郎报告25例，早川贵美子报告15例，分别取得了不同的疗效。

5.改善微循环、血液流变及其他　杨乔等研究了钩藤散对人体循环系统与血液流变学的影响，认为快速给药可增加血流速度及血流量，具有改善微循环的作用。进一步研究表明，钩藤散可明显抑制红细胞聚集，改善红细胞、白细胞变形能力，具有使血液易于通过微血管的作用，并且还有扩张微血管的作用，其结果可以增加血流速度和血流量，从而改善无症状性脑梗塞患者的微循环障碍。永田胜太郎等对24例原发性高血压的治疗中发现，钩藤散可改善高外周循环阻力患者的血循环，并稳定内环境。后藤壮一郎治疗31例脑供血不足，有效率80.6%，73.9%的患者脑血流量增加，认为钩藤散可增加脑白质、灰质的血流量。此外，十束支郎等治疗13例脑血管疾病引起的精神神经症状，有效9例中局部脑血流量改善者6例。千丈雅德治疗40例有幻觉妄想症状，有效率达57.9%。

（王克勤）

【国外对电针的临床应用与研究】

（一）治疗肩凝症　英国Kuge H等观察了低频电针治疗肩凝患者的临床效果。治疗用两种方法取穴，即用仪器测定（SAG）和不用仪器测定（UAG），用直视模拟标尺（VAS）对舒适指数和疼痛指数进行评价。60例肩凝患者分为2组，即SAG和UAG各30例。两组均选取肩井穴，SAG组用测定皮肤低电阻点的方法选穴，UAG组则用传统方法选穴。两组均给予3Hz低频刺激20 min，用痛觉计测定舒适指数及疼痛指数。将治疗前后的舒适指数及疼痛指数用痛觉计和VAS进行比较。结果：两组无显著差异，认为用皮肤低电阻点测定法取穴更客观。

（二）治疗帕金森病　Akagawa J等以1-甲基-4-苯基-1，2，3，6-四氢吡啶（MPTP）处理C57小鼠作为帕金森病动物模型，观察了头针电刺激的效果。材料和方法：C57小鼠分为对照组、MPTP处理组和针刺组。后两组皮下给予 MPTP 30mg/kg，每日2次共5日。对照组给等量盐水。针刺组小鼠用3号针刺激头部舞蹈病-震颤抑制区（位于耳间连线前5mm及矢状线两侧1mm间）。电刺激2.5Hz，5min。隔日1次，共2周。末次注射MPTP后14天时进行爬杆试验、牵引试验以评价症状。结果：①爬杆试验：3组转向时间无显著差异，但MPTP组落地时间明显长于对照组，而针刺组则明显短于MPTP组。②牵引试验：MPTP组记分显著低于对照组，针刺组记分显著高于MPTP组。表明头针电刺激可使MPTP处理的帕金森病动物模型症状显著缓解。

（三）治疗糖尿病　日本加藤麦等采用正常血糖高胰岛素钳夹技术（HEC），以葡萄糖输注率（GIR）为指标探讨电针刺激对糖尿病大鼠胰岛素抵抗（IR）的影响。实验动物为雄性OLETF和LETO大鼠。①电针刺激对IR的急性效果：20周龄的雄性OLETF和LETO大鼠各25只，两者都分为无刺激对照组（NS组）、耳廓迷走神经支配区域电针刺激组（AVA组）、耳廓非迷走神经支配区域电针刺激组（ANVA组）、背部电针刺激组（AB组）、背部夹皮刺激组（PB组），各5只。行HEC，从进入稳态40min到50min为GIR的基础值，此后各部位行刺激10min，刺激结束后继续测定GIR 10min。②电针刺激对IR的慢性效果：5周龄的雄性OLETF大鼠32只，分为NS组、AVA组、ANVA组、AB组，各8只。除无刺激对照组外，均电针刺激15min，每周1次。从6周龄开始，刺激18周。刺激过程中每周测定1次体重、摄食量、粪量和空腹血糖，18周后用HEC测定GIR。结果发现：①电针刺激对IR的急性效果：OLETF大鼠在夹皮刺激后GIR显著减少。LETO大鼠耳廓迷走神经支配区域刺激后可见GIR显著减少，但夹皮刺激后GIR显著增加。②电针刺激对IR的慢性效果：刺激过程中体重、摄食量、粪量和空腹血糖虽然随时间变化而逐渐增加，但与对照组相比均无显著差异，AVA组和AB组的GIR较对照组显著增加。提示电针刺激可能是IR的有效预防措施之一，由于体重等指标未见变化，故其作用机制并非继发性胰岛素敏感性增加所致，而可能是由于电针刺激通过某种机制直接使外周组织的胰岛素敏感性增加所致。

（四）对神经、肌肉的影响　英国Kurita M等研究了低频电刺激对身体远端神经和肌肉（测试点）特定部位（刺激点）的影响。刺激点位于前臂（P），测试点分别位于下颌（M1）和肩部（M2）。以30HZ低频电刺激前臂，观察下颌和肩部肌肉感觉阈和痉挛阈的变化。方法：分别用0%、80%、100%和120%痉挛阈值的电流强度，以10、30和50Hz低频电流刺激前臂。结果：右前臂低频电刺激对下颌和肩部肌肉感觉阈和痉挛阈均有影响，但对两种阈值的影响不同。同侧刺激较对侧刺激对肩部影响更显著，对侧刺激较同侧刺激对下颌影响更为显著。不同刺激频率对肩部的影响较下颌更为显著。认为根据定量和统计分析证明两个部位对感觉阈和痉挛阈的远端作用不同，这种远端作用具有频率依赖性、刺激量依赖性和刺激部位依赖性，并符合经络学说。

（五）对坐骨神经的影响　英国Inoue M等观察了针刺腰部（ASL）和直接电刺激坐骨神经（ESS）对麻醉大鼠坐骨神经血流的影响。方法：选用16只Wistar大鼠，其中ASL 13只、ESS 3只。用乌拉坦麻醉，用气管插管进行人工通气。在第6腰椎两侧施针刺激，并于同侧或对侧坐骨神经至血流测定点给予电刺激。用激光多普勒流量测定仪测定坐骨神经血流。结果：ASL试验中，有半数血流的变化伴随着动脉血压的变化，而其他试验过程则不总是伴随动脉压的变化。同侧坐骨神经电刺激使神经血流增加，且不伴有动脉压的升高。给予阿托品可轻度减弱此反应。电刺激对侧神经引起的血流变化不伴随动脉压的变化。认为腰椎部位针刺可影响坐骨神经血流,而这种变化并不总是伴有动脉血压的改变。电刺激同侧坐骨神经可使神经血流增加,但不增加动脉血压,给予阿托品可轻度减轻该反应,说明 ASL 和 ESS 所致的神经血流增加不仅仅受动脉血压的影响,而且受轴索反射和胆碱能血管扩张剂的调节。

（六）对儿茶酚胺系统的影响　Kwon Y 等以 Fos 的免疫组化特性作为神经元活性的指标，观察了不同频率的电针镇痛能否被儿茶酚胺通路激活，以及中枢性儿茶酚胺 CA 的生物合成是否受不同频率电针的影响。实验结果表明，电针刺激足三里穴可以激活儿茶酚胺系统，从而达到镇痛效果。不同频率的电针刺激可以增加儿茶酚胺能神经元中 FLI 神经元的数量以及中枢神经系统儿茶酚胺生物合成神经元的细胞活性，表明儿茶酚胺系统在电针镇痛中起重要作用。

（方东行　郭常典）

【日本对气功态生理效应的观察研究】

近几年来，日本一些大学、研究所的科研人员继续对气功态生理效应进行观察研究，取得一些新的进展。在对气功调息的生理效应进行研究方面，东京女子大学的沈再文等观察了在做气功调息呼吸法锻炼时，人体的手脚皮肤温度明显上升，脑和植物神经系统处于一种较深的松弛状态。该研究还探讨了闭息呼吸法的生理学机制。中部大学的足达义则等观察了不同呼吸法所造成的血氧、皮肤电阻及脉波下 Fractal 次元的变化。以普通呼吸、丹田呼吸、腹肌振动呼吸进行 30min 后，脉波形、皮肤电阻、血氧容存率都发生很大变化，其他器官有可能因此而受到影响。东京电机大学刘超等对控制呼吸所带来的生理效果进行了观察研究。练功者在有意识地控制呼吸之后，与安静状态相比，氧浓度、呼气中的氧、二氧化碳、血压、心电等生理现象都会出现变化，由此可知气功呼吸中的泻法（长呼短吸）和长吸短呼补法的意义。研究结果为：①吸气时间 5 秒、呼气时间 15 秒的场合，与安静状态相比，呼吸中的末梢氧浓度增加，呼气中的氧减少，二氧化碳增加。在呼吸后的安静时，血压差的分散度减少，但心电图的心拍数和 R 点电位无明显变化。②吸气时间 15 秒，呼气时间 5 秒的场合，与安静状态相比，呼吸中的末梢血氧浓度增加，呼气中的氧增加，二氧化碳减少，在呼吸后的安静时，血压差和心拍数无明显变化，但能观察到 R 点电位有增加的倾向。在对气功调心的生理效应进行研究方面，放射医学综合研究所原口铃惠等观察了意识集中时的生物光子变化。7 名健康者进行持续 10min 的意识集中于指尖的训练，同步测定显示，指尖的生物光子强度发生变化，这种变化因被测者而异，分为上升和下降两类。放射医学综合研究所中村广隆等为阐明意识和生命体功能的关系，令男女两名被测对象将意识集中于手，意想自手发放红外线，然后停止意识集中，放松。测试结果为，当把意识集中于手时，皮肤表面温度下降；放松时，皮肤表面温度上升。

（李小青）

参考文献

A

Akagawa J….头针电刺激对 MPTP 处理的帕金森病动物模型的效果．国外医学·中医中药分册，2001；(2):114

C

陈宝堂．大豆发酵品（Z851）对人体的免疫激活作用．国外医学·中医中药分册，2001；(3):163

陈宝堂．含有大豆蛋白的豆浆粉对临界及轻度

高胆固醇血症的有效性及安全性研究．国外医学·中医中药分册，2001；(3)：166

D

杜 旭．钩藤的降压活性成分及提取过程中的含量变化．国外医学·中医中药分册，2000；(6)：370

G

龚苏晓．大豆植物化学提取物中异黄酮类的抗氧化活性及潜在的抗糖尿病作用．国外医学·中医中药分册，2001；(1)：23

I

Inoue M…．腰部针刺和坐骨神经电刺激对坐骨神经干血流的影响．国外医学·中医中药分册，2001；(1)：52

J

计惠民．钩藤散治疗耳鸣的效果与头痛、高血压的关系．国外医学·中医中药分册，2000；(1)：26

加藤麦…．电针刺激对糖尿病大鼠胰岛素抵抗的影响．国外医学·中医中药分册，2001；(1)：47

K

Kuge H…．低频电针治疗肩凝患者的临床效果．国外医学·中医中药分册，2001；(2)：114

Kurita M…．前臂低频电刺激对下颌和肩部肌肉感觉阈和痉挛阈的远端作用．国外医学·中医中药分册，2001；(1)：52

Kwon Y…．不同频率电针刺激对脑干部儿茶酚胺神经元细胞活性的影响．国外医学·中医中药分册，2001；(3)：179

L

梁爱华．钩藤散对血管性痴呆的作用．国外医学·中医中药分册，1999；(4)：17

刘 超，町好雄．Journal of International Sciety of Information Science，2001；(1)：90

刘家瑛，杨德利．印度尼西亚的中医中药．国外医学·中医中药分册，2001；(4)：251

M

梅 洁．大豆可预防乳腺癌．国外医学·中医中药分册，2001；(4)：255

梅 洁．大豆在美国受重视．国外医学·中医中药分册，2000；(2)：123

Q

戚本明．大豆黄酮药理学研究新进展．国外医学·中医中药分册，2001；(4)：204

齐元富．钩藤散研究进展．国外医学·中医中药分册，1998；(6)：8

S

沈再文，刀称明子，朝山正己．中国·上海第八届国际医学气功研讨会论文集(2001)，27

T

同 心．钩藤散治疗痴呆的临床与基础研究最新动态．国外医学·中医中药分册，2001；(2)：123

童建明．钩藤散与脑血管性痴呆的研究．国外医学·中医中药分册，1999；(2)：29

Y

怡 悦．世界各地的大豆无盐发酵食品的主要香味成分及其药理作用．国外医学·中医中药分册，2000；(3)：166

怡 悦．钩藤对自发性高血压大鼠血管内皮功能的影响．国外医学·中医中药分册，2000；(1)：28

怡 悦．钩藤散对微循环及血液流变学的影响．国外医学·中医中药分册，2000；(1)：29

怡 悦．关于痴呆的研究报告．国外医学·中医中药分册，2000；(3)：188

阴赪宏，马辰．日本汉方医学的未来发展与研究思路．国外医学·中医中药分册，2001；(2)：67

余文海．钩藤对自发性高血压大鼠内皮的影响．国外医学·中医中药分册，2000；(6)：352

原口铃惠，小竹润一郎，陈伟中，等．Journal of International Sciety of Information Science；2001；(2)：373

Z

中村广隆，原口铃惠，陈伟中，等．Journal of International Sciety of Information Science，2001；(1)：159

足达义则，青木孝志．Journal of International Sciety of Information Science，2001；(1)：84

医药名人

李连达，男，于1934年出生于辽宁省沈阳市。1956年毕业于北京医学院医疗系。1956年至今工作在中国中医研究院西苑医院。现任中国中医研究院西苑医院基础医学研究室研究员。兼任中国药典委员会常务委员，卫生部保健食品审评委员会副主任委员，国家药品监督管理局新药委员会审评委员，国家科学技术奖励审评委员会审评委员等职。李氏共发表学术论文230篇，参加专著编写25部。地奥心血康、中药现代化发展战略研究、中药药理研究方法学等先后获得国家科技进步三等奖、卫生部科技进步甲级奖及各级科技成果奖20项。由于在中药研究及新药开发方面做出突出贡献，1999年被评为中国科学技术发展奖中药奖。他和研究室的同志先后完成70种中药新药的药理学研究，获得新药生产证书者20种。先后到日本、美国、德国及中国台湾省、香港等地做专题学术报告。曾任第八、九届全国政协委员。

李连达

李氏在国内首创或首先建立一系列研究方法，提高了中药研究水平，使之走向规范化、现代化。例如在国内首先建立心肌细胞培养，并对人胚心肌细胞培养成功。还建立多种细胞病理模型用于中药研究，使中药研究进入细胞、分子、受体、离子通道等研究水平，首创“多点固定式心外膜电图”，“心肌耗氧量连续测定法”、“定量组织学测定”，创立小型猪心肌缺血模型、“病态窦房结综合征的甲醛环动物模型”、“阳痿动物模型”等，提高了中药研究及新药药效学研究水平。对冠心Ⅱ号、生脉散、地奥心血康等活血化瘀方药，进行了系统的研究，并研制成功冠心Ⅱ号等多种新药，推动了活血化瘀研究及中医药理理论研究。

李氏积极参加国家科委等8个部、委、局组织的“中药现代化发展战略研究”，获得国家科技进步二等奖。参加卫生部及国家药品监督管理局有关中药新药研制的政策、法规、技术要求及审评办法等文件的起草与修改工作。受卫生部委托，负责编写《中药新药药效学研究指南》，建立了符合国情、符合中药特点的技术要求与审评标准。与研究室的同事完成了70种新药研制工作，包括二类新药8种、三类新药56种、四类新药6种，已获得生产证书者20种。其中地奥心血康累积产值已达40亿元。

李氏重视人才培养，先后培养博士后、博士、硕士研究生多名，建立起多学科合作、老中青结合的科研梯队，使研究室成为国家规范化中药药理实验室及国家中医药管理局的重点研究室和三级研究室，并成为中药药理研究及新药研制的示范中心。

（中国中医研究院西苑医院）

陆广莘，中国中医研究院研究员，国家中医药管理局专家咨询委员，第八、九届全国政协委员。1927年出生于江苏松江县颛桥（今上海闵行区）。1945年学习中医，先后师从陆渊雷、章次公、徐衡之。1948年毕业行医，1950年组织联合诊所。1952年考入北京大学医学院学习西医五年。1957年毕业分配至中央人民医院（后划归北医）从事中医临床、教学、科研工作。1958年首开中医病房，首开《中医学概论》课程。1983年奉调中国中医研究院，先后任中心实验室副主任、基础理论研究所副所长。提出“中医研究和研究中医”命题，可以互补并进，形成“旁开一寸，更

陆广莘

上一层”的科研选题思路。主持设计“肝血风瘀”和“脾津痰湿”两大课题系列，创立大小动物模型，开展多学科研究，从肝为“将军之官”与防卫适应功能，脾为“后天之本”与稳态屏障功能的假说出发，探索中医基础理论研究和发展中医实验科学的新路子。1986年先后主持“证的理论研究”的全国和国际会议，区分了：作为对象出入信息的“证”、医生感官诊察所得的“证”、医生思维判断所得的“证”、构成中医理论模型的“证”。其中“劳倦饥饱伤脾的动物模型研究”获1988年国家中医药管理局科技进步二等奖；“肝郁气滞血瘀的临床和实验研究”获国家中医药管理局科技进步三等奖；“脾气虚证发生机理研究”获1993年国家中医药管理局科技进步一等奖。

陆氏将从自己自1956年以来发表的有关论文进行整理，共81篇，于2001年出版，书名为《中医学之道》。从学术思想、临证实践反思、中医研究、思路方法、基础理论假说等五个方面探讨了中医学术思想、实践智慧和发展道路。

（中国中医研究院）

奚九一

奚九一，1923年出生，江苏省无锡市人。1949年上海陆渊雷中医函授结业，1953年上海同德医学院医学专业本科毕业，1958年上海市西医学中医研究班结业。1969年起任上海市中西医结合医院脉管科主任，1989年晋升为主任医师。1989年、1990年分别被评为全国卫生先进工作者、全国劳动模范，1995年被评为上海市名中医。2000年至今任上海市中西医结合医院奚九一脉管医院院长。著有《血管外科学》和《因邪致瘀观点治疗常见周围脉管病的经验（中英文版）》等。由奚氏主持的脉管炎中医辨证治疗临床研究于1959年获卫生部1959年银质奖，“清脉791”恢复缺血肢体血流循环的实验和临床观察获卫生部1984年科学技术成果乙等奖，软坚清脉方抗肢体动脉粥样硬化的临床与实验研究获国家中医药管理局1996年中医药科技进步三等奖，奚氏糖尿病足筋疽（肌腱变性坏死症）的研究获卫生部1999年科技进步三等奖。

奚氏较早提出“因邪致瘀、祛邪为先，分病辨邪、分期辨证”的学术观点，改变了以往对脉管病治疗方法上的单一性和诊断方法上的教条性。发现肌腱变性坏死可导致糖尿病足坏疽。采取奚氏独创的中西医结合“清法”治疗，使得以往高达38.5%～75%的截肢率降低到4%以下。以个人姓氏命名的“奚氏糖尿病足筋疽”课题已通过了卫生部的审定，获得卫生部科技进步奖。同时，该治疗方法已在美国、加拿大、新加坡、日本、香港等地区得到了推广。奚氏长期从事疑难病症的中医、中西医结合研究，对动脉阻塞、静脉血栓、心脑血管病、糖尿病足坏疽、免疫性血管炎、病毒性肝炎、胆道病、胃肠癌肿、痛风关节炎、肾结石、颈腰椎肢节痛、面瘫、慢性支气管炎咯血、不育症等疾病，均有丰富的临床经验。总结了77个高效中药经验方，制成冲剂、胶囊、口服液等剂型，还研制抗动脉硬化、抗糖尿病并发症，抗痛风及尿酸肾结石、抗胃癌前病变等保健制剂10余种。曾应邀赴中东为阿曼王室诊治，赴美国麻省大学医学院血管外科中心邀请作“中国传统医学治疗脉管病”的学术报告。培养硕士6名、博士5名。

（上海市中西医结合医院）

徐东铭，1935年出生，吉林省长春市人，1958年毕业于沈阳药学院，一直从事中药化学研究工作，1991～1992年于日本德岛文理大学研修，曾任吉林省中医中药研究院中药化学室主任、研究员、副院长，国家中医药管理局新药研究重点实验室主任，第二、三、四届卫生部新药审评委会委员，国家药品监督管理局新药审评委员，国家自然基金委员会第三、四届审评委员。现为吉林省中医中药研究院名誉院长、终身研究员。

徐东铭

徐氏主要从事常用中药材的有效成分及质量控制研究和中药复方的药效物质基础的研究，在此基础上，进行新药的开发研究。1964年研究证明人参叶含有与人参根基本相同的人参皂甙成分，获全国科技大会奖，其后完成人参多糖注射液的研究获吉林省科技进步二等奖，1980年开始系统的研究贝母的化学成分，完成了“平贝母地上部分的研究与利用”、“吉林栽培伊贝母药效评价研究”、“浙贝母茎叶、平贝母、伊贝母的化学成分研究”等项目，分别获得国家科技进步三等奖、吉林省科技进步二等奖、国家中医药管理局基础研究二等奖。

2000年主持完成了国家九五攻关课题“常用中药材质量标准规范化研究”，该课题研制了70种中药材的具有药效活性的定量对照品和专属性鉴别对照品，建立了70种中药材的质量标准（草案），其中18种中药材的质量标准纳入2000版中国药典，提出了70种中药材的有害元素和有机氯农药残留量的限量标准建议，2001年被国家科技部，财政部，国家经委，国家计委联合授予九五科技攻关优秀成果奖，授予徐氏九五科技攻关先进个人奖，并被评为国家科技进步二等奖。

2001年主持完成了国家攀登计划预选课题“人参四逆汤药效物质基础及作用机理和软电离技术研究中药复方的应用研究”，初步阐明了人参四逆汤的药效活性物质的药效机理，揭示了干姜与附子增效作用的物质基础和“附子无干姜不热”的科学内涵，揭示了甘草影响附子剧毒性成分的进程和产物的规律。该课题于2001年12月通过国家验收。

近年来，徐氏作为第一负责人，主持了国家自然科学基金重点项目“四逆类方配伍规律的研究”，国家科技部中药现代化重点课题“贯众等5种中药材标准品的研究”等项目，编写“人参的研究”和“人参研究进展”等著作5部，在国内外发表研究论文96篇。

（吉林省中医中药研究院）

事记

【工作会议】

▲全国中医药工作会议　2月20日在北京开幕。卫生部部长张文康在全国中医药工作会议上指出，今年中医药工作的重点是深化改革，充分发挥中医药在农村卫生工作中的作用，努力搞好新形势下的继承与发展。做好中医药的继承发展工作是中医药事业发展的主题，也是各级中医药主管部门的重要职责。

【学术会议】

▲中国中西医结合学会第五届实验医学学术研讨会　4月23日至27日在福州市召开。收到论文115篇。会议主要研讨了中西医结合研究最新进展及相关问题、实验模型及方药、疾病的中药防治及机理等。

▲第四届全国民族医药发展研讨会　5月26日至27日在北京召开。参加会议的有藏、蒙、维、壮、苗、侗、羌、土家、朝鲜等民族医学专家和各地代表120余人。会议除政策性、学术性的专题报告和自由研讨之外，还就民族医药的科研、开发和生产、经营进行商贸洽谈，结合民族医临床经验的推广，拓展民族药的生产和销售，提高民族药的质量。

▲首届全国单味中药临床应用学术研讨会　6月21日至23日在北京召开。来自全国15个省、市、自治区、直辖市科研和医疗单位的代表33人参加会议，收到论文210篇，参会代表围绕单味中药及其提取物治疗各种疾病的临床经验；单味中药的基础、临床药理学、中医文献学、中药资源学研究；名老中医的临床体会等内容进行了深入的研讨。

▲全国中医药与中西医结合临床暨针灸及外治疗法临床应用研讨会　6月30日至7月2日在北京召开。来自全国的400余名代表出席了会议。共收到学术论文1000余篇，有20余篇论文进行了学术交流，《中医杂志》专门为此次大会出版了增刊。会议专门组织了功能性消化不良、病毒性肝炎、心律失常、糖尿病4个学术讲座。

▲全国中西医结合专科专病学术交流大会　8月14日至17日在北京召开。70余名来自基层、民间的中医药工作者就临床专科专病实用技术进行了交流，选出108篇优秀论文编纂成《专科专病中西医经验荟萃》正式出版。

▲全国第八届中医风湿病学术研讨会　9月4日至6日在甘肃省敦煌市召开。来自全国20多个省、市、自治区的代表110人参加了大会。共收到论文150篇，内容涉及到类风湿关节炎、强直性脊柱炎、系统性红斑狼疮、多发性肌炎、骨性关节炎等风湿病的临床经验总结和中医基础理论研究的新进展。

▲全国第三届中医肿瘤学术年会暨中国中医药学会肿瘤分会改选工作会议　9月6日在郑州召开。来自全国各省、市及港澳地区的200余名代表参加了会议。与会代表交流研讨了中医药防治癌症的经验，进一步证明了中医药在攻克癌症中的科学性、实用性、先进性。

▲首届中华传统名医学术成果交流大会　9月9日在北京举行。卫生部、国家中医药管理局、中国保健科技学会等相关部门领导同志出席了开幕式，与会代表就《中医基础理论研究与中药研究的关系》《中药知识产权保护的现状与发展对策》和《中药与保健品的发展》等内容作专题报告。同时，来自全国各地的200余名与会代表还就各自多年来在中医药领域取得的经验和成果进行了交流和研讨。

▲全国妇科活血化瘀消癥药物临床应用学术研讨会　9月15日至16日在江苏省连云港市召开。来自全国各省、市近200名妇产科专家、学者参加了研讨会。专家们认为：瘀血作为妇产科常见的病理产物，同时

也是多种疾病的致病因素。经方“桂枝茯苓丸”具有通阳化饮、理气活血之功，对寒湿凝滞、气血瘀阻、癥瘕积聚所致的妇产科多种疾病有异病同治之功效。会议还围绕中药新产品开发、中药产业最新技术进展等问题进行了研讨。

▲第二届全国中医脑病学术研讨会　9月18日至23日在江西召开。来自全国18个省、市、自治区、直辖市科研和医疗单位的代表45人参加会议，收到论文181篇。与会代表对中医疑难脑病的防治、科研等进行了广泛交流。

▲第二届全国中医睡眠医学学术研讨会　10月9日至12日在云南省昆明市召开。来自全国17个省、市、自治区、直辖市科研和医疗单位的代表39人参加会议，收到论文260篇。与会代表围绕中医睡眠学的实验、文献研究，失眠、嗜睡、不安腿综合征、夜惊症的证治和名老中医的临床经验等内容进行了深入的研讨。

▲全国首届趋利避害地应用“有毒中药”高级研习班暨学术研讨会　10月16日至21日在北京召开。来自9个省、市的科研和医疗单位代表15人参加了会议，共收到论文16篇。会议就“有毒中药”的概念和特殊疗效，中药不良反应的定义、类型、原因及预防，急慢性中药中毒的诊断和救治，有毒中药中毒谱、毒理学及中毒机理，不良反应的监测、管理等问题进行专题讲座和交流。

▲21世纪医学论坛首届研讨会　10月23日在北京召开。研讨会特邀中国科学院院士陈可冀、吴咸中、张金哲等专家参加。与会者认为，生物技术和高新技术迅速发展，医学研究提供了前所未有的发展机遇。就中医药现代化、中西医结合的现代化、如何从中草药研发新药和中药资源基因组开发与利用等进行了研讨与交流。

▲新世纪骨伤科论坛暨第六届平乐正骨学术研讨会　10月26日至31日在河南省洛阳市召开。来自全国各地的专业技术人员221人参加了会议，共收到论文280余篇。会议以骨伤科学继承创新为主题，采用专家讲座和大会交流的形式，对骨伤科学特别是洛阳平乐正骨学术的发展进行了深入的讨论和交流。会议期间成立了中华中医药学会骨伤科分会脊柱病专业委员会。

▲全国著名中医学家邓铁涛教授学术思想研讨会　10月28日在北京举行。由中华中医药学会与广州中医药大学联合主办，出席会议代表300余人，对邓老的学术思想进行了深入的探讨。邓铁涛教授是我国著名的中医临床家、理论家和教育家，为当代中医药的发展做出了卓越的贡献。

▲海峡两岸中医药学术大会　11月15日至17日在北京召开。150余位代表就推动中医药产业现代化、中医药治疗疑难疾病中的优势、中药新药毒理研究技术要求及常见问题分析、中药质量控制及剂型改革、21世纪中医药发展趋势以及我国加入WTO对中医药事业的影响等问题进行了深入研讨。收到论文150余篇，有26篇进行了交流。中医古籍出版社专门为这次大会出版了《新世纪海峡两岸中医药》一书。

▲全国民族医药专科专病学术研讨会　12月1日在广西北海市举行。会议收到学术论文160余篇，内容包括藏、蒙、傣、壮、瑶、回、朝、苗、侗、土家等13种民族医药。《藏医药内外合治真吾病（类风湿性关节炎）疗效观察》、《蒙医对萨病（中风）的五疗整体治疗》、《瑶医瑶药治疗红斑狼疮》、《土家族医药龟龙丸治疗慢性溃疡性结肠炎临床研究》等20篇论文被评为优秀论文。

▲全国土家族医药学术会议　12月5

日至6日在湖南省湘西土家族苗族自治州召开。来自湖南、湖北、贵州、重庆等省、市的130余名专家和临床工作者参加了学术研讨，收到学术论文180余篇。集中反映了近20年来土家族医药的研究成果，并着重在提高临床疗效和加强药品开发两个方面做了深入探讨。

【中外交流】

▲21世纪现代中医药发展趋势研讨会　3月2日在深圳召开。这次研讨会是由香港生物医药研究院主办、深圳清华现代中医药科技有限公司承办。来自国内以及香港和美国的知名专家参加。围绕21世纪中医药发展趋势，在基础研究、开发程序、项目论证、药材源头、工艺制剂等环节上作了深入的探讨。

▲国际蒙医药学术会议　8月21日在呼和浩特闭幕。来自内蒙古、日本、俄罗斯、韩国、德国、波兰、印度、以色列、泰国等国家和中国各地的300多名蒙医药专家学者，共同探索蒙医药的继承和发展，收到论文963篇。论文从蒙医药医史文献、基础理论、临床研究、药物开发、药材资源保护、蒙西医结合、蒙医药现代化、蒙医药发展战略等方面展示了现代蒙医药学发展的新成就，体现了蒙医药学界百花齐放、百家争鸣学术繁荣景象。

▲2001年骨病国际论坛会议　8月26日至28日在黑龙江省大庆市举行，来自美国、澳大利亚、日本、马来西亚和我国台湾、香港、澳门地区以及我国18个省、市、自治区的骨伤科专家、学者124人出席会议，收到学术论文78篇。大庆市中医骨伤病医院用非手术疗法治疗各种类型股骨头坏死的成功经验引起与会专家的浓厚兴趣。同时，美国、澳大利亚和马来西亚的学者报告了应用中国中医的经验治疗80余例股骨头坏死取得成功。表明我国中医对疑难骨病治疗的经验已走出国门，正不断为各国人民健康事业造福。

▲WHO藏药开发与利用讲习班暨民族药研讨会　9月8日至12日在西藏拉萨举行。会议由国家中医药管理局国际合作司主办，中国中医研究院中药研究所、西藏藏药股份有限公司承办。来自全国22个省、市、自治区的60余名代表参加了研讨会，世界卫生组织西太区传统医学官员陈恳教授向大会发来贺信。会议以藏药及民族药的开发利用及发展前景为主题，举办了系列讲座。

▲第八届国际医学气功研讨会　9月15日至17日在上海举行。来自中国、日本、韩国、法国、德国、美国的专家学者100余人参加，大会分组进行了三个专题即气功实验研究，气功临床研究、医学气功综述的论文报告和学术交流，交流的论文均收入论文集。

▲首届中俄传统医药研讨会　10月13日至14日在北京举行。卫生部副部长朱庆生、俄罗斯驻中国大使馆公使冈萨诺夫出席开幕式并致辞，国家中医药管理局副局长李振吉介绍了中国中医药发展现状。会议期间，与会代表参观了中国中医研究院广安门医院，并就中医药治疗肿瘤、糖尿病、银屑病及防治辐射损伤、针灸推拿治疗肌肉疼痛和俄罗斯传统医学的现状与发展前景；俄罗斯传统与现代顺势疗法的发展趋势等问题进行了研讨。

▲中国天津第三届国际中医学术交流会　10月19日至21日在天津召开。来自日本、美国、韩国、德国等16个国家和地区的中医药专家、学者100余人，国内专家、学者170人出席了会议。收到学术论文204篇，交流论文42篇。

▲首届欧洲—中国传统医学大会　12月2日在罗马召开。来自中国、意大利、英国、法国、荷兰、德国、美国、印度等国的300多名中医药专家、学者和意大利卫生部

有关部门负责人出席大会。会议期间，专家、学者们共宣读了50多篇论文，从不同的角度介绍了中医传播到欧洲的历史和目前的形势，论述了他们各自在中医药、针灸、推拿和导引的临床、教学及研究工作中的成果和经验。

【消息】

4月

▲《中国中医药报》4月11日讯：广州市花都区中医院4月1日召开了广东省中西医结合学会急救医学专业委员会成立大会。来自全省各地的急救医学工作者260多人出席了会议，会议讨论并决定了专业委员会的发展规划和工作计划，确定定期出版《中西医结合急救医学通讯》，每个季度开展一次网络学术活动，每两年举行一次大型学术会议，逐步形成规范的学会活动制度。

6月

▲上海中医药学会推拿分会提供：中国中医药学会第二届推拿专业委员会成立大会6月2日至6月8日在上海召开。来自全国26个省、市、自治区的29名代表出席会议，严隽陶担任主任委员。会议明确了今后五年学会工作的三大中心任务：①专业情况调查，②学会组织工作，③学术发展工作。委员们还一致认为，要大力加强推拿专业委员会和各地推拿学会之间的联系和沟通，并主动指导，各地推拿学会要支持推拿专业委员会的工作。

▲国家中医药管理局提供：中国民族医药学会科技开发部于6月25日至29日在贵州省贵阳市举办了首次"民族医药企业生产与现代化管理高级研讨班"。培训班就制药企业的科学化、规范化管理与GMP的关系、民族药制药企业应如何准备及实施国家GMP规范、GMP的硬件和软件实施技巧，以及最新中药制药技术与装备的实际运作等题目，结合实际范例进行了讲解，并配合互动式的课堂讨论。

▲《中国中医药报》7月6日讯：全国高等中医药教材建设研究会6月25日在北京成立。该研究会隶属于全国中医药高等教育学会，其业务受教育部高教司、国家中医药管理局科教司指导。国家中医药管理局副局长李振吉出席了成立大会。新成立的全国高等中医药教材建设研究会将从整体上研究中医药教材建设，完善、优化课程结构；在教材中立足于全面继承中医药传统理论，并吸收中医药学术发展与创新的内容；克服和解决以往教材存在的内容重复、理论与实践脱节等问题。

▲《中国中医药报》7月11日讯：由国家中医药管理局科教司主办的"中医临床诊疗技术科研设计培训班"6月26日至28日在北京举行。来自全国15个省、市的省级中医主管部门的领导及有关专家共101人参加了培训班。国家中医药管理局李振吉副局长在开幕式上指出，开展本项目的目的是挖掘、整理、提高中医的临床诊疗水平，强调临床疗效是中医药事业的核心，中医临床研究应以提高疗效为根本目的。

7月

▲中国中医研究院基础理论研究所提供：经国家中医药管理局批准，中国中医研究院基础理论研究所7月3日至7月6日在北京主办了"中风病防治临床实用技术学习班"。学习班系统介绍了中风病的诊断、鉴别诊断、急救措施、治疗原则、用药规范及护理要求等，中风病多种康复方法。

▲《中国中医药报》7月16日讯：广州中医药大学第二附属医院老年脑病研究所于7月5日至11日主办了为期一周的全国中医脑病高级讲习班。任继学、张学文两位教授讲授了《中风病康复病机的探讨及对策》和《疑难脑病的中医药治疗》等专题。

▲《中国中医药报》7月25日讯：全国中风病针灸高级研修班7月21日在厦门国际中医培训交流中心开学。学员来自全国各地医院主治医师以上的人员及香港特别行政区、马来西亚的同仁近70人。为学员们讲授了《醒脑开窍针刺法治疗中风的临床应用和基础研究》、《靳三针治疗脑血管意外后遗症的临床和实验研究》、《靳三针疗法》等课程。

8月

▲《中国中医药报》8月6日讯：8月2日，中国中医研究院针灸研究所庆祝成立50周年。自建所以来，所有针灸和经络研究的国家重大科研课题几乎都由该所主持或参与，取得了一批高水平的科研成果，建立了全国第一个部局级的经络研究重点实验室。是国内承担针灸学科研究课题最多、级别最高、研究经费最多的单位。

▲《中国中医药报》8月31日讯：贵州省中医心理学研究会8月10日在贵阳成立，这是国内首家中医心理学理论及临床研究的专业性学术团体。中医心理学研究始于20世纪80年代，随着医学模式的转变，心理因素在保健、临床上的重要性越来越受到关注，中医学中丰富的心理学理论、治疗手段及成功病案引起了中医研究者的重视。

9月

▲《中国中医药报》9月14日讯：陕西省中医医院挂牌成立仪式9月10日举行。国家中医药管理局顾问于生龙到会并发表讲话。陕西省中医医院是在省中医研究院附设的两个附属医院的基础上，经省人民政府编制办公室批准设立的。省中医医院和省中医研究院实行两个机构、一套领导班子、统一管理的体制。

10月

▲国家中医药管理局提供：中药、民族药质量分析与评价技术高级研讨班10月6日至8日由中国中药学会和中国民族医药学会在青岛市联合举办。来自全国各地的50多名代表参加，研讨班主要针对指纹图谱及相关的质控技术在传统药品产业化发展中的应用问题开展了专业性的探讨。

11月

▲中国中医研究院基础理论研究所提供：中国中医研究院基础理论研究所中医门诊部于11月16日至18日在北京举办了“中医刮痧疗法学习班”，20名学员全部来自韩国，通过学习，学员们基本掌握了中医刮痧疗法的具体操作方法。

▲《中国中医药报》12月5日讯：北京针灸学会于11月30日召开了第二届会员代表大会，改选了新一届理事会，著名针灸专家贺普仁再次当选为会长。该学会坚持民主办会的原则，吸引了一大批专家学者和热心于学会工作的积极分子。

12月

▲《中国中医药报》1月7日讯：桂林市中医医院内的全国中医乳腺病医疗中心12月20日开业。是全国中医治疗乳腺病的惟一定点医疗中心。是目前桂林市设施最完善、最具现代化的综合医疗中心。

▲《中国中医药报》12月28日讯：2001年中国医药科技十大新闻12月27日在北京揭晓。中医药入选的是：河北以岭医药集团开发的通心络胶囊，在国内首次运用5种虫药为主方，治疗冠心病、脑血栓效果好，获国家科技进步二等奖。

【逝世中医药人员】

张羹梅（公元1905～2001年），上海市川沙县江镇人。主任医师。1937年在上海市开业行医，1955年在上海市第七联合诊所任所长，1956年在上海中医学院附属曙光医院工作。擅长中医内科消化道疾病的诊治，主张辨证与辨病相结合。著有《临床偶拾》《老中医临床经验选编》《张羹梅老中医诊治胃脘痛经验的计算机模拟》。

裘笑梅（公元1912～2001年），浙江省杭州人。中国共产党党员。主任医师。曾任杭州市第七届政协委员，浙江省中医药学会第四届理事会顾问等职。创制一系列中成药，如“妇乐冲剂”、“妇宁胶囊”、“舒乐宁洗剂”等。1987年完成“名中医裘笑梅诊治闭经、崩漏电脑双系统QXM87”于1991年获浙江省先进科技成果二等奖。享受国务院颁发的政府特殊津贴。著有《裘笑梅妇科临床经验选》《裘笑梅临证医案精萃》等，发表论文40余篇。

黄宗勖（公元1912～2001年），福建省古田县人。中国共产党党员。主任医师，硕士研究生导师，教授。曾任福建省中医药研究促进会顾问，中华中医药学会福建分会顾问，福州市科协高级医学专家协会顾问，世界传统卫生组织内科委员会主任专家委员等职。早年随父学医，1935年在古田、南平开设私人诊所，1954年毕业于福建省中医进修学校后留校任教，1958年在福建中医学院任教。擅长针药并治中风偏瘫、风湿病、坐骨神经痛等。曾荣获福建省劳动模范、省教育先进工作者等称号，享受国务院颁发的政府特殊津贴。著有《针灸学》《现代实用针灸学》《黄宗勖医论选集》《实用中草药外治法大全》等。

郭霭春（公元1912～2001年），天津市人。著名医史文献专家，教授。曾任中华全国中医理论研究委员会常委，《天津中医》《天津中医学院学报》主编，《中医杂志》（英文版）编委、《中国医学百科全书》编委等职。1933年毕业于天津崇化学校历史专修科，1947年任该校校长，1958年在天津中医学院任教，曾被评为天津市劳动模范、优秀教师、优秀科技工作者。获国家卫生部“伯乐奖”和国家教委高校科技工作成绩显著荣誉证书，郭氏精于训诂、音韵、校勘、版本、目录等专门之学，创建并领导了天津市高教系统重点学科医史文献学，完成了国家级、省部级各类科研课题，多次获国家科技进步一、二等奖。享受国务院颁发的政府特殊津贴。著有《续资治通鉴目录》《黄帝内经素问校注语译》《黄帝内经灵枢校注语译》《难经集解》《灵枢经校释》《中国医史年表》《分省医籍考》《内经辞典》等。

刘渡舟（公元1917～2001年），辽宁省人。著名中医学家，中国共产党党员。博士生导师，教授。曾任第五届至第七届全国人民代表大会代表，兼任国务院学位委员会特约成员，中国中医药学会常务理事，仲景学说专业委员会主任委员，中国农工民主党中央委员等职。16岁拜师后挂牌行医。1950年考入卫生部中医进修学校，毕业后到天坛华北人民医院中医科工作，1956年调入北京中医学院。曾荣获北京市优秀共产党员、全国先进教育工作者、全国各民主党派工商联为四化建设做出突出贡献的先进个人称号。享受国务院颁发的政府特殊津贴。著有《伤寒论通俗讲话》《伤寒挈要》《伤寒论十四讲》《伤寒论诠释》《伤寒论解说》等，发表论文110余篇。

王鸿烈（公元1918～2001年），辽宁省沈阳市人。硕士生导师，主任医师。曾任天津市政协第五届至第七届委员会委员，中华医学会天津分会内科分会委员，中国中西医结合研究会天津内科学会理事等职。1941年毕业于满洲医科大学，曾在天津市立第三医院、天津中医学院和南开医院工作，1965年调入天津中医学院第二附属医院，创建了心血管病专科，开展中西医结合理论及医疗实践，获得天津市中西医结合杰出成就奖。享受国务院颁发的政府特殊津贴。

董建华（公元1918～2001年），上海青浦县人。中国共产党党员。博士生导师，教授。曾任第五届全国政协委员，第六届至第八届全国人大常务委员，中国中医药学会常务理事，中国中医药学会内科学会主任委员，国家科委中医专业组成员，卫生部学术委员会科学委员会委员等职。生于中医世家，1941年挂牌行医，1955年在南京中医进修学校深造，1957年在北京中医学院任教，1963年调入北京中医学院附属东直门医院。擅长于中医内科、妇科、儿科、肿瘤科、精神神经科疾病的治疗。

赵绍琴（公元1918～2001年），北京人。教授。曾任北京市第六届、第七届政协常委，第七届、第八届全国政协委员，中国中医药学会内科分会顾问，北京市同仁堂医药集团顾问，中国医学基金会理事，中国东方文化研究会理事等职务。生于中医世家，1950年参加卫生部中医进修班，1958年工作在北京中医学院附属东直门医院，1977年在北京中医学院温病教研室工作。赵氏致力于慢性肾病的临床研究，把温病的卫气营血理论运用于慢性肾病的临床辨治，以凉血化瘀为大法，配合控制饮食和运动锻炼，进行综合治疗，临床效果十分显著。著有《温病纵横》《温病浅谈》《文魁脉学》《赵文魁医案选》《赵绍琴临床经验集要》等，发表论文10多篇。

彭仁愉（公元1919～2001年），江西省安义县人。教授。1943年毕业于北京辅仁大学，1952年在天津医学院任教，1979年调入天津中医学院任教。对痢疾阿米巴、人体蠕形螨有深入的研究，发表论文多篇。

杨锦堂（公元1919～2001年），山东省陵县人。硕士生导师，教授。1937年毕业于山东国医专科学校，1949年在天津公路运输工人医院工作，1957年起在天津中医学院任教。对《伤寒论》有深入的研究，撰写了《伤寒论》教材，著有《伤寒论经纬证治诠释》，参加编写了《简明中医辞典》，发表论文10余篇。

杨甲三（公元1919～2001年），江苏省武进县人。中国共产党党员。博士生导师，教授。曾任第三届全国人大代表，第五届至第七届全国政协委员，中国针灸学会常务理事，中国中医药学会理事。国家科委医学专业组成员，卫生部医学科学委员会委员，全国高等医药院校针灸教材编审委员会委员等职。多次被评为北京东直门医院、北京中医学院和北京市的先进工作者、优秀共产党员。1957年起在北京中医学院工作，致力发展针灸学术，创三边三间取穴法、压力进针法等。60年代初至90年代，参加中央领导的医疗保健工作。著有《腧穴学》《针灸学》《杨甲三取穴经验》《针灸腧穴学》等，发表论文50余篇。

金起凤（公元1920～2001年），上海市宝山区人。中国共产党党员。主任医师，教授。早年悬壶于故里从事中医皮肤外科专业。1957年考入南京中医学院医科师资班深造，1958年毕业后调入北京中医学院东直门医院工作。金氏重视临床实践，擅长治疗皮肤科疑难重症。著有《中医皮肤病学》《中西医结合皮肤病学》等，发表论文50余篇。

舒尚义（公元1923～2001年），云南省弥渡县人。中国共产党党员。主任医师，教授。曾任中国中西医结合学会云南分会理事，中国中西医结合学会风湿类疾病专业云南分会主任委员等职。1958年在昆明云南大学医学院毕业后在昆明医学院第一附属医院工作，1959年在云南中医学院读中医研究生班，1964年在昆明医学院第一附属医院中医科工作。70年代以来致力于类风关、强脊炎等顽疾的研究，并率先在全国用昆明山海棠治疗类风湿性关节炎及部分自身免疫性疾病。主持研制抗风湿新药“昆明山海棠片”，行销全国，荣获云南省科技成果二等奖。著有《中医专家微机诊疗系统——舒尚义医师痹证诊疗经验》，发表论文50余篇。

衣元良（公元1926～2001年），山东省栖霞县人。中国共产党党员。主任医师。曾任山东省中医药学会理事，山东省中医五官科学会主任委员等职。1948年在华东大学学习，1949年在华东军区直属医院工作，

1950年在济南干部休养所任副所长，1960年任济南市卫生局副局长，1977年任山东中医学院附属医院副院长，享受国家政府津贴。

李石青（公元1928~2001年），南京市人。主任医师。1949年起先后就读于原国医馆中国医学专修科、南京市中医进修学校和江苏省中医进修学校。1952年起悬壶，1956年进入江苏省中医院。长期从事中医内科临床和教学工作，曾任江苏省中医院门诊内科负责人。临证善用经方，精于呼吸消化系统疾病的诊治，主持或参与拟定肺宁合剂、黛芩化痰丸、导黄补血丸等制剂处方。

文士铭（公元1931~2001年），云南省昆明市人。中国共产党党员。主任医师，教授。曾任云南省第一、第二届针灸学会常务理事，中华医学会麻醉学会委员，《麻醉与复苏》杂志编委，《云南医药》杂志编委等职。1955年毕业于云南大学医学院，在昆明医学院附院工作，从事针刺麻醉工作20余年。

史兆歧（公元1935~2001年），河北丰润县人。中国共产党党员。主任医师。曾任中国共产党第十三届、第十四届人大代表，中华全国肛肠学会副会长，全国中医肛肠医疗中心名誉主任，北京市肛肠学会名誉主任，日本肛门大肠病学会会员等职。1959年毕业于中国医科大学医疗系，同年在中国中医研究院广安门医院工作。主持研究“消痔灵注射液治疗晚期内痔新疗法”及“消痔灵注射液”，先后获1980年国家卫生部科研成果甲等奖，1985年国家级科技进步二等奖。承担的国家“七五”攻关课题，FA-867（中药）治疗直肠癌，取得理想结果，通过国家验收。并被国家科委授予“有突出贡献的中青年专家”荣誉称号，享受政府特殊津贴。发表论文40余篇。

诸惜勤（公元1937~2001年），上海市人。主任医师。1960年毕业于上海第二医学院，后至徐州医学院附属医院工作，1970年在南京中医学院研究班结业，1978年起在江苏省中医研究院。从事中西医结合儿科临床和科研工作，擅长小儿呼吸系统疾病的诊治。参加编写《中医儿科学》，发表论文20余篇。

康相彬（公元1940~2001年），内蒙古自治区昭乌达盟敖汉旗人。主任医师。曾任中国中医药学会脾胃病专业委员会委员，1960年考入内蒙古医学院中蒙医系，1985年调入内蒙古中蒙医院工作，任气功推拿科主任，开辟了医院医学气功和推拿相结合的康复专业。1993年任副院长，为创建“三级甲等医院”发挥了重要作用，在脾胃病临床研究方面有较深造诣。著有《内蒙古医学史略》《内蒙古名老中医经验选粹》，发表论文数十篇。

【中医药科研获奖项目】

2001年度中医药科技进步奖获奖项目（国家科技进步奖）

研究课题	研究单位与个人	获奖级别
方剂与证的药物动力学研究	中国人民解放军第四军医大学、中国中医研究院西苑医院 陈可冀，黄　熙，文爱东，任　平，蒋永培等	二等奖
66种常用中药材质量标准及其对照品的研究	吉林省中医中药研究院、中国医学科学院药用植物研究所等 徐东铭，杨峻山，王峥涛，罗泽渊，王跃生等	二等奖

2001年度获中华医学科技奖获奖项目

研究课题	研究单位与个人	获奖级别
敦煌古医籍辑校、图版及研究	中国中医研究院医史文献研究所 马继兴，王淑民，陶广正等	二等奖
心包经心脏相关的规律及联系途径的生理学与形态学研究	中国中医研究院针灸研究所 刘俊岭，罗明富，文　琛等	三等奖

中医药科研获奖项目（省、市、自治区及厅局级）

地区	研究课题	研究单位	获奖级别	获奖年分
北京市	黄帝内经太素研究	北京中医药大学基础医学院 钱超尘	市科委中医药科研成果三等奖	2001
	大鼠溃疡性结肠炎肝郁脾虚证模型的建立及疏肝健脾方药的复健作用	北京中医药大学基础医学院 王庆国	教育部中医药科研成果二等奖	2001
	芎芍胶囊预防冠心病介入治疗后再狭窄的研究	中国中医研究院西苑医院等 陈可冀，史大卓，徐　浩等	市科技进步二等奖	2001
	骨碎补总黄酮防治原发性骨质疏松症的研究	中国中医研究院西苑医院等 谢雁鸣，赵晋宁，邓文龙等	市科技进步二等奖	2001
	敦煌古医籍辑校、图版及研究	中国中医研究院医史文献研究所 马继兴，王淑民，陶广正等	市科技进步二等奖	2001
	小切口手法治疗拇外翻临床研究	中国中医研究院骨伤科研究所等 温建民，张连仁，林新晓等	市科技进步二等奖	2001
	“糖微康”治疗糖尿病肾病的研究	中国中医研究院广安门医院等 林　兰，倪　青，吴志奎等	市科技进步二等奖	2001
	参芪扶正注射液新药研究	北京中医药大学东直门医院 李乃卿，谢伟宏，王　广等	市科技进步二等奖	2001
	肺肠同治法治疗病毒性下呼吸道感染的研究	北京中医药大学东直门医院 姜良铎，史利卿，杜怀棠等	市科技进步三等奖	2001
	中药脊髓煎剂促进脊髓修复再生效应和机理的实验研究	中国中医研究院骨伤科研究所 韩凤岳，张　宁，张　平等	市科技进步三等奖	2001
	川芎嗪大蒜素抑制剪切诱导血小板聚集及大蒜素抑制血小板聚集的机理研究	中国中医研究院中药研究所 廖福龙，齐若梅，焦立公等	市科技进步三等奖	2001
	生姜地黄石斛保鲜技术及其鲜干活性对比研究	中国中医研究院中药研究所 郝近大，杨　桦，梁爱华等	市科技进步三等奖	2001
	养阴生血合剂	中国中医研究院广安门医院等 吴振宇，黄志辉，高健生等	市科技进步三等奖	2001
	克感利咽口服液的新药研究及其抗流感病毒的免疫-自由基机理	中国中医研究院广安门医院 顾丽贞，段绍瑾，李多娇等	市科技进步三等奖	2001

续表

地区	研究课题	研究单位	获奖级别	获奖年分
	中西医结合政策与管理研究	国家中医药管理局等 许志仁，王　阶，杨昆蓉等	市科技进步三等奖	2001
	止消通脉宁治疗糖尿病肾病的研究	北京中医药大学东直门医院 吕仁和，高彦彬，李云谷等	中国高校科学技术进步二等奖 北京中医药大学科技进步一等奖	2001
	浙贝母碱逆转肿瘤细胞多药耐药的开发研究	北京中医药大学东直门医院 胡凯文，陈信义，倪　健等	北京中医药大学科技进步一等奖	2001
	益中生血片研制与治疗缺血性贫血临床研究	北京中医药大学东直门医院 陈信义，薛孔芳，李冬云等	北京中医药大学科技进步二等奖	2001
	两孔法腹腔镜胆囊切除术	北京中医药大学东直门医院 邓　轶，陈　航，林欣潮等	北京中医药大学科技进步二等奖	2001
	消银解毒饮治疗银屑病血热证临床与实验研究	北京中医药大学东直门医院 瞿　幸，张小红，刘　铭等	北京中医药大学科技进步三等奖	2001
	疼痛性疾病中医现代治疗学	北京中医药大学东直门医院 杨晋祥，赵进喜，高　青等	北京中医药大学自然科学二等奖	2001
天津市	益肾化浊治疗老年期血管性痴呆的研究	天津中医学院 张伯礼等	教育部科技进步一等奖	2001
	中药防治动脉粥样硬化的实验研究	天津中医学院 范英昌等	教育部科技进步二等奖	2001
	清脑抑制方对神经细胞保护作用及机制研究－脑脊液药理学建立及应用	天津中医学院 张伯礼等	市科技进步一等奖	2001
	衰老相关基因的筛选及针刺干预作用的试验研究	天津中医学院第一附属医院 石学敏等	市科技进步二等奖	2001
	针灸治疗大动脉炎（头臂动脉型的临床及试验研究）	天津中医学院第一附属医院 高其芳等	市科技进步二等奖	2001
	肾炎3号方治疗慢性肾炎的临床及实验研究	天津中医学院第一附属医院 黄文政等	市科技进步二等奖	2001
	中药术陈方对培养感染HBV人肝细胞钙离子浓度的影响	天津中医学院第一附属医院 张　超等	市科技进步三等奖	2001
	糖尿病足坏疽细菌学及中药外治的临床研究	天津中医学院第一附属医院 王　军等	市科技进步三等奖	2001
	脉安宁治疗室性心律失常的临床与实验研究	天津中医学院第一附属医院 王竹英等	市科技进步三等奖	2001
	调肝导浊中药对脂蛋白代谢影响及主动脉平滑肌细胞增殖调控的影响	天津中医学院 范英昌等	市科技进步三等奖	2001
	降脂中药对高脂血症家兔血清、肝、红细胞脂质代谢影响	天津中医学院 高秀梅等	市科技进步三等奖	2001
	通脉口服液治疗小儿病毒性心肌炎的实验与临床研究	天津中医学院第一附属医院 刘　虹等	市科技进步三等奖	2001

续表

地区	研究课题	研究单位	获奖级别	获奖年分
	针刺对实验性脑梗塞（McAc）大鼠脑组织细胞凋亡及c-fox基因表达影响的实验研究	天津中医学院第一附属医院 王　舒等	市科技进步三等奖	2001
内蒙古自治区	延寿宝营养粉提高中老年体内SOD水平及降血脂	内蒙古中蒙医研究所 王淑珍，郜荣世，乌　兰等	区科学技术进步三等奖	2001
上海市	动静力失衡性颈椎间盘退变模型的建立及芪麝颈康丸延缓其退变的机理研究	上海中医药大学附属曙光医院	市科技进步二等奖	2001
	补肾中药复方改善去卵巢骨质疏松大鼠骨生物力学性能的作用及相关机制探讨	上海中医药大学附属曙光医院	市科技进步三等奖	2001
	痔科熏洗方抗炎、生肌作用的临床与实验研究	上海中医药大学附属曙光医院	市科技进步三等奖	2001
	抗纤复方对硬变肝原代培养肝细胞胶原代谢的影响	上海中医药大学附属曙光医院	市科技进步三等奖	2001
	丹参酸乙抗慢性乙型肝炎肝纤维化的研究	上海中医药大学附属曙光医院	中国高校科学技术进步二等奖	2001
江苏省	补肾活血汤对小鼠体外受精及早期胚胎发育的作用研究	江苏省中医药研究院 杨桂云	省科技进步三等奖	2001
浙江省	人参皂甙治疗难治性血液病及对造血相关基因的转录调控	浙江省中医院等 高瑞兰，马逢顺，吴超群等	省科学技术进步二等奖 省卫生厅中医药科技成果一等奖	2001
	原发性局灶节段性肾小球硬化的中西医结合个体化治疗	浙江中医学院附属第二医院 程晓霞，陈洪宇，楼季华等	省科学技术进步二等奖 省卫生厅中医药科技成果一等奖 省高校科研成果三等奖	2001
	耳聋助听系统耳膜材料、工艺设备国产化研究	浙江中医学院 王永华，朱祥成，李伯耿等	省科学技术进步三等奖	2001
	养阴生津法抗血瘀证作用机理的实验研究	浙江中医学院等 万海同，白海波，杨洁红等	省科学技术进步三等奖 省高校科研成果二等奖	2001
	胃癌组织及癌区动、静脉血胃肠激素的研究	浙江省中医院 吕　宾，叶再元，张　勤等	省科学技术进步三等奖 省医药卫生科技创新三等奖	2001
	中西医结合治疗重症急性胰腺炎临床与实验研究	杭州市中医院等 李　钢，陈海平，王凯诚等	省科学技术进步三等奖 省卫生厅中医药科学技术成果二等奖	2001

续表

地区	研究课题	研究单位	获奖级别	获奖年分
	用细胞与分子学新技术开发新药及研究药物作用机理	浙江省医学科学院等 刘雪莉，孙静芸，钱伯初等	省科学技术进步三等奖 省卫生厅中医药科学技术成果二等奖	2001
	《中老年常见病症的自我按摩保健疗法》VCD光盘系统	浙江医院等 范炳华，唐可为，马一鸣等	省科学技术进步三等奖 省卫生厅中医药科学技术成果三等奖	2001
	中医实验动物模型方法学研究	浙江中医学院 郑小伟，包素珍，朱君华等	省科学技术进步三等奖	2001
	痛风宁治疗急性痛风的实验研究	浙江中医学院等 陈文照，吴士良，金　策等	省科学技术进步三等奖	2001
	王孟英著述的发掘、整理与研究	浙江省中医药研究院 盛增秀，竹剑平，施仁潮等	省科学技术进步三等奖 省卫生厅中医药科学技术成果二等奖	2001
	心至宝注射液对心力衰竭、心源性休克作用的研究	浙江省中医院 宋欣伟，杨午鸣，吕圭源等	省科学技术进步三等奖 省卫生厅中医药科学技术成果二等奖	2001
	肝缺血再灌注损伤的机制及川芎嗪保护作用的研究	温州医学院病理生理教研室等 王万铁，徐正衸，林丽娜等	省卫生厅中医药科学技术成果一等奖	2001
	复方积雪草防治肾小球硬化及其机理的实验研究	杭州市中医院 朱晓玲，王永钧，鲁　盈等	省卫生厅中医药科学技术成果二等奖	2001
	人参二醇、三醇组皂甙对造血组细胞作用研究	浙江省中医院 牛泱平，金锦梅，高瑞兰等	省卫生厅中医药科学技术成果二等奖	2001
	清热消积冲剂抗肿瘤作用研究	浙江中医学院 陈培丰，刘鲁明，吴良村等	省卫生厅中医药科学技术成果二等奖	2001
	蛇鳖软膏灸结合牵引状态下针刺治疗腰椎间盘突出症的研究	温州医学院附属第二医院等 蒋松鹤，郁引飞，陈凌云等	省卫生厅中医药科学技术成果二等奖	2001
	复方中药对化疗增敏作用机制研究及对mdr-1基因调控的影响	浙江省中医院 郭　勇，谢长生，潘宏铭等	省卫生厅中医药科学技术成果二等奖	2001
	《现代中医保健丛书》的编写	浙江省中医药研究院等 王坤根，陈勇毅，施仁潮等	省卫生厅中医药科学技术成果三等奖	2001
	生血散对小鼠骨髓造血功能影响的研究	浙江省中医院 胡致平，沈一平，虞荣喜等	省卫生厅中医药科学技术成果三等奖	2001
	“益肺煎剂”配合放疗对晚期非小细胞肺癌疗效的临床研究	绍兴第二医院 骆学新，王思本，张　菁等	省卫生厅中医药科学技术成果三等奖	2001
	太子健冲剂治疗小儿反复呼吸道感染的临床及实验研究	浙江中医学院等 俞景茂，谢翠珠，温敬中等	省卫生厅中医药科学技术成果三等奖	2001
	灵仙痛消散热熨治疗腰椎间盘源性腰腿痛临床研究	绍兴市中医院 沈钦荣，杨金团，刘奕锋等	省卫生厅中医药科学技术成果三等奖	2001
	中风起瘫煎结合针灸浅刺疗法治疗中风偏瘫	诸暨市中医院 金普放，宜益民，何晓茵等	省卫生厅中医药科学技术成果三等奖	2001

续表

地区	研究课题	研究单位	获奖级别	获奖年分
	皮炎消净饮Ⅰ号治疗湿热型异位性皮炎的临床和实验研究	浙江省中医院 朱金土，余土根，丰素娟等	省卫生厅中医药科学技术成果三等奖	2001
	蛭黄注射液治疗出血性中风的实验研究	浙江省中医院 张宾辉，许家鸾，陈　眉等	省卫生厅中医药科学技术成果三等奖	2001
	内窥镜监视下经皮穿刺切吸术治疗颈椎间盘突出症	舟山市骨伤医院 李展振，危立军，刘志安等	省卫生厅中医药科学技术成果三等奖	2001
	中医医院查房质量考核标准以及查房效果的探讨	浙江省中医院 王晓鸣，夏　容，贾慧萍等	省卫生厅中医药科学技术成果三等奖	2001
	五谷虫抗菌肽抗菌活性的实验研究	浙江省中医院 刘鲁明，周伟强，钱　华等	省卫生厅中医药科学技术成果三等奖	2001
	慢性胃炎客观辨证论治系统研究	浙江中医学院等 朱鹏飞，朱曙东，计时鸣等	省卫生厅中医药科学技术成果三等奖	2001
	注射用盐酸丁卡因	浙江中医学院 金大源，姜丽丽	省医药卫生科技创新一等奖	2001
	二氧化碳激光喉内显微手术的实验与临床研究	浙江中医学院 赵荣祥，陈钰清，丛　品等	省医药卫生科技创新三等奖	2001
	载脂蛋白A-IV抗原抗体的制备及应用	浙江中医学院 沃兴德，唐利华，李万里等	省医药卫生科技创新三等奖	2001
	中医药人才素质教育概论	浙江中医学院 徐　珊，陈　刚，袁　强等	省哲学社会科学优秀成果三等奖	2001
	课程建设标准及评估指标体系的研究与实践	浙江中医学院 徐　珊，周庚生，连建伟等	省教育科学规划“九五”重大研究成果二等奖	2001
	耳聋助听系统耳膜材料工艺研究	浙江中医学院 王永华，朱祥成，李伯耿等	省高校科研成果一等奖	2001
	清热消积冲剂抗肿瘤作用研究	浙江中医学院 陈培丰，刘鲁明，吴良村等	省高校科研成果二等奖	2001
	幽门螺杆菌感染对胃上皮细胞凋亡及调节基因表达的影响	浙江中医学院 吕　宾，王慧萍，孟立娜等	省高校科研成果二等奖	2001
	龙马自来胶囊对完全性脊髓损伤微循环障碍影响的实验研究	浙江中医学院 章　明，王维佳，许林薇等	省高校科研成果三等奖	2001
	白癜风治疗的临床和实验研究	浙江中医学院 许爱娥，尉晓冬，程东庆	省高校科研成果三等奖	2001
	复方大黄口服液对病毒性角膜炎的免疫调节	浙江中医学院 李元元，黄巧玲，杨灵萍等	省高校科研成果三等奖	2001
福建省	针刺对雌性恒河猴生殖内分泌影响的实验研究	福建中医学院等 李　沛，黄攸玉，王训立等	省人民政府三等奖	2001
	叶天士络病理论及通络治法研究	福建中医学院附属省人民医院等 衡先培，郭子光，郑　健等	省人民政府三等奖	2001
	中医补益方剂延缓衰老的生物化学机理研究	福建省中医药研究院 林一萍，陈比特，吴瑞荣等	省人民政府三等奖	2001

续表

地区	研究课题	研究单位	获奖级别	获奖年分
	中医药促进骨折愈合的基础系列	福建中医学院等 刘献祥，林燕萍，王和鸣等	省人民政府三等奖	2001
	珍珠口疮冲剂的实验研究	福建中医学院 阮时宝，吴符火，林源桐等	省人民政府三等奖	2001
	锐意改革，培养高素质中医人才——与福建师范大学联合办学的实践与研究	福建中医学院 杜　建，方　群，郑鸿霖等	省教育厅一等奖	2001
	加强医教研协作，推动临床教学模式改革	福建中医学院 陈扬荣，方　群，严文锦等	省教育厅二等奖	2001
河南省	平乐正骨	河南省洛阳正骨医院	“康莱特杯”全国中医药优秀著作一等奖	2001
	实用骨科护理学	河南省洛阳正骨医院	“康莱特杯”全国中医药优秀著作优秀奖	2001
	现代创伤与急救	河南省洛阳正骨医院	省医药卫生科技成果三等奖	2001
	踝关节外科	河南省洛阳正骨医院	省医药卫生科技成果三等奖	2001
	肾必宁治疗小儿肾病综合征（系膜增生性肾炎）的临床及疗效机理探讨	河南中医学院 丁　樱，郑晓珂，翟文生等	省教育厅科技成果一等奖	2001
	薄层扫描法的误差研究	河南中医学院 王淑美，梁生旺，刘　伟等	省教育厅科技成果一等奖	2001
	龟羚熄风胶囊治疗缺血性中风的临床与实验研究	河南中医学院 王宝亮，王新志，李燕梅等	省教育厅科技成果一等奖	2001
	脑脉通胶囊治疗脑动脉硬化症临床与实验研究	河南中医学院 封银曼，谢世平，彭　勃等	省教育厅科技成果一等奖	2001
	清气透热方抗高热作用研究	河南中医学院 任　利，杨传英，贾玉梅等	省教育厅科技成果一等奖	2001
	益中蠲毒浓缩丸抗胃癌作用的实验研究	河南中医学院 闫晓天，李　雁，罗素霞等	省教育厅科技成果二等奖	2001
	环糊精包合物客体性质变化与定量分析	河南中医学院 白　雁，武雪芬，景小琦等	省教育厅科技成果二等奖	2001
	蛲虫栓治疗小儿蛲虫病的临床与实验研究	河南中医学院 赵　坤，王惠超，周　毅等	省教育厅科技成果二等奖	2001
	老龄大鼠脑缺血再灌注神经肽的变化与中药防治作用	河南中医学院 李建生，赵君玫，郭盛典等	省教育厅科技成果二等奖	2001
	前列消冲剂治疗气虚肾亏、瘀血阻滞型癃闭的临床与实验研究	河南中医学院等 陈兰云，赵润璞，胡士祥等	省教育厅科技成果二等奖	2001
	怀牛膝中微量元素存在状态的研究	河南中医学院 梁生旺，王淑美，刘　伟等	省教育厅科技成果二等奖	2001

续表

地区	研究课题	研究单位	获奖级别	获奖年分
	平消丹治疗中晚期胃癌的临床及实验研究	河南中医学院 刘景超，彭　勃，郑晓珂等	省教育厅科技成果二等奖	2001
	胃灵胶囊治疗慢性胃炎临床与实验研究	河南中医学院 周毅生，王金山，李素娟等	省教育厅科技成果二等奖	2001
	针灸治疗慢性萎缩性胃炎的临床及实验研究	河南中医学院等 高希育，张文娟，王亚平等	省教育厅科技成果二等奖	2001
	金银花修剪枝叶主要药用成分——绿原酸和黄酮类物质提取分离方法	河南中医学院 武雪芬，白　雁，杨怀霞等	省教育厅科技成果二等奖	2001
	车前草的提取工艺研究及其质量分析	河南中医学院 袁　珂，曹蕴俐，裴广战等	省教育厅科技成果二等奖	2001
	经眼电刺激建立慢性实验性大鼠癫痫模型	河南中医学院 周友龙，赵喜新，刘　芳等	省教育厅科技成果二等奖	2001
	实用儿科诊断与治疗	河南中医学院 马丙祥，范忠纯，云　鹰等	省教育厅科技成果二等奖	2001
	头痛-嗅宁的研制与开发	河南中医学院第一附属医院等 杜廷海，杨辰华，田元生等	省教育厅科技成果二等奖	2001
湖南省	眼疲宁口服液治疗眼疲劳的实验与临床研究	湖南省中医药研究院 秦裕辉等	省科学技术进步二等奖	2001
	健脑通络益智方对血管性痴呆大鼠脑内神经递质 NO 含量及 DNA 合成的影响	湖南省中医药研究院 张崇泉等	省科学技术进步三等奖	2001
	应用生物技术选育良种白芷	湖南中医学院 彭　菲等	省科学技术进步三等奖	2001
	益气解毒颗粒对鼻咽细胞癌变的阻断作用及其临床应用的研究	湖南中医学院 田道法等	省科学技术进步三等奖	2001
	经脉与脏腑相关的临床与实验研究	湖南中医学院 林亚平等	省科学技术进步三等奖	2001
云南省	三七总皂甙对急性有机磷农药中毒脏器损伤的保护作用研究	昆明医学院第二附属医院 李　青等	省科学技术进步三等奖	2000
	筛选抗过敏中药与方剂的文献研究	云南中医学院 李庆生等	省科学技术发明三等奖	2000
	复方丹参软膏治疗外阴白色病变的临床研究	云南省第一人民医院 陈利馨等	省科学技术发明三等奖	2000
甘肃省	新生华口服液的研制与临床观察	甘肃省中医院 冯守文等	省医学科技二等奖	2001
	祛寒逐风合剂治疗尪痹（类风湿性关节炎）的临床研究	甘肃省中医院 张延昌等	省医学科技三等奖	2001
	补蚀膏治疗早期股骨头缺血性坏死临床研究	甘肃省中医院 高　辉等	省医学科技三等奖	2001
	大剂量岷当归毒副作用临床及实验研究	甘肃省中医院 李研怡	省医学科技三等奖	2001
	消炎止痛膏的研制及治疗肛裂术后疼痛疗效的观察	甘肃省中医院 宋宝根	省医学科技三等奖	2001

国家药品监督管理局《国家中药保护品种》公告

（延长保护期第3号）

根据《中药品种保护条例》及有关文件规定，经我局审核批准以下企业生产的“中药保护品种”继续给予保护，保护期自2001年8月5日起至2008年8月5日止。在保护期内，凡未取得《中药保护品种证书》的企业，一律不得生产。

药品名称	保护级别	延长年限	保护品种号	生产企业
胆乐胶囊	2	7	ZYB20720011410	浙江永宁制药厂
胆乐胶囊	2	7	ZYB20720011411	黄岩生物化学制药有限公司
复方鲜竹沥液	2	7	ZYB20720011420	杭州天目山药业股份有限公司
复方鲜竹沥液	2	7	ZYB20720011421	江西清江制药厂
复方鲜竹沥液	2	7	ZYB20720011422	江西新余制药厂
复方鲜竹沥液	2	7	ZYB20720011423	江西余江制药厂
复方鲜竹沥液	2	7	ZYB20720011424	中外合资汇仁制药有限公司
复方鲜竹沥液	2	7	ZYB20720011425	江西南昌济生制药厂
妇乐颗粒	2	7	ZYB20720011430	杭州天目山药业股份有限公司
妇乐颗粒	2	7	ZYB20720011431	江苏康缘药业股份有限公司
妇乐颗粒	2	7	ZYB20720011432	江西南昌济生制药厂
妇乐颗粒	2	7	ZYB20720011433	四川宝光药业股份有限公司
妇乐颗粒	2	7	ZYB20720011434	山东泰安红旗制药厂
肝必复胶囊	2	7	ZYB20720011440	吉林马应龙制药有限公司
肝必复胶囊	2	7	ZYB20720011441	沈阳恩世制药有限公司
骨刺消痛液	2	7	ZYB20720011450	北京同仁堂股份有限公司同仁堂药酒厂
国公酒	2	7	ZYB20720011460	北京同仁堂股份有限公司同仁堂药酒厂
国公酒	2	7	ZYB20720011461	南阳市张仲景制药有限公司
国公酒	2	7	ZYB20720011462	河南赊店（集团）药业有限公司
国公酒	2	7	ZYB20720011463	天津达仁堂制药二厂
华佗再造丸	2	7	ZYB20720011470	广州奇星药业股份有限公司
藿香正气软胶囊	2	7	ZYB20720011480	天津中新药业集团股份有限公司达仁堂制药厂
藿香正气软胶囊	2	7	ZYB20720011481	石家庄神威药业股份有限公司
降糖舒胶囊	2	7	ZYB20720011490	吉林省辉南天泰药业股份有限公司
金佛止痛丸	2	7	ZYB20720011500	广州中药一厂
颈痛灵药酒	2	7	ZYB20720011510	长春达兴药业股份有限公司
颈痛灵药酒	2	7	ZYB20720011511	长春市华北制药厂
雷公藤片	2	7	ZYB20720011520	三九黄石制药厂
雷龙片	2	7	ZYB20720011530	辽宁省恒仁药业有限责任公司
排石颗粒	2	7	ZYB20720011540	南京同仁堂药业有限责任公司
排石颗粒	2	7	ZYB20720011541	上海静安制药有限公司
排石颗粒	2	7	ZYB20720011542	江西南昌济生制药厂
排石颗粒	2	7	ZYB20720011543	广东省中山市沙溪制药厂
祛痰止咳冲剂	2	7	ZYB20720011550	广州市花城制药厂
三金片	2	7	ZYB20720011560	桂林三金药业集团有限责任公司
参茸阿胶	2	7	ZYB20720011570	山东福胶集团有限公司

续表

药品名称	保护级别	延长年限	保护品种号	生产企业
乌军治胆片	2	7	ZYB20720011580	广西玉林制药厂
小儿热速清口服液	2	7	ZYB20720011590	四平制药股份有限公司
正骨水	2	7	ZYB20720011600	广西玉林制药厂
镇脑宁胶囊	2	7	ZYB20720011610	通化东宝药业股份有限公司
止喘灵注射液	2	7	ZYB20720011620	江苏苏中制药厂

国家药品监督管理局　2001年8月10日

【出版中医药新书书目】

类别项目	书　名	编著（译者）	出版单位	出版年月	开本	页数	价格（元）
中医学	古代波斯医学与中国	宋岘著	北京：经济日报出版社	2001.01	20cm	200	18.00
	实用常见症状鉴别诊断手册	高洁生，蒋云生主编	湖南科学技术出版社	2001.07	10cm	546	15.00
	实用修脚术	肖一宾，晏建立编著	湖南科学技术出版社	2001.07	19cm	192	10.00
	新世纪海峡两岸中医药	姚乃礼编著	北京：中医古籍出版社	2001.11	29×21cm	409	48.00
	医古文	段逸山编著	北京：人民卫生出版社	2001.03	26cm	996	82.00
	中医药、针灸学快速记忆法（中医学过关工具书系列）	李　戎著	上海科学技术文献出版社	2001.04	19cm	122	10.00
	中医药综合知识（高等职业技术学院教材）	王满恩主编	太原：书海出版社	2001.11	26cm	254	25.00
	中医自学指南	卢国勋编著	北京：人民军医出版社	2001.07	20cm	624	33.00
	常见病的中西医临床思维	祁大贵等主编	北京：中医古籍出版社	2001.07	19cm	436	18.00
	常见病中西医结合诊疗手册	魏启亮，郭君双主编	北京：人民卫生出版社	2001.11	20cm	842	42.00
	21世纪高等医学院校教材	冯泽永主编	北京：科学出版社	2001.08	26cm	211	22.00
	实用中医信息学	秦玉龙主编	北京：中国医药科技出版社	2001.11	26cm	376	45.00
	中医科研方法与论文写作指南	周文献主编	北京：中国医药科技出版社	2001.09	26cm	363	35.00
	中医学基础实验教程	裴妙荣主编	山西科学技术出版社	2001.05	26cm	120	14.00
	中医药成人高等学校概论	郑炳生著	湖南科学技术出版社	2001.08	20cm	359	18.00
	广州中医药大学校史资料汇编	马定科主编	北京：中国中医药出版社	2001.10	26cm	281	39.00

续表

类别项目	书　名	编著（译者）	出版单位	出版年月	开本	页数	价格（元）
中医学	中医执业医师2001年医师资格考试大纲	国家中医药管理局考试中心编	北京：中国中医药出版社	2001.04	26cm	167	20.00
	中医执业助理医师2001年医师资格考试大纲	卫生部医师资格考试委员会制订	北京：中国中医药出版社	2001.04	26cm	93	12.50
	临床执业助理医师（国家职业医师资格应试指导全书）	国家医师考试研究中心编写	上海：第二军医大学出版社	2001.07	26cm	774	98.00
	中医执业医师（国家职业医师资格应试指导全书）	国家医师考试研究中心编写	上海：第二军医大学出版社	2001.07	26cm	1067	136.00
	中医执业医师资格考试复习指南及习题集	《中医执业医师资格考试复习指南及习题集》编写组主编	北京：中国中医药出版社	2001.07	26cm	2053	195.00
	中医执业助理医师（国家职业医师资格应试指导全书）	国家医师考试研究中心编写	上海：第二军医大学出版社	2001.07	26cm	675	88.00
	中医执业助理医师资格考试复习指南及习题集	《中医执业助理医师资格考试复习指南及习题集》编写委员会主编	北京：中国中医药出版社	2001.06	26cm	2册	113.00
	中医学实习指导（全国高等医药院校教材·供基础、预防、临床、口腔医学类专业用）	李家邦著	北京：人民卫生出版社	2001.03	26cm	32	5.00
	佛门医术秘经	董看看，李素珠译注	上海：学林出版社	2001.05	20cm	202	15.80
	神农尝百草：浅说中医中药	刘庚祥著	沈阳：辽海出版社	2001.06	19cm	121	105.00
	世界人民爱中医	吴宇红主编	杭州：浙江大学出版社	2001.05	19cm	124	10.00
	徐灵胎医书全集	（清）徐灵胎著；赵蕴坤校勘	山西科学技术出版社	2001.03	21cm	1285	52.00
	邓铁涛学术思想研究	徐志伟，李俊德主编	北京：华夏出版社	2001.10	20cm	380	43.00
	医古文	张其成主编	北京：人民卫生出版社	2001.08	26cm	349	27.00
	周超凡学术思想与临床经验	于智敏主编	北京：中医古籍出版社	2001.09	20cm	335	17.00
	碥石集．第二集	佘靖主编	北京：中国中医药出版社	2001.11	20cm	401	24.00
	中国中医药年鉴．2001	施　杞	北京：中国中医药出版社	2001.12	26cm	569	80.00
	实用汉英中医词典	张奇文主编	山东科学技术出版社	2001.08	19cm	1342	95.00
	中医难字字典	李　戎主编	上海科学技术文献出版社	2001.04	19cm	216	18.00

续表

类别项目	书　名	编著（译者）	出版单位	出版年月	开本	页数	价格（元）
中医预防、养生学	《黄帝内经》养生全书（《黄帝内经》养生全书）	张湖德，樊镒主编	北京：中国轻工业出版社	2001.01	20cm	239	13.80
	《黄帝内经》养生全书．先天之本肾的保健	张湖德，李秩伦主编	北京：中国轻工业出版社	2001.01	20cm	234	13.80
	《黄帝内经》养生全书．将军之官肝的保健	张湖德，刘福奇主编	北京：中国轻工业出版社	2001.01	20cm	193	13.80
	《黄帝内经》养生全书．相傅之官肺的保健	张湖德，姜　峰主编	北京：中国轻工业出版社	2001.01	20cm	225	13.80
	《黄帝内经》养生全书．情志养生	张湖德，王毅夫主编	北京：中国轻工业出版社	2001.01	20cm	217	13.80
	《黄帝内经》养生全书	张湖德主编	北京：中国轻工业出版社	2001.01	20cm	199	13.80
	保健益寿养生妙法集成	王计财编著	北京：人民军医出版社	2001.03	20cm	355	17.00
	本草养生	谈芸著	上海画报出版社	2001.12	19cm	141	12.00
	后天之本——脾胃保健（《黄帝内经》养生全书）	张湖德，刘福奇主编	北京：中国轻工业出版社	2001.01	20cm	222	13.80
	《黄帝内经》养生长寿精粹	段永德编著	山西科学技术出版社	2001.01	19cm	173	11.00
	家庭养生宝典	李德新，王绍诚主编	辽宁科学技术出版社	2001.04	20cm	275	15.00
	君主之官——心的保健（《黄帝内经》养生全书）	张湖德，乔占兵主编	北京：中国轻工业出版社	2001.01	20cm	177	13.80
	生物钟与穴位养生（家庭绿色养生）	杨永安主编	山东人民出版社	2001.06	20cm	248	16.00
	四季养生	颜德馨主编	上海：文汇出版社	2001.01	20cm	547	32.00
	四季养生妙法（时尚家庭生活丛书）	浩　瀚，李林娟主编	青岛：青岛出版社	2001.08	20cm	300	14.80
	四时养生	张湖德，何文彬主编	北京：中国轻工业出版社	2001.01	20cm	219	13.80
	养生保健五部曲：献给老年人的爱	《养生保健五部曲》编委会编	北京：中国经济出版社	2001.10	15cm	445	24.80
	养生总论——天年（《黄帝内经》养生全书）	张湖德主编	北京：中国轻工业出版社	2001.01	20cm	173	13.80
	易老与养生	潘雨廷著	上海：复旦大学出版社	2001.12	20cm	305	20.00
	中国古代养生四书	陈立明等评注	山东友谊出版社	2001.09	20cm	653	28.00
	中国养生文化：图文本（生活文化丛书）	仓阳卿著	上海古籍出版社	2001.06	14cm	195	17.80
	中华养生大全	颜德馨，夏　翔主编	上海科学技术出版社	2001.12	26cm	968	110.00
	中老年养生百科全书	任意主编	湖北辞书出版社	2001.09	20cm	558	26.00

续表

类别项目	书　名	编著（译者）	出版单位	出版年月	开本	页数	价格（元）
中医预防、养生学	中医健脑法	张汤敏，孙仁平编著	北京：人民军医出版社	2001.05	19cm	308	15.00
	中医壮阳益寿：青年期	王东坡，余江维编写	贵州科技出版社	2001.01	19cm	156	7.70
	周易与养身之道（周易人生智慧丛书）	黄德昌等著	四川人民出版社	2001.11	20cm	240	15.00
	怡情养性（中老年养生保健丛书）	邓伟志主编	上海中医药大学出版社	2001.03	19cm	190	13.80
	导引养生功	张广德编著	北京体育大学出版社	2001.09	20cm	314	16.00
	导引养生功标准教程	张广德著	北京体育大学出版社	2001.01	20cm	233	13.00
中医基础理论	《医经秘旨》探赜	张学禹辑注	新疆人民出版社	2001.07	20cm	295	30.00
	现代中医学	夏天主编	北京：高等教育出版社	2001.08	26cm	555	37.10
	中医基础理论	辽宁中医学院主编	湖南科学技术出版社	2001.02	26cm	167	9.50
	中医基础理论	李德新主编	北京：人民卫生出版社	2001.08	26cm	321	26.00
	中医基础理论	金志甲主编	陕西科学技术出版社	2001.05	26cm	373	32.00
	中医基础理论（中医药学高级丛书）	王新华编著	北京：人民卫生出版社	2001.05	26cm	778	68.00
	中医基础理论难点解析	孙广仁等编著	北京：中国中医药出版社	2001.08	26cm	383	30.00
	中医科研设计与统计学	贺石林等主编	湖南科学技术出版社	2001.08	26cm	395	35.00
	中医学导论（高等医学院校选用教材）	门九章，郭蕾编著	北京：科学出版社	2001.06	29cm	168	19.80
	中医学概论	张保国编	河南医科大学出版社	2001.08	26cm	461	36.00
	中医学基础	张家锡等编著	上海科学技术文献出版社	2001.03	26cm	348	49.00
	中医学基础（新版高等中医药类规划教材教与学参考丛书）	王新华主编	北京：中国中医药出版社	2001.08	26cm	808	62.00
	中医学基础自学辅导-(全国高等教育自学考试自学辅导丛书)	黄明贵主编；王平等编	湖南科学技术出版社	2001.04	26cm	177	16.00
中医临床学	中医学之道	陆广莘著	北京：人民卫生出版社	2001.04	26cm	395	37.50
	黄帝内经：英文	朱明译	外文出版社	2001.01	20cm	302	32.00
	内经选读（全国中医专业自学考试应试指南丛书）	王玉兴主编	北京：中国中医药出版社	2001.05	26cm	160	15.00
	中医理论范畴：《黄帝内经》建构中医理论的基本范畴	任秀玲著	北京：中医古籍出版社	2001.09	20cm	382	18.00
	《素问》全元起本研究与辑复	段逸山著	上海科学技术出版社	2001.09	20cm	276	25.00

续表

类别项目	书　名	编著（译者）	出版单位	出版年月	开本	页数	价格（元）
中医临床学	灵枢经直译	陈忠仁编著	北京：中医古籍出版社	2001.07	20cm	376	18.00
	伤寒论选读（新版高等中医药类规划教材教与学参考丛书）	柯雪帆主编	北京：中国中医药出版社	2001.04	26cm	403	31.00
	伤寒门径	张喜奎等主编	陕西科学技术出版社	2001.06	20cm	709	49.00
	伤寒论特译	李国华编译	北京：科学普及出版社	2001.04	19cm	150	6.00
	新伤寒论校注	姚廷周主编	北京：中医古籍出版社	2001.07	20cm	272	13.00
	金匮要略（全国中医专业自学考试应试指南丛书）	丁跃玲，方朝义主编	北京：中国中医药出版社	2001.05	26cm	147	14.00
	金匮要略教程（高等医学院校选用教材）	乔模主编	北京：科学出版社	2001.08	26cm	310	33.00
	金匮妇人三十六病	张建荣编著	北京：人民卫生出版社	2001.05	20cm	399	21.50
	金匮要略临床新解	张笑平主编	安徽科学技术出版社	2001.05	19cm	618	30.00
	中医藏象学（高等医学院校选用教材）	张俊龙，郭蕾著	北京：科学出版社	2001.06	26cm	261	25.50
	中医脾胃病学	吴雄志著	北京：中医古籍出版社	2001.02	20cm	252	12.00
	中医脏象与临床	杨扶国，齐南主编	北京：中医古籍出版社	2001.02	26cm	688	76.00
	经络腧穴学（面向21世纪课程教材）	徐平，沈雪勇主编	北京：高等教育出版社	2001.07	26cm	385	26.40
	中医络病学说与心脑血管病	吴以岭主编	北京：中国科学技术出版社	2001.04	26cm	42	51.00
	中华奇穴大成	刘炎编著	上海科学技术文献出版社	2001.07	20cm	718	50.00
	五色针灸经穴标准挂图	孙忠年主编	西安：世界图书出版西安公司	2001.09	1套（3张）		128.00
	中西医结合新概念	黎镇华著	湖北科学技术出版社	2001.05	19cm	157	12.80
	中医心理学	董湘玉主编	贵州科技出版社	2001.08	26cm	241	21.00
	三联医学与消核膏（三联医学理论与实践丛书）	邱天道，柴有义编著	北京：军事医学科学出版社	2001.06	19cm	144	8.00
	三联医学与消炎止痛膏	邱天道，柴有义编著	北京：军事医学科学出版社	2001.06	19cm	206	10.00
	颈肩痛康复治疗图解	赵力力编著	湖北科学技术出版社	2001.09	20cm	128	9.00
	针灸推拿学（中西医结合临床专业专科系列教材）	邵湘宁主编	北京：中国中医药出版社	2001.09	26cm	344	29.00

续表

类别项目	书　名	编著（译者）	出版单位	出版年月	开本	页数	价格（元）
中医临床学	中医病证诊疗标准与方剂选用	戴慎等主编	北京：人民卫生出版社	2001.11	26cm	1015	84.00
	中医临证指南	叶任高，魏连波主编	北京：人民卫生出版社	2001.10	20cm	498	26.00
	中医诊治要诀	刘松林，薛芳芳主编	山西科学技术出版社	2001.05	20cm	712	35.00
	仲景方临床应用指导	王付著	北京：人民卫生出版社	2001.05	20cm	852	42.50
	农村常见病中医诊疗	肖诏玮，俞宜年主编	厦门大学出版社	2001.09	19cm	413	15.00
	常见疾病康复治疗方法图解	朱珊珊，汪军民主编	湖北科学技术出版社	2001.09	20cm	191	12.00
	常用康复治疗方法图解	朱珊珊，汪军民主编	湖北科学技术出版社	2001.09	20cm	171	11.00
中医诊断学	实用中医诊断学	张　华，李伟光主编	延边大学出版社	2001.05	19cm	625	24.00
	诊断（中医学入门丛书）	华碧春等编著	福建科学技术出版社	2001.10	20cm	204	12.50
	诊断学．二	王汝琨主编	湖南科学技术出版社	2001.04	26cm	339	30.00
	中医理论诊断学	殷镜海等编著	山东省地图出版社	2001.09	26cm	340	86.50
	中医理论诊断学．中册	韩铭，陈雨振，王力建编著	山东省地图出版社	2001.09	26cm	220	86.50
	中医理论诊断学．上册	马仁智，李晋波，段明福编著	山东省地图出版社	2001.09	26cm	303	86.50
	中医微观辨证及临床应用	包顺义，包渝艳著	重庆出版社	2001.12	20cm	332	15.00
	中医诊断学（高等医学院校选用教材）	李晶主编	北京：科学出版社	2001.06	26cm	333	33.00
	中医诊断学纲要	陈素云编著	北京：人民军医出版社	2001.01	20cm	204	12.00
	脉法精要	许进京编著	北京：中医古籍出版社	2001.01	19cm	553	25.00
	舌诊鉴源	王季藜，杨拴成主编	北京：人民卫生出版社	2001.09	20cm	573	30.50
	舌诊（汉英对照）	辛　瑛，郭霞珍主编；张莉莎译	天津科技翻译出版公司	2001.06	19cm	212	28.00
	指甲测百病	王文华等著	上海科技教育出版社	2001.01	19cm	202	15.00

续表

类别项目	书　名	编著（译者）	出版单位	出版年月	开本	页数	价格（元）
中医治疗学	常见疼痛中医简便诊治	梁华梓主编	北京：金盾出版社	2001.03	19cm	309	12.00
中医治疗学	长寿妙招秘方	《长寿妙招秘方》编写组编	天津：天津科学技术出版社	2001.01	20cm	200	8.00
中医治疗学	民间简易疗法．捏脊	孙瑜，高碧霄编著	上海中医药大学出版社	2001.05	19cm	137	12.50
中医治疗学	难治病中医论治精华——中医、中西医结合继续医学教育系列教材	詹文涛，孟如主编	云南科技出版社	2001.02	26cm	235	26.00
中医治疗学	人体本体反射健康法：无损伤手法整复术	牛立匀著	北京体育大学出版社	2001.05	20cm	230	15.00
中医治疗学	医门心镜	李玉奇编著	辽宁科学技术出版社	2001.01	20cm	131	15.00
中医治疗学	疑难病证经验精华	陈纪藩主编	广东科技出版社	2001.05	19cm	315	18.00
中医治疗学	针灸推拿基础与临床	张立德等主编	辽宁科学技术出版社	2001.04	26cm	398	60.00
中医治疗学	针灸推拿治疗学——高等中医院校协编教材	周文新主编	上海科学技术出版社	2001.07	26cm	296	28.00
中医治疗学	中医药治疗炎症学	潘鸿鹄编著	北京：军事医学科学出版社	2001.05	26cm	66	98.00
中医治疗学	常见病症自然疗法应用指南	孙建华编著	上海科学技术文献出版社	2001.11	19cm	583	30.00
中医治疗学	实用临床自然疗法（中国实用中西医结合临床丛书）	李庆新著	北京：中医古籍出版社	2001.03	26cm	240	25.00
中医治疗学	按摩（中医学入门丛书）	张　军，齐越峰编著	福建科学技术出版社	2001.04	20cm	179	11.00
中医治疗学	按摩保健奇术纪实	谢玉秋编著	天津科学技术出版社	2001.01	19cm	259	9.80
中医治疗学	保健按摩	姜建华，董晓虹主编	浙江大学出版社	2001.07	20cm	310	15.00
中医治疗学	保健按摩学	郁国民主编	北京科学技术出版社	2001.06	26cm	197	20.00
中医治疗学	点穴	毕宇峰主编	上海中医药大学出版社	2001.01	19cm	112	10.80
中医治疗学	儿科疾病按摩治疗（常见病按摩治疗图解）	王月编著	汕头大学出版社	2001.09	20cm	137	36.00
中医治疗学	妇科疾病按摩治疗	金涛编著	汕头大学出版社	2001.09	20cm	175	36.00
中医治疗学	骨伤科疾病按摩治疗	黄曼博编著	汕头大学出版社	2001.09	20cm	210	36.00
中医治疗学	脊柱推拿的基础与临床	李义凯主编	北京：军事医学科学出版社	2001.05	26cm	506	70.00
中医治疗学	家庭小儿推拿保健	程凯，范东主编	北京科学技术出版社	2001.03	20cm	184	29.00
中医治疗学	家庭足部推拿保健	范东，程凯主编	北京科学技术出版社	2001.05	20cm	212	29.00

续表

类别项目	书　名	编著（译者）	出版单位	出版年月	开本	页数	价格（元）
中医学	灵空禅师点穴秘诀	薛颠著	山西科学技术出版社	2001.05	20cm	90	10.00
	灵枢易筋经点穴推拿疗法	黄绍滨，李争鸣编著	广西科学技术出版社	2001.01	20cm	144	8.20
	内科疾病按摩治疗	周小波编著	汕头大学出版社	2001.09	20cm	173	14.80
	神奇的手部按摩疗法	吴莲英，吴江华编著	广西科学技术出版社	2001.01	20cm	144	8.50
	实用按摩	李晓春，马凤良主编	延边人民出版社	2001.05	20cm	414	36.00
	实用家庭推拿法	郑风胡编著	上海科学技术文献出版社	2001.05	19cm	128	8.00
	实用疗伤手法	赖在文著	广东科技出版社	2001.05	26cm	236	30.00
	实用推拿医术	张　安，张萌萌编著	黄河出版社	2001.10	20cm	300	38.00
	推拿按摩治疗常见病	李鸿江编著	北京：人民卫生出版社	2001.03	26cm	435	38.00
	推拿功法学	周信文主编	上海科学技术出版社	2001.05	26cm	175	20.00
	推拿手法学	王之虹主编	北京：人民卫生出版社	2001.08	26cm	244	21.50
	推拿学临床	金宏柱著	上海中医药大学出版社	2001.04	26cm	260	31.00
	推拿养生	赵善祥著	上海画报出版社	2001.12	19cm	175	14.00
	推拿治疗学（全国高等中医药院校教材）	罗才贵编著	北京：人民卫生出版社	2001.08	26cm	271	22.00
	小儿推拿	张　泓，李亚明编著	湖南科学技术出版社	2001.07	20cm	149	10.00
	智能按摩	张文凯主编	山东人民出版社	2001.06	20cm	282	16.00
	中国传统手足按摩法	吴更伟，郝东方著	北京：外文出版社	2001.09	21cm	300	50.00
	中国手法诊治大全	韦贵康等主编	北京：中国中医药出版社	2001.08	26cm	956	92.00
	中国推拿精要	尤全喜等主编	北京：中医古籍出版社	2001.05	20cm	418	19.60
	中医民间手法	王济北编著	天津科学技术出版社	2001.01	20cm	155	12.00
	足部按摩手册（时尚健身系列）	黄杰编著	福建科学技术出版社	2001.09	21cm	144	20.00
	足部按摩治病	张臣钧，张石革主编	广东人民出版社	2001.09	20cm	216	16.00
	足部穴区按摩疗法（特色疗法丛书）	童盛昌编著	广西科学技术出版社	2001.08	20cm	129	9.00
	足反射区锤疗健康法（生活与科学文库）	佛　笑，刘素芳编著	北京：科学出版社	2001.08	19cm	183	14.00

续表

类别项目	书 名	编著（译者）	出版单位	出版年月	开本	页数	价格（元）
中医学	足疗治百病	纪青山，李杰主编；王台译	北京：外文出版社	2001.04	21cm	185	35.00
	足疗治百病	纪青山,李杰主编	北京：外文出版社	2001.04	20cm	141	40.00
	家庭保健推拿	徐平著	上海：文汇出版社	2001.01	20cm	293	20.00
	按摩保健实用手册	龚健编	北京：蓝天出版社	2001.01	26cm	101	25.80
	按摩疗法（中华自然疗法图解）	王振华等编著	湖北科学技术出版社	2001.01	20cm	193	12.00
	按摩图解：学治常见病(健康快车系列丛书)	吕明，刘晓艳编著	吉林科学技术出版社	2001.01	21cm	154	13.50
	常见病按摩治疗图解	孙永显，于锡海编著	青岛出版社	2001.10	20cm	151	20.00
	大众保健推拿图解	王富春编著	北京:人民卫生出版社	2001.01	20cm	204	13.00
	耳穴按摩健康法（图解现代健康丛书）	张峻斌著；张能杰绘	北京：华夏出版社	2001.08	19cm	164	12.00
	夫妻保健按摩图解	孙永显,李大椿著	青岛出版社	2001.10	20cm	135	18.00
	妇科病按摩治疗图解	孙永显,丁品编著	青岛出版社	2001.10	20cm	145	19.00
	家庭保健按摩图解手册	任全编	北京：中国标准出版社	2001.12	26cm	140	24.00
	康复按摩图解	孙永显，单述刚编著	青岛出版社	2001.10	20cm	129	17.00
	女性美容保健按摩图解	孙永显，张静编	青岛出版社	2001.10	20cm	111	15.00
	手部按摩全息穴位图	靳士英，靳朴编著	北京：人民卫生出版社	2001.05	26cm	1套(4张)	15.00
	小儿推拿图解	姜秀珍,王启芳编	青岛出版社	2001.10	20cm	136	18.00
	拔罐（民间简易疗法）	刘　敏，宋小亚，党建军编著	上海中医药大学出版社	2001.01	19cm	128	12.80
	拔罐：中国真空拔罐健康法	王敬编著	北京科学技术出版社	2001.07	20cm	315	22.00
	刮痧（民间简易疗法）	张争昌,刘森亭编著	上海中医药大学出版社	2001.01	19cm	113	10.80
	刮痧疗法	江红兵,叶庆莲编著	广西科学技术出版社	2001.01	20cm	188	10.00
	实用刮痧疗法	陈志敏，樊兆明主编	北京：金盾出版社	2001.02	19cm	189	7.50
	中医现代刮痧教程	孔垂成主编	北京：中国医药科技出版社	2001.04	20cm	381	25.00
	刮痧疗法（中华自然疗法图解）	李　琳编著	湖北科学技术出版社	2001.01	20cm	236	15.00
	敷脐（民间简易疗法）	刘森亭等编著	上海中医药大学出版社	2001.01	19cm	158	12.80
	轻松浴足治百病	漆　浩主编	北京：人民体育出版社	2001.02	20cm	255	14.50

续表

类别项目	书　名	编著（译者）	出版单位	出版年月	开本	页数	价格（元）
中医学	手疗治百病	王胜，王卫东主编	北京：外文出版社	2001	20cm	177	
	药浴（民间简易疗法）	刘森亭主编	上海中医药大学出版社	2001.01	19cm	136	12.80
	药浴百方（“保健妙方”丛书）	陈立典等编著	福建科学技术出版社	2001.02	19cm	158	8.50
	中华药浴	冯亚萍著	北京：解放军出版社	2001.01	20cm	374	22.80
保健食疗、针灸	实用针灸学	吴旭，盛灿若主编	北京：人民军医出版社	2001.02	26cm	605	59.00
	杨甲三（中国百年百名中医临床家丛书）	胡慧编著	北京：中国中医药出版社	2001.06	20cm	351	25.00
	针灸推拿临证要诀（中医诊治要决系列丛书）	徐韦辉，王德瑜主编	山西科学技术出版社	2001.05	20cm	373	20.00
	针灸学	刘冠军主编	湖南科学技术出版社	2001.03	26cm	382	20.40
	针灸学基础知识	王德深编著	北京：人民卫生出版社	2001.09	20cm	607	30.00
	针灸学原理：理论与实践的探索和揭秘	蔡子微著	黑龙江朝鲜民族出版社	2001.05	21cm	177	28.00
	针灸治疗学	石学敏主编	北京：人民卫生出版社	2001.12	26cm	749	65.00
	针医心悟	王启才，周庆生编著	北京：中医古籍出版社	2001.10	20cm	635	28.00
	中国针灸学术史大纲	黄龙祥著	北京：华夏出版社	2001.01	20cm	850	48.00
	针灸学（医学应试题库丛书）	高希言，孙曙霞主编	北京：人民军医出版社	2001.01	19cm	395	19.00
	针灸歌诀歌赋259首	蔡　文，陈强编著	北京：中国中医药出版社	2001.01	20cm	309	14.00
	王玉堂针灸文集	王玉堂著	北京：中医古籍出版社	2001.01	19cm	316	15.00
	大众保健针灸图解	王富春，高玲编著	北京：人民卫生出版社	2001.03	20cm	254	14.00
	针灸疗法（中华自然疗法图解）	穆腊梅，李琳编著	湖北科学技术出版社	2001.01	20cm	238	15.00
	刺血（民间简易疗法）	黄丽萍编著	上海中医药大学出版社	2001.01	19cm	148	12.80
	新编耳穴诊疗手册．耳针急症	许平东编著	上海科学技术文献出版社	2001.11	19cm	201	15.00
	100种疾病的独穴疗法：英文	陈德成著	北京：外文出版社	2001.04	20cm	200	50.00
	经络疗法与美容	余茂基编著	上海中医药大学出版社	2001.05	20cm	231	15.80
	快速指压自疗法	CI编辑部编	北京：中国轻工业出版社	2001.04	19cm	192	15.00

续表

类别项目	书名	编著（译者）	出版单位	出版年月	开本	页数	价格（元）
保健食疗、针灸	手足穴点压治病：中国模式的手足骨膜反射疗法	陈注雨，陈哲实主编	湖南科学技术出版社	2001.01	20cm	225	12.80
	穴位敷贴	黄丽萍主编	上海中医药大学出版社	2001.01	19cm	136	12.80
	祝总骧312经络锻炼法	祝总骧主编	北京体育大学出版社	2001.01	20cm	224	16.00
	大众保健指压图解	王富春等编著	北京：人民卫生出版社	2001.03	20cm	203	11.50
	轻松学耳穴（图解现代健康丛书）	张峻斌著；王庆祥绘	北京：华夏出版社	2001.06	19cm	179	12.00
	针灸临床实践	彭荣琛，赵立岩主编	贵州科技出版社	2001.10	20cm	668	38.00
	中医针灸内科学	裴景春，王颖主编	沈阳出版社	2001.04	26cm	412	38.00
	实用针灸泌尿学	郑蕙田，袁顺兴编著	上海科学技术文献出版社	2001.10	20cm	431	38.00
	中医儿科学	袁诚伟主编	湖南科学技术出版社	2001.09	26cm	234	16.00
	针灸治疗中风病	范刚启等编	上海：第二军医大学出版社	2001.07	20cm	298	20.00
	芳香疗法：一种古老且时尚的自我保健术	王鹏，余珍，邬文瑾编著	云南科技出版社	2001.08	20cm	121	8.00
	百病肉食疗法	胡献国编著	北京：金盾出版社	2001.07	19cm	283	10.00
	百病饮食宜忌	陈明政编著	上海科学技术文献出版社	2001.08	20cm	483	23.00
	茶与健康	迟少鹏等编著	北京：中国林业出版社	2001.01	19cm	246	10.00
	常见病与食疗	汤宽泽著	上海科学技术文献出版社	2001.07	20cm	357	20.00
	常见食物药用	刘汉华编著	北京：海洋出版社	2001.10	20cm	450	26.80
	长寿康复食疗	《长寿康复食疗》编写组编	天津科学技术出版社	2001.01	20cm	200	8.00
	长寿饮食新要	《长寿饮食新要》编写组编	天津科学技术出版社	2001.01	20cm	199	8.00
	聪明进补	志华，于峻编著	上海远东出版社	2001.09	20cm	353	16.00
	葱姜蒜醋酒疗百病	高希言编著	上海中医药大学出版社	2001.02	19cm	162	9.50
	大蒜：让您更健康	（德）普丝皮斯尔著；毛捷译	北京：中华工商联合出版社	2001.01	20cm	97	20.00
	防暑解暑食疗方	顾奎琴主编	北京：金盾出版社	2001.09	19cm	228	8.00
	肝胆病药膳疗法	崔花顺主编	上海科学技术文献出版社	2001.10	19cm	326	17.00
	古今食养食疗与中华文化	王明辉等编著	北京：中国医药科技出版社	2001.02	20cm	410	24.00

续表

类别项目	书　名	编著（译者）	出版单位	出版年月	开本	页数	价格（元）
保健食疗、针灸	广东常见病防治	秦惠基，黎汉津编著	广东高等教育出版社	2001.07	20cm	236	12.00
	疾病饮食宜与忌	（英）伯利华著；吴佩文,黄清玲译	福建科学技术出版社	2001.09	20cm	111	20.00
	家庭保健体质食养	匡调之，张庆彝编著	上海：文汇出版社	2001.01	20cm	302	18.00
	家用食疗精选	罗　禅，敬素秋编著	四川辞书出版社	2001.01	20cm	274	15.00
	酒与健康（健康宝库）	游五洋等编著	北京：中国林业出版社	2001.01	19cm	231	10.00
	居家保健食疗	佘桂爵编著	汕头大学出版社	2001.01	20cm	221	12.00
	芦荟健身法	黄海鸥著	上海文化出版社	2001.01	19cm	170	10.00
	绿色食品的保健功能与食疗方	孟昭全主编	北京：金盾出版社	2001.09	19cm	304	10.00
	绿色蔬菜的妙用	程小英，高溥超主编	内蒙古科学技术出版社	2001.11	20cm	203	12.00
	女性食疗保健药膳	蒋俊和，谢雪姣主编	湖南科学技术出版社	2001.06	20cm	234	17.00
	巧食野菜治百病	田后谋编著	北京：中国广播电视出版社	2001.01	20cm	196	12.00
	山药的保健功能与食疗方	叶璐君，杨师尧编著	北京：金盾出版社	2001.03	19cm	206	8.00
	时尚茶疗	程小英，高溥超主编	内蒙古科学技术出版社	2001.11	20cm	217	12.00
	食在广东	秦惠基，黎汉津编著	广东高等教育出版社	2001.06	20cm	286	12.00
	实用进补手册	徐伟祥,周政主编	上海：东方出版中心	2001.10	19cm	462	20.00
	蔬菜食疗方	谢英彪主编	北京：金盾出版社	2001.12	19cm	275	9.50
	水果的食疗与保健	张天安主编	天津科技翻译出版公司	2001.03	20cm	360	12.00
	水果养身秘诀	杨世盐编著	北京：中国计量出版社	2001.03	19cm	138	7.50
	水果治病秘诀	杨古盐等编	北京：中国计量出版社	2001.03	19cm	186	9.50
	四季食物补养法	伦　新，荣　莉主编	北京：人民卫生出版社	2001.12	20cm	497	26.5
	四季养生食疗	雷永乐著	广东人民出版社	2001.08	20cm	229	13.80
	汤羹与健康	杜建成编著	北京：中国林业出版社	2001.01	19cm	233	10.00
	天然常见食物疗法：葱、椒、姜、蒜、醋、蜜防治常见病	李知天主编	上海：华东师范大学出版社	2001.11	20cm	434	18.00

续表

类别项目	书　名	编著（译者）	出版单位	出版年月	开本	页数	价格（元）
保健食疗、针灸	胃病食疗指南	李春丽主编	北京：农村读物出版社	2001.08	19cm	170	8.80
	胃肠病药膳疗法	孙炜华主编	上海科学技术文献出版社	2001.10	19cm	263	14.00
	心脑病食物疗法	高新彦等编著	上海科学技术出版社	2001.12	20cm	369	22.50
	性养生食疗（慢性病食疗丛书）	雷永乐著	广东人民出版社	2001.08	20cm	123	9.00
	野菜疗法	陈可冀主编	湖南科学技术出版社	2001.08	19cm	378	17.00
	饮食养生抗老术	李戎编著	四川人民出版社	2001.03	20cm	541	25.00
	运动娱乐在广东（岭南养生丛书）	秦惠基，黎汉津编著	广东高等教育出版社	2001.07	20cm	230	12.00
	中华家庭调补大全	张华强主编	南京大学出版社	2001.09	20cm	746	39.00
	中医食养食疗学	郭永洁主编	上海科学技术出版社	2001.06	19cm	234	15.00
	粥与健康	徐振成等编著	北京：中国林业出版社	2001.01	19cm	186	10.00
	枸杞子的保健功能与药用便方	李清亚主编	北京：金盾出版社	2001.02	19cm	207	8.00
	家庭饮食进补	康健编著	北京：华龄出版社	2001.01	20cm	284	13.80
	益智减压饮食调养	顾奎琴著	广东人民出版社	2001.09	20cm	246	19.00
	新编家庭食疗手册	王长海主编	西安：世界图书出版公司	2001.02	20cm	1088	58.00
	天然食物疗法（中华自然疗法图解）	李琳，袁思芳编著	湖北科学技术出版社	2001.01	20cm	155	10.00
中医护理学	中医护理学历史与中医护理学临床应用	傅维康，陈道瑾编著	上海中医药大学出版社	2001.05	20cm	383	30.00
	中医临床护理备要	邓大学，黄一梅主编	安徽科学技术出版社	2001.11	26cm	336	42.00
医案医话临床经验	常见病证中医文献专辑．肿胀专辑	上海市中医文献研究馆编	上海科学技术出版社	2001.03	19cm	229	18.00
	常见病证中医文献专辑．中风专辑	上海市中医文献研究馆编	上海科学技术出版社	2001.10	19cm	315	22.00
	临床中医师案头参考	卢祥之，王晓鹤主编	北京：中国医药科技出版社	2001.09	19cm	518	26.00
	医案助读	黄煌编著	北京：人民卫生出版社	2001.03	20cm	393	21.00
	中国古今医案类编．妇科病类	鲁兆麟等主编	北京：中国建材工业出版社	2001.06	20cm	822	39.00
	中国古今医案类编．外科及骨伤科病类	鲁兆麟等主编	北京：中国建材工业出版社	2001.06	20cm	678	34.00
	中国古今医案类编．气血及津液病类	鲁兆麟等主编	北京：中国建材工业出版社	2001.06	20cm	1016	49.00

续表

类别项目	书 名	编著（译者）	出版单位	出版年月	开本	页数	价格（元）
医案医话临床经验	中国古今医案类编．脾胃病类	鲁兆麟等主编	北京：中国建材工业出版社	2001.06	20cm	800	39.00
	中国古今医案类编．儿科病类	鲁兆麟等主编	北京：中国建材工业出版社	2001.06	20cm	806	39.00
	中国古今医案类编．肺系病类	鲁兆麟等主编	北京：中国建材工业出版社	2001.06	20cm	438	24.00
	中国古今医案类编．五官科病类	鲁兆麟等主编	北京：中国建材工业出版社	2001.06	20cm	542	28.00
	中国古今医案类编．肝胆温病病类	鲁兆麟等主编	北京：中国建材工业出版社	2001.06	20cm	488	25.00
	中国古今医案类编．心肾病类	鲁兆麟等主编	北京：中国建材工业出版社	2001.06	20cm	448	24.00
	中国古今医案类编．经络肢体及杂病类	鲁兆麟等主编	北京：中国建材工业出版社	2001.06	20cm	510	26.00
	中国古今医案类编．伤寒病类	鲁兆麟等主编	北京：中国建材工业出版社	2001.06	20cm	808	39.00
	中国古今医案类编．温病类	鲁兆麟等主编	北京：中国建材工业出版社	2001.06	20cm	952	47.00
	蔡福养临床经验辑要（全国著名老中医临床经验丛书）	蔡福养编著	北京：中国医药科技出版社	2001.05	20cm	349	21.00
	陈苏生（中国百年百名中医临床家丛书）	陈熠主编	北京：中国中医药出版社	2001.10	20cm	208	10.00
	单健民（中国百年百名中医临床家丛书）	张洪俊等编著	北京：中国中医药出版社	2001.02	19cm	130	10.00
	邓铁涛（中国百年百名中医临床家丛书）	邓铁涛著	北京：中国中医药出版社	2001.10	20cm	303	14.00
	丁甘仁医案（江南名医医案精选）	丁甘仁著	上海科学技术出版社	2001.10	19cm	326	18.00
	丁甘仁医案续编（江南名医医案精选）	丁甘仁著；吴中泰整理	上海科学技术出版社	2001.09	19cm	346	18.00
	董建华（中国百年百名中医临床家丛书）	王永炎编著	北京：中国中医药出版社	2001.02	20cm	321	15.00
	董廷瑶（中国百年百名中医临床家丛书）	王霞芳，邓嘉成编著	北京：中国中医药出版社	2001.06	20cm	431	20.00
	干祖望（中国百年百名中医临床家丛书）	俞无名等编著	北京：中国中医药出版社	2001.10	20cm	461	21.00
	郭士魁（中国百年百名中医临床家丛书）	翁维良等编著	北京：中国中医药出版社	2001.02	20cm	331	15.50
	郭振球临床经验辑要（全国著名老中医临床经验丛书）	郭振球著	北京：中国中医药出版社	2001.01	20cm	446	27.00

续表

类别项目	书　名	编著（译者）	出版单位	出版年月	开本	页数	价格(元)
医案医话临床经验	何任（中国百年百名中医临床家丛书）	何若平整理	北京：中国中医药出版社	2001.10	20cm	236	11.00
	何炎琛（中国百年百名中医临床家丛书）	马凤彬编著	北京：中国中医药出版社	2001.02	20cm	242	12.00
	胡天雄（中国百年百名中医临床家丛书）	胡天雄编著	北京：中国中医药出版社	2001.05	20cm	242	12.00
	胡希恕（中国百年百名中医临床家丛书）	冯世纶编著	北京：中国中医药出版社	2001.02	20cm	213	10.00
	黄文东医案（江南名医医案精选）	上海中医学院附属龙华医院编著	上海科学技术出版社	2001．08	19cm	230	13．00
	金洪元临床经验集（全国名老中医药专家临床经验丛书）	王亚平等主编	新疆科技卫生出版社	2001.03	20cm	239	20.00
	李翰卿（中国百年百名中医临床家丛书）	王象理等编著	北京：中国中医药出版社	2001.02	20cm	467	21.00
	李克绍（中国百年百名中医临床家丛书）	姜建国等主编	北京：中国中医药出版社	2001.02	20cm	169	10.00
	李斯炽（中国百年百名中医临床家丛书）	李继明编著	北京：中国中医药出版社	2001.01	20cm	289	13.50
	李玉奇（中国百年百名中医临床家丛书）	李玉奇主编	北京：中国中医药出版社	2001.08	20cm	120	10.00
	李仲愚临床经验辑要（全国著名老中医临床经验丛书）	李仲愚著	北京：中国中医药出版社	2001.03	20cm	256	16.00
	梁剑波（中国百年百名中医临床家丛书）	梁宏正编著	北京：中国中医药出版社	2001.05	20cm	239	11.00
	梁贻俊临床经验辑要（全国著名老中医临床经验丛书）	梁贻俊著	北京：中国医药科技出版社	2001.09	20cm	503	33.00
	林沛湘（中国百年百名中医临床家丛书）	林寿宁编著	北京：中国中医药出版社	2001.10	20cm	332	15.00
	刘炳凡（中国百年百名中医临床家丛书）	刘炳凡编著	北京：中国中医药出版社	2001.04	20cm	369	17.50
	刘冠军（中国百年百名中医临床家丛书）	刘　芳，刘虹编写	北京：中国中医药出版社	2001.10	20cm	228	11.00
	刘继祖医论医案撷萃	曾斌芳，张帆，单丽娟编著	新疆人民出版社	2001.09	19cm	109	13.80
	刘仕昌（中国百年百名中医临床家丛书）	钟嘉熙，林培政主编	北京：中国中医药出版社	2001.08	20cm	198	10.00
	刘云鹏（中国百年百名中医临床家丛书）	刘云鹏等编著	北京：中国中医药出版社	2001.02	20cm	339	16.00

续表

类别项目	书名	编著（译者）	出版单位	出版年月	开本	页数	价格（元）
医案医话临床经验	刘弼臣（中国百年百名中医临床家丛书）	于作洋编著	北京：中国中医药出版社	2001.05	20cm	158	10.00
	马光亚（中国百年百名中医临床家丛书）	梁明达编著	北京：中国中医药出版社	2001.02	19cm	321	15.00
	米伯让（中国百年百名中医临床家丛书）	米烈汉主编	北京：中国中医药出版社	2001.10	20cm	320	15.00
	欧阳琦（中国百年百名中医临床家丛书）	欧阳剑虹整理	北京：中国中医药出版社	2001.05	20cm	220	10.00
	潘澄濂（中国百年百名中医临床家丛书）	盛增秀编著	北京：中国中医药出版社	2001.02	20cm	356	16.50
	邱茂良（中国百年百名中医临床家丛书）	何崇编著	北京：中国中医药出版社	2001.10	20cm	315	15.00
	施今墨（中国百年百名中医临床家丛书）	施小墨编著	北京：中国中医药出版社	2001.02	20cm	403	18.50
	史沛棠（中国百年百名中医临床家丛书）	史奎钧等编著	北京：中国中医药出版社	2001.10	20cm	294	14.00
	王伯岳（中国百年百名中医临床家丛书）	张士卿等编	北京：中国中医药出版社	2001.06	20cm	334	15.00
	王合三（中国百年百名中医临床家丛书）	王旭等主编	北京：中国中医药出版社	2001.05	20cm	315	15.00
	王任之（中国百年百名中医临床家丛书）	王宏毅，王怀英编著	北京：中国中医药出版社	2001.05	20cm	209	10.00
	王锡章医案	王清国主编	贵州科技出版社	2001.08	20cm	466	29.80
	魏长春临证经验集	魏长春著	上海科学技术出版社	2001.02	20cm	416	28.00
	魏龙骧（中国百年百名中医临床家丛书）	李俊龙编著	北京：中国中医药出版社	2001.10	20cm	112	8.00
	夏小中医案医话	夏小中著	湖北科学技术出版社	2001.09	20cm	142	25.00
	谢海洲临床经验辑要（全国著名老中医临床经验丛书）	谢海洲著；王世民，王红梅整理	北京：中国医药科技出版社	2001.02	20cm	383	23.00
	徐恕甫（中国百年百名中医临床家丛书）	徐经世整理	北京：中国中医药出版社	2001.05	20cm	190	10.00
	许玉山（中国百年百名中医临床家丛书）	许逸民，李庆峰编著	北京：中国中医药出版社	2001.10	20cm	288	13.00
	颜德馨（中国百年百名中医临床家丛书）	颜德馨编著	北京：中国中医药出版社	2001.02	20cm	253	12.00
	杨介宾临床经验辑要（全国著名老中医临床经验丛书）	杨介宾编著	北京：中国医药科技出版社	2001.01	20cm	435	27.00
	杨志一（中国百年百名中医临床家丛书）	杨扶国编著	北京：中国中医药出版社	2001.08	20cm	210	10.00

续表

类别项目	书名	编著（译者）	出版单位	出版年月	开本	页数	价格（元）
医案医话临床经验	叶心清（中国百年百名中医临床家丛书）	沈绍功等编著	北京：中国中医药出版社	2001.02	20cm	158	10.00
	于己百（中国百年百名中医临床家丛书）	张士卿等编著	北京：中国中医药出版社	2001.02	20cm	222	10.50
	俞慎初（中国百年百名中医临床家丛书）	刘德荣，俞鼎芳编写	北京：中国中医药出版社	2001.10	20cm	247	12.00
	豫东名医谢裕东医案选集	谢珍主编	河南医科大学出版社	2001.08	20cm	495	36.00
	袁鹤侪（中国百年百名中医临床家丛书）	袁立人整理	北京：中国中医药出版社	2001.08	20cm	254	12.00
	张羹梅医案（江南名医医案精选）	张羹梅著；张天，唐荣华整理	上海科学技术出版社	2001.08	19cm	126	8.00
	张镜人（中国百年百名中医临床家丛书）	张镜人著	北京：中国中医药出版社	2001.12	20cm	400	16.00
	张珍玉（中国百年百名中医临床家丛书）	迟华基等编著	北京：中国中医药出版社	2001.02	20cm	100	10.00
	张珍玉学术经验辑要（山东中医药大学著名专家学术经验辑要丛书）	迟华基，张安玲主编	山东科学技术出版社	2001.04	20cm	376	25.00
	张子琳（中国百年百名中医临床家丛书）	赵尚华，张俊卿主编	北京：中国中医药出版社	2001.10	20cm	236	11.00
	赵正俨医案医话	王光辉主编	北京：中医古籍出版社	2001.09	19cm	200	10.90
	周小农医案（江南名医医案精选）	周小农著	上海科学技术出版社	2001.08	19cm	400	21.00
	朱良春（中国百年百名中医临床家丛书）	朱良春编著	北京：中国中医药出版社	2001.02	20cm	299	14.00
中医各科	内科病最新中医及中西医结合医案	孙文堂编	北京：中医古籍出版社	2001.04	20cm	414	19.00
	内科病最新中医临床经验集要	梁冰等主编	北京：中医古籍出版社	2001.10	26cm	702	76.00
	一百天学中医内科（中医百日通丛书）	夏翔等编著	上海科学技术出版社	2001.07	19cm	548	22.00
	中医内科学·二	吴立文主编	湖南科学技术出版社	2001.04	26cm	402	33.00
	中医内科学（上海普通高校"九五"重点教材．高等中医院校协编教材）	陈湘君，蔡淦主编	上海科学技术出版社	2001.05	26cm	366	56.00
	中医内科学（高等教育自学考试中医专业指导丛书）	刘　达，张晓雪编著	山西科学技术出版社	2001.04	20cm	364	30.00
	中医内科学（高等医学院校选用教材．供成人教育中医药专业、中西医结合专业使用）	张克敏，白兆芝主编	北京：科学出版社	2001.10	26cm	518	48.00

续表

类别项目	书 名	编著（译者）	出版单位	出版年月	开本	页数	价格（元）
中医各科	中医内科学（一）自学辅导（全国高等教育自学考试辅导丛书）	李明富主编	北京：中国中医药出版社	2001.04	26cm	415	34.00
	中医内科证治学	吕光荣主编	北京：人民卫生出版社	2001.10	26cm	1076	89.00
	中医药对内科急症的探索	邢鸿鳞著	黑龙江教育出版社	2001.04	19cm	353	13.00
	妇科病中草药原色图谱	黄燮才主编	广西科学技术出版社	2001.01	20cm	155	30.00
	肝炎病中草药原色图谱	黄燮才主编	广西科学技术出版社	2001.01	20cm	155	30.00
	糖尿病心脑血管病中草药原色图谱	黄燮才主编	广西科学技术出版社	2001.01	20cm	155	30.00
	孟澍江（中国百年百名中医临床家丛书）	杨进等编著	北京：中国中医药出版社	2001.01	20cm	230	11.00
	温病学	宋乃光主编	北京：中国中医药出版社	2001.02	26cm	315	26.00
	温病学	金淑琴主编	北京：中国中医药出版社	2001.06	26cm	147	14.00
	温病学（高等医学院校选用教材．供成人教育中医药专业、中西医结合专业使用）	冯明主编	北京：科学出版社	2001.08	26cm	226	
	温病学学习指导（普通高等教育中医药类规划教材学习指导丛书）	彭胜权主编	上海科学技术出版社	2001.04	26cm	190	15.70
	温病学之研究（研究生教学用书）	王灿晖，杨　进，马健编著	北京：高等教育出版社	2001.06	26cm	266	27.60
	中医内科湿热病学	高金虎主编	山西科学技术出版社	2001.06	20cm	326	18.00
	中风诊治十六法	尹国有主编	北京：金盾出版社	2001.09	19cm	206	7.00
	名医朱丹溪论治痿痹的经验	施仁潮编著	上海中医药大学出版社	2001.02	20cm	153	11.60
	实用中医痰病证治	乔振纲，韩冠先主编	人民卫生出版社	2001.06	20cm	508	26.50
	中医五脏病学	广州中医药大学编委会编	广东科技出版社	2001.03	26cm	1164	220.00
	哮喘专辑（常见病证中医文献专辑）	上海市中医文献研究馆编	上海科学技术出版社	2001.01	19cm	190	14.00
	中西医结合哮喘病学	许建中等主编	中国计划出版社	2001.07	26cm	463	44.00
	实用中医心病学	焦树德著	人民卫生出版社	2001.11	26cm	620	55.00
	中医心病诊断疗效标准与用药规范	沈绍功，王承德，闫希军主编	北京出版社	2001.09	26cm	304	55.00
	脾病诊治实用秘要（中医专病专治奇独实用秘方丛书）	于继珍著	新疆科技卫生出版社	2001.04	20cm	277	21.50

续表

类别项目	书　名	编著（译者）	出版单位	出版年月	开本	页数	价格（元）
中医各科	中医脾脏论	纪立金编著	北京：中医古籍出版社	2001.09	20cm	679	30.00
	常用治疗肝病中药	武谦虎主编	中国医药科技出版社	2001.03	19cm	513	25.00
	肝硬化病学	王韬骅主编	北京：中国科学技术出版社	2001.09	26cm	456	60.00
	中医内科病治疗图解	初杰，陈以国主编	辽宁科学技术出版社	2001.09	20cm	561	28.00
	病毒性肝炎中医证治	金实著	北京：人民卫生出版社	2001.04	20cm	598	28.00
	心脑血管疾病中医诊治	李七一，方祝元主编	北京：人民卫生出版社	2001.08	26cm	474	46.50
	实用中医消化病学	李乾构等主编	北京：人民卫生出版社	2001.03	26cm	967	80.00
	肠病诊治实用秘要	于继珍著	新疆科技卫生出版社	2001.01	20cm	260	21.00
	内分泌与代谢病的中医治疗	冯建华，郭宝荣编著	北京：人民卫生出版社	2001.09	20cm	520	26.00
	糖尿病临床治验	尹义辉，张　洪，徐云生编著	山东科学技术出版社	2001.06	20cm	203	12.80
	中医疏肝调气法防治糖尿病	王钢柱主编	北京：人民卫生出版社	2001.12	20cm	149	9.50
	老年病的诊断与中医治疗	程丑夫著	北京：人民卫生出版社	2001.03	20cm	757	49.00
	中医老年病临床实践（执业中医师临床实用丛书）	朱建贵主编	贵州科技出版社	2001.10	20cm	534	32.00
	外科临床诊治要诀（中医诊治要决系列丛书）	何清湖，宋爱莉主编	山西科学技术出版社	2001.05	21cm	386	20.00
	余无言（中国百年百名临床家丛书）	余瀛鳌编著	北京：中国中医药出版社	2001.02	19cm	130	10.00
	中医外科学（全国高等教育自学考试指定教材）	谭新华主编	北京：中国中医药出版社	2001.02	26cm	333	28.00
	中医外科学（全国中医专业自学考试应试指南丛书）	李永清主编	北京：中国中医药出版社	2001.07	26cm	130	12.50
	中医外科学（高等医学院校选用教材．供成人教育中医药专业中西医结合专业使用）	赵尚华主编	北京：科学出版社	2001.10	26cm	325	29.00
	中医外科学	江西中医学院主编	湖南科学技术出版社	2001.08	26cm	370	19.50
	中医外科学学习指导（普通高等教育中医药类规划教材学习指导丛书）	谭新华，陆德铭主编	上海科学技术出版社	2001.09	26cm	212	18.00

续表

类别项目	书名	编著（译者）	出版单位	出版年月	开本	页数	价格（元）
中医各科	高淑濂胎产方案（珍本医籍丛刊）	（清）高淑濂著；王光辉等点校	北京：中医古籍出版社	2001.09	19cm	125	5.60
	中医妇产科学（中医药学高级丛书）	刘敏如，谭万信主编	北京：人民卫生出版社	2001.10	26cm	1635	132.00
	中医妇科学	黄绳武主编	湖南科学技术出版社	2001.07	26cm	169	10.00
	中医妇科学（高等教育自学考试中医专业指导丛书）	邢维萱等编著	山西科学技术出版社	2001.06	20cm	453	36.00
	中医妇科手册（实用中医临床手册丛书）	蔡连香主编	福建科学技术出版社	2001.01	19cm	524	30.00
	妇女疾病中医防治要诀	单志群编著	深圳：海天出版社	2001.10	20cm	313	16.00
	新编中医妇科学	张玉珍主编	北京：人民军医出版社	2001.01	26cm	798	85.00
	中医当代妇科八大家	高春媛，陶广正主编	北京：中医古籍出版社	2001.10	20cm	438	20.00
	月经病中医诊治	夏桂成主编	北京：人民卫生出版社	2001.06	20cm	604	30.50
	妇儿科诊治要诀（中医诊治要决系列丛书）	聂绍通主编	山西科学技术出版社	2001.05	21cm	297	15.00
	宋祚民（中国百年百名中医临床家丛书）	宋文芳，李健编著	北京：中国中医药出版社	2001.05	20cm	364	16.00
	现代中医儿科诊断治疗学	郁晓维编著	北京：人民卫生出版社	2001.04	20cm	550	28.00
	小儿常见病民间简易疗法	刘学易，郑玉昭编著	广州：羊城晚报出版社	2001.04	19cm	454	8.00
	中医儿科学（高等医学院校选用教材．供成人教育中医药专业、中西医结合专业使用）	秦艳红主编	北京：科学出版社	2001.09	26cm	280	28.00
	中医儿科学（全国中医专业自学考试应试指南丛书）	耿少怡，刘慧聪主编	北京：中国中医药出版社	2001.07	26cm	140	14.00
	疰夏百问（医学百问系列）	董汉良编著	上海科学技术出版社	2001.05	19cm	133	8.00
	中医治疗癌症验案秘方	迟永春，杨维稼编著	北京出版社	2001.06	20cm	309	17.00
	胃癌中医研治集成	张士舜主编	北京：中国科学技术出版社	2001.04	26cm	648	80.00
	骨伤科学	施杞，王和鸣主编	北京：人民卫生出版社	2001.11	26cm	2115	170.00
	中医骨伤科学	施杞主编	北京：中国中医药出版社	2001.02	26cm	229	20.00

续表

类别项目	书　名	编著（译者）	出版单位	出版年月	开本	页数	价格（元）
中医各科	中医骨伤科学（全国中医专业自学考试应试指南丛书）	赵　建主编	北京：中国中医药出版社	2001.06	26cm	109	11.00
	中医骨伤科学学习指南	李　沛等主编	北京：中医古籍出版社	2001.07	26cm	423	36.00
	中医伤科学（全国高等中医院校函授教材）	汤邦杰主编；肖永安等编写	湖南科学技术出版社	2001.06	26cm	285	15.50
	中医骨伤科学辞典	韦以宗主编	北京：中国中医药出版社	2001.04	26cm	662	85.00
	中国手法治疗骨折彩色图谱	袁邡著；李照国译	北京：外文出版社	2001	26cm	439	87.00
	世医正骨从新：从平乐郭氏正骨走向中西医结合治疗60年临床实践	郭春园著	北京：首都经济贸易大学出版社	2001.08	26cm	294	88.00
	正骨（中医学入门丛书）	刘献祥，林乔龄编著	福建科学技术出版社	2001.04	20cm	160	10.00
	骨伤科诊治要诀（中医诊治要决系列丛书）	李　玄，彭力平主编	山西科学技术出版社	2001.05	21cm	535	25.00
	儿童正骨学	刘复其，谢进主编	山东科学技术出版社	2001.02	20cm	309	13.50
	皮肤病中药外治疗法	杜锡贤主编	北京：中国医药科技出版社	2001.11	20cm	517	32.00
	皮肤病中医特色治疗	陈凯，蔡念宁主编	辽宁科学技术出版社	2001.02	20cm	466	28.00
	皮肤病中医外治法及外用药的配制	张作舟编著	北京：人民卫生出版社	2001.12	20cm	137	9.00
	皮科证治概要	李博鉴著	北京：人民卫生出版社	2001.03	20cm	645	32.00
	现代中医皮肤性病学	马绍尧主编	上海中医药大学出版社	2001.04	26cm	582	98.00
	张志礼皮肤病临床经验辑要（全国著名老中医临床经验丛书）	张志礼著	北京：中国医药科技出版社	2001.01	20cm	425	25.00
	中医皮肤病临证精萃	溻国维，范瑞强，陈达灿主编	广东人民出版社	2001.09	20cm	396	22.00
	中医皮肤病学（高等医学院校选用教材）	赵尚华主编	北京：科学出版社	2001.03	26cm	295	36.00
	皮肤病（古今专科专病医案）	韩世荣主编	陕西科学技术出版社	2001.01	20cm	415	25.00
	实用中医耳鼻咽喉口齿科学	熊大经主编	上海科学技术出版社	2001.01	26cm	538	78.00
	五官科疾病穴位注射疗法	张炎基主编	北京：金盾出版社	2001.06	19cm	120	5.50

续表

类别项目	书名	编著（译者）	出版单位	出版年月	开本	页数	价格(元)
中医各科	中医耳鼻咽喉口腔科学(中医药学高级丛书)	王永钦编著	北京：人民卫生出版社	2001.10	26cm	1152	96.00
	耿鉴庭（中国百年百名中医临床家丛书）	耿引循编著	北京：中国中医药出版社	2001.02	19cm	303	14.00
	中医耳鼻喉科学	湖南中医学院主编	湖南科学技术出版社	2001.02	26cm	253	13.80
	中医耳鼻喉科学（高等医学院校选用教材. 供成人教育中医药专业、中西医结合专业使用）	毋桂花主编	北京：科学出版社	2001.08	26cm	314	30.00
	姚和清眼科证治经验与医案(江南名医医案精选)	姚和清著；姚芳蔚整理	上海科学技术出版社	2001.08	19cm	213	12.00
	中医眼科学（全国高等中医院校函授教材）	谬品正主编；王明芳等编	湖南科学技术出版社	2001.06	26cm	164	9.60
	中医男科疑难杂症诊疗备要	刘兰芳，刘典功编著	北京：人民军医出版社	2001.04	20cm	438	25.00
	阳痿证治	王付编著	北京：中医古籍出版社	2001.06	19cm	214	9.50
	神经病中医新疗法	高维滨主编	北京：军事医学科学出版社	2001.04	26cm	279	38.00
	中医心身疾病治疗学	杨俏田主编	山西科学技术出版社	2001.01	20cm	430	18.00
中药学方剂学	方药（中医学入门丛书）	华碧春编著	福建科学技术出版社	2001.08	20cm	181	11.00
	康医生中药配方指南	平启康著	吉林科学技术出版社	2001.05	20cm	98	7.00
	食疗中药药物学	苗明三主编	北京：科学出版社	2001.02	26cm	725	77.00
	实用美容中药学	黄霏莉，闫世翔主编	辽宁科学技术出版社	2001.09	26cm	399	38.00
	药学知识基本技能考核标准与方法（高等职业技术学院教材）	梁延寿，刘林凤主编	太原：书海出版社	2001.11	26cm	192	20.00
	药学综合知识	张虹主编	太原：书海出版社	2001.11	26cm	206	20.00
	中国民间百草良方	周萍主编	湖南科学技术出版社	2001.01	20cm	777	26.00
	中药不良反应防治	俞尚德主编；高寒等编	广西科学技术出版社	2001.03	20cm	321	16.50
	中药鉴定学基础（国家执业药师资格考试基础培训教材）	果德安主编	北京：中国医药科技出版社	2001.03	26cm	265	26.00
	中药鉴定研究	张贵君，阎玉凝主编	北京：科学出版社	2001.08	26cm	233	70.00
	中药学：英文版（现代中医临床备要丛书）	刘公望主编	北京：华夏出版社	2001.01	26cm	552	150.00

续表

类别项目	书 名	编著（译者）	出版单位	出版年月	开本	页数	价格（元）
中药学方剂学	中药学（高等医学院校选用教材.供成人教育中医药专业、中西医结合专业使用）	王茂盛主编	北京：科学出版社	2001.06	26cm	435	39.80
	中药学	林通国主编	湖南科学技术出版社	2001.03	26cm	361	19.50
	中药学（二）自学辅导（全国高等教育自学考试自学辅导丛书）	朱肇和主编；王淳等编	湖南科学技术出版社	2001.04	26cm	127	13.00
	中药学（一）自学辅导（全国高等教育自学考试辅导丛书）	张廷模主编	北京：中国中医药出版社	2001.05	26cm	281	24.00
	中药学基础(国家执业药师资格考试基础培训教材)	果德安编	北京：中国医药科技出版社	2001.03	26cm	177	19.00
	中药制剂学（含炮制）·中药学（国家执业药师资格考试应试复习题丛书）	李永吉等主编	北京：中国中医药出版社	2001.06	26cm	552	53.00
	中药典故与药效	章臣桂主编	天津科学技术出版社	2001.04	20cm	340	21.00
	中药研究论文集 2000	蔡仲德主编	北京：中医古籍出版社	2001.12	26cm	368	33.00
	简明中医辞典	李经纬等主编	北京：中国中医药出版社	2001.03	26cm	1135	48.00
	现代中药学大辞典	宋立人主编	北京：人民卫生出版社	2001.05	26cm	2981	298.00
	本草从新	（清）吴仪洛撰；朱建平等校	北京：中医古籍出版社	2001.08	20cm	270	13.00
	本草外用指南	邱天道著	北京：军事医学科学出版社	2001.07	20cm	473	22.00
	求索神农智慧	王耀廷，海船著	黑龙江科学技术出版社	2001.08	19cm	150	10.00
	神农本草经研究	王家葵，张瑞贤著	北京科学技术出版社	2001.02	20cm	397	35.00
	现代本草纲目	黄泰康等主编	北京：中国医药科技出版社	2001.06	26cm	3910	520.00
	天宝本草新编	龚锡麟等著；谢宗万，邬家林编	北京：中医古籍出版社	2001.06	20cm	300	14.00
	常用中药材品种整理和质量研究．第四册	徐国钧等主编	福建科学技术出版社	2001.03	26cm	1009	134.50
	名贵及常用中药材识别与功效（神农百草丛书）	阎玉凝主编	北京：中国农业出版社	2001.06	20cm	220	19.80
	中国名贵药材规范化栽培与产业化开发新技术	徐良编著	北京：中国协和医科大学出版社	2001.11	26cm	644	68.00
	临床常用中药手册	杨卫平主编	贵州科技出版社	2001.01	20cm	1277	85.00

续表

类别项目	书　名	编著（译者）	出版单位	出版年月	开本	页数	价格（元）
中药学方剂学	和汉药百科图鉴．1	（日）难波恒雄著；钟国跃译	北京：中国医药科技出版社	2001.02	26cm	434	100.00
	和汉药百科图鉴．2	（日）难波恒雄著；钟国跃译	北京：中国医药科技出版社	2001.02	26cm	416	100.00
	中药临床新用	王辉武编著	北京：人民卫生出版社	2001.01	26cm	701	65.00
	药用植物加工技术	李　飞，杨蕾编著	贵州科学技术出版社	2001.01	19cm	229	9.40
	中药材的采集与加工	王和平，高旭年主编	东北林业大学出版社	2001.05	20cm	228	20.00
	常用中药饮片鉴别	刘树民，赵秀珍主编	黑龙江科学技术出版社	2001.01	19cm	393	16.00
	实用中药材经验鉴别	郝近大著	北京：人民卫生出版社	2001.11	20cm	542	31.00
	现代中药材鉴别手册	郑宏钧，詹亚华主编	北京：中国医药科技出版社	2001.08	26cm	1251	162.00
	袖珍中药材鉴别图谱	黄坚航编著	福建科学技术出版社	2001.04	10cm	714	50.00
	中药治疗与保健	闵云山主编	甘肃民族出版社	2001.07	20cm	523	33.50
	常用中药名与别名手册	谢宗万主编	北京：人民卫生出版社	2001.10	20cm	708	43.00
	半夏·天南星	江年琼主编	北京：中国中医药出版社	2001.01	20cm	178	11.00
	参中之王-诺特参	佐龙溪编著	云南民族出版社	2001.06	11cm	96	8.00
	芦荟：保健与美容	董银卯，诸淑琴主编	上海科学普及出版社	2001.11	19cm	255	14.00
	青草药精华	林余霖主编	福建科学技术出版社	2001.10	14cm	240	21.00
	人参治百病	施仁潮主编	浙江科学技术出版社	2001.10	20cm	374	17.00
	神农仙草：现代科学论灵芝	高益槐，高鹤编著	上海科学技术出版社	2001.09	24cm	369	95.00
	中国药用石斛	包雪声，顺庆生，陈立钻主编	上海医科大学出版社	2001.05	21cm	130	78.00
	草药彩色图集	汪毅等编写	贵州科技出版社	2001.11	20cm	873	189.00
	芦荟加工技术及其管理规范	董银卯等编著	上海科学普及出版社	2001.11	19cm	322	17.00
	中药延胡索研究中的新发现（生命科学系列）	金国章著	上海科学技术出版社	2001.12	26cm	370	51.00
	药食两用的仙人掌	韩剑青，韩希贤，蒋蕾妮编著	上海中医药大学出版社	2001.03	19cm	134	9.50
	动物本草	杨仓良主编	北京：中医古籍出版社	2001.01	26cm	1082	120.00

续表

类别项目	书　名	编著（译者）	出版单位	出版年月	开本	页数	价格（元）
中药学方剂学	鹿产品及其保健	赵世臻编著	北京：中国农业出版社	2001.10	19cm	146	7.50
	中药药剂学基础（国家执业药师资格考试基础培训教材）	果德安主编	北京：中国医药科技出版社	2001.03	26cm	207	22.00
	天然中草药添加剂研究方法	谢仲权等主编	北京：中国农业科技出版社	2001.06	26cm	229	35.00
	医用中药饮片学	原思通主编	北京：人民卫生出版社	2001.08	26cm	592	53.00
	现代实用中药新剂型新技术	董方言主编	北京：人民卫生出版社	2001.04	26cm	679	61.00
	中国膏药（中华传统医学丛书）	王光清编著	陕西科学技术出版社	2001.01	20cm	492	28.00
	中药化学基础（国家执业药师资格考试基础培训教材）	果德安主编	北京：中国医药科技出版社	2001.04	26cm	198	21.00
	中药疗效学概论	龙致贤主编	北京：中国医药科技出版社	2001.05	20cm	625	35.00
	中药临床试验	赖世隆主编	广东人民出版社	2001.05	20cm	200	25.00
	中药药理学（高等医学院校选用教材）	康永主编	北京：科学出版社	2001.10	26cm	255	25.00
	中药药理与临床新用	顿宝生等主编	陕西人民出版社	2001.10	20cm	927	42.00
	中药药理学实验（普通高等教育中医药类规划教材）	陈奇主编	上海科学技术出版社	2001.02	26cm	140	13.00
	中成药临床新用	梅全喜编著	北京：人民卫生出版社	2001.03	26cm	680	63.00
	中成药自购自用必读	田　力，冯俊平主编	北京：农村读物出版社	2001.04	19cm	457	19.80
	现代中成药手册（现代实用中药系列丛书）	李锦开等主编	北京：中国中医药出版社	2001.08	26cm	774	80.00
	家庭常用中西药物手册	张湖德，刘福奇主编	北京：人民军医出版社	2001.01	19cm	521	24.00
	延年益寿中药（药海冲浪丛书）	陈锡林主编	上海科学技术出版社	2001.07	19cm	285	14.00
	实用临床抗肿瘤中药	李佩文主编	辽宁科学技术出版社	2001.04	26cm	360	34.00
	防癌抗癌中药（药海冲浪丛书）	金国梁，张勤主编	上海科学技术出版社	2001.08	19cm	361	17.00
	临床抗癌中药彩色图典	杨世林编著	北京：人民卫生出版社	2001.01	20cm	263	74.00
	延年益寿中草药应用	彭小菊主编	北京：金盾出版社	2001.09	19cm	248	8.00

续表

类别项目	书名	编著（译者）	出版单位	出版年月	开本	页数	价格（元）
中药学方剂学	综合知识与技能（国家执业药师资格考试应试复习题丛书）	王建明等主编	北京：中国中医药出版社	2001.06	26cm	276	25.00
	方剂学	杨育周著	北京：人民卫生出版社	2001.05	26cm	321	40.50
	方剂学·1（高等教育自学考试同步辅导·同步训练）—全国高等教育指定教材辅导用书	刘增祥主编	北京：煤炭工业出版社	2001.06	20cm	303	15.00
	方剂学（高等医学院校选用教材供成人教育中医药专业、中西医结合专业使用）	闫润红主编	北京：科学出版社	2001.07	26cm	439	43.00
	方剂学·二	尚炽昌主编	湖南科学技术出版社	2001.05	26cm	320	27.20
	新编中药歌诀集解	周登成著	黑龙江人民出版社	2001.09	26cm	2015	290.00
	中医方剂临证要诀	谭同来，刘庆林主编	山西科学技术出版社	2001.06	20cm	609	30.00
	中医方剂学	湖南中医学院等编	湖南科学技术出版社	2001.07	26cm	248	13.80
	方剂的配伍方法	李　飞等著	北京：人民卫生出版社	2001.01	20cm	267	16.00
	临床常用方剂手册	冯泳主编	贵州科技出版社	2001.01	20cm	1725	115.00
	“小草”养生治病	游默编著	上海人民出版社	2001.09	20cm	319	20.00
	成大权得心应手秘方选	成大权主编	山西科学技术出版社	2001.08	20cm	400	20.00
	宫廷美容养生秘方	张存悌，刘洋主编	辽宁科学技术出版社	2001.02	20cm	261	16.00
	家用偏方精选	罗禅，敬素秋编著	四川辞书出版社	2001.01	19cm	274	15.00
	偏方秘方治百病（家庭医生丛书）	阚成国编著	哈尔滨出版社	2001.06	19cm	287	16.00
	三朝名医方论	郝恩恩等点校	北京：中医古籍出版社	2001.07	20cm	376	18.00
	方剂小词典	杨　波，张建中，刘欣主编	天津科学技术出版社	2001.01	19cm	454	22.00
	古代名方治百病（家庭医生丛书）	王振宇，李玉莲主编	哈尔滨出版社	2001.06	20cm	300	16.00
	桂东中医珍本集	（清）黄体端辑	北京：中医古籍出版社	2001.10	19cm	194	9.60
	简方妙治呼吸系统病和心脏病	王昌源编著	广州：羊城晚报出版社	2001.10	19cm	140	9.00
	简方治百病	汉　羌，月兰编著	山东科学技术出版社	2001.10	20cm	347	18.00

续表

类别项目	书名	编著（译者）	出版单位	出版年月	开本	页数	价格（元）
中药学方剂学	结核病验方精选	林小田编著	广东科技出版社	2001.08	19cm	277	18.00
	经效单方的应用	王锦鸿，瞿融编著	北京：金盾出版社	2001.02	19cm	217	8.50
	酒验方	林可行编著	北京：兵器工业出版社	2001.01	20cm	431	22.00
	民间良药：芦荟奇方（芦荟百科系列）	王有江主编	吉林科学技术出版社	2001.04	19cm	138	10.00
	脑血管病妙方特技精粹	周国赢，杨锋主编	北京：人民军医出版社	2001.02	20cm	448	27.00
	内外十三科验方五千种	（清）黄伯垂著；杜杰慧点校	北京：中国人口出版社	2001.10	20cm	544	29.80
	脾胃病实用方	窦钦鸿，柳长华主编	北京：人民卫生出版社	2001.03	20cm	661	29.00
	脾胃肠病良方集萃	于世良编著	山西科学技术出版社	2001.11	20cm	388	19.00
	皮肤病古今验方	阎俊国编	北京：中医古籍出版社	2001.09	19cm	508	20.00
	上消化道疾病诊治实用秘要（中医专病专治奇独实用秘方丛书）	于继珍著	新疆科技卫生出版社	2001.08	20cm	248	21.50
	食疗·偏方（家庭绿色养生）	张魏东主编	山东人民出版社	2001.06	20cm	278	16.00
	蒜葱姜药方	艾尔肯·阿力木编	新疆科技卫生出版社	2001.04	20cm	157	7.80
	吴光烈临床验方精选	吴光烈著	厦门大学出版社	2001.10	20cm	351	20.00
	中华美容保健瑰宝：中医美容保健与治疗5000方	陈如英，蒋星五主编	北京：商务印书馆国际有限公司	2001.01	20cm	784	38.00
	中医儿科辨病专方手册	吴允耀主编	北京：人民军医出版社	2001.02	20cm	560	33.00
	中医儿科治病金方	杜耀进，张小平主编	内蒙古科学技术出版社	2001.10	20cm	493	22.80
	中医名方临床新用	康广盛，李冀主编	北京：人民卫生出版社	2001.10	26cm	735	59.00
	中医皮肤美容方剂大全	张民庆主编	北京：中国中医药出版社	2001.05	26cm	1024	109.00
	重订万病验方大全	沈洪瑞等重订	北京：中国中医药出版社	2001.10	26cm	535	55.00
	中草药药名诗词一百首	燕山高著	云南科技出版社	2001.05	21cm	109	20.00
	瘫痪病外治独特新疗法（内病外治·外病外治独特新疗法丛书）	邱天道等主编	北京：军事医学科学出版社	2001.03	19cm	345	15.00
	药酒百方（“保健妙方”丛书）	祁公任等编著	福建科学技术出版社	2001.01	19cm	168	8.80

续表

类别项目	书名	编著（译者）	出版单位	出版年月	开本	页数	价格（元）
中国少数民族医学	创业里程	东乌珠穆沁旗蒙医院编	内蒙古科学技术出版社	2001．09	20cm	135	6.00
	蒙医内科学	查干主编	辽宁民族出版社	2001.05	20cm	650	27.00
	蒙医外科学	白彦满都拉主编	辽宁民族出版社	2001.05	20cm	463	18.00
	藏医脉诊学	东杰著	青海民族出版社	2001.10	20cm	126	13.00
	藏医外治疗法	毛继祖主编	甘肃民族出版社	2001.09	20cm	135	10.00
	藏医学诀窍续（藏医珍稀古籍丛书）	德格神医·仁钦兀色著	四川民族出版社	2001.07	20cm	554	23.00
	藏医学史总论（藏医珍稀古籍丛书）	宿喀·洛追杰波著	四川民族出版社	2001.05	20cm	385	16.50
	藏医学释据详解（藏医珍稀古籍丛书）	祥巴·郎吉扎巴桑布著	四川民族出版社	2001.05	20cm	717	32.00
	维吾尔医处方遗产．4	尼扎木丁·托合提整理	新疆科技卫生出版社	2001.07	19cm	110	5.60
	维吾尔医治疗常见病	木依尔·哈帕尔编著	新疆科技卫生出版社	2001.01	19cm	288	9.80
	维吾尔医治疗儿科病	阿不都哈力克·斯马义编	新疆科技卫生出版社	2001.01	19cm	197	7.80
	中国壮医学	黄汉儒主编	广西民族出版社	2001.03	26cm	454	68.00

【中医药期刊杂志一览表】

名称	创刊年月	出刊周期	字数(万)	发行数(册)		编委会		主编或副主编	编辑部			地址	邮政编码	电话
				国内	国外	主任	委员人数		主任	职工总数	编辑人数			
中医杂志	1955.1	月刊	13	70000	1000	胡熙明	60	胡熙明	陈克正	21	5	北京市东直门内北新仓 18 号	100700	64035632
中国医药学报	1986.7	双月	13	15000	300	佘　靖	57	佘　靖	阎志安	4	3	北京市和平街北口樱花路甲 4 号	100029	64216650
中医药管理杂志	1991.2	双月	12	3000				佘　靖	苏庆民	5	3	北京市东直门内北新仓 18 号	100700	84047394
中国中医基础医学杂志	1995.1	月刊	16	3000	30	孟庆云	56	孟庆云	刘艳骄	6	6	北京市东直门内北新仓 18 号	100700	64074751
中国中西医结合杂志	1981.7	月刊	10	23000	110		93	陈可冀	黄晓愚	12	9	北京市海淀区西苑操场 1 号	100091	62877592
中华医史杂志	1947.3	季刊	11	1400	100	李经纬	18	李经纬	朱建平	4	3	北京市东直门内北新仓 18 号	100700	64014411-3203
中国中药杂志	1955.7	月刊	10	10000	100		61	肖培根		9	7	北京市东直门内北新仓 18 号	100700	64045830
中国民间疗法	1993	月刊	12	16000	480			胡国臣	杨　钢	7	7	北京市朝阳区东兴路 7 号	100027	64160882
光明中医	1985.5	双月	8	16000	100		48	白永波	成德水	14	8	北京市海淀区翠微路平台村 9 号	100036	68210131
家庭中医药	1993.11	月刊	7	20000	100	原思通	23	张瑞贤	王振勤	9	5	北京市东直门内北新仓 18 号	100700	86472170
中国中医药信息杂志	1994.6	月刊	23	6000	200		71	陈珞珈	梅智胜	8	8	北京市东直门内北新仓 18 号	100700	64058131
针刺研究	1976.10	季刊	12	3000	200	朱　兵	18	陆卓珊	王少荣	8	4	北京市东直门内北新仓 18 号	100700	64014411-2925
国外医学·中医中药分册	1978	双月	10	5000	10			张志军	李春梅	4	4	北京市东直门内北新仓 18 号	100700	64014411-3225

名称	创刊年月	出刊周期	字数（万）	发行数(册)		编委会		主编或副主编	编辑部			地址	邮政编码	电话
				国内	国外	主任	委员人数		主任	职工总数	编辑人数			
中国针灸	1981.1	月刊	4	40000	4000	胡熙明	40	邓良月	刘炜宏	8	5	北京市东直门内北新仓18号	100700	64014411-2946
中医教育	1982	双月	12	1600	30	于生龙	39	刘振民	韩　燕	4	3	北京市北三环东路11号	100029	64286602
中国骨伤	1987	月刊	10	9000	50	尚天裕	50	尚天裕	李为农	6	3	北京市东直门内北新仓18号	100700	64014411-2693
中国中医眼科杂志	1991.11	季刊	12	6500	100		35	唐由之	马继宏	2	1	北京市石景山区鲁谷路9号	100040	68668940
中国实验方剂学杂志	1995.10	双月	12	5000	30		111	姜廷良	蔡仲德	7	5	北京市东直门内北新仓18号	100700	64014411-2849
北京中医药大学学报	1959	双月	16	4000	300	王永炎	40	王永炎	梁吉春	4	3	北京市北三环东路11号	100029	64286469
北京中医	1982.3	双月	12	7000	80		42	佘　靖	刘殿永	4	3	北京市东单三条甲7号	100005	65251589
中药研究与信息	1999.3	月刊				范洪哲	73	赵润怀	周　莹			北京市崇文区幸福大街17号	100062	67143703
中国中西医结合急救杂志	1994.11	双月	14	8000	120	王今达	100	王今达	李银平	7	5	天津市和平区睦南道122号	300050	23306917
中国中西医结合外科杂志	1994.12	双月	12	3000		吴咸中	80	吴咸中	邵惠玲	7	4	天津市南开区三纬路122号	300100	27420471
中草药	1970.1	月刊	9	11000	200	沈家祥	36	聂荣海		7	5	天津市南开区鞍山西道308号	300193	27474913
天津中医学院学报	1982.12	季刊	9	2800	130	戴锡孟	15	郭霭春	徐又芳	6	5	天津市南开区玉泉路88号	300193	27486651-83018
天津中医	1984.10	双月	7	3800	94	赵藕善	32	戴锡孟	徐又芳	6	5	天津市南开区玉泉路88号	300193	27486651-83018
河北中医	1978	月刊	16	4500		孙万珍	64	李　立	李　立	5	5	河北省石家庄市青园街241号	050021	5883896

续表

名称	创刊年月	出刊周期	字数(万)	发行数(册)		编委会		主编或副主编	编辑部			地址	邮政编码	电话
				国内	国外	主任	委员人数		主任	职工总数	编辑人数			
现代中西医结合杂志	1992.10	半月	20	3000		李　恩	15	戴砚田	路欣岭	11	8	河北省石家庄市工农路425号	050051	3054402
河北中医药学报	1986.9	季刊	8	4000		宗全和	28	宗全和	王文智	3	3	河北省石家庄市新南路326号	050091	3832516
现代养生	2001	月刊	1	14900	100	肖玉柱	9	丁瑞明	徐大平	7	7	河北省北戴河海滨东经路198号	066100	4041257
中医药研究	1984	双月	20	5000	100	郝光亮	45	王斌金	韩世范	12	5	山西省太原市柳巷南路东校尉营1号	030002	4032852
中医外治杂志	1991.7	双月	10	12000	1000	赵震寰	31	赵尚华	朱庆文	9	5	山西省晋城市南大街周元巷13号	048001	2630030
山西中医	1985.1	双月	14	4000	40	赵震寰	55	任光荣		5	5	山西省太原市东华门23号	030013	4173499
中国中西医结合肾病杂志	2000.9	月刊						叶任高	方敬爱			山西省太原市解放路162号	030002	3181038
中国民族医药杂志	1995.5	季刊	7	1400	18	郝　富	40	伊光瑞	陈玉华	3	3	内蒙古自治区呼和浩特市健康路15号	010020	6927722-6355
内蒙古中医药	1982.2	季刊	8	1000	8	郝　富	42	孔庆琪	陈玉华	3	3	内蒙古自治区呼和浩特市健康路15号	010020	6927722-6355
中医药学刊	1982.9	双月	28	24500	1020	李振吉	28	杨连生	杨连生	4	4	辽宁省沈阳市皇姑区崇山东路79号	110032	86237937
实用中医内科杂志	1978.3	季刊	1	8000		周淑华	15	孙启凤	周淑华	5	5	辽宁省沈阳市皇姑区黄河北大街60号	110034	86891786
辽宁中医杂志	1958.10	月刊	14	5000	100	马　骥	40	马　骥	覃　芳	8	7	辽宁省沈阳市崇山东路79号	110032	86237420
辽宁中医学院学报	1984	季刊	15	800	10	马　骥	35	马　骥	董克伟	3	2	辽宁省沈阳市崇山东路79号	110032	86237420
吉林中医药	1979	双月	10	2000	50	隋殿军	53	陈广路	王广尧	8	7	吉林省长春市工农大路39号	130021	5955911

续表

名称	创刊年月	出刊周期	字数（万）	发行数(册)		编委会		主编或副主编	编辑部			地址	邮政编码	电话
				国内	国外	主任	委员人数		主任	职工总数	编辑人数			
长春中医学院学报	1985	季刊	10	1000		隋殿军	35	陈广路	王广尧	8	7	吉林省长春市工农大路39号	130021	5955918
中医药学报	1973.1	双月	10	8000	100	栗德林	37	王永庆	王永庆	13	13	黑龙江省哈尔滨市和平路24号	150040	2117809
中医药信息	1984.4	双月	11	12000	120	匡海学	37	王永庆	王永庆	10	9	黑龙江省哈尔滨市和平路24号	150040	2117809
中国中医药科技	1994.1	双月	9	5000	200		50	李振吉		4	4	黑龙江省哈尔滨市南岗区阿什河街122号	150036	5653086
针灸临床杂志	1984	月刊	10	15000	230	匡海学	37	王永庆	王永庆	10	9	黑龙江省哈尔滨市和平路24号	150001	3671501
黑龙江中医药	1958.1	双月	9	3500	500			孙恩泽	王学军	11	9	黑龙江省哈尔滨市香坊区三辅街142号	150036	5643615
中成药	1978	月刊	10	6900	100	任德权	60	朱立中		7	3	上海市汉口路239号	200002	63213363
中医文献杂志	1983	季刊	10	2500				张　仁	张　仁	5	3	上海市瑞金二路156号	200020	54669083
医古文知识	1983.1	季刊	8	3800	110	段逸山	42	张建中		3	3	上海市中山南二路600号	200032	64172934
上海中医药杂志	1955.6	月刊	9	24000	417	严世芸	68	朱邦贤		7	6	上海市中山南二路600号	200032	64172934
上海针灸杂志	1982.1	双月	10	9500	500	陈汉平	33	黄琴峰	黄琴峰	4	3	上海市宛平南路650号	200030	64382181
上海中医药大学学报	1987.6	季刊	12	3500		严世芸	55	朱邦贤		5	4	上海市中山南二路600号	200032	64172934
江苏中医药	1956.10	月刊	8	4500	500	张继泽	61	周　珉	黄亚博	8	6	江苏省南京市汉中路282号	210029	6617285
南京中医药大学学报	1959.6	双月	13	2000	50	项　平	38	范欣生	范欣生	6	4	江苏省南京市汉中路282号	210029	6798051
养生月刊	1980.12	月刊	5	20000	300	沈汉澄	43	吴章穆	方春阳	13	9	浙江省杭州市天目山路132号	310007	88082214
浙江中医杂志	1956.12	月刊	8	20000	300	沈汉澄	43	吴章穆	方春阳	13	9	浙江省杭州市天目山路132号	310007	88082214

续表

名称	创刊年月	出刊周期	字数(万)	发行数(册)		编委会		主编或副主编	编辑部			地址	邮政编码	电话
				国内	国外	主任	委员人数		主任	职工总数	编辑人数			
浙江中医学院学报	1977	双月	20	5000	500	肖鲁伟	34	肖鲁伟	朱君华	5	4	浙江省杭州市青年路	310053	86613504
浙江中西医结合杂志	1991	月刊						章剑今				浙江省杭州市环城东路38号	310003	
基层中药杂志	1987.1	双月	12	3800		范洪哲	60	吴恒亚	吴秀清	5	3	安徽省芜湖市邢家山7号	241000	3840419
安徽中医学院学报	1981	双月	10	1800	10	高尔鑫	37	马宗华	吴达武	4	4	安徽省合肥市梅山路	230038	2821006-2025
安徽中医临床杂志	1988.12	双月	15	8000	100		40	邓大学	黄　辉	6	3	安徽省合肥市大通路明光小区5幢	230011	4475775
中国中西医结合耳鼻咽喉科杂志	1993.11	双月	9	3000	10		82	杨和钧	唐有法	6	4	安徽省安庆市孝肃路24号	246003	5513010-6211
福建中医药	1956.7	双月	10	2500	50	杜　建	36	陈杨荣	陈成东	7	6	福建省福州市五四路282号	350003	3570396
福建中医学院学报	1991.11	季刊	12	1500	10	杜　建	36	杜　建	陈成东	7	6	福建省福州市五四路282号	350003	3570396
江西中医药	1951.4	双月	13		200		27	洪广祥	蒋力生	6	5	江西省南昌市阳明路56号	330006	6814440
江西中医学院学报	1988.10	季刊	9	1000			28	皮持衡	蒋力生	6	5	江西省南昌市阳明路56号	330006	6801645
山东中医药大学学报	1977.2	双月	15	2400	30	邹积隆	17	李庆升	李庆升	11	8	山东省济南市经十路53号	250014	2613123
山东中医杂志	1981.10	月刊	10	7000	30	王新陆	21	李庆升	李庆升	11	8	山东省济南市经十路53号	250014	2613123
国医论坛	1986.2	双月	11	5000	26	陈亦人	20	吴林鹏	赵体浩	4	4	河南省南阳市卧龙路131号	473061	3515370
中医研究	1988.1	双月	13	6000	200		34	邱保国	张国泰	7	4	河南省郑州市城北路7号	450004	6322705
中医正骨	1989.12	月刊	15	9500	60	郭维淮	60	郭维淮	秦克枫	5	3	河南省洛阳市启明南路1号	471002	3553094
河南中医	1976.6	双月	14	8400	163	尚炽昌	20	尚炽昌	李僖如	7	6	河南省郑州市金水大道1号	450008	5962973
河南中医药学刊	1986.1	双月	7					彭　勃				河南省郑州市东风路2号	450002	

续表

名称	创刊年月	出刊周期	字数(万)	发行数(册)		编委会		主编或副主编	编辑部			地址	邮政编码	电话
				国内	国外	主任	委员人数		主任	职工总数	编辑人数			
中西医结合肝病杂志	1991.6	双月	12	5800		王伯祥	64	王伯祥	彭　萌	6	4	湖北省武汉市花园山4号	430061	88854726
中国中西医结合消化杂志	1993.10	双月	12	6000		李道本	40	陈泽民	李道本	10	5	湖北省武汉市解放大道1277号	430022	85726835
大众中医药	1985.1	双月	7	20000	500	柳菊兴	70	杨有信	杨有信	6	5	湖北省黄石市天津路169号	435000	6224836
时珍国医国药	1990	月刊	26	4200	100	肖培根	45	朱保华	雷葆青	11	5	湖北省黄石市天津路169号	435000	6224836
中国中医骨伤科杂志	1993.1	双月	12	6500	40	施　杞	54	李同生	汤耿民	7	4	湖北省武汉市洪山区珞瑜路232号	430074	87409653
湖北中医杂志	1979.7	月刊	11	5000	110	张六通	60	张六通	冀振华	8	6	湖北省武汉市昙华林特1号	430061	88910096
湖北中医学院学报	1999.3	季刊	13	1000	10	张六通	24	王晓萍	冀振华	5	4	湖北省武汉市昙华林特1号	430061	88910096
湖南中医学院学报	1979.7	季刊	17	2500	10	陈大舜	38	陈大舜	黄芝蓉	4	4	湖南省长沙市韶山中路119号	410007	5381063
湖南中医杂志	1985.5	双月	13	9500	300	蔡光先	25	谢立奎	姚　勤	8	5	湖南省长沙市麓山路273号	410006	8888572
湖南中医药导报	1994.4	月刊	10	5000		周绍明		孙光荣		6	6	湖南省长沙市湘雅路38号	410008	4822174
新中医	1969.12	月刊	12	5000		王宁生	60	曾德环	曾德环	11	7	广东省广州市三元里机场路12号	510405	86591233-2485
中药材	1978.1	月刊	10	5000	1000	李　军	97	元四辉	元四辉	6	4	广东省广州市中山二路62号9楼	510080	87665465
按摩与导引	1985.4	双月	6	24000	100	尤润珠	21	邝日建	惠广喜	7	3	广东省广州市恒福路60号	510095	83582431
中药新药与临床药理	1990.6	双月	10	3000	100	王宁生	81	欧　明	邓响潮	9	5	广东省广州市三元里机场路12号	510405	36590367
广州中医药大学学报	1984	季刊	10	1100	80		35	彭胜权	邝幸华	5	5	广东省广州市三元里机场路12号	510405	86591233-2268
蛇志	1989.1	季刊	16	5000	20	林可干	80	李其斌	蓝　海	5	3	广西壮族自治区南宁市滨湖路3-1号	530012	5315131

续表

名称	创刊年月	出刊周期	字数(万)	发行数(册)		编委会		主编或副主编	编辑部			地址	邮政编码	电话
				国内	国外	主任	委员人数		主任	职工总数	编辑人数			
广西中医药	1977.8	双月	14	2300		王乃平	85	王乃平	王健华	5	3	广西壮族自治区南宁市明秀东路 179 号	530001	3137545
中国中医急症	1992.10	双月	13	3800	120		60	王永炎	江　洪	6	4	重庆市渝中区桥北区路 1 号	400013	63521390
实用中医药杂志	1985.6	月刊	13	5000	15	龚　智	13	吴昌培	杨　昶	14	6	重庆市江北区桥北村 270 号	400020	67761329
中药药理与临床	1985.10	双月	12	2000		郑有顺	28	王建华	邓文龙	4	3	四川省成都市人民南路四段 51 号	610041	5234707
成都中医药大学学报	1958.10	季刊	10	1500	200	陈　钢	25	黄英志	陈　钢	5	5	四川省成都市十二桥路 37 号	610075	7779907
四川中医	1982.10	月刊	16	12000	65		86	方连举	方连举	5	4	四川省成都市文庙西街 80 号	610041	6159421
贵阳中医学院学报	1979.7	季刊	15	2000		邱德文	40	邱德文	吴元黔	6	3	贵州省贵阳市市东路 50 号	550002	5928677
中国民族民间医药杂志	1992.8	双月	11	2000			46	曾育麟	廖龙祥	5	5	云南省昆明市虹山南路 14 号	650033	5178417
云南中医学院学报	1978.3	季刊	10	1300	50	吕光荣	21	马逢升	马逢升	3	3	云南省昆明市关上双桥路 201 号	650011	7150987
云南中医中药杂志	1980.2	双月	12	2000		洪秀明	24	詹文涛	洪秀明	3	2	云南省昆明市学府路 139 号	650223	5183005
陕西中医学院学报	1978.1	双月	10	2500	30	金志甲	37	王友和	王友和	4	3	陕西省咸阳市渭阳中路 1 号	712083	3212766-2155
陕西中医	1980	月刊	11	13600	270	杨世兴	36	杨世兴	王应歌	12	10	陕西省西安市西华门 2 号	710003	7257807
陕西中医函授	1981.8	双月	10	4000	100	金志甲	40	何养宁	何养宁	6	4	陕西省咸阳市渭阳中路 1 号	712083	3212766-2040
现代中医	1987.10	季刊	7	1000		胡熙明	54	孙喜方	杨晓峰	5	3	陕西省西安市小寨健康路 1 号	710061	5263849-2328
甘肃中医学院学报	1984.7	季刊	11	700		张士卿		张士卿	江葳葳	3	3	甘肃省兰州市定西东路 35 号	730000	8619986-687
甘肃中医	1988	双月	15	2200	15	侯志民	20	王自立	潘　文	5	4	甘肃省兰州市七里河区安西路 354 号	730050	2337364
新疆中医药	1981.1	季刊	14	1500		张绚邦	25	牟全胜	柯　岗	2	2	新疆维吾尔自治区乌鲁木齐市龙泉街 66 号	830001	2843035

统计资料*

---

* 本栏目由北京中医药大学卫生经济管理系房耘耘 洪宝林供稿

【2001年全国中医药人员、机构、床位数】

		单位	数　字	合　计
中医药卫生技术人员	中医师	人	258 821	
	中西医结合高级医师	人	14 938	
	中医士	人	64 764	
	中药师	人	88 282	
	中药剂士	人	43 661	
	中药剂员	人	17 973	
	其他中医	人	10 449	498 888
中医医疗机构	县及县以上中医医院	个	2 479	
	高等中医药院校附属医院	个	42	
	中西医结合医院	个	65	
	中医门诊部（所）	个	304	
	其他中医院	个	96	2 986
中医药研究机构	研究所一级（独立）	个	59	59
中医床位	县及县以上中医医院	张	245 502	
	高等中医药院校附属医院	张	18 947	
	中西医结合医院	张	12 118	
	中医药研究院（所）	张	2 046	
	中医门诊部（所）	张	1 528	
	其他中医院	张	3 055	283 196

【2001年全国中医机构、床位、人员数和构成】

	实　有　数			构成（%）		
	机构（个）	床位（张）	人员（名）	机构	床位	人员
总计	**3 045**	**283 196**	**436 848**	**100.0**	**100.0**	**100.0**
县及县以上中医院	2 479	245 502	373 684	81.4	86.7	85.5
高等中医药院校附属医院	42	18 947	28 193	1.4	6.7	6.5
中西医结合医院	65	12 118	18 617	2.1	4.3	4.3
其他中医院	96	3 055	3 463	3.2	1.1	0.8
中医门诊部（所）	304	1 528	6 354	10.0	0.5	1.5
中医药研究院（所）	59	2 046	6 537	1.9	0.7	1.5

【2001年全国中医药卫生技术人员数】

	合　计	中医师	中西医结合高级医师	中药师	中医士	中药士	其他中医	中药剂员
全国卫生机构	**498 888**	**258 821**	**14 938**	**88 282**	**64 764**	**43 661**	**10 449**	**17 973**
其中：中医机构	116 321	72 744	3 518	21 784	6 423	8 126	792	2 934

续表

	合　计	中医师	中西医结合高级医师	中药师	中医士	中药士	其他中医	中药剂员
中医机构占全国卫生机构（%）	23.3	28.1	23.6	24.7	9.9	18.6	7.6	16.3
卫生部门卫生机构	286 172	152 794	7 720	61 701	24 256	27 412	2 086	10 203
其中：中医机构	107 692	67 283	3 260	20 535	5 739	7 530	702	2 643
中医机构占卫生部门卫生机构（%）	37.6	44.0	42.2	33.3	23.7	27.5	33.7	25.9

【2001 年全国中医机构中医药卫生技术人员数】

	单位	合　计	中医师	中西医结合高级医师	中药师	中医士	中药士	其他中医	中药剂员
总计	人	**116 321**	**72 744**	**3 518**	**21 784**	**6 423**	**8 126**	**792**	**2 934**
县及县以上中医院	人	99 932	62 145	2 356	18 698	6 042	7 258	729	2 704
高等中医药院校附属医院	人	8 542	5 911	568	1 545	40	418	8	52
中西医结合医院	人	2 173	1 105	353	450	95	138	7	25
其他中医院	人	884	565	32	105	81	62	6	33
中医门诊部（所）	人	2 512	1 609	82	335	143	184	42	117
中医药研究院（所）	人	2 278	1 409	127	651	22	66	0	3

【2001 年全国卫生机构、中医机构人员情况】

	人员总数（人）	其中：卫生技术人员	其中：中医人员	中药人员
全国卫生机构	5 583 932	4 507 700	334 034	149 916
其中：卫生部门	3 563 930	2 808 265	179 136	99 316
中医机构	407 208	328 122	73 724	30 708
中医机构占卫生部门（%）	12.3	12.5	41.2	30.9

【2001 年全国中医师、士数及占卫生技术人员比例】

	人员数（人）	百分比（%）
全国高级卫生技术人员	2 977 502	100.00
其中：中医师	258 821	8.69
中西医结合高级医师	14 938	0.50
全国中级卫生技术人员	1 143 334	100.00
其中：中医士	64 764	5.66

【2001年全国中医医疗机构护理人员数】

	单位	合计	护师	护士	护理员
总计	人	**107 394**	**70 169**	**32 828**	**4 397**
县及县以上中医院	人	92 603	60 180	28 290	4 133
高等中医药院校附属医院	人	7 874	5 682	2 142	50
中西医结合医院	人	5 495	3 683	1 689	123
其他中医院	人	679	251	385	43
中医门诊部（所）	人	743	373	322	48

【2001年全国中医机构中医药人员数及比重】

	人员总数	其中：			
		中医人员	占人员总数的%	中药人员	占人员总数的%
总计	**436 848**	**79 959**	**18.30**	**32 844**	**7.52**
县及县以上中医院	373 684	68 916	18.44	28 660	7.67
高等中医药院校附属医院	28 193	5 959	21.14	2 015	7.15
中西医结合医院	18 617	1 207	6.48	613	3.29
其他中医院	3 463	652	18.83	200	5.78
中医门诊部（所）	6 354	1 794	28.23	636	10.01
中医药研究院（所）	6 537	1 431	21.89	720	11.01

【2001年各地区中医药卫生技术人员数】

地区	合计	中医师	中西医结合高级医师	中药师	中医士	中药士	其他中医	中药剂员
全国总计	**498 888**	**258 821**	**14 938**	**88 282**	**64 764**	**43 661**	**10 449**	**17 973**
北京市	10 898	6 906	513	2 211	455	559	155	99
天津市	6 639	4 409	92	1 047	365	596	28	102
河北省	25 675	13 908	1 302	2 980	4 230	1 680	502	1 073
山西省	23 063	13 034	2 026	3 135	2 695	1 075	332	766
内蒙古自治区	14 409	8 411	394	2 680	1 843	823	83	175
辽宁省	18 061	9 721	252	4 016	1 854	1 602	225	391
吉林省	12 144	6 818	418	2 315	1 357	880	63	293
黑龙江省	14 234	7 899	531	2 702	1 489	1 124	130	359
上海市	6 062	4 082	222	602	428	612	46	70

续表

地　区	合　计	中医师	中西医结合高级医师	中药师	中医士	中药士	其他中医	中药剂员
江苏省	19 750	10 264	453	4 112	1 709	1 799	568	845
浙江省	16 838	7 681	347	3 246	1 979	2 235	754	596
安徽省	13 421	7 213	158	2 879	1 537	895	273	466
福建省	12 839	6 424	380	2 625	1 271	1 103	347	689
江西省	17 185	7 991	454	3 855	1 814	2 146	256	669
山东省	28 505	14 600	966	7 589	3 001	1 827	184	338
河南省	29 480	15 453	355	5 296	3 317	2 605	472	1 982
湖北省	27 004	14 096	649	7 872	1 914	1 629	286	558
湖南省	36 166	14 521	689	7 564	5 049	5 505	1 220	1 618
广东省	33 879	14 279	461	3 919	5 256	6 369	443	3 152
广西壮族自治区	11 556	6 169	600	1 942	1 360	740	475	270
海南省	2 183	886	111	349	183	322	140	192
重庆市	16 222	8 140	210	1 722	3 674	1 111	959	406
四川省	43 245	22 798	702	4 816	9 422	2 768	1 440	1 299
贵州省	8 296	4 126	413	1 402	1 511	405	282	157
云南省	9 342	5 802	218	1 295	1 096	534	240	157
西藏自治区	1 181	819	30	96	186	23	20	7
陕西省	19 546	10 702	834	3 026	3 003	1 387	192	402
甘肃省	11 775	6 426	547	1 237	1 959	838	160	608
青海省	2 321	1 317	288	377	168	86	43	42
宁夏回族自治区	2 244	1 143	163	471	220	186	15	46
新疆维吾尔自治区	4 725	2 783	160	904	419	197	116	146

【2001年各地区中医机构、床位数】

地　区	合　计		县及县以上中医医院		高等中医药院校附属中医院		中西医结合医院		其他中医医院		中医门诊部（所）		中医药研究院（所）	
	机构数	床位数	机构数	床位数	机构数	床位数	机构数	床位数	机构数	床位数	机构数	床位数	机构数	床位数
全国总计	**3 045**	**283 196**	**2 479**	**245 502**	**42**	**18 947**	**65**	**12 118**	**96**	**3 055**	**304**	**1 528**	**59**	**2 046**
北京市	91	6 147	22	4 024	3	1 420	2	400	11	279	42	24	3	0
天津市	53	4 633	18	2 085	2	1 804	2	664	3	60	26	20	2	0

续表

地区	合计		县及县以上中医医院		高等中医药院校附属中医院		中西医结合医院		其他中医医院		中医门诊部（所）		中医药研究院（所）	
	机构数	床位数	机构数	床位数	机构数	床位数	机构数	床位数	机构数	床位数	机构数	床位数	机构数	床位数
河北省	163	15 478	135	13 437	1	602	6	1 205	0	0	19	234	2	0
山西省	144	9 146	131	8 434	1	150	1	200	5	182	1	100	5	80
内蒙古区	97	5 449	84	5 087	0	0	1	45	6	174	3	28	3	115
辽宁省	145	13 892	86	11 996	1	830	3	640	7	320	45	106	3	0
吉林省	91	8 394	69	6 558	1	501	7	738	7	383	5	0	2	214
黑龙江省	122	10 395	98	8 885	3	874	4	141	3	52	12	48	2	395
上海市	21	4 647	14	2 072	3	1 658	3	917	0	0	1	0	0	0
江苏省	109	13 322	84	12 548	0	0	3	340	6	168	15	0	1	266
浙江省	98	12 725	84	11 417	1	543	3	398	3	175	6	192	1	0
安徽省	88	8 552	81	7 787	2	710	0	0	0	0	3	40	2	15
福建省	85	10 376	77	8 865	2	753	2	758	1	0	1	0	2	0
江西省	105	9 211	99	8 162	1	414	2	590	2	15	0	0	1	30
山东省	129	18 907	121	18 172	1	573	0	0	4	162	2	0	1	0
河南省	172	20 311	161	18 522	2	928	3	398	0	0	5	263	1	200
湖北省	88	10 608	79	9 078	1	750	1	700	1	80	13	0	1	0
湖南省	122	16 204	111	14 455	2	936	4	487	3	70	1	28	1	228
广东省	163	16 281	130	14 172	3	1 366	2	530	2	110	24	103	2	0
广西区	91	8 663	75	6 844	2	1 051	5	608	0	0	5	0	4	160
海南省	22	1 214	18	1 044	1	120	1	50	0	0	1	0	1	0
重庆市	57	5 222	46	4 530	0	0	2	557	3	105	3	30	3	0
四川省	190	17 278	158	14 717	2	844	4	1 373	3	42	19	158	4	144
贵州省	78	5 133	66	4 116	2	730	2	198	3	54	3	20	2	15
云南省	113	8 046	106	7 888	1	100	0	0	2	30	1	0	3	28
西藏区	17	542	17	542	0	0	0	0	0	0	0	0	0	0
陕西省	176	9 589	116	8 394	1	500	1	80	20	54	37	61	1	0
甘肃省	87	5 751	77	5 385	1	300	0	0	0	0	5	10	4	56
青海省	38	1 795	38	1 795	0	0	0	0	0	0	0	0	0	0
宁夏区	18	1 149	18	1 149	0	0	0	0	0	0	0	0	0	0
新疆区	72	4 136	60	3 342	2	490	1	101	1	40	6	63	2	100

【2001年民族自治地方专业卫生人员及民族医人员情况】

地区	专业卫生人员数	其中：少数民族	卫生技术人员数	其中：少数民族	民族医	医生			
						蒙	藏	维	傣
总　计	**607 912**	**184 132**	**487 700**	**158 169**	**6 440**	**2 766**	**2 307**	**1 124**	**243**
河　北	5 482	2 877	4 606	2 345	61	61	0	0	0
内蒙古	95 895	18 586	77 546	16 052	2 199	2 188	11	0	0
辽　宁	14 129	4 197	10 964	3 188	179	179	0	0	0
吉　林	19 916	7 302	15 978	6 122	32	32	0	0	0
黑龙江	708	118	562	166	27	27	0	0	0
浙　江	549	14	439	11	0	0	0	0	0
安　徽	1 127	0	944	0	0	0	0	0	0
江　西	9	0	7	0	0	0	0	0	0
湖　北	12 040	6 118	10 132	5 277	1	1	0	0	0
湖　南	15 193	8 858	12 859	7 435	6	6	0	0	0
广　东	1 628	400	1 357	346	0	0	0	0	0
广　西	141 351	37 669	109 976	30 635	0	0	0	0	0
海　南	10 919	2 103	8 557	1 739	0	0	0	0	0
重　庆	6 133	4 263	5 367	3 690	0	0	0	0	0
四　川	21 410	6 109	18 065	5 745	378	0	378	0	0
贵　州	33 883	11 011	28 893	10 041	0	0	0	0	0
云　南	60 235	17 004	48 716	15 342	366	23	100	0	243
西　藏	10 126	8 032	8 048	6 717	991	0	991	0	0
甘　肃	9 377	2 623	7 952	2 592	545	64	481	0	0
青　海	10 940	3 992	9 341	3 869	417	71	346	0	0
宁　夏	25 363	3 431	19 790	3 261	0	0	0	0	0
新　疆	111 499	39 425	87 601	33 596	1 238	114	0	1 124	0

【2001年全国民族医院机构、床位、人员情况】

机构分类名称	机构数（个）	床位数（张）	人员数（人）	卫生技术人员数（人）	其中：民族医师士	西医师士	中西医结合高级医师	民族药师士	西药师士	其他中医	民族药剂员	西药剂员
合　计	**135**	**4 821**	**7 533**	**5 788**	**2 294**	**737**	**48**	**679**	**128**	**21**	**66**	**18**
蒙医医院	39	1 388	2 432	1 924	709	277	13	260	45	11	14	4
藏医医院	56	1 592	2 353	1 754	964	171	16	145	21	5	8	0
维医医院	34	1 598	2 359	1 817	584	205	19	262	30	2	42	11
傣医医院	1	70	136	102	16	26	0	6	9	0	0	0
其他民族医院	5	173	253	191	21	58	0	6	23	3	2	3

【2001年各地区民族医医院机构、床位、人员情况】

地区	机构数（个）	床位数（张）	人员数（人）	卫生技术人员数（人）	其中：民族医师士	西医师士	中西医结合高级医师	民族药师士	西药师士	其他中医	民族药剂员	西药剂员
全国总计	**135**	**4 821**	**7 533**	**5 788**	**2 294**	**737**	**48**	**679**	**128**	**21**	**66**	**18**
北京市												
藏医医院	1	30	58	45	15	10	1	1	1	4	0	0
内蒙古自治区												
蒙医医院	32	1 088	1 906	1 545	596	226	11	217	27	4	14	0
辽宁省												
蒙医医院	1	60	201	137	56	8	0	18	8	0	0	0
黑龙江省												
蒙医医院	1	40	84	58	3	28	0	2	5	0	0	0
福建省												
其他民族医医院	1	20	35	23	3	8	0	2	2	0	0	0
广西壮族自治区												
其他民族医医院	1	10	19	16	3	7	0	0	0	0	0	0
四川省												
藏医医院	6	155	191	148	111	21	0	5	0	0	0	0
云南省												
藏医医院	1	30	31	20	18	0	0	0	0	0	0	0
傣医医院	1	70	136	102	16	26	0	6	9	0	0	0
西藏自治区												
藏医医院	17	542	1 043	724	413	21	10	75	3	1	6	0
甘肃省												
蒙医医院	1	0	16	14	1	0	1	3	0	7	0	0
藏医医院	7	168	266	229	153	40	1	1	0	0	0	0
其他民族医院	1	20	21	16	3	1	0	2	0	3	0	0
青海省												
蒙医医院	1	30	42	35	6	2	0	0	3	0	0	4
藏医医院	24	667	764	588	254	79	4	63	17	0	2	0
新疆维吾尔自治区												
蒙医医院	3	170	183	135	47	13	1	20	2	0	0	0
维医医院	34	1 598	2 359	1 817	584	205	19	262	30	2	42	11
其他民族医院	2	123	178	136	12	42	0	2	21	0	2	3

【2001 年全国卫生部门县及县以上中医医院按隶属关系机构、床位、人员数及平均每院床位、人员数】

	机构数(个)	床位数(张)	人员数(人)	平均每院	
				床位数(张)	人员数(人)
合　计	2 244	230 513	353 494	102.72	157.53
国家中医药管理局属	4	1 324	2 281	331.00	570.25
省、自治区、直辖市属	29	7 601	12 519	262.10	431.69
直辖市区、省辖市、地区(自治州、盟)属	329	59 944	90 286	182.20	274.43
省辖市区、地辖市属	542	61 185	97 666	112.89	180.20
县(旗)属	1 340	100 459	150 742	74.97	112.49

【2001 年各地区平均每万人口中医医院床位数和中医人员数】

地区	中医医院床位数	中　医	中医师、士	地　区	中医医院床位数	中　医	中医师、士
全国总计	2.25	2.68	2.60	河南	2.07	2.00	1.95
北京	5.43	6.66	6.53	湖北	1.78	2.74	2.69
天津	4.99	5.20	5.17	湖南	2.44	3.18	2.99
河北	2.27	2.78	2.71	广东	2.14	2.64	2.58
山西	2.78	4.99	4.88	广西	1.79	1.68	1.58
内蒙古	2.29	4.46	4.42	海南	1.58	1.57	1.39
辽宁	3.32	2.85	2.79	重庆	1.68	4.12	3.81
吉林	3.10	3.12	3.10	四川	2.01	3.99	3.82
黑龙江	2.68	2.56	2.53	贵州	1.37	1.60	1.52
上海	3.50	3.43	3.40	云南	1.95	1.74	1.68
江苏	1.84	1.77	1.69	西藏	2.14	4.04	3.96
浙江	2.77	2.30	2.14	陕西	2.65	3.87	3.82
安徽	1.34	1.43	1.38	甘肃	2.23	3.35	3.29
福建	3.12	2.42	2.32	青海	3.71	3.16	3.07
江西	2.18	2.39	2.33	宁夏	2.03	2.43	2.41
山东	2.10	1.97	1.95	新疆	2.18	1.82	1.76

* 中医和中医师、士人数均不包括中西医结合高级医师．

【2001 年全国县及县以上医院床位与人员之比】

	每张床位与总人员之比	占人员总数比重(%)			占卫生技术人员比重(%)					每名医生与护理人员之比	每名护理员与护师士之比
		卫技人员	管理人员	工勤人员	医生	护理人员	药剂人员	检验人员	其他卫技人员		
综合医院	1:1.41	79.0	7.8	11.2	39.3	41.0	8.7	4.5	5.9	1:1.04	1:25.99
其中:卫生部门	1:1.48	79.0	7.5	11.3	38.7	41.5	8.6	4.5	6.1	1:1.07	1:36.51
中医医院	1:1.52	81.3	7.5	9.1	43.8	30.5	14.4	4.1	6.7	1:0.69	1:21.41
其中:卫生部门	1:1.53	81.4	7.5	9.0	43.6	30.7	14.4	4.1	6.7	1:0.70	1:22.24

【2001 年全国卫生部门综合医院、中医医院病床使用及治疗工作情况】

	治愈率(%)	好转率(%)	病死率(%)	病床周转次数(次)	病床工作日(日)	病床使用率(%)	出院者平均住院日(日)	每床与日门、急诊诊次之比	每百门、急诊的入院人数(%)	门、急诊次占总诊次的百分比(%)	急诊病死率(%)	观察室病死率(%)
综合医院	61.82	33.36	1.17	22.53	239.46	65.61	10.32	2.05	4.23	95.79	0.13	0.23
中医医院	62.12	34.15	0.78	16.32	187.80	51.45	10.92	2.85	2.22	95.72	0.09	0.10

【2001 年全国主任、副主任、主治医师人数及比重】

	单位	主任			副主任			主治		
		合计	中医师	西医师	合计	中医师	西医师	合计	中医师	西医师
全国	人	30 397	4 335	26 062	167 978	26 586	141 392	553 261	89 317	463 944
中西医比重	%	100.0	14.3	85.7	100.0	15.8	84.2	100.0	16.1	83.9
卫生部门	人	23 615	2 995	20 620	128 721	21 090	107 631	401 171	66 046	335 125
中西医比重	%	100.0	12.7	87.3	100.0	16.4	83.6	100.0	16.5	83.5
医院	人	20 710	2 463	18 247	106 518	17 844	88 674	265 414	46 777	218 637
中西医比重	%	100.0	11.9	88.1	100.0	16.8	83.2	100.0	17.6	82.4

【2001 年全国主任、副主任、主管药师人数及比重】

	单位	主任			副主任			主管		
		合计	中药师	西药师	合计	中药师	西药师	合计	中药师	西药师
全国	人	962	297	665	8 179	2 579	5 600	69 559	23 184	46 375
中西药师比重	%	100.0	30.9	69.1	100.0	31.5	68.5	100.0	33.3	66.7
卫生部门	人	704	205	499	6 182	2 049	4 133	51 727	18 264	33 463
中西药师比重	%	100.0	29.1	70.9	100.0	33.1	66.9	100.0	35.3	64.7
医院	人	440	109	331	4 423	1 366	3 057	39 546	13 112	26 434
中西药师比重	%	100.0	24.8	75.2	100.0	30.9	69.1	100.0	33.2	66.8

【2001年全国中等中医药学校招生、毕业、在校学生数】

	学校数(所)	招生数(人)	毕业生数(人)	在校生数(人)
中等中医药学校	51	20 831	12 745	63 100
其中:蒙医学校	1	161	118	631

【2001年全国高等中医药院校、西医院校(中医药系、专业)、非医药类院校(中医药系、专业)本专科招生、毕业、在校学生数】

	院、校数(所)	招生数(人)	毕业生数(人)	在校生数(人)
总计	**83**	**35 005**	**10 736**	**99 438**
高等中医药院校	25	28 759	8 951	83 239
其中:民族医院校	2	396	83	787
高等西医院校(中医药系、专业)	29	4 251	1 418	12 023
非医药类院校(中医药系、专业)	29	1 995	367	4 176

【2001年全国高等中医药院校函授、夜大学、成人脱产班招生、毕业及在校学生数】

	招生数			毕业生数			在校生数			毕业班学生数		
	小计	本科	专科	小计	本科	专科	小计	本科	专科	小计	本科	专科
总计	**23 081**	**4 777**	**18 304**	**7 350**	**619**	**6 731**	**53 576**	**9 458**	**44 118**	**10 108**	**1 258**	**8 850**
函授	13 407	2 926	10 481	3 860	502	3 358	31 584	5 949	25 635	5 706	1 076	4 630
夜大学	1 864	419	1 445	848	117	731	4 342	645	3 697	701	82	619
成人脱产班	7 810	1 432	6 378	2 642	0	2 642	17 650	2 864	14 786	3 701	100	3 601

【2001年全国高等中医药院校研究生情况】

	招生数(人)	毕业生数(人)	在校学生数(人)
研究生总计	2 631	1 066	5 961
其中:博士生	512	227	1 232
硕士生	2 119	839	4 729

【2001年全国高等中医药院校教职工数】

	合计	校本部教职工数					科研机构人员数	校办工厂农(林)场职工数	其他附设机构人员数
		小计	专任教师	教辅人员	行政人员	工勤人员			
总计	**17 978**	**14 988**	**6 815**	**2 136**	**3 576**	**2 461**	**782**	**1 067**	**1 141**
其中:女教职工	8 157	6 734	2 999	1 245	1 519	971	345	458	620

【2001 年全国高等中医药院校专任教师所教专业情况】

	总计	哲学	经济学	法学	教育学	文学	历史学	理学	工学	医学	管理学
总计	**6 815**	**192**	**56**	**44**	**461**	**332**	**39**	**439**	**35**	**4 998**	**219**
其中:公共课教师	1 287	153	33	27	323	249	20	121	15	338	8
教　授	891	12	2	1	13	10	1	39	1	797	15
副教授	2 429	71	12	10	119	97	14	159	12	1 869	66
讲　师	2 019	73	21	20	183	111	13	154	11	1 370	63
助　教	1 116	25	17	10	103	79	9	64	8	745	56
教　员	360	11	4	3	43	35	2	23	3	217	19

【2001 年全国高等中医药院校非教学人员中具有教师职称人数】

	人员数	其中:助教以上人员				
		合计	教　授	副教授	讲　师	助　教
总计	**8 702**	**1 251**	**160**	**372**	**468**	**251**
行政人员	3 576	877	105	268	347	157
科研机构人员	782	136	49	45	25	17
教辅人员	2 136	71	2	10	19	40
校办工厂人员	1 067	11	0	4	4	3
其他附设机构	1 141	156	4	45	73	34

机　构

【中医药教育机构】*

（一）中医药院校

北京中医药大学

地址：北京市北三环东路11号　电话：64286659　邮政编码：100029

校长：郑守增

职工1260人。医药专任教师418人，其中教授73人、副教授105人、讲师77人、助教41人。

专业设置	学制	2001年毕业生数	2001年招生数	在校学生数
中医学类	5	64	0	92
中医学	5	142	114	803
	7	18	402	684
针灸推拿学	5	70	94	452
护理学	3	31	30	85
	4	0	30	57
药学类	4	29	71	193
中药学	4	47	72	227
管理学	5	33	40	166
工商管理	4	0	40	120

在校硕士研究生313人，2001年招硕士研究生115人、毕业63人；在校博士研究生234人，2001年招博士研究生99人、毕业42人。

附属机构：北京中医药大学附属东直门医院，东方医院，中医基础理论研究所，医学气功研究所，中药研究所，中西医结合研究所，中医临床医学研究所，针灸推拿研究所，卫生部临床药理基地，中医药科学与工程研究中心，中医药教育研究中心，中药厂，《北京中医药大学学报》《中医教育》编辑部。

北京市中医学校

地址：北京市通州区梨园镇杨家洼　电话：69545931　邮政编码：101101

职工115人。专任教师55人，其中高级讲师14人、讲师21人、助理讲师17人。

专业设置	学制	2001年毕业生数	2001年招生数	在校学生数
护理	4	38	0	139
医药卫生类	3	0	519	519
	4	0	0	113
中药	4	37	0	123
中医	4	38	0	128
中医护理	4	82	0	94

天津中医学院

地址：天津市南开区鞍山西道玉泉路88号　电话：23051023　邮政编码：300193

院长：戴锡孟

职工558人。医药专任教师252人，其中教授31人、副教授81人、讲师60人、助教38人。

专业设置	学制	2001年毕业生数	2001年招生数	在校学生数
中医学	3	29	0	59
	5	51	280	976
	7	0	30	50
针灸推拿学	5	29	55	204
护理学	4	0	55	55
中药学	4	29	110	283

在院硕士研究生116人，2001年招硕士研究生53人、毕业11人；在院博士研究生38人，2001年招博士研究生16人、毕业6人。

附属机构：天津中医学院第一附属医院，第二附属医院，中医研究所，中药厂，《天津中医》《天津中医学院学报》编辑部。

* 本栏目数据由北京中医药大学卫生经济管理系 房耘耘、洪宝林供稿。

天津中医学院中专部

地址：天津市南开区西湖村大街　邮政编码：300193

专业设置	学制	2001年毕业生数	2001年招生数	在校学生数
中医	3	65	0	54
中医骨伤	3	0	0	5

天津市中医学校

地址：天津市静海县静海镇文化里　电话：28942599　邮政编码：301600

职工84人。专任教师62人，其中高级讲师6人、讲师36人、助理讲师20人。

专业设置	学制	2001年毕业生数	2001年招生数	在校学生数
护理	3	0	0	45
卫生保健	3	61	0	51
医药卫生类新专业	3	0	27	27
中医	3	58	0	48
	4	33	0	30
中医护理	3	61	0	46
	3	0	0	110

河北中医药学校

地址：河北省保定市　邮政编码：071000

职工69人。专任教师42人，其中高级讲师8人、讲师10人、助理讲师5人。

专业设置	学制	2001年毕业生数	2001年招生数	在校学生数
护理	3	120	200	356
护理	4	0	0	74
中医	3	0	501	501
中医	4	0	0	385
中医护理	3	0	0	71

安国中医药职业中等专业学校

地址：河北省安国市东山　邮政编码：071200

职工33人。专任教师19人，其中高级讲师1人、讲师6人、助理讲师12人。

专业设置	学制	2001年毕业生数	2001年招生数	在校学生数
中药	3	0	25	25
中医	3	200	162	617

山西中医学院

地址：山西省太原市晋祠路19号　电话：6064597　邮政编码：030024

院长：陶功定

职工333人。医药专任教师140人，其中教授13人、副教授38人、讲师51人、助教28人。

专业设置	学制	2001年毕业生数	2001年招生数	在校学生数
中医学	3	0	15	15
	4	0	30	30
	5	117	366	1480
针灸推拿学	5	0	87	344
中西医全科医学	3	0	470	470
中药学	4	0	62	123

山西省中医学校

地址：山西省太原市双塔东街14号　电话：2024224　邮政编码：030012

职工73人。专任教师37人，其中高级讲师18人、讲师10人、助理讲师2人。

专业设置	学制	2001年毕业生数	2001年招生数	在校学生数
护理	4	0	87	383
卫生信息管理	3	48	0	0
药剂	3	102	37	122
医学检验	3	53	16	152
医学影像技术	4	0	0	133
中医	3	0	394	394
	4	120	0	785

山西省中药材学校

地址：山西省太原市北营民航南路 19 号　电话：7124796　邮政编码：030031

职工 264 人。专任教师 115 人，其中高级讲师 18 人、讲师 45 人、助理讲师 46 人。

专业设置	学制	2001 年毕业生数	2001 年招生数	在校学生数
商贸与旅游类新专业	3	0	0	76
	5	0	120	230
市场营销	3	0	0	92
药剂	3	0	160	303
医药卫生类新专业	5	0	330	685
种植	3	0	0	52
	5	0	0	45

呼伦贝尔盟蒙医学校

地址：内蒙古自治区海拉尔市学府路 148 号　电话：8223590　邮政编码：021008

职工 168 人。专任教师 72 人，其中高级讲师 14 人、讲师 43 人、助理讲师 10 人。

专业设置	学制	2001 年毕业生数	2001 年招生数	在校学生数
护理	3	45	62	330
口腔工艺技术	3	0	25	25
蒙医医疗与蒙药	3	73	33	149
医药卫生类新专业	3	0	41	127

辽宁中医学院

地址：辽宁省沈阳市崇山东路 79 号

电话：86841637　邮政编码：110032

院长：马　骥

职工 881 人。医药专任教师 319 人，其中教授 34 人、副教授 107 人、讲师 118 人、助教 28 人。

专业设置	学制	2001 年毕业生数	2001 年招生数	在校学生数
医学检验	2	0	12	12
	3	0	16	16
口腔医学类新专业	3	0	68	68
中医学	5	145	290	1008
	6	0	60	230
针灸推拿学	5	29	60	212
	6	0	30	166
中医学类新专业	3	0	100	100
护理学	2	53	154	246
中药学	3	74	0	0
	4	58	179	455
	5	30	30	167
药学类新专业	3	0	220	345

在院硕士研究生 202 人，2001 年招硕士研究生 91 人、毕业 39 人；在院博士研究生 36 人，2001 年招博士研究生 18 人、毕业 7 人。

附属机构：辽宁中医学院附属医院，针灸研究所，医史文献研究所，中医基础研究所，中医临床研究所，中药研究所，卫生学校，制药厂，《辽宁中医杂志》《中医函授通讯》编辑部。

辽宁中医学院附属卫生学校

地址：辽宁省沈阳市皇姑区崇山东路 79 号　电话：6847036　邮政编码：110032

专业设置	学制	2001 年毕业生数	2001 年招生数	在校学生数
护理	4	35	35	101
中药	4	0	0	35

辽阳市中医药学校

地址：辽宁省辽阳市文圣区北哨街 30 号　电话：3133668　邮政编码：111000

职工 147 人。专任教师 78 人，其中高级讲师 18 人、讲师 37 人、助理讲师 20 人。

专业设置	学制	2001 年毕业生数	2001 年招生数	在校学生数
护理	4	0	53	176
康复技术	3	0	46	46
	4	0	0	118
中药	3	40	21	61
	4	0	0	28
中医	3	0	44	44
	4	50	0	124
中医骨伤	3	0	21	21
	4	40	0	115

沈阳市中医药学校

地址：辽宁省新民市铁北　电话：7853408　邮政编码：110300

职工 203 人。专任教师 86 人，其中高级讲师 22 人、讲师 35 人、助理讲师 21 人。

专业设置	学制	2001 年毕业生数	2001 年招生数	在校学生数
护理	4	30	60	188
卫生保健	4	0	0	73
医药卫生类新专业	4	40	0	0
中药	3	0	15	15
	4	40	0	0
中医	3	0	25	25
	4	0	0	70
中医护理	4	0	0	70
助产	3	0	30	30
	4	0	0	45

长春中医学院

地址：吉林省长春市工农大路 37 号　电话：5956102　邮政编码：130021

院长：陈广路

职工 773 人。医药专任教师 273 人，其中教授 25 人、副教授 74 人、讲师 113 人、助教 49 人。

专业设置	学制	2001 年毕业生数	2001 年招生数	在校学生数
法学	3	0	80	80
制药工程	4	42	49	177
临床医学	3	0	150	150
口腔医学	3	0	50	50
中医学	3	0	300	499
	5	94	186	848
针灸推拿学	5	38	79	246
中医学类新专业	5	134	325	1167
护理学	3	40	0	30
	4	0	80	122
中药学	4	45	81	210

在院硕士研究生 166 人，2001 年招硕士研究生 36 人、毕业 21 人。

附属机构：长春中医学院附属医院，真菌研究所，卫生学校，制药厂，《吉林中医药》《长春中医学院学报》编辑部。

吉林省中医药学校

地址：吉林省白山市靖宇西二胡同 13 号　电话：3223841　邮政编码：134300

职工 129 人。专任教师 70 人，其中高级讲师 6 人、讲师 46 人、助理讲师 17 人。

专业设置	学制	2001 年毕业生数	2001 年招生数	在校学生数
护理	3	0	0	100
	4	48	0	85
	5	0	12	12
医药卫生类新专业	4	0	0	200
	5	0	0	50
中药	3	0	66	88
	4	52	0	0
中药制药	4	40	0	40
	5	0	76	131
中医护理	3	0	35	77
	4	70	0	100

长春中医学院附属卫生学校

地址：吉林省长春市工农大路 20-7 号　电话：5652963　邮政编码：130021

职工 24 人。专任教师 12 人，其中高级讲师 1 人、讲师 5 人、助理讲师 6 人。

专业设置	学制	2001 年毕业生数	2001 年招生数	在校学生数
医药卫生类新专业	4	0	0	67
中医	4	58	0	202
中医护理	3	0	0	229
	4	164	182	539

黑龙江中医药大学

地址：黑龙江省哈尔滨市动力区和平路 14 号　电话：2620652　邮政编码：150041

校长：曹洪欣

职工 780 人。医药专任教师 252 人，其中教授 71 人、副教授 89 人、讲师 52 人、助教 20 人。

专业设置	学制	2001 年毕业生数	2001 年招生数	在校学生数
制药工程	4	0	49	49
中医学	3	34	145	351
	5	175	384	1571
针灸推拿学	3	0	283	512
	5	44	80	389
护理学	3	33	0	0
护理学	4	0	73	236
中药学	4	136	149	642
药物制剂	4	0	136	290
公共事业管理	4	0	44	44

在校硕士研究生 324 人，2001 年招硕士研究生 146 人、毕业 52 人；在校博士研究生 100 人，2001 年招博士研究生 41 人、毕业 20 人。

附属机构：黑龙江中医药大学附属医院，附属第二医院，中医基础理论研究所，中药研究所，方剂研究所，中医工程研究所，中西医结合心肺病研究所，中医药文化研究所，中国中医药文献检索中心黑龙江分中心研究所，实验动物中心，中药临床药理基地，东方生物研究中心，黑龙江省中药材 GAP 研究中心，《中医药学报》《针灸临床杂志》《中医药信息》编辑部。

黑龙江省中医药学校

地址：黑龙江省佳木斯市前进区光华街 13 号。电话：8784173　邮政编码：154007

职工 240 人。专任教师 86 人，其中高级讲师 20 人、讲师 12 人、助理讲师 5 人。

专业设置	学制	2001 年毕业生数	2001 年招生数	在校学生数
中药	3	100	24	114
中药制药	3	0	50	176
中医	3	100	309	309
	4	110	0	892
	5	0	87	87
中医骨伤	3	0	35	35
	4	50	0	240
中医护理	3	0	0	39
	4	0	87	528
	5	0	28	28
中医康复保健	3	0	57	57

上海中医药大学

地址：上海市零陵路 530 号　电话：64174600　邮政编码：200032

校长：严世芸

职工 1207 人。医药专任教师 280 人，其中教授 26 人、副教授 51 人、讲师 62 人、助教 29 人。

专业设置	学制	2001 年毕业生数	2001 年招生数	在校学生数
预防医学	3	38	0	60
临床医学	3	253	120	513
康复医学	3	0	58	58
中医学	5	161	207	956
	7	27	119	377
针灸推拿学	5	12	0	74
护理学	3	0	142	398
中药学	4	35	30	124
药学类新专业	3	0	31	59

在校硕士研究生 287 人，2001 年招硕士研究生 129 人、毕业 51 人；在校博士研究生 152 人，2001 年招博士研究生 66 人、毕业 43 人。

附属机构：上海中医药大学附属龙华医院（临床第一研究所），曙光医院（临床第二研究所），岳阳医院（推拿研究所），上海市气功研究所，上海市针灸经络研究所，中医文献研究所，老年病研究所，中医基础理论研究所，骨伤科研究所，图书情报中心，制药厂，《上海中医药杂志》《上海中医药大学 上海市中医药研究院学报》《医古文知识》编辑部。

上海市中医学校

地址：上海市大统路 993 号　电话：56628023　邮政编码：200070

职工 24 人。专任教师 4 人，均为讲师。

专业设置	学制	2001 年毕业生数	2001 年招生数	在校学生数
护理	3	45	0	0

南京中医药大学

地址：江苏省南京市汉中路 282 号　电话：67980000　邮政编码：210029

校长：项　平

职工 977 人。医药专任教师 368 人，其中教授 52 人、副教授 123 人、讲师 78 人、助教 91 人。

专业设置	学制	2001 年毕业生数	2001 年招生数	在校学生数
国际经济与贸易	4	30	113	230
制药工程	4	30	50	99
	4	0	0	27
中医学	5	181	431	1207
	7	0	97	342
	3	22	23	23
针灸推拿学	5	57	0	128
	7	0	29	29
护理学	3	33	45	113
	4	0	61	89
药学	4	0	54	91
中药学	4	31	118	384
	5	31	49	187
药物制剂	4	0	38	38
公共事业管理	4	0	36	81

在校硕士研究生 377 人，2001 年招硕士研究生 142 人、毕业 63 人；在校博士研究生 132 人，2001 年招博士研究生 45 人、毕业 24 人。

附属机构：南京中医药大学附属医院，江苏省针灸推拿医院，中医药研究所，中医药文献研究所，制药厂，《南京中医药大学学报》编辑部。

江苏省中医学校

地址：江苏省南京市凤凰西街 150-1 号　电话：6610819　邮政编码：210029

职工 48 人。专任教师 17 人，其中高级讲师 1 人、讲师 6 人、助理讲师 6 人。

专业设置	学制	2001 年毕业生数	2001 年招生数	在校学生数
医药卫生类新专业	4	38	0	0
中医	4	41	0	0
中医护理	4	0	146	577

连云港中药学校

地址：江苏省连云港市海连东路　电话：5801493　邮政编码：222001

职工 136 人。专任教师 60 人，其中高级讲师 12 人、讲师 28 人、助理讲师 13 人。

专业设置	学制	2001 年毕业生数	2001 年招生数	在校学生数
护理	4	50	189	593
医药卫生类新专业	4	38	0	136
中药	3	95	156	379
中药制药	4	0	0	99

南通海安针灸推拿学校

地址：江苏省海安县海安镇洋港路 12 号　电话：8833706　邮政编码：226600

职工 88 人。专任教师 36 人，其中高级讲师 7 人、讲师 8 人、助理讲师 13 人。

专业设置	学制	2001 年毕业生数	2001 年招生数	在校学生数
中医骨伤	4	40	0	35
中医康复保健	4	34	117	326

浙江中医学院

地址：浙江省杭州市滨江区青年路　电话：86613501　邮政编码：310053

院长：肖鲁伟

职工 542 人。医药专任教师 329 人，其中教授 22 人、副教授 106 人、讲师 94 人、助教 59 人。

专业设置	学制	2001 年毕业生数	2001 年招生数	在校学生数
计算机科学与技术	4	0	125	125
生物工程类新专业	4	0	149	251
临床医学	5	0	189	250
中医学	3	22	0	0
	5	99	307	1059
	7	0	92	122
针灸推拿学	5	30	172	330
中西医全科医学	3	24	0	50
中医学类新专业	5	25	0	95
护理学	3	29	0	35
	4	0	172	301
药学	4	0	60	60
中药学	3	28	0	0
	4	26	191	417
药物制剂	4	0	84	118
药学类新专业	3	0	0	147
	4	0	148	148
公共事业管理	3	30	0	29
	4	0	60	120

在院硕士研究生 173 人，2001 年招硕士研究生 78 人、毕业 30 人；在校博士研究生 19 人，2001 年招博士研究生 11 人。

附属机构：浙江中医学院第一附属医院（浙江省中医院），第二附属医院（杭州市中医院），第三附属医院（金华市中医院），附属门诊部，中医临床研究所，浙江省中医骨伤研究所，分子医学研究所，耳聋康复研究所，针灸推拿所，医学基因研究中心，动物实验研究中心，实验药厂，《浙江中医学院学报》编辑部。

浙江省中医学校

地址：浙江省杭州市

专业设置	学制	2001年毕业生数	2001年招生数	在校学生数
中医护理	3	44	0	42

安徽中医学院

地址：安徽省合肥市梅山路24号　电话：2821006　邮政编码：230038

院长：王健

职工798人。医药专任教师337人，其中教授48人、副教授122人、讲师102人、助教35人。

专业设置	学制	2001年毕业生数	2001年招生数	在校学生数
制药工程	4	0	60	179
	5	0	0	116
中医学	3	0	0	243
	5	149	802	2508
针灸推拿学	3	0	0	34
	5	29	100	332
护理学	3	40	0	107
	4	0	52	111
药学	3	0	120	206
	4	58	205	505
中药学	3	0	0	81
	4	58	47	220
药物制剂	3	0	0	142
	4	0	52	52
中草药栽培与鉴定	3	0	60	286
药学类新专业	3	0	120	177

在院硕士研究生99人，2001年招硕士研究生43人、毕业22人。

附属机构：安徽中医学院附属医院，针灸医院（针灸经络研究所），精神病学研究所，计算机中医运用研究所，中医药研究所，科技药厂，印刷厂，《安徽中医学院学报》编辑部。

安徽省中医药学校

地址：安徽省芜湖市九华山路邢家山7号　电话：3844472　邮政编码：241000

专业设置	学制	2001年毕业生数	2001年招生数	在校学生数
医药卫生类新专业	3	96	173	366
中药	3	90	24	214
中医	4	0	83	591
中医骨伤	4	0	47	270
中医护理	3	101	90	278
中医康复保健	3	50	0	40

安徽省华佗中医学校

地址：安徽省阜阳市　邮政编码：236005

专业设置	学制	2001年毕业生数	2001年招生数	在校学生数
护理	3	0	16	69
卫生保健	3	0	97	736
医药卫生类新专业	3	0	159	411
中医	3	0	143	687

福建中医学院

地址：福建省福州市五四路282号　电话：3570746　邮政编码：350003

院长：杜健

职工632人。医药专任教师270人，其中教授29人、副教授81人、讲师89人、助教 59 人。

专业设置	学制	2001 年毕业生数	2001 年招生数	在校学生数
临床医学	5	0	50	50
康复医学	3	0	45	45
口腔医学	3	0	44	144
中医学	5	92	298	1139
	7	0	50	50
针灸推拿学	5	24	60	221
中西医全科医学	3	46	207	817
中医学类新专业	3	0	106	236
	5	31	0	123
护理学类新专业	3	48	78	120
	5	0	60	120
药学	4	0	60	120
中药学	3	0	43	43
	4	29	60	202
药学类新专业	3	27	32	32
公共事业管理	5	0	50	50

在院硕士研究生 171 人，2001 年招硕士研究生 81 人、毕业 24 人；在校博士研究生 13 人，2001 年招博士研究生 7 人。

附属机构：福建中医学院附属省第一人民医院、省第二人民医院，福建省中医药研究院，福建闽台中医药交流培训中心暨国际中医药学术交流中心，福建屏山制药厂，《福建中医药》《福建中医学院学报》杂志社。

江西中医学院

地址：江省省南昌市阳明路 20 号　电话：6806708　邮政编码：330006

院长：皮特衡

职工 1082 人。医药专任教师 282 人，其中教授 25 人、副教授 103 人、讲师 78 人、助教 39 人。

专业设置	学制	2001 年毕业生数	2001 年招生数	在校学生数
环境科学	4	0	44	44
计算机科学与技术	4	0	70	109
制药工程	4	28	49	171
生物工程	4	0	98	138
中医学	5	98	616	1828
针灸推拿学	5	0	45	93
药学	4	78	190	535
中药学	4	30	38	146
药物制剂	4	0	70	70
公共事业管理	4	0	35	35

在院硕士研究生 154 人，2001 年招硕士研究生 69 人、毕业 29 人。

附属机构：江西中医学院附属中医院，中医药研究所，中医基础理论研究所，中医临床医学研究所，基础医学研究所，江中制药厂，药用动植物实验部，《江西中医药》《江西中医学院学报》编辑部。

江西省中医药学校

地址：江西省抚州市焊东大道 137 号　电话：8223280　邮政编码：344000

职工 136 人。专任教师 98 人，其中高级讲师 27 人、讲师 40 人、助理讲师 28 人。

专业设置	学制	2001 年毕业生数	2001 年招生数	在校学生数
护理	3	289	206	859
医药卫生类新专业	3	0	0	57
	4	49	0	113
	5	0	112	112
中药	3	48	0	92
	5	0	105	105
中医	4	103	257	1054
助产	3	56	100	321

山东中医药大学

地址：山东省济南市经十路23号　电话：2966910　邮政编码：250014

校长：王新陆

职工868人。医药专任教师356人，其中教授64人、副教授151人、讲师72人、助教39人。

专业设置	学制	2001年毕业生数	2001年招生数	在校学生数
制药工程	4	0	97	197
化工与制药类新专业	4	52	0	0
中医学	3	48	58	117
	5	419	469	2156
	7	0	60	91
针灸推拿学	3	0	0	37
	5	49	161	546
护理学	3	0	67	67
	5	0	49	89
中药学	3	0	66	66
	4	0	99	253
药学类新专业	4	0	0	50
市场营销	4	0	59	118

在校硕士研究生340人，2001年招硕士研究生150人、毕业52人；在校博士研究生62人，2001年招博士研究生27人、毕业13人。

附属机构：山东中医药大学附属中医院，中医文献研究所，实验药厂，《山东中医药杂志》《山东中医药大学学报》编辑部。

山东省中医药学校

地址：山东省烟台市　邮政编码：264000

职工302人。专任教师142人，其中高级讲师32人、讲师36人、助理讲师30人。

专业设置	学制	2001年毕业生数	2001年招生数	在校学生数
康复技术	3	50	0	32
	4	0	0	47
中药	3	123	241	339
	4	0	0	181
中药	5	0	100	100
中药制药	4	120	0	248
中医	4	100	708	1172
中医护理	3	0	323	323
	4	189	0	470
中医康复保健	3	0	290	290
	4	51	0	267
	5	0	100	100

曲阜中医药学校

地址：山东省曲阜市归德北路　电话：4412330　邮政编码：273100

职工122人。专任教师71人，其中高级讲师10人、讲师27人、助理讲师23人。

专业设置	学制	2001年毕业生数	2001年招生数	在校学生数
医药卫生类新专业	3	0	426	426
	4	74	0	463
中药	3	58	42	42
	4	0	0	154
中医骨伤	3	0	40	40
	4	72	0	434
中医护理	3	0	292	292
	4	92	0	321

山东省中医护士学校

地址：山东省泰安市贷道庵路东段　电话：8229719　邮政编码：271000

职工66人。专任教师34人，其中高级讲师5人、讲师6人、助理讲师19人。

专业设置	学制	2001年毕业生数	2001年招生数	在校学生数
中医护理	4	240	150	869

河南中医学院

地址：河南省郑州市金水路东段 电话：5956348 邮政编码：450003

院长：彭勃

职工881人。医药专任教师280人，其中教授27人、副教授130人、讲师82人、助教30人。

专业设置	学制	2001年毕业生数	2001年招生数	在校学生数
中医学	3	38	0	0
	5	199	928	2938
针灸推拿学	3	51	266	542
	5	46	117	360
中医学类新专业	3	0	0	45
护理学	3	28	54	114
药学	4	0	67	67
中药学	3	0	75	190
	4	40	67	265
药物制剂	4	31	108	164

在院硕士研究生203人，2001年招硕士研究生92人、毕业35人。

附属机构：河南中医学院第一附属医院，第二附属医院，中药厂，中药实验场，《河南中医》《河南中医药学刊》编辑部。

河南省针灸推拿学校

地址：河南省洛阳市涧西区青岛路29号 邮政编码：471003

职工166人。专任教师42人，其中高级讲师7人、讲师17人、助理讲师9人。

专业设置	学制	2001年毕业生数	2001年招生数	在校学生数
中医	3	189	410	1099

南阳中医药学校

地址：河南省南阳市卧龙岗131号 电话：3510893 邮政编码：473061

职工276人。专任教师111人，其中高级讲师15人、讲师22人、助理讲师41人。

专业设置	学制	2001年毕业生数	2001年招生数	在校学生数
护理	3	0	37	37
医药卫生类新专业	3	79	29	259
中药	3	42	21	54
中医	3	0	200	200
	4	92	303	1213
中医骨伤	4	0	17	359
中医护理	3	97	81	322

安阳市中医药学校

地址：河南省安阳市彰德路5号 电话：5926467 邮政编码：455000

职工147人。专任教师81人，其中高级讲师18人、讲师15人、助理讲师13人。

专业设置	学制	2001年毕业生数	2001年招生数	在校学生数
医药卫生类新专业	3	188	277	886
中药	3	84	0	28
中医	4	52	100	461
中医护理	3	141	110	262

焦作市中医药学校

地址：河南省焦作市学生路一巷 电话：2924225 邮政编码：454150

职工274人。专任教师112人，其中高级讲师26人、讲师59人、助理讲师18人。

专业设置	学制	2001年毕业生数	2001年招生数	在校学生数
医药卫生类新专业	3	0	169	425
	4	80	33	178
中药	4	80	22	207
中医骨伤	4	80	23	272
中医护理	3	120	61	208
中医康复保健	3	40	0	40

湖北中医学院

地址：湖北省武汉市武昌区昙华林特1号

电话：88841051　邮政编码：430061

院长：王　华

职工728人。医药专任教师253人，其中教授27人、副教授77人、讲师65人、助教42人。

专业设置	学制	2001年毕业生数	2001年招生数	在校学生数
制药工程	4	43	85	230
中医学	3	0	63	63
	5	152	296	1377
	7	0	30	55
中医学类新专业	5	63	100	389
针灸推拿学	3	0	54	115
	5	51	106	450
护理学	3	28	15	15
	5	0	44	125
中药学	4	42	97	305
市场营销	4	0	39	39

在院硕士研究生329人，2001年招硕士研究生143人、毕业86人；在院博士研究生49人，2001年招博士研究生20人；毕业7人。

附属机构：湖北中医学院附属医院，中医工程研究所，中药研究所，脏象肝病研究所，中西医结合研究所，外科研究所，中医急症研究所，《湖北中医杂志》《中西医结合肝病杂志》编辑部。

湖北省中医药学校

地址：湖北省荆沙市荆州城小北门外桔颂街　电话：8465948　邮政编码：434100

职工142人。专任教师82人，其中高级讲师5人、讲师24人、助理讲师2人。

专业设置	学制	2001年毕业生数	2001年招生数	在校学生数
护理	3	0	34	125
	4	0	0	125
医学检验	3	291	0	194
医药卫生类新专业	3	48	183	567
中药	3	8	0	0
中医	3	95	0	85
中医骨伤	3	49	66	161

湖南中医学院

地址：湖南省长沙市韶山路102号　电话：5544613　邮政编码：410007

院长：陈大舜

职工769人。医药专任教师302人，其中教授37人、副教授91人、讲师103人、助教50人。

专业设置	学制	2001年毕业生数	2001年招生数	在校学生数
计算机科学与技术	4	0	40	40
医学影像学	3	34	0	51
	5	0	40	40
医学检验	3	0	0	31
中医学	3	41	0	0
	4	0	75	80
	5	232	426	2211
	7	0	200	260
针灸推拿学	3	33	80	150
	5	28	40	190
护理学	3	26	0	30
	4	0	40	91
药学	4	36	165	523
中药学	3	41	0	0
	4	74	250	724
药物制剂	4	18	40	64
药学类新专业	3	0	0	53
公共事业管理	4	0	40	78

在院硕士研究生 191 人，2001 年招硕士研究生 87 人、毕业 31 人；在院博士研究生 55 人，2001 年招博士研究生 19 人、毕业 6 人。

附属机构：湖南中医学院附属第一医院、第二医院、第三医院，中医诊断研究所，中药开发研究所，中医临床研究所，针灸经络研究所，附属制药厂，《湖南中医学院学报》《中医诊断学杂志》《药膳食料研究》编辑部。

湖南省中医药学校

地址：湖南省株州市芦淞区高家坳　电话：8512564　邮政编码：412012

职工 184 人。专任教师 90 人，其中高级讲师 18 人、讲师 36 人、助理讲师 14 人。

专业设置	学制	2001 年毕业生数	2001 年招生数	在校学生数
护理	4	146	222	770
计划生育技术	4	41	0	27
卫生保健	4	0	0	46
卫生信息管理	4	43	0	0
药剂	4	0	0	34
医药卫生类新专业	4	48	350	862
中药	4	48	99	180
中药制药	4	0	0	53
中医	4	50	0	438
中医骨伤	4	94	0	96
助产	4	0	13	43

广州中医药大学

地址：广东省广州市机场路 12 号　电话：86591233　邮政编码：510405

校长：冯新送

职工 984 人。医药专任教师 338 人，其中教授 37 人、副教授 91 人、讲师 103 人、助教 38 人。

专业设置	学制	2001 年毕业生数	2001 年招生数	在校学生数
计算机科学与技术	3	39	36	116
医学检验	3	0	48	100
康复医学	5	0	0	40
临床医学与医学技术类	3	0	40	124
中医学	3	71	0	163
	5	184	623	2125
针灸推拿学	3	0	65	201
	5	37	50	278
中医学类新专业	3	37	0	48
	5	20	0	19
护理学	3	0	27	99
	4	0	42	152
中药学	4	38	91	273
药物制剂	3	0	0	53
药学类新专业	4	29	60	223
公共事业管理	5	0	47	188

在校硕士研究生 433 人，2001 年招硕士研究生 214 人、毕业 96 人；在校博士研究生 221 人，2001 年招博士研究生 101 人、毕业 38 人。

附属机构：广州中医药大学第一附属医院〔第一临床研究所〕，第二附属医院〔第二临床研究所〕，附属骨伤科医院〔骨伤科研究所〕，附属粤海医院〔热带医学研究所〕，深圳附属医院，附属珠海市中医院，中医基础理论研究所，中药研究所，针灸研究所，临床药理研究所，脾胃研究所，新药开发与研究中心，医学教育研究所，生物工程研究所，中医药学校，《新中医》《广州中医药大学学报》《中药新药与临床药理》杂志编辑部。

广州中医药大学附属中医药学校

地址：广东省广州市机场路 12 号　电话：86591233　邮政编码：510407

职工 14 人。专任教师 12 人，其中讲师 6 人、助理讲师 6 人。

专业设置	学制	2001 年毕业生数	2001 年招生数	在校学生数
中药	3	41	0	55
中医	4	0	0	53
中医护理	3	46	0	54

湛江市中医学校

地址：广东省湛江市霞山文明东路 4 号　电话：2227434　邮政编码：524003

职工 71 人。专任教师 44 人，其中高级讲师 17 人、讲师 22 人、助理讲师 5 人。

专业设置	学制	2001 年毕业生数	2001 年招生数	在校学生数
护理	3	85	92	222
口腔工艺技术	4	48	104	280
医药卫生类新专业	4	0	35	149
中医	4	54	105	327
中医骨伤	4	48	47	204
中医护理	3	42	0	37
中医康复保健	4	0	0	85
助产	4	54	55	241

江门市中医学校

地址：广东省江门市龙湾路 4 号　电话：3526345　邮政编码：529000

职工 58 人。专任教师 37 人，其中高级讲师 3 人、讲师 19 人、助理讲师 14 人。

专业设置	学制	2001 年毕业生数	2001 年招生数	在校学生数
护理	3	46	77	77
	4	50	0	261
美容美发与形象设计	3	0	19	58
卫生保健	3	0	43	43
	4	76	0	53
药剂	3	50	65	146
中药	3	44	33	122
中医	3	0	48	48
	4	47	0	100
中医护理	3	51	29	117
助产	3	0	39	141

新兴中药学校

地址：广东省新兴县新城外果园路　电话：2886757　邮政编码：527400

职工 139 人。专任教师 93 人，其中高级讲师 5 人、讲师 35 人、助理讲师 45 人。

专业设置	学制	2001 年毕业生数	2001 年招生数	在校学生数
护理	3	70	53	163
卫生保健	4	47	75	367
药剂	3	35	91	162
中药	3	72	47	139
中医	3	0	192	192
中医骨伤	4	51	54	246
中医护理	3	45	0	30
中医康复保健	4	0	0	30
助产	3	0	0	42
	4	0	68	171

广西中医学院

地址：广西壮族自治区南宁市明秀东路 21 号　电话：3134562　邮政编码：530001

院长：王乃平

职工 613 人。医药专任教师 365 人，其中教授 42 人、副教授 128 人、讲师 112 人、助教 58 人。

专业设置	学制	2001 年毕业生数	2001 年招生数	在校学生数
临床医学	5	0	123	217
医学影像学	3	0	24	24
医学检验	3	0	20	20
口腔医学	3	0	102	249
中医学	3	0	273	610
	5	233	416	2023
	6	0	67	67
针灸推拿学	5	29	51	165
护理学	3	63	83	210
	4	0	53	97
药学	4	0	85	161
中药学	3	54	0	0
	4	99	64	277
药物制剂	3	0	49	49
公共事业管理	4	0	20	21

在院硕士研究生 94 人，2001 年招硕士研究生 46 人、毕业 8 人。

附属机构：广西中医学院第一附属医院，第二附属医院，第三附属医院，广西中医学校，传统医学研究所，中药研究所，壮医药研究所，骨伤科研究所，制药厂。

广西中医学校

地址：广西壮族自治区南宁市　邮政编码：530001

职工 71 人。专任教师 38 人，其中高级讲师 12 人、讲师 18 人、助理讲师 8 人。

专业设置	学制	2001 年毕业生数	2001 年招生数	在校学生数
护理	3	0	210	210
	4	134	0	348
中医	4	0	428	428
中医康复保健	3	61	0	0
	4	0	57	237
中医护理	3	119	28	221

海口市中医药学校

地址：海南省海口市海甸二西路 18 号
电话：6259132　邮政编码：570208

职工 35 人。专任教师 23 人，其中高级讲师 3 人、讲师 2 人、助理讲师 8 人。

专业设置	学制	2001 年毕业生数	2001 年招生数	在校学生数
护理	3	0	44	101
医药卫生类新专业	3	56	132	360
中药制药	3	0	14	25

重庆中医学校

地址：重庆市九龙坡区杨家坪西郊支路 18 号　电话：68422183　邮政编码：630050

职工 259 人。专任教师 79 人，其中高级讲师 31 人、讲师 29 人、助理讲师 13 人。

专业设置	学制	2001 年毕业生数	2001 年招生数	在校学生数
医药卫生类新专业	3	94	0	137
中药	3	140	90	146
中医	3	159	822	1650
中医骨伤	3	98	34	193
中医护理	3	139	90	343

成都中医药大学

地址：四川省成都市十二桥街 37 号

电话：7768611　邮政编码：610075

校长：祝彼得

职工800人。医药专任教师239人，其中教授43人、副教授102人、讲师50人、助教31人。

专业设置	学制	2001年毕业生数	2001年招生数	在校学生数
康复医学	3	0	61	131
	5	0	0	38
中医学类	5	46	0	230
中医学	5	125	199	1049
藏医学	3	0	0	31
	4	0	40	40
中医学类新专业	3	0	59	111
	4	0	59	59
	5	39	112	279
	7	0	40	120
中西医全科医学	5	0	243	565
	7	0	40	145
针灸推拿学	5	68	69	235
护理学	3	67	109	309
	4	0	124	124
药学类	4	33	0	146
药学	4	0	72	72
中药学	3	0	62	105
	4	65	309	807
	5	40	0	39
药学类新专业	3	0	0	44
	4	0	138	325

在校硕士研究生368人，2001年招硕士研究生176人、毕业66人；在校博士研究生221人，2001年招博士研究生42人、毕业21人。

附属机构：成都中医药大学附属医院，附属医院针灸学校，中医古籍文献研究所，高等教育研究所，临床医学研究所，基础医学研究所，针灸推拿研究所，中药研究所，科技中试中心，实验动物中心，卫生部临床药理基地，华神制药厂，《成都中医药大学学报》《中医药信息报》编辑部。

成都中医药大学附属卫生学校

地址：四川省成都市新罗路41号　电话：7769902　邮政编码：610072

职工42人。专任教师19人，其中高级讲师0人、讲师5人、助理讲师3人。

专业设置	学制	2001年毕业生数	2001年招生数	在校学生数
护理	3	75	41	41
	4	0	0	225
其他新专业	3	0	0	39
医药卫生类新专业	3	0	0	68
中药	3	35	0	28
中医	3	59	61	61
	4	0	0	347

万县中医学校

地址：重庆市万县市王家坡246号　电话：8223135　邮政编码：634000

职工185人。专任教师83人，其中高级讲师15人、讲师25人、助理讲师18人。

专业设置	学制	2001年毕业生数	2001年招生数	在校学生数
护理	3	130	211	452
康复技术	3	125	89	289
药剂	3	50	117	217
医药卫生类新专业	3	0	0	100
中药	3	50	48	148
中药制药	3	50	0	100
中医	3	200	404	1035
中医骨伤	3	125	157	427
中医康复保健	3	0	0	100

内江中医学校

地址：四川省内江市新江路二巷8号

电话：2023713-800　邮政编码：641003

职工64人。专任教师41人，其中高级讲师3人、讲师5人。

专业设置	学制	2001年毕业生数	2001年招生数	在校学生数
医药卫生类新专业	3	0	138	171
	4	289	0	137
中医护理	3	25	0	426

达州中医学校

地址：四川省达州市　邮政编码：635000

职工116人。专任教师61人，其中高级讲师6人、讲师29人、助理讲师13人。

专业设置	学制	2001年毕业生数	2001年招生数	在校学生数
医药卫生类新专业	3	125	173	706
中药	3	40	0	40
中医	3	110	59	225
中医护理	3	40	37	92
中医康复保健	3	80	51	91

贵阳中医学院

地址：贵州省贵阳市市东路1号　电话：5928633　邮政编码：550002

院长：沈冯君

职工735人。医药专任教师398人，其中教授32人、副教授133人、讲师137人、助教70人。

专业设置	学制	2001年毕业生数	2001年招生数	在校学生数
中医学	5	59	136	630
	6	0	40	80
针灸推拿学	5	108	131	684

续表

专业设置	学制	2001年毕业生数	2001年招生数	在校学生数
中西医全科医学	3	59	245	323
	5	55	376	1068
中医学类新专业	3	0	263	912
法医学类新专业	6	0	59	59
护理学	3	0	48	48
	5	0	140	429
护理学类新专业	6	0	49	49
药学类	3	50	0	0
中药学	3	50	46	46
	4	96	92	391
药学类新专业	3	50	23	23
	4	0	31	101

在院硕士研究生78人，2001年招硕士研究生36人，毕业11人。

附属机构：贵阳中医学院第一附属医院、第二附属医院，骨伤研究所、血液病研究所、微量元素研究所、实验动物研究所，《贵阳中医学院学报》《微量元素与健康》编辑部。

贵阳中医学院第一附属医院护士学校

地址：贵州省贵阳市外环城东路　邮政编码：550001

职工4人。专任教师4人，其中高级讲师1人、讲师2人、助理讲师1人。

专业设置	学制	2001年毕业生数	2001年招生数	在校学生数
中医护理	3	35	0	0
	4	0	0	34

遵义中医学校

地址：贵州省遵义县南白镇　电话：

7222521　邮政编码：566100

职工 109 人。专任教师 48 人，其中高级讲师 11 人、讲师 21 人、助理讲师 16 人。

专业设置	学制	2001 年毕业生数	2001 年招生数	在校学生数
医药卫生类新专业	3	209	588	1321
中药	3	51	49	203
中药制药	3	0	25	25
中医护理	3	30	108	250

云南中医学院

地址：云南省昆明市白塔路 6 号　电话：3175781　邮政编码：650011

院长：李庆生

职工 499 人。医药专任教师 161 人，其中教授 15 人、副教授 55 人、讲师 38 人、助教 18 人。

专业设置	学制	2001 年毕业生数	2001 年招生数	在校学生数
康复医学	3	0	0	41
中医学	5	136	498	1509
针灸推拿学	3	40	0	0
	5	41	0	134
中医学类新专业	3	0	66	112
药学	3	0	0	39
	4	0	182	264
中药学	4	81	0	236
市场营销	3	39	0	36

在院硕士研究生 66 人，2001 年招硕士研究生 30 人、毕业 5 人。

附属机构：云南中医学院附属医院，附属药厂，《云南中医学院学报》编辑部。

民办云南中医药中专学校

地址：云南省昆明市

职工 69 人。专任教师 40 人，其中高级讲师 20 人、讲师 6 人。

专业设置	学制	2001 年毕业生数	2001 年招生数	在校学生数
商品经营	3	0	41	114
中药制药	3	0	32	73
中医	3	0	0	34
	4	0	507	970
中医骨伤	3	0	68	130
中医护理	3	0	48	110

民办云南骨伤科中专学校

地址：云南省昆明市

职工 185 人。专任教师 79 人，其中高级讲师 19 人、讲师 4 人。

专业设置	学制	2001 年毕业生数	2001 年招生数	在校学生数
护理	4	0	45	45
卫生保健	4	0	111	111
医药卫生类新专业	4	0	115	115
中医	4	0	89	89
助产	4	0	48	48

药王山藏医学院

地址：西藏自治区拉萨市团结新村后　邮政编码：850000

职工 129 人。医药专任教师 57 人，其中教授 3 人、副教授 10 人、讲师 20 人、助教 22 人。

专业设置	学制	2001 年毕业生数	2001 年招生数	在校学生数
藏药学	4	0	0	40
	5	19	40	95
	6	0	10	23

在院硕士研究生 22 人，2001 年招硕士研究生 12 人。

陕西中医学院

地址：陕西省咸阳市渭阳路 1 号　电话：3212766　邮政编码：712083

院长：金志甲

职工 651 人。医药专任教师 276 人，其中教授 25 人、副教授 106 人、讲师 74 人、助教25人。

专业设置	学制	2001年毕业生数	2001年招生数	在校学生数
英语	5	0	32	32
临床医学	5	0	128	128
医学检验	5	0	62	62
中医学	5	95	188	956
针灸推拿学	5	31	60	258
中西医全科医学	5	41	148	859
中医学类新专业	3	54	150	285
护理学	4	0	60	122
护理学类新专业	3	0	90	170
中药学	4	61	122	402
药学类新专业	3	0	80	120

在院硕士研究生194人，2001年招硕士研究生91人、毕业33人。

附属机构：陕西中医学院附属医院，《陕西中医学院学报》编辑部。

陕西省中医学校

地址：陕西省渭南市西三路4号　电话：2012915　邮政编码：714000

职工233人。专任教师110人，其中高级讲师23人、讲师37人、助理讲师28人。

专业设置	学制	2001年毕业生数	2001年招生数	在校学生数
护理	3	39	175	347
人口与计划生育管理	4	39	0	0
卫生保健	3	195	315	434
	4	6	0	264
中药	2	37	0	29
	3	38	35	73
中医	3	31	141	164
	4	39	0	164
中医骨伤	3	49	16	47
	4	0	0	75
中医护理	3	88	0	31
中医康复保健	3	0	8	19
助产	3	40	43	172

宝鸡市中医学校

地址：陕西省宝鸡市大庆路1号　电话：3414852　邮政编码：721004

职工152人。专任教师87人，其中高级讲师7人、讲师42人、助理讲师25人。

专业设置	学制	2001年毕业生数	2001年招生数	在校学生数
医药卫生类新专业	4	0	93	93
中药	3	89	84	223
中医	4	69	91	397
中医骨伤	4	45	47	159
中医护理	3	46	63	196
中医康复保健	4	39	41	156

甘肃中医学院

地址：甘肃省兰州市定西东路35号　电话：8619329　邮政编码：730000

院长：张士卿

职工405人。医药专任教师201人，其中教授12人、副教授59人、讲师58人、助教54人。

专业设置	学制	2001年毕业生数	2001年招生数	在校学生数
针灸推拿学	5	0	80	80
中医学类新专业	3	48	130	269
护理学	4	0	50	50
护理学类新专业	3	0	100	193
药学类	5	44	50	558
中药学	4	49	100	335
	5	118	120	814
药物制剂	4	0	50	50
中草药栽培与鉴定	4	0	50	50
藏药学	3	40	0	100
	5	0	40	40
药学类新专业	3	52	150	418
	5	0	170	170
市场营销	3	0	50	50
公共事业管理	3	0	40	40

在院硕士研究生29人，2001年招硕士研究生15人、毕业2人。

附属机构：甘肃中医学院附属第一医

院，附属第二医院，骨伤病研究所，中医药研究所，《甘肃中医学院学报》编辑部

甘肃中医学院中专班

专业设置	学制	2001年毕业生数	2001年招生数	在校学生数
中医护理	3	50	80	180

专业设置	学制	2001年毕业生数	2001年招生数	在校学生数
护理	5	0	50	50
中药	3	41	45	135
中医	3	100	210	550
	4	72	0	35
	5	0	100	100
中医骨伤	3	0	45	133
中医护理	3	40	105	221
中医康复保健	3	39	45	89

甘肃省中医学校

地址：甘肃省兰州市七里河区302号

电话：233419　邮政编码：730050

职工129人。专任教师81人，其中高级讲师14人、讲师38人、助理讲师24人。

新疆维吾尔医学专科学校

地址：新疆维吾尔自治区和田市奴尔瓦克西路　电话：23236　邮政编码：848000

职工133人。医药专任教师69人，其中教授1人、副教授6人、讲师25人、助教31人。

专业设置	学制	2001年毕业生数	2001年招生数	在校学生数
中医学类新专业	4	31	216	385
药学类新专业	4	33	130	244

（二）西医药院校中医药专业

2001年全国高等西医药院校中医药专业设置情况

学校名称	地址	邮政编码	专业设置	学制	2001年毕业生数	2001年招生数	在校学生数
首都医科大学	北京市右安门外	100054	中医学	3	52	0	24
				5	347	74	49
			针灸推拿学	3	11	0	11
			中药学	3	0	0	37
				4	155	60	0
*天津市职工医学院	天津市	300050	针灸推拿学	3	115	43	0
河北医科大学	河北省石家庄市新石南路24号	050091	中医学	5	1063	342	88
			针灸推拿学	5	232	46	47
			中西医全科医学	3	702	170	190
			中药学	3	47	0	45
				4	99	48	0
华北煤炭医学院	河北省唐山市	101601	中医学	5	59	59	0
张家口医学院	河北省张家口市长青路14号	075029	中医学	5	623	180	36
			中医学类新专业	3	326	95	0

续表

学校名称	地址	邮政编码	专业设置	学制	2001年毕业生数	2001年招生数	在校学生数
承德医学院	河北省承德市翠桥路西6号	067000	中医学	5	492	117	40
河北职工医学院	河北省保定市	071000	中药学	3	82	50	0
邯郸医学高等专科学校	河北省邯郸市丛台路甲6号	056002	中医学	3	854	559	50
大同医学专科学校	山西省大同市医卫街4号	037008	中医学	3	306	130	37
			中西医全科医学	3	116	40	57
			中医学类新专业	3	99	30	0
内蒙古医学院	内蒙古自治区呼和浩特市新华大街	010059	中医学	5	512	126	39
			针灸推拿学	3	52	0	28
				5	26	26	0
			中医学	3	0	0	31
				4	115	32	0
沈阳药科大学	辽宁省沈阳市沈河区文化路103号	110015	中药学	4	534	157	116
				5	31	31	0
大连医科大学	辽宁省大连市沙河口区中山路465号	116027	针灸推拿学	3	0	0	14
				5	132	0	0
长春医学高等专科学校	吉林省长春市经济开发区	130031	中医学	3	60	60	0
			针灸推拿学	3	90	0	49
鸡西煤炭医学高等专科学校	黑龙江省鸡西市文化路9号	158100	中药学	3	45	45	0
中国药科大学	江苏省南京市中央门外吉祥庵	210038	中草药栽培与鉴定	4	31	0	30
			中药学	3	80	80	0
				4	712	213	117
				5	61	0	29
南通医学院	江苏省南通市启秀路19号	226001	针灸推拿学	3	65	65	0
浙江医药职业技术学院（筹）	浙江省宁波市	315010	中药学	3	169	97	0
			中西医全科医学	3	88	43	0
井冈山医学高等专科学校	江西省吉安市吉福路23号	343000	中医学	3	221	100	38
菏泽医学专科学校	山东省菏泽市	274035	中西医全科医学	3	123	123	0
*山东中西医结合大学（力明科技职业学院）	山东省济南市济微路389号	250116	中医学类新专业	3	234	234	0

续表

学校名称	地址	邮政编码	专业设置	学制	2001年毕业生数	2001年招生数	在校学生数
*民办山东万杰医学高等专科学校	山东省淄博市博山经济技术开发区	255213	针灸推拿学	3	18	18	0
湖北省卫生职工医学院	湖北省武汉市汉口	430016	中医学	3	46	0	0
*湘南医学高等专科学校	湖南省衡阳市	421002	针灸推拿学	3	47	0	0
第一军医大学	广东省广州市梅花园	510515	中医学	5	99	0	0
			中药学	4	50	0	0
广西医科大学	广西壮族自治区南宁市	530021	中西医全科医学	3	110	0	0
海南医学院	海南省海口市龙华路	570102	中医学	3	99	0	0
重庆医科大学	重庆市渝中区医学院路	400016	中西医全科医学	3	210	131	0
泸州医学院	四川省泸州市忠山	646000	中医学	3	182	138	18
				5	554	169	66
			中药学	4	27	27	0
遵义医学院	贵州省遵义市	563100	中西医全科医学	3	168	80	0
青海医学院	青海省西宁市昆仑路83号	810001	中医学	5	58	0	30
			藏医学	5	163	60	0
			中西医全科医学	3	34	0	0
				5	300	59	0
			中药学	4	61	60	0
			藏药学	4	122	59	0
宁夏医学院	宁夏回族自治区银川市胜利南街	750004	中医学	5	170	95	30
新疆医科大学	新疆维吾尔自治区乌鲁木齐市新医学路10号	830054	中医学	3	65	0	0
				5	247	39	0
			针灸推拿学	5	135	30	0
			中西医全科医学	5	188	82	36
			中药学	4	123	24	36

2001年全国中等卫生学校中医药专业设置情况

学校名称	地址	邮政编码	专业设置	学制	2001年毕业生数	2001年招生数	在校学生数
北京卫生学校	北京市南横西街	100015	中药	3	160	83	29
天津市药科中等专业学校	天津市北辰区津霸公路南千里堤西	300400	中医护理	4	216	103	45
			中药	4	894	210	97

续表

学校名称	地址	邮政编码	专业设置	学制	2001年毕业生数	2001年招生数	在校学生数
唐山市卫生学校	河北省唐山市新华西道	063004	中医康复保健	4	98	0	40
沧州市卫生学校	河北省沧州市西环中路	061001	中医	5	50	50	0
衡水卫生学校	河北省衡水市人民路	053000	中医	4	425	192	0
沙河市卫生职业中等学校	河北省沙河市	054000	中医	3	40	40	0
丰润县卫生职业中等专业学校	河北省丰润县	064000	中医	3	40	0	0
			中医康复保健	3	100	100	0
山西生物应用职院中专部	山西省太原市	030012	化学工艺	3	0	0	30
			商品经营	3	0	130	170
				4	154	0	391
			市场营销	4	0	0	50
			药剂	4	55	0	106
			医学检验	3	0	0	55
				4	58	0	50
			医药卫生类新专业	3	0	0	75
				4	110	0	240
			中药	3	0	160	354
				4	0	0	50
				5	50	50	0
			中医康复保健	3	60	60	0
运城地区卫生学校	山西省运城市红旗西路	044000	中医	3	40	0	0
呼和浩特市卫生学校	内蒙古自治区呼和浩特市光明路	010050	中医	3	265	59	151
哲里木盟卫生学校	内蒙古自治区通辽市霍林河大街西段	028006	中医	3	195	58	35
			蒙医医疗与蒙药	3	268	0	35
赤峰卫生学校	内蒙古自治区赤峰市长青街	024001	中医	4	214	83	40
锡林郭勒盟卫生学校	内蒙古自治区锡林浩特市那达慕街	026000	中医	3	8	8	0
				4	33	0	0
乌兰察布盟卫生学校	内蒙古自治区集宁市文化路9号	012000	中医	3	411	185	0
			蒙医医疗与蒙药	3	18	0	0
伊克昭盟卫生学校	内蒙古自治区东胜市赤福南街	017000	中医	4	581	180	0
			蒙医医疗与蒙药	4	92	25	0
巴彦淖尔盟卫生学校	内蒙古自治区临河市永安街	015000	中医	3	258	92	35

续表

学校名称	地址	邮政编码	专业设置	学制	2001年毕业生数	2001年招生数	在校学生数
内蒙医学院附属卫生学校	内蒙古自治区呼和浩特市昭乌达路	010017	中医	3	154	71	0
大兴安岭林业卫生学校	内蒙古自治区牙克石市	022150	中药	3	35	0	0
阜新市卫生学校	辽宁省阜新市海州区西山路	123000	中医	4	82	82	0
吉林卫生学校	吉林省吉林市珲春街53号	132061	中医	3	23	23	0
			中医康复保健	4	238	0	85
四平市卫生学校	吉林省四平市铁西区英雄大76号	136000	中药	3	40	0	0
				4	0	0	60
			维医医疗	5	90	90	0
四平乡镇卫生学校	吉林省四平市	136000	中医	4	94	35	30
白城卫生学校	吉林省白城市	137000	中医护理	3	8	8	0
延边卫生学校	吉林省延吉市建康路39号	133000	中医	4	154	0	52
黑龙江省林业卫生学校	黑龙江省佳木斯市	154006	中医	3	22	22	0
鸡西煤炭卫生学校	黑龙江省鸡西市	158100	中药	3	0	0	37
绥化地区卫生学校	黑龙江省绥化市西直北路8号	152062	中医	3	141	141	0
上海市公共卫生学校	上海市虹口区	200080	中医康复保健	3	96	51	40
				4	90	0	0
上海市药剂学校	上海市普陀区	200060	中药	3	113	40	32
＊上海市医药学校	上海市浦东新区沈家弄700号	200135	中药	4	300	119	44
中国药科大学职业技术学校	江苏省镇江市	212003	中药	4	295	0	108
浙江卫生学校	浙江省杭州市	310006	中药	3	33	0	0
浙江省医药学校	浙江省宁波市文教路1号	315000	中药	3	87	87	94
				4	178	0	0
				5	42	42	0
台州卫生学校	浙江省临海市望天台35号	317000	中医	3	66	66	0
				4	164	0	0
			中医骨伤	4	129	0	0
			中医护理	3	126	42	49
			中医康复保健	4	114	0	0
温州卫生学校	浙江省温州市	325000	中医康复保健	4	40	0	0

续表

学校名称	地址	邮政编码	专业设置	学制	2001年毕业生数	2001年招生数	在校学生数
丽水卫生学校	浙江省丽水市凤凰山33号	323000	中医	3	107	107	0
安徽省医药学校	安徽省合肥市合作北路	230011	中医护理	4	408	0	50
			中药	3	90	0	0
			中药制药	4	0	0	50
淮北市卫生中等专业学校	安徽省濉溪县	235000	中医	3	109	34	0
淮南卫生学校	安徽省淮南市	232000	中医康复保健	3	36	36	0
阜阳地区卫生学校	安徽省阜阳市	236005	中医	4	368	150	50
安庆卫生学校	安徽省安庆市	246004	中医康复保健	3	55	22	0
福建医药学校	福建省福州市洪山桥中店42号	350002	中药	3	232	232	0
				4	366	0	49
泉州卫生学校	福建省泉州市县后街50号	362000	中医	3	64	64	0
			中医护理	4	132	0	0
漳州卫生学校	福建省漳州市英雄路	363000	中药	3	191	60	50
龙岩卫生学校	福建省龙岩市陵园路90号	364000	中医骨伤	3	84	84	0
江西省医药学校	江西省南昌市青云谱	330001	中药	3	235	0	125
			中药制药	3	141	141	0
			中医康复保健	3	206	52	0
宜春地区卫生学校	江西省宜春市	336000	中医康复保健	3	81	22	0
济南卫生学校	山东省济南市	250100	中医护理	4	42	0	27
			中药	3	156	64	44
枣庄第二卫生学校	山东省滕州市北关街5号	277500	中医	4	0	0	110
滨州卫生学校	山东省滨州市	256613	中医	3	259	259	0
德州卫生学校	山东省德州市	253010	中医	3	399	399	0
聊城卫生学校	山东省聊城市东昌西路	252060	中医护理	3	0	0	40
*山东省医药学校	山东省淄博市	255300	中药	2	22	0	0
				3	168	81	0
河南省医药学校	河南省开封市体育场东路	475001	中医	3	139	50	0
			中药制药	3	219	112	0
				4	63	0	91
周口卫生学校	河南省周口市	466000	中医康复保健	3	144	144	0

续表

学校名称	地址	邮政编码	专业设置	学制	2001年毕业生数	2001年招生数	在校学生数
信阳卫生学校	河南省信阳市工区路	464000	中医	3	260	260	0
				4	287	0	0
				5	174	174	0
洛阳市卫生学校	河南省洛阳市	471002	中医	3	162	162	0
平顶山市卫生学校	河南省平顶山市	467000	中医	3	249	249	0
漯河市卫生学校	河南省漯河市	462000	中医护理	3	910	746	0
江汉大学（筹）卫生技术学院	湖北省武汉市汉口	430030	中医康复保健	3	32	0	0
民办武汉助产学校	湖北省武汉市青山区	430300	中医	3	23	0	0
黄石卫生学校	湖北省黄石市枫叶山4号	435002	中医	4	192	45	69
黄冈市卫生学校	湖北省黄州市体育路马家巷6号	436100	中医	3	25	0	0
			中医骨伤	4	88	6	0
			中药	3	15	15	0
			中医康复保健	3	421	239	0
孝感市汉川卫生学校	湖北省汉川县	432100	中医	4	62	0	97
			中医护理	3	105	43	123
咸宁市卫生学校	湖北省咸宁市温泉办事处	437100	中医护理	4	460	89	0
			中医康复保健	4	252	72	52
荆门职业技术学院	湖北省荆门市	448000	中医	3	30	0	0
荆州市公安卫生学校	湖北省公安县	434300	中医骨伤	3	17	0	55
随州市卫生学校	湖北省随州市	441300	中医骨伤	4	88	0	0
			中医护理	4	853	175	168
十堰市郧县卫生学校	湖北省十堰市郧县	442500	中医	3	164	164	0
				4	348	0	0
宜昌市卫生学校	湖北省宜昌市	443003	中医康复保健	3	30	0	0
恩施州卫生学校	湖北省恩施市建始县人民大道189号	445300	中医	4	992	167	657
丹江口市卫生学校	湖北省丹江口市	441900	中医	3	5	5	0
湖南省医药中专学校	湖南省长沙市南区奎塘体院路	410014	中医	3	135	53	0
			中药	4	441	124	58
			中药制药	4	235	0	58
湘潭市卫生学校	湖南省湘潭市	411100	中医	3	85	85	0
吉首大学中专部	湖南省吉首市	416000	中药	4	47	0	25

续表

学校名称	地址	邮政编码	专业设置	学制	2001年毕业生数	2001年招生数	在校学生数
湘南医学高等专科学校中专部	湖南省衡阳市	421001	中医护理	3	9	0	0
				4	61	0	0
益阳市卫生学校	湖南省益阳市金花湖	413001	中药	4	0	0	38
广东省医药学校	广东省广州市沙河区龙洞	510520	中药	3	162	47	48
广州市白云区卫生学校	广东省广州市白云区龙岗路	510550	中药制药	3	0	0	52
广州市医药中专学校	广东省广州市石马岗	510260	中药制药	3	201	199	0
				4	541	0	127
			中医康复保健	3	40	39	0
清远卫生学校	广东省清远市牛王庙	511500	中医	4	58	58	0
			中医骨伤	4	203	28	45
			中医康复保健	3	32	0	0
珠海市卫生学校	广东省珠海市	519015	中医	4	205	205	0
茂名卫生学校	广东省茂名市计星路二巷	525011	中医	4	211	53	45
			中医骨伤	4	55	3	0
佛山卫生学校	广东省佛山市河滨路5号	528000	中药	3	42	0	0
潮州卫生学校	广东省潮州市	515100	中药	3	50	0	36
惠州市卫生学校	广东省惠州市	516020	中医	3	35	35	0
				4	0	0	39
梅州市卫生学校	广东省梅州市黄塘	514031	中医	3	182	182	0
			中医骨伤	3	31	31	0
				4	42	0	0
			中药	4	29	0	0
韶关卫生学校	广东省韶关市新华南路	512026	中医	4	266	98	0
连州卫生学校	广东省连州市	513400	中医	4	222	45	0
湛江卫生学校	广东省湛江市寸金路37号	524037	中医	4	380	171	47
			中药	3	0	0	42
阳江卫生学校	广东省阳江市	529500	中医	4	0	0	56
			中医骨伤	4	41	0	0
			中药制药	3	80	80	40
揭阳市卫生学校	广东省揭阳市	515500	中医骨伤	3	30	30	0
				4	92	0	0
河源卫生学校	广东省河源市	517000	中医	3	281	111	0

续表

学校名称	地址	邮政编码	专业设置	学制	2001年毕业生数	2001年招生数	在校学生数
广西药科学校	广西壮族自治区南宁市茅桥	530023	中药	4	114	38	80
南宁地区民族卫生学校	广西壮族自治区宾阳县黎塘	530409	中医	4	254	254	0
柳州地区卫生学校	广西壮族自治区柳州市跃进路	545002	中医	3	187	187	0
融水民族卫生学校	广西壮族自治区融水县	545300	中医骨伤	3	32	32	0
梧州地区卫生学校	广西壮族自治区苍梧县	543002	中医骨伤	3	38	38	0
玉林地区卫生学校	广西壮族自治区玉林市县西路	537000	中医	4	202	155	0
北流市卫生学校	广西壮族自治区北流市	537400	中医	3	177	177	0
			中医康复保健	3	31	31	0
桂林市卫生学校	广西壮族自治区桂林市	541002	中医	4	271	271	0
			中医护理	3	115	0	55
梧州市卫生学校	广西壮族自治区梧州市	543001	中医	4	212	212	0
海南省第二卫生学校	海南省通什市爱民路	572200	中医	3	50	0	50
				4	131	74	0
重庆第二卫生学校	重庆市江津市	632260	中医	3	510	139	101
重庆市第三卫生学校	重庆市涪陵区	408000	中医	3	967	475	305
四川省卫生学校	四川省简阳市	641400	中医骨伤	4	21	21	0
成都市卫生学校	四川省成都市	610017	中医骨伤	3	312	73	0
			中药	3	237	93	41
			中医康复保健	3	0	0	41
自贡市卫生学校	四川省自贡市自流井区雨台山	643000	中医	4	627	212	0
攀枝花市卫生学校	四川省攀枝花市西区河门口	617065	中医	3	48	48	0
南充卫生学校	四川省南充市	637000	中医护理	3	424	424	0
绵阳市医科学校	四川省绵阳市	621000	中医	3	56	30	135
			中医骨伤	3	105	22	82
			中医护理	3	162	43	87
雅安卫生学校	四川省雅安市育才路	625000	中医	3	207	206	0
				4	346	0	0
			中医骨伤	3	30	0	0
阿坝藏族羌族自治州卫生学校	四川省马尔康县马江上街	624000	藏医医疗	3	55	55	0

续表

学校名称	地址	邮政编码	专业设置	学制	2001年毕业生数	2001年招生数	在校学生数
四川省医药学校	四川省峨眉山市马路桥	614201	中药	3	312	144	0
				4	279	0	42
			中药制药	3	390	205	0
				4	526	0	0
甘孜藏族自治州卫生学校	四川省康定县姑城区	626000	藏医医疗	4	74	0	0
凉山卫生学校	四川省西昌市	615000	中医	3	307	67	54
遵义卫生学校	贵州省遵义市	563003	中医	5	357	135	0
铜仁卫生学校	贵州省铜仁市锦江路	554300	中医	3	38	0	0
毕节卫生学校	贵州省毕节县惠泉路	551700	中医	3	308	98	0
毕节第二卫生学校	贵州省毕节县翠屏路	551700	中医护理	3	1023	364	0
云南省卫生学校	云南省昆明市平政街66号	650031	中医	3	50	50	0
				4	100	0	0
			中医护理	4	50	0	0
昭通卫生学校	云南省昭通市	657000	中医	4	100	50	0
曲靖卫生学校	云南省曲靖市南门街128号	655000	中医	4	332	154	0
楚雄卫生学校	云南省楚雄市东瓜镇	675005	中医	3	44	0	48
文山州卫生学校	云南省文山县	663000	中医	4	50	0	49
思茅卫生学校	云南省思茅县边城路	655000	中医护理	4	100	0	0
大理卫生学校	云南省大理市洱河北路	671000	中医	4	208	208	0
保山卫生学校	云南省保山市小梨园	678000	中医	3	44	0	48
				4	107	107	0
			中医护理	3	96	0	49
迪庆州卫生学校	云南省中甸县文化路	674400	藏医医疗	4	40	0	0
汉中市卫生学校	陕西省汉中市伞铺街113号	723000	中医	3	12	0	0
陕西自强中专学校	陕西省宝鸡市十里铺	721004	中医护理	3	82	10	40
			中医康复保健	3	155	18	55
甘肃省卫生学校	甘肃省兰州市	730050	维医医疗	3	102	60	0
定西地区卫生学校	甘肃省定西县	743000	中医	3	60	60	0
庆阳地区卫生学校	甘肃省西峰市北大街	745000	中医	4	40	0	0
陇南地区卫生学校	甘肃省武都县	746041	中药	3	103	26	36

续表

学校名称	地址	邮政编码	专业设置	学制	2001年毕业生数	2001年招生数	在校学生数
青海省卫生学校	青海省西宁市	810001	藏医医疗	3	186	136	0
海北州卫生学校	青海省门源县	810200	藏医医疗	3	10	0	20
宁夏卫生学校	宁夏回族自治区银川市新市区纬五路	750021	中医	4	158	35	40
			中药	3	0	0	39
乌鲁木齐市卫生学校	新疆维吾尔自治区乌鲁木齐市	8300054	中医康复保健	3	36	0	39
昌吉卫生学校	新疆维吾尔自治区昌吉市	831100	中医	3	115	24	0
			中医护理	3	153	35	0

*在教育部“办学类别”代码中，不属于医科院校。

（三）非医药院校中医药专业

2001年全国高等非医药院校中医药专业设置情况

学校名称	地址	邮政编码	专业设置	学制	2001年毕业生数	2001年招生数	在校学生数
北京联合大学	北京市朝阳区	100007	针灸推拿学	3	36	13	11
河北职业技术学院	河北省固安		中西医全科医学	3	73	41	0
河套大学	内蒙古自治区临河市	015000	中医学	2	9	9	0
内蒙古民族大学	内蒙古自治区通辽市霍林大街16号	028041	蒙医学	3	68	24	0
				5	426	95	59
			中医学类新专业	3	130	52	32
阜新高等专科学校	辽宁省阜新市	123000	蒙医学	3	19	0	28
大连大学	辽宁省大连市	116100	中医学	3	46	20	0
长春大学	吉林省长春市	130021	针灸推拿学	5	115	20	0
延边大学	吉林省延吉市公园路105号	133002	中医学	5	30	30	0
扬州大学	江苏省扬州市大学南路88号	225009	中医学	5	263	57	52
民办金华职业技术学院	浙江省金华市	321000	中西医全科医学	3	129	92	0
民办长春东方职业学院	吉林省长春市净月旅游开发区吉林农大北四路	130118	中医学	3	38	27	0
皖南职业学院	安徽省芜湖市	241000	针灸推拿学	3	84	84	0
			中医学类新专业	3	100	100	0
滨州职业学院	山东省滨州市	256613	中西医全科医学	3	47	47	0
河南省广播电视大学	河南省郑州市	450000	中医学	3	61	61	0

续表

学校名称	地址	邮政编码	专业设置	学制	2001年毕业生数	2001年招生数	在校学生数
黄河科技学院	河南省郑州市伏牛路南端郭庄94号	450006	中西医全科医学	3	79	79	0
鹤壁职业技术学院	河南省鹤壁市	458000	中西医全科医学	3	50	50	0
南阳理工学院	河南省南阳市	473081	中医学	3	581	262	73
湖北民族学院	湖北省恩施市午阳大街四巷61号	445000	中医学	5	159	45	0
江汉大学	湖北省武汉市汉口	430030	针灸推拿学	5	83	34	0
三峡大学	湖北省宜昌市夷陵路159号	443003	中医学	5	235	77	35
荆州职业技术学院	湖北省荆州市	434300	针灸推拿学	3	50	50	0
			中医学类新专业	3	60	60	0
吉首大学	湖南省吉首市	416000	针灸推拿学	3	42	42	0
暨南大学	广东省广州市天河区	510655	中医学	5	135	49	0
韶关学院	广东省韶关市	512026	中医学	3	59	59	0
成都体育学院	四川省成都市体育路	610041	中医学	3	55	0	28
				5	500	121	49

2001年全国中等非医药院校中医药专业设置情况

学校名称	地址	邮政编码	专业设置	学制	2001年毕业生数	2001年招生数	在校学生数
扎兰屯农牧学校	内蒙古自治区扎兰屯市	162650	中药	3	0	0	11
辽宁残疾人中等职业技术学校	辽宁省沈阳市	110015	中医	4	30	18	20
大连广播电视中专学校	辽宁省大连市	116100	中医康复保健	3	33	33	0
吉林化工学校	吉林省吉林市	132001	中药制药	3	64	64	0
通化工业学校	吉林省通化市	134000	中药制药	4	89	0	118
四平特殊教育学校	吉林省四平市	136000	中医康复保健	3	86	25	122
民办江东传统工业美术中等专业学校	江苏省苏州市	215002	中医康复保健	3	56	56	0
常州职业中等专业学校	江苏省常州市	213003	中医护理	3	34	34	0
南通市中等专业学校	江苏省南通市	226001	中药	3	56	0	0
金华职业技术学院中专部	浙江省金华市	321000	中医	4	103	39	0
			中医护理	3	0	0	49
			中药	3	112	36	38
			中医康复保健	3	41	41	0

续表

学校名称	地址	邮政编码	专业设置	学制	2001年毕业生数	2001年招生数	在校学生数
嘉兴学院中专部	浙江省嘉兴市	314001	中医康复保健	3	30	0	40
湖州师范学院中专部	浙江省湖州市	313000	中医	5	152	0	51
丽水工业学校	浙江省丽水市	323000	中药	3	10	10	0
亳州市工业学校	安徽省亳州市谯城区	236803	中药	3	182	0	96
鹤壁职业技术院中专部	河南省鹤壁市	458000	中医	3	72	8	64
				4	1009	350	0
			中医康复保健	3	41	9	37
				4	1009	350	0
			中医康复保健	3	41	9	37
湖北广播电视中等专业学校	湖北省武汉市洪山区	430020	中医	3	250	180	15
武汉东西湖区普通中等专业学校	湖北省武汉市东西湖区	430040	中医康复保健	3	138	51	40
孝感职业技术学院	湖北省孝感市	432100	中医康复保健	3	10	0	61
湖南特教中等专业学校	湖南省长沙市	410002	中医康复保健	3	89	40	15
达州职业技术学院中专部	四川省达州市	635000	中医康复保健	3	1082	574	0
四川省藏文学校	四川省道孚县	626400	藏医医疗	4	234	62	82
西藏山南职业技术学校	西藏自治区山南	856000	藏医医疗	4	194	0	0

【中医药科研机构】*

北京市中医研究所

地址：北京市东城区美术馆后街23号　邮政编码：100010　电话：64011391

从业人员：40人。专业技术干部38人，其中高级技术职称13人、中级技术职称13人、初级技术职称12人。从事科技活动38人，其中科技管理2人、课题活动36人。

北京市中药科学研究所

地址：北京市安定门外馆东街甲14号　邮政编码：100011　电话：86451003

从业人员：58人。专业技术干部40人，其中高级技术职称12人、中级技术职称14人、初级技术职称12人。从事科技活动40人，其中科技管理9人、课题活动25人、科技服务6人。

中国中医研究院广安门医院

地址：北京市广安门内北线阁5号　邮政编码：100053　电话：88001246

从业人员：1038人。专业技术干部834人，其中高级技术职称79人、中级技术职称140人、初级技术职称60人。从事科技活动288人，其中科技管理46人、课题活动219人、科技服务23人。

中国中医研究院第一临床医学研究所

地址：北京市海淀区西苑操场路1号　邮政编码：100091　电话：62883495

从业人员：906人。专业技术干部757

---

* 本栏目数据由北京中医药大学卫生经济管理系 房耘耘、洪宝林供稿。

人，其中高级技术职称 112 人、中级技术职称 96 人、初级技术职称 76 人。从事科技活动 296 人，其中科技管理 29 人、课题活动 224 人、科技服务 43 人。

中国医学科学院中国协和医科大学药用植物研究所

地址：北京市海淀区西北旺　邮政编码：100094　电话：62899711

从业人员：163 人。专业技术干部 146 人，其中高级技术职称 37 人、中级技术职称 45 人、初级技术职称 13 人。从事科技活81 人、科技服务 14 人。

中国中医研究院中药研究所

地址：北京市东城区东直门内北新仓 18 号　邮政编码:100700　电话:64032656

从业人员：241 人。专业技术干部 220 人，其中高级技术职称 96 人、中级技术职称 73 人、初级技术职称 44 人。从事科技活动 216 人，其中科技管理 25 人、课题活动 173 人、科技服务 18 人。

中国中医研究院针灸研究所

地址：北京市东城区北新仓 18 号　邮政编码：100700　电话：64032682

从业人员：269 人。专业技术干部 242 人，其中高级技术职称 93 人、中级技术职称 93 人、初级技术职称 56 人。从事科技活动 242 人，其中科技管理 31 人、课题活动 72 人、科技服务 139 人。

中国中医研究院骨伤科研究所

地址：北京市东直门内北新仓 18 号　邮政编码：100700　电话：64032686

从业人员：190 人。专业技术干部 181 人，其中高级技术职称 55 人、中级技术职称 78 人、初级技术职称 48 人。从事科技活动 181 人，其中科技管理 15 人、课题活动 158 人、科技服务 8 人。

中国中医研究院基础理论研究所

地址：北京市东城区北新仓 18 号　邮政编码：100700　电话：64076067

从业人员：178 人。专业技术干部 167 人，其中高级技术职称 44 人、中级技术职称 52 人、初级技术职称 39 人。从事科技活动 160 人，其中科技管理 5 人、课题活动 135 人、科技服务 20 人。

中国中医研究院中医药信息研究所

地址：北京市东城区北新仓 18 号　邮政编码：100700　电话：64071268

从业人员：118 人。专业技术干部 111 人，其中高级技术职称 32 人、中级技术职称 53 人、初级技术职称 26 人。从事科技活动 113 人，其中科技管理 12 人、课题活动 64 人、科技服务 37 人。

中国中医研究院中国医史文献研究所

地址：北京市东城区北新仓 18 号　邮政编码：100700　电话：64014411-3201

从业人员：51 人。专业技术干部 50 人，其中高级技术职称 27 人、中级技术职称 17 人、初级技术职称 6 人。从事科技活动 50 人，其中科技管理 9 人、课题活动 35 人、科技服务 6 人。

河北省中医药研究所

地址：河北省石家庄市建华南大街 209 号　邮政编码：050031　电话：5055769

从业人员：79 人。专业技术干部 67 人，其中高级技术职称 22 人、中级技术职称 22 人、初级技术职称 20 人。从事科技活动 67 人，其中科技管理 11 人、课题活动 48 人、科技服务 8 人。

张家口市中医研究所

地址：河北省张家口市桥东区东河沿 56 号　邮政编码：075000　电话：2014621

从业人员：22 人。专业技术干部 22 人，其中高级技术职称 15 人、中级技术职称 6 人、初级技术职称 1 人。从事科技活动 22 人，其中科技管理 2 人、课题活动 20 人。

山西省活血化瘀研究所

地址：山西省太原市解放南路 85 号

邮政编码：030001　电话：4044111-27411

从业人员：20人。专业技术干部17人，其中高级技术职称3人、中级技术职称8人、初级技术职称6人。从事科技活动17人，其中科技管理6人、科技服务11人。

山西省医药研究所

地址：山西省太原市平阳路189号　邮政编码：030006　电话：7327982

从业人员：86人。专业技术干部73人，其中高级技术职称12人、中级技术职称43人、初级技术职称12人。从事科技活动73人，其中科技管理19人、课题活动48人、科技服务6人。

山西省针灸研究所

地址：山西省太原市平阳路北园街11号　邮政编码:030006　电话:7236351-358

从业人员：42人。专业技术干部38人，其中高级技术职称12人、中级技术职称19人、初级技术职称6人。从事科技活动38人，其中科技管理10人、课题活动13人、科技服务15人。

太原市中医研究所

地址：山西省太原市坝陵南街2号　邮政编码：030009　电话：3366822

从业人员：99人。专业技术干部95人，其中高级技术职称28人、中级技术职称47人、初级技术职称20人。从事科技活动95人，其中科技管理10人、科技服务85人。

山西省中医药研究院

地址：山西省太原市并州西街46号　邮政编码：030012　电话：4093129

从业人员：131人。专业技术干部86人，其中高级技术职称27人、中级技术职称27人、初级技术职称26人。从事科技活动86人，其中科技管理14人、课题活动66人、科技服务6人。

大同市中医研究所

地址：山西省大同市马王庙街1号　邮政编码：037004　电话：2042835

从业人员：25人。专业技术干部22人，其中高级技术职称2人、中级技术职称6人、初级技术职称11人。从事科技活动22人，其中科技管理5人、课题活动16人、科技服务1人。

内蒙古自治区医药工业研究所

地址：内蒙古自治区呼和浩特市赛罕区大学东路　邮政编码：010010　电话：0471-4915954

从业人员：29人。专业技术干部15人，其中高级技术职称2人、中级技术职称8人、初级技术职称5人。从事科技活动18人，其中科技管理2人、课题活动14人、科技服务2人。

内蒙古自治区中蒙医研究所

地址：内蒙古自治区呼和浩特市新城区健康街15号　邮政编码：010020　电话：0471-6927722

从业人员：60人。专业技术干部60人，其中高级技术职称20人、中级技术职称14人、初级技术职称7人。从事科技活动47人，其中科技管理6人、课题活动31人、科技服务10人。

呼和浩特市中蒙医研究所

地址：内蒙古自治区呼和浩特市回民区文化宫街29号　邮政编码：010030　电话：0471-6935602

从业人员：164人。专业技术干部120人，其中高级技术职称13人、中级技术职称58人、初级技术职称45人。从事科技活动133人，其中科技管理11人、课题活动13人、科技服务109人。

鄂尔多斯市蒙医研究所

地址：内蒙古自治区鄂尔多斯市东胜区鄂托克东街7号　邮政编码：017000　电话：0477-8321484

从业人员：116人。专业技术干部98人，其中高级技术职称13人、中级技术职称 41 人、初级技术职称 24 人。从事科技活动 81 人，其中科技管理 17 人、课题活动 26 人、科技服务 38 人。

锡林郭勒盟蒙医研究所

地址：内蒙古自治区锡林郭勒盟锡林浩特市　邮政编码：026000　电话：0479-8272207

从业人员：165 人。专业技术干部 129 人，其中高级技术职称 19 人、中级技术职称 60 人、初级技术职称 50 人。从事科技活动 129 人，其中科技管理 34 人、课题活动 68 人、科技服务 27 人。

通辽市蒙医研究所

地址：内蒙古自治区通辽市科尔沁区和平路北段　邮政编码：028000　电话：0475-8234268

从业人员：83 人。专业技术干部 74 人，其中高级技术职称 16 人、中级技术职称 35 人、初级技术职称 21 人。从事科技活动 77 人，其中科技管理 10 人、课题活动 6 人、科技服务 61 人。

阿拉善盟蒙医药研究所

地址：内蒙古自治区阿拉善盟阿拉善左旗巴彦浩特　邮政编码：750300　电话：0483-8222402

从业人员：15 人。专业技术干部 15 人，其中高级技术职称 7 人、中级技术职称 3 人、初级技术职称 5 人。从事科技活动 15 人，其中科技管理 2 人、课题活动 7 人、科技服务 6 人。

沈阳市中医研究所

地址：辽宁省沈阳市和平区三好街 23 号　邮政编码：110004　电话：23894001-3106

从业人员：125 人。专业技术干部 118 人，其中高级技术职称 48 人、中级技术职称 49 人、初级技术职称 21 人。从事科技活动 118 人，其中科技管理 9 人、课题活动 68 人、科技服务 41 人。

辽宁省中医研究院

地址：辽宁省沈阳市皇姑区黄河北大街 60 号　邮政编码:110034　电话:86800474

从业人员：170 人。专业技术干部 170 人，其中高级技术职称 82 人、中级技术职称 46 人、初级技术职称 22 人。从事科技活动 150 人，其中科技管理 19 人、课题活动 120 人、科技服务 11 人。

辽宁省中药研究所

地址：辽宁省沈阳市东陵区东陵东路 27-101 号　邮政编码：110161　电话：88031874

从业人员：100 人。专业技术干部 52 人，其中高级技术职称 9 人、中级技术职称 27 人、初级技术职称 18 人。从事科技活动 58 人，其中科技管理 15 人、课题活动 27 人、科技服务 16 人。

铁岭市中医研究所

地址：辽宁省铁岭市银州区体育馆路　邮政编码：112000　电话：0410-2818084

从业人员：13 人。专业技术干部 11 人，其中高级技术职称 3 人、中级技术职称 6 人、初级技术职称 2 人。从事科技活动 11 人，其中科技管理 2 人、课题活动 9 人。

吉林省中医中药研究院

地址：吉林省长春市工农大路 43 号　邮政编码：130021　电话：5952241-6890

从业人员：471 人。专业技术干部 401 人，其中高级技术职称 73 人、中级技术职称 212 人、初级技术职称 116 人。从事科技活动 401 人，其中科技管理 6 人、课题活动 85 人、科技服务 310 人。

吉林人参研究所

地址：吉林省通化市龙泉路 74 号　邮政编码：134001　电话：0435-3214962

从业人员：71 人。专业技术干部 54 人，其中高级技术职称 11 人、中级技术职称 19 人、初级技术职称 17 人。从事科技活动 47 人，其中科技管理 5 人、课题活动 39

人、科技服务 3 人。

延边民族医药研究所

地址：吉林省延吉市河南街 7 号　邮政编码：133001　电话：1433-2816543

从业人员：15 人。专业技术干部 12 人，其中高级技术职称 7 人、中级技术职称 5 人。从事科技活动 14 人，其中科技管理 6 人、课题活动 8 人。

黑龙江省中医研究院

地址：黑龙江省哈尔滨市香坊区三辅街 142 号　邮政编码:150036　电话:5653086

从业人员：573 人。专业技术干部 458 人，其中高级技术职称 139 人、中级技术职称 191 人、初级技术职称 128 人。从事科技活动 458 人，其中科技管理 27 人、课题活动 398 人、科技服务 33 人。

黑龙江省中药研究所

地址:黑龙江省哈尔滨市动力区和平路 120 号　邮政编码:150040　电话:0451-6663202

从业人员：17 人。专业技术干部 14 人，其中高级技术职称 8 人、中级技术职称 2 人、初级技术职称 3 人。从事科技活动 14 人，其中科技管理 2 人、课题活动 11 人、科技服务 1 人。

黑龙江中医药大学中医基础理论研究所

地址：黑龙江省哈尔滨市动力区和平路 24 号　邮政编码：150040　电话：0451-2131844

从业人员：60 人。专业技术干部 51 人，其中高级技术职称 30 人、中级技术职称 9 人、初级技术职称 3 人。从事科技活动 44 人，其中科技管理 2 人、课题活动 40 人、科技服务 2 人。

黑龙江省中西医结合研究所

地址：黑龙江省哈尔滨市香坊区赣水路 220 号　邮政编码:150090　电话:2343675

从业人员：95 人。专业技术干部 78 人，其中高级技术职称 25 人、中级技术职称 22 人、初级技术职称 15 人。从事科技活动 62 人，其中科技管理 10 人、课题活动 3 人、科技服务 49 人。

黑河市医药科学研究所

地址：黑龙江省黑河市兴安街 266 号　邮政编码：164300　电话：8223306

从业人员：25 人。专业技术干部 11 人，其中高级技术职称 1 人、中级技术职称 6 人、初级技术职称 4 人。从事科技活动 22 人，其中科技管理 2 人、课题活动 11 人、科技服务 9 人。

上海市针灸经络研究所

地址：上海市徐汇区宛平南路 650 号　邮政编码：200030　电话：64381106

从业人员：89 人。专业技术干部 73 人，其中高级技术职称 19 人、中级技术职称 27 人、初级技术职称 27 人。从事科技活动 73 人，其中科技管理 10 人、课题活动 46 人、科技服务 17 人。

上海市气功研究所

地址：上海市徐汇区宛平南路 650 号　邮政编码：200030　电话：64394141

从业人员：53 人。专业技术干部 43 人，其中高级技术职称 9 人、中级技术职称 24 人、初级技术职称 9 人。从事科技活动 43 人，其中科技管理 9 人、课题活动 33 人、科技服务 1 人。

江苏省中医药研究院

地址：江苏省南京市红山路十字街 100 号　邮政编码:210028　电话:025-5502829

从业人员：354 人。专业技术干部 298 人，其中高级技术职称 53 人、中级技术职称 81 人、初级技术职称 153 人。从事科技活动 298 人，其中科技管理 26 人、课题活动 260 人、科技服务 12 人。

苏州市中医药研究所

地址：江苏省苏州市景德路 314 号　邮政编码：215003　电话：0512-5224993-2

从业人员：32 人。专业技术干部 32 人，其中高级技术职称 6 人、中级技术职称

16人、初级技术职称10人。从事科技活动32人，其中科技管理2人、课题活动30人。

浙江省中医药研究院

地址：浙江省杭州市天目山路26号　邮政编码：310007　电话：0571-8082214

从业人员：125人。专业技术干部91人，其中高级技术职称37人、中级技术职称27人、初级技术职称15人。从事科技活动88人，其中科技管理14人、课题活动46人、科技服务28人。

浙江省中药研究所

地址：浙江省杭州市西湖区新凉亭　邮政编码：310023　电话：0571-85229678

从业人员：36人。专业技术干部27人，其中高级技术职称10人、中级技术职称3人、初级技术职称11人。从事科技活动27人，其中科技管理3人、课题活动18人、科技服务6人。

黄山市新安医学研究中心

地址：安徽省黄山市屯溪区黄山中路28号　邮政编码：245000　电话：2512249

从业人员：42人。专业技术干部32人，其中高级技术职称3人、中级技术职称6人、初级技术职称12人。从事科技活动23人，其中科技管理7人、课题活动6人、科技服务10人。

福建省中医药研究院

地址：福建省福州市五四路282号　邮政编码：350003　电话：0591-3570943

从业人员：114人。专业技术干部98人，其中高级技术职称30人、中级技术职称30人、初级技术职称23人。从事科技活动84人，其中科技管理7人、课题活动65人、科技服务12人。

宁德市医药研究所

地址：福建省宁德市焦城区署前路7号　邮政编码：352100　电话：0593-2822452

从业人员：13人。专业技术干部12人，其中高级技术职称2人、中级技术职称5人、初级技术职称4人。从事科技活动11人，其中科技管理2人、课题活动7人、科技服务2人。

南平市中医药研究所

地址：福建省南平市三元路45号　邮政编码：353000　电话：8610187

从业人员：5人。专业技术干部5人，其中高级技术职称3人、中级技术职称1人、初级技术职称1人。从事科技活动5人，其中科技管理2人、课题活动3人。

泉州市医药研究所

地址：福建省泉州市鲤城区米仓巷　邮政编码：362000　电话：0595-2783045

从业人员：13人。专业技术干部11人，其中高级技术职称3人、中级技术职称5人、初级技术职称3人。从事科技活动11人，其中科技管理2人、课题活动7人、科技服务2人。

江西省中医药研究所

地址：江西省南昌市文教路221号　邮政编码：330077　电话：0791-8511741

从业人员：115人。专业技术干部88人，其中高级技术职称31人、中级技术职称31人、初级技术职称26人。从事科技活动103人，其中科技管理19人、课题活动69人、科技服务15人。

山东省中医药研究所

地址：山东省济南市燕子山西路7号　邮政编码：250014　电话：0531-2968473

从业人员：110人。专业技术干部90人，其中高级技术职称26人、中级技术职称30人、初级技术职称12人。从事科技活动68人，其中科技管理12人、课题活动50人、科技服务6人。

山东省针灸科学研究所

地址：山东省济南市历下区经十东路217号　邮政编码：250014　电话：0531-8930535

从业人员：40人。专业技术干部37人，其中高级技术职称7人、中级技术职称8人、初级技术职称22人。从事科技活动37人，其中科技管理2人、课题活动10人、科技服务25人。

青岛市中西医结合研究所

地址：山东省青岛市市南区嘉祥路　邮政编码：266002　电话：2619457

从业人员：12人。专业技术干部12人，其中高级技术职称6人、中级技术职称4人、初级技术职称2人。从事科技活动12人，其中科技管理2人、课题活动10人。

青岛市中医研究所

地址：山东省青岛市人民路4号　邮政编码：266033　电话：3766552

从业人员：36人。专业技术干部27人，其中高级技术职称10人、中级技术职称4人、初级技术职称12人。从事科技活动26人，其中科技管理6人、课颞活动20人。

济宁市中医研究所

地址：山东省济宁市中区环城北路3号　邮政编码：272037　电话：0537-2312761

从业人员：34人。专业技术干部33人，其中高级技术职称7人、中级技术职称12人、初级技术职称11人。从事科技活动30人，其中科技管理2人、课题活动28人。

枣庄市中医药研究所

地址：山东省枣庄市中区公胜街24号　邮政编码：277104　电话：3398025-8209

从业人员：8人。专业技术干部8人，均为高级技术职称。从事科技活动8人，其中科技管理1人、课题活动6人、科技服务1人。

河南省中药研究所

地址：河南省郑州市管城区东明路40号

邮政编码：450004　电话：6323448

从业人员：41人。专业技术干部29人，其中高级技术职称8人、中级技术职称11人、初级技术职称6人。从事科技活动28人，其中科技管理3人、课题活动25人。

河南省中医药研究院

地址：河南省郑州市金水区城北路七号　邮政编码：450004　电话：6317058

从业人员：268人。专业技术干部223人，其中高级技术职称57人、中级技术职称90人、初级技术职称60人。从事科技活动216人，其中科技管理37人、课题活动82人、科技服务97人。

河南省洛阳正骨研究所

地址：河南省洛阳市厘河区启明南路1号　邮政编码：471002　电话：3552079

从业人员：50人。专业技术干部50人，其中高级技术职称18人、中级技术职称22人、初级技术职称10人。从事科技活动50人，其中科技管理4人、课题活动42人、科技服务4人。

南阳市中医中药研究所

地址：河南省南阳市工农路52号　邮政编码：473061　电话：3229775

从业人员：18人。专业技术干部18人，其中高级技术职称6人、中级技术职称7人、初级技术职称5人。从事科技活动18人，其中科技管理8人、课题活动9人、科技服务1人。

湖北省中医药研究院

地址：湖北省武汉市武昌区珞俞路856号　邮政编码：430074　电话：87409640

从业人员：669人。专业技术干部398人，其中高级技术职称65人、中级技术职称55人、初级技术职称43人。从事科技活动223人，其中科技管理75人、课题活动116人、科技服务32人。

湖北省农业科学院中药材试验站

地址：湖北省恩施市三孔桥路169号

邮政编码：445000　电话：0718-8410985

从业人员：16 人。专业技术干部 10 人，其中高级技术职称 2 人、中级技术职称 5 人、初级技术职称 3 人。从事科技活动 14 人，其中科技管理 2 人、课题活动 9 人、科技服务 3 人。

湖南省中医药研究院

地址：湖南省长沙市河西麓山路 273 号　邮政编码：410006　电话：0731-8854257

从业人员：525 人。专业技术干部 432 人，其中高级技术职称 116 人、中级技术职称 135 人、初级技术职称 151 人。从事科技活动 432 人，其中科技管理 27 人、课题活动 363 人、科技服务 42 人。

广东省中医研究所

地址：广东省广州市天河区恒福路 60 号　邮政编码:510095　电话:020-83501624

从业人员：15 人。专业技术干部 13 人，其中高级技术职称 6 人、中级技术职称 5 人、初级技术职称 2 人。从事科技活动 15 人，其中科技管理 3 人、课题活动 10 人、科技服务 2 人。

广东省中药研究所

地址：广东省广州市天河区沙河龙洞　邮政编码：510520　电话：87032084

从业人员：39 人。专业技术干部 34 人，其中高级技术职称 15 人、中级技术职称 9 人、初级技术职称 6 人。从事科技活动 34 人，其中科技管理 4 人、课题活动 28 人、科技服务 2 人。

广州市中医中药研究所

地址：广东省广州市荔湾区珠玑路 16 号　邮政编码:510130　电话:020-81953030

从业人员：15 人。专业技术干部 13 人，其中高级技术职称 3 人、中级技术职称 5 人、初级技术职称 5 人。从事科技活动 13 人，其中科技管理 2 人、课题活动 11 人。

潮州市医药研究所

地址：广东省潮州市城新西路吉怡路中段　邮政编码：521000　电话：2296231

从业人员：23 人。专业技术干部 20 人，其中高级技术职称 1 人、中级技术职称 1 人、初级技术职称 14 人。从事科技活动 16 人，其中科技管理 3 人、课题活动 3 人、科技服务 10 人。

广西民族医药研究所

地址：广西壮族自治区南宁市明秀东路 234 号　邮政编码：530001　电话：0771-3132303

从业人员：187 人。专业技术干部 89 人，其中高级技术职称 18 人、中级技术职称 14 人、初级技术职称 7 人。从事科技活动 46 人，其中科技管理 16 人、课题活动 26 人、科技服务 4 人。

广西壮族自治区中医骨伤科研究所

地址：广西壮族自治区南宁市新民路 32 号　邮政编码：530012　电话：0771-2809369

从业人员：169 人。专业技术干部 142 人，其中高级技术职称 4 人、中级技术职称 5 人、初级技术职称 4 人。从事科技活动 15 人，均为科技管理人员。

广西壮族自治区中医药研究所

地址：广西壮族自治区南宁市东葛路 20-1 号　邮政编码：530022　电话：0771-5863514

从业人员：149 人。专业技术干部 107 人，其中高级技术职称 26 人、中级技术职称 40 人、初级技术职称 18 人。从事科技活动 98 人，其中科技管理 10 人、课题活动 50 人、科技服务 38 人。

广西壮族自治区天然药物研究中心

地址：广西壮族自治区南宁市东葛路 20-7 号　邮政编码：530022　电话：0771-5873142

从业人员：44 人。专业技术干部 31 人，其中高级技术职称 2 人、中级技术职称 8 人、初级技术职称 4 人。从事科技活动 16

人，其中科技管理 7 人、课题活动 7 人、科技服务 2 人。

南宁市针灸研究所

地址：广西壮族自治区南宁市共和路 209 号　邮政编码：530012　电话：0771-2625952

从业人员：223 人。专业技术干部 183 人，其中高级技术职称 5 人、中级技术职称 1 人、初级技术职称 5 人。从事科技活动 11 人，其中科技管理 1 人、课题活动 10 人。

重庆市中医研究所

地址：重庆市渝中区北区路 1 号　邮政编码：400013　电话：63500839

从业人员：477 人。专业技术干部 361 人，其中高级技术职称 18 人、中级技术职称 27 人、初级技术职称 40 人。从事科技活动 87 人，其中科技管理 15 人、课题活动 38 人、科技服务 34 人。

重庆市中药研究院

地址：重庆市南岸区黄桷垭南山路 34 号　邮政编码：400065　电话：62463806

从业人员：241 人。专业技术干部 146 人，其中高级技术职称 46 人、中级技术职称 32 人、初级技术职称 27 人。从事科技活动 150 人，其中科技管理 17 人、课题活动 89 人、科技服务 44 人。

重庆市药物种植研究所

地址：南川市三泉镇　邮政编码：408435　电话：71480063

从业人员：152 人。专业技术干部 75 人，其中高级技术职称 13 人、中级技术职称 19 人、初级技术职称 38 人。从事科技活动 75 人，其中科技管理 12 人、课题活动 53 人、科技服务 10 人。

四川省中医药研究院中医研究所

地址：四川省成都市四道街 20 号　邮政编码：610031　电话：6634673

从业人员：254 人。专业技术干部 172 人，其中高级技术职称 35 人、中级技术职称 21 人、初级技术职称 3 人。从事科技活动 76 人，其中科技管理 17 人、课题活动 47 人、科技服务 12 人。

四川省中医药研究院针灸经络研究所

地址：四川省成都市四道街 16 号　邮政编码：610031　电话：6635866

从业人员：46 人。专业技术干部 41 人，其中高级技术职称 8 人、中级技术职称 16 人、初级技术职称 17 人。从事科技活动 41 人，其中科技管理 3 人、课题活动 3 人、科技服务 35 人。

四川省中药研究所

地址：四川省成都市人民南路 4 段 51 号　邮政编码：610041　电话：5227056

从业人员：133 人。专业技术干部 95 人，其中高级技术职称 24 人、中级技术职称 48 人、初级技术职称 22 人。从事科技活动 95 人，其中科技管理 16 人、课题活动 57 人、科技服务 22 人。

成都市中医药研究所

地址：四川省成都市春熙路东段 2 号　邮政编码：610016　电话：6657254

从业人员：1141 人。专业技术干部 977 人，其中高级技术职称 39 人、中级技术职称 107 人、初级技术职称 164 人。从事科技活动 324 人，其中科技管理 40 人、课题活动 253 人、科技服务 31 人。

成都市中草药研究所

地址：四川省成都市新都县新繁正西街 130 号　邮政编码:610501　电话:3080319

从业人员：23 人。专业技术干部 15 人，其中高级技术职称 3 人、中级技术职称 5 人、初级技术职称 4 人。从事科技活动 15 人，其中科技管理 3 人、课题活动 10 人、科技服务 2 人。

绵阳市中医药研究所

地址：四川省绵阳市涪城区安昌西路 12 号　邮政编码：621000　电话：0816-2323442

从业人员：14人。专业技术干部14人，其中高级技术职称6人、中级技术职称6人。从事科技活动12人，其中科技管理2人、课题活动8人、科技服务2人。

甘孜藏族自治州藏药研究所

地址：四川省康定县炉城南街23号 邮政编码：626000 电话：0836-2838743

从业人员：15人。专业技术干部15人，其中高级技术职称4人、中级技术职称11人。从事科技活动15人，其中科技管理2人、课题活动13人。

贵阳药用植物园

地址：贵州省贵阳市沙冲南路202号 邮政编码：550002 电话：3832053

从业人员：32人。专业技术干部22人，其中高级技术职称0人、中级技术职称6人、初级技术职称10人。从事科技活动22人，其中科技管理3人、课题活动11人、科技服务8人。

黔东南苗族侗族自治州民族医药研究所

地址：贵州省凯里市金井路6号 邮政编码：556000 电话：8232793

从业人员：11人。专业技术干部11人，其中高级技术职称2人、中级技术职称4人、初级技术职称5人。从事科技活动11人，其中科技管理3人、课题活动8人。

云南省中医中药研究所

地址：云南省昆明市莲花池学府路139号 邮政编码：650223 电话：0871-5191957

从业人员：78人。专业技术干部71人，其中高级技术职称20人、中级技术职称35人、初级技术职称5人。从事科技活动61人，其中科技管理10人、课题活动49人、科技服务2人。

思茅地区民族传统医药研究所

地址：云南省思茅市洗马河路14号 邮政编码：665000 电话：0879-2122145

从业人员：26人。专业技术干部24人，其中高级技术职称3人、中级技术职称12人、初级技术职称9人。从事科技活动26人，其中科技管理3人、课题活动20人、科技服务3人。

中国医学科学院药用植物研究所云南分所

地址：云南省景洪市市西路33号 邮政编码：666100 电话：0691-2122172

从业人员：45人。专业技术干部20人，其中高级技术职称3人、中级技术职称5人、初级技术职称6人。从事科技活动16人，其中科技管理6人、课题活动7人、科技服务3人。

西双版纳傣族自治州民族医药研究所

地址：云南省西双版纳州景洪市民族南路8号 邮政编码：666100 电话：0691-2123447

从业人员：136人。专业技术干部117人，其中高级技术职称3人、中级技术职称35人、初级技术职称73人。从事科技活动117人，其中科技管理9人、课题活动40人、科技服务68人。

陕西省中医药研究院

地址：陕西省西安市西华门大街20号 邮政编码：710003 电话：7240861

从业人员：636人。专业技术干部570人，其中高级技术职称114人、中级技术职称209人、初级技术职称230人。从事科技活动570人，其中科技管理11人、课题活动518人、科技服务41人。

陕西中药研究所

地址：咸阳市毕塬西路16号 邮政编码：712000 电话：0910-3214428

从业人员：159人。专业技术干部69人，其中高级技术职称9人、中级技术职称10人、初级技术职称8人。从事科技活动29人，其中科技管理14人、课题活动11人、科技服务4人。

榆林市中医研究所

地址：陕西省榆林市南郊 邮政编码：

719000 电话：3383442

从业人员：39 人。专业技术干部 19 人,其中高级技术职称 4 人、中级技术职称 6 人、初级技术职称 25 人。从事科技活动 39 人,其中科技管理 2 人、科技服务 37 人。

甘肃省中医药研究院

地址：甘肃省兰州市嘉峪关西路 438 号 邮政编码：730020 电话：8492189

从业人员：23 人。专业技术干部 21 人，其中高级技术职称 7 人、中级技术职称 7 人、初级技术职称 5 人。从事科技活动 21 人，其中科技管理 6 人、课题活动 13 人、科技服务 2 人。

甘南藏族自治州藏医药研究所

地址：甘肃省甘南藏族自治州合作市人民街 44 号 邮政编码:747000 电话:0941-8212251

从业人员：93 人。专业技术干部 79 人，其中高级技术职称 6 人、中级技术职称 11 人、初级技术职称 58 人。从事科技活动 76 人，其中科技管理 12 人、课题活动 56 人、科技服务 8 人。

宁夏药物研究所

地址：宁夏回族自治区银川开发区 4 号 邮政编码：750002 电话：5019091

从业人员：44 人。专业技术干部 25 人，其中高级技术职称 8 人、中级技术职称 9 人、初级技术职称 6 人。从事科技活动 25 人，其中科技管理 12 人、课题活动 7 人、科技服务 6 人。

宁夏中医研究院

地址：宁夏回族自治区银川新市区北京东路 2 号 邮政编码:750021 电话:2020247

从业人员：157 人。专业技术干部 127 人，其中高级技术职称 8 人、中级技术职称 7 人、初级技术职称 8 人。从事科技活动 25 人，其中科技管理 12 人、课题活动 5 人、科技服务 8 人。

新疆维吾尔自治区维吾尔医研究所

地址：新疆维吾尔自治区乌鲁木齐市延安路 36 号 邮政编码:830001 电话:0991-2562589

从业人员：28 人。专业技术干部 28 人，其中高级技术职称 5 人、中级技术职称 6 人、初级技术职称 13 人。从事科技活动 26 人，其中科技管理 3 人、课题活动 19 人、科技服务 4 人。

新疆中药民族药研究所

地址：新疆维吾尔自治区乌鲁木齐市新民路 9 号 邮政编码：830002 电话:0991-266561

从业人员：30 人。专业技术干部 26 人，其中高级技术职称 6 人、中级技术职称 5 人、初级技术职称 1 人。从事科技活动 17 人，其中科技管理 5 人、课题活动 11 人、科技服务 1 人。

新疆中医研究所

地址：新疆维吾尔自治区乌鲁木齐市解放北路 29 号 邮政编码：830002 电话：0991-5813156

从业人员：187 人。专业技术干部 150 人，其中高级技术职称 16 人、中级技术职称 21 人、初级技术职称 19 人。从事科技活动 57 人，其中科技管理 8 人、课题活动 28 人、科技服务 21 人。

索　引

J 机基急肩健姜降胶焦角绞截解芥金锦经晶精颈净九灸救决

K 卡开抗科咳克课口枯苦溃坤

广　告

医院全景

以 ISO 质量管理为载体，全面提升医院管理水平

新病房大楼和门诊裙楼的建造是我院第三次创业的硬件标志

中医专科特色浓厚

昆山市中医医院

江苏省昆山市中医院始建于 1985 年 1 月，是昆山地区中医药临床、科研、教学、康复的中心，是一所中西医结合、颇具规模的现代化综合性中医院，目前已通过 ISO9001:2000 标准质量管理体系认证。现有职工 397 名，其中卫技人员 330 名，副高级职称以上 36 名。临床一级科室 13 个，辅助医技科室 12 个，病区 11 个，床位 350 张。固定资产近亿元，医疗设备达 6000 万元，拥有西门子螺旋 CT 和 EG2000i CT、GEV 型彩色高分辨超声诊断仪、岛津 1000mA X 光机、DADE 全自动生化分析仪、Pentex 数字内窥镜系统等大型先进医疗设备。先后被评为全国示范中医院、全国卫生系统先进集体、全国青年文明号、江苏省文明单位标兵、国家二级甲等中医院、南京中医药大学教学医院、上海中医药大学教学基地，连获十届苏州市“白求恩杯”竞赛金杯奖。

医院坚持科教兴院的战略方针，走以中医为主，中西医结合，充分利用现代科技手段的发展道路。共有特色专科 32 个，其中“郑氏妇科”、“胃肠专科”、“骨伤科”、“哮喘专科”、“老年病科荣列苏州市级重点专科。医院能开展十二指肠镜逆行胰胆管造影诊断治疗术、腹腔镜胆囊切除和盆腔肿瘤切除术、介入疗法、经尿道前列腺电汽化术、骨折外固定支架、椎弓根螺钉技术、脑肿瘤术、整形美容等多项达到省内和国内先进水平的技术，有的还填补了昆山乃至省内空白。其中“哮灵冲剂的临床与实验研究”获省中医药管理局科技进步一等奖及省科技进步四等奖；“中小型医院计算机网络信息管理系统”获苏州市科技进步三等奖；“可调式跟骨骨折外固定器”已申报国家专利。

医院重视人才培养，采用引进来、送出去的方法，设立科研奖励基金，形成良好的竞争激励机制，实行全员聘用制，激活“人”这一第一要素。各项考核制度完善，实行院科两级目标管理责任制、一次申告待岗制、行政查房制、竞争上岗制、职称浮动制、分配岗级制、五大组考核制、服务承诺制、事先告知制、院务公开制，有十分严谨的管理考核制度，全面实施了 ISO9001 质量管理体系。

医院注重形象建设，推出温馨服务工程，建立了温馨门诊、温馨病房、温馨环境、温馨后勤保障、温馨社区五大服务体系，文化建设浓厚，有院徽、院歌、院报、院服、医院理念、质量方针和医院精神，创立医院特色品牌，形成强大职工凝聚力。

目前一幢 25000 平方米 15 层新病房大楼的主体结构已封顶，昆山市中医院全体医务员工正向着现代化综合性中医院的目标而奋力进取！

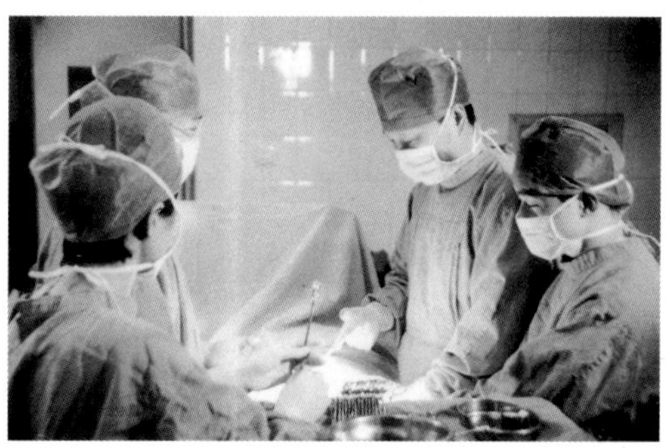

融现代科技，再创传统医学辉煌

常州广化医院

医院大楼外景

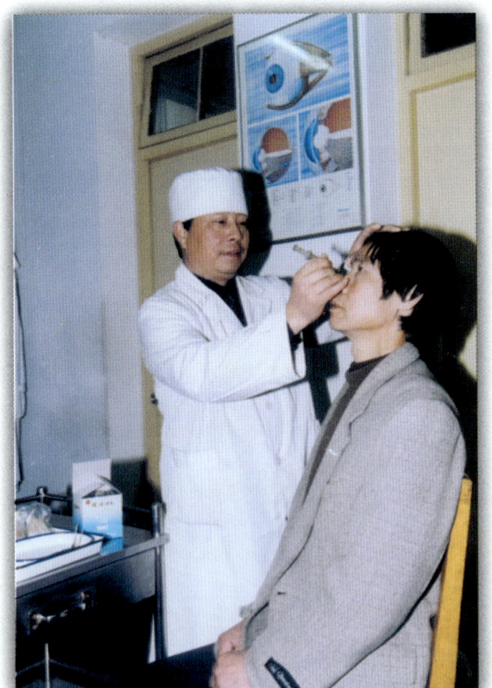

享誉省内外的眼科，系江苏省中医重点临床专科，治疗玻璃体积血、春季卡他性结膜炎等在国内居领先水平。

常州广化医院始建于1958年,1990年加称常州中西医结合医院,1996年通过国家二级甲等中西医结合医院评审，常州市中西医结合学会设在该院。

医院床位200张,临床科室28个,中西医结合特色显著,眼科、耳鼻喉科、骨伤科、烧伤科、泌尿科、肛肠科、整形美容科均已形成优势,尤以眼科称著,系省、市重点专科,江苏省中西医结合眼科研究中心,常州市眼科诊疗中心,拥有床位65张及1564.6万元先进设备,居全省之冠，设备配置及技术水平均达到三级甲等医院标准,开展准分子激光治疗近视眼、玻璃体切割术、新型人工泪道等10余项技术省内领先,业务量占全市眼科总诊疗人次的61.7%,服务范围覆盖本省及浙江、山东、安徽、江西等地区。

医院被省中医药管理局评为“九五”建设先进单位,先后获得江苏省文明单位、常州市文明单位标兵、常州市先进集体、常州市十佳医院、常州市卫生系统先进集体等荣誉称号。

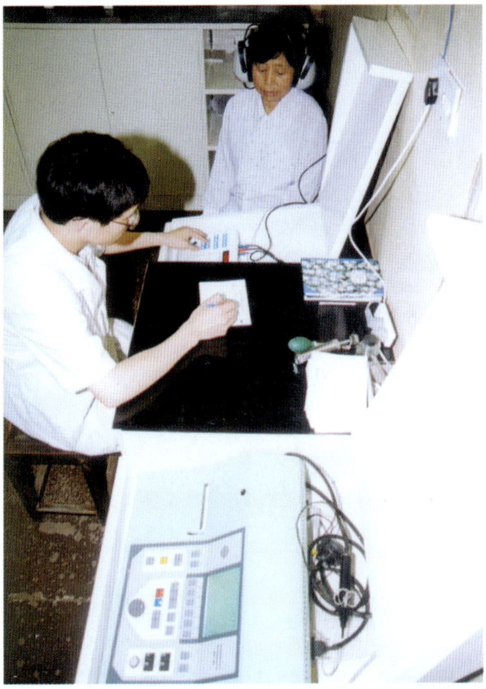

中西医结合治疗急慢性咽喉炎、嗓音病、突发性耳聋、过敏性鼻炎等独树一帜，研制“咽宁散”等特效方药，使常州“林氏喉科”专长得以发挥。

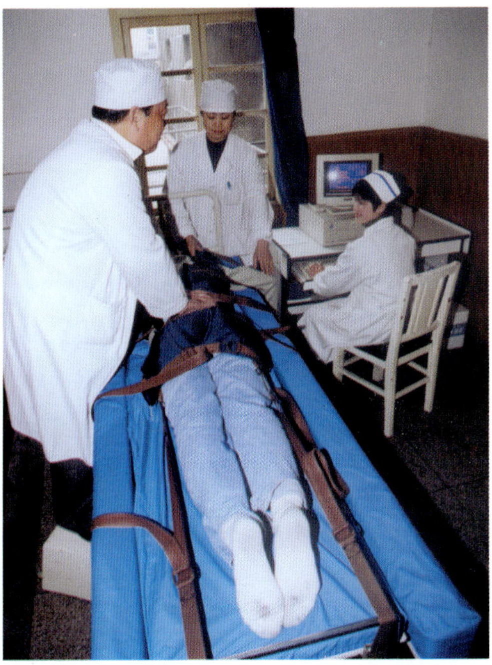

在省内率先引进电脑三维多功能牵引床，配合推拿、针灸、热熨等治疗腰椎间盘突出症，疗程短，疗效高，名噪本邑。

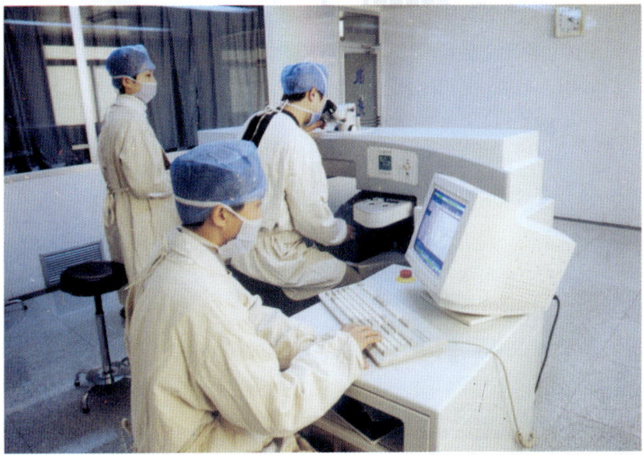

眼科将视网膜剥离、白内障、眼外伤、泪道病作为主攻病种，探讨中医药治疗准分子激光治疗近视眼并发症的新途径。

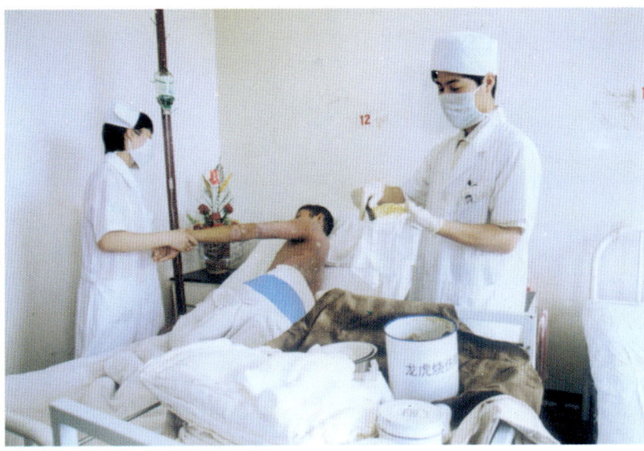

烧伤科引进上海瑞金医院先进技术，采用特制龙虎烧伤膏，无需手术植皮，痛苦小，疗效佳。

院长、书记：曹菊萍

院址：常州市兰陵路5号

电话：0519－6642906、6652409

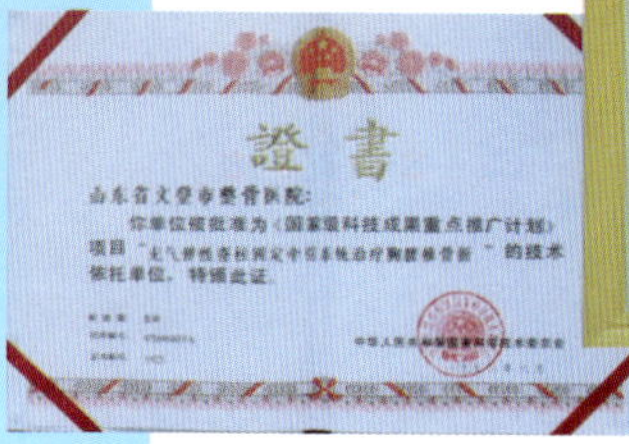

规划新建4万平方米病房大楼

山东省文登整骨医院

山东省文登整骨医院创建于1958年，她位于胶东半岛东部，风景秀丽的黄海岸边，已有40余年的建院史。现占地面积87480m²，总建筑面积62800m²，其中门诊13000m²，病房5.5万m²，教学用房560m²，在编职工520人，专业技术人员398人，其中高级职称65人，中级职称168人；拥有滑环螺旋CT、磁共振、数字X光机、CR机、B超、彩色多普勒仪、全自动生化分析仪等万元以上医疗设备200余台件，总值3000余万元。

院长、党委书记、主任医师谭远超

临床设有四肢骨伤科、骨伤整复科、脊髓科、骨关节科、手、骨显微外科、小儿骨科、筋伤科、康复科等19个临床科室，医技科室、职能科室21个。设病床500张，其中骨伤科病床444张。2001年，医院年门诊量达20万人次，住院病人8900余人次，手术病人达5000人次，医疗范围涉及全国20多个省市及周边国家和地区。

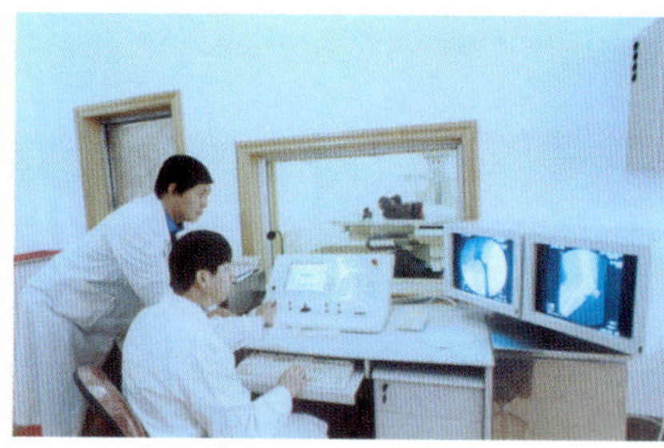

意大利产800mA数字胃肠机

改革开放以来，特别是近年来，医院面向社会，面向广大患者需要，围绕科技创新，发挥专科优势，为广大患者提供一流的医疗技术服务。以科技创新为龙头，通过科技进步推动科技创新，以优惠政策鼓励科技创新，以科学管理保证科技创新的开展等综合措施和手段，致力于中医药理论与实践的研究与探索，以科技进步促专科建设，以专科建设促医院发展，经过不懈努力，初步走出了一条以科技创新促进中医专科发展的办院路子。近几年来，有26项次科研课题获省级以上科研成果。其中国家科技发明三等奖1项；国家科技进步三等奖1项；国家中医药管理局中医药科技进步一等奖1项，二等奖5项，三等奖2项；省科技进步一等奖1项，二等奖9项，三等奖6项。同时有8人享受国务院特殊津贴，国家有突出贡献的中青年专家2人，省科技拔尖人才3人，地级科技拔尖人才8人，兼职硕士研究生导师4人，在全国和省医学会学术团体担任副主任委员、副理事长、委员有12人，兼任省级以上杂志编委8人。在此基础上，狠抓临床教学工作，先后成为北京针灸骨伤学院、山东中医药大学、安徽中医学院教学医院，又是安徽中医学院、泰安医学院硕士研究生培养基地。这些都有力推动了医院各项事业的长足发展。1995年6月被国家中医药管理局确定为全国中医骨伤专科医疗心，1997年又确定为全国重点骨伤实验室建设单位，2001年被确定为全国重点学科建设单位。地方政府对医院也非常重视和支持，为进一步促进医院发展，提高医院的影响力和辐射力，2000年9月被威海市编委确定为副县级事业单位。2000年12月在文登召开的全省中医专科工作会议，充分展示了文登整骨医院龙头单位的实力和风采。2001年1月国家中医药管理局召开全国厅局长中医工作会，该院作为重点发言得到了各级领导的高度评价和鼓励。骨伤科被山东省卫生厅确定为特色专科A级，四肢骨伤科、脊柱脊髓科、手、骨显微外科被威海市卫生局确定为重点专科，2001年被中华医学会授予“明明白白看病，百姓放心医院”，在国内外享有较高的声誉。

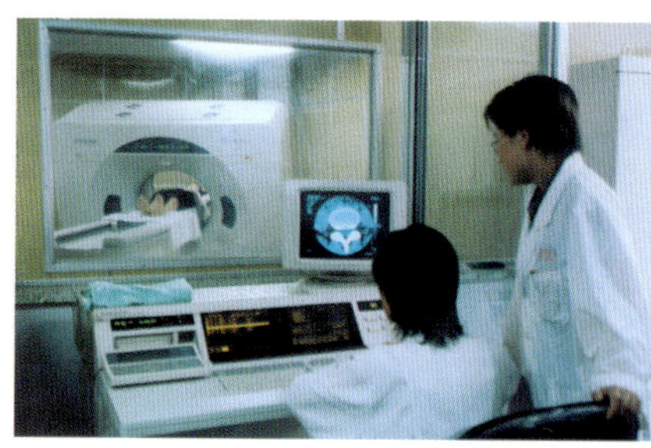

日本产滑环螺旋CT机

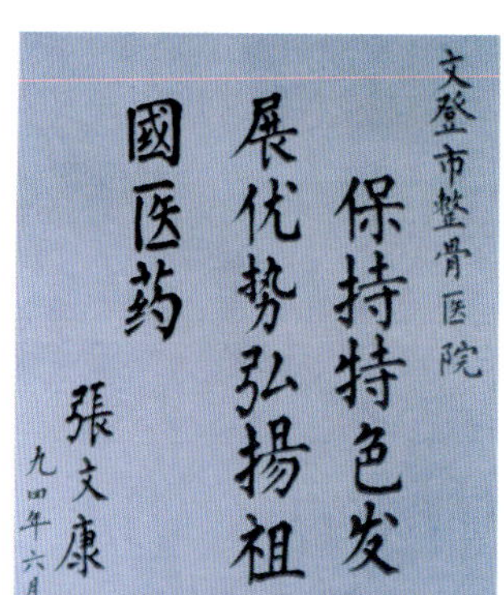

卫生部长张文康来院指导工作并题词

杏苑奇葩映湘北

——记临澧县中医院特色专科

巍巍的浮山脚下，风景迷人的道水河畔，在美丽富饶的湖南湘北，有一颗冉冉升起的明珠，熠熠生辉，光彩夺目，这颗光辉灿烂的明珠，置于深邃的东方文化的天地间，遨游在国粹瑰宝的中医长河里，凡到过这里的人倍感满目生辉，心旷神怡，这就是湖南临澧县中医医院。

临澧县中医院是一所有47年历史的中西医结合二级甲等中医院，全民所有制单位。半过世纪的栉风沐雨，沧桑变迁，与世纪同行，与中华民族的盛衰交织，与祖国奋斗崛起的历史相辉映，从小到大，由弱变强，特别是1996年新班子接任以来，摒弃传统的医疗模式，树立现代医疗服务理念，以病人为中心，以病人满意为目标，带领全院干部职工坚持团结实干，科技兴院，优质服务，质量第一，改革进取，提高效益，加速发展的办院方针，内强素质，外树形象，抢抓机遇，突出特色，给医院带来了勃勃生机，特别是6年来，固定资产由1995年630万元增长为1500万元，年业务收从1995年450万元增长为1100万元。

医院占地面积2万平方米，现有床位138张，卫生技术人员190人，其中高中级卫技人员83人。设有中西医内、外、妇产、儿、传染、肿瘤、肝病、五官、口腔、骨伤、皮肤、肛肠、急诊、中医痔瘘、蛇伤、脑肿瘤、针灸、推拿按摩、手术室等临床科及放射科、功能科、检验科等医技辅助科室，拥有大中型治疗仪器设备80余台件。其中进口美国百胜AU4豪华型彩色B超机、美国进口9000Ⅱ型CT机、500毫安带电视X光机、PCR、MDI肝炎全套检测、血液流变学、电大利全自动生化分析仪、进口电子胃镜等医疗设备均属全县一流。为方便群众就医，开设了120电话急救中心及家庭医疗保健服务中心，备有专用救护车3台，24小时应诊。

重点专科及专科特色：

肝病。以主任医师吴家清为首的肝病研究组，研制的肝康丸系列对治疗各种急慢性黄疸型肝炎、乙肝、肝硬化腹水等肝病有良好的效果。为此，中国中医研究院临床研究所于1996年正式挂牌成立临澧肝病研究室，在国内享有很高的医疗威信。《人民日报》、《湖南日报》、《健康报》多次报道其特色优势。

脑肿瘤。医院脑肿瘤研究组经20多年的临床验证，研制的消肿瘤丸对脑肿瘤有独特的疗效，无数国内外脑肿瘤患者来院治疗。80年代就定为省科技攻关项目。《环球时报》、《光明日报》多次介绍其治疗经验。1997年由省抗癌协会牵头在院挂号成立湘北肿瘤治疗中心。

胆病。副主任医师王吉耀精心研制的治疗急慢性胆囊炎、胆结石的良药——胆豆胶囊，在国内享有很高的威望，治疗效果达94%，为此，胆豆胶囊良药荣获国家发明专利。

此外，以中医药为主治疗急慢性胃炎、消化性溃疡、上消化道出血、心脑血管疾病、糖尿病、脑肿瘤、子宫肌瘤、蛇伤等，疗程短，效果可靠，深受广大患者青睐。医院骨外科、妇产科不断引进新技术，除能各腹 部及普外手术外，特别是颅脑外科、髋关节置换、股骨颈骨折手术及妇科子宫肌瘤、卵巢囊肿、宫颈癌等手术，在省内享有很高的医疗威信。

该院坚持“患者至上、信誉第一”的服务宗旨，坚持以中医医疗为主体，注重中西结合，坚持科技兴院，发挥中医特色，其医疗特色驰名遐迩。

停弦联校教师赵中杰20年前，患肝硬化腹水在好几家大医院诊治无效，病情发展到腹大如鼓，夜不能眠，卧则气喘，且面黄体弱。骨瘦如柴，生命奄奄一息，家里的人都以为不能治好，为其准备了后事，后经吴家清医师诊治，谁知吴医师的几十付汤药，几瓶自制药丸使他死而复生。1996年11月4日《人民日报》专题报道了他的事迹题为“心里装着患者”，全国各地肝病患者纷纷来电来函求医，不少外乡人还不远千里来临澧医治。山东博兴县张春文因黄疸、呕血、腹水先后在好几家省市大医院治疗无效，于1997年4月来临澧诊治，经彩超、全身CT等检查确认为肝硬化晚期，经吴医师7个月的精心治疗，肝功能恢正常，血小板由过去的5.1万达10万。

吴家清在多年的临床实践中大胆探索中医与现代医学相结合的新路子，准确地掌握了肝病的病理变化，根据病情辨证论治，先后治愈了数千名肝病患者，临澧县中医院肝病专科名噪三湘，越办越红火，1996年临澧县中医院正式挂牌成立了中国中医研究院临澧肝病研究室，《吴家清诊治肝硬化腹水经验》一文荣获世界医学“超人”杯“金奖”。他精心研制的集疏肝健脾，滋补肝肾，活血化瘀，祛湿化痰，清解病毒于一身的纯中药“肝康丸”为治疗乙肝、腹水开辟了一条中医药治疗肝病的成功之路，去年11月被香港中西结合学会确定为“国际名医”。

著名老中医王吉耀被人称为胆病克星。临澧城关建筑公司有位叫王平的工人，经B超确诊为多发性胆结石伴慢性胆囊炎，每次发作痛得在床上直打滚，家人、医生多次要他手术，他惧怕手术，硬不愿开刀，只好求助中医，经王吉耀研制的胆胶囊治疗一个疗程，结石全无。胆结石、胆囊炎是临床上多发病、常见病，属中医胁痛范畴。王吉耀医师凭多年肾阴亏损消瘤丸四号系列，先后治愈了近200多名脑膜瘤、胶质瘤等十二种类型脑瘤患者，为中医药治疗脑肿瘤闯出了一条功之路。

去年初夏，一幅感人至深的画面在临澧县中医院住院部大门前定格：一位中年汉子满眼的泪水遮不住内心的喜悦，手拉张医师的手久久不愿松开：是您救了我们一家人。原来这位满怀感激之情的人叫陈志新，系江西铜鼓县人，农民，48岁，因耳鸣眼花，视物模糊，头晕头痛，在江西省人民医院检查确诊为脑干肿瘤，意外的打击使他痛不欲生，几次寻死被家人劝住，因患者系家庭主要劳动力，一家人又惧怕手术而四处寻求中医诊治，后打听临澧脑肿瘤治疗中心的大名而来临澧医治。

经张医师系统治疗，临床症状消失，CT扫描肿块消失，出院临行时，一家人痛哭流涕，千恩万谢，并送上一面锈有华佗再世，肿瘤克星”的大红锦旗。

面临着国内经济体制改革的大潮，在激烈的医疗市场竞争之中，医院如果没有特色的医疗，就振兴不了医院，临澧县中医院“人无我有，人有我优”的专科特色为医院插上了腾飞的翅膀，用精湛的医术赢得了国内外患者的信赖．为了探索中医与现代医学相结合的新路，重视利用现代先进装备，先进技术的定性定位诊断，该院又耗资500万元添置了美国进口彩超、CT等先进设备，运用现代医学先进的诊断仪器，结合中医辨证施治的特色，对多种难治顽病具有独特疗效，发挥了优势，吸引了病人，成为湘北杏林一奇葩。

吴家清主任医师简介

吴家清　主任医师，毕业于中国中医研究院，硕士研究生。常德市政协委员，临澧县中医院院长，湖南中医学院兼职教授，香港国际传统研究会医事顾问，并被香港国际传统研究会确定为“国际名医”。

吴家清对肝病、冠心病、各种胃炎、溃疡病颇有研究。他总结的“化瘀行水法”治疗肝硬化腹水临床研究获常德市重大科技进步奖；复方肝康丸治疗慢性乙型肝炎获中国传统医学经验研究会金奖。

主要著作《荟萃温病学说的王士雄》、《实用中医脑病学》、《基层中医临证必读大系》、《武陵秘方》等，在省级和国家级医学刊物上发表医学论文80余篇，是湘西北地区最有声望的名中医。

吉林省力源药业股份有限公司

公司董事长：曾兆山

公司外景

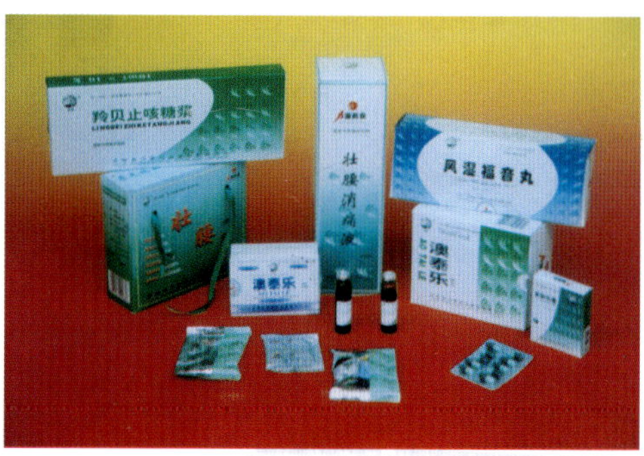

公司部分产品

吉林省力源药业股份有限公司座落在吉林省延边朝鲜族自治州敦化市境内。敦化，这座边陲古城有着悠久的历史，素有千年古都百年县之说。气势雄伟的长白山、奔腾不息的牡丹江，更使这座小城平添了几分魅力。公司位于市区北端的北山脚下、小石河畔，依山傍水，地理位置十分优越，生产、生活环境优雅，可谓人杰地灵。力源药业股份有限公司是 1997 年成立的股份制企业。本公司的股权是由多家社会法人股及自然人股构成，总股本为 4960 万元。公司占地面积 6.2 万平方米，建筑面积 37800 平方米，拥有资产 2.2 亿元。公司现有员工 480 名，其中具有大专以上学历及中级以上专业技术职称的人员 131 名。公司目前可生产多种剂型 100 多个品种的药品，在现有品种中，有 7 个品种被列为国家中药保护品种。力源药业股份公司为我国中药首家在南非共和国取得 GMP 认证的公司，并获准 14 个品种中药在南非注册，取得了在南非市场的销售资格。

广州中医药大学第一附属医院

The First Affiliated Hospital of Guangzhou University of TCM

广州中医药大学第一附属医院是全国首批三级甲等中医院和示范中医院，先后荣获全国卫生系统先进集体、全国职业道德先进单位、广东省文明单位、广东省文明中医院等称号。1994年无偿救治身患股骨头坏死的好军嫂韩素云饮誉全国，受到江泽民总书记等领导同志的赞扬和社会各界的好评。

医院占地面积50940平方米，建筑面积8万多平方米，实际开放病床900多张，年门诊量168万人次，年收治住院病人达1万1千多人次。

全院职工1100余名，其中高级职称的中医、中西医结合专家近200名，中医技术力量雄厚。医院住院部设有20多个病区，有一内科（心血管病）、二内科（消化系统、肝胆疾病）、三内科（肾病、内分泌）、四内科（脑血管病、热病）、五内科（呼吸系统疾病）、六内科（糖尿病、甲亢、类风湿病）、七内科（血液病）、一外科（普外、泌尿、蛇伤）、二外科（肛肠疾病、皮肤疾病）、三外科（胸外科、乳腺）、一骨科（四肢、关节疾病）、二骨科（脊柱疾病）、三骨科（髋关节疾病）、颅脑科、妇科、儿科、眼科、耳鼻喉科、针灸科、一肿瘤科、二肿瘤科及ICU（危重病人抢救室）。

医院门诊有内科、外科、骨伤科、妇科、儿科、针灸科、肿瘤科、推拿科、口腔科、皮肤科、性病治疗中心、泌尿男科、肛肠科、眼科、耳鼻喉科、预防保健科（家庭病床）、美容室、水疗室等，其中有70多个中医专科专病门诊，如内科：心血管、脾胃、血证、肝炎、重症肌无力、肾病、哮喘、系统性红斑狼疮、热病、糖尿病、癫痫、类风湿关节炎、甲亢专科等。外科：泌尿系病、男科、乳腺、结石专科等。妇科：月经病、不孕不育、胎动不安、人工授精等。儿科：小儿多动症、肾病、哮喘病专科等。骨伤科：股骨头坏死、退行性关节病等。针灸科：老年性痴呆、弱智儿童、中风偏瘫等。眼科：眼底病、高度近视等。耳鼻喉科：耳鸣、耳聋、鼻咽癌、慢性咽炎等专科。皮肤科：银屑病、红斑狼疮。肛肠科：肛裂、痔疮。肿瘤科：胸、腹、颈部肿瘤。

医院急诊科为“国家局级中医急症重点专科”，是广州“120”急救中心站之一，全天24小时开放，年急诊量达6万人次，并设有留观病床31张。

医院三骨科为“国家局级中医髋关节疾病重点专科”。此外，国家局级中医肿瘤重点专科、国家局级中医妇科重点专科、广东省中医心血管病重点专科和广东省中医肿瘤重点专科也设在我院。蛇伤专科、糖尿病专科、脾胃专科、血证专科、肾病专科、类风湿专科等被列为广东省中医药管理局及广州中医药大学的重点专科建设单位。

医院配备有各种先进医疗仪器设备，总值超过1亿元，主要有螺旋CT，磁共振仪，大型数字减影系统，大型X光机，全自动生化仪，血气分析仪，血液流变仪，PCR，红外线乳腺扫描仪，动态心电图，高压氧舱，彩色B超，体外碎石机，血液净化仪，心电监护仪，脑电图，胃肠镜等。

广州中医药大学第一附属医院也是第一临床医学院，承担1000余名本科生、硕士、博士研究生的中医临床医学教育，共有10个教研室，5个博士点，10个硕士点，有国家重点学科4个，省部级重点学科3个及重点课程3门。

全院共有20多个研究室，在研科研项目共100多项，已获奖的各级科研项目共70多项，其中国家级6项，省级21项，“重症肌无力中医辨证论治研究”和“中西医结合治疗股骨头缺血性坏死及其相关疾病的研究”获国家科技进步二等奖。

我院本着“以病人为中心”的宗旨，为病人提供舒适、方便的就医环境和高质量的医疗服务。医院干部职工在不断深化改革中，认真学习和实践江泽民总书记“三个代表”的重要思想，为建设受患者欢迎的、一流的现代化综合性中医院而不懈努力。

湖南常德市第一中医院

常德市第一中医院外景

“120”急救中心

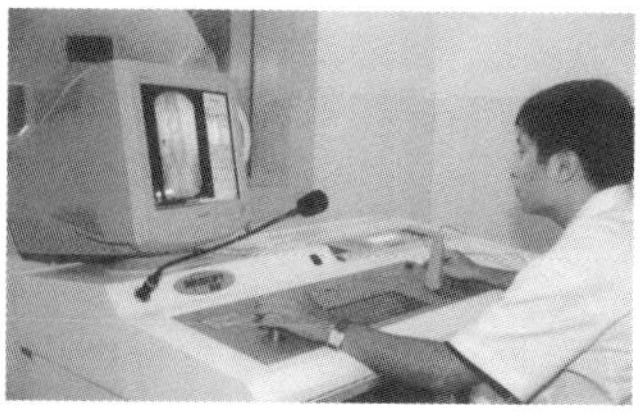
500mA 电视数字 X 光机

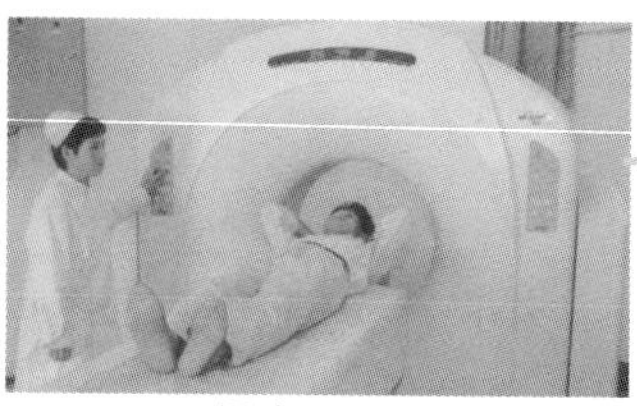
螺旋 CT

湖南省常德市第一中医院始建于 1953 年，是全省建立最早的中医院之一，是一所集医疗、教学、科研于一体的中西医结合的综合性中医院、全国示范中医院、二级甲等中医院、湖南中医学院教学医院。医院设置病床 350 张，具有中高级专业技术人员 181 名，有内、外、妇、儿、骨、伤、肛肠、泌尿、皮肤、口腔、五官、针灸按摩、麻醉等临床科室和急救中心、直视微创胆道外科中心、颈肩腰腿痛治疗中心、中风康复中心。能开展脑外、胸外、普外、骨伤、妇产科、眼科、口腔外科等手术。骨伤科、肛肠科、血栓病专科、口腔科诊疗技术居领先水平。医院现有螺旋 CT、进口彩超、500mA 带电视数字 X 光机、大型全自动生化仪、全自动粘度检测仪、全自动四分类血球分析仪、电子胃肠镜、经颅多普勒、红外线乳腺扫描仪、高压氧舱等大型医疗设备。座落在园林绿化丛中的医疗群楼布局新颖，环境优雅，为广大患者营造了一个和谐、舒适的就医环境。120 急救中心全天候提供急救服务，为人民群众的生命安全开辟了一条绿色通道。

医院“崇病人至上、重职业道德、靠科技兴院、以质量为本”作为信念，为患者提供优质、满意的服务。

地址：湖南省常德市滨湖中路
邮编：415000
电话：(0736)7709383

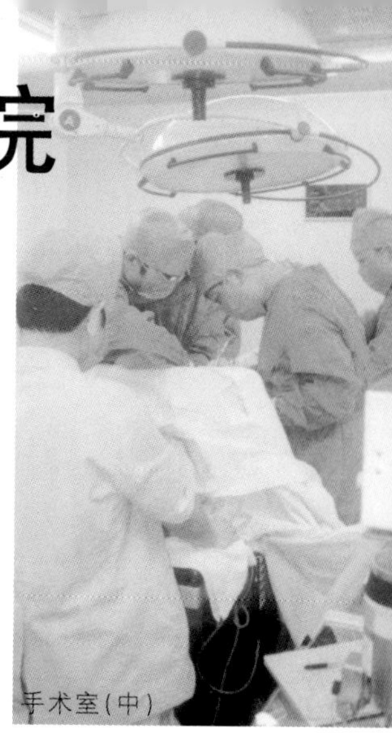
手术室(中)

医院门诊大厅

卢集森院长与领导班子一起以开拓进取的精神，在规划医院的发展蓝图，为振兴中医事来而努力

与时俱进，再铸辉煌
广州市荔湾区中医院

广州市荔湾区中医医院是一所集医疗、科研、教学于一体的区级中医院。多年来，该院坚持为人民服务的宗旨，以病人为中心，救死扶伤为己任，以社会效益为准则，坚持中医医院以中医为主，中西医结合的办院方针，努力探索适应新形势下医院经营管理的运行机制，以全面提高医疗服务质量为核心。在上级的指导下，积极稳妥地推进各项改革，实行院内资源优化组合，使医院的面貌得到极大改善。现拥有一座现代化综合大楼，三间门诊部，一间国医馆，配备有 1000mA 进口 X 光机、24 小时动态血压临测仪、24 小时动态心电图分析仪、进口心电监护仪、彩色 B 超检查仪、全自动生化仪、纤维内窥镜等一系列现代医疗设备，设有急诊科、内科、外科、男科、妇科、儿科、骨伤科、针灸科、眼科、耳鼻喉科、口腔科、肛肠科、皮肤科等，是广州中医药大学的实习医院。该院拥有享受国务院政府特殊津贴和荣誉为“荔湾区名中医”的沈坚华等多名杰出专家人才。2001 年的门诊、急诊达 787755 人次，业务总收入超过 3000 万元，社会及经济效益均取得显著成效。2001 年，该院被评为“广东省文明中医医院”。不孕不育专科被确定为广州市、广东省、国家中医重点专科(专病)建设单位。

荣获国务院特殊津贴专家沈坚华副主任中医师在带教

前进中的曲阜中医药学校

曲阜中医药学校校长 马金生

曲阜中医药学校

一、学校概况

曲阜中医药学校是1988年山东省政府批准建立的全日制普通中等专业学校。座落在东方文化发祥地、伟大教育家孔子的故乡——曲阜。儒家思想氛围浓厚，交通便利。学校师资力量雄厚，育人环境优美，教学、实验设施先进。学校面向全省招生，目前在校生已达32000余人。1999年成为达标学校、省部级重点中专；2001年列入国家局“重点示范中专学校建设单位”，济宁市劳动和社会保障局在学校设立“中医药行业职业技能鉴定点”，山东中医药大学、湖南中医学院分别在学校设立曲阜函授站。

二、技术设施

学校师资力量雄厚，设施设备先进，现有校内专兼职教师120余人，外聘教师30余人。其中，中高级专业技术人员占78%，有近30名教师在全国各级专业学会任职，论文、著作、教材、新闻报道等成果颇丰，在省内外有较大影响。

现代化的教学设施一应俱全。社会网、校园网、电教中心通过有线传输覆盖全校；以科学先进的景仰学和各种先进教学仪器设备，构成了先进的现代化教育网络。学校建有高标准的语音室、微机室、电教室、图书室、多媒体室和针推生化、中药鉴定等24个实验室，采用多媒体教学，重临床实践，拥有省内38所一流的教学实习医院，以及万亩中草药种植见习基地。

三、专业设置

学校招生立足全省，面向全国，设有中医骨伤、针灸推拿、中医护理、中西医结合、中药、中药炮制、中药营销、全科医疗八个中等专业。在着力办好普通中专班的同时，与山东中医药大学、湖南中医药大学联合开办本、专科函班，设有中医学、护理学、针灸推拿学等专业。

四、办学特色

突出人才培养特色，注重素质教育，积极为社会培养需求人才。以“入校学做人，出校做能人，在校练就绝技，离校施展才华”为育人宗旨，充分利用曲阜独特的地理人文优势，突出儒学“仁”、“德”教育，突出能力本位观，全面推行素质教育，不仅使学生学有知识，练就绝技，而且要学会生存，学会做人。

五、就业方针

国家中医药管理局副局长李振吉来校检查指导工作

曲阜中医药学校娱膳楼

学校坚持理论教学与技能操作培训并举，重点培养学生动手能力，使学生成为中医药行业基层临床第一线的优秀劳动者。合格毕业生在国家就业政策指导下推荐就业或自主择业。几年来，我校与省内多家卫生医疗机构、医药行业保持长期、密切合作关系，安置毕业生数百名，用人单位反映良好。

我们坚信，前进中的曲阜中医药学校，一定会抢抓机遇，开拓进取，铸造新世纪新的辉煌！

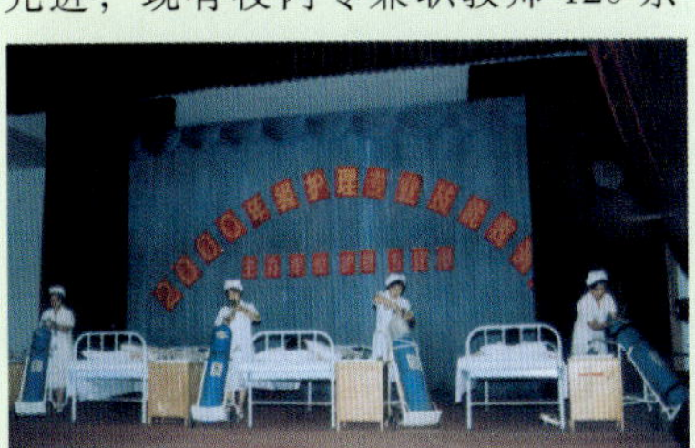

曲阜中医药学校学生技能表演

曲阜中医药学校学生进行礼仪技能汇演

开拓前进中的大丰市中医院

大丰市中医院建于1958年，是一所集医疗、科研教学、康复于一体的以中医为特色、中西医结合的综合性医院，是南京中医药大学等多所医学院校的教学实习医院。医院占地面积19300平方米，建筑面积13000平方米。现有职工258人，其中卫技人员201人，高级职称26人，中级职称84人，设有临床一级科室20个，二级科室19个，专科门诊8个，医技科室8个，5个病区200张床位，病房配有电梯、健身房、男女浴室，每间病室设有卫生间、电视、电话、手摇调节不锈钢床。结石科、痔科、骨伤科、针灸推拿科、肝病、肾病等特色专科在市内外享有较高声誉。医院拥有菲利浦CT、全自动生化仪、彩超、进口纤维胃镜、结肠镜等先进设备，做到传统医学与现代技术相结合，促进了中医事业新发展。近年来，医院按照“三个代表”重要思想要求，紧紧抓住“质量、人才、市场”三个关键环节，积极开展工作，连续六年业务收均年递增28%以上，1999年，医院被大丰市政府表彰为“先进集体”；2000年，获盐城市卫生局“白求恩杯”竞赛先进集体表彰；2001年，是盐城市“明码标价规范单位、先进单位”；今年2月，被江苏省厂务公开协调小组表彰为“院务公开工作先进单位”。

“质量就是生命”，医疗质量维系着患者生命安危，关系到医院生存发展，医院始终把医疗质量作为医院建设的中心。经常开展质量意识教育，使每一位医务人员、技师意识这根弦任何时候都不放松。为了使教育取得实实在在的效果，做到教育形式多样化，贴近工作实际，体现自主原则，充分利用质量优劣的具体事例进行典型分析，使大家认真吸取经验教训。在教育内容方面不但普及基本业务知识和加强各种技术操作规程培训，并紧紧围绕“病人第一、健康第一”拓展教育内容，不断加强医疗行政法规教育，如《消费者权益保护法》、《执业医师法》、《传染病防治法》、《医疗事故处理条例》等，不断提高医务人员依法行医水平，同时积极开展社会学、伦理学、心理学、公共关系学、人文科学知识的普及教育，让广大医务人员懂得崇尚生命，善待生命。在广大医务人员质量意识明显增强的基础上，医院不断加强全程医疗护理控制，狠抓医疗文件书写等基础质量不放松，突出动态环节质量管理，强化终末质量。为切实加强医院技师管理，调动职工工作积极性，医院制定了《医院综合目标责任制考核办法》和《医院经济核算试行方案》。考核办法从德、能、勤、绩四个方面对医院工作人员进行挂钩。医院考核到科室，科室考核到个人，层层落实质量追究责任制，努力形成齐抓共管局面。经济核算工作由医院通过对科室的收和支出的控制来降低成本、提高收益率，努力建立“优质、高效、低耗”医疗运行机制。收入控制做到规范收入行为，严格收费标准，鼓励科室加强服务技术性含量结构调整，积极开展新技术、新项目，支出控制要求各科室树立节支意识，降低医疗成本。收支情况直接与职工工资(基本工资除外)挂钩，上不封顶，下不保底，做到人人有压力，人人有担子。

人是生产力发展的决定因素。具有一定高素质的职工队伍和高水平的人才队伍是医院健康、持续、快速发展的根本保证。医院始终把提高职工素质、建设合理人才队伍工作作为重中之重，坚持科技兴院，努力提高医疗市场综合竞争力。一是加强卫生行风建设，提高文明服务素质。医院开展了“我为单位争光彩，满意服务在岗位”、“优质服务，端正行风”、“白求恩杯”竞赛、“岗位服务竞赛”、“创建文明卫生行业”等一系列活动，努力提高广大职工文明服务整体素质。二是建立合理人才队伍，增强服务技能。立足当前，着眼长远，制定切实可行人才培养计划，积极创造人尽其的环境和完善人才激励机制，保护人才的积极性和创造性。通过举办西学中和中学西培训班，认真学习中西医新理论、新技术，做到中西合璧，共同促进医院发展。采取请进来、走出去措施，聘请适合本院实际、能带动本院医疗水平提高的专家教授来医院开展医疗工作，同时输送符合医院办院方向、有培养前途的中青年医护骨干外出进修学习，以此进一步提高医疗水平。三是加强中医特色专科建设。医院在特色专科建设中注重“传、帮、带”和后备人才培养，不断充实新知识、新理论，努力做到“人无我有，人有我优，人优我精”。结石科近年来致力于中药散剂溶石、排石的药效研究，疗效显著，“二甲溶石散治疗泌尿系结石”科研课题获盐城市科技成果进步奖；骨伤科在骨伤的手术整复、夹板技术的运用、中药促进愈合以及小儿麻痹后遗症的手术矫形等具有较高水平；纯中药治疗肝硬化、慢性肾小球肾炎及糖尿病取得了新的突破，“双参血芪散治疗2型糖尿病”获北京、香港国际传统医药大会创新发明奖。

随着我国加强入WTO，医疗市场竞争日趋激烈，为了适应新形势，医院坚持以市场以导向，按市场规律办医，积极开拓医疗市场。近年来医院与上海、南通、苏州等三级医院共同合作，新增设了胸外、脑外业务，填补了医院空白；与上海医科大学联合开办了心脑血管防治协作医院。为了充分发挥我院地区中医药特色优势，发挥中医药在农村初级卫生保健中的作用，本着资源共用，优势互补，利益共享的原则，医院与大丰市各乡镇(中心)卫生院组建了杏林医疗集团，实现了城乡对接，促进了中医药知识在城乡群众中的广泛应用和传播。为树立行业形象，赢得患者，赢得市场，医院全面启动了“温馨服务工程”。通过大会动员、给全院职工一封信、青工妇联倡议、职工签名等多种形式宣传发动，从而使各科室开展符合自身特点的温馨服务项目。温馨门诊对城区的危重病人出入院，用救护车免费接送，对边远镇的患者，用救护车接送仅收汽油费，门诊导医员为病人提供导医，免费提供茶水和健康咨询服务，并设立了热线电话，接受各种投诉。温馨病房在开展整体护理的基础上，推出了“文化三进”项目，即书画进病区、书报进病房、花卉进病床。温馨环境做到院内外清洁卫生，达到绿化、美化、亮化，让病人感到安心、舒心、称心。

睿智开拓展宏图

——记镇江市中医院院长任南新

任南新

1975年毕业于南京中医学院，镇江市中医院脾胃病专科带头人、主任中医师。1985年走上领导岗位。27年来，他勤勤恳恳，无怨无悔，默默地奉献在镇江医疗战线上，他不仅是学科带头人，而且还是医院管院行家。他所领导的中医院近年来综合办院水平和办院效益不断提高，呈现出在改革中发展，在发展中提高的好势头，先后被评为“卫生系统文明单位”、“二级甲等中医医院”、“南京中医药大学教学医院”、“市消费者信得过单位”等荣誉称号。

1985年他走马上任后，锐意改革，开拓创新，发扬迎难而上、创造条件、只争朝夕的奋头精神，1986年他带领一班人征用土地12亩，建造了门诊大楼，完成了市政府决定医院南迁的任务。1996年又以264万元征用5亩多地，为医院今后发展打下基础。1998年完成对老院址医疗用房的联合开发，他想法筹集资金添置惠普1000彩超、日本东芝CT、800mAX光机、奥林巴斯电子胃镜、全自动生化分析仪、全自动血球计数仪、全自动血凝仪、血气分析仪等万元以上设备88台。他注重科技兴院、中西并重，培养出一批年富力强、学有建树的中青年学科带头人，推出肝病、脾胃病、脾胃病、骨伤等28个专科病门诊，在镇江乃至周边地区有较大的影响力。2001年中央电视台四套《中华医药》栏目对他所领导的脾胃病专科进行采访报道后，一封封来自祖国各地的就诊信件、一个个来自四面八方的电话，飞向镇江市中医院，传至任南新院长的案头，在全国引走较大反响。

胡德泉

男，*1950* 年生，江西省婺源县人。*1976* 年毕业于江西中医学院。现任江西上饶市中医医院院长，中医主任医师，英国医学院(香港)客座教授，加拿大传统医学研究会国际医事顾问，香港传统医学研究会理事，江西省中医药学会理事，是江西省名中医。

从事中医临床工作近 *30* 年，有着极为丰富的临床经验。临床主攻内科疑难杂病及小儿科时令病。对“复症多因”的复杂病证，能明辨证因，辨证施治，立方遣药，审慎得当，临床疗效显著，曾治愈许多沉疴痼疾。对温热病的治疗，应变敏捷，其显著的疗效深为病家和同道称许。对小儿科时令病的治疗亦有独特经验。在当地及周边省地享有盛名，求疗者盈门。理论与实践并重，曾发表医学论文 *20* 余篇，其中《燥邪属性之我见》、《琐谈疑杂病及其辨治》曾先后多次被评为优秀论文。于 *1988* 年被评为“全国知名中青年中医药人员”，*1997* 年被评为“全国十佳医药人员”，*1997* 年被评为“全国十佳医药科技拔尖人才”，*2001* 年被评为“江西省名中医”。

重庆医科大学中医药学院

学院大门

重庆医科大学中医药学院的前身是重庆市中医学校。学校始建于1951年，是建国后全国建校最早的一所中医学校，被誉为“中医界的黄埔”。学校占地面积38822平方米，校舍面积50929平方米，图书馆藏书12.6万册，固定资产4450余万元，其中实验设备总值735万元，建有双向视听控制中心和网络中心，电子阅览室，多媒体实验室等。学校现有教职工187人，高级职称31人，中级职称49人，有研究生6人。开办有中医、中药、针推、护理、骨伤、中药营销、中药制药工艺、中西医结合、中医美容专业，办学层次涉及普通中专、成人大专、高职、五年制高职、普通专科、普通本科，有在校生3200余人。函授教育有中专、大专、本科层次，在校生1300余人。学校先后成为国家中医药管理局达标学校，省部级重点学校，国家中医药管理局局级重点中医药学校，省部级重点学校，国家中医药管理局级重点中医药学校。曾获得四川省中医教育先进集体、重庆市职业教育先进集体、重庆市文明单位、太极杯重庆市中医药发展贡献奖先进集体、重庆市促进中医发展工作先进集体等荣誉。

为加快发展重庆市中医药事业，培养中医药高级人才，重庆市人民政府于2001年11月14日下文同意重庆市中医学并入重庆医科大学组建重庆医科大学中医药学院，并于2002年2月27日正式挂牌成立。按照重庆市政府的要求，经过5~10年建设，将中医药学院建设成为西部地区高水平的中医药学院。建院以来，制定了十年发展规划和五年科研学术发展规划，确定了在三年内教学、科研、管理、师资等方面达到教育部本科院校评估合格标准。三年内将引进硕士30名，博士10名，十年内引进硕士50名，博士30名，积极建设一批重点学科和重点实验实，在加强本科教学的同时，将积极开展硕士、博士授位工作，加强学术科研，积极推动中医药学术向现代化迈进。

中医学院成立授牌仪式

实验大楼

食堂兼礼堂

王秀义

王秀义

男，1945年7月28日出生于山东苍山，1969年结业于齐齐哈尔市医专，为九三学社社员、大庆市政协委员。现任大庆中医骨伤病医院院长、主任医师。主要社会兼职有：中华中医药学会外治法分会副主席委员、中华中医药学会针刀医学会常务理事、学术委员会委员；世界中医骨伤科联合会常务副主席；中国人才学会骨伤人才分会常务理事；(美国)世界中医骨伤针灸推拿学会理事；(英国)世界中西医药学会常务委员；黑龙江省中西医结合学会理事、兼中医药学会针刀专业委员会主任委员；黑龙江省骨伤人才分会副执委，《世界中医骨伤科杂志》副总编，《针刀医学理论与实践》杂志主编。

主要业绩：从事中医骨伤专业30多年，主要对软组织损伤、骨折后遗症、骨质增生症、骨坏死、骨髓炎以及颈椎病、腰椎病等，采用生物力学原理，配合传统医学手法整骨，疗效确切。对股骨头缺血性坏死的治疗，经国家中医药管理局、国家中医药文献检索中心检索查证(查新号：CX2000-050)，国际国内未有先例。近年来王秀义院长在国际国内多次应邀参加学术会进行学术交流，1996年6月被美国第三届传统医学大会授予"百名民族医药之星"称号，并获金杯奖，其业绩收入美国世界名人出版社出版的《世界传统医药名人录》和《世界名中医》书中。1999年获首届世界针刀医学大会一等金杯奖。2001年获黑龙江省中医科技进步一等奖、黑龙江省政府科技进步二等奖。并先后获第一、二、四界中医骨伤科联合会学术大会一、二等尚天裕科技进步奖，澳大利亚(悉尼)世界中医药针灸学术大会优秀论文奖，印度尼西亚(吉隆坡)、南韩(汉城)、亚西安中医药学术大会(泰国)等学术会议奖励。经两年学习，成功地取得了美国世界传统医学院传统医学博士学位。近年发表论文数十篇，主编《中西医结合治疗强直性脊柱炎》(北京华侨出版社)、《现代中医骨伤科学·卷五》(中国中医药出版社)、《跨世纪杰出骨伤人才优秀成果荟萃》(北京华侨出版社)，并与他人合编《中医骨伤大辞典》、《世界中医骨伤科优秀论文选》、《中国现代推拿学》(人民卫生版社会出版)等书。国内被编入《中国当代医药名人》、《中华骄子·专业人才卷》、《中国当代名医大辞典》、《二十一世纪人才库》等书，中央电视台(中华医药)、人民日报(海外版)、中国中医药报、工人日报、大庆科技报、大庆日报、大庆晚报、大庆电视台等新闻单位予以报道。

人生信条，只搞学术，不搞骗术。

最大心愿：实实在在地为老百姓做点事。

奋斗目标：愿以全新的医疗技术，奉献给人类所有珍惜健康的人们。

联系电话：00(86))459-5592566(门诊)，6341676(办公室)
00(86))459-6341679(传真)
13304590908
E-mail:dqzygs@163.com

治癌专家李希民

李希民

系沂蒙山区著名老中医，生于1929年，中医世家，18岁就读《伤寒论》、《金匮要略》，立志以医济世救人。1958年被县卫生局推荐到“山东省中医进修学院”深造，毕业后被分配到山东省临沂市干部疗养院工作，1970年到沂水中心医院（临沂市第二人民医院)工作。并任教于沂水医专，为临沂市分会一、二届常务理事，中华周围血管病研究学会理事，参与了《临沂地区中医药志》、《沂蒙中医》、《黄河医话》撰写工作，1985年任沂水县第二届政协委员，任莒县第三、四届政协委员，多次荣膺临沂地区卫生先进工作者。名列《中国专家大辞典》、《二十一世纪人才库工程》、《中国跨世纪人才库》及江泽民题写的中华魂《优秀共产党员成就博览》。

李希民老中医博学多识，潜心钻研岐黄之术，博览历代诸家之书，勤求古训，博采众方，辨证施治，师古而不泥古，攻下温补各得其宜，对内、外、妇、儿各科均有较深造诣，久病痼疾众医难调者，但经其手多见迅速康复，被誉为鲁南名医，名扬四周诸县乃至外省。

癌病是人类的第一杀手，病者闻之无不胆颤心惊，医者闻之也束手无策，李老中医认真研究古代医典关于癌肿的论述，并结合自己的临床经验，经过数以千计的筛选和验证，采取“坚者削之，结者散之”的办法，理气活血、温阳化痰、健脾益肾，补其“虚体”，攻其“余邪”，调节阴阳，提高机体免疫功能，达到了治本之目的，创造了一套有效的治疗方案。自制“消瘤液”，完全采取纯中药治疗，无毒副作用，疗程短，见效快，治愈癌症患者达数百人。其中有鼻咽癌、食道癌、肝癌、肺癌、胰腺癌、直肠癌、睾丸癌等，有效率达80%以上，对此治疗效果，中央电视台、山东电视台、日照电视台、莒县电视台、《大众日报》、《北京今日信息报》、《山东信息快报》的记者均作过调查访问，并给予了高度评价。2001年9月11日卫生部在人民大会堂召开的东方名医学术论坛会作大会发言，被誉为“治癌专家”。

李希民中医虽年逾古稀，仍不辞辛劳，为广大病痛患者解除痛苦，鞠躬尽瘁，死而后已。

诗赞：享誉杏林品德高，不教尘渍染分毫。

檀特药叟赛华佗，妙手祛疾传舜尧。

住址：山东省莒县果庄乡中经门诊

电话：0539-2230350　手机：13963317197

毛水龙

毛水龙

1949年12月生，陕西周至人。西安神龙中医医院院长，西安神龙制药厂厂长，内科中医主任医师，全国消化病专业委员会常委，陕西省第九届人大代表，西安市劳动模范，突出贡献专家。他把满腔的热爱倾注于中医学事业，有高度的政治责任感和强烈的事业心。

几十年如一日，潜心于内、外、妇、儿多种疑难杂症的研究，创立了一系列独到的治疗方法。70年代，编写出版了《陕西秦岭太白山中草药汇编》专著，继而潜心钻研消化道系统疾病，80年代末首先推出了治疗慢性萎缩性胃炎的中草新药胃炎康胶囊1~5号，以后还相继推出了治疗各种疼痛的"神龙一喷灵"；有恢复记忆，预防脑萎缩的"脑青春"胶囊，并经国家有关部门批准投入市场，取得了很大的社会效益和经济效益；还有"乙肝康胶囊"、"肠炎康胶囊"、"延生胶囊"、"止咳润喉丹"、"安神定心丹"等新产品已用于临床。

他先后在《中国中西医结合杂志》、《健康报》、《中国中医药报》和国际、国内大型学术会议上发表、交流论文31篇。他的业绩被《陕西省中药志》、《中国卫生人物》、《中华儿女》、《中国中青年名医列传》、《陕西文化人》等10多种书刊收录，科研成果"胃炎康"被新华社、《人民日报》、中央电台、电视台、《科技日报》、《健康报》等百家新闻单位宣传报导，《美国侨报》及台湾、香港、新加坡、澳门等10多个国家和地区的报刊作过转载。

1992年至今，他研制的胃炎康胶囊先后荣获国际科学与和平周金奖、陕西省科技进步奖、中国专利技术博览会金奖、西安市科技进步一等奖13项。他研制的"胃炎康胶囊"、"肠炎康胶囊"和"神龙一喷灵"、"神龙镇痛酒"、"止咳润喉丹"等中药新药先后被列入陕西省"八五"和"九五"科技攻关计划项目。1998年被新华社陕西分社授予1997-1998年"新闻人物"称号。

江苏银杏生化集团股份有限公司

地址:江苏省邳州市迎宾大道 18 号

邮编:221300

法人代表:郭学习　联系人:张绍君

电话:(0516)6299059　传真:6293048

公司拥有 10 万亩优质银杏规范化生产基地,年产银杏干青叶 1.5 万吨,年产银杏黄酮干浸膏(医药中间体)200 吨,银杏内酯(医药中间体)粉 1 吨,另生产经营银杏胶、银杏酮菊花茶、银杏片剂、银杏叶袋泡茶等保健食品。

医药名人

西安神龙中医医院

西安神龙中医医院(原脾胃病专科医院)是中国中西医结合学会、全国消化系统疾病专业委员会指定的脾胃病第一临床科研基地,本院拥有一支学术精湛、医术高超的专家学者组成的医疗队伍,集科研、生产、临床、销售于一体。引进光电子胃镜、胃电图、B 超、心电图等先进医疗设备,是一所现代化正规医院。

本院是一家治疗萎缩性胃炎、浅表性胃炎、十二指肠溃疡、胃溃疡、肠腺化生、胃癌、食道癌等消化道疾病为主的综合性中医医院。分别开设有内、外、妇、儿、口腔、皮肤等科室。有中医特色的针灸、推拿、按摩等中医药疗法。对治疗风湿、类风湿关节炎、骨质增生、跌打损伤、腰腿疼痛、神经性疼痛等症状有显著疗效,对治疗肝、胆、肺等顽疾也有独特疗效。

神龙中医医院是在我国著名脾胃病专家、陕西省第八、九届人大代表毛水龙领导下开办的。选用秦岭太白山名贵中草药,结合现代科学工艺,合理配方,研制出胃炎康胶囊 1~5、神龙一喷灵、肠炎康胶囊、神龙酒等新药应用于临床。胃炎康系列药品自投入市场以来,曾先后荣获国际国内科研成果 11 项大奖。1996 年 3 月,胃炎康胶囊被西安市消协列为“向消费者推荐商品”。

神龙中医医院本着科技进步为导向,以产品求发展,以质量求生存的原则,热忱服务于广大患者。

地址:西安市含光南路罗家寨 98 号

(西安美术学院向南 150 米路东)

邮编:710061

电话:029-8213555-18

传真:029-8227724-14

医药名人

广东省从化市中医院

地址:广东省从化市街口镇镇北路 21 号

邮编:510900

电话:020-87936262

传真:020-87924343

法人代表:梁渊泉

电子邮箱:chszyy@163.com

经营与服务内容:

从化市中医院创办于 1958 年,是一间集医疗、预防、保健、康复、教学、科研于一体的非营利性二级甲等中医院,2000 年确立为广州中医药大学实习医院,是本地区中医事业的指导中心。

医院现有固定资产 3000 多万元,设备总值 1500 多万元,建筑面积 17848 平方米,可开放病床 240 多张,年住院 3000 多人次,年门急诊 14 多万人次。

医院科室设置齐全,功能完善,技术过硬,有高级职称 17 人,主治医师 21 人。内科以脑内科、心内科、呼吸内科为主,中西医结合治疗中风、糖尿病、肝病、高血压等效果显著,并在本地区形成优势。能充分发挥中医药治疗的特色,开设骨伤科、腰腿痛、痔疮、糖尿病、中风、不孕症、风湿病、男性病、肝病、胃病、肾炎、咽喉炎、哮喘、结石等专病门诊,深受群众的欢迎。

医药名人

广东省惠东县中医院

地址：广东省惠东县平山镇解放中路240号
邮编：516300
电话：0752-8822591
传真：0752-8837186
法人代表：刘伟平
网址：www.hdxzyy.com
经营与服务内容：

医院开设病床100张，设有内、外、妇、儿、骨伤、针灸推拿、肛肠、皮肤、五官(眼、耳、鼻、喉)、口腔等临床科室。重点专科有骨伤科、针灸推拿科、肛肠科、五官(眼、耳、鼻、喉)科、口腔科。

医药名人

秦皇岛经济技术开发区医院

秦皇岛经济技术开发区医院，位于渤海之滨的夏都——秦皇岛市内，是首批国家级开发区。她座落在开发区珠江道43号。
邮编：066004
电话：0335-8064889、8068228
院长、法人代表：王平

开发区医院属全民事业单位，医术设施齐备，环境优美，是一所集医疗、预防、保健、中西结合、康复为一体的综合性医院。

医药名人

佛慈集团　兰州佛慈制药 股份有限公司

地址：兰州市盐场路502号
邮编：730046
电话：(0391)8362889　8369619
传真：(0391)8368954
电子信箱：LZFC@public.lz.gs.cn
经营范围：中成药、西药及包装品的生产、批发零售，利用自有显示屏发布自产药品广告。

医药名人

重庆市潼南县中医院

地址：重庆市潼南县梓潼镇正兴街22号
邮编：402660
电话：023-44551551
邮编：023-44557878
法人代表：王中保
诊疗科目与服务内容：内、外、妇产、儿、儿外、儿保、眼、口腔、耳鼻喉、皮肤、肿瘤、康复、地方病、职业病、检验、影像、骨伤、肛肠、老年病、针推、急诊、预防保健、全科医疗。

汪清县中医院

汪清县中医院成立于1982年3月，地处为汪清镇市中心的繁华位置。

建院以来坚持突出中医特色，兼顾中西结合，深化卫生改革，加强医院管理，加速人才培养及科室建设，努力不断提高中医、中药、护理技术水平，为争创一流县级中医医院，努力奋斗。1993年8月医院大楼落成之后，为汪清县中医药事业发展及中医院建设奠定坚实的基础。门诊设有24科室，其中专科专病诊室12个。住院部设床100张，分为内、儿科、外、妇科几大疗区。内科疗区以中风为骨干科室，外科以骨伤科为主，开展各种急危重症救治工作和各种疑难病症的中医治疗，收到较好的社会效益，1994年10月，晋升为“二级甲等中医医院”。经过多年努力，医院社会效益、经济效益及两个文明建筑取得丰硕的成果。1982年被中共延边州委、州人民政府命名为“文明单位”，1995年及2000年被中共吉林省委、吉林省人民政府命名为“文明单位”，并获得多项先进集体奖励和表彰，涌现出省、州、县“劳动模范”人物，多人获得省、州、县“先进工作者”、“青年标兵”、“优秀党员”等称号。

截至2001年底，全院职工158人，其中卫生技术人员122人，占职工总数的77.2%，其中高级卫生技术人员8名，中级卫生技术人员47人，中医、中药卫生技术人员39人，占全院卫生技术人员的31.9%。

医院占地面积4573平方米，建筑面积9638平方米，拥有千元以上医疗设备90台件，万元以上仪器40台件，引进GB产全身CT机、全自动生化分析仪、自动血球分析仪、意大利产全身彩色超声、日产620B超、经颅多普勒，年门诊量98.586人次，业务收入750万元，医疗收入350万元，药品收入400万元，其中医疗收入占全院收入46.6%，药品收入占53.4%。

医院成为科室齐全，仪器设备先进，中医、西医、中西医院结合三支医疗技术队伍全面发展，成为汪清县中医医疗、教学、科研中心。

吉林省长春晨光制药厂

地址：长春市农安南街36号
邮编：130052
电话：0431-2637755-8016
传真：0431-2629121
法人代表：王玉祯

经营与服务内容：

吉林省长春晨光制药厂是长春高新技术产业(集团)股份有限公司(上市公司)的独资企业，成立于1984年，经过十几年的发展，现已成为新兴高科技制药企业。

全厂现有国家准字号生产批准文号药品36个，其中列入《国家基本医疗保险药品目录》的15个，自主开发的7个。目前，主要生产治疗不同类型肝炎的特效药“乙肝解毒胶囊”(国家基本药物)、“乙肝扶正胶囊”、“慢肝养阴胶囊”(国家重要保护品种)、“慢肝解郁胶囊”、“急肝退黄胶囊”5种晨晖肝炎系列药，神经衰弱特效药“安神胶囊”(国家重要保护品种)，肠炎痢疾特效药“速效抗痢丸”，以及天麻胶囊、复方丹参片、板蓝根冲剂等中药产品。

5种晨晖肝炎系列药是该厂科研技术顾问、全国先进工作者、全国“五一”劳动奖章获得者、全国卫生系统先进工作者、吉林省特等劳动模范、吉林省中医药学校主任医师、全国著名肝病专家张殿龙教授带领科研组独家研制生产的肝炎新药。晨晖肝炎系列药的独到之处在于对证选药，不同的病证选用两种或两种以上不同的药配伍使用，养治结合，疗效叠加，改变了一种药统治所有肝病的现状。

2001-2002年
北京中医药大学东直门医院
科研工作概况

2001-2002两年内，医院科研工作取得了较大的进步，为医院"十五"科研发展开了一个好头。

科研规划与科研管理遵循国家"科技兴国"战略及大学"十五"发展规划中"以加强科学研究提高学术水平为先导"的指导思想。制定了医院"十五"科研规划，规划提出：立足重点学科与科研支撑条件的建设，通过科研促进医疗水平的提高与优势领域的形成，通过科研促进创新人才的培养；提高组织与实施重大课题的能力；提高科技成果转化能力。按照"十五"规划的指导思想，修订了部分医院科研管理规定，并制定了《北京中医药大学东直门医院横向联合课题管理规定》、《北京中医药大学东直门医院2000院内制剂开发的有关规定》。以促进横向联合及科研制剂的转化。

在科研管理方面，采用先进的数码信息采集技术，对科研课题、科研成果、重点学科、实验室、研究室资料的管理完全实施了数据化管理，提高了综合管理水平。

重点学科方面建设方面国家教育部重点学科中医内科学重新申报并以专家评为100分的成绩获得通过。中医内科脑病学科、中医内科内分泌学科、中医内科血液病学科、中医内科呼吸学科四个学科通过专家评审，成为国家中医药管理局重点建设学科。中医外科学科被批准为北京市重点建设学科。

科研支撑平台建设方面医院每年拿出总收入的0.5%投入医院科研条件建设，先后扩建了实验室，改装了一、二级动物室，加强了实验室人才的培养和软件的建设，从而使医院科研实验室的建设一年一个台阶。2001年度初，通过投标获得国家中医药管理局科研支撑条件建设经费资助。2001年4月，组织申报北京市普通高校重点实验室验收，并获通过，成为北京市普通高校57所重点实验室之一。2002年5月，中医内科实验室通过国家教育部重点实验室评审，成为教育部全国第一家中医行业的重点实验室。

科研课题的招标中标及田间管理：两年中组织了国家自然基金课题、国家新药基金课题、国家中医药管理局课题、国家中医药管理局诊疗项目课题、国家人事部课题、国家教委课题、北京市自然基金、北京中医药大学课题、三校创意小课题等课题的申报及初筛工作，共组织标书348份。中标84项，中标课题的层次和水平有了较大的提高，部局级以上课题中标32项，校级课题及其它联合项目52项。其中国家"十五"攻关项目3项，国家自然基金课题11项，国家教育部重点项目2项，国家中医药管理局级课题10项，北京市重点项目2项。完成课题中期检查、结题、验收项目55项。

奖励与科技成果：组织各级成果的申报及登记工作68项，获得科技成果9项，其中部局级以上科研成果3项。有5名专家获中国中西医结合突出贡献奖。

横向联合与成果转化：横向联合课题15项，转让科技成果3项。

学术活动：组织中英医师会学术交流活动、中美肿瘤、病毒专家研讨会等高水平科技活动及讲座21次，学术讲座的专家有香港科技大学学术副校长张立纲院士、香港科技大学学术副校长孔宪铎教授、国家知识产权培训中心卢素华教授、上海第二医科大学生物统计学家苏炳华教授等国内外知名专家17人。

董事长、总经理:陈德良

浙江科信公司

浙江科信公司地处“中国香菇之乡”、“中国药材之乡”、国家级生态示范区、素有“群山之祖、诸水之源”之称的省级卫生城市磐安。本公司是一家综合性、集团化私营企业,拥有固定资产6000多万元,公司下属有科信生态资源开发有限公司、科信药业有限公司、科信生态园、科信大酒店、梅花鹿养殖场、板栗林、猕猴桃基地等。公司连年被评为“重合同、守信用”单位。资信为“AAA”级,1997年公司跻身金华市(地区)私营企业五十强。

近年来,公司致力于药材、香菇、茶叶、高山果蔬、人参果、花草、苗木、盆景、梅花鹿制品等的开发和经营,诚邀国内外朋友来本公司走一走、看一看、参与合作开发,携手共创美好的明天!

地址:浙江磐安海螺三角区
电话:0579--4666888
手机:013905897666
传真:0579--4661888
Http://www.cn-kexin.com
E-mail:PanKei@163.com

延边朝鲜族自治州民族医药研究所

金福男 副院长

延边民族医药研究所是我国唯一一所集科研、医疗、教学为一体的专门从事朝鲜民族医药研究的机构。

延边朝医医院是具有朝鲜民族医诊疗特色的综合性医院。有国家中医药管理局重点前列腺专科，诊疗水平先进的肝、胆病、前列腺病、荨麻疹、风湿、类风湿性关节炎、胃肠病、糖尿病、中风、乳腺增生、心脑血管、妇女病、皮肤病等专科。

有身怀绝技的肝、肾病专家金福男副主任医师，中内、心脑血管病专家金权铉副主任医师；胆、胃肠、心血管病专家崔兴燮副主任医师；前列腺、荨麻疹专家崔正植教授；太极针专家许成豪主治医师；脑血管病专家崔日男副主任医师；糖尿病专家卢得子、许香兰副主任医师；妇科专家崔海英副主任医师等。

对治疗肝、胆、前列腺炎、前列腺增生、急慢性荨麻疹、风湿、类风湿性关节炎、中风、心血管、胃肠、乳腺增生等疾病的诊治有独特的疗效。深受广大国内外患者的欢迎。

李济禹　所长

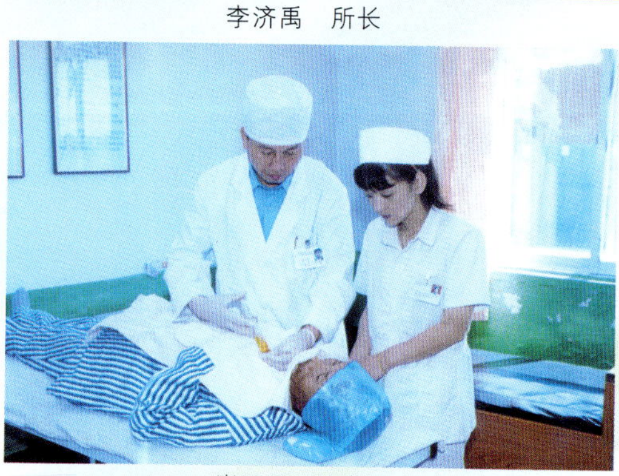

崔日男　主任医师

崔兴燮　副主任医师

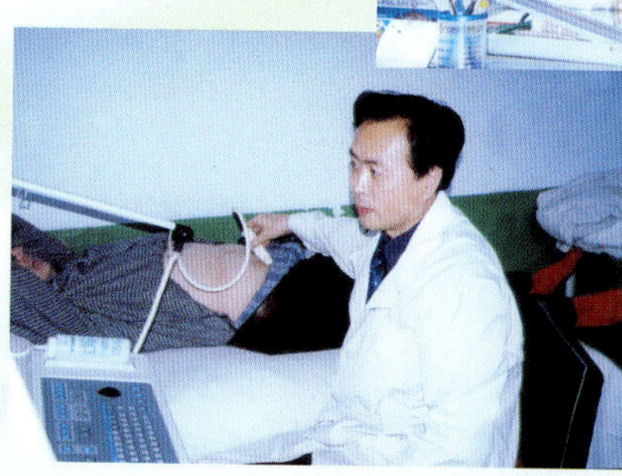

崔正植　副所长

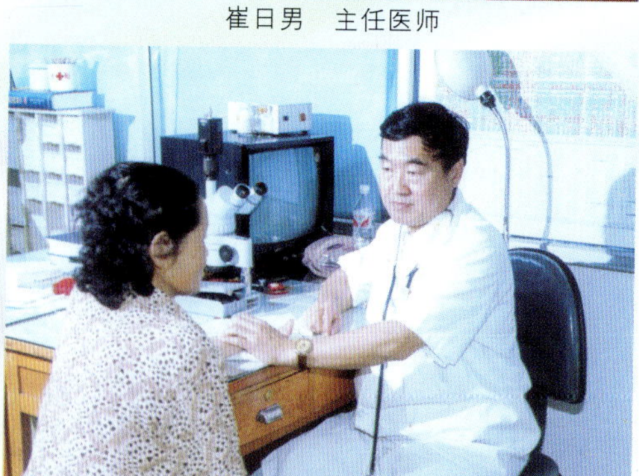

金权铉　副主任医师

地址：吉林省延吉市河南街7号
邮编：133001
电话：0433-2816543-01~18
传真：0433-2816694
法人代表：李济禹
起草人：崔正植

广州杨福臣中西医结合诊所

杨福臣 副教授，临床执业医师，1936年6月出生。辽宁省开原人，毕业于中国医科大家医疗系。曾在第一军医大学工作，任助教、讲师、副教授，中华人民共和国国务院发展研究中心《现代企业导刊》南方工作部采编部副主任，广州市天河区红会肿瘤医院专家门诊部主任，第一军医大学和军队干休所党支部委员和书记等职。中国抗癌协会会员。

1993年10月到现在，主持杨福臣中西医结合诊所工作，曾从事教学科研和临床医疗工作三十多年，发表论文多篇并获奖。运用中医中药治疗甲状腺腺病、水肿、多发脂肪瘤，子宫肌瘤等疗效非常显著，治疗肝硬化、肝癌、地中海贫血、癌症等疑难杂症都有自己的成功经验和用新医正骨治疗颈椎病、腰椎病等疗效显著。主要业务绩已被载入《中华魂·中国百业领导英才大典》《华夏英杰》《世界优秀专家人才名典》《中国专家人名辞典》《广东医疗卫生业博览》《广州大典》。

家庭地址：广州市广州大道北542号11-504家
诊所地址：广州市天河区黄村街江厦居委围福里20号
邮　编:510660
电　话：020-82576194
传　真：020-82576194
网　址：www.cn.cm-gz.com

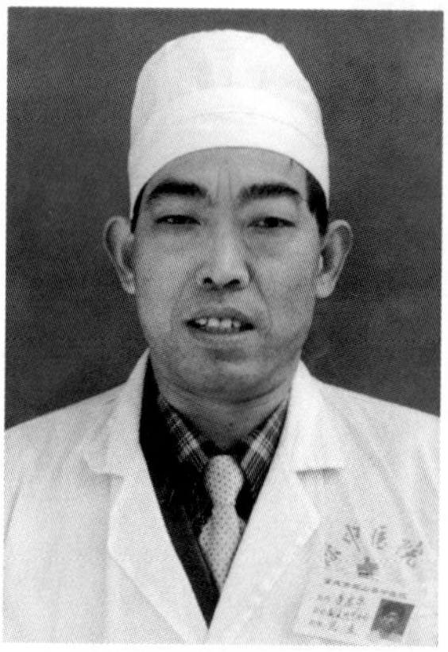

李忠华 院长

李忠华

男，48岁。重庆市巫山中医院院长，成都中医大学毕业，副主任中医师，精研中医理论，有丰富的临床经验，擅长于内科，对类风湿性关节炎、脾胃病的诊治尤具心得，收效颇佳，曾发表学术论文数篇。医院管理经验丰富，在他的带领下，医院正以每年30%的速度递增，成为重庆市示范中医院建设单位。

●冯光志

男，59岁。副主任中医师，渝东名老中医之一，深研岐黄，擅治内伤杂病及疑难重症，对骨科疾病有较深造诣，诊断准确、主治精当、用药独特、疗效颇佳，在群众中享有很高的声誉。

●刘仁毅

男，45岁。成都中医药大学毕业，副主任中医师，重庆市首届优秀青年中医，有深厚的中医理论知识，尤其擅长治疗心脑血管疾病，先后发表级论文数篇，是医院内科业务带头人。

●黎阳炳

男，49岁。医务科长，副主任医师，经不断学习深造，技术功底过硬，造诣深厚，手术操作娴熟、精细，术后患者无不满意。擅长泌尿外科病病诊治，系医院外科业务带头人。

●邓亚维

男，47岁。药械科主任，副主任中药师，有丰富的中医药基础理论和专业知识，精通中药的加工、炮制，对中药的临床应用有较深的造诣，曾在杂志上发表论文数篇。系医院药剂科业务带头人。

杜君良

杜君良

男,44 岁,中共党员,主治医师,原青岛公安消防医院院长,现任青岛君良烧伤医院院长,中共青岛市委组织部高级专家协会医学分会专家,中华医学会青岛医学会烧伤外科分会委员,毕业于中国人民武装警察部队军医学院,曾在山东省医科大学深造。

擅长烧烫伤、电击伤、化学烧伤、放射性皮肤损伤、各类皮肤溃烂及糖尿病坏疽溃烂的中西医结合治疗和研究,运用中医中药治疗各类外伤、烧伤、面部疤痕、增生性疙瘩取得了很大的进展。杜君良院长不断刻苦学习钻研、开拓创新,挖掘、弘扬祖国医学,以传统中医药学的理、法、方、药、辨证理论为依据,独创了中医中药抗渗润肤疗法,应用于临床治疗各类烧烫伤,具有消肿止痛快、疗程短、花费少、无痛苦、死亡率低、创面愈合快、浅度不留疤、深度不手术不植皮的奇特疗效。治愈头面部烧烫伤万余例、100%不植皮、愈合率 100%、面部深度烧烫伤留疤率 10%以下,手部电击伤,不植皮,无一例发生指端坏死,愈合率 100%。以治疗幼儿、儿童、青少年烧烫伤疗效最佳,愈合快、疤痕少、特别在治疗大面积烧伤方面运用中草药内服抗休克、抗感染、生肌长皮防止并发症取得了突破性进展。中西结合治疗 50%以上大面积烧烫伤病人 120 例,不手术,不植皮,98%的治愈率,死亡率较低,几年来共治愈各类烧烫伤病人数万例,被岛城人民公认为中医特色、岛城一绝的品牌。

深圳福田区中医院

张瑞友

男，1945 年出生于陕西省西安市。毕业于陕西中医学院，副主任医师，现任广东省深圳市福田区中医院不育症科主任。

出生于中医世家，尽得真传，从事临床不育不孕症研究工作 40 年，潜心钻研，学验俱全，治疗不孕症的学术论文经中医研究院认定为最有临床价值的论文；用超声监测卵泡发育状态，中医药促排卵的方法，临床效果极好，深受同道的好评。

他的不孕症剂已获得国家知识产权颁发的发明专利成果证书和奖杯，临床治愈率达 47% 左右。

他在深圳福田区中医院工作的三年中，接待病人 2000 余人，怀孕人数 400 人左右。先后召开九次“喜得贵子”座谈会，给无数个家庭带去福音，送去温暖。“呼唤生命，完美家庭”是他毕生的行医宗旨。众多的患者送他“送子菩萨”、“最可敬可爱的好医生”等美称。

张殿龙

张殿龙

主任医师、教授，全国著名肝病专家。1949 年 2 月出生在长白山脚下的吉林省通化市，毕业于白求恩医科大学中医专业。现任吉林省中医药学校中医临床教研室主任、吉林省长春晨光制药厂科研技术顾问、吉林省中医药学校附属医院肝病专家。30 多年来，张殿龙教授集教学、临床、科研于一身，在治疗肝炎病方面有独到之处，得到国内外学术界的肯定和广大患者的好评。曾获吉林省特等劳动模范、全国卫生系统先进工作者、1999 年全国“五·一”劳动奖章、2000 年全国先进工作者等 60 个荣誉称号，并于 2000 年 4 月进京参加全国劳模表彰大会。他的事迹已被编入《中国当代中药名人志》、《中国当代医界名人录》、《中国名医列传当代卷》等书中。

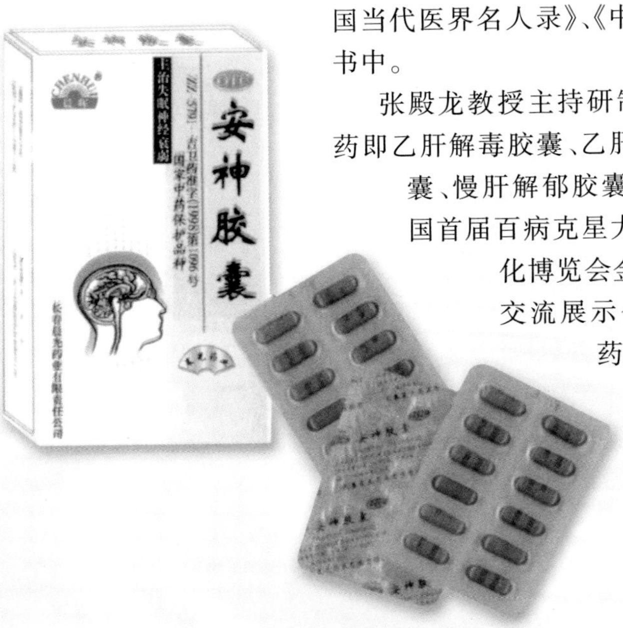

张殿龙教授主持研制发明的晨晖肝炎系列药即乙肝解毒胶囊、乙肝扶正胶囊、慢肝养阴胶囊、慢肝解郁胶囊、急肝退黄胶囊曾获全国首届百病克星大赛金奖、中国中医药文化博览会金奖、全国新产品新技术交流展示会金奖、99 香港国际医药博览会优秀成果金奖、吉林省用户满意产品等荣誉称号。

陕西中医学院

陕西中医学院附属医院——全国示范中医医院、卫生部三级甲等医院

院长金志甲(左一)欢迎全国人大副委员长彭珮云来学院视察

陕西中医学院成立于1959年，是西北地区建院提早、规模最大、水平最高的一所中医药高等院校。现有教职员工1400多人，其中高级职称260人，各类在校学生6000多名，其中留学生88人，研究生400多人。学院设有12个本科专业、13个硕士学位授权点，基本覆盖了中医药类专业全部学科，有在职人员申请硕士学位和临床医学硕士学位授予权，国家中医药管理局、省教委和省中医药管理局的重点学科17个，国家药品监督局在学院设立国家新药临床药理研究基地。学院直属附属医院病床600张，是西北地区规模最大的省级中医教学医院，为卫生部三级甲等医院、全国示范中医院；非直属附属医院三所，有病床1500多张，均为卫生部三级甲等医院。

近几年来，学院坚持规模、结构、质量、效益协调发展的方针和“高质量、高层次、综合性、创新型”的办学思路，立足陕西，面向西北，辐射全国，开拓海外，成功实现了四个转变：①由中医单学科向多学科综合性的转变：除原有的中医、中药、针灸专业外，新开设了中医结合、骨伤、护理、中药制药、医学影像、临床医学、医学检验、英语、制药工程；②生源由本省向多省转变：2002年生源已经达到13个省区；③由单纯的教学型向教学科研型转变；④学院附属医院向大型现代化综合型中医教学医院转变。获科研成果奖94项(部省级14项，厅局级80项)，出版著作500多部。学院积极开展对外教育，先后接受日本、德国、加拿大等国家和地区800多人次的培训、研修及攻读学位。已经成为西北地区中医药教育、科研、医疗中心，受到彭珮云副委员长及国家中医药管理局等领导的充分肯定，《人民日报》等多家新闻媒体对学院的改革与发展进行了专题报导。

学院紧紧把握西部大开发的历史机遇，深化改革，加快发展，将投资2.1亿元扩建600亩新校区。积极拓展专业方向，向着以生命科学为主，突出中医药特色，医、药、护、技、文、工等多学科协调发展的门类比较齐全的综合性医学院校目标迈进。

地址：陕西省咸阳市渭阳中路1号
邮编：712083
电话：(0910)3166119　传真：(0910)3216542

新校区主楼

重庆武隆县中医院

段天荀

男，1951年8月出生于重庆市潼南县。1969年1月参加工作，大专文化，副主任医师，中共党员，1989年6月成都中医药大学函大中医专业大专毕业，1991年获四川省高教自考大专毕业证书。现任重庆市中医药学会理事，内科专业委员会委员，武隆县中医院院长，武隆县中医学会会长。在中医业务方面有较深的造诣。通过三十多年的医疗实践，积累了较为丰富的临床经验，在群众中享有较高的信誉和知名度，尤其在运用中医中药治疗脑血管病和儿科疾病方面颇具特色，很受老百姓的欢迎和信任。1996年被涪陵地区卫生局确定为首批市级学科带头人，1997年参加重庆市培养名中医候选人选拔考试合格，被重庆市中医管理局确定参加国家中医管理局"113"工程培训。2000年在重庆医科大学附属一院神经内科脱产进修一年。几年来积极撰写学术论文，多次参加全国、省、地、县中医学术会议。在《中医杂志》、《中国中医药科技》、《中国中西医结合杂志》、《中国中医急症》、《中国乡村医生》、《中国医学文摘》、《四川中医》、《实用中医药杂志》、《陕西中医》等医学期刊上发表学术论文20多篇，有多篇论文获武隆县科协、重庆市科协优秀论文奖，多次被县委组织部、人事局、科协评为优秀科技工作者。2001年，武隆县人民政府授予"武隆县首届中青年技术带头人"荣誉称号"，同年被县卫生局、县科协、县中医学会评为"武隆县名中医"。

蓬勃发展的阳江市中西医结合医院

医院外景

座落于广东省阳江市区西北部风景秀丽的漠阳江畔的阳江市中西医结合医院，在风雨中走过了三年的历程。建院三年来，在阳江市中西医工作者的努力下，医院蓬勃发展，现已发展成为集教学、科研和预防保健为一体的二级甲等综合性医院。医院现设有市区建设路总院和环城东路分院；现有职工 250 人，其中卫技人员 220 人、高级职称 25 人、中级职称 25 人；开设病床 200 张，设有内外、妇、儿、眼、耳、鼻咽喉、口腔、医疗美容、康复、麻醉、皮肤、急诊、预防保健、药剂、放射、检验、病理等 20 个医技科室，每年门诊量 17 万人次，住院病人 4150 人次；医院拥有螺旋 CT、彩超、1000mA 带 C 臂 X 光机、体外震波碎石机、高压氧、血液透析机、全自动生化仪、全自动呼吸机、膀胱镜、腹腔镜等先进设备。

本院是在卫生改革的大潮中诞生的，针对我市一些医疗机构两个效益不够好的情况，市卫生局采取果断措施，对我市卫生资源实行重组，按“防治分开，实行关、停、并、转、迁”等卫生改革要求并按照政府有关文件精神，将市慢病站、结防所、市医学会门诊部等组成中西医结合医院。从 1999 年 10 月 18 日建院至今的短短三年里，在仅由上级拨款 8 万元开办资金的困难情况下，阳江市中西医工作者发扬团结开拓艰苦创业的精神，不断开拓进取，把医院建设成一个既有环城东分院，又有建设路综合大楼的综合性医院。

建院之初，院领导班子思路明确，坚持走人才立院、科技兴院路子；坚持从改革取动力、向管理要效益，并制定了高科技、高质量、低消耗、强特色的办院目标。推出了“新切、精心、快捷”六字院风，制定了优选疗法、优良疗效、优质服务、优美环境、优惠收费的“五优”服务宗旨。在医疗卫生改革方面，于 1999 年 11 月在全市卫生系统率先实行双向选择，低职高聘，高职低聘的人事制度改革，有力地增强了全院干部、职工的紧迫感和危机感。在分配制度上实行绩效工资制，工资奖金与实绩挂构，对已聘人员采取按岗定酬的办法，采取自主灵活的分配奖励机制，大大调动职工的积极性，同时，医院还率先实施“病人选择医生”、“住院一日清单”、“单病种限额收费”、“扶贫门诊”等新举措。在管理上除实施市卫生局的“综合目标责任制管理”外，医院还实施医疗质量全面管理，把质量落实到各科室和每个员工身边，通过严格管理，促质量，上效益。在办院方向上，坚持人才、科技兴院方针，紧密围绕急诊医学、微创外科、介入治疗、器官移植、基因工程五大医学高新科技发展，实行大专科、小综合的策略，并根据专科建设需要引进人才、设备、技术。比如，2000 年 7 月与广州医学院第一附属医院技术合作开设窥镜外科；2001 年 3 月聘请原中山医学院附属二院急诊科主任来我院加强急诊工作；2001 年 7 月又与广州手外科研究所合作开设手外科；2001 年 8 月又与广州中山医学院眼科医院技术合作开设眼科复明中心，今年 5 月又投入巨资引进设备加强 ICU 建设。以上专科的开设都取得了较好社会效益和经济效益，也使我院的科技含量处于市内领先地位。同时，医院充分发挥中西医结合优势，切实提高疗效，树立医院品牌，在统一思想的基础上把疑难病、肝病、肾病综合证、中风后遗症等作为中西医结合的重点课题，并已取得了较好的疗效，实践证明，中西结合的优势互补，确能明显提高疗效，取得了群众的信赖。

医疗卫生改革给医院注入新的活力，带来勃勃生机。作为广东省第二家中西医结合医院，在省、市各级领导的关怀下，在上级部门的大力支持下，抢抓机遇，开拓进取，走自我发展的路子。围绕以病人为中心，以质量为重点，坚持走科技、质量、效益三同步发展的办院方针，狠抓医疗质量，狠抓基本建设和医疗设备投资，实现医院快速发展，使医院综合实力显著提高，取得了良好的社会效益和经济效益，今年被广东省中医药管理局评为省文明中医医院。

医院外景

郯城县马站骨科医院

仇文平

职称:骨科医师,

性别:男,1948 年 1 月生,

籍贯:山东省郯城县。

毕业于河南医药专科学校,中西医结合大专班,现任郯城县马站骨科医院院长。

1989 年被省卫生厅授予骨科医师证书;1992 年被中共临沂地委,临沂地区行署授予统一战线经济建设先进个人;1993 年被县委组织部授予“拔尖人才”称号;1996 年 4 月被临沂市委统战部,市工商联合会评为市优秀民营企业家,同年 6 月,又光荣地被中国国际名人研究会招收为会员,郯城县政协常委,郯城县工商联副会长,郯城县庙镇工商联合会会长,临沂市工商联执委。

联系电话:(0539)6821098
传　　真:(0539)6821188
通讯地址:郯城县骨科医院
邮　　编:276113

重庆市第二卫生学校

周天寒

男，1952年出生。四川大足人，副主任中医师，重庆第二卫生学校党委书记、副校长，重庆市中医药学会常务理事、科普委员、江津市中医药学会副理事长。

自幼随父习医，后跟大足名医李琴舫临床。1973年毕业于重庆第二卫校，留校担任教学及医疗工作，曾先后在成都中医学院师资班、中国中医研究院研究生班、北京光明中医函大学习。1979年以来在全国、省、市医学刊物上发表文章230余篇，有30余篇获优秀论文奖，部分论文被收入《中医临床成果进展》、《疑难病中医治疗进展》、《中医百家言》、《中医百家新论》等专著中。30余篇论文先后参加国际、国内学术会议交流。论文“五脏六腑皆令人郁”在国内发表后被翻译成英文，在美国《针灸与东方医学》全文发表。参加编写有《实用中医学》、《中医肺病证治》、《矿物本草》、《实用药茶疗法》、《动物本草》、《实用穴位埋线疗法》、《中华效方汇海》、《中国当代中西医名人大辞典》、《实用中医老年保健备要》等13本书。主研“郁病脏腑证治研究”课题获江津市人民政府科技进步二等奖；参研“实用药茶疗法”、“中医百家新论”分别获江津市人民政府科技进步一、三等奖和重庆市中医管理局医学科技成果三等奖。深究岐黄之术，学术上遵循“继承不泥古，发扬不离宗”的原则，善于继承，勇于创新。

在理论上提出了“五脏六腑皆令人郁、瘀、喘、泻”的新观点；对胆石症的病因病机，倡寒湿立论，主张益胆气，温胆排石，并提出了相应方药；对因食火锅所引起的病变，首次命名为“火锅综合证”。在临床工作中对美尼尔综合证、急慢性支气管炎、坐骨神经痛、血管神经性头痛、泌尿系统结石等病的治疗积累了一定经验。业绩载入《全国知名中青年中医药师名录》、《中国当代中医名人志》、《中国当代医界精英人名辞典》、《中国当代知名中医特色医疗辞典》、《疑难杂症求医指南》、《中华当代名人辞典》等书。《现代工人报》、《重庆农村报》报道了其事迹。1992年荣获“重庆市自学成才基金会自学成才奖”。

地　址：重庆市江津重庆第二卫生学校
邮　编：402260
电　话：(023)47548620

山东省栖霞市银屑病研究所

叶章照

生于1952年5月,福建省松溪县人。毕业于广西光明中医大学。现任山东省栖霞市银屑病研究所所长。

主要成就:经20余年对银屑病的潜心研究,研制出治疗银屑病的纯中药制剂——东方克银灵系列配方,对银屑病进行辨证施治。为国内外3000余例银屑病患者解除了痛苦,创造了中华医药史上治愈银屑病的奇迹。为此,山东卫视《今日报道》,中国中央电视台《健康之路》、《夕阳红》栏目以及人民日报、新华社、中新社、光明日报、香港文汇报、美国侨报等新闻媒体,对其特色疗法相继作了专题报道。1998年5月,《健康之路》开播100期庆典,叶章照作为中国50位特色医疗专家,应邀晋京参加在北京东单公园举办的义诊活动。2000年元月,又被邀请参加在北京钓鱼台国宾馆举办的"中华民族大团结新年座谈会",受到了党和国家领导人布赫等的亲切接见,并代表中医药界在北京长城上的"中华英才世纪宣言墙"与百名部长一起,留下了世纪宣言。其个人业绩编入《中国跨世纪专科名医大典》、《走向世界的中医药事业》、《中华之魂》、《当代共产党人》、《改革丰碑》等书籍。研究所也被香港新华通讯出版社录入了大型医疗信息指南《中国知名专科医院》。

江西济民可信集团有限公司

李义海

男,1963年出生,高级经济师、执业药师。江西济民可信集团董事长、总裁。全国优秀乡镇企业家、江西省优秀民营科技企业家、南昌市"五一"劳动奖章获得者。江西省政协第八届委员会委员;南昌市工商联和市总商会执委、常委。

1992年,全国商潮汹涌,激情满怀的他毅然放弃了稳定的教师职业,步入商海成为一名医药代表,开始其创业征程。1994年,凭借其超人的市场洞察力与创新进取精神,从数千万个普通医药代表中脱颖而出,在北京创立自己的办事处,建立了事业发展的根据地。经过两年的急速发展,至1996年将企业从北京迁入南昌民营科技园。本着"济世惠民,得信天下"的经营理念,至2002年李义海先生经营的济民可信集团已发展成为一家拥用6家国内全资子公司,1家海外子公司,总资产达4.5亿元的民营企业集团。

山东烟台泰一阁骨病医院

葛广义

中国著名中医骨病专家,北京光明中医药进修学院痹痿病学教授,烟台东方疑难病研究所研究员,大道学家。祖籍山东,1947 年生于濮阳市。自幼尊大道贵大医,通百家说,师承王金波、傅景华、王为兰名医大家。现任烟台市莱山区泰一阁中医骨病专科医院院长。

继承、创新、完善了曾祖传申 1874 年始创的天氏综疗法。该疗法汇古今中医治法之精华为一体,调阴阳,正培本,祛寒清热同步,针对某一种疾病全方位治疗。擅治骨蚀、痹、附骨疽等痹痿病。被社会誉为:“良医愈病速效特效,神浴疗痹痿益寿增寿。”“奇花龙马传千古,名士高医共一楼”。其业绩载入《当代中国发明》《中国著名特色专科医师》《中国专家大辞典》《世界优秀专家人才名典》等。著有《中医痹痿病专科学》《大道玄德真言集》《弗生生》。

电话:0535-6712878

重庆市武隆县中医院

地址:重庆市武隆县巷口镇下油房沟1号
邮编:408500
电话:(023)77726220(办)
急救电话:(023)77729999
传真:(023)77726220
法人代表:段天荀
经营与服务内容:武隆县中医院是一所全民所有制非营利性综合医院,1998年经国家中医药管理局评审为二级乙等中医院。有重庆市名中医1人,武隆县名中医5人。房屋面积10000平方米,固定资产700多万元，设有二个门诊部和住院部,开放病床60张。设有创伤急诊科、骨外科、心脑血管病科等十多个科室。拥有400毫安照光机及放射影像增视系统,日本东芝彩色B超,体外震波碎石机等先进设备,医院坚持以病人为中心,病房配有空调、彩电,有定位呼叫系统,实行病人选择医生,实施住院一日清单,收费微机管理,药房被县药监局、物价局、消委评为质量、价格、服务"三满意"药房。医院业务收入以每年30%的增幅递增,医德医风高尚,社会信誉良好。

郓城县中医院

地址:山东省郓城县西门街北段67号
邮政编码:274700
传真:0530-6591178
办公电话:0530-6592066
院长:李兴平
医院信箱:yc-email@21cn.com
院长信箱:yz-email@21cn.com
网址:中国中风网
http://www.yczyy.com

是一所现代化中医医院,为国家"二级甲等中医医院",是卫生部"国际紧急救援中心网络医院"。承担全县中医药医疗、教学、科研、康复的任务。中风科为省重点建设中医专科,中西医结合治疗中风、偏瘫,效果显著。

迅速崛起的日照市中医医院

日照市中医医院自1999年1月开诊以来,在上级党委、政府的领导和社会各界的支持下,坚持"以病人为中心,以质量为核心"的服务宗旨,不断深化医院改革,现已发展成为一所具有一定规模,集医疗、科研、教学、康复、预防保健为一体的综合性中医院。

医院占地60亩，建筑总面积3万多平方米。设有临床、医技、行政科室38个,特色门诊7个,开放床位300张,现有专业技术人员299人,其中高级职称32人,中级职称86人。医院拥有日照市首台美国GE双螺旋CT、美国ATL3500全数字彩超以及电子胃镜、电子结肠镜、C型臂、全自动生化分析仪、直线加速器、高压氧舱、体外碎石机等先进医疗设备。能够运用中医、西医、中西医结合多种方法诊治各种常见、多发、疑难、复杂病症;能够开展颅脑、腹部、泌尿、骨伤、妇产、口腔、耳鼻喉、眼科等复杂手术;在治疗中风、心脑血管病、糖尿病、风湿病、痔疮等方面积累了丰富经验。该院开展的血管内介入治疗术、椎间盘吸溶术、经阴道子宫切除术、无痛分娩流产术等项新技术,填补了日照市空白。

为加快医院现代化的步伐，该院积极筹集资金,按"宾馆式、花园式"医院要求,在院内进行了大规模的基础设施建设。新装修的7800平方米病房大楼内设中央空调、中心供氧、中心吸引等设施,高楼房间还配备热水器、电视机、写字台、衣橱等;病房楼前是环境优美的广场花园,总面积8500平方米。26000平方米的新门诊病房综合大楼正在建设之中。

日照市中医医院与时俱进,努力向全国一流的、现代化的、综合性中医院迈进。

单位名称:日照市中医医院
邮编:276800
电话:8230526　8230056(总机转)
8230528(传真)

重庆市万县中医药学校

万县中医药学校座落在三峡工程库区腹心——重庆市万州区。1968年经四川省人民政府批准设置，被国家中医药管理局评为全国首批建设达标学校，被重庆市人民政府评为省部级重点中专，是三峡工程移民教育和重庆市乡村医生培训的重要基地。

学校现有教职工200人，在校生4500人，固定资产3371万元，设置有医药类专业15个，图书12万册。有重庆市一级校办企业一个，附属医院一所，与北京市医药学校、重庆医科大学、川北医学院等高校联办专科、本科层次教育。在全国30个大中城市建立了100余个实习和就业基地，每年招生均在1000人以上，2002年招收新生1717人。生源以重庆市及周边省市为主，毕业生面向全国就业，就业率98%。先后培养大中专学生20000人，为三峡工程移民输出培训学员4000余人。

学校以质量立校，突出能力本位，强化实践教学，加强中医药特色与现代诊疗技术的结合，大力推进中医药教育现代化，全面提高学生综合职业能力。实施人才培养精品战略，面向市场和中医药全行业服务。学校正在积极筹建重庆市中医药高等专科学校，为三峡库区社会经济发展和开发性移民服务。

地址：重庆市万州区王家坡正街246号

邮编：404000

电话：023-58123135

传真：023-58139282

法人代表：余甘霖

黑龙江省海林市中医院

海林市中医院是地处林海雪原脚下的一所以中医为主、中西医结合，集创伤急救、临床治疗及康复、教学、科研为一体的国家二级甲等中医医院，也是海林市职工基本医疗保险定点医院。

我院重点以中医肝胆病、糖尿病、脑血管病专科为主。

服务项目：内科、外科、妇产科、儿科、眼科、耳鼻喉科、口腔科、医疗美容科、急诊科、检验科、影像科、传染病科、男性病科、康复医学科、运动医学科。

法人代表：任洪樟

电话：(0453)7223492

邮编：157100

传真：(0453)7223492

单位地址：海林市英雄街147号

科技兴院　重铸辉煌

福建省中医药研究院

福建省中医药研究院为全省中医基础、临床研究与药物研究开发中心，是福建省唯一的省级中医中药科学研究机构，也是国家药品监督管理局药品临床研究基地。位于福州市鼓楼区五四路282号，前身系1953年12月成立的福建省中医药学术研究委员会和在此基础上于1957年3月成立在福州市台江817中路茶亭的福建省中医研究所，编制属省卫生厅。1958年省药检所并入合署办公至1962年分出。1963年初划归福建省中医学院，所址迁往吉祥山，1969年与福建中医学院脱离，重属省卫生厅，所址迁入新权路省协和医院内。1970年省药检所又并入，至1975年1月又分出。1971年所址迁到红山路(今道山路)，1973年更名“福建省医药研究所”。1980年4月，分所后复名省中医研究所，1982年改名福建省中医药研究所，1984年迁至五四路现址，1992年12月改称福建省中医药研究院。现建筑面积8668平方米，其中科研大楼及实验用房5633平方米，动物实验室733平方米，中试车间667平方米。至2001年底有职工114人，其中研究员等高级职称有31人，助理研究员等中级职称有34人；享受国家特殊津贴7人。院内设有经络、中医基础、药物研究一室、药物研究二室、临床医学研究所、中试车间、图书情报、文献、网络中心、动物实验室等业务科室。博士点有：中西医结合临床研究；硕士点有：中西医结合临床、中西医结合基础。主要仪器设备有：血液影像仪、红外温像仪、彩色多普勒、高效液相色谱仪、萤光显微镜、萤光分光光度计等，总价值为698万元。至2001年底，该院共完成科研课题500多项，取得140多项科研成果，其中省部级以上成果有65项；发表科研论文1800多篇，编写书籍100余部。近五年该院共承担科研课题52项，其中国家攀登计划“经络研究”攻关课题3项，获省部级以上科研成果8项。该院在经络研究、中医证研究、中药实验和临床等多学科多层次的研究处于国内外领先水平。开发研究的新药有：三尖杉和高三尖杉酯碱、阴可净、满山白、买麻藤、盐肤木、软脉灵、冠脉乐及珍石消渴胶囊等多种。研究开发的仙饮乌龙茶等保健产品，饮誉东南亚各国。1992年以来接受卫生部、国家药品监督管理局及省卫生厅下达的中药新药临床研究任务40多项。1984年以来。与日本冈山大学、三得利公司等进行合作，开展乌龙茶研究取得2项省部级成果。名老中医、知名专家、研究员有胡友梅、李健颐、李笑风、朱锡光、庄子长、林求诚、胡翔龙、王永铿等。

院办企业为1994年成立的福建省三利得技贸有限公司、福州三利得营养保健品厂，该厂集科、工、贸为一体，具有袋泡茶、胶囊、冲剂、化妆品的生产能力，主要产品有：保健茶系列(菊花凉茶、胖大海茶、武夷蛇胆茶、康乃欣(巨鲨软骨)胶囊、复方氨基酸胶囊、白蚁胶囊等。该厂以福建省中医药研究院为强大技术后盾，拥有完善的科研、检测、监控体系，产品远销俄罗斯、美国、日本、东南亚及香港、台湾等地。开发生产的产品全部由专家组方，效果确切，深得各界人士的厚爱。

地址：福建省福州市五四路282号
邮编：35003
法人代表：常务副院长朱亨炤
院办电话：3570279
撰稿人：林恩燕(院办主任、副研究馆员)
联系电话：0591-3570279
传真：0591-3571511

江苏省中医药研究院
江苏省中西医结合医院

江苏省中医药研究院作为江苏省唯一的专业从事中医药研究的科研机构，在省卫生厅、省中医药局及省科技厅领导的关怀和指导下，本着以中医药科研为主体，以中西医结合临床与医药产业为两翼协同发展的战略格局和建设思想，近年来在科研、临床、管理、产业等方面均有较快发展，整体实力得到快速加强，被国家中医药管理局列为首批重点加强的省级中医药研究院所。

作为发展主体的科研工作，以江苏省现代中药制剂和工程技术研究的优势，抓机遇、促发展，不断加强基础设施建设，增强了科研实力和技术储备，从而全面提升了中医药科研水平。“江苏省现代中药制剂工程技术研究中心”是江苏省科技厅“三药”工程现代中药的重要创新基地，下辖中药资源、中药化学、中药制剂、中药分析、中药药理毒理等研究室，以及符合清洁级和SPF级标准的实验动物中心，拥有中药新药研制所需的现代仪器设备逾千万元。先后研制出具有自主知识产权中药新药近20个品种，尤其在中药复方静脉制剂的研制方面居国内领先水平，脉络宁注射液、清热解毒4号注射液、升压灵注射液、清气凉营注射液等均取得了良好的经济效益和社会效益。其他中药制剂如月月舒冲剂、舒冠片、清金糖浆、五味首乌片、清金颗粒、痛经宝胶囊、乳康舒胶囊等也取得了显著的成绩。近3年来完成成果鉴定近20余项，获省级、厅局级科技进步奖5项；完成企事业单位委托新药开发项目20余项，取得一批具有自主知识产权的中药新药；获申请发明专科6项；处于不同研发阶段的中药新药10余个。目前，承担的国家级、省级攻关、自然基金和厅局级等纵向课题66项，横向合作课题29项，合计获项目经费逾千万元。以院长段金廒博士牵头负责的国家科技部攻关项目中医药现代化研究与产业化开发——江苏省中药现代化科技产业基地关键技术研究、西部开发科技行动——利用西藏特有生物开发雪域抗风湿胶囊及雪域骨宝的研究开发，在江苏省科技厅直接指导下目前进展良好。今年，在省政府相关部门的大力支持下，正在筹建“江苏省现代中药制剂工程技术研究中心”Ⅱ期工程——江苏省现代中药制剂中试放大平台，已获得立项和专项建设资金。该技术平台按照GMP标准建设，建筑面积达4200平方米，至2003年底将向全省中药制药行业开放运行。同时，以科研基地为依托，申请组建的江苏省卫生厅“135工程”重点实验室——江苏省天然药物研究与创制的重点实验室也已通过评审。

作为江苏省中医药研究院的附属医院——江苏省中西医结合医院是一所省属三级综合性医院，博采中医、西医两个医学体系之长，系南京市城镇职工基本医疗保险定点医院。拥有中医、西医、中西医结合高级职称专家98名，省名中医专家3名，省名中西医结合专家27名，博士、硕士研究生导师11名，有11位老专家享受政府特殊津贴，有一批中青年专家作为“333工程”第二、三层次及省卫生厅“135工程”重点人才和学科带头人培养。现设有病床500张，开设有内科、外科、妇产科、儿科、急诊科、肿瘤科、老年病科、皮肤科、口腔科、耳鼻喉科、眼科、针灸科、推拿科、理疗科、麻醉科等15个一级学科；心血管科、呼吸科、消化科、普内科、普外科、脑外科、肝胆外科、泌尿外科、骨伤科、肛肠科、周围血管病科等11个二级学科。另有心脑血管病、不孕症、糖尿病、肿瘤、慢性胃炎、肝病、脉管炎、乳房病、骨关节病、哮喘、小儿厌食、医学美容、白癜风、泌尿道感染等18个特色专病门诊。该院拥有先进的进口医疗设备螺旋CT、全身彩超、电子胃肠镜、电子气管镜、双能X线、骨密度仪、骨关节镜、腹腔镜、膀胱镜、前列腺汽化仪、全自动生化分析仪、电子血球仪等，可开展各种断层摄片与造影、生化、细菌、免疫、基因扩增、血液流变、肺功能检测、24小时动态心电图与动态血压、经颅多普勒等项目检查。部分专科开展的特色项目有：

1. 心血管专科现为省中医药局重点专科，积极开展了心梗静脉溶栓、食道心房调搏、临时起搏、埋藏式起搏器安装术、中心静脉压测定等项目，并与外院合作开展双腔埋藏式起搏器安装术。

2.肿瘤专科保持了中医药治疗各种肿瘤的特色优势，开展了肿瘤介入治疗、超声或 CT 引导下局部疗法、双途径及多途径化疗等。

3. 骨伤病专科建立了“骨关节病诊疗中心”，进行骨关节病及骨质疏松等专病研究和诊治。独立开展了骨盆并髋臼碎性骨折切开复位内固定；股骨头缺血性坏死(晚期)全髋关节人工置换术，腰椎间盘突出癌手术失败综合征再手术；左肱骨干骨囊肿并骨折病灶清除，自体骨加异体骨植骨内固定术；股骨干骨折畸形愈合截骨矫形内固定；股骨头缺血性坏死骨内减压术；脑膜瘤切除术；股骨髁上骨折 DCS 内固定术等。

4.消化病专科以中医药为特色，形成了诊治消化系统疾病的良方良药(院内制剂)；引入电子内窥镜，推广无痛苦胃镜检查新技术，开展了经内窥镜粘膜下肿瘤切除新技术和中药复方治疗 HP 相关胃炎的临床研究，协定处方清胃方由于临床疗效好，广受患者欢迎。

5.糖尿病专科引入专科检测设备，开展了诸如糖化血红蛋白及尿微量肌酐的测定，在中西医结合治疗糖尿病慢性并发症方面有独到之外，尤其是采用专方治疗糖尿病并发周围神经病变等有明显疗效。

6.妇科病专科以传统中医与现代研究相结合形成了女性不孕症等妇科疾病的诊疗特色，开展了腹腔内窥镜手术等新技术。2002 年 8 月 28 日通过了助产技术、爱婴医院、计划生育技术的评审，开办了产房和产科病区。

7.肛肠病专科采用双吻合器开展低位直肠癌患者的保肛根治术等。

8.肝胆外科、呼吸科、五官科等开展了内窥镜诊疗新技术，产生了良好的社会效益和经济效益。

9.皮肤病专科建立了“皮肤病性病诊疗中心”，以白癜风的特色治疗和尖锐湿疣等的治疗为主，充分发挥中医药治疗皮肤病的特色，开展药物蒸汽法治疗皮肤瘙痒、神经性皮炎、慢性湿疹皮肤病等；应用新购入的白癜风治疗仪，积极开展相关诊疗项目，拓展了皮肤科的服务范围。

10.儿科成立了哮喘病、学习困难(或多动症)等专科专病门诊。

11.针灸、理疗、推拿统筹协作共建了“康复理疗中心”，为患者提供整体性康复计划，开展家庭病床，提供“一条龙”服务。

12.口腔科开展了儿童牙病的预防：氟化防龋、窝沟封闭；光固化美齿、全牙脱色的牙体美容；烤瓷牙等的口腔修复等。

13. 眼科运用超声乳化加人工晶体值入术治疗老年白内障。

为了扩大中医药科技优势的辐射面，同时为了适应医疗制度改革的新形势，该院不断加强与医药产业间的合作，加速发展医药产业，努力提升在市场上的竞争力。与江苏阳光集团、拉萨高原生物研究所等 5 家共同发起成立了“西藏阳光生物股份公司”，为副董事长单位，负责产品的研制开发与产业化技术指导。目前该公司已在西藏注册，同时在拉萨、常州分别建立原料提取加工厂和制剂生产厂。还以该院作为控股单位组建了南京弘中大药房有限责任公司，并在周边地区开办了四家零售药店，经过数月的运作，销售势头良好，营业额逐月递增。

该院今后的发展目标就是围绕“一体两翼”的建设格局，弘扬医药相长，中西并举的特色优势，进一步完善硬软建设，争取在“十五”期末，将该院建设成为中医药科技实力较强，中西医结合医疗特色突出，医药产业效益良好，整体实力在全国同行业中处于领先地位的中医药科研单位。

地址：江苏省南京市红山路十字街 100 号
邮编：210028
电话：(025)5502829　5637817　5637811
传真：(025)5502829　5637817
E-mail:jscmsi@jlonline.com

罗英毅

男，47 岁，中共党员，大学本科学历，主治中医师。

该同志认真实践“三个代表”，29 岁走上卫生管理工作岗位，以正确的人生观、世界观、价值观，较强的事业心和组织决策能力，创下了无数显著的成绩。在他的带领下，医院被中共重庆市渝北区卫生局党委授予先进党支部，全区卫生系统首家消费者信得过单位、优质服务医院，连续 5 年获全区卫生系统综合目标考核一等奖，医院综合实力显著增强。

30 年耕耘成就今日辉煌。罗英毅同志用他平凡的经历，编织着闪光的人生，他没有沉醉于全国卫生系统先进工作者、重庆市先进工作者、渝北区优秀共产党员、十佳卫生工作者等荣誉称号，如今，他正满怀激情地带领渝北区中医院全体干部、职工，艰苦奋斗、开拓进取、锐意创新，努力谱写渝北区中医事业的新篇章。

杭州市中医院

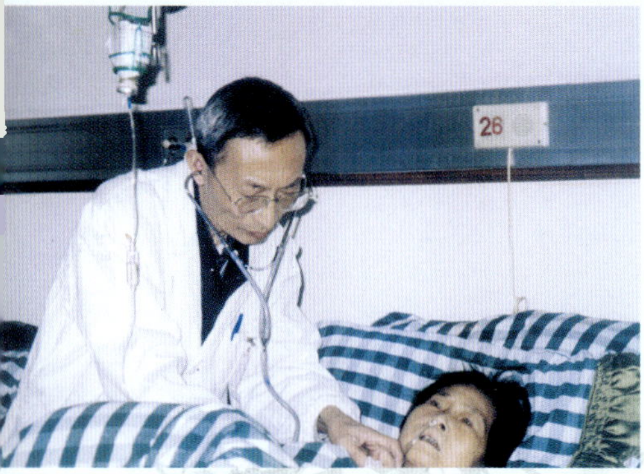

王永钧主任医师查房(一)

杭州市中医院肾脏内科拥有肾脏病专科门诊、二个病区、血液净化中心、腹膜透析中心、肾病实验研究室5个部分。在我国著名中西医结合专家王永钧主任医师的带领下，专科建设卓有成效，继成为浙江省、杭州市卫生系统首批重点专科、全国中医肾病医疗中心后，又于2002年初成为全国中医肾病重点专科建设单位。

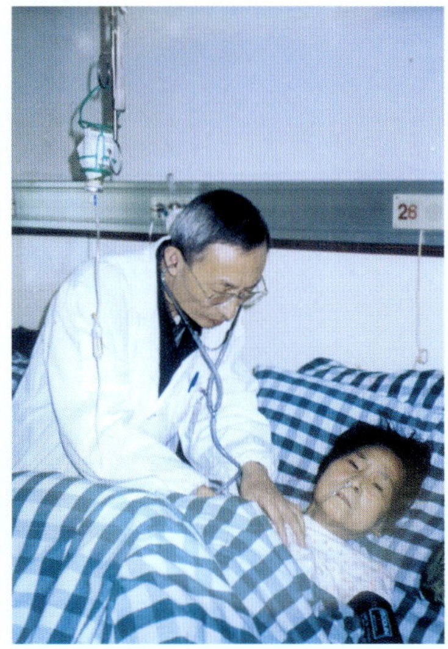

王永钧主任医师查房(二)

一个科室不能没有自己的特色，尤其是在一个中医医院中。在学科建设上他们充分发挥主观能动性，以建设有专科特色的大肾脏内科。他们时刻以“科有专病，人有专长，融贯中西医”为发展理念，将祖国几千年的国粹——中医中药融贯于现代先进的诊疗技术中。

病理读片

“在杭州市中医院肾内科就诊，你不仅得到身体上的治疗，更多的是温暖、是感动”。这出自一个病人的口。而杭州市中医院多年来正是用自己的特色，想病人之所想、做病人之所需，用过硬的医疗水平和优质的医疗服务，在省内外树立了良好的信誉。

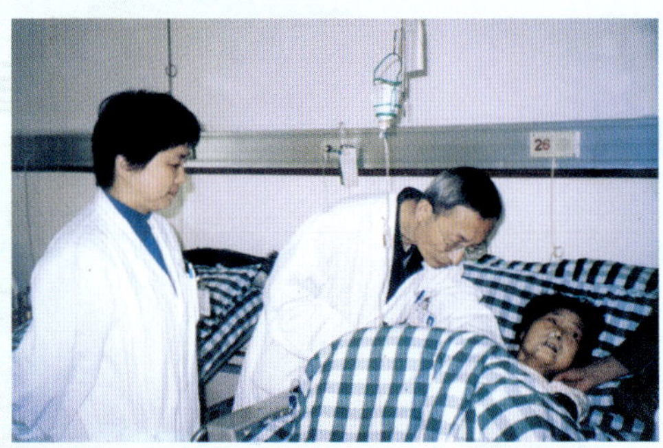

王永钧主任医师查房(三)

宽敞明亮的新诊室

19层新门诊病房大楼

武汉市中医医院

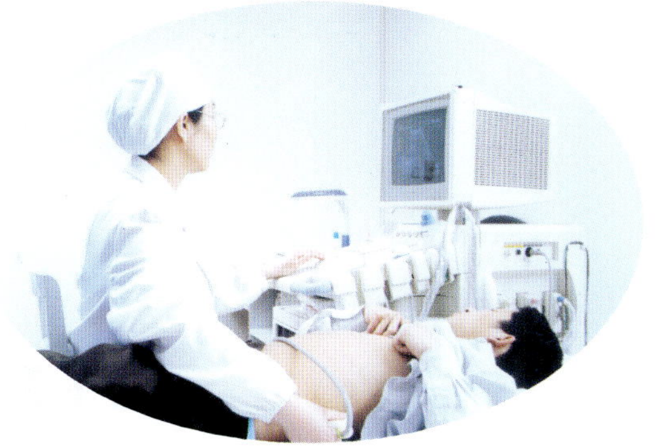

市中医院拥有现代化的手术室，能开展普外手术、泌尿系统和骨科微创手术，治疗多种急、慢性疾病。CT、彩超、80mmA-X光机等硬件，提高了诊疗水平。

卫生部副部长兼国家中医药管理局局长佘靖到武汉市中医院视察，并和张荒生院长、医务人员亲切交谈。

武汉市中医医院始建于1955年，1978年恢复重建，是湖北武汉地区最早的中医综合性医疗机构，并在汉阳和汉口台北路设有两个分院，下设有武汉市中医药研究所，并为湖北中医学院附属国医医院，是一所集医疗、科研、教学、康复、预防保健于一体的全国三级甲等中医医院。医院占地近7000平方米，建筑面积近3万平方米，开放床位460张。拥有员工600余人，卫生技术人员547人，高级卫技人员91人，其中，国家学术继承导师10人，接力计划导师7人，另有湖北中医学院硕士生导师、兼职教授、副教授20余人。

医院科室设置齐全，技术力量雄厚，年门诊人次53万，年收入院4000余人次。开设有急诊、内、外、妇、儿、针灸、骨伤、美容、按摩、痔瘘、皮肤、眼科、大五官科等15个临床科室以及药剂科、功能检查科等医技科室。开设有按摩保健中心、疑难病名老专家门诊，能采用中西医结合方法对多种疾病进行诊治。拥有一批现代化医疗设备，如：CT、彩超、800MMA—X光机，加强医院的诊疗水平。

医院坚持发挥中医优势，注重专科建设，在武汉地区率先成立了以名中医专家命名的学术研究室：章真如学术研究室、张介安学术研究室并确定了肝胆病、小儿咳喘病、中风病、心血管疾病四个重点专科。特色科室骨伤、针灸、痔瘘等在武汉地区有较大影响。

团结奋进、精诚创新的党委一班人

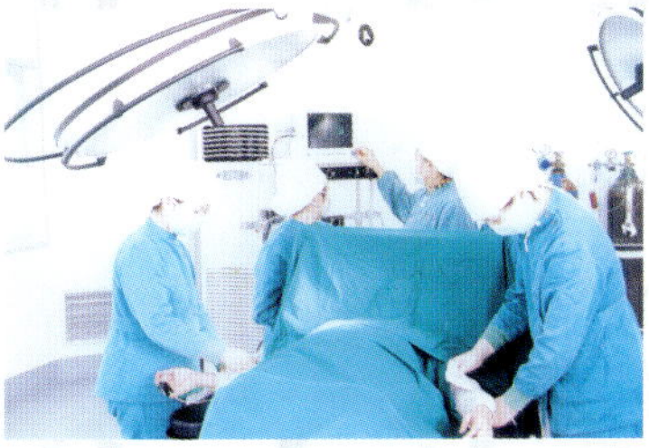

现代化的手术室

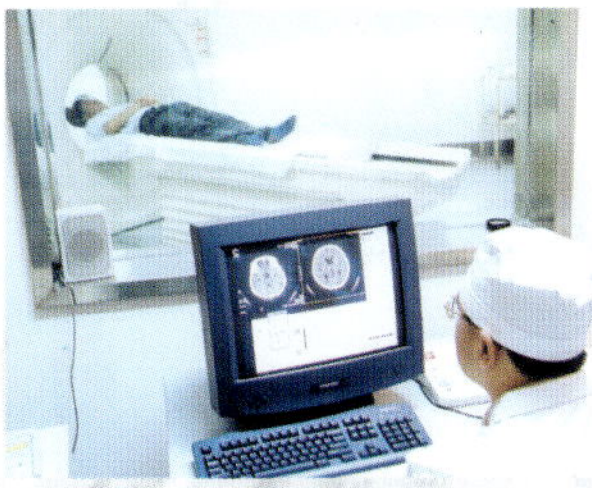

螺旋CT

地址：武汉市汉口黎黄陂路49号
传真：027-82835626
电话：027-82831403
E-MAIL：WATCM@public.wh.hb.cn

二桥分院：汉阳玫瑰园路特1号
电话：027-84872325
台北路分院：汉口路128号
电话：027-85779241